時衆文献目録

小野澤 眞 編

高志書院

目　　次

凡　例……………………………………………………………2

あ　行……………………………………………………………5

か　行……………………………………………………………103

さ　行……………………………………………………………181

た　行……………………………………………………………241

な　行……………………………………………………………291

は　行……………………………………………………………315

ま　行……………………………………………………………354

や・ら・わ行／海外人名／無署名……………………………379

【研究動向】時衆研究の三世―過去・現在・未来―…………405

編纂後記…………………………………………………………409

凡　　　例

1）本目録の底本とした文献目録は巻末の編纂後記で詳述する。ただし大幅に加筆・修正している。凡例も異なる。

2）時衆に関する書籍・雑誌・論攷（含辞典・図録・案内書・資料集・新聞記事類）を収録した。専論はもとより若干でも言及のあるものは、学術上の意義を斟酌して採用した。辞書までをも対象としたのは、どういう語が入れられ、どういう語が含まれないかを知るだけでも、現代人の時衆に対する認識を知ることができる効用があると考えるためである。ただし学校教科書・参考類書、観光案内・地図、『角川日本地名大辞典』（角川書店）・『日本歴史地名大系』（平凡社）は寺名記事が厖大で煩雑となるためほぼ不載とした。なお金井清光氏については、その影響のもつ意味を鑑みて、古賀克彦氏協力の下、時衆以外の全業績も掲示している。伊東覺念、河野叡祥、王樹遊楽、橘惠勝氏ら歴史上の時衆系の僧については（河野氏の活動は戦後だが）、時衆・時宗に言及していなくとも文献を入れた。一方時衆研究以外の分野で戦後活躍している木本至、小林賢次氏ら時宗僧の文献は割愛した。

3）「時衆」の定義は拙著『中世時衆史の研究』（八木書店・2012年6月）で詳述している。簡単にまとめると、現在の時宗のほか、旧一向・天童派（浄土宗鎮西派に転宗）、空也僧（茶筅）、融通念佛宗などの、中・近世念仏勧進聖の末裔たちを総称している。彼らは遊行、賦算、踊り念仏、阿弥陀仏号（阿号・阿弥号）ほかの一定の共通性をもつ。

4）ゴシック体の編・著者名を苗字ごとの50音順に、次に名前ごとの50音順でならべた。姓の同音異字は区別せず、名の同音異字の場合は1字目の画数の少ないものを先とした。濁音を含むものはその位置があとになるほど上に配置した。例えば「岡田（おかだ）」は「緒方（おがた）」より先である。その上で編・著者名ごとにその文献を排列し、さらに同一編・著者中では発行年月の時系列にならべた（同一年月文献は原則として題目の50音順。ただし上中下などが同時に刊行された場合はその順）。

5）難読ないし文字に複数の読みを想定できる編・著者名には、ルビを附した。僧侶の場合、僧名の読みは音読、戸籍では訓読の場合が多い。本目録ではひとまず僧名を優先したが厳格ではない。

6）署名のない論攷でも、前後の関係から執筆者が確定できる場合は、その人名の項に載せ「無署名」と註記した。新聞記事のうち、記者取材による記事は新聞社の項に入れ、研究者などが執筆した場合はその人物の項に入れた。姓の前に名がつく海外人名と無署名にしてかつ発行元不明の文献は「や・ら・わ行」ページの最後に排列した。

7）ゴシック体の編・著者名の横の括弧内に、簡単な肩書き・略歴を、機関名・組織名には所在地名を附した。人物は現職や顕職を優先したため収録文献執筆時の職とは限らない。故人については死亡時の肩書きに「元」をつけない。また元職・前職を問わず、「元〜」で統一した。複数の元職を挙げた場合は右にいくほど古い。大学教員の場合、大学院重点化にともない「大学院教授」と表記することもあるが、大学院大学以外は学部名を採った。故人については生没年月日（旧暦の日付はグレゴリオ暦に変換）を附した。存命の方の生年は原則略す。県名には県庁所在地の市名（区名）、政令市には市庁所在地の区名も附す。組織変更により団体名・地名が変化した場合はその前後の名称も載せた。ただし国立博物館・国立文化財研究所については変遷が激しいため現行の部署名の註記はしていない。研究会等の住所は名義上程度にすぎないことと移転が多いためほとんど割愛した。こうした肩書き・略歴・住所は任意で識別のための備考程度の意味合いなので、精度については重視していないことをお断りしておく。

8）文献のコード番号となる6桁の算用数字は発行年月（発行月無記載は00、調査中は99）、◎は書籍、：の次の○および○囲み数字は◎書誌所収の論攷、□は新聞記事である。責任表示（編・著者名）のない文献は発行元の箇所で立項し、書籍は◎印ではなく●印とした。月刊誌は巻号表記の月より奥付の発行月が1月遅れることが多いが、追加調査で確認していない限り巻号表記の月で6桁表示することが多いことをお断りしておく。複数の書名がある場合、副題とみなしたものを［］で括ることがある。そのあと◎の場合括弧内に発行元、○の場合括弧内に編・著者名、書名ないし誌名、巻号数、発行元の順で記した。◎・○ともに発行元のあとの｛｝は叢書名、〈〉は発売元・制作者などを示す。

9）書籍のうち、分類の形式上、①②…といった数字をわりあてがたい「第X部　〜」や「第X編　〜」といった題については半角文字にした上で1行用いて表示することがある。

10）題目のあとの「（〜／〜／〜／〜）」は、題目が章題であれば節題を、節題であれば項目見出しを意味している。あとの※印以下の註釈の場所に記すこともある。

11）書誌データは奥付を基本とし、表紙・背表紙・扉・目次や本文などを補助とした。ゆえに例えば表紙が『史學雑誌』となっていても、奥付の『史学雑誌』を採用する。汎用されるTRC MARC等と異なるのでご注意いただきたい。

12）著者・執筆者以外の編者、監修者、発売、企画、製作（制作）などについても採録に努めた。ただし形式上、機関の代表者が責任表示（編・著者名）になっている場合（自治体史だと首長名、学会誌だと会長名など）は、省略した。発行元が機関名ではなく機関の代表者名になっている場合は、機関名を採った。

13) ある書籍が重版、増補版、文庫化されたり、論攷が連載された場合については、1つずつ立項する場合と註釈欄に留める場合とがあるが、その弁別は恣意的である。

14) 文献名の次の※印以下は筆者の註釈であり、内容の紹介や備考情報を記した。時衆について一定の知識のある読者を想定して附している。本目録の原型となる目録をおもに手がけた古賀克彦氏による功が大きい（絵巻物および古記録に関する情報が特に充実しているのはそのためである）。筆者ないし古賀氏オリジナルを示すため「(小野澤註)」「(古賀克彦註)」を附する場合がある。なお註釈で誤字・誤認についても指摘しており、やや手厳しいと感ずる向きもあるとは思うが、今後の時衆研究に注意を促すべくあえて掲載した。執筆者各位にはご海容いただきたい。

15) ※欄において、例えば伊藤清郎氏の198610の項の※に「→伊藤清郎 199702」とある場合、のちに伊藤氏の199702の行にある書誌に収載されたことを示し、その項目にも「←伊藤清郎 198610」と初出を掲げて双方向で参照できるようにした。ただ再版などの場合は表記が斉一でない場合もある。各文献データはその執筆者の項に掲載しているが、ある1冊の論集や雑誌で時衆が特集されている場合および時衆を専門に論じた学術誌『時衆研究』『時宗教学年報』『時宗史研究』『時衆文化』『寺社と民衆』など）については、その書誌の編・著者の項でもまとめて一覧できるように重複して掲げている。その際には、詳細なデータは執筆者の項で述べ、編・著者や発行元の項では、目次として瞥見できる程度に留めている。ほかに例えば秦石田の199303の行に「詳細⇒秋里籬島 199903」とある場合は、秦と秋里の共著なので詳細情報は同一書誌を載せた秋里の項目をみてほしい、という意味である。

16) ［共筆］とは本目録独自の造語で、論攷における［共著］［共同執筆］を意味する。目次や論攷の見出し部分に［共著］［共同執筆］と明示されることは稀なので、複数人で執筆したことを明示するために便宜上の表記として用いる。

17) 古賀克彦氏の提案により掲載画像の内容についても詳細に記録した。影印に準ずる、背景の写らない書籍・絵巻物等の写真・画像は「図版」、ほかは「写真」と表記した。ただし図録においては、写真についても慣用句として「図版解説」の語を用いた。巻頭の写真や図版は「口絵」で統一した。文字数の関係で「モノクロ」を「単色」と表記している。

18) 時宗の寺名には旧村名ないし道名を附し、現行自治体名を略す。現在の地籍と異なる場合も多い。例えば「藤沢清浄光寺」「当麻無量光寺」である（前者は「遊行寺」とも記す）。これは廃絶したり時宗を離脱した諸寺院についても同様だが、一部は現行地名を補った。なお「遊行派」は自己正当化を含む自称なのでおおむね「藤沢派」とした。「一向派」は「一向俊聖教団」とよぶべきだが、そのままとした。「一向派」とした場合は天童派を含むことが多い。包括宗教法人「天台宗」は「天台宗山門派」、同「浄土宗」は「浄土宗鎮西派」と表記することで、同じ宗旨でも違う派があることに留意して正確を期した（天台宗真盛派〈現天台真盛宗〉、浄土宗西山深草派などの同系他派があるため。西山派は鎮西派より強勢であった）。「融通念佛宗」・「大念佛寺」（平野）・「佛向寺」（天童）・「石佛寺」（高擶）・「佛光寺」（真佛光寺派本山）などは、現在、自称において「佛」の正字を用いるため、それに準拠した。

19) 『一遍聖絵』『一遍上人絵伝』は『聖絵』、『一遍上人絵詞伝』『一遍上人縁起絵』『遊行上人縁起絵』は『縁起絵』と略することがある。『一遍上人絵伝』は史料用語でない上に『聖絵』『縁起絵』どちらをもさす例があり紛らわしいため、用いないことが望ましい。『聖絵』全十二巻は内・外題で「巻～」ではなく「第～」とあるが、わかりやすさから「巻～」と表記した。『聖絵』所有権持は1986/7まで六条道場歓喜光寺単独、2014/12/24まで歓喜光寺・藤沢清浄光寺共有、それ以降は清浄光寺単独になっている。

20) 神奈川県横浜市港南区千手院（真言宗大覚寺派別格本山）本尊善光寺仏は、文永三年（1266）「出羽國最上郡府中庄外郷石佛」銘があり、通常高擶石佛寺（旧時宗一向派・現浄土宗鎮西派）から流出したものと解されるが、用字からわかるように「石佛」という地名が合うだけで、正確には不明である。本目録では仮に通説にしたがう。

21) 可能な限り表記の原文ママをつらぬいた。漢数字と算用数字、全角と半角といった峻別や空白も原文ママである。そのため（）中の（）は〈〉にせずそのままにしている箇所がある。ただしワープロソフトでの表示に制限がある正字についてはやむなく表記可能な文字を代用している。／は原文中の改行を意味する。

22) 敬称は略した。僧侶の死去を意味する「寂」「遷化」などは「歿」に統一した。

23) 「時衆」の仏教用語（呉音）の読みはジシュウではなくジシュであるが、元の書誌情報で多くはジシュウとされているのでそれにしたがう。

24) データ採録開始から15年以上経ている。その過程で手法が大幅に変化しており、初期のデータはこの凡例の原則に反している場合も多々存在する。ただその確認作業には恐ろしく莫大な時間と人手を要することが想定されるため、ひとまず叩き台として本目録を刊行することを最優先した。読者におかれては、本目録を読んで気になった文献は、本目録から孫引きすることなく、必ず原典にあたることを心がけていただきたい。そして筆者個人での情報収集には限界がある。改訂・増補版に向け情報をお寄せいただければ幸いである。特に、寺史や地方誌、内部向け逐次刊行物、自費出版本の多くが図書館に架蔵されず詳細不明である。今後の課題とするとともに、読者各位のご協力を仰ぎたい。

あ　行

相沢菊太郎　(※元〈神奈川縣高座郡〉相原村〈現相模原市緑区相原・中央区相原〉村長。1866/5/28-1962/4/26)
196504　◎相沢菊太郎相沢日記（相沢菊太郎［著］・相沢栄久［編集］、相沢栄久私家版）
　　　　※『相澤日記』の飜刻。栄久は菊太郎三男。明治二十一年（1888）二月六日条に、養蚕に関する「当麻村無量光寺演説会」の記事あり。「当山たる己午の方へ向ヘ本堂あり客殿あり、僧室あり」「南望は遙に相模川を見渡し帆船彼是動く」「本堂の前（畳六十一枚）」などとす

相澤　正彦（相沢　正彦）（※成城大学文学部教授・時宗文化財保存専門委員会委員。元東京文化財研究所企画情報部客員研究員。元神奈川県立歴史博物館学芸部主任学芸員）
198909　：①一遍画像
　　　　：②一遍聖絵
　　　　：③真教画像
　　　　：④遊行上人縁起絵（以上、今井雅晴［編］『一遍辞典』東京堂出版）
　　　　※項目執筆。「相沢正彦」名義。肩書き：「同館学芸員」（神奈川県立博物館〈現同県立歴史博物館〉）
199010　：◯紙本著色　頬焼阿弥陀縁起絵巻　模本　二巻　光触寺蔵（『神奈川県博物館協会設立三十五周年記念　鎌倉幕府開府八百年記念―鎌倉の秘宝展』〈発行元表記なし〉）※ 1990/10/10-30 於 横浜髙島屋ギャラリー（8階）、特別展図録。「詞書を遊行三十七代上人託資上人」とす。「相沢正彦」名義
199602　：◯［時宗の絵画］（一、祖師信仰に伴う歴代上人絵像―一遍像、二代真教像、浄阿像など／二、祖師たちの絵巻―遊行上人縁起絵、浄阿上人縁起絵、一遍聖絵など／三、祖師たちの信仰に関わる宗教絵画）（藤沢市教育委員会　博物館準備担当［編集］『特別展　時衆の美術と文芸　中世の遊行聖と藤沢』〈発行元表記なし〉）
　　　　※ 1996/2/3-25 於（神奈川県）藤沢市民ギャラリー、巡回展「時衆の美術と文芸」藤沢会場用単色展示図録。肩書き：「（神奈川）県立歴史博物館」
199709A　：◯特別展「遊行寺蔵　一遍上人絵巻の世界」（『神奈川県立歴史博物館だより』第3巻第2号、同館）
　　　　※ここでの「一遍上人絵巻」は『縁起絵』。単色図版：『縁起絵』巻三第一段の甚目寺施行
199709B　：◯遊行上人縁起絵巻について（神奈川県立歴史博物館［編］『遊行寺蔵・一遍上人絵巻の世界』同館）
　　　　※ 1997/9/13-10/19 於同館、特別展図録
199711　：一遍聖絵（『日本美術館』小学館）
200003　：◯時宗文化財調査報告〈絵画の部〉（『時宗教学年報』第二十八輯、時宗教学研究所）
200008　：◯荏柄天神縁起絵巻に見る鎌倉地方様式について（清水眞澄［編］『美術史論叢　造形と文化』雄山閣）
　　　　※十二所光触寺蔵『頬焼阿弥陀縁起』・金光寺本『遊行上人縁起絵巻』に言及
200103　：◯時宗文化財調査報告《絵画の部》（『時宗教学年報』第二十九輯、時宗教学研究所）
　　　　※高野修・相澤・薄井和男［共筆］
200203　：◯時宗文化財調査報告《絵画の部》（『時宗教学年報』第三十輯、時宗教学研究所）※相澤・髙木文恵［共筆］
200703　：◯絵画の部（時宗文化財保存専門委員会［編］『時宗文化財調査報告書』第1集、時宗宗務所）
　　　　※詳細⇒有賀祥隆 200703。有賀祥隆・相澤・髙木文恵［共筆］
200709　：◯絵画　二（清浄光寺史編集委員会［編］『清浄光寺史』藤沢山無量光院清浄光寺〈遊行寺〉）
　　　　※「第八章　文化財」の第三節。初出不明示

愛　知　縣　(※愛知縣名古屋市中區)
193509　◎愛知縣史第一巻（同縣［著作］、同縣）※津島西福寺・蓮台寺に言及。→愛知縣 198011
198011　◎愛知縣史第一巻（同縣［著作］、同縣郷土資料刊行会）※津島西福寺・蓮台寺に言及。←愛知縣 193509 復刊

愛知縣海部郡津島町　(※現津島市)
193812　◎津島町史（同町［編纂］、同町役場）※「第九編　社寺教会」「第二章　佛寺教会」の「第五節　時宗」に「一、蓮臺寺」「二、西福寺」「三、宗念寺」（いずれも旧時宗一向派・現浄土宗鎮西派）の項あり、「第九節　廃寺」に当地庄屋による書上＝正徳元年（1711）六月二十一日付「海東郡津島村寺院諸書上帳」にみえる光淨寺が本寺蓮臺寺に、淨阿彌は本寺西福寺に合寺したとあり。→愛知縣海部郡津島町 197312
197312　◎津島町史（同町［編纂］、名著出版）※←愛知縣海部郡津島町 193812

愛知県高等学校郷土史研究会
199203　：◎新版愛知県の歴史散歩　上（同会［編］、山川出版社［新全国歴史散歩シリーズ23］）
　　　　※「蓮台寺」（津島）の項あり、ただし時宗とす

相葉　伸　(※群馬大学名誉教授。元上武大学学長。1907-1993)
194004　：◯信濃における時宗の傳播（『信濃』第三巻第七輯、同史學會）

相原　陽三　(※元〈宮城県〉仙台市史編さん調査分析委員)
199607　：［史料紹介］仙台市博物館所蔵「寺社領御寄附御牒」（『市史せんだい』第6号、仙台市博物館）

※仙台真福寺・仙台阿弥陀寺の記載がある、同館蔵品の解題
愛友社（※東京市小石川區〈現東京都文京区〉）
188910 ：①一遍上人御消息
 ：②一遍上人御法語（以上『大悲之友』第二號、同社）
198911 ：①一遍上人御消息
 ：②他阿彌陀佛御消息（以上『大悲之友』第三號、同社）
188912 ：○一遍上人百利口語（『大悲之友』第四號、同社）※～第七號、189003連載
189002 ：○三祖中聖上人稱揚和讚（『大悲之友』第六號、同社）
189004 ：○三祖中聖上人稱揚和讚（『大悲之友』第八號、同社）
189007 ：○七祖上人光陰和讚（『大悲之友』第十號、同社）
189008 ：①七祖託何上人大和讚
 ：②遊行十四代上人拾要和讚（以上『大悲之友』第十一號、同社）
189010 ：○三祖中聖上人稱揚和讚（『大悲之友』第十三號、同社）
189011 ：○二祖他阿彌陀佛往生和讚（『大悲之友』第十四號、同社）
189012 ：①宗祖一遍上人智眞圓照大師御法語
 ：②三祖上人六道和讚（以上『大悲之友』第十五號、同社）
189101 ：○七祖上人寶蓮和讚（『大悲之友』第十六號、同社）
189102 ：①宗祖一遍上人智眞圓照大師御法語
 ：②無常和讚（以上『大悲之友』第十七號、同社）
189103 ：①宗祖一遍上人智眞圓照大師御法語
 ：②宗祖一遍上人智眞圓照大師御歌頌文
 ：③恩徳和讚（以上『大悲之友』第十八號、同社）
189104 ：○宗祖一遍上人智眞圓照大師一言芳談（『大悲之友』第十九號、同社）
189107 ：○莊嚴讚（七祖上人撰）（『大悲之友』第二十二號、同社）
189108 ：①宗祖一遍上人智眞圓照大師別願讚※～第二十六號、189111連載
 ：②二教讚（以上『大悲之友』第二十三號、同社）
189109 ：○恩徳和讚（『大悲之友』第二十四號、同社）
189111 ：○二祖他阿彌陀佛御法語（『大悲之友』第二十六號、同社）※～第四十二號、189102連載
189112 ：○念佛行者の眞相（『大悲之友』第二十七號、同社）
189203 ：①念佛往生の安心
 ：②念佛往生の信心（以上『大悲之友』第三十號、同社）※第三十一號より大悲之友雜誌社［發行］

青山学院大学文学部日本文学科（※東京都渋谷区・同大学渋谷キャンパス内）
200708 ◎国際学術シンポジウム　海を渡る文学―日本と東アジアの物語・詩・絵画・芸能―（同科［編］、新典社［同社選書21］）※「討論　東アジアから日本へ」の「討論2―藤原良章コメント」中で「日本でも『一遍聖絵』という有名な絵巻物があります。たぶんこれは絵師がその現地に行って写生してきたんだろうなどという評価もあったんですが、最近その評価ががっくり落ちてしまいまして、どうも絵師は詞書をまともに読んでいないんじゃないかと。ですから詞書と絵が非常に矛盾してるというか、必ずしもその詞書に書いてある説話が絵画化されていないという事例が指摘されております。」と発言

青木　淳（※多摩美術大学造形表現学部教授。元高知女子大学文化学部助教授）
200103 ：○一遍の「踊屋」と茶堂習俗（日本宗教学会［編集］『宗教研究』三二七号［第74巻第4輯］、同会）
 ※2000/9/15於駒澤大学、同会第59回大会報告要旨

青木　源作（※郷土史家）
199610 ：○幕末期の教育―館林教育史より―（『群馬文化』第248号、群馬県地域文化研究協議会）
 ※「館林市域の寺子屋・私塾一覧」の旧館林地区に、木挽町応声寺の開瑞和尚、僧侶、弘化の頃。同じく一運和尚、僧侶、弘化・嘉永の頃。同じく岩下全覚、僧侶、幕末より学制発布まで。同じく栗原温古、町人、天保十二年より明治十九年まで、とあり、単色写真キャプション：「栗原温古の筆塚（西本町応声寺境内）／裏面に三三八名の筆子の名が刻まれている。」。→青木源作199810

199810 ：○幕末期の教育―館林教育史より―（学術文献刊行会［編集］『日本史学年次別論文集』「近世（二）」1996年版、朋文出版）※←青木源作199610再録

青木　淳平（※作家）
199907 ◎人、それぞれの本懐―生き方の作法（社会思想社）※四国ゆかりの6人の評伝のうち「一遍を蘇らせた現代の一遍」として足助威男をとりあぐ。2000/1愛媛出版文化賞受賞
200103 ◎司令の桜―人と歴史の物語（社会思想社）

※中編小説3編から成る。2編目「残りの坂」は『一遍上人絵伝』の探索でくり広げられる人間模様を描く

青木　忠雄（※埼玉県郷土文化会名誉会長・大宮郷土研究会名誉会長・〈同県〉さいたま市文化財保護審議会会員・同市博物館協議会会員）
201101　◎埼玉の仏像巡礼（幹書房）※「第Ⅰ部　埼玉の仏像巡礼」「4　善光寺如来像の展開」の「(1) 向徳寺銅造阿弥陀三尊像（嵐山町）」のページに「向徳寺銅造善光寺式阿弥陀三尊像」の項あり、単色写真ネーム：「向徳寺銅造阿弥陀如来及び両脇侍像」を掲載するも、本文：「この辺りでは数少ない浄土真宗の向徳寺本堂」とす。「第Ⅱ部　論考編」「3　旧報恩寺地蔵堂木造地蔵菩薩坐像とその造立背景」（初出：『大宮市文化財調査報告書』6集、1973年。『埼玉文化史研究』1号、1974年）の「はじめに」で、「数次に亘って来迎寺像比較調査にご高配下さった鎌倉市西御門・来迎寺林昭善師に、深甚なる感謝の意を表する次第である。」と謝辞を述べ、「一、調査の経過」の〔第二次調査〕で「最も様式の近似していると思われる、鎌倉市西御門来迎寺地蔵像の調査ならびに撮影」とあり、「三、木造地蔵菩薩坐像」でも「極めて近似の像として、来迎寺地蔵像がある」と紹介し、単色写真ネーム：「旧報恩寺木造地蔵菩薩坐像（来迎寺像）」「来迎寺像（部分）」等6葉

青木　歳幸（※元佐賀大学地域学歴史文化研究センター教授、元長野県上田高等学校教諭、元同県立歴史館専門主事）
201107　○曲直瀬家門人帳について（日本歴史学会［編集］『日本歴史』第七百五十八号、吉川弘文館）
　　　　※同誌「歴史手帖」欄。「武田杏雨書屋蔵の『当門弟之日記』（中略）を調査した。道三と玄朔の門人帳である。（中略）二段に門人名が記載されている。初頁を記載する」とし、そこに「其阿弥　尾張津島人」とあり

青木美智男（※専修大学130年史編集主幹。元同大学文学部教授。1936-2013/7/11）
200105　◎東海道神奈川宿本陣　石井順孝日記1（青木［監修］・小林風・石綿豊大［校訂］、ゆまに書房）
　　　　※文政六～八年（1823-1825）分。記主石井弥五郎順孝は、東海道神奈川宿本陣名主代理の補佐役を務めた人物。藤沢遊行寺・遊行上人通行関係記事あり。巻末「用語解説」欄に「遊行様」あり
200206　◎東海道神奈川宿本陣　石井順孝日記2（青木［監修］・小林風・石綿豊大［校訂］、ゆまに書房）
　　　　※文政九～十二年（1826-1829）分。藤沢遊行寺関係記事あり。巻末「用語解説」欄に「遊行」あり
200305　◎東海道神奈川宿本陣　石井順孝日記3（青木［監修］・小林風・石綿豊大［校訂］、ゆまに書房）
　　　　※文政十三～天保四年（1829-1833）。藤沢遊行寺関係記事あり。巻末「用語解説」欄に「遊行」あり

青盛　透（※元京都学園大学人間文化学部（現人文学部）准教授）
199312　○中世（部落解放研究所［編］『新編部落の歴史』同所）※尾張甚目寺施行に言及
199904　○絵画資料からみた被差別民（部落解放・人権研究所［編］『続・部落史の再発見』解放出版社）
　　　　※『一遍聖絵』『遊行上人縁起絵』に言及。単色図版ネーム：「一遍聖絵巻九、三一四紙の間　上野の踊屋図（時宗総本山遊行寺蔵）」。同書カラーカバー：同図版

青森県立郷土館（※青森市）
199807　◎青森県文化観光立県宣言記念特別展・中世国際港湾都市十三湊と安藤氏（同館［編］、同館〈主催：青森県教育委員会〉）※図版：『聖絵』筑前の武士の館
　　　　□高橋　一樹：日本海交通と十三湊

青柳　恭行（※元〈長野市〉信濃毎日新聞株式会社記者）
200705　○解説（神津良子［著］『仏はいませども　「踊り念仏」を開始した美しい尼の物語』郷土出版社〔埋もれた歴史・検証シリーズ⑨〕）

青山　京子（※青山孝慈妻）
200403　：「藤沢山方便記」について（『時宗教学年報』第三十二輯、時宗教学研究所）

青山　孝慈（※元神奈川県庁企画調査部県史編集室職員。青山京子夫）
200303　：藤沢山遊行寺史料目録一（前近代史料一）―遊行寺の今日まで―（『時宗教学年報』第三十一輯、時宗教学研究所）※肩書き：「元神奈川県史編さん室」
200403　：藤沢山遊行寺史料目録二（前近代史料二）―遊行寺の今日まで―（『時宗教学年報』第三十二輯、時宗教学研究所）※文中に含、佐藤節子 200403・小村順子 200403。「京都法国寺中世文書」「藤沢山遊行寺史料目録一（前近代史料一）」正誤表あり
200503　：藤沢山遊行寺史料目録三（明治史料全）（『時宗教学年報』第三十三輯、時宗教学研究所）
200603　：藤沢山遊行寺史料目録四（大正史料一）（『時宗教学年報』第三十四輯、時宗教学研究所）
　　　　※目次には「藤沢山遊行寺史料目録三（大正史料全）」とあり
200703　：藤沢山遊行寺史料目録五（昭和史料一）（『時宗教学年報』第三十五輯、時宗教学研究所）
　　　　※昭和十三年（1938）分まで。→青山孝慈200803
200803　◎藤沢山遊行寺史料目録（昭和史料）（青山［編］、時宗教学研究所〔遊行寺叢書（一）〕）※昭和五十八年（1983）分まで。表紙・背文字：「遊行寺史料叢書」。←昭和十三年（1938）分までは青山孝慈200703 再録

赤坂　憲雄（※学習院大学文学部教授・福島県立博物館館長。元東北芸術工科大学教養部教授）
199301　：鹿杖考（一遍研究会［編］『一遍聖絵と中世の光景』ありな書房）
199409　◎柳田国男の読み方―もうひとつの民俗学は可能か―（筑摩書房〔ちくま新書 007〕）※「毛坊主考」等を考察

赤田　光男（※帝塚山大学名誉教授）
199211 ：○阿弥衣（『日本史大事典』第一巻、平凡社）※項目執筆
縣　敏夫（※〈東京都〉八王子市市史編さん研究協力員・多摩石仏の会会員）
197702 ：○板碑研究史（上）（『考古学ジャーナル』№.132、ニュー・サイエンス社）
※東京都八王子市龍光寺（真言宗智山派）現蔵の時衆板碑を考察。
197802 ：○多摩地方の板碑について（3）—史料としての板碑（『多摩のあゆみ』第10号、多摩中央信用金庫）
※東京都八王子市龍光寺（真言宗智山派）現蔵の時衆板碑を考察。→縣敏夫 198008 ①
198008 ◎多摩地方の板碑（多摩石仏の会）
　　　　：①多摩地方の板碑について※←縣敏夫 197802
200505 ◎八王子市の板碑（揺籃社）※同市龍光寺（真言宗智山派）現蔵の時衆板碑等
201207 ：八王子市の名号石仏（『野仏』多摩石仏の会会報第四十三集、同会）
※いわゆる龍光寺板碑や当麻無量光寺第52代他阿霊随名号塔など時衆系石造物を詳述。ただし保坂健次 201003
を漏らしているほか図18等で一般の名号を「二祖真教流書体」と誤認

赤根　祥一（赤根　祥道）※評論家・〈私立〉現代禅研究所初代理事長。1930-2001/5/25）
198009 ◎無常の思想（れんが書房新社）※「遊行無常・すべてを捨て切って生きてこそ—一遍論—」の章あり
199211 ◎日本人の往生観（れんが書房新社）
※「野にすててけだものにほどこすべし—一遍の生と死に学ぶ—」の章あり。「赤根祥道」名義

赤根　祥道
→赤根　祥一

赤松　俊秀（※京都大学名誉教授。元京都府教育委員会指導部文化財保護課初代課長。1907/4/28-1979/1/24）
194401 ：一遍上人の時宗に就て（『史林』第二十九巻第一號、史學研究會）※→赤松俊秀 195708 ①
195303 ：○藤澤市清淨光寺の時衆過去帳（『史林』第三十五巻第四號、史學研究會）※→赤松俊秀 195708 ④
195509 ：○時宗藝術史の一、二の問題について（佛教藝術學會［編集］『佛教藝術』26、毎日新聞社）※→赤松俊秀 195708 ②
195708 ◎鎌倉仏教の研究（平楽寺書店）
　　　　　一遍について
　　　　：①一遍上人の時宗について※ 1943/12/17 稿了。←赤松俊秀 194401。→赤松俊秀 198412
　　　　：②時宗藝術史の一、二の問題について※ 1955/8/14 稿了。←赤松俊秀 195509
　　　　：③一遍の著述と推定される聖教について※ 1956/9/27 稿了。
　　　　：④藤澤市清淨光寺の時衆過去帳※ 1953/2 成稿。←赤松俊秀 195303
195811 ◎隔蓂記　第一（赤松［校註］・鳳林承章［原著］、鹿苑寺）※鹿苑寺住持鳳林承章自筆日記。寛永十二年（1635）八月~正保二年（1645）十二月。七条道場金光寺等の時衆関係記事あり。→赤松俊秀 199703A
195908 ◎隔蓂記　第二（赤松［校註］・鳳林承章［原著］、鹿苑寺）※鹿苑寺住持鳳林承章自筆日記。正保三年（1646）正月~慶安三年（1650）十二月。七条道場金光寺等の時衆関係記事あり。→赤松俊秀 199703B
196007 ：一遍眞の生涯とその宗教について（角川書店編集部［編集］『一遍聖繪』同書店［日本繪卷物全集第10巻］）
※→赤松俊秀 197509
196008 ◎隔蓂記　第三（［校註］・鳳林承章［原著］、鹿苑寺）※鹿苑寺住持鳳林承章自筆日記。慶安四年（1651）正月~明暦元年（1655）十二月。七条道場金光寺等の時衆関係記事あり。→赤松俊秀 199703C
196101 ◎隔蓂記　第四（［校註］・鳳林承章［原著］、鹿苑寺）※鹿苑寺住持鳳林承章自筆日記。明暦二年（1656）正月~萬治三年（1660）十二月。七条道場金光寺等の時衆関係記事あり。→赤松俊秀 199703D
196308 ◎真宗史概説（赤松・笠原一男［編］、平楽寺書店）
196409 ◎隔蓂記　第五（［校註］・鳳林承章［原著］、鹿苑寺）※鹿苑寺住持鳳林承章自筆日記。萬治四年（1661）正月~寛文四年（1664）十二月。七条道場金光寺等の時衆関係記事あり。→赤松俊秀 199703E
196705 ◎日本仏教史Ⅱ中世編（赤松［監修］、法藏館）
196707 ◎隔蓂記　第六（［校註］・鳳林承章［原著］、鹿苑寺）※鹿苑寺住持鳳林承章自筆日記。寛文五年（1665）正月~寛文八年（1668）六月。七条道場金光寺等の時衆関係記事あり。→赤松俊秀 199703F
197001 ：序（望月［編］『時衆年表』角川書店）※実質望月単著
197509 ：一遍眞の生涯とその宗教について（望月信成［編集擔當］『一遍聖繪』角川書店［新修　日本繪卷物全集第11巻］）※←赤松俊秀 196007
198412 ：一遍上人の時宗に就て（橘俊道・今井雅晴［編］『一遍上人と時宗』吉川弘文館［日本仏教宗史論集 10］）
※←赤松俊秀 195708 ①←赤松俊秀 194401
199703A ◎隔蓂記　第一（赤松［校註］・鳳林承章［原著］、思文閣出版）※←赤松俊秀 195811
199703B ◎隔蓂記　第二（赤松［校註］・鳳林承章［原著］、思文閣出版）※←赤松俊秀 195908
199703C ◎隔蓂記　第三（赤松［校註］・鳳林承章［原著］、思文閣出版）※←赤松俊秀 196008

199703D	◎隔蓂記　第四（赤松［校註］・鳳林承章［原著］、思文閣出版）※←赤松俊秀 196101	
199703E	◎隔蓂記　第五（赤松［校註］・鳳林承章［原著］、思文閣出版）※←赤松俊秀 196409	
199703F	◎隔蓂記　第六（赤松［校註］・鳳林承章［原著］、思文閣出版）※←赤松俊秀 196707

秋川仏教会設立五十周年記念事業委員会（※東京都秋川市〈現あきる野市〉）
199805　◎無漏西游―秋川の寺々（同委員会）※舘谷正光寺の項あり

秋里　籬島（※山城國洛内〈現京都市〉・読本作家。生歿年月日不詳〈江戸中～後期〉）
199903　◎近江名所図会（秦石田・秋里［著］、臨川書店）
　　　※巻之四に「蓮華寺」の項あり、俯瞰図掲載。←元版：文化十一年（1814）
200103　◎新訂・東海道名所図会［上］京都・近江・伊勢編（秋里［原著］・粕谷宏紀［監修］、ぺりかん社［新訂・日本名所図会集１］）※「世喜寺」「今時宗」とあり。関寺長安寺）の項あり。カバー絵標柱：東山長楽寺・東山雙林寺。←元版：寛政九年（1797）
200107　◎新訂・東海道名所図会［中］尾張・三河・遠江編（秋里［原著］・粕谷宏紀［監修］、ぺりかん社［新訂・日本名所図会集２］）※「浄瑠璃姫墳」（矢作誓願寺。ただし「浄土宗誓願寺」と表記）、「丸山」（福田寺。現在、安西寺に合併）の項あり
200111　◎新訂・東海道名所図会［下］駿河・伊豆・相模・武蔵編（秋里［原著］・粕谷宏紀［監修］、ぺりかん社［新訂・日本名所図会集３］）※「藤沢山無量光院清浄光寺」の項あり、図版：同寺境内図・小栗堂

秋月　俊也（※〈京都市下京区・株式会社〉法藏館編集部員）
200700　○南北朝期の時衆について―七祖託何を中心に―（修士論文）
　　　※龍谷大学大学院文学研究科国史学専攻、2006年度
200903　○遊行僧と竜神（一）（『寺社と民衆』第５特別号、民衆宗教史研究会〈岩田書院［発売］〉）
　　　※『聖絵』竜神伝承に言及
201003　○【書評】其阿弥覚『謎のごあみ』（民衆宗教史研究会編修委員会［編修］『寺社と民衆』第六輯、同会出版局〈岩田書院［発売］〉）※←其阿弥覚 200911 を書評
201103　○【研究ノート】遊行僧と竜神（二）（民衆宗教史研究会編修委員会［編修］『寺社と民衆』第七輯、同会出版局〈岩田書院［発売］〉）※遊行７代他阿託何の竜神伝承に言及
201203　○【書評】家田足穂『「捨てる」という霊性―聖フランシスコと一遍上人―』（民衆宗教史研究会編修委員会［編修］『寺社と民衆』第八輯、同会出版局〈岩田書院［発売］〉）※←家田足穂 201012 を書評
201204　：○時衆研究への提言（『無為　無為』第23号、日本史料研究会）

秋本　吉郎（※大阪経済大学経済学部教授。1910-1960）
195409　：○風土記伝来考（大阪経大学会［編］『大阪経大論集』第11号、大阪経済大学）

秋山　寛治（※〈静岡市葵区・株式会社〉唐木屋薬局第５代店主）
197102　：○静岡安西寺の記（金井清光［編集］『時衆研究』第四十六号、金井私家版）

秋山　敬（※武田氏研究会会長。元山梨県教育委員会学術文化課県史編さん室室長。1946-2011/5/23）
198802　：○穴山氏の武田親族意識―南松院蔵大般若経の奥書の全容紹介を兼ねて―（『武田氏研究』創刊号、同会）
　　　※→秋山敬 200304 ⑦
199112　：○上杉禅秀の乱後の甲斐国情勢（佐藤八郎先生頌寿記念論文集刊行会［編］『戦国大名武田氏』名著出版）
　　　※逸見信経の法名は大阿。逸見豊前守信有は甲府一蓮寺に土地寄進。神奈川・栃木の県史に載る「別願寺文書」を引用、『一蓮寺過去帳』も引用。→秋山敬 200304 ①
199405　：○戦国商人末木氏の系譜について（『武田氏研究』第十三号、同会）※甲府一蓮寺の塔頭の一つとみられる「梅庵」の老僧に宛てた同寺文書を引用し、年表備考欄に「一蓮寺境目事件」と命名し記載。→秋山敬 200304 ⑪
199607　：○一蓮寺　「一蓮寺過去帳」は中世史研究の貴重な資料（磯貝正義［編集顧問］『定本・甲斐百寺』郷土出版社）※単色写真ネーム：「本堂」「一蓮寺の黒門」「本尊」「紙本著色渡唐天神像」「一蓮寺過去帳」
199608　：○一蓮寺過去帳にみえる合戦記事（『甲斐路』第85号、山梨郷土研究会）
　　　※過去帳に記載された甲府一蓮寺僧の陣僧としての役割の解明に重点をおく。→秋山敬 200304 ④
199710　：○当国守護武田伊豆千代と国主武田五郎信長（『武田氏研究』第十八号、同会）
　　　※山梨県塩山市熊野神社棟札にみえる当国守護武田伊豆千代と国主武田五郎信長が信昌であることを検証することに主眼をおく。『一蓮寺過去帳』を引用。→秋山敬 200304 ②
199806　：○一蓮寺門前町の成立（『武田氏研究』第十九号、同会）※→松田拓也 199908 引用。→網野善彦 200303 紹介
199903　：○武川衆と白山城（白山城跡学術調査研究会［編］『白山城総合学術調査報告書　白山城の総合研究』韮崎市教育委員会）
　　　※白山城との関係に重点をおく。本文・註で山梨県 200105 所掲『一蓮寺過去帳』を引用。→秋山敬 200304 ⑨
200012　：○中世の動乱と甲斐（飯田文弥［編］『甲斐と甲州街道』吉川弘文館［街道の日本史 23］）※甲府市一蓮寺・須玉町（現北杜市）長泉寺・御坂町（現笛吹市）称願寺・富士吉田市西念寺に言及、一蓮寺門前町図掲載

あ行

200103 ：○新府城と武川衆―逸見路との関係を中心に―（韮崎市教育委員会［編］『新府城と武田勝頼』新人物往来社）
※『一蓮寺過去帳』『遊行二十四祖御修行記』を引用。→秋山敬 200304 ⑩
200203 ：○日向大和守の系譜（『武田氏研究』第二十五号、同会）
※河野憲善 197912B ⑱所収『遊行二十四祖御修行記』を引用し、遊行 24 代不外を信濃まで迎えに行った日向図書助兄弟に言及し、若神子長泉寺や一遍にも言及。→秋山敬 200304 ⑧
200206 ：○政権を執る（笹本正治・萩原三雄［編］『定本武田信玄―21 世紀の戦国大名論』高志書院）
※←山梨県 200105 所収『一蓮寺過去帳』を本文・註で引用。→秋山敬 200304 ⑥
200303 ：○跡部氏の強盛と滅亡の背景（『武田氏研究』第二十七号、同会）
※←山梨県 200105 所収『一蓮寺過去帳』を本文・註で引用。→秋山敬 200304 ③
200304 ◎甲斐武田氏と国人―戦国大名成立過程の研究（高志書院）
：①上杉禅秀の乱後の甲斐国情勢―逸見信経の法名は大阿。逸見豊前守信有は甲府一蓮寺に土地寄進。神奈川・栃木の県史に載る「別願寺文書」を引用、『一蓮寺過去帳』も引用。←秋山敬 199112
：②武田信昌の守護補任事情※『一蓮寺過去帳』を引用。秋山敬 199710 は塩山市熊野神社棟札に見える当国守護武田伊豆千代と国主武田五郎信昌が信昌であることを検証する事に主眼をおいていたので、跡部氏討伐の契機となった信昌の守護補任時期の解明に重点を移し、信昌の行動や結論部分に大幅加筆し、改題
：③跡部氏の強盛と滅亡の背景※←山梨県 200105 所収『一蓮寺過去帳』を本文・註で引用。←秋山敬 200303
：④『一蓮寺過去帳』合戦記事にみる武田氏と国人
※←秋山敬 199608 では過去帳に記載した甲府一蓮寺僧の陣僧としての役割の解明に重点をおくが、入帳記録の変遷から武田氏と国人との抗争の関係の変化を明らかにすることに意を用いて全面改稿・改題
：⑤国人領主逸見氏の興亡※←本文・註で山梨県 200105 所収『一蓮寺過去帳』を引用。今井流逸見氏の系図中、安芸守信満の子で今井信景の弟に「弥阿弥陀仏」あり。新稿
：⑥武田氏の国人被官化過程と政権意識※←本文・註で山梨県 200105 所収『一蓮寺過去帳』を引用。←秋山敬 200206「政権を執る」中の「武田氏の国人克服過程」の部分を一部改稿し改題
：⑦穴山氏の武田親族意識―南松院蔵大般若経の奥書の全容紹介を兼ねて―
※『一蓮寺過去帳』を引用。←秋山敬 198802 の字句を修正し、補註を付加
：⑧日向大和守の系譜※←河野憲善 197912B ⑱所収『遊行二十四祖御修行記』を引用、遊行 24 代不外を信濃まで迎えに行った日向図書助兄弟に言及し、若神子長泉寺や一遍にも言及。←秋山敬 200203 一部補訂
：⑨武川衆の武田筋支配―青木・山寺氏と白山城との関係を通して―
※←山梨県 200105 所収『一蓮寺過去帳』を本文・註で引用。←秋山敬 199903 が白山城との関係に重点をおいていたのを、武川衆の在地支配に焦点を合わせるよう一部改稿するとともに註を附し改題
：⑩武川衆と新府城―逸見路との関係を中心に―
※『一蓮寺過去帳』『遊行二十四祖御修行記』を引用。←秋山敬 200103 補訂・改題
：⑪戦国商人末木氏の系譜※甲府一蓮寺の塔頭の一つとみられる「梅庵」の老僧に宛てた同寺文書を引用し、年表備考欄に「一蓮寺境目事件」と命名し記載。←秋山敬 199405 を一部補訂し改題
200308 ◎歴史の旅　武田信玄を歩く（吉川弘文館［歴史文化ライブラリー 160］）
※甲府一蓮寺・黒駒称願寺に言及。写真・図版：一蓮寺西門・「『一蓮寺過去帳』永正 5 年条」
201006 ：○塔頭数の変遷からみた一蓮寺（『武田氏研究』第四十二号、同会）

秋山　哲雄（※国士舘大学文学部准教授）
201001 ：○都市鎌倉（高橋慎一朗［編］『鎌倉の世界』吉川弘文館［史跡で読む日本の歴史 6］）
※「Ⅰ　政治・経済」の「一」。『一遍聖絵』に言及。単色図版ネーム：「一遍と北条時宗（『一遍聖絵』）」。肩書き：「国士舘大学文学部専任講師」
201311 ：○得宗専制（高橋典幸［責任編集者］『週刊　朝日百科』2013 年 11 月 17 日号＝『週刊　新発見！日本の歴史』20号『鎌倉時代 3　対モンゴル戦争は何を変えたか』、朝日新聞出版）※カラー図版ネーム：「北条時宗」・同キャプション末尾：「『一遍上人絵伝』から。国宝。清浄光寺（遊行寺）蔵」

秋山　光和（※東京大学名誉教授。元東京国立文化財研究所（現東京文化財研究所）美術部第一研究室長。1918/5/17-2009/3/10）
196808 ◎絵巻物（小学館［原色日本の美術 8］）※『聖絵』あり。←秋山光和 198011
197502 ◎絵巻物（小学館［ブックオブブックス　日本の美術 10］）※『聖絵』あり
198011 ◎絵巻物（小学館［改訂版原色日本の美術 8］）※『聖絵』あり。←秋山光和 196808

秋山　富男（※肩書き：「時宗文化財専門委員会委員長・滋賀県長浜市阿弥陀寺住職」）
201303 ：○史料紹介　菅浦総寺阿弥陀寺と菅浦文書について（一）（『時宗教学年報』第四十一輯、時宗教学研究所）
201403 ：○史料紹介　菅浦惣寺阿弥陀寺と菅浦文書について（二）（『時宗教学年報』第四十二輯、時宗教学研究所）

秋山　正美（※元（東京都新宿区・有限会社）新世紀書房（現廃業）代表取締役社長。1929/2/10-2001/10/1）
200005 ◎仏事・仏具ハンドブック（藤井正雄［監修］・秋山［著］、雄山閣出版）※「第Ⅲ部　戒名・法名・俗名と位牌」

「5 仏教各宗派から生まれた特色ある法名」に、「時宗の「阿号」「弌号」と日蓮宗の「日号」」の項あり

秋山　文善（※兵庫荷松院第3世住職。元滿洲國〔現中华人民共和国东北〕開教師。故人）
196406　：○踊躍念仏儀の構成（金井清光［編集］『時衆研究』第六号、金井私家版）
196502　：○七調磬の合喚磬について（金井清光［編集］『時衆研究』第十号、金井私家版）
196708　：○六時衆の行儀（金井清光［編集］『時衆研究』第二十五号、金井私家版）
196710　：○六時衆の行儀㈡礼讃声明（金井清光［編集］『時衆研究』第二十六号、金井私家版）
197202　：○金磬について（金井清光［編集］『時衆研究』第五十一号、金井私家版）
198103　：○踊躍念仏儀について（『時宗教学年報』第九輯、時宗教学研究所）

アキヨシカズタカ（※漫画家。本名：秋吉一尚）
201301　：◎MFコミックス　フラッパーシリーズ　げんつき①　相模大野女子高原付部（メディアファクトリー）
　　　　　※「第二輪　相模原市原当麻」で一遍所縁の相模原市南区当麻、遂退の泉に言及

浅井　成海（※龍谷大学名誉教授・福井県敦賀市浄光寺〔浄土真宗本願寺派〕住職。1935-2010/6/6）
198003　：○証空における神祇の問題（日本印度學佛教學會［編集］『印度學佛教學研究』第二十八巻第二號〔通巻第56號〕、同會）※一遍に言及、一遍の神祇観の源流は証空にあるのではないかと推論

朝尾　直弘（※〔京都市左京区・住文グループ〕住友史料館監修・京都橘女子大学〔現京都橘大学〕名誉教授・京都大学名誉教授）
199611　：◎角川日本史辞典　新版（朝尾・宇野俊一・田中琢［編］、角川書店）

浅香　勝輔（※日本生活文化史学会顧問・日本葬送文化学会名誉会員。元日本大学理工学部教授）
198306　：◎火葬場（浅香・矢木澤壮一［共著］、大明堂）※七条道場火屋、市屋道場に言及

浅香　年木（※金沢女子大学〔現金沢学院大学〕文学部教授。元石川工業高等専門学校教授。1934/3/6-1987/4/25）
198804　：◎中世北陸の社会と信仰──北陸の古代と中世 3（法政大学出版局［叢書・歴史学研究］）

浅黄　三治（※元〔山形県西村山郡〕河北町史編纂委員）
199303　：○遊行聖の往来と時宗教線の拡大（『村山民俗』第6号、村山民俗の会）※一向派が主題

朝倉　薫（※〔岩手県奥州市・市立〕えさし郷土文化館館長）
200306　：◎一遍上人の生涯　時宗の開祖（伯済寺）

朝倉　喬司（※ノンフィクション作家。元ベトナム反戦直接行動委員会活動家。1943/6/23-2010/11）
200709　：○湘南縁起譚─辺界から見た鎌倉時代の飛躍力（『歴史の中の聖地・悪所・被差別民　謎と真相』新人物往来社〔別冊歴史読本80〔32巻28号〔通巻773号〕〕〕）※一遍および『一遍聖絵』に言及し、単色図版ネーム：「踊り念仏の様子「一遍上人絵伝」（東京国立博物館蔵）」。肩書きは「ノンフィクション作家、評論家」

朝倉　治彦（※元四日市大学経済学部教授、元国立国会図書館司書・『参考書誌研究』初代編集責任者。1924-2013/8/15）
200110　：○『開帳差免帳』細目（稿）（国立国会図書館専門資料部［編集］『参考書誌研究』第55号、同會）※旧幕引継書中の『開帳差免帳』細目。第一冊の享保十九年（1734）に「京五条御影堂新善光寺惣代桑林房・善光房」、寛保元年（1741）に「藤沢清浄光寺末相州鎌倉郡十二所村光触寺」、寛延二年（1748）に「常陸国鹿島神向寺村　時宗　神向寺」、第二冊の宝暦八年（1758）に「常州真壁郡海老ヶ島　時宗　新善光寺」、第三冊の天明三年（1783）に「奥州会津　時宗　西光寺、病気ニ付代恵明」、第八冊の嘉永五年（1852）に「三州碧海郡矢作村光明寺村　時宗　良心」、翌六年（1853）に再び「三州碧海郡矢作村　時宗　光明寺」、翌七年（1854 ＝安政元年）に「常州茨城郡向井村　時宗　神応寺」、翌安政二年（1855）に再び「常州茨城郡向井村　時宗　神応寺」あり

浅田　芳朗（※〔兵庫県〕姫路市文化財審議委員、元早稲田大學文學部史学科初代助手。1909-故人）
196109　：○中世播磨の念仏衆（『兵庫史學』第二十七号、同会）

淺湫　毅（※京都国立博物館学芸部保存修理指導室室長）
200001　：①長楽寺の時宗祖師像と七条仏師
　　　　　：図版解説（以上、京都国立博物館［編］『特別陳列◆旧七条道場金光寺開創七〇〇年記念長楽寺の名宝』同館）※2000/10/12-11/12 於同館、特別陳列図録
200101　：○よみもの№30「あなたは誰ですか？」（『京都国立博物館だより』2001年1月号、同館）※一条道場迎称寺伝来の同寺開基伝一鎮像について、「託何の可能性がかなり高い」とする薄井和男200008の見解に対し、呑海の可能性を示唆
200103　：○七条仏所による時宗祖師像制作の初期の様相について─迎称寺・伝一鎮上人坐像と長楽寺・真教上人倚像をめぐって─（『学叢』第23号、京都国立博物館）※一条道場迎称寺に伝来の同寺開基伝一鎮像について、「託何の可能性がかなり高い」とする薄井和男200008の見解に対し、呑海の可能性を示唆。口絵ネーム：「伝一鎮上人坐像　迎称寺蔵」同「頭部正面」「頭部左側面」「背面」「右側面」、「真教上人倚像　長楽寺蔵」同「頭部正面」「頭部左側面」「背面」「右側面」、本文中に「一鎮上人坐像（長楽寺）」同「背面」「右側面」、の各単色写真掲載。同館の金井杜男［撮影］。→井上聡200110 文献案内・藤原重雄200110 紹介
200510　：①特論　伝統の継承─最澄自刻の薬師と円仁請来の阿弥陀
　　　　　※「最澄自刻像という伝承をもつ」東山雙林寺の秘仏本尊、国重要文化財指定薬師如来坐像に言及

：②図版解説※東山雙林寺の秘仏本尊、国重要文化財指定薬師如来坐像（以上、京都国立博物館・東京国立博物館［編］『天台宗開宗一二〇〇年記念　最澄と天台の国宝』読売新聞社）※ 2005/10/8-11/20 於京都国立博物館（特別展示館）、2006/3/28-5/7 於東京国立博物館、同展図録。→ 200603 第二刷

朝野　倫徳（※根本阿弥陀寺副住職・時宗教学研究所研究員・なあむ・サンガ〈旧南無の会青年部〉代表）

200008　：○時宗の葬儀・法事（『人法輪』平成十二年八月号［第 67 巻第 8 号］［特集‖葬儀・法事を知るために］、大法輪閣）

200104　：○時宗の信（『大法輪』平成十三年四月号［第 68 巻第 4 号］、大法輪閣）

200109　：○時宗と阿弥陀如来（『大法輪』平成十三年九月号［第 68 巻第 9 号］、大法輪閣）

200110　：○時宗の名句・箴言《三句》（『大法輪』平成十三年十月号［第 68 巻第 10 号］、大法輪閣）

200710　：○だれでもわかる時宗入門①捨聖・一遍の生涯（捨聖／一遍／一遍の出家／一遍、独自の原点／一遍、再び俗を捨てる／旅立つ一遍と超一の物語）（『大法輪』平成十九年十月号［第 74 巻第 10 号］［特集‖道元の言葉　『正法眼蔵随聞記』］、大法輪閣）※目次は「（一）」。単色写真ネーム：「一遍（松山市道後・宝厳寺蔵）」。肩書き：「遊行寺・時宗教学研究所研究員、なあむ・サンガ（旧南無の会青年部）代表」

200711　：○だれでもわかる時宗入門②一遍の「信」について（一遍、とまどいの中／遊行と賦算／一遍、ついに成道す／「信」とは何か）（『大法輪』平成十九年十一月号［第 74 巻第 11 号］［特集‖知っておきたい　仏教とお寺のしきたり］、大法輪閣）

　　　　　※目次は「（2）」。肩書き：「遊行寺・時宗教学研究所研究員、なあむ・サンガ（旧南無の会青年部）代表」

200712　：○だれでもわかる時宗入門③一遍の思想について（一遍、俗の権威と対峙す／王法と仏法／花に問え）（『大法輪』平成十九年十二月号［第 74 巻第 12 号］［特集‖真理への道　ブッダの名句・名言］、大法輪閣）

　　　　　※目次は「（3）」。肩書き：「遊行寺・時宗教学研究所研究員、なあむ・サンガ（旧南無の会青年部）代表」

200801　：○だれでもわかる時宗入門④一遍という生き方（野にすてて、けだものにほどこすべし／一遍の凱旋／霊験の聖、一遍／一遍の本音／大いなる風、一遍）（『大法輪』平成二十年一月号［第 75 巻第 1 号］［特集‖宗教の祈りと願い］、大法輪閣）※目次は「（4）」。肩書き：「茨城・遍照山阿弥陀寺副住職」

200806　：○一遍と時宗（一遍はどんな人物か／時宗の歴史とは／時宗の本山はどこか）（『大法輪』平成二十年六月号［第 75 巻第 6 号］［特集‖知っておきたい仏教の常識］、大法輪閣）

　　　　　※単色図版：「一遍（愛媛・宝厳寺蔵）」。肩書き：「茨城・阿弥陀寺副住職。時宗教学研究所研究員」

201001　：○時宗（時宗が説く仏教的生き方／現代人へのメッセージ）（『大法輪』平成二十二年一月号［第 77 巻第 1 号］［特集‖仏教各宗の教えと生き方］、大法輪閣）

　　　　　※単色図版ネーム：「『一遍聖絵』に描かれた一遍」。名前読み：「りんとく」。肩書き：「時宗教学研究所　研究員、なあむ☆サンガ（旧南無の会青年部）代表、茨城・遍照山阿弥陀寺　副住職」カ

201401　：○時宗（『大法輪』平成二十六年一月号［第 81 巻第 1 号］［特集‖これでわかる日本仏教 13 宗］、大法輪閣）※肩書き：「時宗遍照山阿弥陀寺副住職」

麻原　美子（※日本女子大学名誉教授。元聖徳大学人文学部教授）

196903　：○平家物語と高野圏─説話と管理圏を問題として─（佐々木八郎博士古稀祝賀記念事業会編集委員会［編］『軍記物とその周辺』佐々木八郎博士古稀記念論文集、早稲田大学出版部）

200605　：○新刊紹介・松尾葦江編『海王宮壇之浦と平家物語』（『国文学　解釈と鑑賞』第 71 巻 5 号［平成 18 年 5 月号］（900）［特集　説話・物語の異空間］、至文堂）

　　　　　※同書所収砂川博 200510A について、同寺「中興開山命阿以来四代を時宗尼寺とする伝承に疑義を呈し」、「伝承の来由を応永期以降の教線活動の活潑化の営為に想定」と評す。肩書き：「聖徳大学教授」

朝日カルチャーセンター（大阪市北区・株式会社・株式会社朝日新聞社大阪本社内）

199712　：◎朝日カルチャーセンターらうんじ '98 ／ 1 月号（同センター）※「謹んでご冥福をお祈りします」「望月先生最後の『一遍』講座」の京都極楽寺住職望月宏二の訃報・追悼記事

朝日新聞学芸部（※東京都中央区・株式会社朝日新聞社東京本社内）

199410　：◎中世の光景（同部［編］、朝日新聞社〔朝日選書 512〕）

朝日新聞社（※東京都中央区・株式会社）

198807　：◎日本の歴史　別冊　歴史の読み方 1　絵画史料の読み方（同社〔週刊　朝日百科〕）

199311　：◎日本の歴史　別冊 10　中世を旅する人々　「『一遍聖絵』とともに」（同社〔週刊　朝日百科〕）

199411　：◎朝日日本歴史人物事典（同社［編］、同社）※項目執筆

　　　　　：○山折　哲雄：一遍
　　　　　：○救仁郷秀明：円伊
　　　　　：○松岡　心平：観阿弥
　　　　　：○勝浦　令子：空也
　　　　　：○沢井　耐三：心敬

|　　　　：○松岡　心平：世阿弥
|　　　　：○林　　　淳：他阿
|　　　　：○林　　　淳：山崎弁栄
|　　　　：○上田さち子：良尊
|　　　　：○上田さち子：良忍

あ行

199711	⊙日本の国宝 9 巻 41 号［1997年11月30日号］《国所蔵／東京国立博物館一　絵画》（同社〔週刊　朝日百科〕）※図版：『聖絵』巻七
199807	⊙日本の国宝 9 巻 73 号［1998年7月19日号］《京都／三宝院　法界寺　歓喜光寺》（同社〔週刊　朝日百科〕）
199811	⊙日本の国宝 9 巻 88 号［1998年11月1日号］《神奈川県／鶴岡八幡宮　清浄光寺　川端康成記念会　常葉山文庫》（同社〔週刊　朝日百科〕）
200005	:□「まなぶおしえるきわめる」欄（『朝日新聞』同月21日号、同社）※関東短大・高木侃ゼミ「庶民の『三下り半』研究」。縁切寺満徳寺に言及
200009	:□「鎌倉彫名品展―古典から近代鎌倉彫まで」（中）（『朝日新聞』第2神奈川版同月13日号、同社）※四条道場金蓮寺蔵「屈輪文大香合。薄井和男［解説］
200101	:□多様化進む時代小説　近・現代の根っこ凝視（潮流・文芸　1月）（『朝日新聞』「朝刊文化」欄同月28日号、同社）※第23面。3冊紹介記事の3冊目が畑山博 200012（『一遍　癒しへの漂泊』）。白石明彦［署名記事］
200211	:□一遍聖絵　臨終場面、下絵は涅槃図（『朝日新聞』同月26日号、同社）※第1面カラー記事
200301	:□妻側からの「離縁状」　江戸の法制下でも（『朝日新聞』同月10日号、同社）※徳川満徳寺に言及
200305	⊙週刊　日本遺産 29 号［2003年5月18日号］《紀伊山地の霊場と参詣道》（同社〔朝日ビジュアルシリーズ〕）
	：○栗田　　　勇：蟻の熊野詣※カラー図版：「一遍上人絵伝」巻1
200308	⊙週刊　日本遺産 43 号［2003年8月24日号］《松島》（同社〔朝日ビジュアルシリーズ〕）
	：○大石　直正：人々が憧れた東北の霊場※カラー図版：真光寺蔵「一遍上人絵伝」
200401	⊙一遍　捨ててこそ救われる（同社〔週刊　朝日百科　仏教を歩く 12 号［2004年1月4・11日号］］）※カラー表紙ネーム：「神奈川・藤沢市にある時宗総本山・清浄光寺の踊り念仏の鉦」。カラー表紙口絵：奥谷宝厳寺蔵「一遍上人立像」。図版は全カラー
	：○栗田　　　勇：すべてを捨てよと説いた孤高の遊行僧
	※カラー写真・図版：東山長楽寺蔵「一遍上人立像」、「一遍上人絵伝」2巻2段・3巻1段・7巻2段
	：○「イラスト　一遍交遊録」
	：○今井　雅晴：一遍　教えの広がり　代々の「遊行上人」が発展させた時宗
	：①一遍のあゆみ※年表
	：○今井　雅晴：一遍のことば　すべてを捨てた一遍の真実
	※カラー写真・図版：宝厳寺蔵「一遍上人立像」、「一遍上人絵伝」12巻1段・7巻3段
	：②編　集　部：一遍ゆかりの旅　善光寺※カラー図版：「一遍上人絵伝」1巻3段
	：③清浄光寺（遊行寺）
	：④一遍遍歴図
	：○今井　雅晴：[仏教　見る・聞く・ふれる]「捨聖」一遍の"もう一つの貌"　ゆかりの旅　別府編
	：○栗田　　　勇：名僧の遺産　一遍上人絵伝［国宝］　清浄光寺・歓喜光寺／東京国立博物館　表情の変化から読み取る一遍の心※カラー図版：2巻2段・7巻3段・12巻1段
	：○梅原　　　猛：梅原猛の新「授業・仏教」第12講　一遍」こだわりの心を捨て念仏と旅に生きる
200402	⊙空也・源信　念仏で浄土へ（同社〔週刊　朝日百科　仏教を歩く 19 号［2004年2月29日号］］）※以下、関連する内容のみ掲示。写真は全カラー。目次口絵：「空也上人像（部分）」（※空也堂（極楽院光勝寺）蔵）
	：○速水　　　侑：空也・源信とはどんな人？　末法が迫る世、念仏の功徳を説く※一遍に言及。関連カラー図版ネーム：「空也上人絵詞伝（※京都・空也堂（極楽院光勝寺）蔵）」
	：①イラスト　空也・源信交友録※一遍に言及
	：○池見　澄隆：空也・源信　教えの広がり―日本人の死生観や来世観を形成し、広く深く浸透※一遍に言及
	：②空也のあゆみ※年表。カラー写真ネーム：「八葉寺（福島県河東町）空也堂の空也像」「11月第2日曜に行われる京都の空也堂（極楽院光勝寺）開山忌」
	：○池見　澄隆：空也・源信のことば　「念仏」が極楽往生への手段※関連カラー写真ネーム：「『歓喜踊躍念仏和讃』（※京都・空也堂（極楽院光勝寺）伝来の版木から刷ったもの）」「空也堂への入り口」「空也堂（極楽院光勝寺）に安置の空也像」「光格天皇御焼香行列図」（※京都・空也堂（極楽院光勝寺）蔵）中の空也僧）」
	：○神崎　宣武：[仏教　見る・聞く・ふれる―空也]地霊を鎮める踊り念仏
	※一遍・「一遍上人絵伝」に言及。カラー写真ネーム：「八葉寺の「空也念仏踊り」」「空也上人絵詞伝（※京都・空也堂（極楽院光勝寺）蔵）」に描かれた踊り念仏

あ行

　　　　　　：○梅原　　猛：梅原猛の新「授業・仏教」第19講　空也・源信　浄土教を発展させた行動の人と理論の人
200709　　⊙大念仏寺・清浄光寺　念仏信仰の法脈を受け継ぐ寺院（同社［週刊　朝日ビジュアルシリーズ　仏教新発見13号［2007年9月16日号］］）※カラー表紙写真下半分：藤沢清浄光寺に伝わる「踊り念仏」。写真は全カラー
　　　　　　：○伊藤　唯真：集団念仏の源流と発展　融通念仏宗から浄土宗、時宗へ
※小見出し：「空也を敬慕した一遍の登場」。カラー図版：「踊り念仏の始まり」として『一遍聖絵』巻4第5段、「一遍上人」として清浄光寺蔵、を各掲載。肩書き：「京都文教短期大学学長」
　　　　　　：①《いまに続く一遍上人の踊り念仏の教えを読む》※カラー扉写真：「一遍上人像」清浄光寺本堂前
　　　　　　：○林　　　温：清浄光寺新発見　『一遍聖絵』を読み解く　裸だった一遍が服を着せられたのはなぜか？（当時の風俗を知る貴重な資料／改変された「臨終場面」／高度な教養を持つ階層の嗜好）
※文中の『一遍聖絵』カラー図版：「一遍と踊り念仏」巻7第3段・「伊予・窪寺の田園風景」巻1第4段・「服を着せられた一遍」巻4第1段・「臨終場面の改変」巻12第3段、およびエミシオグラフィというX線写真の「氷紋と水波の描写」巻5第4段、カラー写真ネーム：「中雀門の桜」。肩書き：「慶應義塾大学教授」
　　　　　　：○菅根　幸裕：清浄光寺新発見　百名余で国を巡った近世の遊行上人（他宗派とは逆の布教形態／巨額になった応募費）※カラー写真ネーム：「「一つ火」の法要」、「阿弥陀如来坐像」（清浄光寺本尊）、「薄念仏会」「秋季開山忌の「踊り念仏」。肩書き：「千葉経済大学教授」
　　　　　　：○高野　　修：宝物鑑賞　時宗信徒の想いを受け継ぐ（「後醍醐天皇御像」由来の謎／盗難で失われた正本）※カラー図版・写真ネーム：「後醍醐天皇御像」「時衆過去帳」「一遍上人縁起絵」「熊野垂迹西国三十三観音像」「一向上人像」。肩書き：「時宗宗学林講師」
　　　　　　：○他阿　真円：一言法語　「宗教は体験なり」を確信させた他力不思議の名号（念仏を称えながらの母の看護／大きな慈悲の手に抱かれて）※カラー近影付。肩書き：「遊行七四代上人」
　　　　　　：②清浄光寺年表
　　　　　　：○林　　　譲：名僧列伝　一遍／他阿真教／呑海／普光　お札を賦って念仏を広めた遊行上人たち
※小見出し：「「他阿」の名を襲名する遊行上人」。カラー図版ネーム：「他阿真教上人像」（清浄光寺蔵）。肩書き：「東京大学史料編纂所教授」
　　　　　　：③清浄光寺歳時記　藤沢・遊行寺の憩い
※カラー写真ネーム：「大銀杏と本堂」「いろは坂」、「菖蒲園」は遠山元浩［写真］
　　　　　　：④主な年間行事
　　　　　　：⑤清浄光寺を歩こう※カラー写真ネーム：「黒門とも呼ばれ親しまれている清浄光寺の惣門」
　　　　　　：⑥ココ行ってみよう※カラー写真ネーム・キャプション：「境内裏手の細い登り坂の途中にある宇賀神社。開運弁財天よもお金を洗うことで財福を招くと信仰されてきた」。遠山元浩［写真］
　　　　　　：⑦清浄光寺インフォメーション
　　　　　　：○藤堂　憶斗：役に立つ宗派のQ＆A　融通念仏宗と時宗は、他の宗派とどう違うのですか※藤堂［構成］
　　　　　　：⑧今すぐ読みたいブックガイド※←梅谷繁樹 200509・今井雅晴 200403 を挙げ
201404A　　：□香具師の芸をたどって9（『朝日新聞』夕刊同月10日号、同社）
※第2面。カラー写真ネーム・キャプション：「関西を中心にまわる「家相師」の能木留子さん。柔らかな口調の説明に、思わず引き込まれる＝2013年8月、滋賀県長浜市の木之本地蔵院」。小泉信一［文と写真］
201404B　　：□「遊行かぶき」代表2作収録（『朝日新聞』第2神奈川版同月19日号、同社）※標記の大見出しのほか中見出し：「「さんせう太夫」「しんとく丸」に解説」「藤沢の白石征さん　17年ぶり新刊」。単色写真ネーム・キャプション：「「母恋地獄めぐり」を出版した白石征さん」「「さんせう太夫」の一場面＝藤沢市の遊行寺本堂、白石征さん提供」。説経節ゆかりの遊行寺や一遍に言及。山本真男［署名記事］←白石征 201403 を紹介
201412　　：□たたり恐れ？「首塚」残る／東京・大手町の再開発計画（『朝日新聞』同月12日号、同社）※第35面。単色写真ネーム：「ビルの谷間にある「将門の首塚」＝東京都千代田区大手町1丁目」。他阿隆宝染筆の名号塔写る
201507　　：□遊行の盆　藤沢の夏を踊る（『朝日新聞』神奈川版同月25日号、同社）
※2015/7/24-26「藤沢宿・遊行の盆」につき遊行寺に言及。浴衣姿で踊る無ネーム・キャプションの単色写真
201508　　：□「一遍聖絵」全12巻／二度とない？公開（『朝日新聞』第2神奈川版同月11日号、同社）※中見出し：「国宝、藤沢・遊行寺宝物館で今秋」。カラー図版ネーム：「一遍聖絵第5巻から。一遍上人が鎌倉に入ろうとして阻止される場面」「一遍聖絵第6巻から。片瀬で踊り念仏を踊／る場面＝いずれも清浄光寺（遊行寺）提供」。2015/10/10-11/16 於遊行寺宝物館、リニューアルオープン記念展示に関する記事。小北清人［署名記事］
201511　　：□神奈川の記憶⑦一遍聖絵、3館で一挙に公開（『朝日新聞』第2神奈川版同月21日号、同社）
※第24面。大見出し：「鎌倉をのぞく望遠鏡」、中見出し：「無数の人々　喜怒哀楽にあふれ」。単色図版2葉キャプション：「①第6巻第1段「片瀬浜」の場面。屋根のある舞台の上で僧たちが踊り念仏をしている」「⑦第5巻第5段「こふくろさか」の場面。鎌倉に入ろうとする一遍の一行が武士に阻止された」「＝いずれも清浄光寺（遊行寺）蔵」。五味文彦・西岡芳文の談話あり。渡辺延志［署名記事］

朝日新聞出版（※東京都中央区・株式会社・旧朝日新聞社出版局）
201004 ◉国宝の美 34 号（絵画 10 伝記絵巻）「特集・円伊　一遍上人絵伝（一遍聖絵）（清浄光寺、東京国立博物館）」（同社〔週刊　朝日百科［2010 年 4 月 18 日号］〕）※カラー表紙図版ネーム：「一遍上人絵伝　巻七第二段（部分）　円伊　東京国立博物館蔵」。カラー口絵ネーム・キャプション：「一遍上人絵伝　巻四第五段詞書（部分）　絹地が見てとれる。絵巻は一般的には紙本だが、この作品は絹本であり、珍しい。詞書には色替わりや下絵を施すなど、料紙装飾の技法が用いられている。　清浄光寺蔵」。特集扉カラー図版ネーム・キャプション：「巻二第一段（伊予・菅生の岩屋）　一遍が 35 歳のときに参籠した伊予（現・愛媛県）の菅生岩屋。奇峰が連なるダイナミックな景観は、「一遍聖絵」（一遍上人絵伝）の景観描写の中でもひときわ印象深い。山肌に施された太く荒々しい墨皴の表現は、人物や建築物の細密な筆致を極立たせる。　清浄光寺蔵」。カラー折込グラビア：「一遍上人絵伝（一遍聖絵）　円伊」の説明として、「時宗の開祖・一遍の生涯を描いた伝記絵巻。風景描写に優れ、人々の営みが生き生きと表されているうえ、物語の展開も巧みで、高僧伝絵巻の最高峰といえる。絹本で、38 ㌢前後の大形の画面であることなど、絵巻としてはめずらしい形式をとる。」とあり、その裏のカラー図版ネーム・キャプション：「巻七第三段（空也上人の遺跡市屋の道場）　一遍が広めた踊り念仏は、平安時代の念仏聖として著名な空也が、市屋や四条の辻など京都の各地で始めたもの。先達の事跡を崇敬した一遍が市屋の道場で行った踊り念仏には、多くの人々が参集した。その賑わいが活写される。　東京国立博物館蔵」
：○谷口　耕生：一遍への深い追慕のまなざしを込めた絵巻
：○谷口　耕生：［国宝を深く知る］念仏に神々が結縁した絵巻
：○北澤　菜月：国宝探訪　祖師の事跡をかたちにする―高僧伝絵巻の時代
：①無　署　名：国宝を見にゆく　清浄光寺※カラー写真ネーム：「本堂の前に立つ一遍上人像」「中雀門」

朝比奈　修（※大阪芸術大学芸術学部非常勤講師）
201203 ：○大行院文書からみた「鳴物停止令」―大行院文書「解題」にかえて―（『関西大学法学論集』第 61 巻第 6 号、同大学法学会）※←大平聡 199212 を引用し『遊行日鑑』記載の将軍徳川家慶死去にともなう鳴物停止令に言及

浅見　和彦（※成蹊大学文学部教授。元武蔵高等学校教諭）
199704 ◎説話と伝承の中世圏（若草書房〔中世文学研究叢書 4〕）
：①発心集と撰集抄の世界―二つの遁世―
：②撰集抄の新しさ―中世諸芸能との関わりにおいて―
199802 ：○『撰集抄』周辺の文学史（国語と国文學編輯部・東京大學國語國文學會［編輯］『國語と國文學』第七十五巻第二号［1998 年 2 月号］（通巻 890 号）、至文堂）
200102 ：◎徒然草　方丈記　歎異抄―（浅見　冒責任編集］、朝日新聞社〔週刊　朝日百科　世界の文学 9 巻〈日本Ⅱ〉81 号［2001 年 2 月 11 日］〕）※「文学小事典」の「法語」の項に『一遍上人語録』
：①「富から貧へ」声高らかに時代をひっぱるのは、世捨て人たちだった※年表中に一遍あり
：②隠者・高僧・聖たちの日常※カラー図版ネーム：「すべてを捨てる」『破来頓等絵巻』（キャプション：「すべてを捨てよ、何もかも捨てれ」これが一遍すなわち時宗の教えであった）・「風呂」『一遍上人絵伝』
：③一遍と踊り念仏※中央折り込みページカラー図版：『一遍上人絵伝』市屋の場面

浅見　龍介（※東京国立博物館学芸研究部調査研究課東洋室室長）
200604 ：○《修理報告》裾野市願生寺の阿弥陀如来坐像（東京国立博物館［編集］『ＭＵＳＥＵＭ』同館研究誌№ 601、同館）※表紙・口絵に同像カラー、本文に修理前・後・解体中の各同像単色写真掲載。肩書き：「東京国立博物館出版企画室長」

淺山　圓祥（浅山　円祥）（※奥谷宝厳寺第 52 世住職。元薩嶺学園藤沢商業高等学校校長。1911-1976/9/7）
194004 ◎一遍聖繪六條縁起　付一遍上人繪詞傳（山喜房佛書林）※→195208 第二版→197602 改訂増補第三版
：①一遍聖の思想※→淺山圓祥 198702
：②一遍上人の名號思想と其の性格―淨土教に於ける地位―※→淺山圓祥 195112
：③一遍における名號と歸命の關係
195112 ：一遍上人の名號と其の性格―その淨土教に於ける地位―（宮本正尊ほか［編］『印度哲學と佛教の諸問題』宇井伯壽博士還暦記念論文集、岩波書店）※←淺山圓祥 194004 ②
197508 ：○河野通盛と遊行寺―鎌倉末より室町初期を背景にして―（藤沢市文書館［編集］『藤沢市史研究』第 7 号、同館）※→淺山圓祥 197610
197510 ：①開宗七百年記念〝一遍研究〟の刊行に際して
：②一遍における名号と帰命について※→淺山圓祥 198412（以上『時宗教学年報』第四輯、時宗教学研究所）
197602 ：○一遍上人の念仏（『時衆あゆみ』＜一遍の念仏＞、中村昌道私家版）
197610 ：○河野通盛と遊行寺―鎌倉末より室町初期を背景にして―（『時宗教学年報』第五輯、時宗教学研究所）※←淺山圓祥 197508
197705 ：○一遍聖絵について（『遊行上人絵巻展図録』時宗総本山遊行寺宝物館）

あ行

197912A ：①一遍上人語録
　　　　：②播州法語集
　　　　：③一遍上人法門抜書
　　　　：④重利百利講瞽註（以上、時宗開宗七百年記念宗典編集委員会［編集］『定本時宗宗典』上巻、時宗宗務所〈山喜房佛書林［発売］〉）※翻刻と解題
197912B ：①一遍聖繪※翻刻と解題
　　　　：②一遍上人縁起繪※翻刻と解題
　　　　：③一向上人傳※翻刻と解題
　　　　：④合掌私記　付因明用卒都婆梵字※翻刻のみ。淺山・橘俊道［翻刻］
　　　　（以上、時宗開宗七百年記念宗典編集委員会［編集］『定本時宗宗典』下巻、時宗宗務所〈山喜房佛書林［発売］〉）
198006 ◎一遍と時衆―大正大学における講義ノート―（一遍会）
198412 ：○一遍における名号と飯命について（橘俊道・今井雅晴［編］『一遍上人と時宗』吉川弘文館〔日本仏教宗史論集 10〕）※←淺山圓祥 197510 ②
198702 ：○一遍聖の思想（栗田勇［編］『一遍』思想読本、法藏館）※←淺山圓祥 194004 ①

足利　健亮　（※京都大学教養部教授。元大阪府立大学教養部専任講師。1936/12/21-1999/8/6）
199409 ◎京都歴史アトラス（足利［編］、中央公論社）※洛中寺社の変遷地図に時宗寺院掲載

足利　密藏
193212 ：○一遍上人の賦算に就て（『龍谷史壇』第十一號、龍谷大學史學會）

足利　蘆菴
191310 ◎横浜鐵道沿線　探勝遊覽の友（足利蘆菴［編］・足利榮子［編輯］、足利榮子［發行者］・實益社［發行所］）
　　　　※冒頭に大正二年（1913）十月十一日付当麻無量光寺第 62 世住職笹本戒淨書簡あり。「無量光寺」の項あり

蘆田　伊人　（こうた　いひと）（※元化平軍編輯所発行会主任、元東京帝國大學文科大學史料編纂所〈現東京大学史料編纂所〉史料編纂官補。1877/9/28-1960/6/6）
193202 ◎新編會津風土記一（蘆田［編輯］、雄山閣〔大日本地誌大系〕）※若松東明寺の項あり
199804 ◎新編相模国風土記稿・第二版（全七巻）（蘆田［校訂］・圭室文雄［補訂］、雄山閣）※時宗寺院多数

芦屋町教育委員会　（※福岡県遠賀郡芦屋町）
199603 ⊙旧芦屋小学校跡遺跡　中世金台寺跡の調査（同委員会［同町文化財調査報告書第 8 集］）※芦屋金台寺
200003 ◎金台寺過去帳（同委員会［同町文化財調査報告書第 10 集］）※芦屋金台寺

飛鳥　寬栗　（かんりつ）（※元富山県高岡市善興寺〔浄土真宗本願寺派〕住職）
199505 ◎仏教音楽辞典（天納傳中・播磨照浩・岩田宗一・飛鳥［著］、法藏館）※詳細⇒岩田宗一 199505

飛鳥井頼道　（※シリウス・インスティテュート㈱代表取締役。元国土交通審議官。本名・舩橋晴雄）
200310 ：○光琳点描 42「東山衣装競べ　元禄十六年二月三十日」（『WEDGE』15 巻 10 号（通巻 174 号）［2003 年 10 月号］、ウェッジ）※東山重阿弥寮三階奥座敷天井裏での衣装競べ見物を叙述

足助　威男　（あすけ　たけお）（※一遍会顧問。元愛媛県立八幡浜学園〔現廃止〕職員。1920-2003/6/5）
197206 ◎捨聖一遍さん（角川書店）
197506 ◎若き日の一遍（緑地社）
197904 ：○ふるさとの一遍聖―誕生と窪寺―（『伊予史談』第二三三号、同会）
197905 ◎絵本一遍さん（緑地社）→足助威男 199111
198002 ：○一遍と鎌倉武士（『大法輪』昭和五十五年二月号［第 47 巻第 2 号］［特集‖生活に仏教を！］、大法輪閣）
198109 ◎狗奴国は伊予にあった―一遍聖の旅から河野氏と日本の古代を探る―（青葉図書〔一遍会叢書第 4 集〕）
198302 ：○一遍の風土（『文化愛媛』第三号、愛媛県文化振興財団）※ p64-68。→足助威男 198702
198403 ◎遊行ひじり一遍―心の旅人一遍―（栗田勇・橘俊道・足助・越智通敏［著］、愛媛県文化振興財団［歴史シンポジウム 5］）
198502 ◎掌上仏　足助威男作陶集（渡部ヨシ子私家版）※定価 1500 円。→ 200209 第二版
198702 ：○一遍の風土（栗田勇［編］『一遍』思想読本、法藏館）※←足助威男 198302
198910 ：○孤独の旅から踊躍の旅へ（『文化愛媛』第二十二号、愛媛県文化振興財団）
199111 ◎絵本一遍さん（緑地社）※改訂版。←足助威男 197905

阿蘇品保夫　（※熊本県文化財保護審議会会長。元〔同県〕八代市立博物館館長、元同県立美術館学芸課美術専門員）
199503 ：○中世における橋の諸相と架橋（『熊本県立美術館研究紀要』第 7 号、同館）
　　　　※「絵巻の中の橋―「一遍上人絵伝」の考察」の項あり

足立区立郷土博物館　（※東京都足立区）
201210A ◎足立区立郷土博物館だより 63（同館）
　　　　※ 2012/10/20-12/9 於同館、「区制 80 周年記念特別展 足立の仏像―ほとけがつなぐ足立の歴史―」を特集。カラー表紙写真ネーム：「阿弥陀如来立像 14 世紀　東善寺（花畑）」。「特別展仏像・仏画出展一覧」に花畑東善寺「阿

弥陀如来立像（14世紀）」「阿弥陀如来坐像（鎌倉時代）」、伊興応現寺「一遍上人・他阿上人立像（江戸時代）」掲載。特別展関連事業の11/25「仏像見学ウォーキング第一回花畑コース」に東善寺あり

201210B ◎区制80周年記念特別展　足立の仏像—ほとけがつなぐ足立の歴史—（同館）※2012/10/20-12/9於同館、同特別展図録。カラー写真ネーム：「東善寺」（花畑）・同寺「阿弥陀如来立像」「阿弥陀如来坐像」「地蔵菩薩坐像」、「応現寺」（伊興）・同寺「一遍上人・他阿上人立像」等。同館専門員真田尊光［解説］

201303 ◎足立区仏像調査報告書（同館［編］、同館）※花畑東善寺2軀仏像は鎌倉期のものとみられる

厚木市教育委員会（※神奈川県厚木市）

197299 ◎野だちの石造物（同委員会［編］、同委員会［同市文化財調査報告書第13集］）
※当麻無量光寺第52世他阿壼随の石造物に言及

厚木市教育委員会生涯学習部文化財保護課市史編さん係（※神奈川県厚木市・現同市教育委員会社会教育部文化財保護課）

200311 ◎厚木市史　近世資料編（3）文化文芸（同係［編集］、同市）
※文化七年（1810）四月序『とをほとゝきす』跋に当麻無量光寺第52世他阿壼随の名あり

熱田　公（※神戸大学名誉教授。元兵庫県立歴史博物館館長、元大手前女子大学文学部教授。1931/2/5-2002/9/3）

197712 ：高野聖（佐々木銀弥［編］『下剋上時代の文化』文一総合出版［地方文化の日本史第4巻］）

熱田神宮（※愛知県名古屋市熱田区）

196806 ◎熱田神宮の連歌と俳諧（同神宮［編］、同神宮宮庁［同神宮文化叢書第2］）※島津忠夫・森川昭［執筆］

安彦　好重（※山形県文化財保護協会会長、山形市郷土文化研究会会長、〈同風嵐上部〉鮭川村文化財審議会会長、山形市芸術文化協会常任理事。1919-2003/11/9）

198306 ○一向上人（山形放送山形県大百科事典事務局［編集］『山形県大百科事典』山形放送）※項目執筆

阿部　謙弥（※成生考古学愛好会会員）

199702 ○〈雑感〉高野坊遺跡の発掘に参加して（『郷土てんどう』第25号、天童郷土研究会）

阿部　博泰（※元〈現神奈川県相模原市〉大野団地連合クラブ会長、元人ヨコ市連合会会長、元相模大野団地自治会長、元東透雁〈東京〉会長、元旅館組〈北海道〉経営。1891-）

197102 ○相模原史話—史跡と伝説（相模大野団地自治会「相模原史話」刊行委員会）
※「当麻無量光寺と一遍上人の事蹟」の章あり

阿部　泰郎（※名古屋大学文学部教授。元大手前女子大学文学部助教授、元大阪大学文学部助手）

199003 ○推参考（『語文』第54・55合併号〈島津忠夫先生退官記念号〉、大阪大学）→阿部泰郎200111②

199207 ○熊野考—花山院と小栗（『現代思想』第20巻第7号〈南方熊楠号〉、青土社）→阿部泰郎200111③

199603 ○遊女・傀儡・巫女と文芸（『岩波講座日本文学史』4「変革期の文学I」、岩波書店）
※→阿部泰郎200111①

199907 ○天狗—「魔」の精神史（『國文學—解釈と教材の研究—』第44巻8号［平成11年7月号］（643）［特集：仏教・遍満するもの］、學燈社）
※1999/5於スタンフォード大学宗教学部、研究集会「日本中世仏教における僧・王権・周縁者」における報告「『天狗草紙』成立の背景—慈円・慶政および魔界」の一部を改稿したもの。『天狗草紙』と一遍に言及

200001 ：○『刈萱』の世界（『能、狂言、風姿花伝、閑吟集ほか—芸能の饗宴』朝日新聞社［週刊　朝日百科「世界の文学」8巻〈日本I〉28号（2000年1月30日号）］）
※『天狗草紙』図版キャプション中で「一遍の踊り念仏」に言及

200111 ◎聖者の推参　中世のヲコなるもの（名古屋大学出版会）
※カラーカバー：徳川美術館蔵『破来頓等絵巻』。単色口絵：大倉文化財団蔵『空也上人絵伝』
：①声わざ人の系譜※単色図版：一遍聖絵10巻「厳島」。キャプションあり。←阿部泰郎199603改題
：②推参考
※単色図版：破来頓等絵巻［徳川美術館蔵］。キャプションあり。←阿部泰郎199003を改稿し第四節を増補
：③熊野考
※単色図版：一遍聖絵3巻「熊野山中」。キャプションあり。←阿部泰郎199207の副題を省略し一部改稿・増補
：④文覚私註※註で「時衆（宗）所伝の『浄業和讃』に言及。書き下し

200311 ○『七天狗絵』とその時代（『隔月刊　文学』第4巻6号〈2003年11・12月号〉《特集＝抗争するテクスト—引き裂かれる中世》、岩波書店）※従来『天狗草紙』と称されていた絵巻は、最近発見された金沢文庫寄託称名寺聖教により『七天狗絵』とすべき、と説く。図版：「『七天狗絵（天狗草紙）』甲巻　一遍と自然居士の姿」「『七天狗絵（天狗草紙）』一遍の踊り念仏（紫雲の中から花を降らせる天狗）」「『一遍聖絵』巻四　佐久伴野の市場で紫雲を拝する一遍一行と「重豪」」。←古賀克彦200410・砂川博200504・大野順子200812紹介

阿部　憂紀（※當世風俗研究家）

201303 ○【書評】金益見『性愛空間の文化史』（民衆宗教史研究会編修委員会［編修］『寺社と民衆』第九輯、同会出版局〈岩田書院・日本史史料研究会〈発売〉〉）※奥谷宝厳寺のネオン坂に言及。肩書きは：「當世風俗研究家」

201403 ：①【コラム】美濃西光寺寺寸描—地方時宗史の一齣—①→直江西光寺（藤沢派。廃寺）に言及
：②【コラム】美濃西光寺寺寸描—地方時宗史の一齣—②→直江西光寺（藤沢派。廃寺）に言及（以上、民衆宗

教史研究会編修委員会［編修］『寺社と民衆』第十輯、同会出版局〈岩田書院・日本史史料研究会［発売］〉）
201503 ：①【研究回顧】河野憲善師の学問①
　　　　：②【研究回顧】河野憲善師の学問②
　　　　：③【研究回顧】河野憲善師の学問③（以上、民衆宗教史研究会編修委員会［編修］『寺社と民衆』第十一輯、同会出版局〈岩田書院・日本史史料研究会［発売］〉）

阿部　征寛（ゆきひろ）（※〈神奈川県横浜市・市立〉横浜開港資料館企画調査室室長。元〈同県〉藤沢市文書館職員。1942/10-1989/5/25）
197603 ：○四条道場（金蓮寺）の中世文書　＜付録＞四条道場（金蓮寺）と浄阿上人真観（藤沢市文書館［編集］『藤沢市文書館紀要』第2号、同館）
197703A ：○『将軍足利尊氏充行下文』と高座郡和田・深見郷について（『大和市史研究』第三号、同市役所文化スポーツ部）※正慶二年（1333）閏二月二日付「楠木合戦注文」にみえる俣野彦太郎・藤沢四郎太郎をとりあげ、←大橋俊雄 197306・河野憲善 196103・橘俊道 197503 ほか藤沢遊行寺にも言及
197703B ：○山口善福寺の中世文書（藤沢市文書館［編集］『藤沢市文書館紀要』第3号、同館）
197811 ：○一遍の遊行支持層と拠点設定について（三浦古文化編集委員会［編集］『三浦古文化』第二十四号、三浦古文化研究会）※→阿部征寛 199004 ①
198006 ：○資料紹介・四条廻心記（別称遊行寺々記）（三浦古文化編集委員会［編集］『三浦古文化』第二十七号、三浦古文化研究会）
198206 ：①四条道場（金蓮寺）と浄阿上人真観※→阿部征寛 199004 ③
　　　　：②京都四条道場金蓮寺文書―中世編
　　　　（以上、橘俊道・圭室文雄［編］『庶民信仰の源流―時宗と遊行聖』名著出版）
198411 ：○中世武蔵国の時衆道場―遊行の拠点―（三浦古文化編集委員会［編集］『三浦古文化』第三十六号、三浦古文化研究会）※→阿部征寛 199004 ②
199004 ◎中世関東の武士団と信仰（阿部征寛著作集刊行会〈名著出版［発売］〉）※遺稿集
　　　　：○阿部征寛著作集刊行会世話人一同：刊行あたって※阿部が中世遊行上人に深い関心を寄せたとす
　　　　：①阿部　征寛：Ⅳ　一遍の遊行支持層と拠点設定について※←阿部征寛 197811
　　　　：②阿部　征寛：Ⅴ　中世武蔵国の時衆道場―遊行の拠点―※←阿部征寛 198411
　　　　：③阿部　征寛：Ⅶ　四条道場（金蓮寺）と浄阿上人真観※←阿部征寛 198206 ③
　　　　：○無　署　名：Ⅻ　阿部征寛著作目録※全著作挙げるも阿部征寛 197703A・198206 ①・198206 ②脱

天海　良之（あまがい）（※東京国乃華会会長）
194001 ◎時宗法要軌範（日宥撰）※宗祖六百五十回御遠忌記念出版

天笠　善照（※小松佛成寺住職・〈山形県東置賜郡川西町〉学校法人天堂学園〉小松幼稚園園長・時宗宗教心道研究所所長）
200803 ：○おらが町の樹木紀行⑪「山形県長井市「伊佐沢の久保桜」（『遊行』第163号、時宗宗務所布教心道研究所）※同県無形文化財指定の伊佐沢念仏踊りに言及

天笠　隆元（※会津高田長光寺第36世住職。故人）
195401 ◎遊行藤沢両御歴代系譜（福島県高田町長光寺）

尼崎市市民局文化室（※兵庫県尼崎市・現同市企画財政局シティプロモーション推進部都市魅力創造発信課）
199201 ◎私たちの寺町（同室［編集］、同市）※時宗で唯一寺町に現存する尼崎善通寺に言及

尼崎市立地域研究史料館（※兵庫県尼崎市）
199603 ◎尼崎地域史事典（同館［編］、同市）※項目執筆
　　　　：田中　文英：一遍
　　　　：①同　　　館：海岸寺※廃寺
　　　　：田中　　勇：時宗
　　　　：②同　　　館：善通寺
199910 ◎地域史研究―尼崎市立地域研究史料館紀要―第二九巻第一号（通巻八五号）（同館［編集］、同館）
　　　　※口絵ネーム：「グラビア　善通寺　応永三十年（一四二三）一石五輪塔（市内最古の一石五輪塔）」（無署名）

天津小湊町史編さん委員会（※千葉県安房郡天津小湊町〈現鴨川市〉）
199803 ◎ふるさと資料天津小湊の歴史上巻（同委員会［編集］、同町）※図版：『聖絵』筑前武士の館2箇所

天野　信景（さだかげ）（※尾張國名古屋藩砲鉄砲師。1663-1733/9/8）
190706 ◎塩尻上巻（天野［著］・室松岩雄［校訂編輯］、國學院大學出版部）
　　　　※巻之六「融通念佛」（久忍は尾州富田出身。念仏に用いる鉦は松尾社から空也に授けられた鰐口とす）、巻之九「遊行決定往生の小篇」「融通念佛始」「相州藤澤寺座次列位次第」、巻之十「善光寺四號」（丁妻十五人）とあり、巻之十一「空也上人」（紫雲山極樂院で茶筅を作るとす）、巻之十三「十四世の他阿上人」（遊行 14 代〈諱なし〉は小倉宮御子で尊慶とす）、巻之十六「三州大濱稱名稱寺蔵古證文」、巻之二十「有親王遊行上人弟子と成給ふ事」（世良田有親が遊行 12 代弟子となったとす）、巻之二十四「一遍上人繪」「萱津光明寺並秀吉公由緒」（豊

臣秀吉と萱津光明寺の関係に言及）「光明寺に遊ひし折の歌」、卷之廿七「遊行上人四國」「長阿德阿公の事」「三州稱名寺」「德阿祐阿奥州下向」、卷之三十「愛習郡小林城娘」（織田信長の妹を娶った牧與三左衞門尉長清は晩年時栗になり梵阿と号す）、卷之三十二「牧氏略系」（牧長清、法名梵阿）、卷之四十一「秀吉名始」（「秀吉^{初名}^{或云藤吉}尾州萱津横笛山光明寺支院福阿彌^子傳云稱好 醫術 能治 眼疾 一旦勅治 御疾 上賞 之將使 福有 嗣子 傳 醫術 乃賜 官女 於 是 還俗移 居中村鄉 稱 彌阿^ミ 或曰官女已有 妊後賜 之秀吉幼時學 筆墨 處即萱津光明寺也門前三島祠邊有 榎樹 傳日秀吉書 此樹下 長後不 忘相與 木下 爲 稱號 今榎樹猶存^{右所}^{傳聞也}」）、卷之四十六「遊行上人の稱呼」（遊行の語を「よからぬ稱呼かといふ人あり」と）、卷之五十「尾州諸社領證印年月」（萱津光明寺に慶長十三年〈1608〉伊奈備前守 10 石寺領寄進）。→ 190811 再版

191099　◎^{增補}鹽尻下卷（天野［著］・室松岩雄［校訂編輯］、國學院大學出版部）
※卷之五十八「時宗」（時宗の語原諸説を紹介）、卷之六十四「遊行前僧正嘩^は上人」、卷之六十九「遊行上人相見」（天野信景遠祖が遊行 12 代尊観の許で出家した因縁から、信景が廻国中の遊行 49 代他阿に萱津光明寺で挨拶に行き歌を交換する逸話あり）、卷之七十二「敦盛の室」（御影堂新善光寺の由来に言及）、卷之八十八「宗義の辨」（時宗、大念佛宗あり）、卷之九十五「本國寺社年始拜邦君座次」（時宗として光明寺、蓮臺寺、西福寺あり）

天納　傳中　（※京都市左京区大原魚山実光院〈天台宗山門派〉住職。元叡山学院教授。1925/8/14-2002/5/3）
199505　◎仏教音楽辞典（天納・播磨照浩・岩田宗一・飛鳥寛栗［著］、法藏館）※詳細⇒岩田宗一 199505

天本　孝志　（※学化美自然と文化財を守る会初代会長・福岡県風光明媚景觀觀光アドバイザー・同県環境保全指導員。元通信省福岡電信局（現西日本電信電話株式会社）通信課職員。1922-)
199110　○筑前一古寺巡歴（葦書房）※馬出称名寺の項あり

網田　樹夫
199511　：時宗と「朝日の首塚」（『氷見春秋』第 32 号、同社）

網野　善彦　（※元神奈川大学経済学部特任教授、元名古屋大学文学部助教授。1928/1/22-2004/2/27）
197409　○蒙古襲来（小学館〔日本の歴史第 10 巻〕）※番頭蓮華寺畜生法師を一向俊聖に比定
197710　○中世における「無縁」の意義（『中世文学』第 22 号、同会）※講演要旨。→網野善彦 200101 ②
197806　○無縁・公界・楽―日本中世の自由と平和―（平凡社〔同社選書 58〕）「墓所と禅律僧・時衆」「江戸時代の縁切寺」の章あり、ただし後者は上野德川満德寺を藤沢清浄光寺未と記述。→網野善彦 198705 →網野善彦 199606
198206　○蓑笠と柿帷――揆の衣裳（『ＩＳ』特別号「色」、ポーラ文化研究所）※→網野善彦 198608 ④ →網野善彦 199402
198211　○中世の飛礫について（『民衆史研究』第 23 号、同会）※ 1979/9/29 民衆史研究会報告草稿を改め、1982/7 中世史研究会 10 回大会で再度報告したものにさらに若干の補足を加え収録。→網野善彦 198608 ⑤ →網野善彦 198809
198403　○摺衣と婆娑羅（『文学』第 52 巻第 3 号［1984 年 3 月号］、岩波書店）※→網野善彦 198608 ①
198406　○扇の骨の間から見る（『民具マンスリー』17 巻 3 号、神奈川大学常民文化研究所）→網野善彦 198608 ③
198408　○解説（澁澤敬三・神奈川大学常民文化研究所［編］『新版・絵巻物による日本常民生活繪引』平凡社）
　※→網野善彦 198608 ②
198608　◎異形の王権（平凡社〔イメージ・リーディング叢書〕）→網野善彦 199306
　：①摺衣と婆娑羅※『聖絵』卷二・七の狩人の姿、「前田育徳会」〔旧御影堂〕本」卷十二の非人 2 場面。『天狗草紙』三井寺の一遍の祈乞う人々。←網野善彦 198403
　：②童形・鹿杖・門前※『聖絵』卷七の鵜飼、卷二・九の棒持つ人々、卷二の天王寺、また杖持つ人々、旅の女 2 態（1 は三島社物詣）。『遊行上人縁起絵』光明寺本卷三の甚目寺の施行。←網野善彦 198408 改題
　：③扇の骨の間から見る※『聖絵』卷七の四条釈迦堂・市屋道場。←網野善彦 198406
　：④蓑笠と柿帷――揆の衣裳※『遊行上人縁起絵』光明寺本卷三の甚目寺の施行、『聖絵』卷十二の非人。←網野善彦 198206 →網野善彦 199402
　：⑤中世の飛礫について※『遊行上人縁起絵』金光寺本卷六の礫石、『聖絵』卷六の高下駄を履く異形。←網野善彦 198211 →網野善彦 198809
　：⑥異形の王権※藤沢清浄光寺蔵後醍醐画像
198705　◎無縁・公界・楽―日本中世の自由と平和―（平凡社〔同社選書 58〕）
　※←網野善彦 197806 に増補。→網野善彦 199606
198809　：中世の飛礫について（民衆史研究会［編］『民衆史を考える』校倉書房）
　※←網野善彦 198608 ⑤に補手追加←網野善彦 198211
198906　◎瓜と竜蛇（網野・大西廣・佐竹昭広［編集］、福音館書店〔いまは昔むかしは今第 1 巻〕）
　：①鉢たたき
199003　：西の京と北野社（学習院大学史学会［編集］『学習院史学』第二十八号、同会）
　※ 1989/5/14 於同大学、同会大会講演録。→網野善彦 199108
199101A　◎天の橘地の橋（網野・大西廣・佐竹昭広［編集］、福音館書店〔いまは昔むかしは今第 2 巻〕）
　※「絵をみつめる」の章に「淀の上野」、流れの"かなた"に身を踊らせる」の章に「入水する時衆」の、それぞれ『聖絵』の図版と会話形式の文章解説あり

あ行

　　　：①橋と川
　　　：②淀川と西園寺家
199101B ◎日本の歴史をよみなおす（筑摩書房）※「『一遍聖絵』のテーマ」の項あり
199108 　：○西の京と北野社（比較都市史研究会［編］『都市と共同体』上、名著出版）
　　　※ 1989/5/14 於学習院大学、同大学史学会大会講演草稿に補足し成稿。講演要旨は網野善彦 199003。「市聖空也、捨聖といわれた一遍」「時衆」に言及し、←網野善彦 198906 を註で挙ぐ。→網野善彦 200101 ②
199303 　：○甲斐国御家人についての新史料（山梨県教育庁学術文化課［編集］『山梨県史研究』創刊号、同県）
　　　※『一遍上人縁起絵』の「板垣入道」に言及
199306 ◎異形の王権（平凡社［同社ライブラリー 10]）※←網野善彦 198608
199402 　：○蓑笠と柿帷——揆の衣装（宮田登［編］『日本歴史民俗論集』8 漂泊の民俗文化、吉川弘文館）
　　　※←網野善彦 198608 ④←網野善彦 198206
199403A ：一遍聖絵（『岩波講座日本文学と仏教』3、岩波書店）※→林雅彦・藤巻和宏・平沼志 199808 紹介
199403B ◎継体大王と尾張の目子媛　新王朝を支えた濃尾の豪族たち（網野・森浩一・門脇禎一［編集］、小学館）
　　　：①河海の交通と尾張→網野善彦 199809 ④
199412 　：○中世の日本海交通（国立歴史民俗博物館［編］『中世都市十三湊と安藤氏』新人物往来社）
　　　※ 1993/10/24 於青森市、第 14 回歴博フォーラム「遺跡にさぐる北日本—中世都市十三湊と安藤氏　'93 市浦シンポジウム—」記録集。越中放生津の本阿に言及。→網野善彦 199809 ①
199508 ◎内海を躍動する海の民（網野・石井進［編］、新人物往来社〔中世の風景を読む 6〕）
　　　：①内海の職人・商人と都市※図版：『聖絵』輪田の泊（ネーム：「歓喜光寺蔵」）・福岡の市（ネーム：「清浄光寺蔵」）。←網野善彦 199809 ⑤
199512 　：春・夏・秋・冬（網野・大西廣・佐竹昭広［編］、福音館書店〔いまは昔むかしは今第 4 巻〕）※『聖絵』の「福岡の市」のカラー図版・キャプションと説明。文中に『閑居之友』『拾遺和歌集』の空也伝承も記載
　　　：①ある中世文書の遍歴—備中国新見荘とその代官—※番場蓮華寺過去帳に言及
　　　：②桂女補考
199601 ◎日本中世都市の世界（筑摩書房）→網野善彦 200101
199606 ◎無縁・公界・楽—日本中世の自由と平和（平凡社〔同社ライブラリー 150〕）
　　　※←網野善彦 198705 ←網野善彦 197806
199701 ◎日本中世に何が起きたか—都市と宗教と「資本主義」—（日本エディタースクール出版部）
199707A ：○中世の東海道、水陸の道と宿（『広重東海道五十三次　保永堂版初摺集成』小学館）※図版：『聖絵』甚目寺（ただしネーム：「清浄光寺蔵」）、および本文で萱津光明寺・遠江見付蓮光寺等に言及。→網野善彦 199809 ③
199707B ◎日本社会の歴史（中）（岩波書店〔岩波新書・新赤版 501〕）
199709 　：中世における経済と宗教（『日本思想史学』第 29 号、同会・ぺりかん社）
199710 ◎瀬戸内の海人たち　交流がはぐくんだ歴史と文化　'97 しまなみシンポジウム（森浩一・網野・渡辺則文［著］・瀬戸内しまなみ海道周辺地域振興協議会・中国新聞社・愛媛新聞社［編集］、中国新聞社）
　　　：中世瀬戸内の海民※金融業者の「庵室尼御前称阿弥陀仏」に若干言及。→網野善彦 199809 ⑥
199803 　：○中世能登の社会をめぐって（『加能史料研究』編集委員会［編集］『加能史料研究』第八号、石川県地域史研究振興会）※『時衆過去帳』に若干言及。→網野善彦 199809 ②
199809 ◎海民と日本社会（新人物往来社）
　　　：①海の領主　安藤氏と十三湊※←網野善彦 199412 改題
　　　：②能登の中世※←網野善彦 199803 改題
　　　：③東海道の津・宿と東西の王権※←網野善彦 199707A 改題
　　　：④河海の世界　尾張・美濃※図版：『聖絵』甚目寺（←網野善彦 199707A の部分拡大。ただしこちらはネームに「一遍上人絵伝」とあり）。←網野善彦 199403B ①改題
　　　：⑤内海の職人・商人と都市※←網野善彦 199508 ①
　　　：⑥瀬戸内の島々　紙背文書にみる歌島※←網野善彦 199710 ①改題
200003 ◎この国のすがたを歴史に読む（網野・森浩一［著］、大巧社）※対談集。図版ネーム：「『一遍聖絵』にみる僧尼」・キャプション：「雪景色の奥州路を遊行する一遍と時衆」（巻五）の部分」、扉絵ネーム：『遊行上人縁起絵』「相模国龍口で利益す」、註に「時宗」「一遍聖絵」『天狗草紙』「他阿真教」あり
200010 ◎「日本」とは何か（講談社〔日本の歴史 00〕）※カラー口絵ネーム：『『一遍聖絵』（福岡市）より」
200101 ◎日本中世都市の世界（筑摩書房〔ちくま学芸文庫・ア—17—1〕）※カバー図版ネーム：『『一遍上人絵伝』巻四段三「備前国福岡の市」（部分）清浄光寺（遊行寺）、歓喜光寺所蔵　国宝」。←網野善彦 199601 文庫化
　　　：①中世における「無縁」の意義※「一遍をはじめ、遊行する時衆の徒」に言及。←網野善彦 197710
　　　：②西の京と北野社※←網野善彦 199108

	：○桜井　英治：「無縁」論—「老マルキスト」の警告※解説
200102	◎日本歴史の中の被差別民（網野・宮田登・朝尾直弘・秋定嘉和・細川涼一・辻本正教・藪田貫［著］・奈良人権・部落解放研究所［編］、新人物往来社）
	：①日本中世における差別の諸相※「このころ賤視され始めていた人びとの強力な支持を得た一遍、そうした人びとに救いの道を示した時宗の一遍に対して、天狗が背後で動かしているという非難をあびている絵巻」として『天狗草紙』を引用。→網野善彦 200406
200207	◎海民と遍歴する人びと（網野［責任編集］、朝日新聞社［週刊　朝日百科　新訂増補　日本の歴史 6 号［2002 年 7 月 7 日号］（通巻 534 号）（改訂 1 刷）・中世Ⅰ—⑥］）※←元版：1986 年 5 月 18 日号
	：①製塩・漁撈・廻船※カラー図版：東京国立博物館蔵『一遍聖絵』（ネーム：「桂川の鵜飼」）
	：②中世の海村・若狭の浦々
	※カラー図版：清浄光寺・歓喜光寺蔵『一遍聖絵』（ネーム：「鎌倉時代の貨客船（下略）」）
200302	◎都市と職能民の活動（網野・横井清［著］、中央公論新社［日本の中世 6］）
	：①中世前期の都市と職能民※カラー図版：『一遍聖絵』巻 7「都市に集り、生きる人びと」、巻 6「高足駄をはいた「異形」の人物」、巻 4「さまざまな人と物が行き交う市庭」
200303	◎甲斐の歴史をよみ直す—開かれた山国—（山梨日日新聞社出版部）
	：①山梨の歴史をよみ直す※←初出：『山梨日日新聞』1998 年 4 月 16 日〜10 月 22 日号・毎週木曜日連載。連載 11 回目「農本主義」に単色図版ネーム：「市の風景（『一遍聖絵』より「福岡市」の場面）中世の市場の光景をよく伝えるものとされる。時宗の布教が人びとの多く集まる場所で行われたことを示す。藤沢市・清浄光寺（遊行寺）蔵」。連載 18 回目「市庭」に『一蓮寺過去帳』を引用し、単色図版ネーム：「『一蓮寺過去帳』の八日市場の記述　僧衆過去帳の「幸阿弥陀仏」（文明元年〈1469〉）と尼衆過去帳の「敬仏房」（天文五年〈1536〉）」。連載 19 回目「都市的な集落」に単色図版：「甲斐・小笠原での宗衆と日蓮宗徒の争論（『遊行上人縁起絵』より）山形市・光明寺蔵」。連載 20 回目「中世の都市——蓮寺門前町や吉田・河口—」に単色図版ネーム：「『一蓮寺過去帳』「僧衆」（手前。開山〜寛永 11 年）、「尼衆」（右上。貞治 4 年〜寛文 3 年）、「新帳」（左上。〜宝永 2 年）の三冊が県指定文化財。甲府市・一蓮寺蔵」。「中世の一蓮寺門前町概図図　秋山敬「一蓮寺門前町の成立」（『武田氏研究』19 号）より」掲載。吉田西念寺にも言及。連載 21 回目「職能民」に単色図版ネーム：「『一蓮寺過去帳』に現れた「川除」記載」。連載 22 回目「鎌倉仏教」に単色図版ネーム：「『遊行上人縁起絵』の京都・四条大橋の場面に描かれた「賦算」の様子　賦算は、念仏札を配る時宗独特の布教の形。山形市・光明寺蔵」「京都・市屋道場での踊念仏（『一遍聖絵』より）人の多く集まる場所での興行の様子。東京国立博物館蔵」
	：②甲斐国御家人についての新史料※←網野善彦 199503
200406	：○日本中世における差別の諸相（『歴史の中のサンカ・被差別民　謎と真相』新人物往来社［別冊歴史読本㉙巻 19 号］［通巻 681 号］］）※図版ネーム：「後醍醐天皇像（清浄光寺蔵）」「鳥居の中にいる犬神人二人と乞食（「一遍上人絵伝」、清浄光寺・歓喜光寺蔵）」。←網野善彦 200102 再録
200511	◎列島の歴史を語る（網野［著］・藤沢・網野さんを囲む会［編］、本の森）
	※カラー表紙カバー：『一遍聖絵』の「かたせの浜の地蔵堂」（神奈川県藤沢市）の踊り念仏の場面。カラー口絵ネーム：「備前国福岡の市（岡山県瀬戸町福岡）」「こふくろさか」（神奈川県鎌倉市雪ノ下の巨福呂坂付近）」「かたせの浜の地蔵堂」（神奈川県藤沢市）における踊り念仏」「一遍臨終の場面」
	：①日本史の転換点としての中世—東国と西国—※ 1982/12/8 於神奈川県藤沢市民会館、同会第 1 回講演記録
	：②『無縁の原理』と現代—『日本中世の民衆像』と『無縁・公界・楽』を読んで—
	※ 1983/5/7 於藤沢市遊行寺、同会第 2 回講演記録。単色図版：「遊行上人縁起絵」。註の「縁切寺」で「上野国（群馬県）新田郡の満徳寺」に言及
	：③新たな視点から描く日本社会の歴史※ 1984/12/1 於藤沢市遊行寺、同会第 3 回講演記録。名古屋大学勤務時代の同僚、渡辺誠の論文を引用し、「時宗の僧侶の着る編衣（あんぎん）」が「縄文時代の織物の編み方とまったく同じ」であり、「時宗のお寺をかなり回られて、編衣の資料を収集」した結果、「時宗の僧侶が、最も原始的な伝統を持った編衣をなぜ今でも着るのか」を問題としている。註でも立項
	：④日本人・日本国をめぐって—中世国家成立期の諸問題—
	※ 1986 年於藤沢市労働会館、同会第 4 回講演記録。単色図版ネーム：「後醍醐天皇像（清浄光寺所蔵）」
	：⑤時宗と一遍聖絵をめぐって（「一遍聖絵」の時代背景／都市的な場の出現と市庭／「遊行」「賦算」「踊り念仏」／神仏と金融・商業／自らを捨てる一遍の生き方／時宗教団の発展）
	※ 1996/8/3 於藤沢市遊行寺、同会第 11 回講演兼、藤沢「遊行フォーラム」第 1 回記念講演記録。地元のレディオ湘南でも放送。以下、『一遍聖絵』より。「福岡の市。市に並ぶ備前焼や布、魚などの商品や売り買いする人々。銭を持つ人もいる。」「常陸国（茨城県）。一遍を招いて供養した人の家。その後、庭の溝から銭 50 貫が出る。」「丹後の久美浜」（京都府久美浜町）。一遍が念仏をしていると、波間から龍が飛び出す。」「八幡宮。京都の石清水八幡宮（京都府八幡市）に参詣する。」「筑前国（福岡県）の武士の館で主人に念仏札を授ける場面。」「信濃

国小田切の里」（長野県佐久郡臼田町中小田切付近）の武士の館で踊念仏が始まる。」「髪の毛を後で結び、ポニーテールのようにした男性。」「病を押して観音堂で法談する一遍。聖戒が遺戒を筆記する。」、また単色図版ネーム：「名号札」「遊行上人縁起絵」より。中央の集団は男女の区別がはっきりわかる。」「時宗の僧侶を記録した「時衆過去帳」（清浄光寺所蔵）」。註でも「一遍聖絵」等立項
　　　：松延　康隆：あとがき※肩書き：「藤沢・網野さんを囲む会」

新井喜久夫（※南山大学名誉教授）
199803　：①熱田社と連歌※ただし「其阿」とルビ
　　　　：②名古屋地域の信仰※熱田円福寺に言及
　　　　（以上、新修名古屋市史編集委員会［編］『新修名古屋市史』第二巻、同市）

荒井貢次郎（※元東洋大学法学部教授）
197703　：北条仲時軍勢自害をめぐる法宗教史的分析・（一）・資料篇（Ⅰ）―中世・近江国・時衆・蓮華寺教団と過去帳の問題―『東洋学研究』第11号、東洋大学東洋学研究所

新井　孝重（※獨協大学経済学部教授。元獨協中学校・高等学校教諭）
200705　：◎蒙古襲来（吉川弘文館［戦争の日本史7］）
　　　　※「Ⅳ＝モンゴル戦争が落とす影」の単色扉写真ネーム：「合戦のけが人に，一遍は温泉を開発」。単色図版ネーム：「筑前国地頭屋敷の宴会」。ただし『一遍聖人絵伝』と本文・キャプションに表記

新井　信子（※早稲田大学大学院修士課程修了）
200409　：○後醍醐天皇関係人物事典（佐藤和彦・樋口州男［編］『後醍醐天皇のすべて』新人物往来社）
　　　　※北条仲時の項で「近江国番場宿の蓮華寺で自刃した」と言及。肩書き：「早稲田大学大学院修士課程修了」

荒井　秀規（※〈神奈川〉藤沢市教育委員会生涯学習部郷土歴史課主任学芸員、元市教育会生涯学習部藤沢博物館準備担当学芸員）
198703　：○『藤沢山日鑑』主要項目年表稿　（1）第一巻～第五巻（『藤沢市文書館紀要』第10号、同館）
198803A　：○『時宗末寺帳』遊行派寺院（含他派）一覧（『藤沢市文書館紀要』第11号、同館）→荒井秀規 198803B
198803B　：○『時宗末寺帳』遊行派寺院一覧（付他派）（藤沢市文書館［編集］『藤沢山日鑑』第6巻、同館）
　　　　※五十音順。荒井秀規 198803A と対応

荒川　浩和（※東京国立博物館名誉館員。元同館学芸部工芸課課長）
199106　：◎日本の漆芸6《螺鈿・鎌倉彫・沈金》（岡田譲・松田権六・荒川［編］、中央公論社）
　　　　※カラー写真ネーム：「屈輪鎌倉彫大香合　金蓮寺」（四条道場金蓮寺）

荒木　繁（※和光大学名誉教授。元東京都立西高等学校教諭）
196212　：○小栗判官おぼえがき（西尾実・小田切秀雄［編］『日本文学古典新論』近藤忠義教授還暦記念論文集、河出書房新社）

荒木　良正（※神奈川県藤沢市万福寺〈真宗大谷派〉第25世住職。2011/2/3歿）
196110　：○一遍上人と片瀬（『藤沢史談』第十五号、同会）

嵐　瑞徴（※郷土史家）
193209　：○一遍上人に就て（『歴史と國文學』第七巻第三號、太洋社）

荒武賢一朗（※東北大学東北アジア研究センター准教授。元関西大学文化交渉学教育研究拠点COE助教）
200206　：：細川涼一編『三昧聖の研究』（『ヒストリア』第180号、大阪歴史学会）※←細川涼一 200103 を書評

有賀　祥隆（※東京藝術大学美術学部客員教授・東北大学名誉教授・時宗文化財保存専門委員会委員）
197603　：：藤沢遊行寺の絵画（藤沢市文書館［編集］『藤沢市史研究』第8号、同館）
197611　：：四条道場（金蓮寺）歴代浄阿上人像と開山浄阿上人絵詞伝について（藤沢市文書館［編集］『藤沢市史研究』第9号、同館）
197705　：：一遍上人絵詞伝（『遊行上人絵巻展図録』時宗総本山遊行寺宝物館）
197802　：：金蓮寺（四条道場）の絵画（『時宗教学年報』第六輯、時宗教学研究所）
198003　：：遊行寺の絵画―重要文化財指定絵画を中心として―（『時宗教学年報』第八輯、時宗教学研究所）
　　　　※→有賀祥隆 200709
198907　：：時宗の祖師画像について（佛教藝術學會［編集］『佛教藝術』185［特集　時宗の美術と芸能］、毎日新聞社）
199210　：：時宗の美術（佐野美術館［編］『一遍　神と仏との出会い』同館）※1992/10/9-11/9 於同館、特別展図録
199511　：：祖師絵伝（時衆の美術と文芸展実行委員会［編集］『時衆の美術と文芸―遊行聖の世界―』同委員会〈東京美術［発売］〉）※1995/11/3-12/10 於山梨県立美術館、1996/1/4-28 於長野市立博物館、2/3-25 於（神奈川県）藤沢市民ギャラリー、3/10-4/14 於（滋賀県）大津市歴史博物館、特別図録。「第二編　美術編」の「三」
199703　：：時宗文化財調査報告（岩手県）（『時宗教学年報』第二十五輯、時宗教学研究所）※有賀・髙野修［共筆］
199903　：：時宗文化財調査報告（『時宗教学年報』第二十七輯、時宗教学研究所）※有賀・髙野修［共筆］
200703　：：絵画の部（時宗文化財保存専門委員会［編］『時宗文化財調査報告書』第1集、時宗宗務所）
　　　　※第1（北海道・青森県・岩手県）・5（新潟県）・16・17（静岡県）・24（広島県・愛媛県・香川県）教区

200709	：○絵画　一（清浄光寺史編集委員会［編］『清浄光寺史』藤沢山無量光院清浄光寺（遊行寺））
	※「第八章　文化財」の第二節。←有賀祥隆 198003 改題（初出不明示）
200907	：○絵画の部（時宗文化財保存専門委員会［編］『時宗文化財調査報告書』第２集、時宗宗務所）
	※第 17（静岡県）・18（愛知県・三重県・岐阜県）・19（滋賀県）・20（福井県・富山県・石川県）・22（大阪府・和歌山県）・25（島根県・鳥取県）・24（広島県・愛媛県・香川県）教区
201211	：○西光寺の絵画（高野修［編著］・大内惇［監修］『福壽山西光寺の歴史』福壽山西光寺）※カラー挿図ネーム：「阿弥陀如来像（部分）尊海筆・室町時代（大永６年―1526）」「獅子牡丹　守房筆」「虎竹図　守房筆」

有川　宜博（※福岡大学人文学部非常勤講師・（福岡県）北九州市立自然史・歴史博物館名誉館員）

199703	：○麻生家延と花尾城合戦（『北九州市立歴史博物館研究紀要』第五号、同館）
200303	：○金台寺過去帳の結縁状況（『都府楼』第 34 号《特集　大宰府と時衆（中世編）》、古都大宰府保存協会）
	※←芦屋町教育委員会 200003・有川宜博 199703 を紹介。単色図版：金台寺過去帳歴代部分

有光　友学（※横浜国立大学名誉教授。1941-2012/4/14）

| 199503 | ：○一通の今川義元宛書状（藤沢市文書館運営委員会［編集］『藤沢市史研究』第 28 号、同館） |

有元　正雄（※広島大学名誉教授。元広島経済大学経済学部教授）

| 199203 | ：○明治前期郡区別宗派別寺院統計（『広島大学文学部　内海文化研究紀要』第 21 号、同大学文学部内海文化研究室）※統計中に時宗あり |

阿波谷俊宏（※奈良市徳融寺〈融通念佛宗〉長老。元同寺第 15 世住職）

| 199810 | ：○融通念仏と八幡念仏所（融通念佛宗教学研究所［編集］『法明上人六百五十回御遠忌記念論文集』紀年山大念佛寺〈百華苑［製作］〉） |

粟野　俊之（※駒澤大学文学部非常勤講師）

| 198709 | ：○寺院と民衆（新座市教育委員会市史編さん室［編集］『新座市史』第五巻通史編、埼玉県新座市）※「第五編　近世」「第六章　寺社と文化」の第一節。「観智国師と法台寺」の項あり。片山法台寺（旧当麻派・現浄土宗鎮西派）をとりあげ、観智国師源誉存応の父、由木利重の５代前利起末子が信阿として法台寺に入っていたとす |

安西　篤子（※作家）

| 198502 | ◎かながわの史話 100 選　上（長洲一二・片山丈士・安西［著］、神奈川合同出版〈かもめ文庫　かながわ・ふるさとシリーズ 20〉）※「当麻山無量光寺と一遍」の項あり |

安城市歴史博物館（※愛知県安城市）

199304	◎特別展　聖徳太子像の造形～真宗の聖徳太子像～（同館［編］、同館）
	※ 1993/4/24-5/23 於同館、特別展図録。西三河地方に伝わる主要な太子像を中心に、関連する各地に伝わる太子の木像・画像を紹介。藤沢遊行寺蔵『聖徳太子伝暦』の奥書等の写真掲載。→育古真哉 200903 紹介
200110	◎特別展　京都誓願寺と三河の念仏宗―浄土宗西山深草派寺院の名宝―（同館［編集］、同館）
	※ 2001/10/6-11/25 於同館、特別展示図録。解説で七条仏所に言及

安藤　真（※元建設政務次官秘書、冠短大助教授）

| 199908 | ：○一遍と縄文系漂泊民（『大法輪』平成十一年八月号［第 66 巻第 8 号］、大法輪閣） |
| | ※単色写真：当麻無量光寺蔵一遍像・長野県小諸市「夜明かし念仏」 |

安藤　弥（※同朋大学文学部准教授・同大学仏教文化研究所所員・愛知県岡崎市淨専寺〈真宗大谷派〉副住職）

200503	：○京都東山大仏千僧会と一向宗（『大谷大学史学論集』第十一号、同大学文学部史学科）
	※豊臣政権による千僧会における時宗の様子を描写
200710	：○戦国期宗教勢力論（中世後期研究会［編］『室町・戦国期研究を読みなおす』思文閣出版）
	※時宗に言及。肩書は「同朋大学専任講師」

「安穏　京都からのメッセージ」企画編集委員会

| 200904 | ◎安穏第 4 号（同委員会［企画・編集］、浄土真宗本願寺派〈西本願寺〉〈産経新聞社［制作協力］〉） |
| | ：今井　雅晴：親鸞聖人歴史紀行④「法然への入門」 |

飯倉　晴武（※奥羽大学名誉教授。元宮内庁書陵部陵墓課陵墓調査官）

| 200212 | ◎地獄を二度も見た天皇　光厳院（吉川弘文館〈歴史文化ライブラリー 147〉） |
| | ※「番場宿の悲劇」の節の「六波羅勢最後を議す」の項で「麓の辻堂（蓮華寺）」、「六波羅勢の集団自害」の項で「番場の蓮華寺」「住持同阿良向」「陸波羅南北過去帳」等に言及 |

飯島　勇（※跡見学園女子大学名誉教授。元東京国立博物館学芸部美術課長。1905-）

| 195101 | ：一遍上人絵伝（『博物館ニュース』44、東京国立博物館） |
| 195907 | ：○原色版　一向上人像（東京国立博物館［編集］『ＭＵＳＥＵＭ』同館美術誌№. 100 ［1959 年 7 月号］、美術出版社）※解説。藤沢清浄光寺蔵一向画像の重文指定記念。ただし一向は一遍から教えを受くとす |

飯島　吉晴（※天理大学文学部教授）

| 199804 | ：○仏教民俗学と念仏芸能―五来重の目指したもの（五来重［著］『踊り念仏』平凡社〈同社ライブラリー 241〉） |

※［解説］

飯田　彰（※大正大学仏教学部非常勤講師・時宗法式声明研究所研究員・今井正福寺住職）
200107　：○日用勤行解説③　五　十念・六　開経偈（『遊行』第140号、時宗宗務所布教伝道研究所）
200109　：○日用勤行解説④　七　四誓偈（『遊行』第141号、時宗宗務所布教伝道研究所）
200201　：○日用勤行解説⑤　七　四誓偈（つづき）　八　三念仏（『遊行』第142号、時宗宗務所布教伝道研究所）
200203　：○日用勤行解説⑥　九　弥陀本誓偈〜十念　十　仏身観（『遊行』第143号、時宗宗務所布教伝道研究所）
200307　：○日用勤行解説⑦　十　仏身観（つづき）（『遊行』第144号、時宗宗務所布教伝道研究所）
200309　：○日用勤行解説⑧　十　仏身観（つづき）（『遊行』第145号、時宗宗務所布教伝道研究所）
200401　：○日用勤行解説⑨　十　発願文（宗祖発願文）（『遊行』第146号、時宗宗務所布教伝道研究所）
200403　：○日用勤行解説⑩　十二　摂益文　十三　念仏一会（『遊行』第147号、時宗宗務所布教伝道研究所）
200407　：○日用勤行解説⑪　十四　総回向〜十念　十五　四弘誓願　十六　送仏偈（『遊行』第148号、時宗宗務所布教伝道研究所）※飯田彰200201〜200407での肩書きは「時宗布教伝導研究所所員」カ（古賀克彦註）

飯田　俊郎（※町田地方史研究会会員・小島日記研究会会員。元〈東京都〉町田市立緑ヶ丘小学校（2002/2/16 閉校）第3代校長）
199403　：○春登上人の随筆『藁＝』について（多摩市史編集委員会［編集］『ふるさと多摩（多摩市史年報）』第5号、同市）※＝は「杲」の下に「衣」
200304　：○『小島日記』の一遍上人開帳記事について（時衆文化研究会［編集］『時衆文化』第7号、同会〈岩田書院［発売］〉）※天保十一年（1840）の当麻無量光寺による府中称名寺出開帳記事について論及

飯田　文弥（※山梨郷土研究会常任理事。元山梨県立谷村高等学校〈現都留興譲館高等学校〉教諭）
200012　◎甲斐と甲州街道（飯田［編］、吉川弘文館［街道の日本史23］）
　　　：①甲斐の甲州道中を歩く※甲府一蓮寺に言及
　　　：②文人・遊芸人の入峡と交流※単色図版：甲府一蓮寺蔵「柳沢吉保」画像
　　　：③甲斐の歴史と日本史※真教や甲府一蓮寺、時宗教団に言及

いいだもも（※評論家。元共産主義労働者党議長。本名：飯田桃。1926/1/10-2011/3/31）
199408　◎「日本」の原型―鬼界ヶ嶋から外ヶ濱まで―（平凡社［これからの世界史3］）※「阿弥文化＝天下往来―日本的中世へ（2）」の章あり。同書椎尾は「南無阿弥陀仏なむあみだぶ」の項の一遍

飯田　良成（※浜松阿弥陀寺第43世住職。飯田良傳令息）
200001　：○宗祖のことばと私（『遊行』第130号、時宗宗務所布教伝道研究所）

飯田　良傳（※遊行70代・藤沢53世他阿一求。元佐野蓮光寺住職・元茶畑願生寺兼務住職。1880-1954/3/24）
193108　◎時宗宗典第一巻（平凡社）※「一遍上人篇」
193303　◎時宗宗典第二巻（平凡社）※「一遍上人繪詞傳縁起」「一遍上人六條縁起」

飯塚伝太郎（※元靜岡縣立葵文庫〈現同県立中央図書館内〉司書。1899-1985）
196707　：◎静岡市の史話と伝説（松尾書店）※静岡新善光寺の項あり

飯塚　隆明（※関宿吉祥寺第37世住職）
200007　：○よき因縁、よき妻（『遊行』第132号、時宗宗務所布教伝道研究所）
　　　※住職在任五十年記念巻頭言。カラー近影付

飯沼　賢司（※別府大学人文学部教授。元大分県立宇佐風土記の丘歴史民俗資料館〈現同県立歴史博物館〉主任研究員）
200008　：○「八坂下庄若宮八幡御帳」と八坂下庄（『大分県地方史』第一七八号、同研究会）※大分県杵築市の生地家文書『八坂下庄若宮八幡御帳』に出る、保昌・長福・見上・石田・願成・最勝・岩津尾の7箇寺は空也開山とし、近在の同市鴨川・旧時宗迎称［接］寺にも言及。飯沼・牛山一貴［共筆］。→菅根幸裕200703引用

家田　足穂（※元南山短期大学〈現南山大学短期大学部〉教授）
199412　：○アシジの聖フランチェスコと一遍上人比較研究序論　比較思想における相似と接点（南山短期大学［編］『南山短期大学紀要』第22号、同大学）
199512　：○アシジの聖フランチェスコの回心と一遍上人回心の道程　比較思想における相似と接点（南山短期大学［編］『南山短期大学紀要』第23号、同大学）
199712　：○聖フランチェスコと一遍上人の思想の根底と究極(1)　比較思想における相似と接点（南山短期大学［編］『南山短期大学紀要』第25号、同大学）
199812　：○聖フランチェスコと一遍上人の思想の根底と究極(2)　比較思想における相似と接点（南山短期大学［編］『南山短期大学紀要』第26号、同大学）
199912　：○聖フランチェスコと一遍上人の思想の根底と究極(3)　比較思想における相似と接点（南山短期大学［編］『南山短期大学紀要』第27号、同大学）
200112　：○聖フランチェスコと一遍上人の神観とその表現(4)　キリスト教と浄土信仰の相似と接点（南山短期大学［編］『南山短期大学紀要』第29号、同大学）
201012　◎「捨てる」という霊性　聖フランチェスコと一遍上人（オリエンス宗教研究所）※→秋月俊也201203書評

家塚　智子（※京都造形芸術大学芸術学部専任講師。元〈京都府〉宇治市源氏物語ミュージアム学芸員）
199701　：○同朋衆の存在形態と変遷（『藝能史研究』第一三六号、同會）
199804　：○同朋衆の職掌と血縁（『藝能史研究』第一四一号、同會）
200110　：○同朋衆の文化史上における評価をめぐって（『藝能史研究』第一五五号、同會）※ 2000/8/18 同会例会報告

家永　三郎（※東京教育大学〔1978/3/31閉校〕名誉教授。元中央大学法学部教授。1913/9/3-2000/11/29）
199309　◎一遍聖絵　巻四　国宝　歓喜光寺・清浄光寺蔵（家永［監修］・家永ほか［解説］、貴重本刊行会〔折本　日本古典絵巻物2「絵巻名品選2」〕〔便利堂［製作］・ぼるぷ［発売］〕）

五十嵐富夫（※元群馬女子短期大学〈現高崎健康福祉大学短期大学部〉教授。元群馬県立太田高等学校校長。1916-1998/12/16）
197210　：○縁切寺（柏書房）※徳川満徳寺に言及
199204　：○満徳寺（国史大辞典編集委員会［編］『国史大辞典』第十三巻、吉川弘文館）※項目執筆。徳川満徳寺

井口　和起（※京都府立総合資料館館長、同府立大学名誉教授）
200210　：○近代京都の「道」（水本邦彦［編］『京都と京街道　京都・丹波・丹後』吉川弘文館〔街道の日本史 32〕）
　　　　　※円山公園は円山安養寺の名からつけられた、と記述

池内　義資（※元愛媛県立松山北高等学校校長。1897/9/9-1979/10/18）
195510　○中世法制史料集第一巻鎌倉幕府法（佐藤進一・池内［編］、岩波書店）
　　　　　※「近江國筺浦志加納輿本庄東方堺事」に行蓮みゆ。一向俊聖門弟カ
196508　○中世法制史料集第三巻武家家法Ⅰ（佐藤進一・池内・百瀬今朝雄［編］、岩波書店）

池田真由美（※〈千葉県〉市川市立川歴史博物館学芸員）
199607　：○助郷組合の編成と地域―東海道藤沢宿助郷を事例として―（『関東近世史研究』第 39 号、同会）

池見　澄隆（※佛教大学仏教学部嘱託教授。元同大学副学長）
200402　：①空也・源信　教えの広がり―日本人の死生観や来世観を形成し、広く深く浸透※一遍に言及
　　　　　：②空也・源信のことば　「念仏」が極楽往生への手段※関連カラー図版・写真ネーム：「『歓喜踊躍念仏和讃』（※京都・空也堂〔極楽院光勝寺〕伝来の版木から刷ったもの）」「空也堂への入り口」「空也堂〔極楽院光勝寺〕に安置の空也像」「『光格天皇御焼香行列図』（※京都・空也堂〔極楽院光勝寺〕蔵）中の空也僧」
　　　　　（以上『空也・源信念仏で浄土へ』朝日新聞社〔週刊　朝日百科・仏教を歩く 19 号〔2004 年 2 月 29 日号〕〕）

池谷　初恵（※〈静岡県〉伊豆の国市役所文化振興課学芸員）
201207　：○伊豆三島社の景観と遺跡（小野正敏・五味文彦・萩原三雄［編］、遊行寺宝物館［編集協力］『一遍聖絵を歩く―中世の景観を読む―』高志書院〔考古学と中世史研究 9〕）
　　　　　※「Ⅱ　館・寺院・神社　歴史の中のモニュメント」のうち。肩書き：「伊豆の国市文化振興課」

井阪　康二（※〈兵庫県〉西宮市立郷土資料館館長、元龍谷大学文学部非常勤講師）
200212　◎ねがい　生と死の仏教民俗（岩田書院〔御影史学研究会民俗学叢書 14〕）
　　　　　※「四天王寺西門信仰」の項で一遍に言及

井澤英理子（※山梨県立博物館学芸員）
200610　：①阿弥陀三尊来迎図※以下、甲府一蓮寺蔵。図版・作品解説
　　　　　：②釈迦十八羅漢図
　　　　　：③一蓮寺過去帳　僧帳
　　　　　：④遊行上人縁起絵（一遍上人縁起絵）巻八※藤沢清浄光寺蔵。図版・作品解説。ほか［時宗の祖師］リード
　　　　　：⑤一蓮寺※以下「寺院紹介」欄
　　　　　：⑥称願寺
　　　　　：⑦清浄光寺（以上、山梨県立博物館［編集］『祈りのかたち―甲斐の信仰―』同館）
　　　　　※ 2006/10/14-11/20 於同館、開館一周年記念特別展図録

井沢　元彦（※作家・大正大学文学部客員教授・新しい歴史教科書をつくる会会員）
199807　◎逆説の日本史 6「中世神風編」（小学館）　※「「念仏札」と「踊り念仏」に託した一遍の教え」の項あり

井澤　隆浩（※天童佛向寺〈旧時宗一向派・現浄土宗鎮西派〉副住職）
201503　：《研究ノート》一向諸伝の成立について（民衆宗教史研究会編修委員会［編修］『寺社と民衆』第十一輯、同会出版局〔岩田書院・日本史史料研究会［発売］〕）

石井　修（※元〈神奈川県〉藤沢市文書館館長）
198403　：遊行寺観音堂惣益講について（藤沢市文書館［編集］『藤沢市史研究』第 17 号、同館）
199810　：地域民衆と寺院―時宗清浄光寺をめぐって―（『第 49 回　1998 年度地方史研究協議会大会　研究発表要旨』同協議会）※ 1998/11/1 於川崎市市民ミュージアム（神奈川県川崎市中原区）、同会第 49 回大会要旨
199903　：藤沢から茅ケ崎へ（『神奈川の東海道（上）―時空を越えた道への旅』神奈川東海道ルネッサンス推進協議会）※カラー写真：藤沢長生院の小栗・照手の墓所、藤沢遊行寺の山門と門前の傍示板、本堂と大銀杏
199910　：地域民衆と寺院―近世中・後期の時宗清浄光寺をめぐって―（地方史研究協議会［編］『都市・近郊の信仰

あ行

と遊山・観光―交流と変容―』雄山閣)　※1998/11/1 同会第49回神奈川大会報告を元に成稿
200504　：連載　古文書の読み方　第4回　解答編(『文書館だより　文庫(ふみくら)』第4号、藤沢市文書館)
　　　　※「解説」に「西村116軒の家々が属した檀那寺は(中略)遊行寺の塔頭真浄院、真光院、長生院、柄徳院(マヽ)(後に廃寺)、貞松院(後に廃寺)、(中略)の諸寺院が記されています。(石井)」とあり。石井修カ
200507　：連載　古文書の読み方　第5回(『文書館だより　文庫(ふみくら)』第5号、藤沢市文書館)※カラー図版：藤沢遊行寺領西村(現藤沢市西富)の名主充嘉永七年(1854)文書。「石井」の署名記事。石井修カ
200510　：連載　古文書の読み方　第6回(『文書館だより　文庫(ふみくら)』第6号、藤沢市文書館)
　　　　※←石井修 200507 の文書カラー図版を再掲し翻刻掲載。「石井」の署名記事。石井修カ

石井　恭二　(※評論家。1928-2011/11/29)
200303　◎親鸞(河出書房新社)
　　　　※「親鸞と道元と一遍、そして私―あとがきにかえて―」で、一遍の「仮名法語」「百利口語」に言及

石井　琴水　(※〈京都〉淨瑠璃世界社社長。本名・房吉(ふさきち))
192711　◎戯曲の生んだ傳説の都(洛東書院)※「御影堂新善光寺(その附近)」の項ほかあり

石井　進　(※東京大学名誉教授。元国立歴史民俗博物館第3代館長。1931/7/2-2001/10/24)
197212　◎中世政治社会思想　上(石井・石母田正・笠松宏至・勝俣鎮夫・佐藤進一[校注]、岩波書店〔日本思想大系21〕)
　　　　※「赤穴郡連置文」に「紀の三郎大郎季実、法名ちたう、此時先代方をして近江国番場にて出家す、逐電す」とあり
198109　：○鎌倉に入る道、鎌倉のなかの道(『ＩＳ』第14号、ポーラ文化研究所)
　　　　※『一遍聖絵』巻五「鎌倉」を考察。→石井進 198706 ①
198408　：□時宗(『有隣』第二八〇号[同月十日号]、有隣堂)※橘俊道・山田宗睦・石井[座談会]。→石井進 199211 ①
198706　◎鎌倉武士の武士　合戦と暮らしのおきて(平凡社[同社選書108])※→石井 200211
　　　　：①鎌倉に入る道、鎌倉のなかの道←石井進 198109。→石井進 200211 ①
199211　◎鎌倉の仏教―中世都市の実像(貫達人・石井[編]、有隣堂[有隣新書])
　　　　：①回時宗(一遍は伊予国の豪族の生まれ/蒙古襲来の危機感が出家の動機/飢餓と苦難の遊行回国/一遍と法然・親鸞との違い/時衆を開く意識はなかった一遍/踊り念仏/当麻との対立と清浄光寺の開創/敵味方の間を通る〝陣僧〟/極楽往生を実践する「一つ火」の行事)※単色扉図版ネーム：「小袋坂で北条時宗と出会う一遍―清浄光寺・歓喜光寺蔵『一遍聖絵』」。橘俊道・山田宗睦・石井[座談会]。←石井進 198408
199810　：①中世都市・鎌倉
　　　　：②清浄光寺―時宗の総本山遊行寺
　　　　(以上『週刊　朝日百科・日本の国宝』9巻88号[1998年10月27日号]、朝日新聞社)
199909　◎[もののふの都]鎌倉と北条氏(石井[編]、新人物往来社[別冊歴史読本㉔巻19号])
　　　　※巻頭「カラー特集」の「鎌倉武士の光芒―絵巻物にみる武士の戦いと生活」に、『一遍上人絵伝』(清浄光寺・歓喜光寺蔵)にみる鎌倉(鎌倉入り)
　　　　：○北条時頼廻国伝説の真偽※図版：旅をする武士(一遍上人絵伝巻7)
200108　：○小川信著『中世都市「府中」の展開』(史学会[編集]『史学雑誌』第110編第8号、山川出版社)
　　　　※←小川信 200105 を新刊紹介
200201　◎中世のかたち(中央公論新社[日本の中世1])※「一遍と時宗が出会った場所」の項で『一遍聖絵』にも言及し、カラー図版ネーム：「巨福呂坂をこえ鎌倉入りを果たそうとする一遍一行と、阻止する北条の時宗」「片瀬の浜の地蔵堂で踊り念仏の興行をする一遍」、他項でカラー図版：「筑前国(福岡県)の武士の館」・『一遍聖絵』をモデルにした国立歴史民俗博物館蔵「備前国(岡山県)福岡市の復元模型」。「会津の連雀商人たち」の項で、会津高田長光寺を文安年間(1444-1449)に建立したのは、熊野の修験者出身で連雀商人の頭だった吉原家とす
200206　◎中世の村を歩く　寺院と荘園(石井[責任編集]、朝日新聞社[週刊　朝日百科「新訂増補日本の歴史」2号[2002年6月9日号。通巻530号(改訂1刷)]・中世Ⅰ―②)]))※←初版：1986年4月20日号
　　　　：①黒田荘と東大寺　中世的世界の形成
　　　　※カラー図版ネーム：「京都のなかの浅い川をゆく筏」(東京国立博物館蔵『一遍聖絵』)
200211　◎鎌倉武士の武士　合戦と暮らしのおきて(平凡社[同社ライブラリー449])※←石井進 198706
　　　　：①鎌倉に入る道、鎌倉のなかの道(『一遍聖絵』にみる鎌倉入り―小袋坂の情景」の項もあり、『一遍聖絵』と鎌倉と備前福岡市を考察。←石井進 198706 ①←石井進 198109

石井光太郎(みつたろう)　(※元〈神奈川県〉横浜市役所文教部職員。1918/2/16-1999)
197005　◎神奈川の写真誌　明治前期(金井圓・石井[編]、有隣堂)※「当麻の無量光寺」の項あり

石井　義長　(※武蔵野大学仏教文化研究所研究員。元日本放送協会ニューメディア推進本部事務局長)
200003　◎空也上人の研究―その行業と思想について―(博士論文)※東洋大学大学院文学研究科に1999/10末に提出した博士論文。博士(文学)甲第65号。200003は授与年月。→石井義長 200201

200012A	：○空也における善導浄土教の「摂取」と念仏の実践（仏教思想学会［編集］『佛教學』第42号、同会） ※託何『蔡州和伝要』、『一遍上人法門抜書』、玄秀・量光・廓竜・賞山・俊鳳に言及
200012B	：○空也上人の『発心求道集』について（日本印度学仏教学会［編集］『印度學佛教學研究』第四十九巻第一号〔通巻第 97 号〕、同会）※ 2000/9/2 於東洋大学白山校舎、同会第51回大会報告要旨
200112	：○空也と一遍（日本印度学仏教学会［編集］『印度學佛教學研究』第五十巻第一号〔通巻第 99 号〕、同会） ※ 2001/6/30 於東京大学本郷校舎、同会第52回大会報告要旨
200201	◎空也上人の研究―その行業と思想―（法藏館） ※一遍と市屋派を中心とする時衆教団に多数言及。←石井義長 200003 改題
200311	◎阿弥陀聖　空也―念仏を始めた平安僧―（講談社〔同社選書メチエ 285〕）※一遍に言及
200401	：「空也」ふたたび―わが国の念仏の祖師―（『大法輪』平成十六年一月号［第 71 巻第 1 号］［特集∥初めての〈仏典〉入門、大法輪閣］）※一遍に言及
200604	：○捨聖の系譜―空也から一遍へ―（『心　日曜講演集』第25集、武蔵野大学） ※ 2005/6/19 於同大学グリーンホール、第 471 回日曜講演記録。肩書きは「仏教文化研究所研究員」
200902	◎空也―我が国の念仏の祖師と申すべし（ミネルヴァ書房〔ミネルヴァ日本評伝選〕）※一遍に言及

石井　由彦（※俳人協会会員）

201404	◎一遍の道　遊行上人の生涯（愛媛新聞サービスセンター）※カラー表紙図版：『聖絵』市屋道場

石岡　信一（※時宗教学研究所所長・諸川向龍寺第 35 世住職。1931-故人）

196511	：○一遍聖の念仏について（『東洋学研究』第一号、東洋大学東洋学研究所）
196703	：○法然の念仏布教とその流れについての一考察（日本印度學佛教學會［編輯］『印度學佛教學研究』第十五巻第二號〔通巻第 30 號〕、同會）
196708	：○一遍における出家の動因についての考察（『東洋学研究』第二号、東洋大学東洋学研究所）
196803	：○鎌倉期における念仏流布上の一考察―特に一遍を中心として―（日本印度學佛教學會［編輯］『印度學佛教學研究』第十六巻第二號〔通巻第 32 號〕、同會）
196903	：○臨終正念における臨終時―一遍における臨終観を中心として―（日本印度學佛教學會［編集］『印度學佛教學研究』第十七巻第二號〔通巻第 34 號〕、同會）
197003	：○捨聖の生死観（一）――遍聖の生死観を中心にして―（日本印度學佛教學會［編集］『印度學佛教學研究』第十八巻第二號〔通巻第 36 號〕、同會）
197103A	：○捨聖の生死観（二）―遁世者の価値観について―（日本印度學佛教學會［編集］『印度學佛教學研究』第十九巻第二號〔通巻第 38 號〕、同會）
197103B	：○遁世者としての一遍について（『東洋学研究』第五号、東洋大学東洋学研究所）
197202	：○遁世者としての一遍上人（『時宗教学年報』第一輯、時宗教学研究所）
197203	：○捨聖の生死観（三）―善悪について―（日本印度學佛教學會［編集］『印度學佛教學研究』第二十巻第二號〔通巻第 40 號〕、同會）
197212	：○一遍上人の回心について（日本印度學佛教學會［編集］『印度學佛教學研究』第二十一巻第一號〔通巻第 41 號〕、同會）※→石岡信一 197303
197303	：○一遍上人の回心について（『東洋学研究』第七号、東洋大学東洋学研究所）※←石岡信一 197212
197304	：○遁世者の善悪観――遍上人を中心として―（『時宗教学年報』第二輯、時宗教学研究所）
197312	：○一遍上人の善光寺参籠について（日本印度學佛教學會［編集］『印度學佛教學研究』第二十二巻第一號〔通巻第 43 號〕、同會）※→石岡信一 197404
197402	：○一遍と天台本覚思想（大橋俊雄［編集］『時衆研究』第五十九号、時宗文化研究所）※→石岡信一 198412
197403	：○一遍聖の熊野参籠について（一）（『東洋学研究』第八号、東洋大学東洋学研究所）
197404	：○一遍上人の善光寺参籠について（『時宗教学年報』第三輯、時宗教学研究所）※←石岡信一 197312
197503A	：○一遍聖の熊野参籠について（一）（日本印度學佛教學會［編集］『印度學佛教學研究』第二十三巻第二號〔通巻第 46 號〕、同會）
197503B	：○一遍の熊野参籠について（二）（『東洋学研究』第九号、東洋大学東洋学研究所）
197510	：○一遍聖の熊野参籠について（『時宗教学年報』第四輯、時宗教学研究所）
197603A	：○一遍聖の熊野参籠について（二）（日本印度學佛教學會［編集］『印度學佛教學研究』第二十四巻第二號〔通巻第 48 號〕、同會）
197603B	：○一遍聖の熊野参籠について（三）（『東洋学研究』第十号、東洋大学東洋学研究所）
197610	：○一遍聖の熊野参籠について（続）―「六十万人頌」に対する諸説―（『時宗教学年報』第五輯、時宗教学研究所）
197703	：○一遍聖の熊野参籠について（三）（日本印度學佛教學會［編集］『印度學佛教學研究』第二十五巻第二號〔通巻第 50 號〕、同會）

197705	：○一遍の名号に対する一考察―能所・機法一体を中心に―（大橋俊雄［編集］『時衆研究』第七十二号、時宗文化研究所）※→石岡信一 197802
197712	：○時宗の十念口決について（日本宗教学会［編集］『宗教研究』二三四号［第51巻第3輯］、同会）
197802	：○一遍の名号に対する一考察―その一―（『時宗教学年報』第六輯、時宗教学研究所）※→石岡信一 197705
197803	：○一遍聖の熊野参籠について（四）（日本印度學佛教學會［編集］『印度學佛教學研究』第二十六巻第二號〔通卷第52號〕、同會）
197902	：○一遍上人の名号思想―語録における名号の表現―（日本宗教学会［編集］『宗教研究』二三八号［第52巻第3輯］、同会）
197903	：○一遍聖の名号観（二）―語録における名号の表現―（『時宗教学年報』第七輯、時宗教学研究所）
197912A	：○播州問答集（時宗開宗七百年記念宗典編集委員会［編集］『定本時宗宗典』上巻、時宗宗務所〈山喜房佛書林［発売］〉）※翻刻と解題
197912B	：①神勅教導要法集
	：②神偈讃歎念佛要義鈔
	：③神偈撮要鈔（以上、時宗開宗七百年記念宗典編集委員会［編集］『定本時宗宗典』下巻、時宗宗務所〈山喜房佛書林［発売］〉）※翻刻と解題
198002	：○一遍上人の名号思想―極楽浄土について―（日本宗教学会［編集］『宗教研究』二四二号［第53巻第3輯］、同会）
198003A	：○一遍の名号観（三）―法身仏について―（日本印度學佛教學會［編集］『印度學佛教學研究』第二十八巻第二號〔通卷第56號〕、同會）
198003B	：○一遍の名号観（三）―弥陀仏身土について―（『時宗教学年報』第八輯、時宗教学研究所）
198103	：○一遍聖の名号観（四）（『時宗教学年報』第九輯、時宗教学研究所）
198105	：○一遍上人の菩薩思想（西義雄博士頌寿記念論集刊行委員会［編］『菩薩思想』西義雄博士頌寿記念論集、大東出版社）
198108	：○遊行寺の歴史と信仰（日本仏教研究所［編集］・寺沼琢明［著］『一遍上人と遊行寺』ぎょうせい〔日本仏教の心⑬〕）
198203	：①一遍上人の菩薩信仰
	：②一遍聖の名号観（五）（以上『時宗教学年報』第十輯、時宗教学研究所）
198303	：○一遍聖の名号観（六）（『時宗教学年報』第十一輯、時宗教学研究所）
198402	：○一遍上人の念仏思想とその源流（一）（『時宗教学年報』第十二輯、時宗教学研究所）
198412	：○一遍と天台本覚思想（橘俊道・今井雅晴［編］『一遍上人と時宗』吉川弘文館〔日本仏教宗史論集10〕）※←石岡信一 197402
198502	：○一遍上人の念仏思想とその源流（二）（『時宗教学年報』第十三輯、時宗教学研究所）
198503	：○一遍上人における宗教の世界―念仏を中心にして―（日本宗教学会［編集］『宗教研究』二六三号［第58巻第4輯］、同会）
198510	：○一遍上人の念仏思想とその源流（一）（『時宗史研究』創刊号、同会）
198603A	：○一遍上人の還流思想（日本印度学仏教学会［編集］『印度學佛教學研究』第三十四巻第二輯〔通卷第68号〕、同会）
198603B	：○一遍上人の念仏思想とその源流（三）（『時宗教学年報』第十四輯、時宗教学研究所）
198807	：○時宗に関する菩薩（『大乗菩薩の世界』金岡秀友博士還暦記念論文集、佼成出版社）
198903	：○一遍上人と本覚思想（『時宗教学年報』第十七輯、時宗教学研究所）
199003	：○一遍と他阿の時衆について（『時宗教学年報』第十八輯、時宗教学研究所）
199004	：あとがき（橘俊道［著］『一遍上人の念仏思想と時衆 橘俊道先生遺稿集』橘俊道先生遺稿集刊行会）
199206	：○一遍上人絵縁起（大倉精神文化研究所［編］『新版日本思想史文献解題』角川書店）※項目執筆

石上　善應（石上　善応）（※大正大学名誉教授・浄土宗鎮西派僧侶。元津徳短期大学（現淑徳大学短期大学部）学長）

199006	：○専修念仏とは―法然・一遍を読む―（『仏教』別冊3「仏教入門」、法蔵館）※「石上善応」名義
200501	：○昇華された空也上人像（伊藤唯真［編］『浄土の聖者　空也』吉川弘文館〔日本の名僧⑤〕）

石川　英輔（※作家・〔東京都中央区〕ミカ製版株式会社取締役）

199405	◎泉光院江戸旅日記　山伏が見た江戸期庶民のくらし（講談社）※日向国佐土原藩安宮寺（当山派修験）住職泉光院野田成亮『日本九峰修行日記』（文化九年〈1812〉九月三日～文政元年〈1818〉十一月七日）を現代語で紹介。文化十四年（1817）年五月十日条に「藤沢の宿場へ出て遊行上人の寺参詣」記事あり。一方『藤沢山日鑑』には記載なし（古賀克彦註）。また前年四月十二日、上州徳川村往来記事に著者が縁切寺満徳寺を記載

石川登志雄（※〔京都市東山区〕伝統文化財保存研究所代表、元京都造形芸術大学芸術学部准教授）

198503	：○中世丹後における時衆の展開（京都府立丹後郷土資料館［編］『丹後郷土資料館報』第六号、同館）

石川　知彦（※龍谷大学龍谷ミュージアム教授。元大阪市立美術館学芸課主任学芸員）
200110 ：◯作品解説（東京都美術館・大阪市立美術館・名古屋市博物館［編集］『聖徳太子展』NHK／NHKプロモーション）※ 2001/10/20-2002/4/7 全国3箇所巡回特別展図録。京都市西京区宝菩提院願徳寺（天台宗山門派）蔵「南無仏太子像」ほか
200408 ：◯「宮めぐり」と垂迹曼荼羅—熊野の場合を中心に—（大阪市立美術館［編集］『紀伊山地の霊場と参詣道』世界遺産登録記念　特別展「祈りの道〜吉野・熊野・高野の名宝〜」毎日新聞社／NHK）※ 2004/8/10-9/20 於大阪市立美術館、10/1-11/3 於（愛知県）名古屋市博物館、11/20-2005/1/23 於世田谷美術館、特別展示図録解説。『一遍聖絵』と同じ社頭図の粉本に基づくクリーブランド美術館本宮曼荼羅に言及

石川　文洋（※報道写真家。元〈東京都中央区・株式会社〉朝日新聞社出版局写真部員）
200809 ◎カラー版　四国八十八カ所—わたしの遍路旅（岩波書店［岩波新書・新赤版1151］）
　　　　※カラー写真ネーム：「78番　郷照寺」

石崎　直義（※元〈富山県西礪波郡〉福光町〈現南砺市〉立土山小学校校長。1904-1991）
197608 ：◯北陸三県における時宗史素描（大橋俊雄［編集］『時衆研究』第六十九号、時宗文化研究所）

石関　秀三（※肩書き不詳）
199402 ：◯無量光寺（『日本史大事典』第六巻、平凡社）※項目執筆

石田　旭山
→石田才次郎

石田才次郎（石田　旭山）（※京都市下京區・石田旭山印刷所（現同市中京区・株式会社写真化学）創業者。故人）
188401 ◯京都名所めぐり（石田才次郎）※「四条道場」・「御影堂」・「円山」・「長楽寺」・「双林寺」・「霊山」の項あり
188706 ◯京都名所案内圖會（石田［編輯］、正宝堂）※「四條道場」・「遊行派」とす）・「御堂」・「圓山」・「長楽寺」（挿絵あり）・「双林寺」・「霊山正法寺」の項あり。「石田旭山」名義

石田　孝喜（※郷土史家）
199411 ◯京都史跡事典（石田［編］、新人物往来社）※市比売神社・大石良雄寓居の跡（金蓮寺塔頭梅林庵、円山会議など）・金光寺（ただし金蓮寺を清浄光寺派と表記）・七条仏所跡・新善光寺御影堂跡（ただし大師堂を太子堂と表記）・染殿地蔵・南無地蔵（宝福寺。白蓮寺にも言及）等の項あり。→ 199799 増補版←石田孝喜 200110
200110 ◯京都史跡事典　コンパクト版（石田［編］、新人物往来社）
　　　　※市比売神社・七条仏所跡・染殿地蔵・南無地蔵・御影堂跡、等の項あり。← 199799 増補版←石田孝喜 199411

石田　典定（※東京都台東区浄念寺（浄土宗鎮西派）住職。故人）
194212 ：遊行聖と念佛行（『淨土學』第二十號、大正大學淨土學研究室）

石田　文昭（※平塚教善寺第40世住職。1901-1976）
195704 ：現代意訳一遍上人語録（『時衆あゆみ』第十五号、中村昌道私家版）※〜第三十二号、196207 連載
196405 ◎意訳一遍上人語録法語（山喜房仏書林）
196506 ：遊行廻国「机辺の資料」（金井清光［編集］『時衆研究』第十二号、金井私家版）
196508 ：遊行廻国「机辺の資料(二)」（金井清光［編集］『時衆研究』第十三号、金井私家版）
196604 ：遊行廻国「机辺の資料(三)」（金井清光［編集］『時衆研究』第十七号、金井私家版）

石田　瑞麿（※元東海大学文学部教授。1917/6/25-1999/11/17）
199703 ◎例文仏教語大辞典（小学館）※「時衆」「十一不二」「賦算」「六十万人」などの項あり

石田　吉貞（※元昭和女子大学文学部教授、元大正大学文学部教授。1890/12/21-1987/11/12）
194304A ：◯中世歌人叢考（二）—法眼圓伊—（『歴史と國文學』第二十八巻第四號、太洋社）
194304B ：◯頓阿・慶運（三省堂）

石田　善人（※神戸女子大学文学部教授・岡山大学名誉教授。1926/5-1996/12）
195610 ：一遍（家永三郎［編］『日本仏教思想の展開　人とその思想』平楽寺書店）※→石田善人 199605 ①
196110 ：◯日本仏教の地域発展—宗派別・時宗—（『佛教史學』第九巻第三・四合併号、同会）
　　　　※番場蓮華寺にも言及。→石田善人 199605 ②
196302 ：◯室町時代の時衆について（上）（『仏教史学』第十巻第四号、同会）※→石田善人 199605 ③
196407 ：◯室町時代の時衆について（下）（『仏教史学』第十一巻第四・五合併号、同会）※→石田善人 199605 ③
196503 ：◯一遍の宗教について（『神戸大学教育学部研究集録』第三十三集、同学部）※→石田善人 199605 ④
196705 ：①一遍と時衆※「一向俊聖」「一向衆」の項もあり、他項でもそれらに言及。→石田善人 199605 ⑩
　　　　：②旧仏教の中世的展開※「山伏と高野聖」の項あり
　　　　：③勝田証阿弥陀仏—時宗—※「勝田」（勝間田）の読みは「かつまた」。→石田善人 199605 ⑦
　　　　（以上、赤松俊秀［監修］『日本佛教史』II中世篇、法蔵館）
196801 ：◯時衆教団の成立（『史林』第五十一巻第一号、京都大学史学研究会）※→石田善人 199605 ⑤
196905 ：◯武士と時衆—戦国武士と浄土教—（藤島博士還暦記念論集刊行会［編］『日本浄土教史の研究』藤島博士還

暦記念、平楽寺書店〉※→石田善人199605 ⑥

197212 ：：播磨国衙と称名寺について（赤松俊秀教授退官記念事業会［編集］『国史論集』赤松俊秀教授退官記念、同会）※四条派姫道道場称名寺（現天台宗山門派・兵庫県姫路市正明寺）。→石田善人199605 ⑧

197404 ：：中世村落と仏教（日本宗教史研究会［編］『共同体と宗教』法藏館〔日本宗教史研究 5〕）
※→石田善人199612 ①

197512 ：：大橋俊雄著「時宗の成立と展開」（史学会［編集］『史学雑誌』第84巻第11号、山川出版社）
※←大橋俊雄197306 を書評

198009 ：□再掘日本宗教史〈一遍〉（『中外日報』同月20日号、同社）
※～同年11月13日号、全20回連載。→石田善人199605 ⑨

198803 ：：教信寺と一遍（加古川市史編さん専門委員［編集］『加古川市史』1本編Ⅰ、同市）

198806 ◎特別展中世を旅する聖たち展──一遍上人と時宗──（神戸市立博物館［編集］・石田［監修］、同市スポーツ教育公社）※一向派関係の写真多数掲載、『魔仏一如絵詞』は時衆と一向衆とを混同していると断ず

199006 ：①一遍
：②一遍上人絵伝※「一遍上人絵詞伝」とあり、熊野本宮奉納の「一遍上人行状絵」にも言及
（以上、京大日本史辞典編纂会［編］『新編日本史辞典』東京創元社）※項目執筆。→199905 第5版

199402 ：○蓮華寺（『日本史大事典』第六巻、平凡社）※項目執筆。番場蓮華寺

199605 ◎一遍と時衆（法藏館）→今井雅晴200312 紹介
：①序　章　一遍と時衆※←石田善人195610 改題
：②第一章　時宗の地域発展※←石田善人196110 改題
：③第二章　室町時代の時衆※←石田善人196302・196407 改題
：④第三章　一遍の宗教の思想的特質※←石田善人196503 改題
：⑤第四章　時衆教団の成立※←石田善人199605 ⑤
：⑥第五章　武士と時衆─戦国武士と浄土教─※←石田善人196905
：⑦第六章　勝田証阿弥陀仏とその周辺※←石田善人196705 ③改題
：⑧第七章　播磨国衙と称名寺※←石田善人197212 改題
：⑨結　　　再び一遍について※←石田善人198009 改題
：⑩付　論　時衆史概説※←石田善人196705 ①改題

199612 ◎中世村落と仏教（思文閣出版〔思文閣史学叢書〕）※→伊藤正敏200312 論評
：：中世村落と仏教※「南北朝～室町初期に京都・近江などで爆発的に伸張するものに時衆があったが、遊行上人のたまさかの廻国と賦算が一時的には人心を把握しえても、村落への恒常的な浸透という点では充分ではなく、ことに土豪武士層を外護者としてその氏寺化したために、外護者の没落と運命を共にせざるをえなかった。ここで重要なことは、その時衆にしても爆発的伸張の理由は、呪符的な念仏札の役割り、神祇との結合などの旧体制的信仰との競合を回避したこと、にあったのである」とす。また法燈国師無本覚心が再興した西摂兵庫の宝満寺に言及。ただし「中世末期の高野聖による真言宗の再興」とす。←石田善人197404

石塚　勝（※元〈神奈川県〉藤沢市教育委員会生涯学習課生涯学習課博物館建設準備担当〈現藤沢市役所市民部郷土歴史課〉学生員）

199503 ：：〈展示会報告〉藤沢の中世文書─伝来・移動・散逸・蒐集（藤沢市文書館［編集］『藤沢市文書館紀要』第18号、同館）※清浄光寺文書（後円融天皇綸旨〈単色図版掲載〉、参考・後小松天皇綸旨、武田信虎書状、大内義隆書状、佐竹義重判物）あり。石塚・高橋浩明［共筆］

199602 ：：［時宗の文書・典籍］（文書／典籍）（藤沢市教育委員会　博物館準備担当［編集］『特別展　時衆の美術と文芸　中世の遊行聖と藤沢』〈発行元表記なし〉）※ 1996/2/3-25 於（神奈川県）藤沢市民ギャラリー、巡回展「時衆の美術と文芸」藤沢会場用単色展示図録。肩書きは：「〈藤沢市教育委員会〉」

200106 ◎ 2001年遊行の旅　一遍聖絵をたどる（藤沢市教育委員会生涯学習課［博物館準備担当］［編］、同委員会）
※ 2001/6/26-11/4 於藤沢市民ギャラリー、同展解説リーフレット

200303 ：①一遍「建長三年の春」「十六歳の春」「建長四年の春のころ」
：②『一遍聖絵』修復後の翻刻（巻第一）・長島尚道・高野修・石塚・遠山元浩［共筆］
（以上『時宗教学年報』第三十一輯、時宗教学研究所）

200403 ：○『一遍聖絵』修復後の翻刻（巻第二・第三）（『時宗教学年報』第三十二輯、時宗教学研究所）
※長島尚道・高野修・遠山元浩・石塚［共筆］

200410A ◎平成十六年度企画展　一遍聖絵の誕生（生涯学習課［博物館準備担当］［編集］、同課〈同担当〉・藤沢市教育委員会）※ 2004/10/12-11/7 於藤沢市民ギャラリー常設展示室、企画展「カラーチラシ」。表紙：藤沢市教育委員会所蔵の一遍聖絵（歓喜光寺本）複製品巻1のカラー、歓喜光寺本「巻1－4」「巻2－2」「巻4－3」「巻6－1　片瀬の浜の踊念仏」カラー、岡墨光堂提供の裏面写真（左右反転）「巻1－4」「巻2－2」「巻4－3」カラー、御影堂本「巻1－4」「巻2－2」「巻4－3」単色の各写真。実質は石塚［編集・執筆］

200410B ◎平成十六年度　企画展「一遍聖絵の誕生」展示概説（藤沢市教育委員会生涯学習課（博物館準備担当）［編集］、同課［同担当］）※ 2004/10/12-11/7 於藤沢市民ギャラリー常設展示室、企画展展示概説。複写物をステープラーで合綴。実質は石塚［編集・執筆］
200603 ：一遍聖絵　修理後の翻刻（巻第四・第五）（『時宗教学年報』第三十四輯、時宗教学研究所）
　　　　※石塚・遠山元浩［共筆］
200703A ：一遍聖絵　修理後の翻刻（巻第六）（『時宗教学年報』第三十五輯、時宗教学研究所）
　　　　※石塚・遠山元浩［共筆］。肩書き：「藤沢市教育委員会博物館準備室」
200703B ：【二〇〇五年十月例会参加記】特別展「聖地への憧れ—中世東国の熊野信仰—」見学会（『神奈川地域史研究』第 24 号、同会）※ 2005/10/8-11/20 於神奈川県立歴史博物館、同展を 10/30 同会例会として見学したものの参加記。同展担当学芸員古川元也［展示解説］。「熊野信仰と時宗」の展示構成に関し「神奈川・清浄光寺の遊行上人絵縁起絵第一巻、紀州熊野の場面」「同時展観の同寺と静岡・西光寺の熊野成道図」に言及
200803 ：○一遍聖絵　修理後の翻刻（巻第七・第八）（『時宗教学年報』第三十六輯、時宗教学研究所）
　　　　※石塚・遠山元浩［共筆］。肩書き：「藤沢市教育委員会博物館準備室」
200903 ：○一遍聖絵　修理後の翻刻（巻第九）（『時宗教学年報』第三十七輯、時宗教学研究所）
　　　　※石塚・遠山元浩［共筆］。肩書き：「藤沢市教育委員会博物館準備室」
201001 ：○一遍の鎌倉入り—『一遍聖絵』の検討を中心に—（『神奈川地域史研究』第二十七号、同会）
　　　　※ 2008/2/16 於藤沢遊行寺大会議室、「一遍上人の相模遊行—『一遍聖絵』の検討を中心に」の共通題目で、石塚「詞書からの考察」・遠山元浩「絵からの考察」、各例会報告が行われ、前者を成稿。本文と連動して、同誌カラー口絵 4 ページ分に図版ネーム：「国宝　一遍聖絵　巻第五第五段（部分）　清浄光寺蔵」「国宝　一遍聖絵　巻第五第五段　清浄光寺蔵」「国宝　一遍聖絵　巻第六第一段　清浄光寺蔵」「国宝　一遍聖絵　巻第六第一段（部分）　清浄光寺蔵」
201003 ：○一遍聖絵　修理後の翻刻（巻第十）（『時宗教学年報』第三十八輯、時宗教学研究所）
　　　　※石塚・遠山元浩［共筆］。肩書き：「藤沢市教育委員会博物館準備室」
201103 ：○一遍聖絵　修理後の翻刻（巻第十一）（『時宗教学年報』第三十九輯、時宗教学研究所）
　　　　※石塚・遠山元浩［共筆］。肩書き：「藤沢市教育委員会博物館準備室」
201203 ：①解説「時宗本末帳解題」
　　　　：②付表「時宗本末帳所載寺院総覧」東国編※越後・信濃・遠江以東
　　　　：③付表「時宗各派の国別寺院数」
　　　　（以上、藤沢市文書館［編集］『藤沢山日鑑』別巻 2「近侍者記録二」、同館）
201303 ：①付表「時宗本末帳所載寺院総覧」西国編※越中・飛騨・美濃・三河以西
　　　　：②付表「時宗本末帳所載寺院総覧　寺院名五十音順　索引」
　　　　（以上、藤沢市文書館［編集］『藤沢山日鑑』別巻 3「近侍者記録三」、同館）
201403 ：○歓喜光寺本『一遍聖絵』詞書の文字変更について（『時宗教学年報』第四十二輯、時宗教学研究所）
201503A ：○一遍聖絵　修理後の翻刻（巻第十二）（『時宗教学年報』第四十三輯、時宗教学研究所）
　　　　※石塚・遠山元浩［共筆］
201503B ：○《研究論文》「一遍聖絵」の中の一遍伝記（民衆宗教史研究会編修委員会［編修］『寺社と民衆』第十一輯、同会出版局〈岩田書院・日本史史料研究会［発売］〉）
　　　　※肩書き：「元藤沢市教育委員会博物館建設準備担当学芸員」

石鳥谷町教育委員会（※岩手県稗貫郡石鳥谷町（現花巻市））
196603 　◎光林寺文書（同委員会［編］、同委員会［同町史資料その一］）

石鳥谷町史編纂委員会（※岩手県稗貫郡石鳥谷町（現花巻市））
197903 　◎石鳥谷町史上巻（同委員会［編］、同町）※単色口絵ネーム：「浅野弾正光林寺寄進状」。「第三編　中世」「第四章　織豊時代」「二　浅野長政の北上平野仕置」に「四　長政と光林寺」の項あり、同章「三　奥州一揆の勃発」に「三　光林寺焼討」「三　光林寺と光林城」の項あり、同章「五　九戸政実の反乱」に「五　浅野宗勝と光林寺」の項あり、同編「第五章　稗貫氏一族」「三　稗貫氏配下の各郷主」に「一五　河野氏と寺林氏」「一五　河野氏」「一五　寺林氏」の項あり、「第四編　近世」「第二章　戸口」「一　南部藩政前期」に「三　慶安年中の光林寺領八軒」「四　寛文七年光林寺領十六軒」の項あり
198107 　◎石鳥谷町史下巻（同委員会［編］、同町）
　　　　※「第六編　社寺」「第二章　寺院」に「七　光林寺」の項あり、「第七編　人物伝」「第一章　近世」に「一　宿阿含受」「六　其阿立通」「一二　他阿尊遵」「一三　其阿存恩」「一五　円護」の項あり

石野　瑛（※神奈川県文化財専門委員・〈神奈川県県央地区・〉学校法人）武相学園初代学園長。元相中学校・高等学校初代校長。1889-1962/12/5）
193412 　◎考古集録第一　論考説話及武相踏査雑記（武相考古會［武相叢書考古第一編］）※「武相踏査雑記」に「二七　愛甲郡上依知の先史遺蹟と無量光寺」（p155-156）の項あり。澁谷家（無量光寺檀家カ）の歓迎を受くとす

あ行

石野　弥栄（※愛媛大学文学部非常勤講師。元愛媛県歴史文化博物館学芸課課長）
201010　：書評・山内譲『古代・中世伊予の人と地域』（『伊予史談』第三五九号、同会）※←山内譲201004 を書評
石橋　義秀（※大谷大学名誉教授・大阪府堺市西区善正寺〔真宗大谷派〕住職）
200102　◎略縁起　資料と研究第3集（石橋・菊池政和・橋本章彦［編］、勉誠出版）※大谷大学図書館蔵「神田家記録」の往生禅寺「真似牛済度　圓光大師御自作壽像略縁起」掲載。一向俊聖弟子・存阿開山の学牛往生寺カ
石丸　晶子（※東京経済大学名誉教授。元東洋女子短期大学〈2007/3/22 閉校〉専任講師）
200501　：生死巌頭に立足した聖者を慕う（伊藤唯真［編］『浄土の聖者　空也』吉川弘文館〔日本の名僧⑤〕）
石村　喜英（※立正大学文学部非常勤講師。1914/12-故人）
197001　：関東における善光寺式弥陀三尊信仰の背景（『東京史談』菊池山哉先生追悼号、菊池山哉先生追悼号編集委員会）
石母田　正（※法政大学名誉教授。元〈東京市京橋區［現東京都中央区］・株式会社〉朝日新聞社記者。1912/9/9-1986/1/18）
197212　◎中世政治社会思想　上（石井進・石母田・笠松宏至・勝俣鎮夫・佐藤進一［校注］、岩波書店〔日本思想大系 21〕）
　　　　※詳細⇒石井進 197212
伊豆田忠悦（※元山形県立山形東高等学校校長）
198012　：解説（一　天童落城に関する軍記物について／二　天童氏の出自について／三　最上義光の天童城攻略について／四　「天童落城並仏向寺縁起」の梗概）（天童市史編さん委員会［編集］『天童落城軍物語集』同市〔市史編集資料第 22 号〕）
和泉市久保惣記念美術館（※大阪府和泉市）
199210　：平成四年度　特別展図録「白描絵」（同館）
　　　　※ 1992/10/4-11/23 於同館、特別展示図録。河田昌之［解説］「白描絵概説」で前田育徳会蔵「一遍聖絵巻」、常称寺蔵「遊行上人縁起絵巻」に言及、図版掲載。ただし解説文中では「一遍聖絵」「遊行上人縁起絵」と表記
磯　貞周
191311　：和讃と謠曲（『能樂畫報』第六巻第拾三號、能樂通信社）
　　　　※金井清光 196711 ⑯による。ただし当該号に未見。俟後考
磯貝　正（※横濱区科編纂委員會委員、東京帝國大學〈現東京大學〉文學部國史科〈現文化史學科日本史學專攻〉卒業。1907-1938/6/8）
193212　：時宗道場兩金光寺異同考（『歴史地理』第六十巻第六號〔第三百九十五號〕、日本歴史地理學會）
193703　：時宗教團の起源及其發達（『史蹟名勝天然紀念物調査報告書』第五輯、神奈川縣）
　　　　※「時宗史研究第一編として」。←磯貝正 193706
193706　◎時宗教團の起源及其發達（磯貝正私家版［時宗史研究第一篇］）※ 76p. ←磯貝正 193703
五十川伸矢（※京都橘大学現代ビジネス学部教授）
199510　：丹南の鋳物師（網野善彦・石井進［編］『信仰と自由に生きる』新人物往来社〔中世の風景を読む第 5 巻〕）
　　　　※表中に番場蓮華寺梵鐘あり
磯部　信夫（※〈東京都渋谷区・株式会社〉NHK エンタープライズ国際事業センター海外推進エグゼクティブ・プロデューサー）
198807A　：あり得ない視点を求めて（金岡秀友［編］『大乗菩薩の世界』金岡秀友博士還暦記念論文集、佼成出版社）
　　　　※←磯部信夫 198807B
198807B　：［取材ノート］あり得ない視点を求めて（『NHK国宝の旅』11「一遍上人絵伝など」、日本放送出版協会）
　　　　※←磯部信夫 198807A
磯村朝次郎（※〈秋田県男鹿市・真山神社内〉日本海域文化研究所所長。2008 年歿）
198403　：北奥における時衆板碑とその周辺—特に秋田県の事例を中心に—（『秋田県立博物館研究報告』第 9 号、同館）
板垣　生
191607　：小栗判官考（『妙好華』第十六巻第七號、時宗青年會本部）
板倉　聖哲（※東京大学東洋文化研究所教授。元〈奈良市・現公益財団法人〉大和文華館学芸部部員）
199507　：影（黒田日出男［責任編集］『歴史学事典』3「かたちとしるし」、弘文堂）
　　　　※項目執筆。「日本絵画では、鎌倉時代の法眼円伊の筆になる「一遍聖絵」巻 3（1299 年、歓喜光寺）の三輩九品の道場の場面、建物の簾や明障子の上に描かれた僧侶たちの影法師」（p152）と言及
板橋　源（※岩手大学名誉教授。元岩手県立博物館館長。1908/8/25-1990/11/22）
196599　：○一遍上人祖父ヒジリ塚（『北上市文化財調査報告書』第一集、同市教育委員会）※→板橋源 197003
197003　：○一遍上人祖父ヒジリ塚（岩手県北上市［編集］『北上市史』第二巻　古代(2)・中世、同市史刊行会）
　　　　※単色口絵ネーム：「『一遍聖絵』第 5 巻第 3 段「河野通信墳墓」（北上市稲瀬町字水越所在）　国宝　京都歓喜光寺蔵」。←板橋源 196599
一円融合会（※神奈川県小田原市・現公益財団法人報徳福運社報徳博物館内）
199804　◎かいびゃく 1998 年 4 月号（同会）※藤沢遊行寺の項あり

市川　彰（※〈広島県〉尾道市立大学芸術文化学部准教授。元〈京都市中京区・府立〉京都文化博物館学芸課学芸員（日本美術史））
201003　：○『拾遺都名所図会』に記された名宝（『京都文化博物館研究紀要　朱雀』第22集、同館）
　　　　※「「拾遺都名所図会」巻之一所載「名宝」一覧」に大炊御門開名寺の安阿弥作阿弥陀如来像、「「拾遺都名所図会」巻之二所載「名宝」一覧」に歌仙堂（大雅堂）の観世音菩薩像・画士峰十二軸・石額器〔木下長嘯子の持物〕、双林寺（芭蕉堂）の芭蕉翁肖像、霊山の恵心僧都作阿弥陀如来像〔法然上人念持仏〕・円光大師作円光大師像〔七十二才の影〕、法国寺の安阿弥作阿弥陀如来像、迎称寺の恵心僧都作不空羂索観音像・阿弥陀如来像・一遍上人像、極楽寺の恵心僧都作毘沙門天像・菅原道真作大黒天、運慶作蛭子神像、東北院の後西上皇作「東北院」額・伝大師作弁財天像・伝教大師作毘沙門天像・大黒天像・関白道長公像、「「拾遺都名所図会」巻之三所載「名宝」一覧」に福田寺の湛慶作阿弥陀如来像

市川　健夫（※信州短期大学名誉教授・東京学芸大学名誉教授。元長野県立歴史館長）
199703　：○はじめに（長野県立歴史館［編集］『長野県立歴史館信濃の風土と歴史③中世の信濃』同館）
　　　　※「『一遍上人絵伝』をみると、当時の門前町のにぎわいがわかります。」とす。肩書き：「館長」

市古　貞次（※東京大学名誉教授。元国文学研究資料館初代館長。1911/5/5-2004/3/25）
199812　◎中世文学年表－小説・軍記・幸若舞（東京大学出版会）※『聖絵』『国府絵伝』等の記事を掲載

市古　夏生（※お茶の水女子大学名誉教授。元白百合女子大学文学部助教授。市古貞次令息）
199610　◎新訂　江戸名所図会2〔巻之二　天王旋の部〕（市古・鈴木健一［校訂］、筑摩書房〔ちくま学芸文庫・エ－１－２〕）※東海道品川宿の時宗寺院では「恭敬山長徳寺」を唯一記載。←元版：天保五年（1834）
199902　◎新訂　都名所図会1（市古・鈴木健一［校訂］、筑摩書房〔ちくま学芸文庫〕）
　　　　※巻之一に「紫雲山極楽院光勝寺」、巻之二に「錦綾山金蓮寺」「十住心院」「新善光寺御影堂」「市中山金光寺」「菁葉の道場」「金光寺」の項あり。←元版：安永九年（1780）
199903　◎新訂　都名所図会2（市古・鈴木健一［校訂］、筑摩書房〔ちくま学芸文庫〕）
　　　　※巻之三に「霊鷲山正法寺」「金玉山双林寺」「東山長楽寺」「円山安養寺」の項あり
199905　◎新訂　都名所図会3（市古・鈴木健一［校訂］、筑摩書房〔ちくま学芸文庫〕）
　　　　※拾遺巻之一に「開名寺」、拾遺巻之二に「法国寺」の項あり
199906　◎新訂　都名所図会5（市古・鈴木健一［校訂］、筑摩書房〔ちくま学芸文庫〕）
　　　　※拾遺巻之四に「頓阿の庵」の項あり。索引にも時衆関係語句多数登場

一　個　人（※〈東京都豊島区・株式会社〉ベストセラーズ月刊誌）
201104　◎一個人　別冊 Vol.1【完全保存版】日本の仏教入門（一個人［特別編集］、ＫＫベストセラーズ〔BEST MOOK SERIES　09〕）※←月刊『一個人』2010年7月号・2011年3月号の記事を再編集したもの。「第3部　日本の仏教の基本の「き」」中の松尾剛次［監修］「日本仏教の歴史を読み解く」の冒頭表中に「時宗」「一遍」「現代」の項目だに「時派」とは誤植か。同じく「鎌倉新仏教の開祖たち」の見開きページで、カラー図版ネーム・キャプション：「一遍上人絵伝（円伊筆／絹本著色／鎌倉時代／正安1年（1299）／東京国立博物館蔵）一遍が空也ゆかりの地に開いた市屋道場の場面。熱狂的に踊る信者たちの様子が描かれる。」。本文に「法然・親鸞と同様に、一遍も念仏を奨励したが、その方法は異色であった。空也を敬慕した一遍は、熱狂的な信者たちをひきつれて全国を遊行し、太鼓や鉦を打ち鳴らし、踊りながら念仏を唱える「踊り念仏」を広めた。」、続いて「一遍の教団はのちに時宗へと発展しますが、鎌倉仏教の祖師で比叡山出身でないのは一遍だけです」との監修者の言葉を紹介。二山文庫（稲本義彦）［取材・文］の「第4部　日本の仏教13宗の総本山・大本山を訪ねる」冒頭でカラー写真：「時宗総本山／清浄光寺」。「神奈川県藤沢市。「遊行寺」の名で知られる。一遍は全国を遊行して、「踊り念仏」によって庶民たちにもわかりやすく阿弥陀如来のありがたさを説いた。その教えをうけつぐ時宗の総本山である。」と解説。「時宗総本山清浄光寺／遊行寺」の名で知られる踊り念仏の藤沢道場」のページに、カラー写真ネーム・キャプション：「東海道を往来する旅人は必ず立ち寄ったという名所。本堂は昭和の再建だが、内部には踊念仏会のための広大な外陣をそなえる。四季の花々が参拝者の目を楽しませる境内の一角には、宗祖・一遍上人の銅像が立つ。」「時衆過去帳。時衆は「○○阿弥陀仏」という阿弥号をつけ、仏と結縁する。能を大成した観阿弥・世阿弥親子も時衆であろう。」ただし藤沢派で阿弥陀仏号に2文字は附さず、阿弥号とも異なる（古賀克彦註）

市澤　哲（※神戸大学文学部教授。元樟蔭女子短期大学〈現大阪樟蔭女子大学短期大学部〉助教授）
201003　：○赤松氏と城山城―築城から嘉吉の乱まで―（『佛教文學』第三十四號、同會）※2008年度同會本部支部合同例会「神戸大会」での報告を中心に成稿。本文で「時宗国阿派・霊山派の祖である国阿が、播磨国箸崎氏を出自とする可能性が高いとする森田竜雄氏の指摘である。森田氏は『双林寺縁起』の「抑尋彼上人（国阿一市沢注）之由来、播磨国住人安氏家崎国利子、俗名国明也」という記述を根拠としながら、浄土宗播磨奥以来、念仏が強く残ったこの地の特性が、国阿を生むことになったのではないかと指摘している」とし、注で「『新宮町史』史料編Ⅰ（兵庫県新宮町、二〇〇五年）」の「中世一六六号文書解説」との記述あり

一関市博物館（※岩手県一関市）

あ行

200909 ◎時の太鼓と城下町―江戸時代の時刻と時報―（同館［編集］、同館）
　　　※2009/9/19-10/25 於同館、企画展図録。白石常林寺の太鼓に言及
一番ヶ瀬康子（※日本女子大学名誉教授。元東洋大学社会学部教授。1927/1/5-2012/9/5）
199904 ◎写真・絵画集成　日本の福祉第5巻　文化に息づく（一番ヶ瀬・花田春兆［編］、日本図書センター）
　　　※写真・図版：空也・『聖絵』六波羅・『縁起絵』甚目寺施行
市村　高男（※高知大学教育研究部教授）
200709 ：◎伊勢国中世都市研究の成果と課題―中世都市研究会三重大会に寄せて―（伊藤裕偉・藤田達生［編集］・中世都市研究会［編集協力］『都市をつなぐ』新人物往来社〔中世都市研究13〕）
　　　※2006/9/2 於（三重県津市）津リージョンプラザ、同会2006三重大会研究報告を総括。山田雄司報告を「中世伊勢における仏教の展開と都市との関係を、時衆・律宗寺院の分析から検討した。時衆については、十五世紀前半の伊勢湾岸にかなりの集中傾向があり、なかでも有徳人層の多い山田・安濃津が特別の場であったこと」「中世都市研究で『時衆過去帳』『西大寺末寺帳』を効果的に使用する方法を示した」と紹介
200911 ：◎書評・川添昭二著『中世・近世博多史論』（史学会［編集］『史学雑誌』第118編第11号、山川出版社）
　　　※時宗・時衆に言及。←川添昭二 200807 を書評
一蓮寺過去帳刊行会（※磯貝正義・服部治則・秋山敬）
200612 ◎一蓮寺過去帳―影印対照（同会［編］、地人館〔すずさわ書店［発売]〕）
五日市町立五日市町郷土館（※東京都西多摩郡五日市町〈現あきる野市〉・現同市五日市郷土館）
199309 ⊙大悲願寺日記　上（同館）※真言宗豊山派寺院の天明～文化年間（1781-1818）の日記。「舘谷村の時宗寺院」正光寺の記事が『萬記録』寛政十二年（1800）二月十八日条に「大光寺へ向け出掛け候処、快山房及び正光寺打揃い広徳寺へ行き候」とあり
199410 ⊙大悲願寺日記　下（同館）※真言宗豊山派寺院の天明～文化年間（1781-1818）の日記。「時宗、川口村法蓮寺末」の舘谷正光寺の記事が『萬記録』文化十年（1813）九月二十九日条に「先日舘谷正光寺義、継目として来る。但し蔵半し弐帖二扇子箱二入（傍註「二本」）持参。右二付き今日使僧を以って祝儀として青銅三拾疋、蔵半し三、弐本入り扇箱遣わし候」とあり
五木　寛之（※作家。元龍谷大学文学部聴講生）
200809 ◎遊行の門（徳間書店）←『日刊ゲンダイ』連載「流されゆく日々」・『週刊現代』連載「新・風に吹かれて」のエッセイを構成・加筆したもの。「遊行の門をくぐって」で一遍に言及。→五木寛之 201001
201001 ◎遊行の門（徳間書店〔徳間文庫・い-53-3〕）←五木寛之 200809
一遍研究会（※大阪外国語大学外国語学部〈現大阪大学外国語学部〉　武田佐知子研究室内。解散）
199301 ◎一遍聖絵と中世の光景（同会［編］、ありな書房）※カラーカバー図版ネーム：「空也上人遺跡の市屋道場『一遍聖絵』（東京国立博物館蔵）巻七第三段」。→斉藤研一 199307・藤原重雄 200411 紹介
　　　：◎佐藤　和彦：捨聖一遍と『一遍聖絵』
　　　：◎兵藤　裕己：物語としての『一遍聖絵』―生いたちの物語化をめぐって―
　　　：◎樋口　州男・松井吉昭：鎌倉期における伊予河野氏と『一遍聖絵』
　　　：◎松尾　恒一：中世寺院の浴室―饗応・語らい、芸能―
　　　：◎武田佐知子：笠の山―境界をめぐる一試論―
　　　：◎伊藤　博明：『一遍聖絵』と紫雲
　　　：◎遠藤　徹：秦皇破陳楽と妓女の舞―『一遍聖絵』に描かれた舞楽―
　　　：◎新村　拓：時衆・遊行聖における病
　　　：◎赤坂　憲雄：鹿杖考
　　　：◎宮　次男：『一遍聖絵』と『遊行上人縁起絵』
　　　：◎長島　尚道：一遍の善光寺と熊野参篭
一遍上人探求会（※大分県別府市・旅館入舟荘内）
200403 ◎一遍上人と鉄輪温泉―湯けむりと癒しのまち　かんなわ（同会）
　　　※泉都まちづくり支援事業。代表：後藤美鈴（入舟荘）
　　　：①はじめに
　　　：②一遍上人（聖人）とその生涯（幼少時の一遍／出家／還俗期（げんぞくき）／捨て聖への道／＊遊行とは）
　　　※図版：(故)浅山円祥（松山市宝厳寺住職）著『一遍と時衆』より引用した【河野氏系図】。写真ネーム：「一遍上人像（むし湯）」
　　　：③一遍（時宗）の特徴（＊賦算念仏とは？／＊踊り念仏とは？／時宗とは？）
　　　※図版：同時代宗教者生存年表。図版ネーム：「一遍上人遊行時に配られた「名号札」（念仏賦算札）」「南無阿弥陀仏決定往生六十万人」「盆踊りの源流は「一遍上人の踊り念仏」」
　　　：④一遍上人と鉄輪温泉（鉄輪温泉由来絵とき法話より／〔蒸し湯についての余記〕）

　　　　　：※写真：すじ湯温泉。写真ネーム：「すじ湯」「渋の湯」
　　　　　：⑤温泉山　永福寺〔【鉄輪温泉と松寿庵寺】／【明治期、松寿庵から現永福寺へ】〕
　　　　　※写真2葉ネーム：「温泉山　永福寺」
　　　　　：⑥湯あみ祭り※小見出し：「湯あみ祭り各行事」。写真ネーム：「湯あみ」「献湯筒供養」「餅つき」「百万遍数珠まわし」「湯かけ（無病息災を願って…）」「お輿にのって上人様がねり歩く」「稚児行列」
　　　　　：⑦鉄輪温泉の変遷とこれからの鉄輪温泉（元寇の役の傷病武士が治療に集まった鉄輪温泉／鉄輪温泉の顔『蒸し湯』）※写真ネーム：「熱の湯」「熱の湯」源家跡」「むし湯」
　　　　　：⑧一遍哲学から鉄輪温泉再生へのアクションプログラム（案）〔注〕ディスカッションのまとめ
　　　　　※目次では「一遍哲学から鉄輪温泉再生へのアクションプログラム（ディスカッションのまとめ）」。写真ネーム：「お地蔵さん」ほか4葉掲載
　　　　　：⑨一遍上人探求会　会員名簿ほか
200602　◎蒸し湯っちなんなん　蒸し湯の学術調査報告書（同会・別府大学文化財研究所）
一遍上人伝映画製作委員会
197605　◎捨聖一遍上人伝（同会）※1979/11/25公開映画（長野千秋［監督］・佐藤哲善［製作］）の原作力
一遍上人念仏堂管理委員会（※愛媛県松山市）
199109　◎一遍上人窪寺念仏堂　松山市窪野町北谷（同委員会）
一遍生誕七五〇年・没後七〇〇年記念事業会
199005　◎今こそ一遍を―記念事業を終わって―（同会）
井手　恒雄（※福岡女子大学名誉教授。元筑紫女学園大学文学部教授）
196910　：○法語文芸非文芸（『文学』第三十七巻第十号、岩波書店）
伊藤　晃雄（※〈愛知県〉津島市文化財議会審議委員・同市津島神社名誉宮司）
199202　◎津島と津島神社の南朝方伝承と堀田氏雑録（伊藤私家版）
　　　　　※津島西福寺（旧時宗一向派・現浄土宗鎮西派）に言及
伊東　覺念（※当麻無量光寺第64世住職他阿覺念。元光明學園理事長、元神奈川縣視学。1860-1944/1/15）
191002　：○余の實驗したる學校家庭連絡法（『神奈川縣教育會雜誌』第五十八號、同會事務所）
191003　：○余の實見したる學校家庭連絡法（承前）（『神奈川縣教育會雜誌』第五十九號、同會事務所）
　　　　　※「在縣廳　伊藤覺念」名義
191004A　：○余の實驗したる學校家庭連絡法（承前）（『神奈川縣教育會雜誌』第六十號、同會事務所）
　　　　　※「在縣廳　伊東覺念」名義
191004B　：○余の實驗したる學校家庭連絡法（承前）（『神奈川縣教育會雜誌』第六十一號、同會事務所）
　　　　　※「在縣廳　伊東覺念」名義
191010　：○余の實驗したる學校家庭連絡法（承前）（『神奈川縣教育會雜誌』第六十六號、同會事務所）
伊藤　一晴（※山口県文書館専門研究員）
200011　：○山口県文書館所蔵　寺院明細帳・神社明細帳の種類と構成（『社寺史料研究』第3号、同会）
　　　　　※山口道場善福寺（藤沢派。廃寺）など時衆関係項目なし
伊藤　一美（※〈神奈川県鎌倉市・特定非営利活動法人〉鎌倉考古学研究所理事、〈同〉藤沢歴史まん委員、元〈東京都千代田区・株式会社〉角川書店〈現KADOKAWA〉社員）
198312　◎戦国時代の藤沢（名著出版〔藤沢文庫8〕）※藤沢遊行寺に言及
伊藤　克己（※日本温泉文化研究会会長）
198111　：○八王子市川口町時宗法蓮寺史の検討と多摩の時宗寺院―法蓮寺「本尊胎内墨書銘」の紹介をかねて―（『多摩のあゆみ』第25号、多摩中央信用金庫）
199303　：○品川の寺々―都市と寺院の成り立ち―（『品川歴史館紀要』第8号、品川区立品川歴史館）
　　　　　※東京都品川区内時宗寺院に言及。高野修・中尾堯・伊藤〔座談会〕・柘植信行〔司会〕
伊藤　清郎（※山形大学名誉教授。元同大学附属中学校校長）
198610　：○蔵王信仰・龍山信仰と大山荘（高橋富雄［編］『東北古代史の研究』吉川弘文館）
　　　　　※一向派に言及。→伊藤清郎199702
199002　：○「羽州瑞宝山慈恩寺」小論（羽下徳彦［編］『北日本中世史の研究』吉川弘文館）
　　　　　※一向派に言及。→伊藤清郎200006①
199702　◎霊山と信仰の世界―奥羽の民衆と信仰―（吉川弘文館〔中世史研究叢書〕）
　　　　　：①蔵王信仰・龍山信仰と大山荘〔※ただし「其阿」とルビ〕←伊藤清郎198610
199703　：○中世の宗教と文化　1・顕（禅）密仏教と新仏教（米沢市史編さん委員会［編集］『米沢市史』第1巻〔原始・古代・中世編〕、同市）
　　　　　※山形県長井地方の旧一向派寺院に言及、ただし同県西置賜郡白鷹町荒砥の現浄土宗鎮西派正念寺を時宗と表記
199812　◎山形県の歴史（横山昭男・誉田慶信・伊藤・渡辺信［著］、山川出版社〔県史シリーズ6〕）

：①中世の動乱と民衆※第四章。「新仏教の展開」の項にて山形光明寺・漆山遍照寺・天童佛向寺・天童市高野坊遺跡に言及、同遺跡の図版あり。ただし「元愚」「其阿」とルビをふり、寒河江本願寺を一遍系と混同

200006 ◎中世日本の国家と寺社（高志書院）
：①羽州瑞宝山慈恩寺※←伊藤清郎 199002 改題
200009 ：○中世出羽国における地方都市的場（中世都市研究会［編］『都市の求心力―城・館・寺―』新人物往来社〔中世都市研究7〕）※掉尾の史料欄で高擶石佛寺旧蔵仏銘文を引用
200201 ◎中世出羽の宗教と民衆（伊藤・誉田慶信［編］、高志書院〔奥羽史研究叢書5〕）
※肩書き：「山形大学教育学部助教授」
：①序―研究史と問題提起―※「一　顕密仏教・新仏教・仏像」「2　鎌倉仏教」で「時宗・一向俊聖」に言及し、←竹田賢正 199604・村山正市 199803 等を参考文献に挙ぐ
：②霊山・霊場と信仰※「第1部　中世出羽の宗教と信仰」の第三章。「時宗」に言及
200209 ：○最上義光と宗教（『国史談話会雑誌』第43号、東北大学国史談話会）※山形光明寺に言及。→伊藤清郎 200409
200409 ：○最上義光と宗教（学術文献刊行会［編集］『日本史学年次別論文集』「中世（二）」2002年版、朋文出版）
※山形光明寺に言及。←伊藤清郎 200209 再録

伊藤　喜良（※第一工業大学工学部教授・福島大学名誉教授）
199201 ◎南北朝の動乱（集英社〔日本の歴史⑧〕）※六波羅主従石塔群および『陸波羅南北過去帳』の写真、言及あり
199707 ◎南北朝動乱と王権（東京堂出版〔教養の日本史シリーズ〕）※六波羅主従石塔群写真転載
199809 ：○教科書にない問題にも気を配ろう（青木美智男・木村茂光［編］『教員になる人のための日本史』新人物往来社）※「小栗絵巻」を掲載
199910 ◎後醍醐天皇と建武政権（新日本出版社〔新日本新書496〕）
※単色図版：藤沢清浄光寺蔵後醍醐画像、単色写真ネーム：「近江蓮華寺の自害者の五輪塔（著者撮影）」

伊藤　幸司（※九州大学比較社会文化研究院教授。元山口県立大学国際文化学部教授）
200212 ：○中世後期外交使節の旅と寺（中尾堯［編］『中世の寺院体制と社会』吉川弘文館）
※「赤間関道場」を下関専念寺に比定。→須田牧子 200404・林譲 200305・古賀克彦 200410 紹介

伊藤　茂樹（※〔京都市東山区・浄土宗西源総本山知恩院内〕同總浄土学研究所研究員・佛教大学浄土宗教学研究センター嘱託研究員）
200903 ：○『浄土述聞鈔』の成立背景―良暁の念仏観―（『佛教大学総合研究所紀要』第16号、同大学）
※千葉県銚子市浄国寺（浄土宗鎮西派）蔵・正和元年（1312）十二月十三日付「称讃寺規式條々」に鎮西派における「時衆」頻出。「まとめ」で一向俊聖を詳述、鎮西派良忠と一向は念仏観が異なるとす

伊東　史朗（※和歌山県立博物館館長。元文化庁文化財保護部（現文化財部）美術学芸課主任文化財調査官）
201012 ◎京都の鎌倉時代彫刻（国立文化財機構［監修］・伊東［執筆・編集］・至文堂［編集］、ぎょうせい〔日本の美術No.535〕）※本文掉尾「附論　中世の僧侶肖像彫刻」の「新仏教の僧侶肖像」で、「ところで、時衆の一遍（中略）は珍しく立像である。その一例である長楽寺像（中略）は、阿弥衣と袈裟をまとい、頬のこけた険しい顔つき、少し開いた口から歯列がのぞき、合掌、素足で立つ、念仏・遊行の姿である。僧侶肖像といえば端坐が一般的だが、全国を遊行したゆえか一遍は歩行姿となる。」とし、単色写真・図版ネーム：「一遍像（京都・長楽寺）」「一遍像『一遍聖絵』（京都・歓喜光寺）」

伊藤　真徹（※佛教大学名誉教授。1904-1984）
196303 ：六齋念佛考（日本印度學佛教學會［編輯］『印度學佛教學研究』第十一巻第二號〔通巻第22號〕、同會）
※一向派およびその踊り念仏にも言及。→伊藤真徹 197502 ②
196403 ：一向上人と踊躍念仏（日本印度學佛教學會［編輯］『印度學佛教學研究』第十二巻第二號〔通巻第24號〕、同會）※→伊藤真徹 197502 ①
196703 ：民間念仏信仰の系譜（日本印度學佛教學會［編輯］『印度學佛教學研究』第十五巻第二號〔通巻第30號〕、同會）
197502 ◎日本浄土教文化史研究（隆文館／仏教大学）
：①一向上人と踊躍念仏※←伊藤真徹 196403
：②六斎念仏考※←伊藤真徹 196303

伊藤　益（※筑波大学人文・文化学群教授。元淑徳大学社会学部教授）
200001 ：○放下としての自由――一遍における「旅」の意義―（『東と西』第18号、亜細亜大学言語文化研究所）
※『一遍聖絵』と記述。1999/9/7稿。→伊藤益 200101 ②
200006 ：○心の発見―西行断想―（『東と西』第19号、亜細亜大学言語文化研究所）
※一遍に言及。2000/2/22稿。→伊藤益 200101 ①
200101 ◎旅の思想―日本思想における「存在」の問題―（北樹出版）
：①心の発見―西行断想―※一遍に言及。2000/8/15補筆。←伊藤益 200006
：②放下としての自由――一遍における「旅」の意義―

　　　　　※『一遍聖絵』と記述。2000/8/16 補筆。←伊藤益 200001
　　　　　：③存在と倫理とをめぐる覚書―一遍に言及。2000/8/19 稿
いとうせいこう（※クリエイター。本名：伊藤正幸）
201105　　○見仏記　ぶらり旅篇7『本の旅人』2011年5月号（通巻187号）、角川書店）
　　　　　※「リアルな救いのために」の項で京都・長楽寺をとりあげ、一遍・太空・尊明像に言及し、一遍・呑海のイラストを掲載。続く「初々しい喜びにあふれ」の項でも京都・誓願寺と一遍に言及。いとう［文］・みうらじゅん［え］。→いとうせいこう 201110 →いとうせいこう 201208
201110　　◎見仏記6「ぶらり旅篇」（いとう［文］・みうらじゅん［え］、角川書店）
　　　　　：①京都　知恩院・長楽寺・誓願寺※←いとうせいこう 201105。→いとうせいこう 201208
201208　　◎見仏記6「ぶらり旅篇」（いとう［文］・みうらじゅん［え］、角川書店〔角川文庫 17531〕）
　　　　　※←いとうせいこう 201110 →いとうせいこう 201105
伊藤　毅（※東京大学工学部教授）
199211A　○近世都市と寺院（吉田伸之［編］『都市の時代』中央公論社〔日本の近世 9〕）
　　　　　※『一遍上人絵伝』より図版：「四天王寺西門前鳥居付近の光景」。ただし寺町を論ずるも大坂円成院の記述なし
199211B　○町屋の表層と中世京都（五味文彦［編］『都市の中世』吉川弘文館〔中世を考える〕）
199309A　○境内と町（『年報・都市史研究』創刊号〈城下町の原景〉、山川出版社）
199309B　◎図集　日本都市史（高橋康夫・宮本雅明・吉田伸之・伊藤［編集］、東京大学出版会）
　　　　　：①寺院と塔頭
199810　　○宗教都市の空間―中世京都東山を中心に―（『年報・都市史研究』第6号〈宗教と都市〉、山川出版社）
伊藤　寿和（※日本女子大学文学部教授。元東大寺学園高等学校教諭）
200703　　○下総国関宿城下町に関する歴史地理学的研究（『日本女子大学紀要』文学部 56、同大学）※関宿吉祥寺に言及
伊藤　敏子（※元大谷女子大学〈現大阪大谷大学〉文学部教授、元〈奈良市・現公益財団法人〉大和文華館学芸部）
199105　　◎いけばな―その歴史と芸術―（教育社〔同社歴史新書〈日本史〉67〕）※阿弥衆のいけ花に言及
伊藤　智子
198009　　○光触寺記録（『鎌倉』第三五号、同文化研究会）
伊藤　延男（※神戸芸術工科大学名誉教授。元東京国立文化財研究所〈現東京文化財研究所〉所長。1925/3/8-2015/10/31）
198907　　○時宗の建築（佛敎藝術學會［編集］『佛敎藝術』185〔特集　時宗の美術と芸能〕、毎日新聞社）
伊藤　博明（※埼玉大学教養学部教授。元北海道大学文学部助手）
199301　　○『一遍聖絵』と紫雲（一遍研究会［編］『一遍聖絵と中世の光景』ありな書房）
199901　　○一遍と夢告（武田佐知子［編］『一遍聖絵を読み解く―動きだす静止画像』吉川弘文館）
伊藤　裕久（※東京理科大学工学部教授）
199410　　○近世甲府城下町の空間形成―中近世移行期の都市空間の変容―（植松又次先生頌寿記念論文集刊行会［編］『甲斐中世史と仏教美術』名著出版）※甲府一蓮寺に言及。伊藤・渡辺洋子［共筆］。→松田拓也 199908 引用
伊藤　裕偉（※三重県教育委員会文化財保護室主査）
200705　　◎中世伊勢湾岸の湊津と地域構造（岩田書院〔中世史研究叢書 10〕）※「第一部　湊津と在所の地域相」に「安濃津関連史料」（康平 5 年（1062）～天正 20 年（1592）168 点）があり、『時衆過去帳』を引用。「第二章　中世矢野の湊と機能」に表「時衆過去帳に見える伊勢の衆徒数」掲載、→山田雄司 200709 転載
200709　　：○「都市」の相対性、あるいはその「うち」と「そと」（伊藤・藤田達生［編集］・中世都市研究会［編集協力］『都市をつなぐ』新人物往来社〔中世都市研究 13〕）※ 2006/9/2 於津リージョンプラザ、同会 2006 三重大会での研究報告を元に新たに原稿を書き下ろしたもの。三　「都市」の「うち」と「そと」（1）　安濃津で『時衆過去帳』を分析し、「国阿創建との伝承がある神護永法寺」に言及。ただし同寺は非実在か（小野澤註）
201207　　：『一遍聖絵』と時衆徒の熊野戦略（小野正敏・五味文彦・萩原三雄［編］・遊行寺宝物館［編集協力］『一遍聖絵を歩く―中世の景観を読む』高志書院〔考古学と中世史研究 9〕）
　　　　　※「Ⅱ　館・寺院・神社　歴史の中のモニュメント」のうち。肩書は：「三重県埋蔵文化財センター主幹」
伊藤　宏之（※大正大学文学部非常勤講師・（東京都）台東区教育委員会文化財保護調査員）
200503　　○「善光寺時供養板碑」について（『寺社と民衆』創刊号、民衆宗教史研究会）※←小林順彦 201003 引用
　　　　　※大永八年（1528）銘をもつ埼玉県八潮市医楽寺（真言宗豊山派）板碑にみえる「時供養衆」について分析
200509　　：①草創・縁起：浅草日輪寺蔵「一遍聖人行状図版木」と同寺蔵「名号板碑」に言及し、カラー図版ネーム：「正和二年銘名号板碑　　正和二年（一三一三）　日輪寺（西浅草）」「一遍聖人行状図版木　江戸時代　日輪寺（西浅草）」と、単色図版：伊藤採拓日輪寺板碑、川嶋秀勝摺「一遍聖人行状図」
　　　　　：②展示資料解題※①の2点の解説（以上『台東区のたからもの―寺社所蔵の文化財に見る歴史・文化―』同区教育委員会）※ 2005/9/27-10/23 於東京藝術大学大学美術館展示室1、同展図録
伊藤　博之（※元成城大学文芸学部教授。1926-1999）

| 196112 | ：○法語（『国文学　解釈と鑑賞』第26巻15号［昭和36年12月号］（314）［特集　中世文学史］、至文堂） |
| 197010 | ：○藤原正義著「兼好とその周辺」（国語と國文學編輯部・東京大學國語國文學會［編輯］『國語と國文學』第四十七巻第十号［1970年10月特別号］（通巻560号）［特集　国語学研究］、至文堂）※←藤原正義197005 を書評 |

伊藤文治郎（※天童郷土研究会会長）

| 198602 | ：○佛向寺の扁額（『会報』第14号、天童郷土研究会） |
| 199102 | ：○宝樹山仏向寺縁起（『会報』第19号、天童郷土研究会） |

伊藤　正敏（※元長岡造形大学造形学部教授、元文化庁文化財部記念物課技官）

199905	◎中世の寺社勢力と境内都市（吉川弘文館）※「遊行と時衆」「第二次の都市化と遊行僧」の節あり。ただし「藤沢流」「七条流」の時宗、「他阿流時衆」等の用語の弁別がなされず（古賀克彦註）
200002	◎日本の中世寺院―忘れられた自由都市（吉川弘文館［歴史文化ライブラリー86］）
	※「第二次の都市化と遊行僧」の節あり。ほかの箇所でも一遍に言及
200312	：○石田善人（1926―96）『中世村落と仏教』思文閣出版、1996（黒田日出男・加藤友康・保谷徹・加藤陽子［編集委員］『日本史文献事典』弘文堂）
	※項目執筆。遊行僧・時衆に言及し、「神田千里の一向宗の母胎としての時衆研究」が継承している、とする一方「ただ時衆である高野聖の活躍を真言宗の復興ととらえるなど、部分的には問題もある」とす
200405	：○叡山門前としての京―門前河東とフォーブル洛中―（河音能平・福田榮次郎［編］『延暦寺と中世社会』法藏館）※「叡山遊行僧」の項で『一遍聖絵』・一遍・国阿・雙林寺・正法寺・四条道場・六条道場に言及し、「京の時衆は叡山の保護下にある。黒田俊雄氏が時衆を旧仏教に含めたのは当然である」とす
200808	◎寺社勢力の中世―無縁・有縁・移民（筑摩書房［ちくま新書734］）
	※「第一章　叡山門前としての京」「1　中世京都案内」の「中世の京とはどこか」の項に掲載される「中世京都地図」に二条・四条・六条・七条・市屋の各道場、長楽寺、霊山が記入されるが、双林寺の位置が円山になっており、一条道場なし。本文にも「その他ビューポイント」の項で「二条道場・四条道場・六条道場・七条道場などの時衆道場があった。叡山の最下層僧侶である聖には新仏教の時衆が多い。当時この宗派を呼ぶ時「時宗」という表現はない。「時衆」である。四条道場金蓮寺は祇園社の鳥居前にあり、京都時衆の本山として栄えた。（中略）重要な位置にある叡山末寺である。（中略）金蓮寺は室町幕府からも保護を与えられ、一三八六年に叡山から独立した。／東山の霊山・長楽寺・清閑寺は、祇園と一体の叡山末寺であった」とある。この一三八六=至徳三年とは、望月華山197001 にある「6・8祇園執行顕深義満の命により四条河原西岸を金蓮寺に寄進す（四文）」を意味するカ（古賀克彦註）。「第二章　境内都市の時代」「7　呪術への不感症」の「葬式仏教と墓所の破壊」の項に「高野聖（中略）が保持する信仰は新仏教の時衆である」。「第三章　無縁所とは何か」「1　無縁所の祖師伝、『一遍聖絵』」により「京での一遍は、最初に祇園社に詣で、双林寺・正法寺・六波羅蜜寺などに参り、京の絵画場面の最後は、祇園社の堀川材木商人の記述である。すべて叡山のテリトリー内での布教であった。一遍は叡山からの弾圧を警戒したが、案に相違して横川の高僧縁が弟子入りしてきた。結局叡山の聖は多く一遍に帰依し時衆となった。鴨河原には二条・三条・四条・六条・七条の時衆道場が林立することになる。南北朝時代の祇園社執行顕詮の信仰も時衆に近い。彼は四条道場と六波羅蜜寺に深く帰依し」とす。ただし一遍が雙林寺・正法寺に詣でた記事は未見（古賀克彦註）。三条道場は三条櫛笥道場空也堂光勝寺カ

伊東　宗裕（※京都市歴史資料館嘱託員、元同館歴史調査担当課長）

| 199707 | ◎京の石碑ものがたり（京都新聞社）※一条道場аноны寺の「稲生若水他墓誌」写真と本文。図版：「新板平安城東西南北町並之図」に六条道場・四条道場、御ゑい堂、（市屋道場）金光寺。寛保元年（1741）刊「京大絵図」に六条道場、四条道場金蓮寺、十住心院、扇や御ゑいたう、南無地蔵、ほうこくし（法国寺）、遊行町等みゆ |

伊藤　唯真（※浄土門主・京都市東山区知恩院〈浄土宗鎮西派総本山〉第88世門跡・佛教大学名誉教授。伊藤真徹令息）

196303	：○湖西の六斎念仏（『日本民俗学会報』第27号、同会）
196809	：○浄土宗寺院の開創伝承よりみたる聖の定着について（『仏教大学人文学論集』第二号、同大学文学部学会）
196905	：○阿弥陀の聖について（藤島博士還暦記念論集刊行会［編］『日本浄土教史の研究』藤島博士還暦記念、平楽寺書店）
197203	：○中世浄土宗と融通念仏―越前西福寺を中心としてみる―（恵谷隆戒先生古稀記念会［編］『浄土教の思想と文化』恵谷先生古稀記念、仏教大学）
197910	◎日本人の信仰　未知へのやすらぎ　阿弥陀（佼成出版社）
	：①南無阿弥陀仏―法然・親鸞・一遍―
198507	◎浄土宗・時宗（伊藤［編］、小学館〔宗派別〕日本の仏教・人と教え3］）
	：①《総説》念仏宗の展開※「一向俊聖の活躍」の項あり
199211	：○阿弥号（『日本史大事典』第一巻、平凡社）※項目執筆
199311	：○聖（『日本史大事典』第五巻、平凡社）※項目執筆

200009	◎融通念仏信仰の歴史と美術―論考編（伊藤［監修］・融通念佛宗教学研究所［編集］、東京美術）
	：①序※「論考編」「資料編」の2分冊。詳細⇒融通念佛宗教学研究所200009
200501	◎浄土の聖者　空也（伊藤［編］、吉川弘文館〔日本の名僧⑤〕）
	：○杉本　苑子：市の聖　空也
	：○石上　善應：昇華された空也上人像
	：○石丸　晶子：生死巌頭に立在した聖者を慕う
	：①伊藤　唯真：空也の魅力―軸足を民衆に置く―
	：②伊藤　唯真：空也の生涯―沙弥を貫く―
	：○東舘　紹見：天暦造像と応和の大般若供養会―社会・国家の変化と、交流・呼応の場としての講会の創始―
	：○名畑　崇：空也の浄土教史上の地位
	：○今堀　太逸：六波羅蜜寺と市聖空也
	：○大森　惠子：伝承のなかの空也像―霊験教化譚・踊念仏・大福茶・空也僧など―
	：○上別府　茂：空也・空也僧と葬送―三昧聖研究の視点から―
	：③伊藤　唯真：現代に生きる空也
200709	：○集団念仏の源流と発展　融通念仏宗から浄土宗、時宗へ（『週刊　朝日ビジュアルシリーズ　仏教新発見』13号《大念仏寺・清浄光寺》、朝日新聞社）
	※小見出し：「空也を敬慕した一遍の登場。カラー図版に「踊り念仏の始まり」として『一遍聖絵』巻4 第5段、「一遍上人」として藤沢清浄光寺蔵、をそれぞれ掲載。肩書は：「京都文教短期大学学長」

伊藤　祐晃（※京都市左京區了蓮寺〈浄土宗鎮西派〉住職。1873-1930）

| 192507 | ：○頓阿法師と聖冏上人（『摩訶衍』第五巻第一號、佛教專門學校） |

伊藤　羊子（※長野県信濃美術館学芸課学芸係長）

199703	：①仏画の世界※「◆寺庵にかけられた二河白道図」の項で「島根県益田市萬福寺の『二河白道図』という仏画を写したものです。」とし一遍や時宗に言及。◆善光寺のほとけさまを描いた善光寺縁起絵」の項で「一遍上人の絵巻」に言及、『聖絵』のことか。カラー図版ネーム：「二河白道図（萬福寺蔵　重要文化財　複製）」「善光寺の外を歩く絵解きの僧（一遍聖絵　国宝　複製）」
	：②石造物の造立
	※単色図版ネーム：「お堂のうしろの五輪塔・卒塔婆・宝塔／（一遍聖絵第一巻二段　中央公論社提供）」
	：③一遍上人の絵巻と信濃※「◆かき写された絵巻」の項で一遍や『一遍上人絵伝』といいますが、内容によって『一遍聖絵』と、『一遍上人絵詞伝』（『遊行上人縁起絵』）とよばれるものに分けられます」を詳述。「◆善光寺」「◆伴野の市、小田切の里、大井太郎の館」の項で『一遍聖絵』と『一遍上人絵詞伝』に言及。カラー図版ネーム：「一遍上人の善光寺詣（一遍聖絵　清浄光寺・歓喜光寺蔵　国宝　複製）」「一遍上人絵詞伝（真光寺蔵　重要文化財）一遍をしのび善光寺で念仏を行う他阿一行。」「一遍上人絵詞伝（永福寺蔵）真光寺本と同じ場面だが、境内のようすが異なる。」「小田切の里の踊り念仏（一遍聖絵　国宝　複製）／信濃国佐久郡小田切里の武士の家で、念仏を唱えるうちに無我の境地に至り踊り出す時衆／たち。一遍聖絵の記す踊り念仏の始まりである。」「伴野の踊り念仏（一遍上人絵詞伝　金台寺蔵　重要文化財）」「伴野の踊り念仏（一遍上人絵詞伝　常称寺蔵　重要文化財）／一遍上人絵詞伝の記す踊り念仏の始まり。一遍聖絵では小田切里となっている点が異なる。」（以上、長野県立歴史館［編集］『長野県立歴史館信濃の風土と歴史③中世の信濃』同館）

伊藤　龍豊（※山形県米沢市西蓮寺〈浄土宗鎮西派〉住職。1910-故人）

| 197904 | ：◎西蓮寺史（伊藤私家版）※著者名なし。米沢城北寺町の誓願寺（藤沢派）・当麻東明寺派寺院群を合併 |

糸賀　茂男（※常磐大学名誉教授）

| 199003 | ：○小栗氏の歴史（ふるさと紹介史料製作委員会［編］『小栗氏と小栗伝説―小栗判官と照手姫の世界―』協和町教育委員会）※茨城県真壁郡協和町（現筑西市） |
| 199310 | ：○小田氏と仏教（真壁町歴史民俗資料館［編］『筑波山麓の仏教―その中世的世界―』開館十五周年記念企画展、同館）※茨城県真壁郡真壁町（現桜川市）。1993/10/26-12/5同館、企画展図録 |

稲川　明雄（※〈新潟県長岡市・私立〉河井継之助記念館館長。元同市立中央図書館館長）

| 200403 | ：○極楽寺（『長岡歴史事典』長岡市） |
| | ※項目執筆。石内極楽寺。単色図版：『長陵歳時記』の同寺部分。肩書：「長岡市立中央図書館長」 |

稲城　選恵（※浄土真宗本願寺派勧学・大阪府八尾市光蓮寺〈同派〉住職。1917/6-2014/11/18）

| 199605 | ：○蓮如教学の研究3　異義論（法藏館）※「一遍上人の念仏」「時宗の十劫秘事と善知識だのみ」の項あり |
| 199809 | ：○蓮師教学の背景――一遍上人時宗と御文章―（教育新潮社［伝道新書18］）※長崎称念寺が登場 |

稲城　信子（※〈奈良市・並樹大本山〉薬師寺宝物管理研究所主任研究員。元〈奈良市・現公益財団法人〉元興寺文化財研究所研究員。稲城連合編）

| 200402 | ：○大和における融通念仏宗の展開―特に宇陀地域を中心に―（白石太一郎・村木二郎［編］『国立歴史民俗博物館研究報告』第112集［共同研究「地域社会と基層信仰」］、同館） |

稲木　久男（※元〈静岡県〉三島市役所教育部参事兼文化振興課課長）
198912　◎ふるさと三島　歴史と人情の町（土屋寿山・稲木［著］、土屋私家版〈文盛堂書房［発売］〉）
　　　　※「時宗高源山西福寺」の項あり

伊那　市（※長野県伊那市）
199910　◎伊那市歴史シンポジウム　信濃の牧・春近領・宿場（同市・同市教育委員会［編］、新葉社）
　　　　※カバー絵ネーム：「鎌倉時代の田園風景『一遍聖絵』より」

伊那市教育委員会（※長野県伊那市）
199910　◎伊那市歴史シンポジウム　信濃の牧・春近領・宿場（同市・同委員会［編］、新葉社）※詳細⇒伊那市 199910

稲葉　一男
199604　：○板碑は歴史の証人（『歴史研究』第419号、同会）
　　　　※東京都東村山市徳蔵寺（臨済宗大徳寺派）の時宗流板碑に言及

稲葉　慶信（※奈良市高林寺〈融通念佛宗〉住職。故人）
194304　：○一遍上人の思想について（『日本佛教史學』第二卷第二號、同會）

稲葉小太郎（※〈東京都中央区・株式会社〉マガジンハウス『クロワッサン』編集部員）
199411　：○現代の快僧その九　時衆　平尾弘衆さん　反原発運動の果てに（『浄土』六十巻十一月号、法然上人鑚仰会）
　　　　※元時宗尼僧平尾とその師僧高田良幻につき詳述。稲葉［取材・文］

稲葉　珠慶（※奈良市高林寺〈融通念佛宗〉住職〈尼僧〉）
198105　：①大念仏寺の年中行事※吉村暲英・稲葉［共筆］
　　　　：②大念仏寺案内※吉村暲英・稲葉［共筆］
　　　　（以上、日本仏教研究所［編集］・田代尚光［著］『良忍上人と大念仏寺』ぎょうせい〔日本仏教の心⑫〕）

稲葉　伸道（※名古屋大学文学部教授）
199402　：○蓮華寺過去帳（『日本史大事典』第六巻、平凡社）※項目執筆。番場蓮華寺

稲葉　昌丸（※元大谷大学第5代學長、元眞宗大谷派宗務總長。1865/3/30-1944/1/29）
193702　◎蓮如上人遺文（稲葉［著作］、法藏館）※『帖外御文』あり。→ 194810 復刊→198305 復刊

伊南村史編さん委員会（福島県南会津郡伊南村〈現南会津町〉）
200303　◎伊南村史第三巻資料篇（近世）（同委員会［編集］、同村）
　　　　※「照国寺由縁記　元文三年八月」等、会津照国寺文書あり

稲本万里子（※恵泉女学園大学人文学部教授。元東京藝術大学美術学部常勤助手）
199704　：○絵巻の霊場—一遍歴する人々（『日本の美学』第25号［1997年4月号］、ぺりかん社）
200405　：○中世　十　美術（史学会［編集］『史学雑誌』第113編第5号「2003年の歴史学界—回顧と展望—」、山川出版社）※←興膳宏 200303（所収藤原良章 200303 ①・吉村稔子 200303 ①・若杉準治 200304）・林温 200305 ①・200399・遊佐奈津子 200312 をとりあげ

乾　武俊（※〈大阪港区・一般社団法人〉部落解放・人権研究所сьлиベ文化部会長。元〈大阪府〉和歌山立光明中学校長、元同市教育委員会教育次長）
199712　：○差別の民俗学（『民俗学がわかる。』朝日新聞社［AERA MOOK32］）※小栗判官「餓鬼阿弥」に言及

井上　薫（※大阪大学名誉教授。元〈大阪府〉堺市博物館館長、元奈良大学文学部教授。1917/3/28-2009/6/9）
199707　◎行基事典（井上［編］、国書刊行会）※別冊『行基の寺一覧』に行基初施餓鬼の兵庫薬仙寺あり
199811　◎行基菩薩一千二百五十年御遠忌記念誌（行基菩薩ゆかりの寺院）※兵庫薬仙寺・宇多津御〈郷〉照寺掲載

井上　賢隆（※益子正宗寺第30世住職〈栃木県芳賀郡益子町〉・社会福祉法人正育会〉みどり保育園園長）
200001　：○諸堂めぐり「本堂」（『遊行』第130号、時宗宗務所布教伝道研究所）
200003　：○諸堂めぐり「御番方」（『遊行』第131号、時宗宗務所布教伝道研究所）

井上　幸治（※京都市歴史資料館嘱託職員・立命館大学文学部非常勤講師）
200403　：○円覚上人導御の「持斎念仏人数目録」（日本古文書学会［編集］『古文書研究』第五十八号、同会〈吉川弘文館［発売］〉）※壬生寺や清凉寺で大念仏を修した持斎念仏者の律僧導御（1223-1311）が、法隆寺僧として勧化した中河内は、現在の融通念佛宗地帯であることに言及

井上　聡（※東京大学史料編纂所助教）
200007　：①文献案内・三枝暁子「『一遍聖絵』成立の背景」（『遥かなる中世』18号、2000年3月）
　　　　※←三枝暁子 200003 を文献案内
　　　　：②文献案内・渡政和「絵画資料に見る中世の銭—緡銭の表現を中心に—（上・下）」（『埼玉県立歴史資料館研究紀要』15・16号、1993・1994年）※←渡政和 199303 を文献案内
　　　　（以上、東京大学史料編纂所附属画像史料解析センター［編集］『画像史料解析センター通信』第10号、同所）
200101　：○文献案内・濱田隆「甲府一蓮寺『東帯天神画像』考—中世の文芸と絵画の一断面（一）—」（『仏教芸術』252号、2000年9月）（東京大学史料編纂所附属画像史料解析センター［編集］『画像史料解析センター通信』第12号、同所）※←濱田隆 200009 の文献案内

200107 ：○文献案内・若杉準治「絵巻に描かれた船」(『月刊考古ジャーナル』474号、2001年6月）（東京大学史料編纂所附属画像史料解析センター［編集］『画像史料解析センター通信』第14号、同所）
　　　　　※←若杉準治200106を文献案内
200110 　：○文献案内・淺湫毅「七条仏所による時宗祖師像製作の初期の様相について―迎稱寺・伝一鎮上人坐像と長楽寺・真教上人倚像をめぐって―」(『學叢』23号、2001年3月）（東京大学史料編纂所附属画像史料解析センター［編集］『画像史料解析センター通信』第15号、同所）※←淺湫毅200103の文献紹介

井上 禅定（※神奈川県鎌倉市浄智寺〔臨済宗円覚寺派〕住職。元同寺東慶寺〈同派〉住職。1911/1/20-2006/1/26）
199506 ◎東慶寺と駆込女（有隣堂〔有隣新書51〕）※徳川満徳寺に言及

井上 隆男
199505 ：○星月だより（三七）（『鎌倉』第七八号、同文化研究会）
　　　　　※1995年度「鎌倉歴史大学」前期（時宗）、4/12「時宗の歴史と文化①」来迎寺（西御門）林昭善、5/10「②」教恩寺東山心徹、6/14「③」光触寺小熊大善、7/12「④」光照寺河野憲胤（「憲嵐」カ）を紹介

井上 鋭夫（※金沢大学法文学部〔現人間社会学域人文・法・経済学類〕教授。元新潟大学文学部教授。1923/2/18-1974/1/25）
196803 ◎一向一揆の研究（吉川弘文館）※「本願寺の整備」の項で『帖外御文』を掲げるも一向俊聖に言及なし
197209 ◎蓮如　一向一揆（笠原一男・井上［校注］、岩波書店〔日本思想大系17〕）※『帖外御文』あり

井上 宏生（※ノンフィクション作家）
200903 ：○聖地探訪記　岩屋寺（『大法輪』平成二十一年三月号［第76巻第3号］［特集∥仏教の誤解を解く―思い違いのQ＆A］、大法輪閣）※「一遍と弘法大師」「一遍の存在感」の項あり、道後温泉の宝厳寺・鉄輪温泉の松寿寺改め永福寺にも言及。単色写真ネーム：「一遍上人像」（遊行寺境内立像）
201012 ◎一遍　遊行に生きた漂泊の僧―熊野・鎌倉・京都―（新人物往来社〔ビジュアル選書〕）
　　　　　※カラーカバー表図版ネーム：「『一遍聖絵』巻十二　第一段「臨終を告げる一遍」（清浄光寺所蔵）。カラーカバー裏図版ネーム：「『一遍聖絵』巻五　第三段「白河関と関の明神」（清浄光寺所蔵）」

井上 雅孝（※〔岩手県九戸郡〕野田村教育委員会事務局生涯学習文化スポーツ班埋蔵文化財担当職員）
200507 ：○安代町田山の時宗板碑―殿坂の碑（延文二年銘六字名号板碑）―（岩手考古学会［編］『岩手考古』第17号、同会）※井上・東本茂樹［共筆］

井上 光貞（※国立歴史民俗博物館初代館長・東京大学名誉教授。1917/9/19-1983/2/27）
197101A ：○一遍と法然・親鸞（『日本思想大系』10 法然　一遍」月報』9、岩波書店）
197101B ◎日本古代の国家と仏教（岩波書店）※一遍に言及。→井上光貞200109
198702 ：○一遍―特に遊行回国の意味するもの（栗田勇［編］思想選集、法蔵館）
200109 ◎日本古代の国家と仏教（岩波書店〔岩波モダンクラシックス〕）※←井上光貞197101B

井原今朝男（※国立歴史民俗博物館名誉教授・総合研究大学院大学名誉教授。元長野県立歴史館専門主事）
198710 ：○中世東国における非人と民間儀礼（『部落問題研究』No.92、同所）
　　　　　※第24回部落問題研究者全国集会報告。「時衆と律僧」の項あり。→井原今朝男199910①
199703 ：①善光寺の位置と規模※『一遍聖絵』・『遊行上人縁起伝』や『善光寺縁起』などの絵画資料」に言及。単色見開き図版ネーム：「善光寺の南大門（一遍上人絵伝　複製）」「善光寺門前と後庁付近（一遍上人絵伝　複製）」。ただし『聖絵』ではなく『縁起絵』
　　　　　：②善光寺の伽藍※「◆善光寺の伽藍模型」の項で「正安元年（一二九九）作の『一遍聖絵』（聖戒本）、徳治二年（一三〇七）以前に完成していた『一遍上人絵詞伝』（宗俊本）に言及。単色図版ネーム：「一遍聖絵（清浄光寺・歓喜光寺蔵　国宝　複製）」。「◆舞台」の項で『一遍上人絵詞伝』（宗俊本）に言及。「◆五重塔」の項で『一遍聖絵』に言及する一方『一遍上人絵伝』にもふれるが、『絵詞伝』（『縁起絵』）のことか。「◆本坊」の項で『一遍聖絵』や『絵伝』とするが、後者は『絵詞伝』（『縁起絵』）のことか
　　　　　：③南大門※「◆絵巻に描かれた南大門」の項で『一遍聖絵』（聖戒本）に言及。「◆南大門と門前町」の項で『一遍上人絵伝』（清浄光寺本）に言及、『縁起絵』のことか。「◆地名と発掘」の項で『一遍上人絵伝』に言及、『縁起絵』のことか。単色図版ネーム：「善光寺の南大門　一遍聖絵（清浄光寺・歓喜光寺蔵　国宝　複製）」「善光寺の絵解き法師」「善光寺の琵琶法師」「善光寺門前で道案内する子ども」「南大門から中門までの間に長棟の町屋が並んでいた／一遍上人絵伝（清浄光寺本　複製）」
　　　　　（以上、長野県立歴史館［編集］『長野県立歴史館信濃の風土と歴史③中世の信濃』同館）
199809 ：○中世史のポイント（青木美智男・木村茂光［編］『教員になる人のための日本史』新人物往来社）
　　　　　※「福岡の市」を掲載
199910 ◎中世のいくさ・祭り・外国との交わり―農村生活史の断面―（校倉書房）
　　　　　：①中世東国における非人と民間儀礼←井原今朝男198710
200304 ：○書評・砂川博編『一遍聖絵の総合的研究』（時衆文化研究会［編集］『時衆文化』第7号、同会〈岩田書院［発売]〉）※←砂川博200205を書評

あ行

200401　◎中世寺院と民衆（臨川書店）※ 2002/10/1-11/24 於国立歴史民俗博物館、特別展「歴博企画展　中世寺院の姿とくらし―密教・禅僧・湯屋―」および 10/12 於同館講堂、同記念講演会「中世寺院の世界」の研究成果によるもの。「はじめに」で松本博之 200211 を紹介。「第一章　中世寺院の置かれた社会」「一、中世社会の時代的特質」の「応永の飢饉と勧進僧・河原者の喧嘩」の項で「時衆と勧進僧」、「寛正の飢民救済と将軍」の項で「時衆願阿弥集団の活動」に言及。「第二章　中世寺院の多様性と階層性」「一、たった一人の中世寺院」に「落合新善光寺と法阿の勧進」「法阿と一遍の新善光寺参詣」の項あり、一遍が参詣した善光寺を信州善光寺ではなく落合新善光寺とす。単色図版・写真ネーム・キャプション：「弘安 2 年一遍は大井太郎の館を訪れ翌年に善光寺から奥州に向かったことをつたえる『一遍聖絵』（清浄光寺・歓喜光寺所蔵、長野県立歴史館の複製）」「一遍が佐久郡訪問中につくられた梵鐘・板碑　右：弘安 2 年 8 月に勧進僧法阿弥陀仏が造立した落合新善光寺の梵鐘（長野県松原諏方神社所蔵）　左：一遍が佐久滞在中の弘安 3 年 5 月の銘文をもつ時宗寺（長野県佐久市）の板碑」。「第四章　中世寺院による民衆統合」「二、中世仏教による芸能・音楽感覚の均一化」の「今に残る中世の楽器」の項で『一遍聖絵』複製本作成に関する逸話を紹介、単色図版ネーム・キャプション：「善光寺の琵琶法師（『一遍聖絵』長野県立歴史館の複製）　子供に案内されて木橋を渡ろうとする盲僧。琵琶は 4 弦に描かれている。」。「第五章　祈禱・呪術を否定する中世仏教」「一、もうひとつの中世仏教」に「一遍の仏法と天魔否定」「一遍の死生観」の項あり、「宗教家と受容された信仰とのズレ」の項で『一遍聖絵』に出る紫雲について研究者間に見解の相違があることを紹介。誤字多数。→ 200901 増補版（誤字大幅改善）

200503　：○今にいたる中世寺院僧侶の実像（7）　今にいたる中世の寺院僧侶や信者その実像　大飢饉の中で僧侶や寺は何をしていたか（『寺門興隆』第 7 巻第 3 号（通巻第 76 号）、興山舎）
　　　　※「願阿弥や其徒とよばれた時衆の僧侶集団」をとりあぐ

200604　：○書評・金井清光著『一遍聖絵新考』（時衆文化研究会［編集］『時衆文化』第 1 3 号、同会〈岩田書院［発売］〉）
　　　　※←金井清光 200509 を書評

200607　：○今にいたる中世寺院僧侶の実像（23）　今にいたる中世の寺院僧侶や信者その実像　中世従軍僧が作った死者追悼心得を今に（『寺門興隆』第 8 巻第 7 号（通巻第 92 号）、興山舎）※「元弘三（一三三三）年五月二十八日」、「長野県佐久市に残る他阿弥陀仏上人の自筆書状」、「応永六（一三九九）年、遊行上人第十一代他阿弥陀仏＝時〔自力〕空上人という僧侶がかいたもので、宛て先が切断されてしまっている。天正十四（一五八六）年になって京都金光寺の三十二世遊行上人によって表装し直された」書状、および「藤沢敵御方供養塔」の図版・写真を紹介、時衆と陣僧に言及。単色図版・写真キャプション：「鎌倉の戦場にあった他阿弥陀仏上人（時衆僧）が信州佐久の証阿弥陀仏上人に送った書状（1333 年）。戦いの中に念仏を勧め往生をとげさせたとある」「遊行上人の置文（1339 年）。陣僧の心得 4 条が見られる。時衆僧が従軍するのは死期にある者に十念を授けるためであり、弓矢や兵仗などにふれてはならぬなどとある」「神奈川県藤沢市の時宗総本山清浄光寺に建つ「供養塔」。敵も味方も戦死者すべては十念あるべきことと刻まれている」。→井原今朝男 201103

200612　：○今にいたる中世寺院僧侶の実像（28）　中世仏教と葬送（1）　今にいたる中世の寺院僧侶や信者その実像　人が仏教により葬られ始めたのはいつか（『寺門興隆』第 8 巻第 12 号（通巻第 97 号）、興山舎）
　　　　※一遍・真教・時衆に言及。特に一遍が被差別民を組織していたとし、善光寺信仰をめぐって律僧と時衆とが対抗関係にあり、←井原今朝男 199910 や砂川博 199905 が律宗と一遍・真教らが被差別民の組織化をめぐる対立を指摘したと言及。→井原今朝男 201103

200703　：○今にいたる中世寺院僧侶の実像（31）　僧侶と呪術（1）　今にいたる中世の寺院僧侶や信者その実像　死者儀礼に果たした仏教の呪術的な史実（『寺門興隆』第 9 巻第 3 号（通巻第 100 号）、興山舎）
　　　　※単色図版ネーム：「一遍聖絵に描かれた御塔（墓）」。→井原今朝男 201104

200709　：○今にいたる中世寺院僧侶の実像（37）　中世仏教と差別（1）　今にいたる中世の寺院僧侶や信者その実像　中世仏教は差別史でありまた救済史である（『寺門興隆』第 9 巻第 9 号（通巻第 106 号）、興山舎）
　　　　※「『一遍聖絵』に描かれた乞食・非人の持ち物」に言及し、「京都、因幡堂の縁の下で乞食が筵を夜着にして寝ている。」等とす。単色図版キャプション：「京都・因幡薬師堂の縁の下には筵をかけて寝る乞食や非人がいる。その傍らには破子（弁当箱）や浅鍋などが見える（『一遍聖絵』より）」。また山形県 197903 解説を元に『仏向寺血脈譜』の信憑性を疑っているが、原史料は番場蓮華寺で現存している点を誤認している。『一遍と時衆教団』を『一遍と時衆集団』、宇都宮一向寺を仏向寺、養阿聖を養阿弥、など誤字多数。→井原今朝男 201103

200710A　：○今にいたる中世寺院僧侶の実像（38）　中世仏教と差別（2）　今にいたる中世の寺院僧侶や信者その実像　琵琶法師の物語は僧侶差別から生まれた（『寺門興隆』第 9 巻第 10 号（通巻第 107 号）、興山舎）
　　　　※本文で『一遍聖絵』や時衆に言及。単色図版ネーム：「『一遍聖絵』に描かれた盲目の琵琶法師と童子」「善光寺縁起を大道で参詣者に語る絵解き法師」。→井原今朝男 201103

200710B　：○信濃国大井荘落合新善光寺と一遍（上）（時衆文化研究会［編集］『時衆文化』第 1 6 号、同会〈岩田書院［発売］〉）

200712　：○今にいたる中世寺院僧侶の実像（40）　中世仏教と差別（4）　今にいたる中世の寺院僧侶や信者その実像

殺生を業とする民に仏教は何ができたか　中世仏教と差別（『寺門興隆』第 9 巻第 12 号（通巻第 109 号）、興山舎）※本文で『一遍聖絵』に言及。単色図版キャプション：「『一遍聖絵』に描かれる狩人。赤さび色の衣が被差別性の表徴か？」→井原今朝男 201103

200804　：〇信濃国大井荘落合新善光寺と一遍（下）（時衆文化研究会［編集］『時衆文化』第 17 号、同会〔岩田書院〔発売〕〕）

200903　：①庶民の大寺
　　　　：②善光寺信仰を広めた聖たち（以上、田中欣一［責任編集］『善光寺大紀行女性にやさしい庶民の大寺』一草舎出版〔『信州の大紀行』シリーズ 6］）※御開帳記念出版

200910　：〇ニッポン借金事情（日本放送協会・日本放送出版協会［編］『NHK 知る楽　歴史は眠らない』2009 年 10-11 月号〔通巻 5 巻 14 号］、日本放送出版協会）※ NHK 教育テレビ番組「知る楽」毎週火曜日「歴史は眠らない」2009/10-11 月期テキスト。井原・小沢昭一・早坂隆・矢野誠一・小波津正光［語り手］。「中世の貸し手と借り手」カラー・センターホールド。井原［解説］。図版ネーム：「市日でない佐久伴野市（『一遍聖絵』。清浄光寺・歓喜光寺蔵）」「銭による売買（『一遍聖絵』。清浄光寺・歓喜光寺蔵）」

201103　◎史実　中世仏教（第 1 巻）―今にいたる寺院と葬送の実像（興山舎）※←『寺門興隆』2004 年 9 月号～ 2009 年 3 月号連載の「今にいたる中世寺院僧侶の実像」から、3 テーマに合わせて抽出したものを全面補筆・改稿し単行本化。表紙カバーに「カバー写真：円伊作『一遍上人絵巻　巻第 7』鎌倉時代・国宝（東京国立博物館蔵）」とあり、カラー図版：「四条釈迦堂での賦算」。カラー口絵に「『遊行上人縁起絵』第三巻一段　尾張国甚目寺　鎌倉時代　京都・金蓮寺蔵」の「民衆に飲食を施す一遍。堂内右向きで椀をもつ僧形が一遍」「境内で民衆に施食をする時衆僧侶たち」各場面のネームあり
　　　　：①第一章　中世の僧侶と庶民の実像（寺をつくったのは無名の勧進僧だった／中世社会と現代社会の相似性※「一遍」が出る／執権をも動かした不断念仏※写真キャプション：「阿弥陀如来・観音・勢至三尊の種字をもつ板碑。「弘安三年五月」の銘文がある。法阿や一遍が佐久郡で活躍していた時代のもの」／寺の中で僧俗が争い始めた時代様相／院主の新事業展開と内部抗争※『一遍聖絵』が出る／新しい寺院改革の試み※図版キャプション：「寺内を行き交う乞食・遊芸人・遊女たち。鎌倉末期には下層庶民も寺社に参詣するようになっていた（『一遍上人絵詞伝』新潟県来迎寺蔵）」／寺によらない聖が生まれた史実／たった一人の方丈生活※『一遍聖絵』が出る／一遍に見る遁世の精神世界／中世人にとって死とは何だったのか※「一遍」『一遍聖絵』『一遍上人語録百利口語』が出る／無一物の聖が庶民に説いたこと※写真キャプション：「遊行僧が着けた阿弥衣＝アンギン（広島県西郷家蔵）」／地方寺院を支えた僧侶／高野聖とは何だったのか※「南北朝以降、聖の時衆化が進んだことが知られている」／大飢饉の中で寺や僧侶はなにをしていたか／中世のすさまじい飢饉の実態※「願阿弥や其徒と呼ばれた時衆の僧侶集団」「願阿弥の時衆集団」が出る／救済めぐる律僧・時衆の対立※一遍や他阿真教ら時衆集団に言及／民衆のために餓死をも厭わぬ禅僧※本文冒頭で「捨聖」といわれた一遍」とあり
　　　　：②第二章　中世僧衆の清潔心と湯屋（湯屋行の普及と身分差別意識／湯行における三つの身分差別※時衆に言及）
　　　　：③第三章　中世仏教と死者供養（死者供養を二分した真言と念仏／称名念仏往生と光明真言往生の分裂※「一遍」が出る／人々はなぜ肉親を野に棄てられたか／棄てられた遺体の骨を拾う人々※「一遍」『一遍聖絵』が出る）

201107　□中世仏教に新たな視点『中外日報』同月 26 日号、同社）※大・中の見出しは、上から「地方寺社の活動に関心　宗祖・宗派研究と一線画す」「地域史料掘り起こし」「宗祖の思想と大きなズレ」「民衆への布教と受容」「一般僧侶苦闘の姿」「史実としての宗教活動　歴史学の方法で復元へ」。小見出し：「新しい仏教史像を求めて」に「一遍は教団の形成を否定したにもかかわらず、遊行上人らは教団活動を展開した。」とあり

201306　◎史実　中世仏教（第 2 巻）―葬送物忌と寺院金融・神仏抗争の実像（興山舎）※←『寺門興隆』2006 年 9 月号～ 2009 年 9 月号連載の「今にいたる中世寺院僧侶の実像」から、3 テーマに合わせて抽出したものを全面補筆・改稿し単行本化
　　　　：①第一章　中世寺院を支えた寺辺の人々（中世寺院は僧侶と在家の境界で発展した／寺社における履物生産と身分差別※本文に「鳥取大学名誉教授だった金井清光によると」とあり）
　　　　：②第三章　中世葬送を担った僧俗と物忌（中世葬送の僧俗と仏教の差別救済／籠僧としての時衆※本文で時衆に言及／律僧と時衆による葬礼行事の始まり※時衆に言及し、注で「砂川博『徹底検証一遍聖絵』（岩田書院、二〇一三〔奥付では二〕年）」、を挙ぐ／時衆による非人組織化をめぐる論争※時衆・一遍に言及／時衆僧の戦死者供養の実際」「長野県佐久市金台寺所蔵の年未詳五月二十八日他阿弥陀［仏脱力］上人書状は、証阿弥陀仏に宛ててつぎのように述べている。（中略）元弘三（一三三三）年（中略）五月二十八日は、北条高時以下が東勝寺で自刃してからちょうど初七日にあたる。鎌倉市の釈迦堂谷には東勝寺で自刃した北条氏一門の遺骨を埋葬したという伝承があり、そこから出土した五輪塔の地輪部分に梵字とともに「元弘三年五月廿八日」の銘文がある。鎌倉国宝館が保管している。安国上人の書状と日付が一致する」とす／室町期の時衆に経済力があった訳※願阿に言及／西大寺に非人らが組織された訳※注で「近年、服部英雄『河原ノ者・非人・秀吉』（中略）が中世地域社会史の中における差別問題について積極的な取り組みと新鮮な問題提起を行っている」とす）

201311　：○徳政令（高橋典幸［責任編集者］『週刊　朝日百科』2013年11月17日号＝『週刊　新発見！日本の歴史』20号『鎌倉時代3　対モンゴル戦争は何を変えたか』、朝日新聞出版）
　　　　　※カラー図版ネーム：「掘立小屋の乞食［こつじき］」・同キャプション：「鎌倉時代に記された『一遍上人絵伝』の中には、多くの乞食も描かれており、貧しい人々の暮らしの一端を伝える。掘立小屋の下に横たわっているのはすでに亡くなった人か。鳥が群がっている。国宝。清浄光寺（遊行寺）蔵」

茨城県教育財団（※茨城県水戸市・現公益財団法人）
200603　◎新善光寺跡　宍戸城跡　主要地方道大洗友部線道路改良工事地内埋蔵文化財調査報告書（財団法人茨城県教育財団［茨城県教育財団文化財調査報告第256集］）※ 2004/10/1-12/31 茨城県笠間市平町（旧西茨城郡友部町大字平町字千栽）391番地の1ほかに所在する宍戸新善光寺跡を発掘。主任調査員稲田義弘［執筆・編集担当］

茨城県地域史研究会
200601　◎茨城県の歴史散歩（同会［編］、山川出版社［歴史散歩8］）

茨城県立歴史館（※茨城県水戸市）
198909　○茨城の絵巻　一遍聖絵から横山大観まで　特別展（同館）※ 1989/9/16-10/15 於同館、特別展図録
199610　◎茨城の仏教美術──鎌倉・室町時代の仏像と仏画（同館［編］、同館）※ 1996/10/12-11/24 於同館、特別展図録。下妻金林寺釈迦涅槃像、宍戸新善光寺（解意派。廃寺）旧本尊善光寺式三尊の写真・解説あり

茨城県歴史散歩研究会
198504　◎茨城県の歴史散歩（同会［編］、山川出版社［新全国歴史散歩シリーズ8］）

今井　和幸（※柏崎・刈羽郷土研究会会員）
199105　：○柏崎方面への遊行上人廻国─「遊行日鑑」を読んで─（『柏崎　刈羽』第18号、柏崎・刈羽郷土史研究会）

今井　啓一（※大阪樟蔭女子大学名誉教授。1905-1975/11/27）
193499　：○参宮と國阿上人（神宮皇學館神道學會［編］『神路』神道學會々誌第十一號、同會）

今井　照容（※よろず評判屋）
　　　　　てるまさ
200709　：○宝山寺─悪所原風景の探訪（『歴史の中の聖地・悪所・被差別民　謎と真相』新人物往来社［別冊歴史読本80号］［第32巻第28号］［通巻773号］］）
　　　　　※単色図版ネーム：「後醍醐天皇（清浄光寺蔵）」。肩書き：「俳句作家・サンカ研究家」

今井　雅晴（※（東京都港区・私立）真宗文化センター所長・東国真宗研究所所長・筑波大学名誉教授、元中丸真宗学研究所（現同宗本願寺関総合研究所）研究員、元筑波大学人文学部教授、元高等学校教員）
197110　：○房総地方における時衆教団の展開（千葉県企画部県民課［編集］『千葉県の歴史』第8号、同県）
197505A　：○時宗と地蔵信仰（和歌森太郎［編］『日本文化史学への提言』弘文堂）
197505B　：○日蓮・一遍および叡尊─鎌倉後期の仏教をめぐって─（中尾堯［編］『日蓮宗の諸問題』雄山閣）
197508　：○藤沢清浄光寺「薄念仏会」考（大橋俊雄［編集］『時衆研究』第六十五号、時宗文化研究所）
　　　　　※→今井雅晴 198511 ⑮
197510　：○一遍智真の遺誡の教団史的意義（『仏教民俗研究』第二号、同会）
197601A　：○初期時衆における知識帰命について（『日本仏教』第三七号、同研究会）
197601B　：○初期時衆の発展と宿について一遍智真と尾張国萱津宿を中心に─（和歌森太郎先生還暦記念論文集編集委員会［編］『和歌森太郎先生還暦記念　古代・中世の社会と民俗文化』弘文堂）
197602A　：○一遍（和歌森太郎［編］『日本宗教史の謎』上、佼成出版社）
197602B　：○南北朝初期における小早川氏の信仰─時衆遊行七代他阿何仏の「小早川安芸禅門之許エノ書」をめぐって─（河合正治［編］『瀬戸内海地域の宗教と文化』雄山閣出版）※→今井雅晴 198511 ⑥
197609　：○一遍智真の参籠（『仏教民俗研究』第三号、同会）
197612　：○一遍智真の鎌倉入りの意義（地方史研究協議会編集）『地方史研究』第一四四号、名著出版）
197703　◎時宗成立史の研究（博士論文）※東京教育大学大学院文学研究科に提出した博士論文。文学博士・甲第372号。197703は授与年月。→今井雅晴 198108
197708　：○一遍智真と捨身往生（『日本仏教史学』第十二号、同会〈山喜房佛書林［発売］〉）※→今井雅晴 200003 ④
197805　：○一遍「真縁上人便返事」の再検討（大橋俊雄［編集］『時衆研究』第七十六号、時宗文化研究所）
　　　　　※→今井雅晴 198511 ⑨
197807　：○一遍智真の善光寺参籠の意義（桜井徳太郎［編］『日本宗教の複合的構造』弘文堂）
197811A　：○時宗における宗観念の展開（『日本仏教』第四十六号、同研究会）※→今井雅晴 198511 ②
197811B　：○西山証空の名号観と一遍智真（藤井正雄［編］『浄土宗の諸問題』雄山閣）
197812　：○鎌倉仏教と戒─法然・親鸞・証空・一遍─（『仏教史学研究』第二十一巻第二号、仏教史学会）
197902　：○水戸神応寺と時宗・遊行三十二代他阿普光（茨城県史編集委員会［編］『茨城県史研究』第四〇号、同県教育財団県史編さん事務局）※→今井雅晴 199112 ⑥
197903　：○一遍上人の熊野参籠─「浄不浄をきらはず」をめぐって─（『時宗教学年報』第七輯、時宗教学研究所）
197912A　：○時宗文書にみる「藤沢」─中世末期から近世初頭における─（藤沢市文書館［編集］『藤沢市史研究』第13

	号、同館）※→今井雅晴200003 ⑮
197912B	：○法燈国師伝説考―一遍上人の参禅説をめぐって―（今枝愛真［編］『禅宗の諸問題』雄山閣）※→今井雅晴200003 ⑤
198005A	：○弘安七年夏の京都における一遍（芳賀幸四郎先生古稀記念論文集編集委員会［編集］『日本文化史研究』芳賀幸四郎先生古稀記念、笠間書院）
198005B	：○時宗教団における伽藍の研究（序論）（大橋俊雄［編集］『時衆研究』第八十四号、時宗文化研究所）
198006	：○初期時宗教団の一考察―相模国当麻無量光寺真光と藤沢清浄光寺呑海との争いをめぐって―（三浦古文化編集委員会［編集］『三浦古文化』第二十七号、三浦古文化研究会）※→今井雅晴198511 ④
198012A	：○東国仏教研究に関する覚書―鎌倉仏教における役割をめぐって―（仏教史学会［編］『仏教の歴史と文化』同会三十周年記念論集、同朋舎出版）
198012B	：○藤沢清浄光寺蔵『佐竹義久判物』再考（藤沢市文書館［編集］『藤沢市史研究』第14号、同館）※→今井雅晴199112 ⑥
198103	：○佐竹氏と時宗教団（茨城県史編集委員会［編］『茨城県史研究』第46号、同県教育財団県史編さん事務局）※→今井雅晴199112 ⑥
198108	◎時宗成立史の研究（吉川弘文館）※「索引」あり。←今井雅晴197703。→服部清道198301 書評
	：①はしがき
	：②序　章
	：③第一章　一遍における念仏信仰の形成（概観と問題点／第一節　幼児の環境と西山義の修行〈１　一遍の誕生と河野氏／２　幼児の環境と出家／３　西山義の修行〉／第二節　還俗生活と再出家〈１　還俗生活／２　再出家の事情〉／第三節　安心の獲得〈１　善光寺と善光寺信仰／２　一遍の安心獲得／３　修行方法をめぐって〉／小結）
	：④第二章　一遍における伝道活動の展開とその意義（概観と問題点／第一節　遊行とその理論化〈１　伝道生活の準備／２　「遊行」と「捨てる」〉／第二節　熊野参籠と賦算〈１　熊野参籠まで／２　熊野参籠をめぐる諸問題／３　賦算と信不信をめぐって／４　浄不浄について／５　阿弥陀信仰から名号信仰へ〉／第三節　踊り念仏の開始〈１　信濃国佐久郡伴野まで／２　踊り念仏の開始／３　踊り念仏の歴史／４　踊り念仏批判〉／第四節　鎌倉入りの意義〈１　問題点の指摘／２　鎌倉入りを目指した背景／３　武士の拒否とその意味／４　一遍の人気沸騰とその内容／５　鎌倉入りの意義〉／第五節　伝道生活とその終焉〈１　一遍と入水往生／２　一遍と宿／３　一遍と非人／４　一遍と教信／５　一遍と性空／６　一遍の入滅〉／小結）
	：⑤第三章　一遍の名号観とその思想的位置（概観と問題点／第一節　浄土教系僧侶の名号観〈１　善導／イ　曇鸞と道綽／ロ　善導の経歴／ハ　善導の思想と名号観／２　法然／イ　法然の経歴／ロ　法然の思想と名号観／３　証空／イ　証空の経歴／ロ　証空の思想と名号観〉／第二節　一遍の名号観〈１　一遍の衆生観と阿弥陀仏観／２　一遍の名号観／３　「南無阿弥陀仏」の救済の世界／４　名号札の役割／５　西山義の継承と超克〉／小結）
	：⑥第四章　一遍の段階の時宗教団（概観と問題点／第一節　時宗教団の構成と活動〈１　宗教集団と教団／２　一遍と時宗教団／３　一遍と時衆のあり方／４　一遍の段階の時宗教団の特色と限界〉／第二節　問題の発生〈１　一遍の遺誡／２　「不信のものども」／３　僧尼同行をめぐって／４　カリスマの限界〉／小結）
	：⑦第五章　真教の時宗教団確立（概観と問題点／第一節　時宗教団の確立〈１　教団確立の欲求／２　他阿真教の教団確立への出発／３　一遍の後継者としての真教／４　真教の遊行／５　真教の当麻無量光寺止住〉／第二節　教団統制の原理〈１　教団統制の要求／２　帰命戒の成立／３　『道場誓文』〉／小結）
	：⑧終　章
	：⑨附　図　一遍・真教の遊行
198110	：○瀬戸内海地域と初期時宗教団（『地方史研究』第173号、同協議会）※→今井雅晴198310 →今井雅晴198511 ⑥→今井雅晴199112 ②
198212	：○時宗〝解意派〟に関する考察―常陸国宍戸新善光寺の中世―（『仏教史学研究』第二十五巻第一号、仏教史学会）※常陸国解意派を一向派の法統とする説を示唆しつつ浄土宗鎮西派とす。→今井雅晴198511 ⑯
198302	：○踊り念仏の板碑（大橋俊雄［編集］『時衆研究』第九十五号、時宗文化研究所）
198303A	：○金沢文庫本『播州法語集』に関する考察（『茨城大学人文学部紀要』人文学科論集第16号、同大学）※→今井雅晴198511 ⑧
198303B	：○戦国時代の岡本氏（『大子町史研究』第十一号、同町史編さん委員会）※→今井雅晴200003 ⑪
198303C	：○遊行五代他阿弥陀仏安国について（藤沢市文書館［編集］『藤沢市史研究』第16号、同館）※→今井雅晴198511 ⑤
198305	：○託何『条条行儀法則』について（大橋俊雄［編集］『時衆研究』第九十六号、時宗文化研究所）※→今井雅晴198511 ⑪
198307	：○「踊り念仏の板碑」補論（大橋俊雄［編集］『時衆研究』第九十七号、時宗文化研究所）

あ行		

198310　　：○瀬戸内海地域における時宗教団の展開（地方史研究協議会［編］『瀬戸内海社会の形成と展開―海と生活』雄山閣出版）※←今井雅晴198110改題。→今井雅晴198511⑥→今井雅晴199112②
198311A　：○江戸時代の当麻遊行の史料（大橋俊雄［編集］『時衆研究』第九十八号、時宗文化研究所）
198311B　：○踊り念仏と一遍とに関する二、三の問題（『日本仏教史学』第十八号、同会）→今井雅晴198511⑬
198402A　：○宗教史史料としての『一遍聖絵』―弘安七年夏の京都における一遍について―（大橋俊雄［編集］『時衆研究』第九十九号、時宗文化研究所）
198402B　：○遊行七代他阿弥陀仏託何『東西作用抄』について（『時宗教学年報』第十二輯、時宗教学研究所）
　　　　　※→今井雅晴198511⑫
198403A　：○一遍「六字無生の頌」の板碑（藤沢市文書館［編集］『藤沢市史研究』第17号、同館）
　　　　　※武蔵国村岡（埼玉県熊谷市）法蔵寺（一向派。廃寺）にも言及。→今井雅晴198511⑨
198403B　：○戦国時代の岡本氏（補論）（『大子町史研究』第十二号、同町史編さん委員会）→今井雅晴200003⑪
198403C　：○中世における陣僧の系譜（『茨城大学人文学部紀要』人文学科論集第17号、同大学）→今井雅晴198511⑯
198405　　：○大橋・金井両氏の業績について（大橋俊雄［編集］『時衆研究』第百号、時宗文化研究所）
198412　　◎一遍上人と時宗（橘俊道・今井［編］、吉川弘文館［日本仏教史論集10］）※詳細⇒橘俊道198412
　　　　　：①一遍智真の鎌倉入りの意義※←今井雅晴197512
198503　　：○遊行十二代尊観法親王伝説考（西山松之助先生古稀記念会［編］『江戸の芸能と文化』吉川弘文館）
　　　　　※←今井雅晴198511⑦
198510A　：①一遍の活動と思想の展開―上求菩提・下化衆生を軸に―※→今井雅晴199112①
　　　　　：②史料『大和田近江重清日記』抜粋―文禄二年の水戸の時衆―（以上『時宗史研究』創刊号、同会）
198510B　：○中世史における時衆の役割（神奈川県立博物館［編］『遊行の美術　一遍　そして浄土を求め旅した人びと』同館）※1985/10/19-12/1於同館、特別展図録
198511　　◎中世社会と時宗の研究（吉川弘文館）※「初出論文一覧」「索引」あり。「あとがき」なし。単色口絵ネーム：
　　　　　「1　一遍智真立像　相模原市・無量光寺蔵」「2　他阿弥陀仏託何坐像　尾道市・西郷寺蔵」
　　　　　：①はしがき
　　　　　　第一章　時宗の定着と教線の拡大
　　　　　：②第一節　時宗における「衆」と「宗」（1　一遍と「時宗」／2　一遍の入滅と真教の教団確立／3　南北朝初期の託何の活躍／4　十五世紀中葉における「時宗」の成立）
　　　　　※『時衆宗茶毘記』を『時宗茶毘記』と表記。←今井雅晴197811A改題・補訂
　　　　　：③第二節　遊行から定着へ（1　真教の相模国当麻定住／2　真教の定住と鎌倉幕府の政策／3　真教と鎌倉）※新稿。嘉元二年（1304）十二月十六日付唯善施行状にみえる一向衆にも言及
　　　　　：④第三節　正統意識の形成（1　真教と後継者たち／2　当麻道場と真光／3　呑海の活動とその立場（南部茂時／「他阿上人仮名消息」／河野通盛）／4　呑海の正統の論理）※←今井雅晴198006改題・補訂
　　　　　：⑤第四節　建武の動乱と遊行上人（1　安国の修行時代／2　安国の遊行上人時代／3　建武の動乱と安国／4　安国の教学思想／5　安国の入滅）※←今井雅晴198303C改題・補訂
　　　　　：⑥第五節　西国の武士と遊行上人―小早川氏と託何―（1　託何の「小早川安芸禅門之許エノ御書」／2　小早川氏と阿弥陀信仰／3　時宗教団の中国地方展開と小早川氏／4　小早川惣領家の危機と禅宗の採用〈中央権力との関係／在地支配の動揺／庶子家の独立傾向〉）※←今井雅晴197602B・198110（ただし後者は今井雅晴198310の転載を経ていることを初出一覧で挙げず、一方で後者の題目をその初出一覧で今井雅晴198310の「瀬戸内海地域における時宗教団の展開」とす）改題・補訂。→今井雅晴199112②
　　　　　：⑦第六節　遊行上人と貴種伝説（1　尊観の事跡／2　尊観の出身に関する諸説／3　貴種伝説の成立／4　時宗と徳川家の祖／5　遊行四十二代尊任と尊観／6　貴種伝説の意義）※←今井雅晴198503
　　　　　　第二章　時宗教団における文化的基盤の成立
　　　　　：⑧第一節　一遍上人の法語集の成立（1　金沢文庫本『播州法語集』の成立／2　その他の法語集について／3　金沢文庫本『播州法語集』本文検討の方法／4　金沢文庫本『播州法語集』本文の具体的検討〈一遍の思想をよく示すと認められる法語／一遍の法語集の古い形態を示す法語／一遍の思想とはあいいれない法語〉）
　　　　　※←今井雅晴198303A改題・補訂
　　　　　：⑨第二節　一遍上人の書状の検討（1　真縁について／2　「山門横川の真縁上人へつかはさるゝ御返事」）
　　　　　※←今井雅晴197805改題・補訂
　　　　　：⑩第三節　時宗板碑の銘文をめぐって（1　「六字無生頌」の板碑／2　埼玉県中部・北部における時宗の展開／3　一遍の画像と「六字無生頌」）※←今井雅晴198403A改題・補訂
　　　　　：⑪第四節　初期時宗の法要儀式の構図（1　『条条行儀法則』とその成立の背景／2　『条条行儀法則』本文の検討）※←今井雅晴198305改題・補訂
　　　　　：⑫第五節　初期時宗の修行生活（1　『東西作用抄』とその書誌〈清浄光寺本／水戸彰考館本／重須光明寺本

／三本の関係／『東西作用抄』の成立年次と題名）／ 2　『東西作用抄』本文の考察〈執筆の意図／『東西作用抄』著作の背景／内容の検討〉／ 3　『東西作用抄』―翻刻と校合―）※←今井雅晴 198402B 改題・補訂
第三章　時宗文化の基層
：⑬第一節　踊り念仏の継受と社会（1　一遍の踊り念仏開始の背景／ 2　踊り念仏批判とその意味／ 3　踊り念仏の板碑〈埼玉県行田市の板碑／宮城県登米郡南方町の板碑／宮城県登米郡石越町に旧在の板碑〉／ 4　戦国時代の踊り念仏〈遊行二十四代不外と踊り念仏／京都七条道場金光寺の踊り念仏／京都四条道場金蓮寺の踊り念仏／遊行三十一代同念と踊り念仏〉）※←今井雅晴 198302・198307・198311B 改題・補訂
：⑭第二節　亡霊供養と時宗（1　謡曲『実盛』の分析／ 2　遊行十四代太空の実盛供養／ 3　太空の宗教活動と時宗教団／ 4　その後の遊行上人の実盛供養）※新稿
：⑮第三節　薄念仏会にみる時宗儀礼（1　薄念仏会の歴史的展開／ 2　薄念仏会の意味／ 3　薄念仏会の起源）※←今井雅晴 197508 改題・補訂
：⑯第四節　陣僧の系譜（1　研究史の整理／ 2　平安時代末期から鎌倉時代中期にかけての武士と軍陣〈貴族における浄土教と善知識／平安時代末期・鎌倉時代初期の武士と軍陣／鎌倉時代中期の武士と軍陣〉／ 3　初期時宗教団と武士〈一遍と武士／他阿弥陀仏真教と武士〉／ 4　鎌倉時代末期から南北朝時代にかけての陣僧〈陣僧の活躍／時宗教団の対応〉／ 5　陣僧の変化―戦国時代―）※←今井雅晴 198403C 改題・補訂
：⑰附　時宗解意派に関する考察（1　鎌倉時代の小田氏と宍戸氏〈小田氏について／宍戸氏について／小野邑善光寺と宍戸新善光寺〉／ 2　解意阿弥陀仏観鏡に関する諸説の検討〈証空師事説と『聖三尊阿弥陀如来縁起』／一遍師事説と新善光寺本宍戸系図／真教師事説と『新善光寺由来』／一向俊聖師事説〉／ 3　宍戸新善光寺の本尊について〈常陸国の善光寺信仰／船橋氏蔵阿弥陀如来及両脇侍像について〉／ 4　南北朝・室町初期の〝解意派〟〈後醍醐天皇下賜の額をめぐって／新善光寺〝中興〟尊長について／伝後小松天皇の綸旨／『防非鈔』をめぐって〉）※←今井雅晴 198212 改題・補訂（初出一覧では改題したことにはふれず）

198601	：○解説（柳宗悦［著］『南無阿弥陀仏　付心偈』岩波書店［岩波文庫青（33）-169-4］）
198603	：○遊行上人と時宗（茨城県史編集委員会［監修］『茨城県史』中世編、同県）※ただし「善光寺信仰と時宗解意派」の項で解意阿一向師事説や県下旧一向派寺院を紹介した上、解意派新善光寺を浄土宗鎮西派系とみなす。→今井雅晴 200003 ⑩
198608	：○遊行上人と物語（山本世紀［編］『論集日本仏教史』第5巻室町時代、雄山閣出版）※→今井雅晴 199112 ④
198609	：○一遍（大隈和雄・阪下圭八・広末保・西郷信綱・服部幸雄・山本吉左右［編集委員］『日本架空伝承人名事典』平凡社）※項目執筆。→今井雅晴 200008 →今井雅晴 201203
198611	：○真教（国史大辞典編集委員会［編集］『国史大辞典』第七巻、吉川弘文館）※項目執筆。ただし「浄土宗西山派の祖辨長の弟子であったという」と表記。→今井雅晴 199911 ①
198705A	：○近世の遊行廻国―遊行上人と在地の人びと―（『時宗史研究』第二号、同会）※→今井雅晴 200003 ⑯
198705B	：○宗教者と旅―一遍（歴史科学協議会［編集］『歴史評論』No. 445、校倉書房）
198809	：○戦国時代の時衆と芸能（中尾堯［編］『論集日本仏教史』第6巻戦国時代、雄山閣出版）※→今井雅晴 200003 ⑬
198903	：○アメリカの一遍上人研究と『遊行上人縁起絵』（『時宗教学年報』第十七輯、時宗教学研究所）
198907	：○『大和田重清日記』にみる文禄二年の時衆（『常総の歴史』第四号、崙書房）※→今井雅晴 200003 ⑫
198909A	◎一遍辞典（今井［編］、東京堂出版）※項目執筆。一遍と直接関係ない項目あり。奥付に「著者」今井とあるが扉には今井［編］とあり、実態から扉表記を採用。同辞典に限り便宜上、執筆者を50音順で排列し、執筆者ごとに項目を一括表記す。巻末に「索引」あり。

：○相沢　正彦：一遍画像／一遍聖絵／真教画像／遊行上人縁起絵
：①今井　雅晴：あぢさかの入道／②阿弥陀経／③阿弥陀仏／④阿弥陀仏号／⑤或人、念仏の法門を尋申しけるに、書しめしたまふ御法語／⑥或人、法門を尋申しけるに、書しめしたまふ御法語／⑦板碑／⑧一代聖教／⑨一念／⑩一房号／⑪一遍上人縁起絵／⑫一遍上人行状／⑬一遍上人語録／⑭一遍上人年譜略／⑮一遍上人法門抜書／⑯一遍念仏法語／⑰絵巻物／⑱円教寺／⑲宴聡／⑳琰魔堂／㉑淡河殿／㉒大井太郎／㉓越智盛房／㉔踊り念仏／㉕踊り念仏の板碑／㉖踊り念仏批判／㉗鎌倉入り／㉘萱津宿／㉙唐橋法印印承／㉚勘仲記／㉛観無量寿経／㉜観無量寿経疏／㉝吉備津宮の神主の子／㉞機法一体／㉟帰命戒／㊱教信／㊲京都入り／㊳窪寺／㊴熊野参籠／㊵熊野詣／㊶華台／㊷結縁したまふ殿上人に書しめしたまふ御法語／㊸決定往生／㊹劫／㊺興願僧都、念仏の安心を尋申されけるに、書しめしたまふ御返事／㊻河野氏／㊼河野通信／㊽河野通信の墓／㊾河野通広／㊿空也／51西園寺殿の御妹の准后の御法名を、一阿弥陀仏とさづかり奉られけるに、其御尋に付て御返事／52歳末別時念仏／53三心／54三毒／55三悪道／56山門横川の真然上人へつかはさる〻御返事／57時衆／58時宗過去帳／59時宗十二派／60時衆制誡／61四天王寺参籠／62邪正一如／63捨身往生／64十一不二の頌／65十重禁戒／66十二光仏／67十二道具／68十念／69宿／70聖戒／71性空／72称讃浄土経／73条条律儀法則／74消息法語／75聖達／76聖道門／77聖徳太子／78浄土三部経／79上人さゝか御悩おはしましけるとき、書て門人にしめしたまふ御法語／

47

あ行

⑩称名即来迎／㉛真教／㉜真宗／㉝真俗二諦／㉞真縁／㉟陣僧／㊱菅生の岩屋参籠／㊲捨聖／㊳誓願偈文／㊴勢至菩薩の化身／㊾善光寺／㉛善光寺参籠／㊼善導／㊽善入／㊾宗俊／㊿即便往生／㉛尊観／㊼他阿弥陀仏／㊽大通智勝仏／㊾当麻派／⑩筑前国のある武士／⑩智得／⑩超一／⑩重源／⑩調声／⑩超二／⑩土御門入道前内大臣殿より、出離生死の趣、御尋に付て御返事／⑩東西作用抄／⑩頭弁殿より、念仏の安心尋たまひけるに、書て示したまふ御返事／⑩呑海／⑩曇鸞／⑪二河白道／⑪日蓮聖人註画讃／⑪二宮入道／⑪念声一体／⑪念仏房／⑪能所一体の法／⑪破邪顕正義／⑪八幡愚童訓／⑪花のもとの教願／⑪破来頓等絵巻／⑪播州法語集／⑪播州問答集／⑫般舟讃／⑫毘沙門天／⑫聖／⑫百utsu口語／⑫不往生／⑫普光／⑫賦算／⑫藤沢上人／⑫仏房号／⑫別願和讃／⑬別時念仏／⑬法燈国師／⑬奉納縁起記／⑬麻山集／⑬末法思想／⑬政所／⑬名号／⑬名号酬因の報身／⑬無常／⑭無量光寺／⑭無量寿経／⑭山内入道／⑭山臥／⑭遺誡／⑭融通念仏／⑭遊行上人／⑭遊行聖／⑭栄西／⑭予記／⑭予章河野家譜／⑯輪鼓／⑯臨終正念／⑯臨終即平生／⑯臨終念仏／⑯六時／⑯六字無生の頌／⑯六字無生の頌の板碑／⑯六字無生の頌の一遍画像／⑯六十万人の頌

：○植野　英夫：淡路国二宮／伊勢大神宮／厳島神社／因幡堂／雲居寺／大隅正八幡宮／小野寺／園城寺／北野天神／吉備津宮／光明福寺／高野山／山王／釈迦堂／関寺／関明神／西宮／日光／仁和寺／白山大明神／八幡宮／繁多寺／悲田院／備後国一宮／松原八幡宮／曼荼羅寺／三島／三島大社／美作国一宮／蓮光院／六波羅蜜寺

：○薄井　和男：一遍影像／真教影像

：○林　譲：市屋派／一向派／奥谷派／解意派／国阿派／四条派／天童派／御影堂派／遊行派／霊山派／六条派

：○吉田　通子：悪党／大炊御門の二品禅門／大友兵庫頭頼泰／願行／空海／河野通有／従三位基長／承久の乱／城の禅門／千観内供／増命／託磨の僧正／中将姫／土御門入道前内大臣／道綽／日蓮／忍性／肥前司貞泰／仏法上人／北条氏／北条時宗／北条時頼／北条泰時／法然／蒙古襲来／良忠／良忍

：②無　署　名：一遍関係略年表

198909B：○呑海（国史大辞典編集委員会［編集］『国史大辞典』第十巻、吉川弘文館）※項目執筆。→<u>今井雅晴 199911</u> ②

198910：○中世の時宗教団と伊勢国（地方史研究協議会［編］『三重―その歴史と交流』雄山閣出版）
※ただし『遊行日鑑』正徳元年（1711）五月十六日条冒頭を「五時間御立」とするが、翻刻の<u>圭室文雄 197703</u>では「五時間御立」である（古賀克彦註）。→<u>古賀克彦 200410</u> 書評

199003A：○小栗伝説と遊行上人（ふるさと紹介史料製作委員会［編］『小栗氏と小栗伝説―小栗判官と照手姫の世界―』協和町教育委員会）※茨城県真壁郡協和町（現筑西市）。→<u>今井雅晴 199112</u> ⑤

199003B：○新善光寺の展開（友部町史編さん委員会［編］『友部町史』同町）
※宍戸新善光寺（解意派。廃寺）。茨城県西茨城郡友部町（現笠間市）。→<u>今井雅晴 200003</u> ⑦

199011：○鎌倉の佐竹氏（三浦古文化編集委員会［編集］『三浦古文化』第四十八号、三浦古文化研究会）
※→<u>今井雅晴 200003</u> ⑨

199111：○法然と一遍（『日本史総合辞典』東京書籍）
※項目執筆。大項目：「法然と一遍」、小項目：「一遍」「踊り念仏」「時宗」「一遍上人語録」「遊行寺」

199112：◎鎌倉新仏教の研究（吉川弘文館）
第三章 一遍の布教と時宗の展開
：①一遍の活動※←<u>今井雅晴 198510</u> 改題
：②瀬戸内海地域と時宗※←<u>今井雅晴 198511</u> ⑥改題・補訂←<u>今井雅晴 198310</u>（改題←<u>今井雅晴 198110</u>）・<u>197602B</u>
：③伊勢国と時宗※←<u>今井雅晴 198910</u> 改題
：④遊行上人と物詣※←<u>今井雅晴 198608</u>
：⑤小栗伝説と遊行上人※←<u>今井雅晴 199003A</u>
：⑥佐竹氏と時宗※←<u>今井雅晴 197902</u>・<u>198012</u>・<u>198103</u> 改題

199211：○一遍（『日本史大事典』第一巻、平凡社）※項目執筆。ただし伝記を「「遊行上人縁起」（「一遍上人絵伝」）」とし、1886年円照大師勅諡とす。単色図版：神奈川県立歴史博物館蔵一遍画像

199303：○時衆と鎌倉御所、小栗伝説と時衆（協和町史編さん委員会［編集］『協和町史』同町）
※茨城県真壁郡協和町（現筑西市）。→<u>今井雅晴 200003</u> ⑭

199304：○遊行上人（国史大辞典編集委員会［編集］『国史大辞典』第十四巻、吉川弘文館）
※項目執筆。→<u>今井雅晴 199911</u> ③

199305：①時宗※ただし聖達を法然の弟子と表記
：②時衆過去帳
：③清浄光寺
：④真観（以上『日本史大事典』第三巻、平凡社）※項目執筆

199306：○時房流北条氏と時衆（大隅和雄［編］『鎌倉時代文化伝播の研究』吉川弘文館）※→<u>今井雅晴 200003</u> ⑧

199311A：○呑海（『日本史大事典』第五巻、平凡社）※項目執筆。ただし「恵永」とルビ、正しくは「えよう」カ

199311B ：○日蓮と一遍―庶民の心をつかんだ行動する名僧たち（『日本歴史館』小学館）
199404 ：○日本名僧事典（『別冊歴史読本』特別増刊・第 19 巻第 12 号《日本史名僧ものしり百科》、新人物往来社）
　　　　※空也・一遍・真盛の項あり
199502 ：○一遍と妻　法然と恋人（『大乗仏典［〈中国・日本篇〉21「法然・一遍」］月報』28、中央公論社）
　　　　※→今井雅晴 200003 ③
199511A ◎日本の奇僧・快僧（講談社［同社現代新書 1277］）※一遍の項あり
199511B ①遊行の誕生※「第一編　歴史編」の「一」
　　　：②一遍上人の遊行と一向俊聖※「第一編　歴史編」の「二」。「同時代に生きた一向俊聖」の項あり。→今井雅晴 200003 ②（以上、時衆の美術と文芸展実行委員会［編集］『時衆の美術と文芸―遊行聖の世界―』同委員会〈東京美術［発売］〉）※ 1995/11/3-12/10 於山梨県立美術館、1996/1/4-28 於長野市立博物館、2/3-25 於（神奈川県）藤沢市民ギャラリー、3/10-4/14 於（滋賀県）大津市歴史博物館、特別展図録
199711 ◎一遍―放浪する時衆の祖（三省堂［歴史と個性］）
199802 ：○鎌倉時代の浄土真宗と時衆（はじめに／一、研究史の概略／二、一遍の信仰と機法一体説／（1）一遍の信仰と十劫正覚／（2）西山義の機法一体説／（3）一遍の機法一体説／三、他阿弥陀仏真教と浄土真宗／（1）真教の遊行上人継承と『歎異抄』／（2）『他阿上人法語』に見える浄土真宗／（3）真教の止住と唯善書状（顕智宛て）／四、知識帰命の成立／（1）一遍と遺誡／（2）真教と知識帰命／おわりに）（浄土真宗教学研究所［編集］『蓮如上人研究』―教義篇―Ⅰ、永田文昌堂）※ただし「仰称寺」（迎称寺）・「末だ」（未だ）・「時教」（時衆）・『鎌倉仏教』の研究」（『鎌倉仏教の研究』）・「一遍上人と時宗について」（一遍上人と時宗に就て）・「一向派のうち五十六ヶ寺が時宗を離れ」（望月華山 197001 によれば 57 箇条）・「正保五年（一三一六）」（正和五年）・「間東の荒武者ども」（関東）など誤字多数。また道場を「寺に昇格する前の形態」とし、石田善人 196110 などののちの所収 石田善人 199605 を漏らし、一遍を「伊予国道後生まれ」とし（同時代史料には伊予としか出ず）、真教を「浄土宗の鎮西義の僧」（同時代史料になし）、真教を「三十一年間も旅に生きた」（足かけ 29 ないし 30 年）、鉦鼓と伏鉦を混同するなど疑問点多数。→今井雅晴 200003 ⑥
199807 ：○同朋衆（大隅和雄・中尾堯［編］『日本仏教史・中世』吉川弘文館）
199903 ◎捨聖一遍（吉川弘文館［歴史文化ライブラリー61］）
　　　　※単色口絵：当麻無量光寺蔵一遍立像。図版：『聖絵』『縁起絵』、ただし「市屋の踊り念仏」をネームで「片瀬の浜の地蔵堂」と表記。→砂川博 200004 ③→砂川博 200312A ⑥書評
　　　：①聖と極楽の世界
　　　：②一遍の修行
　　　：③捨聖一遍
　　　：④捨聖の集団
　　　：⑤踊り念仏と鎌倉入り
　　　：⑥充実した布教の旅
　　　：⑦一遍の入滅
199905 ：○一遍―人びとをひきつける念仏聖―（『国文学　解釈と鑑賞』第 64 巻 5 号［平成 11 年 5 月号］（816）［特集中世文学（鎌倉期）にみる人間像］、至文堂）※→今井雅晴 200003 ①
199911 ：①真教※←今井雅晴 198611（初出での「西山派」が「鎮西流」に訂正済み）
　　　：②呑海※←今井雅晴 198909A
　　　：③遊行上人※←今井雅晴 199304（以上、今泉淑夫［編集］『日本仏教史辞典』吉川弘文館）
　　　　※項目執筆。『国史大辞典』の当該項目を加筆・訂正し再録
200003 ◎一遍と中世の時衆（大蔵出版）※→金井清光 200104 ③→金井清光 200509 ⑥書評
　　　：①一遍と捨てる思想※←今井雅晴 199905 改題
　　　：②遊行の誕生※←今井雅晴 199511 改題
　　　：③一遍と時衆の尼および女性※←今井雅晴 199502 改題
　　　：④一遍と捨身往生の世界※←今井雅晴 197708 改題
　　　：⑤時衆と禅宗―法燈国師伝説考―※←今井雅晴 197912 改題
　　　：⑥時衆と浄土真宗―他阿弥陀仏真教の遊行をめぐって―※←今井雅晴 199802 改題
　　　：⑦時衆と浄土宗―宍戸氏と新善光寺―※←今井雅晴 199003B 改題
　　　：⑧時衆と時房流北条氏※←今井雅晴 199306 改題
　　　：⑨常陸と鎌倉の佐竹氏※←今井雅晴 199011 改題
　　　：⑩佐竹氏と時衆※←今井雅晴 198603 改題
　　　：⑪岡本氏と遊行上人※←今井雅晴 198303B・198403B 改題
　　　：⑫大和田と遊行上人※←今井雅晴 198907 改題

あ行

: ⑬京都の時衆と芸能※←今井雅晴 198809 改題
: ⑭小栗伝説とその展開※←今井雅晴 199303 改題
: ⑮相模と常陸の時衆本山「藤沢」※←今井雅晴 197912 改題
: ⑯近世遊行上人の廻国※←今井雅晴 198705 改題

200004 :〇西行と一遍の『捨てる思想』—現代の価値観を見なおすために—(『心　日曜講演集』第19集、武蔵野女子大学)※1999/6/20 於同大学(現武蔵野大学)、講演記録

200008 :〇一遍(大隅和雄・尾崎秀樹・西郷信綱・阪下圭八・服部幸雄・廣末保・山本吉左右[編集委員]『増補　日本架空伝承人名事典』平凡社)※項目執筆。←今井雅晴 198609。→今井雅晴 201203

200211 :〇一遍(『国文学　解釈と鑑賞』第67巻11号[平成14年11月号](858)[特集　古代・中世文学に見る東国]、至文堂)

200312 :①石田善人(1926—96)『一遍と時衆』法藏館,1996
　　　　:②今井雅晴(1942—)『時宗成立史の研究』吉川弘文館,1981
　　　　:③今井雅晴(1942—)『中世社会と時宗の研究』吉川弘文館,1985
　　　　:④今井雅晴(1942—)『鎌倉新仏教の研究』吉川弘文館,1991
　　　　(以上、黒田日出男・加藤友康・保谷徹・加藤陽子[編集委員]『日本史文献事典』弘文堂)※項目執筆

200401A :①一遍　教えの広がり　代々の「遊行上人」が発展させた時宗
　　　　:②一遍のことば　すべてを捨てた一遍の真実
　　　　:③[仏教　見る・聞く・ふれる]「捨聖」一遍の"もう一つの貌"　ゆかりの旅　別府編
　　　　(以上『一遍　捨ててこそ救われる』朝日新聞社〔週刊　朝日百科　仏教を歩く12号[2004年1月4・11日号]〕)
　　　　※→古賀克彦 200410 紹介

200401B :〇『一遍聖絵』第四巻第一段の「狂惑」についての再検討—保存修理による図様変更の発見をてがかりに—(浅井成海[編]『日本浄土教の形成と展開』浅井成海教授龍谷大学退職記念論集、法藏館)
　　　　※単色図版ネーム:「『一遍聖絵』第四巻第一段(藤沢市・清浄光寺蔵)」。→古賀克彦 200410 紹介

200403A ◎奥羽地方における宗教勢力展開過程の研究(今井[研究代表者]・根本誠二・浪川健治・山本隆志・長谷川成一[研究分担者]、2000年度〜2003年度科学研究費補助金(基盤研究(B)(2))研究成果報告書)
　　　　※「盛岡藩寺社」一の「解説」に、「教浄寺への回国」とあるが、本文の内容とは異なる(古賀克彦註)

200403B ◎遊行の捨聖　一遍(今井[編]、吉川弘文館〔日本の名僧⑪〕)
　　　　※カラー・単色口絵あり。→古賀克彦 200410 紹介
　　　　:〇大橋　俊雄:私の一遍　一遍聖を憶う
　　　　:〇栗田　　勇:私の一遍　一遍上人の足跡を求めて
　　　　:①今井　雅晴:一遍の魅力(念仏僧一遍/本書の構成)
　　　　:②今井　雅晴:一遍の生涯—念仏と遊行の聖者—(一遍の誕生/遊行の旅へ/聖者への道/踊り念仏と鎌倉入り/聖者としての旅/聖者一遍の入滅)
　　　　:長島　尚道:念仏が念仏を申す信仰—阿弥陀仏と名号—(一遍の輪廻思想/善光寺へ—生身の阿弥陀仏を拝む—/さとりへの門/お札くばりの遊行の旅へ/念仏思想の完成/念仏が念仏を申す)
　　　　:林　　譲:日本全土への遊行と賦算—捨聖と呼ばれた意味・時衆を引き連れた意味—(一遍はなぜ「尊き捨聖」と呼ばれたのだろうか/賦算と遊行/一遍における遊行する意味/なぜ時衆を引き連れたのか)
　　　　:林　　譲:踊り念仏の開始と展開—一遍と時衆におけるその意義—(一遍の踊り念仏はいつ、どこで開始されたのか/急速な広まりと各地での人気の高まり/一遍の宗教における踊り念仏の意義/踊り念仏から念仏踊りへという図式の成否)
　　　　:山田　雄司:神祇信仰の重み—神社と寺院—(一遍の生い立ち/鎌倉時代の仏教と神祇/熊野神託以前・一遍の参詣した寺社/一遍と伊勢神宮/熊野神託/熊野信仰)
　　　　:若林　晴子:絵巻物のなかの一遍—『一遍聖絵』に見る一遍の遊行—(遊行の姿を探る意味/一遍を描く—動機と視点—/描かれた賦算の姿/描かれた踊り念仏/描かれた供養/描かれた寺社参詣と説法/一遍を語る—物語の構成と図像の配置—/『一遍聖絵』の読み方の可能性—むすびにかえて—)
　　　　:③今井　雅晴:現代に生きる一遍

200802 :〇『歎異抄』とその時代(『大法輪』平成二十年二月号[第75巻第2号][特集‖『歎異抄』再入門]、大法輪閣)※一遍や『一遍上人語録』『一遍念仏法語』に言及

200904 :〇親鸞聖人歴史紀行④「法然への入門」(「安穏　京都からのメッセージ」企画編集委員会[企画・編集]『安穏』第4号、浄土真宗本願寺派(西本願寺)〈産経新聞社[制作協力]〉)※4・5面。大見出し:「専修念仏の信心深めた草庵の6年」。《メモ》欄に「現在、時宗に属する安養寺の境内」、カラー写真2葉キャプション:「「吉水の草庵」跡地の伝承をもつ安養寺。境内の弁財天堂わきには「吉水」の文字が彫られた井戸もある」

201004 ◎親鸞めぐり旅(上山大峻・今井[著]、講談社)

あ行

201203 ※親鸞750回忌記念企画。カラー写真：吉水の草庵跡地の伝承をもつ円山安養寺
: ─一遍（大隅和雄・尾崎秀樹・西郷信綱・阪下圭八・高橋千劔破・縄田一男・服部幸雄・廣末保・山本吉左右［編集委員］『新版 日本架空伝承人名事典』平凡社）※項目執筆。←今井雅晴 200008 ←今井雅晴 198609

今泉　淑夫　（※東京大学名誉教授。元筑波大学図書館情報専門学群教授）
199911 ◎日本仏教史辞典（今泉［編集］、吉川弘文館）※『国史大辞典』の当該項目を加筆・訂正し集成
: ○菊地勇次郎：一鎮
: ○菊地勇次郎：一遍
: ○菊地勇次郎・宮　　次男：一遍上人絵伝
: ○菊地勇次郎：一遍上人語録
: ○大橋　俊雄：時宗
: ○橘　　俊道：清浄光寺
: ○今井　雅晴：真教
: ○大橋　俊雄：尊観
: ○大橋　俊雄：託阿
: ○今井　雅晴：呑海
: ○大橋　俊雄：賦算
: ○橘　　俊道：無量光寺
: ○浜田　全真：融観
: ○浜田　全真：融通円門章
: ○浜田　全真：融通念仏縁起
: ◎浜田　全真：融通念仏宗
: ○大橋　俊雄：遊行
: ○今井　雅晴：遊行上人
: ○三隅　治雄：遊行人
: ○大橋　俊雄：踊躍念仏
: ○宇野　茂樹：蓮華寺
: ○小林　　靖：蓮華寺過去帳
200903 ◎世阿弥（日本歴史学会［編集］、吉川弘文館［人物叢書257］）※時衆としての言及なし

今江　廣道　（※國學院大學名誉教授。元宮内庁書陵部職員。1930-2009）
199108 ◎通兄公記　一（今江・小松馨・平井誠二［校訂］、續群書類從完成會［史料纂集・古記録編91］）
※享保十三年（1728）四月二十五日条本文：「入御之節御于小御所、遊行末寺僧拝龍顔（中御門）」
199802 ◎通兄公記　五（今江・藤森馨・平井誠二［校訂］、續群書類從完成會［史料纂集・古記録編111］）
※元文三年七月十六日条本文註：「遊行末寺僧上人號の御禮参内」、本文：「今日圓福寺・法蓮寺各遊行末之等參上、於小御所拝龍顔（櫻町）」、元文四年（1739）八月二十八日条本文：「次於于小御所、（中略）越前宮谷興徳寺・同岩本成願寺已上遊行末寺、等拜天顔、中水重左朝臣・（鳥丸）、」
199902 ◎通兄公記　六（今江・平井誠二［校訂］、續群書類從完成會［史料纂集・古記録編118］）
※寛保元年（1741）十月二十八日条本文：「次遊于小御所、常称寺遊行末寺、拝天顔、申次（勧修寺）顯道朝臣」、同二年九月十四日条頭註：「住林寺僧御禮参内」、本文：「次遊行末寺住林寺賦算天顔、於小御所奉拜龍顔、上人號之御禮、」、下野小野寺住林寺の参内時期が判明。同三年閏四月五日条本文：「遊行末寺專念寺賦礼、等參内、御對面云々」、同月二十六日条本文：「次於小御所遊行末寺龍泉寺奉拝龍顔、」
200011 ◎通兄公記　七（今江・平井誠二［校訂］、續群書類從完成會［史料纂集・古記録編124］）
※延享二年（1745）四月十二日条本文：「遊行末寺僧侶參上、於小御所拝天顔（櫻町）」、七月四日条本文：「於小御所遊行末寺神向寺奉拜天顔、」
200207 ◎通兄公記　八（今江・平井誠二［校訂］、續群書類從完成會［史料纂集・古記録編131］）
※延享四年（1747）四月十二日条本文：「遊行末寺僧侶參上、於小御所拝天顔（櫻町）」
200311 ◎通兄公記　九（今江・平井誠二［校訂］、續群書類從完成會［史料纂集・古記録編136］）
※延享五年（1748）正月十三日条本文：「諸礼、已例御于小御所、（中略）聞名寺（中略）各郡之社衆 參下段、拜天顔、醫阿天駆年若之難年之。」。「御供参内」の記事として、同年五月二十六日条本文：「遊行上人毎他所礼、同末寺各遊行末、等參上、（中略）次遊行於小御所拝天顔、先地則御供鶴鵡路一拜了、従此以。、木乃五一拜了云、他列天連家御眼鵡一旬之則。」。改元した寛延元年十二月十二日条本文：「四條道場金蓮寺参上、賦礼不及御對面」、これは延享年中に追放された33代淨阿惠觀を承けた34代淨阿眞順である（古賀克彦註）。また寛延二年正月十四日条本文：「遊行・法國寺（中略）等於小御所拝天顔如去年」
200504 ◎通兄公記　十（今江・平井誠二［校訂］、續群書類從完成會［史料纂集・古記録編142］）※寶暦二年（1752）十月九日条頭註：「東山の社寺に赴き紅葉を賞覧」、本文：「安養寺・長樂寺・太谷双林寺・高臺寺・正法寺」

あ行

今枝　杏子（※奈良女子大学大学院人間文化研究科博士後期課程）
201203　：○近世時宗における一遍法語への注釈―『別願和讃直談鈔』について―（『人間文化研究科年報』第27号、奈良女子大学大学院人間文化研究科）※編者賞山は鎌倉光明寺、（武蔵国）金沢光伝寺（以上、浄土宗鎮西派）を経て、茂木蓮華寺、秋田龍泉寺に入っているとす

今岡　達音（※大正大學名譽教授・千葉縣東葛飾郡行徳町〈現市川市〉善照寺〔浄土宗鎮西派〕住職。1871-1939）
191499　：○齊譽上人と頓阿上人（『宗敎界』第十卷第五號、同雜誌社）
192502　：○一遍上人と日蓮上人（『佛教研究』第二卷第二號、同會）

今川　文俊（※元〈山形県〉天童市美術館館長）
198811　◎石仏寺廃寺跡試掘調査概報（村山正市・今川〔編集〕、宗教法人石仏寺・天童市教育委員会〔同市埋蔵文化財調査報告書第4集〕）※山形県天童市高擶字伊達城南1158-5 の石仏寺跡遺跡を 1988/7/2 試掘した報告書。表紙では「第3集」と表記。肩書き：「同文化係長」（同市教育委員会社会教育課文化係）

今崎　五洋（※〈愛媛県松山市・私立〉ペンタオーシャン企画代表・フリーライター。元日本放送協会松山放送局副局長）
200010　：○匠の文化　6　現代に生きる一遍　足助威男（愛媛県文化振興財団〔編〕『文化愛媛』No. 45、同財団）

今谷　明（※帝京大学文学部特任教授・国際日本文化研究センター名誉教授。元横浜市立大学国際文化学部教授）
197509　◎戦国期の室町幕府（角川書店〔季刊論叢日本文化 2〕）※京都大学大学院修士課程時代の単位レポート及び修士論文。「（三好）長慶裁許状一覧」表に、弘治元年（1555）十月二十六日付、「金蓮寺近習中」宛、「洪水ニヨリ河原トナリシ敷地ヲ寺家ニ安堵」との内容の「金蓮寺文書」を掲載。→今谷明 200606
198005　◎言継卿記―公家社会と町衆文化の接点（そしえて〔日記・記録による日本歴史叢書　古代・中世編23〕）
　　　　※→今谷明 200303
198803　◎京都・一五四七年―描かれた中世都市（平凡社〔イメージリーディング叢書〕）
　　　　※時宗寺院の項あり。→今谷明 200310
200103　◎日本中世の謎に挑む（NTT出版）※今谷の国立歴史民俗博物館勤務時代、「仏像類似の複製を担当した例として、相模国無量光寺（原当麻）所蔵の一遍上人立像がある。同寺の住職は複製と展示に御理解があり、京都六波羅蜜寺の空也像と併せて展示されるのを楽しみにしておられた（空也像はどうしても所蔵者の許可が出なかった）」とあり。ただし原当麻は最寄り駅名であって無量光寺の所在地は当麻（小野澤註）
200111　◎中世奇人列伝（草思社）※「願阿弥―室町のマザー＝テレサ」の項あり。単色扉図版キャプション：「粥の施しをする僧侶と飢えた人々」（東京国立博物館藏「一遍上人絵伝」甚目寺施行）
200303　◎戦国時代の貴族―『言継卿記』が描く京都（講談社〔同社学術文庫1535〕）
　　　　※「堺幕府の成立」の項で、足利義維奉行人が発給した奉書の表中に引接寺（四条派。廃寺）あり。「足利義維は（中略）京都には入らず、堺の四条道場（『言継卿記』、長江氏は北庄の金蓮寺と推定される）を動かなかったとす」。この「堺の四条道場」も堺引接寺である。また「霊山城」の項では、「この霊山は正法寺なる時宗寺院のあった場所で」と過去形で叙述。「第三章　衰微する宮廷」「4　地方流寓―戦国城下への旅―」「尾張清洲城」の項で、「守山へ向かい、守善寺という時衆寺院で昼食の湯茶を喫した。」とす。「第四章　町の自治と文化」「6　洛中洛外図」の「野遊びと採薬」の項で、「四条道場（金蓮寺、四条京極付近）の法談も（中略）非常な混雑ぶりであった。（中略）言継が聴聞に参詣したところ、あまりの群衆のため法談の席に近寄れず、やむなく方丈の霊仏を拝まして我慢せねばならなかったほどで、「貴賤の群集、目をおどろかすものなり」（永禄八年四月十五日条）と記している。」また「洛中海の如し」の項では、天文十三年（1544）七月十日条で集中豪雨の罹災状況を「なかでも金蓮寺の惨状はひどく、／四条道場浅ましき為躰なり。下京の家中悉く水入ると云々。方々へ逃ぐと云々。言語に及ばざる事なり。／とその衝撃を記している。」とす。←今谷明 198005 改題・改訂
200304　◎籤引き将軍足利義教（講談社〔同社選書メチエ 267〕）
　　　　※カラー表紙・本文中で「石清水八幡宮（清浄光寺・歓喜光寺蔵）」図版掲載するも『一遍聖絵』の文言なし
200310　◎京都・一五四七年　上杉本洛中洛外図の謎を解く（平凡社〔同社ライブラリー480〕）
　　　　※時宗寺院の項あり。←今谷明 198803 副題改題・補筆
200312　：○今谷明（1942 —）『京都・一五四七年』平凡社、1988（黒田日出男・加藤友康・保谷徹・加藤陽子〔編集委員〕『日本史文献事典』弘文堂）※項目執筆
200606　◎戦国期の室町幕府（講談社〔同社学術文庫1766〕）※「(4) 天下一統への道」項で、『東寺百合文書』永禄元年（1558）五月七日付、宝厳・観智両院宛藤石（藤岡）直綱書状中に「四条の道場」あり。←今谷明 197509
200705　◎近江から日本史を読み直す（講談社〔同社現代新書1892〕）
　　　　※「第三章　中世①」「3　南北朝・室町期の寺社―番場蓮華寺・地主神社・堅田祥瑞寺」の「両統迭立と後醍醐の倒幕運動」「六波羅題の滅亡」の各項で、「番場蓮華寺」「同阿良向」『陸波羅南北過去帳』に言及

今成　元昭（※立正大学名誉教授・東京都新宿区正法寺〔日蓮宗〕住職）
197908　：○聖の系譜（『ナーム』No. 84（第8巻8号）「特集／一遍」、水書坊）

今堀　太逸（※佛教大学歴史学部教授）

198003	：○鎌倉時代の神仏関係─北野天神縁起を中心にして─（日本印度學佛敎學會［編集］『印度學佛敎學研究』第二十八巻第二號〔通巻第56号〕、同會）
199010	◎神祇信仰の展開と仏教（吉川弘文館〔中世史研究選書〕）※一遍・『聖絵』に言及
199810	○北野天神縁起にみる本地垂迹信仰の展開（融通念佛宗教学研究所［編］『法明上人六百五十回忌御遠忌記念論文集』融通念佛宗総本山大念佛寺・百華苑） ※『聖絵』の志津幾天神社参詣場面に言及。→今堀太逸199902①
199902	◎本地垂迹信仰と念仏（法藏館） ：①北野天神縁起にみる本地垂迹信仰の展開 ※←今堀太逸199810に『聖絵』の志津幾天神社参詣場面等の図版を追加
200501	：○六波羅蜜寺と市聖空也（伊藤唯真［編］『浄土の聖者 空也』吉川弘文館〔日本の名僧⑤〕）
200609	◎権者の化現 天神・空也・法然（思文閣出版〔佛教大学鷹陵文化叢書15〕） ※「第二部 空也 六波羅蜜寺の信仰と空也」「第四章 念仏の祖師空也」の「踊り念仏と日蓮の批判」「六波羅蜜寺と空也像」等の各項で一遍に言及し、単色図版・写真ネーム：「空也遺跡市屋道場での踊り念仏（『一遍聖絵』巻七第三 神奈川県清浄光寺所蔵）」「一遍上人像 愛媛県宝厳寺所蔵」

伊予史談会（※愛媛県松山市・同県立図書館内）

| 198611 | ⊙一遍聖絵・遊行日鑑（同会〔同会双書14集〕） |

入江　秀利（※〈大分県〉別府市文化財保護審議会副会長・別府史談会顧問）

199303	◎亀川村庄屋記録（藤内喜六・入江［編］、別府市教育委員会・同市文化財調査委員会〔同市古文書史料集第13集〕）※嘉永七年（1854）の遊行上人南鉄輪村長寿庵（現永福寺）入込記事
199499A	◎明治維新史料 天領の明治維新 中〔南鉄輪村庄屋役宅日暦〕（入江［編著］、入江私家版） ※松寿庵（現永福寺）記事あり
199499B	◎明治維新史料 年中行事・農事暦 下〔南鉄輪村庄屋役宅日暦〕（入江［編著］、入江私家版） ※松寿庵（現永福寺）記事あり
200307	：○仏閣（別府市［編集］『別府市誌』第3巻、同市）※「第8編 教育と文化」「第2章 神社・仏閣」の第2節。「7、鉄輪」に「温泉山永福寺」の項あり。カラー写真ネーム：「永福寺」

入間田宣夫（※東北芸術工科大学芸術学部教授・同大学東北文化研究センター第2代所長・東北大学名誉教授）

| 199604 | ：○竹田賢正さんの人と学問について（竹田賢正［著］『中世出羽国における時宗と念仏信仰』光明山遍照寺） |

岩井　寛
→工藤　寛正

岩壁　精三（※当麻無量光寺檀家。故人）

| 197312 | ：○当麻山のしおり（岩壁［編集］、大本山無量光寺）
※文化財の一覧等あり。寺以外では（神奈川県）相模原市立図書館のみ所蔵。実質は岩壁［著］ |

岩崎新之助（※郷土史家）

| 197910 | ◎越前丸岡の民話と伝説（岩崎［編］、築城四百年記念祭実行委員会）
※「称念寺と新田義貞（長泉称念寺）」「明智光秀と薗阿上人（称念寺）」の項あり |

岩崎　宗純（※神奈川県足柄上郡箱根町正眼寺〔臨済宗大徳寺派〕住職。元〈同県〉小田原市史編さん専門委員）

| 199803 | ：①和歌・連歌のたしなみ※鎌倉の時衆覚阿に言及 |
| | ：②一遍・真教と小田原（以上『小田原市史』通史編「原始古代中世」、同市） |

岩崎　武夫（※千葉経済大学名誉教授。元東京医科歯科大学教養部教授。1925/11/8-2012/2/19）

197305	◎さんせう大夫考─中世の説経語り（平凡社〔同社選書23〕）※→岩崎武夫199401
199210	：○小栗判官（『日本史大事典』第一巻、平凡社）※項目執筆
199401	◎さんせう大夫考─中世の説経語り（平凡社〔同社ライブラリー35〕）※「小栗判官」「かるかや」をとりあげ、補論「在地の語り物と漂泊の文学」で一遍に言及。←岩崎武夫197305

岩崎　雅美（※元奈良女子大学生活環境学部教授）

| 199610 | ：○後醍醐天皇の肖像画に描かれた服装について（『家政学研究』第43巻第1号、奈良女子大学） |

岩田　郁然（※加田興善寺住職・彦根高宮寺兼務住職）

| 200207 | ：○聖戒坊よ、私の目の中に赤いすじは見えるか！（『遊行』第140号、時宗宗務所布教伝道研究所）
※巻頭言。カラー近影付 |

岩田　宗一（※大谷大学名誉教授）

198411	：①居讃
	：②一行※迎称寺
	：③引声念仏※いんじょう
	：④引声念仏※いんぜい

|　　　　　：⑤時宗声明教典
|　　　　　：⑥時衆踊躍念仏儀
|　　　　　：⑦中居戒善※重須光明寺
|　　　　　：⑧夏野義常※融通念佛宗宗務総長
|　　　　　（以上、横道萬里雄・片岡義道［監修］『声明大系特別付録　声明辞典』法蔵館）※項目執筆。→201204 復刊
|199505　◎仏教音楽辞典（天納傳中・播磨照浩・岩田・飛鳥寛栗［著］、法蔵館）
|　　　　　※付録オリジナルＣＤ「仏教音楽の世界―宇宙を満たす讃仏の響き」16・17 曲目に時宗の礼讃（往生礼讃偈）（2'27"）・薄念仏（踊躍念仏）（1'36"）、ともに音源は『聲明大系』4

岩田　靖夫　（※白百合女子大学名誉教授・東北大学名誉教授）
|200610　◎三人の求道者―ソクラテス・一遍・レヴィナス―（創文社［長崎純心レクチャーズ・第 9 回］）※於長崎純心大学、3 日間に亘る講演を書籍化。「第二章　一遍上人の信（浄土教の基本原理／一切を捨てる／信不信をえらばず／名号即往生／能所一体）」。惹句：《神または超越の探求》をテーマに、古代ギリシア、中世鎌倉仏教、そして現代ユダヤ思想を経巡る、哲学者の思索。中世日本において「南無阿弥陀仏」と唱えれば悪人でも救われると説いた一遍上人の歩みをたどり、教えの根底にある自他不二の境地を考察。」。一遍の「素晴らしく優しさに満ちた信仰」に「ああ、これでいいな」と感銘。→徳永まこと 200702 推薦・八巻和彦 200704 書評

磐田市史編さん委員会　（※静岡県磐田市）
|199103　◎磐田市史　史料編 2「近世」（同委員会［編集］、同市）※時宗見付西光寺・省光寺・蓮光寺等の関連文書を収載
|199601　◎磐田市史　史料編 5「近世追補（2）」（同委員会［編集］、同市）※時宗東福山西光寺住職の慶応四年（1868＝明治元年）正月二十九日～十二月二十九日・明治二年（1869）正月朔日～十二月朔日の日記『西光寺日記』（正式には『日鑑』）を収載し、『見付宿天保御用留』に時宗見付西光寺・省光寺・蓮光寺等の関連文書を収載

岩手日報社出版部　（※岩手県盛岡市・現株式会社同社販売局企画出版部）
|199812　◎いわて歴史探訪（同部［編］、岩手日報社）※「遊行上人塚」「聖塚」の項に各単色写真あり、ただし前者は「託阿」と表記。初版。→200209 四版→200405 五版

岩波　光次　（※元〈京都市中京区・株式会社〉京都新聞社社会部付編集委員。1927-）
|198411　◎現代に生きる空海最澄空也一遍（教育出版センター）

岩波書店　（※東京都千代田区・株式会社）
|196711　◎国書総目録第五巻（同書店）※初版。当麻無量光寺文書の項あり。→岩波書店 199005
|199005　◎補訂版国書総目録第五巻（同書店）※当麻無量光寺文書の項あり。←岩波書店 196711
|199910　◎岩波日本史辞典（同書店）※「一遍」「一遍上人絵伝」等の項あり。
|200210　◎岩波仏教辞典　第二版（同書店）※「一向」「一遍」『一遍上人絵伝』『一遍上人語録』「踊念仏」「時宗」「清浄光寺」「念仏踊」「賦算」「遊行」等の項目あり。「一向」は新規採用。←198912 初版

岩橋　春樹　（※鶴見大学文学部教授・〈神奈川県横浜市鶴見区・曹洞宗大本山〉総持寺宝物殿監事。元〈同県鎌倉市・市立〉鎌倉国宝館副館長）
|198006　：①無　　署　　名：グラビア　頬燒阿彌陀縁起
|　　　　　：②岩橋　春樹：解説　頬燒阿彌陀縁起
|　　　　　：③岩橋　春樹：詞書　頬燒阿彌陀縁起
|　　　　　：④無　　署　　名：圖版解説
|　　　　　（以上、高崎富士彦・源豐宗［編集擔當］『直幹申文繪詞　能惠法師繪詞　因幡堂縁起　頬燒阿彌陀縁起　不動利益縁起　譽田宗廟縁起』角川書店［新修　日本繪卷物全集第 30 巻］）※十二所光触寺蔵『頬燒阿弥陀縁起』
|198907　：〇『遊行上人縁起絵巻』―清浄光寺本について―（佛教藝術學會［編集］『佛敎藝術』185［特集　時宗の美術と芸能］、毎日新聞社）
|199010　：①青磁牡丹唐草文香炉　一口　藤沢市・清浄光寺蔵
|　　　　　：②青磁袴腰香炉　一口　藤沢市・清浄光寺蔵
|　　　　　※「清浄光寺の一連の青磁はいずれも近年紹介され、一躍脚光を浴びることとなったものである。」と評価
|　　　　　（以上『神奈川県博物館協会設立三十五周年記念　鎌倉幕府開府八百年記念―鎌倉の秘宝展』（発行元表記なし））
|　　　　　※ 1990/10/10-30 於横浜髙島屋ギャラリー（8 階）、特別展図録のカラー図版解説
|200905　：□絵画における真実と事実―『中世鎌倉美術館』補遺の記（『有鄰』第 498 号［2009 年 5 月 10 日号］、有鄰堂）
|　　　　　※「時宗の開祖、一遍の伝記絵巻である一遍上人絵伝（一遍聖絵）。下野国小野寺で俄雨に遭遇し、寺の一堂に雨宿りするくだりは美しい風景描写で知られる場面である。その画面を点検してみると、諸堂屋根の稜線、地形の輪郭、群衆の動きによって形作られた 2 つの平行四辺形の合成によって堅固に構成されていることが分かる。鑑賞者の視線をその平行四辺形に沿って導こうとする画家の仕掛けが組み込まれている。実景にどれほど潤色を加えたかは不明だが、きわめて人工的な作られた景観描写なのである」とす。単色図版ネーム：「下野国（栃木県）小野寺での一遍上人　「一遍上人絵伝」（一遍聖絵）　清浄光寺蔵」
|200907　◎中世鎌倉美術館―新たな美的意義をもとめて（有鄰堂［有鄰新書 67］）

※カラー表紙カバー：「頬焼阿弥陀縁起絵巻（光触寺）」カット。扉部分に単色図版ネーム：「遊行上人縁起絵巻 第二巻五段（部分）」。「第一室　鎌倉人の美意識」中、「頬焼阿弥陀縁起絵巻光触寺」に同書本尊「阿弥陀如来像」・同絵巻「子供遊戯」「局の往生」「夢告げ」場面の各単色図版。「第三室　室町ルネサンス」中、「遊行上人縁起絵巻―錯綜する画風　清浄光寺」では、〔人物の表現〕に第二巻四段・第五巻四段・第七巻五段、〔波、水流の表現〕に第二巻四段・第十巻一段・第四巻二段、の各単色図版を掲載

あ行

岩宮　隆司（※帝塚山大学文学部非常勤講師・天理大学文学部非常勤講師）
200306　：○京都府向日市の宝菩提院廃寺湯屋遺構について（『ヒストリア』第185号、大阪歴史学会）
　　　　　※「一遍聖人絵伝」と表記

岩本　裕（※元創価大学文学部教授、元橘女子大学〈現京都橘大学〉文学部教授。1910/3/2-1988/4/19）
198011　：○十三・四世紀における伊予越智氏と時衆（『迦樓羅』3）※長島尚道198206 による。俟後考

宇井　伯壽（※東京大学名誉教授・曹洞宗僧侶。元駒澤大学学長。1882/6/1-1963/7/14）
195101　：◎日本佛教概史（岩波書店）※一向俊聖にも言及

上杉　聰（※〈東京都町田市・私立〉日本の戦争責任資料センター事務局長・関西大学文学部非常勤講師。元大阪市立大学人権問題研究センター特任教授）
200004　：◎よみがえる部落史（社会思想社）※「部落差別はどこから？」で一遍・『一遍聖絵』に言及

上田さち子（※大阪府立大学名誉教授）
198803　：①融通念仏の広がり
　　　　　：②大念仏寺の発展
　　　　　：③大念仏寺と練供養
　　　　　（以上、新修大阪市史編纂委員会［編集］『新修大阪市史』第2巻、同市）※融通念仏史を理解できる必読文献
199411　：①良尊※融通念佛宗中興・法明房良尊（1279-1349/6/29）
　　　　　：②良忍※←融通念佛宗教学研究所198104 を参考文献に挙ぐ
　　　　　（以上、朝日新聞社［編］『朝日日本歴史人物事典』同社）※項目執筆

上田　憲子（※大阪城南女子短期大学非常勤講師）
199703　：○五条橋―大和街道の起点（宗政五十緒［編］『都名所図会を読む』東京堂出版）※御影堂新善光寺に言及

上田　雅一（※映像作家。元〈愛媛県松山市・株式会社〉愛媛新聞社社員。1916-故人）
198402　：○伊予の南朝秘史（『時宗教学年報』第十二輯、時宗教学研究所）
198501　：○風の凡語（一遍会［同会双書10］）

植田　孟縉（※江戸幕府八王子千人同心組頭。1758/1/17-1844/2/2）
196701　：◎武蔵名勝図会（慶友社）※勝沼乗願寺ほか時宗寺院の項あり。←元版：文政三年（1820）

上田　良準（※京都市北区浄福寺〈西山浄土宗〉住職、元同宗管長、元西山短期大学〈現京都西山短期大学〉教授。1917-1996）
197411　：○俊鳳和尚略年譜（大橋俊雄［編集］『時衆研究』第六十二号、時衆文化研究所）

上武　和彦（※元出版社勤務）
199407　：◎鎌倉―古寺社と四季の花道（上武［文］・関戸勇［（オールカラー）写真］、偕成社）
　　　　　※（西御門）来迎寺記事と「民家のような来迎寺本堂」写真、光触寺記事と「光触寺本堂右奥に咲く花菖蒲（6月中旬）」「庶民信仰厚い塩嘗地蔵」写真、別願寺記事と「別願寺にある、足利持氏の供養塔と伝えられる宝塔」写真、教恩寺記事と「教恩寺は、路地のつきあたりにある小さな寺」本堂写真、向福寺記事と「向福寺。民家風の住まいに小菊が似あう」写真、（材木座）来迎寺記事あり、光照寺に言及

上野　直昭（※日本学士院会員・東京藝術大学名誉教授。元同大学初代学長、元東京国立博物館長、元大阪城南女子〈現サイデン短大〉法文学部學部長。1882/11/11-1973/4/11）
192304　：○繪巻物について（『思想』第十九號、岩波書店）

植野　英夫（※千葉県教育委員会教育振興部文化財課主幹兼学芸員養成室長。元県立大利根博物館〈現中央博物館大利根分館〉学芸員）
198909　：①淡路国二宮／②伊勢大神宮／③厳島神社／④因幡堂／⑤雲居寺／⑥大隅正八幡宮／⑦小野寺／⑧園城寺／⑨北野天神／⑩吉備津宮／⑪光明寺／⑫高野山／⑬山王／⑭釈迦堂／⑮関寺／⑯関明神／⑰西宮／⑱日光／⑲仁和寺／⑳白山大明神／㉑八幡宮／㉒繁多寺／㉓悲田院／㉔備後国一宮／㉕松原八幡宮／㉖曼荼羅寺／㉗三島／㉘三島大社／㉙美作国一宮／㉚蓮光院／㉛六波羅蜜寺（以上、今井雅晴［編］『一遍辞典』東京堂出版）※項目執筆。同辞典に限り便宜上、複数項目をまとめて表記。肩書は：「千葉県立房総のむら博物館技師」

199203　：○南北朝期北総における時宗と千葉氏―円光寺檀家清宮家蔵六字名号をめぐって―（成田市役所・市史編さん委員会［編］『成田市史研究』第16号、同市）
199603　：○時宗寺院の縁起の成立と伝承―市内檜垣家本の紹介をかねて―（成田市役所・市史編さん委員会［編］『成田市史研究』第20号、同市）
199604　：○六字名号―時宗における授与と伝持（『月刊歴史手帖』第24巻4号、名著出版）

上野　麻美（※東京経済大学経済学部准教授。元聖学院大学人文学部非常勤講師）
200003　：○『当麻曼陀羅疏』と常陸―聖聰の説話享受（『佛教文学』第二十四号、同会）

上野　良信（※滋賀県立琵琶湖文化館学芸専門員）

198407 ：○蓮華寺絹本著色一向上人像（滋賀県百科事典刊行会［編］『滋賀県百科事典』大和書房）※項目執筆
上原　英正（※大分県中津市教順寺〔浄土真宗本願寺派〕住職。元淑徳大学社会学部教授）
197604 ：○一遍と時宗（古川哲史・石田一良［編集］『中世の思想』雄山閣〔日本思想史講座2〕）
上原　雅文（※神奈川大学外国語学部教授。元東亜大学人間科学部教授）
201203 ：○『一遍聖絵』に描かれた一遍と神々―「仏法を求める垂迹神」をめぐって―（民衆宗教史研究会編修委員会［編修］『寺社と民衆』第八輯、同会出版局〔岩田書院［発売］〕）
上原　光晴（※ノンフィクション作家）
199902 ：□エッセー　仏道求め女性が勤行（『湘南朝日』第469号［1999年2月1日付］、同新聞社）
※京都極楽寺前住職・望月宏二の追悼人と妻佳津子の加行記事
上村喜久子（※元名古屋短期大学教授）
200103 ：○『尾張富田庄絵図』の主題をめぐって―文書目録と絵図読解―（「愛知県史研究」編集委員会［編集］『愛知県史研究』第5号、同集）※「図　「冨田庄絵図」にみる円覚寺支配領域」に萱津光明寺みゆ。肩書き：「中世史部会専門委員　名古屋短期大学教授。→黒田日出男200107 文献案内
魚住　弘英
196408 ：○遊行廻国「多太八幡と実益公の兜」（金井清光［編集］『時衆研究』第七号、金井私家版）
宇賀神利夫（※実業女学校中学校教諭・日本大学卒業〈1933/3〉）
198812 ◎民衆の友内藤蔡純師傳（宇賀神私家版）※内藤は足利常念寺住職
宇佐美雅樹（※福井県文書館主任）
199411 ：○越前・若狭の寺社（福井県［編］『福井県史』通史編　三「近世一」、同県）
※「第五章　宗教と文化」の第一節。この中の「　二　本末制度と触頭制　各宗の触頭」で時宗触頭長崎称念寺・岩本乗願寺に言及、「四　越前・若狭の寺社　遊行上人の廻国」の項あり、「四　越前・若狭の寺社　坂井郡の寺院」の「文化（1804～18）頃の宗派別寺院数」表中に時宗30箇寺あり、「四　越前・若狭の寺社　三方郡の寺院」の「若狭三郡の寺院分布」表中に時宗6箇寺あり
牛山　一貴（※〈長野県〉諏訪市図書館主査）
200008 ：○「八坂下庄若宮八幡御帳」と八坂下庄（『大分県地方史』第178号、同研究会）
※詳細⇒飯沼賢司200008。飯沼賢司・牛山［共筆］
牛山　佳幸（※信州大学教育学部教授）
199501 ：○北陸地方善光寺関係調査報告―安居寺文書の紹介―（長野市誌編さん委員会［編集］『市誌研究ながの』第二号、同市）
199710 ：○善光寺信仰と中世の越中（地方史研究協議会［編集］『地方史研究』第二六九号［第四七巻第五号］、同会・名著出版）
199812 ：○善光寺と「修験」（『文化財信濃』第25巻第3号、長野県文化財保護協会）
199904 ：○中世武士社会と善光寺信仰―鎌倉期を中心に―（鎌倉遺文研究会［編］『鎌倉時代の社会と文化』東京堂〔鎌倉遺文研究Ⅱ〕）※解意派新善光寺・（宗俊本を典拠とする）小山新善光寺に言及
200001 ：①善光寺信仰の発展と諸宗派※→井原今朝男201306 引用
：禅宗の浸透と浄土系諸宗の発展※時衆だったと思われる同市西後町十念寺（現浄土宗鎮西派）に言及、写真あり。巻末「付録（2）　中世の紀年銘を有する善光寺如来像一覧」に高摺石佛寺旧蔵仏あり
（以上、長野市誌編さん委員会［編集］『長野市誌』第2巻歴史編原始・古代・中世、同市）
200103 ：○史料紹介　美作国金森山新善光寺所蔵『新善光寺略縁起』の考察と紹介（『長野市立博物館紀要』第5号、同館）※『一遍聖絵』を引用して「かなもり」地名の史料上の初見とす
200201 ：○鎌倉・南北朝の新善光寺（上）（『寺院史研究』第六号、同会）※「（2）落合新善光寺（信濃）」の項で『一遍聖絵』巻第五詞書にみえる「大井太郎」こと大井光長に言及し、「当寺はのちに時宗寺院となった可能性が高いが、それは前記の梵鐘が造られたのとたまたま同じ年に、一遍がこの大井荘を訪れたことが機縁となっているようである。」とす。（3）黒River新善光寺（下野）」の項では伊王野専称寺にも言及し、「一般に善光寺如来を本尊とする時宗系寺院の場合、仏像の鋳造の方が寺院の建立に先行したといった伝承を有していることが多い」として、その註で例として会津高田法幢寺や大竹円光寺の伝承を挙ぐ。→林文理200405 紹介
200302 ：○室町・戦国期の新善光寺（その一）（長野市誌編さん委員会［編集］『市誌研究ながの』第一〇号、同市）
※→林文理200405 紹介
200304 ：○鎌倉・南北朝の新善光寺（下）（『寺院史研究』第七号、同会）※→林文理200405 紹介
200312 ：○堀一郎（1910―74）『我が国民間信仰史の研究』東京創元社、1953-55（黒田日出男・加藤友康・保谷徹・加藤陽子［編集委員］『日本史文献事典』弘文堂）※項目執筆
200404 ：○一遍と信濃の旅をめぐる二つの問題―在地の武士や所領との関係について―（時衆文化研究会［編集］『時衆文化』第9号、同会〈岩田書院［発売］〉）

200405	:○●書評●砂川　博著『一遍聖絵研究』(『國文學―解釈と教材の研究―』第49巻6号［平成16年5月号］(711)［特集：レッスン・複合領域の文化研究］、學燈社)※←砂川博200312を書評
200411	:○出羽における善光寺信仰の展開―特に山岳信仰との関係について―(『山岳修験』第34号、日本山岳修験学会)※高摘石佛寺に言及。←磯村朝次郎198403、『遊行縁起』『遊行廿四祖御修行記』を引用
200502	:○室町・戦国期の新善光寺(その二)(長野市誌編さん委員会［編集］『市誌研究ながの』第一二号、同市)※「井川新善光寺(越前)」の項あり。←古賀克彦199703B・199712を「御影堂新善光寺(山城)」の項で引用、真言宗智山派南照寺の前身である「中野新善光寺(信濃)」の項では遊行24代不外の『遊行廿四祖御修行記』を引いて史料上の初見とし、浄土宗鎮西派「稲光善光寺(筑前)」の項では金井清光197503を批判的に引用し一遍との関係に言及
200608	:○モンゴル襲来前後の時期における地域社会と仏教―善光寺信仰および信濃国関係の事例を中心として―(『仏教史学研究』第四十九第一号、仏教史学会)※一遍と『一遍聖絵』に言及
200903	:○中世善光寺の伽藍―火災と再建事業を通して見る―(田中欣一［責任編集］『善光寺大紀行女性にやさしい庶民の大寺』一草舎出版「信州の大紀行」シリーズ6)※御開帳記念出版
201010	:○伊斗河野氏をめぐる史実と伝承―陸奥国および信濃国の事例から―(時衆文化研究会［編集］『時衆文化』第21号、同会〈岩田書院［発売］〉)
201407	:○書評　小野澤眞著『中世時衆史の研究』(史学会［編集］『史学雑誌』第123編第7号、山川出版社)※←小野澤眞201206を書評。→小野澤眞201503A 批評

薄井　和男（※神奈川県立歴史博物館長・同県博物館協会会長・時宗文化財保存専門委員会委員）

198601	:○時宗の肖像彫刻について(『古美術』第77号、三彩新社)
198605	:○滋賀高宮寺の嘉暦二年銘時宗肖像彫刻(東京国立博物館［編集］『MUSEUM』同館美術誌№.422［1986年5月号］、ミュージアム出版)
198811	:○一遍と遊行・時宗祖師像の世界(三山進［責任編集］『鎌倉仏教』新潮社［図説日本の仏教4］)
198909	:①一遍影像
	:②真教影像(以上、今井雅晴［編］『一遍辞典』東京堂出版)※項目執筆。肩書きに「神奈川県立博物館主任学芸員」
199010	:○木造　仏頭　一箇　光触寺蔵(『神奈川県博物館協会設立三十五周年記念　鎌倉幕府開府八百年記念―鎌倉の秘宝展』〈発行元表記なし〉)※ 1990/10/10-30 於 横浜高島屋ギャラリー(8階)、特別展図録のカラー図版解説。「将軍実朝建立の大慈寺(廃絶)丈六堂本尊、阿弥陀如来像の頭部といわれている。一説に『五大事蹟備考』では、五大堂王院講堂(丈六堂)本尊の仏頭とする。」
199602	:○［時衆の彫刻］(藤沢市教育委員会　博物館準備担当［編集］『特別展　時衆の美術と文芸　中世の遊行聖と藤沢』〈発行元表記なし〉)※ 1996/2/3-25 於(神奈川県)藤沢市民ギャラリー、巡回展「時衆の美術と文芸」藤沢会場用単色展示図録。肩書に「神奈川県立歴史博物館」
200003	:○時宗文化財調査報告〈彫刻の部〉(『時宗教学年報』第二十八輯、時宗教学研究所)
200008	:○時宗肖像彫刻の像主について(清水眞澄［編］『美術史論叢　造形と文化』雄山閣)※「迎称寺伝一鎮上人像」は「呑海没後の追慕像の可能性は多少残るが、(中略)託何の可能性がかなり高い」と結論。単色写真ネーム：「長楽寺一鎮上人像」「長楽寺一鎮上人像面部」「称念寺一鎮上人像」「称念寺一鎮上人像面部」「西郷寺一鎮上人像」「西郷寺一鎮上人像面部」「迎称寺伝一鎮上人像」「迎称寺伝一鎮上人像面部」「真福寺安国上人像」。→淺湫毅200101・200103 は本論攷を引き、託何ではなく呑海像の可能性を示唆
200009A	:□屈輪文大香合(『朝日新聞』第2神奈川版「鎌倉彫名品展―古典から近代鎌倉彫まで」(中) 同月13日号、同社)※四条道場金蓮寺蔵品
200009B	:○屈輪文大香合(『特別展「鎌倉彫名品展―古典から近代鎌倉彫まで―」』神奈川県立歴史博物館)※ 2000/8/26-10/1 於同館、図録。解説。カラー写真：文明十三年(1481)銘の四条道場金蓮寺蔵「屈輪(俱利)文大香合」
200009C	:○特別展「鎌倉彫名品展―古典から近代鎌倉彫まで―」の開催にあたって(『神奈川県立歴史博物館だより』第6巻第1号、同館)※カラー写真：四条道場金蓮寺蔵「屈輪文大香合」
200103	:○時宗文化財調査報告《彫刻の部》(『時宗教学年報』第二十九輯、時宗教学研究所)※高野修・相澤正彦・薄井［共筆］
200203	:○時宗文化財調査報告《彫刻の部》(『時宗教学年報』第三十輯、時宗教学研究所)
200505	:○小田原市蓮台寺の時宗二祖他阿真教寿像について(佛教藝術學會［編集］『佛教藝術』280、毎日新聞社)※同誌表紙と単色口絵に同像、および後者に「同　頭部」「同　合掌手部」写真、本文中に「他阿真教像(蓮台寺像)修理前」「蓮台寺像　像底」「同　頭部材束」「蓮台寺像　面部裏墨書」「蓮台寺像」「称願寺像　山梨」「法蓮寺像　東京」「常称寺像　広島」「法蓮寺像　面部」「長楽寺像　京都」「蓮台寺像　頭部比較」「長楽寺像　同」掲載。同誌所収水野敬三郎200505 で解説あり。→林譲200510 文献案内
200703	:○彫刻の部(時宗文化財保存専門委員会［編］『時宗文化財調査報告書』第1集、時宗宗務所)

あ行

※第 1（北海道・青森県・岩手県）・5（新潟県）・16・17（静岡県）・24（広島県・愛媛県・香川県）教区。薄井・佐々木登美子［共筆］。ただし佐々木は無署名
200709 ：○仏像彫刻（清浄光寺史編集委員会［編集］『清浄光寺史』藤沢山無量光院清浄光寺（遊行寺））
　　　　※「第八章　文化財」の第四節。初出不明示
200907 ：○彫刻の部（時宗文化財保存専門委員会［編］『時宗文化財調査報告書』第２集、時宗宗務所）
　　　　※第18（愛知県・三重県・岐阜県）・19（滋賀県）・20（福井県・富山県・石川県）・22（大阪府・和歌山県）・23（兵庫県）・25（島根県・鳥取県）教区。含、第 17（神奈川県）教区教恩寺。薄井・佐々木登美子［共筆］。ただし佐々木は目次では（佐藤潤一との結婚により）佐藤姓
201211 ：○西光寺の彫刻について（高野修［編著］・大内惇［監修］『福壽山西光寺の歴史』（山形県上山市）同寺）
　　　　※カラー挿図ネーム：「三尊仏の阿弥陀像・鎌倉時代」「阿弥陀像頭部」「木造阿弥陀三尊立像・江戸時代」「一向上人座像」（ただし本見出し：「木造一向上人坐像」）。肩書き：「神奈川県立歴史博物館館長」

臼井　信義（※元東京大学史料編纂所助教授。1907/11/10-1992/7/24）
195806 ：○上人号（『日本仏教』第１号、同研究会）
195902 ：○遊行十二代上人尊観─南朝の皇胤たち─（日本歴史学会［編集］『日本歴史』第百二十八号、吉川弘文館）

臼木　悦生（※大正大学人間学部任期制准教授・真野大願寺住職。臼木淑夫令息）
199810 ：○禅念仏者をとおして見た生命観（新保哲［編］『日本人の生命観』北樹出版）
199908 ：○佐渡と遊行上人（『国文学　解釈と鑑賞』第 64 巻 8 号［平成 11 年 8 月号］（819）［特集　佐渡の文学と歴史─島の位相］、至文堂）
201203 ：○江戸期における遊行と佐渡（『時宗教学年報』第四十輯、時宗教学研究所）
　　　　※肩書き：「大正大学大学非常勤講師・新潟県佐渡市大願寺住職」

臼木　悦順
→臼木　靖晴

臼木　悦真（※真野大願寺住職。故人）
196001 ：○信碩上人について（『佐渡史学』第二号、同会）※真野大願寺 20 世信碩はのち藤沢 20 世

臼木　靖晴（臼木　悦順）（※真野観音院住職。元朋友進学セミナー経営、元時宗宗務長・総本山執事長。臼木悦真令息）
199307 ：○佐渡・大願寺のお盆（『遊行』第 104 号、時宗宗務所）※「臼木悦順」名義
199603 ：○原始仏教における死生観について（『時宗教学年報』第二十四輯、時宗教学研究所）
200201 ：○謹んで新春のお祝い申し上げます。（『遊行』第 138 号、時宗宗務所布教伝道研究所）
　　　　※巻頭言。カラー近影付。「臼木悦順」名義

臼木　淑夫（※大正大学文学部教授・真野大願寺住職。臼木悦真令息。僧名：悦鳳。1929-1983）
197412 ：○一遍の念仏における時（『智山学報』特輯、智山勧学会）

薄雲　鈴代（※フリーライター）
200808 ：○江戸時代の定番京みやげとは？（白川書院［編］『月刊京都』第 685 号［2008 年 8 月号］、同書院）※「御影堂」の扇と新善光寺に言及、「京扇子。『拾遺都名所図会』巻一）」のネームをもつ「御影堂扇折」図版掲載

臼田甚五郎（※國學院大學名誉教授。1915-2006/10/26）
196005 ：○小栗照手譚の周邊（一）（高崎正秀［編集者代表］『國學院雑誌』第六十一巻第五号（昭和三十五年五月号）［特集・祭祀と文学］、國學院大學）
　　　　※ p115-137。本文ページの上部に記載されている論文名には「小栗照手譚の周辺」とあり。（二）はない模様
196303 ：○熊野地方の民謡（高崎正秀［編集者代表］『國學院雑誌』第六十四巻第二・三号（昭和三十八年二・三月号）［熊野學術調査特集號］、國學院大學）※ p88-119。臼田・德江元正［共筆］
196411 ：○続・熊野地方の民謡　附・熊野地方民俗語彙集（高崎正秀［編集者代表］『國學院雑誌』第六十五巻第十・十一号（昭和三十九年十・十一月号）［續熊野學術調査特集號］、國學院大學）
　　　　※ p230-295。臼田・乘岡憲正・德江元正［共筆］

宇高　良哲（※大正大学名誉教授。元埼玉県上尾市十連寺（浄土宗鎮西派）住職）
199901 ：◎近世関東仏教教団史の研究─浄土宗・真言宗・天台宗を中心に─（文化書院）※時宗に言及
200003 ：○江戸時代における諸宗の僧侶養成課程について─特に「諸宗僧侶階級」を中心に─（『日本仏教教育学研究』第八号、日本仏教教育学会）※時宗の項あり

内川　隆志（※國學院大學考古学資料館准教授）
201203 ：○当麻山無量光寺の石造塔婆（相模原市教育委員会教育局生涯学習部博物館［編］『相模原市史』考古編、同市）※「第六章　中世」の第五節

内田　和浩（※フリーライター。元〈東京都千代田区・株式会社〉雄山閣社員）
200706 ◎ふるさとの仏像をみる（世界文化社〔ほたるの本〕）※「雪舟庭園の寺に伝わる漂着した仏像」の表題の下、島根県益田市の萬福寺をとりあげ、巻末の掲載寺院ガイドにもデータあり。単色写真ネーム：「本堂（重文）」「多

開天（市指定文化財）」、カラー写真ネーム：「庭園（国史跡及び名勝）」「庭園と本堂」

内田　啓一（※早稲田大学文学部教授。元昭和女子大学人間文化学部教授、元〈東京都〉町田市立国際版画美術館学芸員）
199903　：○短冊形に印捺される印仏について（『町田市立国際版画美術館紀要』第３号、同館）
　　　　※一遍の賦算・念仏札に言及。→内田啓一 201102 ①
200403　：○僧侶の衣服（榊原悟［監修］『すぐわかる絵巻の見かた』東京美術）※「一遍上人絵伝」に言及
201102　◎日本仏教版画史論考（法藏館）
　　　　：①短冊形と印仏の独立※第二章。一遍の賦算・念仏札に言及。←内田啓一 199903 改題

内田　浩史（※〈神奈川県鎌倉市・市立〉鎌倉国宝館学芸員）
200610　：○（無題）（『特別展目録　武家の古都鎌倉―世界遺産登録にむけて―』鎌倉国宝館）※「陸波羅南北過去帳」の解説。カラー図版ネーム：「陸波羅南北過去帳（巻頭）　蓮華寺」「陸波羅南北過去帳（巻末）　蓮華寺」

内田　亮坪（※神奈川県縣屬。旧東海道戸塚宿本陣内田家一族カ）
188404A　◎建長寺什寶目録（内田［出版兼編輯］）※「一獅子成燭台　一遍上人寄附　一箇」とあり
188404B　◎藤澤山什寶目録（内田［出版兼編輯］）

内山　俊身（※茨城県立古河第一高等学校定時制教諭。元同県立歴史館首席研究員）
199803　：○下妻市大木出土の中世一括納銭―『一遍聖絵』銭出土シーンとの関連から―（『博物館研究紀要』第１号、下妻市ふるさと博物館）
199806　：○埋められなかった中世一括埋納銭―産屋・境界・銭について―（『茨城史林』第 22 号、茨城地方史研究会）

宇都宮市教育委員会社会教育課（※栃木県宇都宮市・現同委員会文化課）
197808　◎宇都宮の民俗（栃木県立郷土資料館［監修］・同課［編集］、同委員会）
　　　　※「宇都宮地区別寺院一覧」に宇都宮宝勝寺、宇都宮一向寺、宇都宮本願寺、宇都宮応願寺あり
198102　◎宇都宮のいしぶみ（同課［編集］、同委員会）
　　　　※宇都宮一向寺境内の「菊地愛山翁寿碣銘碑」の項あり。→198203 改訂
198302　◎宇都宮の民話（同課［編集］、同委員会）※「汗かき阿弥陀」（宇都宮一向寺）、「百目鬼」（宇都宮本願寺）、「白蛇」（宇都宮本願寺）、「身代わり地蔵」（宇都宮地蔵寺。廃寺）の項あり
198503　◎宇都宮の古ననంlay (同課［編集］、同委員会)
　　　　※「宇都宮城下概要図」に宇都宮宝勝寺、宇都宮本願寺、宇都宮一向寺、宇都宮長楽寺（廃寺）、宇都宮地蔵寺（廃寺）、宇都宮応願寺あり。「日光街道」の項に一向寺と汗かき阿弥陀の紹介あり、単色写真ネーム：「銅造阿弥陀如来坐像」。同項は宝勝寺も紹介、単色写真ネーム：「宝勝寺の地蔵縁日」
198903　◎宇都宮の旧跡（同課［編集］、同委員会）※単色表紙ネーム：「『宇陽略記』より」に「宝勝寺」みゆ。「宇都宮城下の廃寺」地図に宇都宮宝勝寺、宇都宮応願寺、宇都宮本願寺、宇都宮一向寺、宇都宮長楽寺（廃寺）、宇都宮地蔵寺（廃寺）あり。戊辰戦争戦死者の墓・菊地愛山の墓が一向寺にあるとす

宇都宮市史編さん委員会（※栃木県宇都宮市）
198003　◎宇都宮市史　第二巻中世史料編（同委員会［編集］、同市）
　　　　※宇都宮一向寺文書ならび旧宇都宮長楽寺本尊銘文翻刻、ただし誤読多し。カラー口絵：同旧本尊
198112　◎宇都宮市史別巻（写真・編纂）（同委員会［編集］、同市）
　　　　※宇都宮応願寺が慶長七年（1602）奥平家昌より二十人扶持拝領し太鼓役

宇苗　満（※建築家・写真家・宇苗満空間工房代表）
200805　：○幻の鎌倉（批評社）※「第二章　鎌倉時代」「二　鎌倉の呪術的都市計画」に「禅林整備と一遍上人の法難」「鎌倉時代の都市風景」の項あり。後者掲載図版ネーム：『一遍聖絵』（歓喜光寺・清浄光寺蔵）。「三　鎌倉幕府の滅亡」に「後醍醐天皇による鎌倉幕府調伏祈祷」の項あり、藤沢の清浄光寺（遊行寺）が所蔵する「後醍醐天皇肖像画」に言及し、掲載の図版ネーム：『後醍醐天皇肖像画』（清浄光寺蔵）。「第四章　江戸時代」「三　寺院統制と縁起・由来の伝説化」に「来迎寺の「如意輪観世音像」「光触寺の「頬焼阿弥陀」」掲載。「五　歌舞伎・浮世絵とパワースポット巡礼」に「一遍上人・木食上人などの名僧も岩屋洞窟に参籠」とあり。「鎌倉三十三観音霊場」に５来迎寺（二階堂）「如意輪観世音」・７光触寺「聖観世音」・12 教恩寺「聖観世音」・13 別願寺「魚藍観世音」・14 来迎寺（材木座）「子育観世音」・15 向福寺「聖観世音」・７光触寺「聖観世音」。「鎌倉二十四地蔵尊霊場」に２来迎寺（二階堂）「岩上地蔵尊」・５光触寺「塩嘗地蔵尊」。「鎌倉十三仏霊場」に 10 来迎（二階堂）「阿弥陀如来」あり

宇野　健一（※日本大津総文化会會副顧問。1992〈滋賀県〉大津市文化賞受賞・1993 同市政功労者。元日本大津総会会長、元大津公民館主事、元滋賀県立大津高等女学校教員。2000/12/9 死）
197609　：○新註近江輿地志略（宇野［改訂校註］、弘文堂書店）
　　　　※巻之七十八に「蓮華寺」（番場）の項あり。←元版：享保十九年（1734）

宇野　茂樹（※滋賀県立短期大学〈2005/4/26 現在〉名誉教授。元〈同県栗東市・市立〉栗東歴史民俗博物館館長、元同県立琵琶湖文化館学芸員）
199304　：○蓮華寺（国史大辞典編集委員会［編集］『国史大辞典』第十四巻、吉川弘文館）
　　　　※項目執筆。番場蓮華寺。→宇野茂樹 199911

| 199911 | ：○蓮華寺（今泉淑夫［編集］『日本仏教史辞典』吉川弘文館）※項目執筆。番場蓮華寺。←宇野茂樹 199304 |

宇野　俊一（※千葉大学名誉教授。元城西国際大学人文学部教授、元鴎友学園女子高等学校教諭。1928/12/20-2012/7/26）

| 199611 | ◎角川日本史辞典　新版（朝尾直弘・宇野・田中琢［編］、角川書店） |

宇野　孝誠（※山形県文化財保護協会事務局長）

| 199103 | ：○村山市名取蓮化寺の仏像を拝して（『羽陽文化』第130号、山形県文化財保護協会） |

梅田　義彦（※東海大学短期大学部教授。元文部省調査局〈現文化庁文化部〉宗務課職員。1906-1980）

194208	◎神道思想の研究（會通社）
	：①僧徒の大神宮崇拝史※他阿真教の伊勢参宮に言及。→梅田義彦 197405 ①
197405	◎神道の思想（雄山閣出版）
	：①僧徒の大神宮崇拝史※他阿真教の伊勢参宮に言及。←梅田義彦 194208 ①

梅谷　主（※京都府立大学学部生（当時）。梅谷繁樹甥）

| 200410 | ：○一遍という物語―「一遍言説」における文化ナショナリズム性―（時衆文化研究会［編集］『時衆文化』第１０号、同会〈岩田書院［発売］〉） |

梅谷　繁樹（※元西市屋西蓮寺第59世住職、元園田女子学園大学文学部教授）

197006	：○遊行無畏宝物縁起（金井清光［編集］『時衆研究』第四十二号、金井私家版）※→梅谷繁樹 198806 ④第四節
197010	：○一遍聖絵巻七桂考（金井清光［編集］『時衆研究』第四十四号、金井私家版）※→梅谷繁樹 198806 ②第二節
197104	：○民俗宗教家としての一遍上人と時宗の宗教的伝統（金井清光［編集］『時衆研究』第四十七号、金井私家版）※→梅谷繁樹 198806 ①第三節
197108	：○時衆成立前史―今昔物語集の聖・聖人について―（金井清光［編集］『時衆研究』第四十九号、金井私家版）
197111	：○時衆研究断片（金井清光［編集］『時衆研究』第五十号、金井私家版）
197202A	：○市屋派について（上）（金井清光［編集］『時衆研究』第五十一号、金井私家版）
197202B	：○宗祖上人の「捨てる」思想について（『時宗教学年報』第一輯、時宗教学研究所）
197205	：○市屋派について（下）（金井清光［編集］『時衆研究』第五十二号、金井私家版）
197208A	：○一遍上人遊行の一面観―近江・京都・山陰の場合―（金井清光［編集］『時衆研究』第五十三号、金井私家版）
197208B	：①「市中山金光寺縁起」※→梅谷繁樹 198806 ②第一節（付一）
	：②「西蓮寺地蔵尊霊験記」※→梅谷繁樹 198806 ②第一節（付二） （以上『時衆あゆみ』第11号、中村昌道私家版）
197404A	：○聖絵における十一不二頌の形成過程―一念の信から一遍へ―（『時宗教学年報』第二輯、時宗教学研究所）
197404B	：○室町期近江時衆の盛衰―小野をめぐって―（『時宗教学年報』第三輯、時宗教学研究所） ※番場蓮華寺における北条仲時主従自害に言及、『坂田郡志』にみえる文明五年（1473）文書の井戸村定阿弥を蓮華寺系檀徒と推定。→梅谷繁樹 198806 ④第四節
197501	：○榎並猿楽について（『藝能史研究』第四十八号、同會）※「研究手帳」。→梅谷繁樹 198806 ③第三節
197510	：○宗祖一遍上人の念仏―その民俗的性格について―（『時宗教学年報』第四輯、時宗教学研究所） ※→梅谷繁樹 198806 ①第三節
197601	：○最近の時衆（宗）研究の動向と問題点―大橋・橘・金井、三氏の著書をめぐって―（『仏教史学研究』第十八巻第一号、仏教史学会）
197602	：○市屋派について（補遺）（『時衆あゆみ』＜一遍の念仏＞、中村昌道私家版）
197610	：○「時衆年表」の再構想（『時宗教学年報』第五輯、時宗教学研究所）
197703	：○京都の初期時衆（上）―市屋派のことなど―（藤沢市文書館［編集］『藤沢市史研究』第10号、同館） ※→梅谷繁樹 198806 ②第一節
197712A	：○一遍上人の念仏思想―法語成立をめぐる試論―（日本印度佛教學會［編集］『印度佛教學研究』第二十六巻第一號〔通巻第51號〕、同會）※於日本大学、同會第28回大会学術大会報告要旨
197712B	：○京都・東北院蔵「一遍上人和泉式部物語」翻刻及び解説（『四天王寺女子大学紀要』第十号、同大学） ※→梅谷繁樹 198806 ④第三節
197801	：○琳阿について―時衆の客僚との関係―（『藝能史研究』第六十号、同會） ※「芸能史ノート」。→梅谷繁樹 198806 ③第四節
197802	：○中世の時衆と大和（『時宗教学年報』第六輯、時宗教学研究所） ※→梅谷繁樹 198412→梅谷繁樹 198806 ②第三節
197803	：○京都の初期時衆（下）―市屋派末寺西蓮寺を中心に―（藤沢市文書館［編集］『藤沢市史研究』第11号、同館）※→梅谷繁樹 198806 ②第一節
197903A	：○一遍、「時衆」と「無縁」のかかわり（『四天王寺女子大学紀要』第十一号、同大学） ※→梅谷繁樹 198806 ①第二節
197903B	：○一遍上人の念仏思想―二―踊躍念仏について―（日本印度佛教學會［編集］『印度佛教學研究』第二十

七卷第二號〔通卷第 54 號〕、同會〕
　　　　※於佛教大学、同會第 29 回学術大会報告要旨。→梅谷繁樹 198806 ①第三節（付）
197903C　：○四天王寺西門信仰をめぐって（『仏教文学』第三号、同会）※→梅谷繁樹 198806 ③第二節
197908　：○中世時衆史研究ノート（大橋俊雄［編集］『時衆研究』第八十一号、時宗文化研究所）
197912A　：○近世の時宗について―中世との対比を中心に―（圭室文雄・大桑斉［編］『近世仏教の諸問題』雄山閣出版）
　　　　※→梅谷繁樹 198806 ②第六節
197912B　：○『時衆宗茶毘記』について（日本印度學佛教學會［編集］『印度學佛教學研究』第二十八卷第一號〔通卷第 55 號〕、同會）※於立正大学、同會第 30 回大会報告要旨
197912C　：①真宗要法記※飜刻と解題
　　　　：②國阿派宗義開出※飜刻と解題
　　　　：③一遍上人年譜略※飜刻と解題
　　　　：④一遍上人行状※飜刻と解題
　　　　：⑤一遍義集※飜刻と解題
　　　　：⑥遊行代々上人御和讃※飜刻と解題
　　　　：⑦時衆宗茶毘記※飜刻と解題
　　　　：⑧時衆宗甕山記※飜刻と解題
　　　　：⑨時宗要文集抄※飜刻のみ
　　　　（以上、時宗開宗七百年記念宗典編集委員会［編集］『定本時宗宗典』下巻、時宗宗務所〈山喜房佛書林［発売］〉）
198002　：○無名の時衆群像についての覚え書き（大橋俊雄［編集］『時衆研究』第八十三号、時宗文化研究所）
198003　：○教学研究の反省（『時宗教学年報』第八輯、時宗教学研究所）
198011　：○国阿上人をめぐって（大橋俊雄［編集］『時衆研究』第八十六号、時宗文化研究所）
198012A　：○一遍上人の念仏思想―三―和讃について―（日本印度學佛教學會［編集］『印度學佛教學研究』第二十九卷第一號〔通卷第 57 號〕、同會）※於龍谷大学、同會第 31 回学術大会報告要旨
198012B　：○中世丹後の時衆の盛衰―橘立道場萬福寺をめぐって―（仏教史学会［編］『仏教の歴史と文化』仏教史学会三十周年記念論集、同朋舎出版）※→梅谷繁樹 198806 ②第五節
198103　：○『多賀大社常行念仏縁起』について（『時宗教学年報』第九輯、時宗教学研究所）
　　　　※→梅谷繁樹 198806 ④第二節
198112　：○一遍上人の念仏思想の展開過程について（日本印度學佛教學會［編集］『印度學佛教學研究』第三十卷第一號〔通卷第 59 號〕、同會）※於同朋学園、同會第 32 回学術大会報告要旨
198199　：○一遍上人の原像小考―「一遍聖絵」に見られる古代的伝承などをめぐって―（『ＩＢＵ四天王寺国際仏教大学文学部紀要』第十四号、同大学）※→梅谷繁樹 198806 ①第一節
198203A　：○一遍上人の当麻寺での誓文について（『時宗教学年報』第十輯、時宗教学研究所）
198203B　：○中世の阿号・阿弥陀仏号について―時衆（宗）・非時衆の別及び文学、芸能とのかかわりの一面―（『仏教文学』第六号、同会）※→梅谷繁樹 198806 ③第一節
198303A　：○時宗の別時念仏と御連歌の式（『国文学会』第十四号、園田学園女子大学国文学会）
　　　　※→梅谷繁樹 198806 ③第五節
198303B　：○融通念仏の流れの中で一遍を考える（『時宗教学年報』第十一輯、時宗教学研究所）
198312　：○「一遍聖絵」に見る一遍の出家（日本印度學佛教學會［編集］『印度學佛教學研究』第三十二卷第一號〔通卷第 63 號〕、同會）※於高野山大学、同會第 34 回学術大会報告要旨
198402　：○〈史料紹介〉遊行寺蔵・「古写本　播州法語集　残缺」翻刻（『時宗教学年報』第十二輯、時宗教学研究所）
　　　　※→梅谷繁樹 198806 ④第一節
198409　：◎一遍語録を読む（金井清光・梅谷［著］、法蔵館）
198412　：○中世の時衆と大和（橘俊道・今井雅晴［編］『一遍上人と時宗』吉川弘文館〔日本仏教宗史論集 10〕）
　　　　※←梅谷繁樹 197802。→梅谷繁樹 198806 ②第三節
198502　：○初期時衆史の再検討小考（『時宗教学年報』第十三輯、時宗教学研究所）
198507　：○十二太夫の関東下向（『観世』昭和六十年七月号、檜書店）※→梅谷繁樹 198806 第一節（付）
198603A　：○時宗遊行（藤沢）上人の道号について（日本印度學佛教學會［編集］『印度學佛教學研究』第三十五卷第一號〔通卷第 69 號〕、同會）※於東京大学、同會第 37 回学術大会報告要旨
198603B　：①伝熊野権現像は観阿か
　　　　：②時宗史料二点（以上『時宗教学年報』第十四輯、時宗教学研究所）
198607A　：○中世融通念仏と八幡信仰（『みをつくし』第 4 号、みをつくしの会）
198607B　：○花園大学図書館・今津文庫蔵『法燈国師年譜略并縁起全』をめぐって―資料紹介とその絵解・唱導との関連―（園田学園国文懇話会［編集］『園田語文』創刊号、同会）※影印あり

198706	◎新田義貞公と時衆・称念寺（称念寺）※長崎称念寺
198709	：◎法師原としての時衆（園田学園国文懇話会［編集］『園田語文』第二号、同会）※→梅谷繁樹 198806 ⑤
198710	：◎遊行上人の御修行記について（『みをつくし』第５号、みをつくしの会）
198806	◎中世遊行聖と文学（桜楓社）※「あとがき」の前に「初出論文一覧」あり

：金井　清光：序

：①第一章　遊行聖の歴史と民俗（第一節　一遍の原像小考―『一遍聖絵』にみられる古代的伝承などをめぐって―※←梅谷繁樹 198199 改題・補訂／第二節　一遍・時衆と「無縁」のかかわり←梅谷繁樹 197903A 改題・補訂／第三節　一遍の念仏―その民族的性格について―※←梅谷繁樹 197104・197510 改題・補訂／（付）一遍と踊躍念仏※←梅谷繁樹 197903B 改題・補訂）

：②第二章　時衆の歴史と文学（第一節　京都の初期時衆―市屋派を中心に―※←梅谷繁樹 197703・197803 改題・補訂／（付一）『市中山金光寺略縁起』※←梅谷繁樹 197208B ①補訂抄出／（付二）『西蓮寺地蔵尊霊験記』※←梅谷繁樹 197208B ②補訂抄出／第二節　『一遍聖絵』巻七「桂」考※←梅谷繁樹 197010 補訂／第三節　中世の時衆と大和※←梅谷繁樹 198412 ←梅谷繁樹 197802 補訂／第四節　室町期近江衆の盛衰※←梅谷繁樹 197404B 改題・補訂／第五節　中世丹後の時衆の盛衰―橘立道場萬福寺をめぐって―※←梅谷繁樹 198012B 補訂／第六節　近世の時宗について―中世との対比を中心に―※←梅谷繁樹 197912A 補訂）

：③第三章　遊行聖の芸能と文学（第一節　中世の阿号・阿弥陀仏号について※←梅谷繁樹 198203B 改題・補訂／（付）「十二太夫の関東下向」※←梅谷繁樹 198507 ／第二節　四天王寺西門信仰をめぐって―『一遍聖絵』の一コマの絵を解く―※←梅谷繁樹 197903 改題・補訂／第三節　榎並猿楽について※←梅谷繁樹 197501 補訂／第四節　琳阿（玉林）について―時衆の客寮との関係―※←梅谷繁樹 197801 改題・補訂／第五節　時宗の歳末別時念仏と御連歌の式※←梅谷繁樹 198303A 補訂）

：④第四章　新資料の翻刻と考察（第一節　遊行寺蔵『古写本・播州法語集　残欠』について※←梅谷繁樹 198402 改題・補訂／第二節　滋賀・多賀大社蔵『多賀大社常行念仏縁起』について※←梅谷繁樹 198103 改題・補訂／第三節　京都・東北院蔵『一遍上人和泉式部物語』について※←梅谷繁樹 197712B 改題・補訂（「初出一覧」での「昭和十五年」は誤り）／第四節　京都・西市屋道場西蓮寺蔵『遊行無畏宝物縁起　全』について―近世時宗の唱導資料―※←梅谷繁樹 197006 改題・補訂／（付）姫路市立図書館蔵『村翁夜話集_{附闕疑篇}』所収「心光寺遊行上人配札之annotation絵図」について※新稿）

：⑤結びにかえて　法師原としての時衆―中世文学・芸能との微妙なかかわり―※←梅谷繁樹 198709 改題

：⑥あとがき

| 198903 | ：○一遍教学覚え書き―『一遍聖絵』を中心に―（『時宗教学年報』第十七輯、時宗教学研究所） |
| 198911 | ◎一遍上人全集（橘俊道・梅谷［著］、春秋社） |

※全１巻。→梅谷繁樹 199811 → 200107 補訂版第２刷→梅谷繁樹 201205

199103A	：①一遍上人の法燈参禅譚
	：②歴代遊行・藤沢上人、時宗名僧の筆跡資料集成作成の提言（以上『時宗教学年報』第十九輯、時宗教学研究所）
199103B	：○時衆（宗）と「太平記」の時代（『遊行』第 95 号、時宗宗務所）
199103C	：○『徒然草』第八十九段小考―時宗極楽寺のこと―（『園田学園女子大学国文学会誌』第 22 号、同会）
199110	◎一遍・日本的なるものをめぐって（梅谷・竹村牧夫・鎌田東二・栗田勇［著］、春秋社）
	：①一遍の生涯
199211	：①一遍上人語録（『日本史大事典』第一巻、平凡社）※項目執筆
199212	：①一遍の謎（『大法輪』平成四年十二月号［第 59 巻第 12 号］、大法輪閣）
199303	：○仮題『遊行四十四世尊通上人詠草』（『時宗教学年報』第二十一輯、時宗教学研究所）※［史料紹介］
199305	：○金蓮寺（『日本史大事典』第三巻、平凡社）※項目執筆。四条道場金蓮寺
199399	：○『一遍聖絵』小考―犬（ないし山犬または狼）・馬と「一人のすすめ」について―（『国文学会誌』第 24 号、園田学園女子大学国文学会）
199401	：○遊行（『日本史大事典』第六巻、平凡社）※項目執筆
199511	：①時衆の布教と定着※「第一編　歴編」の「五」
	：②時衆の地方展開　京都の時衆※同「六」のうち

（以上、時衆の美術と文芸展実行委員会［編集］『時衆の美術と文芸―遊行聖の世界―』同委員会〈東京美術［発売］〉）※ 1995/11/3-12/10 於山梨県立美術館、1996/1/4-28 於長野県立博物館、2/3-25 於（神奈川県）藤沢市民ギャラリー、3/10-4/14 於（滋賀県）大津市歴史博物館、特別展図録

199512	◎捨聖・一遍上人（講談社［同社現代新書 1281］）
	：①一遍の旅図※地図
	：②序　章　捨聖の風貌（僧尼同行／おどり念仏／歌僧／ただ一遍の／一切を捨てた念仏／遊行と賦算／山岳信仰／捨聖一遍の意義）

｜　　　：③第一章　模索の中の遊行（生い立ち／善光寺参詣／十一不二の教え／遊行に出る／四天王寺参籠／『時衆制
｜　　　　誡』／熊野三山へ／念仏勧進の挫折／熊野権現託宣の信不信／浄不浄の託宣／異類異形と非人・悪党／『聖絵』
｜　　　　の遊行叙述）
｜　　　：④第二章　おどり念仏―遊行の盛行（おどりの開始／空也とのつながり／空也と一遍のおどりの共通点／おど
｜　　　　り念仏の盛行／市屋道場／おどり念仏の変貌）
｜　　　：⑤第三章　一遍と女人往生（菅生の岩屋／土佐の仙女／仙女と古代仏教／福岡の市／大井太郎の姉／当麻寺参
｜　　　　詣／書写山／女人の帰敬）
｜　　　：⑥第四章　一遍と和歌・和讃（心のありよう／念仏の要諦／和歌を詠むわけ／西行歌の影響／一遍の絶唱歌／
｜　　　　法燈参禅伝承／一遍の和讃／百利口語）
｜　　　：⑦第五章　一遍の臨終（志筑の天神／聖戒に法門を書き取らせる／南無阿弥陀仏になりはてぬ／臨終迫る／紫
｜　　　　雲の否定／すわ臨終か／在地人と神祇／臨終／『聖絵』の一遍臨終図）
｜　　　：⑧第六章　一遍の法語を読む（西山義／一遍の出発点／心は妄念／捨てる／名号帰入／念仏が念仏を申す／天
｜　　　　台本覚論／極楽は名号／名号と夢／死と時間論／当体の一念）
｜　　　：⑨終　章　一遍寂後の時宗（時宗教団の誕生／法脈図／一遍を知る基本文献）
｜　　　：⑩参考文献
｜　　　：⑪あとがき
｜　　　：⑫一遍略年譜
199702　：①智得上人・呑海上人の生涯
｜　　　：②戦国時代の時衆（以上、時宗教学研究所［編集］『時宗入門』時宗宗務所）
199703　：○時宗の教義・歴史にかかわる小文ども（『時宗教学年報』第二十五輯、時宗教学研究所）
199804　：○追憶の林屋先生（『藝能史研究』第一四一号、同会）※阿号に言及
199810　：○融通念仏宗と時宗―各種側面の比較―（融通念佛宗教学研究所［編集］『法明上人六百五十回御遠忌記念論
｜　　　　文集』大念佛寺〈百華苑［製作］〉）
199811　◎一遍上人全集（橘俊道・梅谷［訳］、春秋社）※全1巻。新装補訂版、同社創業80周年記念復刊。←梅谷繁樹
｜　　　　198911。→200107 補訂版第2刷→梅谷繁樹201205。→竹村牧男199904 紹介
199903　：○七祖託何上人作『器朴論』私訳注（『時宗教学年報』第二十七輯、時宗教学研究所）
199910　：○砂川博『中世遊行聖の図像学』（『日本文学』第48巻第10号、同会）※←砂川博199905 を紹介
200003　：○七祖託何上人作『器朴論』私訳注（三）（『時宗教学年報』第二十八輯、時宗教学研究所）
200010　：○遊行回国・十二道具秘釈の出現背景（時衆文化研究会［編集］『時衆文化』第2号、同会〈岩田書院［発売］〉）
200101　：○復元された阿弥衣（『遊行』第134号、時宗宗務所布教伝道研究所）
200103　：○『器朴論』私訳注（四）（『時宗教学年報』第二十九輯、時宗教学研究所）
200203　：○『器朴論』私訳注（五）完結（『時宗教学年報』第三十輯、時宗教学研究所）
｜　　　　※表題に「完結」の文字はないが、柱にはあり
200206　：○『一遍聖絵』本文の検討―六条道場本と御影堂本の比較から御影堂新善光寺の性格に及ぶ―（砂川博［編］
｜　　　　『一遍聖絵の総合的研究』岩田書院）※ 2000/9/4 於相愛大学、一遍聖絵研究会第1回例会報告「歓喜光寺・清
｜　　　　浄光寺本と御影堂本の本文異同について」を成稿
200210A　：○一遍と時衆小考（時衆文化研究会［編集］『時衆文化』第6号、同会〈岩田書院［発売］〉）
｜　　　　※「『一遍聖絵』第二　岩屋の縁起考」
200210B　：○ひもじさがつきまとう旅（神崎宣武［編］『食の文化フォーラム20 旅と食』ドメス出版）
｜　　　　※財団法人味の素食の文化センター主催2001年度「食の文化フォーラム20」での、一遍とそれに近い時期の遊
｜　　　　行上人と時衆の旅と食についての報告を成稿
200303A　：①遊行上人と時衆の旅と食※←梅谷繁樹200210 の室町～江戸時代の部分の補遺
｜　　　：②『他阿上人法語』の内容索引の試み（以上『時宗教学年報』第三十一輯、時宗教学研究所）
200303B　：○座談会「一遍聖絵の諸相」（若杉準治［編集］・興膳宏［編集代表者］『研究発表と座談会　一遍聖絵の諸相』
｜　　　　仏教美術研究上野記念財団助成研究会〈同会報告書第三十冊〉）※詳細⇒若杉準治200303 ②
200304　：○遊行回国　アッシジ（イタリア）参詣記（時衆文化研究会［編集］『時衆文化』第7号、同会〈岩田書院［発
｜　　　　売］〉）
200310　：○書評・高野修『時宗教団史（時衆の歴史と文化）』（時衆文化研究会［編集］『時衆文化』第8号、同会〈岩
｜　　　　田書院［発売］〉）※←高野修200303 を書評
200312　：○梅谷繁樹（1941 ―）『中世遊行聖と文学』桜楓社,1989（黒田日出男・加藤友康・保谷徹・加藤陽子［編集委
｜　　　　員］『日本史文献事典』弘文堂）※項目執筆
200404　◎一遍の語録をよむ（上）（日本放送出版協会）※ＮＨＫラジオ第2放送「ＮＨＫ宗教の時間」2004/4-9 月期、
｜　　　　テキスト・ガイドブック。カラー表紙図版：四条京極・釈迦堂でのおどり念仏（『一遍聖絵』巻七、東京国立博

物館蔵)。カラー口絵：一遍立像・一遍画像・『一遍聖絵』・清浄光寺蔵『遊行上人縁起絵』。→梅谷繁樹 200410 と併せ梅谷繁樹 200509。→金井清光 200504 ②書評
　：①はしがき
　：②第一講　一遍上人の生涯と法語※付、コラム「一遍さんと芭蕉」
　：③第二講　善光寺参詣と十一不二頌※付、コラム「二河白道について」
　：④第三講　山岳修行、名利巡礼と熊野本宮の神託※付、コラム「那智の滝図解説」
　：⑤第四講　九州遊行と信州のおどり念仏※付、コラム「別時念仏」
　：⑥第五講　とぎ澄ます浄土法門※付、コラム「一遍さんの名号と日蓮さんの題目の書跡」
　：⑦第六講　捨聖の掟※付、コラム「阿弥陀仏号について」

200410　◎一遍の語録をよむ（下）（日本放送出版協会）※NHKラジオ第2放送「NHK宗教の時間」2004/10-2005/3月、テキスト・ガイドブック。→梅谷繁樹 200509。→金井清光 200504 ②書評
　：①第七講　一遍さんの和讃と和歌
　※付、コラム「時宗の遊行と連歌、軍記物語」「一遍さん・時衆の遊行中の食」
　：②第八講　「百利口語」と捨聖の法語
　※付、コラム「一遍さんとアッシジの聖フランシスコ」「一遍さん・時宗と禅」
　：③第九講　消息法語※付、コラム「一遍さんと「無縁」の関わり」
　：④第十講　名号と心
　：⑤第十一講　名号が名号を聞き、念仏が念仏を申す※付、コラム「時宗十二派について」
　：⑥第十二講　一遍さんの往生
　：⑦あとがき

200503　○賞山著『一遍上人絵詞伝直談鈔』訓読（『時宗教学年報』第三十三輯、時宗教学研究所）
　※梅谷［補］・野川博之［訓読］

200509　◎一遍の語録をよむ（日本放送出版協会〔NHKライブラリー198〕）※←梅谷繁樹 200404・200410 補正。カラーカバー図版ネーム：『一遍聖絵（第四巻）備前福岡の市』（清浄光寺蔵）」
　：①はじめに
　：②第一章　一遍上人の生涯と法語※付、コラム　一遍さんと芭蕉
　：③第二章　善光寺参詣と十一不二頌※付、コラム　二河白道について
　：④第三章　山岳修行、名利巡礼と熊野本宮の神託※付、コラム　那智の滝図解説
　：⑤第四章　九州遊行と信州のおどり念仏※付、コラム　別時念仏
　：⑥第五章　とぎ澄ます浄土法門※付、コラム　一遍さんの名号と日蓮さんの題目の書跡
　：⑦第六章　捨聖の掟※付、コラム　阿弥陀仏号について
　：⑧第七章　一遍さんの和讃と和歌
　※付、コラム　時宗の遊行と連歌、軍記物語／コラム　一遍さん・時宗の遊行中の食
　：⑨第八章　「百利口語」と捨聖の法語
　※付、コラム　一遍さんとアッシジの聖フランシスコ／コラム　一遍さん・時宗と禅
　：⑩第九章　消息法語※付、コラム　一遍さんと「無縁」の関わり
　：⑪第十章　名号と心
　：⑫第十一章　名号が名号を聞き、念仏が念仏を申す※付、コラム　時宗十二派について
　：⑬第十二章　一遍さんの往生
　：⑭あとがき

200603　：①法語にみる法然・証空・一遍の承継関係から一遍独自の法語におよぶ
　※ 2005/7 末、浄土宗神戸西部組寺主催講演原稿
　：②賞山著『一遍上人絵詞伝直談鈔』訓読（二）※梅谷［補］・野川博之［訓読］
　（以上『時宗教学年報』第三十四輯、時宗教学研究所）

200604　○史料紹介・京都円山安養寺旧蔵『寺中行事』及び『年中行事用向控』（時衆文化研究会［編集］『時衆文化』第13号、同会〈岩田書院［発売］〉）

200703　○賞山著『一遍上人絵詞伝直談鈔』訓読（三）（『時宗教学年報』第三十五輯、時宗教学研究所）
　※梅谷［補］・野川博之［訓読］。肩書きは：「時宗教学研究所所員・京都西蓮寺住職」

200704　○遊行回国（時衆文化研究会［編集］『時衆文化』第15号、同会〈岩田書院［発売］〉）

200709　：①遊行派の知識と系譜※「第三章　興隆期」の第一節
　：②遊行派と時宗十二派※「第三章　興隆期」の第三節
　：③謡曲『実盛』と太空上人※「第三章　興隆期」の第四節
　（以上、清浄光寺史編集委員会［編集］『清浄光寺史』藤沢山無量光院清浄光寺〈遊行寺〉）※初出不明示

200803	：○西山義と一遍義、そして俊鳳上人のこと、さらに西田哲学（『時宗教学年報』第三十六輯、時宗教学研究所）
	※2007/6、浄土宗西山三派教学講習会関連原稿
200804	：○遊行回国　阿弥陀について（時衆文化研究会［編集］『時衆文化』第17号、同会〈岩田書院［発売］〉）
200810	：①高野山・金剛三昧院蔵―『一遍念仏法語』の本文価値について―
	：②紹介　木ノ本、浄信寺過去帖（以上、時衆文化研究会［編集］『時衆文化』第18号、同会〈岩田書院［発売］〉）
200903	：○『一遍上人語録』の各法語の排列について（『時宗教学年報』第三十七輯、時宗教学研究所）
200904	：①『播州法語集』の法語編纂についての試論
	：②遊行回国　京都・清水寺の梵鐘　続稿
	（以上、時衆文化研究会［編集］『時衆文化』第19号、同会〈岩田書院［発売］〉）
200910	：①遊行回国　拙論拾穂短抄
	：②金井清光先生を偲ぶ
	（以上、砂川博［編］『一遍聖絵と時衆　時衆文化　第20号　金井清光先生追悼号』岩田書院）
201010	：①遊行回国　森鴎外著『寿阿弥の手紙』と『渋江抽斎』
	：②書評・高野修編『原文対照・現代語訳　一遍上人語録』※←高野修200912を書評
	（以上、時衆文化研究会［編集］『時衆文化』第21号、同会〈岩田書院［発売］〉）
201205	◎一遍上人全集（橘俊道・梅谷［訳］、春秋社）※全1巻。新装版。←梅谷繁樹200107←梅谷繁樹198911
201503	：○『一遍聖絵』第九「よとのうへ乃」について（『時宗教学年報』第四十三輯、時宗教学研究所）
梅津　次郎（※元文化庁文化財保護審議会専門委員、元京都国立博物館学芸部学芸課長。1906/10/19-1988/2/21）
193602	：○天狗草紙考察（美術研究所［編集］『美術研究』第五十號、美術懇話會）※→梅津次郎197202 ①
194203	：○魔佛一如繪詞考（美術研究所［編集］『美術研究』第百二十三號、同所）※→梅津次郎197202 ②
194211	：○圓伊筆一遍聖繪殘闕　東京益田太郎氏蔵（『日本美術資料』第五輯、美術研究所）
197202	◎繪卷物叢誌（法蔵館）
	：①天狗草紙考察※←梅津次郎193602
	：②魔佛　一如繪詞考※←梅津次郎194203
199504	◎角川絵巻物総覧（梅津［監修］・宮次男・真保亨・吉田友之［編集］、角川書店）
	※カラー口絵ネーム：「国宝「一遍聖絵」第7巻第3段　東京　東京国立博物館。同辞典に限り便宜上、項目名を50音順で排列し、執筆者ごとに項目を一括表記す
	：○宮　　次男：一遍絵／一遍聖絵　四巻／一遍聖絵　七巻
	：○松浦　清：融通大念仏亀鐘縁起絵　一巻／融通大念仏亀鐘縁起絵　一巻
	：○吉田　友之：融通念仏縁起絵　一巻／融通念仏縁起絵　一巻／融通念仏縁起絵　一巻／融通念仏縁起絵　二巻／融通念仏縁起絵　二巻／融通念仏縁起絵　二巻／融通念仏縁起絵　二巻／融通念仏縁起絵　二巻／融通念仏縁起絵　二巻／融通念仏縁起絵　二巻
	：○宮　　次男：遊行上人縁起絵　十巻／遊行上人縁起絵　一巻／遊行上人縁起絵　四巻／遊行上人縁起絵　一巻／遊行上人縁起絵　一幅／遊行上人縁起絵　一巻／遊行上人縁起絵　一巻／遊行上人縁起絵　一巻／遊行上人縁起絵　四巻／遊行上人縁起絵　一巻／遊行上人縁起絵　一巻／遊行上人縁起絵　二十巻／遊行上人縁起絵　十巻／遊行上人縁起絵　十巻／遊行上人縁起絵　十巻
梅原　猛（※国際日本文化研究センター名誉教授・京都市立芸術大学名誉教授。元同センター初代所長）
199103A	◎小栗判官（新潮社）
199103B	◎バサラと幽玄（梅原［監修］、学研〔人間の美術7〕）※「異類」による人間界の風刺―「十二類合戦絵巻」」の「世をはかなむ狸の「踊念仏」」の項で、一遍上人の「踊念仏」に言及、続く「謎の人物後崇光院の作意」の項で「一遍聖絵」「天狗草紙」の「踊念仏」にも言及、図版ネーム：「猫（マミ）阿弥の道場に止住、念仏踊りをする」、同キャプション：「猫阿弥は時衆の僧であろう。狸の念仏踊りは、一遍の「踊念仏」である」「今、西山派といえば、京極にある西山深草派の誓願寺が重要。ここは時宗ではないが、時宗道場と同じように機能してきた。和泉式部の伝承の発端の場所である。「花乗房」（狸）も時衆であろうか」
199207	◎人間大学・あの世と日本人（日本放送出版協会）※「浄土思想の諸相第12回　一遍」の項あり
199701	◎京都発見一「地霊鎮魂」（新潮社）※―『讀賣新聞』日曜版 1994年6月5日～1995年5月14日・8月27日号連載「地霊・鎮魂もののかたり」に加筆し、脚註を加えたもの
	：①一遍と歓喜光寺※→梅原猛200210 ①
	：②作阿と金光寺※→梅原猛200210 ②
	：③他阿と長楽寺※→梅原猛200210 ③
	：④国阿と正法寺※→梅原猛200210 ④
	：⑤浄力と金蓮寺※→梅原猛200210 ⑤

あ行

199802 ◎京都発見二「路地遊行」（新潮社）
：①橘行平と因幡堂※←『讀賣新聞』日曜版 1995 年 5 月 21 日号「地霊・鎮魂もののかたり」に加筆し、脚註を加えたもの。『一遍聖絵』の因幡堂縁起に言及。→梅原猛 200210 ⑥

200009 ◎法然（講談社〔浄土仏教の思想 8〕）※冒頭の「法然の福相、親鸞・一遍の異相」の節に、図版：神奈川県立歴史博物館蔵一遍画像。←当該部分初出：『中外日報』1993 年 9 月 20・27 日・10 月 4 日各月曜日

200105 ◎京都発見三「洛北の夢」（新潮社）※←『京都新聞』日曜版 1998 年 11 月 1 日〜 1999 年 6 月 13 日号連載「京都遊行」に加筆し、脚註を加えたもの
：①山王様と「みあれ」祭※甲府一蓮寺蔵渡唐天神画像に脚註で言及

200202 ◎梅原猛の授業　仏教（朝日新聞社）※洛南高校附属中学校での 2001 年度「宗教」の授業記録。第九時限「鎌倉は新しい仏教の時代 1　法然と親鸞」の「即身成仏ではなく、他力によって悟りを得る」で一遍に言及

200210 ◎梅原猛著作集 16「京都発見」（小学館）
：①一遍と歓喜光寺※←梅原猛 199701 ①
：②作阿と金光寺※←梅原猛 199701 ②
：③他阿と長楽寺※←梅原猛 199701 ③
：④国阿と正法寺※←梅原猛 199701 ④
：⑤浄阿と金蓮寺※←梅原猛 199701 ⑤
：⑥橘行平と因幡堂※←梅原猛 199802 ⑥

200401 ：梅原猛の新「授業・仏教」第 12 講　一遍　こだわりの心を捨て念仏と旅に生きる（『一遍　捨ててこそ救われる』朝日新聞社〔週刊　朝日百科・仏教を歩く 12 号［2004 年 1 月 4・11 日号］］）※→梅原猛 200407 ②

200402 ：梅原猛の新「授業・仏教」第 19 講　空也・源信　浄土教を発展させた行動の人と理論の人（『空也・源信　念仏で浄土へ』朝日新聞社〔週刊　朝日百科・仏教を歩く 19 号［2004 年 2 月 29 日号］］）
※『一遍上人語録』を引用。→梅原猛 200407 ①

200407 ◎日本仏教をゆく（朝日新聞社）
：①空也・源信　浄土教を広めた二人の聖※←梅原猛 200402 改題
：②一遍　踊り念仏で遊行する捨聖※←梅原猛 200401 改題

201209 ◎梅原猛の仏教の授業　法然・親鸞・一遍（ＰＨＰエディターズ・グループ〈ＰＨＰ研究所［発売］〉）
※ＤＶＤ『梅原猛の浄土仏教講義』（方丈堂出版）に収録の講演を大幅に加筆・修正。カラー口絵ネーム：「一遍上人像（神奈川県立歴史博物館蔵）」『一遍上人絵伝』巻第七より／京都市屋道場での踊り念仏（東京国立博物館蔵 Image:TNM Image Archives）」
：一遍の授業（一遍上人を知る為の四つのキーワード／妻と子をおいて旅に出る※写真ネーム：「宝厳寺。一遍の生誕地に建立（愛媛県松山市）」／一遍の独自性「信・不信を問わず」※写真ネーム：「熊野本宮大社社殿（和歌山県田辺市）」／漂泊―最低の生活、最下層の人々／捨聖―武士の魂と肉体が可能にした徹底した捨身行※図版ネーム：「一遍上人像（神奈川県立歴史博物館蔵）」／詩歌―何の飾りもない瓢々とした軽さの正体／詩歌―臨機応変、機知に富んだ珠玉の問答／踊り念仏―なぜ念仏が踊りになったのか※図版ネーム：『一遍上人絵伝』巻第七（東京国立博物館蔵 Image:TNM Image Archives）」／一遍上人が衰退した仏教を救う）
※ 2009/10/13 於時宗総本山・清浄光寺、題目：「一遍上人の世界」講演

梅原　正紀（※ルポライター。1929/2/11-1992/11/9）

198304 ◎日本の仏教（梅原［文］・貝原浩［絵］、現代書館〔For Biginners シリーズイラスト版オリジナル 11〕）
※一遍と時宗に言及

梅村　隆之（※〈東京都中央区・有限会社〉オフィス・ユービレッジ代表。元〈同区・株式会社〉朝日新聞社編集者）

200011 ：□一遍聖絵（『朝日新聞』日曜版「名画日本史」同月 19 日号、同社）※『一遍聖絵』特集。第 1 面に 7 巻「市屋道場」・2 巻「旅立ち」、第 3 面に藤沢遊行寺蔵「一遍上人画像」・日本大学総合学術情報センター蔵「魔仏一如絵詞」のカラー図版、遊行寺本堂・本堂内為念仏会・片瀬地蔵堂跡、のカラー写真を掲載。→梅村隆之 200103

200103 ：一遍聖絵（朝日新聞日曜版「名画日本史」取材班［著］『名画日本史　イメージの 1000 年王国をゆく　朝日新聞日曜版』第 2 巻、朝日新聞）※←梅村隆之 200011

裏辻　憲道（※福岡市博多区一行寺〔浄土宗鎮西派〕住職。1909-故人）

195611 ：◎新出の一遍上人像について（『美術史』第十七号、同学会）

瓜生　中（※作家）

199410 ◎日本の寺院を知る事典（瓜生・渋谷申博［著］、日本文芸社）
※時宗の解説と、鎌倉東慶寺の項で世良田満徳寺に言及

200811 ：仏教者の様々な臨終（『大法輪』平成二十年十一月号［第 75 巻第 11 号］［特集‖死とどう向き合うか］、大法輪閣）※「一遍の臨終―南無阿弥陀仏になりはてぬ」の項あり。単色写真：愛媛・宝厳寺蔵「一遍上人」

海野　弘（※美術評論家。元〈東京都千代田区・株式会社〉平凡社『太陽』編集長）

| 200709 | ◎秘密結社の日本史（平凡社〔同社新書 389〕） |

※「第 2 章　中世―遊行する神々と新仏教」に「時衆阿弥教団」の項あり

枝　　久夫（※元〈茨城県真壁郡〉真壁町（現桜川市）文化財保護審議委員。1920-）
| 199501 | ○まかべ町の民話（枝久夫［筆］・枝利郎［編集］、枝利郎私家版）※真壁常永寺に言及 |

衛藤　　駿（※神奈川県立歴史博物館長・慶應義塾大学名誉教授。元〈奈良・現公益財団法人〉大和文華館学芸講談員。1930/12/3-1997/8/1）
| 199211 | :○阿弥派（『日本史大事典』第一巻、平凡社）※項目執筆 |

江戸川柳研究会
| 200202 | ◎江戸川柳　東海道の旅（同会［編］、至文堂〔国文学　解釈と鑑賞別冊〕） |

※「藤沢」「遊行寺」「小栗堂」「池田」「橋本」「浄瑠璃姫」「関寺」の項あり

ＮＨＫ（日本放送協会）（※東京都渋谷区）
| 199904 | ◎ＮＨＫ歴史セミナー・歴史でみる日本・1999年度（日本放送協会［編］、日本放送出版協会） |

※図版：『聖絵』新宮参拝。「日本放送協会」名義
| 200104 | ◎北条時宗とその時代展（ＮＨＫ・ＮＨＫプロモーション［編集］、ＮＨＫ・ＮＨＫプロモーション） |

※ 2001/4/10-5/27 於（東京都墨田区・都立）江戸東京博物館、企画展図録。カラー図版：「一遍上人絵伝」巻五（一遍と時宗の出会い。高野修［巻末解説］）・神奈川県立歴史博物館蔵「一遍上人像」（内田啓一［巻末解説］）・清浄光寺蔵「一遍上人像」「一向上人像」「遊行上人縁起絵」（3場面。高野修［巻末解説］）

ＮＨＫアート（※東京都渋谷区・株式会社）
| 199804 | ◎図録・三嶋大社宝物館（ＮＨＫアート［企画・制作］、三嶋大社）※図版：『聖絵』巻六 |

ＮＨＫ取材班（※東京都渋谷区・日本放送協会放送センター内）
| 198807 | ◎奈良　春日大社　宝刀　京都　西本願寺　飛鳥閣　奈良　薬師寺　神奈川・京都　一遍上人絵伝（日本放送出版協会〔ＮＨＫ国宝への旅第 11 巻〕） |

ＮＨＫ出版（※東京都渋谷区・株式会社・旧日本放送出版協会〈旧通称：ＮＨＫ出版〉）
| 199707A | ◎広重五十三次を歩く（上）　日本橋～袋井宿（土田ヒロミ［写真］・ＮＨＫ出版［編］、日本放送出版協会） |

※藤沢遊行寺に言及
| 199707B | ◎広重五十三次を歩く（下）　見付宿～京都（土田ヒロミ［写真］・ＮＨＫ出版［編］、日本放送出版協会） |

※時宗寺院に言及

ＮＨＫ「聖徳太子」プロジェクト（※東京都渋谷区・日本放送協会放送センター内。代表：辻泰明）
| 200111 | ◎聖徳太子信仰への旅（日本放送出版協会）※『一遍上人絵伝』太子廟に言及 |

ＮＨＫプロモーション（※東京都渋谷区・株式会社）
| 200104 | ◎北条時宗とその時代展（ＮＨＫ・ＮＨＫプロモーション［編集］、ＮＨＫ・ＮＨＫプロモーション） |

※詳細⇒ＮＨＫ 200104

榎　　克朗（※大阪教育大学名誉教授）
| 195506 | :○和讃（『国語国文』第二十四巻第六号、京都大学文学部国語国文学研究室） |
| 195607 | :○再帰的助動詞「しむ」―親鸞研究のついで―（大阪大学文学部国語国文学研究室［編］『語文』第十七輯、同室） |

※→榎克朗 199401 ⑩
195908	:○王朝の叙事詩（西角井正慶・新間進一・志田延義［編］『日本の歌謡』角川書店〔日本古典鑑賞講座 14〕）
196402	:○にわか説教師の弁（『続日本歌謡集成（巻一中古編）月報』5、東京堂出版）
196403	:○仏教歌謡管見補正（『学大国文』第七号、大阪学芸大学国語国文学研究室）
196412	:○極楽六時讃古態小考（金井清光［編集］『時衆研究』第九号、金井私家版）
196502	:○「極楽六時讃」作者小考（『学大国文』第八号、大阪学芸大学国語国文学研究室）※→榎克朗 199401 ⑨
196504	:○長秋詠藻所収極楽六時讃歌小注（金井清光［編集］『時衆研究』第十一号、金井私家版）
196510	:○極楽六時讃ノート―その一（序分）―（金井清光［編集］『時衆研究』第十四号、金井私家版）
196512A	:○「極楽六時讃」古写本考（『学大国文』第九号、大阪学芸大学国語国文学研究室）※→榎克朗 199401 ⑧
196512B	:○極楽六時讃ノート―その二（晨朝）―（金井清光［編集］『時衆研究』第十五号、金井私家版）
196602	:○極楽六時讃ノート―その三（日中）―（金井清光［編集］『時衆研究』第十六号、金井私家版）
196604	:○極楽六時讃ノート―その四（日没）―（金井清光［編集］『時衆研究』第十七号、金井私家版）
196606	:○極楽六時讃ノート―その五（初夜）―（金井清光［編集］『時衆研究』第十八号、金井私家版）
196608	:○極楽六時讃ノート―その六（中夜）―（金井清光［編集］『時衆研究』第十九号、金井私家版）
196610	:○極楽六時讃ノート―その七（後夜）―（金井清光［編集］『時衆研究』第二十号、金井私家版）
196612	:○「極楽六時讃」古写本考　続編（『学大国文』第一〇号、大阪学芸大学国語国文学研究室）

※→榎克朗 199401 ⑧
| 196703 | :○「阿弥陀仏」二題―紫式部日記・方丈記のアイロニー―（『大阪学芸大学紀要』A人文科学第十五号、同大学）※→榎克朗 199401 ④ |

196801	：○明恵上人「四座講式」―想仏恋の文学―（『大阪教育大学紀要』第Ⅰ部門人文科学第十六号、同大学）※→榎克朗 199401 ③
196802	：○極楽六時讃の本意（大阪教育大学国語国文学研究室［編］『学大国文』第一一号、同室）※→榎克朗 199401 ⑨
196910	：○文学と宗教との出合い―「美しい日本の私」〔川端康成講演〕に因んで―（『文学』第三七巻第一〇号、岩波書店）※→榎克朗 199401 ①
197012	：○極楽六時讃ノート（補足）（金井清光［編集］『時衆研究』第四十五号、金井私家版）
197103	：○極楽六時讃私箋（『大阪教育大学紀要』Ⅰ人文科学第二十巻、同大学）
197707	：○鎌倉仏教と文学（五来重［編集］『仏教文学』角川書店〔鑑賞日本古典文学第 20 巻〕）※→榎克朗 199401 ②
197910	◎梁塵秘抄（榎［校注］、新潮社〔新潮日本古典集成第 31 回〕）
	：○声明ないし和讃をめぐって※→榎克朗 199401 ⑥
198603	：○「本地」と「本事」（大阪教育大学国語国文学研究室［編］『学大国文』第二九号、同室）※→榎克朗 199401 ⑤
199012	：○歌詞の透き間―『梁塵秘抄』の場合―（『日本歌謡研究』第三〇号、日本歌謡学会）※→榎克朗 199401 ⑪
199401	◎日本仏教文学と歌謡（笠間書院〔笠間叢書 264〕）※時衆と無関係な後段の論攷 2 本は省略
	：①文学と宗教との出合い※←榎克朗 196910 改題
	：②鎌倉仏教と文学※←榎克朗 197707
	：③明恵上人と「四座講式」―想仏恋の文学―※←榎克朗 196801
	：④「阿弥陀仏」二題―「紫式部日記」「方丈記」の場合―※←榎克朗 196703 改題
	：⑤本地物と本事譚※←榎克朗 198603 改題
	：⑥声明と和讃・古和讃※←榎克朗 197910 ①改題
	：⑦「極楽六時讃」私箋※←榎克朗 197103
	：⑧「極楽六時讃」の古写本と古態※←榎克朗 196512A・196612 改題
	：⑨「極楽六時讃」の本意と作者※←榎克朗 196502・196802 改題
	：⑩親鸞の和讃と再帰的助動詞「しむ」※←榎克朗 195607 改題
	：⑪歌詞の透き間―『梁塵秘抄』の場合―※←榎克朗 199012

榎原　雅治（えばら　まさはる）（※東京大学史料編纂所教授。元同所所長）

200804	◎中世の東海道をゆく―京から鎌倉へ、旅路の風景（中央公論新社〔中公新書 1944〕）※ 2005 年度東洋大学文学部講義内容を成稿。「第六章　中世の交通路と宿」の「宿の町並み」の項に萱津宿、本文で時宗光明寺に言及、図版に「図 6-2 尾張国富田庄絵図」（円覚寺蔵）のネームに「萱津宿の部分の拡大図で、萱津宿と書かれた文字の左側に光明寺」とキャプション、「光明寺の現況（著者撮影）」をもつ各単色写真掲載。「図 6-3 萱津の小字」の地図に「光明寺道場」が載る。続く「宿の寺」の節に、応永二十五年（1418）秋、将軍足利義持の伊勢参詣に随行した歌人子晋明魏（耕雲、花山院長親）の旅行記『耕雲紀行』の往路記事に「あのゝ津」の「念仏の導場」宿泊とあり、復路記事に「あのゝ津の導場にやどる」とあり、応永三十一年（1424）の義持の伊勢参詣に随行したある公家（氏名不詳）の『室町殿伊勢参宮記』の往路記事にも「あのゝつにつきぬ。まづ御宿坊へまいりて」とあるが、この「御宿坊」も「念仏の導場」と同じ時宗道場と推定し、萱津宿絵図と図中の光明寺を連想。また現曹洞宗の下津宿の頓乗寺は南北朝時代に開かれた当初時宗で、将軍足利義満が富士見物の途上同寺に（『新修稲沢市史　研究編五』）、永正九年（1512）駿河に下った公家冷泉為広は時宗見付長光寺に、それぞれ宿泊しており（『為広駿州下向日記』）、時宗寺院が宿泊施設として用いられたと推察。時宗は宗祖一遍から「遍歴する反体制派」の印象があるが真教以後陣僧の活動などにより武家との関係を強め定住性を高め、遊行の拠点のため道場を設置したし、宿泊施設としても使われたとみる。さらに時宗や律宗を中心とした寺院が中世の本陣としての役割りがあった可能性を示唆。同じく「宿の長者」の節の「宿の長者と寺院」の項でも萱津宿に言及、『一遍上人絵伝』の記述を引用し、甚目寺はじめ萱津宿光明寺、下津宿頓乗寺、見付長光寺、安濃津道場が、宿の長者のような富裕者の助力で維持されていたと推測。次いで室町時代の山陽道での事例として、「宿の長者」の後裔というべき播磨西部・矢野庄内の山陽道二木宿の長者、小河氏は交通・運輸に携わる武士とみられ、永享元年（1429）遊行上人による勧進の保護を行っている。宿には京都から来た荘園領主の使の宿泊所として利用された時宗道場があり、その道場を維持するための費用を調達するためか、遊行上人が米銭を募っている。矢野庄では米二斗五升を寄附があったという（『東寺百合文書』）。安濃津の道場とは真光寺、また永享元年時点の遊行位は同年七月に 15 代尊恵が亡くなったので 16 代南要である（古賀克彦註）。「終章　中世東海道の終焉」の「鳴海の水辺」の項で、元禄八年（1695）富士見物に出かけた梅月堂宣阿（香川景継）『富士一覧記』を紹介。参考文献に今井雅晴 198108 を挙げるが、金井清光 200012 ⑤が適切か（古賀克彦註）
201207	：○中世東海道の宿と渡の空間構成（小野正敏・五味文彦・萩原三雄［編］、遊行寺宝物館［編集協力］『一遍聖絵を歩く―中世の景観を読む―』高志書院〔考古学と中世史研究9〕）
	※「Ⅲ　都市と道、宿と津・湊　人とモノの動きから」のうち。肩書：「東京大学史料編纂所教授」
201211	◎兼宣公記 2（榎原・小瀬玄士［校訂］、八木書店〔史料纂集・古記録編・第 165 回配本〕）

※應永三十一年（1424）八月十日条の標出：「四條道場火く」、本文：「半更時□當南□□炎上、四条道場云々、不残一□〔宇〕悉以燒失云々、可悲可愍、失□□□放火歟、可尋知者也」、同月十六日条の標出：「時正／西洞院道場に踊念佛を聽聞、本文：「時正中日也、旁令持齋者也、詣瑞雲院燒香、次詣西洞院道場、跳聽聞、法性寺（藤原爲盛）三位・□□禪門抔同來者也」

海老名市（※神奈川県海老名市）
199403 ◎海老名市史 3　資料編　近世Ⅰ　（同市［編］、同市）※藤沢遊行寺祠堂金借用証文 4 通あり

愛媛県文化振興財団（※愛媛県松山市・現公益財団法人）
198302 ◎文化愛媛第三号（同財団）
　　　　特集「一遍」
　　　：○越智　通敏：総説一遍
　　　：○中川　重美：一遍上人の窪寺遺跡について
　　　：○古川　雅山：岩屋寺　一遍と空海
　　　：○村上　春次：一遍上人と湯釜薬師　その名号は真筆か
　　　：○足助　威男：一遍の風土
　　　：○手東妙絹尼：捨つる心　一遍さんを慕って
　　　：○坂村　真民：一遍讚歌
　　　：○越智　通敏：一遍年譜
198910 ◎文化愛媛第二十二号（同財団）
　　　　特集「一遍」
　　　：○和田　茂樹：連歌師――一遍の系列―
　　　：○田村　憲治：一遍聖絵に見る説話
　　　：○坂村　真民：復活する一遍
　　　：○川本　陽吾：一遍上人「うつせみ」の歌
　　　：○足助　威男：孤独の旅から踊躍の旅へ
　　　：○越智　通敏：一遍の念仏往生
　　　：○白方　　勝：近世文学の中の一遍上人※白方ほか［執筆］

愛媛新聞社（※愛媛県松山市・株式会社）
201402 □門前町の活気もういっぺん（『愛媛新聞』同月 12 日号、同社）
　　　※奥谷宝厳寺門前町の復興に言及。渡部聡弓［署名記事］
201403 □焼失の一遍上人像　重文解除を答申　文化審（『愛媛新聞』同月 19 日号、同社）
　　　※カラー写真ネーム：「木造一遍上人立像（一遍会提供）」。無署名

江村　專齋（※美作國津山藩〈森家〉儒医。1565-1664/11/13）
192599 ○老人雜話（近藤瓶城［編］『纂錄類』第二、近藤活版所〔改定史籍集覽第十冊〕）
　　　※冒頭で「遊行上人の祖を一遍上人と云隆蘭溪に法を聞く」とし和歌を掲ぐ

縁切寺満徳寺資料館（※群馬県新田郡尾島町〈現太田市〉・町立〈現市立〉）
199210 ◎縁切寺満徳寺資料館解説書（同館［編］、同館）※徳川公民館として存続していた徳川満徳寺を資料館化

遠藤綺一郎（元山形県立米沢女子短期大学教授、元同県立米沢興譲館高等学校教諭。1925-2010/1）
198812 ○亀岡文殊奉納詩歌百首について（『山形県立米沢女子短期大学附属生活文化研究所報告』第 15 号、同所）
　　　※慶長七年（1602）亀岡文殊堂（真言宗智山派大聖寺・山形県東置賜郡高畠町）で行われた直江兼続主催の連歌会に越後府中（現高田）称念寺、若松東明寺僧ら時衆が参加

遠藤　聡明（※青森県黒石市来迎寺〈浄土宗鎮西派〉住職）
200203 ○貞享以前の津軽藩領内浄土宗寺院の動向（浄土宗教学院［編集］『佛教論叢』第四十六号、同院）
　　　※「二　『国日記』前夜の浄土宗の動向」で紹介する『平山日記』（『みちのく叢書』青森県文化財保護協会。農家の記録）慶安四年（1651）項に「今年遊行上人来」とあり、「五　遊行上人回国の待ち受け」でも同記事に言及。その部分の「註」に「遊行上人とは本来時宗の開祖一遍智真であり、師風を継いで諸国を遊行した他阿真教をも指す語ではあるが、その系譜に連なる時宗総本山清浄光寺住職の尊称となった。」とあり、遊行上人と藤沢上人を混同（古賀克彦註）

遠藤　徹（※東京学芸大学教育学部准教授）
199301 ○秦皇船陣楽と妓女の舞―『一遍聖絵』に描かれた舞楽（一遍研究会［編］『一遍聖絵と中世の光景』ありな書房）

及川　大渓（※岩手県立盛岡短期大学〈現岩手県立大学盛岡短期大学部〉名誉教授。元廣島文理科大學附置廣島高等師範學校〈現広島大学教育学部〉教授。1892/3/18-1974/11/14）
195811 ○奥羽の熊野信仰（『岩手史学研究』第二十九号、岩手史学会）
196006 ○奥州中世豪族の熊野結縁（『岩手史学研究』第三十四号、岩手史学会）

196106	：〇奥州の中世仏教と地方文化（『岩手史学研究』第三十七号、岩手史学会）
197306	◎東北の仏教―みちのく仏教伝播史―（国書刊行会〔みちのく研究双書4〕）

追塩　千尋（※北海学園大学人文学部教授。元北海道教育大学教育学部釧路校教授）

198510	：〇叡尊における「探〔闥〕」の意義（日本歴史学会［編集］『日本歴史』第四百四十九号、吉川弘文館）
	※「一遍と夢」の項あり。→追塩千尋 199502 ①
199502	◎中世の南都仏教（吉川弘文館）
	：①叡尊における「探〔闥〕」の意義※←追塩千尋 198510
200202	：〇鎌倉仏教の成立と展開（逵日出典［編］『日本の宗教文化』（下）、高文堂出版社〔宗教文化全書3〕）
	※一遍に言及、ただし父を「河野道広」と表記
201412	：〇重源伝承の諸相（『年報新人文学』第11号、北海学園大学大学院文学研究科）
	※ p36 に大塚紀弘 201003・小野澤眞 201206 に言及

合瀬　純華（※元駒澤大学文学部非常勤講師）

|199903|：〇富山浄禅寺所蔵掛幅装『遊行上人縁起絵』について（『芸能文化史』第十七号、同研究会）|

旺　文　社（※東京都新宿区・株式会社）

|200010|◎日本史事典　三訂版（同社［編］、同社）※「一遍」「一遍上人絵伝」等の項あり。後者に、〈京都歓喜光寺本〉が最もすぐれており、とあり『聖絵』のみの記述。→ 2001年重版|

近江湖北名刹会

|199209|◎近江湖北二十七名刹巡礼（同会［編］、朱鷺書房）|
| |※「第二十五番　蓮華寺」の項あり、番場蓮華寺。のちの同寺貫主大橋俊雄の寄稿含む|

青梅市郷土資料室文化財係（※東京都青梅市・現同市郷土博物館内）

|199412|◎青梅市仏像彫刻調査概報II（同係［編集］、同市教育委員会）|
| |※今井正福寺、勝沼乗願寺の項あり。仏像の悉皆調査データ。単色口絵：各寺院仏像|

青梅市郷土博物館（※東京都青梅市）

201003	◎青梅市史史料集第五十五号『皇国地誌』上（同館［編］、同市教育委員会）※勝沼乗願寺の項あり。『皇国地誌』西多摩郡村誌の編者齋藤眞指（1822/7/23-1904/3/24）は勝沼神社祀官にして同寺檀家
201403	◎戦国時代の青梅―三田氏の滅亡と北条氏―（同館［編］、同館）
	※ 2014/1/11-3/23 於同館、特別展図録。勝沼乗願寺蔵・兜前立・旗指物あり

青梅市史編さん委員会（※東京都青梅市）

|199510|◎青梅市史上巻（同委員会［編集］、東京都青梅市）※勝沼乗願寺、今井正福寺に言及|

大石　直正（※〈岩手県〉一関市博物館館長・東北学院大学名誉教授）

|200308|：〇人々が憧れた東北の霊場（『週刊　日本遺産』43号（2003年8月19日号）《松島》、朝日新聞社〔朝日ビジュアルシリーズ〕）※カラー図版：兵庫真光寺蔵「一遍上人絵伝」|
|200710|：〇〈書評と紹介〉『青森県史　資料編　中世3　安藤氏・津軽氏関係資料』（『弘前大学國史研究』第123号、同会）※県史に採録された「藤沢の清浄光寺所蔵のいわゆる「往古の過去帳」に言及。大橋俊雄の飜刻には誤り多しとしつつ、時衆教団内の階位を示す「一寮」などをみな地名の「一戸」などの誤記かと推測してしまっている（小野澤註）。肩書き：「東北学院大学名誉教授」|

大石　学（※東京学芸大学教育学部教授・時代考証学会初代会長。元名城大学法学部助教授）

|199407|◎大江戸意外なはなし 366日事典（講談社［同社＋α文庫］）|
| |※「平将門の首塚」に言及。肩書き：「名城大学助教授」|

大石三沙子（※〈神奈川県中郡〉大磯町郷土資料館学芸員）

|201001|：〇東海道藤沢宿の問屋場―宿駅の人馬継立―（『神奈川地域史研究』第27号、同会）|
| |※ 2007/9/8 於（神奈川県）藤沢市民会館第3会議室、同会例会報告「近世宿駅制度と地域構造―東海道藤沢宿を事例として―」を成稿。「藤沢山は祠堂金の貸付で有名な清浄光寺のことであり」との記述あり|

大分県立宇佐風土記の丘歴史民俗資料館（※大分県宇佐市・現同県立歴史博物館）

|199510|◎寺社絵の世界　中世人のこころを読む（同館［編］、同館）※於同館、1995年度秋季企画展の展示解説図録。カラー図版：『一遍上人絵伝』巻九の「石清水八幡宮」、「淀上野にての踊念仏」、カラー・単色図版：東京国立博物館蔵『遊行上人縁起』の善光寺|

大分県立歴史博物館（※大分県宇佐市・旧同県立宇佐風土記の丘歴史民俗資料館）

199810	◎常設展示　豊の国・おおいたの歴史と文化―くらしと祈り―（同館）
	※時宗と他阿派教の言及あり。図版：鉄輪永福寺本遊行上人縁起絵巻7善光寺
199910	◎湯浴み～湯の歴史と文化～（同館）
	※「別府と一遍」の節あり。カラー写真・図版：鉄輪永福寺蔵一遍坐像、永福寺本「遊行上人縁起絵」善光寺・円観房入信場面、一遍聖絵（巻3、複製）禅室の風呂。単色写真：鉄輪温泉湯あみ祭

200410 ◉特別展　南無阿弥陀仏―浄土への道―（同館）
　　　　※2004/10/15-11/21 於同館、特別展図録。写真：別府市永福寺蔵恵信尼座像
大分市歴史資料館（※大分市）
200510 ◉第24回特別展　都へのあこがれ―戦国・織豊期の大友氏と豊後（同館）
　　　　※2005/10/21-11/20 於同館、第24回特別展図録。「称名寺」の項に「大友氏時の帰依によって暦応4年（1341）に開かれたとされる時宗寺院。戦国時代の府内町を描いた絵図には、大友館のすぐ北東の名ケ小路に寺地を有する。寺跡と推定される場所からは金箔を貼った鬼瓦や鍵・柄杓・土師器が出土し、その特異な性格をのぞかせている。天正18年（1590）の「高田庄年貢徴符并請取状」によれば、称名寺の其阿なる僧侶が受取に証判を加えて奉行的な役割を演じており、また大友家統の使僧をつとめるなど、大友氏と密接な関係を有している。時宗の関係者の中に足利将軍家の座敷飾りや調度品等を管理した同朋衆がいたことはよく知られているが、大友氏の年中行事の内容を記した「当家年中作法日記」によると、同家にもその存在がみられる。金箔に彩られた調度品を出土する称名寺の中に、そうした同朋衆の関係者がいた可能性が高いとみられる。」とあり。カラー図版ネーム：「府内古図（B類）・称名寺部分」。同館武富雅宣［資料解説］・同館長田弘康［図録編集］
大江　一道（※元跡見学園女子大学文学部教授）
199301 ◎日本（朝日新聞社［地域からの世界史18]）※一遍と一向に言及。単色図版ネーム・キャプション：「『一遍上人絵伝』1284年、都に入った一遍は空也の遺跡である金光寺に入った。図は『絵伝』7巻3段。高床の仮屋で踊る念仏衆の躍動と、それを見上げる庶民や牛車の貴人達が巧みに描かれている。東京国立博物館蔵」。ただし一遍在世時に金光寺（市屋道場）の称が妥当かは疑義あり（古賀克彦註）
大風印刷（※山形市・株式会社）
200009 ◎山形のお寺（同印刷［編集］、同社）※山形市・上山市・東村山郡山辺町・同中山町の旧一向派寺院を掲載
大角　修（※〈東京都荒川区・有限会社〉地人館代表。元〈東京都杉並区・株式会社〉佼成出版社社員）
200410 ◎名僧の漢詩を読む（佼成出版社）※「一遍―善悪を説かず善悪を行ぜず（聖衆来迎／賦算の旅へ／南無阿弥陀仏)」の章あり、『一遍上人語録』の「誓願偈文」をとりあぐ。
200911 ◎日本仏教史入門―基礎史料で読む（山折哲雄・大角［編著]、角川学芸出版［角川選書453]）
　　　　※「第三章　鎌倉時代」に「7　一遍と時宗」の項あり
201207 ◎日本の仏教を築いた名僧たち（山折哲雄・大角修［編]、角川学芸出版［角川選書510]）
　　　　※「第三章　鎌倉時代」の「時宗の祖　一遍上人―「南無阿弥陀仏」の札を配りながら旅をした遊行上人」の項あり。細目は、「生涯」に［生まれと出家］［遊行の開始］［時衆］［無一物の死］［時宗のその後]、「主な著述」・「ゆかりの寺」、「教えと言葉」に［とも跳ねよ］。←大橋俊雄197110を参考・引用文献に挙ぐ
201303 ◎浄土三部経と地獄・極楽の事典　信仰・歴史・文学（春秋社）
　　　　※「第三部　日本の浄土教・文化史事典」の「鎌倉時代」に「一遍と時宗（一遍の生涯」「時宗とその後」「一遍の言葉」「十一不二頌」「六十万人の頌」「とも跳ねよ」「誓願偈文」「道具秘釈」「旅衣の歌」「南無阿弥陀仏となり果てぬ)」の項あり。「室町・安土桃山時代」に「時宗の動き」の項あり
大川　一義（※〈神奈川県横浜市南区〉大川小児科医院院長・小児科医）
199602 ◎随筆　切に思うこと―「かながわ古寺巡礼」ほか（近代文藝社）※「涸源山竜像寺と当麻山無量光寺」の項あり
大木　彬（※元〈山形県〉天童市文化財保護審議会会長）
201102 ：○「羽州盛衰記」でみる一向上人（「郷土てんどう」編集委員会［編］『郷土てんどう』第39号、天童郷土研究会）
大串　夏身（※昭和女子大学人間社会学部特任教授。元東京都立中央図書館司書）
199109 ：○江戸の被差別・東京の被差別（小木新造［編］『江戸東京を読む』筑摩書房）※「一遍聖絵」の世界」の節あり。『一遍聖絵』第7巻第3段「市屋道場」の図版を用いるも、次に続く「桂の情景」と誤認。また『一遍上人絵詞伝』第5巻第5段「藤塚から宮城」の図版を用いるも、本文では『一遍聖絵』との弁別なされず
大久保俊昭（※元駒場学園高等学校教諭）
198205 ○駿河の「旦過堂」について（今川氏研究会［編］『駿河の今川氏』第六集、静岡谷島屋）
　　　　※→大久保俊昭198402 →大久保俊昭200806 ①
198402 ○駿河の「旦過堂」について（有光友学［編］『今川氏の研究』吉川弘文館［戦国大名論集五]）
　　　　※←大久保俊昭198205。→大久保俊昭200806
200806 ◎戦国期今川氏の領域と支配（岩田書院［戦国史研究叢書5]）
　　　　※①「旦過堂」について※←大久保俊昭198402 ←大久保俊昭198205
大久保芳木（※奥多摩川漁業協同組合理事・〈東京都〉青梅市文化財保護指導員）
200905 ：□ふるさとの文化財98　乗願寺の木造阿弥陀如来立像（青梅市役所秘書広報課［編集］『おうめ』No.1,126、同課）※勝沼乗願寺の縁起と本尊を略述。鎌倉期の作風とみる。カラー写真ネーム：「阿弥陀如来立像」。肩書き：「市文化財保護指導員」

大隈　和子（※元〈福岡県〉太宰府市文化財専門委員）
200303　：①『一遍聖絵』巻一について
　　　　※←金井清光200004①を引用、ただし「時衆文化協会『時衆(マヽ)文化』創刊号」と表記
　　　　：②時衆と時宗
　　　　：③時衆の特異な活動※←時衆の美術と文芸展実行委員会199511を元にまとめたもの
　　　　：④九州の時衆※←川添昭二198106①を元にまとめたもの
　　　　：⑤九州探題今川了俊と時衆※←川添昭二198201①・198201②を元にまとめたもの
　　　　：⑥博多時衆・宰府時衆※←川添昭二199000①を元にまとめたもの
　　　　：⑦『金台寺過去帳』にみえる商工業者※←川添昭二198303①を元にまとめたもの。単色図版：「金台寺過去帳」
　　　　：⑧一遍上人略年譜※北村景子・大隈［資料集・年譜作成］
　　　（以上、古都大宰府保存協会［編集］『都府楼』34号［特集：大宰府と時衆(じしゅう)（中世編）］、同会）

大熊　哲雄（※武州農織聖廟研究会副会長・〈東京都台東区・部落解放同盟東京都連合会内〉東日本部落解放研究所会員。元高等学校教諭）
200803　：◎近世の時宗鉦打―関東における差別の様相と研究課題―（『明日を拓く』73＝『解放研究』21号［『東京部落解放研究』改題『東日本部落解放研究所紀要』通刊156号］、同所）※ 2008/1/26 時宗・鉦打研究会第1回報告。板鼻閑長寺・浜川来迎寺・譲原満福寺、藤沢靖介200103・吉川清195606（ただし書名中「時衆」を「時宗」とす）・河野悦然193301・高野修198303に言及し、注で「桐生市・時宗青蓮寺住職本間光雄氏（時宗宗務所前教学部長）より、満福寺文書・原文書写真版コピーの提供を受け、河野・高野両論文掲載資料の校訂を行うことができた。（中略）尚、最近、同氏よりかねて行方不明となっていた満福寺文書の原文書が見つかったので、必要なら案内するとの連絡まで頂いた。近々のうちに訪ねて原文書を閲覧したいと考えているが、既存の満福寺目録に未記載の資料が一つでも多く発見できればと期待しているところである」とす

大蔵省管財局（※東京都千代田区・現財務省理財局）
195404　◎社寺境内地処分誌（同局［編］、大蔵財務協会）
　　　　※戦後国有地の譲渡・売却等に「社寺境内地処分名簿」に天童佛向寺ほか時宗新旧寺院みゆ

大倉精神文化研究所（※神奈川県横浜市港北区・現公益財団法人）
196505　◎日本思想史文献解題（同所［編］、角川書店）※→大倉精神文化研究所199206
199206　◎新版日本思想史文献解題（同所［編］、角川書店）※←大倉精神文化研究所196505
　　　　：石岡　信一：一遍上人絵縁起
　　　　：寺沼　琢明：一遍上人語録
　　　　：寺沼　琢明：一遍上人念仏安心鈔
　　　　：寺沼　琢明：一遍聖絵
　　　　：寺沼　琢明：器朴論
　　　　：佐志　　伝：他阿上人参詣記
　　　　：寺沼　琢明：他阿上人法語
　　　　：源　　了圓：播州法語集
　　　　：森　　章司：播州問答領解鈔
　　　　：小林　円照：玲瓏集

大阪狭山市立郷土資料館（※大阪府大阪狭山市・現同府立狭山池博物館内）
200310　◎特別展　融通念仏の道　中高野街道と狭山（同館［編集］、同館）※ 2003/10/18-11/24 於同館、特別展図録
　　　　：久下　正史：融通念仏信仰の縁起

大阪市史編纂所（※大阪市西区・同市立中央図書館内・旧新修大阪市史編纂委員会）
201201　◎大阪の歴史第七十七号［特集　平野方面］（同所［編集］、同市史料調査会）
　　　　：座談会　平野郷の歴史をめぐって―村田隆志氏を囲んで―※ 2011/4/9 於杭全神社連歌所、村田隆志・藤江謹正・平井和・黒瀬昊・戸田嘉子。「大念佛寺について」の項あり、全員が発言。藤江の「平野と大念佛寺の関係があまり話題にならないでしょう。不思議にね。」の発言が口火。村田が大阪市立博物館199110を推奨

大阪市立博物館（※大阪市中央区・現大阪歴史博物館）
199110　◎第118回特別展融通念佛宗―その歴史と遺宝―（同館［編集］、同館）
　　　　※ 1991/10/6-11/17 於同館、特別展図録。融通念佛宗総体を主題とし、各種史・資料の図版あり

大阪市立美術館（※大阪市天王寺区）
200110　◎聖徳太子展（東京都美術館・大阪市立美術館・名古屋市博物館［編集］、ＮＨＫ／ＮＨＫプロモーション）※ 2001/10/20-12/16 於東京都美術館、2002/1/8-2/11 於大阪市立美術館、3/2-4/7 於（愛知県）名古屋市博物館、特別展図録。聖戒の銘入り京都市西京区宝菩提院願徳寺（天台宗門派）蔵「南無仏太子像」［石川知彦［作品解説］］
200408　◎「紀伊山地の霊場と参詣道」世界遺産登録記念　特別展「祈りの道～吉野・熊野・高野の名宝～」（同館［編集］、毎日新聞社／ＮＨＫ）※ 2004/8/10-9/20 於同館、10/1-11/3 於（愛知県）名古屋市博物館、11/20-2005/1/23

於（東京都）世田谷美術館、特別展示図録。カラー図版：藤沢清浄光寺蔵「後醍醐天皇像」解説：Ak、清浄光寺・神奈川県立歴史博物館蔵「一遍上人像」解説：Ii、宮内庁三の丸尚蔵館蔵「小栗判官絵」解説：Ii、清浄光寺・歓喜光寺蔵『一遍聖絵』巻第二・三、解説：Ya、兵庫真光寺・四条道場金蓮寺・清浄光寺「遊行上人縁起」巻第一、解説：Ya、清浄光寺蔵「三十三所観音曼荼羅図」解説：Ik、彦根高宮寺蔵「伝熊野権現影向図」解説：Ak（以上、アルファベットは原文マヽ）

大沢　巌（※湘南文学歴史散歩の会主宰。元神奈川県立商工高等学校教諭。1924-）
197810　◎神奈川の古寺社　心の散歩道（暁印書館）※「無量光寺」・「来迎寺」（西御門）・「遊行寺」の項あり

大澤　慶子（※文星芸術大学美術学部専任講師。成城大学大学院文学研究科博士課程後期単位取得）
201003　：〇鎌倉・教恩寺阿弥陀三尊像と快慶（『成城美学美術史』15、成城大学（大学院）文学研究科）※2005/1 同大学院に提出した修士論文の一部に加筆修正を施したもの。カラー写真ネーム：「阿弥陀如来及び両脇侍像　鎌倉・教恩寺」「阿弥陀如来及び両脇侍像　阿弥陀如来　全身正面　鎌倉・教恩寺」「阿弥陀如来及び両脇侍像　観音菩薩像　全身正面」「阿弥陀如来及び両脇侍像　勢至菩薩　全身正面」「栃木・真教寺像」等。←山本勉 200403 等を註で引用

大澤　研一（※〈大阪市中央区・市立〉大阪歴史博物館（旧大阪市立博物館）企画広報課課長）
199203　：〇融通念佛宗の六別時について（『大阪市立博物館研究紀要』第24冊、同館）
199603　：〇融通念仏宗成立過程の研究における一視点─『融通大念仏寺記録抜書』の紹介を通して─（『大阪市立博物館研究紀要』第28冊、同館）※平野大念佛寺近世史料の翻刻と解説。宗旨確立過程の宗政の様子がわかる
199810　：〇融通念仏宗の大和国への勢力伸張について（融通念佛宗教学研究所［編］『法明上人六百五十回御遠忌記念論文集』総本山大念佛寺〈百華苑［製作］〉）
200009　：〇近世融通念仏宗における舜空期の意義（伊藤唯真［監修］・融通念佛宗教学研究所［編集］『融通念仏信仰の歴史と美術─論考編』東京美術）

大島　建彦（※東洋大学名誉教授）
197704　：〇角川源義著『語り物文芸の発生』（国語と國文學編輯部・東京大學國語國文學會［編輯］『國語と國文學』第五十四巻第四号［1977年4月号］（通巻638号）、至文堂）※←角川源義 197510 を書評
200107　◎日本の神仏の辞典（大島・薗田稔・圭室文雄・山本節［編］、大修館書店）
　　　※項目執筆。同辞典に限り便宜上、執筆者を50音順で排列し、執筆者ごとに項目を一括表記す
　　：①大島　建彦：松秀寺
　　：〇菅根　幸裕：一向寺／円福寺／空也堂／遊行上人／遊行聖
　　：〇高野　修：一向俊聖／金光寺※市屋道場／金光寺／七条／金蓮寺／日輪寺／万福寺／無量光寺
　　：〇圭室　文雄：近世仏教／清浄光寺
　　：〇田宮　明博：空也／空也念仏／聖達
　　：〇鳥居もえぎ：正法寺／常称寺
　　：〇長島　尚道：一向派／一遍／一遍上人絵伝／一遍上人語録／鎌倉仏教／歓喜光寺／真光寺／新善光寺／聖／宝厳寺／遊行僧
　　：〇山本　世紀：満徳寺
　　：〇山本　亮子：蓮華寺
　　：〇渡　浩一：木之本地蔵

大清水のあゆみ編さん委員会（※山形県天童市）
199503　◎大清水のあゆみ（同委員会・同編集委員会［編さん］、同刊行委員会）※天童佛向寺に言及

大清水のあゆみ編集委員会（※山形県天童市）
199503　◎大清水のあゆみ（同編さん委員会・同委員会［編さん］、同刊行委員会）※天童佛向寺に言及

大隅　和雄（※東京女子大学名誉教授。元〈神奈川県横浜市港北区・現公益財団法人〉大倉精神文化研究所所長）
198610　◎日本架空伝承人名事典（大隅・西郷信綱・阪下圭八・服部幸雄・廣末保・山本吉左右［編集］、平凡社）
　　：①遊行上人※項目執筆。→大隅和雄 199402
199302　◎中世─歴史と文学のあいだ（吉川弘文館）※「踊躍念仏」の項あり
199402　：〇遊行上人（『日本史大事典』第六巻、平凡社）※項目執筆。←大隅和雄 198610 ①
199612　：〇鎌倉仏教（南塚信吾［責任編集］『歴史学事典』4「民衆と変革」、弘文堂）※項目執筆。一遍・時宗に言及
199803　◎日本の歴史と文化（放送大学教育振興会／日本放送出版協会）※放送大学教材。一遍・時宗に言及
199807A　◎日本の文化をよみなおす─仏教・年中行事・文学の中世─（吉川弘文館）
　　　※←初出：『週刊　朝日百科・日本の歴史』、同『別冊：歴史の読み方』、同『別冊：歴史を読みなおす』等
199807B　◎日本仏教史・中世（大隅・中尾堯［編］吉川弘文館）
　　：①一遍の浄土教※『聖絵』筑前の武士の星形。ただしネーム：「清浄光寺」
200104　：〇『ささめごと』の世界─菅基久子著『心敬　宗教と芸術』を読んで─（『創文』第430号、同社）

あ行

200202　◎信心の世界、遁世者の心（中央公論新社〔日本の中世２〕）※一遍の時宗に言及。索引にはないが、『一遍上人語録』を引用、カラー図版ネーム：「一遍の臨終の様子」（『一遍聖絵』）
200207　◎鎌倉仏教（大隅〔責任編集〕、朝日新聞社〔週刊　朝日百科「新訂増補　日本の歴史」７号［２００２年７月１４日号］（通巻５３５号）／改訂１刷］・中世Ⅰ—⑦］）※←元版：１９８６年５月２５日号。表紙カラー図版：東京国立博物館蔵『一遍聖絵』第七巻「四条京極釈迦堂の場面」。元版では「市屋道場」
　　：①寺院内の教学から外へ、民衆へ※カラー図版：清浄光寺・歓喜光寺（元版は歓喜光寺のみ、以下同）蔵『一遍聖絵』菅生の岩屋。カラー写真ネーム：「現代の踊り念仏」（清浄光寺）
　　：②一遍聖絵の世界　民衆への布教※山形光明寺蔵『遊行上人絵巻』の「甚目寺の施食」、東京国立博物館蔵『一遍聖絵』の「市屋道場の念仏踊」、清浄光寺・歓喜光寺蔵『一遍聖絵』の「善光寺に参詣する一遍」「一遍の臨終」、個人（元版では東京国立博物館）蔵『天狗草紙』、清浄光寺蔵「一遍上人像」、の各カラー図版

太田　耕治（※紀行ライター）
200602　◎東海道を歩く［改訂版］（太田〔文〕・真島満秀〔写真〕、山と溪谷社〔歩く旅シリーズ　街道・古道］）
　　※「藤沢宿」の項で藤沢遊行寺に言及し、カラー写真ネーム：「時宗の総本山・遊行寺」。「時宗の総本山遊行寺」の項もあり、ただし「敵味方供養塔」と表記

大田壮一郎（※奈良大学文学部准教授。元〈京都市下京区・浄土真宗本願寺派本山本願寺内〉本願寺派教音楽・儀礼研究所〈現同派総合研究所仏教音楽・儀礼研究室〉研究員）
200710　○室町幕府宗教政策論（中世後期研究会〔編〕『室町・戦国期研究を読みなおす』思文閣出版）
　　※時宗に言及。肩書きは：「龍谷大学・立命館大学他非常勤講師」

太田　博（※藤沢市民短歌会会長。元〈東京都千代田区・株式会社〉毎日新聞社記者）
199299　◎藤沢人物ファイル１７００—ふじさわ・街に輝いた人物群像—（藤沢風社）※p160で神谷敏夫に言及

太田　浩司（※〈滋賀県長浜市・市立〉長浜城歴史博物館館長）
199110　○湖北における奉公衆の動向—佐々木大原氏を中心として—（『駿台史学』第８３号、同会）
　　※番場蓮華寺梵鐘・土肥道日に言及
199303　○中世箕浦荘の在地領主と交通（米原町教育委員会〔編纂〕『米原町埋蔵文化財調査報告』１８、同委員会）
　　※滋賀県坂田郡米原町（現米原市）。未刊

大谷　忠雄（※〈東京都文京区・現一般社団法人〉日本民俗学会会員。故人）
199303　○信仰と俗信（海老名市〔編集〕『海老名市史』９　別編　民俗、同市）
　　※第七章。神奈川県海老名市本郷字新宿で毎月１５日夜、浄土宗檀家４戸・真言宗檀家８戸が合同で講を開き、「一遍上人／五十二代／前他阿（花押）／授与新宿講中」銘の名号軸と弘法大師像を祀る。毎回交代して念仏と真言を唱えるという。カラー口絵ネーム：「念仏講　本郷　平成４年　音頭取り」

大谷　暢順（※〈京都市山科区・一般財団法人〉本願寺文化興隆団理事長。蓮如兼寿末裔）
199812　◎蓮如上人全集　第二巻御文全篇（大谷〔編〕、中央公論社）※『帖外御文』あり
200503　◎蓮如上人・空善聞書（講談社〔同社学術文庫１７０２］）
　　※本文と巻末の「地名一覧」で「四条の道場」に言及。後者には解説を施す

大谷　愍成（※元東京市芝區〈現東京都港区〉増上寺〈浄土宗鎮西派大本山〉執事長。１８７１-１９２８）
191905　◎普光觀智国師（大谷〔編輯〕、増上寺）※片山法台寺（当称派。現浄土宗鎮西派）を「遊行派」と誤認

大塚　紀弘（※法政大学文学部専任講師・同大学国際日本学研究所研究員。元日本学術振興会特別研究員）
200309　：○中世「禅律」仏教と「禅教律」十宗観（史学会〔編集〕『史学雑誌』第１１２編第９号、山川出版社）※『鎌倉市史』史料編第三に載る「黄梅院文書」夢窓疎石三十三回忌仏事結願につき「諸律僧尼寺十七箇所」として、禅宗寺院の他、時衆の遊行寺（清浄光寺）を指す「藤沢」が挙げられている。ここでは、禅の寺院と遊行寺が「禅律僧尼寺」の枠組みでとらえられているのである」と指摘。→大塚紀弘 200911 ①。→山口眞琴 201003 言及
200703　：○中世社会における持斎の受容（『戒律文化』第五号、同研究会〈法藏館〔発売〕〉）
　　※２００６/１０/１４於神奈川県立金沢文庫、同研究会第５回学術大会研究発表を成稿。「二　律法興行と持斎」の「２称名念仏と持斎」で一遍と時衆に言及し、『一遍聖絵』第六の片瀬での別時念仏が、断食を伴っていた事に注目し、持斎の集団であったと記述。→大塚紀弘 200911 ③
200711　：○中世僧侶集団の成立史的研究—律家および三鈷寺流を中心に—（博士論文）
　　※東京大学大学院人文社会系研究科に提出した博士論文。博士（文学）甲第２３０９６号。２００７１１は授与年月。→大塚紀弘 200911。小島毅 200802 巻末「主要参考文献一覧」の「学位論文（未刊のもの）」に、「大塚紀弘「中世僧侶集団の成立史的研究」（東京大学博士学位論文、二〇〇七年）」を挙ぐ
200903　：○中世禅家の地方展開（一）—失われた律院を訪ねて（一）—（『寺社と民衆』第５特別号、民衆宗教史研究会〈岩田書院〔発売〕〉）※宇都宮一向寺に言及
200911　◎中世禅律仏教論（山川出版社〔山川歴史モノグラフ⑱］）
　　※←大塚紀弘 200711 を改稿・再構成。→小野澤眞 201005 書評
第一部　顕密仏教と禅律仏教—宗派と三学

：①第一章　中世「禅律」仏教と「禅教律」十宗観※←大塚紀弘 200309
：②第二章　中世仏教における「宗」と三学
※新稿。「1　中世仏教における「宗」」の「付表　前近代の文献に見える「宗」」中に、文禄四年（1595）の『妙法院史料』大仏御斎出仕注文案と『言経卿記』に、八宗中の「遊行」とあるのが初見で、翌五年（1596）の『義演准后日記』に八宗中の「時衆」、慶長九年（1604）の『日本大文典』に十二宗中の「時衆」、慶長十三年（1608）の『妙法院史料』千僧会出仕次第に八宗中の「遊行」、元和五年（1619）頃の『泉屋叢考』空暉（住友政友）「法伝記」に十三宗中の「時宗」、承応元年（1652）の『大日本仏教全書』3　の真迢「十宗略記」には記載なく（ただし表中の番号では十四宗中の「時宗」とあるが、これは番号が1つ、ずれているのであろう）、元禄三年（1690）の『人倫訓蒙図彙』1　には（番号がずれており、十七宗中の「時宗」となっているが）十四宗中の「時宗」、元文四年（1739）の『大谷本願寺通紀』14『元文四年寺社府分宗簿』には（番号がずれているが）十七宗中の「時宗」とあり。「4　三学超越の思想」の「(1) 法然の三学観」で一遍・『一遍聖絵』に言及

第二部　律宗の成立史―律法興行と持斎
：③第四章　中世社会における持斎の受容
※「2　律法興行と持斎」の「(2) 称名念仏と持斎」本文で一遍・『一遍聖絵』・二代遊行上人真教・『遊行上人縁起絵』に、註で託何『条条行儀法則』・十一代遊行上人自空に、それぞれ言及。←大塚紀弘 200703 増補

201003　：○重源の不断念仏と「時衆」（民衆宗教史研究会編修委員会［編修］『寺社と民衆』第六輯、民衆宗教史研究会出版局［岩田書院［発売］］）※時衆成立史の前提となる基礎論攷。→追塩千尋 201412 言及
201006　：○一遍墓塔造立者考―時衆・律僧と兵庫津―（『無為　無為』第14号、日本史料研究会）
　　　　※一遍死歿地の光明福寺を律院と推論
201205　：○城denoted空念の廻国と髪繡図（上）―無量光寺蔵新出資料の紹介を兼ねて―（『日本宗教文化史研究』第一六巻第一号、日本宗教文化史学会［岩田書院［発売］］）
201303　：○中世仏教における融和と排除の論理―「宗」と宗論をめぐって―（武蔵野大学仏教文化研究所［編集］『武蔵野大学仏教文化研究所紀要』No. 29、同大学）※ 2011/12/24　於名古屋大学、同大学阿部泰郎研究室・研究集会「宗論というテクスト」での発表を成稿。時衆に言及
201305　：○城denoted空念の廻国と髪繡図（下）―無量光寺蔵新出資料の紹介を兼ねて―（『日本宗教文化史研究』第一七巻第一号、日本宗教文化史学会［岩田書院［発売］］）
201311　◎鎌倉時代4　鎌倉仏教の主役は誰か（大塚［責任編集者］、朝日新聞出版［週刊　朝日百科「週刊　新発見！日本の歴史」21号［2013年11月24日号］］）※カラー表紙に諏訪原寛幸［イラスト］の一遍が掲載され、中ページに「諸国を遊行し、踊念仏を広めた。清浄光寺（遊行寺）蔵の国宝「一遍聖絵」（一遍上人絵伝）巻十二の末尾、一遍の墓所に安置された等身大の像を参考にした」の解説あり。「日本の歴史年表」欄にも「文永11年（1274）一遍、時宗を開く」、「鎌倉時代の高僧・名僧」欄にも「一遍」あり。
　　　　：①時代の論点　新視点　ここまで分かった！入宋僧と念仏者が宗教改革の主役だった
※本文と「日本仏教の流れ」欄で「時宗の一遍」に言及
　　　　：②末法の世、智慧偏重から修行重視へと進んだ宗教改革
※カラー図版ネーム：「市屋道場の踊念仏（「一遍聖絵」巻7第3段から）」・同キャプション：「弘安7年（1284）、京に入った一遍は、六波羅蜜寺などを巡礼した後、空也の遺蹟に床の高い切妻の仮屋を設け踊念仏を興行した。国宝。東京国立博物館蔵　Image:TNM Image Archives）」
　　　　：③地図で見る　鎌倉仏教　祖師の行動※「時宗・一遍」あり。大塚［監修・文］

大　津　市（※滋賀県大津市）
199910　◎図説大津の歴史（同市［編］、同市）
　　　　※「諸宗の進出」の節に鎌倉国宝館蔵国阿弥像、川嶋将生［稿］「水運と陸運」の節の東博蔵『聖絵』巻七のカラー図版ネーム：「鎌倉末期の大津浦」、『縁起絵』金蓮寺本のカラー図版ネーム：「琵琶湖の船」

大津市歴史博物館（※滋賀県大津市）
199110　◎開館1周年記念特別展　旅人からのメッセージ　街道・宿場・旅（同館［編］、同館）
　　　　※ 1991/10/19-11/24 於同館、特別展図録。図版：藤沢遊行寺蔵伝馬朱印状
199410　◎芭蕉没後 300 年記念企画展　芭蕉と近江の門人たち（同館［編集］、同館）
　　　　※ 1994/10/8-11/13 於同館、企画展図録。カラー写真：（東山）双林寺中芭蕉堂、カラー図版：京都大学附属図書館蔵『花洛名勝図会』の芭蕉堂図、芭蕉堂旧蔵・城隆市常光庵（浄土宗鎮西派）現蔵「許六刀芭蕉像」
199603　⦿大津歴博だより 25（同館）※ 1996/3/10-4/14 於同館、「開館5周年記念特別展　時衆の美術と文芸」を紹介。表紙カラー写真：京都・長楽寺蔵「重要文化財・伝他阿上人真教楢像」。単色図版・写真：神奈川・清浄光寺、京都・歓喜光寺蔵「国宝・『一遍聖絵』　巻五・十」、滋賀・高宮寺蔵「彦根市指定文化財・切阿上人坐像」、滋賀・蓮華寺蔵「重要文化財・陸波羅南北過去帳」、滋賀・阿弥陀寺蔵「重要文化財・阿弥陀如来立像」
　　　　：○横谷賢一郎：横井金谷の模写―紙本淡彩模本帝都雅景一覧より―※「学芸員のノートから③」。『帝都雅景一

覧』東山之部二〇景のタイトルに、霊山過雨・双林暮月・長楽新緑があり

200201　◎大津歴博だより 45（同館）※ 2002/2/26-3/24 於同館、「企画展―南北朝内乱と大津―」を紹介。単色図版：番場蓮華寺蔵「重要文化財　紙本墨書陸波羅南北過去帳」

200202　◎企画展南北朝内乱と大津（同館［編集］、同館）※ 2002/2/26-3/24 於同館、企画展図録。カラー図版：番場蓮華寺蔵「重要文化財　紙本墨書陸波羅南北過去帳」。巻末「作品解説」で中森洋［翻刻］

大西　廣（※元武蔵大学人文学部教授、元国文学研究資料館整理閲覧部長兼教授）

199101　◎天の橋地の橋（網野善彦・大西・佐竹昭広［編］、福音館書店〔いまは昔むかしは今第2巻〕）
　　　　：①『一遍聖絵』淀の上野の場面について―二つのメモ―※大西廣・大西昌子［共筆］

200909　：《座談会》絵の読み方―イメージ・テクスト・メディア（『隔月刊　文学』第 10 巻・第 5 号［2009 年 9,10 月号　特集＝語りかける絵画―イメージ・テクスト・メディア］、岩波書店）
　　　　※「《第三提起》天橋立図を読む（大西廣）」の項で小川信 199704・200104 を挙げるも時衆に言及なし。2009/4/27 於岩波書店会議室。太田昌子・西山克・大西［以上、出席者］・小峯和明［司会］

大西　昌子（※金沢美術工芸大学美術工芸学部教授・同大学図書館館長。元武蔵大学等非常勤講師。別姓：太田）

199101　：『一遍聖絵』淀の上野の場面について―二つのメモ―（網野善彦・大西廣・佐竹昭広［編］『天の橋地の橋』福音館書店〔いまは昔むかしは今第2巻〕）※大西廣・大西昌子［共筆］

大貫　茂（※写真紀行作家）

200203　◎東国花の寺　百ヶ寺　はなごろも〈下巻〉51〜100 番（大貫［写真・文］・東国花の寺百ヶ寺事務局［編集］、交通新聞社）※ 89 番「時宗総本山　遊行寺（清浄光寺）　白木蓮」ページにカラー写真：「清浄光寺本堂」

大貫　英明（※東京農業大学他非常勤講師。元（神奈川県）相模原市立博物館館長）

199311　◎田名の歴史（「田名の歴史」編纂委員会編集小委員会［編集］・大貫［監修］、三栗山財産管理委員会）
　　　　※当麻無量光寺、塩田向得寺に言及

199612　◎神奈川県の歴史（神崎彰利・大貫・福島金治・西川武臣［著］、山川出版社〔県史 14〕）※「一つ火」等掲載

大野　順一（※元明治大学文学部教授。1930/9/3-2015/4/27）

196604　：浄土教における不思議の考察―法然・親鸞・一遍―（『文芸研究』第十四号、明治大学文芸研究会）
　　　　※→大野順一 196612 ①

196612　◎平家物語における死の運命（創文社）
　　　　：①浄土教における不思議の考察―法然・親鸞・一遍―※←大野順一 196604

199503　：詩と死と実存―日本文芸思潮史ノート・その一の(4)―（『文芸研究』第七十三号（文学部紀要）、明治大学文芸研究会）※「二　自我における否定と透脱―法然・親鸞・一遍―」に「㈠一遍智真―ただ南無阿弥陀仏が往生するなり―」あり。→大野順一 199801 ①

199801　◎詩と死と実存―日本文芸思想史研究―（角川書店［明治大学人文科学研究所叢書］）
　　　　：①一遍智真―ただ南無阿弥陀仏が往生するなり―
　　　　※「二　自我における否定と透脱―法然・親鸞・一遍―」の「（三）」。←大野順一 199503

大野　順子（※国文学研究資料館研究部研究員。総合研究大学院大学文化科学研究科博士後期課程修了）

200812　：「絵画と文学（古典）」研究文献目録（抄）―平成九年以降―（『国文学　解釈と鑑賞』第 73 巻 12 号［平成 20 年 12 月号］（931）［特集　絵画を読み解く―文学との邂逅］、至文堂）
　　　　※単行書・一般の部で安原眞琴 200302・小松茂美『日本絵巻史論』1〜5、同・中世の部で砂川博 199905（ただし出版年を 2007 とす）・200312A・200205、金井清光 200509、武田佐知子 199901、論文・中世の部で砂川博 200710 ①（200704 ①は不載）・200610 ①・200604 ①・200210B ②・200312A ⑤、土屋貴裕 200603、水野僚子 200603、金井清光 200010〜200410『一遍聖絵』十二名画とその宗教的意味（一〜九）」、阿部泰郎 200311、渡辺昭五 200303・199903、土屋順子 199903、同・近世の部で古田雅憲 200009 を紹介

大野　徐程

200006　：○京都・新京極（『若い樹』第 281 号、同編集室）※「四條道場（金蓮寺）」の項あり

大野達之助（※元駒澤大学文学部教授。1910-1984/5/10）

197909　◎日本仏教史辞典（大野［編］、東京堂出版）※→大野達之助 199809

198103　：○一遍の念仏思想（日本歴史学会［編集］『日本歴史』第三百九十四号、吉川弘文館）

199809　◎日本仏教史辞典（大野［共編］、東京堂出版）※歴ассリバイバル '98 復刊［三版］。←大野達之助 197909

大野　保治（※元別府史談会会長、元大分大学教育学部教授）

200112　：○鉄輪温泉開基の一遍聖人とその生涯（『別府史談』第 15 号、同会）※「曹洞禅をも修行」「他阿弥「真教」」といった記述や十劫を「じゅうごう」とルビを附するなど問題点多数。ネームなし一遍画像、「一遍 13 歳で太宰府の聖達の禅室に向かう（聖絵』第 1 巻第一段）」「一遍の生まれた寺とされる宝巌寺（伊予国道後）」「二河白道図―（清浄光寺蔵・『日本文化史大系 6』より）、遊行の時に配られた―「念仏札」」「近江・関寺（遊行コース⑤）での「踊り念仏」の光景（『聖絵』第 7 巻第 2 段）」「天狗草紙（てんぐぞうし）（部分）（『日本文

化史大系6』より転写)」「鎌倉入りを阻止された一遍たち(右―幕府側)」(「聖絵」第5巻第5段)」「この当時の鉄輪温泉「松寿庵寺」(ネームは「永福寺所蔵の「松寿庵境内絵図」(複写)では、境内に隣接した両側に鳥居と石灯籠(1対)とを前にした石祠が建てられている。これが熊野権現社であった、という。」)、「鉄輪温泉「永福寺」(左柱に一遍聖人道場の字が見える)」「鉄輪温泉「湯あみ祭」(秋彼岸の日)(人物は住職・河野憲勝氏)」「「真数」(第2代遊行上人)」(長崎称念寺のものカ) 各単色写真掲載

200412 : ○別府今昔あれこれ話(『別府史談』第18号、同会)※「⑪一遍聖人「別府に上陸」は本当でしょうか」の項あり。←初出:『大分合同新聞』2003年12月13日号。単色写真ネーム:「永福寺に安置されている一遍上人像」

大庭　康時(※福岡市埋蔵文化財センター所長)
200803 ◎中世都市・博多を掘る(海鳥社)※馬出称名寺、芦屋金台寺に言及。カラー写真:称名寺

大橋　戒俊(※佛教専門學校(現佛教大學)教授。元〈ドイツ国〔現ドイツ連邦共和国〕・国立〉ハンブルグ大学講師)
192101 ◎趣味と研究とに基ける名僧の戸籍調べ(二松堂書店)※「一遍上人」の項あり

大橋　克己(※遊行フォーラム会員)
201103 : ○一遍聖と浄土を希求する人びと(『時宗教学年報』第三十九輯、時宗教学研究所)

大橋　俊雄(※滋賀県坂田郡米原町(現米原市)蓮華寺(旧称泉原本山)第53世座主・日本文化research所講頭、元神奈川県横浜市泉区西林寺(浄土宗western西)住職、1925/9/1-2001/12/26)
194911 : ○江戸中期の清浄光寺について(『わが住む里』創刊号、藤沢市中央図書館)
　　　　※→大橋俊雄196803 → 大橋俊雄197411A①
195012 : ○歴史手帖　一向衆のこと(日本歴史学会[編集]『日本歴史』第三十一号、実教出版)
195104 : ○遊行寺以前と呑海(日本歴史学会[編集]『日本歴史』第三十五号、吉川弘文館)
195109 : ○初期の番場時衆に就て(『仏教史学』第二巻第三号、同会)
195112 : ○一向上人　番場遊記(『浄土』第十七巻第十一・十二号、法然上人鑽仰会)
195205 : ○酉誉開板経と時衆(日本歴史学会[編集]『日本歴史』第四十八号、吉川弘文館)
195212 : ○一遍上人絵伝成立年代私考(『史迹と美術』第二二八号、史迹美術同攷会)
195410 : ○中世踊躍念仏の流行と時宗教団(日本歴史学会[編集]『日本歴史』第七十七号、吉川弘文館)
195603 : ○近世番場時衆教団の動向─貞享と天保の争論をめぐって─(『仏教史学』第五巻第二号、同会)
195611 : ○番場時衆─浄土宗一向派教団の性格について─(『仏教論叢』第五号、浄土宗教学院)
195701 : ○時宗史研究の回顧と展望(『日本仏教史』第一号、同研究会)
195711 : ○浄土学関係雑誌論文目録(一)(『浄土学』第二十五号、大正大学浄土学研究室)
196205 : ○時宗教団の成立─特に一遍・真教の行業を中心として─(日本歴史学会[編集]『日本歴史』第百六十七号、吉川弘文館)
196212 : ○天狗草紙に見える一向衆について(金井清光[編集]『時衆研究』創刊号、金井私家版)
196303 : ○時衆教団における阿弥陀仏号の意味するもの(金井清光[編集]『時衆研究』第二号、金井私家版)
　　　　※→大橋俊雄196401
196307 : ①時衆資料㈠善光寺式弥陀三尊の造像銘
　　　　: ②遊行廻国(以上、金井清光[編集]『時衆研究』第三号、金井私家版)
196311A : ○時衆資料㈡時衆という呼称の文献(金井清光[編集]『時衆研究』第四号、金井私家版)
196311B ◎番場時衆のあゆみ(浄土宗史研究会〔浄土宗史研究第四編〕)※→金井清光196403② ・197509⑫書評
196401 : ○時衆教團における阿彌陀佛號の意味するもの(日本印度學佛教學會[編輯]『印度學佛教學研究』第十二巻第一號(通巻第23号)、同會)※←大橋俊雄196303
196403 : ○時衆教団における不住生について(金井清光[編集]『時衆研究』第五号、金井私家版)
196406 ◎時衆過去帳(大橋[編著]、教学研究所(現時宗教学研究所))※単色口絵9葉。目次なし。定価700円
　　　　: ①時衆過去帳について※解題
　　　　: ②時衆過去帳事　僧衆※翻刻
　　　　: ③時衆過去帳事　尼衆※翻刻
196408 : ○初期時衆教団における本尊について(金井清光[編集]『時衆研究』第七号、金井私家版)
196411A : ○時宗(川崎庸之・笠原一男[編]『宗教史』山川出版社[体系日本史叢書18])
196411B : ○浄土学関係雑誌論文目録(二)(『浄土学』第二十九号、大正大学浄土学研究室)
196412 : ○時衆教団における知識帰命について(金井清光[編集]『時衆研究』第九号、金井私家版)
196502 : ○時宗末寺帳について(金井清光[編集]『時衆研究』第十号、金井私家版)
196504A ◎時宗末寺帳(大橋[編著]、教学研究所(現時宗教学研究所))※単色口絵9葉。定価700円
　　　　: ①「時宗末寺帳」について※解題
　　　　: ②時宗末寺帳(内閣文庫蔵)※翻刻
　　　　: ③遊行派末寺帳(京都七条道場旧蔵)※翻刻
　　　　: ④各派別本末書上覚(水戸彰考館蔵)※翻刻

あ行		
	：⑤各派別派下寺院牒（会津弘長寺蔵）※飜刻	
	：⑥時宗十二派本末惣寺院名簿（竹野興長寺蔵）※飜刻	
	：⑦八葉山蓮花寺末寺帳（番場蓮華寺蔵）※飜刻	

196504B : ○遊行廻国（金井清光［編集］『時衆研究』第十一号、金井私家版）
196512 : ○平田諦善氏著『時宗教学の研究』を拝読して（金井清光［編集］『時衆研究』第十五号、金井私家版）
※←平田諦善196508を紹介
196601A : ○鎌倉における時衆道場（『國寶史蹟』第四十號、同研究會）
196601B : ○藤沢清浄光寺草創考（藤沢の歴史編集委員会［編］『藤沢の歴史』服部清道博士還暦記念論文集、同委員会）
196602 : ○鎌倉における一向衆について（武相文化協會［編］『武相文化』第二百号、武相学園出版部）
196603 : ○藤沢清浄光寺世代考（『わが住む里』第十七号、藤沢市中央図書館）
196612 : ○遊行歴代上人伝㈠（金井清光［編集］『時衆研究』第二十一号、金井私家版）
196702 : ○遊行歴代上人伝㈡（金井清光［編集］『時衆研究』第二十二号、金井私家版）
196703 : ○藤沢清浄光寺世代考（『わが住む里』第十八号、藤沢市中央図書館）
196704 : ○遊行歴代上人伝㈢（金井清光［編集］『時衆研究』第二十三号、金井私家版）
196706 : ○遊行歴代上人伝㈣（金井清光［編集］『時衆研究』第二十四号、金井私家版）
196708A : ○京都東山雙林寺旧蔵国阿上人像について（『日本仏教』第二十七号、同研究会）
196708B : ○遊行歴代上人伝㈤（金井清光［編集］『時衆研究』第二十五号、金井私家版）
196710 : ○遊行歴代上人伝㈥（金井清光［編集］『時衆研究』第二十六号、金井私家版）
196712A : ○時衆と葬送儀礼―特に靈山としての藤澤道場清淨光寺について―（日本印度學佛教學會［編輯］『印度佛教學研究』第十六巻第一號［通巻第31號］、同會）
196712B : ○遊行歴代上人伝㈦（金井清光［編集］『時衆研究』第二十七号、金井私家版）
196802 : ○遊行歴代上人伝㈧（金井清光［編集］『時衆研究』第二十八号、金井私家版）
196803 : ○江戸中期の清浄光寺について（『わが住む里』第十九号、藤沢市中央図書館）
※←大橋俊雄194911。→大橋俊雄197411A ①
196804 : ○遊行歴代上人伝㈨（金井清光［編集］『時衆研究』第二十九号、金井私家版）
196806A : ○鎌倉時代における時衆教団とその構造（笠原一男［編］『封建・近代における鎌倉佛教の展開』法藏館）
196806B : ○遊行縁起―解題と本文―（金井清光［編集］『時衆研究』第三十号、金井私家版）※→金井清光196901
196808 : ○時衆資料㈢・時衆関係制規㈠（金井清光［編集］『時衆研究』第三十一号、金井私家版）
196809A : ○時衆と一向衆（角川書店編集部［編集］『遊行上人縁起繪』同書店［日本繪卷物全集第23巻］）
196809B : ○遊行上人像（『日本絵卷物全集［第23巻遊行上人縁起繪］月報』22、角川書店）
196810 : ○時衆と神祇―特に一遍智真と他阿真教の行業の断層を中心として―（金井清光［編集］『時衆研究』第三十二号、金井私家版）※→大橋俊雄196907→大橋俊雄198412
196812A : ○時衆教団における葬送儀礼受容の系譜（金井清光［編集］『時衆研究』第三十三号、金井私家版）
196812B : ○時衆と葬送儀禮（二）―特に靈山としての東山正法寺について―（日本印度學佛教學會［編集］『印度佛教學研究』第十七巻第一號［通巻第33號］、同會）
196812C : ○初期時衆教団の動向―特に「一遍聖絵」「一遍上人絵詞伝」の成立を中心として―（『仏教史学』第十四巻第二号、同会）
196901 : ○遊行縁起―解題と本文―（『日本仏教』第二十九号、同研究会）※←金井清光196906
196903 : ○中世の清浄光寺について（『わが住む里』第二十号、藤沢市中央図書館）
196904 : ○時衆資料四・時衆関係制規㈡（金井清光［編集］『時衆研究』第三十五号、金井私家版）
196905 : ○時衆三祖智得とその教団（藤島博士還暦記念論集刊行会［編］『日本浄土教史の研究』藤島博士還暦記念、平楽寺書店）
196906 : ○時衆教団における葬送儀礼受容の系譜㈡（金井清光［編集］『時衆研究』第三十六号、金井私家版）
196907 : ○時衆と神祇―特に一遍智真と他阿真教の行業の断層を中心として―（日本宗教史研究会［編］『諸宗教との交渉』法藏館〔日本宗教史研究3〕）※←大橋俊雄196810。→大橋俊雄198412
197003 : ○時宗と神祇―特に二祖真教の熊野神に対する態度―（日本印度學佛教學會［編集］『印度佛教學研究』第十八巻第二號［通巻第36號］、同會）
197009 : ○鎌倉周辺の時衆について（三浦古文化研究会［編］『三浦古文化』第八号、同会）
197010 : ○日本宗教史史料の諸問題―時宗における他阿流の名号―（『古文書研究』第四号、吉川弘文館）
197011 : ○時宗と現世利益（日本仏教研究会［編］『日本宗教の現世利益』大蔵出版〔大蔵選書5〕）
197101 ◎法然　一遍（大橋［校注］、岩波書店〔日本思想大系10〕）
: ①一遍とその法語集について※解説
197103 ◎遊行聖―庶民の仏教史話―（大蔵出版）

197107	：○清浄光寺の創建とその展開（藤沢市史編さん委員会［編集］『藤沢市史研究』第２号、同市史編さん室）
197108	：◎一遍―その行動と思想―（評論社［日本人の行動と思想14］）※→金井清光 197202 ②→197509 ⑱書評
197111	：○時衆研究の果した役割と今後の問題（金井清光［編集］『時衆研究』第五十号、金井私家版）
197112	：○江戸初期における清浄光寺の再建について―遊行三十二代普光の行動を中心として―（『わが住む里』第二十三号、藤沢市中央図書館）
197205	：○一遍と時宗教団の形成（中村元・笠原一男・金岡秀友［監修・編］『鎌倉仏教２　武士と念仏と禅』佼成出版社〔アジア仏教史日本編Ⅳ〕）
197209	：○室町時代における時宗の発展（中村元・笠原一男・金岡秀友［監修・編］『室町仏教　戦国乱世と仏教』佼成出版社〔アジア仏教史日本編Ⅵ〕）
197211	：○新重文指定他阿真教画像について（金井清光［編集］『時衆研究』第五十四号、金井私家版）
197212	：○遊行二十四祖御修行記（藤沢市史編さん委員会［編集］『藤沢市史研究』第３号、同市史編さん室）
197305	◎時衆研究第五十六号（大橋［編集］、吉川晴彦私家版）※吉川は赤門真徳寺住職・吉川清令息。当号より金井清光から編集を継承。判型をＢ５からＡ５に、手書き謄写版からタイプ孔版印刷に変更
	：○木村　信弘：時宗教学に於ける『一遍』の字義
	：○橘　　俊道：時宗の過去帳をめぐる諸問題
	：①大橋　俊雄：相模野に当麻山を訪ねて
	：②無　署　名：古文書　当麻　無量光寺文書※大橋カ
197306	◎時宗の成立と展開（笠原一男［監修］・大橋［著］、吉川弘文館〔日本宗教史研究叢書〕）※「索引」あり。奥付振り仮名は「としお」、肩書き：「時宗文化研究所研究員」。→石田善人 197511 書評
	：①序
	：②序　章　時宗教団史研究のあゆみ―時宗史研究の手がかりを求めるために―
	：③第一章　一遍智真と時衆（第一節　一遍智真とその教説／第二節　時衆と一向衆〈一　時衆とは／二　一向俊聖の思想と行実／三　一向衆の性格／四　一遍智真と一向俊聖の交渉〉／第三節　『一遍聖絵』『一遍上人絵詞伝』の成立〈一　『一遍聖絵』／二　『一遍上人絵詞伝』／三　両伝成立の背景〉）
	：④第二章　初期教団の形成（第一節　一遍滅後の教団の動向と他阿真教の嗣法／第二節　他阿真教とその教団／第三節　三祖智得とその教団／第四節　呑海と藤沢道場の創建／第五節　他教団の動向）
	：⑤第三章　初期教団の内部的構造（第一節　組織／第二節　道場／第三節　本尊／第四節　知識帰命／第五節　不住生／第六節　制誡）
	：⑥第四章　教義体系化の試み（第一節　託何とその著書／第二節　教義の体系化）
	：⑦第五章　社会的基盤（第一節　時宗と武士／第二節　時宗における葬送儀礼の受容〈一　一遍・真教の追善供養観／二　真教の造塔・葬送観〉／第三節　時宗と庶民層）
	：⑧第六章　室町期における教団の展開（第一節　藤沢道場清浄光寺の展開〈一　初期清浄光寺の動向／二　霊山としての清浄光寺／三　治外法権　的性格／四　藤沢派教団の地方的展開／五　室町後期の清浄光寺〉／第二節　他派教団の動向〈一　六条派／二　四条派／三　国阿派・霊山派〉／第三節　一向衆教団の動向）
	：⑨史　料（遊行八世上人回国記／遊行八代巡国の記／遊行縁起／遊行十六代四国回心記／時宗血脈相続之次第）
197308	◎時衆研究第五十七号（大橋［編集］、時宗文化研究所）※当号より発行元が真徳寺内時宗文化研究所に固定
	：○河野　憲善：当体蓮華の念仏―木村信弘師に答える―
	：○金井　清光：六十万人知識と遊行派
	：①大橋　俊雄：遊行聖の道をたずねて
	：②無　署　名：高田　称念寺文書※大橋カ
197311	◎時衆研究第五十八号（大橋［編集］、時宗文化研究所）
	：○梯　　実円：一遍上人の他力思想
	：○山田　泰弘：名古屋円福寺の阿弥陀如来像
	：①大橋　俊雄：若狭の小浜に時衆を訪ねて
	：○永畑　恭典：書評『時宗の成立と展開』
	：②無　署　名：古文書　池田　行興寺文書※大橋カ
	：③無　署　名：古文書　沼津　西光寺文書※大橋カ
197402	◎時衆研究第五十九号（大橋［編集］、時宗文化研究所）
	：○石岡　信一：一遍と天台本覚思想
	：○橘　　俊道：金井教授の御批判をいただいて
	：①大橋　俊雄：佐渡に時衆を訪ねて
	：②無　署　名：古文書　益田　万福寺文書※大橋カ
	：③無　署　名：古文書　朝倉　荘厳寺文書※大橋カ。益田万福寺蔵

197405　◎時衆研究第六十号（大橋［編集］、時宗文化研究所）
　　　：○田中　暢志：一遍の救済論について―法然・親鸞との比較において―
　　　：①大橋　俊雄：時宗における学寮について―特に七条学寮を中心として―
　　　：②無　署　名：古文書　京都五条　荘厳寺文書※大橋カ
197407A　◎踊り念佛（大蔵出版〔≪大蔵選書 12 ≫〕）
　　　：①はしがき
　　　：②第一章　踊念佛の誕生（第一節　古代社会における踊りの意味するもの〈踊りと鎮魂／鎮魂と遊部／佛教の伝来／人びとの佛教に求めたもの／念佛と葬送儀礼／浄土の観念の成立／鎮花祭と念佛〉／第二節　空也と踊念佛〈踊念佛発生の背景／志多良の神／空也の宗教活動／空也は踊念佛の元祖か／踊念佛の先蹤者の存在〉）
　　　：③第二章　踊念佛の展開（第一節　一遍智真と踊念佛〈一遍の宗教とその背景／法を求めて／踊念佛を伴野の市で／賦算と踊念佛が民衆教化のてだて／踊念佛と和讃〉／第二節　一向俊聖と踊念佛〈一向俊聖と一向衆／一向俊聖と踊念佛／一向俊聖の教化〉／第三節　踊念佛に対する批判〈日蓮の踊念佛観／重豪の踊念佛観／野守鏡に見える踊念佛／天狗草紙に見える踊念佛／時衆教団の対応〉）
　　　：④第三章　踊念佛の継承と盛行（第一節　浄土真宗における踊念佛／第二節　融通念佛と大念佛／第三節　踊念佛の盛行〈聖冏の踊念佛観／踊念佛の地方的展開／京都での踊念佛／高野山における踊念佛〉／第四節　踊念佛の衰退〈踊念佛から念佛踊りへ／阿国と念佛踊／江戸時代の踊念佛〉）
　　　：⑤第四章　踊躍的念佛の変容と実態（第一節　踊念佛の宗教的価値観の変化／第二節　空也念佛の実態／第三節　一遍智真流の踊念佛／第四節　一向俊聖流の踊念佛／第五節　六斎念佛とその実態／第六節　大念佛とその実態／第七節　各地に遺存する念佛踊の実態／小結）
197407B　◎時宗全書第一（藝林舎）
　　　：①大橋　俊雄：解題
　　　：○聖　　戒：一遍聖絵
　　　：○賞　　山：一遍上人絵詞伝直談鈔
　　　：○賞　　山：一遍上人誓願文標指鈔
　　　：○慈　　観：神偈讃歎念仏要義鈔
　　　：○賞　　山：神偈撮要抄
　　　：○法　　阿：神勅教導要法集
　　　：○賞　　山：別願和讃直談鈔
　　　：○一　　法：一遍上人別願和讃新注
　　　：○解阿弥陀仏：防非鈔
　　　：○切　　臨：一遍上人念仏安心抄
　　　：○切　　臨：時宗安心大要
　　　：○如　　海：時宗要義集
　　　：○玄　　秀：時宗統要篇
197407C　◎時宗全書第二（藝林舎）
　　　：①大橋　俊雄：解題
　　　：○俊　　鳳：一遍上人語録
　　　：○量　光・廓　　竜：一遍上人語録諺釈
　　　：○量　　光：播州問答領解鈔
　　　：○賞　　山：播州問答集私考鈔
　　　：○洞　　天：三大祖師法語
　　　：○真　　教：他阿上人法語
　　　：○長　　順：二祖他阿上人法語重校決疑録
　　　：○託　　何：仏心解
　　　：○託　　何：器朴論
　　　：○託　　何：器朴論要解
　　　：○尊　　遵：器朴論考録
197408　◎時衆研究第六十一号（大橋［編集］、時宗文化研究所）
　　　：○河野　憲善：本質的なものとそうでないもの
　　　：○山田　泰弘：一遍上人の影像について
　　　：①無　署　名：古文書　吉田　西念寺文書※大橋カ
　　　：②無　署　名：古文書　宇都宮　一向寺文書※大橋カ
197411A　◎時衆研究第六十二号（大橋［編集］、時宗文化研究所）

|　　　　　：○岡見　　正雄：一遍聖繪随想
|　　　　　：①大橋　　俊雄：江戸中期の清浄光寺について※←大橋俊雄196803←大橋俊雄194911
|　　　　　：○上田　　良準：俊鳳和尚略年譜
|197411B　：○清浄光寺の創建とその発展（藤沢市史編さん委員会［編］『藤沢市史』第五巻通史編近世編、同市）
|197502　　：◎時衆研究第六十三号（大橋［編集］、時宗文化研究所）
|　　　　　：○木村　　信弘：伝統宗学について
|　　　　　：○河野　　憲善：所謂佐竹騒動について
|　　　　　：○湯山　　　学：『他阿上人法語』に見える武士
|197505　　：◎時衆研究第六十四号（大橋［編集］、時宗文化研究所）
|　　　　　：①大橋　　俊雄：期待された遊行上人の時代相
|　　　　　：○湯山　　　学：『他阿上人法語』に見える武士
|　　　　　：○金井　　清光：近江守山をたずねる記
|197508　　：◎時衆研究第六十五号（大橋［編集］、時宗文化研究所）
|　　　　　：○中村　　　格：『実盛』の本説
|　　　　　：○湯山　　　学：時宗と相模武士―『他阿上人法語』に見える武士補論―
|　　　　　：○今井　　雅晴：藤沢清浄光寺「薄念仏会」考
|197511　　：◎時衆研究第六十六号（大橋［編集］、時宗文化研究所）
|　　　　　：○河野　　憲善：徳川中期の時宗宗学
|　　　　　：○金井　　清光：真教の遊行と越中放生津
|　　　　　：①無　　署　名：古文書　竹野興長寺文書※大橋カ
|197512　　：◎時宗用他阿上人法語（大蔵出版）
|　　　　　：①はしがき
|　　　　　：②他阿上人法語※翻刻
|　　　　　：③他阿上人和歌集※翻刻
|　　　　　：④真教と時衆教団の成立※解題
|197602　　：◎時衆研究第六十七号（大橋［編集］、時宗文化研究所）
|　　　　　：○河野　　憲善：徳川中期の時宗宗学（中）
|　　　　　：①大橋　　俊雄：清浄光寺の再建と遊行上人普光の活動
|　　　　　：②無　　署　名：古文書　本田　称念寺文書※大橋カ
|197605　　：◎時衆研究第六十八号（大橋［編集］、時宗文化研究所）
|　　　　　：○湯山　　　学：時衆と武蔵武士（一）
|　　　　　：○金井　　清光：角川源義氏と時衆研究
|　　　　　：○河野　　憲善：（書評）一遍と時衆教団
|197608　　：◎時衆研究第六十九号（大橋［編集］、時宗文化研究所）
|　　　　　：○石崎　　直義：北陸三県における時宗史素描
|　　　　　：○小原　　幹雄：藤原為兼と時宗二祖他阿
|　　　　　：○湯山　　　学：時宗と武蔵武士（二）
|197611A　：○時宗（川崎庸之・笠原一男［編］『宗教史』山川出版社〔体系日本史叢書18〕）
|197611B　：◎時衆研究第七十号（大橋［編集］、時宗文化研究所）
|　　　　　：①大橋　　俊雄：時宗教団における職能について
|　　　　　：○岡見　　正雄：時宗と陣僧
|　　　　　：○湯山　　　学：時宗と武蔵武士（三）
|　　　　　：②無　　署　名：堺　引摂寺文書※堺引接寺（四条派。廃寺）。大橋カ
|197702　　：◎時衆研究第七十一号（大橋［編集］、時宗文化研究所）
|　　　　　：○木村　　信弘：現代教学に関する不審
|　　　　　：○金井　　清光：一遍の阿波遊行について
|　　　　　：○河野　　憲善：浅山円祥とその教学
|　　　　　：①無　　署　名：小浜　西福寺文書※大橋カ
|197705　　：◎時衆研究第七十二号（大橋［編集］、時宗文化研究所）
|　　　　　：○石岡　　信一：一遍の名号に対する一考察―能所・機大一体―
|　　　　　：①大橋　　俊雄：時宗の発展と聖地の役割
|　　　　　：○河野　　憲善：浅山円祥とその教学（続）
|　　　　　：○山田　　泰弘：敦賀来迎寺の阿弥陀三尊

あ行

197707　：○一遍上人のこころ（『浅草寺仏教文化講座』第二十一集、同寺）
197708　◎時衆研究第七十三号（大橋［編集］、時宗文化研究所）
　　　　：○由木　義文：一遍における仏
　　　　：○金井　清光：真教の伊勢遊行と時衆の展開
　　　　：①無　署　名：小浜　西福寺文書（二）※大橋カ
197710　：○時宗の形成と発展（笠原一男［編］『日本宗教史』Ⅰ、山川出版社〔世界宗教史叢書11〕）
197711A ◎時衆研究第七十四号（大橋［編集］、時宗文化研究所）
　　　　：①大橋　俊雄：時衆における『遊行歴代譜』について
　　　　：○金井　清光：石清水八幡宮と淀の上野
　　　　：○河野　憲善：一雲鈔―初期教義書との解題―
　　　　：②無　署　名：小浜　西福寺文書（三）※大橋カ
197711B ○法然と一遍（金岡秀友・大久保良順［編］『日本仏教の宗祖』東京堂出版）
197712　：○時宗の動向（笠原一男［編］『日本宗教史』Ⅱ、山川出版社〔世界宗教史叢書12〕）
197802　◎時衆研究第七十五号（大橋［編集］、時宗文化研究所）
　　　　：○林　方凡：一遍の思想上の問題点―その布教・神祇の関わり方について―
　　　　：○下田　勉：時宗と淡河氏
　　　　：○河野　憲善：一雲鈔―器朴論とその解題―
　　　　：①無　署　名：小浜　浄土寺文書※大橋カ
197803　：○長谷川匡俊「近世時宗教団の学寮制度覚書」（日本宗教史研究年報編集委員会［編］『日本宗教史研究年報』
　　　　第一号、佼成出版社）※←長谷川匡俊197403を紹介
197805　◎時衆研究第七十六号（大橋［編集］、時宗文化研究所）
　　　　：○河野　憲善：六時礼讃について
　　　　：○今井　雅晴：一遍『真縁上人御返事』の再検討
　　　　：○長島　尚道：時衆関係研究文献解説目録
　　　　：①無　署　名：甲府　一蓮寺文書※大橋カ
197808　◎時衆研究第七十七号（大橋［編集］、時宗文化研究所）
　　　　：①大橋　俊雄：一遍の釈尊観
　　　　：○河野　憲善：一雲鈔―歴代宗主の法語とその解説―
　　　　：○山田　泰弘：尾道西郷寺の本尊阿弥陀三尊像
　　　　：○長島　尚道：時衆関係研究文献解説目録Ⅱ
　　　　：①無　署　名：富山県小矢部市　千葉家文書※大橋カ
197810　◎一遍と時宗教団（教育社［同社歴史新書〈日本史〉172］）※のち教育社はニュートンプレスに改称
197811　◎時衆研究第七十八号（大橋［編集］、時宗文化研究所）
　　　　：○金井　清光：尾張甚目寺と萱津光明寺
　　　　：○河野　憲善：一雲鈔―時宗関係著書とその解説―
　　　　：○長島　尚道：時衆関係研究文献解説目録Ⅲ
197902　◎時衆研究第七十九号（大橋［編集］、時宗文化研究所）
　　　　：○木村　信弘：即便往生の証明―続現代教学に関する不審―
　　　　：○和嶋　俊二：能登の時宗
　　　　：○春日井　瀧：海石榴　兵庫一遍上人廟
197905　◎時衆研究第八十号（大橋［編集］、時宗文化研究所）
　　　　：○河野　憲善：望月華山足下について
　　　　：○望月　華山：尊如上人の宗門典籍板行について
　　　　：○貝島　朋子：興隆期時宗教団の支持層について―特に武士階層を中心として―
　　　　：○長島　尚道：時衆関係研究文献解説目録Ⅳ
197908A ：○一遍の念仏（『ナーム』No.84（第8巻8号）「特集／一遍」、水書坊）
197908B ◎時衆研究第八十一号（大橋［編集］、時宗文化研究所）
　　　　：①大橋　俊雄：客寮と客僚と
　　　　：○貝島　朋子：興隆期時宗教団の支持層について（二）―特に武士階層を中心として―
　　　　：○梅谷　繁樹：中世時衆史研究ノート
　　　　：②無　署　名：史料　時宗本末一派明細帳※大橋カ
　　　　：○長島　尚道：時衆関係研究文献解説目録Ⅴ
197911A ◎時衆研究第八十二号（大橋［編集］、時宗文化研究所）

　　　　：○金井　清光：真教の甲斐遊行と時衆の展開
　　　　：○長島　尚道：時衆関係研究文献解説目録Ⅵ
　　　　：①無　署　名：時衆史料　鎌倉別願寺文書※大橋カ
　　　　：②無　署　名：時衆廃寺資料（一）※大橋カ
197911B　◎宗仲寺史（同寺）※同寺は神奈川県座間市１丁目3300の浄土宗鎮西派寺院。住職平野家は当麻無量光寺旧法類、勝沼乗願寺飯田家遠縁で、光明学園相模原高等学校校長なども歴任
197912　◎戸塚区の歴史上巻（戸塚区観光協会）※戸塚親縁寺に言及。→大橋俊雄198710B
198002　◎時衆研究第八十三号（大橋［編集］、時宗文化研究所）
　　　　：○河野　憲善：一遍教学と論註
　　　　：○貝島　朋子：興隆期時宗教団の支持層について（三）―特に武士階級を中心として―
　　　　：○梅谷　繁樹：無名の時衆群像についての覚え書き
　　　　：○長島　尚道：時衆関係研究文献解説目録Ⅶ
198005　◎時衆研究第八十四号（大橋［編集］、時宗文化研究所）
　　　　：○木村　信弘：十一不二偈私観
　　　　：○今井　雅晴：時宗教団における伽藍の研究―序論―
　　　　：○河野　憲善：小品時衆史―時衆史上の人たち―
198008　◎時衆研究第八十五号（大橋［編集］、時宗文化研究所）
　　　　：○中山　信之：一遍とその教団の成立
　　　　：○河野　憲善：岩屋寺白山権現に詣ずる記
　　　　：○長島　尚道：時衆関係研究文献解説目録Ⅷ
　　　　：①無　署　名：史料・遊行託何の扁額、遊行上人快存の和歌※大橋カ
198011　◎時衆研究第八十六号（大橋［編集］、時宗文化研究所）
　　　　：○河野　憲善：往阿教学における十劫正覚の問題
　　　　：○梅谷　繁樹：国阿上人をめぐって
　　　　：○中山　信之：一遍とその教団の成立（二）
　　　　：○広江　　清：遊行上人土佐巡錫史料
198102　◎時衆研究第八十七号（大橋［編集］、時宗文化研究所）
　　　　：○金井　清光：上州における時衆の展開
　　　　：○佐藤　光昭：肥後国相良藩遊行上人関係史料
　　　　：○長島　尚道：時衆関係研究文献解説目録Ⅸ
198105　◎時衆研究第八十八号（大橋［編集］、時宗文化研究所）
　　　　：○中山　信之：一遍とその教団の成立（三）
　　　　：①大橋　俊雄：一遍智真の熊野参籠と真教の入門の年時について
　　　　：○長島　尚道：時衆関係研究文献解説目録Ⅹ
　　　　：○佐藤　光昭：肥後国相良藩遊行上人関係史料（二）
198108　◎時衆研究第八十九号（大橋［編集］、時宗文化研究所）
　　　　：○河野　憲善：徳川中期の時宗宗学
　　　　：○長島　尚道：時衆関係研究文献解説目録ⅩⅠ
　　　　：○佐藤　光昭：梅山氏蔵相良家史料　遊行上人一件
198111　◎時衆研究第九十号（大橋［編集］、時宗文化研究所）
　　　　：○久保　尚文：中世越中時衆の歴史的位置について
　　　　：○長島　尚道：時衆関係研究文献解説目録ⅩⅡ
　　　　：○佐藤　光昭：梅山氏蔵相良家史料　遊行上人一件（二）
198202　◎時衆研究第九十一号（大橋［編集］、時宗文化研究所）
　　　　：○岡本　貞雄：一遍上人の熊野成道説をめぐって―一遍参禅説を中心としての一考察―
　　　　：○辻村　　直：窪応和尚の追想
　　　　：○長島　尚道：時衆関係研究文献解説目録ⅩⅢ
198205　◎時衆研究第九十二号（大橋［編集］、時宗文化研究所）
　　　　：○木村　信弘：一遍上人の再発見
　　　　：○金井　清光：下野における時衆の展開（上）
　　　　：○長島　尚道：時衆関係研究文献解説目録ⅩⅣ
　　　　：①大橋　俊雄：「一遍教学と時衆史の研究」を拝読して※←河野憲善198109を紹介
198208　◎時衆研究第九十三号（大橋［編集］、時宗文化研究所）

あ行

あ行

：○金井　清光：下野における時衆の展開（下）
：○弓原山房主人：歴代上人考（下）
：○長島　尚道：時衆関係研究文献解説目録ⅩⅤ

198211　◎時衆研究第九十四号（大橋［編集］、時宗文化研究所）
：○近藤　徹称：一遍上人の宗教体験
：○弓原山房主人：歴代上人考（下）
：○河野　憲善：時と時衆
：○長島　尚道：時衆関係研究文献解説目録ⅩⅥ

198302A　◎一遍（日本歴史学会［編集］、吉川弘文館〔人物叢書183〕）※→大橋俊雄198810
198302B　◎時衆研究第九十五号（大橋［編集］、時宗文化研究所）
：○今井　雅晴：踊り念仏の板碑
：○坂本　源一：常陸国信太荘の一遍上人
：○佐藤　光昭：梅山氏蔵　相良家史料㈠　遊行上人入来ニ萬御遺方帳

198305　◎時衆研究第九十六号（大橋［編集］、時宗文化研究所）
：○河野　憲善：実体現前
：○今井　雅晴：託何『条条行儀法則』について
：○司東　真雄：鎌倉期の踊鐘について
：○佐藤　光昭：梅山氏蔵　相良家史料㈡　遊行上人入来ニ付萬御遺方帳（中）※無署名

198308　◎時衆研究第九十七号（大橋［編集］、時宗文化研究所）
：○今井　雅晴：「踊り念仏の板碑」補論
：①大橋　俊雄：『時衆教団の地方展開』を拝読して
：○河野　憲善：時宗教学研究目録
：○佐藤　光昭：梅山氏蔵　相良家史料㈡　遊行上人入来ニ付萬御遺方帳（下）※無署名

198311　◎時衆研究第九十八号（大橋［編集］、時宗文化研究所）
：○金井　清光：時衆和讃と調声
：○今井　雅晴：江戸時代の当麻遊行の史料
：○長島　尚道：時衆関係研究文献解説目録ⅩⅦ
：①無　　署　名：内閣文庫蔵　遊行歴代譜※大橋カ

198402　◎時衆研究第九十九号（大橋［編集］、時宗文化研究所）
：①大橋　俊雄：遊行三十一代同business代について
：○今井　雅晴：宗教史史料としての『一遍聖絵』―弘安七年夏の京都における一遍について―
：○長島　尚道：時衆関係研究文献解説目録ⅩⅢ

198405　◎時衆研究第百号（大橋［編集］、時宗文化研究所）※当号で終刊
：○河野　憲善：機法一体と法法一体について
：○金井　清光：私の時衆研究
：①大橋　俊雄：時衆の研究を志して三十年
：○今井　雅晴：大橋・金井両氏の業績について
：②無　　署　名：遊行歴代譜※大橋カ。表紙は「遊行暦代譜」と表記

198412　○時衆と神祇―特に一遍智真と他阿弥教の行業の断層を中心として―（橘俊道・今井雅晴［編］『一遍上人と時宗』吉川弘文館〔日本仏教史論集10〕）※←大橋俊雄196907 ←大橋俊雄196810
198502　○時宗（国史大辞典編集委員会［編集］『国史大辞典』第五巻、吉川弘文館）※項目執筆。→大橋俊雄199911 ①
198505　◎一遍上人語録（大橋［校注］、岩波書店〔岩波文庫青（33）-321-1〕）
198603　○遊行二十四代不外について（『時宗教学年報』第十四輯、時宗教学研究所）
198605　○一遍・踊り念仏ゆかりの地（『大法輪』昭和六十一年五月号〔第53巻第5号〕、大法輪閣）
198702　○一遍滅後の時衆教団（栗田勇［編］『一遍』思想読本、法蔵館）
198703A　○開祖一向上人を仰ぐ（『布教研究所報』第4号、浄土宗布教研究所）※→大橋俊雄198811
198703B　○遊行二十五代仏天について（藤沢市文書館［編集］『藤沢市史研究』第20号、同館）
198704　○浄土宗近代百年史年表（東洋文化出版）
：①浄土宗近代百年のあゆみ※解題。「時宗一向派が浄土宗に帰属」の節あり
：②浄土宗近代百年史年表※年表。1942年一向派が浄土宗鎮西派合流の記事あり、一方で山崎弁栄の当麻無量光寺晋山などは不載、「光明会山崎弁栄」とのみ登場
198710A　○尊観（国史大辞典編集委員会［編集］『国史大辞典』第八巻、吉川弘文館）※項目執筆。→大橋俊雄199911 ②
198710B　○戸塚の歴史（文華堂書店）※戸塚親縁寺に言及。←大橋俊雄197912（＋同下巻・198107を合本し加除）

198809	：○託何（国史大辞典編集委員会［編集］『国史大辞典』第九巻、吉川弘文館）※項目執筆。→大橋俊雄 199911 ③
198810	◎一遍（日本歴史学会［編集］、吉川弘文館〔人物叢書新装版〕）※←大橋俊雄 198302
198811	◎開祖一向俊聖上人を仰ぐ（一向寺）※宇都宮一向寺。←大橋俊雄 198703A 改題
198907	：○初期時衆教団の展開（佛教藝術學會［編集］『佛教藝術』185［特集　時宗の美術と芸能］、毎日新聞社）
198910	◎一向上人伝─本文と補注─（一向寺）※宇都宮一向寺
199010	：○一遍（『日本歴史「伝記」総覧』新人物往来社［別冊歴史読本第 15 巻 24 号・事典シリーズ 8 号］） ※項目執筆。カラー表紙ネーム：「「一遍上人絵伝」巻第一より」
199011A	◎一遍聖の治病知識（日本歴史学会［編集］『日本歴史』第五百十号、吉川弘文館）
199011B	◎二祖禮智阿上人御消息─本文と補注─（一向寺）※宇都宮一向寺。『消息』の上・中巻
199106	：○賦算（国史大辞典編集委員会［編集］『国史大辞典』第十二巻、吉川弘文館）※項目執筆。→大橋俊雄 199911 ④
199107	◎一遍入門（春秋社）
199111	◎二祖禮智阿上人御消息─本文と補注─（一向寺）※宇都宮一向寺。『消息』の下巻
199203A	◎一遍智真の宗教に関する成立史的研究（博士論文）※立正大学大学院文学研究科に提出した博士論文。博士（文学）乙第 81 号。199203 は授与年月。大橋俊雄 197306 を副本として学位を取得したと大橋俊雄 200202 にあり
199203B	◎浄土仏教の思想第十一巻「証空・一遍」（上田良準・大橋［著］、講談社）
	：①一遍
199211	◎一向俊聖上人鑽仰（大橋［編］、一向寺）※宇都宮一向寺
199301	：○時宗における別時念仏会について（『儀礼文化』第十八号、同学会）
199303	：○蓮如上人と時衆（『宗學院論集』第 65 号、浄土眞宗本願寺派宗學院）※第 1 回宗学院公開演演会講演原稿
199304	：①遊行※→大橋俊雄 199911 ⑤
	：②踊躍念仏※→大橋俊雄 199911 ⑥
	（以上、国史大辞典編集委員会［編集］『国史大辞典』第十四巻、吉川弘文館）※項目執筆
199310	◎開祖一向上人鑽仰（八葉会）
199311	◎明治期一向派史料（大橋［編］、一向寺）※宇都宮一向寺。実質大橋単著
199411	◎佐原篁応上人（大橋［編］、一向寺）※宇都宮一向寺。「佐原篁応上人年譜」を附す
199506	：○一通の古文書から─親縁寺と大藤秀信─（『とみづか』第二十一号、戸塚歴史の会）
199511	◎一向派浄土宗帰入関係史料（大橋［編］、一向寺）※宇都宮一向寺
199602	◎死のエピグラム　「一言芳談」を読む（大橋［訳・注］、春秋社）
199611	◎江戸期貞享天保諍論史料（大橋［編］、一向寺）※宇都宮一向寺
199612	◎法然上人事典（双樹舎）
199803	◎蓮如上人と一向宗（蓮如上人研究会［編］『蓮如上人研究』思文閣出版）
199804A	◎法然（講談社〔同社学術文庫 1326〕）
199804B	◎選択本願念仏集（大橋［校注］、岩波書店〔岩波文庫青（33）-340-1］）
	：①解説※新稿
199905	：○法然─旧仏教勢力の迫害に耐えて─（『国文学　解釈と鑑賞』第 64 巻 5 号［平成 11 年 5 月号］（816）［特集　中世文学（鎌倉期）にみる人間像］、至文堂）
199910	◎浄土宗本山蓮華寺（本山蓮華寺）
199911	：①時宗※←大橋俊雄 198502
	：②尊観※←大橋俊雄 198710
	：③託何※←大橋俊雄 198809
	：④賦算※←大橋俊雄 199106
	：⑤遊行※←大橋俊雄 199304 ①
	：⑥踊躍念仏※←大橋俊雄 199304 ②（以上、今泉淑夫［編集］『日本仏教史辞典』吉川弘文館） ※項目執筆。『国史大辞典』の当該項目を加筆・訂正し再録
200006	：○『陸波羅南北過去帳』について（『陸波羅南北過去帳』菊華会事務局）※解題
200007	◎一遍聖絵（大橋［校注］、岩波書店〔岩波文庫青（33）-321-2］）※→砂川博 200104 ③→ 200312A ⑬書評
	：①解説※新稿
200009	：○『『一遍上人語録』』（『大法輪』平成十二年九月号［第 67 巻第 9 号］、大法輪閣）※図版：奥谷宝厳寺蔵一遍立像
200104	◎一遍聖（講談社〔同社学術文庫 1480〕）※←戸村浩人 200110・200204 書評
200202	◎偲び草（西林寺）※ 2002/2/7 番場蓮華寺本葬時に配布された遺稿集。含、「編著目録」
200204	：○時衆研究を志して（時衆文化研究会［編集］『時衆文化』第 5 号、同会〈岩田書院［発売］〉）
200205	：○遺稿　自分と出会う（『郷土いずみ』第 8 号、泉区歴史の会）
200402	：○一遍聖を憶う（今井雅晴［編］『遊行の捨聖　一遍』吉川弘文館〔日本の名僧⑪〕）

大平　聡（※宮城学院女子大学学芸学部教授）
199212　：○嘉永六年の遊行上人と鳴物停止令（『新しい歴史学のために』第二〇八号、京都民科歴史部会）
　　　　※→朝比奈修 201203 引用

大淵　精一（※〈神奈川県相模原市・有限会社〉大淵商店社長。元大野北郷土の会会長、元同市民俗調査員）
198208　◎雑学風来帖　炭屋稼業五十年（丸井図書出版）
　　　　※「第四章　民俗と史跡」の 11 番目に「今に遺る当麻山道標」の節あり

大町　雅美（※元作新学院大学経営学部教授、元栃木県立宇都宮東高等学校校長。1927-2011）
199208　：○一向寺（圭室文雄［編］『日本名刹大事典』雄山閣出版）※項目執筆。宇都宮一向寺

大宮　富善（※〈山形県〉寒河江市教育委員会生涯学習課歴史文化主幹）
199302　：○宗門改帳に見る複檀家（半檀家）の実際（川崎利夫先生還暦記念会［編集］『川崎利夫先生還暦記念論集　野に生きる考古・歴史と教育』同会実行委員会）※「蔵増門伝村の複檀家」の図中に（天童）仏向寺・（高擶）石上寺、「大久保村の事例」の項と同村の「宗門改帳」写真に「時宗福昌寺」、「観音寺村「宗旨人別御改帳」の複檀家一覧」に「時宗」2 人中、「西蔵寺」「守源寺」各 1 人、とあり。山口博之・大宮［共筆］

大三輪龍彦（※鶴見大学文学部教授・神奈川県鎌倉市浄光明寺（真言宗泉涌寺派）住職。1942-2006/6/27）
197605　：①光照寺
　　　　：②向福寺
　　　　：③来迎寺※西御門。一遍開山とす（以上、白井永二［編］『鎌倉事典』東京堂出版）※項目執筆

大牟田太朗（※編集プロダクション編集者）
201209　◎親鸞―鎌倉仏教八〇〇年の叡智―（大牟田［文］、晋遊舎〔晋遊舎ムック・歴史探訪シリーズ〕）
　　　　※「［第 2 章］仏教の新時代を切り拓いたカリスマたち　鎌倉仏教の宗派と開祖に迫る」の「鎌倉新仏教の夜明け⑤「南無阿弥陀仏」を称え続けた究極の捨て聖　時宗・一遍」の扉ページの写真背景は「木像一遍上人立像」（宝厳寺蔵）。「生誕地・宝厳寺　一遍は松山の名湯、道後温泉の宝厳寺で生まれたと伝わる。家は地元の豪族・河野氏で、祖父は河野水軍として壇ノ浦で戦功を上げた」「生誕地・宝厳寺（写真提供／宝厳寺）」とのネームとキャプションをもつカラー写真を掲載。次ページに「生涯遊行を続けた一遍　住居を定めず、その生涯を遊行の旅に捧げた一遍。それは粗末な法衣をまとい、お椀など必要最低限の物だけを持った厳しい旅だったが、江刺（現岩手県）から大隅（現鹿児島県）まで全国を渡り歩く精力的なものだった」「一遍上人像」（神奈川県立歴史博物館蔵）「一遍の歌碑宝厳寺境内に建てられた歌碑には「旅衣木の根かやのねいづくにか身のすてられぬところあるべき（旅から旅を繰り返すこの生涯。木の根だろうとどこだろうと、この身を捨てることができる）」という、一遍の想いが伝わる一首が彫られている」とのネームとキャプションをもつカラー写真を掲載。

大桃　公堂（※元〈福島県南会津郡〉伊南村（現南会津町）近代百年史編纂副委員長。本名：七雄。1899-故人）
196107　◎伊南村郷土史読本（紫雲荘）※「金光山　照国寺」の項あり

大森　惠子（※京都産業大学益川塾人文社会科学研究員、佛教大学歴史学部非常勤講師。元京都明徳高等学校教諭）
197911　：○風流大念仏と遊行聖（五来重・桜井徳太郎・大島建彦・宮田登［編］『宗教民俗芸能』講座日本の民俗宗教6、弘文堂）
199206　：○念仏信仰と御霊信仰（名著出版）※ただし「一遍の弟子一向」と表記
199810　：○茶・踊り念仏と空也聖の勧進活動（融通念佛宗教学研究所［編集］『法明上人六百五十回御遠忌記念論文集』大念佛寺〈百華苑［製作］〉）
200501　：○伝承のなかの空也像―霊験教化譚・踊念仏・大福茶・空也僧など―（伊藤唯真［編］『浄土の聖者　空也』吉川弘文館〔日本の名僧⑤〕）
201107　◎踊り念仏の風流化と勧進聖（岩田書院）
　　　　：①序　章　近年の念仏芸能研究の論点※「一遍聖絵のなかの「くみ」の地と龍の宗教性」の項あり
　　　　第１篇 空也・空也聖と、念仏芸能・庶家との関わり
　　　　：②第 1 章　伝承のなかの空也像―霊験教化譚、能「愛宕空也」、踊り念仏、狂言「鉢叩き」、大福茶など―
　　　　：③第 2 章　空也聖の勧進活動―茶・踊り念仏など―※「空也堂の踊躍念仏と王服茶」の項あり
　　　　：④第 3 章　信仰のなかの芸能―踊り念仏と風流―※「空也・一遍の踊り念仏」「瓢箪と踊り念仏」の項あり
　　　　：⑤踊り念仏・空也・一遍に関する文献一覧

大矢　邦宣（※〈岩手県磐井郡平泉町・町立〉平泉文化遺産センター館長。元盛岡大学文学部教授、元岩手県立博物館主席専門学芸員兼学芸第一課課長。1944-2014/1/3）
199108　：○天台寺長胴太鼓の銘文をめぐって（『岩手県立博物館研究報告』第 9 号、同館）
　　　　※小白川西光寺有銘太鼓を東北地方で天台寺に次ぐ最古級として言及

大藪　海（※首都大学東京都市教養学部助教。元東京大学史料編纂所特任研究員）
201303　：○北畠氏の神三郡進出―『宏徳寺日記』収載文書への検討を通じて―（民衆宗教史研究会編修委員会［編修］『寺社と民衆』第九輯、同会出版局〈岩田書院・日本史史料研究会［発売］〉）
　　　　※ 2004/5/27 於ルノアール本郷三丁目店（東京都文京区）、同会例会報告を元に成稿。伊勢国飯野郡射和（現三

重県松阪市)にあった射和寺こと福龍寺(福眼寺)に関する文明十八年(1486)拾月五日付・北畠材親御教書の充所に「福眼寺住持壱阿弥陀仏」とありとす。肩書き:「日本学術振興会特別研究員」

大山　昭子　(※〈京都市中京区・株式会社〉岡墨光堂修復部部長・国宝修理装潢師)
200207　:○修理報告　一遍上人絵伝(『修復』第七号、岡墨光堂)
　　　　※→林譲 200305・加須屋誠 200305・藤原重雄 200210・200411 紹介

大山　喬平　(※京都大学名誉教授。元立命館大学COE推進機構招聘教授、元大谷大学文学部特任教授)
201209　◎長楽寺蔵　七条道場金光寺文書の研究(大山・村井康彦[編集]、法藏館)※→小野澤眞 201311 書評と紹介
　　　　:牧野　素山:緒言
　　　　史料編
　　　　:①無　署　名:凡例
　　　　史料編 解題
　　　　:○地主　智彦:一　七条道場金光寺文書の概要
　　　　:○地主　智彦:二　遊行歴代他阿弥陀仏書状類
　　　　:○地主　智彦:三　中世文書解題
　　　　:○佐藤　文子:四　近世文書解題
　　　　:○佐藤　文子:五　近代文書解題
　　　　論考編
　　　　:○村井　康彦:時衆と文芸
　　　　:○地主　智彦:金光寺の歴史
　　　　:②大山　喬平:清水坂非人の衰亡
　　　　:○地主　智彦:金光寺および同末寺領について
　　　　:○佐藤　文子:近世京都における金光寺火屋の操業とその従事者
　　　　:○岸　妙子:近世京都における常設火屋の様相
　　　　:③無　署　名:金光寺年表
　　　　:④無　署　名:七条道場金光寺歴代・院代表
　　　　:⑤大山　喬平・村井　康彦:あとがき※署名は「編者」
　　　　:⑥無　署　名:巻末付図(1〜7)

大山　眞一　(※〈栃木県〉宇都宮市上級生涯学習コーディネーター。日本大学大学院総合社会情報研究科博士後期課程修了)
200811　:○中世武士の生死観(3)―中世武士と一遍・時衆の周辺―(日本大学大学院総合社会情報研究科[編]『日本大学大学院総合社会情報研究科紀要』No.9、同科)※肩書き:「日本大学大学院総合社会情報研究科」
201003　:○中世武士と一遍・時衆の周辺(日本宗教学会[編集]『宗教研究』三六三号[第83巻第4輯]、同会)
　　　　※2009/9/12-13 於京都大学、同会第68回学術大会第8部会発表要旨

大山　仁快　(※岡山県笠岡市持宝院〈高野山真言宗〉住職。元文化庁文化財保護部〈現文化財部〉主任文化財調査官)
197703　:○遊行寺の古経典(藤沢市文書館[編集]『藤沢市史研究』第10号、同館)※→大山仁快 200709 ①
197803　:○遊行寺の古聖教―古和讃本を中心として―(藤沢市文書館[編集]『藤沢市史研究』第11号、同館)
　　　　※→大山仁快 200709 ②
198206　:○時宗の書(橘俊道・圭室文雄[編]『庶民信仰の源流―時宗と遊行聖』名著出版)
200709　:①経典※「第七章　仏典」の第一節。←大山仁快 197703 改題
　　　　:②聖教類※「第七章　仏典」の第二節。←大山仁快 197803 改題
　　　　(以上、清浄光寺史編集委員会[編集]『清浄光寺史』藤沢山無量光院清浄光寺(遊行寺))※初出不明

丘　眞奈美　(※放送作家・〈京都市右京区・合同会社〉京都ジャーナリズム歴史文化研究所代表)
200705　◎京都の「ご利益」徹底ガイド(PHP研究所[PHP文庫・お 53-2])
　　　　※「染殿地蔵院」(ただし「『十応心論』を著したことから十住心院と称した」とす)・「錦天満宮」・「市比賣神社」・「洛陽三十三所霊場」の項に「長樂寺」あり

小笠原義久　(※〈神奈川県横須賀市・一般財団法人〉時宗総本山護持会理事長・榎戸能永寺第38世住職)
200509　:○六波羅蜜(その一)(『遊行』第153号、時宗宗務所布教伝道研究所)
　　　　※肩書き:「時宗宗務所布教伝道研究所員」
200709　:○仏教常識Q&A「仏法僧」って何?(『遊行』第161号、時宗宗務所布教伝道研究所)
　　　　※時宗日用勤行式に言及。肩書き:「時宗布教伝道研究所員」

岡田　彰　(※〈東京都港区・公益財団法人サントリー芸術財団〉サントリー美術館学芸主任、元〈大阪市港区・財団法人サントリー芸術財団〉サントリーミュージアム[天保山](2010/12/26 閉館)学芸主任)
199807　◎日本の心富士の美展(鳥居和之・岡田・米屋優・楠井章代[編]、NHK名古屋放送局)※詳細⇒鳥居和之 199807

岡田あさ子　(※元総合研究大学院大学大学文化科学研究科博士後期課程)
200511　:○弾左衛門支配の場と組織―下野国の事例から―(『千葉史学』第47号、千葉歴史学会)

※表中・本文中・史料中に、旦那寺として「犬伏町光徳寺（時宗）」みゆ

岡田　譲（※元東京国立近代美術館館長、元東京国立博物館学芸部長。1911/1/2-1981/6/26）
196203 ：○絵巻物にみる工芸品・一遍上人絵伝（東京国立博物館［編集］『ＭＵＳＥＵＭ』同館美術誌№.132［1962年3月号］、美術出版社）
196911 ◎阿弥と町衆　室町時代（林屋辰三郎・岡田［編］学習研究社［日本文化の歴史第8］）
199106 ◎日本の漆芸6《螺鈿・鎌倉彫・沈金》（岡田・松田権六・荒川浩和［編］、中央公論社）
　　　　※カラー写真ネーム：「屈輪鎌倉彫大合香　金蓮寺」（四条道場金蓮寺蔵品）

岡田　清一（※東北福祉大学教育学部教授、〈福島県相馬市・一般社団法人〉相馬報徳社名誉顧問）
199710 ：○出羽国と鎌倉幕府・鎌倉北条氏（『西村山地域史の研究』第15号、西村山地域史研究会）
　　　　※「山形県の善光寺仏」一覧に旧一向派寺院多数掲載

緒方　啓介（※鶴見大学文学部准教授・同大学仏教文化研究所所員。元東京藝術大学美術学部非常勤講師）
199203 ：○四彫刻（横浜市文化財総合調査会［編集］『横浜の文化財―横浜市文化財総合調査概報（十）―』同市教育委員会社会教育部文化財課）※「千手院」の項あり、高擶石佛寺旧蔵仏に言及。千葉県安房郡天津小湊町（現鴨川市）清澄寺（日蓮宗大本山）菩薩像も参考として載る

小形　利吉（※山形郷土史研究協議会副理事、同会副会長、ふるさとを訪ねる会会長、元同県文化財保護指導委員、元同県煙務研究同好会会長、元山形郷土誌勤務、元小学校勤務。1912-2006/5/26）
198102 ：もがみ古寺巡礼西光寺（山形）宝物は破れた太鼓（『やまがた散歩』第100号、同社）※小白川西光寺
198103 ：もがみ古寺巡礼西光寺（山形）②「東ぶち」由来（『やまがた散歩』第101号、同社）※小白川西光寺

岡野　浩二（※千葉県文書館嘱託・明治学院大学非常勤講師）
199903 ：中世の仏教文化（宗像市史編纂委員会［編集］『宗像市史』通史編　第二巻　古代・中世・近世、同市）
　　　　※「中世」の第五章。「第五節　鎌倉新仏教の展開」の「二　浄土系の新仏教」に「時宗」の項あり。芦屋金台寺に言及

岡野　治子（※元清泉女子大学学長、元広島大学文学部教授）
199603 ：◎女と男の時空―日本女性史再考Ⅲ「女と男の乱―中世」（岡野［編］、藤原書店）

岡野　守也（※〈香川県綾歌郡綾川町・私立〉サングラハ教育・心理研究所主幹）
199608 ：わかる般若心経―⑳（『ナーム』通巻288（第25巻8号）、水書坊）※「となうれば」の歌引用

岡部　篤子
198801 ：○歓喜光寺本「一遍聖絵」の制作後援者「一人について」（『古美術』第85号、三彩社）

岡見　正雄（※元関西大学文学部教授、元中京大学文学部教授。1913/7/30-1990/2/6）
194006 ：○遁世者―時衆と連歌師―（國學院大學國文學會［編］『國文學論究』第十二册、同會）→岡見正雄199602 ⑤
194011 ：○連歌師と時衆（國學院大學國文學會［編］『國文學論究』第十三册、同會）※→岡見正雄199602 ⑥
196003 ：○時宗と連歌師（『日本古典文学大系［39 連歌集］月報』35、岩波書店）※→岡見正雄199602 ④
196210 ：○陣僧（『日本古典文学大系［36 太平記三］月報』62、岩波書店）
　　　　※→小和田哲男198503引用。→岡見正雄199602 ③
196809 ：○金井清光著『時衆文芸研究』（國語と國文學編輯部・東京大學國語國文學會［編輯］『國語と國文學』第四十五巻第九号［1968年9月号］（通卷535号）、至文堂）※←金井清光196711を書評
197101 ：○一遍聖絵随想（『日本思想大系［10 法然　一遍］月報』9、岩波書店）※→岡見正雄197411 →岡見正雄199602 ①
197411 ：○一遍聖絵随想（大橋俊雄［編集］『時衆研究』第六十二号、時宗文化研究所）
　　　　※←岡見正雄197101。→岡見正雄199602 ①
197608 ：◎太平記・曽我物語・義経記（岡見・角川源義［編］、角川書店［鑑賞日本古典文学第21巻］）
197611 ：○時宗と陣僧（大橋俊雄［編集］『時衆研究』第七十号、時宗文化研究所）※→岡見正雄199602 ④
198204 ：◎太平記［2］（岡見［校注］、角川書店［角川文庫3006］）
　　　　※番場蓮華寺における六波羅探題主従集団自害に言及。補注で『陸波羅南北過去帳』飜刻掲載
199602 ◎室町文学の世界―面白の花の都や（岩波書店）
　　　　：①一遍聖絵随想※←岡見正雄197411 ←岡見正雄197101
　　　　：②時宗と陣僧※←岡見正雄197611
　　　　：③陣僧※←岡見正雄196210
　　　　：④時宗と連歌師※←岡見正雄196003
　　　　：⑤遁世者―時衆と連歌師―※←岡見正雄194006
　　　　：⑥連歌師と時衆※←岡見正雄194011

岡村　知彦（※日本石仏協会会員・信州大学学士山岳会会員。元小学校教諭）
200809 ：○佐久の踊り念仏塔再考（『日本の石仏』127号、日本石仏協会）

岡村　喜史（※〈京都市下京区・浄土真宗本願寺派本山本願寺〉同寺史料研究所員研究員・中央仏教学院講師。龍谷大学文学部准教授）
199510 ：◎蓮如畿内・東海を行く（国書刊行会）※蓮如母所縁の鞆本願寺を取材

岡村　吉彦（※鳥取県立公文書館県史編さん室専門員。元同県立鳥取東高等学校教諭）
200903　：○中世の因幡・伯耆と時宗（『県史だより』第35回、鳥取県立公文書館）

岡本　勝人（※文芸評論家・〈東京都千代田区・公益社団法人〉日本文藝家協会会員・〈同都中央区・一般社団法人〉日本ペンクラブ会員）
200809　：□新　鎌倉古寺を歩く②・③（『週刊仏教タイムス』同月4・11日号〔通巻2322・2323号〕、同社）
　　　　※「4　明王院と光触寺」で十二所光触寺に言及

岡本　桂典（※高知県立歴史民俗資料館学芸課課長）
200305　：①おーの匣（箱）
　　　　：②十二光箱
　　　　：③持蓮華（以上、坂詰秀一[編]『仏教考古学事典』雄山閣）※項目執筆

岡本　貞雄（※広島経済大学経済学部教授。元時衆文化研究会編集委員）
197901　：○一遍上人探訪―熊野への旅―（『真如』２６７、同会）
197912　：○『一遍聖絵』研究上生じたる問題点について（日本印度學佛教學會[編集]『印度學佛教學研究』第二十八巻第一號〔通巻第55號〕、同會）
198012　：○『一遍聖絵』研究上生じたる問題点について（二）（日本印度學佛教學會[編集]『印度學佛教學研究』第二十九巻第一號〔通巻第57號〕、同會）
198102　：○『一遍聖絵』の問題点（『大正大学大学院研究論集』第五号、同大学院）
198202　：○一遍上人の熊野成道説をめぐって―一遍参禅説を中心としての一考察―（大橋俊雄[編集]『時衆研究』第九十一号、時宗文化研究所）
198212　：○一遍上人「六十万人頌」をめぐって（日本印度學佛教學會[編集]『印度學佛教學研究』第三十一巻第一號〔通巻第61號〕、同會）
198609　◎一遍聖絵索引（長島尚道・岡本[編著]、文化書院）
198903　：○一遍上人の再出家について―『一遍聖絵』を唯一のよりどころとして―（『時宗教学年報』第十七輯、時宗教学研究所）
199003　：○一遍上人の臨終をめぐって（日本印度學佛教學會[編集]『印度學佛教學研究』第三十八巻第二號〔通巻第76號〕、同會）
199203　：○一遍智真の修行について（日本印度學佛教學會[編集]『印度學佛教學研究』第四十巻第二號〔通巻第80號〕、同會）
199303　：○一遍の遊行地域について（日本印度學佛教學會[編集]『印度學佛教學研究』第四十一巻第二號〔通巻第82號〕、同會）
199312　：○一遍の教学と時宗（日本印度学仏教学会[編集]『印度學佛教學研究』第四十二巻第一巻〔通巻第83号〕、同会）
199512　：○一遍の教団維持について（日本印度学仏教学会[編集]『印度學佛教學研究』第四十四巻第一号〔通巻第87号〕、同会）
199803　：○一遍上人の遊行とその同行者について（日本印度学仏教学会[編集]『印度學佛教學研究』第四十六巻第二号〔通巻第92号〕、同會）
199901　：○『一遍聖絵』巻二「雖ㇾ有ㇾ奇特恐ㇾ繁略ㇾ之」をめぐって（日本印度学仏教学会[編集]『印度學佛教學研究』第四十七巻第二号〔通巻第94号〕、同会）
200007　：○公開シンポジウム「念仏の教えはどう展開したか―法然の念仏を聖光・證空・親鸞・一遍門流はこう広めた」（『宗報』2000年7～10月号、浄土宗）
　　　　※1999/11/4 於大本山増上寺三縁ホール、同シンポジウム概録。一遍門流を語る
200203　：○一遍上人、真教上人以後の時衆（時宗）（浄土宗総合研究所[編]『法然上人とその門流　聖光・證空・親鸞・一遍』浄土宗〔総研叢書第2集〕）※同研究所プロジェクト「浄土宗義と現代・浄土教比較論」の成果。同書巻頭の「祖師方プロフィール」に「一遍上人／遊行上人」の項、「時宗十派（一遍上人門下）」の表、関係地図、藤沢清浄光寺と当麻無量光寺の名号札単色写真あり
200210　：○高野修著『一遍聖人と聖絵』（時衆文化研究会[編集]『時衆文化』第6号、同会〈岩田書院[発売]〉）
　　　　※←高野修200106を書評
200402　：○一遍上人と時衆教団―一遍、時衆は無戒の徒か―（宮林昭彦教授古稀記念論文集刊行会[編集]『仏教思想の受容と展開』宮林昭彦教授古稀記念論文集、山喜房佛書林）※→砂川博200504①紹介
200612　：○一遍上人妻帯説の再検討（日本印度学仏教学会[編集]『印度學佛教學研究』第五十五巻第一号〔通巻第110号〕、同会）※2006/9/12 於大正大学、同会第57回学術大会紀要
200703　：○ Ippen Shonin's Marital Status: A Reexamination（日本印度学仏教学会[編集]『印度學佛教學研究』第五十五巻第三号〔通巻第112号〕、同会）※←岡本貞雄200612 英文要旨

岡本　照男

199803 　：○一遍の思想と時宗の展開（『時宗教学年報』第二十六輯、時宗教学研究所）

小川　恭一（※歴史研究家。1925-2007/9/25）
199202 　◎江戸幕藩大名事典　上巻（小川［編］、原書房）
　　　※近江国宮川藩主堀田家菩提寺として、藤沢清浄光寺・浅草日輪寺等を掲載
199203 　◎江戸幕藩大名事典　中巻（小川［編］、原書房）
　　　※下総国佐倉藩主堀田家菩提寺として、藤沢清浄光寺・浅草日輪寺等を掲載

小川　寿一（※元大阪成蹊女子短期大学（現大阪成蹊短期大学）教授、池地坊華道文庫（現池坊学園図書館華道文庫）文庫長、元日本女子美術学校（現東京都立忍岡高等学校）専門部教授。1907-故人）
198310 　◎浄土宗本山蓮華寺史料（小川［編修］・竹内禪真［監修］、浄土宗本山蓮華寺寺務所〈続羣書類従完成会［発売］〉）
　　　※番場蓮華寺
　　：①小川　寿一―本山蓮華寺史料の解題
　　：○本山蓮華寺史料編
198611 　◎一向上人の御伝集成（小川［編修代表］・竹内禪真［監修］、浄土宗本山蓮華寺寺務所）※番場蓮華寺
　　：○竹内　禪真―序言
　　：①小川　寿一―一向上人の御伝の集成
本文編
　　：○一向上人伝（蓮華寺所蔵）絵巻（五巻伝）
　　：○一向上人傳記（蓮華寺所蔵）との校異
　　：○宝樹山称名院仏向寺縁記
附録編
　　：○一向上人縁起絵詞（文明二年奥書本）附録
　　：○草野　弁良―時宗一向派原由集
　　：○佐原　隆応―葉山古錦
　　：○佐原　隆応―時宗一向派起原抄

小川　剛生（※慶應義塾大学文学部准教授。元国文学研究資料館文学資源研究系〔現研究部〕准教授）
201103 　◎迎陽記一（小川［校訂］、八木書店〔史料纂集・古記録編第160回配本〕）※中世前期の紀伝道の儒者、東坊城秀長の日記。現存は康安元～応永十七年（1361-1410）分。康暦元・同二年・應永五・同六・同八年の日記のほか、康暦元年記紙背文書および同二年記紙背文書を収録。康暦元年（1379）十一月廿四日条標出：「元愚二條殿に参る」、本文：「遊行上人（元愚）此兩三日上洛、今日爲十念被請申之、仍御渡、先泉院巡禮、余引曚、其後御對面、有貶心等、小時退出、」（p33）。同十二月十六日条標出：「元愚二條殿に参る／連歌百韻あり／良基發句に一遍の發句／元愚脇句に紫雲を詠む」、本文：「參殿中、遊行上人（元愚）參入、御連哥百有之、准后御發句、わきけふよ花ふる雪の嵐かな、一遍上人故事被思出之、脇句遊行上人、色ある雲の日こそさむけれ、紫雲被念籠、是又殊之由准后仰之、點心等御用意、入夜退出、」（p41）。遊行10代・藤澤5世元愚の上洛は禰冝田修然・髙野修 198910 に記載なく、貴重な記事である（古賀克彦註）。翌康暦二年（1380）四月四日条標出：「二條殿連歌／波多野通郷の爲の旅籠振舞なり」、本文：「依召參准后（二條良基）、今日博（波）多野（通郷）上洛、畑子［旅籠］振連哥一座申沙汰之、遊行上人（元愚）・一色入道（範光）・京極大膳大夫（髙秀）等参仕、有大飲、及昏黒退出、」（p51）。同四月九日条標出：「二條殿萬葉集談義／四條聖多く參る」、本文：「參殿（二條殿）中、萬葉御談義今日始之、四條聖以下濟人々祇候、」（p52）。應永八年（1401）七月廿日条標出：「七條道場に参る／尊朓より十念を受く／義滿諸國遊行を禁じ道場止住を命ず」、本文：「『遊行上人十念事』／詣七條道場、謁遊行上人（尊朓）、受十念、被談曰、可遊行諸國之處、爲國之煩、只可住此道場之由仰之間、〔自營〕領（畠山基國）承之間、任〔化〕導可罷、資縁不叶〔之〕間、僧衆以下失食、計會云々」（p184）。禰冝田修然・髙野修 198910 によれば尊朓は、同年正月十四日、七条道場第7世住職を経て遊行位を相続している（遊行13代、のち藤沢7世）。同書に「『遊行縁起』によれば上人は将軍義満夫人の帰依を受け、京都に長く滞在し洛中の公家、武家から地下人まで門前市をなしたという。時に江州（滋賀県）守山へ遊行す。公方足利義持は勘解由小路および畠山両殿を使者として遊行をやめられるよう申されたため、また七条道場に滞留十余年におよぶ。」とあり

小川　信（※國學院大學名誉教授。元麻布高等学校教諭。1920/12/31-2004/11/15）
199704 　：妙立寺厨子銘にみる中世丹後府中の時宗と法華宗（『政治経済史学』第370号、同会）
　　　※天橋立道場萬福寺（藤沢派。廃寺）に言及。→小川信 200104 ①
200104 　◎中世都市「府中」の展開（思文閣出版〔思文閣史学叢書〕）
　　　※→石井進 200108・松山宏 200211・木下良 200303 書評
　　：①丹後府中の発展と時宗・法華宗（妙立寺厨子銘の釈文／南北朝期の情勢と銘文にみる橘立道場満福寺／戦国期の情勢と銘文にみる満福寺・妙立寺／中世都市丹後府中の空間構成―雪舟の「天橋立図」等を手がかりに―）
　　　※天橋立道場萬福寺（藤沢派。廃寺）に言及。←小川信 199704 改題

小川　善明（※名墓探訪家）

199406	◎京都名墓探訪1「洛東編Ⅰ」（ナカニシヤ出版）※迎称寺・極楽寺・東北院の墓地掲載
199609	◎京都名墓探訪2「洛東編Ⅱ」（ナカニシヤ出版）
	※裏表紙に「遊長楽寺」の図絵。聞名寺・安養寺・左阿弥・長楽寺・双林寺・正法寺の墓地掲載

小川　良一（※元神奈川県立城山高等学校校長。故人）
| 199603 | :○［第三回見学会参加記］新たに開館した「相模原市立博物館」見学記（『かながわ文化財』第92号、神奈川県文化財協会）※1995/12/3実施。展示の当麻山無量光寺と時宗の関係図、同寺第3世住職智得塔に言及 |

荻須　純道（※京都市右京区福寿院〈臨済宗妙心寺派大本山妙心寺塔頭〉住職。元花園大学文学部教授。1907-1986）
| 196806 | :○法燈国師と一遍上人（『禅文化』第49号、同研究所） |

置賜日報社（※山形県米沢市・株式会社）
| 200109 | ◎置賜のお寺めぐり—3市5町の360寺総覧（同社） |
| | ※「安養寺」（蒲生田）・「光玉寺」・「向泉寺」（下平柳）・「仏成寺」・「仏性寺」・「正念寺」（荒砥）の項あり |

荻野　義正（※元尾道正念寺第25世住職、元時宗布教伝道研究所所長）
200201	:○仏教常識Q＆A　「成仏」と「往生」とは違うのでしょうか？（『遊行』第142号、時宗宗務所布教伝道研究所）※一遍に言及
200203A	:○彼岸への道　「二河白道」（『遊行』第139号、時宗宗務所布教伝道研究所）巻頭言
200203B	:○仏教常識Q＆A　実家の仏壇はどうすればいいのでしょう？（『遊行』第143号、時宗宗務所布教伝道研究所）※一遍に言及
200207	:○仏教常識Q＆A　「トウバ」というのは何ですか？（『遊行』第144号、時宗宗務所布教伝道研究所）
	※一遍に言及。肩書き：「時宗布教伝道研究所所長」だが、当該号では巻頭言の三浦公正も同職として記載
200401	:○仏教常識Q＆A　「縁日」って何？（『遊行』第146号、時宗宗務所布教伝道研究所）
	※自坊の地蔵縁日風景単色写真掲載。肩書き：「時宗布教伝道研究所所員」
200403	:○仏教常識Q＆A　賽銭箱に『喜捨』と書いてあるのはなぜですか？（『遊行』第147号、時宗宗務所布教伝道研究所）※地蔵堂単色写真掲載。以下、肩書き：「時宗布教伝道研究所所員」
200407	:○仏教常識Q＆A　「後光がさす」には、どんな意味がありますか？（『遊行』第148号、時宗宗務所布教伝道研究所）※単色写真ネーム：「阿弥陀如来の後背（時宗では舟形が多い）」
200409	:○仏教常識Q＆A　どうして千二百五十人なのですかすか？（『遊行』第149号、時宗宗務所布教伝道研究所）
200501	:○仏教常識Q＆A　時宗にも色々なお札があるのですか？（『遊行』第150号、時宗宗務所布教伝道研究所）
	※単色写真キャプション：「聖徳太子二歳像の納入品の中にあった念仏札。他の納入品から正応五年（一二九二）頃のものと考えられる。」
200503	:○仏教常識Q＆A　お墓は何時建てたらいいのですか？（『遊行』第151号、時宗宗務所布教伝道研究所）

奥　智鶴（※神戸大学大学院文化学研究科博士後期課程修了）
| 200601 | :○六波羅滅亡について—『梅松論』・『陸波羅南北過去帳』・『太平記』・『太平記秘伝理尽鈔』を通して—（大阪樟蔭女子大学国語国文学会［編］『樟蔭国文学』第43号、同会） |

奥田　勲（※聖心女子大学名誉教授。元宇都宮大学教育学部教授）
| 197801 | :○連歌師の旅（峰岸純夫［編］『地方文化の新展開』文一総合出版［地方文化の日本史第五巻］） |

奥田　俊亮（※水戸神応寺第23世住職。元水戸西ライオンズクラブ第11代会長）
| 200703 | :○足下位転進に思う（『遊行』第159号、時宗宗務所布教伝道研究所）※カラー近影付。肩書き：「足下」 |

奥田　裕幸（※時宗教学研究所研究員・水戸神応寺寺族。奥田俊亮令孫）
| 201403 | :○研究発表要旨　真教初賦算の問題点（『時宗教学年報』第四十二輯、時宗教学研究所） |
| 201503 | :○［時宗奨学資金助成金成果報告］初期時衆教団の研究—賦算活動を中心として—（『時宗教学年報』第四十三輯、時宗教学研究所） |

奥平　英雄（※共立女子大学名誉教授。元東京国立博物館学芸部資料課課長。1905/11/26-2000）
196007	:○一遍上人絵伝部分（角川書店編集部［編集］『一遍聖繪』同書店［日本繪巻物全集第10巻］）→奥平英雄196202
196202	:○一遍上人絵伝部分（東京国立博物館［編集］『ＭＵＳＥＵＭ』同館美術誌№131［1962年2月号］、美術出版社）←奥平英雄196007
196506	◎絵巻物（至文堂〔日本の美術№2〕）

奥富　敬之（※日本医科大学名誉教授。1936/9/2-2008/7/7）
199703	◎鎌倉史跡事典（新人物往来社）
	※「光照寺」（山ノ内）・「向福寺」・「来迎寺」（西御門）の項あり。ただし後者を一向ではなく一遍開山とす
200308	◎鎌倉北条氏の興亡（吉川弘文館〔歴史文化ライブラリー159〕）※図版：『一遍聖絵』より北条時宗
200311	:○鎌倉の四境について（『本郷』第48号、吉川弘文館）※弘安五年（1282）三月一日、『一遍上人絵伝』にみる一遍智真の鎌倉入りの場所が、十王堂橋付近の情景と似ている、とす。→古賀克彦200410 紹介

奥野　中彦（※元国士舘大学文学部教授、元山形県立米沢女子短期大学教授）

あ行

198003 ：◯仮名法語と中世（『うえの』'79、上野のれん会）※→奥野中彦199609 ①
199609 ◎日本古代中世文化人への接近―民衆と女性・交流・地方文化（三一書房）
　　　　：①仮名法語と中世※←奥野中彦198003

奥野　義雄（※元奈良県立民俗博物館学芸課課長）
199804 ：中世における踊念仏から念仏踊への展開をめぐって―踊念仏から念仏踊への移行の要件と祖先祭祀への関与によせて―（『藝能史研究』第一四一号、同会）

小熊　大善（※十二所光触寺住職。小熊大道令息）
197504 ◎一遍聖人の宗意安心と歴史（小熊大道・小熊大善［著］、光触寺）

小熊　大道（※十二所光触寺住職。故人）
197504 ◎一遍聖人の宗意安心と歴史（小熊大道・小熊大善［著］、光触寺）
198009 ：◯関東大震災の記―六十年前をふり返って―（『鎌倉』第三五号、同文化研究会）

奥村　隆彦（※歴史考古学研究会会長・〈大阪市東住吉区〉奥村小児科医院院長・小児科医）
200009 ：◯融通念仏信仰の展開と種々相（伊藤唯真［監修］・融通念佛宗教学研究所［編集］『融通念仏信仰の歴史と美術―論考編』東京美術）
200210 ：◯融通念仏信仰とあの世（岩田書院〔日本宗教民俗学叢書5〕）※特に融通念佛宗に関し、近世に宗派化される以前の実態につき、現地の細かい事例を積み重ね分析。それによって律宗から浄土宗、融通念佛宗に流れていく過程を想定している。ただしここで用いられる「浄土宗」は浄土教くらいの意であろう。必読文献

奥山　春雄（※元秀光中等教育学校教諭）
196903 ：◯時衆の思想史的考察―その時間論を中心として―（『日本思想史研究』第三号、東北大学文学部日本思想史学研究室）※→奥山春雄198702
198702 ：◯時衆の思想史的考察―その時間論を中心として（栗田勇［編］『一遍』思想読本、法蔵館）
　　　　※←奥山春雄196903

小倉　幸義（小倉　雪芳）（※郷土史家）
197212 ：◯ふるさと新座＝その歴史と現状　"黒目の里"の法台寺（『にいくらごおり』第6号、新座の環境と歴史を守る会）※「小倉雪芳」名義
198805 ：◯西遷した片山氏は千葉氏と判明　法台寺・久米御前伝承に補強（『にいくらごおり』第21号、にいくらごおりの会）

小倉　雪芳
→小倉　幸義

小栗　清吾（※江戸川柳研究会事務局長。元〈東京都千代田区・株式会社〉三菱銀行〈現三菱東京ＵＦＪ銀行〉行員）
200202 ：◯保土ヶ谷から三島まで　相模路からいよいよ箱根峠へ―口中をすずやかにして箱根越す―（江戸川柳研究会［編］『江戸川柳　東海道の旅』至文堂〔国文学　解釈と鑑賞別冊〕）
　　　　※「藤沢」「遊行寺」「小栗堂」の項あり。図版：『東海道名所図会』の「遊行寺」

小此木輝之（※大正大学文学部特任教授）
199302 ：◯浄土宗と時宗（尾島町誌専門委員会［企画編集］『尾島町誌』通史編上巻、同町）※中世編第七章の「五」（p764-780）。うち3番目は「時宗の展開と青蓮寺」（p774-780）。→小此木輝之200203 ①
200203 ◎中世寺院と関東武士（青史出版）
　　　　：①時宗の展開と青蓮寺
　　　　※「第四章　浄土宗の展開と関東武士」「第四節　中世末期の浄土信仰」の「三」。←小此木輝之199302

尾崎　暢光（※元神奈川県鎌倉市杉本寺〈天台宗山門派〉住職。俳号：迷堂、本名：光三郎。1891/8/19-1970/3/13）
　　　　◯他阿上人法語に添えて（大正大学マイクロフィルムNo. 321）※長島尚道198206による。俟後考

尾崎　秀樹（※作家。元〈東京都中央区・現一般財団法人〉日本ペンクラブ第12代会長。1928/11/29-1999/9/21）
197209 ◎批評日本史政治的人間の系譜2源頼朝（奈良本辰也・山田宗睦・尾崎［著］、思索社）※呑海らに言及

尾崎　令
199601 ：①中世の窓から（三）――一遍のこゝろ―
　　　　：②中世の窓から（四）――稚児迷惑―「垂井の宿の道場を訪ね、上人に十念を請う。この上人は藤沢でかつて持氏と交流があった（中略）遊行一宗の優れた功徳を説き」とあり（以上『鎌倉』第八〇号、同文化研究会）

長部日出雄（※作家）
199305 ：◯風の誕生（福武書店）※小説。一遍が主人公
201405 ：◯神と仏の再発見―カミノミクスが地方を救う―（津軽書房）※「遊行寺」の項あり

小澤　弘（※敬愛大学人文学部客員教授・〈東京都墨田区・都立〉江戸東京博物館名誉研究員。元函館市歴史資料室室長、元調布学園女子短期大学〈2007/9/14閉校〉教授）
200202 ：◎都市図の系譜と江戸（吉川弘文館［歴史文化ライブラリー136］）※「一遍聖絵（一遍上人伝絵巻）」に言及。
　　　　単色図版ネーム：「京極四条釈迦堂図　法眼円伊筆「一遍聖絵」（東京国立博物館蔵）」

小澤　良吉（※郷土史家。故人）
199105　：○遊行寺門前の灯籠（『とみづか』第十六・十七号、戸塚歴史の会）

小田誠太郎（※和歌山県立博物館副主査。元同県文化遺産課世界遺産班班長）
200203　：①一遍の熊野参詣と時宗
　　　　：②浄土信仰の興隆と熊野三山　念仏聖一遍の熊野成道
　　　　（以上、本宮町史編さん委員会［編集］『本宮町史』通史編、同町）
　　　　※ともに「二　中世の本宮」「4　熊野信仰の大衆化」の「一」のうち。和歌山県東牟婁郡本宮町（現田辺市）

織田　久（※無所属編集者。元〈東京都文京区・現一般社団法人日本出版協会〉日本読書新聞。1934-2010）
200103　◎嘉永五年東北一吉田松陰『東北遊日記』抄（無明舎出版）※本郷村の本福寺（千葉県松戸市）について「詳しいことは分からないが、現在の地図でみると松戸警察署のあるあたりだろうか」とす

織田　正雄
193810　：○一遍上人念佛往生論（京都時宗青年同盟［編］『一遍上人の研究』同同盟〈丁字屋書店［發賣］〉）

小田　真裕（※國學院大學日本文化研究所共同研究員。元一橋大学大学院社会学研究科博士後期課程）
200711　：○書評・長谷川匡俊著『近世の地方寺院と庶民信仰』（『千葉史学』第51号、千葉史学会）
　　　　※「研究蓄積の少ない時宗の遊行上人について」、「遊行上人の房総巡行」で「房総巡行を取り上げ、時宗の教線を反映して巡行路が下総北部を主としていることや、民衆の現世・来世の要求に対応した布教活動の展開を」、「遊行上人の四国巡行」で「四国巡行を取り上げ、民衆教化の様相および諸藩の対応にみられる差異を検討し、遊行上人にとって領主たちとの交渉が、廻国の成否に繋がっていたことを指摘する。」と紹介。肩書きは「一橋大学大学院社会学研究科博士後期課程」。→長谷川匡俊200705を書評

小高　敏郎（※学習院大学文学部教授。元共立女子大学短期大学部〈現共立女子短期大学〉助教授。1922/6/3-1966/10/27）
196103　：○一華堂乗阿・切臨の伝とその學問について—中世末近世初期の地下學統の検討（一）—（『学習院大学文学部年報』第七号、同大学）※→小高敏郎196411①
196411　◎近世初期文壇の研究（明治書院）※初出不明示
　　　　：①一華堂乗阿・切臨の学統（第一節　乗阿の伝と事文〈一　一華堂長善寺／二　略伝／三　師承と交友／四　林羅山との源氏論争／五　学風〉／第二節　切臨の伝と事文〈一　略伝／二　著書の検討／三　学問的業績と学風〉／付　一華堂読曲）※「寛永期」の第三章。→小高敏郎196103 改題

小田原市（※神奈川県小田原市）
198010　：西湘の仏像（小田原市・小田原市教育委員会〈小田原市郷土文化館分館・旧松永記念館〉）
　　　　※1980/10/25-11/9 於同館、展観図録。酒匂上輩寺蔵一遍立像

小田原市教育委員会（小田原市・小田原市教育委員会〈小田原市郷土文化館分館・旧松永記念館〉）（※神奈川県小田原市）
198010　：西湘の仏像（小田原市・小田原市教育委員会〈小田原市郷土文化館分館・旧松永記念館〉）
　　　　※詳細⇒小田原市198010。「小田原市教育委員会〈小田原市郷土文化館分館・旧松永記念館〉」名義
198903　○小田原の文化財（同委員会）※市指定天然記念物「上輩寺の乳イチョウ」の項あり

小田原市郷土文化館（※神奈川県小田原市）
199610　◎特別展印判状の世界（同館［編］、同館）
　　　　※1996/10/26-11/10 於同分館松永記念館、特別展図録。藤沢清浄光寺配下・森文書中の北条氏繁朱印状が載る

小田原市仏像調査団
199403　：小田原の仏像［銘文集］—信仰と造形の歴史—（同調査団［編］、同市史編さん室）
　　　　※小田原福田寺、国府津光明寺、酒匂上輩寺あり

越智　通敏（※一遍会会長。元愛媛県立図書館第14代館長。1915-2003/1）
197804　◎一遍—遊行の跡を訪ねて—（愛媛文化双書刊行会［同双書30］）
197805　：○一遍・鎮魂の旅（『伊予史談』第二二九号、同会）
197901　：○阿波路の一遍—「一遍聖絵」の空白部分—（『伊予史談』第二三一・二三二合併号、同会）
197910　：○一遍の関東遊行—一遍聖絵の空白部分（2）（『伊予史談』第二三五号、同会）
198007　：○郷土における一遍（上）（『伊予史談』第二三八号、同会）
198101　：○郷土における一遍（下）（『伊予史談』第二四〇号、同会）
198108　：○一遍と伊予（地方史研究協議会［編］『地方研究』第三十一巻第四号、同会）※→越智通敏198702A
198110　：○一遍上人の窪寺遺跡について（地方史研究協議会第32回大会要旨）
198203　：○一遍上人の窪寺遺跡について（『時宗教学年報』第十輯、時宗教学研究所）
198302　：①総説一遍※ p44-51
　　　　：②一遍年譜※ p75-81（以上『文化愛媛』第三号、愛媛県文化振興財団）
198303　：○〈史料紹介〉遊行様御移記録（『時宗教学年報』第十一輯、時宗教学研究所）
198308　：○遊行上人の伊予回国（1）（『伊予史談』第二五〇号、同会）

あ行

198310	:	○遊行上人の伊予回国（2）（『伊予史談』第二五一号、同会）
198401	:	○遊行上人の伊予回国（3・完）（『伊予史談』第二五二号、同会）
198402	:	○伊予における一遍と時宗に有縁の寺院（『時宗教学年報』第十二輯、時宗教学研究所）

198310 : ○遊行上人の伊予回国（2）（『伊予史談』第二五一号、同会）
198401 : ○遊行上人の伊予回国（3・完）（『伊予史談』第二五二号、同会）
198402 : ○伊予における一遍と時宗に有縁の寺院（『時宗教学年報』第十二輯、時宗教学研究所）
198403 ◎遊行ひじり一遍〜心の旅人一遍〜（栗田勇・橘俊道・足助威男・越智［著］、愛媛県文化振興財団〔歴史シンポジウム5〕）
198409 ◎一遍—念仏の旅人—（一遍会〔同会双書第9集〕）
198502 : ○一遍上人と伊予観念寺（『時宗教学年報』第十三輯、時宗教学研究所）
198603 : ○「一遍」の念仏（『時宗教学年報』第十四輯、時宗教学研究所）
198702A : ○一遍と伊予（栗田勇［編］『一遍』思想読本、法蔵館）※←越智通敏 198108
198702B : ○世阿弥芸能論の思想的背景—世阿弥と時衆—（『時宗教学年報』第十五輯、時宗教学研究所）
198803 : ○『一遍聖絵』をめぐって—その問題点の中から—（『時宗教学年報』第十六輯、時宗教学研究所）
198903 : ○「捨てる」と「任す」—一遍の心と生きざま—（『時宗教学年報』第十七輯、時宗教学研究所）
198910 : ○一遍の念仏往生（『文化愛媛』第二十二号、愛媛県文化振興財団）
199003 : ○一遍 こころの歌（『時宗教学年報』第十八輯、時宗教学研究所）
199009 ◎一遍 生きざまと思想（一遍会〔同会双書第15集〕）
199103 : ○歌僧頓阿（『時宗教学年報』第十九輯、時宗教学研究所）
199203 : ○『安心決定鈔』をめぐって—一遍と顕意—（『時宗教学年報』第二十輯、時宗教学研究所）
199303 : ○ひとつの真実なるもの—一遍の名号思想—（『時宗教学年報』第二十一輯、時宗教学研究所）
199311 ◎伊予の名僧・傑僧—古徳の教え—（愛媛県文化振興財団〔えひめブックス〕）
　　　　※カバーおよび表紙に一遍聖絵の窪寺庵室図。ただしネームなし。「一遍ひじり」の章あり、単色図版ネーム：「弟聖戒に十一不二を説明する一遍」「念仏札（原寸大）」「遊行中の時衆（一遍聖絵）」「小田切の里のある武士の館で（一遍聖絵）」「祖父通信の墓に詣る一遍（一遍聖絵）」「一遍の臨終（一遍聖絵）」
199403 : ○南無阿弥陀仏一遍（『時宗教学年報』第二十二輯、時宗教学研究所）
199404 ◎念仏と禅—一遍・道元・良寛—（一遍会〔同会双書第16集〕）※「南無阿弥陀仏・一遍」の項あり
199503 : ○念仏の教学と道元禅（『時宗教学年報』第二十三輯、時宗教学研究所）
199603 : ○念仏勧進はわがいのち—永遠の旅人・一遍—（『時宗教学年報』第二十四輯、時宗教学研究所）
199701 ◎果てしなき旅—捨てひじり一遍（愛媛県文化振興財団〔えひめブックス〕）
199703 : ○念仏の機—一遍の平等思想（『時宗教学年報』第二十五輯、時宗教学研究所）
199803 : ○一遍孤独独一の「ひとり」（『時宗教学年報』第二十六輯、時宗教学研究所）
199903 : ○一遍教学の根本問題—その承述と変容—（『時宗教学年報』第二十七輯、時宗教学研究所）

落合　浩人（※竹野興長寺第33世住職）
198702 : ○仏滅年代論略考（『時宗教学年報』第十五輯、時宗教学研究所）
198803 : ○根本分裂の伝承の一考察—年代の伝承について—（『時宗教学年報』第十六輯、時宗教学研究所）
199702 : ○時宗の法式・声明（時宗教学研究所［編集］『時宗入門』時宗宗務所）

落合　俊典（※国際仏教学大学院大学学長・同大学大学院仏教学研究科教授）
200612 : ○天野山金剛寺の浄土教典籍　浄土教関係の文献7点を紹介（国際仏教学大学院大学学術フロンティア実行委員会［編集］『いとくら—文部科学省　私立大学学術研究高度化推進事業　学術フロンティア「奈良平安古写経研究拠点の形成」ニュースレター—』2号、同委員会）※「『念仏要文抄』（仮題）」の項に「一遍聖の踊念仏和讃が七五調のリズムで書かれている」とあり、末尾部分がカラー図版に掲載
200703 : ○金剛寺聖教の秘籍聚纂（平成16〜18年度　科学研究費補助金　基盤研究（A）課題番号15202002 研究成果報告書（研究代表者：落合俊典）『金剛寺一切経の総合的研究と金剛寺聖教の基礎的研究』第1分冊）
　　　　※『念仏要文抄』（仮題）」に「一遍聖の「踊念仏和讃」」があるとし、「七五調の文体とその内容は一遍聖の思想を表していると見なされる。たとえ仮託されたとしても極めて思想的に近い人物の作であろう」とす。これに関し2009/2/1 於藤沢遊行寺、第9回時衆文化研究会で、落合が案内題目「(新出資料) 河内金剛寺蔵紙背文書の踊り念仏和讃」、発表題目「金剛寺蔵『念仏要文抄』（仮題）について」として報告・討議
201010 : ○一遍の新出法語と和讃をめぐって—密教寺院の浄土教聖教—（阿部泰郎［編］『中世文学と寺院資料・聖教』竹林舎〔中世文学と隣接諸学②〕）※「Ⅰ 仏教史の基盤と通時的座標」のうち

落合　義明（※山形大学地域教育文化学部准教授。元東海大学文学部非常勤講師）
200703 : ○中世鎌倉名越の律宗寺院—東栄寺を中心として—（戒律文化研究会［編］『戒律文化』第五号、同会〈法蔵館［発売]〉）
　　　　※2006/10/14 於神奈川県立金沢文庫、同会第5回学術大会の研究発表「中世鎌倉の名越とその周辺—東栄寺を中心として—」を成稿。本文で「安養院の隣には時宗別願寺があり、ここには高さ二メートルほどの鎌倉時代末期の宝塔がある」とし、「表　名越の寺社」中に「行願寺　時宗（中略）現別願寺のことか。廃寺」とあり

鬼丈　三七
200808　：○新・時代の小劇場⑭　シリーズ　京の異形　間者（二）「帝の忍者」（白川書院［編］『月刊京都』第 685 号［2008 年 8 月号］、同書院）※「鉢叩き」の注で、「鉢や瓢箪を叩いて空也念仏をして歩く半俗の僧のこと。戦国時代、能阿弥などの阿弥号をもって全国を遊行した時宗の僧も含む。布教僧であるとともに、民間療法や呪術、諸芸や文化面にも通じ、戦国大名の文化アドバイザーとしても重宝された。」とす。鬼丈・夏宮橙子［共筆］

小野　一之（※〔東京都〕府中市郷土の森博物館館長）
199503　：○中世武蔵府中の時宗道場（『府中市郷土の森紀要』第 8 号、府中市郷土の森）
199511　：○連載・足もとの中世─地域史をひろげる②伝承─地域から見た合戦（『歴史手帖』第 23 巻 11 号（通巻 265 号）、名著出版）※民衆・戦災被害者の視点から合戦を描く好論。時衆による戦死者供養に言及し伝承の主体になった可能性を指摘。東京都東村山市徳蔵寺（臨済宗大徳寺派）蔵板碑の「玖阿弥陀仏」「遍阿弥陀仏」、他阿安国書状（『鎌倉遺文』四一一三二二一八号）、久米長久寺開山「久阿弥陀仏」を挙ぐ。←今井雅晴 198511・所沢市史編さん委員会 198403（ただし 1994 と表記）を引用
199901　：○国府をめざす他阿真教─中世都市と時衆─（武田佐知子［編］『一遍聖絵を読み解く─動きだす静止画像─』吉川弘文館）※〔武蔵〕国府道場長福寺ほか

小野　玄妙（※文部省（現文部科学省）國寶調査會委員・東洋大學文學部教授・浄土宗鎮西派僧侶。1883/2/28-1939/6/27）
193301　：◎佛書解説大辭典第壹卷（小野［編纂］、大東出版社）
　　　　※「一向上人傳」「一遍儀集」「一遍集」「一遍上人繪」「一遍上人繪詞」「一遍上人繪詞傳縁起」「一遍上人繪詞傳直談鈔#」「一遍上人縁起#」「一遍上人行狀#」「一遍上人語録#」「一遍上人語録諺釋#」「一遍上人誓願文標」「一遍上人誓願文標示抄#」「一遍上人と時宗教義」「一遍上人年譜略#」「一遍上人念佛安心鈔#」「一遍上人別願和讃直談鈔#」「一遍上人別願和讃新註#」「一遍上人法話」「一遍上人利口」「一遍上人六條縁起」「一遍聖繪#」の項あり。このうち#を附したものには（寺沼琢明）の署名。→ 193611 再版
193302　：◎佛書解説大辭典第貳卷（小野［編纂］、大東出版社）※「器朴論#」「器朴論引文考」「器朴論考録#」「器朴論要解#」の項あり。このうち#を附したものには（寺沼琢明）の署名。→ 193612 再版
193405　：◎佛書解説大辭典第七卷（小野［編纂］、大東出版社）※「他阿上人法語#」「他阿上人法語重校決疑録」「他阿彌陀佛同行用心大綱註#」の項あり。このうち#を附したものには（寺沼琢明）の署名。→ 193705 再版
193510　：◎佛書解説大辭典第拾壹卷（小野［編纂］、大東出版社）
　　　　※「遊行十六代祖四國廻巡記」「遊行二祖他阿上人法語」の項あり。無署名

小野　孝尚（※茨城女子短期大学学長・茨城県東茨城郡大洗町西福寺〔天台宗山門派〕法嗣）
200803　：○農民詩人・木村信吉直筆年譜攷（茨城女子短期大学紀要委員会［編纂］『茨城女子短期大学紀要』創立 40 周年記念号第 35 集（2008 年）、同大学）※海老ヶ島新善光寺檀家である木村信吉 199411 の著者を詳述

小野夕里子（※龍谷大学大学院文学研究科修士課程〔当時〕）
199703　：○円山─東山山麓安養寺（宗政五十緒［編］『都名所図会を読む』東京堂出版）

小野澤　眞（※武蔵野大学仏教文化研究所研究員）
199606　：○一九九六年五月例会参加記（『神奈川地域史研究会会報』第 43 号、同会）
　　　　※依頼原稿。（神奈川県）相模原市立博物館同会見学会参加記。当麻無量光寺に言及
199609A　：○時衆の寺々を訪ねて（『日本史教育研究』第 135 号、同会）
199609B　：○将門首塚から浅草日輪寺へ─民衆の信仰とその包摂─（『日本史教育研究』第 136 号、同会）
199803　：①水戸藩領における時宗寺院─『開基帳』史料紹介をかねて─※→小野澤眞 201206 ⑧
　　　　：②時宗関係文献刊行物紹介　1997 年度〔前年度迄の追補も含む〕※長島尚道連載の同題の文献目録を引継ぎ以後（201403 除き）毎号連載、次号から題目を「時宗」から「時衆」に変更。小野澤・古賀克彦［共筆］
　　　　（以上『時宗教学年報』第二十六輯、時宗教学研究所）
199809　：○遊行寺宝物館における特別展観（『日本史教育研究』第 143 号、同会）※同館蔵一向俊聖画像にも言及
199903A　：○時衆関係文献刊行物紹介（1998 年度。1990 年以降の補遺も含む）（『時宗教学年報』第二十七輯、時宗教学研究所）※小野澤・古賀克彦［共筆］・長島尚道［監修］
199903B　：○時衆をめぐる新しい知見─時衆学構築のために─（日本宗教学会［編集］『宗教研究』三一九号［第 72 巻第 4 輯］、同会）※→小野澤眞 201206 ②
199907　：○港津と都市に展開する念仏僧たち─中世大阪湾岸における四条道場系時衆─（『地方史研究協議会大会レターニュース』No. 10、同大会実行委員会）
　　　　※ 1999/8/7 於大阪電気通信大学Ａ館１階大会議室、第 8 回準備研究会要旨
199908　：○港津都市に集う勧進僧─中世和泉・摂津における四条時衆を中心に─（問題提起 3）（地方史研究協議会［編集］『地方史研究』第二八〇号［第四九巻第四号］（同会・名著出版）※→小野澤眞 201206 ⑤
199910　：○港津と都市に展開する念仏僧たち─中世大阪湾岸における四条道場系時衆─（『第 50 回記念　1999 年度地方史研究協議会大会　研究発表要旨』同協議会）

あ行

※ 1999/10/16 於（大阪府堺市〈現同市堺区〉・市立）サンスクエア堺、同会第五〇回大会発表要旨
200003A ：○一遍遊行における念仏札の問題（日本宗教学会［編集］『宗教研究』三二三号［第73巻第4輯］、同会）
※ 1999/9/16 於久留米大学御井学舎、同会第60回大会報告要旨
200003B ：○時衆関係文献刊行物紹介（1998年度。1990年以降の補遺も含む）（『時宗教学年報』第二十八輯、時宗教学研究所）※副題中の「1998」は「1999」の誤り。小野澤・古賀克彦［共筆］・長島尚道［監修］
200004 ：①時衆とは何か―時衆研究への視座―※→誉田慶信 200105 紹介。→小野澤眞 200208 ①→小野澤眞 201206 ②
：②学界動向※学会発表・展観などを紹介。以後隔年掲載
（以上、時衆文化研究会［編集］『時衆文化』創刊号、同会〈岩田書院［発売］〉）
200006A ：○海老ヶ嶋新善光寺史料（『社寺史料研究』第三号、同会）※史料翻刻と解題
200006B ：○語り物と時衆―唱導文芸再考―（『第34回藝能史研究會大会レジュメ』同會）
※ 2000/6/11 於京都大学会館、同會第34回大会報告要旨
200010A ：○時衆とは何か―時衆史の再構成―（承前）（時衆文化研究会［編集］『時衆文化』第2号、同会〈岩田書院［発売］〉）※←小野澤眞 201206 ③
200010B ：○善光寺聖と時衆―地方展開と定着―（『日本民俗学会第52回年会研究発表要旨』同会）
※ 2000/10/1 於信州大学松本キャンパス、同会第52回年会報告要旨
200010C ：○中世の港湾都市に広がる勧進聖―和泉・摂津に展開する四条道場系時衆を中心として―（地方史研究協議会［編］『巨大都市大阪と摂河泉』雄山閣出版）※ 1999/10/16 於（大阪府堺市〈現同市堺区〉・市立）サンスクエア堺、地方史研究協議会第五〇回大会報告を元に成稿した依頼原稿
200012 ：○中世庶民信仰の勧進と定着―山形県天童市出土墨書礫から見た一向衆の実相―（『鎌倉』第九一号、同文化研究会）※表紙目次の「一向宗」は誤植。依頼原稿。→川崎利夫 200207 引用。→小野澤眞 200208 ③→小野澤眞 201206 ⑨
200103A ：○時宗における国家観・天皇観の一考察―主として近世から近代初頭に掛けて―（日本近代仏教研究会［編］『近代仏教』第8号、同会）※ 2000/8/23 於（福島県いわき市）古滝屋、同会夏期セミナー報告要旨を元に成稿。→菅根幸裕 201003 紹介。→小野澤眞 200403A →小野澤眞 201206 ⑬
200103B ：○時宗における天皇観―主として近世から廃仏毀釈にかけて―（日本宗教学会［編集］『宗教研究』三二七号［第74巻第4輯］、同会）※ 2000/9/15 於駒澤大学、同会第59回大会報告要旨
200103C ：○時衆関係文献刊行物紹介（2000年度。1990年以降の補遺も含む）（『時宗教学年報』第二十九輯、時宗教学研究所）※小野澤・古賀克彦［共筆］・長島尚道［監修］
200103D ：○時衆の機能とその歴史における意義（日本印度学仏教学会［編集］『印度學佛教學研究』第四十九巻第二号［通巻第98号］、同会）※ 2000/9/2 於東洋大学白山校舎、同会第51回大会報告要旨。→小野澤眞 201206 ③
200103E ：○大会・例会記事　一向時衆の成立と展開―原始一向宗論とからめて―（『国史学』第173号、同会）
※ 2000/5/21 於國學院大學渋谷校舎、同会大会報告要旨。ただし誤植多し
200111 ：○時衆教団形成過程の思想的背景―悪党的一向衆から律僧的時衆へ―（悪党研究会例会要旨）
※ 2001/11/9 於調布市文化会館たづくり
200203A ：○学校教育における「鎌倉仏教」―高等学校教科書比較を通して見えるもの―（『日本仏教教育学研究』第十号、日本仏教教育学会）
※ 2001/11/24 於武蔵野女子大学（現武蔵大学）、同会第14回大会報告要旨を元に成稿。→小野澤眞 201206 ①
200203B ：○九州南部における念仏勧進と禁制―時衆と一向宗との対比から―（日本宗教学会［編集］『宗教研究』三三一号［第75巻第4輯］、同会）※ 2001/9/16 於久留米大学御井学舎、同会第60回大会報告要旨
200203C ：○時衆関係文献刊行物紹介（2001年度。1990年以降の補遺も含む）（『時宗教学年報』第三十輯、時宗教学研究所）※小野澤・古賀克彦［共筆］・長島尚道［監修］
200203D ：○時衆研究の回顧と展望（山形大学歴史・地理・人類学研究会［編集］『山形大学歴史・地理・人類学研究』第三号、同会）※ 2001/10/13 於山形大学小白川キャンパス、同会大会報告要旨を元に成稿。→小野澤眞 201206 ①
200204 ：○学界彙報（二〇〇〇～二〇〇一年度。含補遺）（時衆文化研究会［編集］『時衆文化』第5号、同会〈岩田書院［発売］〉）※無署名
200208 ：①時衆とは何か―時衆研究への視座―※←小野澤眞 200004 ①再録。→小野澤眞 201206 ②
：②時衆とは何か―時衆史の再構成―（承前）※←小野澤眞 200010A 再録。→小野澤眞 201206 ③
：③中世庶民信仰の勧進と定着―山形県天童市出土墨書礫から見た一向衆の実相―
※←小野澤眞 200012 再録・一部改訂。→小野澤眞 201206 ⑨
（以上、学術文献刊行会［編集］『日本史学年次別論文集』中世（二）2000年版、朋文出版）
200303A ：○一向俊聖教団文献目録（『寺院史研究』第七号、同会）
200303B ：○時衆関係文献刊行物紹介（2002年度。1990年以降の補遺も含む）（『時宗教学年報』第三十一輯、時宗教学研究所）※小野澤・古賀克彦［共筆］・長島尚道［監修］

200303C	：○時衆史新知見六題（『武蔵野女子大学仏教文化研究所紀要』No.19 — 25 周年記念号一、同所）
200303D	：○【例会参加記】中世律宗と金沢称名寺《『神奈川地域史研究会会報』第 70 号、同会》
	：依頼原稿。2003/1/19 於神奈川県立金沢文庫、標記企画展同会見学会参加記。時衆、一向俊聖歿年に言及
200307	：①葬式・檀家制度、肉食・妻帯、現世利益　日本人の生活に浸透してきた仏教
	※「時衆道場」「陣僧」「妻帯時衆」「沙弥・鉦打」等に言及
	：②善光寺　宗派を超えた念仏信仰の地—一遍智真・一向俊聖の弟子養阿、「妻戸衆」、解意派・御影堂派、等に言及。単色図版ネーム：『一遍聖絵』より善光寺の場面」
	：③浅草寺　網に掛かった本尊から…※「日輪寺（時宗総頭）」に言及
	：④長谷寺　観音信仰の中心地※「時衆をはじめとする勧進聖」「静岡県沼津市の時宗長谷寺」に言及
	：⑤立石寺　庶民から崇敬された霊山
	※「時衆聖らが山内の坊舎に定着して勧進活動をしていたことが推測できる」とす
	：⑥光明寺　関東総本山として君臨※一向俊聖に言及
	：⑦清浄光寺　遊行上人が引退後に宿る寺
	：⑧蓮華寺　六波羅探題北方滅亡の地※単色写真ネーム：「蓮華寺境内」
	：⑨東慶寺／満徳寺　世俗権力の及ばない駆込寺※単色写真ネーム：「満徳寺歴代住職の墓」
	：⑩国分寺・国分尼寺　その歴史・発掘・復元※「時衆もいたかもしれない」とす
	（以上『日本の寺院　歴史のなかの宗教』新人物往来社〔別冊歴史読本㉘巻 22 号〈通巻 647 号〉〕）
	※副題等は編集部の附したもの。目次と本文では多少文言が異なる。写真は編集部が用意
200312	：①辻善之助（1877 — 1955）『日本文化史』春秋社、1948 — 53 ※ただし署名は別名義
	：②豊田武（1910 — 80）『日本宗教制度史の研究』厚生閣、1938（改訂版：第一書房,1973）
	：③ルーシュ，B　Barbara Ruch（1922 —）『もう一つの中世像』,1991（以上、黒田日出男・加藤友康・保谷徹・加藤陽子［編集委員］『日本史文献事典』弘文堂）※項目執筆。時衆・時宗に言及
200403A	：○時宗における国家観・天皇観の一考察—主として近世から近代初頭へ掛けて—（学術文献刊行会［編集］『日本史学年次別論文集』近世 2001 年版、朋文出版）※→小野澤眞200103 再録。→小野澤眞201206 ⑬
200403B	：○時衆関係文献刊行物紹介（2003 年度。1990 年以降の補遺も含む）（『時宗教学年報』第三十二輯、時宗教学研究所）※小野澤・古賀克彦［共筆］・長島尚道［監修］
200412	：○「時衆」の成立と仏教の庶民化—"新仏教"の展開・再考—（史学会［編集］『史学雑誌』第 113 編第 12 号、山川出版社）※ 2004/11/14 於東京大学本郷キャンパス、同会第 102 回大会報告要旨。→小野澤眞201206 ⑪
200503A	：①【巻頭口絵】宇都宮一向寺銅造阿弥陀如来坐像・附解説
	：②【彙報】【会告】【編集後記】等（以上『寺社と民衆』創刊号、民衆宗教史研究会）
200503B	：○時衆関係文献刊行物紹介（2004 年度。1990 年以降の補遺も含む）（『時宗教学年報』第三十三輯、時宗教学研究所）※小野澤・古賀克彦［共筆］・長島尚道［監修］
200503C	：○中世宗教都市鎌倉形成の過程—寺社の分身を中心にみる—（日本印度学仏教学会［編集］『印度學佛教學研究』第五十三巻第二号〔通巻第 106 号〕、同会）※ 2004/7/25 於駒澤大学、第 55 回学術大会要旨。「時衆では越後府中応称寺が越前長崎念寺と住持職兼帯の縁で同名に改称した」とす。→小野澤眞201206 ⑦
200505	：○中世における「悪」—"新仏教"の成立の基層をたどる視点から—（悪党研究会［編］『悪党と内乱』岩田書院）※悪党論集②。時衆や一向派を主題とする。→小野澤眞201206 ⑩
200508	：○第三〇回報告戦国期における宗教と権力—特に時衆信仰受容とその変質を中心にたどる—（戦国史研究会［編集］『戦国史研究』第五〇号、同会〈吉川弘文館［発売］〉）
	※ 2004/11/13 於駒澤大学、同会例会報告要旨。→小野澤眞201206 ⑧
200603A	：①【巻頭口絵】番場蓮華寺梵鐘・附解説
	：②【彙報】【会告】【編集後記】等（以上『寺社と民衆』第 2 号、民衆宗教史研究会）
200603B	：○時衆関係文献刊行物紹介（2005 年度。1990 年以降の補遺も含む）（『時宗教学年報』第三十四輯、時宗教学研究所）※小野澤・古賀克彦［共筆］・長島尚道［監修］
200609	：○一向俊聖教団の歴史的意義とその再検討（東北大学文学会［編輯］『文化』第 70 巻第 1・2 号—春・夏—、同会）※→小野澤眞201206 ④
200703A	：○【彙報】【会告】【編集後記】等『寺社と民衆』第 3 号、民衆宗教史研究会）
200703B	：○時衆関係文献刊行物紹介（2006 年度。1990 年以降の補遺も含む）（『時宗教学年報』第三十五輯、時宗教学研究所）※小野澤・古賀克彦［共筆］・長島尚道［監修］
200704	：○中世都市における聖の展開—東山・霊山時衆と京都におけるその意義—（五味文彦・菊地大樹［編］『中世寺院と都市・権力』山川出版社）※→小野澤眞201206 ⑥。→山田雄司200709 紹介
200803A	：○時衆関係文献刊行物紹介（2007 年度。1990 年以降の補遺も含む）（『時宗教学年報』第三十六輯、時宗教学研究所）※小野澤・古賀克彦［共筆］・長島尚道［監修］

200803B	：①【研究ノート】「時衆」再考―林譲氏の近論を承けて―
	：②【彙報】【会告】【編集後記】等（以上『寺社と民衆』第4号、民衆宗教史研究会）
200903A	：①【巻頭口絵・解説】埼玉県川口市所在名号板碑断片・附解説※時衆流楷書名号板碑
	：②【彙報】【会告】【編集後記】等（以上『寺社と民衆』第5特別号、民衆宗教史研究会〈岩田書院［発売］〉）
200903B	：○時衆関係文献刊行物紹介（2008年度。1990年以降の補遺も含む）（『時宗教学年報』第三十七輯、時宗教学研究所）※小野澤・古賀克彦［共筆］・長島尚道［監修］
200905	：書評・髙山秀嗣著『中世浄土教者の伝道とその特質―真宗伝道史研究・序説―』（『無為　無為』第7号、日本史料研究会）※←髙山秀嗣200703を書評
201000	◎博士学位論文内容の要旨および審査結果の要旨　文学第22集（東北大学）※→小野澤眞201206 ⑭
201003A	：〔巻頭言〕金井清光氏を偲ぶ―追悼特集にあたって―※→砂川博201010 ②批判
	：②【彙報】【会告】【編集後記】等
	（以上、民衆宗教史研究会編修委員会［編修］『寺社と民衆』第六輯、同会出版局〈岩田書院［発売］〉）
201003B	：○時衆関係文献刊行物紹介（2009年度。1990年以降の補遺も含む）（『時宗教学年報』第三十八輯、時宗教学研究所）※小野澤・古賀克彦［共筆］・長島尚道［監修］
201005	：書評・大塚紀弘著『中世禅律仏教論』（『無為　無為』第13号、日本史料研究会）
	※←大塚紀弘200911を書評
201009	◎中世時衆史の研究（博士論文）※東北大学大学院文学研究科に 2010/3/31 提出した博士論文。博士（文学）甲第13656号。201009は授与年月。→小野澤眞201206
201103A	：○時衆関係文献刊行物紹介（2010年度。1990年以降の補遺も含む）（『時宗教学年報』第三十九輯、時宗教学研究所）※小野澤・古賀克彦［共筆］・長島尚道［監修］
201103B	：〔巻頭言〕二〇一一年東日本大震災に関する本会声明※時衆に言及なし
	：②【研究ノート】『西大寺末寺帳』寺院比定試案※時衆に言及
	：③【彙報】【会告】【編集後記】等
	（以上、民衆宗教史研究会編修委員会［編修］『寺社と民衆』第七輯、同会出版局〈岩田書院［発売］〉）
201103C	：○中世仏教の全体像―「新仏教」再考の視点から―（『高田学報』第九十九輯、高田学会）
	※→小野澤眞201206 ⑫
201103D	：○山崎弁栄と時宗当麻山無量光寺（武蔵野大学仏教文化研究所［編集］『武蔵野大学仏教文化研究所紀要』No. 27、同所）※単色写真ネーム：「巻子装三昧仏画」（同寺蔵）・「他阿僧正佛禪榮上人大和尚」位牌」・「他阿佛陀禪那辨榮大和尚」墓石」
201105	：○善光寺信仰の展開（一）―中世勧進聖と〝分身〟の研究を中心として―（『史迹と美術』第八十一輯ノ四（第八一四号）、史迹美術同攷会）※カラー口絵大見出し：「善光寺信仰の展開（一）(1)」、ネーム：「信濃善光寺の本堂全景」、ネーム・キャプション：「信濃善光寺境内の佐藤継信・忠信兄弟供養と伝える宝篋印塔。手前は総高149センチの塔、奥は総高140センチ。応永四年（1397）銘の逆修塔。佐藤兄弟の伝承は後付けの実像で信濃における唱導文芸の名残りと考えられる。長野市指定文化財。／（細川武稔氏写）（本誌 106 頁以降参照）」。カラー口絵見出し：「善光寺信仰の展開（一）(2)」、ネーム・キャプション：「永正四年（1507）銘の「永正地蔵尊」（長野県上水内郡飯綱町）。龕部総高 114 センチ、地蔵像高 68.2 センチ。銘文にみえる本阿弥陀佛の法名から、時衆の影響が窺える。当地の豪族、信濃島津氏と時衆は関係が深かった。長野県宝。／（小山丈夫氏写）（本誌 106 頁以降参照）」。→小野澤眞201206 ⑦
201106	：○善光寺信仰の展開（二）―中世勧進聖と〝分身〟の研究を中心として―（『史迹と美術』第八十一輯ノ五（第八一五号）、史迹美術同攷会）※→小野澤眞201206 ⑦
201108	：○善光寺信仰の展開（三）―中世勧進聖と〝分身〟の研究を中心として―（『史迹と美術』第八十一輯ノ七（第八一七号）、史迹美術同攷会）
	※カラー口絵見出し：「善光寺信仰の展開（三）」、ネーム：「善光寺から移転されたといわれる長野市霊山寺境内の五輪塔群」「同上の近景」／（細川武稔氏写）（本誌208頁以降参照）→小野澤眞201206 ⑦
201110A	：○かつて存在した神奈川県相模原市無量光寺本『遊行上人縁起絵』一文書にみる焼失文化財―（神奈川県立金沢文庫［編集］『金澤文庫研究』通巻第 327 号、同文庫）
201110B	：○中世「時衆」の成立―一遍・他阿真教による組織化と庶民化―（鎌倉遺文研究会［編］『鎌倉遺文研究』第二十八号、同会〈吉川弘文館［発売］〉）※→小野澤眞201206 ⑪
201111	：○善光寺信仰の展開（四）―中世勧進聖と〝分身〟の研究を中心として―（『史迹と美術』第八十一輯ノ九（第八一九号）、史迹美術同攷会）※→小野澤眞201206 ⑦
201112	：○善光寺信仰の展開（五）―中世勧進聖と〝分身〟の研究を中心として―（『史迹と美術』第八十二輯ノ十（第八二〇号）、史迹美術同攷会）※→小野澤眞201206 ⑦
201202	：○善光寺信仰の展開（六）―中世勧進聖と〝分身〟の研究を中心として―（『史迹と美術』第八十三輯ノ一（第

あ行

八二一号)、史迹美術同攷会)※カラー口絵見出し:「善光寺信仰の展開(六)(1)」、ネーム:「浄土宗鎮西派長谷寺の近世の木造善光寺式阿弥陀如来一光三尊像」(長野県上水内郡飯綱町)(協力・長谷寺)(小山丈夫氏写)(本誌4頁以降参照)」。カラー口絵見出し:「善光寺信仰の展開(六)(2)」、ネーム:「時宗寺院に遺る善光寺仏脇侍(非公開)(神奈川県相模原市南区・当麻無量光寺所蔵)(小野澤眞氏写)」。→小野澤眞201206 ⑦

201203A :○時衆関係文献刊行物紹介(2011年度。1990年以降の補遺も含む)(『時宗教学年報』第四十輯、時宗教学研究所)※小野澤・古賀克彦［共纂］・長島尚道［監修］

201203B :①【紹介】由谷裕哉編著『郷土再考 新たな郷土研究を目指して』(民衆宗教史研究会編修委員会［編修］『寺社と民衆』第八輯、同会出版局〈岩田書院［発売］〉)※時衆に言及
:②【彙報】【会告】【編集後記】等
(以上、民衆宗教史研究会編修委員会［編修］『寺社と民衆』第八輯、同会出版局〈岩田書院［発売］〉)

201204 :○〈書評〉松尾剛次著『中世律宗と死の文化』(『歴史』第118輯、東北史学会)
※時衆に多く言及。依頼原稿。←松尾剛次201012 を書評

201206 ◎中世時衆史の研究(八木書店)※「初出一覧」「索引」あり。定価17000円。←小野澤眞201009 を大幅に加筆・補正。→末木文美士201212・常磐井慈裕201303・若林晴子201310・渡辺観永201310 紹介・常磐井慈裕201403 引用・牛山佳幸201407 書評・追塩千尋201412・森新之介201513 言及
:①序 章 時衆研究を行うにあたって―意義、環境、そして課題―(はじめに―日本中世社会の時衆―/第一節 研究の意義/第二節 研究の回顧/第三節 学校教育における時衆/第四節 研究の問題点/おわりに―研究の課題と展望―)※←小野澤眞200203A・200203D 改題
第一部
:②第一章 時衆の定義(はじめに/第一節 時衆の語義/第二節 行儀に発する時衆の規定)
※←小野澤眞199903・200208 ②←200004 ①改題
:③第二章 時衆史の再構成(はじめに/第一節 時衆の有する職能と庶民信仰における時衆の意義/第二節 時衆から時宗への変遷―宗旨としての確立―/おわりに)
※←小野澤眞200208 ②←小野澤眞200010・200103C 改題
:④第三章 一向俊聖教団研究の回顧と展望(はじめに―研究の意義―/第一節 教団史の梗概/第二節 研究史の回顧/第三節 論点と今後の展望/第四節 史料論/おわりに―中世思想史への転回―)
※←小野澤眞200609 改題
第二部
:⑤第一章 四条時衆の展開―摂津・河内・和泉国の事例から―(はじめに―問題の所在―/第一節 京都四条道場系の時衆の変遷/第二節 摂河泉における時衆各派寺院の分布と立地/第三節 四条時衆の民衆への結縁とその機能/第四節 他宗あるいは他地域の時衆の動向との比較/おわりに―まとめに代えて―)
※←小野澤眞199908・200010B 改題
:⑥第二章 霊山時衆の展開―山城国の事例から―(はじめに/第一節 京都における時衆道場/第二節 霊山時衆の沿革/第三節 「国阿上人」にまつわる史料とその人物像/第四節 霊山時衆の地方展開/第五節 都市京都における霊山時衆の地理/第六節 都市京都における霊山時衆の意義/おわりに)
※←小野澤眞200704 改題
:⑦第三章 善光寺聖の展開―信濃国を中心とする諸国の事例から―(はじめに/第一節 信濃善光寺信仰の形成/第二節 信濃国における時衆の展開/第三節 歴史風土からみた踊り念仏の発祥/第四節 庶民信仰における善光寺聖の意義/第五節 寺社における「分身」と宗教都市/第六節 他地域における善光寺信仰の一例/おわりに)※←小野澤眞200503・201105・201106・201108・201111・201112・201202 改題
:⑧第四章 藤沢時衆の展開―常陸国の事例から―(はじめに/第一節 水戸『開基帳』解題ならびに徳川光圀の宗教政策/第二節 『開基帳』所載時宗―三箇寺概史/第三節 常陸の時衆寺院の歴史的意義―中世前期―/第四節 戦国大名と時衆―中世後期―/第五節 近世大名と時宗―江戸時代―/おわりに)
※←小野澤眞199803 ①・200508 改題
:⑨第五章 一向俊聖教団の展開―出羽国の事例から―(はじめに/第一節 俊聖教団と一遍時衆/第二節 奥羽における時衆の教線/第三節 高野坊遺跡出土の墨書礫の概要とその意義/第四節 天童系の俊聖教団の特質/第五節 俊聖教団による墨書礫埋納から考える原始一向宗論/おわりに)
※←小野澤眞200208 ③←小野澤眞200012 改題
第三部
:⑩第一章 中世における「悪」―〝新仏教〟成立の基層―(はじめに/第一節 「悪」観念と悪党/第二節 破戒の悪僧たち/第三節 私度僧教団の変容―その体制化―/おわりに―時衆から真宗へ―)
※←小野澤眞200505 改題
:⑪第二章 一遍智真による時衆構築と他阿真教によるその変容(はじめに/第一節 先行研究と時衆の概要/

あ行

　　　　　第二節　一遍以前の時衆／第三節　『一遍聖絵』における一遍と『遊行上人縁起絵』における真教／第四節　他阿真教による教団化と律僧／第五節　時衆による〝新仏教〟の基盤形成／おわりに）
　　　　※←小野澤眞 200412・201110B 改題
　　　：⑫第三章　中世仏教の全体像―時衆研究の視点から―（はじめに／第一節　中世仏教論に内在する問題点／第二節　室町期・戦国期の仏教研究へ／第三節　聖による仏教／第四節　各教団史の再考／第五節　新教団の草創と守成／第六節　旧仏教の庶民信仰―古義真言宗の事例から―／第七節　新仏教の成立とその背景／おわりに―中世時衆澎湃の背景―）※←小野澤眞 201103 改題
　　　：⑬附　章　近世・近現代時宗と国家権力―時宗における国家観・天皇観―（はじめに―研究史の回顧―／第一節　時宗の特質／第二節　近世時宗史の概観／第三節　近世における国家観・天皇観／第四節　近現代における国家観・天皇観／第五節　アジア・太平洋戦争前後の時宗／おわりに―まとめに代えて―）
　　　　※←小野澤眞 200403A 改題・←小野澤眞 200103A
　　　：⑭終　章※←小野澤眞 201000
　　　：⑮あとがき

201207　：○融通念仏（宗）研究文献紹介（大阪市史編纂所［編集］『市史紀要　大阪の歴史』第 78 号〈特集　西区〉、同市史料調査会）※時衆にも多く言及

201212　：○武蔵国秩父札所三十四観音霊場の形成にみる中世後期禅宗の地方展開―特に曹洞宗陸奥国黒石正法寺末、広見寺とその末寺を中心に―（『国史談話会雑誌』第 53 号、東北大学国史談話会）
　　　　※ 2010/6/25 於早稲田大学早稲田キャンパス、寺社縁起研究会関東支部第 99 回例会報告を成稿。「秩父に（中略）時宗は皆無である」が「時宗配下で在地民間宗教者（半僧半俗）の鉦打が（中略）いたのである。かれらは（中略）上野国甘楽郡譲原満福寺（中略）を小本寺としていた」とす。また「時衆最大の道場というべき藤沢清浄光寺（中略）の根源の地である俣野」等、時衆に多数言及。←小野澤眞 201206・高野修 198303B・西尾正仁 199510・秋月俊也 200903・201103 を註で挙ぐ

201303A　：①【コラム】時宗寺院本尊考
　　　：②【資料紹介】時宗寺院文化財調査概報（その一）※大津正福寺
　　　：③【図書館紹介①】東京都立中央図書館※古地図にみえる芝崎道場日輪寺に言及
　　　：④【彙報】【会告】【編修後記】※【編修後記】で正応の大地震と西御門来迎寺に言及（以上、民衆宗教史研究会編修委員会［編修］『寺社と民衆』第九輯、同会出版局〔岩田書院・日本史史料研究会［発売］〕）

201303B　：○時衆関係文献刊行物紹介（2012 年度。1990 年以降の補遺も含む）（『時宗教学年報』第四十一輯、時宗教学研究所）※小野澤・古賀克彦［共筆］。ただし編集側ミスにより表紙・本文とも執筆者名表記なし

201305　：○聖・非人・乞食の貧富―中世時衆を中心として―（井原今朝男［編］『富裕と貧困』竹林舎〔生活と文化の歴史学②〕）※「Ⅴ　富の再分配システム」のうち。依頼原稿

201311　：○書評と紹介　村井康彦・大山喬平編『長楽寺蔵　七条道場金光寺文書の研究』（日本歴史学会［編集］『日本歴史』第七百八十六号、吉川弘文館）
　　　　※依頼原稿。←村井康彦・大山喬平 201212 を書評と紹介。←長澤昌幸 201204 を引用

201312　：○《研究ノート》二〇〇〇年代後半以降における時衆研究の回顧（『六軒丁中世史研究』第十五号、東北学院大学中世史研究会）※時衆関連の書籍・論攷を多数挙ぐ

201403A　：○相模原市南区・当麻山無量光寺調査詳報―時宗当麻派研究の基礎として―（相模原市教育委員会教育局生涯学習部博物館［編集］『相模原市史ノート』（第 11 号）、同市）

201403B　：①【研究ノート】僧侶妻帯・世襲考―時宗寺院文化財調査概報（その二）をかねて―※大津正福寺
　　　：②【コラム】美濃西光寺史寸描―地方時宗史の一齣―②《編修委員会（小野澤）註》
　　　　※阿波憂礼 201403 への補註
　　　：③【彙報】【会告】【編修後記】等（以上、民衆宗教史研究会編修委員会［編修］『寺社と民衆』第十輯、同会出版局〔岩田書院・日本史史料研究会［発売］〕）

201503A　：①《研究動向》『中世時衆史の研究』その後―牛山佳幸書評を拝読して―※←牛山佳幸 201407 を批評
　　　：②【彙報】【会告】【編修後記】等（以上、民衆宗教史研究会編修委員会［編修］『寺社と民衆』第十一輯、同会出版局〔岩田書院・日本史史料研究会［発売］〕）

201503B　：○時衆関係文献刊行物紹介（2013・2014 年度。1990 年以降の補遺も含む）（『時宗教学年報』第四十三輯、時宗教学研究所）※前号不載のため 2 年分。小野澤・古賀克彦［共筆］・長島尚道［監修］

201503C　◎時宗当麻派七〇〇年の光芒―中世武家から近世・近代庶民の信仰へ―（特集口絵・地図／序章　当麻派研究の意義と研究史／第一章　当麻無量光寺の創建と初期時衆教団／第二章　当麻派寺院概観と会津東明寺／第三章　中世の当麻派／第四章　近世の当麻派／第五章　近・現代の当麻派／第六章　史料論／第七章　独特な一遍信仰／第八章　造塔活動／第九章　被差別民との関係／第一〇章　儀礼・式法その他について／終章　総括と今後の課題／あとがき／当麻派文献目録／無量光寺歴代一覧）（日本史史料研究会企画部［同会研究選書 8］）

201503D	※「人名索引」あり。定価1800円
	：○他宗祖師伝説―各地の寺院にみる信者獲得の手法―（武蔵野大学仏教文化研究所［編集］『武蔵野大学仏教文化研究所紀要』№．31、同所）※鉄輪永福寺、宇多津郷照寺、霊山正法寺、円山安養寺、高田称念寺、信濃善光寺妻戸時衆、当麻無量光寺など時宗寺院を中心に行論

小野寺逸也（※元〈兵庫県〉尼崎市立地域研究史料館館長。2000年歿）

|198203|：○江戸時代前期の尼崎城下地図について（二）（『地域史研究―尼崎市立地域研究史料館紀要―』第11巻第3号、同館）※尼崎の時宗寺院に言及|

尾道市教育委員会（※広島県尾道市）

|199506|◎びんご・おのみちの文化財―目録（改訂）―（同委員会［編］、尾道文化財協会）※表紙図版：尾道常称寺本白描遊行上人絵。尾道西郷寺の本堂・山門・一鎮坐像・本尊阿弥陀三尊像・麻阿弥衣・篇額、常称寺の本堂・観音堂・大門・墓処門・白描遊行上人絵・真教坐像・阿弥陀立像・地蔵立像・薬師立像（旧塔頭成福寺薬師堂本尊）・聖観音半跏像|

尾道市総務部市長公室（※広島県尾道市・現同市総務部秘書広報課広報広聴係）

|200711|◎広報おのみち2007年11月号（同室［編集］、同室）※ p2に「常称寺4棟 国の重要文化財に」との大見出しと記事。ただし本文中、「真教」とルビ。常称寺第41代住職のコメントあり。単色写真ネーム：「「常称寺本堂」室町中期」「「常称寺大門」室町前期」「「常称寺鐘撞堂」江戸前期」「「常称寺観音堂」室町後期」。p28に見出し：「常称寺が国の重要文化財に」と記事。広島大学大学院文学研究科教授・三浦正幸のコメントあり。カラー写真ネーム：「常称寺本堂（内部）」|

尾道民話伝説研究会（※広島県尾道市・同市立尾道図書館〈現同市立中央図書館〉内）

|198404|◎尾道の民話・伝説（同会［編］、同会）※尾道西郷寺の鳴龍天井の由来の項あり。|

小浜市史編纂委員会（※福井県小浜市）

|197699|◎小浜市史社寺文書編（同委員会［編集］、同市）※小浜西福寺文書あり|

大日方 猛（※長野県立歴史館学芸部文献資料課専門主事）

|198907|：○善光寺と遁世の人びと（長野県高等学校教育文化会議社会科教育研究会［編］『史料が語る長野の歴史60話』三省堂）※ほかのページに『聖絵』信濃伴野の市|

小山 正文（※同朋大学仏教文化研究所研究顧問。元愛知県岡崎市本證寺〈真宗大谷派〉住職）

198699	：○遊行寺本『聖徳太子伝暦』の書写者と伝持者（『聖徳』第109号、法隆寺教学部）
	※→小山正文199910→小山正文200003①
199403	：○『西国順礼三拾三処普陀落伝記』―四条道場金蓮寺浄阿真順法談本―（『時宗教学年報』第二十二輯、時宗教学研究所）
199601	：○中世における太子信仰とその美術―特に夢中顕現太子像を中心として―（大阪市立美術館［監修］『聖徳太子信仰の美術』四天王寺開創一四〇〇年記念出版、東方出版）※一遍の太子信仰に言及、一遍が四天王寺・磯長廟・当麻寺・善光寺へ参詣したのは証空の影響、とす。また同図録には『聖絵』巻二・八・九、「前田育徳会本」巻二、真光寺本巻四のカラー図版、藤沢遊行寺本『聖徳太子伝暦』の単色図版あり。→小山正文200003②
199701	：○『西国順礼三拾三処』普陀落伝記』―翻刻と解題―（『同朋大学仏教文化研究所紀要』第16号、同所）※四条道場金蓮寺本
199910	：○遊行寺本『聖徳太子伝暦』の書写者と伝持者（蒲池勢至［編］『太子信仰』雄山閣出版［民衆宗教史叢書第32巻］）※←小山正文198699。→小山正文200003①
200003	◎親鸞と真宗絵伝（法藏館）→蒲池勢至200203 書評
	：①遊行寺本『聖徳太子伝暦』の書写者と伝持者「Ⅳ 太子と真宗」のうち。「伝持者」空性が佛光寺了源であるならば、國阿との交流から、霊山正法寺より施入されたものである可能性はないか（古賀克彦註）。←小山正文198699に3補記を追加。→青古真哉200903 紹介
	：②中世における太子信仰とその美術―特に夢中顕現太子像を中心として―
	※「Ⅳ 太子と真宗」のうち。←小山正文199601

小山松勝一郎（※元山形県立酒田西高等学校教諭）

196906	◎西遊草―清河八郎旅中記（清河八郎［原著］・小山松［編訳］、平凡社［東洋文庫140]）
	※『西遊草』十一巻の口語抄訳。詳細⇒清河八郎196906。→小山松勝一郎200611
199312	◎西遊草（清河八郎［原著］・小山松［校注]、岩波書店［岩波文庫青（33)-462-1]）
	※『西遊草』全文翻刻。詳細⇒清河八郎196906
200611	◎西遊草―清河八郎旅中記（清河八郎［原著］・小山松［編訳］、平凡社［ワイド版東洋文庫140]）
	※『西遊草』十一巻の口語抄訳。詳細⇒清河八郎196906。←小山松勝一郎196906

折口 信夫（※慶應義塾大学文学部教授・國學院大學文学部教授。1887/2/11-1953/9/3）

|192611|：○小栗外傳（『民族』第二巻第一號、同發行所）※→折口信夫192904①→折口信夫195504①|
|192904A|：○小栗判官論の計畫（『民族』第四巻第三號、同行所）※→折口信夫193006→折口信夫195509①|

192904B ◎古代研究　民俗學篇第一卷（大岡山書店）
　　　　：①小栗外傳※←折口信夫 192611。→折口信夫 195504 ①
193006 ◎古代研究　民俗學篇第二卷（大岡山書店）
　　　　：①小栗判官論の計畫※←折口信夫 192904。→折口信夫 195509 ①
195504 ◎折口信夫全集第二巻（中央公論社）
　　　　：①小栗外伝※←折口信夫 192904 ←折口信夫 192611
195509 ◎折口信夫全集第三巻（中央公論社）
　　　　：①小栗判官論の計畫※←折口信夫 193006 ←折口信夫 192904

小和田哲男（※〈東京都世田谷区・公益財団法人〉日本城郭協会理事長・静岡大学名誉教授）
198412 　：○戦国大名今川氏の棟別賦課と免除特権（日本歴史学会［編集］『日本歴史』第四百三十九号、吉川弘文館）
　　　　※「二　寺中・門前の棟別免除」で静岡縣 196611（ただし年紀不載）「西光寺文書」（p736）を引用し、永正九
　　　　年（1512）三月廿四日付・今川氏親朱印状（西光寺〈沼津道場〉充棟別免除特権付与の文言初見）を紹介。→小
　　　　和田哲男 200011 ①
198503 　：○役としての陣僧・飛脚・陣夫・定夫─戦国大名今川氏発給文書を通して─（『駿河の今川氏』第八集、今川
　　　　氏研究会）※←大橋俊雄 197209 を引用、大橋俊雄 197306・岡見正雄 196210 も紹介。→小和田哲男 200011 ②
200011 ◎今川氏の研究（清文堂〔小和田哲男著作集・第一巻〕）
　　　　：①戦国大名今川氏の棟別賦課と免除特権※同書の「Ⅲ─2」。←小和田哲男 198412
　　　　：②役としての陣僧・飛脚・陣夫・定夫─戦国大名今川氏発給文書を通して─
　　　　※同書の「Ⅲ─3」。吉田政博 199508 を同書「初出一覧」の本論攷当該箇所に紹介。←小和田哲男 198503
200311 ◎日本史諸家系図人名辞典（小和田［監修］、講談社）
　　　　※河野氏のページに一遍の項あり。図版：神奈川県立歴史博物館蔵一遍画像

「女と男の時空」編集委員会
199810 ◎年表・女と男の日本史（同委員会［編］、藤原書店〔「女と男の時空─日本女性史再考」別巻］）
　　　　※一遍・『聖絵』・時宗の項頻出、図版：藤沢清浄光寺蔵後醍醐画像

か　　　行

海音寺潮五郎（※作家。1901/11/5-1977/12/1）
195409　◎蒙古来る上・中・下（大日本雄弁会講談社）※→海音寺潮五郎 198702
198702　：○小説・蒙古来たる（栗田勇［編］『一遍』思想読本、法藏館）※←海音寺潮五郎 195409

貝島　朋子
197905　：○興隆期時宗教団の支持層について（一）―特に武士階層を中心として―（大橋俊雄［編集］『時衆研究』第八十号、時宗文化研究所）
197908　：○興隆期時宗教団の支持層について（二）―特に武士階層を中心として―（大橋俊雄［編集］『時衆研究』第八十一号、時宗文化研究所）
198002　：○興隆期時衆教団の支持層について（三）―特に武士階級を中心として―（大橋俊雄［編集］『時衆研究』第八十三号、時宗文化研究所）

海邊　博史（※〈大阪府〉堺市文化観光局文化部文化財課学芸員。元〈香川県〉善通寺市教育委員会生涯学習課主事）
200910　：紀伊に運ばれた中世讃岐の石造物―海南市浄土寺・藤白神社所在火山石製層塔を中心に―（『紀伊考古学研究』第 12 号、同会）※藤代浄土寺（藤沢派）

戒律文化研究会（※奈良市・真言律宗総本山西大寺内）
200703　◎戒律文化第五号（同会［編集］、同会〈法藏館［発売］〉）※「彙報」欄の 2006/10/15 同会第 5 回学術大会見学会記に「光触寺（時宗）…秘仏本尊阿弥陀三尊像など拝観」とあり
　　　　：○大塚　紀弘：中世社会における持斎の受容
　　　　：○松尾　剛太：京都東山太子堂考

カエルカフェ（※東京都渋谷区・有限会社）
201203　：○映画一遍上人ガイドブック（同社［著］、同社）※カエルカフェ配給の 2012/5/12 公開の日本映画「一遍上人」公式ガイドブック。秋原北胤［ディレクター・監督］・落合雪恵［脚本］・ウド鈴木［主演］

鏡島　寛之（※静岡縣清水市〔現静岡市清水区〕泉龍寺〔曹洞宗〕住職。1911-1945）
194012　：中世佛教徒の神祇觀とその文化（『宗教研究』第二年第四輯［第百六號］、日本宗教學會）

学習研究社（※東京都大田区・株式会社・現学研パブリッシング）
199308　⊙浄土の本　極楽の彼岸へ誘う阿弥陀如来の秘力（同社〔Books Esoterica7〕）※一遍と時宗に言及
199806　⊙天皇の本　日本の霊の根源と封印の秘史を探る（同社〔Books Esoterica22〕）
　　　　※カラーカバー図版ネーム：「後醍醐天皇像（清浄光寺蔵）」
　　　　：○藤巻　一保：怨霊と南北朝「天皇史②仏教習合時代」※「南北朝の光と影」にも同像単色図版
200212　⊙熊野三山（同社〔週刊　神社紀行 2002 年 12 月 12 日号〈通巻 5 号〉〕）※「旅人物語」のページで一遍を特集。カラー図版・写真：『一遍上人絵伝』巻 3「熊野」・「一遍上人神勅名号碑」
200305　⊙大山祇神社（同社〔週刊　神社紀行 2003 年 5 月 1 日号〈通巻 24 号〉〕）
　　　　※「もの知りアラカルト」のページで「一遍上人と宝篋印塔」の項とカラー図版掲載
200306　⊙石清水八幡宮（同社〔週刊　神社紀行 2003 年 6 月 19 日号〈通巻 30 号〉〕）
　　　　※カラー図版ネーム：「石清水八幡宮の社殿（『一遍上人絵伝』巻 9 より）」
200309　⊙氣比神宮・気多大社・若狭彦神社（同社〔週刊　神社紀行 2003 年 9 月 4 日号〈通巻 40 号〉〕）※「心にしみる話」のページで「遊行上人のお砂持ち」を特集し、カラー写真：「遊行上人の銅像」「遊行上人御砂持神事」
200311　⊙西宮神社・今宮戎神社（同社〔週刊　神社紀行 2003 年 11 月 20・30 日号〈通巻 50 号〉〕）
　　　　※「旅人物語」のページで一遍を特集し、カラー図版：『一遍上人絵伝』巻 12「一遍臨終」

『隔蓂記』研究会
200607　◎隔蓂記　総索引（同会［編］、思文閣出版）※金閣寺（現京都市北区・臨済宗相国寺派）住職鳳林承章（1593/2/23-1668/9/30）の日記。七條道場金光寺・法國寺・極楽寺、荘厳寺・遊行廻国上人・靈山、等の時宗関係事項あり

景浦　稚桃
→景浦　直孝

景浦　勉（※元伊予史談会会長。景浦直孝令息。1911-2004/1）
199610　：○河野通盛の生涯（『伊予史談』第三〇三号、同会）

景浦　直孝（景浦　稚桃）（※元愛媛縣立松山高等女學校〔現松山南高等学校〕教諭。1885/7/12-1962/8/19）
193604　：○一遍上人に就て（『伊豫史談』第八十六號、同會）
195409　：伊豫文化史の研究（関él紙店印刷所）※「一遍上人の研究」の章あり。「景浦稚桃」名義

梯　實圓（※浄土真宗本願寺派勧学。元大阪市阿倍野区廣臺寺〔同派〕住職。1927/10/3-2014/5/7）
197007　：○一遍上人の他力思想（『龍谷教学』第五号、同会議）※→梯實圓 197311 →梯實圓 199808 ①

197311	：○一遍上人の他力思想（大橘俊雄［編集］『時宗研究』第五十八号、時宗文化研究所）※←梯實圓 197007．→梯實圓 199808 ①
197506	：○「礼智阿消息」の真偽について（『龍谷教学』第十号、同会議）※→梯實圓 199808 ③
199303	：○時宗に於ける帰命戒の成立とその意義—特にその儀礼論的意義について—（『浄土真宗教学研究所紀要』第２号、同所）※→梯實圓 199808 ②
199808	◎梯實圓先生古稀記念　浄土教学の諸問題　下巻（梯［著］・梯實圓先生古稀記念著述集刊行会［編］、永田文昌堂）：①一遍上人の他力思想※←梯實圓 197311 ←梯實圓 197007：②時宗に於ける帰命戒の成立とその意義—特にその儀礼論的意義について—※←梯實圓 199303：③「礼智阿消息」の真偽について※←梯實圓 197506
200000	：○［蓮如上人御生涯の記 25］「正信偈」と『三帖和讃』の開版（『一味』678 号［2000 年冬号］、同出版部）※大町の如導大徳一派は、時宗系の踊り念仏と和讃読誦が習合、と説く

筧　雅博（※フェリス女学院大学国際交流学部教授。元東京大学文学部助手）

| 200108 | ◎蒙古襲来と徳政令（講談社〔日本の歴史 10〕）※「第二章　錯綜する領域支配圏」に単色図版ネーム・キャプション：「神主は地頭の分身　一遍上人に襲いかかる吉備津社神主の子息。東国も西国も、神主は地頭自身か、その弟や子息である場合が少なくない（『一遍上人絵伝』より。清浄光寺所蔵／中央公論新社提供）」、同章に単色図版ネーム・キャプション：「年貢米を運ぶ船（『一遍上人絵伝』より。清浄光寺所蔵）」。「第四章　時代の基本律を探る」「1　法と訴訟の場の基本律」の「五百貫で購った政所下知状」の項の本文に、幕府が取締ろうとした「一向衆」は、「一遍上人の流れを汲む遊行者」とす。単色図版ネーム・キャプション：「鎌倉の北、巨福呂坂での北条時宗と一遍の出会い　一遍に従う人々は、むちで打たれ、山中に追い散らされる（『一遍上人絵伝』より。清浄光寺所蔵／中央公論新社提供）」。同章に単色図版ネーム・キャプション：「座と里商人　座で商いをする「座」の商人に対し、里商人である右端の魚売りは「座」をもたない（『一遍上人絵伝』より。清浄光寺所蔵／中央公論新社提供）」。「第五章　岐路に立つ鎌倉幕府—弘安の役から平頼綱誅殺まで」に単色図版ネーム・キャプション：「鏑矢を射かける　北国の地頭屋形における私刑。行動の自由を奪い、至近距離から矢を放つ。比企能員の最期もそうであったらしい（『遊行上人絵巻』より。真光寺所蔵／角川書店提供）」。「第七章　永仁徳政令」に単色図版ネーム・キャプション：「伊予国衙領の秋　一面の田地に稲穂がみのる。一遍上人ゆかりの地の光景である（『一遍上人絵伝』より。清浄光寺所蔵／中央公論新社提供）」。「第九章　鎌倉時代の終焉」「3　天皇御謀反」の「鎌倉幕府、天皇を更迭せず」の項に、単色図版ネーム・キャプション：「後醍醐天皇像　異様な冠をつけ、密教の法具をもつ。天皇家、鎌倉幕府、そして摂関家の神々が、背後を護る（清浄光寺所蔵）」。「4　楠木合戦」の「六波羅の滅亡」の項の本文に、番場の「一向堂（蓮華寺）の過去帳」に言及し、単色図版ネーム・キャプション：「蓮華寺過去帳　6 行目下段に「桜田治部大輔入道」の名がみえる（蓮華寺所蔵／米原町教育委員会提供）」。→筧雅博 200905 |
| 200905 | ◎蒙古襲来と徳政令（講談社〔同社学術文庫 1910〈日本の歴史 10〉〕）※←筧雅博 200108 の図版をいくつか省略し、キャプションを簡略化したもの |

鹿児島市教育委員会（※鹿児島市）

| 199103 | ◎鹿児島市寺院跡　近世寺院跡調査報告書（同委員会〔鹿児島市文化財調査報告書 7〕）※島津家初代〜五代までの墓塔がある鹿児島浄光明寺（藤沢派）の末寺、本立寺（藤沢派廃寺。市指定文化史跡）の項あり |

籠谷眞智子（※京都女子大学名誉教授。元龍谷大学文学部教授）

198003	：○蓮如時代の能・狂言（『研究紀要』第十号、京都女子学園仏教文化研究所）※能「誓願寺」の項で一遍に言及。→籠谷眞智子 199502 ①
199502	◎真宗文化史の研究—本願寺の芸能論考—（京都女子大学〔同大学研究叢刊〕）：①蓮如時代の能・狂言※←籠谷眞智子 198003
199901	：○真宗文化史の研究—蓮如と室町期の芸能—（『龍谷大學論集』第四五三號、龍谷學會）※一遍に言及

笠原　一男（※東京大学名誉教授。元放送大学教養学部教授。1916/6/2-2006/8/19）

196206	◎一向一揆の研究（山川出版社）※「門徒の反社会的行動」の節にて『帖外御文』を掲ぐるも一向俊聖に言及なし
196305	：○時衆の発展（『講座日本歴史』7、岩波書店
196308	◎真宗史概説（赤松俊秀・笠原［編］、平楽寺書店）
197107	◎日本宗教史研究入門—戦後の成果と課題—（笠原［編］、評論社）
197209	◎蓮如　一向一揆（笠原・井上鋭夫［校注］、岩波書店〔日本思想大系 17〕）※『帖外御文』あり
197806	◎真宗教団開展史（ピタカ）※「時宗教団の進出」の章あり
198507	◎蓮如文集（笠原［校注］、岩波書店〔岩波文庫青（33）-322-1〕）※『帖外御文』あり
199303	◎日本史こぼれ話—古代・中世—（笠原・児玉幸多［編］、山川出版社）※「18　室町の文化」の章に「阿弥号」のコラムあり
199902	◎続・日本史こぼれ話—古代・中世—（笠原・児玉幸多［編］、山川出版社）※「12　鎌倉幕府」の章に「蓮華

寺の集団自害」の項あり。「14　鎌倉の文化」の章に「一遍の念仏札」の項あり、単色図版：Walter Sedgwick氏蔵・聖徳太子二歳像胎内納入品の正応五年（1292）念仏札。同章に「遊行上人」のコラムあり

笠原　正夫（※元和歌山県立桐蔭高等学校教諭）
200203　：○聖護院・三宝院両門跡の入峰と遊行上人の巡歴（本宮町史編さん委員会［編集］『本宮町史』通史編、同町）
　　　　※和歌山県東牟婁郡本宮町（現田辺市）

笠松　宏至（※東京大学名誉教授。元神奈川大学大学院歴史民俗資料学研究科教授）
197212　：◎中世政治社会思想　上（石井進・石母田正・笠松・勝俣鎮夫・佐藤進一［校注］、岩波書店〔日本思想大系21〕）
　　　　※詳細⇒石井進 197212

梶　暁美（※東京立正短期大学・京都女子大学大学院研究生）
200505　：○中世文化における同朋衆の役割（『融合文化研究』第5号、国際融合文化学会（ISHCC）事務局）

梶岡　秀一（※愛媛県美術館学芸グループ担当係長）
200707　：○江戸時代伊予国諸侯の絵師の制度に関する一試論（『愛媛県美術館研究紀要』第6号、同館）
　　　　※幕末に松山藩主の命で久万山の名勝をスケッチした同藩絵師遠藤広実の『久万山絵図』を紹介。→米倉迪夫 200805 紹介。米倉は遠藤がスケッチした「岩屋寺遠望図が、みごとに一遍聖絵第二巻第一段の図と呼応し合っている」ことに驚き、「広実は聖絵の岩屋図を知っていた」可能性を示唆し、「聖絵の版行はどれほど行われたのだろう。一遍上人伝絵の版行は確かに幕末にあった。しかしそこには三峰屹立の岩屋図はない」、「聖絵の作品誌がさらに追求される必要があろう」とす。ただし収載誌名を「愛媛県立美術館研究紀要」と表記（古賀克彦注）

梶谷　亮治（※〈奈良市・華厳宗大本山〉東大寺ミュージアム館長。元奈良国立博物館学芸部学芸課課長）
199809　◎僧侶の肖像（梶谷［編］、至文堂〔日本の美術No. 388〕）※「鎌倉新仏教の僧」の「一遍」の項に神奈川県立歴史博物館と藤沢清浄光寺蔵の一遍、同寺蔵の一向、長崎称念寺蔵の他阿真教の各単色図版あり
　　　　：○林　雅彦：文学・史料に見る似絵・肖像画―僧侶の肖像画をめぐって―

加島　勝（※大正大学文学部教授。元東京国立博物館学芸企画部博物館教育課長）
198412　：○遊行寺宝物館所蔵明応八年銘鰐口について（東京国立博物館［編集］『ＭＵＳＥＵＭ』同館美術誌No. 405［1984年12月号］、ミュージアム出版）

鹿島　繭（※女子美術大学短期大学部准教授。元東京国立博物館非常勤技官）
200206　：○説話空間における時間と空間の問題（真保亨先生古稀記念論文集編集委員会［編］『芸術学の視座』真保亨先生古稀記念論文集、勉誠出版）※「異時異景」の例として「一遍上人絵伝」丹後久美浜を挙げ、単色図版ネーム：《『一遍上人絵伝』第8巻　歓喜光寺蔵　1299年（正安元）》

梶村　昇（※亜細亜大学名誉教授・浄土宗鎮西派僧侶）
200012　：○日本仏教と浄土経典（『大法輪』平成十二年十二月号［第67巻第12号］、大法輪閣）
　　　　※一遍に言及。写真：奥谷宝厳寺蔵一遍立像

柏崎　光政（※元〈東京都千代田区・現一般財団法人〉研数学館（2000/3月末予備校閉校）講師）
197610　：○一遍智真の詠歌の特質―主に西行とのかかわりを通して―（『明治大学日本文学』第七号、同研究会）

柏崎市立博物館（※新潟県柏崎市）
199010　◎第16回特別展図録　柏崎市の文化財とその周辺（同館）
　　　　※1990/10/10-11/4 於同館、特別展図録。図版・写真ネーム：北条専称寺蔵「一遍上人絵詞伝」（渡辺三四一［解説］）・「牡丹文彫髹漆前机」・「竹双雀文蒔絵文台髹硯筥」・「阿弥衣」（以上、三井田忠明［解説］）

柏原　祐泉（※大谷大学名誉教授。元函館大谷短期大学学長。1916-2002/2/6）
196110　：○中世仏教の地域発展―近江湖北について―（『仏教史学』第九巻三・四合刊号、同会）
　　　　※木之本浄信寺・番場蓮華寺に言及。→柏原祐泉 199504 ①
197103　：○近世庶民仏教の研究（法藏館）〔仏教史学研究双書〕）※「妙好人の研究」の章あり
197612　：○湖北における真宗の発展―時宗との交渉を通して―（『近江地方史研究』第四号、同会）
　　　　※→柏原祐泉 199504 ②
199504　◎真宗史仏教史の研究Ⅰ（親鸞・中世編）（平楽寺書店）
　　　　：①中世仏教の地域発展―近江湖北について―※←柏原祐泉 196110
　　　　：②湖北における真宗の発展―時宗との交渉を通じて―※←柏原祐泉 197612
199803　：○湖北十カ寺と一向一揆（長浜市史編さん委員会［編］『長浜市史』第2巻［秀吉の登場］、同市役所）
　　　　※「第二章　戦国の湖北」の第三節。「時宗から真宗へ」の項あり、また番場蓮華寺に言及

梶原　正昭（※早稲田大学名誉教授。1927/8/7-1998/9/23）
196311　：○翻刻と解題・鎌倉物語（『古典遺産』第十二号、古典遺産の会）
198008　◎太平記（梶原［著者代表］、集英社［図説日本の古典 11］）
　　　　※カラー図版：『陸波羅南北過去帳』、単色写真：六波羅主従墓塔

春日井　瀇（※歌人。元皇學館女子短期大学（1976/3/31閉校）教授。1896/5/28-1979/4/30）

193310 ：○權律師仙覺と桑門由阿について（『短歌』名古屋短歌會）※金井清光 196711 ⑯による。逐次刊行物。俟後考
197902 ：○海石榴　兵庫一遍上人廟（大橋俊雄［編集］『時衆研究』第七十九号、時宗文化研究所）

数野　雅彦（※〈山梨県〉甲府市教育委員会教育部部長）
199012 ：○中世城下町甲府の立地と都市プラン（『帝京大学山梨文化財研究所研究報告』第3集、名著出版）※甲府一蓮寺に言及。→松田拓也 199908 引用
199111 ：○府中の防衛体制（萩原三雄［責任編集］・『定本　山梨県の城』刊行会［編］『定本　山梨県の城』郷土出版社）※甲府一蓮寺に言及。→松田拓也 199908 引用
199112 ：○社寺由緒書からみた戦国城下甲府の社寺経営―『甲斐国志』『甲斐国社記寺記』を中心として―（佐藤八郎先生頌寿記念論文集刊行会［編］『戦国大名武田氏』名著出版）※甲府一蓮寺に言及。→松田拓也 199908 引用

粕渕　宏昭（※元滋賀県立長浜農業高等学校教諭）
200608 ：○明治期の領収書について―木之本・浄信寺（『民俗文化』第515号、滋賀民俗学会）

霞ヶ浦町郷土資料館（※茨城県新治郡霞ヶ浦町〔現かすみがうら市〕・現同市郷土資料館）
200010 ：◎第23回特別展・祈りの造形―中世霞ヶ浦の金工品―（同館［編集］、同館）※ 2000/10/17-12/3 於同館、展示解説書。巻末の「茨城県内中世金工品一覧表」に「霞ヶ浦町空也堂」の鰐口・「友部町新善光寺」の善光寺仏・「同教住寺」の阿弥陀三尊、「結城市常光寺」の阿弥陀坐像、「鹿嶋市神向寺」の如来坐像・菩薩立像あり

粕谷　宏紀（※日本大学名誉教授。元高知大学教育学部教授。1936/12/30-2011/8/19）
200103 ：○新訂・東海道名所図会［上］京都・近江・伊勢編（秋里籬島［原著］・粕谷［監修］、ぺりかん社［新訂・日本名所図会集1］）※詳細⇒秋里籬島 200103
200107 ：○新訂・東海道名所図会［中］尾張・三河・遠江編（秋里籬島［原著］・粕谷［監修］、ぺりかん社［新訂・日本名所図会集2］）※詳細⇒秋里籬島 200107
200111 ：○新訂・東海道名所図会［下］駿河・伊豆・相模・武蔵編（秋里籬島［原著］・粕谷［監修］、ぺりかん社［新訂・日本名所図会集3］）※詳細⇒秋里籬島 200111

加須屋　誠（※奈良女子大学文学部教授。元帝塚山学院大学文学部助教授）
200305 ：○中世　八　美術（史学会［編集］『史学雑誌』第112編第5号「2002年の歴史学界―回顧と展望―」、山川出版社）※大山昭子 200207・水野僚子 200203・砂川博 200210B・200206 に言及。→古賀克彦 200410 紹介

風小路四万歩（※風景紀行家）
200504 ：○ぶらぶらお墓紀行　将門塚（『大法輪』平成十七年四月号［第72巻第4号］［特集‖ブッダ・釈尊を知るために］、大法輪閣）※「真教上人」に言及。単色写真：将門塚。肩書き：「風景紀行家」

加増　啓二（※〈東京都〉足立区役所地域のちから推進部地域文化課文化財係長・学芸員）
200706 ：○中世「墨田渡」と隅田宿および石浜について（佐藤博信［編］『中世東国の社会構造』中世東国論一下、岩田書院）※←小松茂美 198811 を引用して『一遍上人絵伝』巻五、北区史編纂調査会 199503 を典拠とする他阿真教『他阿上人歌集』、註で小野一之 199901 にそれぞれ言及

片岡　賢三（※肩書き・生歿年月日不詳）
189104 ：◎改正新刻帝國京都名所圖繪（片岡［編輯］、風月堂・風月庄左衛門［發行］〈中村朝吉［發賣］〉）※「霊鷲山」・「双林寺」（挿絵あり）・「長楽寺」・「圓山」（挿絵あり）・「御影堂」（挿絵あり）の項あり
189901 ：◎京都名所案内（片岡［編輯］、風月堂・風月庄左衛門［發行］〈中村淺吉［發賣］〉）※「紫雲山空也堂」（「鉢敲宗と云」とあり）・「御影堂」・「金連院」・「圓山安養寺」・「長楽寺」・「双林寺」・「霊鷲山正法市」の項あり

片岡　耕平（※国文学研究資料館古典籍共同研究事業センタープロジェクト研究員）
201303 ：◎穢れと神国の中世（講談社［同社選書メチエ 545］）※「第3章　排除の論理」の「秩序を維持するために」の項で『一遍上人絵伝』中の一場面を紹介。図版ネーム：「門外の「非人」と、拝殿の聖・時衆ら（『一遍上人絵伝』（第8巻第3段）（清浄光寺［遊行寺］蔵）。注に『一遍上人絵伝』巻八　三十二段」とあり

潟岡　孝昭（※京都産業大学名誉教授。元帯広大谷短期大学助教授。1929/10/17-1999/1/20）
195809 ：○百利口語について（『大谷学報』第三十八巻第二号、大谷大学大谷学会）

片桐　一男（※青山学院大学名誉教授）
199803 ：○鎌倉近世史料・扇が谷編（一）河内家（一）（片桐［編］、鎌倉市教育委員会生涯学習部文化課）※文政八申年（1825）八月廿五日付『藤沢山大工方一式見積』掲載

片桐　繁雄（※元〈山形県〉上山市立図書館館長、元〈山形市・市立〉最上義光歴史館事務局長）
199809 ：○最上義光合戦記［再編復刻版］（片桐ほか［著］・星亮一［監修］、ヨークベニマル）※図版：光明寺本『一遍上人絵巻』（『縁起絵』）の巻三市屋道場・巻六葛前。光明寺領一七六〇石、絵画の項で光明寺本『一遍上人絵巻』（『縁起絵』）に言及、系図中で斯波兼頼の光明寺墓所に言及

片桐　芳雄（※日本女子大学名誉教授。元愛知教育大学教育学部教授）
197203 ：○地域教育史研究ノート（1）―神奈川県津久井郡旧青根村調査報告―（『東京大学教育学部紀要』第12巻、同学部）※註で「伊東覚念」を「文久3年（1863）年高坐郡当麻村に生る。明治14年より小学校教育に従事。

郡視学，県視学など歴任」とする。神奈川県姓氏家系大辞典編纂委員会199304 によれば、伊東覚念（1860-1944）は、高座郡御所見村用田（現藤沢市）生まれで用田小学校長兼訓導、高座郡視学、神奈川県視学、横浜市戸部尋常高等小学校（現横浜市西区）長兼訓導、無量光寺住職とある。無量光寺蔵『本末暦史』では覚念は高座郡用田村生まれで壬申年（明治五年〔1872〕カ）時点で 13 歳とある。また小野澤による勝沼専願寺住職飯田覚純への聞き取りによれば覚念は「寺はもたず横浜市菊名に住んでいた」「視学をしていた」という。楠原彰・片桐芳雄・碓井岑夫・土方苑子・上野浩道・大淀昇一〔共筆〕だが、伊東に言及のある「第 1 章　明治前期津久井郡における教育状況」は片桐〔執筆〕。

片山　寛二（※肩書き・生歿年月日不詳）
194911　：○遊行寺縁起考（『わが住む里』創刊号、藤沢市中央図書館）
片山　丈士（※作家。元山形県立鶴岡南高等学校通信制教諭。本名：加藤健太郎。1917/8/5-2011/1/2）
198502　：◎かながわの史話　100 選　上（長洲一二・片山・安西篤子〔著〕、神奈川合同出版〔かもめ文庫　かながわ・ふるさとシリーズ 20〕）※「当麻山無量光寺と一遍」の項あり
カタログ編集委員会
199100　：◎太平記の世界展（同委員会〔編集〕、NHK・NHKプロモーション）※ 1991/9/3-16 東京会場於日本橋三越本店、10/2-14 大阪会場於三越大阪店、NHK大河ドラマ関連企画展覧会カタログ。写真：六波羅主従石塔群
勝浦　令子（※東京女子大学現代教養学部教授。元高知女子大学文学部助教授）
199411　：○空也（朝日新聞社〔編〕『朝日日本歴史人物事典』同社）※項目執筆
香月洋一郎（※元神奈川大学経済学部教授、元同大学日本常民文化研究所所長）
198903　：○小山町の民家所蔵の御札調査から―その中間報告―（『小山町の歴史』第 3 号、同町役場総務課）※静岡県駿東郡小山町。調査により当麻無量光寺の護符などが同町旧家に所蔵されていたことが判明
勝倉元吉郎（※郷土史家。故人）
199206　：○石巻地方の時宗板碑　石巻地方の板碑（四）（『歴史考古学』第三〇号、同研究会）
199306　：○石巻地方の時宗板碑（二）（石巻地方の板碑（五））（『歴史考古学』第三二号、同研究会）※巻頭図版あり
勝田　至（※芦屋大学文学部非常勤講師・〈京都市・公益財団法人〉元興寺文化財研究所研究員。元京都大学研員）
199609　：○「京師五三昧」考（『日本史研究』四〇九号、同会）※四条の西光庵に住む西阿弥陀仏の記事や、空也堂、南無地蔵・宝福寺、一阿道場＝市屋道場金光寺、七条高瀬川の側にある白蓮寺に言及。→勝田至200604 ①
199705　：○鳥辺野考（大山喬平教授退官記念会〔編〕『日本社会の史的構造』古代・中世、思文閣出版）※『奇異雑談集』四条の西光庵に住む西阿弥陀仏の記事や、空也堂、南無地蔵・宝福寺、一阿道場＝市屋道場金光寺、七条高瀬川の側にある白蓮寺に言及。→細川武稔200603 引用。→勝田至200604 ②
200409　：○講座―都市と埋葬　中世京都の葬送（『歴史と地理』第五七七号　日本史の研究（二〇六）、山川出版社）※時宗に言及し、四条道場金蓮寺・同末鳥部野道場東山宝福寺・市屋道場金光寺・東山長楽寺・七条道場金光寺・浄法寺・霊山正法寺末宝泉寺等を紹介。←高田陽介199507・199609 等を引用
200604　：◎日本中世の墓と葬送（吉川弘文館）
　　　　：①「京師五三昧」考※「第二部　伝統的葬墓制の形成―中世後期の様相」の第二章。←勝田至199609
　　　　：②鳥辺野考※同第三章。←勝田至199705
勝俣　鎮夫（※静岡文化芸術大学名誉教授・東京大学名誉教授）
197212　：◎中世政治社会思想　上（石井進・石母田正・笠松宏至・勝俣・佐藤進一〔校注〕、岩波書店〔日本思想大系 21〕）※詳細⇒石井進 197212
199611　：◎戦国時代論（岩波書店）
　　　　：①説教「さんせう太夫」の構造―聖と俗の時空※→勝俣鎮夫199905
199905　：○説教「さんせう太夫」の構造―聖と俗の時空（網野善彦〔編〕『日本の名随筆』別巻 99 歴史、作品社）※←勝俣鎮夫199611 ①
角　明浩（※〈福井県坂井市・市立〉みくに龍翔館学芸員）
201110　：○明智光秀と称念寺（みくに龍翔館〔編集〕『みくに龍翔館　第二十五回特別展　天下人の時代と坂井―戦国武将の息吹と足跡―』同館）※ 2011/10/29-11/27 於同館、特別展図録。カラー図版：長崎称念寺蔵・天正元年（1573）八月日付織田信長禁制。巻末の資料解説で同禁制と『明智軍記』の項でも言及。無署名
加藤　功（※元〈埼玉県〉上尾市文化財保護審議会委員、元〈同県〉志木市立宗岡第二中学校第 3 代校長）
198709　：○新仏教の展開と新座（新座市教育委員会市史編さん室〔編集〕『新座市史』第五巻通史編、埼玉県新座市）※「第四編　中世」の第二章。含、「第一節　時宗二祖真教と片山法台寺」「第二節　名号板碑の建立」
加藤　栄司（※〈東京都千代田区・財団法人〉東方研究会〈現〈公益財団法人〉中村元東方研究所〉専任研究員）
199410　：○仏教と民俗・芸能（奈良康明〔編〕『日本の仏教を知る事典』東京書籍）※項目執筆。「仏教と芸能」の項で「『当麻曼陀羅』『一遍上人絵伝』『道成寺縁起』『小栗判官』などを語る絵解きを生業とする僧侶、俗人」とす
加藤　円住（他阿　真円）（※遊行 74 代・藤沢 57 世。元矢作誓願寺住職、元〈愛知県〉岡崎市議会議員＝在籍期間：1967/5/2-1979/5/1・

1980/10/26-1984/10/25, 議長在 : 第 38 代 1982/6/17-1983/11/15, 会派, 所属 : 1967/5-政和会、1971/5-新政会、1971/7-中政会、1973/9-自民クラブ、1980/10-新政クラブ、1982/6-民主クラブ）

199601	: ○戦場のお念仏（『遊行』第 114 号、時宗宗務所）
199709	: ○口にまかせてとなふれば（『遊行』第 121 号、時宗宗務所）
200301	: ○宗祖の御跡したいて（『遊行』第 142 号、時宗宗務所布教伝道研究所）
	※巻頭言。カラー近影付。肩書き・名義 :「龍華院（時宗法主候補者）加藤円住」
200401	: ○ご挨拶（『遊行』第 146 号、時宗宗務所布教伝道研究所）※他阿真円（加藤円住）。カラー写真 : 晋山式
200501	: ○新年おめでとうございます（『遊行』第 150 号、時宗宗務所布教伝道研究所）
	※巻頭言。カラー近影付。肩書き・名義 :「時宗法主　遊行七十四代　他阿真円」
200709A	: ○お念仏に生かされて（『遊行』第 161 号、時宗宗務所布教伝道研究所）※カラー近影付
200709B	: ○一言法語　「宗教は体験なり」を確信させた他力不思議の名号（念仏を称えながらの母の看護／大きな慈悲の手に抱かれて）（『週刊　朝日ビジュアルシリーズ　仏教新発見』第 13 号《大念仏寺・清浄光寺》、朝日新聞社）※カラー近影付。同ページに「清浄光寺年表」掲載。肩書き・名義 :「遊行七十四代上人他阿真円」
200803	: ○お彼岸に思う（『遊行』第 163 号、時宗宗務所布教伝道研究所）※カラー近影付
201003	: ○法話　他力不思議の力にて（『大法輪』平成二十二年三月号［第 77 巻第 3 号］［特集 ‖ これでわかる密教、大法輪閣）※肩書き・名義 :「時宗法主　加藤円住」
201306	: ◎捨ててこそ人生は開ける─「苦」を「快」に変える力（東洋経済新報社）※カラー表紙カバー : 近影。「他阿真円」名義。→佛教タイムス社 201307 インタビュー・中外日報社 201307 紹介
201503	: □わが人生（『神奈川新聞』同月 2 日号、同社）
	※「読者のページ」にて 5 月 29 日号まで 64 回連載。毎回カラー写真付き。「他阿真円」名義。加藤円住［題字］

加藤　和徳（※上山郷土史研究会副会長・村山民俗学会副会長・日本石仏協会理事）

199503	: ○置賜地方の「厨子（龕殿）」型板碑（『羽風文化』第 138 号、山形県文化財協会）
	※単色写真 : 尾花島光玉寺蔵「三面厨子型板碑」

加藤　義諦（加藤　善朗）（※京都西山短期大学教授・兵庫県篠山市善導寺〈浄土宗西山深草派〉住職）

199503	: ○蓮如と他の浄土系教団─西山義とのかかわりを中心として（『仏教大学大学院紀要』第 23 号、同院）
200012	: ○一遍における二河白道図─絵画と儀礼とのかかわり─（『密教図像』第 19 号、同学会）
	※同誌口絵 : 益田万福寺本。単色図版 :「『一遍聖絵』弘安五年（一二八二）生阿弥陀仏との対面（鎌倉・片瀬）」「弘安六年（一二八三）毘沙門天の霊験（尾張・甚目寺）」「弘安八年（一二八五）（洛西・桂の道場）」「弘安九年（一二八六）（大和・当麻寺）」「弘安九年（一二八六）（印南野・教信寺）」「正応二年（一二八九）一遍最後の説法（兵庫島・観音堂）」「正応二年（一二八九）臨終を告げる一遍（兵庫島・観音堂）」「正応二年（一二八九）一遍臨終（兵庫島・観音堂）」。本文で宮次男説引用の『遊行上人縁起絵』、註では『遊行縁起』と記し、後者に東京国立博物館蔵本、金蓮寺本、金臺寺本、真光寺本、常称寺本を挙ぐ。「加藤善朗」名義

加藤　公明（※元東京学芸大学教育学部特任教授、元千葉県立津田沼高等学校教諭）

199007	: ○絵画史料を使った討論授業─一遍上人絵伝福岡市の場面から（『千葉県歴史教育者協議会誌』第 21 号、同会）
	※→加藤公明 199109 ①
199109	: ◎わくわく論争！考える日本史授業─教室から〈暗記〉と〈正答〉が消えた（地歴社）
	※カラー表紙カバー :『聖絵』福岡の市の場面（ネームなし）
	: ①一遍上人絵伝に中世の息吹を発見する
	※単色図版ネーム :「一遍上人絵伝　福岡の市の場面」←加藤公明 199007 改題
199203	: :「一遍上人絵伝」から中世のどんなことがわかるのか（歴史教育者協議会［編集］『歴史地理教育』485 号［1992 年 3 月臨時増刊号］、同会）
199303	: : ○一遍聖絵（巻四）鎌倉時代［国宝］（家永三郎［監修］『折本日本古典絵巻館』2、貴重本刊行会）
	※実践解説
199304	: ○「福岡の市」に中世の息吹を発見─鎌倉時代の社会と経済（千葉県歴史教育者協議会日本史部会［編］『絵画史料を読む日本史の授業』国土社）※加藤公明 199510 ①の実践年度の異なる報告。単色図版ネーム :「『一遍上人絵伝』福岡の市の場面（清浄光寺所蔵）」
199405	: ○討論する授業をつくる─生徒に歴史認識の主体性と能力を─（歴史教育者協議会［編］『あたらしい歴史教育』7「授業をつくる」、大月書店）
199510	: ◎考える日本史授業　2　絵画でビデオで大論争！（地歴社）
	: ①一遍上人絵伝から中世社会を考える※第 2 章。実践年度の異なる報告が加藤公明 199304
199604	: ○生徒の認識が発達するとは？─ディベートと討論を用いた授業の分析比較を通じて─（歴史教育者協議会［編集］『歴史地理教育』547 号、同会）
200708	: ◎考える日本史授業　3　平和と民主社会の担い手を育てる歴史教育（地歴社）
	※カラー表紙カバー :『縁起絵』の施行場面（ネームなし）

：①民主社会の担い手を育てる歴史教育※第4章。「備前国福岡の市」に言及。単色図版ネーム：「一遍聖絵「備前国福岡の市」」、『遊行上人縁起絵』（「尾張国甚目寺境内における施行の場面」）。ただし後者はネームなし

加藤　去水（※加藤実法・向陽去水と同一カ）
190502　：○繪詞傳に現れし人物（『妙好華』第五卷第二號、時宗青年會本部）
190902　：○六條縁々起索引（『妙好華』第十卷第二號、時宗青年會本部）

加藤　國光（※元愛知県立惟信高等学校教諭）
199711　◎尾張群書系図部集　上巻（加藤［編集］、続群書類従完成会）
※熱田神宮神職・岡村（旧牧）氏系図に永享八年（1436）十二月十三日卒の牧大和守顕朝が「千阿弥陀仏、尾州海東郡萱津村光明寺に葬る。」とあり、以後歴代に阿弥陀仏号・阿号、弌号みゆ

加藤熊一郎（※宗教家。号：咄堂。1870/12/23-1949/4/2）
190202　◎日本宗教風俗史（森江書店）

加藤　繁生（※史跡美術同攷会会員）
201108　：○『一遍上人絵伝』に描かれた四天王寺の壁画（『史跡と美術』第八十一輯ノ七（第八一七号）、史跡美術同攷会）
201211　：第九七四回例会　京都市東山区円山周辺の文化財（『史跡と美術』第八十二輯ノ九（第八二九号）、史跡美術同攷会）※当番幹事による2012/2/12例会報告。同誌口絵ネーム：「2月例会京都市東山区円山周辺の文化財（二）／安養寺宝塔／安養寺阿弥陀仏像」。本文：「安養寺へは大鐘楼から徒歩で僅かである。時宗正法寺派の寺で（中略）長楽寺を出て東大谷廟所の参道を横切り双林寺へ向かう」等

加藤　実法（加藤　實法）（※安来向陽寺住職。1955/8/21歿）
192906　◎時宗概説（向陽寺）※「加藤實法」名義
193099　：時宗概要（第一　教旨と行法／第二　時宗の起源と沿革／第三　宗祖一遍上人の事跡／第四　二祖他阿上人の事跡／第五　時宗の意義／第六　所依の經典／第七　教判／第八　二種の相承／第九　捨脱主義の安心／第十　神勅の要偈／第十一　歸命戒／第十二　離成三業の念佛／第十三　往生とは何ぞや／第十四　佛身と佛土／第十五　一念往生／第十六　二種深信に就て）（『日本宗教大講座』第四卷、東方書院）※「加藤實法」名義
193499　◎佛説阿彌陀經講話（加藤私家版）※「加藤實法」名義
197003　：播州問答集解説（『時衆あゆみ』特集号第九号、中村昌道私家版）
197208　：三心章（『時衆あゆみ』特集号第十一号、中村昌道私家版）
197602　：安心章（『時衆あゆみ』＜一遍の念仏＞、中村昌道私家版）

加藤　周一（※作家。元内科医。1919/9/19-2008/12/5）
199501　◎鴎外・茂吉・圣太郎（日本放送出版協会）※NHK教育テレビ「NHK人間大学」1995/1-3月期、テキスト・ガイドブック。「第12回　死及び死以後」（同年3/27放送・翌日再放送）の章に単色写真キャプション：「東京青山墓地の茂吉の墓。墓碑銘は茂吉自身の手になる。故郷金瓶の宝泉寺に分骨」

加藤　隆久（※兵庫県神戸市中央区生田神社名誉宮司・神戸女子大学名誉教授）
199812　◎熊野三山信仰事典（加藤［編］、戎光祥出版〔神仏信仰事典シリーズ5〕）※『聖絵』熊野

加藤　友康（※明治大学大学院文学研究科特任教授・東京大学名誉教授）
200005　◎日本史文献解題辞典（加藤・由井正臣［編］、吉川弘文館）※一遍・時宗関係の項あり

加藤　政久（※東北大学文学部印度学科卒業）
200503　◎石仏使用語辞典（国書刊行会）※単色写真：明治八年（1875）銘の当麻無量光寺第56世住職河野至実名号碑

加藤　芳典（※〔東京都文京区・区立〕文京ふるさと歴史館専門員。元〔神奈川県〕藤沢市文書館職員）
200607　：○旅人が見た江戸時代の藤沢（1）（『文書館だより　文庫』第9号、藤沢市文書館）
※陸奥国大瓜村（現宮城県石巻市）阿部林之丞『伊勢参宮旅日記』（『石巻の歴史』第九巻所収）中、文政六年（1836）正月三十日、藤沢山遊行寺参詣記事「遊行聖人毎日四ツ時御折祷江戸参おじやうねんをうけ御初尾心指次第、脇ニ遊行聖人の墓有、又小栗判官照手姫拾人の供原墓有、又庵寺ニ宝物有、壱人前拾弐文ツヽ」、および同月四日、陸奥国七内川村（現岩手県西和賀町）与治ら一行の藤沢遊行寺参詣記事（『沢内村史資料』第一集）を紹介。「加藤」の署名記事。加藤芳典カ
200812　：○旅人が見た江戸時代の藤沢（5）—清川八郎が泊まった藤沢の夜—（『文書館だより　文庫』第16号、藤沢市文書館）
※カラー写真：「藤沢山清浄光寺内にある諏訪神社」（本文中説明文）。「加藤」の署名記事。加藤芳典カ
200905　：○旅人が見た江戸時代の藤沢（6）—清河八郎の遊んだ江ノ島—（『文書館だより　文庫』第17号、藤沢市文書館）※「遊行寺と小栗堂」の項に「朝一番で宿を出た八郎は、遊行寺に赴き、本堂や小栗判官の墓、小栗堂などを見物しました。遊行寺の景観については「随分うつくしき寺なり」と書いていますが、遊行上人の廻国については、従人が威光を鼻にかけて「諸国々宿々の金銀をむさぼり、（中略）諸人迷惑」していたと、感情的に不満を漏らしています」とあり、末尾に「参考文献：清河八郎著小山松勝一郎校『西遊草』岩波書店（岩波文庫、1993）」を挙ぐ。「加藤」の署名記事。加藤芳典カ

加藤　善朗
　→加藤　義諦
角川　源義（※〈東京都千代田区・株式会社〉角川書店〈現ＫＡＤＯＫＡＷＡ〉初代社長。1917/10/9-1975/10/27）
194006　：①悲劇文學の發生―説話の管理者に對する一考察―『國文學論究』第十二册、國學院大學國文學會）
　　　　　※→角川源義 194205 ①
194205　◎悲劇文學の發生（青磁社）
　　　　　：①悲劇文學の發生―説話の管理者に對する一考察※←角川源義 194006
194312　：○語り物と管理者（『國語國文』第十三巻第一號、京都帝國大學文學部國語學國文學研究室）
195811　：○海の英雄―太平記の成立をめぐって―（西角井正慶［編集］『國學院雜誌』第五十九巻第十・十一號（昭和三十三年十月号）［武田祐吉博士追悼號］、國學院大學）※ p189-195. →角川源義 196002 ①
196002　◎太平記・曾我物語・義經記（岡見正雄・角川［編］、角川書店〔日本古典鑑賞講座第十二巻〕）
　　　　　：①曾我物語※「時衆敎團と怨靈供養」の項あり
　　　　　：②海の英雄―太平記の成立をめぐって―※←角川源義 195810
　　　　　：③高野聖※「時衆と藝能」の項あり
196103　◎語り物文芸の発生（博士論文）
　　　　　※國學院大學大學院文學研究科に提出した博士論文。文学博士乙号。196103 は授与年月。→角川源義 197509
196110　：○太平記の成立（高崎正秀［編集］『國學院雜誌』第六十二巻第十號（昭和三十六年十月号）［特集・文學と民俗］、國學院大學）※ p190-198
196311　：○遊行廻国（金井清光［編集］『時衆研究』第四号、金井私家版）
196809　：①時衆文藝の成立―『遊行上人縁起繪』をめぐる諸問題―※→角川源義 197909 ④
　　　　　：②圖版解説※角川・宮次男［共筆］。→角川源義 197909 ⑤
　　　　　（以上、角川書店編集部［編集］『遊行上人縁起繪』同書店〔日本繪卷物全集第 23 巻〕）
196902　○［随想］遊行寺の一ツ火（佐藤謙三［編集者代表］『國學院雜誌』第七十巻第二号、國學院大學）
　　　　　※ p44-46. →角川源義 197201 ①
196903　◎妙本寺本曾我物語（角川［編］、角川書店〔貴重古典籍叢刊 3〕）※→金井清光 196908 ②・197509 ⑮書評
197111　：○小野大菩薩と真教上人（金井清光［編集］『時衆研究』第五十号、金井私家版）
197201　◎雉子の声（東京美術）
　　　　　：①遊行寺の一ツ火※←角川源義 196902
197509　◎語り物文芸の発生（東京堂出版）※←角川源義 196103
197608　◎太平記・曾我物語・義経記（岡見正雄・角川［編］、角川書店〔鑑賞日本古典文学第 21 巻〕）
　　　　　：①曾我物語※信濃善光寺妻戸時衆や一遍・一向に言及
197909　◎遊行上人縁繪（宮次男・角川［編集擔當］、同書店〔新修　日本繪卷物全集第 23 巻〕）
　　　　　：①原色版※図版 8 葉
　　　　　：②グラビア※単色図版 80 ページ
　　　　　：③オフセット　カラー※ 9 葉
　　　　　遊行上人縁起繪解説
　　　　　：○宮　　次男：遊行上人縁繪の成立と諸本をめぐって
　　　　　：④角川　源義：時衆藝の成立―『遊行上人縁起繪』をめぐる諸問題―※←角川源義 196809 ①
　　　　　：○大橋　俊雄：時衆と一向衆
　　　　　：○望月　華山：遊行廻國
　　　　　：○宮　　次男：宗俊本遊行上人縁起繪諸本略解
　　　　　：○貴志　正造：詞書
　　　　　：⑤角川　源義・宮　　次男：圖版解説※←角川源義 196809 ②
　　　　　：○宮　　次男［編］：遊行上人縁起繪研究文獻目録
　　　　　：○宮　　次男［測定］：遊行上人縁起繪寸法表
　　　　　：○宮　　次男：英文解説
角川書店（※東京都千代田区・株式会社・現ＫＡＤＯＫＡＷＡ）
199611　⊙角川日本史辞典新版（同書店）※時衆に関する項目多数掲載。→ 199709 ワイド版
角川書店編集部（※東京都千代田区・株式会社同書店〈現ＫＡＤＯＫＡＷＡ〉内）
196007　○一遍聖繪（同部［編集］、同書店〔日本繪卷物全集第 10 巻〕）※→望月信成 197509
　　　　　：①原色版※図版 7 葉
　　　　　：②グラビア※図版 112 ページ。以上のページで、歓喜光寺本および瀬津巌蔵本を使用
　　　　　一遍聖繪解説

　　　　：○望月　　信成：一遍聖繪傳について
　　　　：○五來　　　重：一遍と高野・熊野および踊り念佛
　　　　：○赤松　　俊秀：一遍智眞の生涯とその宗教について
　　　　：○福山　　敏男：建築
　　　　：○宮本　　常一：庶民の生活
　　　　：③無　　　署　名：詞書
　　　　：○宮　　　次男：圖版解説
　　　　：○宮　　　次男〔編〕：一遍聖繪研究文獻目録　附一遍上人繪傳
　　　　：○宮　　　次男〔測定〕：一遍聖繪の寸法表
　　　　：○宮　　　次男：英文解説
196809　◎遊行上人縁起繪（同部〔編集〕、同書店〔日本繪卷物全集第 23 卷〕）
　　　　※→宮次男・角川源義 197909。→金井清光 196902 ②・197509 ⑭書評
　　　　：①原色版※図版 8 葉
　　　　：②グラビア※単色図版 80 ページ
　　　　：③オフセット　カラー※ 9 葉
　　　　遊行上人縁起繪解説
　　　　：○宮　　　次男：遊行上人縁起繪の成立と諸本をめぐって
　　　　：○角川　　源義：時衆文藝の成立─『遊行上人縁起繪』をめぐる諸問題─
　　　　：○大橋　　俊雄：時衆と一向衆
　　　　：○望月　　華山：遊行廻國
　　　　：○宮　　　次男：宗俊本遊行上人縁起繪諸本略解
　　　　：○貴志　　正造：詞書
　　　　：○角川　　源義・宮　　　次男：圖版解説
　　　　：○宮　　　次男〔編〕：遊行上人縁起繪研究文獻目録
　　　　：○宮　　　次男〔測定〕：遊行上人縁起繪寸法表
　　　　：○宮　　　次男：英文解説

「角川日本地名大辞典」編纂委員会（※東京都千代田区・株式会社角川書店〈現ＫＡＤＯＫＡＷＡ〉内）
197904　◎滋賀県（同委員会〔編〕、角川書店〔角川日本地名大辞典 25〕）※「蓮華寺」（番場）の項あり
198112　◎山形県（同委員会〔編〕、角川書店〔角川日本地名大辞典 6〕）※「阿弥陀寺」（十文字）・「西光寺」（小白川）・「称念寺」（大槇）・「清水寺」・「仏向寺」・「宝泉寺」（金瓶）・「本願寺」（寒河江）の項あり
198406　◎神奈川県（同委員会〔編〕、角川書店〔角川日本地名大辞典 14〕）
　　　　※「清浄光寺」「別願寺」「無量光寺」の項あり
198412　◎栃木県（同委員会〔編〕、角川書店〔角川日本地名大辞典 9〕）※「一向寺」（宇都宮）の項あり
198610　◎宮崎県（同委員会〔編〕、角川書店〔角川日本地名大辞典 45〕）※「光照寺」（鹿野田）の項あり
198903　◎愛知県（同委員会〔編〕、角川書店〔角川日本地名大辞典 23〕）※「蓮台寺」（津島）の項あり

門田　徳雄（※静岡県民俗学会会員。元〈同県〉富士市立吉永第一小学校教諭）
199807　：①旧道根方街道・熊野古道・遍路道
　　　　：②照手姫と名馬鬼鹿毛伝説史料より
　　　　：③説教節「おぐりてるて」（以上『富士民俗の会会報』第 8 号、同会）

金井　清光（※鳥取大学名誉教授。元清泉女子大学文学部教授。1922/7/28-2009/4/7）
195709　：○花の帽子（解釈学会〔編集〕『解釈』昭和三十二年九月号、寧楽書房）※→金井清光 199109 ⑨
195801　：○同朋衆の起源（『時衆あゆみ』第 17 号、中村昌道私家版）※→金井清光 195805B
195805A　◎花伝書新解（明治書院）※→金井清光 198310
195805B　：○同朋衆の起源（『中世文学』第三号、同会）※←金井清光 195801
195808　：○相承院本『太平記』と桟敷崩れの勧進田楽（解釈学会〔編集〕『解釈』昭和三十三年八月号、寧楽書房）
　　　　※→金井清光 199109 ⑨
195812　：○観阿・世阿（小山弘志〔編〕『謡曲・狂言・花傳書』角川書店〔日本古典鑑賞講座第 15 卷〕）
　　　　※→金井清光 196910 ①
195905　：○世阿弥という名前をめぐって（国語と國文學編輯部・東京大學國語國文學會〔編輯〕『國語と國文學』第三十六卷第五號〔1959 年 5 月號〕（通卷 442 號）、至文堂）※→金井清光 196910 ④
196004　：○世阿とその宗教的背景（『観世』昭和三十五年四月号、檜書店）※→金井清光 196910 ③
196106　◎謡曲・狂言（西尾実・田中允・金井・池田広司〔編著〕、三省堂〔国語国文学研究史大成第八〕）
　　　　：①能役者の身分の研究

か行

196112 ：○時衆と文芸の研究序説（『鳥取大学学芸学部研究報告』人文科学第十二巻、同学部）※→金井清光196711 ①
196208 ：○香西精氏著「世阿弥新考」（国語と國文學編輯部・東京大學國語國文學會［編輯］『國語と國文學』第三十九巻第九號［1962年8月號］（通巻461號）、至文堂）※←香西精196202を書評
196211 ：○中世芸能者の名前について—世阿弥という名前再考—（『鳥取大学学芸学部研究報告』人文科学第十三巻、同学部）※→金井清光196910 ⑤
196212 ◎時衆研究創刊号（金井［編集］、金井私家版）※Ｂ５判・謄写版。写真・図版は単色印画紙の実物を貼附
　：①金井　清光：創刊の辞
　：○河野　憲善：時衆七祖の教学
　：○大橋　俊雄：天狗草紙に見える一向衆について
　：○武石　彰夫：時衆和讃研究の現状
　：②金井　清光：狂言「文荷」と同朋衆※→金井清光196711 ⑪
　：③金井　清光：資料紹介　天童仏向寺の踊り念仏・出雲玉作湯神社太鼓胴内側墨書・看聞御記永享七年六月三日条頭書※←毎日新聞社195406を引用
　：④金井　清光：昭和三十七年時衆研究文献紹介※→金井清光196711 ⑯
　：⑤金井　清光：遊行廻国
196303 ◎時衆研究第二号（金井［編集］、金井私家版）
　：○河野　憲善：「禅時論」解題と本文
　：○大橋　俊雄：時衆教団における阿弥陀仏号の意味するもの
　：○武石　彰夫：時衆和讃の一影響
　：①金井　清光：因幡堂の浄瑠璃
　：②金井　清光：中世文学史と一遍の法語（上）※→金井清光196711 ②
　：③金井　清光：資料紹介　高崎の磐打町・長谷観音仏面帳感得記
　：④金井　清光：最近の時衆研究文献紹介※→金井清光196711 ⑯
　：⑤金井　清光：遊行廻国
196307 ◎時衆研究第三号（金井［編集］、金井私家版）
　：○河野　憲善：時衆二祖三祖における当体一念の伝承（上）
　：○大橋　俊雄：時衆資料㈠善光寺式弥陀三尊の造像銘
　：○武石　彰夫：「釈迦弥陀恩徳和讃」寸考
　：①金井　清光：善光寺の語り物
　：②金井　清光：中世文学史と一遍の法語（下）※→金井清光196711 ②
　：③金井　清光：資料紹介　後鑑所引十念寺縁起
　：④金井　清光：最近の時衆研究文献紹介※→金井清光196711 ⑯
　：○大橋　俊雄：遊行廻国
196311 ◎時衆研究第四号（金井［編集］、金井私家版）
　：○河野　憲善：時衆二祖三祖における当体一念の伝承（下）
　：○大橋　俊雄：時衆資料㈡時衆という呼称の文献
　：○武石　彰夫：時衆和讃の位相㈠
　：○弓原山房主人：西雲資料集（その一）
　：①金井　清光：太平記と時衆（上）※→金井清光196711 ⑧
　：○河野　憲善：隠岐大光明寺を探ねる記
　：②金井　清光：最近の時衆研究文献紹介※→金井清光196711 ⑯
　：○角川　源義：遊行廻国
196403 ◎時衆研究第五号（金井［編集］、金井私家版）
　：○山羽　学龍：四条道場金蓮寺古文書類目録
　：○河野　憲善：絶対他者の招喚
　：○大橋　俊雄：時衆教団における不住生について
　：○弓原山房主人：西雲資料集（その二）
　：①金井　清光：太平記と時衆（中）※番場蓮華寺『陸波羅南北過去帳』に言及、単色写真：六波羅主従石塔群。ただし金井が一向派に擬した前浜「一向堂」の堂名は普通名詞力（小野澤註）。→金井清光196711 ⑧
　：②金井　清光：書評　大橋俊雄氏著『番場時衆のあゆみ』※←大橋俊雄196311Bを書評。→金井清光197509 ⑫
　：③金井　清光：全国図書館時衆文献目録㈠※→金井清光196711 ⑰
　：④金井　清光：最近の時衆研究文献紹介※→金井清光196711 ⑯
　：○武石　彰夫：遊行廻国

196406	◎時衆研究第六号（金井［編集］、金井私家版）
	：○河野　憲善：「念仏往生要決」解題と本文
	：○秋山　文善：踊躍念仏儀の構成
	：○藤原　正義：時衆と兼好
	：○弓原山房主人：西雲資料集（その三）
	：①金井　清光：太平記と時衆（下）※→金井清光 196711 ⑧
	：②金井　清光：全国図書館時衆文献目録㈡※→金井清光 196711 ⑰
	：③金井　清光：最近の時衆研究文献紹介※→金井清光 196711 ⑯
196407	：○世保の妻（『観世』昭和三十九年七月号、檜書店）※→金井清光 199109 ⑨
196408A	◎時衆研究第七号（金井［編集］、金井私家版）
	：○河野　憲善：他阿真教の教学㈠
	：○大橋　俊雄：初期時衆教団における本尊について
	：○武石　彰夫：時衆和讃の位相㈡
	：①金井　清光：連歌資料としての禅時論※→金井清光 196711 ⑭
	：②金井　清光：全国図書館時衆文献目録㈢※→金井清光 196711 ⑰
	：③金井　清光：最近の時衆研究文献紹介※→金井清光 196711 ⑯
	：○魚住　弘英：遊行廻国　多太八幡と実盛公の兜
196408B	：○聖の遊行（『国文学　解釈と鑑賞』第29巻9号［昭和39年8月号］（352）［特集　日本文学の生活圏］、至文堂）※→金井清光 196711 ⑤
196410	◎時衆研究第八号（金井［編集］、金井私家版）
	：○河野　憲善：遊行十四代上人法語
	：①金井　清光：興長寺資料㈠時宗要義問弁・首途吉凶日
	：○竹田　実：浄業和讃の成立過程
	：②金井　清光：時衆文芸研究文献解説稿案㈠※〜第五十四号連載。→途中まで金井清光 196711 ⑯
	：③金井　清光：全国図書館時衆文献目録四※→金井清光 196711 ⑰
	：④金井　清光：最近の時衆研究文献紹介※→金井清光 196711 ⑯
	：○司東　真雄：遊行廻国　書評時宗過去帳
196412	◎時衆研究第九号（金井［編集］、金井私家版）
	：○河野　憲善：洞天上人校異知心修要記
	：○大橋　俊雄：時衆教団における知識帰命について
	：①金井　清光：興長寺資料㈡伝法次第
	：○弓原山房主人：宗典紹介（その一）
	：②金井　清光：資料紹介・別願和讃古註※→金井清光 196711 ⑬
	：○榎　克朗：「極楽六時讃」古態小考
	：③金井　清光：時衆文芸研究文献解説稿案㈡※→金井清光 196711 ⑯
	：④金井　清光：全国図書館時衆文献目録㈤※→金井清光 196711 ⑰
	：⑤金井　清光：最近の時衆研究文献紹介※→金井清光 196711 ⑯
196502	◎時衆研究第十号（金井［編集］、金井私家版）
	：①金井　清光：興長寺資料㈢時宗十二派本末惣寺院連名簿
	：○大橋　俊雄：「時宗末寺帳」について
	：○河野　憲善：芝崎文庫
	：○秋山　文善：七調磬の合喚磬について
	：②金井　清光：時衆文芸研究文献解説稿案㈢※→金井清光 196711 ⑯
	：③金井　清光：全国図書館時衆文献目録㈥※→金井清光 196711 ⑰
	：④金井　清光：最近の時衆研究文献紹介※→金井清光 196711 ⑯
196504	◎時衆研究第十一号（金井［編集］、金井私家版）
	：○河野　憲善：他阿真教の教学㈡
	：①金井　清光：山口道場善福寺史料（上）
	：○榎　克朗：「長秋詠藻」所収「極楽六時讃歌」小注
	：②金井　清光：興長寺資料㈣日蓮宗要文・剃髪式
	：○弓原山房主人：西雲資料集（その四）
	：③金井　清光：時衆文芸研究文献解説稿案四※→金井清光 196711 ⑯
	：④金井　清光：全国図書館時衆文献目録㈦※→金井清光 196711 ⑰

か行

：○大橋　俊雄：遊行廻国
　　　：⑤金井　清光：最近の時衆研究文献紹介※→金井清光196711 ⑯
196505　：○中世芸能者の名前について（國語と國文學編輯部・東京大學國語國文學會［編輯］『國語と國文學』第四十二巻第五号［1965年5月号］（通巻494号）、至文堂）※→金井清光196910 ⑥
196506A　：◎時衆研究第十二号（金井［編集］、金井私家版）
　　　：○河野　憲善：一遍上人における真実と現実との交渉
　　　：①金井　清光：山口道場善福寺史料（下）
　　　：○弓原山房主人：宗典目録（その二）
　　　：○藤原　正義：一遍上人の和歌について
　　　：②金井　清光：時衆文芸研究文献解説稿案㈤※→金井清光196711 ⑯
　　　：③金井　清光：全国図書館時衆文献目録㈧※→金井清光196711 ⑰
　　　：○石田　文昭：遊行廻国　机辺の資料
　　　：④金井　清光：最近の時衆研究文献紹介※→金井清光196711 ⑯
196506B　：○中世文学における自然観（全国大学国語国文学会［編］『文学・語学』第36号、三省堂出版）
　　　※→金井清光196711 ③
196508　：◎時衆研究第十三号（金井［編集］、金井私家版）
　　　：○河野　憲善：資料翻刻・名体不離之事
　　　：○福田　秀一：彰考館本「遊行系図」解説と翻刻
　　　：○弓原山房主人：宗典目録（その三）
　　　：①金井　清光：時衆文芸研究文献解説稿案㈥※→金井清光196711 ⑯
　　　：②金井　清光：全国図書館時衆文献目録㈨※→金井清光196711 ⑰
　　　：○石田　文昭：遊行廻国　机辺の資料㈡
　　　：③金井　清光：最近の時衆研究文献紹介※→金井清光196711 ⑯
196510　：◎時衆研究第十四号（金井［編集］、金井私家版）
　　　：○榎　　克朗：「極楽六時讃」ノート―その一（序分）―
　　　：○武石　彰夫：宴曲と時衆和讃
　　　：○河野　憲善：大道場史料雑集管見（その一・連歌）
　　　：①金井　清光：時衆文芸研究文献解説稿案㈦※→金井清光196711 ⑯
　　　：②金井　清光：全国図書館時衆文献目録㈩※→金井清光196711 ⑰
　　　：○中塩　清臣：遊行廻国　踊念仏の芸能展開
　　　：③金井　清光：最近の時衆研究文献紹介※→金井清光196711 ⑯
196512　：◎時衆研究第十五号（金井［編集］、金井私家版）
　　　：○長崎　慈然：百利口語科図
　　　：○榎　　克朗：「極楽六時讃」ノート―その二（晨朝）―
　　　：○河野　憲善：大道場史料雑集管見（その二・藤沢山古文書）
　　　：①金井　清光：時衆文芸研究文献解説稿案㈧※→金井清光196711 ⑯
　　　：○大橋　俊雄：平田諦善氏著「時宗教学の研究」を拝読して
　　　：○弓原山房主人：遊行廻国
　　　：②金井　清光：最近の時衆研究文献紹介※→金井清光196711 ⑯
196602　：◎時衆研究第十六号（金井［編集］、金井私家版）
　　　：○河野　憲善：資料翻刻・一気十念口決
　　　：○榎　　克朗：「極楽六時讃」ノート―その三（日中）―
　　　：①金井　清光：一遍の和歌と連歌㈠※→金井清光196711 ④
　　　：②金井　清光：時衆文芸研究文献解説稿案㈨※→金井清光196711 ⑯
　　　：○河野　憲善：遊行廻国
　　　：③金井　清光：最近の時衆研究文献紹介※→金井清光196711 ⑯
196604　：◎時衆研究第十七号（金井［編集］、金井私家版）
　　　：○河野　憲善：資料翻刻・一遍流十念口決
　　　：○榎　　克朗：極楽六時讃ノート―その四・日没―
　　　：①金井　清光：他阿弥陀仏「鎌倉はをひたゝしきさはき」の書状について※野沢金台寺蔵・現重要文化財
　　　：②金井　清光：一遍の和歌と連歌㈡※→金井清光196711 ④
　　　：③金井　清光：時衆文芸研究文献解説稿案㈩※→金井清光196711 ⑯
　　　：○石田　文昭：遊行廻国　机辺の資料㈢

：④金井　清光：最近の時衆研究文献紹介※→金井清光 196711 ⑯
196606 ◎時衆研究第十八号（金井［編集］、金井私家版）
：○河野　憲善：他阿真教の教学（その三・上）
：○藤原　正義：他阿上人法語覚え書（上）―消息の文体をめぐって―
：①金井　清光：平家物語の灯籠堂と時衆※→金井清光 196711 ⑦
：②金井　清光：一遍の和歌と連歌㈢※→金井清光 196711 ④
：○榎　　克朗：「極楽六時讃」ノート―その五・初夜―
：③金井　清光：時衆文芸研究文献解説稿案（十一）※→金井清光 196711 ⑯
：○司東　真雄：遊行廻国　岩手県石鳥谷町八幡時宗光林寺文書目録
：④金井　清光：最近の時衆研究文献紹介※→金井清光 196711 ⑯
196607 ：○世阿・世阿弥陀仏という名前は何を意味するか（國語と國文學編輯部・東京大學國語國文學會［編輯］『國語と國文學』第四十三巻第七号［1966 年 7 月号］（通巻 509 号）、至文堂）※→金井清光 196711 ⑩
196608 ◎時衆研究第十九号（金井［編集］、金井私家版）
：○河野　憲善：他阿真教の教学（その三・下）
：○藤原　正義：他阿上人法語覚え書（中）―消息の文体をめぐって―
：○中居　良光：沼津光明寺資料目録
：①金井　清光：善光寺聖とその語り物㈠※→金井清光 196711 ⑥
：○榎　　克朗：極楽六時讃ノート―その六・中夜―
：②金井　清光：最近の時衆研究文献紹介※→金井清光 196711 ⑯
196610 ◎時衆研究第二十号（金井［編集］、金井私家版）
：○望月　華山：十四代上人の実盛済度についての疑問
：○榎　　克朗：「極楽六時讃」ノート―その七・後夜―
：①金井　清光：京都雙林寺旧蔵国阿上人像と胎内文書※骨董商荻原安之助を経て現鎌倉国宝館蔵
：②金井　清光：善光寺聖とその語り物㈡※→金井清光 196711 ⑥
：○中居　良光：遊行廻国
：③金井　清光：最近の時衆研究文献紹介※→金井清光 196711 ⑯
196612 ◎時衆研究第二十一号（金井［編集］、金井私家版）
：○大橋　俊雄：遊行歴代上人伝㈠
：○藤原　正義：他阿上人法語覚え書（下）―消息の文体をめぐって―
：①金井　清光：善光寺聖とその語り物㈢※→金井清光 196711 ⑥
：②金井　清光：坂井衡平氏「善光寺史」について※←坂井衡平 196905 を紹介。→金井清光 196711 ⑮
196702 ◎時衆研究第二十二号（金井［編集］、金井私家版）
：○河野　憲善：資料翻刻・四条道場金蓮寺歴代世譜
：○大橋　俊雄：遊行歴代上人伝㈡
：①金井　清光：踊り念仏の展開㈠※→金井清光 196711 ⑫
：○西尾　光一：坂井衡平氏について
：②金井　清光：最近の時衆研究文献紹介※→金井清光 196711 ⑯
196704 ◎時衆研究第二十三号（金井［編集］、金井私家版）
：○河野　憲善：他阿真教の教学（その四）
：○大橋　俊雄：遊行歴代上人伝㈢
：①金井　清光：踊り念仏の展開㈡※→金井清光 196711 ⑫
196706 ◎時衆研究第二十四号（金井［編集］、金井私家版）
：○河野　憲善：礼讃偈の序分について（上）
：○大橋　俊雄：遊行歴代上人伝㈣
：①金井　清光：踊り念仏の展開㈢※→金井清光 196711 ⑫
：②金井　清光：最近の時衆研究文献紹介※→金井清光 196711 ⑯
196708 ◎時衆研究第二十五号（金井［編集］、金井私家版）
：○河野　憲善：往生礼讃と別時念仏
：○秋山　文善：六時衆の行儀㈠念仏声明
：○大橋　俊雄：遊行歴代上人伝㈤
：①金井　清光：踊り念仏の展開㈣※→金井清光 196711 ⑫
：②金井　清光：最近の時衆研究文献紹介※→金井清光 196711 ⑯
196710 ◎時衆研究第二十六号（金井［編集］、金井私家版）

：○望月　　華山：大橋氏の四祖伝に対する質疑
　　　：○大橋　　俊雄：遊行歴代上人伝㈥
　　　：○河野　　憲善：往生礼讚と別時念仏（続）
　　　：○秋山　　文善：六時衆の行儀㈡礼讚声明
　　　：①金井　　清光：踊り念仏の展開㈤※→金井清光 196711 ⑫
　　　：②金井　　清光：最近の時衆研究文献紹介※→金井清光 196711 ⑯
196711 ◎時衆文芸研究（風間書房）※「索引」あり。文部省助成出版。→金井清光 198901
　　　：①時衆文芸研究序説※←金井清光 196112 改題。1966/8 補訂
　　　：②中世文学史と一遍の法語※←金井清光 196304 ②・196307 ②。1966/8 補訂
　　　：③中世文学における自然観※←金井清光 196506B
　　　：④一遍の和歌と連歌※←金井清光 196602 ①・196604 ②・196606 ②。→金井清光 198411 → 金井清光 198702A
　　　：⑤聖の遊行※←金井清光 196408B。1965/6 補訂
　　　：⑥善光寺聖とその語り物※←金井清光 196608 ①・196610 ②・196612 ①
　　　：⑦平家物語の灯籠堂と時衆※←金井清光 196606 ①。1966/9 補訂
　　　：⑧太平記と時衆※←金井清光 196311 ①・196403 ①・196406 ①。1965/6 補訂
　　　：⑨同朋衆の一考察―諸説の展望を中心に―※ 1965/3 成稿
　　　：⑩世阿・世阿弥陀仏という名前は何を意味するか※←金井清光 196607
　　　：⑪狂言「文荷」と同朋衆※←金井清光 196212 ②。1965/6 補訂
　　　：⑫踊り念仏の展開※←金井清光 196702 ①・196704 ①・196706 ①・196708 ①・196710 ①
　　　：⑬別願和讚古註について※←金井清光 196412 ②改題。1966/8 補訂
　　　：⑭連歌資料としての禅時論※←金井清光 196408A ①
　　　：⑮坂井衡平氏「善光寺史」について※←坂井衡平 196905 を紹介。←金井清光 196612 ②
　　　：⑯時衆文芸研究文献解説稿案※ 1892/1-1962/12 分の時衆関係文献（含、金井清光 196212 掲載の諸論攷）の解説。←金井清光 196303 ④・196307 ④・196311 ②・196403 ④・196406 ③・196408A ③・196410 ②・196410 ④改題・196412 ③・196412 ⑤改題・196502 ②・196502 ④改題・196504 ②・196504 ⑤改題・196506A ③・196506 ④改題・196508 ①・196508 ③改題・196510 ①・196510 ③改題・196512 ①・196512 ②改題・196602 ③改題・196604 ③・196604 ④改題・196606 ③・196606 ④改題・196608 ②改題・196610 ③改題・196702 ②改題・196706 ②改題・196708 ②改題・196710 ②改題
　　　：⑰全国主要図書館時衆文献目録※←金井清光 196403 ③・196406 ②・196408A ②・196410 ③・196412 ④・196502 ③・196506A ①・196508 ②・196510 ②改題
　　　：⑱「時衆研究」既刊号総目次※←金井清光 196212～196710 の目次
　　　：⑲あとがき
196712A ◎時衆研究第二十七号（金井［編集］、金井私家版）
　　　：○河野　　憲善：資料翻刻・二十四祖御修行記㈠
　　　：○大橋　　俊雄：遊行歴代上人伝㈦
　　　：①金井　　清光：時衆十二派について㈠
　　　※「時衆十二派」は金井の造語。「一　一向派」から成る。→金井清光 197503 ④
　　　：②金井　　清光：最近の時衆研究文献紹介
196712B ○物狂いと複式能の形成（『鳥取大学教育学部研究報告』第十八巻、同学部）
196802 ◎時衆研究第二十八号（金井［編集］、金井私家版）
　　　：○河野　　憲善：資料翻刻・二十四祖御修行記㈡
　　　：○大橋　　俊雄：遊行歴代上人伝㈧
　　　：①金井　　清光：時衆十二派について㈡※「二　天童派」から成る。→金井清光 197503 ④
　　　：②金井　　清光：最近の時衆研究文献紹介
196804 ◎時衆研究第二十九号（金井［編集］、金井私家版）
　　　：○大橋　　俊雄：遊行歴代上人伝㈨
　　　：①金井　　清光：時衆十二派について㈢※「三　四条派」から成る。→金井清光 197503 ④
　　　：②金井　　清光：最近の時衆研究文献紹介
196806 ◎時衆研究第三十号（金井［編集］、金井私家版）
　　　：○大橋　　俊雄：遊行縁起―解題と本文―
　　　：○服部　　敏良：室町時代における時衆の医療活動
　　　：○藤原　　正義：頓阿の作風と時衆
　　　：①金井　　清光：時衆十二派について㈣※「四　六条派」から成る。→金井清光 197503 ④

	：②金井　清光：最近の時衆研究文献紹介
196807	：○中世歌謡研究と時衆和讃（『日本歌謡研究』第六号、日本歌謡学会）
196808	◎時衆研究第三十一号（金井［編集］、金井私家版）
	：○河野　憲善：資料翻刻・二十四祖御修行記㈢
	：○大橋　俊雄：時衆資料㈢時衆関係制規㈠
	：①金井　清光：明徳記と伯耆三明寺※→<u>金井清光 197509</u> ⑦
	：②金井　清光：時衆十二派について㈤※「五　霊山派・国阿派」から成る。→<u>金井清光 197503</u> ④
	：③金井　清光：最近の時衆研究文献紹介
196810	◎時衆研究第三十二号（金井［編集］、金井私家版）
	：○河野　憲善：資料翻刻・二十四祖御修行記㈣
	：○大橋　俊雄：時衆と神祇
	：①金井　清光：時衆十二派について㈥
	※「六　市屋派」「七　御影堂派」「八　解意派」「九　奥谷派」から成る。→<u>金井清光 197503</u> ④
	：②金井　清光：五来重氏著『熊野詣』※←<u>五来重 196711</u> を紹介。→<u>金井清光 197509</u> ⑬
	：③金井　清光：最近の時衆研究文献紹介
196812	◎時衆研究第三十三号（金井［編集］、金井私家版）
	：○大橋　俊雄：時衆教団における葬送儀礼受容の系譜
	：①金井　清光：時衆十二派について㈦※「十　当麻派」から成る。→<u>金井清光 197503</u> ④
	：②金井　清光：最近の時衆研究文献紹介
196902	◎時衆研究第三十四号（金井［編集］、金井私家版）
	：○河野　憲善：資料翻刻・二十四祖御修行記㈤
	：①金井　清光：一遍の生涯と宗教㈠（一遍の出家／二河白道図／十一不二／独一名号）→<u>金井清光 197503</u> ①
	：②金井　清光：日本絵巻物全集『遊行上人縁起絵』
	※←<u>角川書店編集部 196809</u> を紹介。→<u>金井清光 197509</u> ⑭
196904	◎時衆研究第三十五号（金井［編集］、金井私家版）
	：○大橋　俊雄：時衆資料四時衆関係制規㈡
	：①金井　清光：一遍の生涯と宗教㈡（往生浄土／捨てる／賦算）※→<u>金井清光 197503</u> ①
	：②金井　清光：服部幸雄氏「阿国の念仏踊」批判※←<u>服部幸雄 196404</u> を批判。→<u>金井清光 197509</u> ⑪
196905	：○後記（坂井衡平［著］『善光寺史』東京美術）※→<u>金井清光 197509</u> ④→<u>金井清光 200411</u>
196906	◎時衆研究第三十六号（金井［編集］、金井私家版）
	：○大橋　俊雄：時衆教団における葬送儀礼受容の系譜㈡
	：①金井　清光：一遍の生涯と宗教㈢（遊行／遊行と旅行／天王寺／持戒／一遍の念仏／一念／高野山／熊野詣／熊野神勅）※→<u>金井清光 197503</u> ①
196908	◎時衆研究第三十七号（金井［編集］、金井私家版）
	：○河野　憲善：資料翻刻・清浄集
	：○司東　真雄：歓喜踊躍念仏歌詞
	：①金井　清光：一遍の生涯と宗教四（他力／神祇崇拝／一遍と護国思想／決定往生六十万人）
	※→<u>金井清光 197503</u> ①
	：②金井　清光：角川源義氏著『妙本寺本曾我物語』※←<u>角川源義 196903</u> を紹介。→<u>金井清光 197509</u> ⑮
196910A	◎時衆研究第三十八号（金井［編集］、金井私家版）
	：○河野　憲善：呑海上人と真光上人（上）
	：①金井　清光：一遍の生涯と宗教㈤（九州遊行／他阿弥陀仏／出家者／時衆／時衆の法名／尼衆／十二光箱／因幡堂／踊り念仏）※→<u>金井清光 197503</u> ①
196910B	◎能の研究（桜楓社）※文部省助成出版
	：①観阿・世阿※←<u>金井清光 195812</u>
	：②世阿・世阿弥陀仏という名前について
	：③世阿とその宗教的背景※←<u>金井清光 196004</u>
	：④世阿弥という名前をめぐって※←<u>金井清光 195905</u>
	：⑤世阿弥という名前再考※←<u>金井清光 196211</u> 改題
	：⑥中世芸能者の名前について※←<u>金井清光 196505</u>
196912	◎時衆研究第三十九号（金井［編集］、金井私家版）
	：○河野　憲善：呑海上人と真光上人（下）
	：①金井　清光：一遍の生涯と宗教㈥（一遍の和歌／祖父通信の墓／相模遊行／伊豆三島社／東海道から京へ

か行

／能『誓願寺』／山陰遊行／畿内遊行）※→金井清光 197503 ①

197001 ：○善光寺信仰と時衆（『長野』第29号（1970年1月号）、同郷土史研究会）※→金井清光 197509 ③
197002 ◎時衆研究第四十号（金井［編集］、金井私家版）
： ①金井　清光：時衆の阿弥陀仏号と阿号（上）※→金井清光 197509 ①
： ②金井　清光：一遍の生涯と宗教(七)（歳末別時念仏／時衆制戒／播磨遊行／別願和讃）※→金井清光 197503 ①
197003 ○坂井衡平氏の生涯と学問（講演記録）（『長野市教育』第9号、同会）
　※1969/11/22 於長野市教育会館、坂井衡平氏『善光寺史』刊行報告記念祝賀会。→金井清光 197509 ⑤
197004 ◎時衆研究第四十一号（金井［編集］、金井私家版）
： ①金井　清光：時衆の阿弥陀仏号と阿号（下）※→金井清光 197509 ①
： ②金井　清光：六条道場歓喜光寺歴代世譜
： ③金井　清光：一遍の生涯と宗教(八)（播州法語集／一遍上人語録／山陽遊行／厳島／伊予から淡路へ／入滅）
　※補遺（河野氏／源頼朝と河野通信／一遍の出家）は金井清光 196902 ①に先立つ内容。→金井清光 197503 ①
197005 ○一遍上人の和歌について（藤原正義［著］『兼好とその周辺』桜楓社）
197006 ◎時衆研究第四十二号（金井［編集］、金井私家版）
： ○梅谷　繁樹：遊行無畏宝物縁起
： ①金井　清光：真教の時衆教団形成㈠（時衆集団の再編成／真教の遊行／小野大菩薩／気比神宮）
　※→金井清光 197503 ②
： ②金井　清光：武石彰夫氏『仏教歌謡の研究』※←武石彰夫 196905 を紹介。→金井清光 197509 ⑯
197008 ◎時衆研究第四十三号（金井［編集］、金井私家版）
： ○司東　真雄：岩手県天台寺の鰐口について
： ①金井　清光：真教の時衆教団形成㈡（道場の建立／一蓮寺／金蓮寺／金光寺／往古過去帳）
　※→金井清光 197503 ②
： ②金井　清光：望月華山氏著『時衆年表』※正しくは望月［編］。←望月華山 197001 を紹介。→金井清光 197509 ⑰
197010 ◎時衆研究第四十四号（金井［編集］、金井私家版）
： ○梅谷　繁樹：一遍聖絵巻七桂起考
： ①金井　清光：長門本平家物語の厳島縁起※→金井清光 197509 ⑥
197012 ◎時衆研究第四十五号（金井［編集］、金井私家版）
： ○榎　克朗：極楽六時讃ノート補足
： ①金井　清光：時衆宗御和讃について※←新間進一・武石彰夫 197404 が不備を訂正。→金井清光 197509 ⑨
： ②金井　清光：真教の時衆教団形成㈢（不往生／一遍上人絵詞伝）※→金井清光 197503 ②
197102 ◎時衆研究第四十六号（金井［編集］、金井私家版）
： ○秋山　寛治：静岡安西寺の記
： ①金井　清光：佐渡大願寺の連歌資料について
： ②金井　清光：真教の時衆教団形成㈣（〈前項「一遍上人絵詞伝」続き〉／遊行中止）※→金井清光 197503 ②
197104 ◎時衆研究第四十七号（金井［編集］、金井私家版）
： ○梅谷　繁樹：民俗宗教家としての一遍上人と時宗の宗教的伝統
： ①金井　清光：真教の時衆教団形成㈤（智得に賦算を許可す／呑海に賦算を許可す／当麻道場無量光寺）
　※→金井清光 197503 ②
197106 ◎時衆研究第四十八号（金井［編集］、金井私家版）
： ①金井　清光：狂言と時衆※→金井清光 197509 ⑧
： ②金井　清光：真教の時衆教団形成㈥（地方道場／無道心／歌人としての真教／真教の和讃）
　※→金井清光 197503 ②
197107 ：○物狂いの狂言から狂言劇へ（國語と國文學編輯部・東京大學國語國文學會［編輯］『國語と國文學』第四十八巻第七号［1971年7月号］（通巻569号）、至文堂）※→金井清光 197708B ①
197108 ◎時衆研究第四十九号（金井［編集］、金井私家版）
： ○梅谷　繁樹：時衆成立前史―今昔物語集の聖・聖人について―
： ①金井　清光：遊行派の成立と展開（智得の遊行／智得の著作／三代と四代／真教の入滅）
　※→金井清光 197503 ③
197111 ◎時衆研究第五十号（金井［編集］、金井私家版）
： ○河野　憲善：弓原山房雑記抄
： ○大橋　俊雄：時衆研究の果した役割と今後の問題
： ○角川　源義：小野大菩薩と真教上人
： ○司東　真雄：一遍上人を引証せる説教本

：○多屋　頼俊：時宗の和讃について二三の疑問
：○梅谷　繁樹：時衆研究断片
：①金井　清光：時衆研究五十号の回顧※→金井清光 198702B ⑬
197202　◎時衆研究第五十一号（金井［編集］、金井私家版）
：○梅谷　繁樹：市屋派について（上）
：○秋山　文善：金磬について
：①金井　清光：遊行派の成立と展開㈡（往古過去帳のゆくえ／智得の書状／呑海相続をめぐる誤解）
※→金井清光 197503 ③
：②金井　清光：大橋俊雄氏著『一遍―その行動と思想―』
※←大橋俊雄 197108 を紹介。→金井清光 197509 ⑱
197205　◎時衆研究第五十二号（金井［編集］、金井私家版）
：○河野　憲善：歓喜光寺蔵和讃写本について
：○梅谷　繁樹：市屋派について（下）
：①金井　清光：遊行派の成立と展開㈢（前項「呑海相続をめぐる誤解」続き）／法灯相続の問題／呑海の遊行／スパイ遊行）※→金井清光 197503 ③
197208　◎時衆研究第五十三号（金井［編集］、金井私家版）
：○橘　俊道：託何上人の長野御書をめぐって
：○梅谷　繁樹：一遍上人遊行の一面観―近江・京都・山陰の場合―
：①金井　清光：遊行派の成立と展開㈣（前項「スパイ遊行」続き）／呑海と往古過去帳／智得と呑海／呑海の主張／呑海の立場）※→金井清光 197503 ③
197211　◎時衆研究第五十四号（金井［編集］、金井私家版）
：○大橋　俊雄：新重文指定他阿真教画像について
：①金井　清光：遊行派の成立と展開㈤（前項「呑海の立場」続き）／往古過去帳と遊行派／藤沢道場の建立／狐上人安国／呑海から安国へ）※→金井清光 197503 ③
197303A：①旧仏教の概況※「第六章　中世の文化」の第一節
：②新仏教の進出と展開（一　時宗／二　浄土宗／三　真宗／四　日蓮宗／五　臨済宗／六　曹洞宗）
※「第六章　中世の文化」の第二節
：③中世の芸能※「第六章　中世の文化」の第三節（以上、鳥取県［編］『鳥取県史』第二巻「中世」、同県）
197303B　◎時衆研究第五十五号（金井［編集］、金井私家版）※第五十六号以降は大橋俊雄が編集を継承
：○橘　俊道：遊行聖は唯一か複数か
：○河野　憲善：藤沢道場創建について（続）
：○白石　一美：盛衰記・長門本の厳島縁起
197308　：○六十万人知識と遊行派（大橋俊雄［編集］『時衆研究』第五十七号、時宗文化研究所）
※→金井清光 197503 ⑤
197403A：○『一遍聖絵』の文学（『文学』第四十二巻第三号、岩波書店）※→金井清光 197509 ②
197403B：○善光寺参詣の旅（『歴史と旅』昭和 49 年 3 月号、秋田書店）※→金井清光 198702B ⑥
197405　：○偶感一筆（大橋俊雄［編集］『時衆研究』第六十号、時宗文化研究所）※→金井清光 198702B ①
197501　：○大仏供養の能と題目立（『観世』昭和五十年一月号、檜書店）※→金井清光 199109 ⑨
197503　◎一遍と時衆教団（角川書店）※「索引」あり。文部省助成出版。→河野憲善 197510B →河野憲善 197605 書評
：①一遍の生涯と宗教※←金井清光 196902 ①・196904 ①・196906 ①・196908 ①・196910A ①・196912 ①・197002 ②・197004 ③。1973/1 改稿
：②真教の時衆教団形成
※←金井清光 197006 ①・197008 ①・197012 ②・197102 ②・197104 ①・197106 ②。1974/5 改稿
：③遊行派の成立と展開※←金井清光 197108 ①・197202 ①・197205 ①・197208 ①・197211 ①
：④時衆十二派※←金井清光 196712A ①・196802 ①・196804 ①・196806 ①・196808 ②・196810 ①・196812 ①改題。1973/8 改稿
：⑤六十万人知識と遊行派※←金井清光 197308
：⑥あとがき
197505　：○近江守山をたずねる記（大橋俊雄［編集］『時衆研究』第六十四号、時宗文化研究所）
※→金井清光 198305 ⑫三
197509　◎時衆と中世文学（東京美術）※五百部限定
：①時宗の阿弥陀仏号と阿号※←金井清光 197002 ①・197004 ①。1971/8 補訂
：②『一遍聖絵』の文学※←金井清光 197403A。1974/8 補訂

：③善光寺信仰と時衆※←金井清光 197001。1972/10 改稿
　　：④坂井衡平氏と『善光寺史』※←坂井衡平 196905 を紹介。←金井清光 196905 改題。→金井清光 200411
　　：⑤坂井衡平氏の生涯と学問（講演記録）※←金井清光 197003
　　：⑥長門本『平家物語』の厳島縁起※←金井清光 197010 ①
　　：⑦『明徳記』と伯耆三明寺※←金井清光 196808 ①。1970/9 補訂
　　：⑧狂言と時衆※←金井清光 197106 ①。1971/10 補訂
　　：⑨『時衆宗御和讃』について※←金井清光 197012 ①。→新間進一・武石彰夫 197404 が不備を訂正
　　：⑩時衆和讃と踊り念仏※ 1970/1 成稿
　　（付）一向衆文献目録※新稿
　　：⑪服部幸雄氏「阿国の念仏踊」批判※←服部幸雄 196404 を批判。←金井清光 196904 ②
　　：⑫書評・大橋俊雄氏著『番場時衆のあゆみ』※←大橋俊雄 196311B を書評。←金井清光 196403 ②
　　：⑬書評・五来重氏著『熊野詣』※←五来重 196711 を書評。←金井清光 196810 ②
　　：⑭書評・日本絵巻物全集『遊行上人縁起絵』※←宮次男・角川源義 196809 を書評。←金井清光 196902 ②
　　：⑮書評・角川源義氏著『妙本寺本曾我物語』※←角川源義 196903 を書評。←金井清光 196908 ②
　　：⑯書評・武石彰夫氏著『仏教歌謡の研究』※←武石彰夫 196905 を書評。←金井清光 197006 ②
　　：⑰書評・望月華山氏著『時衆年表』※正しくは望月［編］。←望月華山 197001 を書評。←金井清光 197008 ②
　　：⑱書評・大橋俊雄氏著『一遍—その行動と思想』※←大橋俊雄 197108 を書評。←金井清光 197202 ②
　　：⑲時衆研究文献解説稿案※←金井清光 196711 ⑰の内容に続く 1963/1-1972/11 分の時衆に関する文献解説と金井清光 196212 以降ほぼ毎号連載「最近の時衆研究文献紹介」を併せたもの
　　：⑲時衆研究文献解説稿案
　　※←金井清光 196711 ⑰に続けて、1963/1-1972/11 分の時衆関係文献（含、金井清光 196303 〜 197211 掲載の諸論攷）の解説と金井清光 196212 以降ほぼ毎号連載の「最近の時衆研究文献紹介」を併せたもの
　　：⑳「時衆研究」既刊号総目次（一〜五十五）※←金井清光 196212 〜 197303 の目次
　　：㉑あとがき
197511A 　：○信濃における時衆の展開（『長野』№ 64、同郷土史研究会）※→金井清光 198305 ⑥
197511B 　：○真教の遊行と越中放生津（大橋俊雄［編集］『時衆研究』第六十六号、時宗文化研究所）※→金井清光 198305 ⑥
197602A 　：○時衆と遊行（『中外日報』同月 20 日号、同社）※→金井清光 198702 ⑤
197602B 　：○時衆の語りの物語化（『中外日報』同月 21 日号、同社）※→金井清光 198702 ⑤
197602C 　：○同朋衆の起源（『時衆あゆみ』＜一遍の念仏＞、中村昌道私家版）
197605 　：○角川源義氏と時衆研究（大橋俊雄［編集］『時衆研究』第六十八号、時宗文化研究所）※→金井清光 198702B ⑪
197702A 　：○一遍の阿波遊行について（大橋俊雄［編集］『時衆研究』第七十一号、時宗文化研究所）※→金井清光 198305 ②五
197702B 　：○世阿と修羅能「実盛」について（『国文学　解釈と鑑賞』第 42 巻 3 号（昭和 52 年 2 月号）(537)［特集　世阿弥（能の美学）］、至文堂）※→金井清光 198702 ⑨
197702C 　：○天神信仰と綾子舞（『観世』昭和五十二年二月号、檜書店）※→金井清光 199109 ⑧
197706 　：○須坂市野辺の念仏獅子の和讃（『鳥取大学教育学部研究報告』人文・社会科学第二十八巻第一号、同学部）
197707 　：○角川源義氏をしのぶ（『伝承文学研究』第二十号、同会）※→金井清光 198702B ⑫
197708A 　：○真教の伊勢遊行と時衆の展開（大橋俊雄［編集］『時衆研究』第七十三号、時宗文化研究所）※→金井清光 198305 ④一二
197708B ◎能と狂言（明治書院）
　　：物狂いの狂言から狂言劇へ※←金井清光 197107
197711A 　：石清水八幡宮と淀の上野（大橋俊雄［編集］『時衆研究』第七十四号、時宗文化研究所）※→金井清光 198305 ②四
197711B 　：○観阿・世阿の生涯と業績（笠原一男・下出積與［編］『中世日本の二人の主役』評論社〔ライバル日本史 2〕）※→金井清光 199109 ②
197711C 　：○平家物語の義仲説話と善光寺聖（『文学』第四十五巻第十一号、岩波書店）※→金井清光 198705 →金井清光 198702B ⑦
197712 　：○民俗芸能の危機（『教育時報』第 152 号、鳥取県教育委員会）※→金井清光 199109 ③
197807A 　：○幸若舞と題目立（久保田淳［編集］『日本文学全史』3「中世」、學燈社）※→金井清光 199109 ⑩前半部
197807B 　：○時衆研究の新資料について（第一報）（『鳥取大学教育学部研究報告』人文・社会科学第二十九巻第一号、同学部）※本荘蓮化寺一向画像の項あり。→金井清光 198305 ⑧

| 197811 | ：○尾張甚目寺と萱津光明寺（大橋俊雄［編集］『時衆研究』第七十八号、時宗文化研究所）
| | ※→金井清光 198305 ②二
| 197906A | ：○須坂市野辺の念仏獅子の和讃（『鳥取大学教育学部研究報告』人文・社会科学第二十八巻第一号、同学部）
| 197906B | ◎民俗芸能と歌謡の研究（東京美術）※以下時衆関連のみ抽出
| | ：①序説・芸能の発生と伝承※ 1979/1 成稿
| | ：②火祭り―滋賀県守山市勝部、勝部神社※勝部西蓮寺至近。1979/1 成稿
| | ：③御田植え―福井県敦賀市曙町、気比神宮※他阿真教「御砂持ち」。1977/7 成稿
| | ：④風の盆―富山県婦負郡八尾町、聞名寺※現富山市。旧時宗寺説あり。1976/9 成稿
| | ：⑤ひとり相撲―愛媛県越智郡大三島町、大山祇神社※現今治市。一遍出自河野氏氏神。1973/11 成稿
| | ：⑥踊り念仏―長野県佐久市跡部、西方寺※ 1976/5 成稿
| | ：⑦踊り念仏―山形県天童市天童、仏向寺※ 1976/12 成稿
| | ：⑧踊り念仏―鳥取県東伯郡東郷町松崎※現湯梨浜町。1971/8 成稿
| | ：⑨鉢たたき―福島県河沼郡河東村冬木沢、八葉寺※現会津若松市。1977/8 成稿
| | ：⑩鉢たたき―和歌山県御坊市薗、小竹八幡宮※ 1977/12 成稿
| | ：⑪念仏獅子―長野県須坂市野辺、光明寺※遊行 4 代呑海所縁と伝う。1975/5 成稿
| | ：⑫付録・民俗芸能と歌謡の研究書目録
| | ：⑬あとがき
| 197907 | ：○時衆研究の新資料について（第二報）（『鳥取大学教育学部研究報告』人文・社会科学第三十巻第一号、同学部）※天童佛向寺末寺書上の項あり。→金井清光 198305 ⑧
| 197909 | ：○歴史史料としての遊行上人縁起絵（『新修日本絵巻物全集［第 23 巻遊行上人縁起繪］月報』26、角川書店）
| 197910 | ：○入り日を招き返す（『観世』昭和五十四年十月号、檜書店）※→金井清光 199109 ⑨
| 197911 | ：○真教の甲斐遊行と時衆の展開（大橋俊雄［編集］『時衆研究』第八十二号、時宗文化研究所）
| | ※→金井清光 198305 ④六
| 197912 | ：○平家物語と題目立「厳島」（林陸朗［編集者代表］『國學院雑誌』第八十巻第十二号、國學院大學広報課）
| | ※ p32-42。→金井清光 198702B ⑧
| 198009 | ：○木曽義仲説話と善光寺聖・時衆（『文学』第四十八巻第九号、岩波書店）※→金井清光 198702B ⑦
| 198012 | ：①願力
| | ：②一騎当千
| | ：③田舎
| | ：④面々各々
| | ：⑤遐齢延年のほう（以上『観世』昭和五十五年十二月号、檜書店）※→金井清光 199109 ⑨
| 198102 | ：○上州における時衆の展開（大橋俊雄［編集］『時衆研究』第八十七号、時宗文化研究所）
| | ※→金井清光 198305 ④八
| 198105 | ：①時分の花
| | ：②黄鐘・盤渉
| | ：③くひもち
| | ：④なけれとも
| | ：⑤きやうさう（以上『観世』昭和五十六年五月号、檜書店）※→金井清光 199109 ⑨
| 198112 | ：①大和・春日
| | ：②あるひは
| | ：③物まねニたらすハ
| | ：④世阿花押（以上『観世』昭和五十六年十二月号、檜書店）※→金井清光 199109 ⑨
| 198205 | ：○下野における時衆の展開（上）（大橋俊雄［編集］『時衆研究』第九十二号、時宗文化研究所）
| | ※→金井清光 198305 ④九
| 198208 | ：○下野における時衆の展開（下）（大橋俊雄［編集］『時衆研究』第九十三号、時宗文化研究所）
| | ※→金井清光 198305 ④九
| 198210 | ：①一忠が事
| | ：②ふり
| | ：③私儀云（以上『観世』昭和五十七年十月号、檜書店）※→金井清光 199109 ⑨
| 198212 | ：○序（砂川博［著］『平家物語新考』東京美術）
| 198304 | ：①七歳をもて初とす
| | ：②亡父にて候し者
| | ：③いてゝ（以上『観世』昭和五十八年四月号、檜書店）※→金井清光 199109 ⑨

198305　◎時衆教団の地方展開（東京美術）
　　　：①宗教家としての一遍※ 1975/12/14 於藤沢清浄光寺、成人講習会講演。1976/1 成稿
　　　：②一遍の遊行地について（一　信州佐久から奥州江刺へ※　1977/8 成稿／二　尾張甚目寺と萱津光明寺※←金井清光 197811 ／三　近江守山※←金井清光 197505 改題／四　岩清水八幡宮と淀の上野※←金井清光 197711 ／五　阿波大鳥の里河辺※←金井清光 197702A 改題）
　　　：③真教の遊行と越中放生津※←金井清光 197511
　　　：④真教の遊行と時衆の展開（一　越前（一）※ 1981/8 成稿／二　加賀※ 1975/12 成稿／三　越中※ 1981/10 成稿／四　能登※ 1979/12 成稿／五　越後※ 1978/1 成稿／六　甲斐※←金井清光 197911 改題／七　相模※ 1979/8 成稿／八　上野※←金井清光 198102 改題／九　下野※←金井清光 198205・198208 改題／一〇　武蔵※ 1979/12 成稿／一一　越前（二）※ 1978/1 成稿／一二　伊勢※←金井清光 197708A 補訂・改題）
　　　：⑤むすび※ 1982/8 成稿
　　　：⑥信濃における時衆の展開※←金井清光 197511。1976/8 改稿
　　　：⑦山陰道における時衆の展開※ 1980/12 成稿
　　　：⑧時衆研究の新資料について※←金井清光 197807・197907。1982/5 成稿
　　　：⑨あとがき
198310　◎風姿花伝詳解（明治書院）※←金井清光 195805A 改題・補訂
198311A：○京の御火たき（『観世』昭和五十八年十一月号、檜書店）※→金井清光 199109 ⑨
198311B：○時衆和讃と調声（大橋俊雄［編集］『時衆研究』第九十八号、時宗文化研究所）※→金井清光 198702B ④
198401　：①光太郎
　　　：②大ら冠者
　　　：③ゆはにほ花（以上『観世』昭和五十九年一月号、檜書店）※→金井清光 199109 ⑨
198405　：○私の時衆研究（大橋俊雄［編集］『時衆研究』第百号、時宗文化研究所）
198406　：①殿・様
　　　：②みとり子（以上『観世』昭和五十九年六月号、檜書店）※→金井清光 199109 ⑨
198409　◎一遍語録を読む（金井・梅谷繁樹［著］、法蔵館［法蔵選書〈30〉]）
　　　：①一遍略伝
　　　：②南無阿弥陀仏と息絶ゆる一別願和讃—
198412　：○一遍の和歌と連歌（橘俊道・今井雅晴［編］『一遍上人と時宗』吉川弘文館〔日本仏教宗史論集 10〕）※←金井清光 196711 ④。→金井清光 198702A
198502　：○一遍以後の時衆教団（『大法輪』昭和六十年二月号［第 52 巻第 2 号］、大法輪閣）※→金井清光 199109 ⑮
198503　：○国文ひとすじ（一　私の卒業論文／二　時衆教団の研究／三　キリシタン文献を学ぶ／四　『出雲風土記』と『古事記伝』／五　モーレツ研究者に徹する）（『清泉文苑』第 2 号、清泉女子大学人文科学研究所）※→金井清光 199602 ⑬
198512　：①尤これをもちふへし
　　　：②時々の初心忘るべからず（以上『観世』昭和六十年一二月号、檜書店）※→金井清光 199109 ⑨
198603A：○一遍上人の法語を読む（『大法輪』昭和六十一年三月号［第 53 巻第 3 号］、大法輪閣）
198603B：○山陰路の文学の旅（『清泉文苑』第 3 号、清泉女子大学人文科学研究所）
198603C：○よみがえる能の本質（『能楽タイムズ』昭和六十一年三月号、能樂書林）※→金井清光 199109 ⑤
198604　：○一遍上人の法語を読む（『大法輪』昭和六十一年四月号［第 53 巻第 4 号］、大法輪閣）
198605A：①あれ・これ
　　　：②中つあし（以上『観世』昭和六十一年五月号、檜書店）※→金井清光 199109 ⑨
198605B：○一遍上人の法語を読む（『大法輪』昭和六十一年五月号［第 53 巻第 5 号］、大法輪閣）
198605C：①口承文芸の担い手
　　　：②学術用語としての「管理者」（以上『口承文芸研究』第九号、同会）※→金井清光 198702B ⑤
198606　：○一遍上人の法語を読む（『大法輪』昭和六十一年六月号［第 53 巻第 6 号］、大法輪閣）
198607　：○一遍上人の法語を読む（『大法輪』昭和六十一年七月号［第 53 巻第 7 号］、大法輪閣）
198608　：○一遍上人の法語を読む（『大法輪』昭和六十一年八月号［第 53 巻第 8 号］、大法輪閣）
198609A：①一遍
　　　：②遊行寺（以上、乾克己・志村有弘・鳥越文蔵・小池正胤・高橋貢［編集］『日本伝奇伝説大事典』角川書店）※項目執筆
198609B：○一遍上人の法語を読む（『大法輪』昭和六十一年九月号［第 53 巻第 9 号］、大法輪閣）
198610　：○一遍上人の法語を読む（『大法輪』昭和六十一年十月号［第 53 巻第 10 号］、大法輪閣）
198611A：○一遍上人の法語を読む（『大法輪』昭和六十一年十一月号［第 53 巻第 11 号］、大法輪閣）

198611B	◎^{中世}_{芸能}題目立詳解（明治書院）※日本歌謡学会特別賞受賞
198612A	○一遍上人の法語を読む（『大法輪』昭和六十一年十二月号［第53巻第12号］、大法輪閣）
198612B	○時衆の遊行と文芸の地方伝播（『文学』第五十四巻第十二号、岩波書店）※→<u>金井清光 199109</u> ⑭
198701	○一遍上人の法語を読む（『大法輪』昭和六十二年一月号［第54巻第1号］、大法輪閣）
198702A	○一遍の和歌と連歌（栗田勇［編］『一遍』思想読本、法蔵館）※←<u>金井清光 198412</u> ←<u>金井清光 196711</u> ④
198702B	○時衆文芸と一遍法語―中世民衆の信仰と文化―（東京美術）※「注解索引」あり
:	①一遍の捨てる思想と文学※ 1984/9 成稿
:	②一遍の説話※ 1985/8 成稿
:	③和讃における無常の詠嘆※ 1984/8 成稿
:	④時衆和讃と調声※←<u>金井清光 198311B</u> を 1984/1 補訂
:	⑤時衆の語りと中世文学
	※←<u>金井清光 197602A</u>・<u>197602B</u> を 1984/9 補訂し、<u>金井清光 198605C</u> ①・<u>198605C</u> ②と併せる
:	⑥善光寺参詣の旅※←<u>金井清光 197403B</u> を 1984/8 補訂
:	⑦『平家物語』の義仲説話と善光寺聖※←<u>金井清光 197711C</u>・<u>198009</u> を併せ 1980/12 改題・改稿
:	⑧『平家物語』と題目立「厳島」※←<u>金井清光 197912</u>
:	⑨能「実盛」「安宅」と時衆※←<u>金井清光 197702B</u> を 1985/12 改題・改稿
:	⑩最明寺入道時頼の回国伝説※ 1985/1 成稿
:	⑪角川源義氏と時衆研究※←<u>金井清光 197605</u>
:	⑫角川源義氏をしのぶ※←<u>金井清光 197707</u>
:	⑬「時衆研究」五十号の回顧※←<u>金井清光 197111</u>
:	⑭私の時衆研究※←<u>金井清光 197405</u> 改題
:	⑮ある外人女性の時衆文芸研究※ 1986/1 成稿
:	⑯一遍法語注解※ 1985/4 成稿
:	⑰別願和讃注解※ 1985/4 成稿
:	⑱あとがき
198703A	○山陰路の文学の旅（『清泉文苑』第4号、清泉女子大学人文科学研究所）
198703B	○二人立ちの能「二人静」（『観世』昭和六十二年三月号、檜書店）※→<u>金井清光 199109</u> ⑦
198703C	○よみがえる能の本質（『能楽タイムズ』昭和六十二年三月号、能樂書林）※→<u>金井清光 199109</u> ⑤
198705	○平家物語の義仲説話と善光寺聖（兵藤裕己［編］『平家物語―語りと原態』有精堂出版［日本文学研究資料新集 7］）※←<u>金井清光 197711C</u>。→<u>金井清光 198702</u> ⑦
198706	◎歌謡と民謡の研究　民衆の生活の声としての歌謡研究（桜楓社）
198710A	①あの・この
:	②担板感
:	③去・拗（以上『観世』昭和六十二年十月号、檜書店）※→<u>金井清光 199109</u> ⑨
198710B	○時宗の寺（『大法輪』昭和六十二年十月号［第54巻第10号］、大法輪閣）※→<u>金井清光 199109</u> ⑯
198803	○山陰路の文学の旅（『清泉文苑』第5号、清泉女子大学人文科学研究所）
198804	○一遍の尿療法（『大法輪』昭和六十三年四月号［第55巻第4号］、大法輪閣）※→<u>金井清光 199109</u> ⑰
198805	○幸若舞と題目立（『国文学　解釈と鑑賞』第 53 巻 5 号［昭和 63 年 5 月号］(683)［特集　列島の芸能―日本人のこころ］、至文堂）※→<u>金井清光 199109</u> ⑩後半部
198806A	◎一遍上人ものがたり（東京美術［東京美術選書 65］）
198806B	○序（梅谷繁樹［著］『中世遊行聖の文学』桜楓社）
198808	○信心を捨てた空念仏（『大法輪』昭和六十三年八月号［第55巻第8号］、大法輪閣）
198810A	○雨乞い能としての「道成寺」（『能楽タイムズ』昭和六十三年十月号、能樂書林）※→<u>金井清光 199109</u> ⑥
198810B	○一のきだはし（『観世』昭和六十三年十月号、檜書店）※→<u>金井清光 199109</u> ⑨
198812	○推古天皇（『観世』昭和六十三年十二月号、檜書店）※→<u>金井清光 199109</u> ⑨
198901	◎時衆文芸研究（改訂版）（風間書房）※改訂部分はのちに差別用語とみなされた箇所のみ（金井談）。ただし奥付上に著者紹介が追記された。「時衆研究」既刊号総目次」に初版刊行後分は追補されず。←<u>金井清光 196711</u>
198903	①キリシタン宣教師の日本語研究※ 1986/6/28 同大学主催「土曜自由大学」での講演。なおこのほかにも活字化されていない 1990/10/13「霊のことばを聴く」、1993/5/15「キリシタンと仏教」の各講演あり
:	②山陰路の文学の旅（以上『清泉文苑』第6号、清泉女子大学人文科学研究所）
198907	○時宗と中世芸能人（佛教藝術學會［編集］『佛教藝術』185［特集　時宗の美術と芸能］、毎日新聞社）※→<u>金井清光 199109</u> ⑬
198909	◎天正狂言本全釈（風間書房）

198912	:○融通念仏と能（『清泉女子大学紀要』第三十七号、同大学）※→金井清光 199109 ④
199003A	:○山陰路の文学の旅（『清泉文苑』第7号、清泉女子大学人文科学研究所）
199003B	:○序（砂川博［著］『軍記物語の研究』桜楓社）
199004	:○開音と合音（『観世』平成二年四月号、檜書店）※→金井清光 199109 ⑨
199005	:○時衆教団と和讃（『国文学　解釈と鑑賞』第55巻5号［平成2年5月号］（708）［特集　歌謡の変奏―古代から近世まで］、至文堂）※→金井清光 199109 ⑪
199103A	:○山陰路の文学の旅（『清泉文苑』第8号、清泉女子大学人文科学研究所）
199103B	:○時衆研究の動向と問題点（『時宗教学年報』第十九輯、時宗教学研究所）※→金井清光 199109 ⑱
199103C	:○室町文芸と仏教（『国文学　解釈と鑑賞』第56巻3号［平成3年3月号］（718）［特集　室町文芸の心とことば］、至文堂）※→金井清光 199109 ⑫
199104	:①『花鏡』のよみかた※→金井清光 199602 ④一
	:②犬の鳴き声と狂言※→金井清光 199602 ⑩　（以上『観世』平成三年四月号、檜書店）
199109	◎中世芸能と仏教（新典社〔同社研究叢書42〕）
	:①大和の能と仏教※ 1985/6/12 於奈良市庁、第三回奈良学セミナー講演。1990/8 成稿
	:②観阿・世阿の生涯と業績※←金井清光 197711
	:③民俗芸能の危機※←金井清光 197712
	:④融通念仏と能※←金井清光 198912
	:⑤よみがえる能の本質※←金井清光 198603
	:⑥雨乞い能としての「道成寺」※←金井清光 198810 を 1989/8 補訂
	:⑦二人立ちの能「二人静」※←金井清光 198703 を 1987/8 補訂
	:⑧天神信仰と綾子舞※←金井清光 197702
	:⑨能・狂言考証ノート（世阿の妻※←金井清光 196407 ／大仏供養の能と題目立※←金井清光 197501 ／入り日を招き返す※←金井清光 197910 ／願力。一騎当千。田舎。面々各々。遐齢延年のほう※以上、←金井清光 198012 ／時分の花。黄鐘・盤渉。くひもち。なけれとも。きやうさう※以上、←金井清光 198105 ／大和・春日。あるひは。物まねニたらすハ。世阿花押※以上、←金井清光 198112 ／一忠が事。ふり。私儀云※以上、←金井清光 198210 ／七歳をもて初とす。亡父にて候し者。いて〻（1990/5 補訂）※以上、←金井清光 198304 ／京の御水たき※←金井清光 198311 ／光太郎。大ら冠者。ゆはほに花（1988/8 補訂）※以上、←金井清光 198401 ／殿・様。みとり子※以上、←金井清光 198406 ／尤これをもちふへし。時々の初心忘るべからず（1990/8 補訂）※以上、←金井清光 198512 ／あれ・これ。中つあし※以上、←金井清光 198605 ／あの・この。担板感。去・扨（1990/4 補訂）※以上、←金井清光 198710 ／推古天皇※←金井清光 198812 ／開音と合音※←金井清光 199004 ／花の帽子※←金井清光 195709 を 1990/8 補訂／相承院本『太平記』と桟敷崩れの勧進田楽※←金井清光 195808）
	:⑩幸若舞と題目立※←前半部金井清光 197807・後半部金井清光 198805
	:⑪時衆教団と和讃※←金井清光 199005
	:⑫室町文芸と仏教※←金井清光 199103
	:⑬時衆と中世能人※←金井清光 198907
	:⑭時衆の遊行と文芸の地方伝播※←金井清光 198612
	:⑮一遍以後の時衆教団※←金井清光 198502
	:⑯時宗の遊行寺と光触寺※←金井清光 198710 改題
	:⑰一遍の尿療法※←金井清光 198804
	:⑱時衆研究の動向と問題点※←金井清光 199103
	:⑲あとがき
199202	:①物学と物覚※→金井清光 199602 ⑪一一
	:②太郎冠者の返事※→金井清光 199602 ⑪一八　（以上『観世』平成四年二月号、檜書店）
199203A	:○山陰路の文学の旅（『清泉文苑』第9号、清泉女子大学人文科学研究所）
199203B	:○新発見の画像　二軸（『時宗教学年報』第二十輯、時宗教学研究所）※→金井清光 200012 ⑬
199207	:①忌み詞「四」と大和猿楽四座※→金井清光 199602 ⑤
	:②狂言と説話※→金井清光 199602 ⑪一七　（以上『観世』平成四年七月号、檜書店）
199212	:○双六と狂言（『清泉女子大学紀要』第四十号、同大学）※→金井清光 199602 ⑦
199302	:①こきふ※→金井清光 199602 ⑪二〇
	:②千鳥※→金井清光 199602 ⑪二二　（以上『観世』平成五年二月号、檜書店）
199303	:○山陰路の文学の旅（『清泉文苑』第10号、清泉女子大学人文科学研究所）
199310	:①出来庭※→金井清光 199602 ④七

　　　　　：②はま千鳥※→金井清光 199602 ⑪二三
　　　　　：③すつはと※→金井清光 199602 ⑪二五　（以上『観世』平成五年十月号、檜書店）
199402　：①出来―シュッライ・シュッタイ―※→金井清光 199602 ④四
　　　　　：②駒にもつの※→金井清光 199602 ⑪　（以上『観世』平成六年二月号、檜書店）
199403A　：○おごう・いちゃ（『観世』平成六年三月号、檜書店）※→金井清光 199602 ⑪一九
199403B　：山陰路の文学の旅（『清泉文苑』第11号、清泉女子大学人文科学研究所）
199403C　：山陽道の時衆史―その一・播磨―（『時宗教学年報』第二十二輯、時宗教学研究所）
　　　　　※→金井清光 200012 ⑤
199407　：○一遍・他阿の法語（伊藤博之・今成元昭・山田昭全［編集］『法語・詩偈』勉誠社〔仏教文学講座第三巻〕）
199408　：○呉服※→金井清光 199602 ⑪四
　　　　　：「実盛」の発想※←砂川博 199312 を紹介。→金井清光 199602 ⑪五　（以上『観世』平成六年八月号、檜書店）
199412　：○「天正狂言本」「田うへ」と気比神宮田植え歌（日本歌謡学会［編］『日本歌謡研究』第三十四号、同会）
　　　　　※→金井清光 199602 ⑧
199503A　：悪は永遠に栄えるか（『清』第28号、清泉女子大学国語国文学会）※→金井清光 199602 ⑭一
199503B　：山陰路の文学の旅（『清泉文苑』第12号、清泉女子大学人文科学研究所）
199503C　：山陽道の時衆史（その二）―備前・美作・備中―（『時宗教学年報』第二十三輯、時宗教学研究所）
　　　　　※→金井清光 200012 ⑤。金井清光 200004 ③（→金井清光 200509 ⑤）の指摘により、樋口州男 200510 ⑥は補注を施し、先行研究に追加
199507　：○熊野と湯谷（『観世』平成七年七月号、檜書店）※→金井清光 199602 ⑪一
199511　：①遊行と文化の伝播※「第三編　文芸編」の「一」
　　　　　：②時衆の芸能※同「二」
　　　　　：③時衆の文芸※同「三」（以上、時衆の美術と文芸展実行委員会［編集］『時衆の美術と文芸―遊行聖の世界―』同委員会〈東京美術［発売］〉）※ 1995/11/3-12/10 於山梨県立美術館、1996/1/4-28 於長野市立博物館、2/3-25 於（神奈川県）藤沢市民ギャラリー、3/10-4/14 於（滋賀県）大津市歴史博物館、特別展図録
199602　◎能・狂言の新論考（新典社〔同社研究叢書90〕）
　　　　　：①能の宗教性※ 1992/3/31 於上智大学東洋宗教研究所、講演。1993/8 成稿
　　　　　：②世阿・能楽論・研究※ 1993/12 成稿
　　　　　：③『花鏡』を読む※ 1988/9 成稿
　　　　　：④『花鏡』コメント所々（一　『花鏡』のよみかた※←金井清光 199104 ①／二　貫氏本・吉田本の題目・事書※ 1991/1 成稿／三　「一調二機三声」という表現※ 1992/3 成稿／四　出来―シュッライ・シュッタイ―※←金井清光 199402 ①／五　左右前後※ 1993/10 成稿／六　心七分動※ 1992/8 成稿／七　出来※←金井清光 199310 ①／八　先車のくつがへす所※ 1994/1 成稿／（付）　主要研究文献目録※ 1994/12 成稿）
　　　　　：⑤忌み詞「四」と大和猿楽四座※←金井清光 199207 ①を 1993/10 補訂
　　　　　：⑥世阿の書状と「候」の変遷※ 1993/8 成稿
　　　　　：⑦双六と狂言※←金井清光 199212
　　　　　：⑧田植え歌と狂言※←金井清光 199412 改題
　　　　　：⑨地突き歌・杭打ち歌と狂言※ 1995/7 成稿
　　　　　：⑩犬の鳴き声と狂言※←金井清光 199104 ②を 1993/8 改題
　　　　　：⑪能・狂言レポート（一　熊野と湯谷※←金井清光 199507 を 1995/10 補訂／二　日下と草香※ 1993/3 成稿／三　春雨と秋雨※ 1992/11 成稿／四　呉服※←金井清光 199408 ①／五　「実盛」の発想※←金井清光 199408 ②／六　麻呂と丸※ 1994/1 成稿／七　法華宗と日蓮宗※ 1991/1 成稿／八　数々・所々※ 1992/10 成稿／九　太刀※ 1993/12 成稿／一〇　「習」のよみかた―シュウ・シュー※ 1992/2 成稿／一一　物学と物覚※←金井清光 199202 ①／一二　稽古いらず※ 1991/10 成稿／一三　天下※ 1992/7 成稿／一四　和才※ 1993/5 成稿／一五　ナホカツ※ 1991/7 成稿／一六　児姿※ 1993/11 成稿／一七　狂言と説話※←金井清光 199207 ②／一八　太郎冠者の返事※←金井清光 199202 ②／一九　おごう・いちゃ※←金井清光 199403A／二〇　こきふ※←金井清光 199302 ①／二一　駒にもつの※←金井清光 199402 ②／二二　千鳥※←金井清光 199302 ②／二三　はま千鳥※←金井清光 199310 ②／二四　そそりこ※ 1994/12 成稿／二五　すつはと※←金井清光 199310 ③／二六　くさめどめ※ 1993/3 成稿）
　　　　　：⑫中世演劇研究の手引き
　　　　　※ 1991/6 成稿。←金井清光 198901・198702B・大橋俊雄 197407A・五来重 198803 を必読書として挙げ
　　　　　：⑬国文学ひとすじ（一　私の卒業論文／二　時衆教団の研究／三　キリシタン文献を学ぶ／四　『出雲風土記』と『古事記伝』／五　モーレツ研究者に徹する）※←金井清光 198503
　　　　　：⑭跋にかえて（一　悪は永遠に栄えるか※←金井清光 199503A／二　金井清光　能・狂言・時衆研究略歴

　　　　　→金井清光200910 ②)
199603A ：○山陰路の文学の旅（『清泉文苑』第 13 号、清泉女子大学人文科学研究所）
199603B ：①山陽道の時衆史（その三）―備後―※→金井清光200012 ⑤
　　　　：②新発見の一遍版画像二種※→金井清光200012 ⑭（以上『時宗教学年報』第二十四輯、時宗教学研究所）
199703 ：○山陽道の時衆史（その四）―安芸・周防・長門―（『時宗教学年報』第二十五輯、時宗教学研究所）
　　　　※→金井清光200012 ⑤
199803 ：○九州時衆新考五題（『時宗教学年報』第二十六輯、時宗教学研究所）
　　　　※大隅正八幡・宇佐八幡における一向俊聖にも言及。→金井清光200012 ⑥
199903A ：○近世遊行の研究について（『時宗教学年報』第二十七輯、時宗教学研究所）※→金井清光200012 ⑦
199903B ：○国宝『一遍聖絵』成立七百年（『大法輪』平成十一年三月号［第 66 巻第 3 号］、大法輪閣）
199905 ：○序（砂川博［著］『中世遊行聖の図像学』岩田書院）
200003 ：①一遍・真教の初賦算※→金井清光200012 ③
　　　　：②当麻派近世遊行の一史料※→金井清光200012 ⑪（以上『時宗教学年報』第二十八輯、時宗教学研究所）
200004 ：①『一遍聖絵』巻一の太宰府と清水※→金井清光200012 ②
　　　　：②書評・武田佐知子氏編『一遍聖絵を読み解く』※←武田佐知子199901 を書評。→金井清光200509 ⑤
　　　　：③遊行回国※→樋口州男 200510 ⑥は本指摘により、補注を施し先行研究に金井清光199503 を追加。→金井清光200509 ⑤（以上、時衆文化研究会［編集］『時衆文化』創刊号、同会〈岩田書院［発売］〉）
200010 ：①『一遍聖絵』十二名画とその宗教的意味（一）※「一 巻四「福岡の市」は改作神話」「二 巻七「市屋道場」堀川いかだ曳き」から成る。→金井清光200509 ①巻四・巻七。→大野順子200812 紹介
　　　　：②時宗寺院参詣記・河内照林寺（以上、時衆文化研究会［編集］『時衆文化』第 2 号、同会〈岩田書院［発売］〉）
200012 ◎一遍の宗教とその変容（岩田書院）※→砂川博200110 →200312A ⑭書評
　　　　：①宗教絵巻としての『一遍聖絵』※ 2000/9 成稿書き下ろし
　　　　：②『一遍聖絵』巻一の太宰府と清水※←金井清光200004 ①
　　　　：③一遍・真教の初賦算※→金井清光200003 ①に追補を附す
　　　　：④賦算札・御影札・勧進札※ 1994/8/28、時宗教学講習会講演。1995/12 成稿
　　　　：⑤山陽道の時衆史※←金井清光199403C・199503C・199603B・199703。金井清光200004 ③（→金井清光200509 ⑤）の指摘により、→樋口州男200510 ⑥は補注を施し先行研究に追加
　　　　：⑥九州時衆新考五題※←金井清光199803
　　　　：⑦近世遊行の研究について※←金井清光199903A
　　　　：⑧近世外様藩の遊行上人送迎※ 1994/10 成稿
　　　　：⑨近世城下町の遊行上人送迎※ 1994/12 成稿
　　　　：⑩近世時宗寺院の遊行上人送迎※ 1998/1 成稿
　　　　：⑪当麻派近世遊行の一史料※←金井清光200003 ②
　　　　：⑫近世諸地方の遊行上人送迎史料リスト※ 1999/8 成稿
　　　　：⑬新発見の時衆画像二軸※←金井清光199203B 改題
　　　　：⑭新発見の一遍版画像二種※←金井清光199603B ②
　　　　：⑮時衆資料採訪録※←金井清光196410 ～197303（編集後記部分）連載。1992/11 整理改稿
　　　　：⑯あとがき
200103 ：○未刊近世遊行送迎史料解説（一）（一 明治大学刑事博物館蔵磐城平藩主内藤家文書遊行史料／二 明治大学刑事博物館蔵日向延岡藩内藤家文書『遊行上人御通行聞合』／三 香川県史編さん室寄託進藤家文書遊行史料／四 福井県今立郡今立町成願寺蔵『遊行五十三世上人御渡用記』／五 小諸市小山正邦氏蔵遊行文書／六 仙台市斎藤報恩会蔵遊行文書／七 栃木県那須郡黒羽町芭蕉の館蔵『創垂可継』「遊行上人取扱之部」）（『時宗教学年報』第二十九輯、時宗教学研究所）
200104 ：①『一遍聖絵』十二名画とその宗教的意味（二）※「三 巻五「祖父通信の墓」転経念仏」「四 巻五「雪中遊行」村はずれの一本杉」から成る。→金井清光200509 ①巻五。→大野順子200812 紹介
　　　　：②『照林寺逆修一結衆過現名帳』について※金井・砂川博・中島暢子［共筆］
　　　　：③書評・今井雅晴氏著『一遍と中世の時衆』※←今井雅晴200003 を書評。→金井清光200509 ⑥
　　　　（以上、時衆文化研究会［編集］『時衆文化』第 3 号、同会〈岩田書院［発売］〉）
200110 ：①一遍聖絵十二名画とその宗教的意味（三）
　　　　※「五 巻一「善光寺」これが宗教画だ」から成る。→金井清光200509 ①巻一。→大野順子200812 紹介
　　　　：②紹介 シビル・ソーントン氏著『中世日本のカリスマと教団形成・遊行派の場合』
　　　　※← S.A.Thornton199903 を紹介
　　　　（以上、時衆文化研究会［編集］『時衆文化』第 4 号、同会〈岩田書院［発売］〉）

200203 ：○未刊近世遊行送迎史料解説（二）（八　弘前市立図書館蔵遊行文書／九　鶴岡市立図書館蔵温海文書遊行史料／一〇　糸魚川市立歴史民俗資料館蔵遊行文書／一一　国立史料館蔵遊行文書／一二　国立歴史民俗博物館蔵『御用向書留帳抜書』遊行史料／一三　上田市立博物館蔵滝沢助衛門家延宝七年『覚書』尊任遊行史料）（『時宗教学年報』第三十輯、時宗教学研究所）

200204 ：①『一遍聖絵』十二名画とその宗教的意味（四）
※「六　巻六「富士山」宗画と創作神話」から成る。→金井清光200509①巻六。→大野順子200812 紹介
：②大橋俊雄氏の人と学問※金井は大橋に『時衆文化』誌投稿を依頼したが生前約束ははたされなかったと批判するが、当時「遊行系図」を命題とした論攷が寄稿されるも、それを却下している。→金井清光200509⑩
：③書評・栗田勇氏著『捨ててこそ生きる　一遍　遊行上人』※←栗田勇200105 を書評。→金井清光200509⑦
（以上、時衆文化研究会［編集］『時衆文化』第5号、同会〈岩田書院［発売］〉）

200206 ：①一遍の天王寺賦算と乞食
※ 2000/9/4 於相愛大学、一遍聖絵研究会第1回例会報告を成稿。→金井清光200509②
：②『一遍聖絵』に見る草履・草鞋と被差別民の草履作り※ 2001/11/18 於神奈川県立歴史博物館、時衆文化研究会第2回大会・一遍聖絵研究会第4回例会報告を成稿。→金井清光200509③
（以上、砂川博［編］『一遍聖絵の総合的研究』岩田書院）

200210 ：①『一遍聖絵』十二名画とその宗教的意味（五）※「七　巻二「菅生の岩屋」秋の女神の紅葉」「八　巻二「桜井の別れ」春の女神の桜花」から成る。→金井清光200509①。→大野順子200812 紹介
：②書評・砂川博氏著『平家物語の形成と琵琶法師』※←砂川博200110B を書評。→金井清光200509⑧
（以上、時衆文化研究会［編集］『時衆文化』第6号、同会〈岩田書院［発売］〉）

200303 ：○未刊近世遊行送迎史料解説（三）（一五　岩手県立図書館蔵濔沢家文書遊行史料／一六　盛岡市中央公民館蔵藩政文書遊行史料／一七　福島県文化センター蔵『嘉永元年遊行上人逗留中諸入用帳』／一八　三条市立図書館蔵遊行文書）（『時宗教学年報』第三十一輯、時宗教学研究所）

200304A ：①『一遍聖絵』作成と聖戒・真教
※←高野修200206A を批判。→林文理200405「真教関与説を批判」と紹介。→金井清光200509④
：②『一遍聖絵』十二名画とその宗教的意味（六）
※「九　巻三「那智の滝」山大は御作」から成る。→金井清光200509①巻三。→大野順子200812 紹介
（以上、時衆文化研究会［編集］『時衆文化』第7号、同会〈岩田書院［発売］〉）

200304B ◎中世の癩者と差別（岩田書院）※新稿。→細川涼一200310 書評・林文理200405「『一遍聖絵』をもとに癩者の実態と差別を明らかにし宗教と差別観を論じた」と紹介
：①古代・中世の癩病と差別
：②中世癩者の実態
：③中世癩者の服装
：④あとがき

200310 ：①『一遍聖絵』十二名画とその宗教的意味（七）※「十　巻三「熊野本宮」童子は不浄者」「（付）　瞎視は南北朝・室町以降に非ず」から成る。→大野順子200812 紹介。→金井清光200509①巻三付
：②遊行回国（以上、時衆文化研究会［編集］『時衆文化』第8号、同会〈岩田書院［発売］〉）

200312 ：①金井清光（1922 —）『時衆文芸研究』風間書房,1967（改訂版,1989）
：②金井清光（1922 —）『時衆と中世文学』東京美術,1975
（以上、黒田日出男・加藤友康・保谷徹・加藤陽子［編集委員］『日本史文献事典』弘文堂）※項目執筆

200403 ：○未刊近世遊行送迎史料解説（四）（一九　栃木県立文書館寄託松本家文書遊行史料／二〇　銚子市立公正図書館蔵『玄蕃日記』遊行史料／二一　佐原市伊能忠敬記念館寄託伊能啓秋『日記』遊行史料／二二　富山県立図書館蔵明和九年尊如『遊行上人出立伝馬覚書』／二三　木曽教育会蔵『木曽谷中山伏改帳』宝永七年賦国休憩記録／二四　明治大学刑事博物館蔵内藤家文書明和七年尊如館林広忠寺逗留史料／二五　兵庫県出石郡出石町立資料館蔵出石藩『御用部屋日記』遊行史料／二六　江津市旧跡市組割元沢津家文書寛政六年尊祐浜田遊行記録／二七　福岡市立博物館蔵寛政六年姪浜御茶屋守文書遊行史料／二八　佐賀県立図書館寄託鍋島家文書遊行史料／二九　愛媛県立図書館寄託小野家文書遊行史料）（『時宗教学年報』第三十二輯、時宗教学研究所）

200404A ：①一遍―すべてを捨てた念仏者―
：②鎌倉仏教人物辞典⑥時宗編（以上『大法輪』平成十六年四月号［第71巻第4号］［特集‖鎌倉仏教・再入門　時代を開いた宗祖たち］、大法輪閣）

200404B ：①『一遍聖絵』十二名画とその宗教的意味（八）
※「十一　巻八「丹後久美浜」竜と非人」から成る。→金井清光200509①巻八。→大野順子200812 紹介
：②書評・砂川博氏著『一遍聖絵研究』※←砂川博200312B を書評。→金井清光200509⑨
（以上、時衆文化研究会［編集］『時衆文化』第9号、同会〈岩田書院［発売］〉）

200410 ：○『一遍聖絵』十二名画とその宗教的意味（九）（時衆文化研究会［編集］『時衆文化』第１０号、同会〈岩田書院［発売］〉）※「十二　巻十二「一遍入滅」嘆きの一遍」「十三　総括と反省―柳宗悦批判―」から成る。→大野順子200812 紹介。→金井清光200509 ①巻十二・総括と反省
200411 ：○後記（坂井衡平［著］『善光寺史』東京美術）※ＯＤ版。←金井清光197509 ④改題←金井清光196905
200503 ：○『一遍聖絵』歓喜光寺本と御影堂本との絵の相違点（『時宗教学年報』第三十三輯、時宗教学研究所）※←古賀克彦199712 を批判。→林譲200601 文献案内
200504 ：①『一遍聖絵』巻三「三輩九品の念仏道場」について
　　　　：②書評・梅谷繁樹氏著『一遍の語録をよむ』上下※←梅谷繁樹200404 を書評
　　　　（以上、時衆文化研究会［編集］『時衆文化』第１１号、同会〈岩田書院［発売］〉）
200509 ◎一遍聖絵新考（岩田書院）※→井原今朝男200604 書評・西海賢二200610 新刊案内・大野順子200812 書評
　　　　：①『一遍聖絵』の十二名画（巻一「善光寺」―これが宗教画だ※←金井清光200110 ①改題／巻二「菅生の岩屋」―秋の女神の紅葉／巻二「桜別れ」―春の女神の桜花／以上、←金井清光200010 ①改題／巻三「那智の滝」―山犬は御先※←金井清光200304A ②／巻三「熊野本宮」―童子は不浄者　付：睨視は南北朝・室町以降にあらず※以上、←金井清光200310 ①／巻四「福岡の市」―創作神話と空想画※←金井清光200010 ①改題／巻五「祖父通信の墓」―転経念仏※←金井清光200104 ①／巻五「雪中遊行」―村はずれの一本杉※←金井清光200104 ①／巻六「富士山」―宗教画と創作神話※←金井清光200204 ①／巻七「市屋道場」―堀川いかだ曳き※←金井清光200010 ①／補：乞食と癩者※新稿／巻八「丹後久美浜」―竜と非人※←金井清光200404 ①／巻十二「一遍入滅」―嘆きの一遍／総括と反省―柳宗悦批判※以上、←金井清光200410）→大野順子200812 紹介
　　　　：②一遍の天王寺賦算と乞食※「一遍と金銭」「天王寺の西門」「乞食と賦算」の項あり。←金井清光200206 ①
　　　　：③『一遍聖絵』に見る草履・草鞋と被差別民の草履作り※←金井清光200206 ②
　　　　：④『一遍聖絵』作成と聖戒・真教※←金井清光200304A ①
　　　　：⑤武田佐知子編『一遍聖絵を読み解く』※←武田佐知子199901 を書評。←金井清光200004 ②。→樋口州男200510 ⑥は本指摘により、補注を施し先行研究に金井清光199503 を追加
　　　　：⑥今井雅晴著『一遍と中世の時衆』※←今井雅晴200003 を書評。←金井清光200104 ③
　　　　：⑦栗田勇著『捨ててこそ生きる　一遍　遊行上人』※←栗田勇200105 を書評。←金井清光200204 ③
　　　　：⑧砂川博著『平家物語の形成と琵琶法師』※←砂川博200110B を書評。←金井清光200210 ①
　　　　：⑨砂川博著『一遍聖絵研究』※←砂川博200312B を書評。←金井清光200404B ②
　　　　：⑩大橋俊雄氏の人と学問※←金井清光200204 ①改題
　　　　：あとがき
200510 ：○『一遍聖絵』巻一「窪寺閑室」について（時衆文化研究会［編集］『時衆文化』第１２号、同会〈岩田書院［発売］〉）
200603 ：○既刊近世遊行送迎史料解説（一）（『時宗教学年報』第三十四輯、時宗教学研究所）
　　　　※「一　東北地方（一）　青森県」として（弘前藩領浪岡村『本藩旧記』遊行記録／青森県立図書館蔵『津軽史』貞享四年尊真遊行史料／青森市伊東善五郎家蔵『伊東家御用留』嘉永二年遊行先触到来通知／青森県南津軽郡浪岡町宇野栄二氏蔵嘉永二年一念『宿割覚』／むつ市盛田稔氏蔵『遊行上人巡拝諸用控』嘉永二年一念遊行史料／青森県三戸郡『南郷村史』所掲遊行史料／八戸市立図書館蔵『八戸藩御勘定所日記』所掲寛文四年尊祐遊行史料／『八戸市史史料編近世』所掲遊行史料／『野辺地町郷土史年表』所掲遊行記事）から成る。
200604 ：○河原と時衆（時衆文化研究会［編集］『時衆文化』第１３号、同会〈岩田書院［発売］〉）
200610 ：①御影堂本『一遍聖絵』巻七、市屋道場の癩者と小童
　　　　：②遊行回国　河野憲善氏について
　　　　（以上、時衆文化研究会［編集］『時衆文化』第１４号、同会〈岩田書院［発売］〉）
200704 ：○一遍の京洛化益（時衆文化研究会［編集］『時衆文化』第１５号、同会〈岩田書院［発売］〉）
200710 ：○初期時衆史の問題四つ（時衆文化研究会［編集］『時衆文化』第１６号、同会〈岩田書院［発売］〉）
200803 ：○既刊近世遊行送迎史料解説（二）（『時宗教学年報』第三十六輯、時宗教学研究所）
　　　　※「一　東北地方（二）　秋田県」として（秋田藩『羽陰史略』所掲遊行史料／秋田県公文書館蔵『国典類抄』所収遊行上人記録／秋田県公文書館蔵『御亀鑑』寛政四年尊祐遊行史料／秋田県公文書館蔵『町触控』遊行史料／秋田県公文書寄託菊池文書嘉永二年一念遊行史料／能代市大湊定勝氏蔵『旧記抜書之今条』明和九年尊如遊行史料／『仁賀保町史』所掲寛文四年尊祐遊行史料／秋田県山本郡山本町中央公民館金岡文書延享元年賦存一泊記録）、「一　東北地方（三）　岩手県」として（『水沢市史３近世（下）』所掲遊行記録／南学院本『零石歳代日記』所掲遊行史料／南部藩零石代官鬼柳家文書慶安五年卜本遊行史料／司東真雄氏『岩手県時宗略史』の近世遊行記事）、「一　東北地方（四）　宮城県」として（『登米藩史稿』所掲遊行史料／角田市別巻１『修訂版　石川氏一千年史』所掲遊行記事）から成る
200810 ：○『一遍聖絵』の奇跡（時衆文化研究会［編集］『時衆文化』第１８号、同会〈岩田書院［発売］〉）

200903 ：○既刊近世遊行送迎史料解説（三）（『時宗教学年報』第三十七輯、時宗教学研究所）※「一　東北地方（五）　山形県」として（鶴岡郷土資料館蔵『閑散文庫』享保十四年快存遊行史料／鶴岡郷土資料館蔵『鶴岡御吅例帳』遊行史料／鶴岡市致道博物館蔵『大泉紀年』寛文十年尊任到着記事／酒田市光丘文庫蔵鶴ヶ岡大庄屋『川上記』遊行史料／山形市専称寺蔵『事林日記』遊行史料／出羽楢岡宿本陣笠原茂右衛門家『御用留』文化十一年一空遊行史料／米沢市立図書館蔵米沢藩文書遊行史料／山形県西田川郡温海町五十嵐理助氏蔵『年代記』遊行史料／『余目町史年表』所掲遊行記録）、「一　東北地方（六）　福島県」として（『内藤侯平藩史料』所掲正徳二年一法磐城平遊行史料／二本松市立歴史資料館蔵旧箕輪村名主文書遊行史料／須賀川市原家蔵文書遊行史料／福島県三春町川又家蔵文書遊行史料／福島県双葉郡富岡町竜台寺文書寛政四年尊祐宿泊史料／福島県田村郡小野町郡司大助氏蔵「遊行上人御通行寄人馬覚」／会津若松市立図書館蔵会津藩『家世実紀』遊行史料／福島県『いわき史料集成』所掲遊行文書）から成る。奥付肩書きは、「島根大学名誉教授」（正しくは鳥取）
200904 ：○仏教語と呉音（時衆文化研究会［編集］『時衆文化』第１９号、同会〈岩田書院［発売］〉）
200910 ：①『一遍聖絵』に見る聖戒の基本態度※遺稿。末尾に砂川博による「付記」あり
　　　　：金井清光　能・狂言・時衆研究略歴
　　　　※←金井清光 199602 ①に 1996 年以降の主要業績を砂川博が加筆。末尾に砂川による「付記」あり
　　　　（以上、砂川博［編］『一遍聖絵と時衆　時衆文化　第２０号　金井清光先生追悼号』岩田書院）

金井　圓（※東京大学名誉教授。1927/6/5-2001/7/7）
197005 ◎神奈川の写真誌　明治前期（金井・石井光太郎［編］、有隣堂）※「当麻の無量光寺」の項あり

金岡　秀友（※東洋大学名誉教授・東京都八王子市妙楽寺〈新義真言宗系単立〉住職。1927-2009/7/23）
197002 ◎古寺名利辞典（東京堂出版）※神奈川県遊行寺、京都府金蓮寺・正法寺（霊鷲山）・雙林寺、島根県善光寺、鳥取県安養寺、の項あり。→金岡秀友 198109 →金岡秀友 199205
198109 ◎古寺名利大辞典（金岡［編］、東京堂出版）※←金岡秀友 197002。→金岡秀友 199205
199205 ◎〔新装普及版〕古寺名利大辞典（金岡［編］、東京堂出版）
　　　　※神奈川県遊行寺、滋賀県長安寺・蓮華寺、京都府金蓮寺・正法寺（東山区）・雙林寺、兵庫県真光寺、島根県善光寺（「浄土宗遊行派」と表記）・万福寺、鳥取県安養寺、香川県鄭照寺、愛媛県宝厳寺、大分県善光寺、鹿児島県浄光明寺、等の項あり。←金岡秀友 198109 ←金岡秀友 197002

神奈川ウォーカー（※神奈川県横浜市中区・株式会社）
199904 ◎大人が選ぶ神奈川くつろぎ散歩（情報センター出版局）※「無量光寺」の項あり

神奈川企画（※飯島和男・川本美和子・福永朋子・伊藤睦美・加賀屋淳子）
198203 ◎かながわ　郷土文化シリーズNO.5（同企画［編］、神奈川県民共済生活協同組合）
　　　　※「当麻山無量光寺（聖絵による一遍の生涯／一遍上人の当麻山留錫／当麻山における一遍上人の伝承／二世眞教の当麻山無量光寺建立／その後の当麻山）」の章あり

神奈川県観光協会（※神奈川県横浜市中区・現公益社団法人）
196204 ◎遊行寺観光診断報告書（同会）

神奈川縣教育會（※神奈川縣横濱市中區・同縣廳内。現廃止）
193104 ◎神奈川縣教育會五十年史下巻（同會［編］、同會）※ p222-228 に「伊東覚念」の略伝・自像画と回顧録あり

神奈川県教育庁社会教育課（※神奈川県横浜市中区・現同庁教育局生涯学習部生涯学習課社会教育グループ）
195903 ：○相模原市当麻無量光寺一遍上人立像（『神奈川県文化財調査報告』第 25 集、同課）

神奈川県県民部県史編集室（※神奈川県横浜市中区。解散）
197903 ◎神奈川県史資料編 3 古代・中世（3 下）（同室［編集］、同県）※当麻無量光寺文書を採録
198103 ◎神奈川県史別編 2 資料所在目録（同室［編集］、同県）※当麻無量光寺文書の題目を採録
198303 ◎神奈川県史別編 1 人物（同室［編集］、同県）※ p81 に「伊東覚念」あり

神奈川県高等学校教科研究会社会科歴史分科会
197606 ◎神奈川県の歴史散歩（同分科会［編］、山川出版社〔全国歴史散歩シリーズ 14〕）
197708 ◎神奈川県の歴史散歩（山川出版社〔新全国歴史散歩シリーズ〕）
198705A ◎神奈川県の歴史散歩　上　川崎・横浜・北相模・三浦半島（同分科会［編］、山川出版社〔新全国歴史散歩シリーズ 14〕）※「無量光寺」の項あり。→ 200002 新版 2 版
198705B ◎神奈川県の歴史散歩　下　鎌倉・湘南・足柄（同分科会［編］、山川出版社〔新全国歴史散歩シリーズ 14〕）
　　　　※「光照寺」（山ノ内）・「来迎寺」（西御門）の項あり、ほかに向福寺に言及。→ 200101 新版 2 版

神奈川県高等学校教科研究会社会科部会歴史分科会
199312 ◎鎌倉散歩 24 コース（同分科会［編］、山川出版社）
　　　　※鎌倉門中の寺をとりあげ、単色写真：西御門来迎寺如意輪観音像
200505A ◎神奈川県の歴史散歩　上　川崎・横浜・北相模・三浦半島（同分科会［編］、山川出版社〔歴史散歩 14〕）
　　　　※「無量光寺」の項あり、単色写真ネーム：「無量光寺」「一遍上人像」。「相模原市立博物館」の項で「無量光寺 3

代・5代住職の墓石の複製」に言及。巻末の【神奈川県のあゆみ】中世の項で「時宗は藤沢の清浄光寺（遊行寺）に総本山を構え，下層民の心をつかんでいった。」とし，【地域の概観】北相模の項で「一遍ゆかりの寺院も建立された」とす

200505B ◎神奈川県の歴史散歩　下　鎌倉・湘南・足柄（同分科会［編］，山川出版社〔歴史散歩 14〕）※カラー口絵ネーム：「敵御方供養塔（清浄光寺，藤沢市）」「後醍醐天皇像（清浄光寺，藤沢市）」。本文で鎌倉国宝館寄託品として「頬焼阿弥陀縁起（光触寺）」。西御門「来迎寺」の項あり，本文：「一遍上人や，一向上人が開山と伝えるが定かではない」とす。「光触寺」の項で「頬焼阿弥陀」に言及（本文で「開山を作阿（さくあ）」と表記），単色写真ネーム：「光触寺阿弥陀如来像」。「別願寺多宝塔」単色写真の箇所の本文で「足利持氏の供養塔という」が「実際には鎌倉期につくられたとみられる」。材木座「来迎寺」の項あり，単色写真ネーム：「来迎寺三浦義明墓と多々良重春墓」。同所の浄土宗大本山「光明寺」の項に「建長寺・円覚寺・藤沢の遊行寺とともに鎌倉四大寺に数えられた」とあり。また「一向上人が開いた向福寺」との記述あり。「教恩寺」の項あり。山ノ内「光照寺」の項で単色写真ネーム：「光照寺山門くるま紋」，開山一向俊聖を説明。続く「円覚寺」「建長寺」の項で『一遍聖絵』への言及あり。カラー中扉図版：「歌川広重筆『東海道五拾三次之内　藤沢』（遊行寺）。「遊行寺」の項でカラー図版ネーム：「『一遍聖絵』片瀬浜の地蔵堂」「敵御方供養塔」「後醍醐天皇像」，宝物館や長生院にも言及。コラム「遊行寺の年中行事」あり。関本竜福寺にも言及。巻末の【地域の概観】に「庶民の物見遊山の地として人気を博した」として「清浄光寺（遊行寺）」を挙ぐ。【文化財公開施設】に「遊行寺宝物館」の項あり

神奈川県神社庁（※神奈川県横浜市磯子区）

198109 ◎神奈川県神社誌（同庁［編集］，同庁〈桜楓社〔発売〕〉）
※神奈川県相模原市（現同市南区）芹沢三嶋神社における一遍伝承に言及

神奈川県姓氏家系大辞典編纂委員会

199304 ◎神奈川県姓氏家系大辞典（同委員会［編著］，角川書店〔角川日本姓氏歴史人名大辞典 14〕）※「伊東覚念」（p290）の項あり。「関山」氏の項で一遍に言及，ただし当麻無量光寺檀家につき言及なし，「白井」氏の項で一遍および無量光寺檀家につき言及あり，「渋谷」氏の項では一遍にも無量光寺にも言及なく，上佐知村名主として言及あり

神奈川県図書館協会郷土資料編集委員会

196403 ◎神奈川縣皇國地誌残稿（下巻）（同委員会［編集］，同県立図書館）※当麻村の項で当麻無量光寺を詳述
199101 ◎相模国鎌倉郡村誌　神奈川県皇国地誌（同委員会［編集］，神奈川県図書館協会［同郷土資料集成第 12 輯］）
※現神奈川県鎌倉市の各時宗寺院および逗子市の小坪海前寺・横浜市戸塚区の戸塚親縁寺の項あり

神奈川県博物館協会（※神奈川県横浜市中区・同県立博物館〈現同県立歴史博物館〉内）

199010 ◎神奈川県博物館協会設立三十五周年記念　鎌倉幕府開府八百年記念─鎌倉の秘宝展（《発行元表記なし》）
※表紙：「神奈川県博物館協会 35 周年記念　鎌倉幕府開府 800 年　特別展「鎌倉の秘宝」，背：「鎌倉幕府開府 800 年　鎌倉の秘宝」。1990/10/10-30 於横浜高島屋ギャラリー（8 階），特別展図録。カラー図版ネーム：「木造仏頭　一箇　光触寺蔵」（薄井和男［解説］「将軍実朝建立の大慈寺（廃絶）丈六堂本尊，阿弥陀如来像の頭部といわれている。一説に『五大堂事蹟備考』では，五大堂明王院講堂（丈六堂）本尊の仏頭とする。」），「紙本着色　頬焼阿弥陀縁起絵巻　模本　二巻　光触寺蔵」（相沢正彦［解説］「詞書を遊行三十七代上人託資上人」とす），「紙本墨書　陸波羅南北過去帳（写）　一巻　滋賀県　蓮華寺蔵」（三浦勝男［解説］），「青磁牡丹唐草文香炉　一口　藤沢市・清浄光寺蔵」「青磁袴腰香炉　一口　藤沢市・清浄光寺蔵」（岩橋春樹［解説］の後者は「清浄寺の一連の青磁はいずれも近年紹介され，一躍脚光を浴びることとなったものである。」と評価）。ほかに山ノ内光照寺釈迦如来坐像，榎戸能永寺蔵地蔵十王図，藤沢清浄光寺蔵花瓶 1 点の解説・写真・図版あり

神奈川県文化財協会

199503 ⊙かながわ文化財第 91 号（40 周年記念号）（同協会）
※単色口絵：「平成 6 年度神奈川県新指定重要文化財」に藤沢清浄光寺蔵「一遍上人像」あり

神奈川県立金沢文庫（※神奈川県横浜市金沢区）

200108 ◎蒙古襲来と鎌倉仏教（同文庫［編］，同文庫）
※ 2001/8/23-11/18 於同館，特別展解説図録。西岡芳文の解説文中に「蒙古襲来と遊行聖一遍」の項あり
200312 ⊙企画展　寺社縁起と神仏霊験譚（同文庫［編］，同文庫）
※ 2003/12/4-2004/2/15 於同館，企画展展示図録。カラー写真：長生院「小栗略伝」，図版解説に，旅人日記の天保 10 年（1839）6 月 30 日，藤沢遊行寺参詣を記すも，同月は 29 日まで（古賀克彦註）

神奈川県立博物館（※神奈川県横浜市中区・現同県立歴史博物館）

198510 ◎神奈川芸術祭特別展　遊行の美術　一遍　そして浄土を求め旅した人びと（同館［編集］，同館）
※ 1985/10/19-12/1 於同館，特別展図録。一向派関係の写真も多数掲載
198810 ◎特別展神奈川の金銅仏─銅・鉄の仏たち─（同館［編］，神奈川県文化財協会）
※ 1988/10/25-11/27 於同館，特別展図録。高摭石佛寺旧蔵の神奈川県横浜市港南区千手院（真言宗大覚寺派別格本山）本尊および千葉県安房郡天津小湊町（現鴨川市）清澄寺（日蓮宗大本山）観音像あり

神奈川県立歴史博物館（※神奈川県横浜市中区・旧同県立博物館）
199503A ◎神奈川県立歴史博物館展示解説書（同館［編集］、同館）※図版：同館蔵一遍画像
199503B ◎蔵品選集（同館［編］、同県文化財協会）※図版：同館蔵一遍画像・同『遊行縁起』
199610 ◎神奈川県立歴史博物館総合案内（同館［編集］、同館）※図版：同館蔵一遍画像
199709 ◎遊行寺蔵・一遍上人絵巻の世界（同館［編］、同館）※ 1997/9/13-10/19 於同館、特別展図録
200008 ◎鎌倉彫名品展―古典から近代鎌倉彫まで―（同館［編］、同館）
　　　　※ 2000/8/26-10/1 於同館、特別展図録。カラー写真：「国輪文大香合」（四条道場金蓮寺蔵）。薄井和男［解説］
200510 ◎特別展・聖地への憧れ―中世東国の熊野信仰―（同館［編集］、同館）
　　　　※ 2005/10/8-11/20 於同館、特別展図録。学芸員古川元也［担当］。掲載図版・写真：藤沢清浄光寺蔵「国宝・一遍聖絵（巻三）」（11/1-13 展示）・「遊行上人絵縁起絵（巻一）」（10/8-30・11/14-20 展示）・持蓮華・西国三十三観音曼荼羅・白山曼荼羅図・熊野本地仏曼荼羅・熊野成道図・「重文・安食問答」・承応二年（1653）三月二十七日と寛永十年（1633）四月の起請文・熊野権現輿（内箱付属）、同館蔵「一遍上人像」、鉦架支板、静岡西光寺蔵「熊野成道図」・持蓮華、天保十年（1839）「西光寺境内絵図」
201210A ◎武家の古都・鎌倉（世界遺産登録推進三館連携特別展企画委員会・同館［編集］、同館）
　　　　※ 2012/10/6-12/2 於同館、10/13-12/2 於同県立金沢文庫、10/20-12/2 於鎌倉国宝館、特別展図録。図版・写真ネーム：「頬焼阿弥陀縁起絵巻　上巻　鎌倉・光触寺」「一遍聖絵　巻五　正安元年（1299）神奈川・清浄光寺」「一遍上人法語集（播州法語集）鎌倉時代　神奈川・清浄光寺」「一遍上人法語集　鎌倉時代　神奈川・称名寺（神奈川県立金沢文庫）」「一期不断念仏結番（弘安本）鎌倉時代　神奈川・清浄光寺」「一遍上人法語集（播州法語集）鎌倉時代　神奈川・清浄光寺」「一遍上人法語集　鎌倉時代　神奈川・称名寺（神奈川県立金沢文庫）」「遊行上人縁起絵　室町時代 16 世紀　清浄光寺（遊行寺）（片瀬）」「一遍聖絵断簡　円伊筆　正安元年 1299 個人蔵」「黄緑釉尊形花瓶（大平尼寺跡出土）別願寺」「青磁鎬文酒会壺（大平尼寺跡出土）別願寺」。「清浄光寺（遊行寺）」の特集ページ、図版ネーム：「青磁下蕪形花瓶　清浄光寺（遊行寺）」「青磁牡丹唐草文香炉　清浄光寺（遊行寺）」「青磁袴腰香炉　清浄光寺（遊行寺）」
201210B ◎武家の古都・鎌倉（世界遺産登録推進三館連携特別展企画委員会・同館［編集］、鎌倉国宝館）
　　　　※詳細⇒世界遺産登録推進三館連携特別展企画委員会・同館 201210A。世界遺産登録推進三館連携特別展企画委員会・神奈川県立歴史博物館 201210A と発行元以外は同一のもの

神奈川新聞社（※神奈川県横浜市中区・株式会社）
197810 :□〝本山争い〟和解の動き／相模原・無量光寺と藤沢・遊行寺／開山忌には両寺が交流（『神奈川新聞』横須賀・湘南版第 12 面四月 21 日号、同社）
　　　　※単色写真ネーム・キャプション：「717 年前の一遍上人が開山した時宗、当麻山無量光寺の山門＝相模原市当麻で」。当麻無量光寺 67 世住職清水昭善могの山式に藤沢遊行寺関係者を招待、相互の開山忌に出席するようになったとす。ただし無量光寺第 4 世住職真光を「真海」と表記。→（続）藤沢市史編さん委員会 200603

神奈川地域史研究会（※神奈川県県民土っ区・横浜国立大学教育学部（現教育人間科学部）有光友学研究室内→藤市金沢区・関東学院大学経済学部日中生研究室内→休会）
200003 ◎神奈川地域史研究会会報第 58 号（同会）※「例会報告」欄に 1999/11/27 藤沢遊行寺「一つ火」見学会記事。単色写真ネーム：「本堂内陣荘厳」「御院代による賦算」
200812 ◎神奈川地域史研究第 26 号（同会［編］、同会）
　　　　※「例会記録・参加記」の欄に 2007/9/8 於藤沢市民会館第 3 会議室、大石三沙子「近世宿駅制度と地域構造―東海道藤沢宿を事例として―」、また 2008/2/16 於藤沢遊行寺大会議室、「一遍上人の相模遊行―『一遍聖絵』の検討と〔をカ〕中心に」の共通題目で、石塚勝「詞書からの考察」・遠山元浩「絵からの考察」、各例会報告記事

神奈川東海道ルネッサンス推進協議会（※神奈川県横浜市中区・同市役所道路局企画課内）
199903 ◎神奈川の東海道（上）―時空を越えた道への旅（同協議会）※カラー図版：『聖絵』巻六「富士河の浮橋」
　　　　：○石井　修：藤沢から茅ヶ崎へ

金沢市史編さん委員会（※石川県金沢市）
199803 ◎金沢市史資料編 1 古代中世一（同委員会［編］、同市）※カラー口絵：金光寺本『縁起絵』巻 5。史料として光明寺および金光寺本『縁起絵』巻 5、『時衆過去帳』、『遊行派末寺帳』、『七条金光寺領屋地田畠等目録』、同写

金澤文化協會（※石川縣金澤市・同市立圖書館内。解散）
193310 ⊙金澤古蹟志第七編（同協會）※巻十九に「玉泉寺舊地」「玉泉寺旧」「玉泉寺施行米」「泉野菅原神社」「光顯山玉泉寺」「玉泉院殿靈堂傳說」「遊行上人回來事略」「遊行上人念佛札傳話」の項あり

金森　敦子（※エッセイスト・新潟大学人文学部非常勤講師）
200207 ◎江戸庶民の旅　旅のかたち・関所と女（平凡社［同社新書 148］）
　　　　※「第一章　庶民の旅」の「旅に出る」の節の「名所を巡る」の項に「平宗盛の愛人熊野が住んでいた池田の里」、また所沢市史編さん委員会 198303 所収「嘉永五年道中記」を引き、「西矢作の誓願寺（義経と浄瑠璃姫の像を他に帳ていた。一組一○○文で拝観）」の記述あり

か行

鹿沼市史編さん委員会（※栃木県鹿沼市）
199803 ◎鹿沼町古記録（同委員会［編集］、同市〔同市史叢書2〕）※鹿沼一向寺（一向派。廃寺）の記事・絵図あり

鹿沼市文化財保護審議会（※栃木県鹿沼市）
199502 ◎鹿沼市の文化財　文化の再発見と心の継承（同会〔監修〕、同市教育委員会事務局生涯学習課〔編集〕、同市教育委員会）※栃木県指定広済寺（天台宗山門派）本尊（旧鹿沼西光寺〈一向寺〉本尊カ）および今宮神社蔵「西光寺太鼓」の項とカラー写真あり

金子　元行（※時宗教学研究所研究員・大沼田萬福寺第45世住職。元時宗総本山近侍司）
200803 ：○一遍の念仏思想〜遊行を中心に〜（『時宗教学年報』第三十六輯、時宗教学研究所）

金子　大栄（※大谷大学名誉教授・真宗大谷派僧侶。1881/5/3-1976/10/20）
196810 ◎無尽灯仏教諸宗の話（潮文社）

金山　秋男（※明治大学法学部教授・国際熊野学会副代表委員）
200310 ：一遍上人と熊野―熊野権現の夢告を中心にして（『国文学　解釈と鑑賞』第68巻10号［平成15年10月号］（869）［特集　「熊野学」へのアプローチ］、至文堂）※←古賀克彦200410紹介
200803 ：○新仏教開祖の死生観（『国文学　解釈と鑑賞』第73巻3号［平成20年3月号］（922）［特集　「生と死」を考える　「こころ」の世界］、至文堂）※一遍に言及

加納　進（※作家・京都の史跡を訪ねる会代表）
198808 ◎六道の辻あたりの史跡と伝説を訪ねて（室町書房）※「小野篁が姥婆と冥界を往来した伝説―『今昔物語』巻第二十　第四十五一」の項で「念仏踊り」に言及するも一遍に言及せず、「六波羅蜜寺」の項で空也・空也踊躍念仏に言及し、カラー写真ネーム：「空也上人立像（運慶の四男康勝の作）〔鎌倉時代・重要文化財〕」。次に「空也踊躍念仏（かくれ念仏）と皇服茶」の項あり、カラー写真ネーム：「かくれ念仏（空也踊躍念仏）」、単色図版ネーム：「『都名所図会』にみる空也堂の踊会仏」。次に「空也上人像にまつわる伝説」の項あり。「六波羅探題跡」の項でカラー図版ネーム：「中央の辻に篝屋と思しき櫓『一遍聖絵』『釈迦堂―四条京極にあった四条道場』（鎌倉時代・国宝／東京国立博物館蔵）」、ただし本文で言及なし。肩書きは：「京都の史跡を訪ねる会代表」

狩野　博幸（※同志社大学文化情報学部教授。元京都国立博物館学芸部学芸課室室長）
199810 ○歓喜光寺―中世に栄えた時宗の寺（『週刊朝日百科・日本の国宝』88号［1998年10月27日号］、朝日新聞社）

かふかの寺々編集委員会（※滋賀県甲賀郡（現甲賀市・湖南市））
199903 ◎かふかの寺々（同委員会［編集］、浄土宗滋賀教区甲賀組）※「覚蓮寺」の項で滋賀県甲賀郡中西町（現湖南市）夏見970の同寺がかつて一向俊聖開山の一向院聖観寺であったことに言及

河北町誌編纂委員会（※山形県西村山郡河北町）
196203 ◎河北町の歴史上巻（同委員会［編纂］、同町）※「浄土宗の発達」の項で谷地長延寺、谷地西蔵寺、溝延阿弥陀寺、西里真光寺に言及、ただし真光寺を真宗と錯誤。写真：長延寺「中興開基極阿上人の板碑」

蒲池　勢至（※同朋大学仏教文化研究所客員所員・愛知県名古屋市西区長善寺〔真宗大谷派〕住職。竹田聴洲門下）
199905 ：○杖にあらわれたヒジリ性（アエラ編集部［編］『親鸞がわかる。』朝日新聞社〔AERA MOOK49〕）
199910 ◎太子信仰（蒲池［編］、雄山閣出版〔民衆宗教史叢書32〕）
　　　：西口　順子：磯長太子廟とその周辺
　　　：嶋口　儀秋：聖徳太子信仰と善光寺
　　　：小山　正文：遊行寺本『聖徳太子伝暦』の書写者と伝持者
200203 ：○書評・親鸞と真宗絵伝（『絵解き研究』第六号、同会）※←小山正文200003を書評

鎌倉国宝館（※神奈川県鎌倉市・市立）
199610 ◎阿弥陀仏の世界―鎌倉と浄土教美術―（同館［編集］、同館）※1996/10/19-11/17 於同館、特別展解説目録。単色写真・図版：藤沢・長生院の阿弥陀如来坐像、鎌倉・教恩寺の阿弥陀如来及両脇侍立像、同・光照寺の阿弥陀如来立像、同・光触寺の阿弥陀三尊図像と頬焼阿弥陀縁起絵巻、栃木・現声寺の山越阿弥陀図
200109 ◎特別展図録北条氏ゆかりの文化財―時報・時宗から高時まで―（同館［編集］、同館）※「陸波羅南北過去帳」『陸波羅南北過去帳』にみる死者一覧」の項あり、前者はカラー図版あり
200610 ◎特別展目録　武家の古都鎌倉―世界遺産登録にむけて―（同館）※カラー図版ネーム：「陸波羅南北過去帳（巻頭）　蓮華寺」「陸波羅南北過去帳（巻末）　蓮華寺」。同館学芸員・内田浩史［解説］
201106 ◎鎌倉国宝館　収蔵名品目録（同館［編集］、同館）
　　　※カラー図版：重要美術品『頬焼阿弥陀縁起絵』。同館学芸員の高橋真作［解説］

鎌倉新書（※東京都中央区・株式会社）
198501 ◯宗教と現代第6巻第6号（66号）［1985年1月号］［特集・遊行念仏の伝統が脈うつ遊行寺］（鎌倉新書）

鎌倉文化研究会（※神奈川県鎌倉市・浄土宗鎮西派系単立長谷寺宝物館内）
199601 ◎鎌倉第八〇号（同会）※同誌所収三山進199601と連動した表紙：「日光東叡山御令旨写／関東年忌佛次第／同　御尊体次第／同　二丸并五聖人其外色々／康祐迄調進他記録書貫」

　　　　：○三山　進：近世七条仏所の幕府御用をめぐって―新出の史料を中心に―
　　　　：①『時衆の美術と文芸―遊行聖の世界』※←時衆の美術と文芸展実行委員会 199511 を紹介。署名「(内藤)」
釜田喜三郎（※神戸商船大学（現神戸大学海事科学部）名誉教授。元大阪陸軍幼年學校教官）
196001　◎太平記　一（後藤丹治・釜田［校注］、岩波書店［日本古典文学大系 34］）
　　　　※巻九「主上々皇爲五宮被囚給事」「資名卿出家事」で六波羅探題主従の番場蓮華寺集団自害の記事あり
鎌田　茂雄（※国際仏教学大学院大学仏教学研究科教授・東京大学名誉教授。1927/12/10-2001/5/12）
198510　◎一遍［高僧伝］（集英社）
199809　◎こころの達人（日本放送出版協会）※「遊行の聖一遍」あり
鎌田　純一（※皇學館大学名誉教授。元宮内庁侍従職御用掛。1923-2014/7/15）
195906　：○熱田本日本書紀について（『神道史研究』第七卷第六號、神道史學會）
199409　◎舜旧記　六（鎌田・本元啓［校訂］・神龍院梵舜［著］、續群書類従完成會［史料纂集・古記録編 98］）
　　　　※寛永元年（1624）六月十九日条頭註：「夢想連歌興行／四條道場／仙巖上人來る」、本文：「夢想連歌本所興行、
　　　　四條道場也、仙巖上人來也、於本所賄食在之、予罷出相伴也、同道七・八人也、(下略)」
199604　◎舜旧記　七（鎌田・本元啓［校訂］・神龍院梵舜［著］、續群書類従完成會［史料纂集・古記録編 105］）
　　　　※寛永七年（1630）九月二十七日条頭註：「生國魂社家式部少輔四條道場に著す」、本文：「今朝早天ニ生玉社家
　　　　式部少輔四條道場着四條道場也、予書状遣也（下略）」
199908　◎舜旧記　八（鎌田・本元啓［校訂］・神龍院梵舜［著］、續群書類従完成會［史料纂集・古記録編 120］）
　　　　※寛永九年（1632）正月十三日条頭註：「四條道場の三河［阿カ］彌來り大坂生國魂社の式部少輔去年十月頃死
　　　　去に依り息男參上申入るを傳ふ」、本文：「四條道場之内、三河［阿カ］彌來扇二、大坂生玉社（生國魂社）之事
　　　　申來、去年十月比ニ式部少輔不慮死去、依テ息男ニ御禮申入度候由來也」
鎌田　東二（※京都大学こころの未来研究センター教授・神職。元京都造形芸術大学芸術学部教授）
199110　◎一遍・日本的なるものをめぐって（梅原繁樹・竹村牧男・鎌田・栗田勇［著］、春秋社）
　　　　：①遊行する一遍
199709　：○［書評］渡辺喜勝著『一遍智真の宗教論』（日本宗教学会［編集］『宗教研究』三一三号［第 71 巻第 2 輯］、
　　　　同会）※←渡辺喜勝 199609 を書評
加美　宏（※同志社大学名誉教授。元甲南女子大学文学部教授。1934/4/18-2010）
197508　◎梅松論・源威集（矢代和夫・加美［校注］、現代思潮社［新撰日本古典文庫 3］）
　　　　※延宝本に番場蓮華寺が「馬場の道場」とみゆ
紙　宏行（※文教大学文学部教授）
200511　：①藤沢といえば「小栗判官」
　　　　※「遊行寺」「長生院」「小栗堂」等とあり、カラー写真ネーム：「長生院「小栗堂」標石」
　　　　：②長院所蔵小栗略縁起の成立と庶民信仰※カラー図版ネーム：「『小栗略縁起』（文化 8 年写、長生院蔵）」「長
　　　　照院版『小栗略縁起』（江戸時代、藤沢市教育委員会蔵）」『小栗堂参拝記念絵葉書』のうち「太空上人御木像
　　　　ト宝物」〈左〉「小栗判官公之墓」〈右〉（大正頃、藤沢市教育委員会蔵）」
　　　　（以上、藤沢市教育委員会生涯学習課（博物館準備担当）［編集］・文教大学小栗判官共同研究チーム［編集協力］
　　　　『描かれた小栗伝説と藤沢』〈発行元表記なし〉）
かみくひむしの会
197512　：○特集第二次旧刈羽郡調査報告―刈羽村大字寺尾を中心にして―（『かみくひむし』第二十号、同会）
197610　：○専称寺文書（『かみくひむし』別冊 5、同会）※北条乗称寺
上館　全霊（※岩手縣下閉伊郡磯鶏村（現宮古市）江山寺［曹洞宗］住職。故人）
191502　◎近世高僧逸話（佛教館）※「前篇」に「二九　一遍上人と大覺禪師」の項あり。ただし「足利時代の名高き聖
　　　　として、幕府の信崇頗る厚きものありしかと」（ルビ略）とす。「後篇」に「空也上人と忍辱の行」の項あり
上山市史編さん委員会（※山形県上山市）
198003　◎上山市史　上巻原始・古代・中世・近世編（同委員会［編さん］、同市）※「鎌倉時代開創を伝える時宗の寺」
　　　　の項と写真：中山西福寺（旧時宗一向派・現浄土宗鎮西派）堂宇および上山西光寺本尊
198103　◎西光寺文書集（同委員会［編］、同市［同市史編集資料第 32 集］）※上山西光寺
上別府　茂（※皇學館大学大学院人文科学研究科非常勤講師・編集工房代表氏。元（京都市下京区・株式会社）出版編集取締。玉葉書門下）
197803　：○摂州三昧聖の研究―特に千日墓所三昧聖を中心として―（『尋源』第三〇号、大谷大学国史学会）
　　　　※→上別府茂 197912→上別府茂 200103
197912　：○摂州三昧聖の研究―特に千日墓所三昧聖を中心として―（土井卓治・佐藤米司［編］『葬送墓制研究集成』
　　　　第 1 巻「葬法」、名著出版）※←上別府茂 197803。→上別府茂 200103
200103　：①摂州三昧聖の研究―特に千日墓所三昧聖を中心として―
　　　　※←上別府茂 197912→上別府茂 197803。→高橋繁行 200406 紹介

　　　　　：②近世三昧聖考—『泉州下組庵室三昧明細帳』の史料紹介とその周辺—
　　　　　（以上、細川涼一［編］『三昧聖の研究』戎文社〈戎光祥出版［発売］〉）
200501　：○空也・空也僧と葬送—三昧聖研究の視点から—（伊藤唯真［編］『浄土の聖者　空也』吉川弘文館〔日本の名僧⑤〕）※一遍・『一遍聖絵』・七条道場金光寺等に言及。←菅根幸裕200103 を紹介

神谷　賢道（かみや　けんどう）
→神谷　敏夫
神谷　敏夫（神谷　賢道）（※国文学者・郷土史家・時宗総本山遊行寺学僧。僧名：賢道。1902/4/10-1996/1/29）
195803　：○小栗判官照姫（『わが住む里』第十号、藤沢市中央図書館）
195903　：○小栗判官照姫（『わが住む里』第十一号、藤沢市中央図書館）
196012　：○小栗判官照姫（『わが住む里』第十二号、藤沢市中央図書館）
196203　：○藤沢と呑海上人（『わが住む里』第十三号、藤沢市中央図書館）※「神谷賢道」名義
196303　：○遊行寺の一ツ火（『わが住む里』第十四号、藤沢市中央図書館）
196403　：○剣豪僧慈音—遊行寺の念阿弥—（『わが住む里』第十五号、藤沢市中央図書館）※「神谷賢道」名義
196503　：○遊行寺の怨親平等碑（『わが住む里』第十六号、藤沢市中央図書館）※「神谷賢道」名義
196804　：○時宗徳川中期の遊行（『時衆あゆみ』特集号、中村昌道私家版）※「神谷賢道」名義。→神谷賢道196903
196903　：○時宗徳川中期の遊行（『わが住む里』第二十号、藤沢市中央図書館）※「神谷賢道」名義。←神谷賢道196804
197001　：○遊行寺の怨親平等碑と足利満隆公（『わが住む里』第二十一号、藤沢市中央図書館）
197102　：○遊行寺の中雀門について（『わが住む里』第二十二号、藤沢市中央図書館）※「神谷賢道」名義
197112　：○遊行寺の宇賀神社（『わが住む里』第二十三号、藤沢市中央図書館）
197403　：○遊行上人の墓石（藤沢市史編さん委員会［編集］『藤沢市史研究』第5号、同市史編さん室）
197602　：○御連歌の式（『時衆あゆみ』＜一遍の念仏＞、中村昌道私家版）※「神谷賢道」名義
197803　：○一遍上人と南無阿弥陀仏—日本全域に足跡を残した—（『女性仏教』第23巻第3号、文一総合出版）※「神谷賢道」名義
198402　：○南無阿弥陀仏の文化史的考察（『時宗教学年報』第十二輯、時宗教学研究所）※「神谷賢道」名義

亀井　宏（※小説家）
199705　◎踊る一遍上人（東洋経済新報社）※小説。→川本陽吾200009 書評

亀山　純生（※武蔵野大学仏教文化研究所研究員・東京農工大学名誉教授）
198412　：○一遍浄土教の思想構造とその歴史的意義—一遍の民衆性に関連して—（『東京農工大学一般教育部紀要』第二二巻、同部）※→亀山純生200302 ①
200302　◎中世民衆思想と法然浄土教—〈歴史に埋め込まれた親鸞〉像への視座—（大月書店）
　　　　　：①法然浄土教民衆化の直接的思想化——遍浄土教の思想構造と思想史的意義—※←亀山純生198412 改題

鴨川　達夫（※東京大学史料編纂所教授）
200703　◎武田信玄と勝頼—文書にみる戦国大名の実像（岩波書店〔岩波新書・新赤版1065〕）※「第四章　信玄とはこんな男」「二　信玄の能力と趣味」の「絵描きとしての信玄」の項で「甲府の一蓮寺に伝わる「渡唐天神像」」に言及、単色図版ネーム：「信玄筆と伝えられる渡唐天神像」。肩書き：「東京大学史料編纂所助教授」

唐木　順三（※評論家。元明治大学文学部教授、元〈東京市麹區〔現東京都中央区〕—同區分區〉・株式會社　筑摩書房顧問。1904/2/13-1980/5/27）
195902　：○無用者の系譜（『日本文化研究』2、新潮社）※→唐木順三196002
196002　◎無用者の系譜（筑摩書房）※←唐木順三195902
　　　　　：①一遍上人—遊行の捨聖—
196402　◎無常（筑摩書房）※→唐木順三196907 ①
196408　：○一遍讃、その他（『日本古典文学大系［83 假名法語集］月報』第2期第5号、岩波書店）
196506　：○任すといふこと、その系譜（心編輯所［編輯］『心』第十八巻第六号、生成會）※→唐木順三196510 ②
196507　：○自然といふこと（渡辺照宏［編］『仏教の東漸と道教』思想の歴史4、平凡社）※→唐木順三196510 ①
196510　◎日本の心（筑摩書房）※→唐木順三196802
　　　　　：①自然といふこと※←唐木順三196507
　　　　　：②任すといふこと、その系譜※←唐木順三196506
　　　　　：③人物再発見——遍—
196802　◎唐木順三全集第九巻（筑摩書房）
　　　　　：①日本の心※←唐木順三196510
196907　◎詩と死（文芸春秋社）
　　　　　：①無常※←唐木順三196402
197211　◎古きをたづねて（筑摩書房）※「三　由良」「四　熊野」の章あり
197305　◎中世から近世へ（筑摩書房）※「中世の宗教・文学・芸術」の章あり

198702　：○この人・一遍（栗田勇［編］『一遍』思想読本、法藏館）

雁野佳世子（※東京大学史料編纂所研究員・日本学術振興会特別研究員（ＰＤ）。元東京藝術大学美術学部教育研究助手）
201210　：○［文献案内］遠山元浩「『一遍聖絵』を読み解く」（五味文彦・小野正敏・萩原三雄編『考古学と中世史研究9　一遍聖絵を歩く』高志書院、2012 年 7 月）（東京大学史料編纂所画像史料解析センター［編集］『東京大学史料編纂所画像史料解析センター通信』第 59 号、同所）

ガルーダ（※瓜生中・渋谷申博）
199903　◎名僧の生死観（ガルーダ（瓜生中・渋谷申博）［編］、佼成出版社〔仏教文化選書〕）
　　　　※「遊行の中の生死――一遍の生死観」の項あり

川井　弘昭（※下妻新福寺第 39 世住職）
199905　：○時宗と日本の文芸（『下妻の文化』第 24 号、下妻市文化団体連絡協議会）

河合　禎隆（※大知波向雲寺住職・〈静岡県〉湖西市教育委員）
198510　：○『一遍聖絵』の踊り念仏（『時宗史研究』創刊号、同会）

川井　正（※作家。1921/1/1-1991/4/27）
198607　◎赤城の子守唄始末記―板割浅太郎流転の生涯　ドキュメンタリー・ルポー（神奈川新聞社〔かなしんブックス 13〕）
198702　：○旧貞松院住職・列成和尚の生涯（『時宗教学年報』第十五輯、時宗教学研究所）※侠客板割浅太郎がその後藤沢清浄光寺塔頭貞松院（真徳寺に合寺）住職列成になったとする説。→橘俊道 198803 により否定されている。なお列成の実家は譲原満福寺所縁だったが、この説に怒り創価学会員に転じたといわれる（小野澤註）
198909　◎遊行寺かいわい（時宗宗務所）

河合　正朝（※千葉市美術館館長・慶應義塾大学名誉教授・〈東京都〉台東区文化財保護審議会委員）
200509　：○台東区の絵画（『台東区のたからもの―寺社所蔵の文化財に見る歴史・文化―』台東区教育委員会）※ 2005/9/27-10/23 於東京藝術大学大学美術館展示室 1 、同展図録。浅草日輪寺蔵「一遍聖人行状図版木」に言及

河内　将芳（※奈良大学文学部教授。元都造形美術大学芸学部助教授。元甲南学園甲南中・高等学校教諭）
199507　：○一六世紀における京都「町衆」の風流「踊」―都市における権力と民衆の交流をめぐって―（『藝能史研究』第一三〇号、同会）※→河内将芳 200012 ②
199801　：○京都東山大仏千僧会について―中近世移行期における権力と宗教―（『日本史研究』四二五号、同会）※千僧会に時宗が出座。→河内将芳 200012 ①
199804　：○一六世紀京都の風流踊にみえる二人の人物像について―初期洛中洛外図を中心に―（『藝能史研究』第一四一号、同会）
200012　◎中世京都の民衆と社会（思文閣出版〔思文閣史学叢書〕）
　　　　：①京都東山大仏千僧会について―中近世移行期における権力と宗教―※←河内将芳 199801
　　　　：②「町衆」の風流「踊」―都市における権力と民衆の交流をめぐって―※←河内将芳 199507 改題
200605　◎中世京都の都市と宗教（思文閣出版）
　　　　：①東山大仏千僧会と京都法華宗※「第二部　織豊期」の第四章。「一　大仏千僧会の実像」に「（2）新儀の八宗」「（3）八宗の同列化と法事の内容」「（4）大仏千僧会の歴史的意義」あり、時宗に言及
　　　　：②近世移行期の権力と教団・寺院―豊臣政権と京都法華宗を中心に―※「第二部　織豊期」の第五章。「二　豊臣政権期―近世の基調としての―」に「（2）東山大仏千僧会をめぐって」あり、時宗に言及
　　　　：③宗教勢力の運動方向―中近世移行期における―※「第二部　織豊期」の終章。「三　宗教勢力の行方と近世的再編」に「（3）東山大仏千僧会」等の各項あり、遊行記事あり

川岡　勉（※愛媛大学教育学部教授）
199611　：○あるいてみると 2・久万高原から道後温泉への道―遍路道でたどる中世の寺院と城跡（原田敬一［担当編集委員］『サヌカイトから自由民権まで―南海道をあるく』フォーラム・Ａ〔歴史の道・再発見 6〕）
　　　　※一遍・『一遍聖絵』・奥谷宝厳寺等に言及。肩書：「愛媛大学教育学部助教授」
200705　：○中世の石手寺と四国遍路（四国遍路と世界の巡礼研究会［著］『四国遍路と世界の巡礼』法藏館）
　　　　※愛媛県松山市石手寺（真言宗豊山派）蔵・永禄十年（1567）刻板文書所載の伝一遍寄進額・『法華経』や『一遍聖絵』岩屋寺、『一遍聖絵』詞書に言及。←山内譲 200108・弓野瑞子 199901 を「引用・参考文献」で掲出

川勝政太郎（※史迹美術同攷会初代主幹。元大手前女子大学文学部教授。1905/5/22-1978/12/23）
194699　：○一遍上人とその廟塔（『西宮』第三號、同史談會）

河上　繁樹（※関西学院大学文学部教授。元京都国立博物館学芸部学芸課工芸室室長）
200010　：○図版解説（京都国立博物館［編］『特別陳列◆旧七条道場金光寺開創七〇〇年記念長楽寺の名宝』同館）
　　　　※ 2000/10/12-11/12 於京都国立博物館、特別陳列図録

川越　兼章（※大槻松念寺〈旧時宗一向派・現浄土宗鎮西派〉第 44 世住職。故人）
198209　：○一向上人踊躍念仏について（『佛教論叢』第 26 号、浄土宗教学院）

| 198903 | ：○浄土宗一向上人踊躍念仏について（『村山民俗』第2号、村山民俗の会）

川越市立博物館（※埼玉県川越市）
| 199100 | ◎常設展示目録（同館）※カラー写真：川越東明寺

川越大事典編纂会
| 198805 | ◎川越大事典（同会［編纂］、国書刊行会）※埼玉県川越市の十念寺、浄国寺、常楽寺、東明寺の項あり

川崎　玄海（※尾道海徳寺第53世住職）
| 197912A | ：○時名帳註釋（時宗開宗七百年記念宗典編集委員会［編集］『定本時宗典』上巻、時宗宗務所〈山喜房佛書林［発売］〉）※翻刻のみ
| 197912B | ：○時宗綱要（時宗開宗七百年記念宗典編集委員会［編集］『定本時宗典』下巻、時宗宗務所〈山喜房佛書林［発売］〉）※翻刻と解題

川崎　千虎（※元官立東京美術學校（現東京藝術大学美術学部）教授。1837/1/8-1902/11/27）
| 189107 | ：○一遍上人繪詞（『國華』第二十二號、同社）

川崎　利夫（※山形県立うきたま風土記の丘考古資料館名誉館長。元〈同県〉天童市立第四小学校教諭。川崎浩良甥）
| 198203 | ：埋葬と信仰（山形県［編纂］『山形県史』第1巻原始・古代・中世編、同県）
※貫津東漸寺廃寺（一向派）に言及、写真：同寺宝塔
| 198311 | ：山形県（坂詰秀一［編］『板碑の総合研究』2 地域編、柏書房）
| 198410 | ◎天童の歴史散歩（かしわや書店）※「東漸寺跡」「仏向寺」「念仏寺跡と翁塚」「二階堂遺跡」「石仏寺跡」「石仏寺の石仏群」の項あり、全て単色写真あり。※→川崎利夫199711
| 198610 | ◎続・天童の歴史散歩─通史原始時代から近・現代まで─（かしわや書店）
※「東漸寺跡と水晶山」「石仏寺の石仏」の項あり、ともに単色写真あり、他項でも一向派に言及あり
| 198803 | ：山形県内における板碑の形態と分布（『羽陽文化』125号、山形県文化財保護協会）
※写真：天童佛向寺板碑・高擶石寺石仏
| 198902 | ：地域霊場記─ジャガラモガラと東漸寺周辺（『会報』第17号、天童郷土研究会）
| 199108 | ：出羽（角田文衛［編］『新修国分寺の研究』第三巻〔東山道と北陸道〕、吉川弘文館）
※高擶石佛寺旧蔵仏銘文に言及
| 199202 | ：天童市の板碑（『会報』第20号、天童郷土研究会）
| 199311 | ◎天童の城と館─城館が物語る郷土の歴史─（川崎・村山正市・山口博之［著］・天童市中世城館址編集委員会［編集］、同市立東村山郡役所資料館）※一向派頻出、写真：天童佛向寺
| 199503 | ：成生庄型板碑論（『羽陽文化』第138号、山形県文化財保護協会）※天童佛向寺・高擶石佛寺に言及
| 199508 | ：成生荘型板碑論（天童市立旧東村山郡役所資料館［編集］『天童の板碑─石にこめる願い─』同市）
※天童佛向寺境内板碑1基・石仏1基に言及
| 199602 | ：成生荘型板碑はどこまで分布するか（『郷土てんどう』第24号、天童郷土研究会）
| 199701 | ：○〈速報〉天童市高野坊遺跡出土の墨書礫──四世紀初頭の墨書礫・文字資料─（『考古学ジャーナル』412号、ニュー・サイエンス社）※川崎・村山正市［共筆］
| 199702 | ：高野坊遺跡の中世文字資料が提起するもの（『郷土てんどう』第25号、天童郷土研究会）
| 199703A | ：高野坊遺跡発掘調査報告書（川崎［監修］・長瀬一男・村山正市［執筆］・長瀬・長谷川武［編集］、天童市教育委員会［同市埋蔵文化財報告書第16集］）
| 199703B | ：○中世の宗教と文化4・中世の宗教遺跡（米沢市史編さん委員会［編集］『米沢市史』第一巻〔原始・古代・中世編〕、同市）※山形県天童市高野坊遺跡に言及
| 199705A | ：山形県天童市高野坊遺跡出土の墨書礫─応元元年（1311）銘の墨書礫を中心として─（日本考古学協会63回総会研究要旨）※川崎・村山正市［共筆］
| 199705B | ：礫石経の埋納　山形県高野坊遺跡（『季刊考古学』第59号、雄山閣出版）
※単色口絵特集。川崎［構成］
| 199709 | ：出羽国成生庄における中世の石仏と板碑（『日本の石仏』第83号、日本石仏協会）
※山形県天童市高野坊遺跡に言及、天童佛向寺板碑・石仏写真、高擶石佛寺石仏写真あり、同寺旧蔵仏に言及
| 199711 | ◎天童の歴史散歩（ヨークベニマル）※←川崎利夫198410 再編復刻版
| 199802 | ：番場蓮華寺を訪ねる──一向俊聖は出羽にきているか─（『郷土てんどう』第26号、天童郷土研究会）
| 199803 | ：県内における板碑の地域性について（山形県文化財保護協会［編集］『文化財保護協会専門部会「調査研究報告書」』2号、同協会）※写真：旧高擶石佛寺・天童佛向寺板碑
| 199805 | ：板碑以前、そして板碑の成立─山形における板碑の成立をめぐって─（『さあべい』15号、さあべい同人会）
※天童佛向寺板碑・高擶石佛寺石仏に言及
| 200102 | ◎出羽の遺跡を歩く─山形考古学事始─（高志書院）※「墨書礫と成生荘」の項あり
| 200106A | ：成生荘型板碑の世界（大石直正・川崎［編］『中世奥羽と板碑の世界』高志書院〔奥羽史研究叢書Ⅰ〕）

	※一向俊聖・山形県天童市高野坊遺跡に言及
200106B	：○方形居館の出現と展開―出羽南部を中心として―（『山形考古』7巻1号・通巻31号、同学会）
	※山形県天童市高野坊遺跡に言及
200207	：○山形県の経塚とその特色（『歴史考古学』第50号、同研究会）
	※山形県天童市高野坊遺跡に言及。←<u>小野澤眞 200012</u>を紹介

川崎　浩良（※山形県文化財保護協会常任理事・第1回齋藤茂吉文化賞受賞者。1875-1963）

194704	◎出羽文化史料（出羽文化同交會）※→<u>川崎浩良 196310</u>
194812	◎山形の歴史前篇（出羽文化同交會）※→<u>川崎浩良 196404</u>
	：①山形盆地民衆の信仰推移※一向派について詳論、単色写真：高擶石佛寺石仏
195410	：○史実から観た踊り念仏（『羽陽文化』第24号、山形県文化財保護協会）※→<u>川崎浩良 196408</u>①
195412	◎山形県の板碑文化（出羽文化同交會）※天童佛向寺・溝延阿弥陀寺址碑に言及。→<u>川崎浩良 195501</u>
195501	◎山形県の板碑文化（同県教育委員会〔山形県文化財調査報告書第六集〕）※←<u>川崎浩良 195412</u>
196310	◎出羽文化史料（全）（川崎浩良全集刊行会〔同全集第一巻〕）※←<u>川崎浩良 194704</u>
	：①一向上人の踊躍念仏
	：②旧石仏寺の善光寺如来
196404	◎山形の歴史（上）（川崎浩良全集刊行会〔同全集第二巻〕）※←<u>川崎浩良 194812</u>
	：①山形盆地民衆の信仰推移※一向派について詳論、単色写真：高擶石佛寺石仏
196408	◎浩良史話集（川崎浩良全集刊行会〔同全集第四巻〕）
	：①史実から観た踊り念仏※→<u>川崎浩良 195410</u>

川崎　雅史（※京都大学工学部教授）

200109	：○近世の京都円山時宗寺院における空間構成に関する研究（『土木計画学研究・論文集』Vol.18　no.2、土木学会）※出村嘉史・川崎・田中尚人〔共筆〕。肩書き：「京都大学大学院工学研究科助教授」

川　崎　市（※神奈川県川崎市川崎区）

199303	◎川崎市史・通史編1自然環境・原始・古代・中世（同市〔編〕、同市）※図版：『聖絵』巻八

川崎市市民ミュージアム（※神奈川県川崎市中原区）

199404	◎「東海道」読本―東海道展解説図録―（同館〔企画・編集〕、同館）
	※1994/4/16-5/29 於同館、特別展図録。藤沢宿の項で藤沢清浄光寺に言及

川里村教育委員会（※埼玉県北埼玉郡川里村〔現鴻巣市〕）

199403	◎川里村史資料編1原始・古代・中世（同〔委員会〔編〕、同村）※『時衆過去帳』『遊行二十九世他阿光上人句集』

川島　孝一（※〔東京都豊島区〕・公益財団法人順教団会・徳川林政史研究所非常勤研究員・國學院大學栃木高等学校教諭）

200106	：①北条貞俊※他阿真教との交流に言及。←<u>今井雅晴 199306</u>・「他阿上人家集」を引用
	：②北条時俊「遊行上人縁起絵」「一遍聖絵」などにふれ、他阿真教との交流に言及。←<u>今井雅晴 199306</u>・<u>大橋俊雄 197512</u>①・<u>湯山学 197505</u>・<u>下田勉 197802</u>・<u>大橋俊雄 198302A</u>を引用。単色図版ネーム・キャプション：「「一遍聖絵」正安2年8月21〔日欠カ〕条の場面　臨終を告げる一遍（写真中央上、清浄光寺・歓喜光寺蔵）」。
	（以上、北条氏研究会〔編著〕『北条氏系譜人名辞典』新人物往来社）
	※項目執筆。肩書き：「國學院大學栃木高等学校教諭」

川嶋　將生（川嶋　将生）（※立命館大学名誉教授。元聖母女学院短期大学〔現京都聖母女学院短期大学〕助教授）

199206	◎中世京都文化の周縁（思文閣出版〔思文閣史学叢書〕）
	：①室町期における被差別民の動向（はじめに／権力と差別／穢の清浄／被差別の労役と報酬／孤立から連合へ／むすび）※「第二章　都市の周縁」の第一節
	：②中世の庭者とその周辺（はじめに／農耕の営み／庭者の様相／徳性にみる庭者／むすび）※同第三節
199404	：○京見物・寺詣で―「古都」京都の観光隆盛への道―（村井康彦〔編〕『洛　朝廷と幕府』講談社〔京の歴史と文化五〕）※→<u>川嶋將生 199906</u>①
199512A	：○庭者の系譜―中世後期から近世へ―（立命館大学人文学会〔編集〕『立命館文学』第542号、同会）
	※→<u>川嶋將生 199906</u>④
199512B	：①非人と訴訟
	：②戦国期の公武と賎民（以上『京都の部落史』―「前近代」、京都部落史研究所）※→<u>川嶋將生 199906</u>②
199609	：○山科家をめぐる散所と河原者（立命館大学人文学会〔編集〕『立命館文学』第547号、同会）
	※→<u>川嶋將生 199906</u>③
199799	：○中世被差別民における「業」の伝承（『日本思想史研究会会報』第15号、同会）※→<u>川嶋將生 199906</u>⑤
199811	：①銀閣寺庭園―河原者が作庭に従事
	：②龍安寺石庭―時代をこえる「庭師」の作品
	（以上、世界人権問題研究センター〔編〕『京都人権歴史紀行』人文書院）

	199906	◎「洛中洛外」の社会史（思文閣出版）
		：①京都案内記の成立―京見物と寺詣で―※「第一部　京洛と町人」の第三章。←川嶋將生 199404 改題
		：②中世後期の被差別民と権門※「第二部　中世被差別民の様態」の第一章。←川嶋將生　199512B　①・②改題
		：③山科家をめぐる散所と河原者※同第二章。←川嶋將生 199606
		：④庭者の系譜―中世後期から近世へ―※同第三章。←川嶋將生 199512A
		：⑤中世被差別民における「業」の伝承※同第四章。←川嶋將生 199799
	199904	○善阿弥の家（部落解放・人権研究所［編］『続・部落史の再発見』解放出版社）

河住　玄（※欣求庵庵主。元栃木県立石橋高等学校教諭。1908-故人）

	197304	◎浄土宗古系譜1（欣求庵）※『法水分流記』『蓮門宗派』に「俊聖」「俊性（マヽ）」あり
	197305	◎浄土宗古系譜2（欣求庵）※『浄土惣系圖』に「俊性（マヽ）」あり
	197306	◎浄土宗古系譜3（欣求庵）
		※『浄土惣系圖』に「俊性」「一向上人」あり、『宗派流傳』に「俊聖一向」などあり

川添　昭二（※九州大学名誉教授。元福岡大学人文学部教授、元福岡県立福岡高等学校定時制〈2000/3/5 閉課〉教諭）

	195607	：中世仏教成立の歴史的背景―中世初期に於ける聖の布教活動を中心として―（上）（日本歴史学会［編集］『日本歴史』第九十七号、吉川弘文館）
	195608	：中世仏教成立の歴史的背景―中世初期に於ける聖の布教活動を中心として―（下）（日本歴史学会［編集］『日本歴史』第九十八号、吉川弘文館）
	197704	◎日蓮とその教団第二集（川添・高木豊・藤井学・渡辺宝陽［編］、平楽寺書店）
		：①博多における日蓮教団の展開※土居道場（称名寺）等に言及。→川添昭二 200807 ⑦
	197708	◎九州の風土と歴史（川添・瀬野精一郎［編］、山川出版社〔風土と歴史 11〕）
		：①祈りの軌跡
	197710A	：○筑前芦屋の時宗・金台寺過去帳について―九州時宗文化史研究の一節―（『九州史学』第六十二号、九州大学文学部国史学研究室）※→川添昭二 198303 ①
	197710B	：○筑前国続風土記附録解題（加藤一純［編］『筑前国続風土記附録』上巻、文献出版）
	197803	：筑前における日蓮教の展開（宮崎英修［編］『近世法華仏教の展開』平楽寺書店〔法華経研究7〕）※時宗に言及。→川添昭二 200807 ⑧
	197806	：時宗・律宗・日蓮宗の展開（西垣晴次［編］『鎌倉武士西へ』文一総合出版〔地方文化の日本史第三巻〕）
	197807	◎鎌倉文化（教育社〔同社歴史新書日本史52〕）※「蒙古襲来と鎌倉仏教の展開」の項あり
	198103	◎筑後善導寺の建立と草野氏（九州歴史資料館［編集］『筑後大本山善導寺目録』同館〔九州の寺社シリーズ5〕）
		※草野氏を出自とする一向俊聖に言及。→川添昭二 198303 ②
	198106	◎中世九州の政治と文化（文献出版）
		：①時宗・律宗・日蓮宗の展開※「第五章」の「三」
	198201	◎中世文芸の地方史（平凡社）
		：①九州探題今川了俊の文芸活動※第五章。→川添昭二 200307 ②
		：②連歌師朝山梵灯の政治活動※第六章。→川添昭二 200307 ③
	198303	◎九州中世史の研究（吉川弘文館）
		：①筑前芦屋の時宗・金台寺過去帳について（一　はじめに／二　成立の経緯／三　記載様式からみた時衆の地域的分布／四　「過去帳」記載の麻生氏及びその被官と香月氏／五　「過去帳」記載の商工業者／六　小結）※「第二部　在地領主制の研究」の「八」。←川添昭二 197710A 改題
		：②筑後善導寺の建立と草野氏（一　聖光上人弁阿弁長／二　草野氏／三　善導寺の建立と草野氏／四　草野氏の信仰）※同「九」。←川添昭二 198103
	198604	：○教団史と地域史―一つの回想から（『地方史研究』第200号、同協議会）
		※時宗に言及。→川添昭二 200807 ⑨
	199000	◎平成元年度科学研究費補助金研究成果報告書―総合研究（A）―地域における国際化の歴史的展開に関する総合研究―九州地域における―（川添［研究代表者］、課題番号〈62301046〉）
		※→川添昭二 200504（→川添昭二 200807 ⑤）の註で紹介
		：①南北朝期博多文化の展開と対外関係
	199008	：①鎮西探題※←『朝日新聞』西部本社発行第3県版「ぷらざ博多」の連載記事「はかた学」、1989年8月31日〜10月5日掲載分。イラストキャプション：「後醍醐天皇　清浄光寺蔵」
		：②南北動乱期の博多
		※同上、1989/10/26-11/28 掲載分。「博多の踊り念仏」の項で一遍、時宗、時衆、土居道場称名寺、開山乗阿、3代乗阿、珠阿、「博多大仏」、等に言及。「板碑が語るもの」の項で博多区善導寺にある延文三年（1358）（一説に延徳三年〈1491〉）七月八日の碇石地蔵尊の施主妙阿、現在廃寺の律宗大乗院から掘り出された同区冷泉町の康

永四年 (1345) 六月二十四日の板碑に「博多時衆もみえ」とあり、正平二十一年 (1366) 三月三日、厳島神社に鋳銅釣燈籠を寄進した博多講衆 16 名中に「向阿・然阿・楽阿など時衆がいる」と記述
（以上、朝日新聞福岡本部〔編〕『甦る中世の博多』葦書房〔はかた学4〕）※同上、1989 年 5 ～ 12 月掲載分

199309 ：○中世の博多と堺（『季刊 堺の四季』50 号、堺文化観光協会）※「博多商人と宗教状況」の項で『禰寝文書』史料番号 565 号を引用し、「宮崎県都城盆地の三俣の時宗僧侶（時衆）が福岡県の瀬高へというふうに、広い範囲でまわっています。「時宗」が確立するのは室町期になってからですけれども、彼らは時衆の姿を借りながら、禅宗の信仰を兼ねたりもするのです」、「堺商人と宗教状況」の項で、博多とともに堺でも「時宗」活躍の動向に注目したいとし、引接寺の創建はその指標になるとす。ほか歌人正広による『松下集』などにみえる網道場金光寺にも言及。のちの有力商人湯川宣阿が「阿号」をもつ点にも着目。→川添昭二 200807 ①

199404 ◎九州の中世世界（海鳴社）

199409 ：○福岡藩文化史の構想（秀村選三〔編〕『西南地域史研究』第九輯、文献出版）
※「領域を超えるもの」の項で、「遊行上人の廻国」と土居道場（称名寺）に言及。→川添昭二 200807 ⑥

199606 ：○歴史にみるアジアのなかの福岡市（『博多商人の栄華展』福岡市総合図書館）
※「住民文化」の項で「時衆（時宗）の土居道場（称名寺）」に言及。→川添昭二 200807 ②

199903 ◎日蓮とその時代（山喜房佛書林）※望月賞受賞

200001 ：○『正任記』に見える大内政弘と博多寺社（『政治経済史学』第 401 号、同会）※「顕孝寺・称名寺（土居道場）・善導寺」の項に、土居道場（称名寺）・芦屋時衆等が出る。→川添昭二 200807 ④

200110 ◎北条時宗（日本歴史学会〔編集〕、吉川弘文館〔人物叢書 230 新装版〕）
※単色口絵ネーム：「一遍と出会った北条時宗（『一遍上人絵伝』巻 5 段 5）」

200111 ：○蒙古襲来と博多（福岡市博物館〔編集〕『北条時宗とその時代展』同館）※→川添昭二 200807 ③

200307 ◎中世九州の政治・文化史（海鳴社）※序～十章は←川添昭二 198201 を加除し、十一～十四章は『太宰府市史』等の内容を含め増補。→古賀克彦 200410 紹介。川添昭二 200504（→川添昭二 200807 ⑤）の註で紹介
：①第四章 今川了俊の教養形勢※今川了俊が由阿および時宗教団と関係深く、応永の乱時に藤沢で隠遁した背景と指摘。なお「時衆」を人、「時宗」を教義・教団の意で弁別
：②第五章 九州探題今川了俊の文芸活動※ p110 で、永徳二年（1382）年の今川了俊一座の千句連歌第五の百韻中の人名の多くを土居道場ほか大宰府・博多の時衆として分析。名古屋市徳川美術館所蔵・今川了俊自筆『和歌秘抄』奥書末尾の「土居之御道場」を馬出称名寺と関係づけて分析。p116 では『大塔物語』の頓阿弥に言及、p117 で「時宗（時宗は室町期からの呼称）」とす。←川添昭二 198201 ①
：③第六章 連歌師朝山梵灯の政治活動
※ p175 で「禅宗信仰を標榜しながら内実は時衆であるというのはこの時代に多く見られることで（中略）林下の雲水は時衆と近い関係にあり」とし、その註で島津忠夫 196903 を挙げ、続けて『時衆過去帳』遊行十三代他阿弥陀仏応永廿四年（1417）四月十日の項を引用。←川添昭二 198201 ②
：④第七章 巡歴の歌人正広と受容層※東福寺僧正広（1412-1493）は「文明十一年（一四七九）秋頃泉州堺北庄の金光寺の寮に移居」とあり、網道場金光寺（四条派。廃寺）カ
：⑤第八章 宗祇の見た九州※ p206 で『正任記』文明十年（1478）十月三日条が仁保弘名の首を 3 日間土居道場称名寺門前に掛け、大内政弘が供養として同寺に千疋を遣わしているの記事を引用。同註に、『山田聖栄自記』が南北朝時に島津氏久が土居道場で戦傷の療養をしたとし、土居道場は蘆屋金台寺とともに筑前時衆の拠点であり、筑前文芸の担い手であったとす
：⑥第九章 永正期前後の九州文芸の展開※ p255 で「日向都於郡の時宗の光台寺」「飫肥の時宗道場金林寺」言及。p256 の日向国「道場正福寺」も時衆道場カ（古賀克彦註）

200312 ：①川添昭二（1927 ―）『日蓮と蒙古襲来』清水書院,1988
：②川添昭二（1927 ―）『九州の中世世界』海鳴社,1994
：③川添昭二（1927 ―）『日蓮とその時代』山喜房仏書林,1999
（以上、黒田日出男・加藤友康・保谷徹・加藤陽子〔編集委員〕『日本史文献事典』弘文堂）※項目執筆

200504 ：○天正六年六月の博多職人史料について（『政治経済史学』第 464 号、同会）※本文で土居道場（称名寺）に言及、註で博多時衆について川添昭二 199099・200307 を挙げる。→川添昭二 200807 ⑤

200807 ◎中世・近世博多史論（海鳥社）
※→『讀賣新聞』九州版 2008 年 11 月 28 日号「博多の内実、宗教都市」 川添昭二・九大名誉教授が史論出版」と題する記事で「時衆（時宗）の土居道場（称名寺）」が南北朝時代の九州探題今川了俊の軍事活動や連歌興行などの文芸活動を支えたこと」と紹介。→『日本経済新聞』紹介。→市村高男 200911 書評
：①中世の博多と堺※←川添昭二 199309
：②対外関係と博多禅寺 1 概説
※「住民文化」の項で「時衆（時宗）の土居道場（称名寺）」に言及。←川添昭二 199606 改題

か行

：③蒙古襲来と博多※←川添昭二 200111
：④『正任記』に見える大内政弘の博多支配と寺社※←後半部分の初出：川添昭二 200001 改題
：⑤天正六年六月の博多職人史料について※←川添昭二 200504
：⑥福岡藩文化史の構想※←川添昭二 199409
：⑦博多における日蓮教団の展開※←川添昭二 197704 ①
：⑧筑前における日蓮教団の展開※←川添昭二 197803
：⑨教団史と地域史――一つの回想から※⑧の付論。←川添昭二 198604

河田　昌之（※大阪芸術大学芸術学部教授・〈大阪府〉和泉市久保惣記念美術館長）
199210　：①白描絵概説
　　　　：②図版解説（以上『平成四年度　特別展図録「白描絵」』和泉市久保惣記念美術館）
　　　　※ 1992/10/4-11/23 於同館、特別展示図録解説。前田育徳会蔵「一遍聖絵巻」、常称寺蔵「遊行上人縁起絵巻（ママ）」に言及。ただし図版解説文中では「一遍聖絵」「遊行上人縁起絵」と表記

河竹　繁俊（※早稲田大学名誉教授。河竹黙阿弥養嗣子。1889/6/9-1967/11/15）
194309　◎歌舞伎の研究（東京堂）

川戸　彰（※〈千葉県〉市原市文化財審議会委員。元同県立東金高等学校教諭）
197702　○戦国末期における一仏師の活躍―その墨書銘をめぐって―（『千葉県の歴史』第一三号、同県企画部広報県民課）※佐倉海隣寺に言及
200203　○白井市名内東光院地蔵菩薩立像の胎内銘をめぐって（『鎌ヶ谷市史研究』第 15 号、同市教育委員会）※同院蔵「地蔵尊」扁額を揮毫した弁栄聖者につき注で浅草日輪寺修学や当麻無量光寺住職登位まで言及

川戸　清（※〈神奈川県横浜市戸塚区・私立〉俣野園初代園主。元当時連浦高等学校第9代校長。藤沢真存院権大・遊行4代・藤ﾉ1世他阿春梅一族）
199204　◎川戸清　身近な歴史の物語一　俣野郷の中世史（上）（川戸私家版）
199304　◎川戸清　身近な歴史の物語二　俣野郷の近世史（上）（川戸私家版）
199408　◎川戸清　身近な歴史の物語一　俣野郷の中世史（下）（川戸私家版）
199609　◎川戸清　身近な歴史の物語二　俣野郷の近世史（上）（川戸私家版）
201009　◎身近な歴史から　藤沢山と当麻山（川戸私家版）
201312　◎境川の歴史探訪Ｖ俣野館の物語（川戸私家版）

河名　勉（※元千葉県立袖ヶ浦高等学校教諭）
199206　◎座談会・加藤公明実践を検討される（『歴史地理教育』第 488 号［1992 年 6 月号］、歴史教育者協議会）※「一遍聖絵」に言及。古谷博［司会］・北尾悟・永瀬弘勝・坂本昇・河名［座談会］

河波　昌（※〈東京都練馬区・単立宗教法人〉光明園園主・東洋大学名誉教授・浄土宗鎮西派僧侶。僧名：定昌）
199211　◎清沢満之　山崎弁栄（脇本平也・河波［著］、講談社［浄土仏教の思想第十四巻］）
　　　　：山崎弁栄―光明主義の聖者―※当麻無量光寺第 61 世住職山崎弁栄に関する文献は多いが、弁栄と同寺との関係について論じたものは僅少。この文献でも同寺についての言及はほとんどなく、浄土宗鎮西派僧たる弁栄が入寺した背景については、無量光寺末寺を鎮西派寺院と錯誤しているため、明らかにしえず
200412　：山崎弁栄の光明主義運動（『大法輪』平成十六年十二月号［第 71 巻第 12 号］［特集‖法然・親鸞と念仏の祖師たち］、大法輪閣）
　　　　※「かれが創設した現在の相模原光明学園」に言及するも、当麻無量光寺 61 世住職在任にはふれず

河音　能平（※大阪市立大学名誉教授。元八代学院大学〈現神戸国際大学〉経済学部助教授。1933/3/25-2003/11/22）
197702　◎鎌倉時代の高槻（高槻市史編さん委員会［編集］『高槻市史』第 1 巻［本編Ⅰ］、同市役所）※『陸波羅南北過去帳』を引用。→河音能平 198403 ①
198403　◎中世封建社会の首都と農村（東京大学出版会）
　　　　：①中世前期北摂武士団の動向※『陸波羅南北過去帳』を引用。←河音能平 197702 改編・改題
199404　：○近江番場蓮華寺過去帳校訂（『季刊ぐんしょ』第 24 号、続群書類従完成会）

河野　眞知郎（※鶴見大学文学部教授）
199505　◎中世都市・鎌倉―遺跡が語る武士の都（講談社［同社選書メチエ 49］）※カラー表紙図版：『聖絵』

川端　咲子（※神戸女子大学文学部非常勤講師）
200210　：○四条道場芝居考（『藝能史研究』第一五九号、同會）
　　　　※ 2001/6/3 同会第 38 回研究大会報告を成稿。発表資料・本文ともに藤沢市文書館 197612 の四条道場金蓮寺文書内訳表を引用、ただし末寺尼崎善通寺を善光寺とそのまま表記。なお発表資料中の文書合計は「一三三五〇」であったが、当論中では正しく 1736 に訂正済み（古賀克彦註）

河原　俊厚（※新田塚郷土歴史研究会世話人。元福井県庁小浜土木事務所職員）
201303　：○概説「越前と新田義貞公」（福井・新田塚郷土歴史研究会［編集］『越前の新田義貞考（下）』DoCompany 出版）※「称念寺について」の項にカラー写真ネーム：「称念寺　義貞公墓所」

川辺　賢武（※元〈兵庫県〉神戸市史編集委員。故人）
197103　◎神戸の石造遺品　付、神戸古銘集覧（同市史資料室〔市史資料ノート第三集〕）
　　　　※兵庫薬仙寺「中興初代直阿上人墳」五輪塔を室町時代のものとして言及。→森田竜雄201003引用
川村　邦光（※大阪大学文学部教授。元天理大学文学部教授）
199905　：○異類異形の聖人像（『親鸞がわかる。』朝日新聞社〔AERA MOOK49〕）
川村　二郎（※東京都立大学名誉教授。元大阪芸術大学芸術学部教授。1928/1/28-2008/2/7）
199007　：○一遍の旅（『仏教』12　さあ旅へ、法藏館）
川村　知行（※上越教育大学学校教育学部教授・〈新潟県〉上越市文化財調査審議会委員長）
199703　：○越後の時宗と称念寺蔵一鎮上人像（上越市史専門委員会［編集］『上越市史研究』第2号、同市）
川村　博忠（※元東亜大学人間科学部教授、元山口大学教育学部教授）
200112　：○萩街道と山陽道を歩く（小川國治［編］『長州と萩街道』吉川弘文館〔街道の日本史43〕）
　　　　※「道場門前」の項で「時宗道場善福寺」に言及、図版：「山口古図」の山口善福寺（藤沢派。廃寺）
川本　陽吾（※一遍会理事）
198910　：○一遍上人「うつせみ」の歌（『文化愛媛』第二十二号、愛媛県文化振興財団）
200009　：○小説『踊る一遍上人』を読む（『一遍会報』第270号、同会）
　　　　※2000/8/12於道後公民館、同会第342回例会講話。←亀井宏199705を紹介
菅　菊太郎（※元愛媛県立図書館第7代館長、元同縣立松山農業學校（現愛媛大学農学部）校長。1875/4/8-1950/5/17）
194099　：◯大三島の寶篋印塔について（『伊豫史談』第百二號、同會）
元興寺文化財研究所（※奈良市・真言律宗元興寺内・現公益財団法人）
198303　⊙法会（御回在）の調査研究報告書調査報告（同所）※御回在含め融通念仏全体につき必読文献。膨大な近世融通念佛宗史料が貴重。中世金石文など、近世に宗として確立する以前にも目配りされている。「別時衆」あり
神奈　彰利（※〈神奈川県〉相模原市立博物館特別顧問。元同館初代館長）
199612　◎神奈川県の歴史（神崎・大貫英明・福島金治・西川武臣［著］、山川出版社〔県史 14〕）※「一つ火」等掲載
200212　◎鎌倉・横浜と東海道（神崎・福島金治［編］、吉川弘文館〔街道の日本史21〕）※→古賀克彦200410紹介
　　　　：①東海道
　　　　※「藤沢宿」の項で「時宗総本山清浄光寺（遊行寺）」「藤沢敵御方供養塔」「時衆過去帳僧衆」に言及
　　　　：②相模野の村々※当麻村無量光寺文書を引用
神崎　寿弘（※〈大阪市中央区・株式会社〉髙明社社員。元佛教大学大学院文学研究科博士後期課程）
200203　：○融観大通について―元禄期の融通念佛宗―（日本印度学仏教学会［編集］『印度學佛教學研究』第五十巻第二号〔通巻第100号〕、同会）
200303　：○大念仏と挽連場（日本宗教学会［編集］『宗教研究』三三五号〔第76巻第4輯〕、同会）
200309　：○摂津・河内地方における大念仏上人と挽連場（鷹陵史学会［編集］『鷹陵史学』第二十九号、同会）
200312　：○大念仏道場と看坊（日本印度学仏教学会［編集］『印度學佛教學研究』第五十二巻第一号〔通巻第103号〕、同会）※←神崎寿弘、200303・200309とともに、中世末から近世にかけて融通念佛宗寺院がどのように成立し、住持職の次代継承がなされたかについてつぶさに論及
神崎　宣武（※〈東京都中央区・近鉄グループホールディングス株式会社東京新近鉄ビル内〉旅の文化研究所所長・岡山県井原市芳井町八幡神社禰宜）
199812　◎図説日本のうつわ―食事の文化を探る（河出書房新社）※図版：「聖絵」片瀬の小屋・当麻寺門前等
200402　：○［仏教　見る・聞く・ふれる―空也］地霊を鎮める踊り念仏（『空也・源信　念仏で浄土へ』朝日新聞社〔週刊朝日百科・仏教を歩く19号〔2004年2月29日号〕〕）
　　　　※一遍・「一遍上人絵伝」に言及。カラー写真・図版ネーム：「八葉寺の『空也念仏踊り』」「『空也上人絵詞伝（京都・空也堂〈極楽院光勝寺〉蔵）』に描かれた踊り念仏」
神崎　充晴（※〈東京都新宿区・一般財団法人センチュリー文化財団〉センチュリー美術館館長。元〈同都世田谷区・現公益財団法人〉五島美術館学芸員）
198307　：○詞書釈文（小松茂美［編者］・小松・神崎［執筆者］『融通念仏縁起』中央公論社〔続日本絵巻大成11〕）
神作　研一（※国文学研究資料館研究部教授・総合研究大学院大学文化科学研究科教授。元金城学院大学文学部教授）
199301A　：○初代梅月堂香川宣阿のこと―前半生を論じて時宗との関わりに及ぶ―（『近世文藝』第五十七号、日本近世文學會）※歌人香川宣阿（景越）（1647-1735）は大炊御門開名寺檀家
199301B　：○初代梅月堂香川宣阿のこと―堂上と地下の問題を中心に―（『国文学論集』第二十六号、上智大学国文学会）
觀　世
190109　：①遊行上人と白河の關路
　　　　：②遊行寺（以上『歴史地理』第三巻第九號、日本歴史地理學會）
元祖法然上人七百五十年遠忌局（※京都市東山区・浄土宗鎮西派総本山知恩院内。解散）
196010　◎元祖法然上人靈蹟巡拝の栞（同局［編］、知恩院）※円山安養寺あり
神田　千里（※東洋大学文学部教授。元高知大学人文学部助教授）

か行

か行

199108　◎一向一揆と真宗信仰（吉川弘文館〔中世史研究選書〕）※『七条金光寺文書』、「一向宗」に言及
199506　：○原始一向宗の実像（網野善彦・石井進［編］『日本海交通の展開』新人物往来社〔中世の風景を読む4〕）※扉に『聖絵』巻五「小田切里の踊念仏」、文中に巻六「片瀬の踊念仏」、『遊行縁起』の「実盛済度」の各図版。また埼玉県蓮田市馬込「真仏報恩砲碑」写真ネーム：「名号書体は時宗の影響とも考えられる」。→神田千里 199810 ①
199612　：○一向一揆（南塚信吾［責任編集］『歴史学事典』4「民衆と変革」、弘文堂）※項目執筆
199807　：○本願寺教団の発展と一向一揆の興起（大隅和雄・中尾堯［編］『日本仏教史　中世』吉川弘文館）※一向派に言及
199810　◎一向一揆と戦国社会（吉川弘文館〔中世史研究叢書〕）
　　　　：○原始一向宗の実像※←神田千里 199506 改編（日下無倫『眞宗史の研究』平樂寺書店・193107 の説を承け高田派にも踊念仏の痕跡があると論じたが、平松令三の指摘により「かっこ踊」であることが判明したため削除）
199910　：○一向宗（『岩波日本史辞典』岩波書店）※項目執筆。無署名
200211　◎戦国乱世を生きる力（中央公論新社〔日本の中世 11〕）※「一向宗」の流入」の項で一遍・一向の「一向宗」にふれる。「明治初年諸宗派寺院数」表中に時宗は明治 5・6 年（1872-1873）850、明治 16 年（1883）528 と記載。カラー図版ネーム：『天狗草紙』より、一遍の信徒たちについて」（『続日本絵巻大成』19、中央公論社、1984 より）・「紫雲を仰ぐ一遍の一行」（『一遍聖絵』より、信濃国佐久郡伴野市の場面）
200312　：○神田千里（1949 —）『一向一揆と戦国社会』吉川弘文館,1998（黒田日出男・加藤友康・保谷徹・加藤陽子［編集委員］『日本史文献事典』弘文堂）※項目執筆。一向衆に言及

神原　正明　（※倉敷芸術科学大学芸術学部教授）
200111　◎快読・日本の美術　美意識のルーツを探る（勁草書房）※巻末「美術史略年表・日本」に「一遍上人絵伝（1299）」

菊竹　淳一　（※九州産業大学芸術学部教授・九州大学名誉教授）
197703　：一遍聖絵─行動と風景の視覚的融合─（『大法輪』昭和五十二年三月号［第 44 巻第 3 号］、大法輪閣）

菊池　紳一　（※北条氏研究会代表。元〈東京都目黒区・公益財団法人前田育徳会〉尊経閣文庫主幹）
199909　：○青年執権時宗、蒙古と戦う（石井進［編］『もののふの都』鎌倉と北条氏』新人物往来社〔別冊歴史読本 24 巻 30 号〕）※図版：一遍と出会った北条時宗（一遍上人絵伝）
200206　：○前田家の図書蒐集─保存と編纂（橋本澄夫・東四柳史明・高澤裕一・奥田晴樹・橋本哲哉『ふるさと石川歴史館』北國新聞社）※ p245 にカラー図版：尊経閣文庫蔵『一遍上人絵伝』（実は『一遍聖絵』御影堂本）善光寺の場面。ただし御影堂本が収まったのは、行論とは直接関係ない近代カ（小野澤註）

菊地　卓　（※〈栃木県〉足利市文化財専門委員会委員・足利郷土史料研究所主宰。元同県立足利南高等学校教諭）
198103　：時宗（宇都宮市史編さん会［編集］『宇都宮市史』第 3 巻〔中世通史編〕、同市）
　　　　※「一向寺の建立」「長楽寺の建立」の項あり

菊地　大樹　（※東京大学史料編纂所准教授。元芝高等学校非常勤講師）
200312　：①赤松俊秀（1907 — 79）『鎌倉佛教の研究』平楽寺書店,1957 ※一遍と時宗に言及
　　　　：②菊地勇次郎（1921 — 92）『源空とその門下』法蔵館,1985 ※一遍と時宗に言及
　　　　（以上、黒田日出男・加藤友康・保谷徹・加藤陽子［編集委員］『日本史文献事典』弘文堂）※項目執筆
200404　：○書評と紹介　大隅和雄編『仏法の文化史』（日本歴史学会［編集］『日本歴史』第六百七十一号、吉川弘文館）※←林385 200212B を書評と紹介
200810　：○書評・高山秀嗣著『中世浄土教者の伝道とその特質』（歴史科学協議会［編集］『歴史評論』No. 702、校倉書房）※「一遍が古代国家の守護神である神社に参詣しようとしなかった（中略）という点は、彼の神祇信仰の性格評価と関わって見過ごせない。一遍が伊勢神宮に参詣した徴証がないのは、武士的・民衆的な信仰を集めていなかったからであると論じることは、中世史の常識から考えて、到底不可能である。『一遍聖絵』巻九に堂々と描かれるように、一遍は伊勢と並んで国家の宗廟とされた石清水八幡宮へ参詣している。このような歴史的事実を正確に踏まえることにより、（以下略）」とす

菊地　弘　（※跡見学園女子大学名誉教授）
197306　：○高野聖（『国文学　解釈と鑑賞』第 38 巻 8 号〔昭和 48 年 6 月号〕（482）［特集　唯美の系譜　泉鏡花と谷崎潤一郎］、至文堂）

菊池　政和　（※熊本県阿蘇郡南阿蘇村江善寺〈真宗大谷派〉住職。元花園大学文学部非常勤講師）
200102　◎略縁起　資料と研究第 3 集（石橋義秀・菊池・橋本章彦［編］、勉誠出版）※詳細⇒石橋義秀 200102

菊地勇次郎　（※東京大学名誉教授。元大正大学文学部教授、元東京大学史料編纂所長。1921-1992/4/18）
196506　：○時衆と陣僧（［新訂増補］国史大系［第三十五巻後鑑第二篇］月報）24、吉川弘文館）
196703　：○常陸の時宗（『茨城県史研究』第七号、同県史編纂委員会）※←菊地勇次郎 196901
196901　：○常陸の時宗（『時衆あゆみ』特集号、中村昌道私家版）※←菊地勇次郎 196703
196905　：○智真と西山義（藤島達朗・宮崎円遵［編］『日本浄土教史の研究』平楽寺書店）
　　　　※→菊地勇次郎 198412 →菊地勇次郎 198502 ②

197007	：○望月華山編「時衆年表」（史学会［編集］『史学雑誌』第 79 編第 7 号、山川出版社） ※←望月華山 197001 を書評
197611	：○捨聖一遍（『歴史公論』第二巻第十一号、雄山閣）
197707	：○雲と夢―捨聖一遍―（五来重［編］『仏教文学―歎異抄・念仏法語・正法眼蔵随聞記・日蓮消息文―』角川書店［鑑賞日本古典文学第 20 巻］）
197712	：○武士と社寺―常陸佐竹・太田郷における佐竹氏―（佐々木銀弥［編］『下剋上時代の文化』文一総合出版〔地方文化の日本史 4〕）※太田浄光寺に言及
197904	：①一鎮 ：②一遍 ：③一遍上人絵伝 ※菊地・宮次男［共筆］。単色図版ネーム：「『一遍上人絵伝』巻四第五段　信州小田切里の踊念仏」 ：④一遍上人語録（以上、国史大辞典編集委員会［編集］『国史大辞典』第一巻、吉川弘文館） ※項目執筆。→菊地勇次郎 199911
198412	：○智真と西山義（橘俊道・今井雅晴［編］『一遍上人と時宗』吉川弘文館〔日本仏教宗史論集 10〕） ※←菊地勇次郎 196905。→菊地勇次郎 198502 ②
198502	◎源空とその門下（法藏館）※→菊地勇次郎 201106 ：西山義の成立※「Ⅱ　浄土宗教団の形成と発展」のうち。 ：智真と西山義※「Ⅱ　浄土宗教団の形成と発展」のうち。←菊地勇次郎 198412 ←菊地勇次郎 196905
199911	：①一鎮 ：②一遍 ：③一遍上人絵伝※菊地・宮次男［共筆］ ：④一遍上人語録（以上、今泉淑夫［編集］『日本仏教史辞典』吉川弘文館） ※項目執筆。『国史大辞典』の当該項目を加筆・訂正し再録。←菊地勇次郎 197904
201106	◎源空とその門下（法藏館）※←菊地勇次郎 198502

菊地　良一（※元日本放送協会プロデューサー）

197703	：○中世唱導文化の構造―念仏・陰陽師・散所・風流など漂泊芸能者について―（『伝統と現代』第 8 巻第 2 号（通巻第 44 号）［特集　中世的世界］、同社）

木越　祐馨（※石川県輪島市光琳寺（真宗大谷派）住職・加能史料編纂委員。元同県立図書館史料編纂室課主査）

199503	：○時衆と諸宗派（新修根上町史編纂専門委員会［編］『新修根上町史』通史編上、同町） ：石川県能美郡根上町（現能美市）

木越　隆三（※石川県金沢城調査研究所所長。元同県立金沢桜丘高等学校教諭、元金沢大学日本海文化研究室研究員）

198906	：○問題提起　長享一向一揆における民衆（一向一揆五〇〇年を考える会［編集］『加賀一向一揆五〇〇年―市民シンポジウム・私にとって一向一揆とは―』能登印刷出版部）※一向俊聖に言及

木崎　愛吉（※金石文研究家。元〈大阪市北区〉朝日新聞合資會社大阪本社（現朝日新聞社大阪本社）記者。1866/1/7-1944/6/24）

192111	◎大日本金石史第二巻（木崎［著作兼發行者］、好尚會出版部［發行所］） ※「（一〇〇）近江【國寶】番場蓮華寺鐘」の項あり、ただし戦後重文に指定変更。→木崎愛吉 197208
197208	◎大日本金石史（二）（木崎［編］、歴史図書社） ※「近江【國寶】番場蓮華寺鐘」の項あり、ただし戦後重文に指定変更。←木崎愛吉 192111

岸　昌一（※元〈岩手県〉宮古市教育委員会文化課市史編さん室室長）

200301	◎報恩寺末寺諸留（岸［編］、岩田書院〔南部領宗教関係資料②〕） ※解説で時宗に言及。「寺院の数」項で、享保十年（1727）「天王寺勧化に付賦調諸宗寺数」として「遊行宗　六萬四千六十箇寺」とあり、浄土宗（十四萬廿）・東本願寺（八萬八千三百五十四）・日蓮宗（八萬三千廿）に次いでおり、西本願寺（四萬五千十）より多い。『本朝五畿七道六十八州之諸寺院数寺鑑集』にも「遊行派　六萬七千五百十ケ寺」とあり、浄土宗（十四万二十）・日蓮宗（八万三千二十）・東本願寺（八万百二十）に次いでおり、西本願寺（四万五千四十八）より多い。近代の『内務省寺院総数取調書』ではぐっと減って「時宗　四百九拾四箇寺」と 13 番目になっている。「南部藩における宗教政策」項で、文化文政期の『邦内郷村志』の「領内寺院諸宗」では「十七ケ寺　時宗　遊行派」、同年代の『篤焉家訓巻十五』の「寺院宗旨大数」に「時宗　十九ケ寺　外二八戸二寺　合テ二十ケ寺／○遊行派　教浄寺末寺無之／○花巻高株寺派十七ケ寺　同末山八戸二寺一寺／○田名部伝相寺末寺支配無之」、「寺院本末支配」の觸頭に「時宗　教浄寺」とある。「報恩寺について」項で、『盛岡藩雑書（家老席日誌）』の慶安三年（1650）正月六日に「今日辰上刻（中略）教浄寺御札済」とあり、南部五山の一つ「時宗　擁護山　教浄寺」とす。また『寺社記録』文化七年（1810）に「教浄寺の寺務不取扱」、また「天保五年六月二十九日、時宗教浄寺が「別段の思召入りを持って国中（南部領内）の觸頭に仰せ付けられる」。／教浄寺は、末寺・孫末寺の扱いを寺社奉行に尋ねる。」とあり

| 200610 | ◎寺社記録（岸［編］、岩田書院〔南部領宗教関係資料③〕）
| | ※岩手県盛岡市中央公民館所蔵の南部家資料『寺社記録』を飜刻。同記録は欠はあるものの寛永二十一年（1644）から天保八年（1837）におよぶ。←今井雅晴200403Aに同記録一部収録。解題あり。時衆関係記事多数

貴志　正造（※元二松学舎大学文学部教授。1918-1980/8/27）
| 196809 | ：詞書〔角川書店編集部［編集］『遊行上人縁起繪』同店〔日本繪卷物全集第23巻〕）※山形光明寺本飜刻
| 197909 | ：詞書（宮次男・角川源義［編集擔當］『遊行上人縁起繪』角川書店〔新修　日本繪卷物全集第23巻〕）

岸　妙子（※大谷大学博物館職員）
| 200402 | ：○近世菅浦村における地先支配―寛保三年地先争論を中心に―（『史窓』第六十一号、京都女子大学史学会）※惣寺である菅浦阿弥陀寺に言及
| 201209 | ：○近世京都における常設火屋の様相（村井康彦・大山喬平［編］『長楽寺蔵　七条道場金光寺文書の研究』法蔵館）※「論考編」のうち

木島　里香
→藤原　里香

岸本　豊（※〈長野県北佐久郡軽井沢町・私立〉中山道69次資料館館長。元県立高等学校教諭）
| 200107 | ◎中山道69次を歩く（信濃毎日新聞社）※番場蓮華寺に言及、写真：六波羅主従石塔群

喜田　貞吉（※東北帝国大学法文學部〈現東北大学法学部・文学部〉嘱託講師。元東京帝国大学〈現東京大学〉文學部教授。1871/7/11-1939/7/3）
| 192810 | ○賤民概説（雄山閣〔日本風俗史講座第十八巻〕）
| | ※被差別民済度者として一遍を挙げ、鉦打にも言及。→喜田貞吉200803①
| 200803 | ◎賤民とは何か（河出書房新社）
| | ：①賤民概説※←喜田貞吉192810

鍛代（きたい）敏雄（※東北福祉大学教育学部教授。元國學院大學栃木短期大学教授）
| 200805 | ◎戦国期の石清水と本願寺―都市と交通の視座―（法藏館）
| | ※カラー口絵ネーム：「石清水八幡宮社頭（『一遍聖絵』巻第九第一段、清浄光寺蔵)」

北尾　悟（※奈良女子大学附属中等教育学校教諭。元奈良県立高田高等学校教諭）
| 199206 | ：○座談会・加藤公明実践を検討する（『歴史地理教育』第488号［1992年6月号］、歴史教育者協議会）
| | ※「一遍聖絵」に言及。古谷博［司会］・河名勉・永瀬弘勝・坂本昇［座談会］
| 199212 | ：○新刊紹介　千葉県高等学校教育研究会歴史部会編　『新しい日本史の授業　地域・民衆からみた歴史像』（『歴史と地理』第四四八号　日本史の研究（一五九）、山川出版社）
| | ※p.51-53。特に田村光浩実践を批評し、同じ「一遍聖絵」を扱った加藤公明実践との比較を提言

北上市教育委員会（※岩手県北上市）
| 196601 | ○一遍上人祖父通信ヒジリ塚（同委員会［編］、同委員会〔文化財調査報告第一集〕）※→岩手県北上市197003

北上史談会（※岩手県北上市）
| 196609 | ◎河野通信事蹟と墳墓発見の報告（同会）

北川淳一郎（※一遍會會長・弁護士、元松山商科大学〈現松山大学〉法学部教授、元官立松山高等学校〈現愛媛大学文学部・理学部〉教授、内務省官〈北海道廰土木部川課〉職員。1891-1972/3/7）
| 194111 | ：○一遍涅槃（『中央佛教』第二十五巻十一月號第十二號、同社）※「一」。p72-73
| 194112 | ：○一遍涅槃（『中央佛教』第二十五巻十二月號第十三號、同社）※「二」～「五」。p60-65
| 194199A | ：○捨聖一遍（上）（『伊豫史談』第百五號、同會）
| 194199B | ：○捨聖一遍（下）（『伊豫史談』第百六號、同會）
| 194203 | ：○一遍涅槃（『中央佛教』第二十六巻三月號第三號、同社）
| | ※「六」～「八」。p60-63。「八」の最後に「續」の文字あれど続編の存在確認できず
| 194299 | ◎一遍上人傳（大政翼賛會愛媛縣支部〔愛媛先賢叢書第十巻〕）
| 196608 | ：○河野通信の墓みつかる（『伊予史談』第百八十二号、同会）
| 196611 | ：○熊野万歳峰一遍上人自書自刻の名号塔の発見（『伊予史談』第百八十三号、同会）
| 197101 | ：○一遍談義（『伊予史談』第一九九・二〇〇合併号、同会）
| 197105 | ：○続・一遍談義（一）（『伊予史談』第二〇一号、同会）
| 197108 | ：○続・一遍談義（二）（『伊予史談』第二〇二号、同会）

北区史編纂調査会（※東京都北区）
| 199503 | ◎北区史資料編古代中世二（同会［編集］、東京都北区）※『他阿上人歌集』あり

北口　英雄（※栃木県日光市・市立）小杉放菴記念日光美術館顧問・東京家政大学名誉教授）
| 199208 | ：○高田一門の造仏活動　宇都宮で活躍した仏師パート5（栃木県歴史文化研究会［編集］『歴史と文化』創刊号、同社）※写真：益子正宗寺本尊

北沢　好一（※元東京都立八王子東高等学校校長、元同都立久留米高等学校教諭）
| 197303 | ：○時衆の本作和讃の形成―古和讃の特質―（『松柏』特集号、大谷大学大学院国文研究会）

197601 ：○時衆の和讃（『日本文学研究』第十五号、大東文化大学日本文学会）

北澤　菜月（※奈良国立博物館学芸部学芸課美術室研究員）
201004 ：○国宝探訪 祖師の事跡をかたちにする―高僧伝絵巻の時代（『週刊朝日百科』2010年4月18日号「国宝の美」34号「絵画10 伝記絵巻」「特集・円伊 一遍上人絵伝（一遍聖絵）（清浄光寺、東京国立博物館）」、朝日新聞出版）※本文中で「一遍上人絵伝（一遍聖絵）」に言及し、表中で正応2年（1289）「8月23日、一遍亡くなる（51歳）」・正安元年（1299）「8月23日、一遍の没後10年の命日に「一遍上人絵伝」（神奈川・清浄光寺、東京国立博物館蔵）。奥書／全12巻。時宗・一遍の伝記絵巻。詞は聖戒（一遍の甥とも）。絵は円伊」・徳治元年（1306）「6月1日、「一遍上人行状記」（現存せず）。『熊野本宮奉納縁起記』／全10巻。一遍の伝記絵巻。時宗遊行派の二祖・他阿弥陀仏真教が発願。熊野本宮へ奉納。」・徳治2年（1307）「『遊行縁起〔遊行上人縁起絵ノ意カ〕』（神奈川〔山形カ〕・光明寺蔵）。奥書／全10巻。時宗遊行派の僧・宗俊制作。前4巻に一遍の行状、後6巻に真教の行状をあらわし、／一遍と真教の嗣法関係を強調する。」・元亨3年（1323）「7月5日、『遊行縁起〔遊行上人縁起絵ノ意カ〕』（兵庫・真光寺蔵）。奥書／一遍の伝記絵巻。徳治2年（1307）作、光明寺本の写本。」とす。カラー図版ネーム：「円伊「一遍上人絵伝」　清浄光寺、東京国立博物館蔵」

北西　弘（※元花園大学文学部客員教授、元大谷大学第22代学長）
196612 ：○諸神本懐集の成立（宮崎円遵博士還暦記念会［編］『真宗史の研究』宮崎円遵博士還暦記念、永田文昌堂）
196705 ：○光明本尊の構成（『竜谷大学仏教文化研究所紀要』第六巻、同所）※→北西弘197109①
196908 ：○鎌倉仏教と体制イデオロギー（日本仏教学会［編］『鎌倉仏教形成の問題点』平楽寺書店）
197109 ◎初期真宗の研究（永田文昌堂）
　　　：①光明本尊の構成※←北西弘196705
199211 ：○一向宗（『日本史大事典』第一巻、平凡社）
　　　※項目執筆。一遍・一向に言及。『天狗草紙』『一遍流義十二派略記』を挙ぐ

北畠　義融（溝延阿弥陀寺〈旧時宗一向派・現浄土真宗本願寺派〉住職。故人）
198306 ：○阿弥陀仏（山形放送山形県大百科事典事務局［編集］『山形県大百科事典』山形放送）※項目執筆

北畠　教爾（溝延阿弥陀寺〈旧時宗一向派・現浄土真宗本願寺派〉住職。元〈山形県西村山郡〉河北町誌編さん委員長）
198203 ：○浄土信仰の展開（山形県［編纂］『山形県史』第1巻原始・古代・中世編、同県）
　　　※「一向派の進出」の項あり、高摺石佛寺旧蔵仏・天童佛向寺写真あり
199503 ：○西村山地方の板碑（『羽陽文化』第138号、山形県文化財保護協会）
　　　※谷地長延寺・天童佛向寺・高摺石佛寺・溝延阿弥陀寺に言及
199604 ：○まえがき（竹田賢正［著］『中世出羽国における時宗と念仏信仰』光明山遍照寺）※竹田遺稿集
200709 ：○河北町の名所・旧跡㉘阿弥陀堂（阿弥陀仏像板碑）（6区）（政策推進課［編集］『広報かほく』No.982［2007年9月15日号］、山形県河北町役場）※同町にある推定・鎌倉末期の板碑と同じものが「天童市の仏向寺・石仏寺」にあり、「成生荘（現、天童市）の仏向寺を中心に、一向俊聖と言うお坊さん」の信仰圏と指摘。「天童仏向寺末の長延寺・西蔵寺（谷地）、真光寺（西里）、阿弥陀寺（溝延）が建立され、一向派の念仏が普及」等と紹介。単色写真2葉、うち1葉にネーム：「阿弥陀堂の中に納められている板碑」。肩書き：「文化財保護審議会副会長」
200801 ：○河北町の名所・旧跡㉜溝延城址（溝延地区）（政策推進課［編集］『広報かほく』No.990［2008年1月15日号］、山形県河北町役場）※地図2種掲載、うち1図にネーム：「溝延古城復原図／（清野家蔵古絵図より）」。いずれも中世郭地の溝延城の北東（郭内）に溝延阿弥陀寺が載る。肩書き：「文化財保護審議会委員長」

北法相宗教学部（※京都市東山区・同宗大本山清水寺内）
200805 ◎清水 172号（同部［編集］、音羽山清水寺）※カラーロ絵ネーム：「旧梵鐘を撞きおさめる森貫主」。清水寺学芸顧問　横山正幸（ただし目次では「学芸顧問　横山蓮生子」）「研究　江戸時代　京都名所案内書の中の清水寺（三）続一三、清水寺境内の堂塔・院坊（続）」本文中の「中締めコメント」に単色写真ネーム：「清水寺復興の大勧進を行った願阿上人が真っ先に再鋳造に取り組」んだ梵鐘記事と「（重要文化財の旧文明の梵鐘）」
201107 ◎清水 185号（同部［編集］、音羽山清水寺）
　　　※カラーロ絵ネーム：「願阿上人忌日法要を営む一山僧侶」「願阿上人忌日法要で鐘を撞く森貫主」。巻頭言に清水寺貫主　森清範「いま、この時、願阿上人の心を一五二五遠忌を営むにあたり」と単色写真ネーム：「願阿上人について門前会員に話す森貫主」「願阿上人忌日法要で撞鐘の森貫主」

北村　景子（※肩書き不詳）
200303 ：○一遍上人略年譜（古都大宰府保存協会［編集］『都府楼』34号［特集：大宰府と時衆（中世編）］、同会）
　　　※北村・大隈和子［資料集・年譜作成］

菊華会事務局（※滋賀県坂田郡米原町〈現米原市〉・浄土宗鎮西派本山〈旧時宗大本山〉蓮華寺内）
200006 ◎陸波羅南北過去帳（同事務局）※←菊華会本部197905
　　　：大橋　俊雄『陸波羅南北過去帳』について※新稿

菊華会本部（※滋賀県坂田郡米原町〈現米原市〉・浄土宗鎮西派本山〈旧時宗大本山〉蓮華寺内）

197905	◎陸波羅南北過去帳（同本部）※コロタイプ版。→菊華会事務局 200006	

記念事業委員会編纂部（※宮城県仙台市（現同市青葉区）・浄土真宗本願寺派仙台別院内東北教区教務所内）

198310	◎東北のお西さん（同部［企画・編集］、浄土真宗本願寺派東北教区教務所）	
	※「輝渕山阿弥陀寺」（溝延）の項あり	

紀野　一義（※宗教家。元宝仙学園短期大学（現こども教育宝仙大学）学長。1922/8/9-2013/12/28）

196707	◎遍歴放浪の世界（日本放送出版協会〔NHKブックス58〕）
197810	◎念仏者と唱題者（文芸春秋〔名僧列伝4〕）※「一遍」の章あり
197811	◎名僧列伝四　一遍・蓮如・元政・辨榮聖者（文藝春秋）※→紀野一義 198305 →紀野一義 200109
197908	：〇一遍を聞く―対談―（『ナーム』No.84（第8巻8号）「特集／一遍」、水書坊）※紀野・僧多聞〔対談〕
198305	◎名僧列伝四　一遍・蓮如・元政・辨榮聖者（角川書店〔角川文庫5407〕）
	※←紀野一義 197811。→紀野一義 200109
198702	：〇生ぜしもひとりなり（栗田勇［編］『一遍』思想読本、法藏館）
200109	◎名僧列伝四　一遍・蓮如・元政・辨榮聖者（講談社〔同社学術文庫1513〕）
	※←紀野一義 198305 ←紀野一義 197811
200301	◎仏道の創造者（アートデイズ）※「一遍―生ぜしも一人なり。死するも一人なり。」の章あり

木下　止

193305	：〇八王子在龍光寺に於ける時宗関係の一板碑に就いて（『歴史教育』第八巻第二號、同研究會）

木下　蟠龍（※郷土史家）

199210	◎小栗顕彰総集編（郷土史研究会・木下［企画編集］、小栗公等顕彰会）
	※「小栗顕彰本国編（二）」で小栗一向寺に言及、巻末に同寺住職（当時）吉水了信挨拶文あり

木下　力夫（※珠洲郷土史研究会会長。元石川県立水産高等学校第9代校長）

200999	：〇時宗（遊行宗）とその痕跡（『すずろ物語』66号、珠洲郷土史研究会）

木下　良（※國學院大學名誉教授。元富山大学人文学部教授。1922-2015/1/26）

200303	：〇書評と紹介　小川信著『中世都市「府中」の展開』（『国史学』第一七九号、同会）
	※←小川信 200105 を書評と紹介

木之本町教育委員会（※滋賀県伊香郡木之本町（現長浜市））

199712	◎浄信寺の文化財＜美術工芸編＞（同委員会）

木村　重道（※〔山形市・私立〕楽楽洞茶陶館初代館主。元〔同市・市立〕最上義光歴史館学芸員。1908-故人）

199711	◎最上義光の面影を追う（みちのく書房）※「光明（寺）（時宗）」の項あり、ほかに写真・図版：山形光明寺蔵最上兼頼木像、光明寺本『一遍上人絵巻』（『縁起絵』）巻六、白岩賢願寺義民供養碑

木村　茂光（※帝京大学文学部教授・東京学芸大学名誉教授）

199711	：〇寺院は中世のユニバーシティ―中世寺院の社会的役割（『日本史のエッセンス―歴史が物語るもの』有斐閣〔有斐閣アルマ〕）※扉図版：『聖絵』四条釈迦堂、表紙図版：『聖絵』片瀬地蔵堂

木村　信吉（※歌人。元〔茨城県真壁郡〕明野町（現筑西市）役場公民館主事。海老ヶ島新善光寺檀家。1907/12/17-1995/5/8）

199411	〇常州　海老ヶ島　新善光寺の由来と謎（木村私家版）※→小野孝尚 200803 紹介

木村　信弘（※大炊御門関名寺住職。故人）

197305	：〇時宗教学に於ける『一遍』の字義（大橋俊雄［編集］『時衆研究』第五十六号、吉川晴彦私家版）
197502	：〇伝統宗学について（大橋俊雄［編集］『時衆研究』第六十三号、時宗文化研究所）
197702	：〇現代教学に関する不審（大橋俊雄［編集］『時衆研究』第七十一号、時宗文化研究所）
197902	：〇即便往生の証明―続現代教学に関する不審―（大橋俊雄［編集］『時衆研究』第七十九号、時宗文化研究所）
198005	：〇十一不二偈私観（大橋俊雄［編集］『時衆研究』第八十四号、時宗文化研究所）
198205	：〇一遍上人の再発見（大橋俊雄［編集］『時衆研究』第九十二号、時宗文化研究所）

木村　真証（※大炊御門関名寺住職。1920-2007）

198910	◎仏教入門（関名寺（仏教研究会）〔仏教研究会第百回記念木村真証講義選集〕）
199511	◎仏道（関名寺（仏教研究会）〔木村真証講義選集2〕）

木村　得玄（※〔東京都三鷹市・黄檗宗禅林寺内〕東京黄檗研究所初代所長・同寺住職）

200908	◎枝注　江戸黄檗禅刹記（池田定常［原著］・木村［著］、春秋社）※『江戸黄檗禅刹記』は、因幡国若桜藩主池田定常（1767-1833）が江戸黄檗宗寺院の様子を文政十年（1827）寺誌としてまとめたもの。巻八に旧時宗の品川大龍寺が載る。縁起として「大龍寺は荏原郡品川領南品川宿北番場に在り瑞雲山と号す（中略）開山は香国道蓮和尚開基は藤堂伊予守藤原良直なり　旧は時宗にして東光寺といひ相州藤沢清浄光寺の末にして浅草日輪寺に属す　後衰替して唯理魔堂一宇のみ在せり　香国和尚かねてより予州の信心堅固にして一寺を建立せんとする志有ることを知り先ここに僑居すること三年東光寺の檀越金井栄といふ者と時宗の僧山とに謀り新に一古寺を買求め東光の地に易ふ　予州すなはち日輪寺の其阿上人を論じて遂に其地を和尚に喜捨せり　元禄十六年癸未の春

公に願ひ宗旨を黄檗に改め瑞雲山大龍寺と号す　瑞雲は予州の先妣の戒号なり」とあり、「閻魔堂址　鐘楼の辺なりと云ふ　此閻魔の像今品川長徳寺に安置す」とす。隠元隆琦が承応三年（1654）渡日して伝来した黄檗宗は、寛永八年（1631）の新地建立禁止令に抵触し新寺建立ができないため、他宗寺院を再興・改宗する手法で拡

木村　壽（※大阪教育大学名誉教授。1997/11/27歿）
199703　◎真宗興正派　光教寺の歴史（木村・高島幸次［著］、光教寺修復委員会）
　　　　※本願寺大坂坊舎について「この地には、もと応永年中（一三九四〜一四二八）の開基と伝える遊行念仏寺があり、蓮如上人に寺地が献じられたと伝えられる」とす。ただしこの事実は未確認（小野澤註）

木村　弘之（※〔静岡県〕磐田市立中央図書館図書グループ主任）
201207　：○湊からみた中世都市・見付（小野正敏・五味文彦・萩原三雄［編］・遊行寺宝物館［編集協力］『一遍聖絵を歩く―中世の景観を読む―』高志書院〔考古学と中世史研究 9〕）※「Ⅲ　都市と道、宿と津・湊　人とモノの動きから」のうち。ただし持蓮華を「時蓮華」と表記。肩書き：「磐田市教育委員会」

木村　礎（※明治大学名誉教授。元同大学第10代学長（1988-1992）。1924-2004/11/27）
198904　◎藩史大事典　五「近畿編」（木村・藤野保・村上直［編］、雄山閣出版）
　　　　※大名堀田家の菩提寺として、藤沢清浄光寺・浅草日輪寺等を掲載。→200204　ＰＯＤ版
198911　◎藩史大事典　二「関東編」（木村・藤野保・村上直［編］、雄山閣出版）
　　　　※大名堀田家の菩提寺として、藤沢清浄光寺・浅草日輪寺等を掲載。→200204　ＰＯＤ版
199106　：○堀田氏（国史大辞典編集委員会［編集］『国史大辞典』第十二巻、吉川弘文館）
　　　　※項目執筆。墓所の浅草日輪寺・藤沢清浄光寺に言及

木村　至宏（※成安造形大学附属近江学研究所所長・同大学名誉教授。元同大学学長、元〔滋賀県〕大津市歴史博物館初代館長）
198203　◎近江の街道（小林博・木村［編］、サンブライト出版〔近江文化叢書13〕）
　　　　※「北条仲時の悲劇伝える蓮華寺」の項と六波羅主従石塔群写真あり
198407　：○蓮華寺紙本墨書陸波羅南北過去帳（滋賀県百科事典刊行会［編］『滋賀県百科事典』大和書房）※項目執筆

木本　鑑乗（※富士泰徳寺第33世住職。元時宗宗会議長）
197912　：①播州問答領解鈔
　　　　：②播州問答集私考鈔（以上、時宗開宗七百年記念宗典編集委員会［編集］『定本時宗宗典』上巻、時宗宗務所〈山喜房佛書林［発売］〉）※翻刻と解題
199301　：○『一遍』・神と仏の出会い（『遊行』第102号、時宗宗務所）
200007　：○行事歳時記「盆踊り」（『遊行』第132号、時宗宗務所布教伝道研究所）※無署名
200203　：○行事歳時記「更衣」（『遊行』第139号、時宗宗務所布教伝道研究所）
　　　　※藤沢遊行寺における修行僧と中老、遊行上人の更衣に言及
200609　：○行事歳時記「勤労感謝の日」（『遊行』第157号、時宗宗務所布教伝道研究所）
　　　　※肩書き：「時宗布教伝道研究所所員」
200809　：○盆中のできごと（『遊行』第165号、時宗宗務所布教伝道研究所）※カラー近影付。肩書き：「宗会議長」

九州歴史資料館（※福岡県小郡市・県立）
201510　◎特別展「四王寺山の一三五〇年―大野城から祈りの山へ―」　大野城築造一三五〇年記念　九州歴史資料館移転開館五周年記念（同館［編集］、同館）
　　　　※2015/10/24-12/6 於同館第１展示室、特別展図録。「原山と一遍・栄西」の項で、一遍上人像（絹本著色、福岡県指定文化財、九州蔵。前期展示）、『一遍上人絵伝（一遍聖絵）』（複製。後期展示）図版あり

ぎょうせい（※東京都中央区・株式会社）
200506　◎文化庁月報第441号［2005年6月号］（同社）
　　　　※イベント案内欄に2005/7/13-8/21 於京都国立博物館平常展示館、特集陳列「長楽寺創建一二〇〇年記念・歴代遊行の軌跡」展記事。単色図版ネーム：「重要文化財『真教上人書状』長楽寺蔵」

行田市郷土博物館（※埼玉県行田市）
201507　◎忍の街道をゆく―中山道・館林道・日光脇往還―　第25回テーマ展（同館［編］、同館）
　　　　※2015/7/4-8/30 於同館、テーマ展図録。同館寄託個人蔵の遊行上人送迎近世文書

京都国立博物館（※京都市東山区）
199110　◎社寺寄託名品図録（同館）※カラー図版：「一遍上人絵伝」巻九
200010A　◎京都国立博物館だよりNo.128［2000年10・11・12月］（同館）
　　　　※2000/10/12-11/12 於同館「特別陳列・旧七条道場金光寺開創七〇〇年記念　長楽寺の名宝」紹介記事
200010B　◎特別陳列◆旧七条道場金光寺開創七〇〇年記念　長楽寺の名宝（同館［編］、同館）
　　　　※2000/10/12-11/12 於同館、特別陳列図録。下坂守・淺湫毅・河上繁樹［概説・図版解説］
200210A　◎京都国立博物館だよりNo.136［2002年10・11・12月］（同館）
　　　　※2000/10/12-11/12 於同館「特別陳列　修理完成記念　国宝・一遍聖絵」紹介記事

200210B ◎特別陳列　修理完成記念　国宝・一遍聖絵（同館［編集］、同館）※ 2002/10/9-11/10 於同館、特別陳列図録
　　　　：①京都国立博物館：あいさつ
　　　　：○無　署　名：図版
　　　　：○若杉　準治：国宝・一遍聖絵について
　　　　：○無　署　名：詞書翻刻
　　　　：○無　署　名：法量表※以上、若松準治［編集執筆］
　　　　：○無　署　名：英文あいさつ※ヒルド麻美［英文翻訳］
200507　⊙京都国立博物館だよりNo.147［2005年7・8・9月］（同館）
　　　　※ 2005/7/13-8/21 於同館平常展示館13室、特集陳列「長楽寺創建一二〇〇年記念・歴代遊行の軌跡」紹介記事。カラー図版ネーム：「重要文化財『真教上人書状』長楽寺蔵」
200510　◎天台宗開宗一二〇〇年記念　最澄と天台の国宝（同館・東京国立博物館［編］、読売新聞社）
　　　　※ 2005/10/8-11/20 於同館特別展示館・2006/3/28-5/7 於東京国立博物館、特別展図録。カラー写真：東山雙林寺秘仏本尊・同館寄託・薬師如来坐像（国重要文化財指定）と淺湫毅［図版解説］。→ 200603 第2刷
200603　◎国宝　手鑑　藻塩草（同館［編集］、淡交社）※三大手鑑の1つを1969年限定復刻した原著の装を改め全242葉の古筆を1ページ1図版に釈文を添え原則原寸全カラーで墨色・筆触までアルタイズの高画質データで再現。本文・図版解説には原著刊行以降の新知見を補注の形で掲載。カラー図版ネーム：「205（裏88）〔縁起断簡〕（霊山切）」伝一遍上人筆」、図版解説で「この切は現在伝わっている『一遍上人絵伝』の詞書にも見出されないし、また内容から考えても、『一遍上人絵伝』詞書のものとは思えない。何か、京都東山の時宗関係の寺院に伝わった縁起の断簡ではないだろうか」とす。霊山派ないし国阿派所縁カ

京都産業大学日本文化研究所（※京都市北区・同大学内）

200912　◎京都産業大学日本文化研究所紀要第14号（同所［編］、同所）
　　　　：○後桜町女帝宸記研究会：後桜町天皇宸記―宝暦十四年正月条・二月条―
　　　　※宝暦十四年（1764）二月二十日条に「藤沢上人、他あミ（阿弥）たち、上人号りんし（綸旨）の事」、とあり。時宗七条道場金光寺旧蔵『御綸旨参内挖集』の「宝暦十四申歳　綸　二月廿日　常州矢田　長徳寺覚阿薫道」の記事および藤沢市文書館198603 の同正月二十二日・四月二十六日条記事と合致（古賀克彦註）

京　都　市（※京都市中京区）

199405　◎京都一歴史と文化2「宗教・民衆」（林屋辰三郎［責任編集］・同市［編］、平凡社）※時宗の項あり

郷土史研究会

199210　◎小栗顕彰総集編（同会・木下蟠龍［企画編集］、小栗公等顕彰会）※詳細⇒木下蟠龍 199210

京都時宗青年同盟

193810　◎一遍上人の研究（同同盟［編］、同同盟〈丁字屋書店［發賣］〉）

京都市姓氏歴史人物大辞典編纂委員会

199709　◎京都市姓氏歴史人物大辞典（同委員会［編著］、角川書店［角川日本姓氏歴史人物大辞典 26］）

京都市文化市民局文化部文化財保護課（※京都市中京区・現同市役所文化市民局文化芸術都市推進室文化財保護課）

200409　⊙京都市の文化財第22集（同課）※第22回京都市新指定文化財の美術工芸品の指定工芸品として「元亀三壬申歳極月廿日、遊行上人三十代記之」銘の歓喜光寺所有阿弥衣1領、「附」として「寛政十一己未歳十二月十七日」銘の同寺所有阿弥衣1領、登録工芸品として長楽寺所有（双林寺旧蔵）阿弥衣1領の各カラー写真と「阿弥衣のパーツ（表）（裏）」の各カラー写真掲載

京都市編纂部

189503　⊙京華要誌上（同部）※「安養寺」・「雙林寺」・「長樂寺」・「歡喜光寺」・「金蓮寺」・「染殿地蔵」・「御影堂」・「空也堂」（「念佛宗」とす）の項あり
189599　⊙京華要誌下（同部）※「正法寺」「開名寺」「東北院」「迎稱寺」の項あり

京都市立芸術大学芸術教育振興協会（※京都市西京区・同大学内）

199603　⊙絵巻粉本（二）（同協会［土佐派絵画資料目録（六）］）※『縁起絵』模本を紹介

京都市歴史資料館（※京都市上京区）

199701　◎若山要助日記・上（同館［編］、同館［叢書　京都の史料］）
　　　　※東塩小路村庄屋若山要助の日記。白蓮寺関係記事あり。伊東宗裕［担当］
199801　◎若山要助日記・下（同館［編］、同館［叢書　京都の史料］）
　　　　※東塩小路村庄屋若山要助の日記。白蓮寺関係記事あり。伊東宗裕［担当］
200410　⊙企画展　京都市の文化財　新指定の美術工芸品（同館）※ 2004/10/1-10/31 於同館、企画展「京都市の文化財（第15回）」展示パンフレット。写真：歓喜光寺所有阿弥衣2領（銘「元亀三壬申歳極月廿日、遊行上人三十代記之」「寛政十一己未歳十二月十七日」）、東山長楽寺所有（双林寺旧蔵）阿弥衣1領

京都新聞社（※京都市中京区・株式会社）

199412 ：□東山三十六峰　面白の花の都や31「第二十七峰　霊山」(『京都新聞』夕刊同月6日号、同社)
　　　　※カラー写真：霊山正法寺門前、単色図版：「柏のお札」
200006 ：□［清水寺まんだら6］成就院の庭園(『京都新聞』同月13日号、同社)※相阿弥に言及
200306 ：□森浩一の古今縦横　男山とその周辺　宿題編〈下〉(『京都新聞』文化欄同月27日号、同社)
　　　　※同年5/29付同紙同欄の森浩一と八十島豊成との対談中の森発言「「一遍上人絵伝」に空から見た石清水の境内図があり、大塔なども描かれています」を承けての同社文化報道部員(当時)によるフォロー。深萱真穂［署名記事］。深萱は現在フリージャーナリスト。なお同紙面「文化メモ」欄に京二条・聞名寺木村眞証による「仏教研究会」6/29例会告知が掲載されているが、これは過去毎月恒例
200402 ：□新たに"指定文化財"など決める　京都市文化財保護審議会(『京都新聞』同月16日号、同社)
　　　　※「京都市は16日、市文化財保護審議会(上田正昭会長)の答申を受け、(中略)歓喜寺(山科区)所蔵で時宗独特の法衣・阿弥衣など6件を市指定文化財、長楽寺の阿弥衣を市登録文化財に決めた。(中略)歓喜光寺の阿弥衣は、元亀3(一五七二)年の銘があり、時宗で高い位の僧侶・遊行上人が使用したとされる。江戸期以前で年代の分かる阿弥衣は全国でも希少。登録文化財の長楽寺の阿弥衣は、繊維の状態などから歓喜光寺とほぼ同時代のものと推測される。」とす
200611 ：□京日記(『京都新聞』同月20日号、同社)※ 2006/11/19於東山長楽寺「薄念仏会」の記事と単色写真掲載

京都新聞出版センター (※京都市中京区・同新聞企画事業株式会社内)
200603 ◎京都ことこと　観音めぐり　洛陽三十三所観音巡礼(同センター［編］、同センター)※第七番「長樂寺」。「准胝観音菩薩《御前立》」の全面カラー写真。ほかのカラー写真ネーム：「円山公園から坂道の参道を進むと、山すそに山門が見える」「山門から急勾配の石段を上がって本堂へ」「本堂にかかる御詠歌の扁額」。また第二番「新京極誓願寺」の本文で「一遍上人と和泉式部の出会いを描いた謡曲「誓願寺」に言及

京都府古書籍商業協同組合 (※京都市中京区)
199701 ◎京都古書組合総合目録(同組合)
　　　　※図版：「相州藤沢山遊行寺本版」(江戸期)・「商工・技術　都の魁」の御影堂扇処寶珠庵底阿弥

京都府「ほとけ・さむらい・むら」展開催委員会
199207 ◎ほとけ・さむらい・むら—京都府指定・登録文化財が語る京都の文化展—(京都文化博物館・同委員会)
　　　　※ 1992/7/11-8/16 於同館、特別展図録。カラー写真ネーム：「木造伝一鎮坐像　迎称寺」「木造扁額「萬福寺」智恩寺」。前者作品解説に「あらゆる面で長楽寺の金光寺旧蔵時宗租師像7躯(重要文化財)のうちの坐像5躯と近似」とあり。後者作品解説の「木造扁額　宮津市智恩寺」の項で、「額文の萬福寺は(中略)貞和2年(1346)遊行第七上人他阿(詫何)が丹後府中を訪れ布教しており、萬福寺はこのとき時宗に改宗したと思われる。この扁額はそのとき詫何が筆を執ったものと考えられる。以後、萬福寺は中世を通じて橘立道場とよばれて丹後における時宗の中心として栄えたが、ついに戦国の動乱のなかで衰退してしまったようである。」とあり
　　　　：○中村　伸夫：京都府の建造物※解説。末尾で「歓喜光寺本堂は数少ない時宗本堂である。」と結論

京都府立総合資料館 (※京都市北区)
199901 ◎総合資料館だより第118号(同館)
　　　　※［レファレンス・コーナー］の「京の七福神」で、布袋尊は東山区円山公園内の長楽寺にありとす
200001 ◎総合資料館だより第122号(同館)
　　　　※［レファレンス・コーナー］の「京の弁天さん」で、弁財天29ヶ所中、3番に寺町今出川下ルの東北院、10番に寺町四条上ルの四条道場、12・13・15・16番に東山の安養寺・長楽寺・霊山口の寺・霊山奥院

京都文化博物館 (※京都市中京区・府立)
199207 ◎ほとけ・さむらい・むら—京都府指定・登録文化財が語る京都の文化展—(同館・京都府「ほとけ・さむらい・むら」展開催委員会)※詳細⇒京都府「ほとけ・さむらい・むら」展開催委員会199207
199610 ◎文人画の巨匠　池大雅展(同館)※ 1996/10/3-11/4 於同館、(財)京都文化財団設立10周年記念特別展図録。略年譜に延享2年(1745)、23歳「双林寺山門前にて書画を売るという。」とあり
200204 ◎都の音色―京洛音楽文化の歴史展—(同館)
　　　　※ 2002/4/6-5/12 於同館、特別展示図録。カラー図版：京都市立芸術大学芸術資料館蔵「一遍上人絵伝(歓喜光寺本)模本」巻第七の市屋道場場面。同模本を初めて図版で紹介。植山茂［図版解説］

京都文化博物館学芸第二課 (※京都市中京区・同館内)
199804 ◎京都文化博物館開館十周年記念特別展・京の江戸時代一町人の社会と文化—(同課［編集］、同館)
　　　　※ 1998/4/17-5/17 於同館、特別図録。「京都御役所向大概覚書」図版に時宗寺院5(七条・大炊・四条・市屋・霊山)、芭蕉堂の図版

清河　八郎 (※出羽國田川郡清川村〈現山形県東田川郡庄内町〉浪士。1830/11/24-1863/5/30)
196906 ◎西遊草—清河八郎旅中記(清河［著］・小山松勝一郎［編訳］、平凡社［東洋文庫140］)
　　　　※→清河八郎199312 →清河八郎200611

か行

199312 ◎西遊草（清河［原著］・小山松勝一郎［編訳］、岩波書店［岩波文庫青（32）-462-1］）
※安政二年（1855）六月十・十二日条と註にて長楽寺・双林寺・空也上人・相阿弥・東北院に言及、七月二十四・五日条に藤沢遊行寺参詣記事。そこでは遊行一行の横暴を非難し、「此已前の一念上人他阿と申す人は、最上出生にて、先年庄内のかたへ廻られ、偶我家に一舎され し時のありさまをくわしく考へ」とする。一念一泊については清河八郎日録の嘉永二年（1849）九月十四日条に叙述。また同年九月五日条の山形「御朱印地凡二万石ばかり」の註に「山形光明寺千七百石」とあり。ただし正しくは1760石。→清河八郎 196906 抄訳。→清河八郎 200611

200611 ◎西遊草—清河八郎旅中記（清河［著］・小山松勝一郎［編訳］、平凡社［ワイド版東洋文庫140］）
※←清河八郎 199312→清河八郎 196906

清雲　俊元（※山梨郷土研究会理事長・山梨県立博物館展示監員員・同県甲州市放光寺〈真言宗智山派〉住職）
200008 ◎甲斐百八霊場　時を超えた心のふるさと（清雲［監修］・テレビ山梨［企画・編集］、テレビ山梨〈山梨新報社［制作］〉）※開関30周年記念。「山梨の仏教と甲斐百八霊場」に「時宗」の項あり。← 1992年改訂版←開関10周年記念事業として198003初版（テレビ山梨［編著］・植松又次・佐藤八郎［監修］）。→ 200511 改訂版
200610 ：○甲斐の仏教史（『祈りのかたち―甲斐の信仰―』山梨県立博物館）
※ 2006/10/14-11/20 於同館、開館一周年記念特別展図録。「時宗」の項あり。なお同年10/29 於山梨県総合教育センター大研修室、特別記念講演「山梨の信仰の歴史」あり

清水寺史編纂委員会（※京都市東山区・北法相宗大本山清水寺内）
200003 ◎清水寺史　三「史料」（同委員会［編修］、音羽山清水寺〈法藏館［製作・発売］〉）
※開創千二百年記念。願阿弥・「願阿上人（七條時衆也、去年給上人）」、成就院宣阿、霊山城、与阿弥・小阿弥、霊山之内閣阿弥秀閑・霊山永寿院直阿弥・同弟子仙阿弥、霊山、霊山文阿弥、等が出る

桐原　健（※元長野県文化財保護審議会委員、元同県立高等学校教諭）
199999 ：○薙鎌研究の新展開（『佐久考古通信』No. 75、佐久考古学会）
※『真光寺本遊行上人縁起絵』を引用、描かれているのは薙鎌ではなく鎌とす

金湛山長延寺（※谷地長延寺）
199310 時宗金湛山長延寺縁起（同寺）※開山七百年記念

金龍　静（※〈京都市下京区・浄土真宗本願寺派本山願寺〉同寺料研究所副所長・北海道甫戸郡新十津川町円清寺〈同派〉住職）
199403 ：○念仏系諸派の活動（福井県［編集］『福井県史』通史編2、同県）
※詳細⇒松原信之 199403。金龍・松原信之［共筆］
199707 ：○一向宗の宗派の成立（浄土真宗教学研究所・本願寺史料研究所［編］『講座　蓮如』第四巻、平凡社）
199804 ◎蓮如上人の風景（本願寺出版社）
※←『本願寺新報』1995〜1996年号連載「蓮如の風景」を加・補筆し改題。四条道場金蓮寺に言及

久下　正史（※灘中学校・高等学校教諭。元神戸大学大学院国際文化学研究科学術推進研究員）
200310 ：○融通念仏信仰の縁起（大阪狭山市立郷土資料館［編集］『特別展　融通念仏の道　中高野街道と狭山』同館）
※ 2003/10/18-11/24 於同館、特別展図録。概説としてわかりやすい

日下　俊文（※京都府長岡京市乗願寺〈西山浄土宗〉住職。元西山短期大学〈現京都西山短期大学〉非常勤講師）
199003 ：○証空の念仏観―念仏開会について―（日本印度學佛教學會［編集］『印度學佛教學研究』第三十八巻第二号〔通巻第56号〕、同會）

草津市史編さん委員会（※滋賀県草津市）
198407 ◎草津市史第1巻（同委員会［編］、同市役所）※写真：北条仲時等墓所・後醍醐画像・『聖絵』琵琶湖上の舟

楠井　章代
199807 ◎日本の心富士の美風（鳥居和之・岡田彰・米屋優・楠井［編］、NHK名古屋放送局）※詳細⇒鳥居和之 199807

楠本　勝治（※ノンフィクション作家）
200211 ◎鎌倉なるほど事典（三浦勝男［監修］・楠本［著］、実業之日本社）
※「塩竃地蔵と地蔵神話」で十二所光触寺、「同名のお寺　来迎寺」で西御門と材木座の来迎寺に言及

楠山　正雄（※作家。元〈東京市神田區・合資會社〉現東京都千代田区・有限会社〉冨山房社員。1884/11/4-1950/11/26）
194507 ◎鎌倉山（冨山房［日本神話英雄譚寶玉集第五冊］）※「一遍上人」の項あり

工藤　克洋（※大谷大学文学部非常勤講師・同朋大学仏教文化研究所所員）
201303 ：○戦国時代の勧進聖と在地の聖・山伏（『大谷大学史學論究』第十八号、同大学文学部歴史学科）
※表で、願阿弥（別称、時衆・十穀金光寺派坊主）の所在地を七条白蓮寺とす

工藤　寛正（岩井　寛）（※文筆業。元〈東京都千代田区・株式会社〉秋田書店『歴史と旅』編集長。筆名：岩井寛）
198706 ◎京成線歴史散歩　史跡を訪ねて各駅停車（鷹書房）
※「みどり台・西登戸駅　千葉氏ゆかりの来迎寺と大日寺」の項あり。「岩井寛」名義
200409 ◎国別　藩と城下町の事典（二木謙一［監修］・工藤［編・執筆］・星野昌三［執筆］、東京堂出版）
※「山形藩（出羽国）」の山形城の項で「斯波（中略）兼頼（中略）は、晩年は一遍上人の時宗に帰依、その墓

は七日町の光明寺にある」とし、「小江戸紀行　サクランボの城下町山形城下を歩く」で山形光明寺、「佐倉藩（下総国）」の佐倉城の項の小見出し：「寺町散策」で佐倉海隣寺、「小江戸紀行　蘭癖大名の城下町佐倉下を歩く」で海隣寺に言及、「松山藩（伊予国）」の松山城の項に「一遍上人生誕地に建つ宝厳寺」とあり、「小江戸紀行　家門松平氏の城下町松山城下を歩く」でも奥谷宝厳寺に言及

宮内庁書陵部（※東京都千代田区・旧宮内省図書寮／諸陵寮）

199003 ◎九条家歴世記録　二（同部［編］、明治書院［図書寮叢刊］）
※「九条満家公引付」安文五年（1448）六月十六日付文書に「七条道場之時衆」、九条尚経の日記「後慈眼院殿御記」明応三年（1494）八月二十六日・九月二十二日条に「四条道場上人往生」関係記事

199303 ◎九条家歴世記録　三（同部［編］、明治書院［図書寮叢刊］）※九条尚経の「後慈眼院殿雑note」文亀三年冬（十一月）〜永正元年春夏（四月）間の記事に、標出「一条道場」、本文「先年於一条道場依盗賊、故上原紀伊守之奧不許容境内之会、今般之旨、於京都令疫害人逐電之処、千及是非■於╱庄内加扶持事」とあり

199903 ◎九条家歴世記録　四（同部［編］、明治書院［図書寮叢刊］）
※九条稙通の「稙通公記」享禄二年（1529）正月十三日条標出「四条道場の上人を召す」、本文「四条道場ノ上人ヲ召出、使ヲサスヘキヨシ申、（中略）四条道場上人召出テ談合候由申」。同月十五日条本文「四条上人妙法院之入」。同五月四日条標出「茶一袋覚阿へ遣わす」、本文「覚阿如恒来、茶一袋遣之」。同六月十四日条標出「一音院へ覚阿等を遣わす」、本文「一音院へ覚阿」。同月二十一日条本文「覚阿来ス」。享禄五年（天文改元）十二月二十八日条本文「七条道場常住段銭一段分先二十疋」とあり

救仁郷秀明（※東京国立博物館学芸研究部列品管理課登録室室長）

199411 ：円伊（朝日新聞社［編］『朝日日本歴史人物事典』同社）※項目執筆。←小松茂美 198811 を参考文献に挙ぐ

久野　健（※元東京国立文化財研究所（現東京文化財研究所）情報資料部初代部長。1920/4/19-2007/7/27）

196410 ◎関東彫刻の研究（久野［編］、學生社）※下記のほか巻末「銘文集」「関東在銘彫刻年表」の項にて言及
　　：水野敬三郎：鎌倉・室町時代の関東彫刻
　　：佐藤　昭夫：関東の鉄仏
　　：佐藤　昭夫：阿弥陀如来坐像
　　：水野敬三郎：阿弥陀如来及両脇侍像
　　：佐藤　昭夫：阿弥陀如来及両脇侍像
　　：○久野　　健：観音菩薩立像※「図版及解説」での項目執筆。高擶石佛寺旧蔵・千葉県安房郡天津小湊町（現鴨川市）清澄寺（日蓮宗大本山）蔵観音像の解説と単色写真
　　：水野敬三郎：阿弥陀如来立像

197508 ◎仏像事典（久野［編］、東京堂出版）
※図版篇 195 番「阿弥陀如来坐像」の項に宇都宮一向寺蔵旧長楽寺本尊写真あり、別に飜刻あり

198510 ◎造像銘記集成（久野［編］、東京堂出版）※953 番「栃木　一向寺　銅造阿弥陀如来坐像」掲載

久野　俊彦（※東洋大学文学部非常勤講師・栃木県立學悠館高等学校教諭）

199509 ：○「連雀商人の巻物」の世界—商人の熊野起源伝承—（地方史研究協議会［編］『宗教・民衆・伝統—社会の歴史的構造と変容—』雄山閣出版）※遊行上人の廻国と会津高田長光寺の建立に言及

久葉　裕可（※〈愛媛県〉新居浜市広瀬歴史記念館館長）

200404 ：○鎌倉時代の河野氏と伊予（川岡勉・島津豊幸［編］『湯築城と伊予の中世』創風社出版）
※ 2002/2 歴史講座「中世伊予の歴史と湯築城」で同題の講演。本文に「弘安三年（一二八〇）、通信の孫一遍が、通信の墓を訪れているが（『一遍上人絵伝』）、この墓は、通称「聖塚」と呼ばれ、岩手県北上市稲瀬町字水越に遺る」とあり。ただし附載する「河野氏略系図」の中では「智真（一遍）」と表記

久保　尚文（※大山歴史民俗研究会長。元富山市日本海文化研究所〈2011/3/31廃止〉所長、元〈富山県〉木見市麿さん窯編集委員、同県笠縣專門委員、元同県立富山高等学校教諭）

197907 ：戦国期の上日寺記録—『遊行二十四祖御修行記』—（『氷見春秋』第三号、同社）
198101 ：越中時宗史の下限について—『遊行派末寺帳』所載越中寺院の性格—（『富山史壇』第七五号、越中史壇会）
198102 ：中世越中時衆史の一考察（日本海地域史研究会［編］『日本海地域史研究』第2輯、文献出版）
198111 ：中世越中時衆の歴史的位置について（大橋俊雄［編集］『時衆研究』第九十号、時宗文化研究所）
198410 ◎越中における中世信仰史の展開（桂書房）※→久保尚文 199105
199105 ◎越中における中世信仰史の展開（増補）（桂書房）※←久保尚文 198410
199310 ：鎌倉政権下の越中（『図説・富山県の歴史』河出書房新社［図説・日本の歴史 16］）
※「時衆と日本海交易」あり
199807 ：越中の開発伝承における神と仏—海中出現仏などとの関係—（『富山史壇』第一二六号、越中史壇会）
199810 ：室町前期、越飛間の宗教交渉と政治情勢（地方史研究協議会［編］『情報と物流の日本史—地域間交流の視点から—』雄山閣出版）

久保　光男（※〈鹿児島市・株式会社〉南日本新聞社記者）

| 200003 | ：○仏教と寺院（南日本新聞社［編さん］『鹿児島市史』Ⅳ、同市）
※「第五編　文化」のうち。「時宗・浄光明寺（上竜尾町）」の紹介文あり |

久保田　淳（※東京大学名誉教授。元白百合女子大学文学部教授）
| 199511 | ：○中世文学史論（『岩波講座日本文学史』5［13・14世紀の文学］、岩波書店）※一遍と他何に言及 |
| 199711 | ：○頓阿―鎌倉末期の作品（『國文學―解釈と教材の研究―』第42巻13号［平成9年11月号］（620）［特集：新古今とそれ以後］、學燈社） |

久保田順一（※群馬県地域文化研究協議会副会長。元〈同県郡邑〉棟名町〈現高崎市〉誌編纂委員会専門委員、元同県立渋川女子高等学校教諭）
199609	：◎上野武士団の中世史（みやま文庫［同文庫141］）
200307	：◎新田一族の盛衰（あかぎ出版）※板鼻開名寺のカラー口絵と本文単色写真、尾島町青蓮寺・万徳寺単色グラビア、山名光台寺本文単色写真、往生院・称念寺記事掲載
200504	：◎新田一族の戦国史（あかぎ出版）※「はじめに」の序章で岩松青蓮寺周囲に堀と土塁から岩松氏館址と推定し、同氏が時宗を信仰し、自らの居館を時宗寺院としたとする。第一部扉単色写真ネーム：「太田市尾島町青蓮寺山門」。上杉禅秀の乱に連座した岩松満純は応永二十四年（1417）閏五月十三日に鎌倉竜口で刎首され墓は藤沢清浄光寺にあり、罪人満純の遺骸を新田に引き取ることができなかったため、ここに葬られたとみる。禅秀の乱供養の「敵御方供養碑」や岩松一族の時宗信仰や岩松青蓮寺建立にも言及。単色写真ネーム：「敵御方供養碑（藤沢市清浄光寺）」。また「尚純のその後」の項で連歌を興行した「岩松の道場」を岩松青蓮寺に比定し、単色写真ネーム：「岩松尚純像（太田市青蓮寺）」「岩松尚純夫妻の墓所（群馬県太田市）」

久保田裕道（※國學院大學文学部兼任講師。元同大學幼児教育専門学校〈2013/3/31閉校〉講師）
| 201003 | ：○芸能とその伝承（相模原市史編さん室［編集］『相模原市史』民俗編、同室）※第九章。「第四節　仏教芸能」に「一　無量光寺の双盤念仏と踊り念仏（由来と沿革／月日と場所／所役と楽器／芸態）」あり。単色写真ネーム：「写真9-63　双盤鉦」「写真9-64　太鼓」「写真9-65　吊り鐘」「写真9-66　踊り念仏」 |

久保田昌希（※駒澤大学文学部教授。南部利克令係）
| 201003 | ：○寺社と人びとの信仰（座間市［編集］『座間市史』5通史編上巻、同市）
※「三　近世」の第七章。「第三節　市内の寺院」において、座間宗仲寺（浄土宗鎮西派・神奈川県座間市）の寺伝では御家人の渋谷内膳が建保年間（1213-1219）「渋谷道場」を開き、応永二十二年（1415）戦火に遭い没落したという。当麻無量光寺の関係から時宗道場であったとも考えられるとす |

熊谷　義弘（※遊行常福寺第34世住職・日本帝皇輝友の会理事・北朝鮮に拉致された日本人を救出する岩手の会代表。元佛教大学四条センター職員）
| 199702 | ：①教判
②念仏とは（以上、時宗教学研究所［編集］『時宗入門』時宗宗務所） |

熊本　達哉（※文化庁文化財部参事官（建造物担当）付主任文化財調査官（修理企画部門））
| 201007 | ：◎近世の寺社建築―庶民信仰とその建築（熊本［執筆］、至文堂［日本の美術No.530］）※「はじめに」の「中世の庶民信仰」で一遍に言及し、単色図版ネーム：「因幡堂（一遍上人絵伝　清浄光寺）［キャプション省略］（中央公論社『日本の絵巻』20所載）」。同じく「鎌倉新仏教の建築」に「時宗」の項あり、単色図版ネーム：「「踊念仏」（一遍上人絵伝　東京国立博物館）［キャプション省略］」。「おわりに―近世から近代へ」の「庶民信仰と近世の寺社建築」でも単色図版ネーム：「踊念仏（融通念仏縁起　清凉寺）［キャプション省略］」 |

久米　邦武（※元帝國大學文科大學〈現東京大学文学部〉教授、元肥前國佐賀藩弘道館教授。1839/8/19-1931/2/24）
| 192008 | ：○國寶蓮華寺過去帳（『中央史壇』第一巻第四號、國史講習會）※番場蓮華寺 |

粂　汐里（※総合研究大学院大学文化科学研究科博士後期課程）
201007	：○『小栗判官』の絵解きをめぐって―俣野の信仰と伝承から―（『立教大学日本文学』第一〇四号、同会）※神奈川県藤沢市西俣野の小栗判官伝承は、中世時衆僧によるものではなく近代成立と考察
201203	：○藤沢と『小栗判官』―長生院における享受と再生―（『第三十五回国際日本文学研究集会会議録』国文学研究資料館）
201212	：○類書・雑書の言説と説経―絵巻『をくり』を起点に（小峯和明［編］『予言文学』の世界　過去と未来を繋ぐ言説』勉誠出版［アジア遊学159］）※「Ⅲ　物語・芸能の〈予言文学〉」のうち
201310	：○長生院小栗堂における縁起制作と地域的展開（『仏教文学』第三十八号、同会）

粂　智子（※〈神奈川県〉相模原市史民俗編調査員・〈東京都文京区・現一般社団法人〉日本民俗学会会員）
| 201003 | ：○伝説と言い伝え（相模原市史編さん室［編集］『相模原市史』民俗編、同室）
※第十章。「第一節　土地のなりたちと伝承」「三　英雄と聖人の足跡」に「㈡　一遍上人の足跡（当麻山の起こり／笈しゃり／お花ケ谷戸）」あり、単色写真ネーム：「写真10-14　当麻山無量光寺のなぎの木」「写真10-15　笈しゃり入口に建てられた碑／当麻」。「四　小栗判官、照手姫伝説と相模原」「㈠　小栗伝説の成立」で藤沢遊行寺・長生院に言及、単色写真ネーム：「写真10-16　遊行寺境内にある長生院小栗堂／藤沢市」 |

蔵田　敏明（※名古屋外国語大学外国語学部教授。元愛知女子短期大学〈現名古屋学芸大学短期大学部〉助教授）
| 199912 | ：◎時代別・京都を歩く　歴史を彩る24人の群像（山と渓谷社［歩く旅シリーズ［歴史・文学］］） |

　　　　※「東山・長楽寺から大原・寂光院へ　『平家物語』悲運の建礼門院を偲ぶ」のページで、カラー写真ネーム：「長楽寺本堂」「長楽寺・建礼門院供養塔」「長楽寺・建礼門院像」、ほかのページでカラー図版・写真ネーム：「建礼門寺画像（長楽寺蔵）」「錦天満宮」「安産で知られる染殿地蔵」。→200111改訂3版

蔵持　重裕（※立教大学名誉教授）
199503　：○中世菅浦文書について（一）（『滋賀大学経済学部附属史料館研究紀要』第２８号、同館）
199703　：○中世菅浦文書について（二）（『滋賀大学経済学部附属史料館研究紀要』第２９号、同館）
199803　：○中世菅浦文書について（三）（『滋賀大学経済学部附属史料館研究紀要』第３０号、同館）
200209　◎中世　村の歴史語り─湖国「共和国」の形成史（吉川弘文館）※菅浦文書に言及
200411　◎歴史をよむ（〔歴史科学協議会〕鵜飼政志・蔵持・杉本史子・宮瀧交二・若尾政希［編］、東京大学出版会）
　　　　※「顔と平和─隠すことと見せること」の項で『『一遍聖絵』より』として単色図版：「（清浄光寺．歓喜光寺蔵）」「（東京国立博物館蔵）」
200608　：○悪党研究会編『悪党と内乱』（日本歴史学会［編集］『日本歴史』第六百九十九号、吉川弘文館）
　　　　※［書評と紹介］。←小野澤眞200506を書評と紹介

栗田　勇（※作家。元駒沢女子大学人文学部教授）
197510　：○新連載「一遍聖絵」（『藝術新潮』第26巻第10号、新潮社）
　　　　※オフセット単色図版：『一遍聖絵』8葉。～第324号、197612連載。→栗田勇197709
197709　◎一遍上人─旅の思索者─（新潮社）※芸術選奨。←栗田勇197510①。→栗田勇200010
197809　：一遍（『ＮＨＫ歴史と人間』5、日本放送出版協会）
197811　：一遍上人の肉体（『日本絵巻大成［別巻　一遍上人絵伝］月報』22、中央公論社）
197907　：対談・旅─異次元への超出─（『伝統と現代』第10巻第4号（通号59）、同社）※栗田・佐々木宏幹［対談］
197908A　：○一遍について（『ナーム』No.84（第8巻8号）「特集／一遍」、水書坊）
197908B　：熊野高野・冥府の旅（新潮社）
198006　：一遍上人の念仏踊り（『ナーム』No.94（第9巻6号）、水書坊）
198010　：名僧列伝・一遍（『探訪日本の古寺』13、小学館）
198403　◎遊行ひじり一遍～心の旅人一遍～（栗田・橘俊道・足助威男・越智通敏［著］、愛媛県文化振興財団［歴史シンポジウム5］）
198507　：一遍（伊藤唯真［編］『浄土宗・時宗』小学館〔〈宗派別〉日本の仏教・人と教え3〕）
198702　◎思想読本　一遍（栗田［編］、法藏館）
　　：①栗田　　勇：至高の思索者との出会い
　　：○唐木　順三：この人・一遍
　　：○柳　　宗悦：僧と非僧と捨聖
　　：○古田　紹欽：一遍上人の念仏
　　：○河野　憲善：一遍教学の実存的特質
　　：○奥山　春雄：時衆の思想史的考察─その時間論を中心として
　　：○浅山　円祥：一遍聖の思想
　　：○瀬戸内寂聴：一遍上人
　　：○海音寺潮五郎：小説・蒙古来たる
　　：○紀野　一義：生ぜしもひとりなり
　　：○橘　　俊道：一遍聖と遊行寺
　　：○越智　通敏：一遍と伊予
　　：○足助　威男：一遍の風土
　　：○島津　忠夫・村井　康彦・守屋　　毅：鼎談　聖の群れ
　　：○井上　光貞：一遍─特に遊行回国の意味するもの
　　：○堀　　一郎：一遍上人にあらわれた庶民性
　　：○金井　清光：一遍の和歌と連歌
　　：○大橋　俊雄：一遍滅後の時衆教団
　　：②栗田　　勇：現代語訳　播州法語集
　　：③無　　署　名：一遍年表※「大橋俊雄著『一遍』〈日本人の行動と思想〉（評論社刊）越智通敏著『一遍年譜』（『文化愛媛』所収）などによる」とあり
　　：④無　　署　名：一遍ブックリスト
199110　◎一遍・日本的なるものをめぐって（梅谷繁樹・竹村牧男・鎌田東二・栗田［著］、春秋社）※表紙：『聖絵』
　　：①一遍と日本人のこころ
199206　◎一遍を語る・蓮如を語る（栗田・早島鏡正［著］、日本放送出版協会〔ＮＨＫこころを読む〕）

199903	◎西行から最澄へ―日本文化と仏教思想（岩波書店）
	：①生き方・死に方―道元・一遍・良寛をめぐって※←初出：「講演」特集号、学士会
200010	◎一遍上人―旅の思索者―（新潮社〔新潮文庫・く-22-1〕）※←栗田勇 197709 ←栗田勇 197510 ①
	：水上　勉：解説
200105	◎捨ててこそ生きる　一遍　遊行上人（日本放送出版協会）※→金井清光 200204 ③・200509 ⑦書評
200110	◎生きる知恵（上）（日本放送出版協会）※ＮＨＫラジオ第2放送「ＮＨＫカルチャーアワー・生きる知恵」2001/10-12月期放送ガイドブック。カラー口絵ネーム：『一遍聖絵』第2巻第1段「修行地、菅生の岩屋」・第7巻第3段「空也上人遺跡市屋での踊り念仏」。→栗田勇 200302
200302	◎生きる知恵を学ぶ（岩波書店）※←栗田勇 200110 改題
200305	：蟻の熊野詣（『週刊　日本遺産』2003年5月18日号〈通巻29号〉《紀伊山地の霊場と参詣道》、朝日新聞社〔朝日ビジュアルシリーズ〕）※カラー図版：「一遍上人絵伝」巻1
200401	：①すべてを捨てよと説いた孤高の遊行僧
	：②名僧の遺産　一遍上人絵伝［国宝］　清浄光寺・歓喜光寺／東京国立博物館
	：③表情の変化から読み取る一遍の心（以上『一遍 捨ててこそ救われる』朝日新聞社〔週刊　朝日百科・仏教を歩く 2004年1月4・11日号〈通巻12号〉］）※→古賀克彦 200410 紹介
200402	：一遍上人の足跡を求めて（今井雅晴［編］『遊行の捨聖　一遍』吉川弘文館〔日本の名僧⑪〕）
	※→古賀克彦 200410 紹介

栗原　清一（※横濱史料叢查委員會委員・横濱郷土史研究會會長・醫學博士・精神科医師、元（神奈川縣）横濱市史編纂懇談會、元新潟脳病院第2代院長、元東京帝國大學（現東京大學）醫學部助手。1944/4/4没）

194002	：小栗判官と照姫（『神奈川文化』創刊號、同研究會）※～第七號、194007 連載

黒江　太郎（※〈山形県南陽市〉黒江歯科医院院長・歯科医・歌人。1910-1979/7）

195811	：隆應和尚（隆應和尚／隆應和尚餘録／金谷堂古跡碑その他／蓮華寺の隆應和尚／時宗一向派／蓮華寺和尚／佐原隆明その他／寫眞解説／後記）（山塊発行所）
196609	：隆応和尚と茂吉（郁文堂書店）
197211	：隆応の生涯と茂吉（白玉書房〔群山叢書第43篇〕）
197408	：澄々亭雑記（みどり新書の会）※「蓮華寺和尚」の項あり、他項でも佐原隆応への言及あり
199411	：隆応和尚のことども（大橋俊雄［編］『佐原隆応上人』一向会）※←初出：調査中

黒川　道祐（※山城國洛内（現京都市）・歴史家。元安芸国広島藩〈浅野家〉儒医。1623-1691/12/23）

200203	：雍州府志―近世京都案内―（上）（黒川［原著］・宗政五十緒［校訂］、岩波書店〔岩波文庫青（33）-484-1〕）※京洛時宗寺院を多数紹介

黒木　祥子（※元神戸学院大学人文学部教授。1949-2012/12/23）

198910	：室町末期の念仏芸能の資料（歌謡研究会［編集］『歌謡―研究と資料―』第二号、同会）※天正四年（1576）カ『正直捨権抄』中「念仏申元流」が諸国の念仏各派52流を載せ、うち時衆・大念仏多数

黒坂　周平（※〈長野県上田市・私立〉塩田平文化財研究所初代所長・東信史学会初代会長。元同市第三中学校校長。1913/11/3-2003/2/7）

198703	：寺社建築と美術工芸（長野県［編集］『長野県史』通史編第3巻中世2、同県史刊行会）
	※長野市西後町十念寺（一向派カ。現浄土宗鎮西派）板碑に言及、写真あり

黒坂　雅人（※山形県埋蔵文化財センター整理課課長）

199807	：山形県［各都道府県の動向］（日本考古学協会［編集］『日本考古学年報』49［1996年度版］、同会）
	※山形県天童市高野坊遺跡に言及

黒田　智（※金沢大学人間社会学域教授。元早稲田大学高等研究所准教授）

199507	：扇（日本の）（黒田日出男［責任編集］『歴史学事典』3「かたちとしるし」、弘文堂）
	※項目執筆。『聖絵』に言及

黒田　剛司（※〈愛知県津島市・有限会社〉泰聖書店社長・同市文化財保護審議会委員・天王文化藝塾長・〈同市・特定非営利活動法人〉まちづくり津島副理事長）

199804	◎「近世の津島」を考える（泰聖書店）※津島蓮台寺（旧時宗一向派・現浄土宗鎮西派）に言及
199903	◎津島歴史紀行（泰聖書店）※津島蓮台寺・西福寺・宗念寺（以上、旧時宗一向派・現浄土宗鎮西派）に言及

黒田　俊雄（※大谷大学文学部教授・大阪大学名誉教授。元神戸学院大学教育学部専任講師。1926/1/21-1993/1/26）

196509	◎蒙古襲来（中央公論社［日本の歴史8］）※「漂泊の文芸」「遍歴の僧団」の節あり。一向派について紙数を割き言及、単色図版：清浄光寺蔵一向画像あり。→黒田俊雄 197102 →黒田俊雄 197401 →黒田俊雄 198401
196705	：荘園制社会と仏教（赤松俊秀［監修］『日本佛教史』Ⅱ中世篇、法藏館）
	※「遊行の聖」「勧進と融通念仏」の項あり
197102	◎蒙古襲来（中央公論社［日本の歴史8］〔中公バックス〕）
	※←黒田俊雄 196509。→黒田俊雄 197401 →黒田俊雄 198401
197401	◎蒙古襲来（中央公論社［日本の歴史8］〔中公文庫〕）※←黒田俊雄 197102 ←黒田俊雄 196509。→黒田俊雄 198401
198401	◎蒙古襲来（中央公論社［日本の歴史8］〔中公バックス〕）

※←黒田俊雄 197401 ←黒田俊雄 197102 ←黒田俊雄 196509

黒田日出男（※東京大学名誉教授。元立正大学文学部教授、元群馬県立歴史博物館館長、元東京大学史料編纂所所長）

198312 ：○「異香」と「ねぶる」（『月刊百科』no.254、平凡社）
※『天狗草紙』における一遍の踊り念仏に言及。→黒田日出男 200210 ①

198502 ：○市の光景（『月刊百科』no.268、平凡社）※→黒田日出男 200210 ⑥

198505A ：○「獄」と「機物」（『国語通信』1985年5月号、筑摩書房）※→黒田日出男 200210 ⑦

198505B ：○「女」か「稚児」か（『月刊百科』no.271、平凡社）※→黒田日出男 200210 ③

198605 ◎姿としぐさの中世史　絵図と絵巻の風景から（平凡社［イメージ・リーディング叢書］）※→黒田日出男 200210

198609 ：絵巻物と中世身分制―「一遍上人絵詞伝」を素材に―（歴史科学協議会［編］『歴史科学入門―歴史を学ぶ人々のために―』三省堂

198706 ：絵画史料とその読み方―一遍聖絵を主たる対象として―（『史海』第 34 号、東京学芸大学史学会）

199011 ：肖像画としての後醍醐天皇（『別冊文藝』「天皇制【歴史・王権・大嘗祭】」、河出書房新社）
※藤沢清浄光寺蔵後醍醐画像に言及

199210 ：○一人のすゝめによりて（上）『一遍聖絵』読解の試みから（『ＵＰ』240 号、東京大学出版会）

199211A ：○絵巻（『日本史大事典』第一巻、平凡社）※カラー口絵構成・解説。『聖絵』原本と模本「旧御影堂本」との場面比較（巻四「備前福岡市」・巻七「市屋道場」・巻十二「聖入滅」）

199211B ：○一人のすゝめによりて（中）『一遍聖絵』読解の試みから（『ＵＰ』241 号、東京大学出版会）

199212 ：○一人のすゝめによりて（下）『一遍聖絵』読解の試みから（『ＵＰ』242 号、東京大学出版会）

199311 ◎中世を旅する人々―「一遍聖絵」とともに―（黒田［編］、朝日新聞社［朝日百科・日本の歴史別冊《歴史を読みなおす》10］）※→藤原重雄 200411 紹介
：①旅と風景―信濃・陸奥・京都―※→米倉迪夫 200805 紹介

199507 ◎歴史学事典3「かたちとしるし」（黒田［責任編集］、弘文堂）※項目執筆
：①阿吽※「空也上人像」「清浄光寺蔵の後醍醐天皇像は口をかすかに開いており、真言を唱えているのだとの説も提出されている。」「一遍上人像などロが開いているさまざまな肖像」と記述
：②浦島太郎※『一遍聖絵』に言及
：③杖と棒※『遊行上人縁起絵』巻 3 に描かれた尾張甚目寺での施行の場面においては、犬神人が撮棒ないし警邏棒を持ってその場を監督しており、撮棒は犬神人の職務・職掌を示している。」と記述
：④門（日本の）※『一遍聖絵』に言及

199611A ○一遍聖絵に描かれた「地域」―伊予国と瀬戸内海―〈愛媛県〉（はじめに／1　一遍聖の遊行の旅と伊予《『一遍聖絵』の作者と画家／聖戒の書いた物語テクスト／念仏札をくばり続けた一遍聖の旅／表象＝再現された中世社会／伊予国と一遍聖※図版ネーム：「菅生の岩屋の場面（模本『一遍上人絵伝』京都市立芸術大学芸術資料館蔵、以下、同じ）」「窪寺の閑室の場面」「一遍聖の生家。父・河野通広の家」「一遍聖の家と旅立ち」〉／2　旅立つ季節と桜井の別離（一遍聖の旅立ちと伊予桜井の別れ／伊予桜井の別れ※図版ネーム：「伊予桜井の別れ」／描かれた春と旅※表ネーム：「『一遍聖絵』の季節」／『一遍聖絵』の四季／苗代田と篠※図版ネーム：「伊予某寺の早春の風景」「一遍聖の旅立ちと苗代田」「太宰府の春と苗代田」〉／3　伊予国と瀬戸内海〈一遍聖の四つの長大な旅／時衆としての遊行の旅／最後の旅／浄土信仰の聖地と生国／瀬戸内海と沿海諸国／伊予と九州の諸国／瀬戸内海の風景と船旅※図版ネーム：「阿波より淡路へ向かう一遍聖ら時衆」「兵庫嶋へ向かう一遍聖ら時衆」「厳島社鳥居付近の船」「入水する結縁衆と海上の船」〉／4　最後の旅と大三島社〈伊予大三島社／大三島大明神のお告げ／大三島社の楼門と廓の破損※図版ネーム：「大三島社と聖なる山」「大三島社の風景／海上に聳え立つ岩山※図版ネーム：「九州へ向かう一遍聖と聖戒、そして海上にそびえ立つ聖なる山」〉／おわりに〈旅人の記号／足駄を履く一遍聖／暮露［ボロボロ］の足駄※『遊行上人縁起絵』に言及／時衆の旅姿〉（原田敬一［本巻担当編集委員］『サヌカイトから自由民権まで―南海道をあるく』フォーラム・A〔歴史の道・再発見第6巻］）※第三章。→米倉迪夫 200805 紹介

199611B ◎絵巻物の建築を読む（小泉和子・玉井哲雄・黒田［編］、東京大学出版会）

199712 ：○絵画に中世の静岡を読む―『一遍聖絵』を史料として―（静岡県教育委員会文化課県史編さん室［編集］『静岡県史研究』第 14 号、同県）

199805 ：○日本史にとっての絵画と中世文学（『中世文学』第四十三号、同会）※『一遍聖絵』に言及

199808 ：○柿色の衣―差別の精神史―（『東洋インキニュース』第 74 号、東洋インキ製造株式会社）

199812 ◎歴史学事典6「歴史学の方法」（樺山紘一［責任編集］・尾形勇・黒田［編］、弘文堂）※項目執筆
：①『平家物語』
：②絵巻 1 （日本の）

199901 ◎謎解き日本史・絵画史料を読む（日本放送協会〔ＮＨＫ人間大学テキスト〕）
※ＮＨＫ教育テレビＮＨＫ人間大学 1999/1-3 月期、テキスト。→黒田日出男 200401

	：①旅と信仰―『一遍聖絵』①
	※『一遍聖絵』伊豆三嶋社の場面を分析。ただし「清浄光寺」とルビ。→黒田日出男200401①
	：②交通と軍事―『一遍聖絵』②
	※『一遍聖絵』あちさか入道の富士河入水場面の紫雲と船橋と富士山を分析。→黒田日出男200401②
199905	□絵画読解に大きな示唆（『朝日新聞』読書面「書棚から」欄同月30日号、同社）
200010	：図像の歴史学（歴史科学協議会［編集］『歴史評論』№606、校倉書房）
	※『一遍聖絵』をめぐる、五味文彦・藤本正行との論争に言及。→黒田日出男200210⑨
200104	：○文献案内・仙海ams之「歓喜光寺本『一遍聖絵』の絵画表現について―御影堂本との比較から―」（『美術史』149号、2000年10月）（東京大学史料編纂所附属画像史料解析センター［編集］『画像史料解析センター通信』第13号、同所）※←仙海ams之200010を文献案内
200210	◎増補　姿としぐさの中世史　絵図と絵巻の風景から（平凡社［同社ライブラリー445］）
	※←黒田日出男198605を増補
	：①「異香」と「ねぶる」※←黒田日出男198312
	：②『天狗草紙』における一遍※図版：『天狗草紙』4葉・『一遍聖絵』巻五「時衆施行」・『遊行上人縁起絵』（金光寺本）巻三「時衆施行」・「魔仏一如絵」
	：③「女」か「稚児」か※←黒田日出男198505B
	：④巫女のイメージ※図版：『一遍聖絵』巻九「石清水八幡宮境内」2葉・『東北院職人歌合』『鼠草紙』
	：⑤中世の旅姿をめぐって※図版：『一遍聖絵』巻二「菅生の岩屋」・「天王寺境内」・巻三「熊野」5葉・巻六「三島社」2葉・巻七「四条京極釈迦堂」2葉・『遊行上人縁起絵』（光明寺本）巻一「石清水八幡宮境内」2葉・巻四「天王寺境内」・同（真光寺本）巻一「石清水八幡宮境内」・ほか『三十二番職人歌合』「高野聖」等
	：⑥市の光景※図版：『一遍聖絵』巻四「備前福岡の市」・「伴野の市」・巻五「鎌倉」2葉。→黒田日出男198502
	：⑦「獄」と「機物」※『遊行上人縁起絵』（東博本）巻五と同（金蓮寺本）と同（真光寺本）巻五の「小山律師」の図版を比較。←黒田日出男198505A
	：⑧「犬」と「烏」と※図版：『一遍聖絵』巻六「片瀬」・『おぐり物語』
	：⑨図像の歴史学※←黒田日出男200010
200310	：①座談会『清明上河図』をよむ※『一遍聖絵』をめぐり発言
	：②絵画史料としての『清明上河図』―日本史からの読み方―※『一遍聖絵』に言及
	（以上、伊原弘［編］『『清明上河図』をよむ』勉誠出版）
200312	◎日本史文献事典（黒田・加藤友康・保谷徹・加藤陽子［編集委員］、弘文堂）※以下、項目執筆
	：黒田日出男（1943―）『境界の中世　象徴のの中世』東京大学出版会,1986
	：黒田日出男（1943―）『姿としぐさの中世史』平凡社,1986
200401	◎絵画史料で歴史を読む（筑摩書房〔ちくまプリマーブックス153〕）
	※←黒田日出男199901加除訂正（一部）。→古賀克彦200410紹介
	：①旅と信仰―『一遍聖絵』①※←黒田日出男199901①
	：②交通と軍事―『一遍聖絵』②※←黒田日出男199901②
	：③聖地を象徴する動物―『一遍聖絵』③※新稿。熊野三山の光景に描きこまれた馬・猪を考察
黒田　基樹（※駿河台大学法学部教授）	
200806	：武田氏系図（柴辻俊六［編］『新編　武田信玄のすべて』新人物往来社）
	※「一　円光院武田系図」に、奥州信春の子・孫・曾孫がそれぞれに「法阿弥陀仏　一条聖人」「弥阿弥陀仏」「其阿弥陀仏　能成寺住持」。「二　古浅羽本武田系図」に信光の子、信長に「一条六郎甲斐守　一条道場―蓮寺建立。」の書き込みあり。その孫、時信の法名「仏阿弥」。さらに信有改め信春の子・曾孫がそれぞれ「法阿弥　一蓮寺朝目上人」「弥阿」「其阿　一条坊主后宗棟」。「三　集成　戦国期武田氏系図（黒田基樹作成）」に、信昌（初名信長）の子、信恵に「油川彦八郎／連阿弥陀仏」、その3人の子がそれぞれに、弥九郎「与阿弥陀仏」、清九郎「行阿弥陀仏」、珍宝丸「善阿弥陀仏」。信恵の弟縄美に「岩手四郎／釆阿弥陀仏／法名道満力」、とあり
201206	◎中世南関東の武士と時宗（湯山学［著］・黒田［編集］、岩田書院［湯山学中世史論集5］）※詳細⇒湯山学201206
桑畑　靜善（※遊行67代・藤沢50世他阿尊浄。元横浜清浄光寺第2世住職。1867-1936/5/25）	
191299	○時宗安心提要（『正法輪』第二百九十四號、龍泉庵）
桑原　弘善（※時宗宗務長・総本山執事長・小山現声寺第44世住職。元時宗教学部長）	
199702	：○時宗の組織（時宗教学研究所［編集］『時宗入門』時宗宗務所）
桑原　祥善（※元小山現声寺第43世住職）	
200109	：○守りたい「五戒」（『遊行』第137号、時宗宗務所布教伝道研究所）※巻頭言。カラー近影付
桑原　聰善（※時宗教学研究所研究員・小山現声寺寺族）	
201503	：○［研究発表要旨］二祖他阿弥陀仏真教における呼称について（『時宗教学年報』第四十三輯、時宗教学研究

所）※研究所名簿に「時宗第　七教区　現聲寺」とあり

群馬県新田郡尾島町教育委員会（※群馬県新田郡尾島町〈現太田市〉）
199803　◎尾島町近世寺社建築調査報告書（同委員会）
　　　　※カラー口絵ネーム：「青蓮寺本堂（岩松　17世紀末期）」。単色図版・写真：明治三十四年九月刻「青蓮寺之景（岩松）」・「清蓮寺」・「青蓮寺本堂（岩松）」・「青蓮寺本堂向拝正面」・「青蓮寺本堂向拝側面」・「青蓮寺本堂組物」・「青蓮寺本堂外陣・内陣境」・「青蓮寺本堂来迎柱上部」・「青蓮寺山門」・「青蓮寺山門正面」3葉・「青蓮寺山門側面」・「青蓮寺山門戸口部分」・「青蓮寺山門上層内部」2葉・「満徳寺本堂（徳川）」・「満徳寺駆込門」

毛塚　万里（※〈東京都新宿区・総合委託〉平和祈念館資料館学芸員。元〈同墨田区・私立〉昭和のくらし博物館学芸員）
199410　：古文書からみた中世の桶・樽—十三〜十五世紀を中心に—（桶樽研究会［編］『日本および諸外国における桶・樽の歴史的総合研究』生活史研究所）※図版：金光寺本『遊行上人縁起絵』甚目寺
200003　：描かれた桶樽、記された桶樽（小泉和子［編］『桶と樽—脇役の日本史』法政大学出版局）
　　　　※図版：東博本『遊行上人縁起絵』甚目寺。キャプションでは金光寺本にも言及

煙山　英俊（※秋田県立秋田南高等学校教諭。元同県公文書館古文書課職員）
199810　：遊行上人の書状〜「秋田藩家蔵文書」より〜（秋田県公文書館［編集］『公文書館だより』第9号、同館）※資料紹介欄。「秋田藩家蔵文書」に遊行上人発給文書が11通ありとし、佐竹一門の32他阿普光や水戸藤沢道場、秋田龍泉寺に言及。単色図版ネーム：「「他阿弥陀仏書状」（一部分「秋田藩家蔵文書」59寺社文書　下）」。「「秋田藩家蔵文書」遊行上人書状一覧表」あり。肩書き：「古文書課」

建設省河川局治水課（※東京都千代田区・現国土交通省河川局治水課）
199901　◎Front1月号（11巻2号）（通巻124号）（同課［監修］、リバーフロント整備センター）※『聖絵』巻六
建設省四国地方建設局企画課（※香川県高松市・現国土交通省四国地方整備局企画課）
199905　◎わんだふる四国第59号（同課［監修］、㈳四国建設弘済会）※表紙：『聖絵』四条釈迦堂
　　　　：渡瀬　真史：捨て果てて…捨てる心も捨て果てて—捨聖・一遍をたずねて（下）

弦間　耕一（※山梨県史特別調査員・〈同県〉笛吹市文化財審議委員。元同市立一宮西小学校校長）
199607　：称願寺　国の重要文化財・真教上人坐像は時宗系彫刻の代表作（磯貝正義［編集顧問］『定本・甲斐百寺』郷土出版社）※単色写真ネーム：「本堂」「整然とした佇いをみせている鐘楼」「他阿真教上人供養塔」

其阿　快存（※遊行50代・藤沢26世他阿快存。元浜松教興寺第26世住職。1671-1753/12/3）
172003　：歌聖抄（〈発行元表記なし〉）※写本。筑波大学附属図書館中央図書館蔵

其阿　智善
　　　　：扶桑名所大槩（〈年紀・発行元表記なし〉）※写本。東京大学大学院人文社会系研究科文学部図書室蔵

其阿弥　覚（※広島県廿日市市・有限会社）ゴアミ〈不動産業〉代表。刀鍛冶其阿弥家第77代当主）
200911　◎謎のごあみ（渓水社）※其阿弥は広島県廿日市市在住で刀鍛冶其阿弥家77代。祖を尾道を訪れた遊行2代他阿真教にお札切りの小刀を献上し其阿弥姓を賜るると伝う。→秋月俊也201003　書評

小嵐九八郎（※小説家。元社青同解放派活動家）
200902　：〇（読切小説）脈脈たる仏道一遍入滅一心が濃いゆえに（『大法輪』平成二十一年二月号［第76巻第2号］［特集‖これでわかる〈道元〉］、大法輪閣）

小池　長之（※東京学芸大学名誉教授）
197701　◎日本宗教ものしり100（日本文芸社）※「盆踊りの始まりは一遍の念仏踊り」の項あり。→小池長之200112
200112　◎日本宗教の常識100　意外と知られない日本宗教の変遷と教え（日本文芸社〔日文新書〕）※←小池長之197701

小池　光（※〈宮城県仙台市青葉区・市立〉仙台文学館第2代館長・歌人。元浦和実業学園高等学校教諭）
200509　：茂吉をめぐる10のエピソード（『国文学　解釈と鑑賞』第70巻9号〈平成17年9月号〉（892）［特集　巨人斎藤茂吉総点検］、至文堂）※「空想」の項で「篠応和尚」に言及

小池　梨菜（※山名光台寺寺族）
201403　：時宗奨学資金助成金成果報告　時宗教団と女性（『時宗教学年報』第四十二輯、時宗教学研究所）
　　　　※肩書き：「時宗第六教区光台寺　大正大学四年」

小泉　和子（※〈東京都目黒区・有限会社〉小泉和子生活史研究所初代代表・〈同墨田区・私立〉昭和のくらし博物館初代館長・家具道具室内史学会会長。元京都女子大学家政学部教授）
199211　：桶（『日本史大事典』第一巻、平凡社）※項目執筆。『縁起絵』金光本巻三の施行場面
199611　◎絵巻物の建築を読む（小泉・玉井哲雄・黒田日出男［編］、東京大学出版会）
　　　　：①絵巻物にみる中世住宅の寝場所
　　　　：②記号としての竹の縁と柱

小泉　博明（※文京学院短期大学教授。元〈東京都千代田区・現一般財団法人〉日本私学教育研究所委託研究員）
200212　：病気の文化史をテーマとした日本史学習—「時代を語る病気」（主題学習）—（『歴史と地理』第五六〇号　日本史の研究（一九九）、山川出版社）
　　　　※「ハンセン病——一遍上人とともに」の節で、図版：『一遍上人絵伝』巻十二の結縁衆の入水場面

| 201302 | ：○斎藤茂吉と浅草寺（文京学院大学総合研究所［編］『文京学院大学外国語学部文京学院短期大学紀要』第 12号、同所）※金瓶宝泉寺と佐原隆應に言及 |
| 201303 | ：斎藤茂吉と浅草寺（日本宗教学会［編集］『宗教研究』三七五号［第 86 巻第 4 輯］、同会）※金瓶宝泉寺と佐原隆應に言及。2012/9/7-9 於皇館大学、同会第七十一回学術大会第八部会報告要旨 |

小泉　宜右（※東京大学名誉教授）

200805　◎經覺私要鈔　七（小泉［校訂］、八木書店［史料纂集・古記録編 150］）

※以下、傍註は［］を附して文中に編入。寛正六年（1465）三月八日条標出：「因幡堂幷清水寺參詣（中略）次で疊山に觀花す」、本文：「因幡堂幷清水等へ參了、（中略）又疊山一見了、花未在之」（p26）、標出では「觀花す」とあるが、本文では「一見了、花未在之」とあり、南都から上洛中の經覺は觀花に赴いたが咲いていなかったのであろう。文正二年（三月五日應仁改元。1467）正月十八日条標出：「迎福寺晴昨日畠山政長被官神保長誠京都四條道場を火くと語る／一寮のみ燒失惣寺燒失は虛説。本文：「當坊［迎福寺］久光上人語云、四条道場［金蓮寺］昨日十七日、燒失、畠山小［少］弼内者神保［長誠］所爲、、子細未聞、後聞、寮一燒、惣ハ虛説也、○トノ／十四字、追記ナリ。」（p128）。『時衆年表』には火災記事みえず。六月十五日条標出：「朝倉孝景四條道場時衆を古市に下向せしめ昨日朝倉勢二條邊に武田信賢勢を激撃し大勝利す事を報ず／首級二十四を山名持豐の實檢に備へんとす」、本文：「酉初點元次男來申云、只今四条時衆自朝倉方下之、（中略）今時衆罷向間（下略）」（p188-189）。八月二十三日条標出：「土岐成頼は河原口道場六角高頼山名教之は萬壽寺六波羅道場斯波義廉は清淨華院に陣を移す」、本文：「土岐［成頼］ハ、河原口導［道］場ニ取陣、六角○［高頼］者、万壽寺・六原道場等ニ取陣」（下略）」（p209）。「万壽寺・六原道場」となっているが、「万壽寺」は別名「六條御堂」ともよばれ「六條道場」に隣接していたが「六波羅」とは賀茂川を挟んで少し距離があり、この「六原」は「六條」の可能性はないか（古賀克彦註）。九月十日条標出：「楠葉西忍京四條道場時衆の報ずる京都情報を語る」、本文：「西忍入道語云、夜前四條時衆道場西所へ罷下、京都之儀色々演説、（下略）」（p215）。十月二十二日条標出：「時衆法持庵勝定房初參しし酒饌を進む／經覺引見して花瓶を輿へ發句を書副ふ」、本文：「當麻［葛下郡］時衆法持庵勝定房（下略）」（p231）。當麻寺には時衆もいた。應仁二年（1468）二月九日条標出：「京都四條道場時衆下向し細川陣の樣相を語る」。本文：「昨日四条時衆兩人自京下向」（下略）」（p267）。四條時衆は報道陣僧として大活躍

201203　◎經覺私要鈔　八（小泉［校訂］、八木書店［史料纂集・古記録編 163］）※以下、傍註は［］を附し文中に編入。文明元年（1469）七月十四日条標出：「衆中南都踊念佛を停止する」、本文：「一南都ヲトリ自衆中停止云々、」（p52）。同七月二十七日条標出：「古市に淋汗を催す／（中略）之を焚く」、本文：「今日在林間［淋汗］、（中略）聖道一人・四条時衆一人（中略）燒之」（p60）。文明二年七月十四日条標出：「古市胤築館前踊念佛あり」、本文：「今夜於古市［城脱カ］前ヲトリ念仏在之、」（p134）。同七月十七日条標出：「古市館前に踊念佛あり／鐘鼓譁夜半に及ぶ」、本文：「此間夜々於古市城前ヲトリ念仏在之、燈爐ヲカツキツレテ、至半更鐘鼓譁々在之、」（p137）。同七月十九日条標出：「吉岡時衆」、本文：「瓜が遣吉岡時衆遭了、来悦申了、」（p138）。文明三年三月三日条標出：「畑經胤連歌興行」、本文：「一於畑［經胤］部屋在連哥、唯阿下云侍［時カ］衆在之故也、」（p238）

小板橋良平（※元〈群馬県群馬郡〉倉渕村〈現高崎市〉文化財調査委員、元同村〈現高崎市〉立倉渕中学校教諭）

199604　：碓氷の板碑と新田一族（『歴史研究』第 419 号、同会）※板鼻閻名寺に言及、ただし「浄土宗」と表記

考古學會（※東京市下谷區〈現東京都台東区〉・帝室博物館〈現東京国立博物館〉内・現日本考古学会）

192609　◎造像銘記（同會［編輯］、同會）

※宇都宮一向寺藏旧宇都宮長楽寺本尊が 141 番「阿彌陀如來像」として翻刻および写真ページあり

香西　精（※従政大学掌典教育学部嘱問。元〈兵庫県神戸市兵庫区〉〈現株式会社ヒョウベイ〉第 2 代社長。1902/11/29-1979/1/12）

196202　◎世阿弥新考（わんや書店）

※「Ⅰ　世阿弥の出家と帰依」に「同朋衆雑考─世阿弥同朋説をめぐって─」あり。→金井清光 196208　書評

高坂　謙次（※椙山女学園大学生活科学部教授。元山口大学教育学部助教授）

200403　：○「いざり車」とその周辺（『椙山女学園大学研究論集』（自然科学篇）第 35 号、同大学）※『一遍聖絵』にみえる「いざり車」を史料での初見とす。単色図版ネーム：「図 7　一遍聖絵」「図 8　一遍聖絵」「図 9　一遍聖絵」。7 は「福岡の市」、8・9 は「天王寺」。ただし福岡を「九州福岡」とす。説経節小栗判官にも言及

神坂　次郎（※小説家）

199302　◎熊野詣（神坂［監修］、講談社）

高座郡教育會（※神奈川縣高座郡藤澤町〈現藤沢市〉。現廃止）

190907　◎高座郡歴史（同會［編纂］、川上廣文堂書店）

※当麻無量光寺に言及、大和当麻寺とならびて無量光寺と会津東明寺を「日本三當麻」とす

興山舎（※東京都港区・株式会社）

200311　⊙寺門興隆第 6 巻第 11 号（NO.60）（同社）※「寺院の家族紛争…時宗寺院がなげかける問題の波紋／「わが子は住職失格です」と母親が檀家多数に訴えた虚実」記事で府中称名寺を詳述

200501　⊙寺門興隆第 7 巻第 1 号（NO.74）（同社）※「仏心全てを知的障害者の支援に注ぐ住職親子の福祉共同体作り

岩手県時宗光林寺三井義覚住職の奮闘」記事で単色写真：「光林寺ルンビニーの郷まつり」「光林寺の三井義覚住職と息子の信義副住職」「光林寺境内の知的障害者施設『ルンビニーの郷』」「一遍上人に縁深い光林寺の寺歴は約720年」「ルンビニー祭（右から3人目が信義副住職）」等

200708　⊙寺門興隆第9巻第8号（NO.105）（同社）※「教団を象徴する紋章が秘める謎　宗門と本山の紋章七十八の形その正当性」記事に「時宗」の項あり、「時宗の角切三紋」が載る

201308　⊙寺門興隆第15巻第8号（NO.177）（同社）
　　　※「寺檀の将来を見据えた「永代供養墓」を成功させる方法」記事で桐生青蓮寺に言及

甲西町誌編さん委員会（※滋賀県甲賀郡甲西町〈現湖南市〉）

197405　◎甲西町誌（同委員会［編集］、同町教育委員会）
　　　※「覚蓮寺」（同町夏見970・浄土宗鎮西派）の項あり、一向俊聖開山の一向院聖観寺であったとす

興膳　宏（※京都大学名誉教授。元京都国立博物館館長）

200303　◎研究発表と座談会　一遍聖絵の諸相（若杉準治［編集］・興膳［編集代表］、仏教美術研究上野記念財団助成研究会［同会報告書第三十冊］）※実務は若杉準治。詳細⇒若杉準治200303
　　　：①序
　　　：②座談会「一遍聖絵の諸相」※詳細⇒若杉準治200303 ②

甲田　弘明（※奈良県桜井市長谷寺〈真言宗豊山派総本山〉教務課学芸員・種智院大学仏教学部非常勤講師）

200303　：□長谷観音信仰のひろがり⑰　時宗医王山薬仙寺（『中外日報』同月13日号、同社）※写真：兵庫薬仙寺本堂

高達奈緒美（※東洋大学文学部非常勤講師）

198302　：○常陸における小栗判官説話（藤沢市文書館［編集］『藤沢市史研究』第16号、同館）
　　　※小栗一向寺が説話を管理すと言及

講談社（※東京都文京区・株式会社）

199212　⊙水墨画と中世絵巻　南北朝・室町の絵画I（同社〔日本美術全集12〕）
　　　※単色グラビア：融通念仏縁起絵巻（フリア美術館 1384）、同上（版画。重文。大念仏寺 1391）、同上（重文。禅林寺 1465）、同上（ハーヴァード大学付属サックラー美術館 1471）

199308　⊙縁起絵と似絵　鎌倉の絵画・工芸（同社〔日本美術全集9〕）
　　　※カラーカバー：一遍上人絵巻（一遍聖絵）7巻2段（四条賦算）、カラーグラビア：一遍上人絵巻（一遍聖絵）7巻3段・2巻1・2段・3巻1段。以上、塩出貴美子［図版解説］。単色図版：一遍上人絵巻（一遍聖絵）6巻2段・9巻1段・3巻1段―遍上人像（神奈川県立博物館蔵）、遊行上人絵巻（金光寺蔵）。塩出貴美子［図版解説］、融通念仏縁起絵巻（シカゴ美術館蔵。塩出貴美子［図版解説］）

200112　⊙講談社日本人名大辞典（同社）※「一遍」の項に伝記に関する記述はなく図版：「一遍上人絵伝」の桂の道場、「聖戒」の項に図版：「桜井の別れ」。「円伊」の項あり。「北条時宗」の項に一遍との出会いの場面

200205　⊙東海道1（同社〔週刊　日本の街道3号〔2002年5月7・14日号］］）※「藤沢」の項で藤沢遊行寺に言及、カラー写真：本堂。カラー場面：『一遍上人絵伝』巻6「伊豆三嶋社参詣」

200207　⊙熊野街道（同社〔週刊　日本の街道13号〔2002年7月30日号］］）
　　　※「本宮」の項で一遍に言及、カラー図版：『一遍上人絵伝』

200209　⊙京の大路・小路1（同社〔週刊　日本の街道19号〔2002年9月17日号］］）
　　　※カラー写真：「長楽寺」の庭。カラー図版：『一遍上人絵伝』巻7の東市の賑わい場面

200211　⊙鎌倉街道（同社〔週刊　日本の街道29号〔2002年11月26日号］］）
　　　※「東慶寺」の項で上州満徳寺に言及

200212　⊙東海道3（同社〔週刊　日本の街道32号〔2002年12月17日号］］）
　　　※「見付」の項で行興寺に言及、カラー写真：本堂前「熊野の長藤」

200306　⊙中山道5（同社〔週刊　日本の街道54号〔2003年6月3日号］］）
　　　※草津に一遍が訪れた、とあり、文中で『一遍上人絵伝』とす

200311　⊙四国・遍路道4（同社〔週刊　日本の街道77号〔2003年11月18日号］］）※「郷照寺」の項あり

200312A　⊙知恩院周辺（講談社〔週刊　京都を歩く 2003年12月16日号（通巻23号）］）
　　　※写真：東山長楽寺・円山公園

200312B　⊙最上川と六十里越街道（同社〔週刊　日本の街道82号〔2003年12月23日号］］）
　　　※「六十里越街道人物探訪」欄で斎藤茂吉を特集し、「隣家の宝泉寺住職、佐原篤応」に言及

200509　⊙週刊四国八十八カ所遍路の旅26号〔2005年9月8日号〕（同社）
　　　※第78番札所桑多仏光山郷照寺をカラーで特集。「ご住職のおはなし」欄に佐藤恒憲談話

200801　◎宝菩提院願徳寺　如意輪観音と西山（同社〔週刊　原寸大　日本の仏像31号〔2008年1月24日号］］）
　　　※カラー写真：「聖徳太子立像」のキャプション：「像内の墨書から、浄土教の一派である時宗を開いた一遍の弟・聖戒らが、一遍とその父の追善供養のために造像したことがわかる。」

神津　良子（※〈長野県松本市・株式会社〉郷土出版社社長・同社編集長・エッセイスト・ノンフィクション作家）
200705　◎仏はいませども　「踊り念仏」を開始した美しい尼の物語（郷土出版社〔埋もれた歴史・検証シリーズ⑨〕）
　　　　　※小説。惹句：「佐久伴野荘で「踊り念仏」を開始したのは、時宗の祖・一遍上人の妻・超一房だった…」。
　　　　　：青柳　恭行：解説

河野　叡祥（※甲府一蓮寺〈旧時宗藤沢派・現時宗系単立〉第72世住職。河野悦然令息）
196208　◎一蓮寺―その教えと歴史―（又新社）
197399　◎随想捨て聖（一蓮寺／白眉学芸社）
197902　◎続捨て聖――一遍聖人の念仏の周辺―（一蓮寺／じべた書房）
198207　◎任風の抄（一蓮寺）
198303　◎雷の手形（じべた書房）※甲府勤番士野田成方による地誌『裏見寒話』所載の甲府一蓮寺の伝説
198304　◎にこにこさへい（河野［文］・大谷修啓［絵］、じべた書房）
198307　◎ほとけにきく親と子の十六話（一蓮寺／じべた書房）
198405　◎一蓮寺概史（一蓮寺）
198511A　◎うそつきごんた（河野［文］・福田庄助［絵］、フレーベル館）
198511B　◎随筆行く雲（一蓮寺）
198608　◎随想微笑仏　自句周辺（一蓮寺〈山梨ふるさと文庫［発売］〉）
198899　◎お地蔵さまのひとりごと（ふよう書房）
198999　◎木の葉集（ふよう書房）
199399　◎道の辺（ふよう書房）
199699　◎随想好日（ふよう書房）

河野　悦然（※甲府一蓮寺〈旧時宗藤沢派・現時宗系単立〉第71世住職。元時宗第2代宗務長。1952/3/2歿）
193301A　：遊行の阿彌（『業』昭和八年正月特別號、呵瑠摩社）
　　　　　※長島尚道 198206 による。河野悦然 193301B の衍カ。俟後考
193301B　：遊行の沙彌（『業』第三號、呵瑠摩社）※金井清光 196711 ⑯ による。俟後考

河野　往阿（※兵庫真光寺第20世住職。1839-1906/3/20）
188003　◎時宗要覽偉言抄（河野［著述］、吉谷俊達［出版］）※吉谷は「長門國豊浦郡赤間關區西南部町専念寺従弟　當時兵庫縣攝津國神戸區兵庫角逆瀬川町眞光寺寄留」とあり
189312　◎時宗綱要（時宗青年會本部）

河野　憲善（他阿　一雲）（弓原山房主人）（※島根大学名誉教授。元遊行73代・藤沢56世、元全日本仏教会副会長、元塩冶高勝寺第48世住職。1910-2004/8/26）
195008　：鎌倉期浄土教の時間的展開――一遍の当体の念仏について―（京都哲学会［編］『哲学研究』第三十四巻第一号（通巻第三百九十四号）、同会）
195309A　：一遍教学の基礎的立場（日本印度學佛敎學會［編輯］『印度學佛敎學研究』第一巻第一號〔通卷第1號〕、同會）※→河野憲善 197310 ②
195309B　：一遍上人の念仏（『ブディスト・マガジン』4―9、伝道協会ブディスト・マガジン刊行会）
195399　：一遍の念仏（『教化』第四号、大谷出版社）
195409　：一遍教学における時間について（日本印度學佛敎學會［編輯］『印度學佛敎學研究』第三巻第一號〔通卷第5號〕、同會）※→河野憲善 197310 ④
195602　：一遍教学の実存的解明（『島根大学論集』人文科学第六号、同大学）
195603　：一遍教学と実存哲学（日本印度學佛敎學會［編輯］『印度學佛敎學研究』第四巻第二號〔通卷第8號〕、同會）※→河野憲善 197310 ①
195703　：初期時衆史考（『島根大学論集』人文科学第七号、同大学）
195801　：当体の念仏と当座道場――一遍教学の中心課題―（日本印度學佛敎學會［編輯］『印度學佛敎學研究』第六巻第一號〔通卷第11號〕、同會）※→河野憲善 197310 ③
195803　：時衆研究の時到る！（『時衆あゆみ』第十八号、中村昌道私家版）
195805　：時衆と神祇（『神道学』第十七号、同会）
195903　：遊行七条道場の創建と有阿呑海（日本印度學佛敎學會［編輯］『印度學佛敎學研究』第七巻第二號〔通卷第14號〕、同會）
195909　：西雲無題録（四）（『時衆あゆみ』第二十三号、中村昌道私家版）※「弓原山房主人」名義
196001　：四条道場の創建と浄阿真観（日本印度學佛敎學會［編輯］『印度學佛敎學研究』第八巻第一號〔通卷第15號〕、同會）
196002　：初期時衆の種々相―特に二祖三祖について―（島根大学［編集］『開学十周年記念論文集』人文科学篇、同大学）
196004　：西雲無題録（五）（『時衆あゆみ』第二十五号、中村昌道私家版）※「弓原山房主人」名義

196007A	:	○念仏の旅人・一遍上人（『大法輪』昭和三十五年七月号、大法輪閣）※氏名ルビ：「かわのけんぜん」
196007B	:	○遊行廟間書抄（正）（『和合』第八号、同編輯部）
196007C	:	○遊行廟間書抄（続）（『和合』第九号、同編輯部）
196008A	:	○西雲無題録（六）（『時衆あゆみ』第二十六号、中村昌道私家版）※「弓原山房主人」名義
196008B	:	○念仏の旅人一遍上人(2)（『大法輪』昭和三十五年八月号、大法輪閣）※氏名ルビ：「かわのけんぜん」
196101	:	他阿の倫理（日本印度學佛敎學會［編輯］『印度學佛敎學研究』第九卷第一號〔通卷第 17 號〕、同會）
196103	:	遊行四代呑海とその述作（『島根大学論集』人文科学第十号、同大学）
196109	:	西雲無題録（八）（『時衆あゆみ』第二十九号、中村昌道私家版）※「弓原山房主人」名義
196201	:	十一不二の論理（日本印度學佛敎學會［編輯］『印度學佛敎學研究』第十卷第一號〔通卷第 19 號〕、同會）
196203	:	鎌倉末期の時衆史と法품類纂録（『島根大学論集』人文科学第十一号、同大学）
196206	:	時宗の成立（『歴史教育』第十巻第六号、同研究会）
196212	:	時衆七祖の教学（金井清光［編集］『時衆研究』創刊号、金井私家版）※→河野憲善 196301
196301A	:	西雲無題録（十一）（『時衆あゆみ』第三十三号、中村昌道私家版）※「弓原山房主人」名義
196301B	:	時衆七祖の教学（日本印度學佛敎學會［編輯］『印度學佛敎學研究』第十一卷第一號〔通卷第 21 號〕、同會） ※←河野憲善 196212
196303	:	禅時論—解題と本文—（金井清光［編集］『時衆研究』第二号、金井私家版）
196307A	:	西雲無題録（十二）（『時衆あゆみ』第三十四号、中村昌道私家版）※「弓原山房主人」名義
196307B	:	時宗二祖三祖における当体一念の伝承（上）（金井清光［編集］『時衆研究』第三号、金井私家版）
196311A	:	西雲資料集（その一）（金井清光［編集］『時衆研究』第四号、金井私家版）※「弓原山房主人」名義
196311B	:	①時宗二祖三祖における当体一念の伝承（下） ②隠岐大光明寺を探ねる記（以上、金井清光［編集］『時衆研究』第四号、金井私家版）
196401A	:	西雲無題録（十三）（『時衆あゆみ』第三十五号、中村昌道私家版）※「弓原山房主人」名義
196401B	:	○十一不二の論理（続）（日本印度學佛敎學會［編輯］『印度學佛敎學研究』第十二卷第一號〔通卷第 23 號〕、同會）
196402	:	○託何上人法語（『島根大学論集』人文科学第十三号、同大学）
196403A	:	西雲資料集（その二）（金井清光［編集］『時衆研究』第五号、金井私家版）※「弓原山房主人」名義
196403B	:	絶対他者の招喚（金井清光［編集］『時衆研究』第五号、金井私家版）
196405	:	時宗と融通念仏宗（『大法輪』昭和三十九年五月号［第 31 巻第 5 号］、大法輪閣）
196406A	:	西雲資料集（その三）（金井清光［編集］『時衆研究』第六号、金井私家版）※「弓原山房主人」名義
196406B	:	念仏往生要決—解題と本文—（金井清光［編集］『時衆研究』第六号、金井私家版）
196408A	:	西雲無題録（十四）（『時衆あゆみ』第三十六号、中村昌道私家版）※「弓原山房主人」名義
196408B	:	他阿真教の教学㈠（金井清光［編集］『時衆研究』第七号、金井私家版）
196410	:	遊行十四代上人法語（金井清光［編集］『時衆研究』第八号、金井私家版）
196412A	:	西雲無題録（十五）（『時衆あゆみ』第三十七号、中村昌道私家版）※「弓原山房主人」名義
196412B	:	宗典目録（その一）（金井清光［編集］『時衆研究』第九号、金井私家版）※「弓原山房主人」名義
196412C	:	洞天上人校異知心修要記（金井清光［編集］『時衆研究』第九号、金井私家版）
196501	:	時宗二祖の教学（その一）（日本印度學佛敎學會［編輯］『印度學佛敎學研究』第十三卷第一號〔通卷第 25 號〕、同會）※→河野憲善 197802B→河野憲善 198109 ②→河野憲善 200503 ②
196502A	:	資料紹介・芝崎文庫（金井清光［編集］『時衆研究』第十号、金井私家版）
196502B	:	続託何上人法語・遊行十四代上人法語（『島根大学論集』人文科学第十四号、同大学）
196504A	:	西雲資料集（その四）（金井清光［編集］『時衆研究』第十一号、金井私家版）※「弓原山房主人」名義
196504B	:	他阿真教の教学㈡（金井清光［編集］『時衆研究』第十一号、金井私家版）
196506A	:	一遍上人における真実と現実の交渉（金井清光［編集］『時衆研究』第十二号、金井私家版）
196506B	:	宗典目録（その二）（金井清光［編集］『時衆研究』第十二号、金井私家版）※「弓原山房主人」名義
196508A	:	宗典目録（その三）（金井清光［編集］『時衆研究』第十三号、金井私家版）※「弓原山房主人」名義
196508B	:	資料翻刻・名体不離之事（金井清光［編集］『時衆研究』第十三号、金井私家版）
196510	:	大道場史料雑集管見（その一）連歌（金井清光［編集］『時衆研究』第十四号、金井私家版）
196512A	:	①大道場史料雑集管見（その二）藤沢山古文書 ②遊行廻国※「弓原山房主人」名義（以上、金井清光［編集］『時衆研究』第十五号、金井私家版）
196512B	:	○時宗二祖の教学（その二）（日本印度學佛敎學會［編輯］『印度學佛敎學研究』第十四卷第一號〔通卷第 27 號〕、同會）※→河野憲善 197802B→河野憲善 198109 ②→河野憲善 200503 ②
196602	:	①資料翻刻・一気十念口決 ②遊行廻国（以上、金井清光［編集］『時衆研究』第十六号、金井私家版）

196604	：○資料翻刻・一遍流十念口決（金井清光［編集］『時衆研究』第十七号、金井私家版）
196606	：○他阿真教の教学（その三・上）（金井清光［編集］『時衆研究』第十八号、金井私家版）
196608	：○他阿真教の教学（その三・下）（金井清光［編集］『時衆研究』第十九号、金井私家版）
196612A	：○一遍教学独朗抄（『島根大学論集』人文科学第十六号、同大学）
196612B	：○時宗二祖の教学（その三）（日本印度學佛教學會［編輯］『印度學佛教學研究』第十五巻第一號〔通巻第 29 號〕、同會）※→河野憲善 197802B →河野憲善 198109 ②→河野憲善 200503 ②
196702	：○資料翻刻・四条道場金蓮寺歴代世譜（金井清光［編集］『時衆研究』第二十二号、金井私家版）
196704	：○他阿真教の教学四（金井清光［編集］『時衆研究』第二十三号、金井私家版）
196706	：○礼讃偈の序分について（上）（金井清光［編集］『時衆研究』第二十四号、金井私家版）
196708	：○往生礼讃と別時念仏（金井清光［編集］『時衆研究』第二十五号、金井私家版）
196710A	：○往生礼讃と別時念仏（続）（金井清光［編集］『時衆研究』第二十六号、金井私家版）
196710B	：○重源と一遍（『大法輪』昭和四十二年十月号〔第 34 巻第 10 号〕、大法輪閣）
196712A	：○時宗二祖の教学（その四）（日本印度學佛教學會［編輯］『印度學佛教學研究』第十六巻第一號〔通巻第 31 號〕、同會）※→河野憲善 197802B →河野憲善 198109 ②→河野憲善 200503 ②
196712B	：○資料翻刻・二十四祖御修行記㈠（金井清光［編集］『時衆研究』第二十七号、金井私家版）
196712C	：遊行二十四祖御修行記（上）（『島根大学教育学部紀要』人文・社会科学篇第一巻、同学部）
196802	：○資料翻刻・二十四祖御修行記㈡（金井清光［編集］『時衆研究』第二十八号、金井私家版）
196808	：○資料翻刻・二十四祖御修行記㈢（金井清光［編集］『時衆研究』第三十一号、金井私家版）
196810	：○資料翻刻・二十四祖御修行記四（金井清光［編集］『時衆研究』第三十二号、金井私家版）
196812A	：○時宗二祖の教学（その五）（日本印度學佛教學會［編集］『印度學佛教學研究』第十七巻第一號〔通巻第 33 號〕、同會）※→河野憲善 197802B →河野憲善 198109 ②→河野憲善 200503 ②
196812B	：遊行二十四祖御修行記（中）（『島根大学教育学部紀要』人文・社会科学篇第二巻、同学部）
196902	：○資料翻刻・二十四祖御修行記㈤（金井清光［編集］『時衆研究』第三十四号、金井私家版）
196908	：○資料翻刻・清浄集（金井清光［編集］『時衆研究』第三十七号、金井私家版）
196909	：○旧七条道場金光寺蔵（現東山長楽寺蔵）七条文書（不明） ※長島尚道 198206 による。俟後考。「弓原山房主人」名義
196910A	：○藤沢山開山呑海上人について（神奈川県立金沢文庫［編集］『金沢文庫研究』第百六十二号、同文庫）
196910B	：○呑海上人と真光上人（上）（金井清光［編集］『時衆研究』第三十八号、金井私家版）
196912A	：○呑海上人と真光上人（下）（金井清光［編集］『時衆研究』第三十九号、金井私家版）
196912B	：○藤沢道場創建について（日本印度學佛教學會［編集］『印度學佛教學研究』第十八巻第一號〔通巻第 35 號〕、同會）※→河野憲善 197303 →河野憲善 198109 ③→河野憲善 200503 ③
197003	：○永和本日本書紀と高田百首（『山陰文化研究紀要』人文・社会科学第 10 号、島根大学）※→河野憲善 200203
197008	：○一遍教学の特質と実存哲学（『宗教』第八巻第八号、教育新潮社）
197012	：○一遍教学における往生の時点（日本印度學佛教學會［編集］『印度學佛教學研究』第十九巻第一號、同會）
197111	：○弓原山房雑記抄（金井清光［編集］『時衆研究』第五十号、金井私家版）
197112	：○時衆の清規について（日本印度學佛教學會［編集］『印度學佛教學研究』第二十巻第一號、同會）
197203	：○一遍教学における一念の意義について（恵谷隆戒先生古稀記念会［編］『浄土教の思想と文化』恵谷先生古稀記念、仏教大学）※→河野憲善 198412
197205	：○歓喜光寺蔵和讃写本について（金井清光［編集］『時衆研究』第五十二号、金井私家版）
197210	：○一遍上人についておたずねしたいこと（『大法輪』昭和四十七年十月号〔第 39 巻第 10 号〕、大法輪閣）
197212	：○藤沢道場創建について（続）（日本印度學佛教學會［編集］『印度學佛教學研究』第二十一巻第一號〔通巻第 41 號〕、同會）※→河野憲善 197303 →河野憲善 198109 ③→河野憲善 200503 ③
197303	：○藤沢道場創建について（続）（金井清光［編集］『時衆研究』第五十五号、金井私家版） ※→河野憲善 196912B・197212。→河野憲善 198109 ③→河野憲善 200503 ③
197308	：○当体蓮華の念仏―木村信弘師に答える―（大橋俊雄［編集］『時衆研究』第五十七号、時宗文化研究所）
197310	：◎遊行二祖他阿上人法語鈔（白蓮寺）
	：①一遍教学と実存哲学※→河野憲善 195603
	：②一遍教学の基礎的立場※←河野憲善 195309
	：③当体の念仏と当座道場――遍教学の中心課題――※←河野憲善 195801
	：④一遍教学における時間について※→河野憲善 195409
197408	：○本質的なるものとそうでないもの（大橋俊雄［編集］『時衆研究』第六十一号、時宗文化研究所）
197412	：○時衆の清規について（続）（日本印度學佛教學會［編集］『印度學佛教學研究』第二十三巻第一號〔通巻第 45 號〕、同會）

か行

| 197502 | ：○所謂佐竹騒動について（大橋俊雄［編集］『時衆研究』第六十三号、時宗文化研究所）
| 197509 | ：○歓喜光寺と『一遍聖絵』（『新修日本絵巻物全集［第11巻一遍聖繪］月報』2、角川書店）
| 197510A | ：○一遍教学の中心課題（『時宗教学年報』第四輯、時宗教学研究所）
| 197510B | ：○金井清光著『一遍と時衆教団』（『鈴木学術財団研究年報』第十二・十三合併号、同財団）
　　　　※←金井清光197503を書評。→河野憲善197605
| 197511 | ：○徳川中期の時宗宗学（大橋俊雄［編集］『時衆研究』第六十六号、時宗文化研究所）
| 197602A | ：○西雲無題録（『時宗あゆみ』＜一遍の念仏＞、中村昌道私家版）
| 197602B | ：○徳川中期の時宗宗学（中）（大橋俊雄［編集］『時衆研究』第六十七号、時宗文化研究所）
| 197605 | ：○（書評）『一遍と時衆教団』（大橋俊雄［編集］『時衆研究』第六十八号、時宗文化研究所）※←河野憲善197510B
| 197610A | ：○一念往生の意義について（『時宗教学年報』第五輯、時宗教学研究所）
| 197610B | ：○玄秀の時宗教学（奥田慈應先生喜寿記念論文集刊行会［編］『仏教思想論集』奥田慈應先生喜寿記念、平楽寺書店）
| 197702 | ：○浅山円祥師とその教学（大橋俊雄［編集］『時衆研究』第七十一号、時宗文化研究所）
| 197705 | ：○浅山円祥師とその教学（続）（大橋俊雄［編集］『時衆研究』第七十二号、時宗文化研究所）
| 197711 | ：○一雲鈔―初期教学書とその解題―（大橋俊雄［編集］『時衆研究』第七十四号、時宗文化研究所）
| 197802A | ：○一雲鈔―器朴論とその解題―（大橋俊雄［編集］『時衆研究』第七十五号、時宗文化研究所）
| 197802B | ：○時宗二祖の教学（『時宗教学年報』第六輯、時宗教学研究所）
　　　　※←河野憲善196501・196512・196612B・196712・196812。→河野憲善198109②→河野憲善200503②
| 197805 | ：○六時礼讃について（大橋俊雄［編集］『時衆研究』第七十六号、時宗文化研究所）→河野憲善197903
| 197808 | ：○一雲鈔―歴代宗主の法語とその解説―（大橋俊雄［編集］『時衆研究』第七十七号、時宗文化研究所）
| 197811 | ：○一雲鈔―時宗関係著書とその解説―（『時衆研究』第七十八号、時宗文化研究所）
| 197903 | ：○六時礼讃について（『時宗教学年報』第七輯、時宗教学研究所）※←河野憲善197805
| 197905 | ：○望月華山足下について（大橋俊雄［編集］『時衆研究』第八十号、時宗文化研究所）
| 197912A | ：①四條道場他阿上人御消息※飜刻のみ
　　　　：②三大祖師法語※飜刻と解題
　　　　：③呑海上人御法語※飜刻と解題
　　　　：④器朴論※飜刻と解題
　　　　：⑤遊行法語集※飜刻と解題
　　　　：⑥遊行代々法語※飜刻と解題
　　　　：⑦託何上人御法語※飜刻と解題
　　　　：⑧七代上人法語※飜刻と解題
　　　　：⑨遊行十四代上人法語※飜刻と解題
　　　　：⑩疊山國阿光英問答※飜刻と解題
　　　　：⑪別願和讃古註※飜刻と解題
　　　　：⑫一遍上人別願和讃新註※飜刻と解題
　　　　：⑬一遍上人繪詞傳直談鈔※飜刻と解題
　　　　：⑭器朴論要解※飜刻と解題
　　　　：⑮六時居讃註解※飜刻と解題
　　　　（以上、時宗開宗七百年記念宗典編集委員会［編集］『定本時宗宗典』上巻、時宗宗務所〈山喜房佛書林［発売］〉）
| 197912B | ：①襌時論※飜刻と解題
　　　　：②時宗統要篇※飜刻と解題
　　　　：③時宗要義集※飜刻と解題
　　　　：④念佛往生要決※飜刻と解題
　　　　：⑤一遍上人念佛安心鈔※飜刻と解題
　　　　：⑥時宗安心大要※飜刻と解題
　　　　：⑦時宗要義問辨※飜刻と解題
　　　　：⑧神宣遊行念佛記※飜刻と解題
　　　　：⑨時宗闕記集※飜刻と解題
　　　　：⑩名體不離文深秘※無署名。飜刻のみ
　　　　：⑪名體不離文深秘補遺※飜刻、「名體不離文深祕　解説」と題し⑩と⑪をまとめて解題
　　　　：⑫名體不離之事※飜刻と解題
　　　　：⑬神勅要偈深祕鈔※飜刻と解題
　　　　：⑭一遍流十念口決※飜刻と解題

か行

：⑮一氣十念口決※翻刻と解題
：⑯時宗要義俚言抄※翻刻と解題
：⑰遊行縁起※翻刻と解題
：⑱遊行二十四祖御修行記※翻刻と解題
：⑲彰考館本　遊行系圖※翻刻と解題
：⑳二祖上人詠歌※翻刻と解題
：㉑浄土宗のこころをよめるながうた※無署名。翻刻のみ
：㉒高野日記※翻刻のみ
：㉓草庵和歌集卷第十釋敎※翻刻、「頓阿著作集解題」と題し㉑〜㉓をまとめて解題
：㉔防非鈔※翻刻と解題
：㉕東西作用抄※翻刻と解題
：㉖遊行會下箴規※翻刻と解題
：㉗作用抄略標※翻刻と解題
：㉘時衆關係制規※翻刻のみ
：㉙芝崎文庫※翻刻と解題
：㉚藤澤山知事記録※翻刻のみ
：㉛遊行名義之事※翻刻のみ
：㉜遊行得名之事※翻刻、「遊行名義ノ事　遊行得名ノ事　藤澤山知事記録　解説」と題し㉚〜㉜をまとめて解題
（以上、時宗開宗七百年記念宗典編集委員会［編集］『定本時宗宗典』下巻、時宗宗務所〈山喜房佛書林［発売］〉）

198002　：○一遍教学と論註（大橋俊雄［編集］『時衆研究』第八十三号、時宗文化研究所）→<u>河野憲善 198003</u>
198003A　：○一遍教学と論註（『時宗教学年報』第八輯、時宗教学研究所）※←<u>河野憲善 198002</u>
198003B　：○一道上人編引声阿弥陀経解説（『時宗教学年報』第八輯、時宗教学研究所）
198005　：○小品時衆史—時衆史上の人たち—（大橋俊雄［編集］『時衆研究』第八十四号、時宗文化研究所）
198008　：○岩屋寺白山権現に詣ずる記（大橋俊雄［編集］『時衆研究』第八十五号、時宗文化研究所）
198011　：○往阿教学における十劫正覚の問題（大橋俊雄［編集］『時衆研究』第八十六号、時宗文化研究所）
　　　　　※→<u>河野憲善 198103B</u>
198103A　◎一遍上人別願和讃直談鈔（河野・髙野修［編］、時宗教学研究所）
198103B　：○往阿教学における十劫正覚の問題（『時宗教学年報』第九輯、時宗教学研究所）※←<u>河野憲善 198011</u>
198108　：○徳川中期の時宗宗学（大橋俊雄［編集］『時衆研究』第八十九号、時宗文化研究所）
198109　◎一遍教学と時衆史の研究（東洋文化出版）
　　　　　：①一遍教学の実存的特質※→<u>河野憲善 198702A</u> →<u>河野憲善 200503</u> ①
　　　　　：②時宗二祖の教学
　　　　　　※←<u>河野憲善 197802B</u> ←<u>河野憲善 196501</u>・196512・196612B・196712・196812。→<u>河野憲善 200503</u> ②
　　　　　：③藤沢道場創建について※←<u>河野憲善 197303</u> ←<u>河野憲善 196912B</u>・197212。→<u>河野憲善 200503</u> ③
198203　：①『統要篇』における十劫正覚と一念
　　　　　：②〈資料紹介〉現歓喜光寺碑と甲府一蓮寺碑読解と解説（以上『時宗教学年報』第十輯、時宗教学研究所）
198211　：○歴代上人考（下）※「弓原山房主人」名義
　　　　　：○時と時衆（以上、大橋俊雄［編集］『時衆研究』第九十四号、時宗文化研究所）
198303　：①当体一念と離成三業（上）
　　　　　：②〈史料紹介〉華厳大疏抄会読前譚
　　　　　：③〈史料紹介〉華厳独按摩（以上『時宗教学年報』第十一輯、時宗教学研究所）
198305　：○実体現前（大橋俊雄［編集］『時衆研究』第九十六号、時宗文化研究所）
198308　：○時宗教学研究目録（大橋俊雄［編集］『時衆研究』第九十七号、時宗文化研究所）
198402　：○当体一念と離成三業（下）（『時宗教学年報』第十二輯、時宗教学研究所）
198405　：○機法一体と法法一体について（大橋俊雄［編集］『時衆研究』第百号、時宗文化研究所）
198412　：○一遍教学における一念の意義について（橘俊道・今井雅晴［編］『一遍上人と時宗』吉川弘文館〔日本仏教宗史論集 10〕）※←<u>河野憲善 197203</u>
198502　：○捨の宗教哲学（『時宗教学年報』第十三輯、時宗教学研究所）
198603　：○羽州修行記（『時宗教学年報』第十四輯、時宗教学研究所）
198702A　：○一遍教学の実存的特質（栗田勇［編］『一遍』法藏館）※←<u>河野憲善 198109</u> ①。→<u>河野憲善 200503</u> ①
198702B　：○福島・千葉・修行記（『時宗教学年報』第十五輯、時宗教学研究所）
198801　：○一向上人の念仏思想（藤沢市文書館運営委員会［編集］『藤沢市史研究』第 21 号、同館）
198803　：○東照文庫と時宗宗典目録（『時宗教学年報』第十六輯、時宗教学研究所）

198903	：①時衆の時間論的展開
	：②叡山大会・山梨・滋賀・道後・京都・大阪・熊野・兵庫・岩手・九州・北海道修行記
	（以上『時宗教学年報』第十七輯、時宗教学研究所）
199003	：①時衆の弁証法的展開
	：②〈史料紹介〉選択知津章（以上『時宗教学年報』第十八輯、時宗教学研究所）
199103	：①平成元年・二年修行記
	：②一気十念次下略評
	：③座右教鞭（無外上人）（以上『時宗教学年報』第十九輯、時宗教学研究所）
199203	：①平成三年修行記
	：②撰択貴旧鈔※河野［校］（以上『時宗教学年報』第二十輯、時宗教学研究所）
199301	：○謹賀新年（『遊行』第102号、時宗宗務所）
199303	：①三世截断の名号
	：②平成四年修行記（以上『時宗教学年報』第二十一輯、時宗教学研究所）
199309	：○時宗と阿弥陀経（『遊行』第105号、時宗宗務所）
199401	：○前三後一のはなし（『遊行』第106号、時宗宗務所）
199403	：○平成五年修行記（『時宗教学年報』第二十二輯、時宗教学研究所）
199407	：○遊行の御砂持を修行して（『遊行』第108号、時宗宗務所）
199501	：○遊行寺蔵・後醍醐天皇肖像画について（『遊行』第110号、時宗宗務所）
199503A	：①時宗の即便往生について
	：②平成六年修行記（以上『時宗教学年報』第二十三輯、時宗教学研究所）
199503B	：○兵庫県大震災に際して（『遊行』第111号、時宗宗務所）
199507	：○二本松の習修尼（『遊行』第112号、時宗宗務所）
199603	：○平成七年修行記（『時宗教学年報』第二十四輯、時宗教学研究所）
199609	：○お彼岸について（『遊行』第117号、時宗宗務所）
199701	：○他阿の念仏（『遊行』第118号、時宗宗務所）
199703	：○平成八年修行記（『時宗教学年報』第二十五輯、時宗教学研究所）
199706	◎託何上人御法語　付七代上人法語　遊行十四代上人法語［藤嶺台米寿記念　松江善光寺蔵］（梅花書屋）
	※「河野一雲」名義
199803	：○宗教体験の反省と十一不二の論理（『時宗教学年報』第二十六輯、時宗教学研究所）
199903	：①当体一念とその実践哲学
	：②平成九年度修行記（以上『時宗教学年報』第二十七輯、時宗教学研究所）
200003	：①元七条道場河野氏炤先碑について
	：②辟雍去去抄（以上『時宗教学年報』第二十八輯、時宗教学研究所）
200107	：○与謝野晶子先生の御歌（『遊行』第136号、時宗宗務所布教伝道研究所）
	※巻頭言。カラー近影付。「他阿一雲上人」名義
200110	：○〈巻頭〈言〉〉兵戈無用（へいかむゆう・ひょうかむゆう）（『大法輪』平成十三年十月号［第68巻第10号］、大法輪閣）
200203	：○永和本日本書紀と高田百首（『時宗教学年報』第三十輯、時宗教学研究所）※←河野憲善 197003
200503	◎遊行73代藤沢56世　他阿一雲上人御本葬記念　時宗教学の基点（時宗総本山遊行寺）
	※ 2004/8/26 遷化、2005/3/9 宗門本葬記念誌
	：①一遍教学の実存的特質※←河野憲善 198702A・←河野憲善 198109 ①
	：②時衆二祖の教学
	※←河野憲善 198109 ②改題←河野憲善 197802B←河野憲善 196501・196512・196612B・196712・196812
	：③藤沢道場創建※←河野憲善 198109 ③改題←河野憲善 197303←河野憲善 196912B・197212
	：④一向上人の念仏思想※←河野憲善 198801

河野　潤（※甲府一蓮寺（旧時宗藤沢派・現時宗系単立）寺族）

198102	：○一遍の時衆観について（日本宗教学会［編集］『宗教研究』二四六号［第54巻第3輯］、同会）
198303	：○一遍の"再出家"について（日本宗教学会［編集］『宗教研究』二五五号［第56巻第4輯］、同会）
198610	：○清浄光寺の薄念仏（伊藤唯真［編］『仏教年中行事』名著出版〔仏教民俗学大系6〕）

河野　正俊（※仙台阿弥陀寺第46世住職）

197602	：○宗祖尊像建立（『時衆あゆみ』＜一遍の念仏＞、中村昌道私家版）

河野　正雄（※五条荘厳寺第33世住職）

196812	◎初夜礼讃（京都声明研究会）

198311	◎勤行・聲明・法式・作法常識手引草（河野［編著］、莊嚴寺）
198803	◎念佛・讀經・勤行解説常識手引草（河野［編著］、莊嚴寺）
199803	○虚心のひととき（『遊行』第123号、時宗宗務所）

河野　智善（※鉄輪永福寺住職。1912-1981）

| 197602 | ○一遍上人と鉄輪温泉（『時衆あゆみ』＜一遍の念仏＞、中村昌道私家版） |

河野　哲雄（※仙台阿弥陀寺第47世住職。元時宗教学研究所研究員。河野正俊令息）

| 199607 | ○薄念仏（『遊行』第116号、時宗宗務所） |
| 199702 | ○時宗の行事（時宗教学研究所［編集］『時宗入門』時宗宗務所） |

河野　文教（※兵庫真光寺住職。故人）

| 193502 | ◎別願和讚講話（眞光寺） |

河野　正敏

| 196905 | ◎河野通信公―岩手県文化財指定史蹟ヒジリ塚に関連して―（河野私家版）※金井清光 196711 ⑯による |

河野　守弘（※下野國芳賀郡大道泉村〈現栃木県真岡市〉・国学者。1793/7/23-1863/5/26）

| 196808 | ◎校訂増補下野国誌（河野［著］・佐藤行哉［校訂］・徳田浩淳［再校訂］、下野新聞社） |
| | ※第七巻に宇都宮一向寺（一向派）と宇都宮長楽寺（一向派。廃寺）の項あり。←元版：嘉永三年（1850） |

紅楳　英顕（※浄土真宗本願寺派司教。元相愛女子短期大学〈2008/7/31閉校〉教授）

| 200503 | ○親鸞と一遍の救済論（日本印度学仏教学会［編集］『印度學佛教學研究』第五十三巻第二号〔通巻第106号〕、同会）※2004/7於駒澤大学、同会第55回学術大会紀要。←大橋俊雄 198810・金井清光 198806 を引用。大日本仏教全書版『一遍聖絵』を使用 |

神戸市教育委員会（※兵庫県神戸市中央区）

| 199103 | ◎神戸市文献史料11「古文書調査報告」（同委員会） |
| | ※井上善右衛門氏蔵眞光寺文書12通。ただし「藤澤山」を全て「藤津山」と誤刻 |

神戸市立博物館（※兵庫県神戸市中央区）

198806	◎特別展中世を旅する聖たち展―一遍上人と時宗―（同館［編集］・石田善人［監修］、神戸市スポーツ教育公社）
	※1988/6/11-7/24 於同館、特別展（主催：同館・朝日新聞社・朝日放送）図録。一向派関係の写真も多数掲載、同書では『魔仏一如絵詞』は時衆と一向衆とを混同すと断ず
199109	◎神戸市立博物館　館蔵名品図録（同館［編］、神戸市スポーツ教育公社）※「一遍上人絵伝（断簡）」

向陽　去水（※加藤実法・加藤去水と同一カ）

| 197602 | ：①誓の詞 |
| | ：②要法記抜粋（以上『時衆あゆみ』＜一遍の念仏＞、中村昌道私家版） |

桑折町史編纂委員会（※福島県伊達郡桑折町）

| 198703 | ◎桑折町史第5巻資料編Ⅱ「古代・中世・近世史料」（同委員会［編］、同町史出版委員会） |
| | ※『時衆過去帳』遊行15代尊恵 |

古賀　克彦（※国府台女子学院中学・高等部教諭）

199603	○絵巻物を巡る最近の論争に就いて（『国府台女子学院紀要』第7号、同学院）
199609	○編集後記（『日本史教育研究』第136号、同会）※時宗に言及
199703A	○絵巻物を巡る最近の論争に就いて（『国府台女子学院紀要』第8号、同学院）
199703B	○時衆教団成立史の一考察―特に御影堂新善光寺を巡って―（日本宗教学会［編集］『宗教研究』三一一号［第70巻第4輯］、同会）※→牛山佳幸 200502 引用
199711	○時宗四條派亀井山圓福寺（亀井道場）寺稿（『共命之鳥』石田慶和教授龍谷大学退職記念文集）
199712	○時宗御影堂派本山新善光寺の研究―新出史料紹介も兼ねて―（『仏教史学研究』第四十巻第二号、仏教史学会）※→牛山佳幸 200502・金井清光 200503 紹介。→古賀克彦 200002A
199803A	○絵巻物を巡る最近の論争に就いて（『国府台女子学院紀要』第9号、同学院）
199803B	①一向俊聖伝の再検討
	：②時宗関係文献刊行物紹介　1997年度〔前年度迄の追補も含む〕※以後毎号連載、次号から題目を「時宗」から「時衆」に変更。小野澤眞・古賀［共筆］（以上『時宗教学年報』第二十六輯、時宗教学研究所）
199803C	○時宗御影堂派本山新善光寺の一考察（日本宗教学会［編集］『宗教研究』三一五号［第71巻第4輯］、同会）
199902	①一遍・一向の法脈【時宗十二派】※系統表
	：②仏教史年表※1273年の一遍「六十万人偈」、1279年の一遍「踊念仏」、1287年の一遍寂、1289年の一遍寂、1299年の『聖絵』完成、高野坊遺跡発掘墨書礫により判明した1311年の一向忌、1942年の一向派の浄土宗合流を記載（以上『みひかり集』国府台女子学院）
199903A	○絵巻物を巡る最近の論争について（承前）（『国府台女子学院紀要』第10号、同学院）
199903B	○京洛東山の時衆（日本宗教学会［編集］『宗教研究』三一九号［第72巻第4輯］、同会）

199903C	：○時衆関係文献刊行物紹介（1998年度。1990年以降の補遺も含む）（『時宗教学年報』第二十七輯、時宗教学研究所）※小野澤眞・古賀［共筆］・長島尚道［監修］
199903D	：○浄土系教団の人事交流史の一研究—特に時宗寺院を中心として—（日本印度学仏教学会［編集］『印度學佛教學研究』第四十七巻第二号［通巻第94号］、同会）
199903E	：○日本中世文化・思想研究文献目録（『国府台女子学院紀要』第10号、同学院） ※正式な副題は「絵巻物を巡る最近の論争に就いて—論争の前提としての文献目録補遺（下）—」
199910A	：○融通念仏宗と念仏系他宗との交流史を巡って（地方史研究協議会［編集］『地方史研究』第二八一号［第49巻5号］、同会・名著出版）※「融通念仏宗と時宗—特に阿号を巡って」「融通念仏宗と大阪の時宗」の項あり。中世時衆と融通念仏（宗）との重層性のほか、浄土宗、真宗などとの人的・思想的交流につき幅広い年代観で肉薄
199910B	：○融通念仏宗と念仏系他宗との交流史を巡って（『第50回記念　1999年度地方史研究協議会大会　研究発表要旨』同協議会）※1999/10/16 於サンスクエア堺（大阪府堺市〈現同市堺区〉）、同会第50回大会報告要旨
200002A	：○時宗御影堂派本山新善光寺の研究—新出史料紹介も兼ねて—（学術文献刊行会［編］『日本史学年次別論文集』1997年版、朋文出版）※←古賀克彦199712補訂
200002B	：○明治以降の日本の宗教事情（日本史教育研究会［編］『story 日本の歴史—近現代史編』山川出版社） ※歓喜光寺の移転と錦天神の分立、霊山正法寺境内での国事殉難者神式祭に言及
200003A	：○絵巻物を巡る最近の論争に就いて（承前）—砂川博「『一遍聖絵』の論点」『中世遊行聖の図像学』所収）の紹介を兼ねて—（『国府台女子学院紀要』第11号、同学院）※←砂川博199905 ①を紹介
200003B	：○三尾地方の時宗寺院（日本宗教学会［編集］『宗教研究』三二三号［第73巻第4輯］、同会）
200003C	：○時衆関係文献刊行物紹介（1998年度。1990年以降の補遺も含む）（『時宗教学年報』第二十八輯、時宗教学研究所）※小野澤眞・古賀［共筆］・長島尚道［監修］
200003D	：○洛中時衆寺院と祖師絵伝—『一遍聖絵』完成七百年に因んで—（日本印度学仏教学会［編集］『印度學佛教學研究』第四十八巻第二号［通巻第96号］、同会）
200004	：【新出史料紹介】時宗四条派本山金蓮寺歴代記（時衆文化研究会［編集］『時衆文化』創刊号、同会〈岩田書院［発売］〉）
200010A	：①【学界展望】一遍と親鸞をめぐる近論について ：②【新出史料紹介】時宗四条派本末関係書類 （以上、時衆文化研究会［編集］『時衆文化』第2号、同会〈岩田書院［発売］〉）
200010B	：○東北における時衆の受容（日本思想史学会大会要旨）※2000/10/21 於東北大学、同会2000年度大会
200012	：○佐原隆応と山崎弁栄—近代「時宗」の様相—（日本印度学仏教学会［編集］『印度學佛教學研究』第四十九巻第一号［通巻第97号］、同会）※2000/9/3 於東洋大学白山校舎、同会第51回大会報告要旨
200103A	：○時衆関係文献刊行物紹介（2000年度。1990年以降の補遺も含む）（『時宗教学年報』第二十九輯、時宗教学研究所）※小野澤眞・古賀［共筆］・長島尚道［監修］
200103B	：○日本中世文化思想研究文献目録・補遺（『国府台女子学院紀要』第12号、同学院）
200103C	：○無本覚心と時衆（日本宗教学会［編集］『宗教研究』三二七号［第74巻第4輯］、同会） ※2000/9/15 於駒澤大学、同会第59回大会報告要旨
200104	：①【口絵解説】国阿画像（大津市音羽台時宗千霊山霊仙正福寺蔵） ：②書評・竹村牧男『親鸞と一遍』※←竹村牧男199908を書評 （以上、時衆文化研究会［編集］『時衆文化』第3号、同会〈岩田書院［発売］〉）
200108	：①絵巻物を見る※『一遍上人絵伝』に言及 ：②一遍 ：③山伏と修験道※国宝『一遍聖絵』に言及 ：④コラム・奈良の仏師たち※安阿弥様に言及 （以上、日本史教育研究会［編］『story 日本の歴史—古代・中世・近世編』山川出版社） ※全て無署名、リライト済み
200110	：①【口絵解説】一遍画像（高岡市浄土宗浄土寺蔵）※高岡浄土寺は旧時宗藤沢派 ：②時宗寺院参詣記・尼崎に善通寺を訪ねて （以上、時衆文化研究会［編集］『時衆文化』第4号、同会〈岩田書院［発売］〉）
200112	：○真盛の善光寺信仰とその継承（日本印度学仏教学会［編集］『印度學佛教學研究』第五十巻第一号［通巻第99号］、同会）※2001/7/1 於東京大学本郷校舎、同会第52回大会報告要旨。時衆に言及
200203A	：○近世・近代における時宗教団の寺門教育（『日本仏教教育学研究』第十号、日本仏教教育学会） ※2001/11/24 於武蔵野女子大学（現武蔵野大学）、同会第14回大会報告要旨
200203B	：①口絵解説・遊行十四代藤沢八世太空上人画像（高岡市浄土宗浄土寺蔵）※高岡浄土寺は旧時宗藤沢派 ：②時衆関係文献刊行物紹介（2001年度。1990年以降の補遺も含む）※小野澤眞・古賀［共筆］・長島尚道［監

　　　　　　修〕（以上『時宗教学年報』第三十輯、時宗教学研究所）
200203C　：○日本中・近世文化思想研究文献目録（2001年度）（『国府台女子学院紀要』第13号、同学院）※時衆中心
200204　　：○【口絵解説】一向俊聖像（鎌倉市山ノ内時宗西台山英月院光照寺蔵）（時衆文化研究会［編集］『時衆文化』第5号、同会〈岩田書院［発売］〉）
200206　　：○『一遍聖絵』と『遊行上人縁起絵』―特に「丙本系」の「常称寺本」「遠山本」と土佐派粉本を用いて―（砂川博［編］『一遍聖絵の総合的研究』岩田書院）
　　　　　　※2000/11/26於國學院大學、一遍聖絵研究会第2回例会報告を成稿
200303A　：○高僧絵伝名称考―特に『遊行上人縁起絵（一遍上人絵詞伝）』の呼称について―（『国府台女子学院紀要』第14号、同学院）
200303B　：○〔史料翻刻〕時宗七条道場金光寺旧蔵「御綸旨参内控集」（『社寺史料研究』第5号、同会）
200303C　：○時衆関係文献刊行物紹介（2002年度。1990年以降の補遺も含む）（『時宗教学年報』第三十一輯、時宗教学研究所）※小野澤眞・古賀［共筆］・長島尚道［監修］
200307　　：①仏教系新宗教の歴史と動向　社会の混乱期に発生
　　　　　　※本門仏立宗祖・長松日扇（1817/5/16-1890/7/17）が東山雙林寺境内西行庵を布教の原点としたと言及
　　　　　：②本願寺（東本願寺・西本願寺）　日本最大教団の二つの寺院
　　　　　　※元亨元年（1320）二月付「親鸞上人門弟等申状案」の一向衆に言及
　　　　　：③コラム・本尊―立体像、画像などさまざま※時宗の例を挙ぐ
　　　　　　（以上『日本の寺院　歴史のなかの宗教』新人物往来社［別冊歴史読本㉘巻22号〈通巻647号〉］）
　　　　　　※副題等は編集部の附したもの。目次と本文では多少文言が異なる
200310　　：○一遍の龍口化益にを於ける視線の先（時衆文化研究会［編集］『時衆文化』第8号、同会〈岩田書院［発売］〉）
　　　　　　※2002/12/1於藤沢清浄光寺、時衆文化研究会第三回大会報告『『遊行上人縁起絵巻』に於ける一遍の一考察―龍口化益での視線の先―」を成稿
200403A　：○高僧絵伝名称考（前稿補遺）（『国府台女子学院紀要』第15号、同学院）
　　　　　　※国阿は佛光寺了源（真宗佛光寺派第7代門主）の弟子だったとの伝承を紹介
200403B　：○〔史料翻刻〕時宗七条道場金光寺旧蔵「御綸旨参内控集」（承前）（『社寺史料研究』第6号、同会）
200403C　：○時衆関係文献刊行物紹介（2003年度。1990年以降の補遺も含む）（『時宗教学年報』第三十二輯、時宗教学研究所）※小野澤眞・古賀［共筆］・長島尚道［監修］
200404　　：①【口絵解説】京都市立芸術大学芸術資料館蔵『一遍上人絵伝（歓喜光寺本）模本』巻第七「市屋道場」
　　　　　：②『真盛上人往生伝記』に於ける時衆
　　　　　　（以上、時衆文化研究会［編集］『時衆文化』第9号、同会〈岩田書院［発売］〉）
200410　　：○【学界展望】最近の一遍・時衆研究（時衆文化研究会［編集］『時衆文化』第10号、同会〈岩田書院［発売］〉）
200503A　：○高僧絵伝名称考（前稿補遺）承前（『国府台女子学院紀要』第16号、同学院）※時衆・時宗に言及し、「諸氏の用いる『遊行上人縁起絵（一遍上人絵詞伝）』の呼称」の項あり。同誌は当号をもって廃刊
200503B　：○時衆関係文献刊行物紹介（2004年度。1990年以降の補遺も含む）（『時宗教学年報』第三十三輯、時宗教学研究所）※小野澤眞・古賀［共筆］・長島尚道［監修］
200503C　：○【研究ノート】時衆四条道場金蓮寺歴代浄阿の上人号について（『寺社と民衆』創刊号、民衆宗教史研究会）
　　　　　　※「付」で、西洞院時慶の日記『時慶記』第一巻、西本願寺蔵分の文禄二年（1593）九月廿二日条に「遊行上人参内」とあることを指摘し、従来知られていなかった遊行33代他阿満悟の参内を指摘
200504　　：○津島の一向時衆寺院を訪ねて―堀田家との関係を手がかりに―（時衆文化研究会［編集］『時衆文化』第11号、同会〈岩田書院［発売］〉）
200510　　：○霊山時衆と真宗教団（時衆文化研究会［編集］『時衆文化』第12号、同会〈岩田書院［発売］〉）
200603A　：○河内国壺井通法寺に就いて―羽曳野市通法寺址の隆光墓碑に因んで―（日本印度学仏教学会［編集］『印度學佛教學研究』第五十四巻第二号［通巻108号］、同会）※2005/7/30於四天王寺国際仏教大学、同会第56回学術大会紀要。報告原題：「羽曳野市通法寺址の隆光墓碑に就いて。」←禰宜田俊悟・高野修 198910・高野修 200303Aを引用、「時衆との関わり」の項あり。キーワード：「一遍時衆」
200603B　：○For taking a Tsuboi（壺井）Tsubo-ji temple（通法寺）in Ancient Kawachi Country（河内国）: Connected with Priest Ryukou（隆光）'s tombstone of ruined Tsubo-ji temple（通法寺址）in Habikino City（羽曳野市）（日本印度学仏教学会［編集］『Journal of Indian and Buddhist Studies/印度學佛教學研究』第五十四巻第三号［通巻109号］、同会）※←古賀克彦 200603Aの英文要旨
200603C　：○時衆関係文献刊行物紹介（2005年度。1990年以降の補遺も含む）（『時宗教学年報』第三十四輯、時宗教学研究所）※小野澤眞・古賀［共筆］・長島尚道［監修］
200603D　：○【史料紹介】近世の公家日記に見る番場蓮華寺―翻刻史料を中心として―（『寺社と民衆』第2号、民衆

	教史研究会）
200604	：○近世の霊山・国阿時衆について（時衆文化研究会［編集］『時衆文化』第１３号、同会〈岩田書院［発売］〉）
200610	：○妙法院翻刻史料に見る近世時宗教団―円山安養寺を中心に―（時衆文化研究会［編集］『時衆文化』第１４号、同会〈岩田書院［発売］〉）
200703A	：○時衆関係文献刊行物紹介（2006年度。1990年以降の補遺も含む）（『時宗教学年報』第三十五輯、時宗教学研究所）※小野澤眞・古賀［共筆］・長島尚道［監修］
200703B	：○翻刻された近世寺院日鑑の活用方法について（日本印度学仏教学会［編集］『印度學佛敎學研究』第五十五巻第二号〔通巻第111号〕、同会）
	※ 2006/9/12 於大正大学、同会第57回学術大会紀要。「時宗」の項あり、キーワード：「藤沢山日鑑」
200703C	：○ About the way of utilizing a reprinted modern time temple diary（日本印度学仏教学会［編集］『Journal of Indian and Buddhist Studies/印度學佛敎學研究』第五十五巻第三号〔通巻第112号〕、同会）
	※←古賀克彦200703の英文要旨
200704	：○近世公家日記に見る時衆―翻刻史料を中心として―（時衆文化研究会［編集］『時衆文化』第１５号、同会〈岩田書院［発売］〉）
200710	：○『お湯殿の上の日記』に見る時衆（時衆文化研究会［編集］『時衆文化』第１６号、同会〈岩田書院［発売］〉）
200803	：○時衆関係文献刊行物紹介（2007年度。1990年以降の補遺も含む）（『時宗教学年報』第三十六輯、時宗教学研究所）※小野澤眞・古賀［共筆］・長島尚道［監修］
200804	：○近世宗外古記録にみる時衆教団―特に『佛光寺御日記』について―（時衆文化研究会［編集］『時衆文化』第１７号、同会〈岩田書院［発売］〉）
200809	：○尼崎の時宗―近世の動向を中心に―（尼崎市立地域研究史料館［編集］『地域史研究―尼崎市立地域研究史料館紀要―』第三八巻第一号（通巻一〇六号）、同館）
200810	：○近世宗外古記録にみる時宗教団―特に『若山要助日記』について―（時衆文化研究会［編集］『時衆文化』第１８号、同会〈岩田書院［発売］〉）
200903A	：○時衆関係文献刊行物紹介（2008年度。1990年以降の補遺も含む）（『時宗教学年報』第三十七輯、時宗教学研究所）※小野澤眞・古賀［共筆］・長島尚道［監修］
200903B	：○歴史教育の可能性をさぐる―今野日出晴著『歴史学と歴史教育の構図』（2008年、東京大学出版会）を手がかりに―（『静岡大学教育学部附属教育実践総合センター紀要』第17号、同センター）
	※ 2008/8/12 於学習院女子大学、日本近現代社会史研究会・第15回歴史学・歴史教育研究会共催例会報告「今野日出晴著『歴史学と歴史教育の構図』を読む（合評会）」の第Ⅰ部第二章部分を成稿「第３章 歴史教育実践の現在をめぐって」として再構成。黒川みどり・渡邊明彦・稲垣翼・古賀・髙橋哲［共筆］
200904	：○中・近世宗外古記録にみる時宗教団―特に翻刻された公家日記について―（時衆文化研究会［編集］『時衆文化』第１９号、同会〈岩田書院［発売］〉）
200910	：○中・近世宗外古記録にみる時宗教団―特に翻刻された寺院史料等について―（砂川博［編］『一遍聖絵と時衆　時衆文化　第２０号　金井清光先生追悼号』岩田書院）※ 2009/2/1 於藤沢清浄光寺、時衆文化研究会第９回大会報告「近世初頭宗外古記録にみる時衆―隔蓂記にみられる時衆関係記事について―」を成稿
201003	：○時衆関係文献刊行物紹介（2009年度。1990年以降の補遺も含む）（『時宗教学年報』第三十八輯、時宗教学研究所）※小野澤眞・古賀［共筆］・長島尚道［監修］
201010	：①【史料紹介】専修大学図書館所蔵菊谷文庫の調査報告
	※ 2010/1/31 於藤沢清浄光寺、時衆文化研究会第10回大会報告予定（当日発熱で欠席）のものを成稿
	：②紹介・高野修『一遍聖とアシジの聖フランシスコ』※←高野修200909を紹介
	（以上、時衆文化研究会［編集］『時衆文化』第２１号、同会〈岩田書院［発売］〉）
201103	：○時衆関係文献刊行物紹介（2010年度。1990年以降の補遺も含む）（『時宗教学年報』第三十九輯、時宗教学研究所）※小野澤眞・古賀［共筆］・長島尚道［監修］
201203	：○時衆関係文献刊行物紹介（2011年度。1990年以降の補遺も含む）（『時宗教学年報』第四十輯、時宗教学研究所）※小野澤眞・古賀［共筆］・長島尚道［監修］
201303A	：○【史料紹介】「近侍者記録」に見る天保年間の番場・天童関係記事　付・天明元年の市屋金光寺関係記事と新女её使来山記事（民衆宗教史研究会編修委員会［編修］『寺社と民衆』第九輯、同会出版局〈岩田書院・日本史史料研究会［発売］〉）※ルビは原文マヽ
201303B	：○時衆関係文献刊行物紹介（2012年度。1990年以降の補遺も含む）（『時宗教学年報』第四十一輯、時宗教学研究所）※小野澤眞・古賀［共筆］。ただし編集側ミスにより表紙・本文とも執筆者名表記なし
201403	：①【史料紹介】「近侍者記録」に見る霊山正法寺遊行支配関係記事
	：②【史料紹介】『園城寺記録』に見る遊行三十三代満悟記事
	：③【書評】平松令三著『親鸞の生涯と思想』※時衆に言及。←平松令三200508を書評（以上、民衆宗教史研

か行

究会編修委員会［編修］『寺社と民衆』第十輯、同会出版局〈岩田書院・日本史史料研究会［発売］〉）
201503A ：○時衆関係文献刊行物紹介（2013・2014年度。1990年以降の補遺も含む）（『時宗教学年報』第四十三輯、時宗教学研究所）※小野澤眞・古賀［共筆］・長島尚道［監修］
201503B ：①『史料紹介』椿之本陣留帳と遊行日鑑―元禄十三年～延享五年―
：②『史料紹介』神奈川宿本陣日記と遊行・在京日鑑―文政七年―（以上、民衆宗教史研究会編修委員会［編修］『寺社と民衆』第十一輯、同会出版局〈岩田書院・日本史史料研究会［発売］〉）

五個荘町歴史博物館（※滋賀県神崎郡五個荘町〈現東近江市〉・現同市近江商人博物館）
199703 ◎近江商人博物館総合案内（同館［企画・編集］、同町教育委員会）※『聖絵』巻四を商業の側面からとりあぐ

國學院大學日本文化研究所（※東京都渋谷区・同大学渋谷校舎内）
199003 ◎和学者総覧（同所［編］、汲古書院）※「香川景樹」「香川宜阿」「春登」「俊鳳」「他阿（快存・普光）」の項あり

國書刊行會（※東京市京橋區〈現東京都中央区〉。のち続群書類従完成会（2006/9 廃業）。≠株式会社国書刊行会）
190712 ◎續々群書類從第十二［同會［編］、同會）※『時宗門法服并法臈階級之次第』あり。→國書刊行會 197002
197002 ◎續々群書類從第十二［宗教部二］（同會［編纂］、続群書類従完成会）※←國書刊行會 190712

国文学研究資料館（※東京都品川区〈→同都立川市〉）
200603 ：○『松子伝』解題（同館［編］『真福寺善本叢刊』第五巻、臨川書店）※→長澤昌幸 200812 紹介

極楽寺宗教文化研究所（※大阪府河内長野市・融通念佛宗極楽寺内）
199512 ◎錦溪山　極楽寺史（同所［編集］、錦溪山極楽寺）※錦部別時・古野極楽寺（大阪府河内長野市）の寺史に留まらず、融通念佛宗史全体にふれた専門書。基本文献

国立史料館（※東京都品川区〈→同都立川市〉・現国文学研究資料館研究部）
198003 ◎寛文朱印留　下（同館［編］、同館）※『法相時宗律宗一向宗宗領目録留』あり

国立歴史民俗博物館（※千葉県佐倉市）
199303 ◎社寺の国宝・重文建造物等棟札銘文集成―中国・四国・九州編―（同館［編］、同館『非文献資料の基礎的研究（棟札）』報告書］）※益田万福寺・尾道西郷寺棟札あり
199809 ◎幻の中世都市十三湊―海から見た北の中世―（同館［編］、同館）
※ 1998/9/8-10/4 於同館、企画展示図録。図版：『時衆過去帳』
200210 ◎歴博企画展　中世寺院の姿とくらし―密教・禅僧・湯屋―（同館［編集］、同館）※ 2002/10/1-11/24 於同館、企画展図録。カラー図版：図版 96 として解説とともに善光寺の妻戸時衆や十念寺の聖の記載がある『大塔物語』（p93）、図版 98 として解説とともに「藤沢敵御方供養塔　複製」（p95）、ほか『一遍聖絵』巻三の風呂焚き部分
200703 ◎西のみやこ　東のみやこ―描かれた中・近世都市―（同館［編集］、財歴史民俗博物館振興会）
※ 2007/3/27-5/6 於同館、企画展示解説図録。カラー図版中、プロローグ　京図・所領図・名所図」で「尾張国富田庄絵図」に萱津光明寺、「第一部　洛中洛外屏風とその周辺」「一　洛中洛外図屏風の登場―第一定型―」で、「洛中洛外図屏風（歴博甲本）」に「小川（こかわ）通りの扇屋と魚売り（5扇中）」「念仏風流踊り（6扇下）」のネームをもつ各拡大図版、「洛中洛外図屏風（歴博乙本）」に四条道場・御影堂ほかの時宗寺院（すやり霞ではとんどみえず）、「二　江戸前期の洛中洛外図―第二定型―」で、「洛中洛外図屏風（歴博D・F本）」に四条道場・御影堂ほかの時宗寺院、「三　江戸中後期―名所図と名所案内―」で、「洛中洛外図屏風（歴博E本）」に「さんねん坂と霊山（5扇上）」のネームをもつ拡大写真に国阿上人坐像、「第三部　三つの港町―長崎・堺・横浜―」「二　堺」で、「元禄二年堺大絵図」に堺永福寺等の時宗寺院、をそれぞれ掲載

木暮　幹夫（※元群馬県庁農政部職員）
200807 ◎群馬の鐘楼と梵鐘（群馬ライフ）※館林応声寺の梵鐘に言及

後桜町女帝宸記研究会
200912 ：○後桜町天皇宸記―宝暦十四年正月条・二月条―（『京都産業大学日本文化研究所紀要』第十四号、同所）
※宝暦十四年（1764）二月二十日条に「藤沢上人、他あミ（阿弥）たち、上人号りんし（綸旨）の事」とあり、時宗七条道場金光寺旧蔵『御綸旨参内控集』の「宝暦十四申歳　綸　二月廿日　常州矢田　長徳寺覚阿薫道」の記事、および『藤沢山日鑑』四巻の同年正月二十二日・四月二十六日条記事と合致（古賀克彦註）

越川　雨月（※俳人〈横浜〉）
196703 ：○心のふる里（二）（『わが住む里』十八、藤沢市中央図書館）

越川　次郎（※中部大学人文学部准教授）
200105 ：○書評・西尾正仁『薬師信仰』（『日本民俗学』第 226 号、同会）※「第四章では（中略）熊野に集っていた時衆や熊野比丘尼などの遊行する宗教者によって（中略）和泉式部・浄瑠璃姫・小栗判官などが日本各地に展開されていく様子を報告している」とするなど時衆に言及。←西尾正仁 200010 を書評

小島　惠昭（※同朋大学社会福祉学部教授・同大学仏教文化研究所所長）
199804 ：○蓮如名号成立の歴史的背景（同朋大学仏教文化研究所［編］『蓮如名号の研究』法蔵館［同所研究叢書Ⅰ］）
※藤沢清浄光寺蔵呑海名号などにも言及

小島　孝之（※成城大学文芸学部教授・東京大学名誉教授）
197511　：○「一遍上人絵詞」の一遍（『国文学』第五十二号、関西大学国文学会）
199207　：○井上宗雄氏所蔵古筆手鑑について（立教大学日本文学会［編］『立教大学日本文学』第68号、同会）
　　　　※「他阿」の短冊あり
200002　：○旅と修行と歌心（浅見和彦［責任編集］『徒然草　方丈記　歎異抄…』朝日新聞社〔週刊　朝日百科・世界の文学9巻〈日本Ⅱ〉81号［2001年2月11日号］〕）
　　　　※「旅に生きた一遍」の項にカラー図版ネーム：「旅をする一遍」（『一遍上人絵伝』熊野山中）
200211　：○無住の説話受容と東国文化圏（『国文学　解釈と鑑賞』第67巻11号〔平成14年11月号〕（858）［特集　古代・中世文学に見る東国］、至文堂）※「十二所光触寺蔵『煩焼阿弥陀縁起』に言及

小島　毅（※東京大学文学部教授。元徳島大学総合科学部専任講師）
200802　◎足利義満　消された日本国王（光文社〔同社新書339〕）※「第5章　義満と仏教」「4　仏教史再考」の「仏教伝来から天台法華宗まで」の項で、「一遍は浄土系信仰のなかから時衆（時宗）を生み出した」と記述

小島　憲之（※大阪市立大学名誉教授。元龍谷大学文学部特任教授。1913/2/15-1998/2/11）
195308　：○由阿・良基とその著書—中世万葉学の一面—（『萬葉集大成』第二巻文献篇、平凡社）

小島　道裕（※国立歴史民俗博物館研究部歴史研究系教授・総合研究大学院大学文化科学研究科教授）
200405　：○旅の消費—『永禄六年北国下り遣足帳』の世界—（『歴博』第124号、国立歴史民俗博物館）
　　　　※写真ネーム：「木ノ本（滋賀県木之本町）の宿場の雰囲気を残す町並み」とキャプション：「木ノ本地蔵」に、木之本浄信寺（四条派）の石垣が写る

五島　邦治（※京都造形芸術大学芸術学部客員教授。元園田学園女子大学国際文化学部教授）
199405　：○一遍と時衆道場（京都市［編］『京都・歴史と文化』2「宗教・民衆」、平凡社）

小杉　榲邨（※元官立東京美術學校〈現東京藝術大学美術学部〉教授。1835/1/28-1910/3/29）
189510　：○一遍聖人行狀繪傳（『國華』第七十三號、同社）

小瀬　玄士（※東京大学史料編纂所助教）
201211　◎兼宣公記2（榎原雅治・小瀬［校訂］、八木書店〔史料纂集・古記録編・第165回配本〕）※詳細⇒榎原雅治 201211

小高　春雄（※〈千葉県〉佐倉市史編さん委員会市史編纂所部会長。元〈同愛四街道市・公益財団法人〉同県教育振興財団上席理事）
199807　：○佐倉市海隣寺の千葉氏石塔群について（千葉城郭研究会［編集］『千葉城郭研究』第5号、同会）
200003　：○千葉氏石塔と板碑（佐倉市総務部総務課市史編さん室［編集］『ふるさと歴史読本　中世の佐倉』同市）
　　　　※佐倉海隣寺に言及

小武　正教（※広島部落解放研究所宗教部会事務局長・広島県三次市西善寺〔浄土真宗本願寺派〕住職）
200003　：○真宗教団と身分制度—特に黒衣・色衣について—（日本印度学仏教学会［編集］『印度學佛敎學研究』第四十八巻第二号〔通巻第96号〕、同会）※時衆に言及

小谷　利明（※〈大阪府〉八尾市立歴史民俗資料館館長）
200204　：○叡尊と河内武士団—西琳寺氏人源憲俊を中心に—（大阪歴史学会［編集］『ヒストリア』第一七九号、同会）
　　　　※融通念仏に詳細に言及していないが、叡尊の律宗がその後の河内の（「対極にあるかに見える」）念仏信仰の基盤になったことを指摘
200803　：○中世の八尾と常光寺（八尾市文化財調査研究会［編集］『八尾市立歴史民俗資料館紀要』第19号、同会）
　　　　※導御の「持斎念仏人数目録」にみえる地名の比定。融通佛宗寺院との重層性がみられる

児玉　幸多（※学習院大学名誉教授。元〈東京都墨田区・都立〉江戸東京博物館初代館長。1909/12/8-2007/7/4）
199303　◎日本史こぼれ話（笠原一男・児玉［編］、山川出版社）※「阿弥号」のコラムあり
199902　◎続・日本史こぼれ話—古代・中世—（笠原一男・児玉［編］、山川出版社）※詳細は笠原一男 199202
199908　◎歴史街道ガイド　東海道五十三次を歩く1（児玉［監修］、講談社〔ソフィアブックス〕）※藤沢遊行寺に言及
200102　◎信濃路をゆく（上）（児玉［監修］、学研）※信濃善光寺に言及

小玉　洋美（※〈大分県〉別府市文化財保護審議会会長。元同県立別府青山高等学校教諭）
200307　：○温泉と祭り（別府市［編集］『別府市誌』第3巻、同市）
　　　　※「第7編　民俗」「第3章　別府の祭り」の第1節。「2、鉄輪温泉の湯浴み祭り」の項あり。ただしカラー写真ネーム：「一遍上人坐像（永福寺蔵）」は、永福寺「玉日」像。カラー写真ネーム：「湯浴み祭りの稚児行列」「元湯で湯浴みする一遍上人坐像（レプリカ）」の両者に鉄輪永福寺住職姿あり

國　華　社（※東京市麻布區〈現東京都港区〉→同都中央区・株式会社）
189107　：○一遍上人繪傳　清淨光寺蔵（『國華』第二十二號、同社）
190209　：○法眼圓伊筆一遍上人繪傳　三崎亀之助氏蔵（『國華』第四十八號、同社）
190307　：○筆者不詳一遍上人繪傳　清淨光寺蔵（『國華』第百五十八號、同社）
190312　：○筆者不詳一遍上人繪卷　清淨光寺蔵（『國華』第百六十三號、同社）
190707　：①圓伊筆一遍上人繪卷［解説］

	：②歡喜光寺の一遍上人繪傳（以上『國華』第二百六號、同社）
191406	：藤澤道場の一遍上人繪傳　清淨光寺藏（『國華』第二百八十九號、同社）
194403	：○一遍上人繪傳殘欠小倉武之助氏藏（『國華』第六四十號、同社）
201207	⊙國華第117編第12冊＝通卷1401号《特輯「武藏の仏像」》（同社〔朝日新聞出版［発売］〕）
	※カラー図版：「木造他阿真教上人坐像（埼玉県新座市　法台寺　像高84.30cm　彩色　玉眼）」
	：津田　徹英：圖版　法臺寺藏　木造他阿眞敎上人坐像

小妻　道生（※三重県津市彰見寺〈真宗高田派〉第17世住職・同派鑑学・高田短期大学名誉教授）

199512　◎彰見寺誌（小妻隆文・小妻道生［編］、津市真宗高田派彰見寺・小妻典文）
　　　　※詳細⇒小妻隆文 199512。←小妻隆文 197199 改版

小妻　隆文（※三重県津市彰見寺〈真宗高田派〉第16世住職。元同派宗務総長。1891-1977）

197199　◎彰見寺誌（彰見寺）※→小妻隆文 199512
199512　◎彰見寺誌（小妻隆文・小妻道生［編］、津市真宗高田派彰見寺・小妻典文）
　　　　※「元文四年（一七三九）二月二十六日隣寺時宗真光寺泰林が本堂建立の資を得るため、その境内地の一部を売却したので、東西二間の南北通りを十二両で買収した。」とあり。←小妻隆文 197199 改版

鼓童文化財団（※新潟県佐渡市・現公益財団法人）

201106　◎いのちもやして、たたけよ。一鼓童30年の軌跡（出版文化社）※「世阿弥」「林道明」に言及

後藤　丹治（※大阪学芸大学〈現大阪教育大学〉名誉教授。元皇學館大学文学部教授。1897/3/28-1963/5/1）

196001　◎太平記　一（後藤・釜田喜三郎［校注］、岩波書店〔日本古典文学大系34〕）
　　　　※巻第九「主上々皇爲五宮被囚給事〓資名卿出家事」に六波羅探題主従の番場蓮華寺集団自害の記事あり

後藤　淑（※昭和女子大学名誉教授。1924/9/26-2010/1/8）

196709　：○遊行寺の時宗過去帳（『觀世』昭和四十二年九月号、檜書店）

古都大宰府保存協会（※福岡県太宰府市・現公益財団法人）

200303　◎都府楼34号［特集：大宰府と時衆（中世編）］（同会［編集］、同会）
　　　　※カラー表紙：「一遍聖絵（一遍上人絵伝）」『一遍聖絵』（清浄光寺・歓喜光寺蔵）。「巻第一」
　　　　：①元亨三年銘の木札※銘文の「六十六部写経聖月阿弥陀仏」につき「時衆教団」に言及
　　　　：②一遍聖絵（一遍上人絵伝）※「「新善光寺御影堂本」は原本の下絵系統の模本とされている。」とす。カラー図版：『一遍聖絵』「巻第一」2場面・「巻第三　聖達上人禅室の湯屋」・「巻第四　筑前国武士の館」、「御影堂本」巻第一・「巻第一　館の主は誰か」
　　　　：○大隈　和子：『一遍聖絵』巻一について
　　　　：○大隈　和子：時衆と時宗
　　　　：○大隈　和子：時衆の特異な活動
　　　　：○大隈　和子：九州の時衆
　　　　：○大隈　和子：九州探題今川了俊と時衆
　　　　：○大隈　和子：博多時衆・宰府時衆
　　　　：○有川　宜博：金台寺過去帳の結縁状況
　　　　：○大隈　和子：『金台寺過去帳』にみえる商工業者
　　　　：③筑前地域時衆関係史料編
　　　　：○北村　景子・大隈　和子［資料集・年譜作成］：一遍上人略年譜
　　　　：④編集後記※「御影堂本」を「下絵系統の模本ということですが」とす

小泊　立矢（※おおいた石造文化研究会会長。元別府大学文学部准教授、元大分県立先哲史料館副館長）

199700　：○時宗寺院松寿庵について（『別府史談』第11号、同会）
　　　　※1997年度同会総会講演要旨。現在の鉄輪永福寺について。単色図版：永福寺本「紙本著色遊行上人絵伝」
199703　：○豊後における中世時宗の展開（『史料館研究紀要』第二号、大分県立先哲史料館）
200307　：○温泉の伝説（別府市［編集］『別府市誌』第3巻、同市）
　　　　※「第7編　民俗」「第1章　温泉の民俗」の第1節。「1、伝説」の中の「◆高僧と温泉」の項で一遍と永福寺本「紙本著色遊行上人絵伝」に言及。ただしカラー写真ネーム：「一遍上人坐木像」は、永福寺蔵「玉日」像

子ども津山市史編集委員会（※岡山県津山市）

199801　◎わたしたちの津山の歴史（同委員会［編］、同市教育委員会）
　　　　※「法然と一遍」の節で、美作国一宮を訪れた一遍を紹介

小葉田　淳（※京都大学名誉教授。元〈中華民國〉國立臺灣大學文學院副教授。1905/4/24-2001/8/8）

197301　◎『堺市史』続編第4巻（小葉田［編集代表］・同市役所）※沢池利三家に11通の融通念佛宗近世文書・縁起、中条元一家に大念仏関係近世文書2通、中条芳忠家に同1通あり、翻刻掲載

小林　與

195906 ：○戯曲と一遍上人（相模原市教育委員会社会教育課相模原市教育研究所［編集］『郷土相模原』相模原市史資料集第六集、同市教育委員会）

小林　梅次（※（神奈川県）相模原市文化財保護委員。元白梅学園短期大学非常勤講師）
196803 ：○小栗伝説（『藤沢民俗文化』第四号、藤沢市教育文化研究会）

小林　英一（元大阪大学文学部演劇学研究室助手）
199610 ：○遊宴の場と能楽―東山時宗寺院の阿弥坊塔頭における催しをめぐって―（『藝能史研究』第一三五号、同会）

小林　円照（※花園大学名誉教授）
199206 ：○玲瓏集（大倉精神文化研究所［編］『新版日本思想史文献解題』角川書店）
　　　　※項目執筆。『玲瓏集』は沢庵（1573/12/24-1646/1/27）著。法燈国師と一遍上人の話を載せる

小林計一郎（※元信州短期大学（現佐久大学信州短期大学部）教授、元長野工業高等専門学校教授。1919/5/21-2009/11/1）
198603 ：○鎌倉仏教と信濃（長野県［編集］『長野県史』通史編第2巻中世1、同県史刊行会）
　　　　※善光寺療病院に言及、他項でも言及多数。巻末「善光寺式三尊像一覧」で旧一向派含む時宗寺院多数掲載
198703 ：○時宗の隆盛と衰退（長野県［編集］『長野県史』通史編第3巻中世2、同県史刊行会）
　　　　※善光寺門前十念寺に言及、表中に府中往生寺（浄土宗鎮西派）、旧時宗一向派力）あり
200005 ◎善光寺史研究（信濃毎日新聞社）※信濃善光寺に関する集大成。必須文献

小林　月史（※元日本放送協会奈良支局支局長）
198009 ◎時宗国阿上人と伊勢熊野信仰（京都観照会事務局［弁財天研究叢書第二冊］）

小林　健二（※国文学研究資料館研究部教授・総合研究大学院大学文化科学研究科教授）
200310 ：中・近世芸能と熊野―能・浄瑠璃にみる熊野比丘尼の面影―（『国文学　解釈と鑑賞』第68巻10号［平成15年10月号］（869）［特集　「熊野学」へのアプローチ］、至文堂）※「五　時宗国阿派と熊野比丘尼」の項で、延宝六年（1678）二月十五日から上演の古浄瑠璃「霊山国阿上人」に言及。ただし正確には時宗国阿派ではなく霊山派。上依知瑠璃光寺の一遍の椰の木にも言及。←金井清光197503を注で引用。→古賀克彦200410紹介

小林　順彦（※長野市善光寺本覚院（天台宗山門派）住職・大正大学綜合仏教研究所研究員）
201003 ：○善光寺時供養板牌における一考察（日本宗教学会［編集］『宗教研究』三六三号［第83巻第4輯］、同会）
　　　　※2009/9/12-13於京都大学、同会第68回学術大会第8部会発表要旨。←伊藤宏之200503を引用

小林　尚英（※千葉県香取市浄光寺（浄土宗鎮西派）住職。大正大学人間学部（現仏教学部）非常勤講師）
199305 ：○一向俊聖の法流―踊念仏・消息―（浄土宗布教伝道史編纂委員会［編］『浄土宗布教伝道史』同宗）

小林　晋一（※（岩手県）水沢市（現奥州市）史専任編纂委員。同市立黒石中学校教頭。2008/1歿）
199603 ：○遊行上人と藤沢地名（『岩手の地名』第11号、岩手県地名研究会）

小林　大空（※遊行66代・藤沢49世他阿無外。1854-1930/10/14）
189003 ：○時宗元祖一遍上人行状略頌（『大悲之友』第七號、愛友社）

小林　賢章（※同志社女子大学表象文化学部特別任用教授）
199209 ：○『一遍聖絵』詞書きの筆者の人数（前田富祺［編］『国語文字史の研究』第一集、和泉書院）

小林　達朗（※東京文化財研究所企画情報部主任研究員）
200012 ◎絵巻＝親鸞聖人絵伝（小林［編集］、至文堂〔日本の美術№.415〕）
　　　　※解説本文で「一遍聖絵」「宗俊本遊行上人絵」にふれ、単色図版ネーム：「遊行上人絵伝（東京国立博物館）」

小林　智昭（※専修大学文学部教授。1911-1974）
197503 ◎法語文学の世界（笠間書院）

小林　信彦（※作家）
198811 ◎裏表忠臣蔵（新潮社）※「京・円山の重阿弥（じゅうあみ）（安養寺六坊の一つで、僧侶の住い）」「京四条寺町の金蓮寺境内にある梅林庵」と記述。→小林信彦199211 ←小林信彦199808
199211 ◎裏表忠臣蔵（新潮社［新潮文庫・こ-10-23]）※←小林信彦198811。→小林信彦199808
199808 ◎裏表忠臣蔵（文藝春秋社［文春文庫］）※←小林信彦199211 ←小林信彦198811

小林　博（※大阪市立大学名誉教授。1920-2006/12/21）
198203 ◎近江の街道（小林・木村至宏［編]、サンブライト出版［近江文化叢書13]）
　　　　※「北条仲時の悲劇伝える蓮華寺」の項と六波羅主従石塔群写真あり

小林　牧子（※佛教大学大学院文学研究科仏教学専攻修士課程（当時））
200903 ：夢が語る中世末興福寺一僧侶の内的生活史―救済と脱解をめぐって―（佛教大学大学院［編］『佛教大学大学院紀要』文学研究科篇第37号、同院）※本文と註で岩波文庫『一遍上人語録』の「夢に見るに、まことなる事あり。このゆえに夢は六識を亡じて、無分別の位に見るゆえなり」を引用

小林　守（※元明治大学文学部非常勤講師、元東京都立山崎高等学校教諭）
198708 ：浄土教と十二光仏―一遍の「道具釈」をめぐって―（『明治大学日本文学』第15号、明治大学日本文学研究会）※肩書き：「本学大学院修士課程修了／現在都立山崎高等学校教諭」

| 201002 | ：○隠された遊行上人―『玉葉和歌集』の一遍と他阿―（『明治大学日本文学』第35号、明治大学日本文学研究会）※京極為兼『玉葉和歌集』の中に、一遍と他阿真教の歌が「詠み人しらず」として収録された理由を「当時話題の遊行回国する一遍と為兼は結びつけられて非難されていく。このようななかで、為兼は一遍と一体とされて批判されるのを防ぐために、一遍の後を継ぐ二祖他阿の名を隠したのではなかろうか」と分析 |

か行

小林　靖（※〔茨城県古河市・市立〕三和資料館学芸員）
199304 ：○蓮華寺過去帳（国史大辞典編集委員会［編集］『国史大辞典』第十四巻、吉川弘文館）
※項目執筆。番場蓮華寺。←小林靖199911
199911 ：○蓮華寺過去帳（今泉淑夫［編集］『日本仏教史辞典』吉川弘文館）
※項目執筆。『国史大辞典』の当該項目を加筆・訂正し再録。番場蓮華寺。←小林靖199304

小林　雄三
201205 ：○高尾山・八王子方面バスハイク紀行　一遍上人ゆかりの当麻山無量光寺（『郷土いずみ』第18号、泉区歴史の会）

小原　幹雄（※鳥取大学医療技術短期大学名誉教授・島根大学名誉教授。1909-2008）
196002 ：○藤原為兼の歌歴（島根大学［編集］『開学十周年記念論文集』人文科学篇、同大学）
197603 ：○藤原為兼と時宗二祖他阿（『島大国文』第五号、島大国文会）※→小原幹雄197608
197608 ：○藤原為兼と時宗二祖他阿（大橋俊雄［編集］『時衆研究』第六十九号、時宗文化研究所）※←小原幹雄197603

小堀　くま
192912 ：○鎌倉時代の社會敎化と一遍上人（『現代佛敎』第六十八號、同社）
193002 ：○鎌倉時代の社會敎化と一遍上人（『現代佛敎』第七十號、同社）
193003 ：○鎌倉時代の社會敎化と一遍上人（『現代佛敎』第七十一號、同社）

駒　敏郎（※文筆家。1925/6/7-2005/3/20）
199109 ：◎史料・京都見聞記第一巻　紀行1（駒・村井康彦・森谷尅久［編集］、法藏館）
※「洛陽勝覽」等に時宗寺院の記載あり
199206 ：◎名僧百人一話Ⅰ　古寺名利百物語（駒［編・監修］、青人社）※カラー表紙：一遍上人絵伝
：①空也
：②一遍

小松　馨（※國學院大學日本文化研究所嘱託研究員）
199108 ：◎通兇公記　一（今江廣道・小松・平井誠二［校訂］、續群書類従完成會〔史料纂集・古記録編91〕）
※詳細⇒今江廣道199108

小松　勝良（※高知県歴史民俗資料館資料調査員・四国八十八ヶ所霊場会公認先達）
201303 ：○［研究ノート］四國ヘンロと時衆（『時宗教学年報』第四十一輯、時宗教学研究所）
201503 ：○弘法大師宝号石と『長宗我部地検帳』に見る邊路給地（『時宗教学年報』第四十三輯、時宗教学研究所）

小松　茂弘（※元〔神奈川県横浜市中区・同県庁内・社団法人〕神奈川ニュース映画協会〔2007/5/1解散〕職員）
199110 ◎かながわ　坂のある風景（神奈川新聞社・かなしん出版［かもめ文庫《かながわ・ふるさとシリーズ39》]）
※カラー口絵ネーム：「古き良き時代の香りを残す遊行寺坂」。本文の「遊行寺坂　古き良き時代の香り」の項に単色写真ネーム：「遊行寺の南側を緩やかに下る」。「巨福呂坂　鎌倉幕府防衛の拠点」の項で一遍に言及。「無量坂　一遍上人の教えを伝える」の項で当麻無量光寺の単色写真ネーム：「伽藍を包む樹林」。肩書は：「（社）神奈川ニュース映画協会職員」

小松　茂美（※元東京国立博物館学芸部美術課長、元日本国有鉄道〈現西日本旅客鉄道株式会社〉山陽本線柳井駅貨物係。1925/3/30-2010/5/21）
197811 ：◎一遍上人絵伝（小松［編者］・小松・村重寧・古谷稔［執筆者］、中央公論社〔日本絵巻大成　別巻〕）
※→小松茂美198811
：①小松　茂美：図版解説
：②小松　茂美：〈一人のすゝめによりて〉成立した「一遍上人絵伝」
：○村重　寧：「一遍上人絵伝」の画風―〈写実性〉と〈宋画風〉の問題
：○古谷　稔：「一遍上人絵伝」の詞書をめぐって
：③小松　茂美・古谷　稔：詞書釈文
：④無　署　名：料紙寸法表
：⑤無　署　名：参考文献
198307 ：◎融通念仏縁起（小松［編者］・小松・神崎充晴［執筆者］、中央公論社〔続日本絵巻大成11〕）※→小松茂美199209
：①小松　茂美：図版解説
：②小松　茂美：「融通念仏縁起」をめぐって（一　良忍と融通念仏／二　正和本「融通念仏縁起」の成立／三　「融通念仏縁起」の諸本／四　シカゴ美術館本・クリーブランド美術館本の地位／五　「融通念仏縁起」諸本の系統）

：○神崎　充晴：詞書釈文
：③無　署　名：料紙寸法表
：④無　署　名：参考文献

198811 ◎一遍上人絵伝（小松［編］、中央公論社〔日本の絵巻 20〕）※←小松茂美 197811 改稿・ダイジェスト
：①図版
：②解説　「一遍上人絵伝」―名所づくしの絵巻（一遍と聖戒／「一人のすゝめによりて」完成した「一遍上人絵伝」／法眼円伊と僧正円伊／三品経尹卿と四人の名筆）
：③詞書釈文

199209 ◎融通念仏縁起（小松［編］、中央公論社〔続日本の絵巻 21〕）※←小松茂美 198307 改稿・ダイジェスト
：①図版
：②解説　「融通念仏縁起」―「正和本」の成立をめぐって（一　良忍と融通念仏宗の消長／二　「融通念仏縁起」の諸本と「正和本」の出現／三　良尊と「正和本」／四　絵師のあとを追う清書人）
：③詞書釈文

199505 ◎頬焼阿弥陀縁起　不動利益縁起（小松［編者］・小松・真保亨・島谷弘幸［執筆者］、中央公論社〔続々日本絵巻大成　伝記縁起篇　4〕）※『頬焼阿弥陀縁起』は十二所光触寺蔵
：①小松　茂美：頬焼阿弥陀縁起※小松［図版解説］
：：真保　亨：「頬焼阿弥陀縁起」について
：：島谷　弘幸：「頬焼阿弥陀縁起」の制作と詞書
：②小松　茂美・島谷　弘幸：詞書釈文
：③無　署　名：料紙寸法表
：④無　署　名：参考文献

小松　操（※元共立女子大学講師、元富士見女子短期大学〈2009/3/31 閉校〉教授、元〈東京都千代田区・現一般財団法人〉研数学館〈2000/3 月末予備校閉校〉講師）
◎遊行寺歳末別時念仏評判（小松私家版）※神谷敏夫 196303 による。侯後考

五味　文彦（※放送大学教養学部教授・東京大学名誉教授。元お茶の水女子大学文教育学部助教授）
199307 ：○絵巻の視線―時間・信仰・供養―（『思想』第 829 号、岩波書店）
199701 ：◎殺生と信仰―武士を探る（角川書店〔角川選書 280〕）
※「徒衆を幸いる一遍」「狂惑のものと道者」で一遍に言及
199711 ：武士の館・持仏堂※図版：『聖絵』美作・小田切の藤井政所
：絵巻物の新展開※『天狗草紙』等の図版（以上『日本美術館』小学館）
199909 ：文献史学からみた都市研究（中世都市研究会［編集］『都市研究の方法』新人物往来社〔中世都市研究第 6 号〕）※図版：『聖絵』福岡の市
200007 ：○一遍上人絵伝（『日本歴史大事典』第一巻、小学館）※項目執筆。「聖絵」のカラー図版キャプション：「一遍を先頭に超一・超二・念仏坊らの時衆一行の鎌倉入りと出会う北条時宗」
200103 ：○遊行上人縁起絵巻（『日本歴史大事典』第三巻、小学館）※項目執筆
200210 ◎中世文化の美と力（五味・佐野みどり・松岡心平［編］、中央公論新社〔日本の中世 7〕）
：①中世の文化とは※本文で一遍にふれ、「2 節　場と力」に聖絵のカラー図版ネーム：「片瀬の浜での踊り念仏」「市屋道場での踊り念仏」各 1 葉
200301 ◎京・鎌倉の王権（五味［編］、吉川弘文館〔日本の時代史 8〕）
：①京・鎌倉の王権※単色図版ネーム：「琵琶法師（『一遍聖絵』巻 6）」
：②女たちから見た中世
※東山長楽寺に言及。単色図版ネーム：「天王寺（『一遍聖絵』巻 2）」「厳島神社の内侍（『一遍聖絵』巻 10）」
200404 ◎中世社会と現代（山川出版社〔日本史リブレット 33〕）※「③信仰の世界からみえるもの」の章の「神仏への信仰」の節で、単色図版ネーム：「石清水八幡宮境内図（『一遍聖絵』）」。「④民衆の世界からみえるもの」の章の掉尾「描かれる民衆世界」の節の本文『一遍聖絵』の筑前の武士の館の図」に言及するも、「絵巻に特有な異時同図法により一遍が二カ所に描かれている。一つは警戒の厳しい門からはいろうとする一遍、もう一つは庭先で館の主人に念仏を勧める一遍。入る、ではなく、出て行く所の描写ではないか（古賀克彦註）。単色図版ネーム：「『一遍聖絵』（詞書）」「筑前の武士の館（『一遍聖絵』）」
200605 ◎中世の身体（角川学芸出版〔角川叢書 32〕〈角川書店〔発売〕〉）
二　一遍と踊
：①1　一遍と踊り念仏（踊り念仏への批判／『天狗草紙』の批判※図版ネーム：「踊り念仏と花を降らせる天狗（『天狗草紙』）」／一遍の絵巻の制作※『一遍上人絵詞伝』『遊行上人縁起』と表記／踊り念仏の始まり※図版ネーム：「信濃小田切の里での踊り念仏（『一遍聖絵』）」／一遍の出家と修行※図版ネーム：「一遍の旅立ち（『一遍聖絵』）」／念仏札の賦算※図版ネーム：「熊野での念仏札賦算の始まり（『一遍聖絵』）」「熊野本宮での奇瑞（『

　　　　：②２　踊り念仏の展開(時衆の形成／踊り念仏の展開※図版ネーム：「信濃大井太郎の館での念仏踊りの後(『一遍聖絵』)」「相模の片瀬での板屋の踊り念仏(『一遍聖絵』)」／踊り念仏の演出※図版ネーム：「京の四条釈迦堂での踊り念仏(『一遍聖絵』)」／道場の形成※図版ネーム：「京の市屋道場での踊り念仏(『一遍聖絵』)」)
　　　　：③３　踊り念仏と時衆教団(もう一つの一遍の絵巻／時衆教団の形成へ※図版ネーム：「尾張の甚目寺での粥施行の風景(『一遍上人絵詞伝』)」)
　　　　：④４　『一遍聖絵』と身体(人物の描写※図版ネーム：「一遍を供養する(『一遍聖絵』)」「筑前の武士の館での念仏勧進(『一遍聖絵』)」／対決の場面※図版ネーム：「備前福岡市での念仏勧進(『一遍聖絵』)」「一遍の鎌倉入り阻止の風景(『一遍聖絵』)」「一遍の臨終の場面(『一遍聖絵』)」／『一遍聖絵』の身体表現※図版ネーム：「念仏道場での明かり障子に映る影(『一遍聖絵』)」「水浴びする僧(『一遍聖絵』)」／宗教者と絵巻)
　　三　宗教者と身体
　　　　：⑤１　念仏と身体(念仏の身体※図版ネーム：「一遍の踊り念仏」。『一向聖人縁起絵詞』に言及)
200704　○新連載［史料を読み、歩く］1 熊野を歩く(『ＵＰ』36巻4月号(通巻414号)、東京大学出版会)
　　　　※一遍・『一遍上人絵伝』を引用。→五味文彦200903
200804　◎躍動する中世(小学館〔日本の歴史五「新視点中世史」〕)
　　　　※「第四章　中世の生活と宗教」に「一遍とともに」「踊る宗教と絵巻という方法」の項あり、一向俊聖・『一向上人伝』『一遍上人絵詞伝』『一遍聖絵』等にも言及
200903　◎日本の中世を歩く—遺跡を訪ね、史料を読む(岩波書店〔岩波新書・新赤版1180〕)
　　　　※←五味文彦200704以下の連載8回分を増補・加筆。「Ｉ　神仏と王権—平安時代」「1　熊野の古道を謡い、歩く」の章の「『一遍聖絵』の熊野」の節で単色図版ネーム：「熊野本宮の境内(『一遍聖絵』巻3,清浄光寺蔵、『日本絵巻大成』別巻『一遍上人絵伝』中央公論社)」。「III　信仰の場と道を往く—鎌倉・室町時代」「7　江戸浦の網にかかった浅草の観音」の章の「武蔵石浜と浅草寺」の節でも『『一遍上人絵伝』(『一遍聖絵』)」と「石浜ノ道場」に言及、続く「三社祭と芸能」の節で、片瀬の踊り念仏に言及。「8　菅生の岩屋に霊験を感得する」の章では全篇に亘り『一遍聖絵』を引用し宝厳寺も参拝、掉尾のコラム〔史料を読む〕に「『一遍聖絵』を読む」「大三島社の場面を読む」の項あり、単色図版ネーム：「菅生・岩屋寺(『一遍聖絵』巻2,清浄光寺蔵、『日本絵巻大成』別巻『一遍上人絵伝』)」。巻末の参考文献で8章の部分に橘俊道・梅谷繁樹198912を掲示。「9　萱津に宿と市のざわめきを聴く」の章もほぼ全篇に亘り、そして掉尾のコラム〔史料を読む〕でも『一遍聖絵』を引用し、単色図版ネーム：「甚目寺周辺(『一遍聖絵』巻6,清浄光寺蔵、『日本絵巻大成』別巻『一遍上人絵伝』)」。→『讀賣新聞』2009年5月8日号・『週刊朝日』2009年5月15日号書評
201207　◎一遍聖絵を歩く—中世の景観を読む—(小野正敏・五味・萩原三雄〔編〕・遊行寺宝物館〔編集協力〕、高志書院〔考古学と中世史研究9〕)
　　　　※カラーカバー図版ネーム：『『一遍聖絵』清浄光寺(遊行寺)所蔵。全カラー口絵48ページ、図版総数210点。2010/7/2-3 於帝京大学山梨文化財研究所、主催：「考古学と中世史研究会」および鋤柄俊夫・髙橋慎一朗を代表とする2008〜2011年度科学研究費補助金「『一遍聖絵』にみる中世都市成立期社会の遺跡情報学的研究」グループ第9回考古学と中世史シンポジウム「聖絵を歩く　景観を読む」を元に出版。肩書き：「放送大学教授」
　　　　：遠山　元浩：口絵
　　　　：遠山　元浩：口絵解説
　　　　：鋤柄　俊夫：一遍と鎌倉時代の日本列島—主旨説明—
　　I　聖絵とは何か
　　　　：①五味　文彦：『一遍聖絵』と中世社会
　　　　：遠山　元浩：『一遍聖絵』を読み解く
　　II　館・社寺・神仏　歴史の中のモニュメント
　　　　：山村　信榮：中世大宰府と『一遍聖絵』の世界
　　　　：宿野　隆史：中世善光寺の風景
　　　　：重久　淳一：大隅正八幡宮の空間と中世前期の様相
　　　　：池谷　初恵：伊豆三島社の景観と遺跡
　　　　：伊藤　裕偉：『一遍聖絵』と時衆徒の熊野戦略
　　　　：髙屋麻里子：市と伽藍
　　III　都市と道、宿と津・湊　人とモノの動きから
　　　　：鋤柄　俊夫：一遍にとっての京都
　　　　：深澤　靖幸：武蔵府中・鎌倉街道上道・時宗
　　　　：髙橋慎一朗：一遍にとっての鎌倉
　　　　：木村　弘之：湊からみた中世都市・見付

|　　　　：○榎原　雅治：中世東海道の宿と渡の空間構成
小村　順子
200403　：○（七）祠堂金・祠堂金貸借証文「地字」表（『時宗教学年報』第三十二輯、時宗教学研究所）
　　　　※青山孝慈200403の一節
小森　正明（※宮内庁書陵部図書課首席研究官）
199310　：○真壁氏と仏教（『筑波山麓の仏教―その中世的世界―』開館十五周年記念企画展、真壁町歴史民俗資料館）
　　　　※ 1993/10/26-12/5 於同館、企画展図録。茨城県真壁郡真壁町（現桜川市）。真壁常永寺に言及
小柳勝太郎（※〈神奈川県〉藤沢市社会教育委員）
195903　：○小栗判官墓所に住む50年（『わが住む里』第十号、藤沢市中央図書館）
197510　：○大正期の遊行寺の一年（『わが住む里』第二十七号、藤沢市中央図書館）
小柳　義男（※〈長野県上水内郡飯綱町・町立〉いいづな歴史ふれあい館館長。元〈長野県上水内郡〉信濃町立飯綱小学校（現信濃小中学校）校長、元同県教育委員会委員）
200603　：○研究報告　遊行上人縁起絵に描かれた善光寺境内社の薙鎌（『長野県立歴史館　研究紀要』第12号、同館）
　　　　※ 1999年於同館、同館学芸研究会報告「遊行上人縁起絵に描かれた薙鎌」を成稿。『真光寺本遊行上人縁起絵』を引用。単色図版：「『遊行上人縁起絵』第七巻五段　善光寺境内部分（真光寺蔵）」「柱に打ち込まれた『薙鎌』」
小山　一成（※立正大学名誉教授）
198503　：○小栗遺跡攷（『仏教文学』第九号、同会）
小山　和（※旅行作家）
198909　：◎秘宝のある寺〈鎌倉〉（保育社〔カラーブックス785〕）
　　　　※十二所光触寺記事と「簡素な本堂」カラー・「弥陀三尊の一尊勢至菩薩」単色写真、また《古寺のみかた》のページに単色写真：「如来の典型・光触寺重文阿彌陀」「三尊形の典型（光触寺）」、西御門来迎寺記事（ただし一遍開基とす）、大町別願寺記事と「別願寺宝塔」写真、山ノ内光照寺記事あり
小山　丈夫（※〈長野県上水内郡飯綱町・町立〉いいづな歴史ふれあい館学芸員）
200003　：○中世信濃における時衆教団―その成立と衰退をめぐって―（『時宗教学年報』第二十八輯、時宗教学研究所）
200902　：□善光寺1400年の旅図―一遍と二河白道図（『長野市民新聞』同月14日号、同社）
小山　俊一（※旅行代理店社長。元〈神奈川県〉横浜市議会議員候補（泉区選挙区・自由民主党公認）。故人）
199206　：◎みちしるべ―相州鎌倉郡中田村（小山私家版）※嘉永五年（1852）藤沢山衆領軒充小山伊兵衛文書に言及
小山　靖憲（※帝塚山大学教養学部教授・和歌山大学名誉教授。1941/1/1-2005/5/14）
199910　：○中世熊野の神仏とその信仰（薗田香融［編］『日本仏教の史的展開』塙書房）
200004　：◎熊野古道（岩波書店〔岩波新書・新赤版665〕）
　　　　※「「浄・不浄を嫌わず」―女性・障害者の参詣」の節で、一遍の熊野参詣と神託に言及
200310　：◎南紀と熊野古道（小山・笠原正夫［編］、吉川弘文館〔街道の日本史36〕）
　　　　：①熊野三山と熊野詣※『一遍上人絵伝』と記述
五来　重（**五來　重**）（※大谷大学名誉教授・〈私立〉日本宗教民俗学研究所所長。1908/3/7-1993/12/11）
195203　：○民族的念仏の系譜（日本印度佛教學會［編輯］『印度學佛教學研究』第五卷第二號（通卷第10號）、同會）
195606　：○熊野信仰と熊野詣（和歌森太郎・古田精一・小川徹［編集］『日本文化風土記』第五巻近畿篇、河出書房）
195701　：○高野聖由来記（『聖愛』第11巻第1号（通号121）、高野山出版社）※〜195907連載
195712　：○融通念佛・大念佛および六齋念佛（大谷學會［編集］『大谷大學研究年報』No. 10、同會）※著作集未収録
196003　：○室町時代における高野聖の世俗的活動（『大谷学報』第三十九巻第四号、大谷大学仏教研究会）
196007　：○一遍と高野・熊野および踊り念佛（角川書店編集部［編集］『一遍聖繪』同書店〔日本繪卷物全集第10巻〕）
　　　　※「五來重」名義。→五来重197509
196101　：○農耕儀礼と念仏（日本宗教学会［編集］『宗教研究』第34巻第3輯、同会）
196103　：○一遍上人と法灯国師（日本印度學佛教學會［編輯］『印度學佛教學研究』第九卷第二號〔通卷第18號〕、同會）※→五来重197601①
196106　：○一遍上人と融通佛（『大谷學報』第四十一巻第一号、大谷學會）※→五来重200811①
196403　：◎元興寺極楽坊中世庶民信仰資料の研究（法蔵館）
196505　：◎高野聖〔角川書店〔角川新書199〕）※→五来重197506→五来重200712①→五来重201106
196610　：○踊念仏から念仏踊へ（国語と國文學編輯部・東京大學國文學會［編集］『國語と國文學』第四十三巻第十号［1966年10月特別号］（通巻512号）［特集　芸能史の諸問題］、至文堂）
196706　：○平家物語と仏教（『国文学　解釈と鑑賞』第32巻7号［昭和42年6月号］（394）［特集　日本文学とキリスト教の利・害］、至文堂）
196708　：○遊行宗教家（『国文学　解釈と鑑賞』第32巻9号［昭和42年8月号］（396）［特集　中世文学研究に役立つフォークロアの知識］、至文堂）
196711　：◎熊野詣―三山信仰と文化―（淡交新社〈淡交社〉［発売］）

か行

※→金井清光 196810 ②（→ 197509 ⑬）書評．→五来重 197511B ①→五来重 200412

196903 ：〇信仰―巡路・巡礼・遊行聖―（『伝統と現代』第 2 巻 3 号（通巻第 9 号）［特集　放浪］、學燈社）
197010 ：〇中世地方史と民俗学（古島敏雄・和歌森太郎・木村礎［編集］『中世郷土史研究法』朝倉書店〔郷土史研究講座 3〕）
197207 ：〇遊行の聖たち（『伝統と現代』第 3 巻第 4 号（通巻第 16 号）［特集　世捨て］、同社）
197309 ：〇熊野三山の歴史と信仰（『古美術』42、宝雲舎）
197412 ：〇踊念仏―民俗芸能の源をさぐる（1）（『月刊百科』no.148、平凡社）※～（16）、no.163、197604 連載
197504 ：〇高野山の行人と山岳信仰（『歴史手帖』第三巻第四号、名著出版）
197506 ◎増補高野聖（角川書店〔角川選書 79〕）※←五来重 196505 増補．→五来重 200712 ①→五来重 201106
197507 ：〇遊行と放浪（3）（『小川流煎茶』四）長島尚道 198206 による．侯後考
197509 ：〇一遍と高野・熊野および踊り念佛（望月信成［編集擔當］『一遍聖繪』角川書店〔新修　日本繪卷物全集第 11 巻〕）※「五來重」名義．←五来重 196007
197511A ：〇怨霊と鎮魂（丸山照雄［編］『命と鎮魂』河出書房新社〔朝日カルチャーセンター講座・現代人の宗教 6〕）
※→五来重 199406 ①
197511B ◎吉野・熊野信仰の研究（五来［編］、名著出版）
：〇熊野詣―三山信仰と文化―※←五来重 196711．→五来重 200412
197601 ◎高野山と真言密教の研究（五来［編］、名著出版〔山岳宗教史研究叢書 3〕）
：〇一遍上人と法灯国師※←五来重 196103
197604 ◎仏教と民俗　仏教民俗学入門（角川書店〔角川選書 74〕）
197703 ：〇踊念仏と風流（『文学』第四十五巻第三号、岩波書店）
197707 ：〇一遍語録（『仏教文学』〔鑑賞日本古典文学 20〕、角川書店）
197909 ：〇一遍および他阿真教と善光寺一絵巻と民俗（20）―（『新修日本絵巻物全集［第 23 巻遊行上人縁起繪］月報』26、角川書店）
197911 ◎宗教民俗芸能（五来・桜井徳太郎・大島建彦・宮田登［編］、弘文堂〔講座日本の民俗宗教 6〕）
：〇融通念仏と六斎念仏
197905 ◎続仏教と民俗（角川書店〔角川選書 99〕）
198008 ：〇一遍の遊行と踊仏（『淡交』第 34 巻第 8 号（通巻 404 号）《特集：日本人と仏教》、同社）※→五来重 200811 ②
198803 ◎踊り念仏（平凡社〔同社選書 117〕）※「第五章・一遍の遊行と踊念仏」あり．→五来重 199804
198805 ◎善光寺まいり（平凡社）※←五来重 200712 ②
198912 ◎遊行と巡礼（角川書店）
199207 ◎先祖供養と墓（角川書店〔角川選書 228〕）※「第三章　葬墓と仏教」で藤沢清浄光寺の薄念仏・一遍の踊念仏・一遍の参禅伝承、「第四章　中世の葬墓」で空也と一遍の踊念仏・『一遍聖絵』に、それぞれ言及
：〇上別府　茂：解説
199211 ：〇踊念仏（『日本史大事典』第一巻、平凡社）※項目執筆．『聖絵』巻七「市屋道場」
199305 ：〇高野聖（『日本史大事典』第三巻、平凡社）※項目執筆
199406 ◎日本人の死生観（角川書店〔角川選書 250〕）
：①五来　重：怨霊と鎮魂※空也の踊り念仏に言及．←五来重 197511A
：〇上別府　茂：解説
199512 ◎西国巡礼の寺（角川書店〔霊場巡礼①〕）※「青岸渡寺」の講に「時宗の庶民信仰」の項あり
199604 ◎四国遍路の寺（下）（角川書店〔霊場順礼③〕）※「郷照寺―ただひとつの時宗の寺」の項あり
199804 ◎踊り念仏（平凡社〔同社ライブラリー 241〕）※←五来重 198803
200412 ◎熊野詣―三山信仰と文化―（講談社〔同社学術文庫 1685〕）
※下記以外にも一遍に言及．←五来重 197511B ①文庫化←五来重 196711
：①一遍聖絵※単色図版：「権現と超一・超二」「熊野本宮大社旧社殿の図」「熊野川の図」
：②小栗街道※時宗と「癩」に言及
200712 ◎聖の系譜と庶民仏教（法藏館〔五来重著作集第二巻〕）
：①高野聖※←五来重 197506←五来重 196505．→五来重 201106
：②善光寺まいり※←五来重 198805
200811 ◎民間芸能史（法藏館〔五来重著作集第七巻〕）
：①一遍上人と融通念仏※←五来重 196106
：②一遍の遊行と踊り念仏※←五来重 198008
201106 ◎高野聖（角川学芸出版〈角川グループパブリッシング発売〉〔角川文庫 16901〕）
※←五来重 200712 ①←五来重 197506←五来重 196505

是沢　恭三（※元敬徳大学社会福祉学部教授、元文化庁文化財審議会〈現文部科学省文化審議会文化財分科会〉専門委員（書籍部門）。1894-1991）
196709　：○遊行上人―遊行柳によせて―（『観世』昭和四十二年九月号、檜書店）

近藤　暁子（※山梨県立博物館学芸課学芸員）
200610　：①阿弥陀如来及両脇侍像※真教創建で現浄土宗鎮西派の山梨県笛吹市御坂町成田の九品寺蔵。図版・作品解説
　　　：②他阿真教坐像（他阿上人真教坐像）
　　　※黒駒称願寺蔵。小田原蓮台寺真教像が真教死歿前年の寿像であると判明したことを紹介。図版・作品解説
　　　：③「他阿真教」「旧鎌倉街道沿いに点在する時宗寺院」※扉「祖師の面影」のキャッチコピー
　　　（以上、山梨県立博物館［編集］『祈りのかたち―甲斐の信仰―』同館）
　　　※2006/10/14-11/20於同館、開館一周年記念特別展図録

近藤　章（※〈群馬県〉高崎市文化賞受賞者）
199703　：○遊行上人の廻国―上野国の事例の紹介―（『高崎市史研究』第7号、同市史編さん専門委員会）

近藤　成一（※東京大学史料編纂所教授）
200302　◎モンゴルの襲来（近藤［編］、吉川弘文館［日本の時代史9］）※カラー口絵：『一遍聖絵』鎌倉の情景、本文にも単色アップ図版：北条時宗（部分）。ただしどちらも「清浄光寺所蔵」とあり
　　　：①モンゴルの襲来※単色図版ネーム：「北条時宗（『一遍聖絵』より）」

近藤　徹称（※元浄土宗尼僧道場〈2006/3月末閉鎖〉道場長〈尼僧〉）
197303　：○一遍の宗教体験（『仏教文化研究』第十九号、浄土宗教学院研究所）
197901　：○親鸞・一遍の宗教体験（藤吉慈海［編］『浄土教における宗教体験』百華苑）
198211　：○一遍上人の宗教体験（大橋俊雄［編集］『時衆研究』第九十四号、時宗文化研究所）

近藤　典二（※福岡地方史研究会会長。元福岡県立筑前高等学校校長）
199501　：○遊行上人の筑前回国（『福岡県地域史研究』第13号、同所）

近藤　奈央（〈京都市上京区・公益財団法人〉京都市埋蔵文化財研究所調査研究技師）
200708　：○本願寺御影堂平成大修復推進事務所だより91　本願寺境内の埋蔵文化財調査情報(4)（『宗報』2007年8月号（通巻489号）、浄土真宗本願寺派）※『一遍上人絵伝』・市屋道場金光寺に言及

近藤　正輝
200210　◎ブッダから日蓮まで（文芸社）※「中世の仏教（4）」で「念仏賦算の遊行僧一遍」として一遍・時宗を詳述

近藤　喜博（※元文化庁文化財保護課〈現文化財〉主任文化財調査官。1911/3/12-1977）
195308　：○一遍上人絵伝の神官（『神道宗教』第四号、同学会）
195408　：○熱田本日本書紀について（『神道学』第二号、同会）
195411　：○資料　熱田本　日本書紀紙背和歌…解説…（国学院大学出版部［編輯］『国学院雑誌』第五十五巻第三号、同部）※上掲題目は目次より。本文題目：「日本書紀卷第三　紙背和歌」(p114-117)、「日本書紀卷第四　紙背和歌」(p117-119)、「日本書紀卷第五　紙背和歌」(p119-122)、「日本書紀卷第六　紙背和歌」(p122-125)、「日本書紀卷第九　紙背和歌」(p125-130)、「解説　熱田本日本書紀紙背和歌（1）」(p131-136)
195503　：○資料　熱田本　日本書紀紙背和歌（国学院大学出版部［編輯］『國學院雜誌』第五十五巻第四号、國學院大學出版部）※上掲題目は目次より。本文題目：「資料　熱田本日本書紀紙背和歌　日本書紀卷第十　紙背和歌（承前）」(p84-87)、「日本書紀卷第十二　紙背和歌」(p87-89)、「日本書紀卷第十三　紙背和歌」(p89-92)、「日本書紀卷第十四　紙背和歌」(p92-98)、「日本書紀卷第十五　紙背和歌」(p98-102)
195508　：○時衆過去帳の後醍醐天皇（『神道学』第六号、同会）
195612　：○南朝後胤と時宗教団（後南朝史編纂會［編］『後南朝史論集』吉野皇子五百年忌記念、新樹社）
　　　※→近藤喜博198107
198107　：○南朝後胤と時宗教団（後南朝史編纂會［編］『後南朝史論集』吉野皇子五百年忌記念、原書房）
　　　※←近藤喜博195612

権藤　円立（※声楽家。1891-1968）
195508　：○仏教歌謡「声明と和讃」（『国文学　解釈と鑑賞』第20巻8号［昭和30年8月号］(231)［特集　日本の民謡］、至文堂）

今野日出晴（※岩手大学教育学部教授。元筑波大学附属高等学校教諭）
199209　：○歴史教育の現在―加藤公明氏実践の批判的検討（『歴史地理教育』第491号［1992年9月号］、歴史教育者協議会）※『聖絵』に言及。→古賀克彦200903B考察。→今野日出晴200801①
199708　：○転生する歴史教育実践―「歴史教育学」の困難性（歴史教育者協議会［編］『歴史教育・社会科教育年報　1997年版―憲法50年・社会科50年』三省堂）※『聖絵』に言及。→古賀克彦200903B考察。→今野日出晴200801①
200801　◎歴史学と歴史教育の構図（東京大学出版会）
　　　：①歴史教育実践の現在※「第Ⅰ部　歴史教育実践の問題性」の第二章。『聖絵』に言及。ただし「一遍上人聖絵」と表記。←今野日出晴199209・199708改題。→古賀克彦200903B考察

今野　慶信(よしのぶ)（※駒澤大学文学部非常勤講師）

201206 　：○湯山学氏の時宗史研究と南関東地域史の研究（湯山学［著］『中世南関東の武士と時宗』岩田書院〔湯山学中世史論集5〕）※解説

か行

さ　　　行

柴　胡庵（※元〈神奈川県津久井郡〉津久井町〈現相模原市緑区〉立串川中学校校長。本名：金井茂。1906-1977）
195712　：○当麻山と弁栄上人（相模原市教育研究所［編集］『郷土相模原』同市史資料第三集、同市教育委員会）
196401　：○一遍上人の人と思想（『郷土相模原』第十四集、相模原郷土懇話会）※→柴胡庵196606
196606　：○一遍上人の人と思想（『県央史談』第五号、同会）※←柴胡庵196401

齋木　一馬（※大正大学名誉教授。元東京大学史料編纂所助教授。1909/3/15-1988/3/19）
199006　◎古記録学概論（齋木［編著］、吉川弘文館）※「古記録演習」に文明十二年（1480）九月十四日条に「今日焼失所々、宝蔵中、踊道場、来迎堂、真如寺」とあり、「踊道場」の注解に「時宗の道場」とある。同じく「古記録演習」に出る『実隆公記』文明十八年（1486）二月卅日条本文に「抑道場（※傍註「口時衆」）深一逐電云々、言語道断次第難尽筆端而已、」とあり、釈文では「抑も道場（※傍註「時衆」）深一逐電すと云々、言語道断の次第筆端に尽し難きのみ、」と口を無視しており、注解では「時衆の傍書があるから、時衆（時宗）の道場で、京都四条道場金葉寺か。」とあり（釈文担当は小泉宜左）。四条道場には比定できかねるが、「○一」と称する時衆であるから、尼僧か、または琵琶法師との関係も考えられる（古賀克彦註）

埼玉　県（※埼玉県浦和市〈現さいたま市浦和区〉）
198903　◎新編埼玉県史資料編9（中世5）金石文・奥書（同県［編集］、同県）
　　　　※片山法台寺・大蔵向徳寺・人見一乗寺・本田教念寺・本田称名寺が載る
199303　◎新編埼玉県史図録（同県［編集］、同県）※『陸波羅南北過去帳』あり

埼玉県立博物館（※埼玉県大宮市〈現さいたま市大宮区〉・現同県立歴史と民俗の博物館）
199610　◎特別展図録　太平記絵巻の世界（同館［編集］、同館）※ 1996/10/22-12/1 於同館、特別展図録。カラー図版：藤沢清浄光寺蔵後醍醐画像・『太平記絵巻』第二巻の人見四郎恩阿。単色写真：「蓮華寺六波羅探題墓石」と解説
200003　◎特別展図録　ゆ〜お風呂の文化史〜（同館［編］、同館）※ 2000/3/25-5/7 於同館、特別展図録。カラー図版：「一遍上人絵伝」第三巻（展示は東京国立博物館所蔵模本）。ただし「聖達」とルビ

齋藤　清衞（※東京都立大学名誉教授。元中南女子大学文学部教授。1893/5/26-1981/3/4）
193208　：○頓阿法師の一生（京都帝國大學國文學會『國語國文』第二卷第八號、星野書店）※→齋藤清衞193304 ①
193209　：○頓阿法師の一生（京都帝國大學國文學會『國語國文』第二卷第九號、星野書店）※→齋藤清衞193304 ①
193211　：○頓阿法師の一生（京都帝國大學國文學會『國語國文』第二卷第十一號、星野書店）※→齋藤清衞 193304 ①
193304　◎南北朝時代文學新史（春陽堂）
　　　　：①頓阿法師の一生※←齋藤清衞193208・193209・193211

斉藤　研一（※武蔵大学人文学部非常勤講師）
199307　：○新刊紹介　一遍研究会編『『一遍聖絵』と中世の光景』（史学会［編集］『史学雑誌』第 102 編第 7 号、山川出版社）※←一遍研究会199301 を新刊紹介
199507　：①笠※図版：『一遍聖絵』巻 6 の「道者姿の女性 3 人」
　　　　：②傘※「鎌倉末期成立の『一遍聖絵』によると、傘をさしている（さしかけられている）人物は、馬上の武士などの例もあるが、僧侶や修行者、旅商人、そして乞食・非人がほどんどである」と記述し、図版：『一遍聖絵』巻 7・1
　　　　：③富士山※「富士山が描かれている鎌倉期の作品としては、『一遍聖絵』『遊行上人縁起絵』」とす
　　　　（以上、黒田日出男［責任編集］『歴史学事典』3「かたちとしるし」、弘文堂）※項目執筆
199709　：○［史料紹介］『一遍上人絵伝』（『歴史と地理』第五〇五号　（日本史の研究一七八）、山川出版社）
200807　：○中世絵画に見る宴―野外での酒宴を中心に―（五味文彦・小野正敏・萩原三雄［編］『宴の中世―場・かわらけ・権力―』高志書院［考古学と中世史研究 5］）※「一　室内での酒宴」の節の冒頭「十六世紀以前で、室内での酒宴の様子が描かれた絵画」中に「『一遍聖絵』巻四　筑前の武士の館／（巻七　空也上人の遺跡市屋桟敷に太鼓樽と酒盃が見える）」を挙げ、本文で「『一遍聖絵』巻四の酒宴の場面」をとりあげ、単色図版も掲載
200907　：○中世絵画に見る動物の捕獲・加工・消費（五味文彦・小野正敏・萩原三雄［編］『動物と中世―獲る・使う・食らう―』高志書院［考古学と中世史研究 6］）
　　　　※「二　捕獲―描かれた狩猟と漁撈―」の節の「（1）畜生道に描かれた狩猟と漁撈」で単色図版ネーム：「『一遍聖絵』巻九　射獸（まぶし）」、本文で「淀の「うへの」の田園風景の一場面」をとりあげ、「巻七の京都・桂川では、鵜飼の様子が描かれている。」とす。「六　流通―店頭で売られる動物―」の節では、単色図版ネーム：「『一遍聖絵』巻五　福岡の市」、本文で「備前福岡の市に描かれた市屋」をとりあぐ

斎藤　国夫（※〈埼玉県〉行田市教育委員会職員。2002/10/2 歿）
198107　：○「踊念仏」を刻する板石塔婆について（日本歴史学会［編集］『日本歴史』第三百九十八号、吉川弘文館）
　　　　※行田市郷土博物館蔵踊り念仏板碑

斎藤　昭俊（※大正大学名誉教授・栃木県栃木市寶蓮寺〈真言宗智山派〉住職）
199311A　：◎日本仏教宗派事典・コンパクト版（斎藤・成瀬良덕［編］、新人物往来社）※「時宗」の項あり
199311B　：◎日本仏教人名事典・コンパクト版（斎藤・成瀬良德［編］、新人物往来社）※「一遍」等の項あり

斎藤　慎一（※元〈東京都〉青梅市文化財保護審議会会長、元東洋大学短期大学非常勤講師、元同窓立川高等校教諭。勝沼愛顯寺檀家）
197808　：○柚保の時宗板碑と三田氏（『多摩郷土研究』第52号、同会）※柚保は東京都青梅市周辺

斎藤清一郎（※〈神奈川県小田原市・現公益財団法人報徳福運社〉報徳博物館館長代理。元小学校校長）
199804　：○尊徳ゆかりの寺社4［表紙写真解説］遊行寺『かいびゃく』第47巻第7号、一円融合会）
　　　　※同号表紙単色写真：遊行寺本堂

斎藤　利夫（※〈東京都千代田区〉近畿日本ツーリスト株式会社附の女サークル歴史講座・自営業・自然保護活動・地方史研究。元東京都主税局・財務局局員、元中央大学研究室。1931-）
199509　：◎中山道歴史散歩—宿場と旧道の面影をしのぶ—（有峰書店新社）※番場蓮華寺に言及

齊藤　智美（※〈東京都文京区・区立〉文京ふるさと歴史館専門員・明治大学文学部兼任講師）
200604　：○『御府内寺社備考』における略縁起利用の一考察（圭室文雄［編］『日本人の宗教と庶民信仰』吉川弘文館）
　　　　※御府内時宗寺院2箇所中、麻布白金松秀寺の「日限地蔵尊略縁記」を挙ぐ

斎藤　　望（※大谷大学文学部教授。元〈滋賀県彦根市・市立〉彦根城博物館学芸員）
199103　：○滋賀・高宮寺の時宗美術（『無遮』武者小路研究室）

斉藤　彦司（※〈神奈川県〉横浜市文化財保護審議会委員。元同県立博物館企画普及部課長）
199906　：○かまくらの石塔—極楽浄土への祈りのかたち—の開催にあたって（『神奈川県立歴史博物館だより』第5巻第1号、同館）※カラー写真：大町別願寺宝塔

斉藤　正敏（※山梨県立甲府第一高等学校教務主任）
199809　：○金井清光氏の講演の報告（『日本史教育研究』第143号、同会）※同会例会としての2回の講演「近世の遊行について」（1998/4/18於千代田女学園〈東京都千代田区〉、5/17於藤沢遊行寺本堂）の概要

斎藤　善之（※東北学院大学経営学部教授。元日本福祉大学知多半島総合研究所嘱託研究員、元早稲田大学文学部助手）
200309　：◎海道、川の道（山川出版社〔日本史リブレット47〕）
　　　　※「河野浦」の頭註で「諸国を遊歴した時宗の開祖・一遍上人」に言及

左右田昌幸（※〈龍谷大学文学部教授、〈京都市下京区・浄土真宗本願寺派本山本願寺〉同寺史料研究所委託研究員、〈同区・一般財団法人〉同和教育振興会常務理事）
200607　：○花山火葬場について（一）（『本願寺史料研究所報』29号、同所）
　　　　※上原芳太郎『楳牕余芳』（本願寺護持会財団・192705）の「明治十七年まで、七条高倉南に六条道場と称する一宇、形ばかり残りたり。嘗て其の内に茶毘所ありければ」を引用するが、七条道場カ
200611　：○花山火葬場について（二　承前　結）（『本願寺史料研究所報』31号、同所）
　　　　※浅香勝輔・八木澤壯一 198306 を引き、七条火屋は町家に近かったのみならず京都停車場（現京都駅）予定地に掛かるため明治四年（1871）六月操業禁止とす

佐江　衆一（※〈作家〉）
200205　：○わが屍は野に捨てよ—一遍遊行—（『新潮』99巻5号、同社）※小説。→佐江衆一 200208
200208　：◎わが屍は野に捨てよ—一遍遊行—（新潮社）※小説。←佐江衆一 200205
200501　：◎わが屍は野に捨てよ—一遍遊行—（新潮社〔新潮文庫さ-17-10〕）※小説。←佐江衆一 200208 ←佐江衆一 200205

佐伯　恵達（※宮崎市長昌寺〈浄土真宗本願寺派〉住職。元宮崎県立宮崎大宮高等学校教諭）
198802　：◎廃仏毀釈百年—虐げられた仏たち—（鉱脈社〔鉱脈叢書16〕）
　　　　※薩摩島津氏の時宗信仰と浄光明寺（のち龍尾神社）に言及。→佐伯恵達 200307
200307　：◎廃仏毀釈百年—虐げられつづけた仏たち—［改訂版］（鉱脈社〔みやざき文庫20〕）
　　　　※薩摩島津氏の時宗信仰と浄光明寺（のち龍尾神社）に言及。←佐伯恵達 198802 改題

酒井　麻子（※〈神奈川県〉藤沢市文書館史料専門員）
199803　：：○『藤沢山日鑑』記事年表（正德元～宝暦六年）（藤沢市文書館［編集］『藤沢市文書館紀要』第21号、同館）
　　　　※←藤沢市文書館 198303・198403 に該当。渋谷眞美・酒井〔共筆〕
199903　：：○『藤沢山日鑑』記事年表（宝暦六～十二年）（藤沢市文書館［編集］『藤沢市文書館紀要』第22号、同館）
　　　　※←藤沢市文書館 198503 に該当
200006　：：○『藤沢山日鑑』記事年表（宝暦十一～明和六年）（藤沢市文書館［編集］『藤沢市文書館紀要』第23号、同館）
　　　　※←藤沢市文書館 198603・198703 に該当
200111　：：○『藤沢山日鑑』記事年表（明和七～安永五年）（藤沢市文書館［編集］『藤沢市文書館紀要』第24号、同館）
　　　　※←藤沢市文書館 198703 に該当
200303　：：○『藤沢山日鑑』記事年表（安永六～七年）（藤沢市文書館［編集］『藤沢市文書館紀要』第25号、同館）
　　　　※←藤沢市文書館 198803 に該当
200403　：：○『藤沢山日鑑』記事年表（安永八～天明三年）（藤沢市文書館［編集］『藤沢市文書館紀要』第26号、同館）
　　　　※←藤沢市文書館 198803・198903 に該当

200503	:○『藤沢山日鑑』記事年表　天明四・八年・寛政一〜四年（一七八四〜九二）（藤沢市文書館［編集］『藤沢市文書館紀要』第27号、同館）※←藤沢市文書館198903・199003Aに該当
200504	:○連載　藤沢山日鑑茶話　第3回　お坊さんのつぶやき（『文書館だより　文庫』第4号、藤沢市文書館）※『藤沢山日鑑』における僧侶の書き込みの逸話を紹介。「酒井」の署名記事。酒井麻子カ
200507	:○連載　藤沢山日鑑茶話　第4回　遊行寺　銘菓のしおり（『文書館だより　文庫』第5号、藤沢市文書館）※←藤沢市文書館200403より菓子を一覧表化。「酒井」の署名記事。酒井麻子カ
200601	:○連載　藤沢山日鑑茶話　第5回　お酒のはなし（『文書館だより　文庫』第7号、藤沢市文書館）※単色図版ネーム：「相州　藤沢山遊行寺　境内諸堂社罟繪図」。「酒井」の署名記事。酒井麻子カ
200603	:○『藤沢山日鑑』記事年表（寛政五年〜十二年）（藤沢市文書館［編集］『藤沢市文書館紀要』第二十八号、同館）※←藤沢市文書館199103A・199203に該当。ただし表紙目次の題目：『『藤沢山日鑑』年表記事』
200703	:○『藤沢山日鑑』記事年表（享和元年〜文化七年）（藤沢市文書館［編集］『藤沢市文書館紀要』第二十九号、同館）※←藤沢市文書館199303・199403に該当
200708	:○連載　藤沢山日鑑茶話　第6回　松平定信と遊行寺（『文書館だより　文庫』第11号、藤沢市文書館）※カラー図版ネーム：「清浄光寺宝物より　「一遍上人絵詞伝」竜口の場面」「境内図にみえる「茶亭」（右上）」。「酒井」の署名記事。酒井麻子カ
200803	:○『藤沢山日鑑』記事年表（文化八年〜十二年）（藤沢市文書館［編集］『藤沢市文書館紀要』第三十号、同館）※←藤沢市文書館199503に該当
200810	:○連載　藤沢山日鑑茶話　第7回　黒門の話（『文書館だより　文庫』第15号、藤沢市文書館）※カラー（ただし現品が単色）図版ネーム：「相中留恩記略の黒門」「明治初境内図の黒門」。カラー（カ。ただし現品が単色絵葉書）図版ネーム：「遊行寺惣門前（明治末〜大正）」。「酒井」の署名記事。酒井麻子カ
200903	:○『藤沢山日鑑』記事年表（文化一三年〜文政三年）（藤沢市文書館［編集］『藤沢市文書館紀要』第三十一号、同館）※←藤沢市文書館199603に該当
201003	:①『藤沢山日鑑』と「近侍者記録」※末尾に「既刊および刊行予定日鑑類一覧」を附す :②『藤沢山日鑑』記事年表（文政四年〜文政七年）※←藤沢市文書館199703より抽出 （以上、藤沢市文書館［編集］『藤沢市文書館紀要』第32号、同館）
201103	:◎藤沢山日鑑　別巻1「近侍者記録一」（藤沢市文書館［編集］・酒井［編集校訂］、同館） ※詳細⇒藤沢市文書館201103 :①解説「清浄光寺の日鑑類について」※末尾に「既刊および刊行予定日鑑類一覧」を附す
201203	:◎藤沢山日鑑　別巻2「近侍者記録二」（藤沢市文書館［編集］・酒井［編集校訂］、同館） ※詳細⇒藤沢市文書館201203A
201303A	:◎藤沢山日鑑　別巻3「近侍者記録三」（藤沢市文書館［編集］・酒井［編集校訂］、同館） ※詳細⇒藤沢市文書館201303
201303B	:○『藤沢山日鑑』記事年表（文政八〜十一年）（藤沢市文書館［編集］『藤沢市文書館紀要』第33号、同館）※←藤沢市文書館199803に該当。ただし表紙目次では題目の括弧内「文政八年〜文政十一年」

酒井　淳（※東京調布市西圓寺〈浄土真宗本願寺派〉住職・同派布教使・東京仏教学院講師・『築地本願寺報』編集委員・保護司）

| 201112 | :□有縁散歩　京都編（『築地本願寺新報』第770号、浄土真宗本願寺派（西）本願寺　本願寺築地別院・同社）※特集：「吉水草庵御旧跡／慈圓山安養寺」、カラー写真ネーム：「法然聖人が、仏前に供える水「閼伽」に用いたと伝わる洛東の名井」「親鸞聖人像（信心決定ご満足の像）」等3葉、およびカラー地図まで掲載。ただし本文で時宗寺院との註記は皆無。肩書は「文責　編集委員・酒井淳」 |

酒井　紀美（※茨城大学教育学部特任教授。元大阪府立渋谷高等学校教諭）

| 200109 | :◎夢語り・夢解きの中世（朝日新聞社［朝日選書683］）※勧進聖の願阿弥に言及 |

坂井　衡平（※長野市教育会〈信〔一般社団法人〕長野市かがやき教育会〉嘱託。元東京帝国大学（現東京大学）文學部副手。1886-1936）

196905A	:◎善光寺史　上（東京美術）※上下で1函。刊行に金井清光が尽力。→金井清光196612②・196711⑮紹介
196905B	:◎善光寺史　下（東京美術）※上下で1函。刊行に金井清光が尽力。→金井清光196612②・196711⑮紹介
	:○金井　清光：後記
200411	:◎善光寺史（東京美術）※オンデマンド版。←坂井衡平196905A・196905B
	:○金井　清光：後記

酒井　シヅ（※順天堂大学特任教授・同大学名誉教授。元〈東京都文京区・現一般社団法人〉日本医史学会理事長）

| 200205 | :◎病が語る日本史（講談社）※「仏教と救らい事業」の項の単色図版ネーム：「一遍は無宿の病者にも布教した。『一遍上人絵詞伝（巻第七）』東京国立博物館蔵」。本文でも『聖絵』を『一遍上人絵詞伝』と呼称 |

坂井　康人（※千葉県立関宿高等学校教諭・〈東京都台東区・部落解放同盟東部連合会内〉東日本部落解放研究所会員）

| 199308 | :○千葉県の被差別部落―その形成としくみについて―（千葉県部落問題啓発センター［編集］『人権啓発千葉　千葉県部落問題啓発センター紀要』第6号、同センター） |

　　　　※「時衆と被差別部落」の節あり。関東の一向派寺院にも言及
寒河江市史編さん委員会（※山形県寒河江市）
199703A　◎寒河江市史［慈恩寺中世史料（解読版）］（同委員会［編集］、同市）
　　　　※広谷常治蔵・明応五年（1496）「出羽国最上村山郡寒河江庄松蔵桑折山松蔵寺幹縁疏」の翻刻掲載
199703B　◎寒河江市史［慈恩寺中世史料（写真版）］（同委員会［編集］、同市）
　　　　※広谷常治蔵・明応五年（1496）「出羽国最上村山郡寒河江庄松蔵桑折山松蔵寺幹縁疏」の図版掲載
榊原　悟（※〈愛知県〉岡崎市美術博物館長・群馬県立女子大学名誉教授。元〈東京都代江区→同豊島区〉現公益財団法人サントリー芸術財団〉サントリー美術館主席学芸員）
200403　◎すぐわかる絵巻の見かた（榊原［監修］・内田啓一・佐伯英里子［執筆］、東京美術）
　　　　※「第4章　伝記絵巻」で「一遍上人絵伝」をとりあげ。「名場面」として「四天王寺で布教する一遍上人」、「見かた」として「一遍の墓所に祀られた影像」、のそれぞれカラー図版
　　　　：①はじめに※「一遍上人絵伝」（清浄光寺・歓喜光寺蔵）」に言及
　　　　：②「賢学草紙絵巻」を見る※「一遍上人絵伝」に言及
坂口　和子（※日本石仏協会会長）
200902　：○日本のお地蔵さま百選（『歴史読本』第54巻第2号［2009年2月号］（通巻836号）［特集「神様・仏様の詣で方　祈り方」、新人物往来社］※甲府一蓮寺の味噌嘗め地蔵を写真付きで紹介。坂口［監修］
阪口　弘之（※神戸女子大学文学部教授・大阪市立大学名誉教授）
199912　◎古浄瑠璃　説経集（信多純一・阪口［校注］、岩波書店〔新日本古典文学大系90〕）
　　　　※小栗判官説話が当麻無量光寺に関係する可能性を指摘
阪田　雄一（※千葉県立磯辺高等学校教諭）
199903　：鈴木哲雄著『社会史と歴史教育』（『房総史学』第39号、千葉県高等学校教育研究会歴史部会）
　　　　※「「備前福岡市」の教材化をめぐって」の章に関する言及あり
坂詰　秀一（※立正大学名誉教授。元〈東京都〉品川区立品川歴史館館長、元同大学第27代学長〈1998-2001〉）
200305　◎仏教考古学事典（坂詰［編］、雄山閣）
　　　　：①服部清道（清五郎）※服部の藤嶺学園藤沢高等学校勤務に言及
201010　◎近世大名墓所要覧（坂詰［監修］、ニューサイエンス社［考古調査ハンドブック4］）
　　　　※「資料　近世大名家墓所地名表」に、堀田家の墓所として藤沢遊行寺等を掲載
相模湖町文化財保護委員会（※神奈川県津久井郡相模湖町〈現相模原市緑区〉）
196899　◎郷土さがみこ第1集　千木良地区（同委員会［編］、同町教育委員会［同町文化財調査報告書］）
　　　　※当麻無量光寺第52世他阿霊随の石造物について。神奈川県津久井郡相模湖町（現相模原市緑区）
相模原市教育委員会（※神奈川県相模原市〈現同市中央区〉）
197400　⊙彫刻（同委員会［さがみはらの文化財第九集］）※無署名。当麻無量光寺本尊に言及
197500　◎相模原の歴史と文化財（同委員会）※無署名。当麻無量光寺、笈退りに言及
198403　◎地名調査報告書（同委員会［編集］、同委員会）※「当麻村」の項で当麻無量光寺などに言及
198409　◎相模原市教育史第二巻近代通史編（同委員会［編］、同委員会）
　　　　※「私立光明学園の教育」（p579-581）中に伊東念覚の略歴あり
198903　⊙中世の石造物（同委員会）※当麻無量光寺関係石造物に言及
199403　◎庶民のいのり―相模原の念仏講―（同委員会［編集］、同委員会）
　　　　※記録映像（16㍉フィルムおよびビデオテープ）の解説書。当麻無量光寺を詳細に言及
199599　◎平成　さがみはら風土記稿　寺院編（同委員会）※当麻無量光寺、観心寺の項あり
相模原市教育委員会教育局生涯学習部博物館
→相模原市立博物館
相模原市教育委員会指導部社会教育課（※神奈川県相模原市〈現同市中央区〉・現同委員会教育局生涯教育部生涯教育課）
197500　◎相模原の歴史と文化財（同課［編］、同委員会）
　　　　※「当麻山無量光寺」「笈退り」「当麻・無量光寺の双盤」「当麻・無量光寺の滅燈式」の項あり
相模原市教育委員会社会教育課　第10回文化財展実行委員会（※神奈川県相模原市〈現同市中央区〉）
198499　◎文化財展　第10回（同委員会［編］、同会）※「時宗と当麻山道みちしるべ」の項あり
相模原市教育委員会社会教育部社会教育課（博物館準備係）（※神奈川県相模原市〈現同市中央区〉）
198803　◎相模原市村落景観調査報告　当麻（TAIMA）（同係［編集］、同市教育委員会）※当麻無量光寺に言及
相模原市教育委員会生涯学習部生涯学習課文化財保護室（※神奈川県相模原市〈現同市中央区〉）
200200　◎相模原の文化財（同室［編］、同市）
　　　　※ルーズリーフタイプ。追録版あり。「無量光寺山門」「木造一遍上人立像」「無量光寺の徳本念仏塔」の項あり
相模原市教育委員会生涯学習部文化財保護課（※神奈川県相模原市中央区）
201008　◎相模原市文化財年報　平成22年（同課［編］、同委員会）

※「当麻山無量光寺境内における確認調査報告」の項あり

相模原市総務課市史編さん室（※神奈川県相模原市〈現同市中央区〉）
200909 ◎旧相模原地域　石造物・景観調査報告書（２０年度）（同室〔編集〕、同室）
※原当麻観心寺、当麻無量光寺、塩田向得寺の墓塔除く全石造物掲載

相模原市文化財現況調査会
198403 ◎相模原市文化財現況調査報告書（同会〔編集〕、同会）

相模原市民俗芸能保存協会（※神奈川県相模原市〈現同市南区〉）
198603 ◎さがみはらの民俗芸能第七号（同会〔編〕、同会）※当麻無量光寺双盤念仏に言及
198903 ◎さがみはらの民俗芸能第１０号協会創立１０周年記念号（同会〔編〕、同会）
※当麻無量光寺双盤念仏に言及

相模原市役所（※神奈川県相模原市〈現同市中央区〉）
196511 ◎相模原市史第五巻（同役所）※単色口絵ネーム：「当麻山無量光寺」「寛永七年　当麻村市祭覚書案〔関山登勢子氏蔵〕」。「第一編　中世資料編」に無量光寺文書15、関山文書15．1 通ずつ単色図版と飜刻・解説。「第二編　近世資料編」の「一四　当麻村」に無量光寺および関山文書飜刻。いずれも座間美都治〔執筆〕カ

相模原市立博物館（相模原市教育委員会教育局生涯教育部博物館）（※神奈川県相模原市〈現同市中央区〉）
199611 ◎相模原市立博物館常設展示解説書（同館〔編〕、同館）
※「仏教遺産」のページで当麻無量光寺特集、ほか同寺文書を掲載
200203 ◎大島・上矢部・田名・上溝・当麻地区の民俗（同館〔編集〕、同館〔同市民俗調査報告書〕）
※塩田向得寺・当麻無量光寺・原当麻観心寺・当麻東沢寺（廃寺）に言及
200503 ◎相模原市立博物館資料目録6　博物館所蔵古文書目録（同館〔編集〕、同館）
※当麻無量光寺および塩田向得寺文書の項あり
201103 ◎当麻山無量光寺　歴代上人墓所石塔婆群調査報告書（同館〔編集〕、同市〔同市史調査報告書7〕）
※「相模原市教育委員会教育局生涯教育部博物館」名義

坂村　真民（※詩人。元愛媛県内公立・私立学校教諭。奥谷宝厳寺檀家。1909/1/6-2006/12/11）
197908 ：○わが一遍上人（『ナーム』No. 84（第 8 巻 8 号）「特集／一遍」、水書坊）
198111 ◎一遍上人語録　捨て果てて（大蔵出版〔新仏典シリーズ〕）※→坂村真民 199410
198302 ：一遍讃歌（『文化愛媛』第三号、愛媛県文化振興財団）※p72-74
198910 ：復活する一遍（『文化愛媛』第二十二号、愛媛県文化振興財団）
199410 ◎愛蔵版　一遍上人語録　捨て果てて（大蔵出版）※詩集。→坂村真民 198111
199810 ◎詩集　念ずれば花ひらく（サンマーク出版）※「一遍智真」あり。→200503 第 24 刷
200203 ◎随筆集　念ずれば花ひらく（サンマーク出版）

坂本　源一（※郷土史家。1907-故人）
198302 ：○常陸国信太荘の一遍上人（大橋俊雄〔編集〕『時衆研究』第九十五号、時宗文化研究所）

坂本　昇（※東京都立田園調布高等学校教諭）
199206 ：○座談会・加藤公明実践を検討する（歴史教育者協議会〔編集〕『歴史地理教育』No. 488〔1992 年 6 月号〕、同会）※「一遍聖絵」に言及。古谷博〔司会〕・北尾悟・河名勉・永瀬弘勝〔座談会〕

嵯峨山善祐（※僧侶〔浄土宗鎮西派カ〕。元仏教大学大学院修士課程浄土学専攻（同大学卒業）、元日本放送協会職員。1916-）
198508 ：一遍上人遊行（近畿・阿波・淡路ほか）の迹（大櫛書店）

桜井　英治（※東京大学教養学部教授）
200110 ◎室町人の精神（講談社〔日本の歴史 12〕）※「第一章　神々の戦い」「2　『明徳記』の世界」の「義満と細川頼之」の項の本文で、時衆は陣僧のほか「将軍に近侍して身辺の世話や財政の管理に従事するとともに、茶や立花などの諸芸能を通じて室町文化に寄与した同朋衆（遁世者）がよく知られて」おり、『明徳記』を彼らの筆になると粗述。その作者の許に時衆のネットワークを通じ、情報が集積されていたことを想定。「同朋衆」のネームと「剃髪した法体の 3 人（京都若宮八幡宮所蔵）」のキャプションをもつ単色図版も掲載。「第七章　京都開陣」「2　兼倶と蓮如」の「文化の還俗」の項の本文で「心敬に「ほとけの御名をのみたのみ侍る」と揶揄された念仏宗（ひとつだけ心敬を弁護しておくと、かれはもともと山門で学び、権大僧都までのぼった学僧であったから、いきおい新仏教にたいしては批判的にならざるをえなかった）」とす。→桜井英治 200907
200907 ◎室町人の精神（講談社〔同社学術文庫 1912〕〔日本の歴史 12〕）※←桜井英治 200110

桜井　寛明（※奈良市西方寺〔西山浄土宗〕住職。桜井達定令息）
199611 ：○西山流大年表〔寛正元年（1460）より永禄二年（1559）に至る百年間〕（『西山学会年報』第 6 号《西山上人七五〇回御遠忌記念論集》、同会）※時宗の記事あり。→桜井寛明 199811
199811 ◎西山流大年表（桜井〔編〕、西方寺）※時宗の記事あり。←桜井寛明 199611 増補改訂

櫻井　秀（※元宮内省図書寮〔宮内庁書陵部〕御用掛、元東京帝国大学〈現東京大学〉史料編纂所員。1885/9/4-1942/12/13）

| 191508 | ：○盆踊と躍念佛（『郷土研究』第參卷第六號、同社）

桜井　達定（※奈良市西方寺〈西山浄土宗〉住職。故人）
| 199406 | ◎事相鈔卅八巻あれこれ考―特に真撰・非真撰説を中心に―（西方寺）
| | ：①事相鈔卅八巻と一遍上人

櫻井　成昭（※大分県立先哲史料館主任研究員。元同県立歴史博物館学芸員）
| 201203 | ◎瀬戸内海西部における阿弥陀信仰の歴史的展開の研究（櫻井［研究代表者］、大分県立歴史博物館）
| | ※平成20年度～平成23年度科学研究費補助金（基盤研究（C））課題番号20520608
| | ：①阿弥陀信仰の展開と地域社会※豊後国における一遍や時衆につき詳細に言及。大分県中津市妙相寺を旧時宗とす。画像の載る宇佐神宮大貳堂旧蔵・大分県宇佐市極楽寺（浄土真宗本願寺派）蔵六字名号円額は時衆流名号
| | ：②近世・近代の時宗と浄土真宗―永福寺と親鸞聖人像―
| | ※巻末資料編の「寺院明細牒」（明治23年）の〈浄土宗寺院〉中に速見郡鴨川村（現大分県杵築市）迎接寺は開山遊行派とあり。同資料編に詳細な「永福寺資料」一覧もあり

桜井　松夫（※東信史学会副会長・〈長野県〉上田市文化財保護協会会長・上小仏教文化研究会会長）
| 197702 | ：○小笠原流大井・伴野両氏について（一）（『千曲』第十二号、東信史学会）
| 197706 | ：○小笠原流大井・伴野両氏について（二）（『千曲』第十三号、東信史学会）
| 197708 | ：○小笠原流大井・伴野両氏について（三）（『千曲』第十四号、東信史学会）

櫻井　恵武（※密教写真家）
| 200204 | ◎四国遍路　八十八の本尊（日本放送出版協会）※宇多津郷照寺に言及
| 200206 | ◎四国遍路　秘仏巡礼（日本放送出版協会）※宇多津郷照寺に言及

桜井　好朗（※黄塵草堂桜井私塾塾長・椙山女学園大学名誉教授。元佛教大学文学部教授。1931/9/17-2014/5/8）
| 196503 | ：○隠者の変貌―高野の聖の生活と文学との関連をめぐって―（『文学』第三十三巻第三号、岩波書店）
| | ※→桜井好朗197001 ①
| 197001 | ◎中世日本人の思惟と表現（未来社）
| | ：①隠者の変貌―高野の聖の生活と文学との関連をめぐって―※←桜井好朗196503
| 197609 | ◎神々の変貌―社寺縁起の世界から―（東京大学出版会）
| | ：①人となって苦しむ神―『神道集』
| 198503 | ：○遊行の図像学―『一遍聖絵』巻四から―（『椙山国文学』第九号、椙山女学園大学国文学会）
| | ※→桜井好朗198810 ②
| 198504 | ：○小栗判官の世界（上）（『文学』第53巻第4号、岩波書店）※→桜井好朗198810 ③
| 198505 | ：○小栗判官の世界（下）（『文学』第53巻第5号、岩波書店）※→桜井好朗198810 ③
| 198609 | ：○一遍伝（『国文学　解釈と鑑賞』第51巻9号［昭和61年9月号］（663）［特集　僧伝文学の世界］、至文堂）※→桜井好朗198810 ①
| 198705 | ：○一遍上人絵伝（石田尚豊・田辺三郎助・辻惟雄・中野政樹［監修］『日本美術史事典』平凡社）
| | ※項目執筆。桜井・田口栄一［共筆］。→桜井好朗199211
| 198810 | ◎中世日本の王権・宗教・芸能（人文書院）
| | ：①一遍伝をめぐる二つの絵巻※同書の「Ⅱ」のうち。←桜井好朗198609 改題
| | ：②遊行の図像学―『一遍聖絵』巻四から※同書の「Ⅱ」のうち。←桜井好朗198503
| | ：③小栗判官の世界※同書の「Ⅲ」のうち。←桜井好朗198504・198505
| 199211 | ：○一遍上人絵伝（『日本史大事典』第一巻、平凡社）
| | ※項目執筆。単色図版：『聖絵』巻四、『縁起絵』光明寺本巻二の踊念仏。←桜井好朗198705
| 199306 | ：○念仏と在地神祇―『一遍聖絵』巻八の世界から（大隅和雄［編］『鎌倉時代文化伝播の研究』吉川弘文館）
| | ※→桜井好朗199606 ①
| 199606 | ◎儀礼国家の解体　中世文化史論集（吉川弘文館）
| | ：①念仏と在地神祇―『一遍聖絵』巻八の世界から※←桜井好朗199306
| 200103 | ：○歩く中世―『愛知県史　資料編8　中世1』に寄せて―（『愛知県史のしおり』資料編8中世1、同県総務部総務課県史編さん室）
| | ※『一遍聖絵』と『遊行上人縁起絵』（宗俊編『一遍上人絵詞伝』）の甚目寺に言及。→桜井好朗200610 ③
| 200104 | ：○書評・砂川博『中世遊行聖の図像学』（一）（時衆文化研究会［編集］『時衆文化』第3号、同会〈岩田書院［発売］〉）※←砂川博199905を書評。→桜井好朗200610 ④
| 200110 | ：①滞留する一遍―『一遍聖絵』巻第七第四段の分析―※→戸村浩人200210 批判。→桜井好朗200610 ①
| | ：②書評・『一遍聖絵』研究の諸問題（二）―砂川博『中世遊行聖の図像学』から―※←砂川博199905を書評。→桜井好朗200610 ⑤（以上、時衆文化研究会［編集］『時衆文化』第4号、同会〈岩田書院［発売］〉）
| 200206 | ：○中世神話と宗教―『一遍聖絵』における名号と入水―（砂川博［編］『一遍聖絵の総合的研究』岩田書院）

　　　　※ 2000/11/26 於國學院大學渋谷校舎、一遍聖絵研究会第2回例会報告「『一遍聖絵』の詞と絵—高僧伝絵巻読解の方法・試論」の一部を全面改稿・補足。→桜井好朗 200610 ②
200503　：○〔二〇〇三年度十二月愛知学院大学合同例会講演〕高僧伝絵巻における神話と歴史叙述—『一遍聖絵』読解の試み—『佛教文學』第 29 号、同會）※ 2003/12/6 於愛知学院大学、同会本部・支部公開合同例会講演を元に大幅に書き改めたもの。←戸村浩人 200210 への反論。→桜井好朗 200610 ⑦
200610　◎中世日本の神話と歴史叙述（岩田書院）
　　　　：①滞留する一遍—『一遍聖絵』巻第七第四段の分析※←桜井好朗 200110 ①
　　　　：②中世神話と宗教—『一遍聖絵』における名号と入水※←桜井好朗 200206
　　　　：③歩く中世—『愛知県史 資料編 8　中世 1』に寄せて※←桜井好朗 200103
　　　　：④〈書評〉『一遍聖絵』研究の諸問題—砂川博『中世遊行聖の図像学』から←桜井好朗 200104 改題
　　　　：⑤〈書評〉『一遍聖絵』研究の諸問題〈再説〉—砂川博『中世遊行聖の図像学』から←桜井好朗 200110 ①改題
　　　　：⑥一遍に関する桜井好朗論述目録※新稿
　　　　：⑦高僧伝絵巻における神話と歴史叙述—『一遍聖絵』読解の試み※←桜井好朗 200503

佐倉市史編さん委員会（※千葉県佐倉市）
197103　◎佐倉市史巻一（同委員会〔編集〕、同市）※佐倉海隣寺、臼井光勝寺、臼井清蓮寺（廃寺）に言及

佐々　久（※仙台郷土研究会会長。元宮城県図書館第 30 代館長）
197710　：嘉永二年遊行上人「一念」の来仙について（『仙台郷土研究』復刊第二巻第二号、同会）

笹川　寿夫（※福島県大沼郡〔会津高田町（現会津美里町）〕立藤川公民館長・会津家屋敷文化財調査研究委員会委員、元同県立会津女子高等学校教諭、元同県立白河女子・会津・大沼・坂下・川口高等学校教諭）
198605　◎会津の寺—会津若松市・北会津村の寺々（笹川・間島勲・滝沢洋之・野口信一〔著〕、歴史春秋出版）
　　　　※「当麻山　東明寺」の項あり

佐々木　馨（※北海道教育大学教育学部函館校特任教授・同大学名誉教授。元北海道大学文学部助手）
199706　◎中世仏教と鎌倉幕府（吉川弘文館）※一遍・時宗の語が頻出
200201　：出羽国の宗教世界（伊藤清郎・誉田慶信〔編〕『中世出羽の宗教と民衆』高志書院〔奥羽史研究叢書 5〕）
　　　　※「第一部　中世出羽の宗教と信仰」の第一章。「第 5 表　秋田の古代・中世寺院」〔秋田・河辺地区〕等の表中に時宗寺院あり、天童佛向寺等の旧時宗寺院もあり。肩書きは「北海道教育大学教授」
200203　◎生と死の日本思想—現代の死生観と中世仏教の思想—（トランスビュー）
　　　　※「遊行の捨聖・一遍」「独りの思想」一遍に言及
201002　◎日蓮と一遍—予言と遊行の鎌倉新仏教者（山川出版社〔日本史リブレット・人 33〕）
　　　　※扉裏：「〔カバー裏写真〕日蓮木像と一遍立像」「〔扉写真〕一遍が書写した「二河白道の図」」の記載があり、前者は巻末「写真所蔵・提供者一覧」に「無量光寺・相模原市立博物館」所蔵とあることから、同館蔵複製品のカラー写真か（古賀克彦註）。後者は藤沢清浄光寺所蔵の単色写真。以下、内容細目
　　　　：①日本人と蒙古襲来
　　　　：② 1．二人の歴史環境—中世国家と宗教（神祇信仰は「体制」度をはかる物差／日本中世の五つの思想空間※「中世宗教の基本的構図」の図表に「超体制宗教（雑修主義）」〈自由・平等の遁世門、西行・重源・長明・一遍ら〉」とあり／二つの「体制宗教」／「反体制宗教」と「超体制宗教」／鎌倉幕府の宗教世界／鎌倉幕府にみる宗教的祭祀権の行使）
　　　　：③ 2．神祇との出会い—受容と変容（体制志向から反体制へ／「法華経神祇」の創出／「超体制宗教」者の神祇信仰／神社参詣の背景／熊野神託※「一遍と妻、娘」のネームと『一遍聖絵』第 2 巻第 2 段の一遍の家族を伝える。妻（超一），娘（超二）である。」のキャプションをもつ写真、「一遍上人、僧尼の念仏踊り図」のネームと「一遍の俗事から解放された心境が、念仏踊りのなかに凝縮されている。」のキャプションをもつ写真（これのみ「写真所蔵・提供者一覧」では「金蓮寺・今井雅晴」、ほかは全て「清浄光寺」）、「熊野山中で出会った僧」のネームと『一遍聖絵』第 3 巻第 1 段の一遍が熊野宮に向かう途中、山中で一人の僧に出会ったときの図。」のキャプションをもつ写真）
　　　　：④ 3．仏国土の構築—法華と念仏（「法華経世界」の構築／霊山往詣／「念仏が念仏を申す」念仏／「わがなくして念仏申すが死」）
　　　　：⑤ 4．二つの蒙古襲来—列島の北と南から（蒙古国書の到来と幕府の対応／蒙古襲来は「隣国の聖人」／北からの蒙古襲来／追善報恩の旅※図版：「一遍の遊行図（一二七一～八九年。今井雅晴『一遍の生涯』日本の名僧 11　遊行の捨聖　一遍』による）」。写真ネーム：「大隅国正八幡宮に参拝する一遍」とキャプション：「『一遍聖絵』第四巻第二段の九州遊行の一場面。」。写真ネーム：「一遍の鎌倉入り（『一遍聖絵』第 5 巻）」とキャプション：「一遍が巨福呂坂から鎌倉にはいろうとしたとき、山内の別亭に赴く途中の北条時宗と出会った場面。」。写真ネーム：「片瀬浜の地蔵堂での踊り念仏（『一遍聖絵』第 6 巻）」／仏教の世俗化の果てにみた夢）

佐々木宏幹（※駒澤大学名誉教授）
197907　：○対談・旅—異次元への超出—（『伝統と現代』第 10 巻第 4 号（通巻 59 号）、同社）※栗田勇・佐々木〔対談〕

佐々木孝正（※元大谷大学文学部助教授。1936-1984）
197603　：○近世丹波における遊行上人巡錫の一史料（『尋源』第二十八号、大谷大学国史研究会）

佐々木剛三（※早稲田大学名誉教授。元京都国立博物館技官。1928/7/1-2002/5/26）
196803　：○歡喜光寺藏一遍聖絵の画巻構成に関する諸問題とその製作者について（『國華』第九百十二号、同社）
199911　◎神道曼荼羅の図像学─神から人へ（ぺりかん社）
　　　：①「一遍上人絵伝」とその特質（詞書部分の下絵／一遍上人と和歌／「一遍上人絵伝」と垂迹曼荼羅／「一遍上人絵伝」の制作者／「一遍上人絵伝」の批判者）※同書の「4」

佐々木俊随（※安度成沢寺第24世住職。元〈岩手県和賀郡〉土沢町〈現花巻市〉立土沢小学校校長。1889-故人）
191709　：○一遍上人教義要領（『妙好華』第十七巻第九號、時宗青年會本部）
191906　：○一念多念義と一遍上人（『妙好華』第十九巻第五號、時宗青年會本部）
197602　：①時宗概要
　　　：②宗祖の念仏観（以上『時衆あゆみ』＜一遍の念仏＞、中村昌道私家版）

佐々木　哲
200910　：○『一遍聖絵』後援者「一人」と『遊行上人縁起絵』作者平宗俊─久我家所領問題と池家─（砂川博［編］『一遍絵と時衆　時衆文化　第20号　金井清光先生追悼号』岩田書院）
　　　※ 2009/2/1 於藤沢清浄光寺、時衆文化研究会第9回大会報告を成稿。『遊行上人縁起絵』の宗俊を桓武平氏・頼盛流の池宗俊に比定。肩書は：「学術博士（東京大学）」
201003　：○一遍時衆踊念仏始行と小田切郷地頭─佐々木時清の母「大井の姉」について─（『時宗教学年報』第三十八輯、時宗教学研究所）※肩書は「東京大学大学院修了　博士（学術）」
201010　：○『一遍聖絵』小田切郷地頭と『太平記』小島法師の系譜─語り継がれる佐々木盛綱・高綱伝承─（時衆文化研究会［編集］『時衆文化』第21号、同会〈岩田書院［発売］〉）
　　　※ 2010/2/1 於藤沢清浄光寺、時衆文化研究会第10回大会報告を成稿

佐々木登美子（佐藤登美子）（※時宗文化財保存専門調査員。元神奈川県立歴史博物館学芸員。佐藤潤一妻）
200703　：○彫刻の部（時宗文化財保存専門委員会［編］『時宗文化財調査報告書』第1集、時宗宗務所）
　　　※詳細⇒薄井和男 200703。薄井和男・佐々木［共筆］。ただし佐々木は無署名
200907　：○彫刻の部（時宗文化財保存専門委員会［編］『時宗文化財調査報告書』第2集、時宗宗務所）
　　　※詳細⇒薄井和男 200907。薄井和男・佐々木［共筆］。ただし目次では（佐藤潤一との結婚により）佐藤姓

佐々木信綱（※元東京帝國大學〈現東京大学〉文學部教授。改名：佐佐木信綱。1872/7/8-1963/12/2）
193410　◎釋教歌詠全集第五（高楠順次郎・佐々木・福井久藏［編］、河出書房）

佐々木　昇（※フリーライター）
200409　◎京の寺　不思議見聞録（光村推古書院）※「空也堂─空也の愛した鹿とは？」「染殿地蔵院─安産祈願のお地蔵さん」の項あり。ただし後者で「時宗大本山金蓮寺」とす

佐々木弘美（※神奈川大学大学院歴史民俗資料学研究科歴史民俗資料学専攻博士後期課程・同大学COE研究員（RA））
200703　：一遍聖絵の図像学（修士論文）※神奈川大学大学院歴史民俗資料学研究科歴史民俗資料学専攻
200801　：一遍聖絵の図像学─一遍臨終場面を中心に─（史学会［編集］『史学雑誌』第117編第1号、山川出版社）
　　　※ 2007/11/18 於東京大学本郷キャンパス、同会第105回大会日本史部会（中世）報告要旨
200803　：○熊野と律僧と市女笠　一遍聖絵を読む（神奈川大学 21 世紀COEプログラム「人類文化研究のための非文字資料の体系化」研究推進会議［編集］『非文字資料研究の可能性─若手研究者研究成果論文集』同会議）
200903A　：一遍臨終場面の方向性と物語性（『時宗教学年報』第三十七輯、時宗教学研究所）
200903B　：○変身道具としての市女笠（『年報非文字資料研究』5号、神奈川大学日本常民文化研究所非文字資料研究センター）※→佐々木弘美 201010 引用
201003　：○『一遍聖絵』に描かれた桜（『年報非文字資料研究』6号、神奈川大学日本常民文化研究所非文字資料研究センター）※ 2008 年度奨励研究成果論文
201009　◎一遍聖絵の図像学（博士論文）※神奈川大学大学院歴史民俗資料学研究科に提出した博士論文。博士（歴史民俗資料学）博甲第 147 号。201009 は授与年月。未公刊
201010　：○『一遍聖絵』に描かれた鳥（時衆文化研究会［編集］『時衆文化』第21号、同会〈岩田書院［発売］〉）
201103　：○『一遍聖絵』と『遊行上人縁起絵』にみる大井の姉─一遍・時衆の踊念仏の始行の地に関する考察─（『年報非文字資料研究』7号、神奈川大学日本常民文化研究所非文字資料研究センター）

佐々木文海（※登米常楽寺第56世住職）
200303　：○「阿弥陀様」（『遊行』第143号、時宗宗務所布教伝道研究所）
　　　※巻頭言。カラー写真ネーム：「総本山清浄光寺の阿弥陀様」。肩書は「時宗布教伝道研究所所員」

佐々木安隆（※一遍会〈旧一遍上人奉賛会〉初代会長、元自由黨佐賀縣愛媛縣議會議員、元松山市雄郡〈現カタリナ学園ロザリオ幼稚園〉初代園長、元京都府向島區〈現墨田区區長、奥谷宝厳寺檀家。1900-1980/2/9）
196011　◎證誠大師一遍上人（拓川学園）

笹沢　左保（※小説家。元郵政省東京地方簡易保険局〈現［東京都千代田区］株式会社かんぽ生命保険東京サービスセンター〉職員。1930/11/15-2002/10/21）
197301　：①駈入寺に道は果てた（『小説現代』1973年1月号、講談社）
　　　　※徳川満徳寺が舞台。なお同話はフジテレビ系列で映像化、市川崑劇場『木枯し紋次郎』第2シリーズ第11話「駈入寺に道は果てた」として 1973/1/27 放映。鴨三七［脚本］、森一生［演出］、中村敦夫・江夏夕子・浜田寅彦・織本順吉［出演］。→笹沢左保 198304 →笹沢左保 199705
197399　◎木枯し紋次郎股旅シリーズ〔6〕（講談社）
　　　　：①駈入寺に道は果てた※←笹沢左保 197301。→笹沢左保 198304
198304　◎夜泣石は霧に濡れた─木枯し紋次郎（富士見書房［時代小説文庫 72］）
　　　　：①駈入寺に道は果てた※←笹沢左保 197399 ←笹沢左保 197301。→笹沢左保 199705
199303　◎家光謀殺　東海道の攻防十五日（文藝春秋）
　　　　※「藤沢の清浄光寺」「清浄光寺の開祖は遊行上人」と記述。→笹沢左保 199603 →笹沢左保 200005
199603　◎家光謀殺　東海道の攻防十五日（文藝春秋）※←笹沢左保 199303。→笹沢左保 200005
199705　◎駈入寺に道は果てた（光文社［時代小説文庫］）※←笹沢左保 198304 ←笹沢左保 197399 ←笹沢左保 197301
200005　◎家光謀殺　東海道の攻防十五日（光文社［同社時代小説文庫・さ 3-98］）
　　　　※←笹沢左保 199603 ←笹沢左保 199303
200711　◎木枯し紋次郎中山道を往く（一）（倉賀野〜長久保）（中央公論新社）
　　　　：①駈入寺に道は果てた
　　　　※←笹沢左保 199705 ←笹沢左保 198304 ←笹沢左保 197399 ←笹沢左保 197301。→笹沢左保 201202 ①
201202　◎長脇差一閃!修羅の峠道　木枯し紋次郎　傑作時代小説（光文社［同社時代小説文庫・さ 3-112］）
　　　　：①駈入寺に道は果てた
　　　　※←笹沢左保 200711 ①←笹沢左保 199705 ←笹沢左保 198304 ←笹沢左保 197399 ←笹沢左保 197301

笹田　教彰（※佛教大学仏教学部教授・大阪市天王寺区菩提寺〈浄土宗鎮西派〉住職）
200303　：○浄土教思想の発展とその民衆化（池見澄隆・斎藤英喜［編］『日本仏教の射程　思想史的アプローチ』人文書院）※「良忠門下の発展──一向衆・時衆」の節に「一向俊聖」「時衆教団の発展」の項あり。ただし一遍も良忠門下とす

笹沼　正巳（※元〈埼玉県〉和光市立新倉小学校教諭）
198703　：○他阿上人と法台寺（『にいくらごおり』第20号、にいくらごおりの会）
199009　：○片山・法台寺の歴史─天海・存応の紀憂─（『にいくらごおり』第22号、にいくらごおりの会）

笹本　正治（※信州大学副学長・同大学附属図書館館長・同大学人文学部教授）
199903　：○中世末から近世初頭の善光寺門前町（『国立歴史民俗博物館研究報告』第78集、同館）※善光寺の時衆に言及
200005　◎戦国大名の日常生活─信虎・信玄・勝頼（講談社［同社選書メチエ］）
　　　　※『一蓮寺過去帳』を2箇所引用、「第五章　日々の暮らし─日常の決まり」「2　躑躅ヶ崎の館」の「和漢連詩」の項で、「永禄九年（一五六六）春に信玄が大僧正に任官された際、一蓮寺で開いた歌の会では、相伴（正客に陪席して饗応を受ける）したのが（中略）一花堂（御伽衆・連歌の宗匠）」とす。単色写真ネーム：「歌会がもよおされた一蓮寺」。また「書画」の項で「一蓮寺の紙本着色渡唐天神」に言及
200204　◎異郷を結ぶ商人と職人（中央公論新社［日本の中世3］）
　　　　※『一遍上人絵伝』（『一遍聖絵』）に言及し、カラー図版を多数掲載

佐志　伝（※慶應義塾高等学校教諭）
199206　：○他阿上人参詣記（大倉精神文化研究所［編］『新版日本思想史文献解題』角川書店）※項目執筆

佐多　芳彦（※立正大学文学部教授。元國學院大學栃木短期大学准教授）
200210　：○文献案内・渡辺誠「時宗僧侶の阿弥衣の研究」（『名古屋大学文学部研究論集　史学』48、2002年3月）（東京大学史料編纂所附属画像史料解析センター［編集］『画像史料解析センター通信』第19号、同所）
　　　　※←渡辺誠 200203 を文献案内

佐藤　昭夫（※元神田外国語大学外国語学部教授、元東京国立博物館学芸部長。1928/1/4-2002）
196410　：①関東の鉄仏※大蔵向徳寺本尊善光寺仏に言及
　　　　：②阿弥陀如来坐像
　　　　※「図版及解説」での項目執筆。宇都宮一向寺「汗かき阿弥陀」の解説と単色写真
　　　　：③阿弥陀如来及両脇侍像※「図版及解説」での項目執筆。大竹円光寺本尊善光寺仏の解説と単色写真
　　　　（以上、久野健［編］『関東彫刻の研究』學生社）

佐藤　亜聖（※〈奈良市・公益財団法人〉元興寺文化財研究所研究部主任研究員）
201003　：○〔資料紹介〕京都東山・長寿庵左阿彌所在五輪塔について（民衆宗教史研究会編修委員会［編修］『寺社と民衆』第六輯、民衆宗教史研究会出版局〈岩田書院［発売］〉）※円山安養寺塔頭

佐藤　和彦（※帝京大学文学部教授・東京学芸大学名誉教授。1937/3/17-2006/5/13）

197503	：○一遍の思想と行動（稲垣泰彦・戸田芳実［編］『土一揆と内乱』三省堂〔日本民衆の歴史2〕）
199011	◎「太平記」の世界　列島の内乱史（新人物往来社）
199012	◎図説　太平記の時代（佐藤［編］、河出書房新社）※カラーカバーと口絵：藤沢遊行寺蔵後醍醐画像
199103	◎「強い男」入門―足利尊氏に見るほんとうの"悪党"とは―（ごま書房［ゴマセレクト]） ※番場蓮華寺に言及。→<u>佐藤和彦 199801</u>
199110	◎『太平記』を読む（学生社）※同年春から朝日カルチャーセンター新宿教室、5回に亘る講義要旨。『『太平記』の世界―動乱の時代を読む―」のノートに加筆訂正。※番場蓮華寺六波羅主従五輪塔群に言及、写真：「北条仲時たちの墓石群（蓮華寺）」、長崎往生院における新田義貞葬送に言及、合戦に居合わせた時衆がその様子を書き留め京都にある『太平記』の編集工房に送ったのではないかと推測。「情報の伝達者たち」の節で「時宗の僧侶たち」を位置づけ、『太平記』巻六の赤坂城戦死者に「是マデ付従フテ最後ノ十念勧メツル聖」は「時宗の僧侶」、巻二十六の四条畷合戦の前に楠木正行出陣に際し「如意輪堂ノ壁板ニ各名字ヲ過去帳ニ書連ネ」、自らの逆修法要を生前に行ったのは「時宗の僧侶たち」と非常に深い関係にあったからだとし、巻三十五の畠山国清の吉野攻撃失敗の噂をたてはじめたのは「湯屋風呂ノ女童部」だが、『祇園執行日記』などによればこの段階で京都で湯屋風呂を経営していたのは「時宗系の寺院」であり、時宗系僧侶が情報を収集・管理のみならず操作をもしていたのではないかと推論、七条道場所蔵の応永六年（1399）「時宗僧侶の掟」を引用し「時宗の僧侶が軍事連絡に従事させられていた」と結論。図版：「戦場での時宗の僧侶（『絵入太平記』早稲田大学図書館）」
199202	：○南北朝の内乱をめぐって（米原町中央公民館［編集］『太平記の世界「番場蓮華寺セミナー」講演記録集』同館）※ 1991/3/24 於同寺、講演原稿。滋賀県坂田郡米原町（現米原市）
199301	：○捨聖一遍と『一遍聖絵』（一遍研究会［編］『一遍聖絵と中世の光景』ありな書房）
199402	：○南北朝内乱期の情報活動と歴史教育（歴史教育者協議会［編集］『歴史地理教育』No.514、同会）
199607	◎日本中世の内乱と民衆運動（校倉書房［歴史科学叢書]）
199801	◎戦いに強い男になる法　乱世を勝ち抜く「悪党」の生き方（ひらく〈ごま書房［発売]〉） ※←<u>佐藤和彦 199103</u> を改訂再編集
199901	：○旅と救済の日々―『一遍聖絵』を読む―（武田佐知子［編］『一遍聖絵を読み解く―動きだす静止画像』吉川弘文館）
200001	：○日本中世におけるバサラ現象―反体制の為営と異なった価値観の誕生―（『東京学芸大学紀要』第3部門社会科学 51、同大学）※←<u>佐藤和彦 200505</u>①
200409	◎後醍醐天皇のすべて（佐藤・樋口州男［編］、新人物往来社）※カラーカバー図版：藤沢遊行寺蔵後醍醐画像
200505	◎中世の一揆と民衆世界（東京堂出版） ：①日本中世におけるバサラ現象―反体制の営為と異なった価値観の誕生―※←<u>佐藤和彦 200001</u>

佐藤　行哉（ぎょうさい）（※栃木県文化功労者。元同蔡芳賀郡長沼村〔現真岡市〕立長沼専常小学校〔現長沼小学校〕校長。1882/6/23-1967/1/20）

| 196808 | ◎校訂増補下野国誌（河野守弘［著］・佐藤［校訂］・徳田浩淳［再校訂］、下野新聞社）※詳細⇒<u>河野守弘 196808</u> |

佐藤　栄

| 199001 | ◎武田三代とそのゆかりの史跡（佐藤［編］、渓声出版）※甲府一蓮寺の写真と略縁記 |

佐藤　潤一（※岩本成願寺第52世住職。元時宗総本山内近司。長浜安養寺寺族・佐々木登美子夫）

| 200907 | ：○書跡の部（時宗文化財保存専門委員会［編］『時宗文化財調査報告書』第2集、時宗宗務所）
※詳細⇒<u>高野修 200907</u>。高野修・佐藤［共筆］|

佐藤　進一（※元中央大学文学部教授、元東京大学文学部教授）

195510	◎中世法制史料集第一巻鎌倉幕府法（佐藤・池内義資［編］、岩波書店） ※「近江國箕浦庄加納與本庄東方堺事」に行蓮みゆ、この人物は<u>小野澤眞 200012</u>によれば一向俊聖門弟カ
196508	◎中世法制史料集第三巻武家家法Ⅰ（佐藤・池内義資・百瀬今朝雄［編］、岩波書店）
196510	◎南北朝の動乱（中央公論社［日本の歴史9]）※番場蓮華寺附近航空写真および『陸波羅南北過去帳』図版あり。→<u>佐藤進一 197103</u> ←<u>佐藤進一 197402</u> ←<u>佐藤進一 198402</u>
197103	◎南北朝の動乱（中央公論社［日本の歴史9］［中公バックス]） ※←<u>佐藤進一 196510</u>。←<u>佐藤進一 197402</u> ←<u>佐藤進一 198402</u>
197212	◎中世政治社会思想　上（石井進・石母田正・笠松宏至・勝俣鎮夫・佐藤［校注］、岩波書店〔日本思想大系21]） ※詳細⇒<u>石井進 197212</u>
197402	◎南北朝の動乱（中央公論社〔日本の歴史9〕〔中公文庫]） ※←<u>佐藤進一 197103</u> ←<u>佐藤進一 196510</u>。←<u>佐藤進一 198402</u>
198402	◎南北朝の動乱（中央公論社〔日本の歴史9〕〔中公バックス]） ※←<u>佐藤進一 197402</u> ←<u>佐藤進一 197103</u> ←<u>佐藤進一 196510</u>

佐藤　節子

| 200403 | ：○（三）老中奉書（『時宗教学年報』第三十二輯、時宗教学研究所）※<u>青山孝慈 200403</u> の一節 |

佐藤　孝之（※東京大学史料編纂所教授）
200605 ◎駆込寺と村社会（吉川弘文館）※「駆込寺からみる近世社会」で徳川満徳寺に言及。巻末「入寺一覧表」に、下総国相馬郡布施村善照寺や藤沢市文書館198303 を典拠に藤沢真浄院・善徳院（廃寺）・真光院（廃寺）が登場
佐藤千恵子
197610 ：○出雲阿国出自考（『歴史手帖』第四巻第十号、名著出版）
佐藤　哲善（※戸塚親縁寺住職。元時宗教学部長。故人）
198004 ：○時宗（藤井正雄［監修］『葬儀大事典』鎌倉新書）
198102 ：○時宗（『戒名・法名・神号・洗礼名大事典』鎌倉新書）
佐藤　輝夫（※元〈山形県〉天童市立旧東村山郡役所資料館館長、元山形市立第四小学校校長）
199603 ：○地名ジャガラモガラの謎（天童市立旧東村山郡役所資料館［編集］『天然記念物ジャガラモガラ―歴史・地理・植物の謎をさぐる―』同館）※貫津東善寺廃寺や一向俊聖雨乞い伝承に言及
佐藤　八郎（※元山梨県文化財保護審議会副会長、元〈同県〉韮崎市立甘利小学校校長。1909-2004）
199810 ◎甲斐国志3「巻七十三〜九十一・仏寺部」・第二版（佐藤［校訂］、雄山閣）
佐藤　英子
199508 ：○宮城県の時宗板碑（『六軒丁中世史研究』第3号、東北学院大学中世史研究会）
佐藤　弘夫（※東北大学文学部教授）
199411 ◎鎌倉仏教（第三文明社［レグルス文庫218］）※一遍・時宗に言及
200106 ：○宗教者群像―時宗や元寇との因縁を持つ日蓮・一遍・蘭渓・無学・忍性（『歴史読本』第46巻第6号（通巻738号）、新人物往来社）※「一遍―巨福呂坂での時宗との出会い」の項に「一遍（清浄光寺蔵）」画像、「『一遍聖絵』に描かれた巨福呂坂での出会い（清浄光寺蔵）」場面図版
200712 ：○平家物語における死と救済（『國文學―解釈と教材の研究―』第52巻15号［平成19年12月号］（759）［特集：―平家物語―世界への発信］、學燈社）
※「4　奥の院の誕生」の項で「『一遍聖絵』では、高野山が「三地薩埵の垂迹の地」（中略）とされ、一遍は「九品浄土」（極楽浄土）の縁を結ぶためにそこに分け入ったと記されている。」とす
佐藤　広（※〈東京都〉八王子市総合政策部市史編さん室専門委員・多摩美術大学美術学部非常勤講師。元同市郷土資料館館長）
199911 ◎武相観音めぐり　武蔵・相模四十八ヶ所（のんぶる舎）※第31番札所に原当麻観心寺を挙ぐ。橋本豊治［画］
佐藤　文子（※〈京都市下京区・浄土真宗本願寺派本山八幡寺内〉同行研究所研究員・佛教大学文学部非常勤講師・関西大学非常勤講師）
200606 ：○京都本願寺の地の歴史を探る　空也、一遍から本願寺へ（『宗報』2006年6月号（通巻476）、浄土真宗本願寺派）※巻頭記事「クローズアップ・サンガ　聞法・伝道」欄で姫金光寺に言及し、単色図版に「『中昔京師地図』」の同寺部分と「円伊作『一遍上人絵伝』（東京国立博物館蔵・国宝）」の市屋道場面。肩書きは「本願寺史料研究所研究員」
201209 ：○近世文書解題（1　葬送関係文書―火葬・隠亡・墓所／2　寺務・寺務関係文書―由緒・什物・本末・条目・宗門改―／3　境内および普請関係文書）※「史料編」の「四」
　　　　：○近代文書解題※「史料編」の「五」
　　　　：○近世京都における金光寺火屋の操業とその従事者※「論考編」のうち
（以上、村井康彦・大山喬平［編］『長楽寺蔵　七条道場金光寺文書の研究』法蔵館）
佐藤　道子（※東京文化財研究所名誉研究員。元東京国立文化財研究所（現東京文化財研究所）芸能部部長）
198907 ：○遊行寺の年中行事（佛教藝術學會［編集］『佛敎藝術』185［特集　時宗の美術と芸能］、毎日新聞社）
佐藤　光昭（※元〈熊本県球磨郡〉五木村役場統計主任。故人）
198102 ：○肥後国相良藩遊行上人関係史料（大橋俊雄［編集］『時衆研究』第八十七号、時宗文化研究所）
198105 ：○肥後国相良藩遊行上人関係史料（二）（大橋俊雄［編集］『時衆研究』第八十八号、時宗文化研究所）
198108 ：○梅山氏蔵相良家史料　遊行上人一件（大橋俊雄［編集］『時衆研究』第八十九号、時宗文化研究所）
198111 ：○梅山氏蔵相良家史料　遊行上人一件（二）（大橋俊雄［編集］『時衆研究』第九十号、時宗文化研究所）
198302 ：○梅山氏蔵　相良家史料㈠　遊行上人入来ニ付萬御遺方帳（大橋俊雄［編集］『時衆研究』第九十五号、時宗文化研究所）
198305 ：○梅山氏蔵　相良家史料㈡　遊行上人入来ニ付萬御遺方帳（中）（大橋俊雄［編集］『時衆研究』第九十六号、時宗文化研究所）※無署名
198308 ：○梅山氏蔵　相良家史料㈢　遊行上人入来ニ付萬御遺方帳（下）（大橋俊雄［編集］『時衆研究』第九十七号、時宗文化研究所）※無署名
198702 ：○「藤沢山衆領軒」再編改題「時宗寺院明細帳」について（『時宗教学年報』第十五輯、時宗教学研究所）
199105 ：○時宗　願行寺（『歴史玉名』編集委員会［編集］『歴史玉名』第五号（平成3年春季号）、玉名歴史研究会）
佐藤　翠（※鳥取大学教育学部）
196712 ：○山陰地方の民踊探究（二）―浪人踊とはねそ―（『鳥取大学教育学部研究報告』教育科学第九巻、同学部）

佐藤　康宏（※東京大学文学部教授。元文化庁文化財保護部〈現文化財部〉美術工芸課絵画部門文化財調査官）
200403　◎描かれた都市―中近世絵画を中心とする比較研究―（佐藤［研究代表者］、科学研究費研究成果報告書）
　　　　※科学研究費補助金研究「描かれた都市―中近世絵画を中心とする比較研究」（二〇〇一―〇三年度）研究成果
　　　　：①「一遍聖絵」、洛中洛外図の周辺
200505　：○形態の増殖―「一遍聖絵」・「彦根屛風」・「動植綵絵」（板倉聖哲［編］『形態の伝承』東京大学出版会［講座日本美術史第2巻］）※単色図版ネーム：「円伊　一遍聖絵　巻四　清浄光寺」「円伊　一遍聖絵　巻七　東京国立博物館」←佐藤康宏200403 の研究成果

早苗（さなえ）　憲生（けんせい）（※花園大学国際禅学研究所研究員）
197112　：○時宗の古和讃「本願」の構想（『大谷学報』第五十一巻第三号、大谷学会）

眞田　市郎（※郷土史家・會津文庫主宰。故人）
193205　◎空也上人と八葉寺（永樂庵）

實方　葉子（〈京都市左京区・現公益財団法人〉泉屋博古館学芸課主査）
199805　：絵巻物（山岡泰造［監修］・並木誠士・森理恵［編集］『日本美術史』昭和堂）
　　　　※『一遍聖絵』に言及、単色図版掲載

佐野みどり（※学習院大学文学部教授。元成城大学文芸学部教授）
199807　：一遍上人絵伝（歓喜光寺／清浄光寺）（『週刊　朝日百科・日本の国宝』73 号［1998 年 7 月 19 日号］、朝日新聞社）
199810　：一遍上人絵伝（清浄光寺／歓喜光寺）（『週刊　朝日百科・日本の国宝』88 号［1998 年 10 月 27 日号］、朝日新聞社）
200210　◎中世文化の美と力（五味文彦・佐野・松岡心平［編］、中央公論新社［日本の中世 7］）
　　　　：①物語る力―中世美術の場と構想力―
　　　　※一遍に言及、「第三節　多様な展開」にカラー図版ネーム：「「一遍聖絵」第七巻第三段」

佐野市史編さん委員会（※栃木県佐野市）
197501　◎佐野市史［資料編1］（同委員会［編集］、同市）※堀米一向寺板碑の写真と解説あり
197803　◎佐野市史［通史編上巻］（同委員会［編集］、同市）※犬伏光徳寺・堀米一向寺に言及

佐野美術館（※静岡県三島市・現公益財団法人）
199210　◎（特別展）一遍―神と仏との出会い―（同館［編集］、同館）
　　　　※ 1992/10/9-11/9 於同館、特別展図録。一遍、一向派関係の写真多数掲載

佐原　隆應（※番場蓮華寺〈旧時宗一向派大本山・現浄土宗鎮西派本山〉第 49 世住職同阿隆應。1863/10/27-1931/8/10）
188610　◎葉山古錦（佐原［編輯兼出版］）（マゝ）※刊行当時は金瓶宝泉寺第 40 世住職獣阿隆應

座間（ざま）美都治（みつじ）（※〈神奈川県〉相模原市教育研究所〈現同市立総合学習センター〉所属兼同市文化財調査員［1956 年度-］、1976 年神奈川文化賞受賞、元同市立旭中学校校長。1896/11/2-1985/4/3）
196303　：①向得寺本麻山集についての考察
　　　　※→座間美都治196303 ②と併せ196803『神奈川県民俗芸能史誌談』七、再掲。俟後考
　　　　：②当麻山余考※→座間美都治196303 ①と併せ196803『神奈川県民俗芸能史誌談』七、再掲。俟後考
　　　　（以上、相模原市教育委員会社会教育課相模原市史編集室［編集］『郷土相模原』相模原市史資料第十三集、同委員会）
196411　：○一遍上人と相模原（『相模原市史』第一巻、同市役所）※「第四編　中世の相模原」「第一章　鎌倉時代の相模原」の第三節。これを中心として市史に関連項目・記事あり。→ 197511 再版→ 198809 第三版
196801　◎相模原の民話伝説（座間私家版）※当麻地区の 6 話は全て無量光寺関連。ほか周辺地域には小栗判官伝説も
196802　：麻山集成立についての考察（『神奈川史談』第十号、神奈川県立図書館）※→座間美都治197505 ①
197403　◎相模原の歴史（座間私家版）
　　　　※←座間美都治196411 のダイジェスト版といえ、同じく「一遍上人と相模原」の項あり
197409　◎当麻山の歴史（当麻山無量光寺）
197505　◎相模原の歴史と文化―座間美都治論文集―（座間美都治先生著作集刊行会）
　　　　：麻山集成立についての考察※←座間美都治196802。ただし初出年紀を 196709 と誤る
197604　◎相模原の史跡（座間私家版）※「当麻山無量光寺（一）（二）」「原当麻観心寺」の項あり
197812　◎相模原民話伝説集（改訂増補）（座間私家版）※←座間美都治196801 改訂版
198311　◎相模原歴史人名事典（座間［編著］、座間私家版）※「一遍智真」「他阿真教」「他阿智得」「呑海」「他阿智光」「長阿弥」「真源」「他阿一声」「千葉昌胤」「他阿智光」「関山氏（当麻宿）」「他阿円鏡」「他阿慈眼」「他阿是名」「他阿門英」「他阿霊髄」「山崎弁栄」「伊東覚念」の項あり
198412A　◎史料との出会い物語（座間私家版）※全17話中7話が無量光寺やその檀家関係のもの
198412B　：○当麻山六一世山崎弁栄上人の遺徳について―河竹登志夫著「作者の家黙阿弥」より引用―（『郷（ごう）土さがみ原』第 22 号、相模原郷土懇話会）

座間市教育委員会教育部生涯学習推進課（※神奈川県座間市・現同市教育委員会教育部生涯学習課）
201003　：○当麻の関山氏と当麻三人衆（同課［編集］『座間市史』5（通史編　上巻）、同市）※当麻無量光寺檀家
寒　川　町（※神奈川県高座郡寒川町）
199710　◎寒川町史 10　別編・寺院（同町［編集］、同町）※高野山高室院（和歌山県伊都郡）の月牌帳に阿号あり
佐村　八郎（※元宏文學院〈1909年閉校〉教授。1865-1914/3/15）
189711　◎國書解題（吉川半七私家版）※「いつぺんしやうゑ」（一遍聖繪）・「いつぺんしやうにんゑえんぎ」（一遍上人繪縁起）・「いつぺんしやうにんゑことばのでん」（一遍上人繪詞傳）・「いつぺんしやうにんゑことばのでんぢきだんせう」（一遍上人繪詞傳直談鈔）・「いつぺんしやうにんぎやうじやう」（一遍上人行狀）・「いつぺんしやうにんねんぷりやく」（一遍上人年譜略）・「いつぺんしやうにんろくでうえんぎ」（一遍上人六條縁起）・「ゆうづうゑんもんしやう」（融通圓門章）・「ゆうづうだいねんぶつえんぎ」（融通大念佛縁起）・「ゆうづうねんぶつえんぎゑ」（融通念佛縁起繪）・「ゆぎやうじふもつこかきつけ」（遊行寺什物古書付）・「ゆぎやうしやうにんきかう」（遊行上人紀行）・「ゆぎやうれきだいづ」（遊行歴代圖）の項あり。→ 190404 増訂第二版

沢　寿郎（※元〈神奈川県鎌倉市・市立〉鎌倉中央図書館館長。1903-1988/1/4）
197908　◎鎌倉史跡見学（岩波書店〔岩波ジュニア新書 7〕）※時宗寺院の項あり
澤　博勝（※福井県立歴史博物館主任学芸員。1962-2010）
199911　◎近世の宗教組織と地域社会—教団信仰と民間信仰—（吉川弘文館）
澤井　浩一（※大阪市博物館協会総務部事業企画課課長代理。元同市立博物館〈現大阪歴史博物館〉学芸課学芸員）
200009　：御回在と村落—奈良県宇陀郡榛原町宗祐寺の事例を中心として—（伊藤唯真［監修］・融通念佛宗教学研究所［編集］『融通念仏信仰の歴史と美術―論考編』東京美術）
沢井　耐三（※愛知大学名誉教授）
199411　：心敬（朝日新聞社［編］『朝日日本歴史人物事典』同社）※項目執筆
澤井　祐芳（※敦賀来迎寺第47世住職）
200607　：足下位許状を戴いて想う（『遊行』第 156 号、時宗宗務所布教伝道研究所）
　　　　※足下位允許記念巻頭言。カラー近影付。肩書きは「足下」。
佐脇　栄智（※元〈神奈川県〉川崎市教育委員会主幹。1930-故人）
199812　◎小田原衆所領役帳（佐脇［校注］、東京堂出版〔戦国遺文（後北条氏編）別巻〕）
　　　　※「寺領」に「一拾三貫七百廿六文　藤沢道場寺内　遊行上人へ被進分」、註に「神・藤沢市西富一丁目にある時宗総本山の清浄光寺（遊行寺）。永正十年（一五一三）の戦乱で焼失し、この頃は再興されていない。」「遊行二九世の体光上人。」とあり
澤田　和人（※国立歴史民俗博物館研究部情報資料研究系准教授・総合研究大学院大学文化科学研究科准教授。元〈奈良市・現公益財団法人〉大和文華館学芸部職員）
200403　：鉢叩の装いと鉦叩の装い―服飾の記号性と造形―（『国立歴史民俗博物館研究報告』第 109 集、同館）
　　　　※→西田友広 200407 文献案内
沢野ひとし（※イラストレーター・作家）
200501　◎お寺散歩―もう一度あのお寺に行こう（新日本出版社）
　　　　※「②神奈川県藤沢市・遊行寺―時計が止まり、ひと息つける」の項あり
澤村專太郎（※京都帝國大學〈現京都大学〉文學部助教授。1884/1/1-1930/5/23）
192209　：◯歓喜光寺の一遍上人繪傳（『中央美術』八十四、日本美術學院）
　　　　※→澤村專太郎 193109 ①→澤村專太郎 194409 ①
193109　◎日本繪畫史の研究（星野書店）
　　　　：①歓喜光寺の一遍上人繪傳※←澤村專太郎 192209。→澤村專太郎 194409 ①
194409　◎日本繪畫史の研究（星野書店）
　　　　：①歓喜光寺の一遍上人繪傳※←澤村專太郎 193109 ①←澤村專太郎 192209
三　省　堂（※東京都千代田区・株式会社）
200109　◉コンサイス日本人名事典　第四版（同社）
　　　　※「一遍」の項に「一遍上人絵詞伝」とあるが、文脈から『聖絵』の意カ
サントリー美術館（※東京都千代田区〈←同都港区〉・現公益財団法人サントリー芸術財団）
199203　◎踊る姿、舞う形—舞踊図の系譜—展（同館）※ 1992/3/15-4/19 於同館、展示図録。解説の服部幸雄「舞と踊の系譜」で空也念仏、一遍・時宗の踊念仏に言及。カラー図版：四条道場金蓮寺蔵「一遍・僧尼踊躍念仏図」、単色図版：日本大学総合図書館蔵「魔仏一如絵詞」。図版解説：無署名
199710　◎神宝―熱田神宮名宝展（同館）※ 1997/10/7-11/24 於同館、同展図録。展示品の鎌倉時代「県名　阿弥陀経」解説文中に「熱田須賀町の円福寺に伝わり、慶長一〇年（一六〇五）三月、宣阿弥陀仏より熱田神宮に奉納された」とあり。ただし円福寺は熱田区神戸町
200106　◎海と川と湖と―描かれた水辺の人々（同館）

※2001/6/19-7/29 於同館、同展図録。カラー図版ネーム：「重文　一遍上人絵伝断簡」

三文字孝司（※宮城県地名研究会副会長）
200410　：宮城県三本木町の時衆板碑の展開（時衆文化研究会［編集］『時衆文化』第１０号、同会〈岩田書院［発売］〉）
200411　：安養寺地名と一遍上人　時衆開祖の足跡（『地名』第20号、宮城県地名研究会）
　　　　※ただし仙台真福寺を「永福寺」と表記

山陽新聞社出版局（※岡山市北区・同社本社内）
199005　◎やきもの備前（同局［編集］、同新聞社〔山陽新聞サンブックス〕）※図版：『聖絵』福岡の市

山陽日日新聞社（※広島県尾道市・株式会社）
200707　：半世紀ぶり涅槃図など　歴史博物館で「常称寺」特別展を（『山陽日日新聞』同月15日号、同社）
　　　　※幾野伝［署名記事］
200801　：西久保町の常称寺　中世時宗全国的に遺存少なく　本堂や観音堂、大門が国重文に（『山陽日日新聞』同月1日号、同社）※尾道常称寺第41世住職川崎誠のコメントあり。幾野伝［署名記事］

寺院本末帳研究会
198111　◎江戸幕府寺院本末帳集成　中巻（同会［編］、雄山閣出版）
　　　　※天明八年（1788）十月付『時宗一向派蓮花寺下寺院牒』などの影印掲載

ジェイアール東海エージェンシー（※東京都港区／愛知県名古屋市中村区・株式会社）
200310　⊙ひととき３巻10号［2003年10月号］（同社）※カラー写真：東山長楽寺

塩出貴美子（※奈良大学文学部教授。元大阪大学文学部助手）
198803　：研究発表と座談会「絵巻の諸問題」・「一遍聖絵」（『仏教美術研究上野記念財団助成研究会報告書』第17号、同財団）
199308　：図版解説（『縁起絵と似絵　鎌倉の絵画・工芸』講談社〔日本美術全集９〕）
　　　　※『一遍上人絵巻』（一遍聖絵）３巻１段。金光寺本遊行上人縁起絵巻、等

塩野　芳夫（※大手前女子大学文学部教授・〈滋賀県河内長野市・融通念佛宗継業寺〉同宗教文化研究所主任研究員〉。元帝塚山短期大学（2005/7/29閉校）教授。1924-1993）
198105　：大念仏寺を中心とした融通念仏のあゆみ（日本仏教研究所［編集］・田代［著］『良忍上人と大念仏寺』ぎょうせい〔日本仏教の心得〕）※山本美一・塩野［共筆］
199310　：念仏講から一宗独立へ―近世融通念仏宗の成立―（極楽寺宗教文化研究所［編集］『宗教文化研究―錦渓学報―』創刊号、西洞院文昭私家版）※→塩野芳夫199511 ①
199511　◎近世畿内の社会と宗教（和泉書院）
　　　　：①近世融通念仏宗の成立―念仏講から一宗独立へ―※←塩野芳夫199310 改題

滋　賀　縣（※滋賀縣大津市）
192703　：滋賀縣史　第二巻上代―中世（同縣）※「第三編　中世」「第一章　鎌倉時代」の「第七節　新佛教の宣布と山門の抗議」に「一遍・他阿の教化巡行」「一向の教化」の項あり。「第十節　元弘亂と近江」の「六波羅軍の最後と五辻宮の活躍」の項で「番場驛蓮華寺」に言及し、単色図版ネーム・キャプション：「第二十七圖版　陸波羅南北過去帳／阪田郡蓮華寺所蔵」「元弘三年五月九日、坂田郡蓮華寺邊で枕を並べて殉難した、南・北兩六波羅の軍兵、主將越後守北條仲時以下の過去帳で、同寺に葬送の後、住持僧によつて、その名列を記録せられたものである。」→ 197201 清文堂出版復刊

滋賀県高等学校歴史散歩研究会
197405　◎滋賀県の歴史散歩（山川出版社〔全国歴史散歩シリーズ 25〕）
　　　　※番場蓮華寺に言及、写真：六波羅主従石塔群
199008　◎滋賀県の歴史散歩［下］（同会［編］、山川出版社〔新全国歴史散歩シリーズ 25〕）
　　　　※「番場の蓮華寺」の項と写真：六波羅主従石塔群・番場忠太郎地蔵

滋賀縣坂田郡教育會（※滋賀縣坂田郡長濱町（現長浜市）。現廃止）
194409　◎近江國坂田郡志第五巻（同會［編纂］、西濃印刷株式會社出版部）→滋賀縣坂田郡教育會197109
194410　◎近江國坂田郡志第六巻（同會［編纂］、西濃印刷株式會社出版部）→滋賀縣坂田郡教育會197110
197109　◎近江国坂田郡志第六巻（同会［編纂］、名著出版）※巻頭本堂・鐘楼・縁起写真および梵鐘実測図・拓影２葉。「時宗寺院由緒」の編あり、「長福寺」「龍澤寺」「蓮華寺」「興養寺」の項あり。また古鐘の一覧表に蓮華寺梵鐘掲載、独立項目もあり。←滋賀縣坂田郡教育會194409（巻数変更）
197110　◎近江国坂田郡志第七巻（同会［編纂］、名著出版）
　　　　※「蓮華寺文書」の項あり。←滋賀縣坂田郡教育會194410（巻数変更）

滋賀縣坂田郡役所（※滋賀縣坂田郡長濱町（現長浜市）。現廃止）
191304　⊙近江坂田郡志　上巻（同役所）※「弘安七年蓮華寺鐘銘」の項あり。→ 198005 泰山堂復刊
191307　⊙近江坂田郡志　中巻（同役所）※「番場の蓮華寺合戦」「仲時の自発従士の殉死」"蓮華寺過去帳"「公卿の断頭」の節あり、「陣僧」の章にて浅井軍による陣僧役免除に言及。→ 198005 泰山堂復刊

191308　◎近江坂田郡志　下巻（同役所）※「寺院表」の章に「長福寺」（柏原）・「龍澤寺」（梓河内）・「蓮華寺」（番場）の項あり、ほか「北條仲時の墓」「北條氏從士の墓」の項と写真あり。→ 198005 泰山堂復刊

滋賀縣史蹟名勝天然紀念物調査會　（※滋賀縣大津市。解散）
193603　◎滋賀縣史蹟名勝天然紀念物概要（同會）※奥付：「非賣品」「右代表者兼發行者　滋賀縣學務部社寺兵事課内／滋賀縣史蹟名勝天然紀念物調査會／木村　政司」。「北條仲時及び從士四百餘人墓」（p174-175）の項あり

滋賀県市町村沿革史編さん委員会
196007　◎滋賀県市町村沿革史　第四巻（同委員会［編］、同委員会）※『陸波羅南北過去帳』、石塔群写真あり

滋賀縣保勝會　（※滋賀縣大津市。解散）
192211　◎滋賀縣史蹟名勝調査報告概要（同會［編輯］、同會）※「九五　北條仲時及び從士四百餘人墓」（p64-65）の項あり。仲時墓は近江国彦根藩主井伊直興（1656/3/31-1717/5/30）治世に六波羅山上に移したとす

滋賀県立安土城考古博物館　（※滋賀県近江八幡市）
201102　◎企画展　近江の観音像と西国三十三所巡礼（同館）
　　　　※ 2011/2/11-4/3 於同館、第 41 回企画展図録。写真：長浜・浄信寺蔵の絹本著色千体観音像（室町時代）
201110　◎秋季特別展　武将が縋った神仏たち（同館）
　　　　※ 2011/7/9-9/4 於同館企画展示室、東日本大震災復興祈念秋季特別展図録。写真：長浜・浄信寺蔵の弁財天十五童子像（室町時代）。同館学芸員山下立［作品解説］

滋賀県立琵琶湖文化館　（※滋賀県大津市）
199010　◎特別展　多賀信仰とその周辺（同館［編］、同館〔近江社寺シリーズ第 4 回展〕）
　　　　※ 1990/10/6-11/4 於同館、特別展図録。図版：多賀大社蔵『常行念仏堂縁起絵』・阿号入り「神鏡」
200310　◎釈迦の美術（同館［編］、同館）※ 2003/10/11-11/16 於同館、同特別展総目録。単色図版：南北朝期と思われる木之本浄信寺蔵仏涅槃図。上野良信［図版解説］

重田　正夫　（※埼玉県地方史研究会副会長。元同県立文書館副館長）
198508　：○御朱印寺社領の成立過程—武蔵国（埼玉県域）の場合—（『文書館紀要』創刊号、埼玉県立文書館）
　　　　※「第 4 表　朱印状交付願書の概要」に慶安 2 年（1949）霜月 29 日付本田教忿寺文書あり。「付編　県内御朱印寺社一覧」の高麗郡下畑村に朱印高 7 石下畑金蓮寺、比企郡大蔵村に朱印高 10 石大蔵向徳寺、男衾郡本田村に朱印高 10 石本田教忿寺、同村に同 10 石本田称名寺あり

重永　宰　（※南九州古石塔研究会会員）
199103　：○逆修の研究資料（『時宗教学年報』第十九輯、時宗教学研究所）
199203　：○追善の研究資料（『時宗教学年報』第二十輯、時宗教学研究所）
199403　：○造塔研究資料（『時宗教学年報』第二十二輯、時宗教学研究所）

重久　淳一　（鹿児島県）霧島市立歴史民俗資料館専門員）
201207　：◎大隅正八幡宮の空間と中世前期の様相（小野正敏・五味文彦・萩原三雄［編］・遊行寺宝物館［編集協力］『一遍聖絵を歩く—中世の景観を読む—』高志書院［考古学と中世史研究 9］）
　　　　※「Ⅱ　館・寺院・神社　歴史の中のモニュメント」のうち。肩書き：「霧島市教育委員会」

重見　一行　（※元就実大学人文学部教授）
198109　：○一遍の法語と法語（国語と國文學編輯部・東京大學國語國文學會［編輯］『國語と國文學』第五十八巻第九号［1981 年 9 月号］（通巻 691 号）、至文堂）

重見　辰馬　（※元愛媛大学文理学部（現法文学部・理学部）教授。1910-1980）
196512　：○歓喜光寺蔵一遍聖絵—祖父通信墳墓—（『愛媛大学紀要』第一部人文科学 B シリーズ＜哲学史学編＞第 11 巻、同大学）

時宗開宗七百年記念宗典編集委員会　（※神奈川県藤沢市・時宗総本山清浄光寺内）
197912A　◎定本時宗宗典　上巻（同委員会［編集］、時宗宗務所〈山喜房佛書林［発売］〉）※各典籍の飜刻とその解題。見出しは目次に拠り、空白字数も原文マヽ。同書のノンブルを右寄せ数字で掲載
　　　一括翻刻
　　　　：○淺山　圓祥：一遍上人語録　上下巻　　　　　　　　　　　3
　　　　　　　　　　　別願和讚　　　　　　　　　　　　　　　　　　3
　　　　　　　　　　　百利口語　　　　　　　　　　　　　　　　　　4
　　　　　　　　　　　誓願偈文　　　　　　　　　　　　　　　　　　6
　　　　　　　　　　　時衆制誡　　　　　　　　　　　　　　　　　　6
　　　　　　　　　　　道具秘釋　　　　　　　　　　　　　　　　　　6
　　　　　　　　　　　消息法語　　　　　　　　　　　　　　　　　　7
　　　　　　　　　　　偈頌和歌　　　　　　　　　　　　　　　　　10
　　　　　　　　　　　門人傳説　　　　　　　　　　　　　　　　　26

さ行

｜　：○淺山　　圓祥：播州法語集　　　一遍上人説持阿記　　　　　　　　　　53
｜　：○石岡　　信一：播州問答集　上下巻　一遍上人説持阿記　　　　　　　　83
｜　：○淺山　　圓祥：一遍上人法門抜書　　　　　　　　　　　　　　　　　　95
｜　：○竹内　　　明：他阿上人法語　八巻　　　　　　　　　　　　　　　　121
｜　：○河野　　憲善：四條道場他阿上人御消息※覆刻のみ　　　　　　　　　235
｜　：○河野　　憲善：三大祖師法語　　　　　　　　　　　　　　　　　　　236
｜　　　　　　　　　　奉納縁起記　　遊行二祖他阿弥陀佛　　　　　　　　　237
｜　　　　　　　　　　道場誓文　　　遊行二祖他阿弥陀佛　　　　　　　　　239
｜　　　　　　　　　　知心修要記　　遊行三祖他阿弥陀佛　　　　　　　　　240
｜　　　　　　　　　　念佛往生綱要　遊行三祖他阿弥陀佛述　　　　　　　　241
｜　　　　　　　　　　三心料簡義　　遊行三祖他阿弥陀佛述　　　　　　　　243
｜　　　　　　　　　　他阿弥陀佛同行用心大綱註　黄臺山前住託何述　　　　245
｜　　　　　　　　　　條條行儀法則　遊行七祖他阿弥陀佛述　　　　　　　　250
｜　　　　　　　　　　蔡州和傳要　　遊行七祖他阿弥陀佛　　　　　　　　　253
｜　：○河野　　憲善：呑海上人御法語　　　　　　　　　　　　　　　　　　265
｜　：○河野　　憲善：器朴論　三巻　七祖託何上人述　　　　　　　　　　　271
｜　：○竹内　　　明：佛心解　　　七祖託何上人述　　　　　　　　　　　　309
｜　：○河野　　憲善：遊行法語集　　　　　　　　　　　　　　　　　　　　325
｜　：○河野　　憲善：遊行代々法語　　　　　　　　　　　　　　　　　　　343
｜　：○河野　　憲善：託何上人御法語　　　　　　　　　　　　　　　　　　357
｜　：○河野　　憲善：七代上人法語　　　　　　　　　　　　　　　　　　　377
｜　：○河野　　憲善：遊行十四代上人法語　　　　　　　　　　　　　　　　386
｜　：○牧野　　素山：七條文書　　　　　　　　　　　　　　　　　　　　　391
｜　：○河野　　憲善：疊山國阿光英問答　巻上下　　　　　　　　　　　　　409

二 註釋類

｜　：○橘　　　俊道：一遍上人語録諺釋　四巻　俊鳳　　　　　　　　　　　421
｜　：○河野　　憲善：別願和讃古註　遊行三十五代上人撰　　　　　　　　　497
｜　：○木本　　教乗：播州問答領解鈔　十二巻　遍照法崛沙門量光述　　　　503
｜　：○木本　　教乗：播州問答集私考鈔　五巻　駿州沼津西光寺沙門賞山述　617
｜　：○竹内　　　明：二祖他阿上人法語重校決疑録　　　　　　　　　　　　695
｜　：○河野　　憲善：一遍上人別願和讃新註　上下巻　遊行四十九世他阿一法述　703
｜　：○淺山　　圓祥：重利百利講䏦註　駿州沼津西光寺沙門尚山述　　　　　719
｜　：○河野　　憲善：一遍上人繪詞傳直談鈔　十三巻　嗣祖五十九世弟子賞山謹書　733
｜　：○梅谷　　繁樹：器朴論考録　上中下巻　　　　　　　　　　　　　　　867
｜　：○河野　　憲善：器朴論要解　二巻　遊行四十九世他阿一法述　　　　　923
｜　：○川崎　　玄海：時名帳註釋　其阿快存述※覆刻のみ　　　　　　　　　943
｜　：○星　　　徹心：無上大利和讃註　上下巻　遊行七代託何上人　　　　　955
｜　：○河野　　憲善：六時居讃註解　巻上下　　　　　　　　　　　　　　　971

197912B　◎定本時宗宗典　下巻（同委員会［編集］、時宗宗務所〈山喜房佛書林［発売]〉）※各典籍の覆刻とその解題。
見出しは目次に拠り、空白字数も原文マヽ。同書のノンブル（括弧内は上巻からの通算）を右寄せ数字で掲載

三 種義類

｜　：○梅谷　　繁樹：真宗要法記　遊行二十一代他阿述　　　　　　　　（3）989
｜　：○河野　　憲善：禪時論　　　　　　　　　　　　　　　　　　　　（21）1007
｜　：○河野　　憲善：時宗統要篇　七巻　沙門玄秀述　　　　　　　　　（29）1015
｜　：○河野　　憲善：時宗要義集　上下巻　　　　　　　　　　　　　（133）1119
｜　：○河野　　憲善：念佛往生要決　七条道場　持阿切臨　　　　　　（177）1163
｜　：○河野　　憲善：一遍上人念佛安心鈔　　　持阿切臨　　　　　　（185）1171
｜　：○河野　　憲善：時宗安心大要　　　　　　持阿切臨　　　　　　（195）1181
｜　：○石岡　　信一：神勅教導要法集　五巻　　　　　　　　　　　　（202）1188
｜　：○橘　　　俊道：時宗要略譜　　　　　　　　　　　　　　　　　（231）1217
｜　：○河野　　憲善：時宗要義問辨　　　　　　　　　　　　　　　　（237）1223
｜　：○石岡　　信一：神偈讃歎念佛要義鈔　常州真壁常永寺沙門慈觀述（247）1233
｜　：○石岡　　信一：神偈撮要鈔　　　　　　　　　　　　　　　　　（261）1247

:	○河野　憲善	：神宣遊行念佛記	(267) 1253
:	○河野　憲善	：時宗關記集	(273) 1259
:	○無　　署　名	：名體不離文深秘　　勝部　最明寺　正随述※飜刻のみ、河野憲善カ	(281) 1267
:	○河野　憲善	：名體不離文深秘補遺　勝部　最明寺　正随述	(283) 1269
:	○河野　憲善	：名體不離之事　兵庫長楽寺　義乗識	(287) 1273
:	○河野　憲善	：神勅要偈深秘鈔　播州兵庫津長楽寺　一乗菩薩僧義乗記	(291) 1277
:	○橘　　俊道	：時宗選要記　沙門　曆應述※飜刻のみ	(301) 1287
:	○河野　憲善	：一遍流十念口決	(303) 1289
:	○河野　憲善	：一氣十念口決	(310) 1296
:	○梅谷　繁樹	：國阿派宗義開出	(316) 1302
:	○川崎　玄海	：時宗綱要　　河野往阿撰	(319) 1305
:	○河野　憲善	：時宗要義俚言抄　河野往阿著	(347) 1333

四傳記類

:	○淺山　圓祥	：一遍聖繪　十二巻　聖戒	(365) 1351
:	○淺山　圓祥	：一遍上人縁起繪　十巻　宗俊	(401) 1387
:	○梅谷　繁樹	：一遍上人年譜略	(439) 1425
:	○梅谷　繁樹	：一遍上人行状	(445) 1431
:	○梅谷　繁樹	：一遍義集	(447) 1433
:	○牧野　素山	：遊行八代渡船上人廻國記	(461) 1447
:	○河野　憲善	：遊行縁起	(465) 1451
:	○牧野　素山	：遊行十六代四國回心記※飜刻のみ	(475) 1461
:	○橘　　俊道	：遊行疊寶佛面帳裏書	(479) 1465
:	○河野　憲善	：遊行二十四祖御修行記	(483) 1469
:	○橘　　俊道	：遊行三十一祖京畿御修行記	(509) 1495
:	○淺山　圓祥	：一向上人傳　五巻	(521) 1507
:	○橘　　俊道	：浄阿上人繪詞傳　上中下※飜刻のみ	(553) 1539
:	○橘　　俊道	：浄阿上人行状※飜刻のみ	(556) 1542
:	○橘　　俊道	：浄阿上人傳	(557) 1543
:	○牧野　素山	：國阿上人繪傳　五巻	(561) 1547
:	○牧野　素山	：開山彌阿上人行状※飜刻のみ	(586) 1572
:	○河野　憲善	：彰考館本　遊行系圖	(588) 1574
:	○橘　　俊道	：遊行藤澤御歴代疊簿	(597) 1583

五芸文類

:	○河野　憲善	：二祖上人詠歌　上中下	(619) 1605
:	○梅谷　繁樹	：遊行代々上人御和讚	(675) 1661
:	○無　　署　名	：浄土宗のこころをよめるながうた　頓阿法師作※飜刻のみ、河野憲善カ	(705) 1691
:	○河野　憲善	：高野日記　　釋頓阿※飜刻のみ	(706) 1692
:	○河野　憲善	：草庵和歌集巻第十釋教　頓阿法師※	(709) 1695

六記録、規則、行事類

:	○河野　憲善	：防非鈔　　解阿弥陀佛述	(719) 1705
:	○河野　憲善	：東西作用抄　　遊行七代託何上人造	(733) 1719
:	○橘　　俊道	：別時念佛勵聲記　遊行七々世一法撰	(745) 1731
:	○橘　　俊道	：別時作法問答	(749) 1735
:	○河野　憲善	：遊行會下箴規	(761) 1747
:	○河野　憲善	：作用抄略標	(766) 1752
:	○星　　徹心	：寮則抜萃	(769) 1755
:	○梅谷　繁樹	：時衆宗茶毘記	(773) 1759
:	○淺山　圓祥／橘　俊道	：合掌私記※飜刻のみ　付因明用卒都婆梵字	(781) 1767
:	○河野　憲善	：時衆關係制規※飜刻のみ	(801) 1787
:	○河野　憲善	：芝崎文庫　東都日輪崛沙門呑了撰	(811) 1797
:	○河野　憲善	：藤澤山知事記録※飜刻のみ	(820) 1806
:	○河野　憲善	：遊行名義之事※飜刻のみ	(824) 1810

　　　　：○河野　　憲善：遊行得名之事※「遊行名義／事　遊行得名／事　藤澤入知事記録　解説」として　　　　　　　　(825)1811
　　　　：○梅谷　　繁樹：時衆宗彊山記　　　　　　　　　　　　　　　　　　　　　　　　　　　　(828)1814
　　　　：○清水　　昭善：麻山集　上下巻　盧峯記　　　　　　　　　　　　　　　　　　　　　　　(831)1817
　　　　：○橘　　　俊道：時宗要文集抄※覆刻のみ　　　　　　　　　　　　　　　　　　　　　　　　(859)1845

時宗教学研究所（※神奈川県藤沢市・時宗総本山清浄光寺内）

197008　◎一遍義集（附）真宗要法記・別時作法問答（同所［編］、同所［時宗叢書］）※他阿隆宝［揮毫］
　　　　：○石倉　　一光：序
　　　　：①一遍義集
　　　　：②真宗要法記
　　　　：③別時作法
　　　　：○平田　　諦善：解説
197202　⊙時宗教学年報第一輯（同所）※Ａ５判・年刊。創刊号～第七輯まで責任表示なし
　　　　：○石岡　　信一：創始者としての一遍上人
　　　　：○竹内　　明正：名号への回帰――一遍上人の教育的人間観――
　　　　：○梅谷　　繁樹：宗祖上人の『捨てる』思想について
197303　⊙時宗教学年報第二輯（同所）
　　　　：○石岡　　信一：遁世者の善悪観――一遍上人を中心にして――
　　　　：○梅谷　　繁樹：聖絵における十一不二頌の形成過程――一念の信から一遍へ――
　　　　：○竹内　　明正：時衆の形成理念―二祖・三祖を中心として―
　　　　：○橘　　　俊道：藤沢・当麻対立問題について
197404A　⊙時宗教学年報第三輯（同所）
　　　　：○石岡　　信一：一遍上人の善光寺参籠について
　　　　：○梅谷　　繁樹：室町期近江時衆の盛衰―小野をめぐって―
　　　　：○竹内　　明：当体の念仏の実践哲学――一遍教学における超越の問題――
　　　　：○長島　　尚道：時宗・常用陀羅尼・和訳
　　　　：○橘　　　俊道：太平記にあらわれた時衆の活躍
197404B　⊙二祖上人詠歌（同所［時宗叢書第二］）
197510　⊙時宗教学年報第四輯（同所）
　　　　：○山崎　　義天：発刊の辞
　　　　：○浅山　　円祥：開宗七百年記念〝一遍研究〟の刊行に際して
　　　　第一部
　　　　：○河野　　憲善：一遍教学の中心課題
　　　　：○浅山　　円祥：一遍における名号と帰命について
　　　　：○橘　　　俊道：四条廻心記をめぐって―遊行と四条と七条と―
　　　　：○石岡　　信一：一遍聖の熊野参籠について
　　　　：○梅谷　　繁樹：宗祖一遍上人の念仏―その民俗的性格について―
　　　　：○竹内　　明正：「宗祖一遍の教育的人間観」再論
　　　　第二部
　　　　：○和田　　茂樹：時宗と連歌―道後宝厳寺僧と大山祇神社連歌―
　　　　：○山ня　　泰弘：一遍上人の木像
197610　⊙時宗教学年報第五輯（同所）
　　　　：○浅山　　円祥：河野通盛と遊行寺―鎌倉末より室町初期を背景にして―
　　　　：○河野　　憲善：一念往生の意義について
　　　　：○石岡　　信一：一遍聖の熊野参籠について（続）―「六十万人の頌」に対する諸説―
　　　　：○梅谷　　繁樹：「時衆年表」の再構想
　　　　：○武石　　彰夫：日本文学における時宗和讃
197802　⊙時宗教学年報第六輯（同所）
　　　　：○石岡　　信一：一遍の名号に対する一考察―その一―
　　　　：○河野　　憲善：時衆二祖の教学
　　　　：○竹内　　明：他阿上人消息
　　　　：○梅谷　　繁樹：中世の時衆と大和
　　　　：○橘　　　俊道：元禄時代の遊行
　　　　：○有賀　　祥隆：金蓮寺（四条道場）の絵画

：①出版案内
：②あとがき
197903 ⊙時宗教学年報第七輯（同所）
：○今井　雅晴：一遍上人の熊野参籠―「浄不浄をきらはず」をめぐって―
：○石岡　信一：一遍聖の名号観（二）―語録における名号の表現―
：○河野　憲善：六時礼讃について
：○中居　良光：調声口伝義私註
：○橘　　俊道：持蓮華の弁"歳末別時念仏会
：○高野　　修：由阿の傳と詞林采葉抄
：○辻村　洵善：出版紹介　橘俊道著「遊行寺」
：○高野　　修：遊行寺宝物館蔵文芸資料解題（一）―和歌の部―
198003 ⊙時宗教学年報第八輯（同所）※第八輯～第十八輯まで石岡信一［編集］だが便宜上この項に配置
：○清水　真澄：口絵　長生院　木像阿弥陀如来像
：○石岡　信一：一遍聖の名号観（三）―弥陀仏身土について―
：○橘　　俊道：御札切之次第および御相続之儀式について
：○長島　尚道：一遍の慈善救済活動
：○河野　憲善：一遍教学と論註
：○高野　　修：清浄光寺蔵「佐竹義重判物」について
：○有賀　祥隆：遊行寺の絵画―重要文化財指定絵画を中心として―
：○河野　憲善：一道上人編「引声阿弥陀経」解説
：○高野　　修：遊行寺宝物館蔵文芸資料解題（二）―物語・随筆の部―
：○梅谷　繁樹：教学研究の反省
198103 ⊙時宗教学年報第九輯（同所）
：○橘　　俊道：一遍上人の己心領解の法門
：○長島　尚道：阿弥陀仏本願文の変遷―悲華経を中心として―
：○河野　憲善：往阿教学における十劫正覚の問題
：○石岡　信一：一遍聖の名号観（四）
：○秋山　文善：踊躍念仏儀
：○梅谷　繁樹：『多賀大社常行念仏縁起』について
：○無　署　名：多賀本地仏始末記※掉尾に「「多賀」11号より（多賀大社刊）昭和48・10・15」とあり
：○橘　　俊道：お多賀さんと遊行上人（『多賀』十一号より転載）
：○高野　　修：遊行・藤沢上人御参府記
198203 ⊙時宗教学年報第十輯（同所）
：○河野　憲善：『統要篇』における十劫正覚と一念
：○吉田　和美：一遍の聖徳太子鑽仰
：○石岡　信一：一遍上人の菩薩信仰
：○長島　尚道：穢土成仏について
：○石岡　信一：一遍聖の名号観（五）
：○梅谷　繁樹：一遍上人の当麻寺での誓文について
：○越智　通敏：一遍上人の窪寺遺跡について
：○中居　良光：一遍上人の名号碑について
：○林　　道明：南門上人画像について
：○河野　憲善：〈資料紹介〉現歓喜光寺碑と甲府一蓮寺碑読解と解説
：○高野　　修：遊行四十二代尊任上人回国記
：○橘　　俊道：『遊行上人御通行に付要用留』について
：○高野　　修：遊行五十六代上人御相続御参府記
198303 ⊙時宗教学年報第十一輯（同所）
：○梅谷　繁樹：融通念仏の流れの中で一遍を考える
：○河野　憲善：当体一念と離成三業（上）
：○石岡　信一：一遍聖の名号観（六）
：○橘　　俊道：長崎称念寺「光明院の蔵」について
：○河野　憲善：〈史料紹介〉華厳大疏抄会読前譚
：○高野　　修：一空上人像（版画）について

: ○高野　　修：〈史料紹介〉藤沢三十三代諦如上人豆州熱海御入湯記
: ○河野　憲善：〈史料紹介〉華厳読按摩
: ○中居　良光：一遍の生涯を支えたもの
: ○越智　通敏：〈史料紹介〉遊行様御移記録
: ○中居　良光：〈史料紹介〉藤沢伊呂波和讃其儘辯（一）

198402　⊙時宗教学年報第十二輯（同所）
: ○橘　　俊道：一遍と覚心
: ○石岡　信一：一遍上人の念仏思想とその源流（一）
: ○河野　憲善：当体一念と離成三業（下）
: ○今井　雅晴：遊行七代他阿弥陀仏託何『東西作用抄』について
: ○上田　雅一：伊予の南朝秘史
: ○越智　通敏：伊予における一遍と時宗に有縁の寺院
: ○長岡　恵真：遊行二十七代真寂上人版画について
: ○神谷　賢道：南無阿弥陀仏の文化史的考察
: ○高野　　修：遊行上人と御砂持行事
: ○梅谷　繁樹：〈史料紹介〉遊行寺蔵・「古写本　播州法語集　残欠」翻刻
: ○中居　良光：〈史料紹介〉伊呂波和讃其儘辯（二）
: ○高野　　修：編集後記

198502　⊙時宗教学年報第十三輯（同所）
: ○河野　憲善：捨の宗教哲学
: ○橘　　俊道：誓戒・制戒・破戒
: ○石岡　信一：一遍上人の念仏思想とその源流（二）
: ○越智　通敏：一遍上人と伊予観念寺
: ○中居　良光：時宗の声明
: ○梅谷　繁樹：初期時衆史の再検討小考
: ○禰宜田修然：米国フリーヤ美術館蔵の一遍上人絵伝断簡について
: ○高野　　修：遊行三十二代普光上人版画について
: ○新堀　俊尚：気比神宮御砂持神事抄
: ○高野　　修：〈史料紹介〉遊行三十五世法爾上人筆「時衆用心乃事」
: ○中居　良光：〈史料紹介〉伊呂波和讃其儘辯（三）
: ○長島　尚道：時宗関係文献刊行物紹介

198603　⊙時宗教学年報第十四輯（同所）
: ○越智　通敏：「一遍」の念仏
: ○石岡　信一：一遍上人の念仏思想とその源流（三）
: ○高野　　修：『聖絵』にみる踊り念仏と踊屋について
: ○長島　尚道：『一遍聖絵』研究の回顧と展望（上）
: ○河野　憲善：羽州修行記
: ○橘　　俊道：信濃路に幻の寺を求めて
: ○高野　　修：遊行一如上人絵像
: ○大橋　俊雄：遊行二十四代不外について
: ○梅谷　繁樹：伝熊野権現像は観阿か
: ○中居　良光：歳末別時念仏会修行の指針
: ○鶴崎　裕雄：翻刻遊行二十九世体光上人句集「石苔下」（改訂）
: ○梅谷　繁樹：時宗史料二点
: ○禰宜田修然：〈史料紹介〉尊覚上人巡察記
: ○長島　尚道：時宗関係文献刊行物紹介

198702　⊙時宗教学年報第十五輯（同所）
: ○早田　啓子：「一遍の思想」―（一）その源流―
: ○長島　尚道：『一遍聖絵』研究の回顧と展望（下）
: ○高野　　修：遊行六十三代・藤沢四十六世尊純上人画像
: ○落合　浩人：仏滅年代論略考
: ○越智　通敏：世阿弥芸能論の思想的背景―世阿弥と時衆―
: ○河野　憲善：福島・千葉・修行記

|　　　：○川井　　正：旧貞松院住職・列成和尚の生涯―板割浅太郎出家の仮説―
|　　　：○三木　　洋：遊行上人と義歯並びに砂糖に就いて
|　　　：○佐藤　光昭：「藤沢山衆領軒」再編改題「時宗寺院明細帳」について
|　　　：○長島　尚道：時宗関係文献刊行物紹介
198803　⊙時宗教学年報第十六輯（同所）
|　　　：○棚次　正和：名号の一遍
|　　　：○早田　啓子：「一遍の思想」―（二）その展開―
|　　　：○越智　通敏：『一遍聖絵』をめぐって―その問題点の中から―
|　　　：○長島　尚道：『悲華経』の阿弥陀仏本願文について
|　　　：○落合　浩人：根本分裂の伝承の一考察―年代の伝承について―
|　　　：○橘　　俊道：虚像と実像―板割浅太郎と列成和尚―
|　　　：○河野　憲善：東照文庫と時宗宗典目録
|　　　：○禰宜田修然：明治・大正時代の時宗（歴代上人史）
|　　　：○長島　尚道：時宗関係文献刊行物紹介
|　　　：○高野　　修：(口絵解説) 絹本著色国阿上人随心像
198903A　⊙時宗教学年報第十七輯（同所）
|　　　：○橘　　俊道：一遍智真の己心領解の法門（十一不二頌）再考
|　　　：○石岡　信一：一遍上人と本覚思想
|　　　：○越智　通敏：「捨てる」と「任す」―一遍の心といきざま―
|　　　：○長島　尚道：一遍の和歌に関する一考察―一遍神格説を中心に―
|　　　：○早田　啓子：『一遍の生涯』(一)
|　　　：○岡本　貞雄：一遍上人の再出家について―『一遍聖絵』を唯一のよりどころとして―
|　　　：○竹田　賢正：「南無阿弥陀仏の声ばかりして」ノート―時宗教学の課題と展望―
|　　　：○竹内　　明：教育における身と心―一遍教学の今日的理解に関わって―
|　　　：○梅谷　繁樹：一遍教学覚え書き―『一遍聖絵』を中心に―
|　　　：○山田　泰弘：一遍上人画像の資料集成（一）
|　　　：○禰宜田修然・高野　修：熊野に一遍上人名号碑を訪ねて
|　　　：○今井　雅晴：アメリカの一遍上人研究と『遊行上人縁起絵』
|　　　：○清水　信亮：一向上人研究ノート
|　　　：○河野　憲善：時衆の時間論的展開
|　　　：○高田　恒阿：大正初期の宗学林物語
|　　　：○河野　憲善：熊野・兵庫・岩手・九州・北海道修行記
|　　　：○菅992　幸裕：下総国海上郡野尻村の沙弥文書について
|　　　：○新堀　俊尚：当寺（市姫金光寺）三祖師別伝"当寺歴代住持霊簿
|　　　：○長島　尚道：時宗関係文献刊行物紹介
198903B　⊙時宗辞典（同所［編集］、時宗宗務所教学部）※一向派に関する項目も多数。布張り上製本・並製本2種あり
199001　⊙遊行第90号［お正月号］（同所［編集］、時宗宗務所）※本目録では当号より採録。判型はB6判。記事：「宗祖上人六百五十年御遠忌の記録／昭和十五年四月二十一日～二十四日」「宗門関係図書紹介」
199003A　⊙時宗教学年報第十八輯（同所）
|　　　：○河野　憲善：時衆の弁証法的展開
|　　　：○越智　通敏：一遍　こころの歌
|　　　：○高野　　修：〈口絵解説〉一遍上人絵縁起―万治二年版―
|　　　：○石岡　信一：一遍と他阿の時衆について
|　　　：○早田　啓子：『一遍の生涯』(二)
|　　　：○河野　憲善：〈史料紹介〉選択知津章
|　　　：○中居　良光：遊行五十九代尊教上人御手元日記
|　　　：○長島　尚道：時宗関係文献刊行物紹介
199003B　⊙遊行第91号［春彼岸号］（同所［編集］、時宗宗務所）
199007　⊙遊行第92号［お盆号］（同所［編集］、時宗宗務所）
199009　⊙遊行第93号［秋彼岸号］（同所［編集］、時宗宗務所）
199101　⊙遊行第94号［お正月号］（同所［編集］、時宗宗務所）
199103A　⊙時宗教学年報第十九輯（同所）※第十九輯～第二十一輯まで長島尚道［編集］だが便宜上この項に配置
|　　　：○金井　清光：時衆研究の動向と問題点

さ行

　　　　：○竹内　　明：実存と超越
　　　　：○重永　　宰：逆修の研究資料
　　　　：○長島　尚道：釈尊の五百誓願
　　　　：○梅谷　繁樹：一遍上人の法燈参禅譚
　　　　：○早田　啓子：『一遍の生涯』(三)
　　　　：○越智　通敏：歌僧頓阿
　　　　：○禰冝田成然：歓喜光寺弥阿より大浜愨悶への書簡
　　　　：○梅谷　繁樹：歴代遊行・藤沢上人、時宗名僧の筆跡資料集成作成の提言
　　　　：○高野　　修：後醍醐天皇像について
　　　　：○河野　憲善：平成元年・二年修行記
　　　　：○禰冝田修然：岡山藩「遊行僧来藩」記録抜粋
　　　　：○河野　憲善：一気十念次下略評
　　　　：○河野　憲善：座右教鞭（無外上人）
　　　　：○中居　良光：遊行五十九代尊教上人御手元日記（続）
　　　　：○長島　尚道：時宗関係文献刊行物紹介
199103B　◎遊行第95号［春彼岸号］（同所［編集］、時宗宗務所）※表紙写真：「(山内) 小栗堂長生院の春」。巻頭言：「彼岸と湾岸」。記事：「平成三年遊行上人御親教日程」「遊行寺の「敵味方」平等の供養塔―昔と今に想う―」
199107　◎遊行第96号［お盆号］（同所［編集］、時宗宗務所）※表紙写真：「礼讃の合喚磬（文中説明）埼玉奈良梨の万福寺にて」。記事：「遊行一雲上人御親教」「遊行寺の放生池改修なる」「宗門の近況」
199109　◎遊行第97号［秋彼岸号］（同所［編集］、時宗宗務所）※表紙写真：「本山本堂での朝のおつとめ」。巻頭言：「お彼岸に想う」。記事：「時宗　法式声明等地方講習会開催」「時宗寺院子弟講習会開催」「総本山・宗門行事」
199201　◎遊行第98号［お正月号］（同所［編集］、時宗宗務所）
199203A　◎時宗教学年報第二十輯（同所）
　　　　：○竹内　　明：人間存在の深層と自己表現―仏教と教育に関わって―
　　　　：○砂川　　博：『鎌倉殿物語』と念仏比丘尼
　　　　：○重永　　宰：追善の研究資料
　　　　：○越智　通敏：『安心決定鈔』をめぐって――一遍と顕意―
　　　　：○金井　清光：新発見の画像　二軸
　　　　：○早田　啓子：『一遍の生涯』(四)
　　　　：○高野　　修：遊行上人回国覚書―伊予・土佐・阿波・讃岐―
　　　　：○河野　憲善：平成三年修行記
　　　　：○禰冝田修然：《史料》岡山藩「遊行僧来藩」記録抜粋
　　　　：○河野　憲善：選択貴旧鈔※河野［校］
　　　　：○長島　尚道：時宗関係文献刊行物紹介
199203B　◎遊行第99号［春彼岸号］（同所［編集］、時宗宗務所）※表紙絵ネーム：「遊行寺の稚児行列」
199207　◎遊行第100号［お盆号］（同所［編集］、時宗宗務所）
　　　　※記事：「一雲上人　鹿児島へ／　遊行のお旅」「時宗子講習会―蔵王できたえる金剛心―」「善光寺へ「踊り念仏」を奉納」「第三回「時宗遊行寺と芸能」開催される」「時宗関係書籍紹介」
199209　◎遊行第101号［秋彼岸号］（同所［編集］、時宗宗務所）※記事：「時宗関係書籍紹介」
199301　◎遊行第102号［お正月号］（同所［編集］、時宗宗務所）
　　　　※記事：「お正月のご賦算はじめ」「遊行寺の年中行事」「時宗関係書籍紹介」
199303A　◎時宗教学年報第二十一輯（同所）
　　　　：○河野　憲善：三世截断の名号
　　　　：○砂川　　博：「一遍聖絵」と「遊行上人縁起絵」―熊野神託・律僧と時衆―
　　　　：○長島　尚道：一遍の善光寺と熊野参籠
　　　　：○越智　通敏：ひとつの真実なるもの―一遍の名号思想―
　　　　：○竹内　　明：ポスト・モダンの欲望の哲学―型と身体性に関わって―
　　　　：○早田　啓子：『一遍の生涯』(五)
　　　　：○河野　憲善：平成四年修行記
　　　　：○中居　良光：《史料》歳末別時念仏会・日程・役配※中居［編］
　　　　：○梅谷　繁樹：仮題『遊行四十四代尊通上人詠草』
　　　　：○林　　昭善：撰択貴旧鈔（中）※林［校］
　　　　：○長島　尚道：時宗関係文献刊行物紹介

199303B	◎遊行第103号［春彼岸号］（同所［編集］、時宗宗務所）※記事：「一遍上人と食事」「時宗関係書籍紹介」
199307	◎遊行第104号［お盆号］（同所［編集］、時宗宗務所）※記事：「時宗関係書籍紹介」「浄土時宗讃歌」
199309	◎遊行第105号［秋彼岸号］（同所［編集］、時宗宗務所）※記事：「時宗関係書籍紹介」「遊行寺の行事」
199401	◎遊行第106号［お正月号］（同所［編集］、時宗宗務所）
	※記事：「遊行の御砂持」「遊行寺の一ツ火」「時宗関係書籍紹介」
199403A	◎時宗教学年報第二十二輯（同所）※第二十二輯～第二十八輯まで竹内明正［編集］だが便宜上この項に配置
：	○竹内　　明：瞑想と般若
：	○越智　通敏：南無阿弥陀仏一遍
：	○藤原　正義：連歌師宗長の自称「長阿」について
：	○廣木　一人：花の下連歌師から時衆連歌師へ―「花の下連歌の興行は禁止された」を手がかりにして―
：	○砂川　　博：『遊行上人縁起絵』における『一遍聖絵』の受容（一）―発心から信濃遊行まで―
：	○金井　清光：山陽道の時衆史―その一・播磨―
：	○小山　正文：『西国順礼三拾三処普陀落伝記』―四条道場金蓮寺浄阿真順法談本―
：	○重永　　宰：造塔研究資料
：	○長島　尚道：一遍上人縁起絵・現代語訳（一）
：	○望月　宏二：聖絵　宗祖と僧の出会いの場面は熊野古道の蛇越谷だった
：	○河野　憲善：平成五年修行記
：	○寺島　道雄：撰択貴舊鈔巻（下）※寺島［校］
：	○長島　尚道：時宗関係文献刊行物紹介
199403B	◎遊行第107号［春彼岸号］（同所［編集］、時宗宗務所）※記事：「遊行上人御砂持神事」「時宗関係書籍紹介」
199407	◎遊行第108号［お盆号］（同所［編集］、時宗宗務所）※記事：「時宗関係書籍紹介」
199409	◎遊行第109号［秋彼岸号］（同所［編集］、時宗宗務所）
	※表紙ネーム：「一遍上人、熊野本宮証誠殿で権現から神託を授かる（『一遍聖絵』第三）」。記事：「第45回教学（付布教）及び法式講習会開催される」「時宗関係書籍紹介」
199501	◎遊行第110号［お正月号］（同所［編集］、時宗宗務所）※表紙ネーム：「一遍上人と超一、超二、念仏房遊行へ（『一遍聖絵』第二）。記事：「遊行寺の別時念仏会／一ツ火」「遊行寺の年中行事」「時宗関係書籍紹介」
199503A	◎時宗教学年報第二十三輯（同所）
：	○河野　憲善：時宗の即便往生について
：	○越智　通敏：一遍の教学と道元禅
：	○砂川　　博：他阿弥陀仏真教の丹生山入山・淡河逗留・越前遊行
：	○藤原　正義：善阿（弥）とその前後―花下連歌覚え書―
：	○古田　憲司：遊行派本山美濃二ツ岩
：	○竹内　　明：愛と喜び―お砂持ちと踊り念仏に関わって―
：	○金井　清光：山陽道の時衆史（その二）―備前・美作・備中―
：	○砂川　　博：『遊行上人縁起絵』における『一遍聖絵』の受容（二）―奥州遊行から甚目寺施行まで―
：	○長島　尚道：一遍上人縁起絵・現代語訳（二）
：	○河野　憲善：平成六年修行記
：	○長島　尚道：時宗関係文献刊行物紹介
199503B	◎遊行第111号［春彼岸号］（同所［編集］、時宗宗務所）※表紙ネーム：「冬、常陸を遊行する一遍上人の一行（『一遍聖絵』第五）」。記事：「一遍上人の舎利みつかる／震災で倒壊した御廟所から」「時宗関係書籍紹介」
199507	◎遊行第112号［お盆号］（同所［編集］、時宗宗務所）※表紙ネーム：「一遍上人・佐久で踊り念仏をはじめる（『一遍聖絵』第四）」。記事：「遊行寺の行事」「時宗関係書籍紹介」
199509	◎遊行第113号［秋彼岸号］（同所［編集］、時宗宗務所）※表紙ネーム：「一遍上人の臨終（『一遍聖絵』第十二）」。記事：「第47回教学講習会開催される」「時宗関係書籍紹介」
199603	◎時宗教学年報第二十四輯（同所）
：	○臼木　靖晴：原始仏教における死生観について
：	○竹内　　明：乱世の道徳―鎌倉武士の人間像に関わって―
：	○藤原　正義：頓阿の念仏について
：	○越智　通敏：念仏勧進はわがいのち―永遠の旅人・一遍―
：	○戸村　浩人：一遍・聖戒の活動の背景
：	○藤原　正義：金蓮寺蔵「頓阿書状」年次号
：	○金井　清光：山陽道の時衆史（その三）―備後―
：	○砂川　　博：『遊行上人縁起絵』における『一遍聖絵』の受容（三）―関寺宗論から洛中・洛外賦算まで―

さ行

|　　　　　：○金井　　清光：新発見の一遍版画像二種
|　　　　　：○河野　　憲善：平成七年修行記
|　　　　　：○時宗文化財委員会：平成七年度時宗文化財調査報告
|　　　　　：○長島　　尚道：時宗関係文献刊行物紹介
199702　◎時宗入門（同所［編集］、時宗宗務所）
199703　⊙時宗教学年報第二十五輯（同所）
|　　　　　：○越智　　通敏：念仏の機―一遍の平等思想―
|　　　　　：○砂川　　博：一遍と桜
|　　　　　：○長島　　尚道：一遍の舎利
|　　　　　：○竹内　　明：隠者兼好の教育理念
|　　　　　：○砂川　　博：『遊行上人縁起絵』における『一遍聖絵』の受容（四）―四天王寺参詣から入滅まで―
|　　　　　：○梅谷　繁樹：時宗の教義・歴史にかかわる小文ども
|　　　　　：○金井　清光：山陽道の時衆史（その四）―安芸・周防・長門―
|　　　　　：○河野　憲善：平成八年修行記
|　　　　　：○時宗文化財委員会：時宗文化財調査報告（岩手県）
199803　⊙時宗教学年報第二十六輯（同所）
|　　　　　：○高野　　修：口絵［真寂上人像］（内子・願成寺蔵）
|　　　　　：○河野　憲善：宗教体験の反省と十一不二の論理
|　　　　　：○越智　通敏：一遍孤独独一の「ひとり」
|　　　　　：○岡本　照男：一遍の思想と時宗の展開
|　　　　　：○竹内　　明：研究ノート「戦後民主主義」と心の教育―勝田吉太郎著『民主主義の幻想』をよんで―
|　　　　　：○砂川　　博：『一遍聖絵』を読む
|　　　　　：○中島　暢子：『一遍聖絵』小考
|　　　　　：○古賀　克彦：一向俊聖伝の再検討
|　　　　　：○古賀　克彦：『老松堂日本行録』に見る時宗寺院
|　　　　　：○金井　清光：九州時衆新考五題
|　　　　　：○野川　博之：『遊行会下成規』の基礎研究
|　　　　　：○小野澤　眞：水戸藩領における時宗寺院―『開基帳』史料紹介をかねて―
|　　　　　：○小野澤　眞・古賀　克彦：時宗関係文献刊行物紹介　1997年度〔前年度迄の追補も含む〕
199903　⊙時宗教学年報第二十七輯（同所）
|　　　　　：○河野　憲善：当体一念とその実践哲学
|　　　　　：○越智　通敏：一遍教学の根本問題―その承述と変容―
|　　　　　：○梅谷　繁樹：七祖託何上人作『器朴論』私訳注
|　　　　　：○長澤　昌幸：一向上人研究序説（一）『一向上人伝』について
|　　　　　：○長島　尚道：現代語訳　一向上人縁起絵　第三―一
|　　　　　：○戸村　浩人：『一遍上人縁起絵』第三巻第二段の解釈について
|　　　　　：○高野　　修：旧跡藤沢と呑海上人像
|　　　　　：○金井　清光：近世遊行の研究について
|　　　　　：○河野　憲善：平成九年度修行記
|　　　　　：○有賀　祥隆・高野　　修：時宗文化財調査報告
|　　　　　：○小野澤　眞・古賀　克彦：時衆関係文献刊行物紹介（1998年度。1990年以降の補遺も含む）
200003　⊙時宗教学年報第二十八輯（同所）
|　　　　　：○林　　　譲：一遍の踊り念仏研究ノート―特に歳末別時念仏との関連を中心に―
|　　　　　：○竹内　　明：無の教育思想―世阿弥能楽稽古論について―
|　　　　　：○金井　清光：一遍・真教の初賦算
|　　　　　：○戸村　浩人：一遍の覚心参禅譚の「念起即覚」について
|　　　　　：○梅谷　繁樹：七祖託何上人作『器朴論』私訳注（三）
|　　　　　：○長澤　昌幸：『器朴論』における一考察
|　　　　　：○小山　丈夫：中世信濃における時衆教団―その成立と衰退をめぐって―
|　　　　　：○河野　憲善：元七条道場河野氏炤先碑について
|　　　　　：○金井　清光：当麻派近世遊行の一史料
|　　　　　：○相澤　正彦：時宗文化財調査報告〈絵画の部〉
|　　　　　：○薄井　和男：時宗文化財調査報告〈彫刻の部〉

：○高野　　修：時宗文化財調査報告〈書跡の部〉
　　　：○河野　憲善：辟雍去去抄
　　　：○小野澤　眞・古賀　克彦：時宗関係文献刊行物紹介（1998年度。1990年以降の補遺も含む）
200103　⦿時宗教学年報第二十九輯（同所）※第二十九輯〜長島尚道［編集］だが便宜上この項に配置。単色口絵ネーム：「尊如上人　教念寺」（新潟県出雲崎）
　　　：長澤　昌幸：『器朴論』書誌考
　　　：○高野　　修：踊り念仏の源流
　　　：○梅谷　繁樹：『器朴論』私訳注（四）
　　　：○野川　博之：河野氏炤先碑訓読・大意私記
　　　：○長島　尚道：（現代語訳）一遍上人縁起絵　第三—二
　　　：○金井　清光：未刊近世遊行送迎史料解説（一）
　　　：○高野　　修・相澤　正彦・薄井　和男：時宗文化財調査報告
　　　：①無　署　名：時宗教学年報総目次
　　　：○小野澤　眞・古賀　克彦：時衆関係文献刊行物紹介（2000年度。1990年以降の補遺も含む）
200107　◎時宗寺院明細帳1（同所［編集代表・発行所］、時宗宗務所［発行者］）
　　　※単色口絵ネーム：「一遍上人御名号（福島県白河市・小峰寺蔵）」。第1（北海道・青森県・岩手県）・2（宮城県）・3（秋田県・山形県）・4（福島県）教区各寺院明細帳。全10巻完結、全巻に廃寺・転宗寺院を含む。高野　修［編集校訂］。なお奥付の［編集代表］は「時宗教学研究所　代表者　長島尚道」とあるが、本目録では凡例どおり機関名を責任表示とみなす（当巻より最終第10巻まで同様）
　　　：○六郷　信弘：発刊によせて※宗務長
　　　：○長島　尚道：発刊に際して※宗学林学頭
　　　：○高野　　修：時宗寺院明細帳解説
200203　⦿時宗教学年報第三十輯（同所）※単色口絵：遊行三九代慈光・遊行五八（「五八」とあるが正しくは四〇）代樹端両上人対向図（静岡県磐田西光寺蔵）
　　　：○長澤　昌幸：時衆教団における入門儀礼考
　　　：○野川　博之：託何上人の中峰明本偈頌引用をめぐって
　　　：○古賀　克彦：（史料紹介）太空上人画像
　　　：○梅谷　繁樹：『器朴論』私訳注（五）（完結）
　　　：○野村　　隆：時宗名号書体について
　　　：○河野　憲善：永和本日本書紀と高田百首
　　　：○長島　尚道：現代語訳　一遍上人縁起絵　第四
　　　：○高野　　修：一遍の旅
　　　：○金井　清光：未刊近世遊行送迎史料解説（二）
　　　：○高野　　修：時宗文化財調査報告《書跡の部》
　　　：○相澤　正彦・高木　文恵：時宗文化財調査報告《絵画の部》
　　　：○薄井　和男：時宗文化財調査報告《彫刻の部》
　　　：○小野澤　眞・古賀　克彦：時衆関係文献刊行物紹介（2001年度。1990年以降の補遺も含む）
200206　◎時宗寺院明細帳2（同所［編集代表・発行所］、時宗宗務所［発行者］）※単色口絵ネーム：「遊行35代法爾上人筆「時衆用心之事」（静岡県磐田市・西光寺蔵）」（高野修による飜刻付き）。第5（新潟県）・6（群馬県）教区各寺院明細帳。青柳真光寺本尊は、龍穏寺（真言宗豊山派）薬師堂に移転。高野修［編集校訂］
　　　：○高野　　修：時衆用心之事
200303　⦿時宗教学年報第三十一輯（同所）※単色口絵ネーム：「一遍・真教両上人像　2幅（個人蔵）」
　　　：○長澤　昌幸：託何教学にみる臨終と平生
　　　：○梅谷　繁樹：遊行上人と時衆の旅と食
　　　：○石塚　　勝：一遍「建長三年の春」「十六歳の春」「建長四年の春のころ」
　　　：○高野　　修：時衆文化の形成と発展
　　　：○梅谷　繁樹：『他阿上人法語』の内容索引の試み
　　　：○高野　　修：南要本『一遍上人絵詞伝』の所見
　　　：○長島　尚道・高野　　修・石塚　　勝・遠山　元浩：『一遍聖絵』修復後の翻刻（巻第一）
　　　：○金井　清光：未刊近世遊行送迎史料解説（三）
　　　：○青山　孝慈：藤沢山遊行寺史料目録一（前近代史料一）―遊行寺史料の今日まで―
　　　：○小野澤　眞・古賀　克彦：時衆関係文献刊行物紹介（2002年度。1990年以降の補遺も含む）
200307　◎時宗寺院明細帳3（同所［編集代表・発行所］、時宗宗務所［発行者］）

※カラー口絵ネーム:「敬白起請文之事(遊行寺宝物館蔵)」「起請文之事(遊行寺宝物館蔵)」(無署名「口絵解説／起請文」)あり。第7(栃木県)・8・9(茨城県)教区各寺院明細帳。高野修[編集校訂]
　:○高野　　修:口絵解説　起請文
200403 ◎時宗教学年報第三十二輯(同所)
※単色口絵ネーム:「遊行七代託何上人名号」「真の名号」「行の名号」
　:○高野　　修:《解説》「遊行七代託何上人名号」(遊行寺宝物館蔵)
　:○峯崎　賢亮:業に関する考察
　:○長澤　昌幸:遊行七代他阿託何の伝歴とその業績
　:○長島　尚道・高野　　修・遠山　元浩・石塚　　勝:『一遍聖絵』修復後の翻刻(巻第二・第三)
　:○高野　　修:時宗文化財調査報告
　:○青山　京子:「藤沢山方便記」について
　:○金井　清光:未刊近世遊行送迎史料解説(四)
　:○青山　孝慈:藤沢山遊行寺史料目録二(前近代史料二)―遊行寺史料の今日まで―
　:○ Caitilin Griffiths : Shinshu yoho ki 眞宗要法記― Edicts One to Twelve. With Preface ―
　:○小野澤　眞・古賀　克彦:時衆関係文献刊行物紹介(2003年度。1990年以降の補遺も含む)
200406 ◎時宗寺院明細帳4(同所[編集代表・発行所]、時宗宗務所[発行者])
※単色口絵ネーム:「遊行二九代　体光上人書状(遊行寺宝物館蔵)」(無署名翻刻および無署名「口絵解説／遊行二九代　体光上人書状」あり。第10(千葉県)・11(東京都)・12(埼玉県)教区各寺院明細帳。なお浅草安称院は茨城県水戸市大字下市赤沼町に移転。高野修[編集校訂]
　:○高野　　修:遊行二九代　体光上人書状
200503 ◎時宗教学年報第三十三輯(同所)※単色口絵ネーム:「当麻曼荼羅(守善寺蔵)」(守山守善寺)
　:○長澤　昌幸:託何教学における出世世懐論
　:○高野　　修:一遍聖の自然観
　:○峯崎　賢亮:業に関する考察　その二
　:○金井　清光:『一遍聖絵』歓喜光寺本と御影堂本との絵の相違点
　:○野川　博之・梅谷　繁樹:賞山著『一遍上人絵詞伝直談鈔』訓読※野川[訓読]・梅谷[補]
　:○高野　　修:時宗文化財調査報告(滋賀県)
　:○青山　孝慈:藤沢山遊行寺史料目録三(明治史料全)
　:○小野澤　眞・古賀　克彦:時衆関係文献刊行物紹介(2004年度。1990年以降の補遺も含む)
200506 ◎時宗寺院明細帳5(同所[編集代表・発行所]、時宗宗務所[発行者])※単色口絵ネーム:「満州奉天遊行寺建設予定地」「満州奉天稲葉町45番地　遊行寺」「奉天遊行寺　昭和10年10月竣工」(無署名「口絵解説／総本山藤沢遊行寺別院遊行寺」あり。第13・14(神奈川県)・15(山梨県)教区各寺院明細帳。高野修[編集校訂]
　:○高野　　修:口絵解説　総本山藤沢遊行寺別院遊行寺
200603 ◎時宗教学年報第三十四輯(同所)※単色口絵ネーム:「「尊任上人旅日記」巻首」
　:○梅谷　繁樹:法語にみる法然・証空・一遍の承継関係から一遍独自の法語におよぶ
　:○峯崎　賢亮:一向に関する考察
　:○長澤　昌幸:託何教学における衆生観(一)
　:○高野　　修:「尊任上人旅日記」と遊行回国
　:○石塚　　勝・遠山　元浩:一遍聖絵　修理後の翻刻(巻第四・第五)
　:○野川　博之・梅谷　繁樹:賞山著『一遍上人絵詞伝直談鈔』訓読(二)※野川[訓読]・梅谷[補]
　:○金井　清光:既刊近世遊行送迎史料解説(一)
　:○高野　　修:時宗文化財調査報告『書跡の部』
　:○青山　孝慈:藤沢山遊行寺史料目録四(大正史料一)※目次は「藤沢山遊行寺史料目録三(大正史料全)」
　:○藤森　雄介・渡邉　義昭・関　　徳子:時宗　社会福祉事業・活動に関するアンケート調査　集計報告(1)
※目次は「(一)」
　:○小野澤　眞・古賀　克彦:時衆関係文献刊行物紹介(2005年度。1990年以降の補遺も含む)
200606 ◎時宗寺院明細帳6(同所[編集代表・発行所]、時宗宗務所[発行者])※単色口絵ネーム:「磐田・西光寺蔵「遊行三九代慈光上人・遊行五八代樹端上人像」」。ただし「五八」とあるが正しくは四〇(古賀克彦註)。第16・17(静岡県)・18(愛知県・三重県・岐阜県)教区各寺院明細帳。高野修[編集校訂]
200703 ◎時宗教学年報第三十五輯(同所)※単色口絵ネーム:「宗祖　一遍聖御廟所(神戸　真光寺)」
　:○長澤　昌幸:託何教学における衆生観(二)―名号による衆生救済―
　:○峯崎　賢亮:時宗一向派第四十五世同阿一向上人行状和讃について
　:○高野　　修:先祖を偲ぶ癒しの踊り―踊念仏と一遍聖―

：○石塚　　勝・遠山　元浩：一遍聖絵　修理後の翻刻（巻第六）
　　　：○野川　博之・梅谷　繁樹：賞山著『一遍上人絵詞伝直談鈔』訓読（三）※野川［訓読］・梅谷［補］
　　　：○高野　　修：時宗文化財調査報告（大阪府・和歌山県・兵庫県）
　　　：○青山　孝慈：藤沢山遊行寺史料目録五（昭和史料一）
　　　：①無　署　名：平成十八年度彙報
　　　：○小野澤　眞・古賀　克彦：時衆関係文献刊行物紹介（2006年度。1990年以降の補遺も含む）
　　　：○藤森　雄介・渡邉　義昭・関　　徳子：時宗　社会福祉事業・活動に関するアンケート調査　集計報告（2）
　　　　※目次は「（二）」
　　　：○ Malcolm Ritchie：The great earth nembutsu
200706　◎時宗寺院明細帳7（同所［編集代表・発行所］、時宗宗務所［発行者］）
　　　※単色口絵ネーム：「遊行二十五代佛天上人御名号　菅浦・阿弥陀寺蔵」。第19（滋賀県）・20（福井県・富山県・石川県）教区各寺院明細帳。含、19に昭和二十年（1945）三月軍令による道路拡張のため京都から移転した御影堂兼新善光寺・伊香郡木之本町木之本浄信寺末長福庵・江坂坂田郡番場蓮華寺本末（近江国大上郡芹谷の吉祥庵・台蔵庵・大通庵・真福寺・安養寺）・法国寺兼岳荘厳寺、20に越前国南条郡府中福正寺・慈心寺、富山県高岡市大工町浄土寺、の廃寺・転宗寺院。高野修［編集校訂］
200803　◎時宗教学年報第三十六輯（同所）※単色口絵ネーム：「益田萬福寺所蔵　他阿呑海上人像」
　　　：○梅谷　繁樹：西山義と一遍義、そして俊鳳上人のこと、さらに西田哲学
　　　：○高野　　修：中世北信濃における時衆の展開～遊行二十一代知蓮上人名号と永正地蔵尊を中心として～
　　　：○長澤　昌幸：一遍の偈頌について～近世伝統宗学の一視点から～
　　　：○峯崎　賢亮：『一遍聖絵』にみる死を覚悟した人達
　　　：○金子　元行：一遍の念仏思想～遊行を中心に～
　　　：○金井　清光：既刊近世遊行送迎史料解説（二）
　　　：○石塚　　勝・遠山　元浩：一遍聖絵　修理後の翻刻（巻第七・第八）
　　　：①無　署　名：平成十九年度　彙報
　　　：○小野澤　眞・古賀　克彦：時衆関係文献刊行物紹介（2007年度。1990年以降の補遺も含む）
200806　◎時宗寺院明細帳8（同所［編集代表・発行所］、時宗宗務所［発行者］）
　　　※単色口絵ネーム：「（重要文化財）遊行十一代自空上人書状（旧七条道場金光寺蔵・現京都長楽寺蔵）」。第21（京都府）・22（大阪府・和歌山県）教区各寺院明細帳。含、21に昭和二十年（1945）三月軍令による道路拡張のため京都市川原町五条から滋賀県木之本に移転し昭和四十年（1965）寺号公称した新善光寺・金光寺（七条道場）・京都市東山区下河原町通り高台寺北門前鷲尾町双林寺・称名寺（秋野道場）・（京都市中京区新京極仲之町）南涼院（京都市下京区五条通）法国寺・（山城国愛宕郡清閑寺村字霊山）清林庵、22に（三重県）桑名郡多度町香取常音寺、の廃寺・転宗寺院。高野修［編集校訂］
200903　◎時宗教学年報第三十七輯（同所）※単色口絵ネーム：「阿弥陀来迎図　清浄光寺蔵」
　　　：○長澤　昌幸：誓願寺所蔵伝一遍製作に関する一試論
　　　：○峯崎　賢亮：宗祖の言葉「我化導は一期ばかりぞ」に関する考察
　　　：○福島　隆行：一遍の思想背景について
　　　：○梅谷　繁樹：『一遍上人語録』の各法語の排列について
　　　：○佐々木弘美：一遍臨終場面の方向性と物語性
　　　：○金井　清光：既刊近世遊行送迎史料解説（三）
　　　：○石塚　　勝・遠山　元浩：一遍聖絵　修理後の翻刻（巻第九）
　　　：①無　署　名：平成二十年度　彙報
　　　：○小野澤　眞・古賀　克彦：時衆関係文献刊行物紹介（2008年度。1990年以降の補遺も含む）
200906　◎時宗寺院明細帳9（同所［編集代表・発行所］、時宗宗務所［発行者］）
　　　※単色口絵ネーム：「版画・一遍聖御影（遊行寺宝物館保管）」。第23（兵庫県）・24（広島県・愛媛県・香川県）教区各寺院明細帳。含、23に神戸市兵庫南逆瀬川町の慈光寺・世尊庵、尼崎市寺町の寳光寺・正福寺・海岸寺、24に尾道市の十王堂・毘沙門堂、福山市鞆町の永海寺、の廃寺・転宗寺院。高野修［編集校訂］
201003　◎時宗教学年報第三十八輯（同所）
　　　※単色口絵ネーム：「遊行三十二代他阿普光上人寿像（旧七条道場金光寺所蔵　現長楽寺所蔵）」
　　　：○長澤　昌幸：一向俊聖の念仏思想について
　　　：○峯崎　賢亮：当体の一念における存在と時間の問題―十一不二を改めて考える―
　　　：○菅根　幸裕：下野国那須郡寄居村における近世・近代遊行上人応接史料について
　　　：○佐々木　哲：一遍時衆踊念仏始行と小田切郷地頭―佐々木時清の母「大井の姉」について―
　　　：○石塚　　勝・遠山　元浩：一遍聖絵　修理後の翻刻（巻第十）

　　　　：①無　　署　　名：平成二十一年度　彙報
　　　　：○小野澤　　眞・古賀　克彦：時衆関係文献刊行物紹介（2009年度。1990年以降の補遺も含む）
201005　◎時宗寺院明細帳10（同所［編集代表・発行所］、時宗宗務所［発行者］）
　　　　※最終巻。単色口絵ネーム：「遊行十二代　他阿尊観像（下関専念寺蔵）」「他阿尊観名号（下関専念寺蔵）」。第25（島根県・鳥取県）・26（山口県・福岡県・大分県・宮崎県・熊本県・鹿児島県）教区各寺院明細帳。含、鳥取県の5寺・1堂、山口県の2寺・1庵、福岡県の1寺、宮崎県の20寺・1軒、熊本県の1寺、鹿児島県の30寺・6院・1庵・1軒の廃寺・転ซ寺院。ただし目次に「鹿児島県」の表示なし。高野修［編集校訂］
201103　◎時宗教学年報第三十九輯（同所）
　　　　※単色口絵ネーム：「遊行二十一代他阿知蓮上人筆白骨名号（木版）（長野県佐久市・金台寺蔵）」
　　　　：○高野　　　修：時宗名号について←高野修201003補足
　　　　：○長澤　　昌幸：證空教学から一遍教学へ
　　　　：○峯崎　　賢亮：存在も仏も時であるということ―存在を表す「時」の関数 f（t）は死という究極点で零に収束する―
　　　　：○大橋　　克己：一遍聖と浄土を希求する人びと
　　　　：○石塚　　勝・遠山　元浩：一遍聖絵　修理後の翻刻（巻第十一）
　　　　：①無　　署　　名：平成二十二年度　彙報
　　　　：○小野澤　　眞・古賀　克彦：時衆関係文献刊行物紹介（2010年度。1990年以降の補遺も含む）
201203A　◎時宗教学年報第四十輯（同所）
　　　　※単色口絵ネーム：「木造阿弥陀如来立像（鎌倉時代）（山形県山形市　遍照寺）」
　　　　：○長澤　　昌幸：時宗宗義に関する一試論
　　　　：○峯崎　　賢亮：仏が時であるということ
　　　　：○臼木　　悦生：江戸期における遊行と佐渡
　　　　：①無　　署　　名：彙報
　　　　：②無　　署　　名：時宗教学年報既刊総目録
　　　　：○小野澤　　眞・古賀　克彦：時衆関係文献刊行物紹介（2011年度。1990年以降の補遺も含む）
201203B　◎時宗令規集1（同所［編集代表］、同所）※明治三～二十年（1870-1887）。高野修［編集校訂］
201303　◎時宗教学年報第四十一輯（同所）※創刊以来初めて表紙の体裁を大幅に変更、横書きとし目次を配置。鎌倉教恩寺住職東山心徹僧正［題字］。単色口絵ネーム：「秋田県蓮化寺蔵「絹本著色一向上人像」」
　　　　：○峯崎　　賢亮：一向俊聖の念仏観に関する考察――一遍一向両祖の臨終の迎え方の差は何を意味するのか―
　　　　：○三浦　　諒洸：旅と僧―旅する僧の登場と時衆における変化～
　　　　：○小松　　勝記：［研究ノート］四國ヘンロと時衆
　　　　：○秋山　　富男：［史料紹介］菅浦総寺阿弥陀寺と菅浦文書について（一）
　　　　：○長澤　　昌幸：［史料翻刻］誓願寺所蔵「西山上人所持」
　　　　：○鈴木　　貴司：［時宗奨学資金助成金成果報告］一遍教学の考察
　　　　：①無　　署　　名：彙報
　　　　：○小野澤　　眞・古賀　克彦：時衆関係文献刊行物紹介（2012年度。1990年以降の補遺も含む）
　　　　※ただし編集側ミスにより表紙・本文ともに執筆者名表記なし
201403　◎時宗教学年報第四十二輯（同所）※単色口絵ネーム：「清浄光寺蔵「柘榴天神像」」
　　　　：○遠山　　元浩：口絵　清浄光寺蔵「柘榴天神像」※解説
　　　　：○峯崎　　賢亮：存在と時の問題―実と虚、表と裏についての考察―
　　　　：○石塚　　　勝：歓喜光寺本『一遍聖絵』詞書の文字変更について
　　　　：○菅根　　幸裕：下総国相馬郡布施村における近世の遊行上人応接について
　　　　：○小池　　梨菜：時宗奨学資金助成金成果報告　時宗教団と女性
　　　　：○清水　　寛子：時宗奨学資金助成金成果報告　聖としての一向と一遍について
　　　　：○渋谷　　麻貴：時宗奨学資金助成金成果報告　阿弥陀三尊図の制作と教え
　　　　：○高尾　　察誠：研究発表要旨　（課題）時宗と現代　時宗の宗風の宣布に向けて―現状と課題②―
　　　　：○奥田　　裕幸：研究発表要旨　真教初賦算の問題点
　　　　：○高木　　灌照：研究発表要旨　二祖真教と宇都宮市の関係性
　　　　：①無　　署　　名：彙報
　　　　：○秋山　　富男：史料紹介　菅浦惣寺阿弥陀寺と菅浦文書について（二）
201503　◎時宗教学年報第四十三輯（同所）
　　　　：○遠山　　元浩：役行者前後鬼像　一幅
　　　　：○梅谷　　繁樹：『一遍聖絵』第九「よとのうへ乃」について

|　　　：○峯﨑　　賢亮：時宗二祖他阿弥陀仏真教上人撰―往生浄土和讃現代語訳―
|　　　：○小松　　勝記：弘法大師宝号石と『長宗我部地検帳』に見る邊路給地
|　　　：○奥田　　裕幸：[時宗奨学資金助成金成果報告] 初期時衆教団の研究―賦算活動を中心として―
|　　　：○鈴木　　貴司：[時宗奨学資金助成金成果報告] 一遍思想の背景―特に土着的側面からの考察―
|　　　：○桑原　　聰善：[研究発表要旨] 二祖他阿弥陀仏真教における呼称について
|　　　：①無　　署　　名：平成二十六年度　彙報
|　　　：○石塚　　勝・遠山　元浩：一遍聖絵　修理後の翻刻（巻第十二）
|　　　：○小野澤　眞・古賀　克彦：時宗関係文献刊行物紹介（2013・2014年度。1990年以降の補遺も含む）

時宗教学部（※神奈川県藤沢市・時宗総本山清浄光寺内）
196904　◎遊行二祖他阿真教上人（同部）
196911　◎時衆過去帳（同部［編］、同部）

時宗史研究会（※解散）
198510　◎時宗史研究創刊号（同会）※Ａ５判・年刊
　　　：○橘　　俊道：南無阿弥陀仏の声ばかりして
　　　：○石岡　信一：一遍上人の念仏思想とその源流（一）
　　　：○今井　雅晴：一遍の活動と思想の展開―上求菩提・下化衆生を軸に―
　　　：○高野　　修：一遍と同行者―聖絵にみる女人たち―
　　　：○吉田　和美：『一遍聖絵』「十重」の考察
　　　：○河井　禎隆：『一遍聖絵』の踊り念仏
　　　：○今井　雅晴：史料『大和田近江重清日記』抜粋―文禄二年の水戸の時衆―
　　　：○長島　尚道：時宗関係研究文献解説目録　Ⅱ―Ⅰ
　　　：○ David C. Prejsner：Ippen's View of Time and Temporality in the Betsuganwasan
198705　◎時宗史研究第二号（同会）※当号をもって事実上終刊
　　　：○山田　泰弘：真教上人の木像について
　　　：○今井　雅晴：近世の遊行回国
　　　：○長島　尚道：当麻山無量光寺と山崎弁栄
　　　：○長島　尚道：時衆関係研究文献解説目録　Ⅱ―Ⅱ
　　　：○長島　尚道：＜書評と紹介＞今井雅晴著『中世社会と時宗の研究』

時宗宗學林（※神奈川縣高座郡藤澤町（現藤沢市）・時宗總本山清淨光寺内）
191699　◎時宗聖典卷上（同宗學林［編纂］、同宗學林）
192112　◎時宗聖典卷下二（同宗學林［編纂］、同宗學林）

時宗宗務所教学部布教伝道研究所（※神奈川県藤沢市・時宗総本山清浄光寺内）
199601　◎遊行第114号［正月号］（同所）
　　　※当号から発行元変更、判型変更でＡ５判。カラー表紙図版ネーム：「遊行一雲色紙「遊戯三昧」。記事：「時宗の美術と文芸展／日程紹介」・「関係書籍の紹介『時宗の美術と文芸―遊行聖の世界―』」「遊行寺の年中行事」
199603　◎遊行第115号［春彼岸号］（同所）
　　　※カラー表紙図版ネーム：「遊行一雲画「桜」」。記事：「関係書籍の紹介『捨聖・一遍上人』」
199607　◎遊行第116号［お盆号］（同所）
　　　※カラー表紙図版ネーム：「遊行一雲画「花菖蒲」」。記事：「時宗関係書籍紹介」「遊行寺の年中行事」
199609　◎遊行第117号［秋彼岸号］（同所）※カラー表紙図版ネーム：「遊行一雲画「教淨寺法會」」
199701　◎遊行第118号［正月号］（同所）
　　　※カラー表紙図版ネーム：「遊行一雲画〈富士山〉」。記事：「遊行寺の年中行事」「時宗関係書籍紹介」
199703　◎遊行第119号［春彼岸号］（同所）※カラー表紙図版ネーム：「遊行一雲画〈竹〉」
199707　◎遊行第120号［お盆号］（同所）※カラー表紙図版ネーム：「肥前国（佐賀県）清水の華台上人のもとで修行一年後、師・聖達上人のもとへ帰る一遍上人（『一遍聖絵』第一）」。記事：「遊行寺の年中行事」
199709　◎遊行第121号［秋彼岸号］（同所）※カラー表紙図版ネーム：「ふたたび出家し、聖戒とともに師・聖達上人をおとずれる一遍上人（『一遍聖絵』第一）」。記事：「本山行事」
199801　◎遊行第122号［正月号］（同所）※カラー表紙図版ネーム：「『一遍聖絵』に描かれている富士山（『一遍聖絵』）」。記事：「時宗関係書籍紹介」「遊行寺の年中行事」
199803　◎遊行第123号［春彼岸号］（同所）※カラー表紙図版ネーム：「文永十年七月、一遍上人は菅生の岩屋寺に参籠しました。給仕のために岩屋の上の霊窟へ上る僧が見えます（『一遍聖絵』第二）」
199807　◎遊行第124号［お盆号］（同所）※カラー表紙図版ネーム：「文永十一年（1274）二月八日、同行三人すなわち超一、超二、念仏房を伴って遊行の旅に出発する一遍上人。（『一遍聖絵』第二）」。記事：「一遍上人の参拝を再

現／聖絵を元に復元ジオラマ／三嶋大社」「遊行寺の年中行事」

199809　⊙遊行第125号［秋彼岸号］（同所）※カラー表紙図版ネーム：「一遍上人は高野山に参詣して熊野へむかいます（『一遍聖絵』第二）」。記事：「本山の行事」

199901　⊙遊行第126号［正月号］（同所）

199903　⊙遊行第127号［春彼岸号］（同所）※カラー表紙：「熊野山中で権現と出会う一遍上人（『一遍聖絵』第三）」

199907　⊙遊行第128号［お盆号］（同所）※カラー表紙図版ネーム：「熊野本宮証誠殿で熊野権現よりお告げを受ける一遍上人（『一遍聖絵』第三）」。記事：「遊行寺の年中行事」

199909　⊙遊行第129号［秋彼岸号］（同所）
※カラー表紙図版ネーム：「『聖絵』に描かれた那智の滝（『一遍聖絵』第三）」。記事：「時宗関係書籍紹介」

200001　⊙遊行第130号［お正月号］（同所）※カラー表紙図版ネーム：「ある武士の館で念仏札を渡す一遍上人（『一遍聖絵』第四）」。記事：「時宗関係書籍紹介」「遊行寺の年中行事」

200003　⊙遊行第131号［春彼岸号］（同所）
※カラー表紙図版ネーム：「福岡の市における一遍上人（『一遍聖絵』第四）」。記事：「遊行寺の年中行事」

時宗宗務所布教伝道研究所（※神奈川県藤沢市・時宗総本山清浄光寺内）

200007　⊙遊行第132号［お盆号］（同所）
※カラー表紙図版ネーム：「小田切の里での踊り念仏（『一遍聖絵』第四）」。記事：飯塚隆明200007、高野修200007、清水信亮 200007、「仏壇の荘厳について」（「時宗布教伝道研究所」名義）、「行事歳時記」「盆踊り」、「仏教常識Q&A七月盆と八月盆があるのはなぜ？」「読者のページ」（以上、無署名）、長島尚道200007

200009　⊙遊行第133号［秋彼岸号］（同所）※カラー表紙図版ネーム：「下野国小野寺で雨に降られる一遍上人と時衆（『一遍聖絵』第五）」。記事：島本尚史200009、高野修200009、高尾察誠200009、清水信亮200009、「仏教常識Q&Aお墓に水をかけるのはなぜ？」「行事歳時記「冬至」（以上、無署名）、「IT（情報技術）革命時代に思う」（「敬阿」名義）、「読者のページ」（無署名）、長島尚道200009

200101　⊙遊行第134号［正月号］（同所）
※カラー表紙図版ネーム：「冬の奥州路を遊行する一遍上人と時衆（『一遍聖絵』第五）」

200103　⊙遊行第135号［春彼岸号］（同所）※カラー表紙図版ネーム：「北条時宗に鎌倉入りを阻止される一遍上人と時衆（『一遍聖絵』第五）」。記事：「時宗関係書籍紹介」今井雅晴200003・大橋俊雄200007・高野修200011 紹介

200107　⊙遊行第136号［お盆号］（同所）※カラー表紙図版ネーム：「片瀬の浜の地蔵堂での踊り念仏（『一遍聖絵』第六）」。記事：「時宗関係書籍紹介」藤沢市文書館200103・ビジネスコミック社200104・栗田勇200105 紹介

200109　⊙遊行第137号［秋彼岸号］（同所）
※カラー表紙図版ネーム：「かたせの館の御堂で別時念仏を行う一遍上人と時衆（『一遍聖絵』第六）」

200201　⊙遊行第138号［正月号］（同所）※カラー表紙図版ネーム：「富士山を眺めながら遊行する（『一遍聖絵』第六）」

200203　⊙遊行第139号［春彼岸号］（同所）※カラー表紙図版ネーム：「『一遍聖絵』に描かれた伊豆・三島大社の大鳥居と池（第六）」。記事：「歩いてみましょうか　熊野古道①」

200207　⊙遊行第140号［お盆号］（同所）※カラー表紙図版ネーム：「『絵詞伝』に描かれた富士山（『一遍上人絵詞伝』第二）」。記事：「歩いてみましょうか　熊野古道②」

200209　⊙遊行第141号［秋彼岸号］（同所）※カラー表紙図版ネーム：「尾張国・甚目寺で供養をうける一遍上人（『一遍上人絵詞伝』第三）」。記事：「歩いてみましょうか　熊野古道③」

200301　⊙遊行第142号［正月号］（同所）
※カラー表紙図版ネーム：「にぎわいを見せる四條大橋の上の一遍上人（『一遍上人絵詞伝』第三巻、遊行寺蔵）」

200303　⊙遊行第143号［春彼岸号］（同所）
※カラー表紙図版ネーム：「四條大橋・橋の下では馬を洗っています（『一遍聖絵』第七、遊行寺・歓喜光寺本）」

200307　⊙遊行第144号［お盆号］（同所）※カラー表紙図版ネーム：「京都四条釈迦堂では身動きできないほどの盛況（『一遍聖絵』第七、遊行寺・歓喜光寺本）」

200309　⊙遊行第145号［秋彼岸号］（同所）※カラー表紙図版ネーム：「空也上人の遺跡・市屋における踊り念仏（『一遍聖絵』第七、遊行寺・歓喜光寺本）」。記事：「歩いてみましょうか　熊野古道⑥」

200401　⊙遊行第146号［正月号］（同所）※カラー表紙図版ネーム：「他阿真円色紙『遊行して念佛唱え賦算する』」。記事：「遊行七十四代真円上人晋山式　十月二十四日」

200403　⊙遊行第147号［春〔彼〕岸号］（同所）※カラー表紙図版ネーム：「聖徳太子・磯長廟へ参拝する。右に叡福寺が描かれている。（『一遍聖絵』第八　清浄光寺・歓喜光寺蔵）」

200407　⊙遊行第148号［お盆号］（同所）※カラー表紙図版ネーム：「当麻寺・曼陀羅堂に参詣する一遍上人と時衆（『一遍聖絵』第八　清浄光寺、歓喜光寺蔵）」。記事：「真円上人　熊野奉告・宗祖廟参拝」、真円上人カラー写真、カラー写真ネーム：「正面建物が『証誠殿』」「証誠殿における法要」「旧社地・名号碑前にて」

200409　⊙遊行第149号［秋彼岸］号（同所）

※カラー表紙図版ネーム:「石清水八幡宮へ参詣する一遍上人(『一遍聖絵』第九 清浄光寺、歓喜光寺蔵)」

200501 ⊙遊行第150号[正月号](同所)
※カラー表紙図版ネーム:「富士山をながめ、富士川を渡り遊行する一遍上人と時衆(『一遍聖絵』第六巻 遊行寺・歓喜光寺蔵)」。記事:「一雲上人ご遷化」、単色写真:染筆名号、単色ポートレイト付。「時宗青年会「第十回全国大会」」、カラー図版:『一遍聖絵』四天王寺賦算、カラー写真:真円上人賦算

200503 ⊙遊行第151号[春彼岸号](同所)※カラー図版表紙:「遊行のお砂持(『一遍上人絵詞伝』巻八 清浄光寺蔵)」

200507 ⊙遊行第152号[お盆号](同所)※カラー表紙図版ネーム:「印南野・教信寺へ参詣する一遍上人(『一遍聖絵』第九)」。記事:「遊行七十四代真円上人「遊行のお砂持」」、カラー写真6葉、「五十年ぶりの多太神社「実盛公咒回向祭」」、「その他の関連行事」の項に「武生総社参拝」、カラー写真3葉、「海上賦算 常宮・天満宮・金前寺参拝」、単色写真2葉、「時宗関係書籍紹介」項に「一、日本の名僧⑪『遊行の捨聖 一遍』今井雅晴編」「二、「時衆文化」第10号」「三、『時宗寺院明細帳』4 時宗教学研究所編」、「一雲上人御本葬」の項で時宗宗務所教学部布教伝道研究所199601の言葉引用、カラー写真2葉

200509 ⊙遊行第153号[秋彼岸号](同所)
※カラー表紙図版ネーム:「淀の上野における踊り念仏(『一遍聖絵』第九)」。記事:三浦公正 200509、高野修 200509、鈴木正司 200509、「時宗関係書籍紹介」(「一、「時衆文化」第11号」「二、『遊行寺』高野 修・遠山元浩著」を紹介)、「仏教常識Q&A仏滅に法事をやりたいが」「歩いてみましょうか 熊野古道⑬」「ドクター・ミネの毒舌健康法話「インフルエンザ②」」(以上、無署名)、杉浦厚 200509、長島尚道 200509

200601 ⊙遊行第154号[正月号](同所)※カラー表紙図版:「備後一の宮で秦皇破陣楽が奏される。(『一遍聖絵』第十)」。記事:「歩いてみましょうか 熊野古道⑭」、「山伏姿の熊野権現より神勅を受けた一遍上人がさとりを得たという証誠殿」との記述、「時宗寺院が建立した大きな名号碑」との記述と単色写真。「時宗関係書籍紹介」の項に、「一、『一遍聖絵新考』金井清光著」「二、『一遍の語録を読む』梅原繁樹著」。記事:「比叡山慶讃大法会」

200603 ⊙遊行第155号[春彼岸号](同所)※カラー表紙:「遊行のお砂持(『一遍上人絵詞伝』巻八 清浄光寺蔵)」

200607 ⊙遊行第156号[お盆号](同所)
※カラー表紙図版ネーム:「しつきの天神に参詣する一遍上人(『一遍聖絵』第十一・清浄光寺蔵)」。記事:澤井祐芳 200607、長澤昌幸 200607、高野修 200607、鈴木正司 200607、「歩いてみましょうか 熊野古道⑯」「ドクターミネの毒舌健康法話「お酒の話②」」(以上、無署名)、本間光雄 200607、長島尚道 200607

200609 ⊙遊行第157号[秋彼岸号](同所)※カラー表紙図版ネーム:「兵庫の島から迎えの船が来る(『一遍聖絵』第十一・清浄光寺蔵)」。記事:西川文雄 200609、長澤昌幸 200609、高野修 200609、鈴木正司 200609、「仏教常識Q&A仏教用語を教えて?①」「ドクター・ミネの毒舌健康法話「お酒の話③」」(以上、無署名)、木本鑑乗 200609、「歩いてみましょうか 熊野古道⑰」(無署名)、長島尚道 200609

200701 ⊙遊行第158号[正月号](同所)※カラー表紙図版ネーム:「観音堂に滞在する一遍上人(『一遍聖絵』第十一、清浄光寺蔵)」。記事:「仏教常識Q&A 仏教用語を教えて?②」「歩いてみましょうか熊野古道⑱」。「時宗関係書籍紹介」の項に「一、『時宗寺院明細帳』5(時宗教学研究所編)」「二、「時宗教学年報」34(時宗教学研究所)」「三、「時衆文化」第12号 時宗文化研究会」、「時宗青年会 全国大会 声明と賦算」の項に2006/10/29、標記の本題と「〜悠久の時を越えて〜」の副題で、浄土宗西山深草派総本山誓願寺ほかで開催したとの記事とカラー写真添付、「京都西山短期大学 時宗講座を開講 入学生・聴講生募集」

200703 ⊙遊行第159号[春彼岸号](同所)※カラー表紙図版ネーム:「臨終が近づき、聖戒を見つめる一遍上人(『一遍聖絵』第十二、清浄光寺蔵)」。記事:「仏教常識Q&A 仏教用語を教えて?③」「歩いてみましょうか熊野古道⑲」「京都西山短期大学時宗講座案内」「春季開山忌 総本山遊行寺 開山上人六八〇年遊行四代他阿呑海上人忌(※カラー写真『呑海上人坐像(神奈川 清浄光寺)』)」

200707 ⊙遊行第160号[お盆号](同所)※カラー表紙図版ネーム:「一遍上人、往生する(『一遍聖絵』第十二、遊行寺蔵)」。記事:「歩いてみましょうか熊野古道⑳」。「時宗関係書籍紹介」項に、「一、「時衆文化」第13号」「二、「時衆文化」第14号」「三、『時宗明細帳』6」、「総本山遊行寺団体参拝のご報告」項に、賦算のカラー写真1葉

200709 ⊙遊行第161号[秋彼岸号](同所)
※カラー表紙図版ネーム:「御影堂の一遍上人像に詣でる真教上人と時衆(『一遍上人縁起絵』第十巻)」。記事:「歩いてみましょうか熊野古道」、「時宗関係書籍紹介」項に「一、『中世浄土教者の伝道とその特質』—真宗伝道史研究・序説— 高田秀嗣著(永田文昌堂)」「総本山遊行寺第25回「遊行信徒会研修会」のお知らせ」「京都西山短期大学 入学生・聴講生募集 公開講座のお知らせ」「京都「南座」時宗の声明公演」

200801 ⊙遊行第162号[正月号](同所)
※カラー表紙図版ネーム:「備後(広島県)の一宮に参詣する。舞が奏される。(『一遍聖絵』第十)」。記事:「仏教常識Q&A 仏教用語を教えて?②」「歩いてみましょうか熊野古道(飛鳥編)①」。「時宗関係書籍紹介」の項に「一、「時宗教学年報」第三十五輯 時宗教学研究所」「二、「時衆文化」第十五号 時衆文化研究会」「三、『時宗寺院明細帳』7(時宗教学研究所編)」、「ご親教報告」の項に第十八教区遊行のカラー写真2葉

さ行

211

200803　◉遊行第163号［春彼岸号］（同所）※カラー表紙図版ネーム：「一遍上人の旅立ち。桜井で一行と別れる聖戒（『一遍聖絵』第二巻　遊行寺蔵）」。記事：「「ダライ・ラマ法王」日本講演」「時宗関係書籍紹介」項に「『清浄光寺史』（清浄光寺史編集委員会）」、ただし「確立」を「確率」と2箇所誤植

200807　◉遊行第164号［お盆号］（同所）※カラー表紙図版ネーム：「聖塚・祖父河野通信の墳墓に念仏をささげる（『一遍聖絵』第五）」。記事：「歩いてみましょうか熊野古道（飛鳥編）②」「京都西山短期大学案内」。「ご親教報告」の項に第一教区遊行のカラー写真5葉ネーム：「法要中本堂内」「慈光寺参道」「託何上人碑」「判澤山遊行上人堂内」「遊行七十四代真円上人御親教記念　平成20年5月26日　於 伯済寺本堂」

200809　◉遊行第165号［秋彼岸号］（同所）
※カラー表紙図版ネーム：「筑前国（福岡県）のある武士の館で家主に念仏札を授ける（『一遍聖絵』第4巻）」。記事：「時宗関係書籍紹介」の項で「一、「時衆文化」第十六号　時衆文化研究会」「二、『藤沢山日鑑』第26巻　藤沢市文書館」「三、『遊行寺叢書』（一）青山孝慈編　時宗教学研究所」を紹介

さ行

時宗総本山清浄光寺（時宗総本山清浄光寺）
→清浄光寺

時宗総本山遊行寺宝物館
→遊行寺宝物館

時宗当麻山無量光寺
→無量光寺

時衆の美術と文芸展実行委員会

199511　◎時衆の美術と文芸―遊行聖の世界―（同委員会［編集］、同委員会〈東京美術［発売］〉）※ 1995/11/3-12/10 於 山梨県立美術館、1996/1/4-28 於 長野市立博物館、2/3-25 於（神奈川県）藤沢市民ギャラリー、3/10-4/14 於（滋賀県）大津市歴史博物館、特別展図録。カラー・単色図版：『聖絵』『縁起絵』各本ほか多数。一向派も随所で言及・写真掲載。井澤英理子（山梨県立美術館学芸員）・石塚勝（藤沢市教育委員会）・岩田茂樹（大津市歴史博物館学芸員）・品川文彦（藤沢市教育委員会）・高野修（藤沢市文書館館長）・濱田隆（山梨県立美術館館長）・原田和彦（長野市立博物館学芸員）。以上、肩書き原文ママ〉［図版構成と解説］

　：○林屋辰三郎：時衆と阿弥文化

第一編　歴史編

　：○今井　雅晴：一　遊行の誕生
　：○今井　雅晴：二　一遍上人の遊行と一向俊聖
　：○高野　　修：三　河野氏
　：○高野　　修：三　阿弥陀信仰と神祇
　：○高野　　修：コラム　一遍の御廟所
　：○長島　尚道：四　遊行上人と民衆
　：○梅谷　繁樹：五　時衆の布教と定着
　：○高野　　修：コラム　御砂持
　：○高野　　修：コラム　時宗の紋
　：○梅谷　繁樹：六　時衆の地方展開　京都の時衆
　：○高野　　修：六　時衆の地方展開　近江の時衆
　：○長島　尚道：六　時衆の地方展開　甲斐の時衆
　：○高野　　修：六　時衆の地方展開　時宗総本山清浄光寺の創建

第二編　美術編

　：○濱田　　隆：一　時衆の美術
　：○田辺三郎助：二　時衆の肖像彫刻について
　：○有賀　祥隆：三　祖師絵伝
　：○高野　　修：コラム　不往生
　：○高野　　修：コラム　時衆と時宗
　：○高野　　修：コラム　遊行上人と藤沢上人

第三編　文芸編

　：○金井　清光：一　遊行と文化の伝播
　：○金井　清光：二　時衆の芸能
　：○金井　清光：三　時衆の文芸
　：○高野　　修：コラム　小栗伝説
　：○高野　　修：コラム　実盛供養の史実と芸能化
　：○高野　　修：コラム　敵御方供養塔

：○高野　　修：時衆の伝統行事
　　　：○遠山　元浩：時衆年表
　　　：○長島　尚道：主要参考文献
　　　：①無　署　名：図版目録（分野別）
時衆文化研究会（※大阪市住之江区・相愛大学文学部砂川博研究室内。2010年解散）
200004　◎時衆文化創刊号（同会［編集］、同会〈岩田書院［発売］〉）※Ａ５判・年２回、金井清光［題字］。誌名と会名は小野澤眞発案。カラー口絵ネーム：「Ⅰ『一遍聖絵』（歓喜光寺・清浄光寺）巻一」「Ⅱ『一遍聖絵』（歓喜光寺・清浄光寺）巻一」「Ⅲ『一遍聖絵』（歓喜光寺・清浄光寺）巻三」
　　　：○砂川　　博：創刊のことば
　　　：○金井　清光：『一遍聖絵』巻一の太宰府と清水
　　　：○砂川　　博：『一遍聖絵』における二、三の問題—『中世遊行聖の図像学』補遺—
　　　：○小野澤　眞：時衆とは何か—時衆研究への視座—
　　　：○砂川　　博：一遍の「捨てる」思想—今井雅晴著『捨聖　一遍』を読んで—
　　　：○金井　清光：武田佐知子氏編『一遍聖絵を読み解く』
　　　：○古賀　克彦：【新出史料紹介】時宗四条派本山金蓮寺歴代記（小倉山蓮台寺蔵）付　四条道場金蓮寺（浄阿）歴代
　　　：○金井　清光：遊行回国
　　　：○小野澤　眞：学界動向
　　　：○砂川　　博：編集後記
200010　◎時衆文化第２号（同研究会［編集］、同会〈岩田書院［発売］〉）
　　　：○金井　清光：『一遍聖絵』十二名画とその宗教的意味（一）
　　　：○砂川　　博：時衆と琵琶法師の関係
　　　：○小野澤　眞：時衆とは何か—時衆史の再構成—（承前）
　　　：○野川　博之：『月菴語録』閲覧の記
　　　：○古賀　克彦：【学界展望】親鸞と一遍をめぐる近論について
　　　：○古賀　克彦：【新出史料紹介】時宗四条派本末関係書類
　　　：○金井　清光：時宗寺院参詣記　河内照林寺
　　　：○梅谷　繁樹：遊行回国
　　　：○砂川　　博：編集後記
200104　◎時衆文化第３号（同研究会［編集］、同会〈岩田書院［発売］〉）※単色口絵：「国阿画像」
　　　：○古賀　克彦：【口絵解説】国阿画像（大津市音羽台時宗千霊山霊仙正福寺蔵）
　　　：○砂川　　博：『一遍聖絵』とは何か
　　　：○金井　清光：『一遍聖絵』十二名画とその宗教的意味（二）
　　　：○戸村　浩人：一遍の思想形成
　　　：○野川　博之：時宗宗乗に見る親鸞式訓読法
　　　：○金井　清光・砂川　　博・中島　暢子：『照林寺逆修一結衆過現名帳』について
　　　：○金井　清光：書評・今井雅晴『一遍と中世の時衆』
　　　：○桜井　好朗：書評・砂川　　博『中世遊行聖の図像学』（一）
　　　：○砂川　　博：書評・大橋俊雄『一遍聖絵』
　　　：○古賀　克彦：書評・竹村牧男『親鸞と一遍』
　　　：○高野　　修：遊行回国：藤田美術館訪問記
　　　：○砂川　　博：編集後記
200110　◎時衆文化第４号（同研究会［編集］、同会〈岩田書院［発売］〉）※単色口絵：「一遍画像」
　　　：○古賀　克彦：【口絵解説】一遍画像（高岡市浄土宗浄土寺蔵）
　　　：○桜井　好朗：滞留する一遍—『一遍聖絵』巻第七第四段の分析—
　　　：○砂川　　博：『一遍聖絵』を読み直す（一）
　　　：○金井　清光：『一遍聖絵』十二名画とその宗教的意味（三）
　　　：○砂川　　博：書評・金井清光著『一遍の宗教とその変容』
　　　：○戸村　浩人：書評・大橋俊雄著『一遍聖』
　　　：○桜井　好朗：書評：『一遍聖絵』研究の諸問題（二）—砂川博『中世遊行聖の図像学』から—
　　　：○金井　清光：紹介・シビル・ソートン著『中世日本のカリスマと教団形成・遊行派の場合』
　　　：○砂川　　博：紹介・藤原正義著『乱世の知識人と文学』
　　　：○古賀　克彦：時宗寺院参詣記・尼崎に善通寺を訪ねて

｜：○砂川　　博：編集後記
200204　◎時衆文化第5号（同研究会［編集］、同会〈岩田書院［発売］〉）※単色口絵：「一向俊聖像」
｜：○古賀　克彦：【口絵解説】一向俊聖像（鎌倉市山ノ内時宗西台山英月院光照寺蔵）
｜：○砂川　　博：「開山弥阿上人行状」考
｜：○金井　清光：『一遍聖絵』十二名画とその宗教的意味（四）
｜：○藤原　正義：時宗二祖他阿真教の歌詠集について
｜：○野川　博之：「京師金光寺影堂幹縁疏」瞥見
｜：○大橋　俊雄：時衆研究を志して
｜：○金井　清光：大橋俊雄氏の人と学問
｜：○金井　清光：書評・栗田勇著『捨ててこそ生きる一遍遊行上人』
｜：○戸村　浩人：書評・大橋俊雄著「一遍聖」拾遺
｜：○砂川　　博：編集後記
200210　◎時衆文化第6号（同研究会［編集］、同会〈岩田書院［発売］〉）
｜：○砂川　　博：『一遍聖絵』における聖戒の視点
｜：○金井　清光：『一遍聖絵』十二名画とその宗教的意味（五）
｜：○梅谷　繁樹：一遍と時衆小考
｜：○砂川　　博：絵はどこまで読めるか
｜：○戸村　浩人：証仏・能念その他
｜：○野川　博之：一遍・夢窓問答伝承をめぐる一考察
｜：○金井　清光：書評・砂川博著『平家物語の形成と琵琶法師』
｜：○岡本　貞雄：紹介・高野修著『一遍聖人と聖絵』
｜：○砂川　　博：編集後記
200304　◎時衆文化第7号（同研究会［編集］、同会〈岩田書院［発売］〉）
｜：○森田　竜雄：一遍の兵庫示寂―その歴史的環境と背景―
｜：○金井　清光：『一遍聖絵』作成と聖戒・真教
｜：○砂川　　博：一遍の「北陸遊行」
｜：○金井　清光：『一遍聖絵』十二名画とその宗教的意味（六）
｜：○砂川　　博：波多野氏と他阿弥陀仏
｜：○藤原　正義：連歌と時衆―真教・為相・為守―
｜：○飯田　俊郎：『小島日記』の一遍上人開帳記事について
｜：○野川　博之：日隆『四帖抄』に見る「時宗」用例とその意義
｜：○梅谷　繁樹：遊行回国　アッシジ（イタリア）参詣記
｜：○井原今朝男：書評・砂川博編『一遍聖絵の総合的研究』
｜：○砂川　　博：編集後記
200310　◎時衆文化第8号（同研究会［編集］、同会〈岩田書院［発売］〉）
｜：○金井　清光：『一遍聖絵』十二名画とその宗教的意味（七）
｜：○砂川　　博：踊り念仏をめぐる和歌問答『一遍聖絵』―『一遍聖絵』を読み直す（二）―
｜：○戸村　浩人：一遍と往生
｜：○高野　　修：一遍における聖、聖人、上人についての試論
｜：○古賀　克彦：一遍の龍口化益に於ける視線の先
｜：○金井　清光：遊行回国
｜：○梅谷　繁樹：書評・高野修『時宗教団史（時衆の歴史と文化）』
｜：○細川　涼一：書評・金井清光『中世の癩者と差別』
｜：○砂川　　博：編集後記
200404　◎時衆文化第9号（同研究会［編集］、同会〈岩田書院［発売］〉）
※単色口絵ネーム：「『一遍上人絵伝（歓喜光寺本）模本』」
｜：○古賀　克彦：【口絵解説】京都市立芸術大学芸術資料館蔵『一遍上人絵伝（歓喜光寺本）模本』巻第七の市屋道場
｜：○牛山　佳幸：一遍と信濃の旅をめぐる二つの問題―在地の武士や所領との関係について―
｜：○金井　清光：『一遍聖絵』十二名画とその宗教的意味（八）
｜：○戸村　浩人：一遍の北陸遊行再考
｜：○藤原　正義：聖戒について―"桜井の別れ"以後―
｜：○砂川　　博：聖戒の一遍遊行随行について

|　　　　　　：○古賀　克彦：『真盛上人往生伝記』に於ける時衆
|　　　　　　：○砂川　　博：藤原正義氏の人と学問
|　　　　　　：○金井　清光：書評・砂川博氏著『一遍聖絵研究』
200410　◎時衆文化第１０号（同研究会［編集］、同会〈岩田書院［発売］〉）
|　　　　　　：○砂川　　博：鎌倉遊行―『一遍聖絵』を読み直す（三）―
|　　　　　　：○金井　清光：『一遍聖絵』十二名画とその宗教的意味（九）
|　　　　　　：○三文字孝司：宮城県三本木町の時衆板碑の展開
|　　　　　　：○梅谷　　圭：一遍という物語―「一遍言説」における文化ナショナリズム性―
|　　　　　　：○古賀　克彦：【学界展望】最近の一遍・時衆研究
|　　　　　　：○砂川　　博：編集後記
200504　◎時衆文化第１１号（同研究会［編集］、同会〈岩田書院［発売］〉）
|　　　　　　：○砂川　　博：聖戒は一遍・時衆批判とどう向き合ったか
|　　　　　　：○金井　清光：『一遍聖絵』巻三「三輩九品の念仏道場」について
|　　　　　　：○野川　博之：径山卒都婆銘をめぐって
|　　　　　　：○古賀　克彦：津島の一向時衆寺院を訪ねて―堀田家との関係を手がかりに―
|　　　　　　：○戸村　浩人：遊行回国（聖戒の経歴など）
|　　　　　　：○金井　清光：書評・梅谷繁樹氏著『一遍の語録を読む』上下
|　　　　　　：○砂川　　博：編集後記
200510　◎時衆文化第１２号（同研究会［編集］、同会〈岩田書院［発売］〉）
|　　　　　　：○金井　清光：『一遍聖絵』巻一「窪寺閑室」について
|　　　　　　：○須藤　　宏：『一遍聖絵』もうひとつの読み方―図像改変の軌跡をたどる
|　　　　　　：○砂川　　博：一遍をめぐる奇跡・奇瑞―『一遍聖絵』をどう読むか―
|　　　　　　：○古賀　克彦：霊山時衆と真宗教団
|　　　　　　：○砂川　　博：編集後記
200604　◎時衆文化第１３号（同研究会［編集］、同会〈岩田書院［発売］〉）
|　　　　　　：○金井　清光：河原と時衆
|　　　　　　：○砂川　　博：『一遍聖絵』巻一の詞と絵
|　　　　　　：○戸村　浩人：『一遍聖絵』の「一人の勧め」の出典など
|　　　　　　：○梅谷　繁樹：史料紹介・京都円山安養寺旧蔵『寺中行事』及び『年中行事用向控』
|　　　　　　：○砂川　　博：琵琶法師と時衆―安養寺旧蔵『寺中行事』をめぐって―
|　　　　　　：○古賀　克彦：近世の霊山・国阿時衆について
|　　　　　　：○井原今朝男：書評・金井清光著『一遍聖絵新考』
|　　　　　　：○砂川　　博：編集後記
200610　◎時衆文化第１４号（同研究会［編集］、同会〈岩田書院［発売］〉）
|　　　　　　：○樋口　州男：鎌倉入り口に立つ一遍―研究史をたどりながら―
|　　　　　　：○金井　清光：御影堂本『一遍聖絵』巻七、市屋道場の癩者と小童
|　　　　　　：○砂川　　博：『一遍聖絵』巻二の詞と絵
|　　　　　　：○戸村　浩人：一遍と一念不生・他阿と毘沙門天
|　　　　　　：○古賀　克彦：妙法院翻刻史料に見る近世時宗教団―円山安養寺を中心に―
|　　　　　　：○金井　清光：時衆学研究五十年
|　　　　　　：○砂川　　博：編集後記
200704　◎時衆文化第１５号（同研究会［編集］、同会〈岩田書院［発売］〉）
|　　　　　　：○金井　清光：一遍の京洛化益
|　　　　　　：○砂川　　博：『一遍聖絵』巻三の詞と絵（上）
|　　　　　　：○古賀　克彦：近世公家日記に見る時衆―翻刻史料を中心として―
|　　　　　　：○梅谷　繁樹：遊行回国
|　　　　　　：○砂川　　博：編集後記
200710　◎時衆文化第１６号（同研究会［編集］、同会〈岩田書院［発売］〉）
|　　　　　　：○井原今朝男：信濃国大井荘落合新善光寺と一遍（上）
|　　　　　　：○砂川　　博：『一遍聖絵』巻三の詞と絵（下）
|　　　　　　：○金井　清光：初期時衆史の問題四つ
|　　　　　　：○松下みどり：時宗の女性観―鎌倉末～南北朝期を中心として―
|　　　　　　：○古賀　克彦：『お湯殿の上の日記』に見る時衆

さ行

	：○砂川　　博：編集後記
200804	◎時衆文化第１７号（同研究会［編集］、同会〈岩田書院［発売］〉）
	：○砂川　　博：『一遍聖絵』巻四の詞と絵（上）
	：○井原今朝男：信濃国大井荘落合新善光寺と一遍（下）
	：○戸村　浩人：一遍の名号観
	：○古賀　克彦：近世宗外古記録にみる時宗教団―特に『佛光寺御日記』について―
	：○梅谷　繁樹：遊行回国「阿弥号について」
	：○砂川　　博：編集後記
200810	◎時衆文化第１８号（同研究会［編集］、同会〈岩田書院［発売］〉）
	：○金井　清光：『一遍聖絵』の奇跡
	：○砂川　　博：『一遍聖絵』第四の詞と絵（下）
	：○梅谷　繁樹：高野山・金剛三昧院蔵―『一遍念仏法語』の本文価値について―
	：○古賀　克彦：近世宗外古記録にみる時宗教団―特に『若山要助日記』について―
	：○梅谷　繁樹：紹介　木ノ本、浄信寺過去帖
	：○砂川　　博：編集後記
200904	◎時衆文化第１９号（同研究会［編集］、同会〈岩田書院［発売］〉）
	：○金井　清光：仏教語と呉音
	：○梅谷　繁樹：『播州法語集』の法語編纂についての試論
	：○戸村　浩人：一遍と天台本覚思想
	：○砂川　　博：『一遍聖絵』第五の詞と絵（上）
	：○古賀　克彦：中・近世宗外古記録にみる時宗教団―特に翻刻された公家日記について―
	：○梅谷　繁樹：遊行回国
	：○砂川　　博：編集後記
200910	◎一遍聖絵と時衆　時衆文化　第２０号　金井清光先生追悼号（砂川博［編］、岩田書院）※詳細⇒砂川博 200910
201010	◎時衆文化第２１号（同研究会［編集］、同会〈岩田書院［発売］〉）※終刊
	：○佐々木弘美：『一遍聖絵』に描かれた鳥
	：○砂川　　博：『一遍聖絵』第六の詞と絵
	：○松岡　俊光：『一遍聖絵』にみえる入水往生―第十二・最終段を中心に―
	：○牛山　佳幸：伊予河野氏をめぐる伝承と史実―陸奥国および信濃国の事例から―
	：○佐々木：『一遍聖絵』小田切郷地頭と『太平記』小島法師の系譜―語り継がれる佐々木盛綱・高綱伝承―
	：○戸村　浩人：一遍の連歌など
	：○古賀　克彦：【史料紹介】専修大学図書館所蔵菊亭文庫の調査報告
	：○梅谷　繁樹：遊行回国　森鷗外著『寿阿弥の手紙』と『渋江抽斎』
	：○梅谷　繁樹：【書評】高野修編著『原文対照現代語訳　一遍上人語録』
	：○古賀　克彦：【紹介】高野修著『一遍聖とアシジの聖フランシスコ』
	：○砂川　　博：時衆文化総目次（１～20号 2000.4～2009.10）
	：○砂川　　博：編集後記

時宗文化財委員会（※現時宗文化財保存専門委員会）

199603	：○平成七年度時宗文化財調査報告（『時宗教学年報』第二十四輯、時宗教学研究所）※同委員会［編］

時宗文化財保存専門委員会（※旧時宗文化財委員会）

200703	◎時宗文化財調査報告書―第１集―（平成10年度～平成14年度）（同委員会［編集］、時宗宗務所）
	※←『時宗教学年報』連載稿等を収録
	：○秋山　富男：はじめに
	：①無　署　名：口絵※単色写真16葉
	：○薄井　和男・佐々木登美子：彫刻の部※佐々木は無署名
	：○有賀　祥隆・相澤　正彦・高木　文恵：絵画の部
	：○高野　　修：書跡の部
	：○高野　　修：その他の部
200907	◎時宗文化財調査報告書―第２集―（平成15年度～平成19年度）（同委員会［編集］、時宗宗務所）
	※←『時宗教学年報』連載稿等を収録
	：○秋山　富男：時宗文化財調査報告書第２集の刊行にあたって
	：①無　署　名：口絵：彫刻の部／絵画の部／書跡の部※単色写真：前者25葉・中者22葉・後者18葉
	：○薄井　和男・佐々木登美子：彫刻の部※目次で佐々木は佐藤姓

　　　　　：○有賀　祥隆：絵画の部
　　　　　：○高野　修・佐藤　潤一：書跡の部
201103　◎時宗文化財調査報告書―第3集―（平成20年度～平成21年度）（同委員会［編集］、時宗宗務所）
201301　◎時宗文化財調査報告書―第4集―（平成22年度～平成23年度）（同委員会［編集］、時宗宗務所）
靜　岡　縣（※靜岡市〈現同市葵区〉）
193203　◎靜岡縣史料第一輯（同縣［編］、同縣）※ノンブルなし。沼津西光寺文書あり。→<u>靜岡縣 196611</u>・<u>199404</u>
196611　◎靜岡縣史料第一輯［豆州古文書・駿州古文書］（同縣［版権所有者］、角川書店）
　　　　※沼津西光寺文書あり。←<u>靜岡縣 193203</u>（図版省略、ノンブル付き）
199404　◎靜岡県史料第一輯（同県［編］、臨川書店）※沼津西光寺文書あり。←<u>靜岡縣 193203</u>（ノンブル付き）
199802　◎図説・靜岡県史（同県［編集］、同県［同県史別編3］）※図版：『聖絵』巻六
靜岡市役所（※靜岡市〈現同市葵区〉）
193112　◎靜岡市史第四巻（同市役所［編］、同市）※安西寺、新善光寺、長善寺の項あり。→<u>靜岡市役所 197308</u>
197308　◎靜岡市史第四巻（同市役所［編］、名著出版）※←<u>靜岡市役所 193112</u>
志田　義秀（※東洋大學名譽教授。元成蹊高等學校〈現成蹊大學〉教授。1876/7/27-1946/1/17）
193507　◎和讚總論（小山書店［聖典講讚全集第八回配本］）※「三帖和讃と淨業和讃」の章あり
志田原重人（※比治山大学現代文化学部教授）
199412　：内海屈指の港町・尾道（松下正司［編］『埋もれた港町　草戸千軒・鞆・尾道』平凡社［よみがえる中世 8］）
199508　：草戸千軒にみる中世民衆の世界（網野善彦・石井進［編］『内海を躍動する海の民』新人物往来社［中世の風景を読む 6］）※『時衆過去帳』の備後草津唯阿弥陀仏に若干言及
司東　真雄（※岩手県北上市専修寺〈真宗香山派〉住職。元岩手県文化財専門委員、元奥州大学〈現富士大学〉経済学部教授。1906/10/15-1994/12/25）
196004　：南北朝期に於ける時衆教団側面観―特に葛西領内古碑から窺う―（『岩手史学研究』第三十三号、岩手史学会）
196410　：遊行廻国「書評　時宗過去帳」（金井清光［編集］『時衆研究』第八号、金井私家版）
196601　：河野通信ヒジリ塚　河野通信墳墓発見の報告（『河野通信事蹟と墳墓発見の報告』北上史談会）
　　　　※→<u>司東真雄 197003</u>②
196606　：遊行廻国「岩手県石鳥谷町八幡・時宗光林寺文書目録」（金井清光［編集］『時衆研究』第十八号、金井私家版）
196709　：藤沢町の上人塚について（『北上夜談』第八号、同会）
196906　：岩手県の板碑（森嘉兵衛教授退官記念論文集編集委員会［編］『社会経済史の諸問題』森嘉兵衛教授退官記念論文集、法政大学出版局［森嘉兵衛教授退官記念論文集 2］）→<u>司東真雄 197003</u>①
196908　：歓喜踊躍念仏歌詞（金井清光［編集］『時衆研究』第三十七号、金井私家版）
197003　：①岩手県の板碑※←<u>司東真雄 196906</u>
　　　　②河野通信ヒジリ塚　河野通信墳墓発見の報告※単色口絵ネーム：「『一遍聖絵』第 5 巻第 3 段　「河野通信墳墓」（北上市稲瀬町字水越所在）　国宝　京都　歓喜光寺蔵」。←<u>司東真雄 196601</u>
　　　　（以上、岩手県北上市［編輯］『北上市史』第二巻　古代(2)・中世、同市史刊行会）
197008　：岩手県天台寺の鰐口について（金井清光［編集］『時衆研究』第四十三号、金井私家版）
197111　：○一遍上人を引証せる説教本（金井清光［編集］『時衆研究』第五十号、金井私家版）
198305　：○鎌倉期の踊鐘について（大橋俊雄［編集］『時衆研究』第九十六号、時宗文化研究所）
198399　◎岩手県時宗略史―一遍上人と代々遊行上人の軌跡（時宗岩手第一教区）
品川　文彦（※美術史家）
199602　：○［時宗の彫刻］（金属製品／木製品／染織品）（藤沢市教育委員会　博物館準備担当［編集］『特別展　時衆の美術と文芸　中世の遊行聖と藤沢』〈発行元表記なし〉）※ 1996/2/3-25 於（神奈川県）藤沢市民ギャラリー、巡回展「時衆の美術と文芸」藤沢会場用単色展示図録。肩書きは：「（藤沢市教育委員会）」
品田　悦一（※東京大学教養学部教授。元聖心女子大学文学部教授）
201006　◎斎藤茂吉―あかあかと一本の道とほりたり（ミネルヴァ書房［ミネルヴァ日本評伝選］）
　　　　※金瓶宝泉寺・佐原隆應等に言及
信濃毎日新聞社（※長野市・株式会社）
201306　：□一遍上人ゆかりの湧き水整備　松本・四賀の住民「新たな名所に」（『信濃毎日新聞』同月 14 日号、同社）
　　　　※カラー写真ネーム：「湧き出る「一遍水」を利用して流しそうめんを楽しむ住民たち」
地主　智彦（※文化庁文化財部美術学芸課歴史資料部門文化財調査官）
199999　：○解説「紙本著色遊行上人縁起絵二〇巻（金蓮寺）」（京都市文化市民局文化部文化財保護課［編］『京都市の文化財』第 17 集、同課）※→津田徹英 201301 で、「金蓮寺本『遊行上人縁起絵』巻第十の奥書識語」の「やや大き目のモノクローム図版が（中略）掲載」とあり
201209　：①七条道場金光寺文書の概要※「史料編」の「一」
　　　　：②遊行歴代他阿弥陀仏書状類（1 概要と伝来／2 鎌倉時代／3 室町時代前期から中期まで／4 室町時代後期／

：⑤安土桃山時代から江戸時代）※同「二」
：③中世文書解題（1公武発給文書／2寺領関係証文類／3葬送関係文書）※同「三」
：④金光寺の歴史※「論考編」のうち
：⑤金光寺および同末寺領について※「論考編」のうち
（以上、村井康彦・大山喬平［編］『長楽寺蔵　七条道場金光寺文書の研究』法藏館）

篠崎　四郎（※元〈千葉県〉銚子市史編纂委員長。1903-1983）
195503　：○山形県より逸出の仏像（『羽陽文化』第27号、同県文化財保護協会）※高擶石佛寺旧蔵仏銘文に言及

信多　純一（※大阪大学名誉教授。元神戸女子大学文学部教授）
199912　◎古浄瑠璃　説経集（信多・阪口弘之［校注］、岩波書店〔新日本古典文学大系 90〕）
※註で小栗判官説話が当麻無量光寺に関係する可能性を指摘

篠原　四郎（※和歌山県東牟婁郡那智勝浦町熊野那智大社宮司。元宮内省〈現宮内庁〉掌典補。1898/5/3-1978/4）
196910　◎熊野大社（學生社）※一遍に言及。→篠原四郎 200105
200105　◎熊野大社　改訂新版（篠原四郎［著］・篠原龍［改訂］、學生社）※龍は四郎令息。←篠原四郎 196910

柴田　寿彦（※静岡県民俗学会会員）
199312　◎探訪伊豆の古寺めぐり（相磯守・柴田・高橋広明・森山俊英・太田君男・清水真澄・永岡治［著］、郷土出版社）※時宗南長山光安寺の項で、『西福寺由緒』に依拠する三島市誌編纂委員会 195804・195905 等引用

柴田　実（※京都大学名誉教授。元佛教大学文学部教授。1906/1/11-1997/3/16）
196804　：○民間信仰論（朝尾直弘ほか［編集］『岩波講座日本歴史』23（別巻2）、岩波書店）

柴辻　俊六（※日本大学大学院文学研究科非常勤講師。元早稲田大学図書館司書）
200104　：○後北条氏の相模当麻宿支配と関山氏（交通史研究会［編集］『交通史研究』第四十七号、同会）
※関山家は当麻無量光寺檀家。同寺の一遍伝承は近世以降成立と喝破
200806　◎新編　武田信玄のすべて（柴辻［編］、新人物往来社）
：①武田信玄史跡事典※「一蓮寺」の項あり

柴山　邦彦（※藤沢史談会幹事）
195310　：○小栗判官（考察）（『藤沢史談』第三号、同会）※→柴山邦彦 195903
195903　：○小栗判官（考察）（『わが住む里』第十号、藤沢市中央図書館）※←柴山邦彦 195310

渋江　二郎（※元〈神奈川県鎌倉市・市立〉鎌倉国宝館館長。1909/7/24-1971/9/11）
195608　◎鎌倉の肖像画（渋江［編集］、鎌倉国宝館［同館目録第4集］）※藤沢清浄光寺蔵一向画像

澁澤　敬三（※元日本民族学会〈現日本文化人類学会〉理事、元第 49 代大蔵大臣〈現財務大臣〉。1896/8/25-1963/10/25）
196507　◎絵巻物による日本常民生活絵引　第二巻　一遍聖絵（角川書店）

渋谷　申博（※宗教史研究家）
199410　◎日本の寺院を知る事典（瓜生中・渋谷［著］、日本文芸社）
※時宗の解説と、鎌倉東慶寺の項で世良田満徳寺に言及

渋谷　麻貴（※洲島仏性寺寺族）
201403　：○時宗奨学資金助成金成果報告　阿弥陀三尊図の制作と教え（『時宗教学年報』第四十二輯、時宗教学研究所）
※肩書き：「時宗第三教区仏性寺　大正大学四年」

渋谷　眞美（※〈神奈川県〉藤沢市文化財保護委員会委員・同市文書館嘱託職員。元〈東京都千代田区・現一般社団法人〉鷹山徳積資料編さん委員会嘱託）
199203　：○藤沢山日鑑からみた献上品について（藤沢市教育委員会［編集］『藤沢市文化財調査報告書』第27集、同委員会）※←藤沢市文書館 198303 を考察。「渋谷真美」名義
199803　：○『藤沢山日鑑』記事年表（藤沢市文書館［編集］『藤沢市文書館紀要』第 21 号、同館）※←藤沢市文書館 198303・198403、正徳元～宝暦六年（1711-1756）。渋谷・酒井麻子［共筆］

渋谷　隆興（※洲島仏性寺第 56 世住職）
198306　：○仏性寺（山形放送山形県大百科事典事務局［編集］『山形県大百科事典』山形放送）※項目執筆

澁谷　亮泰（※天台宗典籍調査委員。生歿年月日不詳）
192808　：○一遍上人神勅念佛史考（一）（『歴史と地理』第二十二卷第二號、史學地理學同攷會・星野書店）
192809　：○一遍上人神勅念佛史考（二）（『歴史と地理』第二十二卷第三號、史學地理學同攷會・星野書店）
192810　：○一遍上人神勅念佛史考（三）（『歴史と地理』第二十二卷第四號、史學地理學同攷會・星野書店）
192812　：○一遍上人神勅念佛史考（四、完）（『歴史と地理』第二十二卷第六號、史學地理學同攷會・星野書店）

渋谷区立松濤美術館（※東京都渋谷区）
199506　⊙近世宗教美術の世界―変容する神仏たち―（同館）※ 1995/6/6-7/23 於同館、展示図録。概説と作品解説：同館学芸員矢島新。カラー図版：品川長徳寺蔵六道絵・遊行寺蔵加藤信清筆阿弥陀三尊来迎図

島尾　新（※学習院大学文学部教授。元多摩美術大学美術学部教授）
200701　：○和漢の構図―大和絵の成立（中村修也［監修］『花ひらく王朝文化　平安・鎌倉時代』淡交社〔よくわかる

伝統文化の歴史①］）※図版ネーム：「一遍上人絵伝　巻七　円伊筆」のキャプションで、関寺の風景にも拘わらず、「京都の「京極釈迦堂」でおこなわれている踊り念仏の光景」と表記（古賀克彦註）

嶋口　儀秋（※元中部学院大学短期大学部教授）
197402　：○聖徳太子信仰と善光寺（『佛教史學研究』第十六巻第二号、佛教史學會）
　　　　※一遍の善光寺参籠や御影堂新善光寺に言及。→嶋口儀秋 199910
199810　：○善光寺と融通念仏（融通念佛宗教学研究所［編集］『法明上人六百五十回御遠忌記念論文集』大念佛寺〈百華苑［製作］〉）
199910　：○聖徳太子信仰と善光寺（蒲池勢至［編］『太子信仰』雄山閣出版［民衆宗教史叢書 32］）※←嶋口儀秋 197402

島田修二郎（※プリンストン大学名誉教授。元京都国立博物館学芸部学芸課美術室室長。1907/3/29-1994/4/11）
198011　：◎新修日本繪卷物全集別巻 1「弘法大師傳繪卷　融通念佛緣起繪　槇峯寺建立修行緣起」（島田［編集擔当］、角川書店）

島谷　弘幸（※九州国立博物館第 2 代館長。元東京国立博物館副館長）
199505　：①「頬焼阿弥陀縁起」の制作と詞書（第一章　「頬焼阿弥陀縁起」とその現状／第二章　「頬焼阿弥陀縁起」の模本／第三章　伝称筆者と制作年代）
　　　　：②詞書釈文※小松茂美・島谷［共筆］
　　　　（以上、小松茂美［編者］・小松・真保・島谷弘幸［執筆者］『頬焼阿弥陀縁起　不動利益縁起』中央公論社［続々日本絵巻大成　伝記縁起篇　4］）※『頬焼阿弥陀縁起』は十二所光触寺蔵

島津　忠夫（※大阪大学名誉教授。元武庫川女子大学文学部教授）
196903　：◎連歌史の研究（角川書店）
197909　：○遊行（村井康彦・守屋毅［編］『中世　心と形』講談社）
　　　　※島津・村井康彦・守屋毅［対談（鼎談）］。→島津忠夫 198702
198702　：○聖の群れ（栗田勇［編］『一遍』思想読本、法蔵館）※島津・村井康夫・守屋毅［対談］。←島津忠夫 197909
199812　：○連歌師宗長と芸能─晩年の日記から（『國文學─解釈と教材の研究─』第 39 巻 12 号［平成 10 年 12 月号］(635)［特集：連歌と能・狂言と］、學燈社）
　　　　※→吉田政博 200003 註は、「宝樹院」を柴屋軒に隣接する時宗道場の呼名とするが、（中略）宝樹院は当道場の本寺のことを示しており、宗長日記では宝樹院住持を表わしている」と指摘（古賀克彦註）

島津　豊幸（※元愛光学園高等学校教諭。1929-2007/9）
200404　：○「道後」あれこれ─まえがきにかえて（川岡勉・島津［編］『湯築城と伊予の中世』創風社出版）
　　　　※ 2002/1 歴史講座「中世伊予の歴史と湯築城」で「道後のいまとむかし」と題して講演。「3　「松ケ枝町」ことはじめ」に奥谷宝厳に言及

島本　尚史（※沼津西光寺第 42 世住職）
200009　：○過ぎし日を思う（『遊行』第 133 号、時宗務所布教伝道研究所）
　　　　※住職在任五十年記念巻頭言。カラー近影付

清水　覚然（※守山善寿寺第 21 世住職。元時宗総本山法務執事）
200101　：○新年に想うこと（『遊行』第 134 号、時宗務所布教伝道研究所）
　　　　※住職在任五十年記念巻頭言。カラー近影付

清水　賢一（※苫小牧駒澤大学名誉教授。元東京都立桜水商業高等学校（現杉並総合高等学校）教諭）
196306　：○平家物語に於ける仏教説話の管理者の一派に関する試論（『駒沢国文』第二号、駒沢大学文学部国文学研究室）

清水　昭善（※当麻無量光寺第 67 世住職他阿昭善。元〈神奈川県〉相模原市役所職員。2010/6/6 歿）
197912　：○麻山集（時宗開宗七百年記念宗典編集委員会［編集］『定本時宗宗典』下巻、時宗務所〈山喜房佛書林［発売］〉）翻刻と解題

清水　信亮（※宇都宮一向寺第 44 世住職）
198903　：○一向上人研究ノート（『時宗教学年報』第十七輯、時宗教学研究所）
199702　：①一向上人の生涯
　　　　：②南北朝・室町時代の時衆について（以上、時宗教学研究所［編集］『時宗入門』時宗務所）
200007　：○一遍上人のことば　時衆制誡について①（『遊行』第 132 号、時宗務所布教伝道研究所）
　　　　※肩書きは：「時宗布教研究所所員」
200009　：○一遍上人のことば　時衆制誡について②（『遊行』第 133 号、時宗務所布教伝道研究所）
　　　　※単色写真ネーム：「大隅正八幡宮（現鹿児島神社）」。肩書き：「時宗布教研究所所員」
200101　：○一遍上人のことば　時衆制誡について③（『遊行』第 134 号、時宗務所布教伝道研究所）
200103　：○一遍上人のことば　時衆制誡について④（『遊行』第 135 号、時宗務所布教伝道研究所）
200107　：○一遍上人のことば　時衆制誡について⑤（『遊行』第 136 号、時宗務所布教伝道研究所）

| 200109 | ：○一遍上人のことば　時衆制誡について⑥（『遊行』第137号、時宗宗務所布教伝道研究所） |

※単色図版：四条道場金蓮寺本「遊行上人縁起絵」甚目寺場面
200201	：○一遍上人のことば　時衆制誡について⑦（『遊行』第138号、時宗宗務所布教伝道研究所）
200203	：○一遍上人のことば　時衆制誡について⑧（『遊行』第139号、時宗宗務所布教伝道研究所）
200207	：○一遍上人のことば　時衆制誡について⑨（『遊行』第140号、時宗宗務所布教伝道研究所）
200209	：○一遍上人のことば　時衆制誡について⑩（『遊行』第141号、時宗宗務所布教伝道研究所）
200301	：○一遍上人のことば　時衆制誡について⑪（『遊行』第142号、時宗宗務所布教伝道研究所）

※カラー写真：東山長楽寺蔵一遍上人像
| 200303 | ：○一遍上人のことば　時衆制誡について⑫（『遊行』第143号、時宗宗務所布教伝道研究所） |

清水　善三（※京都大学名誉教授。元京都精華短期大学〈1991/6/13閉校〉教授）
| 199707 | ：○日本の肖像彫刻と長楽寺の時衆彫刻（『遊行歴代上人肖像彫刻並びに七条文書』改訂版、長楽寺） |

清水　琢道（※山梨県北杜市高龍寺〈曹洞宗〉住職。元同県立峡北高等学校〈現北杜高等学校〉校長）
| 200609 | ◎寺院古文書解読実践講座　下（四季社）※「四　宗門人別帳」に「天保十二年山高村時宗門人別改帳」を単色図版で紹介し、釈文・読み下し文・語注・解説を附す。甲府一蓮寺中東光院旦那一家をとりあぐ |

清水　太郎（※元〈和歌山県〉熊野市文化財専門委員）
| 196711 | ：○一遍上人熊野成道・序説（『熊野誌』第十四号、熊野地方史研究会） |
| 197006 | ：○湯の峯一遍上人爪書御真蹟考（『熊野誌』第十六号、熊野地方史研究会） |

清水　寛子（※宇都宮一向寺家族・清水信亮令嬢）
| 201403 | ：○時宗奨学資金助成金成果報告　聖としての一向と一遍について（『時宗教学研究所』第四十二輯、時宗教学研究所）※肩書は：「時宗第七教区一向寺　大正大学四年」 |

清水　眞澄（※〈東京都中央区・公益財団法人三井文庫〉三井記念美術館長・成城大学名誉教授。元明治大学学長、元神奈川県立博物館〈現同県立歴史博物館〉学芸員）
| 197912 | ：○長生院の木造阿弥陀如来坐像（藤沢市文書館［編集］『藤沢市史研究』第13号、同館） |
| 198003 | ：○口絵　木造阿弥陀如来坐像（神奈川県・長生院蔵）（『時宗教学年報』第八輯、時宗教学研究所）※解説 |

清水　実（※〈東京都中央区・現公益財団法人三井文庫〉三井記念美術館主任学芸員兼学芸課長）
| 200707 | ：①概説—美術のなかに旅を見る—※「一遍聖絵」に言及 |
| | ：②図版解説「一遍聖絵」（以上、（財）三井文庫　三井記念美術館［編集］『美術の遊びとこころ『旅』—美術のなかに旅を見る—』同館）※2007/7/14-9/30（前期 7/14-8/19・後期 8/23-9/30）於同館、同企画展図録。副題：「国宝"一遍聖絵"から参詣図・名所絵、西行・芭蕉の旅まで」 |

清水　宥聖（※大正大学名誉教授・東京都世田谷区円乗院〈真言宗豊山派〉住職）
| 199402 | ：○高野聖（志村有弘・松本寧至［編］『日本奇談逸話伝説大事典』勉誠社）※項目執筆 |

事　務　局（※大分県別府市・同市役所内）
200307	：①古代・中世の別府温泉※「第3編　温泉」「第2章　温泉の歴史」の第1節。「2、温泉の開発とその利用」に「◆一遍上人の鉄輪開発」の項あり。カラー写真ネーム：「鉄輪で最も古い温泉の一つ"熱の湯"の泉源」、鉄輪永福寺住職後姿
	：②名所・旧跡※「第4編　観光」「第2章　観光施設・イベント」の第5節。「4、地名に関するもの」に「◆上ヶ浜」の項あり。一遍聖人上陸の土地とす。カラー写真ネーム：「上人ヶ浜」
	（以上、別府市［編集］『別府市誌』第1巻、同市）

志村　有弘（※相模女子大学名誉教授。元梅光女学院短期大学〈現梅光学院大学女子短期大学部〉助教授）
| 199402 | ◎日本奇談逸話伝説大事典（志村・松本寧至［編］、勉誠社） |
| | ：①コラム・空也と三人の聖 |

甚目寺町史編纂委員会（※愛知県海部郡甚目寺町〈現あま市〉）
| 197503 | ◎甚目寺町史（同委員会［編］、同町）※萱津水明寺に言及。町内大字中萱津字道場の三嶋社は、里人が藤沢清浄光寺参拝の折りに伊豆三島大社から勧請と伝うとあり |

下坂　守（※奈良大学文学部教授。元帝塚山大学人文科学部〈現文学部〉教授、元京都国立博物館学芸部学芸課長）
| 200010 | ：①長楽寺に伝えられる「金光寺」の信仰 |
| | ：②図版解説（以上、京都国立博物館［編］『特別陳列◆旧七条道場金光寺開創七〇〇年記念長楽寺の名宝』同館）※2000/10/12-11/12於同館、特別陳列図録 |

下田　勉（※農業者。元神戸史談会編集委員・同会副会長。1918-1995/6）
197802	：○時宗と淡河氏（大橋俊雄［編集］『時衆研究』第七十五号、時宗文化研究所）※←下田勉 197899
197899	：○時宗と淡河氏（『神戸史談』通巻242号、同会）※←下田勉 197802。→森田竜雄 201003 引用
199301	：○時宗と淡河氏（続編）（『神戸史談』通巻272号、同会）※→森田竜雄 201003 引用

下中　邦彦（※〈東京都千代田区・株式会社〉平凡社第2代社長。1925/1/13-2002/6/7）
| 196010 | ：◎風土記日本第3巻近畿篇（下中［編］、平凡社） |

：①高野聖

下関市市史編修委員会（※山口県下関市）
199303 ◎下関市史・資料編Ⅰ（同委員会［編］、同市）※「豊浦藩旧記　第三十四冊　寺社奉行役坐雑記」に寛保四年（1744）項に「専念寺」が、延享二年（1745）項の「赤間関ノ次第」に「専念寺支配弐ケ寺／西楽寺　海隣庵」が、「在郷触ノ次第」に「専念寺」あり。「豊浦藩旧記　第三十五冊　遊行上人巡見記　寛政六年」の表紙：「寛政六甲寅年／遊行上人巡見記　全／赤間在番見坐」、「空也上人別伝」を含む「豊浦藩旧記　第百二冊　両村芸祖九品念仏宗伝記并翁舞ノ事」の「九品念仏脈」項に、「永禄三庚申年／九月十一日　空也堂極楽院了阿」、また「西光寺　在山科　時宗」とある。「豊浦藩旧記　第百八冊　時宗諸院明細書」に「享保三年／享和四年　一冊／時宗　専念寺末共書上写／享和三年／豊浦」、「文化十三丙子年六月／由緒書／赤間関／時宗　専念寺」、「文化十三丙子年六月／山号院号寺号書付／長州豊浦郡赤間関／長楽山無量寿院／専念寺」とあり

下店　靜市（※元帝塚山大学教養学部（現文学部）教授。1900/2/16-1974/6/26）
192910 ：一遍聖繪と熊野風景（『都市と藝術』第百九十五號、同社）

下村　信博（※愛知県立大学文学部非常勤講師・〈同県名古屋市中村区〉同市秀吉清正記念館調査研究員）
200305 ：○勝幡系織田氏と尾張武士―海東郡松葉荘安井将監家三代―（『年報中世史研究』第28号、中世史研究会）
※天正四・五年（1576-1577）頃に比定される、熱田円福寺が毎年岐阜の織田氏へ贈っていた年賀の音物への礼状の文言を掲載

下村　菓然（※小柿常勝寺住職。旧姓：加藤。故人）
193810 ：一遍教学の中心問題に就て（京都時宗青年同盟［編］『一遍上人の研究』同同盟〈丁字屋書店［發賣］〉）

下山　忍（※元埼玉県立戸田翔陽高等学校校長、元同県立三郷工業技術高等学校教頭）
200106 ：北条仲時（北条氏研究会［編著］『北条氏系譜人名辞典』新人物往来社）※項目執筆。「近江国番場宿蓮華寺過去帳」に言及。←久米邦武 192008 を引用。単色写真ネーム・キャプション：「蓮華寺中世墳墓群　六波羅探題最後の地である蓮華寺には、仲時と共に自刃した者の名を記している過去帳を残す。また、主従の霊をなぐさめるかのように中世墳墓群が林立している。」。肩書き：「埼玉県立三郷工業技術高等学校教頭」

下山　治久（※法政大学文学部非常勤講師。元〈東京都千代田区・財団法人〔現一般財団法人〕〉角川文化振興財団職員）
200008 ◎戦国遺文（後北条氏編　補遺編）（下山［編］、東京堂出版）
※「快僧郡記」天文七年（1538）七月廿三日条に「勧進一存聖人、藤沢住所也」とあり、註で「一存聖人　時宗の上人か。」「藤沢　神奈川県藤沢市。遊行寺門前と東海道の宿駅として戦国時代から賑わった。」とす

社会教育課（〈神奈川県〉相模原市教育委員会・現教育局生涯教育部生涯教育課）
196803 ◎当麻山無量光寺（同課［編集］、相模原市教育委員会［さがみはらの文化財第3集］）
197803 ◎石仏調査報告書＝さがみはらの文化財第13集＝（同課［編集］、相模原市教育委員会）
※石造物を種別ごとに掲載。当麻無量光寺関係多数

釈　徹宗（釋　徹宗）（※相愛大学人文学部教授・大阪府池田市如来寺〈浄土真宗本願寺派〉住職）
199803 ：○親鸞と一遍の比較に関する一考察―日本的心性をめぐって―（日本宗教学会［編集］『宗教研究』三一五号［第71巻第4輯］、同会）
200103 ◎比較宗教思想論考―親鸞研究を中心として―（博士論文）※大阪府立大学大学院総合科学研究科に提出した博士論文。博士（学術）甲第713号。200103は授与年月。「釋徹宗」名義。→釈徹宗 200207
200207 ◎親鸞の思想構造―比較宗教の立場から―（法藏館）←※釈徹宗 200103 に訂正・加筆し、補論を附す
：①第三章　一遍における日本浄土仏教の展開（第一節　一遍と日本的心性／第二節　一遍思想の特性／第三節　一遍における信心／第四節　法然と一遍の相違）
：②第四章　親鸞の思想構造（第六節　親鸞と一遍の相違※含、「第一項　法然から親鸞、そして一遍という展開」）
：③第六章　親鸞とキェルケゴール（第一節　日本浄土仏教とキェルケゴール※含、「第二項　一遍とキェルケゴール」）
：④補　論　比較思想における文化資源と人格資源
※含、「Ⅱ　思想と文化資源」に「7　一遍における文化資源との同質的側面」
201110 ◎法然親鸞一遍（新潮社［新潮新書439］）

宿屋　隆史（※長野市教育委員会文化財課主査）
201207 ：中世善光寺の風景（小野正敏・五味文彦・萩原三雄［編］・遊行寺宝物館［編集協力］『一遍聖絵を歩く―中世の景観を読む―』高志書院［考古学と中世史研究9］）
※「Ⅱ　館・寺院・神社　歴史の中のモニュメント」のうち。肩書き：「長野市教育委員会」

主婦と生活社（※東京都中央区・株式会社）
199211 ◎週刊女性同月10日号（同社）※「甦った！現代版縁切寺―群馬県満徳寺資料館」の記事あり

春　登（※大炊御門開名寺住職其阿春登。元関戸延命寺住職、元吉田西念寺住職。1773/10/14-1836/11/26）

181802	◎萬葉用字格（萬笈堂）
182901	◎五十音摘要（春登［纂述］、勝村次右衛門・田中太右衛門・濵原茂兵衞［發兌書林］）
185311	◎萬葉用字格（野村新兵衞・須原屋茂兵衞・須原屋伊八）
198407	◎万葉用字格（和泉書院〔同書院影印叢刊42〕）

静阿　德善（※関本竜福寺第37世住職。本名：牧田徳善）
200508　：〇はじめに（本多秀雄『龍福寺の歴史』同寺・同寺護持会）

墻外　道人（※愛媛縣新居郡角野町（現新居浜市）瑞應寺〔曹洞宗〕住職。本名：高田道忍。1858-1923）
189399　：〇時宗・融通念佛宗・修驗宗（法の枝折）（『佛教公論』第三十五號、同社）

小　学　館（※東京都千代田区・株式会社）
199711　⊙日本美術館（同館）※カラー図版：『聖絵』
200111A　⊙週刊　古寺をゆく38号［2001年11月13日号］「善通寺と四国の名刹」（小学館〔ウィークリーブック〕）
　　　　　※「宝厳寺」「一遍」の項あり。カラー写真：「宝厳寺の山門」「一遍上人立像」、カラー図版：聖絵の岩屋寺
200111B　⊙週刊　古寺をゆく40号［2001年11月27日号］「鰐淵寺と山陰路の名刹」（同館〔ウィークリーブック〕）
　　　　　※「萬福寺」（益田）の項あり。カラー写真：雪舟庭園」「本堂」
200112　⊙週刊　古寺をゆく41号［2001年12月4日号］「善光寺」（同館〔ウィークリーブック〕）
　　　　　※「一遍」の項あり。カラー図版：神奈川県立歴史博物館蔵「一遍上人像」・『一遍聖絵』の善光寺
200303　⊙週刊　日本の美をめぐる44号［2003年3月11日号］「源頼朝　肖像の誕生」（同館〔ウィークリーブック〕）
　　　　　※カラー図版：『一遍聖絵』の市屋道場・筑前の武士の屋形・菅生の岩屋・下野小野寺・四条京極釈迦堂
200808　⊙サライ20巻16号［2008年8月21日号］（通巻475号）（同館）※見出し：「京都、熊野、松山…聖の行脚を
　　　　　辿る『一遍上人絵伝』追体験」。目次：「京都、熊野、松山……聖の行脚を辿る『一遍上人絵伝』追巡礼」。ただ
　　　　　し「金光寺」の見出しルビ：「きんこうじ」、本文中は正しく「こんこうじ」とあり

城郭研究会（※東京都渋谷区・青山学院大学文学部史学科内）
199903　：〇〈研究会報告〉中世の河越城－－その成立と景観－－（『史友』第31号、青山学院大学史学会）
　　　　　※「東明寺一帯は、寺院という形をとる以前から、中世河越の「聖地」として機能してきた」とす。また表と地
　　　　　図解説に川越十念寺あり

清浄光寺（遊　行　寺）（※神奈川県藤沢市・時宗総本山）
190300　◎時宗宗憲竝宗規（同寺［編］、同寺）※「清浄光寺」名義
191804　⊙一遍上人縁起（同寺）※和本。「時宗總本山淸浄光寺」名義
192909　⊙遊行寺縁起（同寺）※「遊行寺」名義
195399　◎遊行寺の文化財（同寺）※「時宗総本山清浄光寺」名義

清浄光寺史編集委員会（※神奈川県藤沢市・時宗総本山清浄光寺内）
200709　◎清浄光寺史（同委員会［編集］、藤沢山無量光院清浄光寺（遊行寺））
　　　　　※遊行七十四代他阿真円［題字揮毫］。遠山元浩［写真］。単色口絵ネーム：「大銀杏と遊行寺本堂」「桜並木と中
　　　　　雀門」「菖蒲園と小書院」「一遍上人名号」「宗祖一遍上人（県重文）」「二祖真教上人（市指定）」「遊行四代呑海上
　　　　　人」「呑海上人名号」「真教上人名号」「一向上人（重文）」「遊行十四代太空上人（市指定）」「尊任上人名号」
　　　　　「遊行四十二代尊任上人」、「後醍醐天皇御像（重文）」「一遍聖絵　第六巻第一段　片瀬浜踊り念仏（国宝）」「時
　　　　　衆過去帳　僧衆（重文）」「一遍上人縁起絵　第一巻第二段　熊野本宮（県重文）」「青磁牡丹唐草文香炉」「青磁袴
　　　　　腰香炉」「二河白道図（県重文）」。←初出：不明示
　　　　　：〇高木　貞歡：発刊に際して
　　　　　：①無　　署　　名：凡例※ただし「書名」を「署名」と表記
　　　　　第一章 開創以前
　　　　　：〇長澤　昌幸：第一節　開創以前の日本の浄土教
　　　　　：〇竹内　明正：第二節　法然・證空・聖達の浄土教
　　　　　：〇長島　尚道：第三節　一遍上人
　　　　　：〇高野　　修：第四節　踊念仏の源流と一遍上人
　　　　　第二章 開創期
　　　　　：〇竹内　明正：第一節　他阿真教上人と時宗教団の設立
　　　　　：〇橘　　俊道：第二節　清浄光寺創建と呑海上人
　　　　　：〇橘　　俊道：第三節　藤沢・当麻対立について―他阿呑海上人と内阿真光上人―
　　　　　第三章 興隆期
　　　　　：〇梅谷　繁樹：第一節　遊行派の知識と系譜
　　　　　：〇橘　　俊道：第二節　梵鐘の鋳造
　　　　　：〇梅谷　繁樹：第三節　遊行派と時宗十二派

: ○梅谷　繁樹：第四節　謡曲『実盛』と太空上人
: ○橘　　俊道：第五節　藤沢敵御方供養塔
: ○高野　　修：第六節　小栗伝説と太空上人

第四章　中興期
: ○橘　　俊道：第一節　藤沢山の焼亡とその再興
: ○高野　　修：第二節　藤沢旧領の確保と呑海上人像
: ○橘　　俊道：第三節　『時衆過去帳』と『藤沢山過去帳』
: ○高野　　修：第四節　清浄光寺の復興
: ○高野　　修：第五節　遊行上人と藤沢上人
: ○高野　　修：第六節　徳川氏と宇賀神
: ○高野　　修：第七節　時宗寺院の本末制度
: ○高野　　修：第八節　僧階の確立
: ○橘　　俊道：第九節　清浄光寺の本尊由来記のこと
: ○橘　　俊道：第十節　佐竹騒動の虚実

第五章　明治期以降
: ○高野　　修：第一節　幕末より明治初年の清浄光寺
: ○高野　　修：第二節　不断遊行から随時遊行
: ○高野　　修：第三節　宗学林の確立
: ○橘　　俊道：第四節　虚実と虚構
: ○高野　　修：第五節　大震災復興と本末解消

第六章　清浄光寺境内案内
: ○高野　　修：第一節　中雀門と放生池
: ○高野　　修：第二節　諏訪神社と清浄光寺
: ○高野　　修：第三節　寛文六年銘の五輪塔と六地蔵
: ○高野　　修：第四節　堀田家三代の墓碑
: ○高野　　修：第五節　清音亭
: ○高野　　修：第六節　円意居士の墓
: ○高野　　修：第七節　遊行・藤沢両御歴代御廟所
: ○高野　　修：第八節　本堂のこと
: ○高野　　修：第九節　塔頭のこと
: ○高野　　修：第十節　山門前青銅灯籠
: ○高野　　修：第十一節　南部茂時の墓
: ○高野　　修：第十二節　新田満純墓碑

第七章　仏典
: ○大山　仁快：第一節　経典
: ○大山　仁快：第二節　聖教類

第八章　文化財
: ○高野　　修：第一節　時宗の文化
: ○有賀　祥隆：第二節　絵画　一
: ○相澤　正彦：第三節　絵画　二
: ○薄井　和男：第四節　仏像彫刻
: ○高野　　修：第五節　和書（文芸）
: ○矢部　良明：第六節　中国陶磁

第九章　年中行事
: ○橘　　俊道：第一節　歳末別時念仏会
: ○高野　　修：第二節　薄念仏会
: ○長島　尚道：第三節　御札切り（御札切之次第）
: ○長島　尚道：第四節　二祖忌（真教上人忌）
: ○長島　尚道：第五節　春季開山忌（呑海上人忌）
: ○長島　尚道：第六節　秋季開山忌（一遍上人忌）
: ②無　署　名：執筆者分担一覧
: ○長島　尚道・高野　　修・長澤　昌幸：あとがき※長島・高野・長澤［編集責任］

浄　宗　会

195903	◎元祖法然上人霊跡巡拝の栞（同会［編］、同會）※円山安養寺あり。→浄宗会199603
197402	◎元祖法然上人靈蹟巡拝の栞（同会［編］、浄土宗総本山知恩院）※←浄宗会195903。→浄宗会199603
199603	◎圓光大師　法然上人　御霊跡　巡拝の栞（同会［編集］、浄土宗総本山知恩院）※単色写真：兵庫薬仙寺・「時宗　円山　安養寺」本堂、寺院暦（沿革）・地図掲載。← 197911 4版←浄宗会197402 ←浄宗会195903

浄土教研究会

| 199803 | :○浄土教シンポジウム・現代浄土教の可能性・西山上人七百五十回御遠忌記念（同会［編］、浄土宗西山禅林寺派宗務所〈四恩社［発売］〉）※梅原猛の基調講演と註で一遍・時宗に言及 |

浄土宗開宗八百年記念慶讃準備局

| 197110 | ⊙浄土宗全書第十九巻（同局〈山喜房佛書林［発売］〉）※『浄土伝灯総系譜』上に一向俊聖が「俊性」とみゆ |
| 197401 | ⊙浄土宗全書第十七巻（同局〈山喜房佛書林［発売］〉）※『浄土血脈論』巻下に一向俊聖が「俊性」とみゆ |

浄土宗総合研究所（※東京都港区・同宗鎮西派大本山増上寺内）

200203	◎法然上人とその門流　聖光・證空・親鸞・一遍（同所［編］、浄土宗〈総研叢書第2集〉）※同所プロジェクト「浄土宗義と現代・浄土宗比較論」の成果。巻頭「祖師方プロフィール」に「一遍上人／遊行上人」の項、「時宗十派（一遍上人門下）」の表、関係地図、単色写真：清浄光寺と無量光寺の名札あり
	:○長島　尚道：時宗宗祖・一遍上人と二祖・他阿真教
	:○岡本　貞雄：一遍上人、真教上人以後の時衆（時宗）

浄土宗大辞典編纂委員会

| 197404 | ◎浄土宗大辞典　1（同委員会［編集］、浄土宗大辞典刊行会）※「一向俊聖」「一向上人伝」の項あり |
| 198004 | ◎浄土宗大辞典　3（同委員会［編集］、浄土宗大辞典刊行会）※「仏向寺」「蓮華寺」の項あり |

浄土宗山形教区寺誌編纂委員会

| 198003 | ◎山形県の浄土宗寺院（同委員会［編集］、同教区教務所）※旧時宗一向派寺院多数掲載 |

浄土真宗教学伝道研究センター（※京都市下京区・現同宗本願寺派総合研究所内）

| 200712 | ◎教学シンポジウム　親鸞聖人の世界　史実と伝承の聖人像（同センター［企画・編集］、本願寺出版社〔〈教学伝道研究センターブックレットNo. 15〉教学シンポジウム記録・親鸞聖人の世界（第一回）］） |
| | ※ 2006 年、同センターが行ったシンポジウムの記録集。第三部パネルディスカッションの討論部分の武田鏡村の発言に「後に一遍上人も鎌倉市内に入れなくて追い払われておりますが」とあり |

浄土真宗本願寺派（※京都市下京区・同派本山本願寺内）

| 201009 | ◎宗報2010年9月号（通巻523号）（同派［編集・発行］・本願寺出版社［発行所］） |
| | ※カラー表紙と単色目次扉に掲載された写真のキャプションが同ページにあり、「吉水の草庵」の跡地といわれる慈圓山安養寺（京都市東山区）。上記写真は安養寺本堂」とす。ただし時宗とする記載なし |

浄土真宗本願寺派（西）本願寺　本願寺築地別院（※東京都中央区）

| 201112 | ⊙築地本願寺新報第770号（同別院・築地本願寺新報社） |
| | :□酒井　淳：有縁散歩　京都編 |

庄内町誌編集委員会（※大分県大分郡庄内町〈現由布市〉）

| 199010 | ◎庄内町誌（同委員会［編］、同町）※図版：藤沢清浄光寺蔵後醍醐画像 |

称念寺八百年史編集委員会（※二本松称念寺）

| 198611 | ◎遥なり称念寺八百年（同委員会［編］、二松山称念寺） |

菖蒲　和弘（※〈熊本県球磨郡〉山江村歴史民俗資料館学芸員）

	◎鎮西時衆寺院創刊号（菖蒲［編集］、菖蒲私家版）
	◎鎮西時衆寺院第二号（菖蒲［編集］、菖蒲私家版）
	◎鎮西時衆寺院第三号（菖蒲［編集］、菖蒲私家版）
	◎鎮西時衆寺院第四号（菖蒲［編集］、菖蒲私家版）
	◎鎮西時衆寺院第五号（菖蒲［編集］、菖蒲私家版）
	◎鎮西時衆寺院第六号（菖蒲［編集］、菖蒲私家版）
	◎鎮西時衆寺院第七号（菖蒲［編集］、菖蒲私家版）
	◎鎮西時衆寺院第八号（菖蒲［編集］、菖蒲私家版）
	◎鎮西時衆寺院第九号（菖蒲［編集］、菖蒲私家版）
	◎鎮西時衆寺院第十号（菖蒲［編集］、菖蒲私家版）
	◎鎮西時衆寺院第十一号（菖蒲［編集］、菖蒲私家版）
	◎鎮西時衆寺院第十二号（菖蒲［編集］、菖蒲私家版）
198399	◎鎮西時衆寺院史料第一（菖蒲［編集］、菖蒲私家版）※肥後国
	◎鎮西時衆寺院史料第二（菖蒲［編集］、菖蒲私家版）※薩摩国
	◎鎮西時衆寺院史料第三（菖蒲［編集］、菖蒲私家版）※大隅国

| 198899 | ◎鎮西時衆寺院史料第四（菖蒲［編集］、菖蒲私家版）※日向国 |

上毛新聞社（※群馬県前橋市・株式会社）
| 199705 | ：□徳川氏発祥の地尾島町（『上毛新聞』「論説」同月21日号、同社）※縁切寺満徳寺に言及 |

正　立　寺（※大阪府寝屋川市・法華宗本門流）
| 199906 | ◎サットパ第299号（同寺）※住職川口日空。単色版：『縁起絵』「熊野に向かう一遍上人」 |

昭和書院編集室（※〔神奈川県相模原市〔現同市中央区〕・株式会社〕昭和書院（2005年頃廃業）内）
| 197812 | ◎かながわ歴史点描（同室［編］、同書院）※「一遍上人と当麻山無量光寺」の項あり |

白井　慈勲（※元融通念佛宗管長）
| 199810 | ：○法明上人六百五十回忌の記念出版に際して（融通念佛宗教学研究所［編集］『法明上人六百五十回御遠忌記念論文集』総本山大念佛寺〔百華苑［製作］〕）※肩書き：「融通念仏宗管長」 |

白石　一美（※元宮崎大学教育文化学部助教授）
| 196803 | ：◎盛衰記・長門本の厳島縁起（金井清光［編集］『時衆研究』第五十五号、金井私家版） |

白石　征（※劇作家・「遊行舎」主宰）
| 199709 | ◎小栗判官と照手姫―愛の奇蹟（あんず堂） |
| 201403 | ◎母恋い地獄めぐり―さんせう太夫　しんとく丸（あんず堂）※←朝日新聞社201404で紹介 |

白石　克（※元帝京大学文学部非常勤講師）
| 198005 | ：○鎌倉・三浦の"寺社略縁起"（三浦古文化編集委員会［編集］『三浦古文化』第二十七号、三浦古文化研究会） |

白方　勝（※愛媛大学名誉教授。元松山東雲女子大学人文学部教授）
| 198910 | ：○近世文学の中の一遍上人（『文化愛媛』第二十二号、愛媛県文化振興財団）※白方ほか［執筆］ |

白　川　書　院（※京都市左京区・株式会社）
199710	◎月刊京都第555号［1997年10月号］［特集：お寺と仏像］（同書院［編］、同書院） ※東山長楽寺蔵・一遍上人立像の写真と解説
199812	◎月刊京都第569号［1998年12月号］（同書院［編］、同書院） ※京都市左京区八瀬蓮華寺（天台宗山門派）が、もと七条塩小路の時宗寺院との伝承に言及
199910	◎月刊京都第579号［1999年10月号］（同書院［編］、同書院）※「名利をめぐる一長楽寺」を掲載
200808	◎月刊京都第685号［2008年8月号］（同書院［編］、同書院） ※「旅行ブームの火つけ役　"名所図絵"の歴史」の図版ネーム・キャプション：「『都名所図会』巻二「五條橋」（国際日本文化研究センター所蔵）。（中略）中央に見える寺院は、時宗の新善光寺御影堂（現在はない）。」 ：○薄雲　鈴化：江戸時代の定番京みやげとは？ ：○鬼丈　三七・夏宮　橙子：新・時代の小劇場⑭　シリーズ　京の異形　間者（二）「帝の忍者」

白鷹町史編纂委員会（※山形県西置賜郡白鷹町）
| 197702A | ◎白鷹町史上巻（同町史編纂委員会・同町史編集委員会［編さん］、同町）※荒砥正念寺に言及 |
| 197702B | ◎白鷹町史下巻（同町史編纂委員会・同町史編集委員会［編さん］、同町）※「白鷹町の神社・寺院・仏閣一覧」の表中に鮎貝向福寺廃寺、荒砥正念寺（ともに一向派。後者は現浄土宗鎮西派）あり |

白鷹町史編集委員会（※山形県西置賜郡白鷹町）
| 197702A | ◎白鷹町史上巻（同町史編纂委員会・同町史編集委員会［編さん］、同町）※詳細⇒白鷹町史編纂委員会 197702A |
| 197702B | ◎白鷹町史下巻（同町史編纂委員会・同町史編集委員会［編さん］、同町）※詳細⇒白鷹町史編纂委員会 197702B |

市立長浜城歴史博物館
→長浜市立長浜城歴史博物館

市立米沢図書館　郷土資料担当（※山形県米沢市）
| 200703 | ◎平成十八年度郷土資料調査報告書「米沢の神社・堂宮　2　―田沢地区―」（同担当［編集］、同市教育委員会）
※同市田沢にあった当麻東明寺派東泉寺について地名が残るものの詳細は不明とす |

秦　石田（※摂津國大坂・篆刻家。別名：村上石田。生歿年月日不詳〔江戸時代後期〕）
| 199903 | ◎近江名所図会（秦・秋里籬島［著］、臨川書店）※詳細⇒秋里籬島 199903 |

新川　武紀（※宇都宮文星短期大学非常勤講師。元文星芸術大学美術学部教授、栃木県立上三川高等学校校長）
| 198403 | ：◎阿弥陀信仰と念仏信仰（栃木県史編さん委員会［編集］『栃木県史』通史編3 中世、同県）
※宇都宮一向寺の「結縁者三四五名の阿弥陀如来像」の項と写真あり |

新宮　高平
→中村　高平

神宮司廳（※三重縣宇治山田市〔現伊勢市〕・伊勢神宮内）
| 193706 | ◎神宮参拝記大成（同廳［編輯］、西濃印刷株式會社岐阜支店）
※「他阿上人参詣記」（＝「一遍上人繪縁起第九」）の解題と翻刻それぞれあり。大神宮叢書第四 |

真言宗総本山東寺教化部（※京都市南区・東寺真言宗総本山東寺内）
200612　⊙東寺　光の日日第43集［2007年新春号］（同部）
　　　　：○無　署　名：康正と七条仏所について　桃山期に東寺金堂薬師三尊像を再興造像し講堂の諸尊も修理した大仏師
新修大阪市史編集委員会（※大阪市西区・現同市史編纂所）
198803　◎新修大阪市史第二巻（同委員会［編］、同市）※口絵：『聖絵』巻二
信州善光寺事務局
→善光寺事務局
真宗佛光寺派宗務所（※京都市下京区・同派本山佛光寺内）
200708　⊙ともしび第342号［2007年8月号］（同所）
　　　　※第7面「聖人のお人柄を訪ねて（12）―吉水草庵―」欄で「安養寺（時宗）」に言及、単色写真：「吉水草庵」
新城　常三（※九州大学名誉教授。元成城大学文芸学部教授。1911/4/21-1996/8/6）
196403　◎社寺参詣の社会経済史的研究（塙書房）
198205　◎新稿社寺参詣の社会経済史的研究（塙書房）※時衆関連語句頻出
新人物往来社（※東京都千代田区・株式会社・2013/4/1中経出版に吸収合併）
199809　⊙図説　戦国の合戦―下剋上にかけた武将たちの軌跡（同社［別冊歴史読本85号＝23巻43号］）
　　　　※図版：『聖絵』筑前武士の館
199811　⊙図説　日本の英雄100人（同社［別冊歴史読本95号＝23巻53号］）
　　　　※図版：藤沢清浄光寺蔵後醍醐画像・甲府一蓮寺蔵柳沢吉保画像
新　創　社（※京都市下京区・株式会社）
200605　◎京都時代ＭＡＰ　安土桃山編（同社［編］、光村推古書院）※時宗寺院が頻出
新谷　昭夫（※元〈大阪市北区〉同市立住まいのミュージアム大阪くらしの今昔館副館長）
199803　：○遊興空間から見た寛永期京都の空間構成（冷泉為人［監修］・岡佳子・岩間香［編集］『寛永文化のネットワーク　『隔蓂記』の世界』思文閣出版）※「『隔蓂記』にみる寛永年間の遊興」表に寛永13年（1636）1月16日霊山で終日遊興（振舞、買物）、寛永15年3月2日霊山等で振舞・万花見物、寛永17年7月17日丸山（円山）で振舞、寛永20年12月6日金光寺で踊念仏見物、とあり
新　潮　社（※東京都新宿区・株式会社）
199103　⊙新潮日本人名辞典（同社）※「一遍」の項あり、「行状は『一遍上人絵伝』に詳しい」とす
信藤　祐仁（※〈山梨県〉甲府市教育委員会文化財主事）
199111　：○武田氏家臣の府中屋敷と在地屋敷（萩原三雄［責任編集］・『定本　山梨県の城』刊行会［編］『定本　山梨県の城』郷土出版社）※甲府一蓮寺に言及。→松田拓也199908引用
真野　俊和（※筑波大学名誉教授。元上越教育大学学校教育学部教授）
197803　：○研究ノート・巡礼研究の現況（日本宗教史研究年報編集委員会［編］『日本宗教史研究年報』第一集、佼成出版社）
197907　：○乞食巡礼論（『伝統と現代』第10巻第4号（通号59）［特集　巡礼―聖俗両界を巡る］、同社）
199106　◎日本遊行宗教論（吉川弘文館）
真保　亨（※筑波大学名誉教授。元東京国立文化財研究所（現東京文化財研究所）美術部部長）
199505　：○「類焼阿弥陀縁起」について（第一章　絵巻の内容／第二章　絵巻の構成と詞書／第三章　画風／第四章　「類焼阿弥陀縁起」の成立）（小松茂美［編者］・小松・真保・島谷弘幸［執筆者］『類焼阿弥陀縁起　不動利益縁起』中央公論社［続々日本絵巻大成　伝記縁起篇　4］）※『類焼阿弥陀縁起』は十二所光触寺蔵
新保　哲（※文化学園大学現代文化学部教授。元姫路獨協大学外国語学部専任講師）
197812　：○一遍の念仏思想について―特に禅的思想を中心として―（日本印度學佛教學會［編集］『印度學佛教學研究』第二十七巻第一號（通巻第53號）、同會）
神保　冷平（※群馬県歌人協会会員）
197112　：○時宗史料紹介（『群馬文化』第百二十七号、群馬文化の会）
新堀　俊尚（※時宗教学部長・市屋道場金光寺第75世住職。武田賢善女婿）
198502　：〈史料紹介〉冨乗大社気比神宮御砂持神事抄（『時宗教学年報』第十三輯、時宗教学研究所）
198903　：○当寺（市姫金光寺）三祖師別伝冨当寺歴代住持霊簿（『時宗教学年報』第十七輯、時宗教学研究所）
199809　：○お彼岸と一遍上人（『遊行』第125号、時宗宗務所）
200003　：○彼岸へ（『遊行』第131号、時宗宗務所布教伝道研究所）
200209　：○京都南座・来迎讃修行（『遊行』第141号、時宗宗務所布教伝道研究所）※巻頭言。カラー近影付
新間　進一（※青山学院大学名誉教授。元文部省（現文部科学省）初等中等教育局教科書調査官。1917/9/3-2005/12/11）
196402　◎続日本歌謡集成一中古編（東京堂）
196910　◎中世仏教歌謡集上（新間・武石彰夫［編］、古典文庫［古典文庫269］）

197404	◎近世仏教歌謡集中（新間・武石彰夫［編］、古典文庫〔古典文庫323〕）

新村　出（※京都帝國大學（京都大學）名譽教授。元東京高等師範學校〔後繼大學 1978/3/31 閉校〕教授。1876/10/4-1967/8/17）

199811	◎広辞苑・第五版（新村［編］、岩波書店）※「光触寺」「清浄光寺」等の項あり

新村　拓（※北里大学名誉教授。元京都府立医科大学医学部教授）

199301	：○時衆・遊行聖における病（一遍研究会［編］『一遍聖絵と中世の光景』ありな書房）
199901	：○病の図像表現（武田佐知子［編］『一遍聖絵を読み解く―動きだす静止画像』吉川弘文館）

吹田市立博物館（※大阪府吹田市）

200104	◎東寺領垂水庄―悪党の時代―（同館） ※2001/4/28-6/3 於同館、特別展図録。カラー図版：藤沢清浄光寺蔵後醍醐画像

水藤　真（※東京女子大学名誉教授。元国立歴史民俗博物館歴史研究部教授）

200512	◎落日の室町幕府　蜷川親俊日記を読む（吉川弘文館）※「一　年中行事・年間スケジュール」「6　不定期の催し物など」に、参詣先として「四条道場」を挙ぐ。また「二　登場人物」「3　衆」と呼ばれる人々」の「（1）幕府・将軍に集う人々」の「同朋衆」、および「（2）伊勢氏に連なる面々―与力衆―」「4　親俊と行動を共にする人々―伊勢氏被官―」の「（1）伊勢氏被官の概要」「5　奉行衆と同朋衆」の「（2）同朋衆」、それぞれ「阿号を持った人々」として考察している。中でも「（2）同朋衆」にみえる伊勢氏の同朋衆は扇を進呈しており、註に『大館常興日記』の「阿号をもった人々」を挙ぐ

末柄　豊（※東京大学史料編纂所准教授）

199709	：連歌師の旅（『歴史と地理』第五〇五号　日本史の研究（一七八）、山川出版社）※心敬に言及
201205	◎京都御所東山御文庫所蔵　延暦寺文書（末柄［校訂］、八木書店〔史料纂集・古文書編・第45回配本〕） ：①解題※「遊行」「市屋道場金光寺」「国阿上人」が出る

末木文美士（※国際日本文化研究センター教授・総合研究大学院大学文化科学研究科教授・東京大学名誉教授。甲府一蓮寺檀家）

199207	◎日本仏教史　思想史としてのアプローチ（新潮社） ※一遍と時宗に言及。ただし難解な問題をはらむとして詳述を省略。→末木文美士 199609
199609	◎日本仏教史　思想史としてのアプローチ（新潮社〔新潮文庫す-13-1〕）※←末木文美士 199207
200604	◎日本宗教史（岩波書店〔岩波新書・新赤版 1003〕）※一遍に言及
200805	：○講演　顕密体制論以後の仏教研究―中世の諸宗論から―（『日本仏教綜合研究』第六号、同学会） ※2007/12/9 於山形大学小白川キャンパス、同学会第6回大会講演を成稿。→山口眞琴 201003 言及
201212	：□今年の3冊（『週刊佛教タイムス』同月 13 日号、同社）※←小野澤眞 201206 を紹介

菅　基久子（※武蔵大学総合研究所科研費研究員。元東北大学文学部助手）

200011	◎心敬　宗教と芸術（創文社）※→大隅和雄 200104 書評
200209	：○心敬と宗祇（『隔月刊　文学』第3巻第5号、岩波書店）

菅　義憲

193399	◎大三嶋名勝史蹟（菅［編］、菅私家版）※「一遍上人記念塔」の項あり

菅井　靖雄（※歴史作家。元（東京都）新宿区立歴史博物館学芸係係長）

200105	：○番場宿（児玉幸多［監修］『近江路をゆく　柏原宿～三条大橋』学研〔歴史街道トラベルガイド・中山道の歩き方〕）※「蓮華寺」の項あり、カラー写真：同寺本堂裏手「忠太郎地蔵」・「蓮華寺入口」・「北条仲時一行の墓」、単色図版：『木曽路名所図会』番場駅　蓮華寺、また地図ページにカラー写真：「蓮華寺勅使門」

菅根　幸裕（※千葉経済大学経済学部教授・同大学地域経済博物館副館長・空也聖。元國學院大學栃木短期大学教授、元同短期大学附属〔現同学中央博物館大多喜城分館〕学芸員。三枝正裕令息）

198903	：○下総国海上郡野尻村の沙弥文書について（『時宗教学年報』第十七輯、時宗教学研究所）
199112	：遊行五十五世一空上人御移記（利根川文化研究会［編集］『利根川文化研究』第2号、同会）
199310	：近世遊行上人応接にみる利根川文化の展開（地方史研究協議会［編］『河川をめぐる歴史像―境界と交流』雄山閣）
199410	：図版解説（千葉県立総南博物館［編］『特別展　民衆と信仰―来世への救いをもとめたひとびと―』同県社会教育施設管理財団） ※1994/10/8-11/27 於同館、特別展図録。菅根［担当］。図版：山科白蓮寺蔵空也立像・一遍立像等、多数
199504	：近世俗聖に関する一考察―時宗配下「沙弥」を中心に―（圭室文雄［編］『民衆宗教の構造と系譜』雄山閣出版）
199609	：明治新政府の宗教政策と「聖」の対応―鉢叩念仏弘通流本山京都空也堂の史料から―（『日本近代仏教史研究』第3号、同会）※空也堂光勝寺（現天台宗山門派）と時宗との関係を論ず
199703A	：○近世空也信仰の形成と展開―伯耆国転法輪寺史料を中心に―（『栃木史学』第十一号、國學院大學栃木短期大学史学会）※→高橋繁行 200406 紹介
199703B	：○近世の村の聖―空也系三昧聖に関する一考察―（駒沢大学曹洞宗教化研修所［編］『教化研修』第40号、同所）

さ行

199909	：〇近世の村の聖俗―聖に関する一考察―（『列島の文化史』第7号、日本エディタースクール出版部）
200002	：〇死のキヨメ―聖の生死観（小林孝輔ほか［監修］・池田英俊ほか［編集］『生死観と仏教―人の死とは何か―』平凡社〈現代日本と仏教第一巻〉）
200103	：〇隠亡から茶筅へ―近世における空也系三昧聖―（細川涼一［編］『三昧聖の研究』碩文社〈戎光祥出版［発売］〉）※→高橋繁行 200406・上別府茂 200501 紹介
200107A	：①一向寺※宇都宮／②円福寺※熱田／③空也堂／④遊行上人／⑤遊行聖（以上、大島建彦・薗田稔・圭室文雄・山本節［編］『日本の神仏の辞典』大修館書店）※項目執筆。同辞典に限り便宜上、項目を一括表記す
200107B	：〇空也聖にみる近世民間宗教者の「身分」～「身分的周縁」論の再考～（『風俗史学』15号〈2001年初夏号〉、同会）※ 2000/10/22 於戸板女子短期大学、同会第41回大会研究報告要旨
200604	：〇近代社会と聖―利用された「空也」―（圭室文雄［編］『日本人の宗教と庶民信仰』吉川弘文館）※「聖の本山空也堂」をとりあぐ。『時宗鉢叩念仏弘通派明細帳』、『時宗鉢叩念仏弘通派本末寺名帳』、筑前遠賀郡芦屋村安長寺、等に言及
200703	：〇空也上人絵伝の成立と展開―聖の伝承文化を考える―（『栃木史学』第21号、國學院大學栃木短期大学史学会）※明治六年（1873）『時宗鉢叩念仏弘通派明細帳』を引用、また鳥取県琴浦町別宮の天台宗転法輪寺蔵『空也上人御事績絵巻』の「祇陀林寺から市中へ念仏勧進の図」に描かれた空也は時宗の遊行上人の賦算のごとくであり、作者が遊行上人等をイメージしたと推論。大分県宇佐市下時枝の旧時宗豊前善光寺に関連し、←飯沼賢司・牛山一貴 200008 に出る時宗迎祥［接］寺と、福岡県芦屋町の筑前国芦屋郷空也堂安長寺に言及
200709	：〇清浄光寺新発見　百名余で国を巡った近世の遊行上人（他宗派とは逆の布教形態／巨額になった応接費）（『週刊　朝日ビジュアルシリーズ　仏教新発見』13号〈大念仏寺・清浄光寺〉、朝日新聞社）※カラー写真ネーム：「「一つ火」の法要」、藤沢清浄光寺本尊の「阿弥陀如来坐像」、「薄念仏会」「秋季開山忌の「踊り念仏」。肩書き：「千葉経済大学教授」
201003	：〇下野国那須郡寄居村における近世・近代遊行上人応接史料について（『時宗教学年報』第三十八輯、時宗教学研究所）※←小野澤眞 200103 を紹介。肩書き：「千葉経済大学教授」
201012	：〇関東近世村落における雑業（キヨメ）の構造―時宗配下「鉦打」を事例として―（根岸茂夫・大友一雄・佐藤孝之・末岡照啓［編］『近世の環境と開発』思文閣出版）
201403	：〇下総国相馬郡布施村における近世の遊行上人応接について（『時宗教学年報』第四十二輯、時宗教学研究所）
201503	：〇《研究論文》近世後期の俗聖の身分向上をめぐる一考察（民衆宗教史研究会編修委員会［編修］『寺社と民衆』第十一輯、同会出版局〔岩田書院・日本史史料研究会［発売］〕）

杉浦　厚（※山科白蓮寺第4世住職）

200407	：〇遊行のお砂持（一）（『遊行』第148号、時宗宗務所布教伝道研究所）※単色写真ネーム：「敦賀市の街頭に建つ「お砂持像」」「真教上人像（稱願寺）」。肩書き：「お砂持神事実行委員会事務局　事務局長」
200409	：〇遊行のお砂持（二）（『遊行』第149号、時宗宗務所布教伝道研究所）※単色写真ネーム：「無量光寺（相模原市当麻）」。肩書き：「お砂持神事実行委員会事務局　事務局長」
200501	：〇遊行のお砂持（三）（『遊行』第150号、時宗宗務所布教伝道研究所）※カラー写真ネーム：「檀信徒行列参加者の衣装（一文字笠・お砂持浄衣・輪袈裟・念珠・わらじ）」。肩書き：「お砂持神事実行委員会事務局　事務局長」
200503	：〇遊行のお砂持（四）（『遊行』第151号、時宗宗務所布教伝道研究所）※カラー写真：越前総社、単色写真：1956/4/21 遊行71代隆宝の兜回向時の賑わい。肩書き：「お砂持神事実行委員会事務局　事務局長」
200509	：〇新技術と倫理（『遊行』第153号、時宗宗務所布教伝道研究所）※肩書き：「時宗布教伝道研究所所員」

杉浦三郎兵衛（※〈京都市中京区〉呉服商大黒屋〈現東京都中央区・大三株式会社〉第16代主人。1876-1958）

194009	◎雲泉荘山誌巻之五　家蔵看板圖譜（雲泉荘）※「御影堂扇子屋の看板」あり

鋤柄　俊夫（※同志社大学文化情報学部教授。元〈大阪府東大阪市・財団法人〉大阪文化センター〈現〔公益財団法人〕大阪府文化センター〉技師）

200807	◎中世京都の軌跡―道長と義満をつなぐ首都のかたち―（雄山閣）※「第三章　主張する都市―首都の条件―」「二　洛中洛外図の発掘調査―上京小川周辺―」で、「誓願寺の北に位置している極楽寺」の比定なし
201207	：①一遍と鎌倉時代の日本列島―主旨説明― ：②一遍にとっての京都※「Ⅲ　都市と道、宿と津・湊　人とモノの動きから」のうち （以上、小野正敏・五味文彦・萩原三雄［編］・遊行寺宝物館［編集協力］『一遍聖絵を歩く―中世の景観を読む―』高志書院〔考古学と中世史研究9〕）※肩書き：「同志社大学文化情報学部教授」

杉島　賢吾（※〈浜松〉阿弥陀寺縁檀）

199903	：〇読者のページ（『遊行』第127号、時宗宗務所）

杉立　義一（※〈京都市西京区〉杉立医院院長・産科医師・日本医史学会常任理事。1923-2006）

199507	：〇稲生恒軒・若水の墓誌銘について（山田慶兒［編］『東アジアの本草と博物学の世界』上、思文閣出版）※一条道場迎称寺の「稲生若水他墓誌」。恒軒（1610-1680/2/26）・若水（1655/8/28-1715/8/4）父子は医師・文人

杉本　苑子（※作家。吉川英治門下）
198806　：○［対談］中世、混沌の中の自由（『大系日本の歴史』第 6 巻月報、小学館）※永原慶二・杉本［対談］
198807　：○聖絵の一遍（『国宝への旅』一遍上人絵伝、日本放送出版協会）
200501　：○市の聖　空也（伊藤唯真［編］『浄土の聖者　空也』吉川弘文館〔日本の名僧⑤〕）

杉山　博（※東京大学名誉教授。元駒澤大学文学部教授。1918/8/4-1988/10/20）
197011　：○藤沢の大鋸引（日本歴史学会［編集］『日本歴史』第二百七十号、吉川弘文館）
197703　：○角川源義と「遊行日鑑」（圭室文雄［編］『遊行日鑑』第一巻、角川書店）

鈴木　勲（※〈山形県西村山郡〉河北町誌編さん専門員・河北郷土史研究会会長）
200601　：○河北町の名所・旧跡⑧長延寺の板碑（大町中）（政策推進課［編集］『広報かほく』No. 942［2006 年 1 月 15 日］、山形県河北町役場）※「一向上人ゆかりの時宗金湛山長延寺」の、かつて永享五年（1433）銘が読めた板碑は「本寺の天盖仏向寺板碑の流れを汲み」、「開山極阿上人」または中興上人のものかとす。地図あり。単色写真ネーム：「風化が進み、風雨を防ぐ覆いがかけられている長延寺の板碑」。肩書き：「文化財保護審議会委員」

鈴木　一夫（※フリーライター）
199811　◎江戸・もうひとつの風景　大江戸寺社繁昌記（読売新聞社）
　　　　　※「神田っ子の神様に敵対のレッテル──神田神社と将門の首塚──」の章で浅草日輪寺に言及

鈴木　公雄（※慶應義塾大学名誉教授。1938/4/28-2004/10/22）
199903　◎出土銭貨の研究（東京大学出版会）※図版：『聖絵』巻五

鈴木　啓蔵（※元〈山形県〉上山市第 5 代市長。1910/8/20-1993/5/8）
195806　◎茂吉と上山（茂吉と上山刊行会）※「宝泉寺」（金瓶）の項あり、他項でも言及あり

鈴木　健一（※学習院大学文学部教授。元日本女子大学文学部教授）
199610　◎新訂　江戸名所図会 2「巻之二　天王旋の部」（市古夏生・鈴木［校訂］、筑摩書房〔ちくま学芸文庫・エ─1─2〕）※詳細⇒市古夏生 199610
199902　◎新訂　都名所図会 1（市古夏生・鈴木［校訂］、筑摩書房〔ちくま学芸文庫〕）※詳細⇒市古夏生 199902
199903　◎新訂　都名所図会 2（市古夏生・鈴木［校訂］、筑摩書房〔ちくま学芸文庫〕）※詳細⇒市古夏生 199903
199905　◎新訂　都名所図会 3（市古夏生・鈴木［校訂］、筑摩書房〔ちくま学芸文庫〕）※詳細⇒市古夏生 199905
199906　◎新訂　都名所図会 5（市古夏生・鈴木［校訂］、筑摩書房〔ちくま学芸文庫〕）※詳細⇒市古夏生 199906

鈴木　淳（※国文学研究資料館名誉教授。元総合研究大学院大学文化科学研究科教授）
200101　：○木下長嘯子隠士論（『隔月刊　文学』第 2 巻第 1 号、岩波書店）※東山霊山での 40 年間隠棲に言及

鈴木　成元
→玉山　成元

鈴木　正司（※時宗布教伝道研究所所員・住吉教住吉寺第 42 世住職）
200409　：○奈良の薬師寺と『小栗判官』（『遊行』第 149 号、時宗宗務所布教伝道研究所）
　　　　　※単色写真ネーム：「小栗が浸かったとされる湯の峰温泉『壺湯』」
200501　：○ゆぎょうの「仏説阿弥陀経」①（『遊行』第 150 号、時宗宗務所布教伝道研究所）
　　　　　※単色写真ネーム：「重要美術品　阿弥陀経（遊行寺蔵）」
200503　：○ゆぎょうの「仏説阿弥陀経」②（『遊行』第 151 号、時宗宗務所布教伝道研究所）
　　　　　※肩書き：「時宗布教伝道研究所所員」
200507　：○ゆぎょうの「仏説阿弥陀経」③（『遊行』第 152 号、時宗宗務所布教伝道研究所）
　　　　　※肩書き：「時宗布教伝道研究所所員」
200509　：○ゆぎょうの「仏説阿弥陀経」④（『遊行』第 153 号、時宗宗務所布教伝道研究所）
　　　　　※肩書き：「時宗布教伝道研究所所員」
200601　：○ゆぎょうの「仏説阿弥陀経」⑤（『遊行』第 154 号、時宗宗務所布教伝道研究所）
　　　　　※肩書き：「時宗布教伝道研究所所員」
200603　：○ゆぎょうの「仏説阿弥陀経」⑥（『遊行』第 155 号、時宗宗務所布教伝道研究所）
　　　　　※肩書き：「時宗布教伝道研究所所員」
200607　：○ゆぎょうの「仏説阿弥陀経」⑦（『遊行』第 156 号、時宗宗務所布教伝道研究所）
　　　　　※肩書き：「時宗布教伝道研究所所員」
200609　：○ゆぎょうの「仏説阿弥陀経」⑧（『遊行』第 157 号、時宗宗務所布教伝道研究所）
　　　　　※肩書き：「時宗布教伝道研究所所員」
200701　：○ゆぎょうの「仏説阿弥陀経」⑨（『遊行』第 158 号、時宗宗務所布教伝道研究所）
　　　　　※肩書き：「時宗布教伝道研究所所員」
200703　：○ゆぎょうの「仏説阿弥陀経」⑩（『遊行』第 159 号、時宗宗務所布教伝道研究所）
　　　　　※肩書き：「時宗布教伝道研究所所員」

200707	：○ゆぎょうの般若心経①「観音さまのお経、仏教のバイブル。」『遊行』第160号、時宗宗務所布教伝道研究所）※一遍に言及。肩書は：「時宗布教伝道研究所所員」
200709	：○ゆぎょうの般若心経②「三蔵法師玄奘は日本に来ていた。」『遊行』第161号、時宗宗務所布教伝道研究所）※一遍に言及。肩書は：「時宗布教伝道研究所所員」
200801	：○ゆぎょうの般若心経③「尊いのは足の裏である。」『遊行』第162号、時宗宗務所布教伝道研究所）※一遍に言及。肩書は：「時宗布教伝道研究所所員」

鈴木　貴司（※住吉教住寺寺族・鈴木正司令息）

| 201303 | ：○［時宗奨学資金助成金成果報告］一遍教学の考察（『時宗教学年報』第四十一輯、時宗教学研究所）※肩書は：「時宗第九教区教住寺　大正大学四年」 |
| 201503 | ：○［時宗奨学資金助成金成果報告］一遍思想の背景―特に土着的側面からの考察―（『時宗教学年報』第四十三輯、時宗教学研究所） |

鈴木　哲雄（※北海道教育大学教育学部札幌校教授。元千葉県立千葉高等学校教諭）

198901	：①烏帽子をつける百姓　中世百姓の性格※『聖絵』に言及
	：②本主にもどる土地と質物―徳政令と徳政一揆―※『聖絵』に言及
	（以上、千葉県歴史教育者協議会日本史部会［編］『授業に役立つ日本史100話』上、あゆみ出版）※単色図版ネーム：「備前国福岡の市（『一遍上人絵伝』京都市歓喜光寺蔵）」。→鈴木哲雄199805
199408	：○『一遍聖絵と中世の光景』（歴史教育者協議会［編集］『歴史地理教育』No.518、同会）※←一遍研究会199301を紹介
199805	◎社会史と歴史教育（岩田書院）
	：①中世の身分制と子ども※「第Ⅱ部」の第4章。加藤公明実践に言及
	教材3：烏帽子をつける百姓―中世百姓の性格―※←鈴木哲雄198901①
	：②「備前福岡市」の教材化をめぐって※「第Ⅱ部」の第6章。新稿。加藤公明実践・『一遍聖絵』に言及
	教材5：本主にもどる土地と質物―徳政令と徳政一揆―※←鈴木哲雄198901②

鈴木　亨（※元〈東京都千代田区・株式会社〉秋田書店『歴史と旅』編集長。1932/5/23-2011/8/7）

| 200104 | ◎鎌倉を歩く　時宗を歩く（鷹書房弓プレス）※鎌倉中の寺、一遍の鎌倉入りをたどりあぐ。単色写真：十二所光触寺塩なめ地蔵・大町別願寺・材木座来迎寺 |

鈴木　寿次（※元神奈川県立商工高等学校教諭）

| 200005 | ：○［第五回見学会参加記］時宗総本山遊行寺を見学して（『かながわ文化財』第96号、神奈川県文化財協会）※2000/2/17実施。講師：高野修。ただし「比叡山の法然の弟子昭達」「（一遍の）父の死去に起因し平民となった」「彼（＝一遍）の弟子円伊」「念仏の札は（中略）丁度現代の赤い羽根募金の様なもの」「弥明（コーラス）と念仏踊が調和」「遊行箱（お一人箱／十二光箱）」等と表記 |

鈴木　敏弘（※成城大学民俗学研究所研究員・帝京大学文学部非常勤講師）

| 200612 | ：○書評と紹介・湯浅治久著『中世東国の地域社会史』（日本歴史学会［編集］『日本歴史』第七百三号、吉川弘文館）※時宗に言及。←湯浅治久200506を書評と紹介 |

鈴木　宏美（※元埼玉県文化財保護審議会委員）

200106	：①北条貞直※「また、時宗の呑海上人との交流もあり、「呑海上人法語」にその返事が見える。」とす。←橘俊道197503（ただし書名を『時宗史論叢』と表記）を引用
	：②北条貞宗※「近江国番場宿蓮華寺過去帳」を引用
	：③北条高直※「近江国番場宿蓮華寺過去帳」を引用
	：④北条宣時※「他阿上人法語」に登場すると言及。←大橋俊雄197512・今井雅晴199306を引用
	（以上、北条氏研究会［編著］『北条氏系譜人名辞典』新人物往来社）※項目執筆。肩書は：「埼玉県文化財保護審議会委員」

鈴木　理生（※元〈東京都〉千代田区立千代田図書館職員。本名：鈴木昌雄。1926-2015/3/4）

| 200202 | ◎江戸の町は骨だらけ（桜川書房）※「柴崎道場・日輪寺（平将門の首塚・神田明神が祀られていた）」と言及。単色写真掲載 |

鈴木麻里子（※山梨県文化財保護審議会委員・同県立博物館資料収集調査員）

| 200610 | ：○九品寺（山梨県立博物館［編集］『祈りのかたち―甲斐の信仰―』同館）※2006/10/14-11/20於同館、開館一周年記念特別展図録。「寺院紹介」欄。同寺は真義創建で現浄土宗西派・山梨県笛吹市御坂町成田730-2 |

鈴木　元造（※杏林温故會評議員・大阪帝國大學〈現大阪大學〉醫學部副手補〈皮膚科勤務〉。1908/8/18-1942/12/16）

| 193907 | ：○一遍上人繪卷（杏林温故會［編］『醫譚』第四號、同會） |
| 199411 | ：○〔復刻〕奈良、北山十八間戸、創立に関しての一考察　付、一遍上人の癩救済事蹟（『医譚』第67号、日本医史学会関西支部） |

鈴木　良明（※〈神奈川県鎌倉市・市立〉鎌倉国宝館館長。元同県立金沢文庫文庫長）

199003　：○開帳と勧化（鎌倉市史編纂委員会［編］『鎌倉市史』近世通史編、吉川弘文館）
　　　　※「第四編　信仰と社寺の経営」の第一章。→鈴木良明 199608 ①
199608　◎近世仏教と勧化―募縁活動と地域社会の研究―（岩田書院〔近世史研究叢書１〕）
　　　　※肩書き：「神奈川県立歴史博物館専門学芸員」
　　　　：①鎌倉寺社の開帳と勧化
　　　　※第十章。「二　鎌倉寺社の江戸開帳」に時宗寺院あり。←鈴木良明 199003 を大幅に削除・加筆改題
　　　　：②付録資料１　御免勧化一覧表※新規作成。時宗寺院あり
200212　：①東慶寺縁切寺※世良田満徳寺に言及
　　　　：②遊行寺※単色写真：「遊行寺」本堂・「敵味方供養塔」。後者は同書所収神崎彰利 200212 に「藤沢敵御方供養塔」とあり、写真にみえる標柱も同様
　　　　（以上、神崎彰利・福島金治［編］『鎌倉・横浜と東海道』吉川弘文館〔街道の日本史 21〕）

鈴木　芳枝
200104　：○戦国大名今川氏の寺院支配について（『駒澤大学史学論集』第 31 号、同大学大学院史学会）
　　　　※「今川氏親～義元期の寺院安堵」表に、天文五年（1536）十一月七日付義元判物に対象寺院駿河安西寺、譲渡対象者安西寺、安堵内容は住持職、また天文二十年（1551）十二月七日付義元判物に対象寺院駿河安西寺、譲渡対象者覚阿→阿弥陀仏、安堵内容は住持職・寺領、とあり

鈴木由紀子（※作家）
200810　◎田沼時代を生きた先駆者たち（日本放送出版協会）※ＮＨＫラジオ第 2 放送 2008/10-12 月期毎週火曜日「ＮＨＫカルチャーアワー歴史再発見」テキスト。12/2 放送・翌日再放送「第 10 回　『近世畸人伝』で有名な画家夫妻　池大雅と玉瀾」で「双林寺の住僧謙阿が、寺の境内で書画を売らせた」「僧月峰」「高弟の僧月峰」とす

須田　牧子（※東京大学史料編纂所助教）
200204　：室町期における大内氏の対朝関係と先祖観の形成（歴史学研究会［編集］『歴史学研究』No.７６１、青木書店）
200404　：○中世後期における赤間関の機能と大内氏（『ヒストリア』189 号、大阪歴史学会）
　　　　※←伊藤幸司 200212（「赤間関道場」＝専念寺と比定）を引用
200510　：○中世後期の赤間関（松尾葦江［編］『海王宮―壇之浦と平家物語』三弥井書店）
　　　　※「赤間関道場（＝専念寺）」「全念寺（＝専念寺）」に言及

須藤　重治（※天童郷土研究会会員。故人）
196899　◎天童仏向寺に於ける満月の碑並びに義誉弁良誠阿弁良（須藤私家版）※謄写版

須藤　　宏（※〈兵庫県〉神戸市立中央図書館学芸員）
200510　：○『一遍聖絵』もうひとつの読み方―図像改変の軌跡をたどる―（時衆文化研究会［編集］『時衆文化』第 1 2 号、同会〔岩田書院〔発売〕〕）

須藤　義雄
195600　：○縫目なしの衣　龍姫物語（天童ペン倶楽部・天童郷土研究会［編・主催］『大天童町の歴史と伝説』〈発行元表記なし〉）※一向俊聖に関する伝承に言及。「仏向寺の化松」の項を附す

砂川　　博（※相愛大学名誉教授。元〈福岡県〉北九州市立大学〈現北九州大学〉文学部教授、元兵庫県立相応商業高等学校教諭）
198009　：○長門本平家物語と「坂の者」（『文学』第四十八巻第九号、岩波書店）
198808　：○東京大学附属図書館蔵『清水物語』と時衆（日本文学協会［編集］『日本文学』第 37 巻第 8 号、同会）
　　　　※同書の成立に宇都宮一向寺・宇都宮長楽寺（廃寺）時衆の影響を指摘。→砂川博 199003 ①
198903　：○書評・『中世遊行聖と文学』（『園田学園女子大学国文学誌』第 20 号、同会）
　　　　※←梅谷繁樹 198806 を書評。→砂川博 199905 ⑪
199003　◎軍記物語の研究（桜楓社）
　　　　：①東京大学附属図書館蔵『清水冠者物語』と時衆※←砂川博 198808 改題
199110　：○「明徳記と時衆・再論」―和田英道氏『明徳記―校本と基礎的研究』に触れて―（『北九州大学文学部紀要』第 45 号、同学部）※→砂川博 199905 ⑧
199203　：○『鎌倉殿物語』と念仏比丘尼（『時宗教学年報』第二十輯、時宗教学研究所）※→砂川博 199905 ⑨
199303　：○「一遍聖絵」と「遊行上人縁起絵」―熊野神託・律僧と時衆―（『時宗教学年報』第二十一輯、時宗教学研究所）※貞治六年（1367）八月付西大寺文書「西大寺敷地四至内検断規式条々」にみえる「一向念仏衆事」について一向派の可能性を挙ぐ。→砂川博 199905
199312　：○尼崎大覚寺文書・琵琶法師・中世律院（『北九州大学文学部紀要』第 48 号、同学部）
　　　　※←兵藤裕己 199302 の仮説に言及。→砂川博 199507 →砂川博 199612
199403　：○『遊行上人縁起絵』における『一遍聖絵』の受容（一）―発心から信濃遊行まで―（『時宗教学年報』第二十二輯、時宗教学研究所）※→砂川博 199905 ⑤

199503 ：①他阿弥陀仏真教の丹生山入山・淡河逗留・越前遊行※→砂川博199905⑥
：②『遊行上人縁起絵』における『一遍聖絵』の受容（二）―奥州遊行から甚目寺施行まで―
※→砂川博199905⑤（以上『時宗教学年報』第二十三輯、時宗教学研究所）
199507 ：○尼崎大覚寺文書・琵琶法師・中世律院（『日本史学年次別論文集』1993年版中世2、学術文献刊行会）
※←砂川博199312。→砂川博199612
199603 ：○『遊行上人縁起絵』における『一遍聖絵』の受容（三）―関寺宗論から洛中・洛外賦算まで―（『時宗教学年報』第二十四輯、時宗教学研究所）※←砂川博199905⑤
199612 ：○中世の大覚寺と琵琶法師―「覚一本平語相伝次第」をめぐって―（『地域史研究―尼崎市立地域研究史料館紀要―』26巻1号・通巻76号、同館）※←兵藤裕己199302の仮説に対し、市屋派ではなく六条派の方ではないか、と注で説く。また『師守記』の六条御堂を歓喜光寺とす。因みに一般に六条御堂は京都市東山区万寿寺（臨済宗東福寺派）の別称とされる（小野澤註）。←砂川博199507←砂川博199312
199702 ：○『河田光夫著作集』（全三巻）（『日本文学』第46巻第2号、同協会）※→砂川博199905⑪
199703 ：①一遍と桜※→砂川博199905③
：②『遊行上人縁起絵』における『一遍聖絵』の受容（四）―四天王寺参詣から入滅まで―
※→砂川博199905⑤（以上『時宗教学年報』第二十五輯、時宗教学研究所）
199803 ：①「一遍聖絵」を読む※→砂川博199905②
：②『老松堂日本行録』に見る時宗寺院※→砂川博199905⑩
（以上『時宗教学年報』第二十六輯、時宗教学研究所）
199905 ◎中世遊行聖の図像学（岩田書院）※→梅谷繁樹199910・中村慶太200010・桜井好朗200104（→桜井好朗200610④）・200110①（→200610⑤）書評・藤原重雄200411・大野順子200812紹介
：○金井　清光：序
：①第一章　『一遍聖絵』の論点―研究史を辿る―（一遍の父親／太宰府修行／再出家の理由／善光寺参詣／十一不二の頌／菅生の岩屋／伊予出立／聖戒／賦算／熊野参詣／熊野神託／福岡の市／踊り念仏／尾張甚目寺施行／「非人」／市屋道場／「癩者」入水／「一の人」／法眼伊伊）※←米倉迪夫200805紹介
：②第二章　『一遍聖絵』の謎を解く（太宰府へ／描かれざる聖達／騎馬武者の一団／桜井の別離／福岡市／市屋道場）※←砂川博199803①改題
：③第三章　『一遍聖絵』の隠喩〈メタファー〉―一遍の心象風景の「桜」―※←砂川博199703①改題
：④第四章　『一遍聖絵』と『一遍上人絵詞伝』―熊野神託・律僧と時衆―※←砂川博199303改題
：⑤第五章　『一遍上人絵詞伝』における『一遍聖絵』の受容（一遍の発心と熊野神託／九州遊行／他阿弥陀仏の随件と備前遊行／信濃遊行／陸奥遊行／鎌倉・駿河遊行／尾張甚目寺施行／関寺宗論／洛中化益／「北国」遊行の削除／四天王寺参詣／畿内・山陽道遊行の削除／三島大明神参詣／讃岐・阿波・淡路遊行と入滅まで）
※←砂川博199403・199503②・199603改題
：⑥第六章　他阿弥陀仏真教の丹生山入山・淡路逗留・越前遊行―その宗教的意義について―
※←砂川博199503①改題
：⑦第七章　『奉納縁起記』考
：⑧第八章　『明徳記』の成立と時衆―和田英道氏『明徳記　校本と基礎的研究』に触れて―
※←砂川博199110改題
：⑨第九章　『鎌倉殿物語』と念仏比丘尼※←砂川博199203
：⑩『老松堂日本行録』に見る時宗※←砂川博199803②改題
：⑪書評・梅谷繁樹著『中世遊行聖と文学』※←梅谷繁樹198806を書評。←砂川博198903
：⑫書評『河田光夫著作集』（全三巻）※←砂川博199702
200004 ：①創刊のことば
：②『一遍聖絵』における二、三の問題―『中世遊行聖の図像学』補遺―
※→砂川博200312A⑤。→大野順子200812紹介
：③一遍の「捨てる」思想―今井雅晴著『捨聖　一遍』を読んで―
※←今井雅晴199903を書評。→砂川博200312A⑥
：④編集後記（以上、時衆文化研究会［編集］『時衆文化』創刊号、同会〈岩田書院［発売］〉）
200010 ：①時衆と琵琶法師の関係※→砂川博200110B②
：②編集後記（以上、時衆文化研究会［編集］『時衆文化』第2号、同会〈岩田書院［発売］〉）
200104 ：①「一遍聖絵」とは何か※→砂川博200312A③
：②『照林寺逆修―結衆過現名帳』について※金井清光・砂川・中島暢子［共筆］
：③書評・大橋俊雄『一遍聖絵』※←大橋俊雄200007を書評。→砂川博200312A⑬
：④編集後記（以上、時衆文化研究会［編集］『時衆文化』第3号、同会〈岩田書院［発売］〉）

200110A	：①『一遍聖絵』を読み直す（一）※ 2000/8/18 於相愛大学、時衆文化研究会第1回大会報告「『一遍聖絵』管見」の一部を成稿。→砂川博 200312 ⑤
	：②書評・金井清光著『一遍の宗教とその変容』※←金井清光 200012 を書評。→砂川博 200312A ⑭
	：③紹介・藤原正義著『乱世の知識人と文学』※←藤原正義 200011 を紹介。→砂川博 200312A ⑮
	：④編集後記（以上、時衆文化研究会［編集］『時衆文化』第4号、同会〈岩田書院［発売］〉）
200110B	○平家物語の形成と琵琶法師（おうふう）※→金井清光 200210 ②・200509 ⑧ 書評
	：①尼崎大覚寺文書・琵琶法師・中世律院
	：②琵琶法師と時衆※←砂川博 200010 ①改題
200204	：①「開山弥阿上人行状」考※ 2001/11/18 於神奈川県立歴史博物館、時衆文化研究会第2回大会・一遍聖絵研究会第4回例会報告「『一遍聖絵』を読み直す―聖戒の視点について［付］「開山弥阿上人行状」管見―」の一部を成稿。→砂川博 200312A ⑪
	：②編集後記（以上、時衆文化研究会［編集］『時衆文化』第5号、同会〈岩田書院［発売]〉）
200205	◎一遍聖絵の総合的研究（砂川［編］、岩田書院）※サントリー文化財団 2000 年度「人文科学・社会科学に関する研究助成」（研究テーマ：国宝絵巻『一遍聖絵』の総合的研究）による合同研究成果。カラーカバー図版ネーム：「常陸路の雪景（『一遍聖絵』第五巻第四段）」。→井原今朝男 200304 書評・加須屋誠 200305 紹介・宮島新一 200307 書評と紹介・藤原重雄 200411・大野順子 200812 文献案内
	：○金井　清光：一遍の天王寺賦算と乞食
	：①砂川　博：踊り念仏論※ 2000/9/4 於相愛大学、一遍聖絵研究会第1回例会報告『『一遍聖絵』に見る踊り念仏について」を成稿。→砂川博 200312A ⑧
	：○桜井　好朗：中世神話と宗教―『一遍聖絵』における名号と入水
	：○松尾　恒一：『一遍聖絵』における一遍の社寺参詣
	：○金井　清光：『一遍聖絵』に見る草履・草鞋と被差別民の草履作り
	：②砂川　博：「医聖」としての一遍※ 2000/8/18 於相愛大学、時衆文化研究会第1回大会報告「『一遍聖絵』管見」の一部を成稿。→砂川博 200312A ⑨
	：○高野　修：『一遍聖絵』もう一人の編者
	：○梅谷　繁樹：『一遍聖絵』本文の検討―六条道場本と御影堂本の比較から御影堂新善光寺の性格に及ぶ―
	：○古賀　克彦：『一遍聖絵』と『遊行上人縁起絵』―特に「丙本系」の「常称寺本」「遠山本」と「土佐派粉本」を用いて―
	：○砂川　博：あとがき
200210A	：○赤間神宮（阿弥陀寺）―安徳・平家鎮魂の風景（『國文學―解釈と教材の研究―』第 47 巻 12 号 ［平成 14 年 10 月号］（689）［特集：平家物語］、學燈社）
	※「阿弥陀寺と赤間関時衆」の節あり。→砂川博 200510 で不備を補訂
200210B	：①『一遍聖絵』における聖戒の視点※ 2001/11/18 於神奈川県立歴史博物館、時衆文化研究会第2回大会・一遍聖絵研究会第4回例会報告「『一遍聖絵』を読み直す―聖戒の視点について［付］「開山弥阿上人行状」管見―」の一部を成稿。→砂川博 200312A ④。→加須屋誠 200305 紹介
	：②絵はどこまで読めるか※→砂川博 200312A ⑤。→大野順子 200812 紹介
	：③編集後記（以上、時衆文化研究会［編集］『時衆文化』第6号、同会〈岩田書院［発売]〉）
200303	：○座談会「一遍聖絵の諸相」（若杉準治［編集］・興膳宏［編集代表者］『研究発表と座談会　一遍聖絵の諸相』仏教美術研究上野記念財団助成研究会［同会報告書第三十冊］）
	※詳細⇒若杉準治 200303 ②。砂川は一般参加者席から発言
200304	：①一遍の「北陸遊行」※→砂川博 200312 ⑩
	：②波多野氏と他阿弥陀仏※→戸村浩人 200310 批判。→砂川博 200312A ⑫
	：③編集後記（以上、時衆文化研究会［編集］『時衆文化』第7号、同会〈岩田書院［発売]〉）
200310	：①踊り念仏をめぐる和歌問答『一遍聖絵』―『一遍聖絵』を読み直す（二）―※→砂川博 201212 ⑦
	：②編集後記（以上、時衆文化研究会［編集］『時衆文化』第8号、同会〈岩田書院［発売]〉）
200312A	◎一遍聖絵研究（岩田書院）
	※→金井清光 200404 ②・200509 ⑨・牛山佳幸 200405 書評・藤原重雄 200411・大野順子 200812 紹介
	：①第一章　一遍聖絵の論点（続）―研究史を辿る―※ 2002/12 成稿書き下ろし。→米倉迪夫 200805 紹介
	：②第二章　『一遍聖絵』と『一遍上人絵詞伝』の先後関係※ 2003/1 成稿書き下ろし
	：③第三章　『一遍聖絵』とは何か（金井清光氏の提言／助動詞の使い方／「縁起」の文体）
	※←砂川博 200104 ①を 2003/3 補訂
	：④第四章　『一遍聖絵』における聖戒の視点（智真の再出家と聖戒の出家／基長の「一巻の記」と「詩」／穴生寺の賦算／山内入道の帰依）※←砂川博 200210B ①を 2003/7 補訂。→加須屋誠 200305 紹介

さ行

　　　：⑤第五章　『一遍聖絵』を読み直す（華台上人と聖達上人の僧房／菅生の岩屋／『平治物語絵詞』三条殿夜討巻／四条京極釈迦堂／超一・超二・念仏房の出家／天王寺賦算／三輩九品の念仏道場／筑前の或る武士の館／因幡堂の桜／佐久大井太郎の館）
　　　※←一部は砂川博200004②・200110A①・200210B②補訂、ほかは2002/8書き下ろして改題
　　　：⑥第六章　一遍の「捨てる」思想―今井雅晴著『捨聖　一遍』批判―（鎌倉時代の人々の処世観をめぐって／一遍にとっての「捨てる」意味について／その他の誤解）
　　　※←今井雅晴199903を書評。一部は砂川博200004③問題改題・2003/7補訂
　　　：⑦第七章　一遍と地蔵信仰（研究史素描／一遍の遊行と地蔵登場／一遍と地蔵信仰の接点）
　　　※2002/12成稿。2002/12/1於藤沢遊行寺、時衆文化研究会第3回大会報告を成稿
　　　：⑧第八章　踊り念仏論（今井雅晴氏の提説／一遍の念仏思想／踊り念仏の場と板碑／紫雲の意味／踊り念仏の性格）※←砂川博200206①を2003/3補訂
　　　：⑨第九章　「医聖」としての一遍（念仏者横行に対する弾圧／医聖　一遍／因幡堂と悲田院／『天狗草子』の一遍／山岳修行者の系譜につながる一遍）※←砂川博200206②を2003/7補訂
　　　：⑩第十章　一遍の「北陸遊行」（一遍と空海／金胎両部の垂迹神としての厳島神・気比神／善光寺への参詣路／北陸遊行の可能性／他阿に対する聖戒の配慮）※←砂川博200304①を2003/6補訂
　　　：⑪第十一章　「開山弥阿上人行状」考（研究の現状と問題点／聖絵との関連／聖絵との齟齬）
　　　※←砂川博200204を2003/7補訂
　　　：⑫第十二章　波多野氏と他阿弥陀仏（波多野重通／大友頼泰／一遍の上洛／他阿の伊勢遊行）
　　　※←戸村浩人200310の批判をふまえ、一部大幅に記述を改め、砂川博200304②を2003/10補訂
　　　：⑬書評・大橋俊雄校注『一遍聖絵』※←大橋俊雄200007を書評。←砂川博200104③に「付記」追加
　　　：⑭書評・金井清光著『一遍の宗教とその変容』
　　　※←金井清光200012を書評。←砂川博200110A②に「付記」追加
　　　：⑮紹介・藤原正義著『乱世の知識人と文学』※←藤原正義200011を紹介。←砂川博200110A③

200312B　：○砂川博(1947―)『中世遊行聖の図像学』岩田書院,1999（黒田日出男・加藤友康・保谷徹・加藤陽子［編集委員］『日本史文献事典』弘文堂）※項目執筆

200404　：①聖戒の一遍遊行随行について※→砂川博201212①第二節
　　　：②藤原正義氏の人と学問
　　　：③編集後記（以上、時衆文化研究会［編集］『時衆文化』第９号、同会〈岩田書院［発売]〉）

200410　：①鎌倉遊行―『一遍聖絵』を読み直す（三）―※→砂川博201212⑧
　　　：②編集後記（時衆文化研究会［編集］『時衆文化』第１０号、同会〈岩田書院［発売]〉）

200504　：①聖戒は一遍・時衆批判とどう向き合ったか
　　　※←阿部泰郎200311・牧野淳司200306・岡本貞雄200402を紹介。→砂川博201212①第一節
　　　：②編集後記（以上、時衆文化研究会［編集］『時衆文化』第１１号、同会〈岩田書院［発売]〉）

200510A　：○阿弥陀寺院主四代・時衆・平家物語（松尾葦江［編］『海王宮一壇之浦と平家物語』三弥井書店）※赤間神宮 820 式年記念刊行。「阿弥陀寺と時衆」「平家物語と時衆」の節あり、『一遍聖絵』『時衆過去帳』に言及。→麻原美子200605は同寺「中興開山命阿以来四代を時宗尼寺とする伝承に疑義を呈し」、「伝承の来由を応永期以降の教線活動の活潑化の営為に想定」と評す。←砂川博200210Aの不備を補訂。→砂川博201105①

200510B　：①一遍をめぐる奇跡・奇瑞―『一遍聖絵』をどう読むか―※→砂川博201212①第三節
　　　：②編集後記（以上、時衆文化研究会［編集］『時衆文化』第１２号、同会〈岩田書院［発売]〉）

200604　：①『一遍聖絵』巻一の詞と絵※←大野順子200812紹介。→砂川博201212④
　　　：②琵琶法師と時衆―安養寺旧蔵『寺中行事』をめぐって―※←円山安養寺。→砂川博201105②
　　　：③編集後記（以上、時衆文化研究会［編集］『時衆文化』第１３号、同会〈岩田書院［発売]〉）

200610　：①『一遍聖絵』巻二の詞と絵※←大野順子200812紹介。→砂川博201212⑤
　　　：②編集後記（以上、時衆文化研究会［編集］『時衆文化』第１４号、同会〈岩田書院［発売]〉）

200704　：①『一遍聖絵』巻三の詞と絵（上）※→砂川博201212⑥
　　　：②編集後記（以上、時衆文化研究会［編集］『時衆文化』第１５号、同会〈岩田書院［発売]〉）

200710　：①『一遍聖絵』巻三の詞と絵（下）※→大野順子200812紹介（砂川博200704①は不載）。→砂川博201212⑥
　　　：②編集後記（以上、時衆文化研究会［編集］『時衆文化』第１６号、同会〈岩田書院［発売]〉）

200804　：①『一遍聖絵』巻四の詞と絵（上）※→砂川博201212⑦
　　　：②編集後記（以上、時衆文化研究会［編集］『時衆文化』第１７号、同会〈岩田書院［発売]〉）

200810　：①『一遍聖絵』巻四の詞と絵（下）※→砂川博201212⑦
　　　：②編集後記（以上、時衆文化研究会［編集］『時衆文化』第１８号、同会〈岩田書院［発売]〉）

200904　：①『一遍聖絵』第五の詞と絵（上）※→砂川博201212⑧

：②編集後記（以上、時衆文化研究会［編集］『時衆文化』第１９号、同会〈岩田書院［発売］〉）
200910 ◎一遍聖絵と時衆　時衆文化　第２０号　金井清光先生追悼号（砂川［編］、岩田書院）
※カラーカバー図版ネーム：「国宝一遍聖絵　第７巻　第２段　四条京極釈迦堂の場面　遊行寺宝物館蔵」
：○金井　清光：『一遍聖絵』に見る聖戒の基本態度※遺稿。砂川による「付記」あり
：①砂川　　博：『一遍聖絵』第五の詞と絵（下）※→砂川博 201212 ⑧
：○佐々木　哲：『一遍聖絵』後援者「一人」と『遊行上人縁起絵』作者平宗俊—久我家所領問題と池家—
：○松下みどり：時衆における神祇と女人—「浄不浄をきらはず」をめぐって—
：○高野　　修：戦争と時宗教団（試論）
：○樋口　州男：中世江戸の将門伝説再考
：○林　　　譲：史料紹介『薩戒記』嘉吉三年六月条抜粋—上人号勅許とその文書に関連して—
：○古賀　克彦：中・近世　宗外古記録にみる時宗教団—特に翻刻された寺院史料等について—
：○梅谷　繁樹：遊行回国　拙論拾穂短抄
：②砂川　　博：金井清光　能・狂言・時衆研究　略歴
※←金井清光 199602 ① に 1996 年以降の主要業績を加筆。砂川による「付記」あり
：③砂川　　博：金井清光先生の人と学問
：○梅谷　繁樹：金井清光先生を偲ぶ
：○岡本　貞雄：金井先生のおかげ
：○松尾　葦江：金井清光先生を偲ぶ
：○山下　宏明：金井清光先生とのめぐりあい
：④砂川　　博：編集後記—あとがきに代えて—
201010 ：①『一遍聖絵』第六の詞と絵※→砂川博 201212 ⑨
：②編集後記※←小野澤眞 201003A ① を批判
（以上、時衆文化研究会［編集］『時衆文化』第２１号、同会〈岩田書院［発売］〉）
201105 ◎軍記物語新考（おうふう）
：①阿弥陀寺院主四代・時衆・平家物語※←砂川博 200510A 加筆補訂
：②琵琶法師と時衆—安養寺旧蔵『寺中行事』をめぐって—※←砂川博 200604 ② 加筆補訂
201212 ◎徹底検証　一遍聖絵（岩田書院）
：①序　章　『一遍聖絵』とは何か（第一節　『一遍聖絵』制作のもう一つの意図—聖戒は一遍・時衆批判とどう向き合ったか—※←砂川博 200504 ① 改題。2012/1 加筆補訂／第二節　『一遍聖絵』制作の背景—聖戒は一遍遊行に随行したか—※←砂川博 200404 ① 改題。2012/1 加筆補訂／第三節　『一遍聖絵』の読み方—一遍をめぐる奇跡・奇瑞は史実か—※←砂川博 200510B ① 改題。2012/1 加筆補訂。「付記」追加）
：②第一章　『一遍聖絵』巻一の詞と絵（一遍の出家と修行／一遍の再出家と聖戒の出家／善光寺参詣／窪寺修行と悟得）※←砂川博 200604 ①。2012/2 加筆補訂
：③第二章　『一遍聖絵』巻二の詞と絵（菅生の岩屋修行／伊予出立／天王寺参詣／高野山参詣）
※←砂川博 200610 ①。2012/3 加筆補訂
：④第三章　『一遍聖絵』巻三の詞と絵（熊野参詣／新宮、京、西海道を経て帰国／伊予勧進と聖達上人の百遍の念仏授受）※←砂川博 200704 ①・200710 ①。2012/3 加筆補訂。「付記」追加
：⑤第四章　『一遍聖絵』巻四の詞と絵（筑前の或る武士の屋形／大隅正八幡宮参詣／福岡の市／因幡堂逗留／佐久遊行）※←砂川博 200310 ① 改題・砂川博 200804 ①・200810 ①。2012/3 加筆補訂。「付記」追加
：⑥第五章　『一遍聖絵』巻五の詞と絵（大井太郎屋形／下野小野寺／奥州遊行／松島・平泉、常陸・武蔵遊行／鎌倉遊行）※←砂川博 200410 ① 改題・砂川博 200904 ①・200910 ②。2012/3 加筆補訂。「付記」追加
：⑦第六章　『一遍聖絵』巻六の詞と絵（片瀬の館の御堂、片瀬の浜の地蔵堂／伊豆三島大社参詣／あぢさか入道入水／甚目寺参詣）※←砂川博 201010 ①。2012/4 加筆補訂
：⑧第七章　『一遍聖絵』巻七の詞と絵（尾張・美濃・近江紀行／京洛化益／市屋道場化益／桂道場）
※新稿。2009/2/3 成稿。2012/4 加筆補訂
：⑨第八章　『一遍聖絵』巻八の詞と絵（穴生寺参詣／丹後・但馬、因幡・伯耆遊行／美作一宮参詣／天王寺参詣／住吉大社・太子廟・当麻寺参詣）※新稿。2009/10/3 成稿。2012/4 加筆補訂
：⑩第九章　『一遍聖絵』巻九の詞と絵（石清水八幡宮参詣、淀の上野遊行／天王寺参詣／尼崎・兵庫遊行、教信寺参詣／書写山・松原八幡宮参詣）※新稿。2010/3/22 成稿。2012/4 加筆補訂。「付記二」で、山内譲 201004 ①「一遍の風景—畿内・播磨の旅—」を「一遍の風景・播磨の旅—」と表記（古賀克彦註）
：⑪第十章　『一遍聖絵』巻十の詞と絵（花の下教厳往生と十二道具の持文／備後一宮・安芸厳島参詣／大山祇神社参詣）※新稿。2010/11/10 成稿。2012/3 加筆補訂
：⑫第十一章　『一遍聖絵』巻十一の詞と絵（讃岐・阿波・淡路遊行／志筑天神参詣／淡路・明石遊行、兵庫観

音堂／兵庫観音堂における法談」）※新稿。2011/8/10 成稿。2012/4 加筆補訂
　　　　　：⑬第十二章　『一遍聖絵』巻十二の詞と絵（兵庫観音堂における最後の法談／兵庫観音堂における踊り念仏と最後の賦算／一遍入滅と聖戒の所懐）※新稿。2011/12/29 成稿。2012/3 加筆補訂
　　　　　：⑭あとがき

角田　清美（※〈東京都〉青梅市文化財保護指導員。元同都立北多摩高等学校教諭）
200609　：□ふるさとの文化財 66　今井氏の墓（青梅市役所秘書広報課［編集］『<ruby>編<rt>へん</rt></ruby>おうめ』No. 1062、同課）
　　　　　※今井正福寺にある市指定史跡「今井氏の墓」に言及。単色写真ネーム：「正福寺・今井氏の墓」。肩書は：「市文化財保護指導員」

諏訪　哲夫（※元〈神奈川県〉厚木市郷土資料館嘱託、元同県立瀬谷西高等学校校長）
199601　：◎藤沢宿・遊行寺めぐり報告記（『県央史談』第 35 号、同会）

諏訪　春雄（※学習院大学名誉教授。元国際浮世絵学会初代理事長）
197908　：◎御霊信仰と荒事芸（『文学』第四十七巻第八号、岩波書店）

清　博美（※川柳雑俳研究会代表・江戸川柳研究会会長）
200202　：◎三島から浜松まで　富士の裾野の東海道一富士の山三とまり程はついて行き一（江戸川柳研究会［編］『江戸川柳　東海道の旅』至文堂［国文学　解釈と鑑賞別冊］）…「池田」の項で「熊野」伝承、池田行興寺に言及

誓　願　寺（※京都市中京区・浄土宗西山深草派総本山）
196503　：◎誓願寺史（同寺）※「七、ものがたり」で謡曲「誓願寺」に言及。ただし「一辺上人」と表記

政策推進課（※山形県西村山郡河北町・同町役場内）
200709　：◎広報かほく No. 981［2007 年 9 月 1 日号］（同課［編集］、山形県河北町役場）
　　　　　※第 2・3 面で 2007/9/29 に同町「第 2 回　中心街　寺社と酒蔵めぐりスタンプラリー」の告知記事に谷地長延寺の地図と単色写真が掲載され、「舞踊・若菜会」が催される、とあり
200809　：◎広報かほく No. 1006［2008 年 9 月 15 日号］（同課［編集］、山形県河北町役場）
　　　　　※第 4・5 面で 2008/10/4 に同町「第 3 回　中心街　寺社と酒蔵めぐりスタンプラリー」の告知記事に谷地長延寺の地図と本堂単色写真が掲載され、「舞踊・若菜会」が催される、とあり
200811　：◎広報かほく No. 1009［2008 年 11 月 1 日号］（同課［編集］、山形県河北町役場）※第 7 面の見出し：「中心街の魅力に触れて」で 2008/10/4 於同町「第三回　中心街　寺社と酒蔵めぐりスタンプラリー」の報告した記事に谷地長延寺本堂での「舞踊・若菜会」の単色写真掲載。ただしネーム：「10 月 6 日　長延寺」

西山禪林學會（※京都市東山区・浄土宗西山禅林寺派総本山禅林寺内）
201110　：◎法然上人八百回大遠忌記念『浄土宗叢書』第一巻『観経疏之抄』玄義分中（同會［編集］、同會〈思文閣出版［発売］〉）※藤沢遊行寺蔵同書の影印入り翻刻
　　　　　：○長島　尚道：解題※巻末

青山　白水
191703　：○一遍と遊行（『謡曲界』第六巻第三號、同發行所）

清田　義英（※多摩美術大学名誉教授。元同大学第 8 代学長（2007-2011）。1941-2014/9/28）
199708　：◎中世都市鎌倉はずれの風景（江ノ電沿線新聞社）※『『一遍聖絵』の世界」の章あり
200112　：◎鎌倉の仏教とその先駆者たち（江ノ電沿線新聞社）※「一遍」の節あり

清宮　秀堅（※下總國香取郡佐原村〈現千葉県香取市〉名主。1809/11/8-1879/10/20）
190502　：◎下總國舊事考七（清宮利右衛門私家版〔正文堂・郁文舎・吉川弘文館〔發賣〕〕）
　　　　　※巻十三に「西光寺」（古河）・「吉祥寺」（水海）・「來迎寺」（千葉）・「海隣寺」（佐倉）・「常光寺」「常照寺」「阿彌陀寺」「金福寺」（以上、結城）の項あり。「清宮秀堅」名義。→<u>清宮秀堅 197100</u>
197100　：◎下總國舊事考　附下總國輿地全圖（崙書房）※←<u>清宮秀堅 190502</u>

世界遺産登録推進三館連携特別展企画委員会
201210A　：◎武家の古都・鎌倉（同委員会・神奈川県立歴史博物館［編集］、同館）※ 2012/10/6-12/2 於同館、10/13-12/2 於同立金沢文庫、10/20-12/2 於鎌倉国宝館、図録。図版ネーム：「焼焼阿弥陀縁起絵巻　上巻　鎌倉・光触寺」「一遍聖絵　巻五　正安元年（1299）神奈川・清浄光寺」「一遍上人法語集（播州法語集）鎌倉時代　神奈川・清浄光寺」「一遍上人法語集　鎌倉時代　神奈川・称名寺（神奈川県立金沢文庫）」「一期不断念仏結番（弘安本）鎌倉時代　神奈川・清浄光寺」「一遍上人法語集（播州法語集）鎌倉時代　神奈川・清浄光寺」「一遍上人法語集　鎌倉時代　神奈川・称名寺（神奈川県立金沢文庫）」「遊行上人縁起絵　室町時代 16 世紀　清浄光寺（遊行寺）（片瀬）」「一遍聖絵断簡　円伊筆　正安元年 1299　個人蔵」「黄緑釉扁形花瓶（大平寺跡出土）別願寺」「青磁鎬文酒会壺（大平寺跡出土）別願寺」。「清浄光寺（遊行寺）」の特集ページ、図版ネーム：「青磁下蕪形花瓶　清浄光寺（遊行寺）」「青磁牡丹唐草文香炉　清浄光寺（遊行寺）」「青磁袴腰香炉　清浄光寺（遊行寺）」
201210B　：◎武家の古都・鎌倉（同委員会・神奈川県立歴史博物館［編集］、鎌倉国宝館）
　　　　　※詳細⇒<u>世界遺産登録推進三館連携特別展企画委員会・神奈川県立歴史博物館 201210A</u>。<u>世界遺産登録推進三</u>

連携特別展企画委員会・神奈川県立歴史博物館 201210A と同一のものだが発行元が異なる
世界人権問題研究センター（※京都市中京区・現公益財団法人）
199906　◎人権歴史年表（同センター［編］、山川出版社）
　　　　※「障害者問題」（村上紀夫・田中和男［執筆］）の欄で「一遍の死去　諸国を遊行して積極的に貧しい人を助け、病者を保護していた一遍が死去する。一遍上人絵詞」と立項。ただし 1300（正安 2）年のこととす
世界文化社（※東京都千代田区・株式会社）
200503　◎鎌倉（同社［編集］、同社［週刊　日本の伝説を旅する 4 号［2005 年 3 月 17 日号］］）
　　　　※「神奈川を鳥瞰する伝説地」のページに「小栗判官と照手姫・遊行寺」の項あり
瀬川　欣一（※元（滋賀県蒲生郡日野町）鎌掛公民館館長、元同町教育委員会第 5 代教育長。1928-故人）
198812　：◎日本史的な大きな誤認　蓮華寺・北条仲時一行の墓石群（滋賀県地方史研究家連絡会［編集］『滋賀県地方史研究紀要』第 13 号、同県立図書館）
　　　　※番場蓮華寺境内にある六波羅主従石塔群は、史実とは無関係で近代になって整備されたものと指摘
関　和彦（※元國學院大學文学部兼任講師、元共立女子第二中学校・高等学校校長）
199811　◎古代農民忍羽を訪ねて（中央公論社［中公新書 1449］）※『聖絵』継橋の構造あり
関　徳子（※山野美容芸術短期大学専任講師。立正大学大学院社会福祉学研究科修士課程修了）
200603　：◎時宗　社会福祉事業・活動に関するアンケート調査　集計報告（1）（『時宗教学年報』第三十四輯、時宗教学研究所）※目次は「（一）」。藤森雄介・渡邉義昭・関［共筆］
200703　：◎時宗　社会福祉事業・活動に関するアンケート調査　集計報告（2）（『時宗教学年報』第三十四輯、時宗教学研究所）※目次は「（二）」。藤森雄介・渡邉義昭・関［共筆］
關　靖（※元神奈川縣立金澤文庫初代文庫長、元同縣立平塚高等女學校（現平塚江南高等学校）教諭。1877/3/4-1958/8/9）
193801　：◎小栗照姫の事蹟について（一）（『鎌倉』第四巻第一號、同文化研究會）
193803　：◎小栗照姫の事蹟について（二）（『鎌倉』第四巻第二號、同文化研究會）
193805　：◎小栗照姫の事蹟について（三）（『鎌倉』第四巻第三號、同文化研究會）
瀬木　慎一（※美術評論家。1931/1/6-2011/3/15）
200210　◎日本の美術　読みとき事典（里文出版）※本文で「「一遍上人絵伝」各種」をとりあげるも、単色図版ネーム：「円伊「一遍上人絵伝」巻二（鎌倉時代　清浄光院）」。「天狗草紙絵巻」にも言及し、単色図版：東博本
関口　欣也（※日本大学工学部客員教授・横浜国立大学名誉教授）
199707　◎鎌倉の古建築（有隣堂）※「鎌倉後期の遺構」の項に十二所不触寺本堂内陣、「江戸中期の造営基盤」の項でも光触寺本堂に言及、「鎌倉大工と江戸中期の遺構」の項で光触寺山門に言及。巻末「鎌倉寺社古建築一覧表」に光触寺本堂・山門、山ノ内光照寺山門。単色図版ネーム：「町の局の家（『頬焼阿弥陀縁起絵巻』から）　光触寺蔵」「巨福呂坂町屋（『一遍聖絵』から）歓喜光寺・清浄光寺蔵」
関口　靜雄（※昭和女子大学人間文化学部教授）
201308　：◎木食と呼ばれた人たち（『浅草寺佛教文化講座』第 57 集、同寺）
　　　　※ 2012/7/25 於新宿明治安田生命ホール、第 680 回「浅草寺佛教文化講座」講演記録。単色図版ネーム：「立ちながら往生した一向上人」。ただし本文で滋賀県米原市番場を「岐阜県米原町」番場と表記
関市教育委員会（※岐阜県関市）
199503　：◎新修関市史　史料編　古代・中世・近世 1（支配・貢租）（同委員会［編集］、同市）
　　　　※「［中世］」「1　市内所在史料」の「新長谷寺史料（長谷町）」に「13　天正 8 年孟夏如意珠日　羽淵僧阿弥陀仏画像賛」あり。同じ「［中世］」の「4　記録・語録・経典奥書等」に「（3）時宗関係史料」の項あり、「1　続草庵和歌集」「2　関の与阿弥陀仏あて他阿上人消息（年月日未詳）金沢大学暁烏文庫所蔵」「3　遊行派末寺帳（年月日未詳）京都市長楽寺所蔵」「4　時衆過去帳（応安～永享年間）神奈川県清浄光寺所蔵」「5　藤沢山過去帳　神奈川県清浄光寺所蔵」「6　一蓮寺過去帳（年月日未詳）山梨県一蓮寺所蔵」「7　遊行二十四祖御修行記（年月日未詳）茨城県水戸彰考館」「8　遊行三十一祖京畿網修行記（天正年間）神奈川県長崎慈然氏所蔵」「9　那智籤（永正年間）北野天満宮所蔵」「10　室町幕府御内書案」あり
199902　◎新修関市史　刃物産業編（同委員会［編集］、同市）※『聖絵』福岡の市、三阿弥家・久阿七郎入道等の史料
石仏研究部会（※東京都あきる野市・伊奈石の会内）
200911　：○神奈川県相模原市当麻無量光寺の調査（『伊奈石』第 13 号、伊奈石の会）
石佛寺開山七百年記念事業実行委員会（※高摘石佛寺〈旧時宗一向派・現浄土宗鎮西派〉）
198208　◎石佛寺誌（同委員会［編集］、同寺）
関山　和夫（※元京都西山短期大学学長、元佛教大学文学部教授。1929/10/8-2013/5/9）
198808　◎庶民文化と仏教（大蔵出版［日本仏教のこころシリーズ 8］）→関山和夫 200106
200106　◎庶民芸能と仏教（大蔵出版）※「踊躍念仏」の項あり。←関山和夫 198808 改題・新装版化
関山　泰雄（※〈私立〉地域政策研究所所長。元神奈川県企業庁長。当麻無量光寺檀家）

| 199201 | ◎おりおりの記（地域政策研究会〈かなしん出版［発売］〉） |
| 199208 | ◎おりおりの記　続（地域政策研究会〈かなしん出版［発売］〉） |

脊古　真哉（※同朋大学文学部非常勤講師・同大学仏教文化研究所客員所員・栄中日文化センター講師）
| 200903 | ：○遊行寺蔵『聖徳太子伝暦』と四天王寺蔵六幅本聖徳太子絵伝―聖徳太子絵伝の展開についての予備的考察―『同朋大学佛教文化研究所紀要』第 28 号、同所）※ 2008 年大山誠一・吉田一彦・藤井由紀子と藤沢遊行寺で調査。先行研究として 2008/7/21、「日本における宗教テクストの諸位相と статутная辞法」研究会第 6 部会「宗教図像テクストの世界―聖徳太子図像の宇宙―」における村松加奈子報告「中世聖徳太子絵伝の展開と受容―中世絵伝のネットワーク―」、安城市歴史博物館図録、<u>小山正文 200003 ①</u>等を挙ぐ。なお同伝暦此持者の空性が佛光寺了源であるならば、國阿との交流から、霊山正法寺より施入された可能性あり（古賀克彦註） |

瀬田　勝哉（※武蔵大学名誉教授）
| 201001 | ：○説経『をくり』の離陸―「引く物語」は何を語るか―（『武蔵大学人文学会雑誌』第 41 巻第 2 号、同会）※小栗判官説話『をくり』は遊行 42 代他阿普光が創作・離陸」に関与と推定 |

切　　臨（※駿府一華堂長善寺住職乗阿切臨。1591-1671）
165303	◎伊勢物語集註（全十二巻）（小嶋弥左衛門・小嶋市朗衛門［梓行］）
165702	◎大和物語并首書（全二巻五冊）（谷岡七左衛門［板行］）
171301	◎藤河百首鈔（全三巻）（出雲寺和泉掾）

瀬戸内寂聴（※作家・滋賀県大津市禅光坊〈天台宗山門派総本山比叡山延暦寺一山〉住職）
197806	：一遍上人（『大法輪』昭和五十三年六月号［第 45 巻第 6 号］、大法輪閣）※→<u>瀬戸内寂聴 198702</u>
198702	：一遍上人（栗田勇［編］『一遍』思想読本、法蔵館）※←<u>瀬戸内寂聴 197806</u>
198711	：○『一遍上人語録』と『正法眼蔵』（『大法輪』昭和六十二年十一月号［第 54 巻第 11 号］、大法輪閣）
199206	◎花に問え（中央公論社）※一遍主人公の小説。同年谷崎潤一郎賞受賞。→<u>瀬戸内寂聴 199410</u>←<u>瀬戸内寂聴 200206 ①</u>
199410	◎花に問え（中央公論社〔中公文庫〕）※一遍主人公の小説。←<u>瀬戸内寂聴 199206</u>。→<u>瀬戸内寂聴 200206 ①</u>
200206	◎瀬戸内寂聴全集第十七巻（新潮社） ：①花に問え※一遍主人公の小説。←<u>瀬戸内寂聴 199410</u>←<u>瀬戸内寂聴 199206</u>

芹川　博通（※淑徳短期大学〈現淑徳大学短期大学部〉名誉教授。元比較思想学会第 8 代会長）
| 199904 | ◎仏教思想へのいざない（芹川・渡辺研二・久米原恒久・渡辺真宏［著］、北樹出版）※→<u>芹川博通 200104</u>
：①機法一体の念仏――一遍
：②時宗※単色写真：「清浄光寺（遊行寺）」本堂 |
| 200104 | ◎仏教思想へのいざない［増補版］（芹川・渡辺研二・久米原恒久・渡辺真宏［著］、北樹出版）
※<u>芹川博通 199904</u> 増補
：①機法一体の念仏――一遍
：②時宗※単色写真：「清浄光寺（遊行寺）」本堂 |

仙海　義之（※〈大阪府池田市・公益財団法人阪急文化財団〉逸翁美術館学芸課課長）
199810	○『一遍聖絵』の絵画表現について―御影堂本との比較から―（『美術史』第 145 冊、同学会） ※ 1998/5/29 於早稲田大学、同学会第 51 回全国大会発表要旨。→<u>仙海義之 200010</u>
200010	：○歓喜光寺本『一遍聖絵』の絵画表現について―御影堂本との比較から―（『美術史』第 149 冊、同学会） ※<u>仙海義之 199810</u> に加筆修正し成稿。→<u>黒田日出男 200104</u> 文献案内・<u>藤原重雄 200411</u> 紹介
200303	：○座談会「一遍聖絵の諸相」（若杉準治［編集］・興膳宏［編集代表者］『研究発表と座談会　一遍聖絵の諸相』仏教美術研究上野記念財団助成研究会〔同会報告書第三十冊〕）※詳細⇒<u>若杉準治 200303 ②</u>

全　教　図（※東京都豊島区・株式会社）
| 199605 | ◎原色図解新歴史指導資料大事典（全教図〔教育図書［発売］〕）※『聖絵』（ただしネーム：『一遍上人絵伝』）鎌倉入り〈カラー〉・筑前の武士の館・大津の町並・福岡の市・都市と農村の踊り念仏の比較、金光寺本『縁起絵』（ただしネーム：『一遍聖絵（金光寺）』。キャプションの内容は『聖絵』）の衆を率いる一遍、の各図版 |

1993年度ふるさとづくり委員会（※宮城県石巻市）
| 199300 | ◎一皇子伝説入門（同委員会［編］、社団法人石巻青年会議所）※図版：藤沢遊行寺蔵後醍醐画像 |

善光寺事務局（信州善光寺事務局）（※長野市・単立宗教法人善光寺内）
199311	◎平成五年度全国善光寺第一次調査報告書（同局）※「信州善光寺事務局」名義
199511	◎平成七年度全国善光寺第一次調査追加報告書（一）（同局）※「信州善光寺事務局」名義
200007	◎よくわかる善光寺参り（同局［監修］、チクマ秀版社〔チクマの実学文庫〕） ※「妻戸台」の項で一遍、他阿と時宗、「一遍上人絵詞伝」に言及、『善光寺聖』、巻末「全国善光寺会会員一覧」に寒河江市誓願寺、村山市塩常寺、明野町新善光寺、友部町教住寺、那須町専稱寺、安中市開名寺、桐生市青蓮寺、横浜市千手院、今立町成願寺（長野の欄にも重複掲載）、静岡市新善光寺、藤井市善光寺、宇佐市善光寺、等掲載。一部地名は合併以前

千田　稔（※奈良県立図書情報館館長・国際日本文化研究センター名誉教授）
200207　：○鎌倉仏教　祖師たちの足跡（大隅和雄［責任編集］『鎌倉仏教』朝日新聞社〔週刊　朝日百科・新訂増補　日本の歴史７号［2002 年７月 14 日号］通巻 535 号（改訂１刷）・中世Ⅰ─⑦］）※「一遍（時宗）」の遊行地図を掲げ、カラー図版：清浄光寺・歓喜光寺蔵『一遍聖絵』「故郷を出る一遍」「熊野権現に出会う一遍」

全日本仏教会（※東京都港区・現公益財団法人）
200312　⊙全仏第 494 号（同会）※記事：「時宗法主他阿真円上人晋山式」単色写真ネーム：「晋山された他阿真円上人」
201003　⊙全仏第 557 号（同会）※第４・５面に掲載の「加盟団体をゆく」32 回「時宗」に、宗務長髙木貞歡のインタビュー記事あり。高木の近影と単色写真ネーム：「御賦算にて配られるお札」
201112　⊙全仏第 575 号（同会）※「第五十七回長野県仏教徒佐久大会開催」記事で、「午後一時の開会に先立ち、重要無形文化財「跡部踊り念仏」が披露された。この起源は鎌倉時代に時宗の開祖一遍上人が善光寺に参詣した帰りに現在の佐久市に寄り、上人が音頭をとり弟子と民衆が念仏を唱えて跳ね踊ったのが最初といわれている。この跡部踊り念仏は八人一組で構成され、現在は浄土宗の西方寺で毎月一回定例会として公開されている。」とあり。単色写真ネーム：「重要無形文化財「跡部踊り念仏」が披露された」

仙波　芳一（※〈富山県射水市〉ひばり行政書士事務所県・行政書士・〈同市・私立〉真宗史研究所顧問、元〈東京都〉八王子市郷土資料館専門員（研究員））
200705　：○〔研究ノート〕薩摩藩宗教統制政策の一考察─浄土真宗・キリシタンの禁令から─『日本宗教文化史研究』第一一巻第一号、日本宗教文化史学会）※註で島津氏が兼学していた時宗に言及し、『旧記雑録』後編巻八二 p209 に出る「寛永八年卯月下旬」の「遊行丗五世他阿」書状を紹介

千里文化財団（※大阪府吹田市・現一般財団法人）
199202　◎京都の仏教史（同財団［編］、平河出版社）※「一遍と京都」「時宗の展開と中世文化」の項あり

総合佛教大辞典編集委員会
200502　◎総合佛教大辞典（同委員会［編集］、法藏館）
　　　　※「仏向寺」・「蓮華寺」（番場）の項あり。後者の影印ネーム：「番場蓮華寺（近江名所図会）」

早田　啓子（※昭和女子大学人間文化学部教授）
198503　：宗教歌の機能概念─「一遍聖絵」の場合─（藤沢市文書館［編集］『藤沢市史研究』第 18 号、同館）
　　　　※→早田啓子 201303 ⑤第一節
198702　：○「一遍の思想」─（一）その源流─（『時宗教学年報』第十五輯、時宗教学研究所）
　　　　※→早田啓子 201303 ③第一節
198803　：○「一遍の思想」─（二）その展開─（『時宗教学年報』第十六輯、時宗教学研究所）
　　　　※→早田啓子 201303 ③第二節
198903　：○『一遍の生涯』（一）（『時宗教学年報』第十七輯、時宗教学研究所）※→早田啓子 201303 ④第一節
199003　：○『一遍の生涯』（二）（『時宗教学年報』第十八輯、時宗教学研究所）※→早田啓子 201303 ④第二節
199103　：○『一遍の生涯』（三）（『時宗教学年報』第十九輯、時宗教学研究所）※→早田啓子 201303 ④第三節
199203　：○『一遍の生涯』（四）（『時宗教学年報』第二十輯、時宗教学研究所）※→早田啓子 201303 ④第四節
199303A　：○一遍（一）─六字名号の遊行聖─（『学苑』1993 年３月号、昭和女子大学近代文化研究所）
　　　　※→早田啓子 201303
199303B　：○『一遍の生涯』（五）（『時宗教学年報』第二十一輯、時宗教学研究所）※→早田啓子 201303 ④第五節
199309　：○宗教歌の磁場──一遍聖絵の場合─（『学苑』1993 年９月号、昭和女子大学近代文化研究所）
　　　　※→早田啓子 201303 ⑤第二節
199403　：一遍（二）─六字名号の遊行聖─（『学苑』1994 年３月号、昭和女子大学近代文化研究所）※→早田啓子 201303
201103　：浄土教略史（一）（『学苑』2011 年３月号、昭和女子大学近代文化研究所）→早田啓子 201303 ②
201111　：浄土教略史（二）（『学苑』2011 年 11 月号、昭和女子大学近代文化研究所）
　　　　※浄土教の一遍に至る日本での展開。→早田啓子 201303 ②
201303　◎一遍─その思想と生涯（東京堂出版）
　　　　：①はじめに
　　　　：②第一章　浄土思想の歴史（第一節　浄土について／第二節　阿弥陀仏と浄土の起源／第三節　浄土経典について／第四節　インドの浄土思想／第五節　中国の浄土思想／第六節　日本の浄土思想）
　　　　※←早田啓子 201103・201111 改題
　　　　：③第二章　一遍の思想（第一節　源流※←早田啓子 198702 改題／第二節　展開※←早田啓子 198803 改題）
　　　　：④第三章　一遍の生涯（第一節　誕生※←早田啓子 198903 改題／第二節　出家※←早田啓子 199003 改題／第三節　修行と安心への道※←早田啓子 199103 改題／第四節　宗教活動の構想※←早田啓子 199203 改題／第五節　遊行と踊り念仏※←早田啓子 199303B 改題）
　　　　：⑤第四章　一遍の和歌（第一節　宗教歌の機能概念※←早田啓子 198503 改題／第二節　宗教歌の磁場※←早田啓子 199309 改題）

：⑥付　録　一遍年譜／一遍遊行回国図／おわりに／主要史料・参考文献

僧　　多聞（※元東京都大田区本門寺〈日蓮宗大本山〉第82世貫首、元同宗第51代管長。本名：酒井日慈）
197908　：○一遍を開く―対談―（『ナーム』No. 84（第8巻8号）「特集／一遍」、水書坊）※紀野一義・僧多聞［対談］

創立85周年記念誌編集委員会（※神奈川県相模原市〈現同市南区〉・光明学園相模原高等学校内）
200310　◎光明学園　創立85周年記念誌（同委員会［編集］、光明学園相模原高等学校）
　　　　※当麻無量光寺および同学園創立者・同寺第61世住職山崎弁栄について詳述

続群書類従完成会（※東京都豊島区・株式会社・旧國書刊行會。2006/9/5倒産し八木書店事業継承）
198603　◎群書解題第二巻（同会［編］、同会）
　　　　：①一遍聖絵（聖戒）※ p237
　　　　：②一遍上人行状※ p239
　　　　：③一遍上人年譜略※ p241
　　　　：④浄阿上人行状※ p242

（続）藤沢市史編さん委員会（※神奈川県藤沢市）
200603　◎ニュースは語る20世紀の藤沢―１９５６～２０００―（同委員会［編］、藤沢市役所〔同市史（続）別編3〕）
　　　　※ p180。「遊行寺本山争いの解消／"本山争い"に和解の動き／開山忌に両寺が交流／発展へ協力申し合わせ」。
　　　　【写真】踊り念仏。←神奈川新聞 197810
201003　◎藤沢と遊行寺（髙野修［著］・同委員会［編集］、藤沢市文書館〔同市史ブックレット2〕）
　　　　※髙野の奥付の名義は「髙野修」。詳細⇒髙野修 201003A

袖山　栄真（※長野市十念寺〈浄土宗鎮西派〉住職・〈愛知県名古屋市東区〉・学校法人〉東海学園理事長・東海学園大学学長）
198810　◎甘露水（袖山［編集］、十念寺）※長野市西後町1568の同寺は『一向上人血脈相承譜』所掲水内郡十念寺カ

曾根　研三（※元島根県文化財専門委員。故人）
197504　：○開口神社史私稿（同社社務所［編集］『開口神社史料』同社）※別冊。堺引接寺（四条派。廃寺）に言及

た　　行

他阿　一雲
→河野　憲善
他阿　真円
→加藤　円住
第一法規（※東京都港区・株式会社）
200305　◎月刊文化財 第476号（同社）※カラー表紙ネーム：「国宝　一遍上人絵伝　巻第四絵三段　備前福岡市庭の場面（大／裏面・小・表面）」。林温［表紙解説］
200506　◎月刊文化財第501号（同社）※特集：「新指定の文化財─美術工芸品─」。重要文化財の彫刻部で小田原市蓮台寺蔵「木造真教坐像」記事と単色図版掲載
大機山雲頂禪菴（※神奈川県鎌倉市・臨済宗円覚寺派大本山円覚寺塔頭）
199803　◎雲頂菴古文書集（同菴）※山形県米沢市誓願寺（藤沢派。廃寺）元の長尾景光書状掲載
大乗刊行会（※京都市下京区・浄土真宗本願寺派出版事業局本願寺出版社内）
199210　◎大乗第509号（同会）※カラー口絵：「聖跡をあるく　京都篇」に円山安養寺あり
大昌寺（※東京都日野市・浄土宗鎮西派）
200501　◎説法色葉集（同寺［編］、青史出版）
　　　　※巻八で「箕田〝定恵〟其比一代〝将軍御帰依〟〝建立乗願寺〟」と勝沼乗願寺に言及。←元版：天正十三年（1585）
台東区教育委員会（※東京都台東区）
199503　◎台東区の文化財　第4集（同委員会）※図版：浅草日輪寺蔵「一遍聖人行状図版木」
199803　◎台東区の文化財保護　第2集（同委員会）※図版：浅草日輪寺蔵「一遍聖人行状図版木」
200509　◎台東区のたからもの―寺社所蔵の文化財に見る歴史・文化―（同委員会）※　2005/9/27-10/23　於東京藝術大学大学美術館展示室1、同展図録。「論考」の河合正朝（同区文化財保護審議会委員）［執筆］「台東区の絵画」で浅草日輪寺蔵「一遍聖人行状図版木」に言及し、「図版」の伊藤宏之（同区文化財保護調査員）［執筆］「草創・縁起」の項でそれと同寺蔵「名号板碑」に言及し、カラー図版では：「正和二年銘名号板碑　正和二年（一三一三）　日輪寺（西浅草）」「一遍聖人行状図版木」「江戸時代　日輪寺（西浅草）」、単色図版：伊藤採拓名号板碑、川嶋秀勝摺「一遍聖人行状図」。「展示資料解題」の両者も伊藤宏之［執筆］
台東区教育委員会文化事業体育課（※東京都台東区・現同委員会生涯教育課）
199403　◎台東区文化財調査報告書第15輯「台東区の板碑（浅草篇）」（同課［編集］・同区文化財保護審議会［監修］、同区教育委員会）※東京都台東区浅草寺伝法院（聖観音宗）出土板碑1基に阿号、1基に阿弥号、同寺五重塔地下倉庫板碑3基に阿弥号、浅草日輪寺平将門板碑、蔵前西福寺（浄土宗鎮西派）に阿弥陀仏号板碑1基
第24回相模原市文化財展実行委員会（※神奈川県相模原市〈現同市中央区〉・同教育委員会生涯学習部社会教育課文化財保護係〈現文化財保護課〉内）
199811　◎相模原市文化財展第24回（同委員会［主催］、同市）※「地名からみた当麻の歴史」「当麻山と時宗開祖一遍上人」「当麻の市場・宿場について」「当麻の歴史年表」「当麻山無量光寺の寺領田」「「念仏講」と当麻山」の項あり。なお神奈川県相模原市緑区相原の小字「当麻田」は無量光寺領に因むと伝う
第二図書編集部（※東京都千代田区・毎日新聞社内）
199706　◎絵画　上巻（文化庁［監修］・同部［編集］、毎日新聞社［国宝・重要文化財大全1］）※藤沢遊行寺蔵一向・後醍醐画像、長崎称念寺蔵真教画像、野沢金台寺蔵「一遍上人絵伝」、歓喜光寺・遊行寺共有（ただし「清浄光院」と表記。巻1・6・8の各場面）・東博・前田育徳会・北村又左衛門・瀬津嚴（簡）『聖絵』、兵庫真光寺蔵『遊行縁起』、鉄輪永福寺蔵『遊行上人絵伝』、市屋道場金光寺蔵『遊行上人絵巻』、尾道常称寺蔵『遊行上人絵』、等
199801　◎彫刻　上巻（文化庁［監修］・同部［編集］、毎日新聞社［国宝・重要文化財大全3］）
　　　　※兵庫薬仙寺蔵木造薬師如来坐像、御影堂新善光寺蔵木造地蔵菩薩半跏像、車山雙林寺蔵木造薬師如来坐像、等
199907　◎彫刻　下巻（文化庁［監修］・同部［編集］、毎日新聞社［国宝・重要文化財大全4］）
　　　　※黒駒称願寺蔵木造他阿上人真教坐像、東山長楽寺蔵智真立像・真教倚像・一鎮・尊明・太空・尊恵・暉幽坐像、奥谷宝厳寺蔵木造一遍上人立像（2013/8/10焼失）
大念佛寺（※大阪府東成郡平野郷町〈現大阪市平野区〉・融通念佛宗總本山）
190400　◎大念佛寺誌（同寺）※境内の解説や「歴代世譜」「什寶」一覧などは便利。当時の宗制もわかる。和本
大悲之友雑誌社
189204　：○往生浄土の安心（『大悲之友』第三十一號、同社）※第三十號までは愛友社［發行］
189207　：○二祖他阿彌陀佛御消息（『大悲之友』第三十四號、同社）
189208　：○二祖他阿彌陀佛道場誓文（『大悲之友』第三十五號、同社）
189209　：○二祖他阿彌陀佛道場誓文（『大悲之友』第三十六號、同社）

189210 ：○二祖他阿彌陀佛御消息（『大悲之友』第三十七號、同社）

大　鳳　閣（※東京市下谷區〈現東京都台東区〉）

193211 ◎國寶美術集大成第四卷鎌倉時代上（大鳳閣［編］、大鳳閣書房）※「一遍上人繪傳・解説」あり

大　法　輪　閣（※東京都渋谷区・有限会社）

198502 ⊙大法輪昭和六十年二月号［第52巻第2号］［特集‖捨聖・一遍の宗教世界］（大法輪閣）

大法輪編集部（※東京都渋谷区・大法輪閣内）

200012 ：○《名園のある寺》一覧（上）（『大法輪』平成十二年十二月号［第67巻第12号］、大法輪閣）
　　　　※木之本浄信寺掲載

200303 ：○大法輪カルチャー講座《著名人のお墓のある寺・霊園》一覧④（『大法輪』平成十五年三月号［第70巻第3号］、大法輪閣）※材木座来迎寺の欄に三浦義明

200310 ：○大法輪カルチャー講座《著名人のお墓のある寺・霊園》一覧⑥（『大法輪』平成十五年十月号［第70巻第10号］、大法輪閣）※東山長楽寺の欄に頼山陽

200401 ：○大法輪カルチャー講座《著名人のお墓のある寺・霊園》一覧⑨（補遺・上）（『大法輪』平成十六年一月号［第71巻第1号］［特集‖初めての〈仏典〉入門］、大法輪閣）※金瓶宝泉寺の欄に齋藤宝吉

200402 ：○大法輪カルチャー講座《著名人のお墓のある寺・霊園》一覧⑩（補遺・下）（『大法輪』平成十六年二月号［第71巻第2号］［特集‖〈禅〉を学ぼう］、大法輪閣）※東山双林寺の欄に西行、大坂円成院の欄に松尾芭蕉

平　雅行（※大阪大学文学部教授。元関西大学文学部助教授、元橘女子大学〈現京都橘大学〉文学部助教授）

198812 ：○放下僧と一向衆（部落問題研究所［編］『部落史史料選集』第1巻古代・中世篇、同所出版部）
　　　　※『天狗草紙』一向衆と一向派に言及

199403 ：①越前・若狭の専修念仏※「第一章　武家政権の成立と荘園・国衙領」「第七節　中世前期の信仰と宗教」の「三」。「如道の思想」「時宗の展開」の項あり。長崎称念寺を詳述。『縁起絵』を「一遍・他阿上人絵伝」と表記
　　　　：②宗教秩序の変容※「第六章　中世後期の宗教と文化」「第一節　中世後期の神仏信仰」の「一」。「陣僧」の項あり、時衆に言及。「陣僧」語初見を陣僧役催促の応仁二年（1468）小浜明通寺（真言宗御室派）充文書とす
　　　　（以上、福井県［編集］『福井県史』通史編2、同県）

200007 ：①一向俊聖
　　　　：②一遍※カラー図版：四条道場金蓮寺蔵「一遍僧尼踊躍念仏図」
　　　　：③一遍上人語録（以上『日本歴史大事典』第一巻、小学館）※項目執筆

200010 ：①時宗
　　　　：②他阿真教（以上『日本歴史大事典』第二巻、小学館）※項目執筆

200103 ：○蓮華寺（『日本歴史大事典』第三巻、小学館）※項目執筆。番場蓮華寺

平　祐史（※佛教大学名誉教授・京都市伏見区海徳寺〔浄土宗鎮西派〕住職）

200203 ◎摂津国南浜村源光寺文書（平・西本幸嗣［編著］、佛教大学文学部史学科平祐史研究室）
　　　　※詳細⇒西本幸嗣200203

多賀　宗隼（※国士舘大学名誉教授。元東京都立多摩高等学校教諭。1909/2/23-1994/3/15）

191803 ：○圓伊筆一遍上人繪傳（『國華』第三百三十四號、同社）

194001 ：○當麻無量光寺をめぐりて―中世佛教の一面―（『歴史地理』第七十五巻第一號、日本歴史地理研究會）

194401 ：○圓伊について（『歴史と國文學』第二十八巻第一號、太洋社）

高井　景成

193703 ：○時宗敎團の一考察―特に一向派と遊行派との關係に就て―（『鴨臺史報』第五輯、大正大學史學會）

高尾　察誠（髙尾　察誠）（※長崎称念寺53世住職・〈福井県坂井市・社会福祉法人〉至誠福祉会理事長・時宗教学研究所所員。高尾察良令息）

199702 ：①今なぜ時宗なのか
　　　　：②陣僧
　　　　：③相承（以上、時宗教学研究所［編集］『時宗入門』時宗宗務所）

200001 ：○仏典解説（一）阿弥陀経とは？（『遊行』第130号、時宗宗務所布教伝道研究所）

200003 ：○仏典解説（二）阿弥陀経とは？②（『遊行』第131号、時宗宗務所布教伝道研究所）

200009 ：○仏典解説（三）阿弥陀経とは？③（『遊行』第133号、時宗宗務所布教伝道研究所）
　　　　※肩書は「時宗教学研究所所員」

200101 ：○仏典解説（五）阿弥陀経とは？④（『遊行』第134号、時宗宗務所布教伝道研究所）

200103 ：○仏典解説（六）無量寿経とは？①（『遊行』第135号、時宗宗務所布教伝道研究所）

200104 ◎阿弥陀経の世界　お念仏の教えとは（称念寺）

200107 ：○仏典解説（七）無量寿経とは？②（『遊行』第136号、時宗宗務所布教伝道研究所）

201007 ◎新田義貞公と時衆・称念寺（称念寺）

201403 ：○研究発表要旨　（課題）時宗と現代　時宗の宗風の宣布に向けて―現状と課題②―（『時宗教学年報』第四

十二輯、時宗教学研究所）※「髙尾察誠」名義

201406 ◎松尾芭蕉翁と時衆・称念寺 黒髪光伝説を通して（称念寺）

髙尾　察良（※長崎稱念寺第52世住職。故人）

194010 ◎新田公菩提所 稱念寺縁起（稱念寺）
197711 ◎釈尊の言葉（称念寺）
198205 ◎称念寺にまつわる故事伝説（称念寺奉賛会）
199904 ◎明智光秀と称念寺（称念寺）

髙尾　稔

197003 ：○備後と時衆文芸（その序）（『京都女子高等学校中学校研究紀要』第十五号、同校）

髙木　灌照（※時宗教学研究所研究員。宇都宮応願寺寺族・髙木貞歡令息）

201403 ：○研究発表要旨 二祖真教と宇都宮市の関係性（『時宗教学年報』第四十二輯、時宗教学研究所）

髙木　宗監（※元群馬県利根郡川場村吉祥寺〔臨済宗建長寺派〕住職、元鎌倉学園教諭、元建長寺塔頭宝珠院住職。1904-）

198906 ◎建長寺史 開山大覚禅師伝（建長寺史編纂委員会［編］、大本山建長寺）
　　　　※「大覚禅師と一遍上人」の節あり。口絵：「伝一遍寄進獅子形燭台」

髙木　貞敷（※宇都宮応願寺第43世住職。元時宗宗務長・総本山執事長）

200601 ：○あけましておめでとうございます（『遊行』第154号、時宗宗務所布教伝道研究所）※巻頭言。カラー近影付。別枠の「宗務長ひとことコラム」にカラー写真：「初詣の様子（総本山遊行寺）」。肩書：「時宗宗務長」
200709 ：○発刊に際して（清浄光寺史編集委員会［編集］『清浄光寺史』藤沢山無量光院清浄光寺（遊行寺））
　　　　※肩書：「時宗宗務長・清浄光寺執事長」
200712 ：○自然相和（『大法輪』平成十九年十二月号［第75巻第12号］［特集‖真理への道 ブッダの名句・名言］、大法輪閣）※巻頭言。落款：「藤澤山衆領軒其阿」、肩書：「時宗宗務長・時宗総本山衆領軒」
200801 ：○謹賀新年（『遊行』第162号、時宗宗務所布教伝道研究所）※カラー近影付

髙木　侃（※専修大学史編集主幹・（群馬県）太田市立縁切寺満徳寺資料館名誉館長。元同大学法学部教授）

197607 ◎縁切寺満徳寺史料集（成文堂）
198706 ◎三くだり半―江戸の離婚と女性の歴史（平凡社〔同社選書〕）※→髙木侃199907
199003 ：○江戸時代庶民離婚における夫婦財産（『創価法学』第十九巻第三・四合併号、創価大学法学部）
　　　　※→髙木侃199907
199012 ◎縁切寺満徳寺の研究（成文堂）
199102 ：○三下り半の真相―江戸の女は泣く泣く離縁されたのか？（別冊宝島編集部［編］『江戸の真実』ＪＩＣＣ出版〔別冊宝島126〕）※徳川満徳寺に言及。→髙木侃200003
199103 ：○縁切寺満徳寺史料拾遺―寺院修復関係史料（関東学園松平記念経済文化研究所［編］『利根川水系地域の社会と労働』同所〔同所叢書2〕）
199203 ◎三くだり半と縁切寺―江戸の離婚を読みなおす（講談社〔同社現代新書1092〕）※→髙木侃201411
199302 ：○徳川郷と縁切寺満徳寺（尾島町誌専門委員会［編］『尾島町誌』通史編上巻、同町）
199412 ：①武家屋敷への「縁切り駈込み」史料―岩松（新田）満次郎家の事例
　　　　：②《資料》三くだり半―俳山亭文庫旧蔵・髙木所蔵未完史料―（以上『関東短期大学紀要』第39集、同大学）
199502 ：○武士の離縁状（『愛知学院大学論叢・法学研究』第37巻第1・2合併号、同大学）※→髙木侃199907
199702 ◎縁切寺東慶寺史料（髙木［編］、平凡社）※徳川満徳寺に言及
199808 ：○離縁状はだれのために役立ったのか（歴史教育者協議会［編］『１００問１００答・日本の歴史』4近世、河出書房新社）※項目執筆
199903 ：○縁切寺満徳寺の内済離縁―新史料の紹介をかねて―（見城幸雄先生頌壽記念事業會［編］『法制と文化』見城幸雄教授頌壽記念、愛知大学文學會〔同大學文學會叢書四〕）
199907 ◎増補 三くだり半―江戸の離婚と女性たち（平凡社〔同社ライブラリー296〕）
　　　　※←髙木侃198706。←髙木侃199003 要約・補訂
200003 ◎江戸の真実（宝島社〔同社文庫〕）※←髙木侃199102 改訂
200104 ◎泣いて笑って三下り半―女と男の縁切り作法（教育出版〔江戸東京ライブラリー16〕）
200503 ：○徳川時代後期家族法関係史料（一）―縁切寺満徳寺資料館所蔵離縁状・離縁関係文書（『法学論集』第93号、専修大学法学会〔同大学出版局［製作］〕）
200507 ：○徳川時代後期家族法関係史料（二）―縁切寺満徳寺資料館保管上田四郎コレクション（『法学論集』第94号、専修大学法学会〔同大学出版局［製作］〕）
200707 ：○縁切寺満徳寺の内済離縁事例―武蔵国大里郡平塚新田村「かね」駆け込み一件―（『法学論集』第100号、専修大学法学会〔同大学出版局［製作］〕）※本史料を含め駆け入り事例総数は121件とす
200912 ：○徳川時代後期家族法関係史料（十）―縁切寺満徳寺資料館および髙木侃所蔵・松本藩「和順願」―（『法学

201007	：○《研究ノート》縁切寺満徳寺の内済離縁㈡—新史料の紹介をかねて—（『法学論集』第109号、専修大学法学会〈同大学出版局［製作］〉）
201104	◎三くだり半からはじめる古文書入門（柏書房）※徳川満徳寺に言及
201201	◎徳川満徳寺—世界に二つの縁切寺（みやま文庫）
201203	：◎明治時代離婚法五題—高木所蔵未刊史料の紹介—（青木美智男・森謙二［編］『三くだり半の世界とその周縁』日本経済評論社）※第3章．徳川満徳寺に言及
201411	◎三くだり半と縁切寺　江戸の離婚を読みなおす（吉川弘文館［読みなおす日本史］）
	※→中外日報社201412・中日新聞社東京本社201501・山名美和子201501 紹介．←高木侃199203

高木　文恵（※〈滋賀県彦根市・市立〉彦根城博物館学芸史料課課長補佐（学芸員）・時宗文化財保存専門委員会委員）

199905A	：○テーマ展2「高宮寺と時宗の美術」より　一遍の高弟・他阿真教（『彦根城博物館だより』第45号、同館）
	※図版：彦根高宮寺蔵他阿真教画像
199905B	①高宮寺の歴史と美術
	：②図版解説
	（以上、彦根城博物館［編］『高宮寺と時宗の美術』彦根市教育委員会）※1999/5/14-6/8 於同館、展観図録
199909	：◎滋賀・高宮寺の他阿真教画像（『美学』第五〇巻第二号（通号一九八号）、同会）
200203	：◎時宗文化財調査報告《絵画の部》（『時宗教学年報』第三十輯、時宗教学研究所）※相澤正彦・高木［共筆］
200703	：◎絵画の部（時宗文化財保存専門委員会［編］『時宗文化財調査報告書』第1集、時宗宗務所）
	※詳細⇒有賀祥隆200703．有賀祥隆・相澤正彦・高木［共筆］

高木　豊（※立正大学名誉教授．1928/8/18-1999/5/10）

199610	◎図説日本仏教の歴史鎌倉時代（高木［編］、佼成出版社）
	※表紙：『聖絵』巻七「市屋道場」、本文中に巻二「出立」・巻四「筑前の武士の館」

高岸　輝（※東京大学文学部准教授．元〈奈良市・現公益財団法人〉大和文華館学芸員）

200805	：○十五世紀絵画のパースペクティブ—土佐光信のリアリズム（『隔月刊　文学』第9巻第3号［2008年5・6月号］〈特集＝十五紀の文学〉、岩波書店）※「一遍聖絵」に言及

高楠順次郎（※東京帝國大學〈現東京大学〉名譽教授．元東洋大學第8代學長．1866/6/29-1945/6/28）

193406	◎釋教歌詠全集第二巻（高楠・佐々木信綱・福井久蔵［編］、河出書房）※「一遍上人歌集」あり
193407	◎釋教歌詠全集第三巻（高楠・佐々木信綱・福井久蔵［編］、河出書房）※「二祖御詠集「他阿歌集抄」」あり
193410	◎釋教歌詠全集第五巻（高楠・佐々木信綱・福井久蔵［編］、河出書房）

高桑いづみ（※東京文化財研究所無形文化遺産部無形文化財研究室室長）

200503	：○絵空事の合奏（『芸能の科学』第32号、独立行政法人文化財研究所東京文化財研究所）
	※「一　『一遍聖絵』に描かれた大小鼓の合奏」で、御影堂本にも言及．肩書は：「音楽舞踊研究室長」

高崎　芳美（※〈千葉県〉木更津市文化財保護審議会会長．元同県立中央博物館上席研究員）

199903	：加藤公明著『考える日本史授業2絵画でビデオで大論争！』（『房総史学』第39号、千葉県高等学校教育研究会歴史部会）
	※「一遍上人絵伝から中世社会を考える」の章に関する若干の言及あり．←加藤公明199510を書評

高崎市市史編さん委員会（※群馬県高崎市）

199403	◎新編高崎市史資料編4中世Ⅱ（同委員会［編］、同市）※『浄阿上人行状』『遊行上人体光名集』掲載

高島　幸次（※大阪大学コミュニケーションデザイン・センター招聘教授．元夙川学院短期大学教授）

199703	：真宗興正派　光教寺の歴史（木村壽・高島［著］、光教寺修復委員会）※詳細⇒木村壽199703

鷹巣　豊治（※元東京国立博物館学芸部美術課長．1890/10/20-1962/4/16）

195109	：◎重要文化財一遍上人絵伝（国立博物館［編集］『ＭＵＳＥＵＭ』国立博物館美術誌№6［1951年9月号］、美術出版社）

高田　恒阿（※元時宗僧侶〈除籍〉・小浜西福寺第44世住職．本名：高田良幻．1894-1993/1/23）

198903	：◎大正初期の宗学林物語（『時宗教学年報』第十七輯、時宗教学研究所）

高田　陽介（※東京女子大学文学部教授）

199507	：○中世の火葬場から（五味文彦［編］『中世の空間を読む』吉川弘文館）
	※→高橋繁行200406・勝田至200409 紹介
199609	：○戦国期京都に見る葬送墓制の変容（『日本史研究』四〇九号、同会）※鳥辺野の南無地蔵・宝福寺のほか、時宗系道場の葬祭サービス、尼崎善通寺にある題目板碑にも言及．→勝田至200409 紹介・細川武稔200603 引用
200109	：○［新刊紹介］細川涼一編『三昧聖の研究』（史学会［編集］『史学雑誌』第110編第9号、山川出版社）
	※←細川涼一200103 を新刊紹介
200703	：○時宗寺院の火葬場と三昧聖—中近世京都の二つの史料から—（『史論』第六〇集、東京女子大学学会史学研

究室〉

高田　良信（※奈良県生駒郡斑鳩町法隆寺〈聖徳宗総本山〉長老。元同寺第208世管主・同宗第5代管長）
199810　：○融通念仏宗と法隆寺勧学院（融通念佛宗教学研究所［編集］『法明上人六百五十回御遠忌記念論文集』）
　　　　　大念佛寺〈百華苑［製作］〉）

高田市文化財調査委員会（※新潟県高田市〈現上越市〉）
196303　⊙正善寺の獅子舞と遺跡遺物、称念寺、華園寺、紺屋、錠前屋（同会［高田市文化財調査報告書第5集1962年度］）※高田称念寺あり

高千穂徹乗（※浄土真宗本願寺派勧学。1899-1975）
192406　：○捨聖一遍に就て（『龍谷大學論叢』第二百五十六號、同大學論叢社）
192610　：○時宗の原始教團に就て（『龍谷大學論叢』第二百七十號、同大學）
193004　◎一遍上人と時宗教義（顯眞學苑）
193107　：○阿彌陀經を正依とする時宗の安心（『顯眞學報』第五號［阿彌陀經研究］、顯眞學苑）
193810　：○捨聖一遍上人を憶ふ（京都時宗青年同盟［編］『一遍上人の研究』同同盟〈丁字屋書店［發賣］〉）
196011　：○時宗関係文献目録（『顕真学苑論集』第五十一号、顕真学会）

鷹司　誓玉（※長野市善光寺大本願〈浄土宗捨西派大本山〉第121世法主・〈東京都港区・公益財団法人〉全日本仏教公会第31期副会長）
196803　：○善光寺の回国開帳（『仏教大学研究紀要』第五十二号、同大学）

高野　修（高野　修）（※遊行フォーラム会長・時宗教学研究所顧問、元学習院大学文学部東洋史講師、元〈神奈川県〉藤沢市文書館館長、元全国歴史資料保存利用機関連絡協議会副会長）
197411　：①小栗伝説
　　　　：②遊行寺と万葉集（以上、藤沢市史編さん委員会［編］『藤沢市史』第五巻通史編近世編、同市）
197603　：○解説（藤沢市文書館［編集］『藤沢市史料集』（二）、同館）
　　　　　※藤沢清浄光寺の項がある『我が住む里』『鶏肋温故』に言及。高野・中根和浩［共筆］
197703　：○遊行・藤沢両上人御歴代系譜（藤沢市文書館［編集］『藤沢市文書館紀要』第3号、同館）
197705　：○一遍上人略年譜（一遍聖絵による）（『遊行上人絵巻展図録』遊行寺宝物館）
197903A　：○総社文庫蔵　春登上人『花木吟草』付春登上人の伝（藤沢市文書館［編集］『藤沢市史研究』第12号、同館）※野間真栄・高野［共筆］
197903B　：①由阿の傳と詞林采葉抄→高野修198412
　　　　：○遊行寺宝物館蔵文芸資料解題（一）―和歌の部―（以上『時宗教学年報』第七輯、時宗教学研究所）
198003　：○清浄光寺「佐竹義重判物」について
　　　　：○遊行寺宝物館蔵文芸資料解題（二）―連歌・物語・随筆の部―
　　　　　（以上『時宗教学年報』第八輯、時宗教学研究所）
198103A　◎一遍上人別願和讃直談鈔（河野憲善・高野［編］、時宗教学研究所）
198103B　：①遊行四十二代西国御修行之記（藤沢市文書館［編集］『藤沢市文書館紀要』第4号、同館）
198103C　：○遊行・藤沢上人御府内記（『時宗教学年報』第九輯、時宗教学研究所）
198108　：○遊行寺の文化財（日本仏教研究所［編集］・寺沼琢明［著］『一遍上人と遊行寺』ぎょうせい［日本仏教の心⑪］）
198203　：①遊行四十二代尊任上人回国記
　　　　：②遊行五十六代上人御相続御参府記（以上『時宗教学年報』第十輯、時宗教学研究所）
198206　：①時衆文芸と遊行僧
　　　　：②遊行・藤沢両上人御歴代系譜（以上、橘俊道・圭室文雄［編］『庶民信仰の源流―時宗と遊行聖』名著出版）
198303A　：①一空上人像（版画）について
　　　　：②〈史料紹介〉藤沢三十三代諦如上人豆州熱海御入湯記（以上『時宗教学年報』第十一輯、時宗教学研究所）
198303B　：○解説（藤沢市文書館［編集］『藤沢山日鑑』第1巻、同館）※含、明治期「年中行事」翻刻
198303C　：○時宗教団における沙弥について　附・譲原萬福寺所蔵の沙弥文書（藤沢市文書館［編集］『藤沢市文書館紀要』第6号、同館）
198402　：①遊行上人と御砂持行事
　　　　：②編集後記※ノンブルなし。署名：「（高野）」（以上『時宗教学年報』第十二輯、時宗教学研究所）
198403A　：：時宗教団における四院・二庵・五軒・十室について（寮と阿号／『時宗要義問弁』にみる階級／役寮について）（藤沢市文書館［編集］『藤沢山日鑑』第2巻、同館）※解説
198403B　：①時宗寺院と伝奏
　　　　：②遊行上人菅津光明寺御移リ関係資料（以上、藤沢市文書館［編集］『藤沢市文書館紀要』第7号、同館）
198403C　：○［史料］遊行四代呑海上人入滅記（藤沢市文書館［編集］『藤沢市史研究』第17号、同館）
198412　：○由阿の伝と「詞林采葉抄」（橘俊道・今井雅晴［編］『一遍上人と時宗』吉川弘文館［日本仏教宗史論集10］）
　　　　　※←高野修197903B①改題
198502　：①遊行三十二代普光上人版画について

	：②〈史料紹介〉遊行三十五世法爾上人筆「時宗用心之事」（以上『時宗教学年報』第十三輯、時宗教学研究所）
198503	：○「解説」踊躍念仏＝庭踊のこと（はじめに／一遍と踊り念仏／踊り念仏の定着化／おわりに）（藤沢市文書館［編集］『藤沢山日鑑』第3巻、同館）※無署名
198510A	：○一遍と同行者―聖絵にみる女人たち―（『時宗史研究』創刊号、同会）
198510B	：○時宗の文化遺産（神奈川県立博物館［編］『遊行の美術』同展）※ 1985/10/19-12/1 於同館、特別展図録
198603A	：○「解説」諏訪神社と時宗（藤沢市文書館［編集］『藤沢山日鑑』第4巻、同館）※→高野修 200709A ⑭
198603B	：①『聖絵』にみる踊り念仏と踊屋について
	：②遊行一如上人絵像（以上『時宗教学年報』第十四輯、時宗教学研究所）
198702	：○遊行六十三代・藤沢四十六世尊純上人画像（『時宗教学年報』第十五輯、時宗教学研究所）
198703	：○「解説」時衆と連歌（藤沢市文書館［編集］『藤沢山日鑑』第5巻、同館）
198711	：○遊行寺の信仰集団―民衆にささえられた念仏信仰（三菱総合研究所地域開発部ほか［編著］『ふるさとの人と知恵―神奈川』農文協出版〔人づくり風土記　全国の伝承江戸時代　聞き書きによる知恵シリーズ14〕）
198803	：○（口絵解説）絹本著色国阿上人随心像（『時宗教学年報』第十六輯、時宗教学研究所）
198809	◎時宗近世史料集（白金松秀寺〔白金叢書1〕）
198903A	：○熊野に一遍上人名号碑を訪ねて（『時宗教学年報』第十七輯、時宗教学研究所）
	※禰冝田修然・高野［共筆］
198903B	：○「解説」清浄光寺に鎮座する宇賀神について（藤沢市文書館［編集］『藤沢山日鑑』第7巻、同館）
	※→高野修 200709A ⑥
198904	◎遊行・在京日鑑第一巻（高野［編］、仏教研究所）
198907	：○時宗の典籍（佛敎藝術學會［編集］『佛敎藝術』185［特集　時宗の美術と芸能］、毎日新聞社）
198910	：○遊行・藤沢歴代上人史―時宗七百年史―（禰冝田修然・高野［編著］、松秀寺〔白金叢書〕）
199003A	：○〈口絵解説〉一遍上人絵縁起―万治二年版―（『時宗教学年報』第十八輯、時宗教学研究所）
199003B	：○「解説」堀田家三代の墓碑について（藤沢市文書館［編集］『藤沢山日鑑』第8巻、同館）
	※→高野修 200709A ⑯
199009	◎遊行・在京日鑑第二巻（高野［編］、称名寺・仏教研究所）
	※単色口絵ネーム：「四条大橋で賦算する一遍上人（『遊行上人縁起絵』遊行寺蔵）」。解説なし
	：①宝暦元年（十二月）・宝暦二年（正月～九月）在京日鑑
	※宝暦元年（1751）大晦日（承前）・宝暦二年（1752）元日～九月七日
	：②宝暦二年（九月～十二月）・宝暦三年（正月～五月）在京日鑑
	※宝暦二年（1752）九月八日～大晦日・宝暦三年（1753）元日～五月二十六日
	：③宝暦三年（五月～十二月）・宝暦四年（正月）在京日鑑
	※宝暦三年（1753）五月二十七日～十二月二十九日・宝暦四年（1754）元日～正月二十日
	：④宝暦十一年（二月～八月）遊行日鑑※宝暦十一年（1761）二月二十八日～八月十三日
	：⑤明和六年（三月～十二月）遊行日鑑※明和六年（1769）三月一日～大晦日
	：⑥明和七年（正月～七月）遊行日鑑※明和七年（1770）元日～七月二十三日
	：⑦明和七年（七月～十二月）遊行日鑑※明和七年（1770）七月二十四日～大晦日
199103A	：○後醍醐天皇像について（『時宗教学年報』第十九輯、時宗教学研究所）
199103B	：○「解説」南部茂時の墓（藤沢市文書館［編集］『藤沢山日鑑』第9巻、同館）※→高野修 200709A ㉓
199105	◎時宗中世史料集（高野［編］、松秀寺／白金叢書刊行会［白金叢書］）
	※文書翻刻：教寺、光林寺（以上、岩手県）、龍泉寺（秋田県）、長泉寺、光明寺、高安寺（以上、山形県）、東明寺（福島県）、専称寺、称念寺、専念寺（以上、新潟県）、金台寺（長野県）、一向寺（栃木県）、常光寺（茨城県）、教念寺（埼玉県）、清浄光寺、無量光寺文書、別願寺、光触寺、能水寺（以上、神奈川県）、一蓮寺、西念寺、称願寺、長泉寺、花台寺（以上、山梨県）、西光寺（沼津）、安西寺、長善寺、修福寺、西光寺（磐田）、蓮光寺、行興寺（以上、静岡県）、称名寺、円福寺文書（以上、愛知県）、浄信寺、高宮寺（以上、滋賀県）、新善寺、恵光寺、奥之院、西福寺、浄土寺（以上、福井県）、金蓮寺、正法寺、金光寺（旧七条道場）、歓喜寺、荘厳寺、金光寺（市屋道場。以上、京都府）、引接寺（堺。金蓮寺現蔵）、薬仙寺、興長寺（以上、兵庫県）、荘厳寺（愛媛県）、万福寺、荘厳寺（以上、島根県）、安養寺（鳥取県）、専念寺、善福寺（以上、山口県）
199108	◎遊行・在京日鑑第三巻（高野［編］、称名寺・仏教研究所）
	※単色口絵ネーム：「一向俊聖像（重文）清浄光寺蔵」。解説なし
	：①明和八年（一月～六月）遊行日鑑※明和八年（1771）元日～六月十九日
	：②明和九年（正月～五月）遊行日鑑※明和九年＝安永元年（1772）元日～五月二十六日
	：③明和九年（五月～十月）遊行日鑑※明和九年＝安永元年（1772）五月二十七日～十月十八日
	：④明和九年（安永元年）（十月～十二月）・安永二年（一月～三月）遊行日鑑

　　　　※明和九年=安永元年（1772）十月十八日〜大晦日・安永二年（1773）元日〜三月晦日
　　　　：⑤安永二年（閏三月〜五月）遊行日鑑※安永二年（1773）閏三月一日〜五月晦日
　　　　：⑥安永二年（六月〜十月）遊行日鑑※安永二年（1773）六月一日〜十月二十日
　　　　：⑦安永二年（十月〜十二月）・安永三年（正月〜四月）遊行日鑑
　　　　※安永二年（1773）十月二十日〜大晦日・安永三年（1774）元日〜四月二十八日
199203A　◎時宗近世史料集第二巻（高野［編］・圭室文雄［監修］、白金松秀寺［白金叢書］）
　　　　※単色口絵：白金松秀寺住持任命書。宝暦八〜十二年（1758-1762）『藤沢山書簡控』（末尾に『藤沢山日鑑』「文政十一年」分混入）、明和九〜安永三年（1772-1774）『藤沢山書簡控』、安永六〜七年（1777-1778）『藤沢山書簡控』、安永六〜文政八年（1777-1825）『藤沢山衆領軒寮記録』、安永九〜天明元年（1780-1781）『藤沢山書簡控』、天明七年（1787）（九〜十一月）『諦如上人御参府日鑑』
　　　　：①遊行上人回国覚書―越後国一※解説
199203B　○「解説」清音亭について（藤沢市文書館［編集］『藤沢山日鑑』第10巻、同館）
　　　　※藤沢清浄光寺清音亭は陸奥国白河藩主松平定信（1759/1/15-1829/6/14）の寄進。→高野修 200709A ⑰
199203C　○遊行上人回国覚書―伊予・土佐・阿波・讃岐―（『時宗教学年報』第二十輯、時宗教学研究所）
199209　◎遊行・在京日鑑第四巻（高野［編］、称名寺・仏教研究所）※口絵なし
　　　　：①安永三年（四月〜十二月）遊行日鑑※安永三年（1774）四月二十九日〜十二月二十九日
　　　　：②安永四年（正月〜十二月）遊行日鑑※安永四年（1775）元日〜十二月二十九日
　　　　：③安永五年（正月〜七月）遊行日鑑※在京。安永五年（1776）元日〜七月十六日
　　　　：④安永五年（七月〜十一月）遊行日鑑※安永五年（1776）七月十七日〜十一月二十八日
　　　　：⑤九州地方における遊行上人回国記※解説
199303A　○「解説」『一遍上人語録』刊行寄進者　釈円意居士墓について（藤沢市文書館［編集］『藤沢山日鑑』第11巻、同館）※→高野修 200709A ⑱
199303B　○品川の寺々―都市と寺院の成り立ち―（『品川歴史館紀要』第8号、品川区立品川歴史館）
　　　　※東京都品川区内の時宗寺院に言及。中尾堯・高野・伊ній克己［座談会］・栢植信行［司会］
199305　◎時宗近世史料集第三巻（高野［編］・圭室文雄・長島尚道［監修］、白金松秀寺［白金叢書］）
　　　　※単色口絵：『一遍上人絵縁起』万治二年版　松秀寺蔵。宝暦八年（1758）『一海上人御記録写』、寛政『藤沢山書簡控』、寛政六〜九年（1794-1797）『公私諸訴末山交代記』、寛政十〜十一年（1798-1799）『衆領軒寮日鑑』、『藤沢山記録』（寛政十・十二年。寛政十年三月〜同十一年十一月分、見出しにあたる「目録」はあれども条文は欠）、文化四〜六年（1807-1809）『公儀御触末山交代要用雑記』、文化十二年（1815）『遊行五十五代一空上人書簡控』、文化十二〜文政六年（1815-1823）『公私末山交代録』
　　　　：①遊行上人回国覚書―備前・備中・美作―※解説
199311　◎遊行・在京日鑑第五巻（高野［編］、称名寺・仏教研究所）※単色口絵ネーム：「遊行四十九代一法上人像」
　　　　：①寛政三年（三月〜九月）遊行日鑑（江戸白金）※寛政三年（1791）三月十九日〜九月二十五日＋（目録）
　　　　：②寛政三年（九月）〜寛政四年（閏二月）遊行日鑑（江戸白金ヨリ烏山マテ）
　　　　※寛政三年（1791）九月二十五日〜大晦日・寛政四年（1792）元日〜閏二月十八日
　　　　：③寛政四年（閏二月〜六月）遊行日鑑（烏山ヨリ仙台マテ）※寛政四年（1792）閏二月十八日〜六月十八日
　　　　：④寛政四年（六月〜十一月）遊行日鑑（仙台ヨリ羽州秋田マテ）※寛政四年（1792）六月十九日〜十月七日
　　　　：⑤寛政五年（三月）遊行日鑑（羽州山形）※寛政五年（1793）三月（前欠）〜三月二十四日
　　　　：⑥寛政五年（三月〜七月）遊行日鑑（羽州山形ヨリ越後石内マテ）
　　　　※寛政五年（1793）三月二十五日〜七月二十七日
　　　　：⑦寛政五年（七月）〜寛政六年（三月）遊行日鑑（越後妻有ヨリ福井マテ）
　　　　※寛政五年（1793）七月二十八日〜十二月二十九日・寛政六年（1794）元日〜三月二十六日
　　　　：⑧東北地方における遊行上人回国記※解説
199403A　○「解説」小栗判官照天姫と長生院（藤沢市文書館［編集］『藤沢山日鑑』第12巻、同館）
　　　　※含、「『鎌倉大草紙』にみる小栗伝説」「『小栗略縁起』にみる小栗伝説」「道中記にみる小栗伝説」「藤沢に残る小栗伝説の史跡」。→高野修 200709A ②
199403B　◎時宗寺院名所記（禰宜田修然・高野［編著］、梅花書屋）
199410　◎遊行・在京日鑑第六巻（高野［編］、称名寺・仏教研究所）
　　　　※単色口絵ネーム：「遊行四十二代尊任上人筆「六字名号」」。解説なし
　　　　：①寛政六年（三月〜八月）遊行日鑑（越前岩本ヨリ尾道マテ）
　　　　※寛政六年（1794）三月二十七日〜八月二十一日
　　　　：②寛政六年（八月〜十二月）遊行日鑑（尾道ヨリ博多マテ）
　　　　※寛政六年（1794）八月二十二日〜十二月二十九日

|　　　　　：③寛政七年（一月〜八月）遊行日鑑（博多ヨリ鹿児島・道後マテ）※寛政七年（1795）元日〜八月九日
|　　　　　：④寛政七年（八月〜十二月）遊行日鑑（伊予西条ヨリ兵庫マテ）※寛政七年（1795）八月十日〜大晦日
|　　　　　：⑤寛政八年（一月〜十一月）遊行日鑑（兵庫ヨリ亀山・京都マテ）
|　　　　　※寛政八年（1796）正月十一日〜十一月二十九日
199503　：○「解説」中雀門と放生池について（藤沢市文書館［編集］『藤沢山日鑑』第13巻、同館）
　　　　　※含、「中雀門について」「放生池について」。→高野修200709A⑬
199504　：◎近世時宗教団における僧階制度の確立と変遷について（圭室文雄［編］『民衆宗教の構造と系譜』雄山閣出版）
199511A　：①河野氏※「第一編　歴史編」のコラム
　　　　　：②阿弥陀信仰と神祇※「第一編　歴史編」の「三」
　　　　　：③一遍の御廟所※同コラム
　　　　　：④御砂持※同コラム
　　　　　：⑤時宗の紋※同コラム
　　　　　：⑥時衆の地方展開　近江の時衆※同「六」のうち。番場蓮華寺にも言及、単色写真：六波羅主従石塔群
　　　　　：⑦時衆の地方展開　時宗総本山清浄光寺の創建※同「六」のうち
　　　　　：⑧不往生※「第二編　美術編」のコラム
　　　　　：⑨時衆と時宗※同コラム
　　　　　：⑩遊行上人と藤沢上人※同コラム
　　　　　：⑪小栗伝説※「第三編　文芸編」のコラム
　　　　　：⑫実盛供養の史実と芸能化※同コラム
　　　　　：⑬敵御方供養塔※同コラム
　　　　　：⑭時衆の伝統行事※「第三編　文芸編」のうち（以上、時衆の美術と文芸展実行委員会［編集］『時衆の美術と文芸―遊行聖の世界―』同会〈東京美術［発売］〉）　1995/11/3-12/10　於山梨県立美術館、1996/1/4-28　於長野市立博物館、2/3-25　於（神奈川県）藤沢市民ギャラリー、3/10-4/14　於（滋賀県）大津市歴史博物館、特別展図録
199511B　◎遊行・在京日鑑第七巻（高野［編］、仏教研究所）※単色口絵ネーム：「藤沢三十九世一如上人」。解説なし
　　　　　：①寛政八年（十二月）〜寛政九年（十二月）遊行日鑑（御在京）
　　　　　※寛政八年（1796）十二月一日〜大晦日・寛政九年（1797）元日〜大晦日
　　　　　：②寛政十年（一月〜十二月）遊行日鑑（御在京）※寛政十年（1798）元日〜大晦日（完備）
　　　　　：③寛政十一年（一月）〜寛政十二年（一月）遊行日鑑（御在京）
　　　　　※寛政十一年（1799）元日〜大晦日（完備）・寛政十二年（1800）元日〜正月十五日（後欠）
　　　　　：④寛政十二年（一月〜五月）遊行日鑑（京都ヨリ紀州・熊野マテ）※寛政十二年（1800）正月十六日〜五月二十九日。含、五月十四日〜五月二十九日『熊野御道中日記』『御留守中記』
199603　：○【解説】薄念仏会について（藤沢市文書館［編集］『藤沢山日鑑』第14巻、同館）※→高野修200709A㉗
199611　◎遊行・在京日鑑第八巻（高野［編］、称名寺・仏教研究所）
　　　　　※単色口絵ネーム：「諦如上人名号」「尊祐上人名号」「一空上人名号」。解説なし
　　　　　：①寛政十二年五月〜九月「遊行日鑑」和歌山ヨリ萱津マテ※寛政十二年（1800）五月二十九日〜九月十一日
　　　　　：②寛政十二年九月〜十一月「遊行日鑑」萱津ヨリ藤沢山マテ
　　　　　※寛政十二年（1800）九月十二日〜十一月二十三日
　　　　　：③文化九年三月〜八月「遊行日鑑」藤沢山ヨリ浅草・本田マテ※文化九年（1812）三月十九日〜八月十日
　　　　　：④文化九年八月〜十一月「遊行日鑑」三波川ヨリ小山マテ※文化九年（1812）八月十一日〜十一月十日
　　　　　：⑤文化九年十一月〜（文化十年）二月「遊行日鑑」関宿ヨリ真岡マテ
　　　　　※文化九年（1812）十一月十日〜大晦日・文化十年（1813）元日〜二月八日（後欠）
199612　：○大山詣の参詣路（『山岳修験』第十八号、日本山岳修験学会）
199702　：①時衆と時宗
　　　　　：②時衆の文化
　　　　　：③江戸時代の時宗
　　　　　：④賦算と遊行
　　　　　：⑤時宗の文化財（以上、時宗教学研究所［編集］『時宗入門』時宗宗務所）
199703A　：○時宗文化財調査報告（岩手県）（『時宗教学年報』第二十五輯、時宗教学研究所）※有賀祥隆・高野［共筆］
199703B　：○【解説】清浄光寺と塔頭（藤沢市文書館［編集］『藤沢山日鑑』第15巻、同館）
　　　　　※含、「時宗総本山清浄光寺の創建」「塔頭真浄院」「塔頭真徳寺」「塔頭長生院」「塔頭の位置について」「光岳院（常念仏）について」。→高野修200709A㉑
199708　◎日本の文書館（岩田書院［同書院ブックレット２］）

199803A	：○口絵「真寂上人像」（内子・願成寺蔵）（『時宗教学年報』第二十六輯、時宗教学研究所）
199803B	：○【解説】清浄光寺炎上と再建（はじめに／永正十年の炎上／明治十三年の炎上／関東大震災と本堂）（藤沢市文書館［編集］『藤沢山日鑑』第16巻、同館）※→<u>高野修 200709A</u> ⑳
199809	◎遊行・在京日鑑第九巻（高野［編］、称名寺・仏教研究所）
	※単色口絵ネーム：「如意上人名号」「傾心上人名号」。解説なし
	：①文化十年五月〜八月「遊行日鑑」下総銚子ヨリ野州大田原マテ
	※文化十年（1813）五月二十九日〜八月十八日
	：②文化十年八月〜十一月「遊行日鑑」野州黒羽ヨリ奥州福嶋マテ
	※文化十年（1813）八月十九日〜十一月十二日
	：③文化十年十一月〜文化十一年二月「遊行日鑑」二本松ヨリ仙台マテ
	※文化十年（1813）十一月二十一日〜大晦日・文化十一年（1814）元日〜二月十三日
	：④文化十一年二月〜五月「遊行日鑑」仙台ヨリ鶴岡マテ※文化十一年（1814）二月十三日〜五月二十一日
	：⑤文化十一年五月〜七月「遊行日鑑」羽州鶴岡ヨリ佐州相川マテ
	※文化十一年（1814）五月二十二日〜七月二十九日
	：⑥文化十一年七月〜文化十二年三月「遊行日鑑」佐州宿根木ヨリ越前長崎マテ
	※文化十一年（1814）七月晦日〜大晦日・文化十二年（1815）元日〜三月九日
199903A	：○【解説】寛文六年銘の五輪塔と六地蔵（藤沢市文書館［編集］『藤沢山日鑑』第17巻、同館）
	※→時宗宗務所教学部布教伝道研究所 200001 紹介。→<u>高野修 200709A</u> ⑮
199903B	：①旧跡藤沢と呑海上人像
	：②時宗文化財調査報告※有賀祥隆・高野［共筆］（以上『時宗教学年報』第二十七輯、時宗教学研究所）
200003A	：○【解説】清浄光寺の寺院明細帳（藤沢市文書館［編集］『藤沢山日鑑』第18巻、同館）
	※高野により新たに作成された現代版「清浄光寺明細帳」掲載
200003B	：①時宗文化財調査報告〈書跡の部〉（『時宗教学年報』第二十八輯、時宗教学研究所）
200007	：時宗の文化財（一）「一遍名号」（『遊行』第132号、時宗宗務所布教伝道研究所）
200009	：時宗の文化財（二）「一遍影像」（『遊行』第133号、時宗宗務所布教伝道研究所）※カラー図版ネーム：「御影堂の一遍上人像／『一遍聖絵』等十二」、単色写真ネーム：「一遍上人立像（無量光寺蔵）」
200011	◎遊行・在京日鑑第十巻（高野［編］、称名寺・仏教研究所）※単色口絵ネーム：「藤沢 20 世信碩上人名号」「遊行 44 代普通上人名号」「遊行 45 代藤沢 21 世尊遵（※上人名号）」。解説なし
	：①文化十二年三月〜五月「遊行日鑑」小浜ヨリ出石マテ※文化十二年（1815）三月九日〜五月二十五日
	：②文化十二年五月〜八月「遊行日鑑」但馬九日市ヨリ藤沢マテ
	※文化十二年（1815）五月二十五日〜八月十九日
	：③文政七年四月〜十一月「遊行日鑑」江戸浅草ヨリ黒駒マテ※文政七年（1824）四月十九日〜十一月朔日
	：④文政七年十一月〜文政八年三月「遊行日鑑」甲府ヨリ一蓮寺山馬籠マテ
	※文政七年（1824）十一月朔日〜大晦日・文政八年（1825）元日〜三月二十九日
	：⑤文政八年三月〜七月「遊行日鑑」濃州加納ヨリ伯州米子マテ※文政八年（1825）三月晦日〜七月二日
	：⑥文政八年七月〜十月「遊行日鑑」伯州米子ヨリ石州益田マテ※文政八年（1825）七月二日〜十月十二日
	：⑦文政八年十月〜文政九年正月「遊行日鑑」石見益田ヨリ肥前唐津マテ
	※文政八年（1825）十月十三日〜大晦日・文政九年（1826）年元日〜正月晦日
200101	：○時宗の文化財（三）「一遍画像」（『遊行』第134号、時宗宗務所布教伝道研究所）
200103A	：①踊り念仏の源流
	：②時宗文化財調査報告《書跡の部》※高野・相澤正彦・薄井和男［共筆］
	（以上『時宗教学年報』第二十九輯、時宗教学研究所）
200103B	：○【解説】山門前青銅灯籠のこと（藤沢市文書館［編集］『藤沢山日鑑』第19巻、同館）※→<u>高野修 200709A</u> ㉒
200103C	：○時宗の文化財（四）「十二光箱」（『遊行』第135号、時宗宗務所布教伝道研究所）
200104	：○遊行回国・藤田美術館訪問記（時衆文化研究会［編集］『時衆文化』第3号、同会〈岩田書院［発売］〉）
200106	◎一遍聖人と聖絵（岩田書院）※時宗宗学林での講義に、2000 年度遊行フォーラム実行委員会主催「一遍聖絵を読む」での講義時の質疑応答を加味。「一遍略年譜」あり。→岡本貞雄 200210 紹介
200107A	：①一向俊聖／②金光寺※市屋道場／③金光寺※七条／④金蓮寺※四条道場／⑤日輪寺／⑥万福寺※益田／⑦無量光寺（以上、大島建彦・薗田稔・圭室文雄・山本節［編］『日本の神仏の辞典』大修館書店）
	※項目執筆。同辞典に限り便宜上、項目を一括表記す
200107B	：時宗寺院明細帳1（時宗教学研究所［編集代表・発行所］、時宗宗務所［発行者］）※詳細⇒<u>時宗教学研究所 200107</u>
	：①寺院明細帳解説
200107C	：○時宗の文化財（五）「二河白道図」（『遊行』第136号、時宗宗務所布教伝道研究所）

| 200109 | :○時宗の文化財（六）「二祖真教上人の名号」（『遊行』第137号、時宗宗務所布教伝道研究所）
| | ※カラー図版：福島県白河市小峰寺蔵「二祖上人名号」
| 200201 | :○時宗の文化財（七）「二祖真教上人彫像」（『遊行』第138号、時宗宗務所布教伝道研究所）
| 200203A | :①一遍の旅※ 2001/10/23 於藤沢遊行寺、信徒講習会記録
| | :②時宗文化財調査報告《書跡の部》（以上『時宗教学年報』第三十輯、時宗教学研究所）
| 200203B | :○時宗の文化財（八）「二祖真教上人彫像」（『遊行』第139号、時宗宗務所布教伝道研究所）
| 200203C | :【解説】清浄光寺の復興と「いろは坂」四十八段（藤沢市文書館［編集］『藤沢山日鑑』第20巻、同館）
| | ※「はじめに」「清浄光寺の炎上と復興」「普光上人と「いろは」坂」。→高野修 200709A ④
| 200203D | :遊行寺と一遍上人（神奈川県立図書館調査部地域資料課［編集］『郷土神奈川』第40号、同館）※随想
| 200206A | :○『一遍聖絵』もう一人の編者（砂川博［編］『一遍聖絵の総合的研究』岩田書院）※ 2000/11/26 於國學院大学、一遍聖絵研究会第2回例会報告「『一遍聖絵』もう一人の編者―真教―について」を成稿
| 200206B | ◎時宗寺院明細帳2（時宗教学研究所［編集代表・発行所］、時宗宗務所［発行者］）※詳細⇒時宗教学研究所 200206
| | :①時衆用心之事※口絵解説
| 200207 | :○時宗の文化財（九）「持蓮華」（『遊行』第140号、時宗宗務所布教伝道研究所）
| 200209A | :○時宗の文化財（十）「三祖智得の像・名号」（『遊行』第141号、時宗宗務所布教伝道研究所）
| 200209B | ◎遊行・在京日鑑第十一巻（高野［編］、称名寺・仏教研究所）
| | ※単色口絵ネーム：「尊証上人名号」「唯称上人名号」「賦国上人名号」。解説なし
| | :①文政九年二月～四月「遊行日鑑」平戸ヨリ人吉マテ※文政九年（1826）二月朔日～四月二十日
| | :②文政九年四月～七月「遊行日鑑」人吉ヨリ豊後臼杵マテ※文政九年（1826）四月二十一日～七月二十日
| | :③文政九年七月～十一月「遊行日鑑」豊後臼杵ヨリ備前岡山マテ
| | ※文政九年（1826）七月二十一日～十一月十六日
| | :④文政九年十一月～文政十年五月「遊行日鑑」備前岡山ヨリ和泉堺マテ
| | ※文政九年（1826）十一月十七日～大晦日・文政十年（1827）元日～五月八日
| | :⑤文政十年五月～七月「遊行日鑑」堺ヨリ京七条道場マテ※文政十年（1827）五月九日～七月九日
| 200301 | :○時宗の文化財（十一）「時衆の過去帳」（『遊行』第142号、時宗宗務所布教伝道研究所）
| 200303A | ◎時宗教団史―時衆の歴史と文化―（岩田書院）※時宗宗学林講義を成稿。カラー表紙・口絵：『縁起絵』「乙本」系「南要本」。藤沢派中心。→時宗宗務所布教伝道研究所 200309 紹介・梅谷繁樹 200310 書評。→高野修 200709A ③・200709A ⑦・200709A ⑧・200709A ⑨・200709A ⑩・200709A ⑫・200709A ㉕
| 200303B | :○時宗の文化財（十二）「鉦鼓」（『遊行』第143号、時宗宗務所布教伝道研究所）
| 200303C | :①南要本『一遍上人絵詞伝』の所見※ 2002/10 時宗教学研修会、2002/11 時宗栃木教区研修会のレジュメに加筆したもの
| | :③『一遍聖絵』修復後の翻刻（巻第一）※長島尚道・高野・石塚勝・遠山元浩［共筆］
| | （以上『時宗教学年報』第三十一輯、時宗教学研究所）
| 200303D | :○【解説】清浄光寺の文化財（藤沢市文書館［編集］『藤沢山日鑑』第21巻、同館）※有用
| 200307A | ◎時宗寺院明細帳3（時宗教学研究所［編集代表・発行所］、時宗宗務所［発行者］）※詳細⇒時宗教学研究所 200307
| | :①口絵解説　起請文
| 200307B | :○時宗の文化財（十二）「一向上人俊聖の影像・画像・名号」（『遊行』第144号、時宗宗務所布教伝道研究所）
| | ※単色図版ネーム：「一向上人像・遊行寺蔵」
| 200309 | :○時宗の文化財（十四）「遊行四代呑海上人の影像・画像・名号」（『遊行』第145号、時宗宗務所布教伝道研究所）※単色図版・写真ネーム：「呑海上人名号（遊行寺蔵）」「呑海上人像」
| 200310 | :○一遍における聖、聖人、上人についての試論（時衆文化研究会［編集］『時衆文化』第8号、同会〈岩田書院［発売］〉）※ 2002/12/1 於藤沢清浄光寺、時衆文化研究会第3回大会報告を成稿
| 200401 | :○時宗の文化財（十五）「ご本尊（その一）」（『遊行』第146号、時宗宗務所布教伝道研究所）
| | ※単色写真ネーム：「菅浦阿弥陀寺御本尊」
| 200403A | :①『一遍聖絵』修復後の翻刻（巻第二・第三）※長島尚道・高野・遠山元浩・石塚勝［共筆］
| | :②時宗文化財調査報告※ 2002 年度「時宗文化財調査報告」（愛知県・東京都）。〈書籍の部〉〈墨書〉新居教恩寺・大知波向雲寺・小坂井善福寺・岡崎誓願寺・同光明寺・大浜称名寺・川口法蔵寺・八王子宝樹寺。2003 年度「時宗文化財調査報告」（愛知県・三重県・岐阜県）。〈書籍の部〉〈墨書〉熱田円福寺・常滑蓮台寺・三光院・乙川光照寺・津島光寺・表佐阿弥陀寺・垂井金蓮寺・金蓮寺檀家の北島英一氏所蔵史料
| | （以上『時宗教学年報』第三十二輯、時宗教学研究所）
| 200403B | :○いま、社寺資料が危ない―社寺史料の保存と活用について（『社寺史料研究』第6号、同会）
| | ※同会講演会記録。遊行寺・同宝物館・一遍・『一遍聖絵』『一遍上人語録』等に言及。→古賀克彦 200410 紹介
| 200403C | :○時宗の文化財（十六）「ご本尊（その二）」（『遊行』第147号、時宗宗務所布教伝道研究所）

　　　　　※単色写真ネーム：「阿弥陀三尊像（善光寺式）群馬　青蓮寺」
200403D　：○【解説】尊任・尊観と清浄光寺（藤沢市文書館［編集］『藤沢山日鑑』第22巻、同館）
200403E　：○地域史料館をめざして（『神奈川地域史研究』第22号、同会）※ 2003/4/19 於藤沢清浄光寺会議室、同会記
　　　　　念講演会報告を成稿。『藤沢山日鑑』・『遊行日鑑』・時宗教学研究所200303・遊行上人・小山現声寺等に言及
200406　◎時宗寺院明細帳4 (時宗教学研究所［編集代表・発行所］、時宗宗務所［発行者］) ※詳細⇒時宗教学研究所200406
　　　　　：①遊行二十九代　体光上人書状
　　　　　※単色口絵解説・図版釈文。←有光友學199503を引用し充実「今河治部大輔」を今川義元に比定。無署名
200407　：○時宗の文化財（十七）「ご本尊（その三）」（『遊行』第148号、時宗宗務所布教伝道研究所）
　　　　　※単色写真ネーム：「国阿上人像（正法寺）」
200409　：○時宗の文化財（十八）「ご本尊（その四）」（『遊行』第149号、時宗宗務所布教伝道研究所）
　　　　　※単色写真ネーム：「聖観世音菩薩」
200411　◎遊行・在京日鑑第十二巻（高野［編］、仏教研究所）※単色口絵：「遊行56代傾心上人名号と墓碑」。解説なし
　　　　　：①文政十年七月〜十一月「遊行日鑑」京七条道場ヨリ三州挙母マテ
　　　　　※文政十年（1827）七月十日〜十一月二十五日
　　　　　：②文政十年十一月〜文政十一年八月「遊行日鑑」三州挙母ヨリ藤沢山マテ
　　　　　※文政十年（1827）十一月二十六日〜十二月二十九日・文政十一年（1828）元日〜八月三日
　　　　　：③天保四年十月〜天保五年五月「遊行日鑑」舞木月福寺ヨリ住吉マテ
　　　　　※天保四年（1833）十月朔日〜十二月晦日・天保五年（1834）元日〜五月四日
　　　　　：④天保五年五月〜天保六年二月「遊行日鑑」府中花園寺ヨリ太田浄光寺マテ
　　　　　※天保五年（1834）五月五日〜大晦日・天保六年（1835）元日〜二月十六日
　　　　　：⑤天保六年二月〜四月「遊行日鑑」太田浄光寺ヨリ須賀川金徳寺マテ
　　　　　※天保六年（1835）二月十七日〜四月十七日（後欠）
　　　　　：⑥天保六年四月〜六月「遊行日鑑」須賀川金徳寺ヨリ加茂西光寺マテ
　　　　　※天保六年（1835）四月十八日（前欠）〜六月十九日（後欠）
　　　　　：⑦天保六年六月〜十二月「遊行日鑑」三条乗蓮寺ヨリ藤沢山マテ
　　　　　※「傾心上人越後佐渡御巡教・於高田御遷化一条」。天保六年（1835）六月二十日〜十二月十一日
200501　：○時宗の文化財（十九）「過去帳（その二）」（『遊行』第150号、時宗宗務所布教伝道研究所）
200502　◎遊行寺（高野・遠山元浩［著］・高野［文担当］、時宗宗務所・時宗総本山清浄光寺（遊行寺））
　　　　　※全カラー案内書。カラー口絵ネーム：「遊行七十四代真円上人御名号」。→高野修200709A ③・200709A ㉔
　　　　　：長島　尚道：刊行によせて
　　　　　：①高野　　修：遊行寺の概観
　　　　　：②高野　　修：遊行寺境内の案内（山内伽藍と諸史跡／文学碑）
　　　　　：③高野　　修：遊行寺の寺宝（絵画／聖教・和讃／和書／遊行歴代上人御名号）
　　　　　：④高野　　修：遊行寺の主な法要
　　　　　：⑤高野　　修：藤沢山略年譜
　　　　　：⑥高野　　修・遠山　元浩：あとがき
200503A　：①一遍聖の自然観※ 2004/10/17 於神奈川県立近代美術館葉山館、講演要旨
　　　　　：②時宗文化財調査報告（滋賀県）（以上『時宗教学年報』第三十三輯、時宗教学研究所）
200503B　：○時宗の文化財（二十）「鰐口」（『遊行』第151号、時宗宗務所布教伝道研究所）
　　　　　※単色写真：藤沢遊行寺の鰐口
200503C　：○【解説】遊行上人相続の日について（藤沢市文書館［編集］『藤沢山日鑑』第23巻、同館）※単色口絵ネー
　　　　　ム：「藤沢山清浄光寺役者印鑑　明治四年三月　清浄光寺蔵」。含。「寛政三亥年／御相続一件諸用控／三月」飜刻
200506　◎時宗寺院明細帳5 (時宗教学研究所［編集代表・発行所］、時宗宗務所［発行者］) ※詳細⇒時宗教学研究所200506
　　　　　：①口絵解説　総本山藤沢遊行寺別院遊行寺
200507　：○時宗の文化財（二十一）「阿弥衣と釜」（『遊行』第152号、時宗宗務所布教伝道研究所）
　　　　　※単色図版ネーム：「一向上人像」「一遍上人像」
200509　：○時宗の文化財（二十二）「六時礼讃」（『遊行』第153号、時宗宗務所布教伝道研究所）
　　　　　※単色図版ネーム：「遊行三十二代晋光上人筆／紙本墨書／慶長十八年（１６１３）江戸時代／縦 11・4　横 10
　　　　　・3」（2葉）。肩書き：「時宗教学研究所所員」
200601　：○時宗の文化財（二十三）「六時居讃」（『遊行』第154号、時宗宗務所布教伝道研究所）
　　　　　※単色図版ネーム：「六時居讃（遊行寺蔵）」
200603A　：○時宗の文化財（二十四）（『遊行』第155号、時宗宗務所布教伝道研究所）
200603B　：○【解説】清浄光寺蔵の後醍醐天皇像（藤沢市文書館［編集］『藤沢山日鑑』第24巻、藤沢市文書館）

	※単色口絵ネーム：「後醍醐天皇像」
200603C	①「尊任上人旅日記」と遊行回国
	:②時宗文化財調査報告《書跡の部》※北陸地方（以上『時宗教学年報』第三十四輯、時宗教学研究所）
200604	:○遊行上人相続と御朱印状（圭室文雄［編］『日本人の宗教と庶民信仰』吉川弘文館）
	※寛政三年（1791）三月記録の遊行五十四代尊祐『御相続一件諸用控』を要点引用
200606	◎時宗寺院明細帳6（時宗教学研究所［編集代表・発行者］、時宗寺務所［発行者］）※詳細⇒時宗教学研究所200606
200607	:○時宗の文化財（二十五）「播州法語集」（『遊行』第156号、時宗寺務所布教伝道研究所）
	※単色図版ネーム：「『播州法語集』（清浄光寺蔵）」
200609	:○時宗の文化財（二十六）「中国淘磁──その一」（『遊行』第157号、時宗寺務所布教伝道研究所）
	※「淘」は原文ママ。単色写真ネーム：「青磁花瓶（清浄光寺蔵）」。肩書き：「時宗教学研究所所員」
200610	◎遊行・在京日鑑第十三巻（高野［編］、仏教研究所）※口絵ネーム：「遊行57代 藤沢40世 一念上人名号（山形 漆山 遍照寺蔵）」。嘉永元〜五年（1848-1852）分。ただし嘉永元年は三月二十日〜十一月二十日、十一月二十五日〜十二月二十九日まで、同三年は九月四日まで。同四年は欠、同五年は六月十七日〜十二月二十九日まで
200701	:○時宗の文化財（二十七）「中国淘磁──その二」（『遊行』第158号、時宗寺務所布教伝道研究所）※小見出し：「香炉（一）」。単色図版ネーム：「青磁算木文三足香炉（清浄光寺蔵）」「青磁牡丹唐草文香炉（清浄光寺蔵）」
200703A	:○時宗の文化財（二十八）「中国陶磁──その三」（『遊行』159号、時宗寺務所布教伝道研究所）※小見出し：「香炉（二）」。単色写真ネーム：「青磁袴腰香炉（一）（清浄光寺蔵）」「青磁袴腰香炉（二）（清浄光寺蔵）」
200703B	:○【解説】清浄光寺における瑜伽大権現について（藤沢市文書館［編集］『藤沢山日鑑』第25巻、同館）
	※単色口絵ネーム：「清浄光寺境内図　明治期」「部分（瑜伽社、熊野社）」
200703C	:①書跡の部
	※第1（北海道・青森県・岩手県）・5（新潟県）・16・17（静岡県）・24（広島県・愛媛県・香川県）教区
	:②その他の部※多太神社（石川県小松市）所蔵の遊行上人御名号
	（以上、時宗文化財保存専門委員会［編］『時宗文化財調査報告書』第1集、時宗寺務所）
200703D	:①先祖を偲ぶ癒しの踊り──踊念仏と一遍聖──←2006/9/1放送NHK-FMラジオ深夜便「こころの時代」での河村陽子との対談草稿と2006/10/12時宗檀信徒講習会での講話をまとめて加筆。→高野200709A ①
	:②時宗文化財調査報告（大阪府・和歌山県・兵庫県）※除、竹ường興長寺・豊岡西光寺
	（以上『時宗教学年報』第三十四輯、時宗教学研究所）
200706	◎時宗寺院明細帳7（時宗教学研究所［編集代表・発行所］、時宗寺務所［発行者］）※詳細⇒時宗教学研究所200706
200707	:○時宗の文化財（二十九）「中国陶磁──その四」（『遊行』第160号、時宗寺務所布教伝道研究所）
	※小見出し：「香炉（三）」。単色写真ネーム：「青磁人物燭台」。肩書き：「時宗教学研究所所員」
200709A	:①踊念仏の源流と一遍上人※「第一章　開創以前」の第四節。←高野修200703D ①改題
	:②小栗伝説と太空上人※「第三章　興隆期」の第六節。←高野修199403A改題
	:③藤沢旧領の確保と呑海上人像※「第四章　中興期」の第二節。←高野修200502中「遊行寺の焼亡とその再興」改題←高野修200303A中「旧跡藤沢と呑海上人像」改題
	:④清浄光寺の復興※同第四節。←高野修200203C改題、「いろは坂」の部分削除
	:⑤遊行上人と藤沢上人※同第五節
	:⑥徳川氏と宇賀神※同第六節。←高野修198903B改題
	:⑦時宗寺院の本末制度※同第七節。←高野修200303A抜萃
	:⑧僧階の確立※同第八節。←高野修200303A抜萃・改題
	:⑨幕末より明治初年の清浄光寺「第五章　明治期以降」の第一節。←高野修200303A抜萃
	:⑩不断遊行から随時遊行※同第二節。←高野修200303A抜萃
	:⑪宗学林の確立※同第三節
	:⑫大震災復興と本末解消※同第五節。←高野修200303A抜萃
	:⑬中雀門と放生池※「第六章　清浄光寺境内案内」の第一節。←高野修199503改題
	:⑭諏訪神社と清浄光寺※同第二節。←高野修198603A改題
	:⑮寛文六年銘の五輪塔と六地蔵※同第三節。←高野修199903A
	:⑯堀田家三代の墓碑※同第四節。←高野修199003B改題
	:⑰清音亭※同第五節。←高野修199203B改題
	:⑱円意居士の墓※同第六節。←高野修199303A改題
	:⑲遊行・藤沢両御歴代御廟所※同第七節
	:⑳本堂のこと※同第八節。←高野修199803B改題
	:㉑塔頭のこと※同第九節。←高野修199703B改題
	:㉒山門前青銅灯籠※同第十節。←高野修200103B改題

た行

：㉓南部茂時の墓※同第十一節。←高野修 199103B
　　　：㉔新田満純墓碑※同第十二節。←高野修 200502 中「新田満純公墓碑」抜萃・改題
　　　：㉕時宗の文化※「第八章　文化財」の第一節。←高野修 200303A 抜萃
　　　：㉖和書（文芸）※同第五節
　　　：㉗薄念仏会※「第九章　年中行事」の第二節。←高野修 199603 改題
　　　：㉘あとがき※長島尚道・高野・長澤昌幸［編集責任］
　　　（以上、清浄光寺史編集委員会［編集］『清浄光寺史』藤沢山無量光院清浄光寺（遊行寺））※初出不明示
200709B　：○時宗の文化財（三十）「聖教―その一」（『遊行』第 161 号、時宗宗務所布教伝道研究所）
　　　※小見出し：「一遍上人絵詞傳縁起（万治二年版）」。単色図版ネーム：「一遍上人絵詞縁起（白金松秀寺蔵）」。
　　　肩書き：「時宗教学研究所所員」
200709C　：○宝物鑑賞　時宗信徒の想いを受け継ぐ（「後醍醐天皇御像」由来の謎／盗難で失われた正本）（『週刊　朝日
　　　ビジュアルシリーズ　仏教新発見』第 13 号《大念仏寺・清浄光寺》、朝日新聞社）
　　　※カラー図版ネーム：「後醍醐天皇御像」「時衆過去帳」「一遍上人縁起絵」「熊野垂迹西国三十三観音像」「一向
　　　上人像」。肩書き：「時宗宗学林講師」
200801　：○時宗の文化財（三十一）「聖教―その二」（『遊行』第 162 号、時宗宗務所布教伝道研究所）※小見出し：「一
　　　遍上人語録」。単色図版ネーム：「初版　宝暦十三年版」「二版　明和版」「三版　文化版裏表紙見返り」
200803A　：○【解説】かじめの杓子（藤沢市文書館［編］『藤沢山日鑑』第 26 巻、同館）※単色写真：尾道西郷寺の竜
　　　神祠・獅子岩。単色口絵ネーム：「清浄光寺蔵　かじめの杓子（小）」「清浄光寺蔵　かじめの杓子（大）」
200803B　：○時宗の文化財（三十二）「聖教―その三」（『遊行』第 163 号、時宗宗務所布教伝道研究所）
　　　※小見出し：「一遍上人念仏安心抄」。単色図版ネーム：「一遍上人念仏安心抄（遊行寺蔵）」
200803C　：○中世北信濃における時衆の展開～遊行二十一代知蓮上人名号と永正地蔵尊を中心として～（『時宗教学年報』
　　　第三十六輯、時宗教学研究所）※永正地蔵は長野県上水内郡飯綱町所在、時衆との関係が指摘される
200806　◎時宗寺院明細帳 8（時宗教学研究所［編集代表・発行所］、時宗宗務所［発行者］）※詳細⇒時宗教学研究所 200806
200807　：○時宗の文化財（三十三）「聖教―その四」（『遊行』第 164 号、時宗宗務所布教伝道研究所）
　　　※小見出し：「播州問答集」。単色図版ネーム：「表紙」「『播州問答集』本文」
200809A　：○時宗の文化財（三十四）「住林寺蔵の阿弥陀如来坐像と随侍像」（『遊行』第 165 号、時宗宗務所布教伝道研
　　　究所）※小見出し：「住林寺　阿弥陀如来坐像（栃木県指定文化財）」
200809B　◎遊行・在京日鑑第十四巻（高野［編］、仏教研究所）※口絵：「藤沢山清浄光寺　写真　藤沢市文書館提供」
　　　：①嘉永六年（正月～六月）遊行日鑑（浜松ヨリ大浜・萱津・勢州田丸マテ）
　　　※目録付。嘉永六年（1853）正月元日～六月二十三日
　　　：②嘉永六年（六月～十二月）遊行日鑑（田丸ヨリ亀山・兵庫真光寺マテ）
　　　※目録付。嘉永六年（1853）六月二十四日～十二月三十日
　　　：③嘉永七年（正月～五月）遊行日鑑（兵庫ヨリ播州姫路・龍野、備後鞆津、尾道、芸州広島マテ）※遊行日鑑
　　　　断簡（嘉永七年正月）（表紙一罫紙「時宗　教院」）西京・大阪御巡廻、派出先ヨリ御入用／嘉永七年四月朔
　　　　日ヨリ同五月十五日迄／ノ處　引抜造　外　壱冊／右ノ外／右大阪圓成院ヘ送付候ェ候也／明治廿年五月十九
　　　　日）目録付。嘉永七年（1854）正月元日～正月二十六日。三月末日（前欠）・四月朔日～五月十五日（後欠）
　　　：④嘉永七年（七月～十一月）遊行日鑑（広島ヨリ赤間関・鉄輪・泉государ堺・大坂・京七条道場マテ）
　　　※目録付。嘉永七年（1854）七月五日～十一月二十二日
200903　：○【解説】明治維新と清浄光寺（時宗教団と明治維新／維新後の清浄光寺／祠堂金と清浄光寺／辻村柔善『宗
　　　門統一策』について）（藤沢市文書館［編集］『藤沢山日鑑』第 27 巻、同館）※藤沢派による当麻派介入にも言及
200906　◎時宗寺院明細帳 9（時宗教学研究所［編集代表・発行所］、時宗宗務所［発行者］）※詳細⇒時宗教学研究所 200906
200907　：○書跡の部（時宗文化財保存専門委員会［編］『時宗文化財調査報告書』第 2 集、時宗宗務所）
　　　※第 18（愛知県・三重県・岐阜県）・11（東京都）・19（滋賀県）・20（福井県・富山県・石川県）・22（大阪府
　　　・和歌山県）・23（兵庫県）・24（広島県・愛媛県・香川県）・25（島根県・鳥取県）・16（静岡県）教区
200909　◎一遍聖とアシジの聖フランシスコ（岩田書院）※カラー口絵 4 ページ。含、「紙本墨画淡彩一遍聖像（室町時
　　　代・清浄光寺蔵）」「菅生の奇岩（辻村恂善師撮影・辻村恒善師所蔵）」。→古賀克彦 201010 ②紹介
　　　：①はじめに
　　　：②フランシスコと一遍の生い立ち
　　　：③フランシスコと一遍の青少年時代
　　　：④フランシスコの回心（メタノイア）と一遍の回心（えしん）
　　　：⑤フランシスコと一遍の思想
　　　：⑥フランシスコの会則・遺言と一遍の制誡・遺言
　　　：⑦「小さき兄弟会」と「時衆」の教団化

：⑧フランシスコと一遍の女性観
　　　：⑨フランシスコと一遍の死
　　　：⑩仏教とキリスト教
　　　：⑪あとがき
　　　：⑫聖フランシスコと一遍聖　関係年表
　　　：⑬聖フランシスコと一遍聖に関する文献目録
200910　：〇戦争と時宗教団（試論）（砂川博［編］『一遍聖絵と時衆　時衆文化　第20号　金井清光先生追悼号』岩田書院）※ 2009/2/28 時宗教学講習会の「時宗教史　近代2」発表原稿に加筆したもの
200912　◎原文対照・現代語訳　一遍上人語録（高野［編］、岩田書院）※文化八年（1811）版『一遍上人語録』の原文を翻刻し、逐次「語注」と「現代語訳」を施し、さらに解説「一遍のこころ」を附す。111 項目に亘り門人達が伝え聞いた一遍の言葉を解説。カラー表紙カバーネーム：「一遍・僧尼踊躍念仏図　京都・金蓮寺蔵」。カラー口絵3ページ。含、「清浄光寺　御賦算各号」「京都四条道場　金蓮寺　御賦算各号」、各3葉
　　　：①はじめに
　　　：②『一遍上人語録』の書誌
　『一遍上人語録』上巻
　　　：③第一章　別願和讃
　　　：④第二章　百利口語
　　　：⑤第三章　誓願偈文
　　　：⑥第四章　時衆制誡
　　　：⑦第五章　道具秘釈
　　　：⑧第六章　消息法語
　　　：⑨第七章　偈頌・和歌
　『一遍上人語録』下巻
　　　：⑩第八章　門人伝説
　　　：⑪附　録　一遍聖に関する参考文献
　　　：⑫おわりに
200912　◎原文対照・現代語訳　一遍上人語録（高野［編］、岩田書院）※→梅谷繁樹 201010 書評
201003A　◎藤沢と遊行寺（高野［著］・（続）藤沢市史編さん委員会［編集］、同市文書館〔同市史ブックレット2〕）
　　　※奥付は「髙野修」名義
　　　：①第1話　一遍と時宗教団のあゆみ
　　　：②第2話　真教・呑海と藤沢
　　　：③第3話　鎌倉幕府の滅亡と清浄光寺（遊行寺）
　　　：④第4話　遊行寺の焼亡と小田原北条氏
　　　：⑤第5話　遊行寺の再建と藤沢宿
　　　：⑥第6話　遊行回国と藤沢
　　　：⑦第7話　宗学林の確立
　　　：⑧第8話　時宗文化と藤沢
　　　：⑨第9話　遊行寺の山内寺院と建立物
　　　：⑩第10話　遊行寺の寺宝
　　　：⑪第11話　遊行寺の年中行事
　　　：⑫第12話　藤沢市との関係
　　　：⑬藤沢山略年譜
　　　：⑭参考文献
　　　：⑮協力者・協力団体・資料提供者
　　　：⑯あとがき
201003B　：○【解説】名号と賦算（藤沢市文書館［編集］『藤沢山日鑑』第28巻、同館）※→高野修 201103
201005　◎時宗寺院明細帳10（時宗教学研究所［編集代表・発行所］、時宗宗務所［発行者］）
　　　※詳細⇒時宗教学研究所 201005。最終巻
201009　◎遊行・在京日鑑第十五巻（高野［編］、仏教研究所）
　　　※最終巻。カラー口絵ネーム：「遊行三十二代他阿普光上人寿像（旧七条道場金光寺蔵・現長楽寺蔵）」。文久二年（1862）四月十日～八月十八日（後欠）。（閏八月二十日～欠）九月五日（前欠）～十二月十八日・十九日～十二月二十九日。文久三年（1863）正月朔日～六月五・六日～七月四日（目録あり）
　　　：①文久二年（四月～八月）遊行日鑑（江戸浅草日輪寺～岩松青蓮寺）

　　　　※表紙：「文久二壬戌年四月十四日　藤沢□／日鑑／江戸浅草白金御逗留至上野岩松青蓮寺」
　　　　：②文久二年（九月〜十二月）遊行日鑑（足利助戸真教寺〜下総助崎乗願寺）
　　　　※表紙―ただし本文と別：「文久二龍年／日鑑／（後筆）「○藤沢四十世尊澄上人御入山　三月十五日」」。裏表紙
　　　　：「遊行五十八代／執事［異体字］所／第貳冊」
　　　　：③文久二年（十二月）〜文久三年（五月）遊行日鑑（下総助崎乗願寺〜下総諸川向龍寺）※目録あり。表紙：
　　　　「文久二壬戌年極月十九日／日鑑／従助崎乗願寺結城常光寺迄」。裏表紙：「第二冊／番方／五十八代」
　　　　：④文久三年（六月〜七月）遊行日鑑（結城常光寺〜藤沢清浄光寺）※目録あり。表紙：「文久三癸亥年六月六
　　　　日／日鑑／従下總結城常光寺相刕藤沢山」。裏表紙：「遊行五十八主／番方／第四冊」
　　　　：⑤『遊行・在京日鑑』の編集を終えて※解説
201103　：○時宗名号について（『時宗教学年報』第三十九輯、時宗教学研究所）※←高野修 201003B を補足
201203　◎時宗令規集 1（高野［編輯校訂］・時宗教学研究所［編集代表］、同所）※明治三〜二十年（1870-1887）
201211　◎福壽山西光寺の歴史（高野［編著］・大内惇［監修］、福壽山西光寺）※カラー口絵 4 ページ
　　　　：①高野　　修：はじめに
　　　　：②高野　　修：一　日本仏教について
　　　　：③高野　　修：二　日本の浄土教
　　　　：④高野　　修：三　法然上人のこと
　　　　：⑤高野　　修：四　二河白道図
　　　　：⑥高野　　修：五　法然上人の弟子達
　　　　：⑦高野　　修：六　一向上人のこと
　　　　：⑧高野　　修：七　一遍聖のこと
　　　　：⑨高野　　修：八　時宗十二派のこと
　　　　：⑩高野　　修：九　時宗一向派について
　　　　：⑪高野　　修：十　遊行派について
　　　　：⑫高野　　修：十一　癒しの踊り念仏―踊り念仏と一向上人・一遍聖―
　　　　：⑬高野　　修：十二　福壽山西光寺の歴史
　　　　：○薄井　和男：十三　西光寺の彫刻について
　　　　：○有賀　祥隆：十四　西光寺の絵画
　　　　　　　　　　　　資料
　　　　：⑭高野　　修：十五　史料
　　　　※内容：「「羽州化益伝」（仮題、巻子）」・「西光寺明細帳」（大正四年＝ 1915）・「参考史料　時宗一向派々制」
　　　　：⑮高野　　修：あとがき

高野　辰之（※元大正大學文學部教授、元官立東京音樂學校（現東京藝術大学音楽学部）教授。1876/4/13-1947/1/25）
192601　◎日本歌謡史（春秋社）※「時宗の和讃」あり。→高野辰之 193310 →高野辰之 197803
193310　◎日本歌謡史上・中・下（春秋社〔春秋文庫 66〕）※「時宗の和讃」あり。←高野辰之 192601。→高野辰之 197803
197803　◎改訂日本歌謡史（五月書房）※「時宗の和讃」あり。←高野辰之 193310 →高野辰之 192601

高野　俊昭（※宇都宮宝勝寺檀徒）
199907　：○読者のページ（『遊行』第 128 号、時宗宗務所）

高埜　利彦（※学習院大学文学部教授。元日本アーカイブズ学会初代会長）
199499　：○史料紹介　「禁中並公家諸法度」（後）（『歴史と地理』第 463 号、山川出版社）
　　　　※藤沢遊行寺・七条道場金光寺の執奏家を表に掲載
200005　◎民間に生きる宗教者（高埜［編］、吉川弘文館［シリーズ・近世の身分的周縁 1］）

高橋　一樹（※武蔵大学人文学部教授。元国立歴史民俗博物館研究部助教授）
199807　：○日本海交通と十三湊（『青森県文化観光立県宣言記念特別展　中世国際港湾都市十三湊と安藤氏』青森県立
　　　　郷土館（同県教育委員会））※ 1998/7/20-8/23 於同館、特別展図録。日本海交易における時衆を考察。長崎称念
　　　　寺薗阿などに言及。ほかのページで『聖絵』筑前武士の館

高橋　一良（たかはし　かずよし）（※遠州中泉祭研究会副会長・磐南文化協会会員。元（静岡県）磐田市議会議員〔自由民主党籍〕）
200403　：○明治期の府八幡宮祭典余興（『磐南文化』第 30 号、同協会）
　　　　※「明治 2 年の『西光寺日記』（正式には『日鑑』）に八幡宮祭礼の様子が一行だけ記述されている。これは、見
　　　　付加茂川の時宗寺院東福山西光寺住職の日記である。（中略）8 月 15 日に「境松八幡宮賑々敷屋体出手踊アリ夜
　　　　に入見物ニ行」とある。住職は只来の坂を登り、八幡宮の境内まで中泉の夜祭を見物に行ったのである。＜屋体
　　　　＞とあるのは、当然＜屋台＞のことで、これが何かはこの文章からは読みとれない。」とあり

高橋　繁行（※ルポライター・〈私立〉高橋葬祭研究所主宰）
200406　◎葬祭の日本史（講談社〔同社現代新書 1724〕）
　　　　：①近代葬祭を演出した二人の奇漢

※第一章。「1　大名行列を葬列に転用した男」で「國學院大學栃木短期大学の菅根幸裕氏の見解」紹介
：②葬送に携わった「聖」たち※第三章。「2　葬送と俗葬の中世史」で上別府茂 197899（→上別府茂 197912 →上別府茂 200103）を引用、「空也系三昧聖」「時宗系三昧聖」に言及し、後者を「京都東山の代表的葬地である鳥辺野の墓地管理や、京都市内の西部にあった狐塚という火葬場を経営していた」と記述。この「狐塚」については「3　俗聖たちの近世史」で高田陽介 199507 を引用し、「京都の狐塚という火葬場で火葬を業としていたといわれる時宗系の三昧聖は、時宗の僧そのものではなく、時宗寺院金光寺に従属して働くが、「同寺院の時宗とは別個の存在であった」のではないかと指摘している」とす。また柳田國男 196203（→柳田國男 199003 ①）を引用し、空也系の「鉢叩」「茶筅」、時宗系の「鉦打」「ササラ」「地者」「願人」を紹介。ほかに森田竜雄 200006・菅根幸裕 200103・199703A も引用。全般に細川涼一 200103A 所収論攷に言及
：③「うたう念仏」と葬祭仏教
※第四章。扉表紙絵（イラストも高橋）のキャプション：「一遍上人と時衆たちの念仏踊り（『一遍聖絵』第七巻第三段「四条市屋の道場」をもとに作画）」。同章「1　踊る念仏・うたう念仏」でも「一遍の開いた京の四条市屋の道場での念仏踊り」とす。また「空也忌の法要で、左手に鹿角の杖をもつ導師」として空也堂四十八世石田定顕当主の写真。単色図版ネーム：「『一遍聖絵』第四巻「信州小田切の里の念仏踊り」（清浄光寺・歓喜光寺所蔵）」。「融通念仏は「うたごえ運動」」の項で、良忍と栗田勇 197709 に言及。「一遍と尼時衆」の項もあり

高橋　秀榮（※駒澤大学仏教学部非常勤講師）。元神奈川県立金沢文庫文庫長）
199803　：○新出資料・絵巻物『天狗草紙』の詞書（『駒澤大學佛教學部研究紀要』第56號、同大學）
200003　：○絵巻物『天狗草紙』の詞書（続）（『駒澤大學佛教學部研究紀要』第58號、同大學）
200311　：○『七天狗絵』の詞書発見（『隔月刊　文学』第4巻第6号〈2003年11・12月号〉《特集＝抗争するテクスト―引き裂かれる中世》、岩波書店）※通称『天狗草紙』は金沢文庫寄託称名寺里教により『七天狗絵』とすべきことを説く。←梅津次郎 194203 の『一遍聖絵』巻四に出る「重豪」が『天狗草紙』制作に関わる人物、との推定を註で紹介。詞書翻刻あり。→古賀克彦 200410 紹介

高橋慎一朗（※東京大学史料編纂所准教授）
200106　：○寺社と中世都市（佐藤信・吉田伸之［編］『都市社会史』山川出版社〔新体系日本史6〕）
　　　　※越後府中と越前長崎にある称念寺に言及
200504　：○『一遍聖絵』画像データベースプロジェクトの活動と成果について（東京大学史料編纂所附属画像史料解析センター［編集］『画像史料解析センター通信』第29号、同所）
200508　：◎武家の古都、鎌倉（山川出版社〔日本史リブレット21〕）
　　　　※『詞林采葉抄』の頭註で「藤沢遊行寺の僧由阿」に言及。また西御門来迎寺と戦前宮城県に転出するまで隣接していた日蓮宗の尼寺高松寺との江戸時代の争論絵図『来迎寺・高松寺論所立会絵図』に言及
200609　：○中世鎌倉の橋（科研費「歴史史料と中世都市の情報学的研究」ニュースレター『新・文献と遺跡』創刊号）
　　　　※「一　小規模な橋」で、「当時の鎌倉の様子が描かれた『一遍聖絵』では、町屋の前の小規模な河川、あるいは溝に、大変小規模な橋が架かっている。絵画によく見られるデフォルメかもしれないが、同じ『一遍聖絵』に見られる京都の四条橋と比較すれば、鎌倉の橋の小ささ・簡略さは一目瞭然である」とす
201001　：◎鎌倉の世界（高橋［編］、吉川弘文館〔史跡で読む日本の歴史6〕）
　　　　：①鎌倉の世界
201003　：◎中世都市の力（高志書院〔同書院選書4〕）
201207　：：一遍にとっての鎌倉（小野正敏・五味文彦・萩原三雄［編］・遊行寺宝物館［編集協力］『一遍聖絵を歩く―中世の景観を読む―』高志書院〔考古学と中世史研究9〕）
　　　　※「Ⅲ　都市と道、宿と津・湊　人とモノの動きから」のうち。肩書き：「東京大学史料編纂所准教授」

高橋　真作（※〈神奈川県鎌倉市・市立〉鎌倉国宝館学芸員）
201106　：○重要美術品『類焼阿弥陀縁起絵』（鎌倉国宝館［編集］『収蔵名品目録』、同館）※カラー図版解説

高橋　徹（※千葉大学工学部教授）
199705　：◎京都千二百年（上）平安京から町衆の都市へ（西川幸治・高橋［著］・穂積和夫［イラスト］、草思社〔日本人はどのように建造物をつくってきたか8〕）※京都の時宗院に言及

高橋　俊人（※元藤嶺学園藤沢高等学校教諭。1898/8/4-1976/1/13）
196699　：○〔近代藤沢文人録〕資料草薹『わが住む里』第17号、藤沢市中央図書館）
　　　　※「神谷敏夫（国文学者）カミヤ・トシオ　明治三十五年四月十日」（p78）とす

高橋　平明（※〈奈良市・公益財団法人〉元興寺文化財研究所研究部人文科学研究室室長）
199705　：○国阿上人所用蓮華形木履と踏割蓮華座について（『東アジアの味覚と視覚―ロータスをめぐって』元興寺文化財研究所人文・考古学研究室）※霊山正法寺蔵品
199803　：◎前近代における地方間文化交流の研究調査報告書（高橋［担当］、元興寺文化財研究所）
　　　　※兵庫真光寺、鹿児島浄光明寺、大阪府藤井寺市小山善光寺（浄土宗鎮西派）、大和田光明寺、兵庫県尼崎市甘

露寺（浄土宗鎮西派。遊行上人宿坊）等の善光寺開帳関係記事あり

高橋　典幸（※東京大学文学部准教授。元同大学史料編纂所助教）
201001　：○荘園と居館（高橋慎一朗［編］『鎌倉の世界』吉川弘文館［史跡で読む日本の歴史6］）
　　　　※「Ⅰ　政治・経済」の「二」。『一遍聖絵』に言及。単色図版ネーム：「信州小田切の武士の館で踊念仏をおこなう一遍たち（『一遍聖絵』）」
201311　：◎『週刊　朝日百科』2013年11月17日号＝『週刊　新発見！日本の歴史』20号《鎌倉時代3　対モンゴル戦争は何を変えたか》（高橋［責任編集者］、朝日新聞出版）※カラー表紙：「一遍上人絵伝」北条時宗の顔アップ

高橋　始（※松山商科大学（現松山大学）商経学部（現経済学部・経営学部）教授・俳人。1899/4/1-1958/1/8）
194904　：○松山の生んだ世界の一遍上人（『伊豫史談』第百二十一號、同會）

高橋　初江（※上依知瑠璃光寺檀徒）
199907　：○読者のページ（『遊行』第128号、時宗宗務所）

高橋　秀樹（※文部科学省初等中等教育局教科書調査官。元東京大学史料編纂所研究機関研究員）
199703　：○広橋家旧蔵「兼仲卿暦記　文永十一年」について（『国立歴史民俗博物館研究報告』第70集、同館）
　　　　※同年（1274）四月十六日条に「一向聖人」みゆ。ただし「一向」は副詞カ

高橋　浩明（※〈愛知県名古屋市天白区〉ナカシヤクリエイテブ株式会社文化情報出版技術課職員。元〈神奈川県〉藤沢市文書館資料係員）
199503　：○〈展示会報告〉藤沢の中世文書―伝来・移動・散逸・蒐集（藤沢市文書館［編集］『藤沢市文書館紀要』第18号、同館）※含、藤沢清浄光寺文書（後円融天皇綸旨〈カラー図版掲載〉、参考・後小松天皇綸旨、武田信虎書状、大内義隆書状、佐竹義重判物）。石塚勝・高橋［共策］

高橋　昌明（※神戸大学名誉教授。元滋賀大学教育学部教授）
198206　：○落日の朱に染まる番場宿（佐藤和彦［責任編集］『吉野の嵐動乱の炎南北朝時代』集英社［日本史の舞台4］）
198707　：◎湖の国の中世史（平凡社［社会シリーズ］）※「番場の宿にて」の項あり。→高橋昌明200810
199202　：○六波羅探題の滅亡（米原町中央公民館［編集］『太平記の世界「番場蓮華寺セミナー」講演記録集』同館）
　　　　※滋賀県坂田郡米原町（現米原市）。1991/3/24於同寺、講演原稿
200810　：◎湖の国の中世史（中央公論新社［中公文庫　た76-1］）※←高橋昌明198707を増補

高橋　正彦（※慶應義塾大学名誉教授。元日本古文書学会会長。1931/12/23-2004/1/7）
199111　：◎日本史総合辞典（林陸朗・高橋・村上直・鳥海靖［編集］、東京書籍）

高橋　幹夫（※評論家・〈東京都文京区・有限会社〉企画集団ＥＤＯ代表。1935-1999）
199307　：◎江戸あきない図譜（青蛙房）
　　　　※「江戸扇子店の看板」に「御影堂」の記述あり。ただし『守貞漫稿』を引き、法然の像を祀るとす

高橋　良和（※児童文学者。元佛教大学教育学部教授、元京都家政短期大学（現京都文教短期大学）教授。1911/1/26-1989/4/25）
198101　：○小栗判官と照手姫の伝説―清浄光寺縁起―（『大法輪』昭和五十六年一月号［第48巻第1号］、大法輪閣）

たかむくのまちづくり協議会歴史文化部会（※福井県坂井市高椋地区）
201004　：◎たかむく玉手箱　高椋4500年の歴史をひもとく（同部会［編集］、同部会）
　　　　※カラー口絵ページ「高椋地区の仏像」に写真ネーム：「称念寺の阿弥陀三尊像」1葉、同「新田義貞公眠る称念寺」、「他阿眞教上人像」、「新田義貞公像」、「新田義貞公墓所の墓石」など同寺写真5葉。「第4章　高椋の歴史文化遺産」に「第5章　高椋の文化財」の「1　称念寺の文化財」、「第5章　高椋偉人たち」では泰澄大師・他阿眞教上人・称念坊兄弟・新田義貞・明智光秀・玉（細川ガラシャ）・松尾芭蕉・秀道と順教住職・高尾察玄住職をとりあぐ。巻末「高椋歴史年表」のページでも称念寺に言及

高屋麻里子（※東京造形大学造形学部非常勤講師。元筑波大学大学院研究員）
201207　：：市と伽藍―『一遍聖絵』の建築表現にみる中世都市の変容―（小野正敏・五味文彦・萩原三雄［編］・遊行寺宝物館［編集協力］『一遍聖絵を歩く―中世の景観を読む―』高志書院［考古学と中世研究9］）
　　　　※「Ⅱ　館・寺院・神社　歴史の中のモニュメント」のうち。肩書：「国立歴史民俗博物館共同研究員」

高山　秀嗣（※二松学舎大学文学部非常勤講師・広島県福山市福泉坊〈浄土真宗本願寺派〉衆徒）
199901　：一遍上人と蓮如上人における伝道の比較研究（龍谷大学大学院研究紀要編集委員会［編集］『龍谷大学大学院研究紀要』人文科学第20集、同委員会）
200012　：○組織者としての一遍（日本印度学仏教学会［編集］『印度學佛教學研究』第四十九巻第一号〔通巻第97号〕、同会）※2000/9/3於東洋大学白山校舎、同会第51回大会報告
200103　：○平成十一年度　真宗学関係研究論文目録（『真宗学』第104号、龍谷大学真宗学会）
　　　　※←時宗教学研究所200003所収論攷等も掲載
200203　：○一遍の教説の歴史的意義（日本印度学仏教学会［編集］『印度學佛教學研究』第五十巻第二号〔通巻第100号〕、同会）※2001/7/1於東京大学本郷校舎、同会第52回大会報告
200503　：◎中世浄土教者の伝道とその特質（博士論文）
　　　　※龍谷大学大学院文学研究科に提出した博士論文。博士（文学）甲第53号。200503は授与年月。→高山秀嗣200703

200703	◎中世浄土教者の伝道とその特質―真宗伝道史研究・序説―（永田文昌堂）※←高山秀嗣 200503。→『週刊佛教タイムス』第2276号［2007年8月30日号］（同社）第4面「本だな」欄・長澤昌幸 200803・菊地大樹 200810・小野澤眞 200905 書評。肩書きは：「武蔵野大学仏教文化研究所研究員」
	第三部 一遍の伝道
	：①はじめに
	：②第一章　一遍における伝道の基本理念
	：③第二章　一遍の伝道活動
	：④第三章　一遍の伝道及び教説の歴史的意義
	：⑤まとめ
200710	：◎中世浄土教者の伝道（『大法輪』平成十九年十月号［第74巻第10号］［特集‖道元の言葉『正法眼蔵随聞記』］、大法輪閣）※「一遍の伝道」の項あり。肩書きは：「武蔵野大学仏教文化研究所研究員」

宝田　正道（※元〈東京都港区・現公益財団法人〉全日本仏教会文化専門委員。1914-故人）

193812	：◎鎌倉時代に於ける淨土門声明の盛行―特に専修念佛の曲としての礼讃・和讃の流行を中心として―（『大正大學々報』第二十八號、大正大學出版部）
198710	：一向・一遍両聖遊行の経路　付　大正大学蔵『一向上人伝記』の謎（戸松啓真教授古稀記念論集刊行会［編］『戸松啓真教授古稀記念浄土教論集』大東出版社）※→宝田正道 199211
199211	：一向・一遍両聖遊行の経路【付】大正大学蔵『一向上人伝記』の謎（大橋俊雄［編］『一向俊聖上人鑽仰』一向寺）※←宝田正道 198710

田川　邦子（※元文教大学短期大学部教授。2010/12/21 歿）

200511	：◎読み物としての〈小栗判官物語〉（藤沢市教育委員会生涯学習課（博物館準備担当）［編集］・文教大学小栗判官共同研究チーム［編集協力］『描かれた小栗伝説と藤沢』（発行元表記なし））

滝沢　武雄（※早稲田大学名誉教授）

199909	：◎史籍解題辞典　下巻　近世編　新装版（竹内理三・滝沢［編］、東京堂出版）
	※「遊行日鑑」の項あり。ただし「原本は寛政十二年のものまで所蔵されている」とす

滝沢　洋之（※会津民俗研究会会長・〈東京都文京区・現一般社団法人〉日本民俗学会会員。元福島県立高等学校教諭）

198605	◎会津の寺―会津若松市・北会津村の寺々（笹川寿夫・間島勲・滝沢・野口信一［著］、歴史春秋出版）
	※詳細⇒笹川寿一 198605

田口　栄一（※東京藝術大学名誉教授）

198705	：一遍上人絵伝（石田尚豊・田辺三郎助・辻惟雄・中野政樹［監修］『日本美術史事典』平凡社）
	※項目執筆。桜井好朗・田口［共筆］。→田口栄一 199211
199211	：一遍上人絵伝（『日本史大事典』第一巻、平凡社）
	※項目執筆。『聖絵』巻四と光明寺本『縁起絵』巻二の踊念仏。桜井好朗・田口［共筆］。←田口栄一 198705

嵩　満也（※龍谷大学国際文化学部教授）

200605	：親鸞読み解き事典（林智康・嵩・安藤章仁・相馬一意・岡村喜史・山本浩信［著］、柏書房）
	：①よき人法然との出会い・吉水の草庵》※単色写真：「安養寺」（円山）

武石　彰夫（※〈私立〉仏教文化研究所代表。元聖徳大学人文学部教授、元高知大学人文学部教授）

196009	：○三帖和讃の文学性―その歌謡的特質―（『大谷学報』第四十巻第二号、大谷大学大谷学会）
196011	：時宗と中世文学―和歌・和讃・宴曲―（『極星』第三号、大東文化大学）
196203	：鉢たゝきの歌考（『あしかび』昭和三十七年三月号、同文学会）※金井清光 196711 ⑯による。佚後考
196206	：仏教歌謡の源流を尋ねて―古和讃の本文（二）―（『宗教公論』第32巻第5号（180号）、宗教問題研究所）
196212	：時衆和讃研究の現状（金井清光［編集］『時衆研究』創刊号、金井私家版）
196301	：古和讃と訓伽陀（日本印度學佛教學會［編輯］『印度學佛教學研究』第十一巻第一號（通巻第21號）、同會）※→武石彰夫 196905 ①
196303A	：○時衆における和讃の形成（『大東文化大学文学部紀要』第一号、同大学）※→武石彰夫 196905 第三篇
196303B	：時衆和讃の一影響（金井清光［編集］『時衆研究』第二号、金井私家版）※→武石彰夫 196905 ⑤
196307	：釈迦弥陀恩徳和讃寸考（金井清光［編集］『時衆研究』第三号、金井私家版）
196311	：時衆和讃の位相㈠（金井清光［編集］『時衆研究』第四号、金井私家版）※→武石彰夫 196905 第三篇
196402	：和讃資料瞥見（『続日本歌謡集成［巻一中古編］月報』5、東京堂出版）※→武石彰夫 196905 ①
196403	：遊行廻国（金井清光［編集］『時衆研究』第五号、金井私家版）※→武石彰夫 196905 第三篇
196408	：時衆和讃の位相㈡（金井清光［編集］『時衆研究』第七号、金井私家版）※→武石彰夫 196905 第三篇
196411	：○中世の和讃について（『日本歌謡研究』第二号、日本歌謡学会）
196504	：時衆和讃の形成と展開（『仏教文学研究』第三集、法藏館）※→武石彰夫 196905 ④
196510	：○宴曲と時衆和讃（金井清光［編集］『時衆研究』第十四号、金井私家版）

196512	：○仏教歌謡研究文献目録（『日本文学研究』第五巻、大東文化大学日本文学会）
	※→武石彰夫 196707 →武石彰夫 196905
196612	：○仏教歌謡の周辺（日本印度學佛教學會［編輯］『印度學佛教學研究』第十五巻第一號〔通巻第 29 號〕、同會）
196707A	：○仏教歌謡研究文献目録（『日本仏教文学』創刊号、豊島書房）※←武石彰夫 196512。→武石彰夫 196905 ⑦
196707B	：○和讃資料小見（『時衆あゆみ』第三十二号、中村昌道私家版）
196801	：○念仏讃の一系譜（『大東文化大学紀要』第六巻、同大学）※→武石彰夫 196905 ⑥
196905	◎仏教歌謡の研究（桜楓社）※→金井清光 197006 ②・197509 ⑯書評
	第一篇 和讃と仏教歌謡
	：①第五章 仏教歌謡の諸相（一 古和讃と訓伽陀／二 仏教歌謡の周辺／三 和讃資料瞥見／四 御詠歌源流考）※←武石彰夫 196301・196402
	第三篇 時衆和讃※←武石彰夫 196303・196311・196403・196408
	：②第一章 時衆和讃の特質（一 無常の意味／二 宗教的感動／三 時衆和讃の摂取／四 浄土の歌ごえ／五 念念無常）
	：③第二章 時衆和讃の成立（一 時衆和讃の本文／二 「六時礼讃」と院政期書写「極楽六時讃」断簡／ 三 二祖上人筆「極楽六時讃」／四 「来迎讃」と「別願讃」）
	：④第三章 時衆和讃の形成と展開（一 「小経讃」の原型／二 「無常讃」の古型／三 「別願讃」の本文／四 時衆和讃の伝承と受容／五 形式と評価にふれて）※←武石彰夫 196504
	：⑤第四章 時衆和讃をめぐって（一 時衆和讃の一影響／二 韻律性）←武石彰夫 196303
	：⑥第五章 念仏讃の一系譜（一 「念仏讃」と時衆和讃／二 「念仏讃」と新作和讃・「空也和讃」／三 「念仏讃」と本作和讃）※←武石彰夫 196801
	：⑦仏教歌謡研究文献目録※←武石彰夫 196707A ←武石彰夫 196512
196910	◎中世仏教歌謡集上（新間進一・武石［編］、古典文庫〔古典文庫 269〕）
197404	◎近世仏教歌謡集中（新間進一・武石［編］、古典文庫〔古典文庫 323〕）
197601	◎仏教歌謡集成（大東文化大学付属東洋研究所）
197610	：○日本文学における時宗和讃（『時宗教学年報』第五輯、時宗教学研究所）
197703	◎続仏教歌謡集成（大東文化大学付属東洋研究所）
200409	◎精選 仏教讃歌集（佼成出版社）
	※「永遠なる生命 別願讃」の「鑑賞」のページで「一遍の伝記『一遍聖絵』巻九」を紹介、「解説」のページで一遍の伝記を詳述。「鉢たたきとおどり念仏 空也和讃」の「解説」のページで『一遍上人絵伝』に言及

竹内　晶子（※法政大学国際文化学部教授）

200207	：○一遍の踊り念仏—極楽の舞踏という系譜において—（今井雅晴［編］『中世仏教の展開とその基盤』大蔵出版）

竹内　明（竹内　明正）（※佛教大学教育学部講話講師・日本仏教教育学会名誉理事・本願寺永代住職。元緞谷会長、元緞谷教学研究所長、元岩本成願寺第 51 世住職）

196712	：○捨聖一遍の人間観と教育思想（名古屋大学大学院教育学研究科教育学専攻自治会『教育論叢』第 11 号、名古屋大学大学院教育学研究科教育学専攻自治会研究委員会）
196910	：○捨聖一遍上人の人間観と教育思想（『日本の教育史学』教育史学会紀要 12、同会）※「個人発表論文要項」
197012	：○一遍上人の教化理念—人間観を中心として—（日本印度學佛教學會［編集］『印度學佛教學研究』第十九巻第一號〔通巻第 37 號〕、同會）
197103A	：○一遍上人の人間教育（仏教大学学会［編］『仏教大学研究紀要』第 55 号、同会）
197103B	：○鎌倉仏教における教育的人間観（『日本仏教学会年報』第三十六号、同会）
197112	：○他阿の形成（日本印度學佛教學會［編集］『印度學佛教學研究』第二十巻第一號〔通巻第 39 號〕、同會）
197202	：○名号への回帰—一遍上人の教育的人間観—（『時宗教学年報』第一輯、時宗教学研究所）※「竹内明正」名義
197203	：○他阿真教の門弟教育（恵谷隆戒先生古稀記念会［編］『浄土教の思想と文化』恵谷先生古稀記念、仏教大学）※→竹内明 198412
197212	：○知心修要の教育—時衆三祖習得の人間形成理念—（日本印度學佛教學會［編集］『印度學佛教學研究』第二十一巻第一號〔通巻第 41 號〕、同會）
197304	：○時衆の形成理念—二祖・三祖を中心として—（『時宗教学年報』第二輯、時宗教学研究所）
	※「竹内明正」名義
197403	：○真実の自己の形成—一遍教学における超越の問題—（仏教大学学会［編］『仏教大学研究紀要』第 58 号、同会）
197404	：○当体の念仏の実践哲学—一遍教学における超越の問題—（『時宗教学年報』第三輯、時宗教学研究所）
197510	：○「宗祖一遍の教育的人間観」再論（『時宗教学年報』第四輯、時宗教学研究所）※「竹内明正」名義
197802	：○他阿上人消息—解題と本文—（『時宗教学年報』第六輯、時宗教学研究所）

197912	：①他阿上人法語
	：②佛心解
	：③二祖他阿上人法語重校決疑録（以上、時宗開宗七百年記念宗典編集委員会［編集］『定本時宗宗典』上巻、時宗宗務所〈山喜房佛書林［発売］〉）※飜刻と解題
198403	：鎌倉武士の道徳―その人間像の変遷に関わって―（佛教大学学会［編］『仏教大学研究紀要』第68号、同会）
198412	：他阿真教の門弟教育思想（橘俊道・今井雅晴［編］『一遍上人と時宗』吉川弘文館〔日本仏教宗史論集10〕）※←竹内明 197203
198510	◎仏教と教育　鎌倉仏教を中心にして（佛教大学通信教育部）※一遍に言及
198512	：行の教育思想（日本印度學佛教學會［編集］『印度學佛教學研究』第三十四巻第一號〔通巻第37號〕、同會）※一遍や『一遍上人語録』に言及。肩書は：「仏教大学助教授」
198703	：○プラジュニャーの開発―ラティオに関わって―（『比較思想研究』第13号、比較思想学会）
198903	：○教育における身と心―一遍教学の今日的理解に関わって―（『時宗教学年報』第十七輯、時宗教学研究所）
199103	：○実存と超越（『時宗教学年報』第十九輯、時宗教学研究所）
199203	：○人間存在の深層と自己実現―仏教と教育に関わって―（『時宗教学年報』第二十輯、時宗教学研究所）
199303	：○ポスト・モダンの欲望の哲学―型と身体性に関わって―（『時宗教学年報』第二十一輯、時宗教学研究所）
199403A	：○「型」に関する書（佛教大学教育学部［編集］『教育学部論集』第5号、同学部）
199403B	：○瞑想と般若（『時宗教学年報』第二十二輯、時宗教学研究所）
199503	：○愛と喜び―お砂持と踊念仏に関わって―（『時宗教学年報』第二十三輯、時宗教学研究所）
199603A	：○本覚思想と自己実現―一遍教学に関わって―（『日本仏教教育学研究』第四号、日本仏教教育学会）
199603B	：○乱世の道徳―鎌倉武士の人間像に関わって―（『時宗教学年報』第二十四輯、時宗教学研究所）
199702	：①往生とは
	：②阿弥陀仏とは
	：③浄土とは
	：④安心とは（以上、時宗教学研究所［編集］『時宗入門』時宗宗務所）
199703A	：隠者兼好の教育理念（『時宗教学年報』第二十五輯、時宗教学研究所）
199703B	：〈書評〉「戦後民主主義」と教育・宗教―勝田吉太郎著『民主主義の幻想』―（「勝田吉太郎著作集」第八巻）を読んで―（『日本仏教教育学研究』第五号、日本仏教教育学会）
199803	：［研究ノート］「戦後民主主義」と心の教育―勝田吉太郎著『民主主義の幻想』を読んで―（『時宗教学年報』第二十六輯、時宗教学研究所）
199812	：○行と知（水谷幸正先生古稀記念会［編］『仏教教化研究』水谷幸正先生古稀記念、思文閣出版）
200003	：○無の教育思想―世阿能楽離古論について―（『時宗教学年報』第二十八輯、時宗教学研究所）
200103	：○東西文明止揚の構図・試論―般若と理性に関わって―（中華仏学研究所・聖厳博士古稀記念論集刊行会［編］『東アジア仏教の諸問題』聖厳博士古稀記念論集、山喜房佛書林）
200203	：一遍浄土教における「往生」の問題―法然浄土教の一展開としての―（『法然浄土教の総合的研究』佛教大学総合研究所紀要別冊、同所）
200411	：型と瞑想―心のフォームの再建―（高橋弘次先生古稀記念会事務局［編集］『浄土学仏教学論叢』高橋弘次先生古稀記念論集2、山喜房佛書林）
200709	：①法然・證空・聖達の浄土教※「第一章　開創以前」の第二節
	：他阿真教上人と時宗教団の設立※「第二章　開創期」の第一節
	（以上、清浄光寺史編集委員会［編集］『清浄光寺史』藤沢山無量光院清浄光寺（遊行寺））※「竹内明正」名義。初出不明示
201004	：○浄土教の興隆を支える僧俗の学習とその支援―『他阿上人法語』に見える武士を中心に―（齋藤昭俊［監修］・久木幸男［編］『仏教教育の展開』仏教教育選集2、国書刊行会）
201203	：○エッセイ　仏教教育を考える　仏教と教育の間で（『日本仏教教育学研究』第二十号、日本仏教教育学会）
201403	◎仏教的伝統と教育　一遍仏教とその周縁とのダイアローグ（国書刊行会）※「参考文献一覧」「英文要旨」あり。カラー表紙図版：『聖絵』備前国福岡の市。→佛教タイムス社 201405 書評
	：①仏教的伝統との教育的対話―「まえがき」に代えて―
	：②序章　意図・課題と方法
	第1部　一遍仏教の位相
	：③第１章　一遍仏教の素描
	：④第２章　一遍仏教とその位置
	第2部　一遍仏教とその周縁の教育的展開
	：⑤第３章　一遍の教育的人間観

：⑥第４章　一遍仏教に見る真実の自己の形成
：⑦第５章　他阿真教の教育思想
：⑧第６章　『他阿上人法語』に見る武士の学習とその支援
：⑨第７章　隠者兼好の教育思想
：⑩第８章　世阿の能楽稽古論
第3部　一遍仏教とその周縁の今日的還元
：⑪第９章　後近代の教育への一試論
：⑫第10章　ラティオの後に来るもの
：⑬終　章　約説と補論
：⑭あとがき

竹内　真道（※滋賀県彦根市安孫寺（浄土宗綱西系）住職・〈東京都港区・同大本山増上寺内〉同宗総合研究所研究員。竹内禪真令息）
200411　：○蓮華寺蔵『元祖一向上人御繪傳五巻』（五巻伝）について（高橋弘次先生古稀記念会事務局［編集］『浄土学佛教学論叢』高橋弘次先生古稀記念論集、山喜房佛書林）

竹内　禪真（※滋賀県坂田郡米原町（現米原市）蓮華寺（旧称京本山・現浄土宗綱西系本山）第52世貫主同阿禪真。故人）
198310　◎浄土宗本山蓮華寺史料（小川寿一［編修］・竹内［監修］、浄土宗本山蓮華寺寺務所（続群書類従完成会［発売］）※⇒小川寿一 198310
198611　◎一向上人の御伝集成（小川寿一［編修代表］・竹内［監修］、浄土宗本山蓮華寺寺務所）※詳細⇒小川寿一 198611

竹内　勉（※民謡評論家。1937/5/30-2015/3/24）
201402　◎盆踊り唄　踊り念仏から阿波踊りまで（本阿弥書店［民謡地図 9］）

竹内　光浩（※専修大学文学部兼任講師）
199612　：①一遍と時衆にみる「狂気」の中世的展開※金井清光・坂村真民を批判
　　　　：②今井雅晴著『一遍─放浪する時衆の祖』※←今井雅晴 199711 を書評
　　　　（以上、歴史科学協議会［編集］『歴史評論』No.５６０、校倉書房）

竹内　理三（※早稲田大学名誉教授・東京大学名誉教授。1907/12/20-1997/3/2）
198106　◎鎌倉遺文　古文書編第二〇巻（竹内［編］、東京堂出版）※一五三二八「玄能鋳鐘願文」＝番場蓮華寺梵鐘銘
199909　◎史籍解題辞典　下巻　近世編　新装版（竹内・滝沢武雄［編］、東京堂出版）
　　　　※『遊行日鑑』を立項。ただし「原本は寛政十二年のものまで所蔵されている」とす

武岡善次郎（※春登研究者。故人）
193310　：○岳麓の春登上人（『歴史と國文學』第十五巻第十號、太洋社）

竹園　賢了（※元大阪学芸大学学芸学部（現大阪教育大学教育学部）教授）
194207　：○一遍上人の神祇思想（『宗教研究』第四巻第二・三合併號、日本宗敎學會）

武田喜八郎（※元山形市史編集委員）
197303　：○村山地方の工芸品（山形市史編さん委員会・同市史編集委員会［編さん］『山形市史』上巻原始・古代・中世編、同市）※「小白川町西光寺の大太鼓」の項あり

武田　鏡村（※作家・（私立）日本歴史宗教研究所所長・真宗僧侶）
199705　：○一遍の仏教─捨て切った絶対の信仰（『大法輪』平成九年五月号［第 64 巻第 5 号］、大法輪閣）
199712　：○虚無僧─聖と俗の異形者たち（三一書房）
　　　　※「高野山の湯聖と一遍の覚心への相見」と「尺八名手「頓阿」の四条道場と萱堂聖」あり
200010　：○禅の高僧たち（日本）（『大法輪』平成十二年十月号［第 67 巻第 10 号］、大法輪閣）
　　　　※覚心心地と時衆の結び付きに言及
200106　◎日本名僧名言集（講談社）
　　　　※『一遍上人語録』巻上「百利口語」の「独り生まれて、独り死す。生死の道こそ悲しけれ」等を収録
200301　◎織田信長　石山本願寺合戦全史（ＫＫベストセラーズ［ベスト新書 52］）
　　　　※『天狗草紙』や『帖外遺文』を引用し、「時衆」「一遍・一向（俊聖（しゅんせい））」「時衆徒」と記述
200307　：①自分の仏教ルーツを探る※時宗の例を挙ぐ
　　　　：②日本仏教の基礎知識─一遍・時宗に言及
　　　　：③寺院の基礎知識※「鉦鼓」の項で一遍に言及
　　　　（以上『日本の寺院　歴史のなかの宗教』新人物往来社〔別冊歴史読本㉘巻 22 号（通巻 647 号）］）
　　　　※副題等は編集部の附したもの。目次と本文では多少文言が異なる

竹田　賢正（※漆山遊照寺第 42 世住職。元山形県史編さん室嘱託職員。1947/6/24-1995/4/11）
198903　：○「南無阿弥陀仏の声ばかりして」ノート─時宗教学の課題と展望─（『時宗教学年報』第十七輯、時宗教学研究所）※→竹田賢正 199604 ⑦
198909　：○村山地方の時宗一向派について（一）（『西村山地域史の研究』7 号、西村山地域史研究会）

	※→竹田賢正 199604 ⑤
199009	:○村山地方の時宗一向派について（二）（『西村山地域史の研究』8号、西村山地域史研究会）
	※→竹田賢正 199604 ⑤
199208	:○仏向寺（圭室文雄［編］『日本名利大事典』雄山閣出版）※項目執筆
199604	◎中世出羽国における時宗と念仏信仰（光明山遍照寺）
	※遺稿集。下記のほか巻頭に著者遺影、巻末に「著作目録」「竹田賢正和尚略歴」あり
	:○北畠　教爾：まえがき
	Ⅰ 念仏の活動形態
	:①竹田　賢正：1　羽州霊山立石寺における庶民信仰の源流—文書文言「他宗」を視座として—
	:②竹田　賢正：2　板碑偈文「阿字十方」の伝承系譜について—民衆念仏信仰研究の一視点として—
	:③竹田　賢正：3　山寺夜行念仏の習俗と平塩栄蔵坊文書
	:④竹田　賢正：4　石行寺大般若経写経について
	Ⅱ 時宗教団の展開過程
	:⑤竹田　賢正：5　村山地方の時宗一向派について※←竹田賢正 198909・199009
	:⑥竹田　賢正：6　中世期の出羽地区※出羽は旧国名ではなく山形市北部の地区名
	:⑦竹田　賢正：7　「南無阿弥陀仏の声ばかりして」ノート—時宗教学の課題と展望—※←竹田賢正 198903
	Ⅲ 念仏信仰に生きる
	:⑧竹田　賢正：8　阿弥陀経の世界
	:⑨竹田　賢正：9　生きるよろこび
	:⑩竹田　賢正：10　『時宗仏青』から
	:○入間田宣夫：竹田賢正さんの人と学問について
武田　賢善（吉川　賢善）	（※市屋道場金光寺 第 74 世住職。吉川清〈喜善〉実弟。1905-故人）
193810	:○神勅念佛と六十萬人頌義（京都時宗青年同盟［編］『一遍上人の研究』同同盟〈丁字屋書店［發賣］〉）
	※「吉川賢善」名義
193907	:○時宗の安心（『専修學報』第六號、知恩院専修道場）※「吉川賢善」名義
194007	◎遊行の聖者一遍上人の教法—厭欣時衆念佛生活者の道—（金光寺）
194009	:○時宗の阿彌陀佛及び極樂淨土觀（『専修學報』第八號、總本山知恩院専修道場）※「吉川賢善」名義
195310	:○一遍上人の宗教（『宗学研究』第三号、駒沢大学曹洞宗宗学研究所）
196109A	◎一遍上人語録付播州法語集（遊行尊光［校訂］・武田［編］、永田文昌堂）
196109B	◎一遍上人法語集（永田文昌堂）
196403	◎一遍上人の教法［訂正版］（武田私家版）
196809	:○遊行二祖真教上人の伝歴に就て（『日本絵巻物全集［第 23 巻遊行上人縁起繪］』月報）22、角川書店）
武田　好吉	（〈山形〉武田紙工株式会社初代社長。元山形県文化財保護審議会委員。故人）
197003	◎出羽の善光寺式三尊像（誌趣会）※白岩誓願寺、上山西光寺本尊カラー口絵、十文字阿弥陀寺、高擶石佛寺旧蔵千葉県安房郡天津小湊町（現鴨川市）清澄寺（日蓮宗大本山）観音像・神奈川県横浜市港南区千院（真言宗大覚寺派別格本山）本尊口絵、上山西光寺・金瓶宝泉寺・白岩誓願寺・村山塩常寺の項あり
197103	:○山形の寺院（山形市史編さん委員会・同市史編集委員会［編さん］『山形市史』中巻近世編、同市）
	※一向派に言及
197303	:○山形地方の仏像（山形市史編さん委員会・同市史編集委員会［編さん］『山形市史』上巻原始・古代・中世編、同市）※「善光寺式三尊像」の項にて高擶石佛寺旧蔵仏に言及、単色写真：十文字阿弥陀寺本尊
198306	:①西光寺※上山
	:②仏向寺（以上、山形放送山形県大百科事典事務局［編集］『山形県大百科事典』山形放送）※項目執筆
武田佐知子	（※追手門学院大学地域創造学部教授・大阪大学（旧大阪外国語大学外国語学部）名誉教授）
199301	:○笠の山—境界をめぐる一試論（一遍研究会［編］『一遍上人絵と中世の光景』ありな書房）
199405	:○時空を超えて生きる太子・太子信仰（『いま、甦る聖徳太子　御廟・叡福寺とともに』出版文化社）
	※本文に『一遍上人聖絵』の記述、図版：中央公論社版「一遍上人絵伝」太子廟
199703	:○男装の女帝（『大阪外国語大学　女性学論集』特定研究「女性」及び「女性学」の総合的研究）成果報告書、同大学）※図版：藤沢遊行寺蔵後醍醐画像。→武田佐知子 199806
199806	◎衣服で読み直す日本史—男装と王権（朝日新聞社『朝日選書 601』）※←武田佐知子 199703 大幅改稿
199901	◎一遍聖絵を読み解く—動きだす静止画像（武田［編］、吉川弘文館）
	※カラーカバー図版ネーム：「『一遍聖絵』（清浄光寺（遊行寺）・歓喜光寺蔵）」。→金井清光 200004 ②（→200509 ⑤）・藤原重雄 199911 書評・藤原重雄 200411・大野順子 200812 紹介
	:○佐藤　和彦：旅と救済の日々—『一遍聖絵』を読む—

：○松岡　心平：踊り念仏の興行師
　　　：○伊藤　博明：一遍と夢告
　　　：○脇田　晴子：一遍聖絵・遊行上人縁起絵と被差別民
　　　：○兵藤　裕己：琵琶法師・市・時衆
　　　：①武田佐知子：『一遍聖絵』に見る時衆の衣服―阿弥衣と裹裳―※→武田佐知子 201403 ①
　　　：○藤本　正行：『一遍聖絵』に見える太刀
　　　：○新村　　拓：病の図像表現
　　　：○吉村　稔子：聖戒本一遍上人絵伝の祖本について―歓喜光本と御影堂本をめぐって―
　　　：○西垣　晴次：伊勢神宮と一遍・真教
　　　：○樋口　州男：『一遍聖絵』と吉備津宮
　　　：○松井　吉昭：『一遍聖絵』に見る神社参詣の諸相
　　　：○弓野　瑞子：中世伊予の熊野信仰
　　　：○小野　一之：国府をめざす他阿真教―中世都市と時衆―
　　　：○長島　尚道：一遍の舎利
201403　◎古代日本の衣服と交通　装う王権つなぐ道（思文閣出版）
　　　：①『一遍聖絵』に見る時衆の衣服―阿弥衣と裹裳―
　　　※「第二部　民族標識・異性装」の補論一。←武田佐知子 199901 ①

竹田　実善
→竹田　実

竹田　聴洲（竹田　聴洲）（※同志社大学名誉教授・京都市左京区寿仙院（浄土宗鎮西派）住職。1916/1/29-1980/9/6）
197103　：遊行聖の消滅過程（日本宗教学会［編集］『宗教研究』二〇六号、同会）
197105　：寺院明細帳からみた洛中洛外諸宗の塔頭とその成立（同志社大学人文科学研究所［編］『京都社会史研究』
　　　　法律文化社）※時宗に言及。→竹田聴洲 199411 ①
199411　◎竹田聴洲著作集 7「葬史と宗史」（国書刊行会）
　　　：①寺院明細帳からみた洛中洛外諸宗の塔頭とその成立※←竹田聴洲 197105

武田　伝（※愛泉女子短期大学（現堺女子短期大学）教授）
197003　：一遍上人の宗教について（『愛泉女子短大紀要』第五号、愛泉女子短期大学愛泉学会）

竹田　俊子（※元漆山遍照寺寺族。竹田賢正母）
199808　⊙故郷残映　竹田賢正遺作写真集（竹田私家版（東京エディトリアルセンター［編集制作］））
　　　※竹田賢正は漆山遍照寺住職で 1995 年歿、県史編纂にも従事した地域史研究者。略年表あり

武田　昌憲（※尚絅大学文化言語学部教授。元茨城女子短期大学教授）
199203　◎長編ダイジェスト②太平記（武田［編著］、有精堂出版）※番場蓮華寺での六波羅探題主従集団自害に言及

竹田　実（竹田　実善）（※焼津普門寺第 35 世住職）
195602　：○浄業和讃の成立（『国文学踏査』復刊 1、大正大学国文学会）※「竹田実善」名義
196410　：○浄業和讃の成立過程（金井清光［編集］『時衆研究』第八号、金井私家版）
199711A　：○浅草寺から、藤沢の遊行寺に遷座された阿弥陀如来坐像（『浅草寺』455 号［1997 年 11 月号］、同寺教化部）
　　　※写真ネーム：「時宗総本山遊行寺本尊阿弥陀如来像」
199711B　：○浅草寺から、栃木県真岡市時宗長蓮寺に遷座された弁財天像ほか（『浅草寺』456 号［1997 年 12 月号］、同寺教化部）
　　　※写真ネーム：「時宗長蓮寺（栃木県真岡市荒町）弁財天像（市指定有形文化財）」「弁財天に仕える十五童子」
199801　◎藤沢山"落穂拾い帖"（普門寺）

竹谷長二郎（※元東京都立日比谷高等学校教諭。1910-2012/2/28）
197511　◎竹田画論―山中人饒舌訳解（田能村竹田・竹谷［著］、笠間書院［笠間選書 24］）※南画家・田能村竹田（1777/7/14-1835/10/20）『山中人饒舌』の訳書。東山双林寺月笑に言及。→ 199003 第三刷→竹谷長二郎 201309
201309　◎田能村竹田画論「山中人饒舌」訳解（田能村竹田・竹谷［著］・大越雅子［校訂］、笠間書院［笠間選書 24］）
　　　※← 199003 第三刷→竹谷長二郎 197511

竹貫　元勝（※正眼短期大学副学長・同大学非常勤特任教授、花園大学文学部特任教授）
199610　◎図説日本仏教の歴史室町時代（竹貫［編］、佼成出版社）
　　　※時宗の項あり。ただし地図中で「市尾道場金光寺」「一条道場歓喜光寺」などと表記

武光　誠（※明治学院大学教養教育センター教授）
199705　◎日本歴史新聞 366　daily news of Japanese history（武光［監修］、小学館）※ 8 月 23 日の死亡欄に一遍の記事

竹村　俊則（※元京都国立博物館職員。1915/2/7-1999/6/7）
199205　◎今昔・都名所図会 2「洛東」（京都書院）※東山の時宗寺院の図版・解説あり

199207	◎今昔・都名所図会 1「洛中」（京都書院）※御影堂新善光寺の図版・解説あり
199406	◎京のお地蔵さん（京都新聞社）
	※金蓮寺親恋地蔵（ただし「他阿」とルビ）、染殿院染殿地蔵（境内単色写真掲載）、歓喜光寺南無地蔵（地蔵堂前単色写真掲載）、閑名寺明眼地蔵（地蔵堂前単色写真掲載）の項あり。巻末の「洛陽四十八願所地蔵めぐり」に第三十六番十住心院染殿地蔵、第四十番正法寺身代地蔵、第四十四番福田寺乳房地蔵のご詠歌が載る

竹村　牧男（※東洋大学第41・42代学長・筑波大学名誉教授。元文化庁文化部宗務課専門職員）

199110	◎一遍・日本的なるものをめぐって（梅谷繁樹・竹村・鎌田東二・栗田勇［著］、春秋社）
	:①一遍の仏教思想
199904	:□『一遍上人全集』『朝日新聞』「心の書」欄同月27日夕刊、同社）※←橘俊道・梅谷繁樹199811を紹介
199908	◎親鸞と一遍（法藏館）※→古賀克彦200104②書評
	:①序　章　親鸞と一遍の浄土教
	:②第一章　浄土教とは何か
	:③第二章　親鸞の救い
	:④第三章　一遍の救い
	:⑤第四章　親鸞と還相
	:⑥第五章　一遍の還相
	:⑦終　章　浄土教と現代
201202	◎日本浄土教の世界（大東出版社）
201303	:○書写山の一遍上人（『東洋学論叢』第三十八号、東洋大学文学部）
	※2010/10/16 於姫路市市民会館大ホール、「東洋大学文化講演会 in 姫路」講演録

竹谷（たけや）靭負（ゆきえ）（※富士山文化研究会会長・拓殖大学名誉教授。富士山吉田口御師末裔）

200805	:○散田の富士塚―富士吉田御師衆の移住伝承（『あしなか』第285輯、山村民俗の会）※富士道場吉積山西念寺に言及。←富士吉田市史編さん委員会199203の西念寺文書を引用。→竹谷靭負200909①
200909	◎富士塚考―江戸高田富士築造の謎を解く（岩田書院）
	:八王子市散田の富士塚―吉田御師衆の移住伝承※第八章。←竹谷靭負200805改題

田代　尚光（※融通念佛宗管長。1903/3/1-1988/12/2）

194710	◎融通佛縁起之研究（明綸社）※国立国会図書館に架蔵されず。→田代尚光197612
197612	◎融通念仏縁起の研究（名著出版）※国立国会図書館に架蔵されず。←田代尚光194710増訂
198105	◎良忍上人と大念仏寺（日本仏教研究所［編集］・田代［著］、ぎょうせい〔日本仏教の心⑥〕）
	:①はしがき
	:②良忍上人と大念仏寺
	:③良忍上人のプロフィール

多田　益子（※真宗大谷派日豊教区坊守会会長・大分県竹田市寶圓寺〈同派〉坊守）

200710	:○新出の恵信尼座像（大分県別府市・永福寺蔵）（『親鸞の水脈』第2号、真宗文化センター）
	※「参考史料（大分県佐伯市・永福寺所蔵文書）」掲示。カラーグラビアネーム：「新出の恵信尼座像（大分県別府市・永福寺蔵）」。←大分県立歴史博物館200410を紹介

立川　武蔵（※国立民族学博物館名誉教授。元愛知学院大学文学部教授）

199506	◎日本仏教の思想―受容と変容の千五百年史（講談社［同社現代新書1254]）※「一遍と捨聖の道」の項あり

橘　惠勝（※元時宗宗學林學頭、元奥谷宝厳寺住職、元別所宝泉寺第12世住職。1875-1923?）

190307	◎淨土教發達史論（金尾文淵堂）※橘の住所：「大阪府三島郡磐手村字別所壹番邸寄留」
191603	:◎實行的時宗（『妙好華』第十六巻第三號、時宗青年會本部）
191604A	:◎實行的時宗（『妙好華』第十六巻第四號、時宗青年會本部）
191604B	◎佛教心理の研究（丙午出版社）
191607	:◎實行的時宗（『妙好華』第十六巻第七號、時宗青年會本部）
191907	◎印度佛教思想史（阪本眞三［發行者］・大同館［發兌]）
192105	◎支那佛教思想史（阪本眞三［發行者］・大同館［發兌]）
192206	◎日本古代思想史（橘ツル［發行者］・丸木書店［發行元]）※丸木書店は橘惠勝創立の出版社カ
192207	◎史學とは何ぞや（橘ツル［發行者］・丸木書店［發行元]）
192211	◎生きんとする心理（橘ツル［發行者］・丸木書店［發行元]）
192304	◎東洋思想史概説（橘ツル［發行者］・丸木書店［發行元]）

立花　鏡子（※元東京都公立小学校教諭）

199809	:○遊行寺での例会に参加して（『日本史教育研究』第143号、同会）※1998/5/17於遊行寺、同会例会（遊行寺宝物館見学会および本堂における金井清光・阿部謹也講演会）参加記

橘　　俊道（※時宗宗学林学頭・山西光福寺住職。1917/8/6-1989/4/28）

193810　：○宗祖の京洛化益について（京都時宗青年同盟［編］『一遍上人の研究』同盟〈丁字屋書店［發賣]〉）
196101　：○仏とさしむかい（『和合』一〇号、重須光明寺）
196201　：○たびごろも（『和合』十二号、重須光明寺）
197106　◎藤嶺春秋抄（橘私家版）
　　　　：①清浄光寺鐘銘考※→橘俊道200709 ③
197206　：○遊行三十一祖京畿御修行記（『大谷学報』第五十二巻第一号、大谷大学大谷学会）
197208　：○託何上人の長野御書をめぐって（金井清光［編集］『時衆研究』第五十三号、金井私家版）※→橘俊道199004 ⑩
197210　：○藤沢の客寮―杉山氏の「藤沢の大鋸引」をよんで―（日本歴史学会［編集］『日本歴史』第二百八十一号、吉川弘文館）
197212　：○いわゆる佐竹騒動の虚実（『わが住む里』第二十四号、藤沢市中央図書館）
　　　　※→橘俊道 197503 ⑳→橘俊道 200709 ⑧
197303A　：○藤沢・当麻対立問題について（『時宗教学年報』第二輯、時宗教学研究所）
　　　　※→橘俊道 197503 ⑨→橘俊道 200709 ②
197303B　：○遊行聖は唯一か複数か（金井清光［編集］『時衆研究』第五十五号、金井私家版）
197305　：○時宗の過去帳をめぐる諸問題（大橋俊雄［編集］『時衆研究』第五十六号、吉川晴彦私家版）
　　　　※→橘俊道 199004 ㉑→橘俊道 200709 ⑥
197310　：○お多賀さんと遊行上人（『多賀』第十一号、多賀大社）※→橘俊道 198103 ②
197402　：○金井教授の御批判をいただいて（大橋俊雄［編集］『時衆研究』第五十九号、時宗文化研究所）
197404　：○太平記にあらわれた時衆の活躍（『時宗教学年報』第三輯、時宗教学研究所）
　　　　※「蓮華寺過去帳」の項あり。→橘俊道 197503 ⑫
197503　◎時宗史論考（法藏館）※初出不明示
　　　　：①一、捨聖一遍伝
　　　　：②二、一遍と聖戒
　　　　：③三、大聖他阿真教
　　　　：④四、真教と歌人達
　　　　：⑤五、知識帰命と不住生
　　　　：⑥六、時宗の過去帳について
　　　　：⑦七、三代智得とその著述
　　　　：⑧八、清浄光寺創建と呑海
　　　　：⑨九、藤沢当麻対立について※←橘俊道 197303A 改題。→橘俊道 200709 ②
　　　　：⑩一〇、託何とその著述　付国阿上人伝
　　　　：⑪一一、渡船の佐渡巡教と延文の梵鐘
　　　　：⑫一二、太平記にあらわれた時衆の活躍※←橘俊道 197404
　　　　：⑬一三、謡曲『実盛』と怨親平等碑
　　　　：⑭一四、室町幕府と時衆
　　　　：⑮一五、藤沢山の焼亡とその再興※→橘俊道 200709 ⑤
　　　　：⑯一六、意楽と乗台寺
　　　　：⑰一七、仏天と大覚寺義俊
　　　　：⑱一八、三十一代同念の遊行について
　　　　：⑲一九、藤沢の客寮について
　　　　：⑳二〇、「佐竹騒動」の虚実※←橘俊道 197212 改題。→橘俊道 200709 ⑧
197507　：○一遍の踊り念仏・薄念仏（『大法輪』昭和五十年七月号［第42巻第7号］、大法輪閣）
　　　　※→橘俊道 197602→橘俊道 199004 ⑧
197509　：○一遍と聖戒（『新修日本絵巻物全集』［第11巻一遍聖繪］月報）2、角川書店）
197510　：○四条廻心記をめぐって―遊行と四条と七条と―（『時宗教学年報』第四輯、時宗教学研究所）※→橘俊道 199004 ⑬
197511　：○時宗（『大法輪』昭和五十年十一月号［第42巻第11号］、大法輪閣）
197602　：○一遍の踊り念仏・薄念仏（『時衆あゆみ』＜一遍の念仏＞、中村昌道私家版）
　　　　※←橘俊道 197507。→橘俊道 199004 ⑧
197603　：○綱吉女『祐光書状』覚え書（藤沢市文書館［編集］『藤沢市史研究』第8号、同館）※→橘俊道 199004 ⑯
197611　：○井川・新善光寺文書、高宮・高宮寺文書（藤沢市文書館［編集］『藤沢市史研究』第9号、同館）
197703　：○時宗の名著（『大法輪』昭和五十二年三月号［第44巻第3号］、大法輪閣）
197705　：○「一遍の念仏」ということ（『遊行上人絵巻展図録』遊行寺宝物館）※→橘俊道 199004 ⑦

た行

197802	：○元禄時代の遊行―特に唯称上人の事蹟について―（『時宗教学年報』第六輯、時宗教学研究所）※→橘俊道 199004 ⑮
197803A	◎現代語訳・一遍ひじり絵―遊行念仏者の生涯―（山喜房佛書林）
197803B	：『遊行過去帳』と『御先使手扣』（圭室文雄［編］『遊行日鑑』第二巻、角川書店）
197803C	：遊行ということ―聖絵の旅に思う―（『大法輪』昭和五十三年三月号［第45巻第5号］、大法輪閣）
197807	◎一遍のことば（雄山閣〔宗祖のことばシリーズ〕）
197812	◎遊行寺―中世の時宗総本山―（名著出版〔藤沢文庫1〕）
197903	：持蓮華の弁　（付）歳末別時念仏会（『時宗教学年報』第七輯、時宗教学研究所）※→橘俊道 199004 ⑫
197909	：歌人としての他阿上人（宮次男・角川源義［編集擔當］『遊行上人縁起繪』角川書店〔新修　日本繪卷物全集第23巻〕）
197912A	：①一遍上人語録誃釋
	：②器朴論考録（以上、時宗開宗七百年記念宗典編集委員会［編集］『定本時宗宗典』上巻、時宗宗務所〈山喜房佛書林［発売］〉）翻刻と解題
197912B	：①時宗要略譜※翻刻と解題
	：②時宗選要記※翻刻のみ
	：③遊行靈寶佛面帳裏書※翻刻と解題
	：④遊行三十一祖京畿御修行記※翻刻と解題
	：⑤浄阿上人繪詞傳※翻刻のみ
	：⑥浄阿上人行状※翻刻のみ
	：⑦浄阿上人傳※翻刻と解題
	：⑧遊行藤澤御歴代靈簿※翻刻と解題
	：⑨別時念佛勵聲記※翻刻と解題
	：⑩別時作法問答※翻刻と解題
	：⑪合掌私記　付因明用卒都婆梵字※翻刻のみ。淺山圓祥・橘
	（以上、時宗開宗七百年記念宗典編集委員会［編集］『定本時宗宗典』下巻、時宗宗務所〈山喜房佛書林［発売］〉）
197912C	：○一遍と生死の海（『大法輪』昭和五十四年十二月号［第46巻第12号］、大法輪閣）
197912D	：①清浄光寺の本尊由来記※→橘俊道 199004 ⑰→橘俊道 200709 ⑦
	：②清浄光寺蔵「山門使節文書」について（以上、藤沢市文書館［編集］『藤沢市史研究』第13号、同館）
198003	：○御札切之次第および御相続之儀式について（『時宗教学年報』第八輯、時宗教学研究所）※→橘俊道 199004 ⑪
198004	：『一遍聖絵』と『一遍上人縁起絵』―聖戒と真教の間にほんとうに対立があったのか―（日本宗教史研究年報編集委員会［編］『日本宗教史研究年報』3、佼成出版社）※→橘俊道 199004 ①
198009	：○時宗総本山遊行寺（藤沢文庫刊行会［編］『目でみる藤沢の歴史』名著出版〔藤沢文庫5〕）
198012	：○藤沢山過去帳について（藤沢市文書館［編集］『藤沢市史研究』第14号、同館）
198103	：①一遍上人の己心領解の法門※→橘俊道 198412 ①
	：②お多賀さんと遊行上人※→橘俊道 199004 ⑳（以上『時宗教学年報』第九輯、時宗教学研究所）
198108A	：一遍上人と天台（『天台』第三号、中山書房）
198108B	：一遍上人と遊行寺（日本仏教研究所［編集］・寺沼琢明［著］『一遍上人と遊行寺』ぎょうせい〔日本仏教の心囬〕）※→橘俊道 198702
198108C	：○時宗（大法輪編集部［編］『日本仏教宗派のすべて』大法輪閣〔大法輪選書3〕）
198203	：○『遊行上人通行に付要用留』について（『時宗教学年報』第十輯、時宗教学研究所）
198206	◎庶民信仰の源流―時宗と遊行聖（橘・圭室文雄［編］、名著出版）
	：①橘　俊道：庶民信仰の源流ということ※→橘俊道 199004 ⑤
	：②橘　俊道：一遍上人と他阿真教上人※→橘俊道 199004 ③
	：○長谷川匡俊：『大衆帳』からみた時宗の学寮と修学生活
	：○圭室　文雄：遊行五十代快存上人の廻国について
	：○高野　　修：時衆文芸と遊行僧
	：○大山　仁快：時宗の書
	：○有賀　祥隆：時宗の絵画
	：○阿部　征二：四条道場（金蓮寺）と浄阿上人真観
	：○阿部　征二：京都四条道場金蓮寺文書―中世編
	：○高野　　修：遊行・藤沢両上人御歴代系譜
	：○長島　尚道：時宗研究文献目録
198303	：○長崎称念寺「光明院の蔵」について―初期時宗教団における寺院経営の特殊例として―（『時宗教学年報』

	第十一輯、時宗教学研究所）※→橘俊道 199004 ⑭
198304	：○〈書評〉圭室文雄編『全国時宗史料所在目録』（『日本仏教』第五六・五七号、同研究会） ※←圭室文雄 198202 を書評
198402	：○一遍と覚心―南無阿弥陀仏の声ばかりして―（『時宗教学年報』第十二輯、時宗教学研究所）※→橘俊道 199004 ④
198403	◎遊行ひじり一遍〜心の旅人一遍〜（栗田勇・橘・足助威男・越智通敏 [著]、愛媛県文化振興財団〔歴史シンポジウム 5〕）
198408	：□時宗（『有隣』第二八〇号 [同月 10 日号]、有隣堂）※橘・山田宗睦・石井進〔座談会〕。→橘俊道 199211
198412	◎一遍上人と時宗（橘・今井雅晴 [編]、吉川弘文館〔日本仏教宗史論集 10〕）
	：赤松　俊秀：一遍上人の時宗に就て
	：菊地勇次郎：智真と西山義
	：今井　雅晴：一遍智真の鎌倉入りの意義
	：大橋　俊雄：時衆と神祇―特に一遍智真と他阿真教の行業の断層を中心として―
	：河野　憲善：一遍教学における一念の意義について
	：石岡　信一：一遍と天台本覚思想
	：浅山　円祥：一遍における名号と舎命について
	：①橘　俊道：一遍上人の己心領解の法門※←橘俊道 198103 ① 再録。→橘俊道 199004 ②
	：竹内　明：他阿真教の門弟教育思想
	：梅谷　繁樹：中世の時衆と大和
	：圭室　文雄：江戸時代の遊行上人
	：金井　清光：一遍の和歌と連歌
	：多屋　頼俊：移動する和讃
	：高野　修：由阿の伝と「詞林采葉抄」
	：宮　次男：一遍聖絵と円伊
	：毛利　久：七条道場金光寺と仏師たち
	：②無　署　名：解説※橘カ
198502A	：○絵入り・一遍の生涯（『大法輪』昭和六十年二月号 [第 52 巻第 2 号]、大法輪閣）
198502B	：○誓戒・制戒・破戒（『時宗教学年報』第十三輯、時宗教学研究所）※→橘俊道 199004 ⑨
198502C	：○遊行聖（『歴史公論』第 2 号、雄山閣出版）
198502D	：○乱世の遊行廻国―遊行第七代他阿弥陀仏託何（壬生台舜博士頌寿記念論文集刊行会 [編]『仏教の歴史と思想』壬生台舜博士頌寿記念、大蔵出版）
198503	：○武蔵国石浜道場について（藤沢市文書館 [編集]『藤沢市史研究』第 18 号、同館）※→橘俊道 199004 ⑱
198510A	：○南無阿弥陀仏の声ばかりして（『時宗史研究』創刊号、同会）
198510B	：○一遍上人と時衆教団（神奈川県立博物館 [編]『遊行の美術　一遍　そして浄土を求め旅した人びと』同館） ※ 1985/10/19-12/1 於同館、神奈川芸術祭・特別展図録
198603	：○信濃路に幻の寺を求めて（『時宗教学年報』第十四輯、時宗教学研究所）※→橘俊道 199004 ⑲
198611	：○清浄光寺（国史大辞典編集委員会 [編集]『国史大辞典』第七巻、吉川弘文館）※項目執筆。→橘俊道 199911 ①
198612	：○一遍と時宗の教え（『大法輪』昭和六十一年十二月号 [第 53 巻第 12 号]、大法輪閣）
198702	：○一遍聖人と遊行寺（栗田勇 [編]『一遍』法蔵館）※←橘俊道 198108B
198803	：○虚像と実像―板割浅太郎と列成和尚―（『時宗教学年報』第十六輯、時宗教学研究所） ※→橘俊道 199004 ㉒→橘俊道 200709 ⑨
198903	：○一遍智真の己心領解の法門（十一不二頌）再考（『時宗教学年報』第十七輯、時宗教学研究所）※→橘俊道 199004 ⑥
198910	：○遊行寺の一ツ火（『仏教行事歳事記・11 月・籠り』第一法規）※→橘俊道 200709
198911	◎一遍上人全集（橘・梅谷繁樹 [著]、春秋社）※全 1 巻。→橘俊道 199811 →橘俊道 199811 →橘俊道 201205
199004	◎一遍上人の念仏思想と時衆　橘俊道先生遺稿集（橘俊道先生遺稿集刊行会）
	：①『一遍聖絵』と『一遍上人縁起絵』―聖戒と真教の間にほんとうに対立があったか―※←橘俊道 198004
	：②一遍上人の己心領解の法門※←橘俊道 198412 ①←橘俊道 198103 ①
	：③一遍上人と他阿真教上人※←橘俊道 198206 ②
	：④一遍と覚心※←橘俊道 198402 改題
	：⑤庶民信仰の源流ということ※←橘俊道 198206 ①
	：⑥一遍智真の己心領解の法門（十一不二頌）再考※←橘俊道 198909
	：⑦『一遍の念仏』ということ※←橘俊道 197705
	：⑧一遍の踊り念仏・薄念仏※←橘俊道 197602 →橘俊道 197507
	：⑨誓戒・制戒・破戒※←橘俊道 198502B

：⑩託何上人の長野御書をめぐって※←橘俊道 197208
：⑪御札切之次第および御相続之儀式について※←橘俊道 198003
：⑫持蓮華の弁―付　歳末別時念仏会―※←橘俊道 197903
：⑬四条廻心記をめぐって―遊行と四条と七条と―※←橘俊道 197510
：⑭長崎称念寺「光明院の蔵」について―初期時宗教団における寺院経営の特殊例として―※←橘俊道 198303
：⑮元禄時代の遊行―特に唯称上人の事蹟について―※←橘俊道 197802
：⑯綱吉女『祐光書状』覚え書※←橘俊道 197603
：⑰清浄光寺の本尊由来記※←橘俊道 197912D ①。→橘俊道 200709 ⑦
：⑱武蔵国石浜道場について※←橘俊道 198503
：⑲信濃路に幻の寺を求めて※←橘俊道 198603
：⑳お多賀さんと遊行上人※←橘俊道 198103 ②
：㉑時宗の過去帳をめぐる諸問題※←橘俊道 197305。→橘俊道 200709 ⑥
：㉒虚像と実像―板割浅太郎と列成和尚―※←橘俊道 198803。→橘俊道 200709 ⑨
：○無　署　名：橘俊道先生略年譜
：○無　署　名：橘俊道先生著作一覧※脱漏および誤字多し
：○石岡　信一：あとがき

た行

199204　○無量光寺（国史大辞典編集委員会［編集］『国史大辞典』第十三巻、吉川弘文館）※項目執筆。→橘俊道 199911 ②
199211　：①時宗（貫達人・石井進［編］『鎌倉の仏教』有隣堂［有隣新書］）
　　　　※詳細⇒石井進 199211 ①。橘・山田宗睦・石井進［座談会］。←橘俊道 198408
199811　◎一遍上人全集（橘・梅谷繁樹［訳］、春秋社）
　　　　※全1巻。新装補訂版、同社創業80周年記念復刊。←橘俊道 198911。→200107 補訂版第2刷→橘俊道 201205
199911　：①清浄光寺※←橘俊道 198611
　　　　：②無量光寺※←橘俊道 199204（以上、今泉淑夫［編集］『日本仏教史辞典』吉川弘文館）
　　　　※項目執筆。『国史大辞典』の当該項目を加筆・訂正し再録
200709　：①清浄光寺創建と呑海上人※「第二章　開創期」の第二節。←橘俊道 197503 ⑧改題
　　　　：②藤沢・当麻対立について―他阿呑海上人と内阿真光上人―
　　　　※同第三節。橘俊道 197503 ⑨改題←橘俊道 197303A 改題
　　　　：③梵鐘の鋳造※「第三章　興隆期」の第二節。←橘俊道 197106 ①改題
　　　　：④藤沢敵御方供養塔※同第五節
　　　　：⑤藤沢山の焼亡とその再興※「第四章　中興期」の第一節。←橘俊道 197503 ⑮
　　　　：⑥『時衆過去帳』と『藤沢山過去帳』※同第三節。←橘俊道 199004 ㉑改題←橘俊道 197305 改題。ただし初出で「拙著」とあるのを機械的に「橘俊道氏著」とす
　　　　：⑦清浄光寺の本尊由来記のこと※同第九節。←橘俊道 199004 ⑰改題←橘俊道 197912D ①
　　　　：⑧佐竹騒動の虚実※同第十節。←橘俊道 197503 ⑳改題←橘俊道 197212 改題
　　　　：⑨虚実と虚構※「第五章　明治期以降」の第四節。←橘俊道 199004 ㉒改題・副題削除←橘俊道 198803
　　　　：⑩歳末別時念仏会※「第九章　年中行事」の第一節。←橘俊道 198910 改題
　　　　（以上、清浄光寺史編集委員会［編集］『清浄光寺史』藤沢山無量院清浄光寺（遊行寺））※初出不明示
201205　◎一遍上人全集（橘・梅谷繁樹［訳］、春秋社）※全1巻。新装版。←橘俊道 199811。←橘俊道 198911

館林市史編さん委員会（※群馬県館林市）
200703　◎佐貫荘と戦国の館林　館林市史資料編2中世（同委員会［編］、同市）
　　　　※弘化三年（1846）「応声寺縁起書」・無年紀「貉書六字名号縁起」翻刻あり

田中　克行（※東京大学史料編纂所助手。1969-1996/8）
199603　：村の紛争解決と共有文書―文安年間、菅浦・大浦の相論（勝俣鎭夫［編］『中世人の生活世界』山川出版社）
199811　◎中世の惣村と文書（山川出版社）※遺稿集。菅浦阿弥陀寺文書を考察。同文書の文献目録掲載

田中　喜作（※元官立東京美術學校（現東京藝術大学美術学部）講師。1885/2/7-1945/7/1）
193812　：一遍聖繪（東京美術研究所［編］『畫説』十二月號（第二十四號）、同所）
193904　：一遍聖繪の作者圓伊補記（東京美術研究所［編］『畫説』四月號（第二十八號）、同所）

たなかしげひさ（※元京都府立洛北高等学校教諭。本名：田中重久。1905/7/17-1979/5/24）
196907　：歓喜光寺本の一遍上人絵と真光寺本の一遍上人年譜略（神奈川県立金沢文庫［編集］『金沢文庫研究』第15巻第7号、同文庫）

田中　純子（※京都府立大学文学部非常勤講師）
200005　：北陸時衆について―長崎称念寺の変遷を通して―（『日本宗教文化史研究』第四巻第一号（通巻七号）、日本宗教文化史学会）※同誌彙報欄の1999/11/27 第三回大会報告（午後の部）にも同研究発表要旨掲載

田中　正治
193703　◎新田公誠忠録　附・御菩提所稱念寺再興由來記（田中［著］・南朝勤王史蹟顕彰會［編纂］、同會）
田中　祥雄（※愛知県豊田市高月院〈浄土宗鎮西派〉住職・同宗教学院理事・東海学園大学学監）
199803　：○初期松平氏―時衆の止住・定着という視点―（『大正大学研究論叢』第六号、同大学出版部）
田中　治郎（※文筆家）
200912　◎面白いほどよくわかる　歴史と人物でわかる仏教（日本文芸社）※「捨聖・一遍」の項あり
田中　貴子（※甲南大学文学部教授。元京都精華大学人文学部助教授）
199906　◎室町お坊さん物語（講談社［同社現代新書1457］）
　　　　※播磨国書写山麓の玄助の許に聴聞に来る「近辺の阿弥陀寺におりました時衆」が登場
200311　◎『渓嵐拾葉集』の世界（名古屋大学出版会）※単色写真：双林寺。→田村憲美 200405 紹介
田中　尚人（※熊本大学政策創造研究教育センター准教授。元岐阜大学工学部専任講師、元京都大学工学部助手）
200109　：○近世の京都円山時宗寺院における空間構成に関する研究（『土木計画学研究・論文集』Vol.18　no.2、土木学
　　　　会）※出村嘉史・川崎雅史・田中［共筆］。肩書きは「京都大学大学院工学研究科助手」
田中　暢志（※元鹿児島短期大学附属南日本文化研究所〈現鹿児島国際大学附置地域総合研究所〉教授）
197405　：一遍の救済論について―法然・親鸞との比較において―（大橋俊雄［編集］『時衆研究』第六十号、時宗文
　　　　化研究所）
田中　登（※関西大学文学部教授。元帝塚山短期大学〈2005/7/29閉校〉教授）
200003　◎平成新修古筆資料集第1集（田中［編］、思文閣出版）※編者蒐集の古筆切の中から118点を図版入りで紹介。1
　　　　点ごとに名の由来等の簡潔な解説を附す。田中［解説執筆］の「七三　頓阿　中国切（新古今集）」あり
200301　◎平成新修古筆資料集第2集（田中［編］、思文閣出版）※編者蒐集の古筆切111点について写真と解説で紹介。
　　　　田中［解説執筆］の「六四　頓阿　兵庫切（続草庵集）」「六五　頓阿　巻物切（続千載集）」あり
200601　◎平成新修古筆資料集第3集（田中［編］、思文閣出版）
　　　　※編者蒐集の古筆切100余点について写真と解説で紹介。田中［解説執筆］の「五六　頓阿　四半切（古今集）」、
　　　　日比野浩信［解説執筆］の「五七　頓阿　四半切（八雲御抄）」あり
200809　◎平成新修古筆資料集第4集（田中［編］、思文閣出版）※編者蒐集の古筆切100余点について写真と解説で紹
　　　　介。田中［解説執筆］の「六五　頓阿　紹智切（玉葉集）」「六六　頓阿巻物切（続千載集）」あり
田中　徳定（※駒澤大学文学部教授）
201504　◎義経伝説と鎌倉・藤沢・茅ヶ崎（新典社［同社選書73］）※南要
田中　久夫（※千葉大学名誉教授。元國民精神文化研究所〈現国立教育政策研究所〉助手。1913-1997/7/12）
197202　：○研究余録　一向上人俊聖の一史料（日本歴史学会［編集］『日本歴史』第二百八十五号、吉川弘文館）
　　　　※→田中久夫 198202 ①
198202　◎鎌倉仏教雑考（思文閣出版）
　　　　：①一向上人俊聖の一史料※→田中久夫 197202
田中　琢（※元奈良国立文化財研究所〈現奈良文化財研究所〉所長、元文化庁文化財部文化財鑑査官）
199611　◎角川日本史辞典　新版（朝尾直弘・宇野俊一・田中［編］、角川書店）
田中　明光（※円山安養寺第42世住職。田中明善令息）
200403　：○空也上人ご生誕千百年記念　六波羅蜜寺に拝詣して（『遊行』第147号、時宗宗務所布教伝道研究所）
田中　明善（※円山安養寺第41世住職。故人）
197602　：○二祖真教上人伝記の一説（『時衆あゆみ』＜一遍の念仏＞、中村昌雄私家版）
田中　木叉（※〈東京都練馬区・単立宗教法人〉光明圃初代圃主。元慶應義塾大学文学部教授。1884-1974）
193609　◎日本の光（辨榮上人傳）辨榮上人五十回忌記念出版（光明修養會）
田中　夕子（※〈京都市下京区・株式会社〉法蔵館編集部員）
200003　：○わが国における遊行僧の研究―鹿角の角を持つ遊行僧を中心に―（日本印度学仏教学会［編集］『印度學佛
　　　　教學研究』第四十八巻第二号〔通巻第96号〕、同会）※空也に言及
200203　：○説話における空也の研究―『空也誄』との比較をとおして―（日本印度学仏教学会［編集］『印度學佛教學
　　　　研究』第五十巻第二号〔通巻第100号〕、同会）
　　　　※2001/7/1於東京大学本郷校舎、同会第52回大会報告。一遍や『一遍聖絵』に言及
田中　有美（※日本画家。1840/1/4-1933/3/20）
191907　⊙一遍上人繪傳（田中有美［編中文庫］〈芸艸堂［發賣]）※各2巻ずつ計5分冊。『聖絵』でなく『縁起絵』
田中　善信（※白百合女子大学名誉教授。元武蔵野女子大学〈現武蔵野大学〉文学部教授）
198403　：○華堂乗阿伝小考（『武蔵野女子大学紀要』第19号、同大学紀要編集委員会）
　　　　※当時同大学文学部教授。→田中善信 198904 ①
198904　◎初期俳諧の研究（新典社［同社研究叢書26］）

269

: ①一華堂乗阿伝小考※←田中善信 198403

田中　義恭（※元茨城大学人文学部教授、元東京国立博物館資料部部長）
198707　◎羅漢／祖師（田中・星山晋也［編・著］、東京美術［目でみる仏像シリーズ6］）
　　　　※「俊聖（一向上人）」の項と図版：藤沢清浄光寺蔵同画像

田中　緑江（※郷土史家。1891-1969）
195909　◎六斎念仏と六斎踊（京を語る会）

田名塩田遺跡群発掘調査団
199903　◎神奈川県相模原市田名塩田遺跡群Ⅰ発掘調査報告書（同調査団［編著］、同調査団）
　　　　※塩田向得寺すぐ東側も発掘され、その報告掲載

棚次　正和（※京都府立医科大学医学部教授。元筑波大学人文学類教授）
198703　:○念仏の一遍上人（日本宗教学会［編集］『宗教研究』二七一号［第60巻第4輯］、同会）
198803　:○名号の一遍（『時宗教学年報』第十六輯、時宗教学研究所）

「田名の歴史」編纂委員会編集小委員会
199311　◎田名の歴史（同委員会［編集］・大貫英明［監修］、三栗山財産管理委員会）
　　　　※当麻無量光寺、塩田向得寺に言及

田辺　健二（※〈徳島県〉鳴門市賀川豊彦記念館館長・鳴門教育大学名誉教授）
197312　:○「高野聖」論―その構造と主題―（『文教国文学』創刊号、広島文教女子大学国文学会）

田邉三郎助（田辺三郎助）（※武蔵野美術大学名誉教授。元東京国立文化財研究所〈現東京文化財研究所〉修復技術部部長）
199511　:○時衆の肖像彫刻について（時衆の美術と文芸展実行委員会［編集］『時衆の美術と文芸―遊行聖の世界―』同委員会〈東京美術［発売］〉）
　　　　※ 1995/11/3-12/10 於山梨県立美術館、1996/1/4-28 於長野市立博物館、2/3-25 於（神奈川県）藤沢市民ギャラリー、3/10-4/14 於（滋賀県）大津市歴史博物館、特別展図録。「第二編　美術編」の「二」。「田辺三郎助」名義
200610　:○甲斐仏教彫刻史（『祈りのかたち―甲斐の信仰―』山梨県立博物館）
　　　　※ 2006/10/14-11/20 於同館、開館一周年記念特別展図録論考。時宗に言及し、笛吹市称願寺の他阿真教像をとりあげ、小田原蓮台寺の同寿像を紹介。肩書き：「山梨県立博物館展示監修員」

田邉菜穂子（※湘北短期大学非常勤講師。元日本学術振興会特別研究員（ＰＤ））
200706　:○双林寺の画僧月峰のこと―田能村竹田・頼山陽関連資料より探る―（『語文研究』第 103 号、九州大学国語国文学会）※→田邉菜穂子 200911
200911　:○双林寺の画僧月峰のこと―田能村竹田・頼山陽関連資料より探る―（学術文献刊行会［編集］『国文学年次別論文集　近世 1　2007 年』朋文出版）※←田邉菜穂子 200706 再録

田辺　久子（※元東京女子大学文理学部非常勤講師）
200209　◎関東公方足利氏四代―基氏・氏満・満兼・持氏―（吉川弘文館）
　　　　※垂井金蓮寺に言及、写真：鎌倉別願寺「伝足利持氏供養塔」

谷　信一（※元共立女子大学文芸学部教授、元東京藝術大学美術学部教授。1905/5/8-1991/1/21）
196306　:○念仏行脚の像について（『人物叢書附録』第 106 号、吉川弘文館）※主題は空也、一向俊聖像にも言及

谷垣伊太雄（※大阪樟蔭女子大学名誉教授）
197809　:○『太平記』巻六「赤坂合戦事」"人見本間抜懸事" について（『樟蔭国文学』第十六号、大阪樟蔭女子大学）
　　　　※←金井清光 196711 ⑧・橘俊道 197503 を註と追記でそれぞれ引用。肩書き：「本学専任講師」

谷口　耕生（※奈良国立博物館学芸部保存修理指導室室長）
200211　:①「影」をえがく
　　　　:②中国の絵をまなんだ風景
　　　　:③お墓にまつられた一遍上人像（以上『一遍聖絵　絵巻をあじわう』奈良国立博物館〔親と子のギャラリー〕）
201004　:①一遍への深い追慕のまなざしを込めた絵巻（鳥瞰的視点の風景描写が大きな魅力／保存修理による新知見から進む研究）※惹句：「美しい風景や当世風俗など見ごたえのあるこの絵巻が、／鑑賞者の強い共感を呼ぶのは、肉親が制作に関わったからだろうか。」。カラー図版ネーム・キャプション：「巻二第二段（故郷の伊予を出立）　一遍は 36 歳のとき、故郷を捨てて仏教に打ち込むことを決意し、伊予（現・愛媛県）の地を発つ。これが生涯にわたる諸国遍歴の旅の始まりである。顎が突き出た特色ある相貌から、画中に小さく描かれていてもすぐ一遍その人とわかる。」「巻六第三段（富士山）　富士山は平安時代以降、数々の名所絵に描かれてきた。中でも「一遍聖絵」の富士山がひときわ雄大で美しい姿をたたえている。左端、川に架かる舟橋の上方川底に、既に落命した墨染め衣の鰐坂入道の姿が見える。」「巻四第三段（福岡の市）　「一遍聖絵」は、制作途中で図様を大きく改変した部分が少なからず確認されている。福岡の市の場面では、一遍を斬ろうとする吉備津神社神主の息子の従者が、当初の弓をかまえる姿を塗りつぶして、指笛を吹く姿に改められている。」「巻九第一段（石清水八幡宮参詣）　石清水八幡宮は、中世において、一遍ら念仏聖たちの拠点となっていた。これは八幡神の本来の姿が阿弥

陀如来と信じられたことによる。ここに描かれる社殿は、当時盛んに描かれた宮曼荼羅の描写を忠実に踏襲する。」
「巻八第五段（当麻寺曼荼羅堂）　中将姫が蓮糸で織ったと伝える阿弥陀浄土変相図「綴織当麻曼荼羅図」（国宝、中略）で有名な当麻寺の曼荼羅堂（国宝、中略）。入念な描写を見せるこの建物は、実際の曼荼羅堂と構造が大きく異なっており、他の場面にも使われた型に基づくとみられる。」「巻十第三段（大三島社参詣）　一遍や「一遍聖絵」の編者・聖戒は河野氏の出身。その氏神とされた伊予・大三島社（大山祇神社）の場面では、楼門や廻廊が意図的に荒れ果てた姿に表されていることから、当社の復興を促すことを目的として表現したという説がある。」参考としてカラー図版：「石清水八幡曼荼羅図」、同キャプション：「京都・男山の山上山下にわたる石清水八幡宮の全景を、鳥瞰的な視点で一図におさめる。社殿の構図や表現が「一遍聖絵」の石清水八幡宮と近似することは明らかで、「一遍聖絵」の絵師・円伊が宮曼荼羅を得意としたことがうかがわれる。」「ココに注目！」欄のカラー図版ネーム・キャプション：「「影」の表現（巻三第二段）　一遍が伊予で訪れた念仏道場の場面。建物の簾には多くの人影が映し出されており、堂内で人々が管弦の遊びに興じる非日常的な様子を見事に表現している。こうした影の表現が日本で一般的となるのは、江戸時代以降のこと。それを400年以上も前に先取りした「一遍聖絵」は、中国・宋代の絵画手法をいち早く取り入れたものと考えられる。」
：②国宝を深く知る　念仏に神々が結縁した絵巻（融通念仏と一遍の関係性／絵巻の最も重要な制作動機とは）
※惹句：「一遍が絵巻のなかで各地の神社を参詣しているのはなぜか。／それには一遍の遺志を継ぐ弟子・聖戒の制作動機が込められていた。」カラー写真ネーム・キャプション：「一遍聖絵　巻三第一段（熊野本宮）　阿弥陀如来を本地仏とする熊野本宮において、一遍は山伏姿の熊野権現から夢告を受け、「南無阿弥陀仏」の念仏札をあらゆる人々に配るべきことを悟る。ここで一遍は、権現から「融通念仏すすむる聖」と喚ばれている。　清浄光寺蔵」「一遍聖絵　巻三第一段（熊野那智大社）　雄大に流れ落ちる滝が御神体の熊野那智大社。滝を中心として、山中に社殿が点在するダイナミックな景観を、視点を遠くに置いたパノラマ的な構図で描く。滝の傍らに表される白馬（中略）は、当社の本地仏である観音が化身した姿。　清浄光寺蔵」「融通念仏縁起絵巻（中略）　上巻第六段　平安時代後期に良忍が感得したという融通念仏の功徳を集成した絵巻。原本は「一遍聖絵」に近い正和3年（1314）に成立した。鞍馬寺毘沙門天の勧進に応じて融通念仏に結縁した日本各地の神々が、社殿の姿で表されている。重文　2巻　紙本著色　応永24年（1417）　清凉寺蔵」「熊野曼荼羅図　熊野三山（本宮・新宮・那智の三社）の景観を、鳥瞰的な視点で描いた礼拝画。社殿や山水などの描写が、「一遍聖絵」に描かれる熊野三山と近似する。「一遍聖絵」と宮曼荼羅を結ぶものとして、念仏聖の存在を想定すべきかもしれない。／絹本著色（中略）　鎌倉時代　米クリーブランド美術館蔵」
　　　（以上『週刊　朝日百科』2010年4月18日号「国宝の美」34（絵画10 伝記絵巻）「特集・円伊　一遍上人絵伝（一遍聖絵）」（清浄光寺、東京国立博物館）」、朝日新聞出版）

谷口　清超（※生長の家第2代総裁。1919/10/23-2008/10/28）
195603　◎念仏信仰の真髄――一遍上人の法語――（日本教文社〔教文新書15〕）
谷澤　美香（※〈東京都〉あきる野市教育委員会公民館職員）
201306　：○秋川・平井川流域における中世寺院―分布図から見えてくるもの―（多摩地域史研究会［編集］『多摩・中世寺院と地域社会』同会第22回大会発表要旨、同会）
　　　※2013/6/16 於〈東京都多摩市〉パルテノン多摩四階第一会議室。表中に伊奈正光寺あり
谷本　富（※元京都帝國大學文科大學〈現京都大学文学部〉教授。1867/11/12-1946/2/1）
191699　：○宗教の新傾向より観たる時宗（『妙好華』第十六巻第八號、時宗青年會本部）
谷山　俊英（※立正大学文学部非常勤講師・東京都立武蔵高等学校主任教諭）
199402　：○一遍（志村有弘・松本寧至［編］『日本奇談逸話伝説大事典』勉誠社）　※項目執筆
田渕句美子（※早稲田大学教育学部教授。元国文学研究資料館文学資源研究系〈現研究部〉教授）
199511　：○関東の文学と文芸（『岩波講座日本文学史』第5巻［一三・一四世紀の文学］、岩波書店）
　　　※他阿真教の関東での詠歌活動に注目。肩書は：「大阪国際女子大学助教授」
玉井　哲雄（※国立歴史民俗博物館名誉教授・総合研究大学院大学名誉教授）
199611　◎絵巻物の建築を読む（小泉和子・玉井・黒田日出男［共著］、東京大学出版会）
　　　：①武家住宅
　　　：②絵巻物の住宅を考古学発掘史料から見る
199912　：『清明上河図』と日本の都市景観―『年中行事絵巻』『一遍上人絵伝』『洛中洛外図屏風』との比較を通して―（『アジア遊学』第11号、勉誠社）　※→玉井哲雄200310
200310　：○『清明上河図』と日本の都市景観―『年中行事絵巻』『一遍上人絵伝』『洛中洛外図屏風』との比較を通して―（伊原弘［編］『『清明上河図』をよむ』勉誠出版）　※図版ネーム：「『一遍上人絵伝』より京都四条京極（日本の絵巻20『一遍上人絵伝』中央公論社より）」。また図版ネーム：「舟木本『洛中洛外図』より五条大橋近辺（『日本屏風絵集成』第11巻、講談社より）」左下に五条御影堂が描かれている。←玉井哲雄199912
玉樹　遊樂（※御影堂新善光寺住職。故人）

188007　◎各宗教要隨問（玉樹遊樂［著述］、玉樹百枝［出版］）※「時宗開祖一遍聖人ノ署傳」あり
188107　◎佛説高王白衣觀音經（玉樹［校閲］、小川多左衞門［出版］）
188312A　◎天台四教義冠註　本（御影堂）
188312B　◎天台四教義冠註　末（玉樹遊樂［著述］、玉樹百枝［出版］）
188605　◎佛敎覺夢論　初編（玉樹遊樂［著］、玉樹百枝［出版］）
多摩市史編集委員会（※東京都多摩市）
199603　◎ふるさと多摩（多摩市史年報）第 7 号（同委員会［編］、同市）※表紙写真解説で春登（関戸延命寺）に言及
199703　◎多摩市史通史編一　自然環境・植物・動物・原始および古代・中世・近世（同委員会［編］、同市）
　　　　※図版：『聖絵』巻五、六波羅主従石塔群、清浄光寺蔵後醍醐画像、関戸延命寺解説あり
玉田　明昇（※若宮戸常光寺住職）
200309　：◎足下転進におもう（『遊行』第 145 号、時宗宗務所布教伝道研究所）
　　　　※巻頭言。若宮戸常光寺足下。カラー近影付
圭室　諦成（※明治大学文学部教授・熊本縣鹿本郡八幡村〈現山鹿市〉日輪寺〈曹洞宗〉住職。1902/3/8-1966/5/15）
196709　◎日本仏教史Ⅲ近世・近代篇（圭室［監修］、法蔵館）
圭室　文雄（※〈東京都板橋区・学校法人〉大乗淑徳学園理事・明治大学名誉教授。圭室諦成令息）
197411　：①遊行寺（清浄光寺）とその周辺の寺社
　　　　：②遊行上人の廻国（以上、藤沢市史編さん委員会［編］『藤沢市史』第五巻通史編近世編、同市）
197511　：○江戸時代の遊行上人（三浦古文化編集委員会［編集］『三浦古文化』第十八号、三浦古文化研究会）
　　　　※→圭室文雄198412
197605　：○江戸時代の遊行上人廻国について（地方史研究協議会［編］『地方文化の伝統と創造』雄山閣出版）
197608　：○平地方の遊行上人の廻国について（『いわき地方史研究』第 13 号、同会）
197703　◎遊行日鑑第一巻（角川書店）※正徳元年（1711）〜享保十三年（1728）
　　　　：①時宗の本末関係と遊行日鑑
197704　◎庶民信仰の幻想（圭室・宮田登［著］、毎日新聞社〔江戸シリーズ 6〕）
　　　　：①遊行上人の廻国行脚
197803　◎遊行日鑑第二巻（角川書店）※享保十四年（1729）〜延享五年（1748）
197812　：○幕藩領主と遊行上人─岡山藩の場合─（下出積興博士還暦記念会［編］『日本における国家と宗教』大蔵出版）
197902　◎遊行日鑑第三巻（角川書店）※宝暦四年（1754）〜宝暦十年（1760）
197909　：○時宗における遊行と定住（『新修日本絵巻物全集〔第 23 巻遊行上人縁起繪〕月報』26、角川書店）
197912　◎近世仏教の諸問題（圭室・大桑斉［編］、雄山閣出版）
　　　　：①遊行第四十九代上人一法の廻国について
198202　◎全国時宗史料所在目録（圭室［編］、大学教育社〈桜楓社〉〔発売〕）
198206　◎庶民信仰の源流─時宗と遊行聖（橘俊道・圭室［編］、名著出版）※詳細⇒橘俊道198206
　　　　：①遊行五十代快存上人の廻国について
198407　：○江戸時代の遊行上人（『浅草寺仏教文化講座』第 28 集〔昭和 58 年度〕、同寺）
198412　：○江戸時代の遊行上人（橘俊道・今井雅晴［編］『一遍上人と時宗』吉川弘文館〔日本仏教宗史論集 10〕）
　　　　※←圭室文雄197511
198701　◎日本仏教史　近世（吉川弘文館）※「遊行上人の廻国」の項あり
199002　：○遊行日鑑（『日本歴史「古記録」総覧』下、新人物往来社『別冊歴史読本』・事典シリーズ 5 号〔通巻 15 巻 4 号〕］）
199601　◎日本宗教史研究文献目録 1（大濱徹也・圭室・宮田登・根本誠二［編］、岩田書院）
199611　◎図説　日本仏教の歴史　江戸時代（圭室［編］、佼成出版社）
　　　　：①無　署　名：江戸幕府と仏教※圭室カ
　　　　：②無　署　名：伊勢参宮と高野山参詣
　　　　※圭室カ。カラー図版：藤沢宿（東海道五十三次）・高野聖（洛中洛外図）、ともに東京国立博物館蔵
　　　　：③無　署　名：［コラム］遊行廻国※圭室カ
199804　◎新編相模国風土記稿・第二版（全七巻）（蘆田伊人［校訂］・圭室［補訂］、雄山閣）
199810　：○江戸時代の遊行上人（村上直・神崎彰利［編］『近世神奈川の地域的展開』有隣堂）
199811　：○江戸時代の寺社と信仰（寒川町［編集］『寒川町史』6 通史編─原始・古代・中世・近世、同町）
199906　◎葬式と檀家（吉川弘文館〔歴史文化ライブラリー 70〕）
　　　　※番場蓮華寺過去帳・時衆過去帳、黒駒称願寺蔵「在家之法号御免報謝料」を紹介
199912　◎日本仏教史年表（平岡定海・圭室・池田英俊編［編］、雄山閣出版〔論集日本仏教史 10〕）
　　　　※時衆関係項目が頻出
200107　◎日本の神仏の辞典（大島建彦・薗田稔・圭室・山本節［編］、大修館書店）※詳細⇒大島建彦200107

　　　　　：①近世仏教※大項目「仏教」の中の項目執筆。遊行上人に言及
　　　　　：②清浄光寺※項目執筆
200303　：○［平成十四年度佛教文学大会講演Ⅱ］江戸時代の遊行上人―五十一代賦存を中心として―『佛教文學』第二十七号、同會）※ 2002/6/1 於明治大学駿河台校舎、公開講演会記録
200602　：○明治初年寺院明細帳の数量的分析（『近代仏教』第十二号、日本近代仏教史研究会）
　　　　　※ 2004/5/22 於淑徳短期大学、同會第 12 回研究大会特別講演（同大会後の会員総会で圭室は新会長に選出せらる）を成稿。時宗に言及。肩書き：「明治大学教授」
200805　◎明治初年　寺院明細帳第 1 巻　オンデマンド版（圭室［監修・解説］、アルヒーフ〈すずさわ書店［発売］〉）
　　　　　※『社寺取調類纂』所収「寺院明細帳」を多年に亘り整序し、各府・藩・県ごとにまとめ欠落部分をできうる限り補い索引を附す。館藩〜日光県の分
200908　◎明治初年　寺院明細帳第 5 巻　オンデマンド版（圭室［監修・解説］、アルヒーフ〈すずさわ書店［発売］〉）
　　　　　※『社寺取調類纂』所収「寺院明細帳」を多年に亘り整序し、各府・藩・県ごとにまとめ欠落部分をできうる限り補い索引を附す。大阪府〜新宮藩の分
201008　◎明治初年　寺院明細帳第 2 巻　オンデマンド版（圭室［監修・解説］、アルヒーフ〈すずさわ書店［発売］〉）
　　　　　※『社寺取調類纂』所収「寺院明細帳」を多年に亘り整序し、各府・藩・県ごとにまとめ欠落部分をできうる限り補い索引を附す。黒羽藩〜品川県の分
201107　◎明治初年　寺院明細帳第 3 巻　オンデマンド版（圭室［監修・解説］、アルヒーフ〈すずさわ書店［発売］〉）
201202　◎江戸時代の遊行聖（吉川弘文館［歴史文化ライブラリー 338］）
　　　　　※カラーカバー図版ネーム：『『藤沢山日鑑』（清浄光寺（遊行寺）所蔵）と『東海道名所図会』』
　　　　　：①遊行聖とは―プロローグ―（江戸時代の遊行聖／近世仏教と民衆）
　　　　　：②近世の仏教（キリシタンの弾圧と寺請制度／寛永年間の寺院本末帳／宗門人別帳の作成と檀家制度）
　　　　　：③時宗の本寺・末寺制度（時宗遊行派の本末制度／遊行派以外の時宗各派）
　　　　　：④近世の遊行上人と僧侶（近世の歴代遊行上人／遊行上人廻国とそのコース）
　　　　　：⑤遊行上人と将軍や天皇のつながり（江戸の遊行上人／遊行上人皇居へ参内／歴代上人の参内の様子／京都誓願寺への参籠）
　　　　　：⑥大名と遊行上人（磐城藩と遊行上人／盛岡藩と尊如上人／岡山藩と遊行上人）
　　　　　：⑦熊野参詣（熊野と遊行上人／熊野参詣とお札／遊行上人の宿泊所と参詣場所）
　　　　　：⑧遊行上人の布教活動と収入（供養と祈願／布施と収入）
201208　◎明治初年　寺院明細帳第 4 巻　オンデマンド版（圭室［監修・解説］、アルヒーフ〈すずさわ書店［発売］〉）
　　　　　※「韮山県諸宗本末寺号其外明細帳」に「時宗遊行派」、「久居藩諸宗本末寺号其外明細帳（伊勢国之内）」に「時宗」、「京都府管轄真言宗・時宗各寺院提出明細帳綴」に「時宗（国阿派・鉢拍念仏弘通派・市屋派・遊行派・王阿派・四水派）」、「淀藩諸宗本末寺号其外明細帳」に「時宗遊行派」、「峰山藩諸宗本末寺号其外明細帳」に「時宗」、「宮津藩諸宗本末寺号其外明細帳」に「時宗」、とあり
201306　◎明治初年　寺院明細帳第 6 巻　オンデマンド版（圭室［監修・解説］、アルヒーフ〈すずさわ書店［発売］〉）
　　　　　※全 7 巻＋別巻 2。『福山藩諸宗本末寺号其外明細帳』に「時宗」、『豊浦藩諸宗本末寺号其外明細帳』に「時宗遊行派」とあり

玉山　成元（鈴木　成元）（※大正大学文学部教授。1932-1997/4/8）
196405　：○大橋俊雄著『番場時衆のあゆみ』（日本歴史学会［編集］『日本歴史』第百九十二号、吉川弘文館）
　　　　　※「書評と紹介」欄。「鈴木成元」名義。←大橋俊雄 196311 を書評と紹介
197099　◎普光観智国師―近世における浄土宗の発展―（白帝社）※片山法台寺を「遊行派」と誤認
199312　◎近世の高僧　観智國師（かたくら書店［同書店新書 40］）※片山法台寺を「遊行派」と誤認
200010　：○長楽寺（『日本歴史大事典』第二巻、小学館）※項目執筆。東山長楽寺

田宮　明博（※多摩大学附属聖ヶ丘中学高等学校教諭）
200107　：①空也
　　　　　：②空也念仏
　　　　　：③聖達（以上、大島建彦・薗田稔・圭室文雄・山本節［編］『日本の神仏の辞典』大修館書店）※項目執筆

田村　圓澄（※九州大学名誉教授・京都市中京区妙泉寺（浄土宗鎮西派）住職。1917/1/2-2013/7/10）
195312　：○一遍と神祇（『ヒストリア』第 8 号、大阪歴史学会）※→田村圓澄 195911 ①
195911　◎日本仏教思想史研究浄土教篇（平楽寺書店）
　　　　　：①一遍と神祇※←田村圓澄 195312

田村　晃徳（※武蔵野大学大学院非常勤講師・茨城県日立市専照寺（真宗大谷派）副住職）
200611　：親鸞（『大法輪』平成十八年十一月号［第 73 巻第 11 号］［特集∥名僧ゆかりの遺跡・寺院ガイド］、大法輪閣）※小見出し：「安養寺」に単色写真：「吉水の井」

田村　憲治（※愛媛大学名誉教授。1947-2015/3/31）
198910　：○一遍聖絵に見る説話（『文化愛媛』第二十二号、愛媛県文化振興財団）
199008　：○『一遍聖絵』と説話（『中世文学研究』第十六号、中国四国中世文学会）
　　　　※→林雅彦・藤巻和宏・平沼恵 199808 紹介

田村　憲美（※別府大学文学部教授）
199507　：○犬（日本の犬／戌）（黒田日出男［責任編集］『歴史学事典』3「かたちとしるし」、弘文堂）
　　　　※項目執筆。『一遍聖絵』巻1第1段では狩猟に出かけるとおぼしい武士の一行が首に鈴をつけた白犬をつれている。」「中世の絵巻にみえる武士の館には（中略）しばしば鷹と犬がセットのように描かれており（『遊行上人縁起絵』『一遍聖絵』（下略））」とす
199807　：○中世肖像画における「坐」の問題（黒田日出男［編］『肖像画を読む』角川書店）
　　　　※一遍と他阿の肖像に言及
200405　：○中世　八　文化と事象（史学会［編集］『史学雑誌』第113編第5号「2003年の歴史学界―回顧と展望―」、山川出版社）

田村　浩（※千葉市立千葉高等学校教諭）
199206　：○中世の商人、子ども、乞食・非人―絵巻物から描かれた中世の人々―（千葉県高等学校教育研究会歴史部会［編］『新しい日本史の授業―地域・民衆からみた歴史像』山川出版社）
　　　　※特に田村浩実践を批評し、同じ「一遍聖絵」を扱った加藤公明実践との比較を提言。単色図版ネーム：「『一遍聖絵』（備前福岡市）」「『一遍聖絵』にみる女性商人（備前福岡市）」「『一遍聖絵』にみる働く子供たち」「『一遍聖絵』（近江の関寺門前）」「『一遍聖絵』（鎌倉）」。→北尾悟 199299 新刊紹介

田村　正規（※栃木県下都賀郡壬生町興生寺（真言宗智山派）住職）
196709　：○時宗（豊田武［編］『東北の歴史』上巻、吉川弘文館）
　　　　※「第八章　中世東北の経済と文化」「4　新仏教の伝播」（全4節中）の「（ハ）」（p371-375）。「時宗天童派の形成」の項もあり。豊田武の推薦で東北大学文学部卒業論文から抜萃・編集（入間田宣夫談）

多屋　頼俊（※大谷大学名誉教授。1902/5/3-1990/7/13）
193102　：和讃の形式（『國語と國文學』第八巻第二號（通巻第八十二號）、東京帝國大學國語國文學會）
193305　：◎和讃史概説（法藏館）
193405　：和讃の發達（『佛教文化講座』第三回、大鳳閣）
193511　：來迎の諸和讃（『史蹟と古美術』第十五巻第五號、國史普及會）
193810A　：一遍上人の文藝（京都時宗青年同盟［編］『一遍上人の研究』同同盟〈丁字屋書店［發賣]〉）
193810B　：金澤文庫本伽陀集（『佛教研究』第二巻第五號、大谷大學佛教研究會）
195512　：日本の仏教讃歌―和讃を中心に―（『教化研究』第三十三号、東本願寺教化研究所）
195804　：○移動する和讃（『國語と國文學編輯部・東京大學國語國文學會［編輯］『國語と國文學』第三十五巻第四号［1958年4月特別号］（通巻409号）［特集　歌謡の新研究］、至文堂）→多屋頼俊 198412
196203　：○時宗の本作の和讃（『大谷大学研究年報』第十四巻、大谷大学大谷学会）
197107　：○古写・時宗の和讃翻刻―金蓮寺襲蔵「和讃」―（仏教文学研究会［編集］『仏教文学研究』第十集、法藏館）
197111　：○時衆の和讃について二三の疑問（金井清光［編集］『時衆研究』第五十号、金井私家版）
198412　：○移動する和讃（橘俊道・今井雅晴［編］『一遍上人と時宗』吉川弘文館〔日本仏教宗史論集 10〕）
　　　　※←多屋頼俊 195804

樽谷　雅好（※〈富山県〉高岡市児童文化協会副会長）
199905　：□シリーズほくりく文化考 152　地方寺社の庶民史―一向宗の盛衰風景―秘められた宗教（『讀賣新聞』北陸支社版同月9日号、同社）※一向派に言及、写真：番場蓮華寺本堂、一向俊聖五輪塔

多和田雅保（※横浜国立大学教育人間科学部教授。元〈長野県〉飯田市教育委員会歴史研究所研究員）
200106　：○［コラム］宗教都市・善光寺（佐藤信・吉田伸之［編集］『都市社会史』山川出版社［新体系日本史 6]）

段木　一行（※元〈東京都港区〉㈱秋山庄太郎事務所〉秋山庄太郎写真芸術館館長、元法政大学文学部教授）
197910　：○中世後期在村土豪層の商業活動について―相模国高座郡当麻宿関山氏を中心に―（豊田武［編］『近世の都市と在郷商人』法政大学史学科開設30周年記念論文集、巌南堂書店）※関山家は当麻無量光寺檀家

丹南町史編纂委員会（※兵庫県多紀郡丹南町（現篠山市））
199403　：◎丹南町史上巻（同委員会［編］、同町）※図版：『聖絵』「備前福岡の市」

丹野　正（※山形県文化財専門委員）
198306　：○仏向寺一向上人踊躍念仏（山形放送山形大百科事典事務局［編集］『山形県大百科事典』山形放送）
　　　　※項目執筆。単色写真あり。例年11/17厳修

地域研究史料館（※兵庫県尼崎市・市立）
199712　：○元禄五年尼崎町寺社改め帳写し（尼崎市立地域研究資料館［編集］『地域史研究―尼崎市立地域研究史料館

紀要一』第二七巻第一号（通巻七九号）、同館）※時衆京金蓮寺末寺海岸寺・善通寺・宝光寺の記載あり

近松　誉文（※元〈大阪市北区・株式会社〉大阪日日新聞社（現新日本海新聞社大阪本社）専務）
199511　　◎大阪墓碑人物事典（東方出版）※「遊行寺」（大坂円成院）の項あり

千田　孝明（※栃木県日光市観音寺〈天台宗山門派〉住職。元同県立博物館技幹兼人文課課長）
199903　　：○史料紹介・栃木県立博物館蔵『結城戦場物語絵巻』翻刻・紹介（上）（『栃木県立博物館研究紀要・人文』第16号、同館）※→井上聡199910 文献案内

千田　昇（※大分大学名誉教授）
200307　　：○上人ヶ浜の地形・地質（別府市［編集］『別府市誌』第2巻、同市）※「第5編　自然」「第2節　上人ヶ浜の自然」の1。カラー写真ネーム：「春木川扇状地と上人ヶ浜」「上人ヶ浜」

千々和　到（※國學院大學文学部教授。元東京大学史料編纂所教授）
198402　　：○立ち上る紫雲─『一遍聖絵』によせて─（『歴史地名通信』17、平凡社地方資料センター）
　　　　　※→森田竜雄201003 引用
199803　　：○史料紹介（村井章介［責任編集］・歴史学研究会［編］『日本史史料』2 中世、岩波書店）
　　　　　※東放生津住人本阿代側房重申状および『聖絵』巻四の史料紹介
199908　　：○板碑の履歴書（町田市立博物館［編集］『多摩の板碑』同館図録第116集、同館）
　　　　　※府中称名寺出土の板碑に言及し、銘文の一部は近世の偽刻と推測
200708　　◎板碑と石塔の祈り（山川出版社［日本史リブレット31］）
　　　　　※「③板碑の履歴書」の章の冒頭「幕府に届けられた板碑出土の情報」の節の本文で、武蔵府中の称名寺板碑に言及、単色図版ネーム：「東京都府中市、称名寺「徳阿弥板碑」」。続く「板碑の履歴書」の節の本文と頭註で「春登」に言及、後に続く「『天野政徳随筆』の混乱はなぜ生じたか？」の節でも言及

茅根　瞭善（※磯原円福寺第5世住職）
200103　　：○「菩薩の律儀」と「ありのままの受容」（『遊行』第135号、時宗宗務所布教伝道研究所）
　　　　　※住職在任五十年記念巻頭言。カラー近影付

千葉　徳爾（※筑波大学名誉教授。元明治大学文学部教授。1916/5/22-2001/11/6）
196303　　：○諏訪の神人について（『信濃』第十五巻第三号、同史学会）
197208　　◎切腹の話─日本人はなぜハラを切るか─（講談社［同社現代新書287]）
　　　　　※六波羅探題主従自害に言及、ただし番場蓮華寺を「番場の地蔵堂」と表記

千葉　乗隆（※龍谷大学名誉教授・浄土真宗本願寺派僧侶。元同大学第12代学長。1921/5/4-2008/4/12）
199902　　：○蓮如上人に学ぶ（『第32回　宗教教育研究会　紀要』龍谷総合学園）※記念講演。能「誓願寺」の項あり、一遍に言及。ただし「習信」等、誤植多し。また実際の講演時には一遍への言及はなし（古賀克彦註）
199907A　　：○第十五回光華講座蓮如上人と毛坊主（『真宗文化』第八号、光華女子大学光華女子短期大学真宗文化研究所）
　　　　　※時衆に言及
199907B　　◎日本の社会と真宗（千葉［編］、思文閣出版）
　　　　　：①本願寺の能楽※能「誓願寺」の項あり、一遍に言及

千葉県立総南博物館（※千葉県夷隅郡大多喜町・現同県立中央博物館大多喜城分館）
199410　　◎特別展示解説書　民衆と信仰～来世への救いをもとめた人びと～（同館［編］、同県社会教育施設管理財団）
　　　　　※1994/10/8-11/27同館、特別図録。「遊行上人縁起絵」（清浄光寺蔵）出陳。山科白蓮寺蔵空也像・一遍像等、多数。菅根幸裕［担当］

千葉市教育委員会社会教育部文化課（※千葉市中央区・現同市教育委員会事務局生涯学習部生涯学習振興課）
199210　　⊙千葉市の仏像（同課）※千葉来迎寺（旧時宗当麻派・現浄土宗鎮西派系単立）の木造阿弥陀如来立像の図版と解説。『千葉日記』に坊門忠信幽閉の館を一遍が建治二年（1276）寺にしたとあるとす

千葉市史編纂委員会（※千葉市〈現同市中央区〉）
198403　　◎社寺よりみた千葉の歴史（和田茂右衛門［原著］・同委員会［編集］、同市教育委員会）
　　　　　※千葉来迎寺（旧時宗当麻派・現浄土宗鎮西派系単立）の項あり

千葉市立郷土博物館（※千葉市中央区）
199303　　：○妙見信仰調査報告書2（同館［編］、同館）※千葉氏の時宗信仰に言及

中央設計（※東京都文京区・株式会社・現新中央設計グループ）
198803　　◎津島市町家建築実態調査報告書（津島市町家建築実態調査委員会・中央設計［編集］、同委員会・中央設計）
　　　　　※津島宗念寺（旧時宗一向派・現浄土宗鎮西派）に言及、地図中に津島西福寺（同）あり

中外日報社（※京都市南区・株式会社）
199501A　　：□一遍上人御廟が倒壊（『中外日報』同月26日号（通巻25258号）、同社）
　　　　　※阪神・淡路大震災に関し兵庫県神戸市にある時宗六箇寺について被災状況を報告
199501B　　：□時宗　被災寺院救援を決める（『中外日報』同月31日号（通巻25260号）、同社）

※阪神・淡路大震災に関し兵庫県神戸市および尼崎市にある時宗七箇寺について被災状況を報告
200001　：□中外グラフ「浄土宗本山八葉山蓮華寺」(『中外日報』同月3日号、同社) ※カラー写真特集
200101　：□中外グラフ「清照山一向寺」(『中外日報』同月3日号、同社)
　　　　※カラー写真特集。カラー写真ネーム：「汗かき阿弥陀」「山門」「清水圓照住職」
201211　：□時宗青年会が京都・清水寺で震災物故者供養 (『中外日報』同月3日号、同社) ※記事：「時宗青年会の全国大会が10月30日、京都市東山区の北法相宗大本山清水寺で開催された。2年に1度の行事だが、今回は特に東日本大震災物故者を供養する法要を営み、被災地復興支援活動への思いも新たにした。／震災後、時宗青年会は被災地でのボランティア活動や各地での募金活動に取り組んだほか、昨年9月と今年9月には宮城県で浄土宗西山三派の有志らと物故者回向の念仏行脚も行っている。今回の法要は清水寺の森清範貫主参列のもと、遊行寺の加藤円住法主の導師で執り行われ、時宗青年会会員をはじめ親交がある西山三派の青年僧ら約100人が参加。時宗青年会の牧野純山会長は『これだけ大勢の会員が全国から集まり、震災物故者の供養ができたことに感激した』と語った。／大会に参加した宮城県白石市の内田正恭・常林寺住職 (40)(中略)『今日は物故者だけでなく、地元の被災者への思いも込めて出仕した』と話していた。」とあり
201307　：□中外図書室 (『中外日報』同月23日号 (通巻27876号)、同社) ※←加藤円住201306を紹介
201308　：□時宗　宗務総長・執事長に桑原氏 (『中外日報』同月3日号、同社) ※記事：「高木貞歓宗務総長・執事長の任期満了 (8月末) に伴う選挙が行なわれた。立候補者が1人のため、信任投票となり、7月30日の開票の結果、栃木県小山市の桑原弘善・現聲寺住職が当選した。」単色写真ネーム：「桑原弘善氏」。山縣淳 [署名記事]
201412　：□中外図書室 (『中外日報』同月12日号、同社) ※←高木侃201411を紹介
201511　：□正住職不在の寺院2割占める (『中外日報』同月11日号、同社)
　　　　※「深層ワイド」見開き特集。國學院大學教授石井研士による消滅可能性寺院の試算で、時宗は全宗教法人数393に対し消滅可能性都市に存在する法人数101で、消滅可能性寺院割合25.7％とあり

中日新聞社東京本社 (※東京都港区)
201501　：□読書面　短評 (『東京新聞』同月18日号、同本社) ※←高木侃201411を紹介

長生郡教育會 (※千葉縣長生郡茂原町 (現茂原市)。現廃止)
191305　：◎長生郡郷土誌 (同會 [編纂]、同會) ※千葉縣長生郡千田區字吹羅 (現長生郡長南町千田)「欄念寺」の項あり、徳治二年 (1307)「遊行第二世他教上人」開山とす。近世に浄土宗鎮西派に改宗

長　楽　寺 (※東山長楽寺)
198203A　◎長楽寺千年 (同寺) ※重要文化財指定記念。長楽寺198203Bと2冊1函。→長楽寺199705
198203B　◎遊行歴代上人肖像彫刻並びに七条文書 (同寺) ※重要文化財指定記念。→長楽寺199707
199705　◎長楽寺千年　改訂版 (同寺) ※重要文化財指定記念。長楽寺199707と2冊1函。←長楽寺198203A
199707　◎遊行歴代上人肖像彫刻並びに七条文書　改訂版 (同寺) ※重要文化財指定記念。←長楽寺198203B

司　　　修 (※小説家・法政大学名誉教授)
200005　：○探幽 [天狗草紙] 絵巻物語2 (『季刊仏教』第五〇号、法藏館) ※図版：『聖絵』四条河原

塚田　町子 (※〈長野市・有限会社〉デュアル・システム・ジャパン代表)
198801　：□十念寺・十阿上人 (『週刊長野』同月24日号、週刊長野新聞社) ※長野市西後町十念寺 (現浄土宗鎮西派)

塚本　善隆 (※京都大学名誉教授・京都市右京区清凉寺〈浄土宗鎮西派〉住職。1898/2/8-1980/1/30)
195603　：融通念佛宗開創質疑―清凉寺をめぐる融通念佛聖の活動― (『日本佛教學會年報』第二十一號、同會西部事務所) ※清凉寺は『融通念仏縁起絵巻』清凉寺本で知られる。良忍に融通念仏は認められず、法然系とは別の念仏教団が法然教団弾圧中 (13-14世紀) に、拡大のために良忍を宣揚したのではないかと推測

築地本願寺新報社 (※東京都中央区・本願寺築地別院〈浄土真宗本願寺派〉内)
201112　◎築地本願寺新報770号 (浄土真宗本願寺派 (西) 本願寺　本願寺築地別院・同社)
　　　　※「有縁散步　京都編」欄で「吉水草庵御旧跡／慈圓山安養寺」を特集し、カラー写真ネーム：「法然聖人が、仏前に供える水「閼伽」に用いたと伝わる洛東の名井」「親鸞聖人像 (信心決定ご満足の像)」等3葉、およびカラー地図まで掲載するも、「文責　編集委員・酒井淳」による本文では、時宗寺院との注記はなし

槻木　瑞生 (※同朋大学名誉教授。元大阪経済法科大学アジア研究所客員教授)
199403　：○中国吉林省間島光明学校の展開―満洲における日本の朝鮮族政策と日高丙子郎― (『戦前日本の植民地教育政策に関する総合的研究』文部省科学研究費報告書)
　　　　※日高丙子郎なる人物が、満洲における朝鮮族に対する教育機関である吉林省間島光明学校等の経営母体「光明会」を運営していたが、その名は帰依していた山崎弁栄の「光明会」に由来
200709　：○満洲における日本仏教教団の異民族教育 (木場明志・程舒偉 [編]『日中両国の視点から語る植民地期満洲の宗教』柏書房) ※←日高丙子郎199411を引用し、「日高の思い出によれば、一九一九年 (大正八) 十二月三十一日に知人の誘いを受けて、神奈川県の当麻無量光寺に弁栄上人を訪ね、上人の念仏と人柄に打たれて入信したという。(中略) 山崎弁栄は一九一七年に朝鮮と満洲へ伝道に出かけるが、直接にアジアについての言説はなか

ったようである。」とす
津久井町郷土誌編集委員会（※神奈川県津久井郡津久井町〈現相模原市緑区〉）
197001　◎津久井町郷土誌第五集串川編下（同委員会［編集］、同町教育委員会）
　　　　※長竹韮尾根月光院（当麻派。廃寺）に言及
筑土　鈴寛（※大正大學文學部教授・東京市下谷區〈現東京都台東区〉東漸院〈天台宗山門派〉住職。1901/9/28-1947/2/12）
193109　：○佛教文學研究―特に法儀の文學について―（『日本文學』岩波講座、岩波書店）
　　　　※→筑土鈴寛 194907 →筑土鈴寛 197607 ①
193809　◎宗教文學（河出書房〔日本文學大系第十九卷〕）
　　　　：①西方憧憬淨土の文藝※→筑土鈴寛 194907 ②→筑土鈴寛 197604 ①
194002　：○古代日本の信仰と佛教（『眞理』第四卷第十號、日本眞理運動本部）※→筑土鈴寛 197610 ①
194003　：○鎭魂と佛敎（『大正大學學報』第三十・三十一合併號、大正大學出版部）※→筑土鈴寛 197610 ②
194112　：○淨土敎と生活・藝能（『淨土學』第十六、十七號、大正大學淨土學研究室）※→筑土鈴寛 197610 ③
194212　◎復古と敍事詩―文學史の諸問題（靑滋社）
　　　　：①信仰・風流・物狂※→筑土鈴寛 197604 ②
194907　◎宗敎藝文の研究（中央公論社）
　　　　：①仏教文学研究―特に法儀の文学について―※←筑土鈴寛 193109。→筑土鈴寛 197607 ①
　　　　：②西方憧憬淨土の文藝←筑土鈴寛 193809 ①。→筑土鈴寛 197604 ①
197604　◎宗教文学・復古と叙事詩（せりか書房〔筑土鈴寛著作集第一巻〕）
　　　　：①西方憧憬淨土の文芸←筑土鈴寛 194907 ②←筑土鈴寛 193809 ①
　　　　：②信仰・風流・物狂※←筑土鈴寛 194212
197607　◎中世・宗教芸文の研究（せりか書房〔筑土鈴寛著作集第三巻〕）
　　　　：①仏教文学研究―特に法儀の文学について―※←筑土鈴寛 194907 ①←筑土鈴寛 193109
197610　◎中世・宗教芸文の研究2（せりか書房〔筑土鈴寛著作集第四巻〕）
　　　　：①古代日本の信仰と仏教※←筑土鈴寛 194002
　　　　：②鎮魂と仏教※←筑土鈴寛 194003
　　　　：③浄土教の生活・芸能※←筑土鈴寛 194112
197711　◎日本仏教文化の研究（せりか書房〔筑土鈴寛著作集第五巻〕）
　　　　：①仏会要素の研究
筑波　稔（※著述業。1904/3/4-）
195905　：○藤沢遊行寺宇賀神奉祠の由来（『藤沢史談』第七号、同會）
辻　善之助（※東京帝國大學〈現東京大学〉名譽教授。元立正大学文学部教授。1877/4/15-1955/10/13）
194712　◎日本佛敎史　中世篇之一（岩波書店）
　　　　※「第七章　鎌倉時代」「第三節　佛敎界の革新」の「平民的色彩」の大項目に「一遍」の小項目あり。「第八節　時宗（時宗の史料／一遍の經歷／心地覺心との關係／宗名／諸國遊行／平民的色彩／踊念佛／空也の踊念佛の後の踴ぐ／神道との調和／一遍の法系／藤澤遊行寺／十二世尊觀／時宗の中興）」あり、一向派にも言及。「插繪」として單色圖版・寫真：「一遍上人繪傳」「一遍木像」。→ 199107 第 6 刷（第二卷）
194901　◎日本佛敎史　中世篇之二（岩波書店）※「第七章　鎌倉時代」「第十三節　新舊諸宗の衝突」に「一向衆と號し諸國橫行放埒の輩あり」「一遍の踊念佛に對する非難」「天狗草紙の記事」「日蓮遺文に見ゆる踊念佛」「踊念佛と風俗壞亂」「防非鈔」「愚闇記」の項あり。→ 199108 第 5 刷（第三卷）
195404　◎日本佛敎史　近世篇之三（岩波書店）※「第十章　江戸時代」の「第九節　佛教の形式化　其二　寺院僧侶の階級格式」に「遊行僧の華奢」、「第十四節　江戸時代中期に於ける佛教の復興　其三　高僧の輩出」に「融通念佛宗（融觀／融通念佛の再興／融觀の略歷）」の項あり。→ 199202 第 6 刷（第九卷）
辻　惟雄（※多摩美術大学名誉教授・東京大学名誉教授）
199110　◎カラー版　日本美術史（辻［監修］、美術出版社）※カラー図版：「一遍聖絵第 6 巻第 3 段」片瀬場面
200003　◎カラー版　日本美術史年表（辻［監修］、美術出版社）
　　　　※ 1299 年の項にカラー図版：「法眼円伊筆一遍上人伝絵巻」鎌倉場面
辻岡仁阿弥
197602　：①隆宝上人御一代行事
　　　　：②一遍上人影像考（以上『時衆あゆみ』＜一遍の念仏＞、中村昌道私家版）
辻川季三郎（※郷土史家）
199010　：○泉州路中世寺院の探訪（辻川私家版）※「念仏信仰と法然・一遍」「時宗と大念仏」の節あり
辻野　正人（※徳島文理大学短期大学部教授）
199203　：○子敦盛譚と御影堂―敦盛伝承における扇のイメージ―（『日本研究』vol.6、日本研究研究会（広島大学総合

科学部日本研究教室内））※御影堂新善光寺の縁起に言及

津島市教育委員会（※愛知県津島市）

197203 ◉津島市史資料篇㊁（同市史編さん委員会・同市教育委員会）
※傍点は原文マヽ。「第一部　文書の部」に津島蓮台寺（旧時宗一向派・現浄土宗鎮西派）蔵・貞和三年（1947）四月十八日銘「弥阿上人木造胎内墨書銘」、同寺蔵・文明二歳（1470）七月日銘「一向上人木像胎内墨書銘」、永正十四年（1517）十月十九日銘「西福寺五輪塔銘」（西福寺も旧時宗一向派・現浄土宗鎮西派）、天文三（1534）四月二日銘「蓮台寺五輪塔銘」、天文廿三（1554）正月九日銘「西福寺五輪塔銘」、壬申（元亀三年？＝1572）十十三銘「蓮台寺一石五輪塔銘」、無年紀「蓮台寺一石五輪塔銘」、無年紀「蓮台寺一石五輪塔銘」、『張州雑志』所載・天正三（1575）三月日付・蓮台寺充「織田信忠判物」、蓮台寺・西福寺に言及のある津島神社蔵・（寛永十一年＝1634）四月十一日付「津島寺社領検地目録（写）」

津島市史編さん委員会（※愛知県津島市。傍点は原文マヽ）

197203 ◉津島市史資料篇㊁（同市史編さん委員会・同市教育委員会）※詳細⇒津島市教育委員会 197203

津島市町家建築実態調査委員会（※愛知県津島市）

198803 ◉津島市町家建築実態調査報告書（同委員会・中央設計［編集］、同委員会・中央設計）※詳細⇒中央設計 198803

辻村　恂善（※白金松秀寺住職。元時宗宗務長・総本山執事長。辻村直信息。故人）

197903 ：◯出版紹介　橘俊道著『遊行寺―中世の時宗総本山―』（『時宗教学年報』第七輯、時宗教学研究所）
197905 ◯時宗布教読本（辻村［編］、時宗宗務所教学部）

辻村　直（※白金松秀寺住職・アララギ歌人。僧名：惟善。辻村柔善令息。1893-故人）

196812 ：辻村直歌集（辻村直［著］・辻村恂［編］、南雲堂事業部）
198202 ：◯窿応和尚の追想（大橋俊雄［編集］『時衆研究』第九十一号、時宗文化研究所）※→辻村直 199411
199411 ：◯窿応和尚の追想（大橋俊雄［編］『佐原窿応上人』一向寺）※←辻村直 198202

津田　徹英（※東京文化財研究所企画情報部広領域研究室室長）

200203 ：◯親鸞の面影―中世真宗肖像彫刻研究序説―（『美術研究』375 号、東京文化財研究所）※本文で京都・長楽寺所蔵の尊明像・太空像・尊恵像・一鎮像にふれ、図版：尊恵・一鎮像、滋賀・高宮寺蔵の善導絵像
201108 ：◯岩手・光林寺蔵　木造聖徳太子立像（東京文化財研究所企画情報部［編］『美術研究』第四〇四号、同所）
201207 ：◯圖版　法臺寺蔵　木造他阿眞教上人坐像（『國華』第 117 編第 12 冊＝通巻 1401 号《特輯「武蔵の仏像」》、國華社《朝日新聞出版［発売］》）※カラーロ絵ネーム：「木造他阿眞教上人坐像（埼玉県新座市　法台寺　像高 84.30cm　彩色　玉眼）。片山法台寺（当麻派。現浄土宗鎮西派）
201301 ：◯佛光寺本『善信聖人親鸞伝絵』の制作時期をめぐって（独立行政法人文化財研究所　東京文化財研究所美術部［編集］『美術研究』408 号、便利堂）※単色図版ネーム：「金蓮寺本『遊行上人縁起絵』巻第 10 奥書識語」。表ネーム：「佛光寺本の詞書と金蓮寺本『遊行上人縁起絵』巻第十奥書識語の真名の比較」

土田ヒロミ（※大阪芸術大学芸術学部客員教授。元東京綜合写真専門学校校長）

199707A ◎広重五十三次を歩く（上）　日本橋〜袋井宿（土田［写真］・ＮＨＫ出版［編］、日本放送出版協会）
※藤沢遊行寺に言及
199707B ◎広重五十三次を歩く（下）　見付宿〜京都（土田［写真］・ＮＨＫ出版［編］、日本放送出版協会）
※時宗寺院に言及

つちのえ会（※大渕精一・柿沢高一・桐生克・笹野邦一・篠崎芳治・渋谷源兵衛・原義範・井上正路）

197807 ◉さがみはら石仏夜話（同会［編集］、相模原郷土懇話会［発行者］・丸井図書出版［発行］）
※「三　南西のむらむら」に「当麻山境内の名号塔」「当麻山「加行の滝」の碑」の項あり。定価 800 円。→ 197811　二版（同会［編集］、相模原郷土懇話会［発行者］・丸井図書出版［発行並印刷］）

土屋　寿山（※伊豆史談会会長・核兵器をなくし平和をつくる三島市民の会代表。元《静岡県》三島市役所総務部長。2015/3/17 歿）

198912 ◎ふるさと三島　歴史と人情の町（土屋・稲木久男［著］、土屋私家版〈文盛堂書房［発売］〉）
※「時宗高原山西福寺」の項あり

土屋　順子（※大妻女子大学文学部非常勤講師）

199903 ：◯一遍掛幅絵伝と『一遍聖絵』（芸能文化史研究会［編］『芸能文化史』第十七号、同会）
※→大野順子 200812 紹介

土屋　貴裕（※東京国立博物館学芸研究部調査研究課絵画・彫刻室研究員。元東京文化財研究所企画情報部研究員、元千葉大学大学院人文社会科学研究科博士後期課程・日本学術振興会特別研究員）

200510 ：◯『天狗草紙』の復元的考察（『美術史』第 159 冊、同学会）※徳田和夫 200602 紹介
200603 ：◯「七天狗絵」と「天狗草紙」―〈二つの天狗草紙〉とその成立背景―（『佛教文學』30 号、同會）※ 2005/5 於大東文化大学、同会支部例会口頭発表を元に大幅改稿。一遍・踊念仏・時宗に言及。→大野順子 200812 紹介
201103 ：◯「天狗草紙」の作画工房（東京文化財研究所企画情報部［編集］『美術研究』第 403 号、便利堂）※目次：「三、「天狗草紙」の作画工房と「遊行上人縁起絵」祖本に、「（一）「遊行上人縁起絵」の諸本と系統」「（二）「天狗草紙」と大和文華館本・個人旧蔵本「遊行上人縁起絵」断簡」「（三）「天狗草紙」と「遊行上人縁起絵」甲本諸

本」とあり、単色挿図ネーム：「遊行上人縁起絵　金蓮寺本奥書（巻第十之下）　金蓮寺蔵」「遊行上人縁起絵　金蓮寺本巻第二之下第一段・巻第五之上第一・二・三段・巻第八之上第一段・巻第十之下第一段」「遊行上人縁起絵断簡　個人旧蔵本」「遊行上人縁起絵断簡　大和文華館本」「遊行上人縁起絵断簡　東博甲巻第一・二段」「天狗草紙　久松本第四段」等。また同誌カラー口絵：大和文華館蔵「遊行上人縁起絵断簡（原色刷）」

堤　　勝義（※中世瀬戸内海・中国山地比較宗教研究所・チェンマイ・アクセス代表）
199205　◎中世備後の宗教・在地武士（渓水社）※「芸備地方における初期真宗について」「福山志料にみる各宗派別寺院数」「浄土寺再興の光阿弥陀仏について」「時宗と草戸千軒・吉備津神社」の章で時衆に言及
199611　：○中世瀬戸内海港町の仏教諸宗派—尾道・鞆とその周辺、宇多津を例として—（日野賢隆先生還暦記念会［編］『仏教—その文化と歴史』日野賢隆先生還暦記念、永田文昌堂）
200002　◎中世瀬戸内の仏教諸宗派（探究社）
200503　◎広島県備後地方の宗教と文化（オフィス池田）
200811　◎中世瀬戸内海の仏教史—村上水軍の本拠地芸予諸島を主として—（渓水社）

堤　　玄立（※真宗高田派僧侶。元龍谷大学図書館職員。1924/1/25-1985/4/17）
195709　：○鎌倉期浄土教の一断面—特に一遍上人の時間論を中心として—（日本宗教学会［編集］『宗教研究』一五二号、同会）

堤　　邦彦（※京都精華大学人文学部教授）
199011　：○蛇髪の姑婦——一遍・苅萱発心説話と近世文芸—（『江戸文学』vol.2,no.4（通巻2巻4号）、ぺりかん社）
199603　：○［書評］渡辺昭五著『中世史の民衆唱導文芸』（二木謙一［編集者代表］『國學院雑誌』第九十七巻第三号（平成八年三月号）、國學院大學［発行者］・同大学広報部［発行部］）※ p69-75.　←渡邊昭五199508を書評
199605　：○［解説・総論］宗祖高僧伝の絵解き（渡邊昭五・林雅彦［編］『宗祖高僧伝（絵解き）集』三弥井書店〔伝承文学資料集成15〕）※一遍掛幅絵伝はない、とす。実際には存在（小野澤註）。渡邊昭五・堤［共筆］

堤　　禎子（※茨城県立歴史館職員）
199003　：○小栗伝説と小栗の地（『小栗氏と小栗伝説—小栗判官と照手姫の世界—』協和町教育委員会）※茨城県真壁郡協和町（現筑西市）
199310　：○僧侶と布教（『筑波山麓の仏教—その中世的世界—』開館十五周年記念企画展、真壁町歴史民俗資料館）※茨城県真壁郡真壁町（現桜川市）。「時宗教団の展開」の項あり

堤　　正樹（※全国をぐり連合（フォーラム）代表）
199804　：○西美濃における"をぐり"伝承（5）—小栗判官・照手姫照手の墓—（『美濃民俗』第371号、同文化の会）
199806　：○西美濃における"をぐり"伝承（6）—照手姫の車引き（垂井宿）—（『美濃民俗』第373号、同文化の会）

椿野　秀男（※郷土史家）
198608　◎朝来町歴史研究会シリーズ第4号（人物編1）和田鶴蔵伝　神谷敏夫伝（椿野［編］、朝来町歴史研究会）※ p30-57 で神谷敏夫に言及

円谷　真護（※文芸評論家）
200111　◎日本史101人のことば（柘植書房新社）※「一遍と執着心」の項あり。『一遍上人語録』を引用。ただし「河野道広」「一大聖教」等と表記

坪井　俊映（※浄土門主・京都市東山区知恩院〔浄土宗鎮西派総本山〕第87世門跡・佛教大学名誉教授。1914/10/2-2010/9/6）
196210　：○百万遍念仏考（1）—創唱と流伝—（『仏教大学研究紀要』第四十二・四十三号、同大学学会）
196303　：○百万遍念仏攷—民間念仏信仰に関する照会調査報告—（日本印度學佛教學會［編輯］『印度學佛教學研究』第十一巻第二號〔通巻第24號〕、同會）
196503　：○民間における念仏信仰の受容について—百万遍念仏を中心として—（日本印度學佛教學會［編輯］『印度學佛教學研究』第十三巻第二號〔通巻第26號〕、同會）

坪井　良平（※元文化財保護審議会専門委員、〈兵庫県神戸市中央区〉太洋廬庵〈現文庫日本化学〉株式会社社員。1897-1984）
197203　◎日本古鐘銘集成（角川書店）※「蓮華寺鐘」（番場）の項あり

妻木　直良（※和歌山縣有田郡湯淺町本勝寺〔浄土真宗本願寺派〕住職。元龍谷大學文學部教授。1873-1934）
191412　◎真宗全書第四十六巻（藏經書院）
　　　　：○釋　秀圓：茶店問答※明和五年子（1768）正月。p133 で時宗における妻帯の例を挙ぐ
　　　　：○釋　知空：眞宗肉食妻帯辨※ p303 で時宗における妻帯の例を挙ぐ
　　　　：○釋　圓澄：淨土眞宗帯妻食肉義※宝永四丁亥歳（1707）季冬月。p326 で時宗における妻帯の例を挙ぐ

津村　公一（※郷土史家）
200605　◎絵と文で綴る　洛陽三十三所観音めぐり（北斗書房）※第七番札所長楽寺の項で「長楽寺はもともと円山公園をふくむ広大な寺領を持つ有名な寺でありましたが、更に明治三十九年に時宗の総本山格の金光寺を合併しました。」とし、その庭園に関し「観光案内書にもあまり出てこないので有名ではありませんが、一見に値すると思います。／ただもう少し手入れをされたら、文句のつけ

ようもないのですが……。／もうひとつのお薦めは、遊行庵というお寺経営の宿坊です。」とす

津山風土記編集委員会（※山形県天童市津山地区）
198203　◎津山風土記（同委員会［編集］、同出版委員会）※「東漸寺観音と清水観音」の項あり

敦賀市史編さん委員会（※福井県敦賀市）
198911　◎敦賀の歴史（同委員会［編］、同市役所）※図版：藤沢清浄光寺蔵後醍醐画像

鶴崎　裕雄（※帝塚山学院大学名誉教授。元帝塚山学院短期大学〈1999/9閉校〉学長）
198603　：翻刻遊行二十九世他阿光上人句集「石苔下」（改訂）（『時宗教学年報』第十四輯、時宗教学研究所）
199499　：柳営連歌　発句・連衆一覧（『帝塚山学院短期大学研究年報』第42号、同大学）
199599　：江戸幕府柳営連歌の連衆（『帝塚山学院短期大学研究年報』第43号、同大学）
200203　：①和泉式部の参詣伝説
　　　　　：②小栗判官照手姫物語
　　　　　（以上、本宮町史編さん委員会［編集］『本宮町史』通史編、同町）※和歌山県東牟婁郡本宮町（現田辺市）
200209　：連歌師―政治的な、あまりにも政治的な人たち（『隔月刊　文学』第3巻第5号〈2002年9・10月〉、岩波書店）※堺における歌会の場所や人名に、引接寺、金光寺住持あり
200310　：熊野と和泉式部・小栗判官―熊野学、学際的展開の期待―（『国文学　解釈と鑑賞』第68巻10号［平成15年10月］（869）［特集　「熊野学」へのアプローチ］、至文堂）
　　　　　※「和泉式部」の項末で柳田国男の「一遍の門徒」発言を引き、「小栗判官」の項で「藤沢の上人」に言及、「熊野学、学際的展開の期待」の項で金井清光200305を引用。→古賀克彦200410紹介
200505　：戦国武将と和歌詠草―史料としての歌集の魅力―（『隔月刊　文学』第6巻第3号〈2005年5・6月号〉《特集：古今集1100年》、岩波書店）
　　　　　※「二　招月庵正広『松下集』―摂州池田と泉州堺―」の『松下集』詞書に「文明十一年の秋の比より……泉州堺北庄綱導場金光寺といへるそのうちに、あきたる寮に住み侍る」とあり。また「堺」の項で、長享二年（1488）：堺引接寺但阿乗・乗乗と云人・引接寺（5回）、長享三年（延徳元、1489）：引接寺（9回）、延徳二年（1490）：引接寺（8回）・金光寺住持・金光寺覚阿寮、延徳三年（1491）：引接寺（3回）・金光寺（5回）登場。延徳四年（明応元、1492）・明応二年（1493）はともになし。←鶴崎裕雄200209を詳述

鶴見　晃（※〈京都市下京区〉真宗大谷派教学研究所研究員）
200506　：見真大師号と勅額（続）（教学研究所［編集］『教化研究』第134号、真宗大谷派宗務所）
　　　　　※巻末「注」で「嘉永六年（時宗、昭和一五）ら（中略）に大師号が贈られた」とあり
200605　：質問箱　親鸞の家族（『教化研究』第135号［特集　真宗と女性］、真宗大谷派教学研究所）
　　　　　※「⑤系図」で、嘉永六年（1853）『大谷嫡流実記』（大谷大学［編］『大谷嫡流実記』真宗大谷派出版部・197208、p25-28）の「大谷嫡流実記」の項に「弥女（大谷本願寺主）（中略）異斎二日　円山安養寺ニ葬スト云々　此寺元天台宗ノ時ナリ　今ノ如キ時宗ニアラズ」とある点を指摘。弥女は親鸞の息女（小野澤註）

鶴見　俊輔（※元同志社大学文学部教授、元京都大学人文科学研究所助教授。1922/6/25-2015/7/20）
197610　◎柳宗悦（平凡社［同社選書18]）※「神と仏」の章あり

DeAGOSTINI（※〈東京都中央区・株式会社〉デアゴスティーニ・ジャパン）
201303　◎仏教東漸57　時宗（同社［隔週刊「日本の古寺・仏像ＤＶＤコレクション」]）
　　　　　※カラー写真ネーム：「清浄光寺」

出口　治男（※〈京都市中京区〉出口治男法律事務所所長・弁護士。元日本弁護士連合会副会長、元京都弁護士会会長、元龍谷大学法科大学院教授・家庭裁判所高等支部判事）
200209　◎一向一揆余話（方丈堂出版［方丈叢書2]）※一遍や一向派に言及。表紙カバー：伝一遍筆名号
　　　　　：①一遍と一向一揆（一遍上人像／一向一揆と時衆の影／「真宗」内の旧「時宗」系勢力／浄土真宗と一向一揆と救済思想）※第二部
　　　　　：②導きの糸※同書の「エピローグ」

手束妙絹尼（※元愛媛県松山市鎌大師〈非法人・無宗派〉庵主。1909-2011/1）
198302　：○捨つる心　一遍さんを慕って（『文化愛媛』第三号、愛媛県文化振興財団）※p69-71

出村　嘉史（※岐阜大学工学部准教授。元京都大学工学部助教）
200109　：近世の京都円山時宗寺院における空間構成に関する研究（『土木計画学研究・論文集』Vol.18　no.2、土木学会）※出村・川崎雅史・田中尚人［共筆］。肩書きは：「京都大学大学院工学研究科修士課程」
200604　：景観としての東山―近代における神楽岡地域の再構成（加藤哲弘・中川理・並木誠士［編］『東山／京都風景論』昭和堂）※京都大学附属図書館所蔵の晴翁木村明啓『花洛名勝図会』（須原屋茂兵衛・文久二年〈1862〉九月）に極楽寺・東北院あり

寺木　伸明（※〈大阪市港区・一般社団法人〉部落解放・人権研究所理事長、桃山学院大学国際教養学部特任教授）
199312　：①近世2※番場蓮華寺に言及
　　　　　：②近世4※空也堂光勝寺に言及（以上、部落解放研究所［編］『新編部落の歴史』同所）

寺島　道雄（※白河小峰寺第41世住職。故人）
199403　：○選擇貴舊鈔巻（下）（『時宗教学年報』第二十二輯、時宗教学研究所）※寺島［校］
寺島　道大（※白河小峰寺寺族）
200503　：○おらが町の樹木紀行⑩　福島県白河市「従二位の杉」（『遊行』第151号、時宗宗務所布教伝道研究所）
　　　　※肩書き：「小峰寺中」
寺田　透（※文芸評論家。元東京大学教養学部教授。1915/3/16-1995/12/21）
196910　：○中世法語の文学性―道元と一遍―（『文学』第三十九巻第十号、岩波書店）
寺沼　琢明（※遊行72代・藤沢55世他阿一心。元大正大学仏教学部講師。1897/5/30-1990/2/28）
193299　：○清浄光寺本堂尊氏寄進攷（『業』第二號、呵瑠摩社）
193311　◎時宗綱要（『佛教大學講座』二、佛教年鑑社）
193399A　：○一遍上人繪詞傳纂録資料篇（一）（『業』第四號、呵瑠摩社）
193399B　：○一遍上人繪詞傳纂録資料篇（二）（『業』第五號、呵瑠摩社）
193407　◎檀林日輪寺誌（渡邊龍瑞・寺沼［執筆］、日輪寺）
195907　：○時宗（宮本正尊・花山信勝・結城令聞・中村元［編集］『日本佛敎の宗派』二、大蔵出版〔講座佛敎Ⅶ〕）
197104　◎時宗の歴史と教理（時宗宗学林）
197602　：○片切念仏（『時衆あゆみ』＜一遍の念仏＞、中村昌道私家版）
198108　◎一遍上人と遊行寺（日本仏教研究所［編集］・寺沼［著］、ぎょうせい〔日本仏教の心回〕）
　　　　：①はしがき
199206　：①一遍上人語録
　　　　：②一遍上人念仏安心鈔
　　　　：③一遍聖絵
　　　　：④器朴論
　　　　：⑤他阿上人法語（以上、大倉精神文化研究所［編］『新版日本思想史文献解題』角川書店）※項目執筆
寺野　宗孝（※富山県高岡市内西光寺〈浄土真宗本願寺派〉第19世。元射水郡東亜高等学校教諭、元富岡中部高等学校教諭。1908/4/15-1985/10/28）
197005　：○綽如と瑞泉寺の創始（井波町史編纂委員会［編纂］『井波町史』上巻、同町）※富山県東礪波郡井波町（現南砺市）。蓮如の御文に礼智阿消息の影響ありと指摘。ただし礼智阿消息の成立は近世カ（小野澤註）

出羽公民館内出羽地区郷土史編さん委員会（※山形県出羽地区）
199406　⊙出羽地区の歴史（同委員会）※「遍照寺創建」の項と同寺画像あり、前項で兼頼が時宗に帰依したことに言及、山形光明寺蔵・斯波兼頼木像画像あり。出羽は令制国名ではなく山形県北部の校区名

伝承文学研究会
199810　◎伝承文学研究第四十七号（同会［編］、三弥井書店）※表紙：『天狗草紙』三井寺巻A第4段の「一遍」
　　　　：○渡邊　昭五：表紙解説　中世の新興宗教
　　　　：○渡邊　昭五：渡邊信和書評宗祖高祖絵伝集に対する反論と弁解
傳田　伊史（※長野県立歴史館専門主事）
199703　：①棚店／「◆棚店で売られる品物」の項で「念仏踊り」に言及。単色図版ネーム：「一遍聖絵（清浄光寺・歓喜光寺蔵　国宝）に描かれている鎌倉の棚店」
　　　　：②在家／単色図版ネーム：「備前国福岡市（一遍聖絵　清浄光寺・歓喜光寺蔵　国宝　複製）市が立った日のようす」「佐久郡伴野市（一遍聖絵　清浄光寺・歓喜光寺蔵　国宝　複製）市が立たない日のようす」

天童郷土研究会（※山形県天童市）
195600　⊙大天童町の歴史と伝説（天童ペン倶楽部・同会［編・主催］、〈発行元表記なし〉）
199802　⊙郷土てんどう第26号（同会）
　　　　※1997/2/9　於天童市中央公民館「シンポジウム『やまがた　中世仏教文化の動向をさぐる』」の特集あり。伊藤清郎・北畠教爾・誉田慶信・梅津保一［パネラー］・川崎利夫［コーディネーター］・長瀬一男［総合司会］
　　　　：○村山　正市：高野坊遺跡出土の中世文字資料について※上記シンポジウム基調報告
　　　　：○山口　博之：なぜ書くの？―高野坊遺跡出土の墨書紀年銘史料によせて―

天童市教育委員会（※山形県天童市）
199708　⊙天童市高野坊遺跡と一向上人（シンポジウム「やまがた　中世仏教文化の動向をさぐる」資料より）（同委員会・同市立旧東村山郡役所資料館）

天童市教育委員会社会教育課（※山形県天童市・現同市教育委員会生涯教育課）
199702　：○高野坊遺跡発掘調査（『郷土てんどう』第25号、天童郷土研究会）

天童市史編さん委員会（※山形県天童市）
197811　◎天童市史　別巻上地理・考古篇（同委員会［編さん］、同市）
　　　　※「東漸寺廃寺跡」「二階堂遺跡」の項あり

198012	◎天童落城軍物語集（同委員会［編集］、同市〔同市史編集資料第22号〕）※『天童落城並仏向寺縁起』掲載：◦伊豆田忠悦：解説※詳細⇒伊豆田忠悦 198012
198103	◎天童市史　上巻原始・古代・中世編（同委員会［編さん］、同市）※「一向上人と時衆」の項あり、他項でも言及あり
198403	◎天童市史　別巻下文化・生活篇（同委員会［編さん］、同市）※「一向上人の布教」「仏向寺の満月の碑」の項あり

天童市総務部企画広報課（※山形県天童市・現同市総務部市長公室広報係）

|199310|◎ものがたりてんどうの歴史（同課［企画編集］、同市）※天童佛向寺・貫津東漸寺宝塔・仏向寺碑・高擶石佛寺石仏に言及|

天童市文化財保護審議会（※山形県天童市）

198603	◎天童市の文化財（同審議会［編］、同市教育委員会）※天童佛向寺境内板碑の項あり
199810	◎天童市の文化財（改訂版）（同審議会［編集］、同市教育委員会）※「仏向寺の板碑と石仏」「石佛寺の石仏群」「東漸寺跡の宝塔」「袖無編衣」「永仁三年三月日銘鉦鼓」「高野坊遺跡出土墨書礫」の項あと単色写真あり
200810	◎天童市の文化財（改訂版）（同審議会［編集］、同市教育委員会）※市指定有形文化財の「佛向寺の板碑と石仏」、同「石佛寺の石仏群」、同「東漸寺跡の宝塔」、同佛向寺の「袖無編衣（阿弥衣）」、同仏向寺の「鉦鼓」、同市教育委員会保管の「高野坊遺跡出土墨書礫」の項と写真あり

天童市立旧東村山郡役所資料館（※山形県天童市）

|199508|◎天童の板碑―石にこめる願い―（同館［編集］、同館）※天童佛向寺境内板碑1基・石仏1基、高擶石佛寺旧境内板碑4基の実測図掲載|
|199708|◎天童市高野坊遺跡と一向上人（シンポジウム「やまがた　中世仏教文化の動向をさぐる」資料より）（同市教育委員会・同館）|

天童ペン倶楽部（※山形県天童市）

|195600|◎大天童町の歴史と伝説（同倶楽部・天童郷土研究会［編・主催］、〈発行元表記なし〉）|

土居　次義（※京都工芸繊維大学名誉教授。元恩賜京都博物館（現京都国立博物館）鑑査員。1906/4/6-1991/11/24）

|193811|○圖版解説　金臺寺蔵一遍上人繪詞傳に就いて（森暢［編輯］『寶雲』（第二十三冊）、同刊行所）※カラー口絵ネーム：「國寶　一遍上人繪詞傳部分（第一段）　金臺寺蔵」、単色口絵ネーム：「國寶　一遍上人繪詞傳部分（上圖第四段・下圖第五段）　金臺寺蔵。同誌附録の『吉田山だより』第二十二號附錄の「秋季展覽會・美術界彙報」に「◇一遍上人繪卷展（九月廿日―十月十日）恩賜京都博物館」あり、出品目録あり|

土居　浩（※ものつくり大学技能工芸学部准教授）

|199911|○「京師五三昧」再考（『桃山歴史・地理』第34号、京都教育大学史学会）※←勝田至 199609 等を承く|

土居　良三（※作家。元（東京都中央区）片倉工業株式会社社員。1921-2005/5/15）

|200304|◎評伝　堀田正睦（国書刊行会）※天保五年（1834）四月、（佐倉）海隣寺曲輪に東塾を開く、とあり|

樋田　豊宏（※元茅ヶ崎郷土会会長、元教員）

|198302|○時宗五十二代名号塔について（藤沢市文書館［編集］『藤沢市史研究』第16号、同館）※当麻無量光寺第52世他阿霊随の造塔活動を詳細に逐う|

東京藝術大学藝術資料館（※東京都台東区・現同大学大学美術館）

199605	◎東京藝術大学藝術資料館蔵品目録17「東洋画模本」II（同館［編集］、第一法規出版）※単色図版：紙本墨画掛幅装「一遍上人」
199705	◎東京藝術大学藝術資料館蔵品目録18「東洋画模本」III（同館［編集］、第一法規出版）※単色図版：雪舟（原作）紙本墨画掛幅装「雪舟　一遍上人」
199803	◎東京藝術大学藝術資料館蔵品目録19「東洋画模本」IV（同館［編集］、第一法規出版）※紙本墨画着色巻子装「一遍上人縁起絵詞　七の巻」（図版は関寺）、田上尚之（模本制作）紙本墨画着色巻子装「一遍聖絵　前田家蔵」詞・絵各4段（図版は岩屋寺。銘記「佐女牛室町新善光寺御影堂納物不可出門外者也」）、西保（模本制作）紙本墨画着色巻子装「頬焼阿弥陀縁起　原本鎌倉光触寺蔵」詞絵各7段・各10段（銘記「得相州鎌倉光触寺住職小熊広道之許認大正十一年十一月十日予起摸写之筆…西保識」、紙本墨画淡彩巻子装「藤沢道場本　一遍上人抜写」8図（図版は1巻1図。銘記「一巻之絵之一段」「四の巻の絵之五段」「弐の巻之一段」ほか）、高屋肯作（模本制作）紙本墨画着色巻子装「一遍上人藤沢道場絵詞」2図（図版は1巻1段）、中村如等（模本制作）紙本墨画着色巻子装「藤沢道場本　一遍上人絵伝抜写　二の巻第一・二段」絵2段（図版は白川関）、田上尚之（ほか、模本制作）紙本墨画着色巻子装「一遍上人藤沢道場絵詞」一の巻第一段・第二段・第三段・二の巻第一・二段・第三段・第四段・第五段・三の巻第一段・第二段・第三段・第四段・四の巻第一段・第二・三段・第四・五段・五の巻第一・二段・第三・四段・第五段・六の巻第一段・第二段・第三段・第四・五段・七の巻第一・二段・第二段・第三・四段・八の巻第一段・第二段・第三・四段・九の巻第一段・第二段・

三段・十の巻第一段・第二段・第三段（巻末に宗俊本原本の奥書、「永正十三年十二月廿二日隆永」の書状、後柏原院より遊行十二代にあてた女房奉書の写しを附す）、紙本墨画着色巻子装「市屋道場図絵」「上」詞絵各 4 段（図版は 3 巻 1 段）・「中」詞絵各 2 段（図版は 9 巻 1 段）各単色図版掲載

199903	⊙ 1996・1997 年度　東京藝術大学藝術資料館年報（同館）

※高屋肖哲（模本制作）紙本墨画着色巻子装「一遍上人藤沢道場絵詞」2 図、田上尚之（模本制作）紙本墨画着色巻子装「一遍上人藤沢道場絵詞」五の巻第一・二段詞絵各 2 段・六の巻第二段詞絵各 1 段 1 図・七の巻第二段詞絵各 1 段・（無署名）八の巻第三・四段詞絵各 2 段の各単色図版掲載

東京藝術大学大学美術館（※東京都台東区・旧同大学藝術資料館）

199903	◎東京藝術大学大学美術館蔵品目録 1　「東洋画模本」Ⅴ（同館［編集］、第一法規出版）

※単色図版：岩田正巳（模本制作）絹本着色額装「歓喜光寺蔵一遍上人絵伝」（場面は巻 5 小野寺）

東京国立博物館（※東京都台東区）

199310	◎特別展・やまと絵―雅の系譜―（同館［編］、同館）※ 1993/10/13-11/23 於東京国立博物館本館、文化庁創設 25 周年記念特別展図録。カラー図版：「一遍上人伝絵巻」『聖絵』巻二・十
199910	⊙平成館開館記念特別展　金と銀―かがやきの日本美術（同館）※ 1999/10/12-11/23 於同館、特別展総目録。カラー写真：鎌倉材木座来迎寺蔵「阿弥陀如来および両脇侍立像」。図版解説：無署名
200003	◎日本国宝展（同館［編］、読売新聞社）※ 2000/3/25-5/7 於同館、特別展図録。カラー図版：『聖絵』
200009	⊙博物館ニュース 2000 年 9 月号（同館）
	※記事：京都国立博物館「特別陳列・旧七条道場金光寺開創七〇〇年記念長楽寺の名宝」
200112	⊙東京大学史料編纂所史料集発刊 100 周年記念　時を超えて語るもの　史料と美術の名宝（同館）
	※ 2001/12/11-2002/1/27 於同館、特別展図録。カラー図版：藤沢清浄光寺蔵後醍醐画像、同館蔵洛中洛外図屏風（模本）に時宗寺院
200507	⊙模写・模造と日本美術―うつす・まなぶ・つたえる―（同館）※ 2005/7/20-9/11 於同館、特別展図録。カラー図版：同館蔵（原品：藤沢清浄光寺蔵（焼失）・長峯晴水・東嶽模写「遊行上人伝絵巻」『縁起絵』）巻 3
200510	◎天台宗開宗一二〇〇年記念　最澄と天台の国宝（京都国立博物館・東京国立博物館［編］、読売新聞社）
	※ 2005/10/8-11/20 於京都国立博物館（特別展示館）、2006/3/28-5/7 於東京国立博物館、同展図録。カラー図版：東山雙林寺の秘仏本尊＝国重要文化財指定薬師如来坐像、淺湫毅による同図版解説あり。→ 200603 第 2 刷
201001	◎重要文化財　洛中洛外図屏風　舟木本（同館［監修］、東京美術）※「七条道場」記載

東京大学（※東京都文京区）

200709	⊙学内広報第 1363 号（同大学）※部局ニュースの史料編纂所の項に「画像史料解析センター開設 10 周年記念研究集会「画像史料研究の成果と課題」を開催」とあり、2007/6/29 於同大学山上会館大会議室、研究集会「画像史料研究の成果と課題」を報告。「一遍聖絵」にも言及

東京大学広報委員会（※東京都文京区）

200001	⊙学内広報№.1179（同委員会）※カラー図版：「国宝一遍上人絵伝」巻 8 の昇龍図

東京大學史料編纂所（※東京都文京区・同大学本郷キャンパス内・旧東京帝國大學史料編纂所）

196603	◎讀史備要（講談社）※←東京帝國大學史料編纂所 193307
199003	◎廣橋兼胤公武御用日記　一（同所［編纂］、東京大學出版會［大日本近世史料・第十二編］）※寛延四年（1751。寶暦改元）正月十三日条の年頭御礼寺院中に七條道場院代「法國寺」の名あり
199103	◎言經卿記　十四（同所［編纂］・山科言經［著］、岩波書店［大日本古記録］）※索引に時宗項目多数
199503A	◎言緒卿記　上（同所［編纂］・山科言緒［著］、岩波書店［大日本古記録］）※時宗項目多数
199503B	◎廣橋兼胤公武御用日記　三（同所［編纂］、東京大學出版會［大日本近世史料・第十二編］）
	※寶暦二年（1752）十九・十・十一・二十四・二十五・二十七日条に「蓮華寺一願参内」関係記事、十月三十日条に「綾小路俊宗蓮華寺ノ執奏家タルノ願フ　支障無シ」の記事あり
199703	◎廣橋兼胤公武御用日記　四（同所［編纂］、東京大學出版會［大日本近世史料・第十二編］）※自寶暦三年（1753）正月至寶暦四年（1754）六月。『関東下向之日記』寶暦三年（1753）二月二十九日条に「自藤澤（高座郡）邊雨灑、於清淨光寺内會同役、暫言談」とあり。ただし藤澤宿は鎌倉・高座両郡に亘り清浄光寺は鎌倉郡（小野澤註）。「公武御用日記」の同五月二十四日条本文割註部分に「遊行末寺常称寺上人号御礼、小御所、」とあり。翌四年正月十三日条の年賀参内寺院中に「間名寺」とあるが、これは「聞名寺」カ（古賀克彦註）。同四月六日条標出：「東山長樂寺／天臨卜神照名乗ノ／事／靈山ノ者共面會シハ別人／國阿堂修覆料ノ事／靈山ヨリ一札ノ事」、本文：「一天臨存立候者東山長樂（※齟齬原本文では隅丸罫囲み）／其趣、取要如左、書付之寫、在別紙、／天臨住職ニ相極リ候處、實名神照名乗、自高辻家靈山ヘ被申通候處、於高辻家靈山之者共面会候節、天臨肉兄自明を神照と名乗引合有之事、／一國阿堂揚修覆料、天臨カ高辻家ヘ、入院已後金三百両・銀四貫目契約之通差出候處、銀七貫五百目高辻ヵ靈山江渡候由、靈山之者共事中、／一長樂寺住持代々入院之節、靈山之者證文一札ハ無之事ニ候處、今度内證繕ひ事ニ候間、例外ニ靈山ヵ一札差出、高辻家奥書名判成致、右一札靈山天臨江被相渡候事、」

199803	◎言緒卿記　下（同所［編纂］・山科言緒［著］、岩波書店［大日本古記録］）※時宗項目多数
199903	◎廣橋兼胤公武御用日記　五（同所［編纂］、東京大學出版會［大日本近世史料・第十二編］）※寶暦四年（1750）十月二十三日条に「青蓮院宮長樂寺一圓支配願書ヲ差出ス／一向ニ譯モ無キ無體ノ書附武邊ヘ懸合フ疑惑モアリ所司代ヘ聞合ス」記事あり。「關東下向之日記」の寶暦五年（1751）三月二日条本文：「於藤澤（高座郡）清淨光寺内會同役、鼇言談」とあり。ただし藤澤は鎌倉・高座両郡に亘り清淨光寺は鎌倉郡（小野澤註）
200103	◎後法成寺關白記　一（同所［編纂］・近衞尚通［著］、岩波書店［大日本古記録］）※永正三〜九年（1506-1512）分。同六年（1509）十月二十七日条頭註：「足利義尹邸ニ夜討亂入ス／義尹傷ヲ蒙ル／尚通義尹ヲ見舞フ／夜討人ハ足利義澄ガ召仕フ者トノ説」、本文：「半阿弥引入云々」。これが「江州の時衆」カ。同九年（1512）正月十二日条に「重阿弥」あり
200106	◎廣橋兼胤公武御用日記　六（同所［編纂］、東京大學出版會［大日本近世史料・第十二編］）※寶暦五年（1751）九月二十七日条に「同派清淨光寺末寺の例」を参考に「蓮華寺願末寺香衣綸旨」記事。翌日も記事あるが、十二月八日条に「近江蓮華寺末寺香衣勅裁ノ願」、同月十日条頭註に「蓮華寺末寺綸旨戴願ハ出願無用」とあり
200303	◎薩戒記　二（同所［編纂］・中山定親［著］、岩波書店［大日本古記録／東京大学史料編纂所編纂］）※大納言中山定親（1401-1459）の日記、自應永 31 年至應永 32 年。応永三十一年（1424）八月十日条に、頭註：「四條京極道場燒ク／衆僧錯亂ニ依ルカ」、本文：「丑剋許畢方有火、四條京極道場（金蓮寺）云々、有衆僧錯亂事、其故畩」。応永三十二年（1425）十二月一日条に、本文：「早旦参詣吉田社、次詣東北院弁才天、（以下略）」
200403	◎後法成寺關白記　二（同所［編纂］・近衞尚通［著］、岩波書店［大日本古記録］）※永正十〜十七年（1513-1520）分。同十三年（1516）正月八日条に「極樂寺重阿」、同十六年（1519）正月八日条に「重阿」あり
200406	◎廣橋兼胤公武御用日記　七（同所［編纂］・廣橋兼胤［著］、東京大學出版會［大日本近世史料・第十二編］）※寶暦六年（1752）八月十一日条に「近江蓮華寺末寺江州坂田郡龍澤寺淳阿香衣願　綾小路俊宗初メテノ執奏ニツキ内談」、八月十四日条に「綾小路執奏ノ蓮華寺末寺香衣願ノ扱ヒ」記事あり。同七年三月二十四日条本文に「遊行末寺兩僧参　内、拜　天顔（桃園天皇）如例、知恩院一率末寺参」云々。同七年八月廿五日条本文：「遊行末寺（越中淨禪寺）於小御所御對面如例」
200703A	◎後法成寺關白記　三（同所［編纂］・近衞尚通［著］、岩波書店［大日本古記録］）※大永三〜享祿四年（1523-1531）分。大永六年（1526）正月十一日条に「東北院」あり
200703B	◎廣橋兼胤公武御用日記　八（同所［編纂］・廣橋兼胤［著］、東京大學出版會［大日本近世史料・第十二編］）※寶暦八年（1754）正月十三日条標出：「小御所ニテ天顔ヲ拜ス面々」、本文に：「開名寺」、年頭御礼寺院中に七條道場院代「開名寺」の名みゆ。しかし翌九年正月十三日条には、おそらく当年の院代であるはずの「法國寺」の名なし（古賀克彦註）
200706	◎画像史料解析センターの成果と課題（東京大学史料編纂所［同附属画像史料解析センター開設 10 周年記念報告書］）※ 2007/6/29 於同大学山上会館大会議室、同大学創立 130 周年記念事業の一環でもある、研究集会「画像史料研究の成果と課題」の記録。『一遍聖絵』画像データベースプロジェクト」の項あり
200903	◎廣橋兼胤公武御用日記　九（同所［編纂］・廣橋兼胤［著］、東京大學出版會［大日本近世史料・第十二編］）※当巻から巻末に人名索引が附せられ、「キ」「ラ」項にそれぞれ「義海（生没年未詳、長樂寺住持、寶暦 9 年住持）／寶暦 9 年 9 月 13 日」（p10）、「樂阿（長樂寺住持、未詳）／寶暦 9 年 12 月 17 日・24 日」（p38）とあるが、前者は上州世良田長樂寺（天台宗山門派）。後者の寶暦九年（1759）十二月十七日条標出：「長樂寺開帳ノ願書等御内儀ヨリ出サル」、本文：「（挿入）來年三月三日ゟ四月三日迄、御即位ガ久々無住ニ付延引」、長樂寺（樂阿カ）開帳之願書・例書、以周防被出之、如何武邊承合可申之段申入了、」（p171）。続いて同十二月廿四日条標出：「長樂寺開帳ハ武邊差支ナシ」、本文：「長樂寺（樂阿カ）開帳之願武邊承合候処、無差支候、御沙汰次第可被仰付由、周防（若松盛貞女）ヘ申入了」（p175）。この長樂寺を樂阿と比定した根拠は何か。寶暦四年四月六日条に出る長樂寺住持は天瑚であった（『廣橋兼胤公武御用日記』四、p287）。この若松盛貞女は人名索引に「禁裏女房、御差、父の若松盛貞は一條家侍」とあり。例年正月十三日前後には、年頭御礼寺院中に七條道場院代「法國寺」「開名寺」の名が隔年にみられることもある。ただ寶暦十年（1760）正月十三日に兼胤は関東御機嫌伺のため発駕しているので、参内寺院の記述自体がなく、道中日記である「東行之記」にも時宗寺院の記載はなし。なお『御綸旨参内控集』によれば、宝暦九年には綸旨参内ともになし（以上、古賀克彦註）
201103	◎廣橋兼胤公武御用日記　十（同所［編纂］・廣橋兼胤［著］、東京大學出版會［大日本近世史料・第十二編］）※当巻は、武家傳奏役務中の日記のうち、寶暦十年五月〜十一年四月の「公武御用日記」「寶暦十年・十一年東行之記」を収録。当巻にも巻末に人名索引が附せられ、「イ」「ホ」「レ」項にそれぞれ「一海（元禄元年〜明和 3 年 3 月 26 日、第 52 代遊行上人）／寶暦 10 年 11 月 29 日」（p4）「法國寺（未詳）」寶暦 10 年 12 月 26 日、寶暦 11 年正月 13 日」（p29）「蓮華寺（未詳）／寶暦 10 年 11 月 29 日」（p36）とあり。「未詳」とは、人物として未詳の意カ。後者は 31 代阿同一願である。以下、本文。宝暦十年（1760）十一月廿九日条標出：「千日回峰行者等ニ御對面アリ」、本文割註：「今日千日回峰行者観明院於小清涼殿御對面、次於小御所遊行上人（一海）・同末寺僧十一口・江州□［馬］場（番場、坂田郡）□［蓮］華寺御對面有之、」（『兼胤』十、p201）。『御綸旨参内控集』によ

れば、宝暦十年十一月廿九日に遊行 52 代（のち藤澤 29 世）一海の末寺住持 10 人を引き連れた御供参内があり、それに先立って八月十六日に吹挙状が上り、九月廿日に勅許されている（こちらは末寺住持 10 人であるが、一海を含めて「十一口」という意味か。また蓮華寺 31 代同阿一願の参内については、近代に編纂された『葉山古錦』（小川寿一 198611 所収）の「附録」に載る蓮華寺歴代の事績では宝暦五年十月十五日の末寺参内しか記述はないが、同阿一願自身の参内が宝暦二年十月に行われ、この宝暦十年十一月十九日にも遊行当代とともに参内したと思われる＝古賀克彦註）。同宝暦十年十二月廿六日条標出：「南都喜多院等ノ諸禮願ヲ内覽ニ入レ披露ス」、本文：「南都喜多院法眼（有雅）・法國寺・醫師（中略）□〔等の異体字〕諸禮之願、殿下（近衛内前）へ入内覽、（後略）」（p213）

201303　◎廣橋兼胤公武御用日記　十一（同所〔編纂〕、東京大學出版會〔大日本近世史料・第十二編〕）
　　※宝暦十二年 (1762) 五月廿五日条標出：「普門寺等天顏ヲ拜ス」、本文：「次於小御所遊行末寺普門寺拜　天顏」。『御綸旨参内控集』によれば、同四月十一日に普門寺其阿教運が参内。同正月十三日条「諸禮」中の年始参内僧侶には前年同様、該当する寺院名なし（古賀克彦註）

東京大学史料編纂所画像史料解析センター（※東京都文京区・同大学本郷キャンパス内）
200706　◎画像史料解析センター通信第 38 号（同センター〔編集〕、同所）
　　※同センター十周年特集。「画像史料解析センター研究プロジェクト報告」の「第一分野　絵画史料分野」で『一遍聖絵』画像データベースプロジェクトに言及

東京帝國大學史料編纂所（※東京市本郷區〔現東京都文京区〕・現東京大學史料編纂所）
193307　◎讃岐備要（内外書籍）※「社寺傳奏索引」に寺社伝奏公家として「金光寺（井屋道場）花山院／金蓮寺（四條道場）勸修寺／西蓮寺（金光寺末寺）花山院／正法寺（靈山）清閑寺／成就院（清水）廣橋／大念佛寺（攝津）柳原／長樂寺　髙辻／御影堂（新善光寺）勸修寺　遊行宗門　勸修寺／來迎寺（佐太本山）髙野」とあり。「東京帝國大學史料編纂所」名義。→東京大學史料編纂所 196603

東京都江戸東京博物館（※東京都墨田区）
200103　◎江戸東京博物館ＮＥＷＳ　vol.33（通卷 40 号）（財団法人東京都歴史文化財団・同館〔編集〕、同財団・同館）
　　※「企画展「北条時宗とその時代」」のページでカラー画像：「一遍上人絵伝　巻七」（一遍と時宗の出会い。部分）

東京都北区教育委員会社会教育課（※東京都北区・現同区教育委員会事務局生涯学習・スポーツ振興課）
199903　⊙文化財研究紀要第 12 集（同題）※史料に『時衆過去帳』図版と釈文

東京都教育庁社会教育部文化課（※東京都新宿区・現同庁地域教育支援部生涯学習課）
199903　◎東京都双盤念仏調査報告（同課〔編〕、同都教育委員会）※勝沼乗願寺の双盤念仏に言及

東京都教育庁生涯学習部文化課（※東京都新宿区・現同庁地域教育支援部生涯学習課）
199203　◎東京都双盤念仏調査報告 2（楽譜資料編）（同課〔編〕、同都教育委員会）※勝沼乗願寺の双盤念仏に言及

東京都美術館（※東京都台東区）
200110　◎聖徳太子展（同館・大阪市立美術館・名古屋市博物館〔編集〕、ＮＨＫ／ＮＨＫプロモーション）
　　※ 2001/10/20-12/16 於東京都美術館、2002/1/8-2/11 於大阪市立美術館、3/2-4/7 於（愛知県）名古屋市博物館、図録。京都市西京区宝菩提院願徳寺（天台宗山門派）蔵「南無仏太子像」（石川知彦〔作品解説〕）

東京都歴史文化財団（※東京都墨田区・現公益財団法人）
200103　◎江戸東京博物館ＮＥＷＳ　vol.33（通卷 40 号）（同財団・東京都江戸東京博物館〔編集〕、同財団・同館）
　　※詳細⇒東京都江戸東京博物館 200103。奥付の正確な名義は「財団法人東京都歴史文化財団」

東京文化財研究所企画情報部（※東京都台東区・同所内）
201103　◎美術研究第 403 号（同部〔編集〕、便利堂）※カラー口絵：大和文華館蔵「遊行上人縁起絵断簡（原色刷）」：○土屋　貴裕：「天狗草紙」の作画工房

東国花の寺百ヶ寺事務局
200203　◎東国花の寺　百ヶ寺　はなごころ〈下巻〉51 ～ 100 番（同事務局〔編〕・大貫茂〔写真・文〕、交通新聞社）
　　※ 89 番「時宗総本山　遊行寺（清浄光寺）　白木蓮」ページにカラー写真：「清浄光寺本堂」

藤内　喜六（※〔大分県〕別府市文化財調査委員。2003/5 歿）
199303　◎亀川村庄屋記録（藤内・入江秀利〔編〕、別府市教育委員会・同市文化財調査委員会〔同市古文書史料集第 13 集〕）※嘉永七年 (1854) の遊行上人南鉄輪村松寿庵（現永福寺）入込記事

東　方　書　院（※東京市下谷區〔現東京都台東区〕）
193008　◎一遍上人縁起絵卷（同書院〔編〕、同書院〔日本絵卷全集第九輯〕）
193010　◎一遍上人縁起絵卷（同書院〔編〕、同書院〔日本絵卷全集第十輯〕）

東北芸術工科大学歴史遺産学科荒木研究室（※山形市・同学内。2008/9 専任講師荒木志伸辞職により廃止）
200703　◎佛向寺の墓標調査報告書　天童市域における墓標の成立と展開（同室〔編〕、東北芸術工科大学文化財保存修復研究センター）※平成 18 年度文部科学省オープンリサーチセンター整備事業

東北歴史博物館（※宮城県多賀城市・県立）

199910　：◎東北歴史博物館　展示案内（同館）※カラー図版：一遍聖絵「武士の館」

当麻　稔
199607　：○當麻という姓（志村有弘・松本寧至・町田包治・吉野孟彦［編著］『日本史闇と謎事典』関東篇一、叢文社）
　　　　　※「三、相模原市の当麻」「四、当麻山無量光寺について」の節あり。「六、当麻三人衆（当麻豊後守）」で一遍と関山氏に言及

堂本　正樹（※劇作家。元〈神奈川県鎌倉市・市立〉鎌倉芸術館プロデューサー）
197302　：○「小栗伝説」＜死＞（『国文学　解釈と鑑賞』第38巻3号［昭和48年2月号］（477）［特集　異端文学の世界］、至文堂）

藤嶺学園藤沢高等学校（※神奈川県藤沢市・時宗宗門校・現藤嶺学園藤沢中学校・高等学校）
198505　：◎藤嶺台　創立七十周年記念誌（同校［編］、同校）※源流の時宗宗学林などに言及
199505　：◎藤嶺台　創立八十周年記念誌（同校［編］、同校）※源流の時宗宗学林などに言及

藤嶺学園藤沢商業の歴史編集委員会（※神奈川県藤沢・時宗宗門校・藤沢商業高等学校（現藤沢翔陵高等学校）内）
198611　：◎藤嶺学園藤沢商業の歴史上巻（同委員会［編］、藤沢商業高校）※源流の時宗宗学林について詳述

遠山　元浩（※遊行寺宝物館館長・沼津長谷寺住職。元〈静岡県三島市・現公益財団法人〉佐野美術館学芸員）
199511　：○時衆年表（時衆の美術と文芸展実行委員会［編集］『時衆の美術と文芸―遊行聖の世界―』同委員会〈東京美術［発売］〉）　※1995/11/3-12/10於山梨県立美術館、1996/1/4-28於長野市立博物館、2/3-25於（神奈川県）藤沢市民ギャラリー、3/10-4/14於（滋賀県）大津市歴史博物館、特別展図録
199702　：○付表（時宗教学研究所［編集］『時宗入門』時宗宗務所）
200303　：○『一遍聖絵』修復後の翻刻（巻第一）（『時宗教学年報』第三十一輯、時宗教学研究所）
　　　　　※長島尚道・高野修・石塚勝・遠山［共筆］
200403　：○『一遍聖絵』修復後の翻刻（巻第二・第三）（『時宗教学年報』第三十二輯、時宗教学研究所）
　　　　　※長島尚道・高野修・遠山・石塚勝［共筆］
200502　：◎遊行寺（高野修・遠山［著］、遠山［写真・編集担当］、時宗宗務所・時宗総本山清浄光寺（遊行寺））
　　　　　※全カラー案内書。詳細⇒高野修200502
　　　　：①あとがき※高野修・遠山［共筆］
200603　：○一遍聖絵　修理後の翻刻（巻第四・第五）（『時宗教学年報』第三十四輯、時宗教学研究所）
　　　　　※石塚勝・遠山［共筆］
200703　：○一遍聖絵　修理後の翻刻（巻第六）（『時宗教学年報』第三十五輯、時宗教学研究所）
　　　　　※石塚勝・遠山［共筆］。肩書きは：「遊行寺宝物館専門学芸員」
200803　：○一遍聖絵　修理後の翻刻（巻第七・第八）（『時宗教学年報』第三十六輯、時宗教学研究所）
　　　　　※石塚勝・遠山［共筆］。肩書きは：「遊行寺宝物館主任学芸員」
200903　：○一遍聖絵　修理後の翻刻（巻第九）（『時宗教学年報』第三十七輯、時宗教学研究所）
　　　　　※石塚勝・遠山［共筆］。肩書きは：「遊行寺宝物館主任学芸員」
201003　：○一遍聖絵　修理後の翻刻（巻第十）（『時宗教学年報』第三十八輯、時宗教学研究所）
　　　　　※石塚勝・遠山［共筆］。肩書きは：「遊行寺宝物館主任学芸員」
201103　：○一遍聖絵　修理後の翻刻（巻第十一）（『時宗教学年報』第三十九輯、時宗教学研究所）
　　　　　※石塚勝・遠山［共筆］。肩書きは：「遊行寺宝物館主任学芸員」
201207　：①口絵※遠山［製作］
　　　　：②口絵解説
　　　　：③『一遍聖絵』を読み解く※「Ⅰ　聖絵とは何か」のうち。→雁野佳世子201210文献案内
　　　　（以上、小野正敏・五味文彦・萩原三雄［編］・遊行寺宝物館［編集協力］『一遍聖絵を歩く―中世の景観を読む―』高志書院〔考古学と中世史研究9〕）※肩書きは：「遊行寺宝物館主任学芸員」
201403　：○口絵　清浄光寺蔵「柘榴天神像」（『時宗教学年報』第四十二輯、時宗教学研究所）※解説
201503　：①役行者前後鬼像　一幅
　　　　　※口絵解説。単色図版ネーム：「役行者前後鬼像　清浄光寺蔵／絹本著色　室町時代　縦83.5　横41.7」
　　　　：②一遍聖絵　修理後の翻刻（巻第十二）※遠山・石塚勝［共筆］
　　　　（以上『時宗教学年報』第四十三輯、時宗教学研究所）

遠山記念館（※埼玉県比企郡川島町・現公益財団法人）
199005　：◎遠山記念館所蔵品目録―Ⅰ　日本・中国・朝鮮（同館［編集］、同館）
　　　　　※カラー図版ネーム：「遊行縁起絵巻」。ただし同館蔵『縁起絵』遠山本のこと
199511　：◎百華の宴―遠山記念館開館25周年名品展―（同館［編集］、同館〈便利堂［制作］〉）
　　　　　※1995/11/3-12/17於根津美術館、特別展図録。遠山本「遊行縁起絵巻」出陳

時慶記研究会

| 200112 | ◎時慶記　第一巻（同会［翻刻・校訂］、浄土真宗本願寺派出版事業局本願寺出版社〈臨川書店［製作・発売］〉）※参議西洞院時慶（1552-1639）の日記。宗教法人本願寺（西本願寺）蔵分の文禄二年（1593）九月二十二日条頭註：「遊行上人参内」、本文：「遊行上人（満悟）参内也、（西洞院）時直モ札ヲ一枚申請」とあり、従来知られていなかった、遊行33代他阿満悟の参内を記載。ただし巻末の人名索引には名なし。また同八月十七日条頭註：「遊行念仏ヲ見舞ニ女房衆出ル」、本文：「西林寺依馳走遊行念仏ヲ見廻ニ女房衆被出候」、同閏九月二十九日条頭註：「遊行念仏見物」、本文：「遊行ノ念仏見物ニ大炊道場迄行」。→古賀克彦 200503C 紹介 |

| 200503 | ◎時慶記　第二巻（慶長五年、七年）（同会［翻刻・校訂］、浄土真宗本願寺派出版事業局本願寺出版社〈臨川書店［製作・発売］〉）※宗教法人本願寺（西本願寺）蔵分の慶長七年（1602）二月四日条本文：「一女院（勧修寺晴子）ヨリ明日遊行上人（満悟）参念仏アリ、同五日条頭註：「遊行念仏延引」、本文：「雨天、女院（勧修寺晴子）へ遊行念仏雨故御延引ト」、同六日条頭註：「女院御所ヘ遊行上人念仏」、本文：「一女院（勧修寺晴子）御所へ遊行上人（満悟）念仏アリ」。巻末の人名索引に遊行33代他阿「満悟」3箇所あり |

| 200808 | ◎時慶記　第三巻（慶長八年、九年）（同会［翻刻・校訂］、浄土真宗本願寺派出版事業局本願寺出版社〈臨川書店［製作・発売］〉）※慶長八年（1603）二月二十四日・四月五・十・十四・十七・二十・二十一・二十八日・五月九日・十二月五日条には「遊行上人（満悟）」が出る。同九年正月五・八日条に「東北院」が出る。翌九日条に満悟の年賀参内があり、二月二十二日条にも「遊行上人（満悟）」とあり、翌二十三日条に「東北院」が出る。四月三・五・七日・七月十八・二十三・二十四日条に「遊行（満悟）」が出る。人名索引にも「満悟」項あり |

常磐井慈裕（※真宗高田派第25世法主・（東京都目黒区・公益財団法人）国際仏教興隆協会編同・（埼玉県代田区・公益財団法人）中村元東方研究所専任研究員・東方学院講師・高田短期大学非常勤講師）

200903	:○【特別寄稿】民衆史の中の善光寺（『寺社と民衆』第5特別号、民衆宗教史研究会〈岩田書院［発売］〉）※『一遍聖絵』に言及。肩書きは：「真宗高田派法嗣」
201303	:○『中世時衆史の研究』小野澤眞著、八木書店，2012年6月（『東方』第26号、同研究所）※←小野澤眞 201206 を書評
201403	:○【特別寄稿】日本中世仏教の基層と時衆（民衆宗教史研究会編集委員会［編修］『寺社と民衆』第十輯、同会出版局〈岩田書院・日本史史料研究会［発売］〉）※肩書きは：「真宗高田派法主・中村元東方研究所専任研究員」。←小野澤眞 201206 を紹介

徳江　元正（※國學院大學名誉教授）

| 196303 | :○熊野地方の民謡（高崎正秀［編集者代表］『國學院雑誌』第六十四巻第二・三号（昭和三十八年二・三月号）［熊野學術調査特集號］、國學院大學）※ p88-119。臼田甚五郎・徳江［共筆］ |
| 196411 | :○続・熊野地方の民謡　附・熊野地方民俗語彙集（高崎正秀［編集者代表］『國學院雑誌』第六十五巻第十・十一号（昭和三十九年十・十一月号）［續熊野學術調査特集號］、國學院大學）※ p230-295。臼田甚五郎・乗岡憲正・徳江［共筆］ |

徳田　和夫（※学習院女子大学国際文化交流学部教授。元国文学研究資料館助手）

198411	:○地獄語りの人形勧進（春田宜［編集者代表］『國學院雑誌』第八十五巻第十一号（昭和五十九年十一月号）、國學院大學［発行者］・同大学広報課［発行所］）※ p84-98。表紙に特集：「演劇とその周辺」とあり。→徳田和夫 199008 ①
199006	:○追悼　岡見正雄先生（『絵解き研究』第八号、同会）
199008	◎絵語りと物語り（平凡社〔イメージ・リーディング叢書〕）:①地獄語りの人形勧進→「街頭の立体曼荼羅」の項で、藤沢清浄光寺・歓喜光寺・東京国立博物館蔵「一遍聖絵」と山形市光明寺蔵「遊行上人縁起絵」の四条橋付近の単色図版を用い詳述。←徳田和夫 198411
199503	:○宮次男先生を偲んで（『絵解き研究』第十一号、同会）
200602	:○学界時評　中世（『國文學—解釈と教材の研究—』第51巻2号［平成18年2月号］(733)［特集：色の文芸史］、學燈社）※→土屋貴裕 200510 紹介
200903	:○ハーバード大学付属美術館蔵　白描『鼠の草子』について一付・翻刻—（『学習院女子大学紀要』第11号、同大学）※鼠の「ほこ太郎」が出家した「じ阿弥」、「猫の入道」の「みょう阿弥」、梟の「尊阿弥陀仏」や「じゃく阿弥陀仏」、鼠の権頭＝「ねん阿弥」等が出る

徳田　浩厚（徳田　浩淳）（※元神奈川県横浜市南区普門院〈高野山真言宗〉住職。1915-故人）

196808	◎校訂増補下野国誌（河野守弘［著］・佐藤行哉［校訂］・徳田［再校訂］、下野新聞社）※第七巻に宇都宮一向寺と宇都宮長楽寺（一向派。廃寺）の項あり。「徳田浩淳」名義。←元版：嘉永三年（1850）
196911	◎宇都宮の歴史（下野史料保存会〈集英堂書店［発売］〉）※「徳田浩淳」名義。→徳田浩厚 197001
197001	◎宇都宮の歴史（下野史料保存会〈集英堂書店［発売］〉）※宇都宮一向寺、宇都宮本願寺の項あり。「徳田浩淳」名義。←徳田浩厚 196911
197509	:○一向寺の歴史（『下野歴史』第41号、同学会）
197510	◎開山七百年記念誌・一向寺の歴史と文化財（一向寺）※宇都宮一向寺史
198202	:○寺院（宇都宮市史編さん委員会［編集］『宇都宮市史』第6巻近世通史編、同市）

※「一向寺」の項あり、ほか一覧表に在宇都宮時宗寺院掲載
徳永まこと（※大阪国際大学名誉教授・大阪大学名誉教授。元北海道大学文学部助教授。本名：徳永恂）
200702　：○ 2006年読書アンケート（『みすず』546号［2007年1・2月合併号］《特集・2006年読書アンケート》、同書房）※←岩田靖夫 200610 を「哲学の名品」として推薦
徳永　道雄（※京都女子大学名誉教授・浄土真宗本願寺派勧学。元ハーバード大学神学部客員教授）
199502　◎法然一遍（佐藤平・徳永［訳］、中央公論社〔大乗仏典中国・日本篇21〕）
　　：①一遍上人語録
所　理喜夫（※駒澤大学名誉教授。元〈東京都〉足立区立郷土博物館館長、元同館立石高等学校新羽分校〈現氷羽商業高等学校〉教諭）
200003　◎戦国大名から将軍権力へ―転換期を歩く（所［編］、吉川弘文館）
　　：所　理喜夫：はしがき※同書所収吉田政博 200003 を「今川領国下における駿河下向の貴族と時衆との関係、時衆が今川領国下で果たした役割をとくに連歌を中心に明らかにしたものである。とくにアジールとしての性格を持つ客寮が、時衆の文化運動の核となっていることを実証している。」とす
　　：吉田　政博：戦国期、駿河における時衆の動向
所沢市史編さん委員会（※埼玉県所沢市）
198303　◎所沢市史　近世史料二（同委員会［編集］、同市）
　　※武蔵國入間郡下新井村（現埼玉県所沢市下新井）の農民 13 名が伊勢参宮した際の日記『嘉永五年道中記』（「二上家文書」172「嘉永五年正月二日道中日記」）に矢作誓願寺の記事あり。→金森敦子 200207 引用
198403　◎所沢市史　社寺（同委員会［編集］、同市）※久米長久寺に言及。→小野一之 199511 引用
戸田　孝重（※京都西山短期大学非常勤講師）
199312　：○融通念仏に関する一考察（日本印度学仏教学会［編集］『印度學佛敎學研究』第四十二巻第一号〔通巻第 83 号〕、同会）
199810　：○法明上人伝の研究（融通念佛宗教学研究所［編集］『法明上人六百五十回御遠忌記念論文集』大念佛寺〈百華苑〈製作〉〉※戸田・横川兼章［共筆］
199903　：○融通念仏宗史の研究―中祖法明上人伝をめぐって―（日本宗教学会［編集］『宗教研究』三一九号［第 72 巻第4輯］、同会）
200311　：○良忍の融通念仏創唱について（『天台学報』第四十五号、天台学会）
　　※良忍創唱とされる「融通念佛」は、彼の死後数十年後の『三外往生伝』が初出か。良忍崇める集団がのちに形成され、それが融通念佛宗運動につながると推測
200403　：○『融通円門章』・『融通念仏信解章』の思想と問題点（日本印度学仏教学会［編集］『印度學佛敎學研究』第五十二巻第二号〔通巻第 104 号〕、同会）※『融通円門章』『融通念仏信解章』は融観大通の近世教理書
200512　：○『融通円門章』の書誌学的研究（日本印度学仏教学会［編集］『印度學佛敎學研究』第五十四巻第一号〔通巻第 107 号〕、同会）
200912　：○『融通念仏縁起』と融通念佛宗（日本印度学仏教学会［編集］『印度學佛敎學研究』第五十八巻第一号〔通巻第 119 号〕、同会）※近世に融通念佛宗が成立するに際し、6 世自鎮なる存在の仮構や『融通念仏縁起』が改変されたこと、法明を作成者とは考えにくいことなどを書誌学的に分析
戸田　芳実（※神戸女子大学文学部教授・神戸大学名誉教授。1929/1/26-1991/8/29）
198203　：○歩いて学ぶ歴史（佐々木潤之介・石井進［編］『新編日本史研究入門』東京大学出版会）
198705　◎境・峠・道―中世への旅（戸田［編集］、朝日新聞社〔週刊　朝日百科・日本の歴史 58 号《古代から中世へ 3》〕）
　　：①境・峠・道※→戸田芳実 199206 ②
198911　：○『一遍聖絵』にみる熊野（大隅和雄［編］『史実と架空の世界』朝日新聞社〔朝日百科・日本の歴史別冊：歴史の読み方 10〕）※→戸田芳実 199206 ③
199206　◎歴史と古道―歩いて学ぶ中世史―（人文書院）
　　※表紙図版ネーム：「霧の四条大橋」（『聖絵』巻七）、扉図版ネーム：「菅生岩屋」「大津関寺」「淀上野」
　　：①歩いて学ぶ歴史※←戸田芳実 198203
　　：②境・峠・道※←戸田芳実 198705 ①
　　：③『一遍聖絵』にみる熊野※←戸田芳実 198911
199310　◎中世の生活空間（戸田［編］、有斐閣）
200306　◎境・峠・道　中世への旅（戸田［責任編集］、朝日新聞社〔週刊　朝日百科「新訂増補　日本の歴史」53 号［2003 年 6 月 8 日号］（通巻 586 号）（改訂1刷）・古代から中世へ―③］）
　　※カラー表紙：清浄光寺・歓喜光寺蔵『一遍聖絵』より「白河の関」。←元版：198705
　　：①道の社会史を足で学ぶ※カラー図版：清浄光寺・歓喜光寺蔵『一遍聖絵』他より
　　：②境と関※カラー図版：同上「白河の関」
　　：③峠と坂※カラー図版：同上より熊野山中の場面、ネーム：「桟道」。富士川の場面、ネーム：「船橋」

：④熊野古道へのいざない※本文に「一遍の絵伝」「ここは時宗の遊行聖の道でもあったらしく、一遍上人の伝
　　　　説を残している」とあり、中西立太のイラスト「熊野古道」に熊野権現に札を渡す一遍主従の姿
　　　：⑤信仰の道　熊野古道の旅から※カラー図版ネーム：「熊野速玉大社」
　　　：⑥古道を歩く　過去への旅※カラー図版ネーム：「菅生の岩屋」・「率塔婆」

栃木県史編さん委員会（※栃木県宇都宮市）
197303　◎栃木県史　史料編中世1（同委員会［編集］、同県）※「一向寺文書」（宇都宮）の項あり、単色口絵1葉あり
栃木県の歴史散歩の会
197704　◎栃木県の歴史散歩（同会［著］、山川出版社［全国歴史散歩シリーズ9］）
　　　※宇都宮一向寺に言及、同寺蔵・旧宇都宮長楽寺本尊写真あり、ただし発願者忍阿を「忽阿」と表記
栃木県の歴史散歩編集委員会
199106　◎新版栃木県の歴史散歩（同委員会［編］、山川出版社［新全国歴史散歩シリーズ9］）
　　　※宇都宮一向寺・堀米一向寺の項あり、ただし現浄土宗鎮西派の後者を時宗とす
栃木県立博物館（※栃木県宇都宮市）
198502　◎第10回企画展中世下野の仏教美術（同館）※　1985/2/10-3/10 於同館、企画展図録。鹿沼広済寺〈天台宗山門派〉蔵旧鹿沼一向寺本尊の項あり、同図版ネーム：「阿弥陀三尊像（善光寺式）」
200604A　◎企画展　今よみがえる中世の東国（同館［編集］、同館）※　2006/4/22-6/18於同館、第84回企画展（2006年「国際博物館の日」記念事業）図録。表紙：「一遍聖絵」巻四・巻五　神奈川県藤沢市清浄光寺蔵　複製。同館職員荒川善夫［執筆］。「参考・「一遍聖絵」に見える旅する商人一行」のページにカラー図版ネーム：「旅する商人①②（「一遍聖絵」巻五　神奈川県藤沢市清浄光寺蔵　複製）。その他のカラー図版ネーム：筑前国の武士の館（「一遍聖絵」巻四　神奈川県藤沢市清浄光寺蔵　複製）。巨福呂坂から鎌倉に入ろうとしている一遍一行（「一遍聖絵」巻五　神奈川県藤沢市清浄光寺蔵　複製）。阿弥陀三尊・宝篋印塔画像板碑（鎌倉末期～南北朝期　佐野市一向寺蔵　重要美術品）。善光寺式阿弥陀三尊像（建長6年〈1254〉東京国立博物館蔵　同館写真提供　重要文化財）※時宗寺院旧蔵。備前国福岡市（「一遍聖絵」巻四　神奈川県藤沢市清浄光寺蔵　複製）。扉カラー図版ネーム：「「一遍聖絵」巻四・巻五　神奈川県藤沢市清浄光寺蔵　複製」
200604B　◎企画展　今よみがえる中世の東国（同館［企画・編集］、同館友の会）
　　　※詳細⇒栃木県立博物館200604A。栃木県立博物館200604Aと同内容だが発行元が異なる
栃の葉書房（※栃木県鹿沼市・株式会社）
197604　◎押原推移録（同書房［編集製作］、鹿沼市誌料刊行会）
　　　※印影本。鹿沼西光寺（一向派。廃寺）や「関東五向寺」に言及。←元版：文政九年（1826）
戸塚踏切新聞制作委員会（※神奈川県横浜市戸塚区）
201503　◎戸塚踏切新聞第1号［2015年［平成27年］3月25日［水］先勝］（同委員会）
　　　※第8面「旧東海道戸塚宿MAP」に「囗親縁寺」あり、カラーイラストと簡単な紹介文
外村　展子（※奈良女子大学大学院住環境学専攻中退）
と　むら
201106　：西山義及び一向宗から京極派歌風へ（『説話』第十一号、同研究会）※一向派に言及
戸松　啓真（※神奈川県鎌倉市光明寺〈浄土宗鎮西派大本山〉第111世法主・大正大学名誉教授。1916-2001/12/28）
197503　◎徳本行者關東擴化蓮華勝會（戸松［編集代表］、山喜房仏書林［徳本行者全集第一巻］）
　　　※巻九の文化十四年（1817）十一月十九日条に、徳本の当麻無量光寺参詣記事あり
冨永　航平（※作家・〈東京都中央区・一般社団法人〉日本ペンクラブ会員）
198811　◎一遍上人と遊行の寺（朱鷺書房）※巻末に全国の時宗寺院一覧あり
戸村　浩人（※塾講師）
199603　：○一遍・聖戒の活動の背景（『時宗教学年報』第二十四輯、時宗教学研究所）
199804　：○一遍と禅思想（『季刊ぐんしょ』再刊40号、続群書類従完成会）
199807　：○一遍と禅思想（続）（『季刊ぐんしょ』再刊41号、続群書類従完成会）
199903　：○『一遍上人縁起絵』第三巻第二段の解釈について（『時宗教学年報』第二十七輯、時宗教学研究所）
200003　：○一遍の覚心参禅譚の「念起即覚」について（『時宗教学年報』第二十八輯、時宗教学研究所）
　　　※ただし「戸村弘人」名義
200104　：○一遍の思想形成（時衆文化研究会［編集］『時衆文化』第3号、同会〈岩田書院［発売］〉）
200110　：○書評・大橋俊雄著『一遍聖』（時衆文化研究会［編集］『時衆文化』第4号、同会〈岩田書院［発売］〉）
　　　※←大橋俊雄200104を書評
200204　：○書評・大橋俊雄著『一遍聖』拾遺（時衆文化研究会［編集］『時衆文化』第5号、同会〈岩田書院［発売］〉）
200210　：○証仏・能念その他（時衆文化研究会［編集］『時衆文化』第6号、同会〈岩田書院［発売］〉）
　　　※←桜井好朗200110①を批判。→桜井好朗200503反論
200310　：○一遍と往生（時衆文化研究会［編集］『時衆文化』第8号、同会〈岩田書院［発売］〉）

200404 ：○一遍の北陸遊行再考（時衆文化研究会［編集］『時衆文化』第９号、同会〈岩田書院［発売］〉）
200504 ：①訂正と補遺
：②遊行回国（聖戒の経歴など）（以上、時衆文化研究会［編集］『時衆文化』第１１号、同会〈岩田書院［発売］〉）
200604 ：○『一遍聖絵』の「一人の勧め」の出典など（時衆文化研究会［編集］『時衆文化』第１３号、同会〈岩田書院［発売］〉）
200610 ：○一遍と一念不生・他阿と毘沙門天（時衆文化研究会［編集］『時衆文化』第１４号、同会〈岩田書院［発売］〉）
200804 ：○一遍の名号観（時衆文化研究会［編集］『時衆文化』第１７号、同会〈岩田書院［発売］〉）
200904 ：○一遍と天台本覚思想（時衆文化研究会［編集］『時衆文化』第１９号、同会〈岩田書院［発売］〉）
201010 ：○一遍の連歌など（時衆文化研究会［編集］『時衆文化』第２１号、同会〈岩田書院［発売］〉）

戸谷　穂高（※東京大学史料編纂所学術支援専門職員）
200810 ：○紹介・服部治則著『武田氏家臣団の系譜』（歴史科学協議会［編］『歴史評論』No.702 ［2008年10月号］、校倉書房）※『一蓮寺過去帳』に言及

外山　信司（※〈千葉県〉佐倉市文化財審議会副委員長。元同県立佐倉高等学校教頭）
200003 ：○佐倉で編まんされた『雲玉和歌集』（佐倉市総務部総務課市史編さん室［編集］『ふるさと歴史読本　中世の佐倉』同市）※佐倉海隣寺に言及
200703 ：○海隣寺建立の歌会（千葉県史料研究財団［編］『千葉県の歴史』通史編　中世、同県）
※「第三編　戦国時代の房総」「第五章　戦国時代の宗教と文化」「第五節　戦国時代の文芸」のうち
201102 ：○「原文書」と戦国期の海上氏について（佐藤博信［編］『中世東国史の総合的研究　二〇〇六～二〇一〇年度』千葉大学人文社会科学研究科［同科研究プロジェクト研究成果報告書第一六二集］）※佐倉海隣寺に言及

豊島　修（※京都女子大学短期大学部教授・大谷大学名誉教授）
197604 ：○熊野の本願について─中世聖研究の一側面─（『歴史手帖』第四巻第四号、名著出版）
198807 ：○熊野の信仰（和田萃［編］『熊野権現　熊野詣・修験道』筑摩書房）
199206 ：◎死の国・熊野　日本人の聖地信仰（講談社［同社現代新書1103］）
199810 ：○近世後期融通念仏宗の御回在行事について─河州大念寺の事例を通して─（融通念佛宗教学研究所［編集］『法明上人六百五十回御遠忌記念論文集』融通念佛宗大念佛寺〈百華苑［製作］〉）
200312 ：①五来重（1908 ― 93）『高野聖』角川書店,1965（増補版,1975）
：②五来重（1908 ― 93）『熊野詣』淡交新社,1967 ※一遍智真の熊野「成道」に言及
（以上、黒田日出男・加藤友康・保谷徹・加藤陽子［編集委員］『日本史文献事典』弘文堂）※項目執筆
200408 ：○紀伊山地の信仰と文化について（大阪市立美術館［編集］『紀伊山地の霊場と参詣道』世界遺産登録記念特別展『祈りの道～吉野・熊野・高野の名宝～』毎日新聞社／ＮＨＫ）2004/8/10-9/20 於大阪市立美術館、10/1-11/3 於名古屋市博物館・11/20-2005/1/23 於世田谷美術館、特別展展示図録解説。『一遍聖絵』に言及

登米町史編纂委員会（※宮城県登米郡登米町〈現登米市〉）
199103 ：◎登米町誌第二巻（同委員会［編纂］、同町〈第一法規出版［制作］〉）※同町鹿妻山専称寺に言及

鳥居　和之（※〈愛知県〉名古屋市博物館学芸課長）
199807 ：◎日本の心富士の美展（鳥居・岡田彰・米屋優・楠井章代［編］、ＮＨＫ名古屋放送局）
※カラー図版：熱田円福寺蔵連歌懐紙、兵庫真光寺・四条道場金蓮寺蔵『縁起絵』巻二・八、『聖絵』巻六

鳥居もえぎ
200107 ：①正法寺
：○常称寺（以上、大島建彦・薗田稔・圭室文雄・山本節［編］『日本の神仏の辞典』大修館書店）※項目執筆

鳥海　靖（※東京大学名誉教授。元中央大学文学部教授）
199111 ：◎日本史総合辞典（林陸朗・高橋正彦・村上直・鳥海［編集］、東京書籍）

鳥山　洋（※神奈川県立横浜翠嵐高等学校定時制教諭・神奈川部落史研究会会員）
200809 ：○【全体会講演】被差別民史における鎌倉（東日本部落解放研究所／『明日を拓く』編集委員会［編集］『解放研究第22号／明日を拓く第76号』（東京部落解放研究改題・通刊159号）、同所〈解放書店［発売］〉）
※『一遍聖絵』に言及

な　　行

内閣印刷局（※東京市麹町區〈現東京都千代田区〉・現独立行政法人国立印刷局）
192911　◎官報第八百五十八號（同局）※同月七日付。「彙報」欄の「宗教」の項に、「⊙時宗管長事務取扱就職　時宗管長河野頼善死亡ニ付長島大道管長事務取扱ニ就職ノ件昨六日認可セリ（文部省）」とあり

内藤　察純（※足利常念寺第44世住職・〈栃木県足利市・社会福祉法人善隣学園〉ルンビニー園初代園長。故人）
197504　◎躍躍念仏儀（常念寺）

内藤佐登子（※〈東京都新宿区・有限会社〉文学堂書店役員）
200206　◎紹巴富士見道記の世界（続群書類従完成会）※大浜称名寺、山形光明寺、熱田円福寺、熱田姥堂、駿府一華堂、長善寺・乗阿など時衆道場・人名頻出。←古賀克彦199711を引用

内藤　彦一（※〈京都〉内藤奎運堂）
189503　◎明治改正京都名勝便覧圖會（内藤奎運堂）※「金蓮寺」（四条道場）・「御影堂」（挿絵あり）・「圓山」（挿絵あり）・「長樂寺」（東山）・「雙林寺」・「霊鷲山正法寺」（挿絵あり）の項あり

中　　敏昭（※神戸史談会会員）
200307　：○中世仏教思想と時代変遷――一遍（智真）と極楽世界の変容（『神戸史談』通巻292号、同会）

仲井　克己（※帝京平成大学地域医療学部教授）
199402　：○空也（志村有弘・松本寧至［編］『日本奇談逸話伝説大事典』勉誠社）※項目執筆

中居　照喜（※重須光明寺寺族）
200607　：○急ぎ足二泊三日　修行僧の修学旅行（『遊行』第156号、時宗宗務所布教伝道研究所）
　　　　※肩書は：「光明寺中」（重須光明寺）

中井　真孝（※〈京都市北区・学校法人〉佛教教育学園理事・佛教大学名誉教授。元同大学学長）
200503　◎法然絵伝を読む（思文閣出版〔佛教大学鷹陵文化叢書12〕）
　　　　※「序章　法然絵伝の系譜」の『琳阿本』と『古徳伝』」の節で琳阿に言及

中井宗太郎（※元立命館大学文学部教授、元京都市立繪畫専門学校（現同市立芸術大学）校長。1879/9/19-1966/3/16）
190509　：○一遍上人繪卷に現はれた自然描寫（『京都美術』創刊號、藝艸社）
191909　：○聖者一遍と繪師圓伊（『制作』第一巻第十號、制作社）

中井　均（※滋賀県立大学人間文化学部教授、〈同県〉米原市教育委員会まなび推進課課長）
199707　：○近江守護職佐々木氏（畑中誠治・井戸庄三・林博通・中井・藤田恒春、池田宏［著］『滋賀県の歴史』山川出版社〔県史シリーズ25〕）※「蓮華寺陸波羅南北過去帳」の項と写真あり
199809　：○絵巻物・合戦図屏風にみる城郭（『図説・戦国の合戦―下剋上にかけた武将たちの軌跡』新人物往来社〔別冊歴史読本85号〕）※図版：『聖絵』「筑前の武士の館」2葉とその論攷

中居　良光（※元時宗法主候補者、元重須光明寺第37世住職）
195609　◎時衆踊躍念仏儀（和讃篇）（沼津光明寺）
196299　◎時衆　踊躍念佛儀　和讃編　解説書（中居［編］、光明寺中居良光）※沼津市立図書館蔵
196608　：○沼津光明寺資料目録（金井清光［編集］『時衆研究』第十九号、金井私家版）
196610　：○遊行廻国（金井清光［編集］『時衆研究』第二十号、金井私家版）
196809　◎時衆踊躍念仏儀＜解説＞（不明）※長島尚道198206による。侯後考
197903　：○「調声口伝義」私註（『時宗教学年報』第七輯、時宗教学研究所）
198108　：①遊行寺の年中行事
　　　　：②遊行寺案内
　　　　：③遊行寺辞典
　　　　（以上、日本仏教研究所［編集］・寺沼琢明［著］『一遍上人と遊行寺』ぎょうせい〔日本仏教の心⑩〕）
198203　：○一遍上人の名号碑について（『時宗教学年報』第十輯、時宗教学研究所）
198303　：①一遍の生涯を支えたもの
　　　　：②〈史料紹介〉藤沢伊呂波和讃其儘辯（一）（以上『時宗教学年報』第十一輯、時宗教学研究所）
198401　◎遊行寺の歴史と概観（同寺）
198402　：○〈史料紹介〉伊呂波和讃其儘辯（二）（『時宗教学年報』第十二輯、時宗教学研究所）
198412　：○薄念仏会（今枝愛真・本田博太郎［著］『鎌倉と東国の古寺』集英社〔全集日本の古寺第二巻〕）
198502　：①時宗の声明
　　　　：②〈史料紹介〉伊呂波和讃其儘辯（三）（以上『時宗教学年報』第十三輯、時宗教学研究所）
198503　◎伊呂波和讃其侭弁（中居［校注］、時宗教学研究所）
198603　：○歳末別時念仏会修行の指針（『時宗教学年報』第十四輯、時宗教学研究所）

199003	：○〈史料紹介〉遊行五十九代尊教上人御手元日記（『時宗教学年報』第十八輯、時宗教学研究所）
199103	：○〈史料紹介〉遊行五十九代尊教上人御手元日記（続）（『時宗教学年報』第十九輯、時宗教学研究所）
199303	：○《史料》歳末別時念仏会・日程・役配（『時宗教学年報』第二十一輯、時宗教学研究所）※中居［編］

長井　数秋（※〈愛媛県伊予郡砥部町・私立〉愛媛考古学研究所所長）

201105	：○一遍上人念仏堂層塔（『ふたな』第11号、愛媛考古学研究所）

永井　義憲（※大妻女子大学名誉教授。元大正大学文学部教授）

193506	：○「一遍上人語録」の異本に就て（『國文視野』創刊號、大正大學國文學研究室）
195703	◎日本仏教文学研究（古典文庫）
	：①日本仏教文学関係論文目録抄
196011	：○時衆と文学芸能（『国文学　解釈と鑑賞』第25巻13号［昭和35年11月号］(298)［特集　中世的なるもの］、至文堂）※→永井義憲196704①
196310	◎日本仏教文学（塙書房［塙選書35］）
	：①仏教文学関係雑誌論文目録
	：②仏教文学関係叢書目録
196704	◎日本仏教文学研究第二巻（豊島書房）
	：①時衆と文学芸能※←永井義憲196011
197008	：○仏教文学と金沢文庫（『金沢文庫研究』第十六巻第八号（通巻172号）、神奈川県立金沢文庫）

中尾　堯（※立正大学名誉教授・広島県三次市十林寺〈日蓮宗〉修徒。僧名：堯文）

197801	◎日本の名僧99の謎　激動期を生きぬいた魂の救済者たち（産報ジャーナル［サンポウ・ブックス136］）
	※「一遍」の項あり
199303	：○品川の寺々―都市と寺院の成り立ち―（『品川歴史館紀要』第八号、品川区立品川歴史館）
	※東京都品川区内の時宗寺院に言及。中尾・高野修・伊藤克己［座談会］・柘植信行［司会］
199807	◎日本仏教史・中世（大隅和雄・中尾［編］、吉川弘文館）※一遍と時宗に言及

長岡　恵真（※内子願成寺第53世住職。故人）

198402	：○遊行二十七代真寂上人版画について（『時宗教学年報』第十二輯、時宗教学研究所）

長岡　岳澄（※中央仏教学院講師。元〈京都市下京区・浄土真宗本願寺派本山本願寺内〉同派総合研究所研究員）

200901	：○シリーズお寺はかわる④　まちづくりとお寺　東北教区山形組長願寺（浄土真宗本願寺派［編集］『宗報』2009年1月号（通巻504号）、浄土真宗本願寺派［発行］・本願寺出版社［発行所］）
	※2006/10/7 於山形県西村山郡河北町「第1回　中心街　寺社めぐりスタンプラリー」、2007/9/29「第2回　中心街　寺社と酒蔵めぐりスタンプラリー」、2008/10/4「第3回　中心街　寺社と酒蔵めぐりスタンプラリー」の各ラリーポイントとして、谷地西蔵寺（以上、第1回のみ）・谷地長延寺（一向派）が参加。また第2回を紹介した単色図版に長延寺写真が掲載され、「舞踊・若奈会」が催された。ネーム：「第2回スタンプラリー案内図（「広報かほく」981号より）」。肩書き：「本願寺教学伝道研究所寺院活動推進部会」

中川委紀子（※〈和歌山県岩出市・新義真言宗総本山〉根来寺文化研究所主任研究員）

200009	：○良忍感得の阿弥陀如来像―示現と祈願の造像―（伊藤唯真［監修］・融通念佛宗教学研究所［編集］『融通念仏信仰の歴史と美術―論考編』東京美術）

中川　重美（※〈愛媛県松山市・特定非営利活動法人〉地域共創研究所ＮＯＲＡ理事）

198302	：○一遍上人の窪寺遺跡について（『文化愛媛』第三号、愛媛県文化振興財団）※p52-55

中川　真（※大阪市立大学文学部教授。元京都市立芸術大学音楽学部助教授）

199206	◎平安京　音の宇宙―サウンドスケープへの旅（平凡社［同社選書］）※「第8章　躍る人々、バサラの熱狂」「二　盆踊りのゆくえ」で、空也と一遍の踊り念仏や『一遍聖絵』『一遍上人絵詞伝』に本文と註で言及、『野守鏡』を引用。図版：「踊り念仏（『一遍聖絵』より。清浄光寺・歓喜光寺蔵）」。「第14章　祇園囃子のなかのアジア」「三　金属音の超自然性」で、『一遍聖絵』の「念仏踊り（踊り念仏）」に言及
200407	◎増補　平安京　音の宇宙―サウンドスケープへの旅（平凡社［同社ライブラリー508］）※「第8章　躍る人々、バサラの熱狂」「二　盆踊りのゆくえ」で、空也と一遍の踊り念仏や『一遍聖絵』『一遍上人絵詞伝』に本文と註で言及、『野守鏡』を引用。図版：「踊り念仏（『一遍聖絵』より。清浄光寺・歓喜光寺蔵）」。「第14章　祇園囃子のなかのアジア」「三　金属音の超自然性」で、『一遍聖絵』の「念仏踊り（踊り念仏）」に言及
	：○小沼　純一：聴き方の変容、読みの波動※解説

中川　芳久

199809	：○読者のページ（『遊行』第125号、時宗宗務所）※時宗教義に言及

長坂　成行（※奈良大学文学部教授）

199611	：○内乱期の史論と文学（『岩波講座日本文学史』第6巻［一五・一六世紀の文学］、岩波書店）
	※時衆物語僧に言及

長崎　慈然（※大町別願寺住職。元藤嶺学園藤沢高等学校校長。故人）
196512　：○百利口語科図（金井清光［編集］『時衆研究』第十五号、金井私家版）

中里　行雄（※元神奈川県立横須賀高等学校教諭）
199710　◎史料でみる神奈川の歴史―神奈川県郷土史料集―（中里［編集責任］、神奈川県高等学校教科研究会社会科部会歴史分科会）※史料として図版・写真：『聖絵』巻五図版2箇所および大町別願寺宝塔（伝・足利持氏墓）
199809　：○例会参加記（『日本史教育研究』第143号、同会）※ 1998/5/17 於藤沢遊行寺、宝物館見学会・本堂講演会

中澤　克昭（※上智大学文学部准教授。元長野工業高等専門学校准教授）
201001　：①生産・開発※「Ⅰ　政治・経済」の「三」。単色図版ネーム：「市で売られる備前焼の壺（『一遍聖絵』）」
　　　　 ：②交通※「Ⅱ　社会・文化」の「一」。単色図版ネーム：「輪田の津へ入る船（『一遍聖絵』）」「板の橋と卒塔婆がたつ道（『一遍聖絵』）」（以上、高橋慎一朗［編］『鎌倉の世界』吉川弘文館［史跡で読む日本の歴史6］）
201212　：○『一遍聖絵』の牧牛（『信濃』第六十四巻第十二号（通巻755号）〈中世特集「東国信濃の鎌倉時代」〉、同史学会）

中沢　善政（※元（長野県須坂市）野辺町（旧上高井郡高甫村）区長、同村議会議員、同村農業（農地）委員会委員長、同村学務委員、同村議会議員、同村村長、同村助役、同村収入役（兼務）1901/5/25-1977/3/7）
196001　◎高甫村誌（中沢［編］、同村誌編纂委員会）
　　　　 ：①来迎念仏※長野県上高井郡高甫村（現須坂市）。遊行4代呑海がもたらしたと伝わる野辺の念仏獅子

永沢　哲（※京都文教大学総合社会学部准教授）
199205　◎修行と解脱［捨てる　歩く　伝える］（山折哲雄・正木晃・永沢［共著］、佼成出版社）

長沢　利明（※法政大学・東京理科大学非常勤講師）
199903　：○日限地蔵の信仰―東京都港区白金松秀寺―（『西郊民俗』第166号、同談話会）

長澤　昌幸（※開キ寺長老等28世住職・時宗宗学林学頭・時宗教学研究所所員・大正大学仏教学部非常勤講師。元藤沢西山短期大学専任講師、元時宗輪番）
199903　：○一向上人研究序説（一）『一向上人伝』について（『時宗教学年報』第二十七輯、時宗教学研究所）
200003A　：○『器朴論』における一考察（『時宗教学年報』第二十八輯、時宗教学研究所）
200003B　：○『器朴論』（宝暦六～十二年）における宗家について（『大正大学大学院研究論集』第二十四号、同大学出版部）
200103A　：○『器朴論』書誌考（『時宗教学年報』第二十九輯、時宗教学研究所）
200103B　：○「宗家」呼称考（『大正大学大学院研究論集』第二十五号、同大学院）
200203　：○時衆教団における入門儀礼考（『時宗教学年報』第三十輯、時宗教学研究所）
200303　：○託何教学にみる臨終と平生（『時宗教学年報』第三十一輯、時宗教学研究所）
200403A　：○〔個人研究〕託何教学における宗観念（『大正大学綜合佛教研究所年報』第二十六号、同所）
200403B　：○遊行七代他阿託何の伝歴とその業績（『時宗教学年報』第三十二輯、時宗教学研究所）
200503A　：○託何教学における出世本懐論（『時宗教学年報』第三十三輯、時宗教学研究所）
　　　　 ※ 2004/12/11 於大正大学、時衆文化研究会第5回大会報告「念仏と法華について」を改訂増補
200503B　：○『仏心解』の成立に関する一考察（『大正大学綜合佛教研究所年報』第二十七号、同所）
　　　　 ※遊行7代他阿託何作『仏心解』を考察
200601　：○インド旅行記（一）～遥かなる釈尊の面影を求めて～（『遊行』第154号、時宗宗務所布教伝道研究所）
　　　　 ※肩書き：「時宗宗務所書記」
200603A　：○インド旅行記（二）～遥かなる釈尊の面影を求めて～（『遊行』第155号、時宗宗務所布教伝道研究所）
　　　　 ※肩書き：「時宗宗務所書記」
200603B　：○託何教学における衆生観（一）（『時宗教学年報』第三十四輯、時宗教学研究所）
200603C　◎託何教学の研究（博士論文）
　　　　 ※大正大学大学院仏教学研究科に提出した博士論文。博士（仏教学）甲第28号。200603は授与年月。未公刊
200607　：○インド旅行記（三）～遥かなる釈尊の面影を求めて～（『遊行』第156号、時宗宗務所布教伝道研究所）
　　　　 ※肩書き：「時宗宗務所書記」
200609　：○インド旅行記（四）～遥かなる釈尊の面影を求めて～（『遊行』第157号、時宗宗務所布教伝道研究所）
　　　　 ※肩書き：「時宗宗務所書記」
200611A　：○一遍（松山宝厳寺／岩屋寺／熊野本宮／片瀬地蔵堂／四条京極／兵庫観音堂）（『大法輪』平成十八年十一月号［第73巻第11号］［特集‖名僧ゆかりの遺跡・寺院ガイド］、大法輪閣）
　　　　 ※単色写真・図版：宝厳寺蔵一遍立像・「宝厳寺」「岩屋仙人堂（『一遍聖絵』清浄光寺蔵）」「岩屋寺」「熊野古道」「片瀬浜での踊り念仏（『一遍聖絵』清浄光寺蔵）」「真光寺・一遍廟の五輪塔」
200611B　：○一遍教学における「このとき」攷（『関山和夫博士喜寿記念論集　仏教　文学　芸能』同刊行会〈思文閣出版［発売］〉）
200701　：○インド旅行記（五）～遥かなる釈尊の面影を求めて～（『遊行』第158号、時宗宗務所布教伝道研究所）
　　　　 ※肩書き：「時宗宗務所書記」
200703A　：○インド旅行記（六）～遥かなる釈尊の面影を求めて～（『遊行』第159号、時宗宗務所布教伝道研究所）

	※カラー写真：「クシナガラの涅槃像前にて」一行。肩書は：「時宗宗務所書記」
200703B	：○託何教学における衆生観（二）―名号による衆生救済―（『時宗教学年報』第三十五輯、時宗教学研究所）
200707	：○インド旅行記（七）〜遙かなる釈尊の面影を求めて〜（『遊行』第 160 号、時宗宗務所布教伝道研究所）
	※カラー写真：ルンビニーのマーヤー夫人堂前の一行
200709	：①開創以前の日本の浄土教※「第一章 開創以前」の第一節
	：②あとがき※長島尚道・高野修・長澤〔編集責任〕
	（以上、清浄光寺史編集委員会〔編集〕『清浄光寺史』藤澤山無量光院清浄光寺（遊行寺））※初出不明示
200712	：○門流による一遍呼称の変遷について（日本印度学仏教学会〔編集〕『印度學佛教學研究』第五十六巻第一号〔通巻第 113 号〕、同会）※ 2007/9/14 於四国大学、同会第 58 回学術大会第 8 部会報告を成稿。→長澤昌幸 200903B
200803A	：○一遍の偈頌について〜近世伝統宗学の一視点から〜（『時宗教学年報』第三十六輯、時宗教学研究所）
200803B	：○一遍の偈頌について―十一不二頌をめぐって―（日本宗教学会〔編集〕『宗教研究』三五五号〔第 81 巻第 4 輯〕、同会）※ 2007/9/16 於立正大学大崎キャンパス、同会第 66 回学術大会第六部会発表要旨。文中に「時宗学」「近世時宗学」「近世時宗教学」とある区別は不明。誤植 3 件あり（古賀克彦註）
200803C	：○〈書評〉髙山秀嗣著『中世浄土者の伝道とその特質―真宗伝道史研究・序説―』（『日本仏教教育学研究』第十六号、日本仏教教育学会）※←髙山秀嗣 200708 を書評。ただし「永田文昌堂」を「永田文書堂」と表記
200803D	：○門流による一遍呼称の変遷について（『西山学苑研究紀要』第 3 号、京都西山短期大学）
	※ 2007/9/14 於四国大学、日本印度学仏教学会第 58 回学術大会第 8 部会発表を元に改訂増補
200812	：○伝一遍著述聖教再考（日本印度学仏教学会〔編集〕『印度學佛教學研究』第五十七巻第一号〔通巻第 116 号〕、同会）※ 2008/9/5 於愛知学院大学、同会第 59 回学術大会第 8 部会報告を成稿。←赤松俊秀 195708 ③を再考し、新京極誓願寺の五巻聖教は一遍著作ではなく「七代他阿記何或いはその周辺の人々の著作と推論する方が妥当」と結論。←石田善人 199605 ③・国文学研究資料館 200603 に言及。→長澤昌幸 200903B
200903A	：○時衆教団にみる臨終儀式（日本宗教学会〔編集〕『宗教研究』三五九号〔第 82 巻第 4 輯〕、同会）
	※ 2007/9/14 於筑波大学、同会第 67 回学術大会第七部会発表要旨
200903B	：○誓願寺所蔵伝一遍著作に関する一試論（『時宗教学年報』第三十七輯、時宗教学研究所）※ 2008/9/5 於愛知学院大学、日本印度学仏教学会第 59 回学術大会第 8 部会報告、←長澤昌幸 200812 を改題増補
201003A	：○一向俊聖の念仏思想について（『時宗教学年報』第三十八輯、時宗教学研究所）
201003B	：○一遍教学の一試論―一向俊聖との比較を中心に―（日本宗教学会〔編集〕『宗教研究』三六三号〔第 83 巻第 4 輯〕、同会）※ 2009/9/12-13 於京都大学、同会第 68 回学術大会第 8 部会発表要旨
201103	：○證空教学から一遍教学へ（『時宗教学年報』第三十九輯、時宗教学研究所）
201203	：○時宗義に関する一試論（『時宗教学年報』第四十輯、時宗教学研究所）
	※肩書は「時宗宗学林教授・大正大学大学非常勤講師」
201204	：◎『法国寺諸記録』―附『長安寺記録』―（長澤〔編集〕、長安寺〔関寺叢書〕）
	※関寺長安寺所蔵史料の飜刻。←小野澤眞 201311 紹介
201303	：○〔史料翻刻〕誓願寺所蔵「西山上人所持」（『時宗教学年報』第四十一輯、時宗教学研究所）
	※肩書は：「時宗宗学林教授・大正大学非常勤講師」

中塩　清臣（※元北海道教育大学教育学部岩見沢分校教授）

196510	：遊行廻国「踊念仏の芸能展開」（金井清光〔編集〕『時衆研究』第十四号、金井私家版）
196610	：踊り念仏の芸能展開―越中八尾の風の盆に沿って―（『日本歌謡研究』第四号、日本歌謡学会）
196612	：風の盆・おばら踊の原型（『民間伝承』第三〇巻第四号〔通巻 275 号〕、六人社）
196703	：念仏聖の芸能工学―風の盆・おばら踊の構図―（『語学文学』第五号、北海道教育大学語学文学会）
	※→中塩清臣 197010 ①
197010	◎芸能構造史の研究（風間書房）
	：①念仏聖の芸能工学―風の盆・おばら踊の構図―※←中塩清臣 196703

中島　淳一（※〈神奈川県〉藤沢市文書館館長）

199303	：○時宗寺院の阿弥陀如来像―清浄光寺本尊を中心に―（藤沢市文書館運営委員会〔編集〕『藤沢市史研究』第 26 号、同館）

中嶋　節子（※京都大学総合人間学部准教授。元大阪市立大学生活科学部助教授）

200604	：○管理された東山―近代の景観意識と森林施業（加藤哲弘・中川理・並木誠士〔編〕『東山／京都風景論』昭和堂）※第七章。長楽寺山・霊山・円山公園に言及

中島　丈晴（※〈東京都目黒区・区立〉めぐろ歴史資料館研究員・国立歴史民俗博物館機関研究員）

200210	：①大塔物語※図版解説。「善光寺妻戸の時衆や十念寺の聖」を記載
	：②藤沢敵御方供養塔　複製※図版解説
	（以上、国立歴史民俗博物館〔編〕『歴博企画展　中世寺院の姿とくらし―密教・禅僧・湯屋―』同館）

中島　　正（※鹿沼史談会名誉会長）
199412　：○時宗一向寺（西光寺）をめぐる諸問題（鹿沼史談会［編］『鹿沼史林』第 34 号、同会）
199712　：○一向寺と「日蔭草」について（鹿沼史談会［編］『鹿沼史林』第 37 号、同会）

中嶋富之助（※（神奈川縣鎌倉郡）戸塚町（現横浜市戸塚区）郷土研究會編纂主任委員）
193408　◎戸塚郷土誌（戸塚町郷土研究會）※戸塚縁寺の項あり。また p52 で下郷西立寺（現戸塚区戸塚町 2226・浄土宗鎮西派）開山信阿は遊行上人に帰依するとする一方、p374 沿革ではまったくふれず。→中嶋富之助 197812
197812　◎戸塚郷土誌（大和学芸図書）※←中嶋富之助 193408 復刻

中島　暢子（※小寺照林寺寺族）
199803　：○『一遍聖絵』小考（『時宗教学年報』第二十六輯、時宗教学研究所）
200104　：○『照林寺逆修―結衆過現名帳』について（時衆文化研究会［編集］『時衆文化』第 3 号、同会〈岩田書院［発売]〉)※金井清光・砂川博・中島［共筆］

中島　　博（※奈良国立博物館名誉館員。元同館学芸部情報サービス室室長）
200211　：①「一遍聖絵」について
　　　　：②裏返しの高野山
　　　　：③富士山は神のすみか
　　　　：④見たことのない「実景」
　　　　：⑤臨終は涅槃のように（以上『一遍聖絵　絵巻をあじわう』奈良国立博物館〔親と子のギャラリー]）
　　　　※ 2002/11/26-12/23 於同館、企画展図録

中島　　渉（※作家・ジャーナリスト）
201011　◎花と死者の中世　キヨメとしての能・華・茶（解放出版社〔シリーズ向う岸からの世界史]）
　　　　※「第 1 章　華」に「2. 時衆と同朋衆（足利義満に仕えた同朋衆／踊る一遍と時衆／葬送と時衆／怨霊を鎮魂するひとびと―花の下連歌／立阿弥―立華をになう同朋衆）」あり

長嶋　圭哉（※新潟県立近代美術館主任学芸員）
200609　◎新潟の仏像展（水野敬三郎・長嶋・松矢国憲［編集］、同展実行委員会）
　　　　※ 2006/9/30-11/12 於新潟県立近代美術館、中越大震災復興祈念特別展図録
　　　　：①肖像・仮面※扉文。「高田寺町にある称念寺の一鎮上人像」に言及

長島　尚道（※兵庫県光キ仕僧、下燼金蓮寺兼務任僧・時宗教学研究所長、元遊行寺宝物館長、元時宗学林学頭、元大正大学人間学部（現仏教学部）非常勤講師、元同大学仏教学部助手、長島大道令孫）
197404　：○時宗・常用陀羅尼・和訳（『時宗教学年報』第三輯、時宗教学研究所）
197709　：○時衆関係研究文献分類目録（『大正大学研究紀要』第六十三号、大正大学出版部）
197712　：○一遍上人について（『浄土』第四十三巻第十二号、法然上人鑽仰会）
197805　：○時衆関係研究文献解説目録 II（大橋俊雄［編集］『時衆研究』第七十六号、時宗文化研究所）
197808　：○時衆関係研究文献解説目録 III（大橋俊雄［編集］『時衆研究』第七十七号、時宗文化研究所）
197811　：○時衆関係研究文献解説目録 III（大橋俊雄［編集］『時衆研究』第七十八号、時宗文化研究所）
197901　：○時宗（藤井正雄［編］『浄土宗』雄山閣出版〔日本仏教基礎講座 4]）
197904　：○時宗研究文献目録（上）（日本宗教史研究年報編集委員会［編］『日本宗教史研究年報』第二号、佼成出版社）
　　　　※→長島尚道 198206
197905　：○時衆関係研究文献解説目録 IV（大橋俊雄［編集］『時衆研究』第八十号、時宗文化研究所）
197908　：○時衆関係研究文献解説目録 V（大橋俊雄［編集］『時衆研究』第八十一号、時宗文化研究所）
197911A　：○一遍と時衆教団における慈善救済活動（大正大学文学部社会事業研究室［編］『鴨台社会事業論集』第 4 号、同室）
197911B　：○時衆関係研究文献解説目録 VI（大橋俊雄［編集］『時衆研究』第八十二号、時宗文化研究所）
198002　：○時衆関係研究文献解説目録 VII（大橋俊雄［編集］『時衆研究』第八十三号、時宗文化研究所）
198003　：○一遍の慈善救済活動（『時宗教学年報』第八輯、時宗教学研究所）
198004　：○時宗研究文献目録（下）（日本宗教史研究年報編集委員会［編］『日本宗教史研究年報』第三号、佼成出版社）
　　　　※→長島尚道 198206
198008　：○時衆関係研究文献解説目録 VIII（大橋俊雄［編集］『時衆研究』第八十五号、時宗文化研究所）
198102　：○時衆関係研究文献解説目録 IX（大橋俊雄［編集］『時衆研究』第八十七号、時宗文化研究所）
198103　：○阿弥陀仏本願文の変遷―悲華経を中心として―（『時宗教学年報』第九輯、時宗教学研究所）
198105　：○時衆関係研究文献解説目録 X（大橋俊雄［編集］『時衆研究』第八十八号、時宗文化研究所）
198108　：○時衆関係研究文献解説目録 XI（大橋俊雄［編集］『時衆研究』第八十九号、時宗文化研究所）
198111　：○時衆関係研究文献解説目録 XII（大橋俊雄［編集］『時衆研究』第九十号、時宗文化研究所）
198202　：○時衆関係研究文献解説目録 XIII（大橋俊雄［編集］『時衆研究』第九十一号、時宗文化研究所）
198203　：○穢土成仏について（『時宗教学年報』第十輯、時宗教学研究所）

な行

198205	:○時衆関係研究文献解説目録ⅩⅣ（大橘俊雄［編集］『時衆研究』第九十二号、時宗文化研究所）
198206	:○時宗研究文献目録（橘俊道・圭室文雄［編］『庶民信仰の源流―時宗と遊行聖』名著出版）
	※←長島尚道197904・198004 増補
198208	:○時衆関係研究文献解説目録ⅩⅤ（大橘俊雄［編集］『時衆研究』第九十三号、時宗文化研究所）
198211	:○時衆関係研究文献解説目録ⅩⅥ（大橘俊雄［編集］『時衆研究』第九十四号、時宗文化研究所）
198311	:○時衆関係研究文献解説目録ⅩⅦ（大橘俊雄［編集］『時衆研究』第九十八号、時宗文化研究所）
198402	:○時衆関係研究文献解説目録ⅩⅧ（大橘俊雄［編集］『時衆研究』第九十九号、時宗文化研究所）
198503	:○時宗関係文献刊行物紹介（『時宗教学年報』第十三輯、時宗教学研究所）※～第二十五輯、199703 連載
198510	:○時宗関係研究文献解説目録Ⅱ―Ⅰ（『時宗史研究』創刊号、同会）
198603	:①『一遍聖絵』研究の回顧と展望（上）
	:②時宗関係文献刊行物紹介（以上『時宗教学年報』第十四輯、時宗教学研究所）
198609	◎一遍聖絵索引（長島・岡本貞雄［編著］、仏教研究所／文化書院）※←淺山圓祥194004 詞書を前半で転載
198612	:山崎弁栄（『日本仏教史学』第21号、同会）
198702	:①『一遍聖絵』研究の回顧と展望（下）
	:②時宗関係文献刊行物紹介（以上『時宗教学年報』第十五輯、時宗教学研究所）
198703	:○時宗と神祇――一遍、一向、真教―（『日本仏教学会年報』第52号、同会）
198705	:①当麻山無量光寺と山崎弁栄
	:②時衆関係研究文献解説目録Ⅱ―Ⅱ
	:③〈書評と紹介〉今井雅晴著『中世社会と時宗の研究』※←今井雅晴198511 を書評と紹介
	（以上『時宗史研究』第二号、同会）
198803	:①『悲華経』の阿弥陀仏本願文について
	:②時宗関係文献刊行物紹介（以上『時宗教学年報』第十六輯、時宗教学研究所）
198811	:○遊行寺のお札切り（瀬戸内寂聴・藤井正雄・宮田登［監修］・日本アート・センター［編］『仏教行事歳時記・1月・初詣』第一法規）
198903	:①一遍の和歌に関する一考察――一遍神格説を中心に―
	:②時宗関係文献刊行物紹介（以上『時宗教学年報』第十七輯、時宗教学研究所）
198911	:○時宗研究文献目録（橘俊道・梅谷繁樹［著］『一遍上人全集』春秋社）
	※←長島尚道200107B →長島尚道201205
199003	:○時宗関係文献刊行物紹介（『時宗教学年報』第十八輯、時宗教学研究所）
199103	:①釈尊の五百誓願
	:②時宗関係文献刊行物紹介（以上『時宗教学年報』第十九輯、時宗教学研究所）
199106	:一遍（石上善応［監修］『仏教の人間学』すずき出版）
199107	:一遍上人の踊り念仏―「盆おどり」によせて（『遊行』第96号、時宗宗務所）
199201	:①お彼岸によせて
	:②時宗聖教解説（一）※～（九）、第119号、199409 連載（以上『遊行』第99号、時宗宗務所）
199203	:○時宗関係文献刊行物紹介（『時宗教学年報』第二十輯、時宗教学研究所）
199206	:日本の仏教全宗派・時宗（『大法輪』平成四年六月号［第59巻第6号］、大法輪閣）
199207	:極楽浄土への距離（『遊行』第100号、時宗宗務所）
199209	:○宗祖のことば（『遊行』第101号、時宗宗務所）※～第107号、199403 連載
199210	:一遍と時衆教団（佐野美術館［編］『一遍　神と仏との出会い』同図）※ 1992/10/9-11/9 於同館、特別展図録
199301	:一遍の善光寺と熊野参籠（一遍研究会［編］『一遍聖絵と中世の光景』ありな書房）※→長島尚道199303A ①
199303A	:①一遍の善光寺と熊野参籠※←長島尚道199301
	:②時宗関係文献刊行物紹介（以上『時宗教学年報』第二十一輯、時宗教学研究所）
199303B	:○ボロブドールの仏教遺跡（『遊行』第103号、時宗宗務所）
199403	:①一遍上人縁起絵・現代語訳（一）
	:②時宗関係文献刊行物紹介（以上『時宗教学年報』第二十二輯、時宗教学研究所）
199409	:○宗祖一遍と僧との出会い―聖絵における熊野山中の場所（『遊行』第109号、時宗宗務所）
199411	:○時宗（『大法輪』平成六年十一月号［第61巻第11号］、大法輪閣）※→長島尚道199807
199501	:○遊行のお札切り（『遊行』第110号、時宗宗務所）
199503A	:①一遍上人縁起絵・現代語訳（二）
	:②時宗関係文献刊行物紹介（以上『時宗教学年報』第二十三輯、時宗教学研究所）
199503B	:○時宗・インド仏跡巡拝の旅（一）（『遊行』第111号、時宗宗務所）※～（八）、第118号、199701 連載
199511	:①遊行上人と民衆※「第一編　歴史編」の「四」

	：②時衆の地方展開　甲斐の時衆※同「六」のうち
	：③主要参考文献（以上、時衆の美術と文芸展実行委員会［編集］『時衆の美術と文芸―遊行聖の世界―』同委員会〈東京美術［発売］〉）※ 1995/11/3-12/10 於山梨県県立美術館、1996/1/4-28 於長野市立博物館、2/3-25 於（神奈川県）藤沢市民ギャラリー、3/10-4/14 於（滋賀県）大津市歴史博物館、特別展図録
199603	：○時宗関係文献刊行物紹介（『時宗教学年報』第二十四輯、時宗教学研究所）
199609	：◎絵で見る一遍上人伝（長島［編］、ありな書房）※『聖絵』巻七は真野大願寺本カラー図版使用
199611	：○一遍と神祇（『西山学会年報』第六号［西山上人七五〇回御遠忌記念論集］、同会）
199701	：○遊行の初賦算（『遊行』第118号、時宗宗務所）
199702	：①一遍上人の生涯
	：②二祖真教上人の生涯
	：③時宗宗学林
	：④近・現代の時宗
	：⑤時宗の典籍（以上、時宗教学研究所［編集］『時宗入門』時宗宗務所）
199703A	：○一遍上人の伝記絵巻（『遊行』第119号、時宗宗務所）
199703B	：①一遍の舎利※→長島尚道199901
	：②時宗関係文献刊行物紹介（以上『時宗教学年報』第二十五輯、時宗教学研究所）
199707	：○遊行の旅人・一遍上人（『遊行』第120号、時宗宗務所）
199709	：○遊行の旅人・一遍上人（二）（『遊行』第121号、時宗宗務所）
199801	：○遊行の旅人・一遍上人（三）（『遊行』第122号、時宗宗務所）
199803	：○遊行の旅人一遍上人（四）（『遊行』第123号、時宗宗務所）
199807A	：①一遍上人の御廟所―復興完成落慶法要行われる
	：②遊行の旅人一遍上人（五）（以上『遊行』第124号、時宗宗務所）
199807B	：○時宗（大法輪編集部［編］『日本仏教十三宗・ここが違う』大法輪閣）※←長島尚道199411
199809	：○遊行の旅人一遍上人（六）（『遊行』第125号、時宗宗務所）
199901	：○遊行の旅人一遍上人（七）（『遊行』第126号、時宗宗務所）
199903A	：○現代語訳　一遍上人縁起絵（第三―一）（『時宗教学年報』第二十七輯、時宗教学研究所）
199903B	：○歳末別時念仏会（『国立劇場第三四回声明公演　声明　劇的なる表現』日本芸術文化振興会）
	※ 1999/3/13 於同劇場、「一つ火」実演パンフレット
199903C	：○遊行の旅人一遍上人（八）（『遊行』第127号、時宗宗務所）
199906A	：○一遍（大正大学仏教学科［編］『仏教とはなにか―その思想を検証する』大法輪閣）※無署名
199906B	：○一遍とその教団（大正大学仏教学科［編］『仏教とはなにか―その歴史を振り返る』大法輪閣）※無署名
199907	：○遊行の旅人一遍上人（九）（『遊行』第128号、時宗宗務所）
199909	：○遊行の旅人一遍上人（十）（『遊行』第129号、時宗宗務所）
200001	：○遊行の旅人　一遍上人（十一）（『遊行』第130号、時宗宗務所）
200003	：○遊行の旅人　一遍上人（十二）（『遊行』第131号、時宗宗務所）
200004	：○公開シンポジウム「浄土教祖師方のおもかげ―人と信仰」（『宗報』2000年4月号、浄土宗）
	※～6月号連載。1999/3/11 於大本山増上寺三縁ホール、同シンポジウム概録。一遍を語る
200007	：○遊行の旅人　一遍上人（十三）（『遊行』第132号、時宗宗務所布教伝道研究所）
	※ネームなしカラー図版2葉（『一遍聖絵』）。肩書きは：「（時宗宗学林学頭）」
200009	：○遊行の旅人　一遍上人（十三）（『遊行』第133号、時宗宗務所布教伝道研究所）
	※カラー図版ネーム：「かたせの浜の地蔵堂での踊り念仏」（『一遍聖絵』第六）」「一遍上人の一行を見送る大井太郎／（『一遍聖絵』第五）」。肩書きは：「（時宗宗学林学頭）」
200010	：○時衆（『日本歴史大事典』第2巻、小学館）※項目執筆
200011	：○公開シンポジウム「現代人にとって極楽浄土とは―極楽浄土とは。いま極楽浄土の意味を問う」（『宗報』2000年11月号、浄土宗）※～ 2001年4月号連載。2000/3/25 於（東京都港区）大本山増上寺三縁ホール、同シンポジウム概録。時宗を語る
200101	：○遊行の旅人　一遍上人（十四）（『遊行』第134号、時宗宗務所布教伝道研究所）
200103A	：○現代語訳　一遍上人縁起絵　第三―二（『時宗教学年報』第二十九輯、時宗教学研究所）
200103B	：○遊行の旅人　一遍上人（十五）（『遊行』第135号、時宗宗務所布教伝道研究所）
200104	：◎漫画　一遍上人（長島［監修］・ビジネスコミック社［原作］・ひろゆうこ［漫画］、エディコム）
200107A	：①一向派／②一遍／③一遍上人絵伝／④一遍上人語録／⑤鎌倉仏教※大項目「仏教」の中の項目。一遍に言及／⑥歓喜光寺／⑦真光寺※兵庫／⑧新善光寺／⑨御影堂／⑩聖／⑪宝厳寺／⑫遊行僧
	（以上、大島建彦・薗田稔・圭室文雄・山本節［編］『日本の神仏の辞典』大修館書店）

	※項目執筆。同辞典に限り便宜上、項目を一括表記す
200107B	：○時宗研究文献目録（橘俊道・梅谷繁樹［訳］『一遍上人全集』春秋社）
	※補訂版第2刷、創業80周年記念復刊。←長島尚道198911。→長島尚道201205
200107C	：○発刊に際して（時宗教学研究所［編集代表・発行所］『時宗寺院明細帳』1、時宗宗務所［発行者］）
200107D	：○遊行の旅人　一遍上人（十六）（『遊行』第136号、時宗宗務所布教伝道研究所）
200109	：○遊行の旅人　一遍上人（十七）（『遊行』第137号、時宗宗務所布教伝道研究所）
200201	：○遊行の旅人　一遍上人（十八）（『遊行』第138号、時宗宗務所布教伝道研究所）
200203A	：○現代語訳　一遍上人縁起絵　第四（『時宗教学年報』第三十輯、時宗教学研究所）
200203B	：○時宗宗祖・一遍上人と二祖・他阿真教（浄土宗総合研究所［編］『法然上人とその門流　聖光・證空・親鸞・一遍』同宗〔総研叢書第2集〕）。※同所プロジェクト「浄土真義と現代・浄土教比較論」の成果。同書巻頭の「祖師方プロフィール」に「一遍上人／遊行上人」の項、「時宗十派（一遍上人門下）」の表、関係地図、藤沢清浄光寺と当麻無量光寺の名号札単色写真あり
200203C	：○遊行の旅人　一遍上人（十九）（『遊行』第139号、時宗宗務所布教伝道研究所）
200207A	：○一遍上人の生涯とその心（『浅草寺　佛教文化講座』第46集、同寺）
	※ 2001/3/29 於安田生命ホール、第544回同講座記録。図版：無量光寺蔵一遍上人木像・『一遍聖絵』第一「信濃善光寺へ参詣する」・第五「鎌倉こぶくろ坂で北条時宗と対する一遍上人」・第六「踊り屋をたてて踊り念仏を踊る」・「念仏札」・藤沢清浄光寺蔵「二河白道の図」
200207B	：○遊行の旅人　一遍上人（二十）（『遊行』第140号、時宗宗務所布教伝道研究所）
200209	：○遊行の旅人　一遍上人（二十一）（『遊行』第141号、時宗宗務所布教伝道研究所）
200301	：○遊行の旅人　一遍上人（二十二）（『遊行』第142号、時宗宗務所布教伝道研究所）
200303A	：○『一遍聖絵』修復後の翻刻（巻第一）（『時宗教学年報』第三十一輯、時宗教学研究所）
	※長島・高野修・石塚勝・遠山元浩［共纂］
200303B	：○遊行の旅人　一遍上人（二十三）（『遊行』第143号、時宗宗務所布教伝道研究所）
200304	：○大法輪カルチャー講座　絵巻にみる捨聖・一遍上人①―一遍上人研究の基礎資料―（『大法輪』平成十五年四月号［第70巻第4号］、大法輪閣）
200305	：○大法輪カルチャー講座　絵巻にみる捨聖・一遍上人②―一遍上人研究の基礎資料―（『大法輪』平成十五年五月号［第70巻第5号］、大法輪閣）
200306	：○大法輪カルチャー講座　絵巻にみる捨聖・一遍上人③―遊行の旅へ―（『大法輪』平成十五年六月号［第70巻第6号］、大法輪閣）
200307A	：○大法輪カルチャー講座　絵巻にみる捨聖・一遍上人④―一遍上人の念仏―（『大法輪』平成十五年七月号［第70巻第7号］、大法輪閣）
200307B	：○遊行の旅人　一遍上人（二十四）（『遊行』第144号、時宗宗務所布教伝道研究所）
200308	：○大法輪カルチャー講座　絵巻にみる捨聖・一遍上人⑤―踊らばおどれ―（『大法輪』平成十五年八月号［第70巻第8号］、大法輪閣）
200309A	：○大法輪カルチャー講座　絵巻にみる捨聖・一遍上人⑥最終回―捨ててこそ―（『大法輪』平成十五年九月号［第70巻第9号］、大法輪閣）
200309B	：○遊行の旅人　一遍上人（二十五）（『遊行』第145号、時宗宗務所布教伝道研究所）
200401	：○遊行の旅人　一遍上人（二十六）（『遊行』第146号、時宗宗務所布教伝道研究所）
200402	：○念仏が念仏を申す信仰（今井雅晴［編］『遊行の捨聖　一遍』吉川弘文館〔日本の名僧⑪〕）
	※→古賀克彦200410 紹介
200403A	：○『一遍聖絵』修復後の翻刻（巻第二・第三）（『時宗教学年報』第三十二輯、時宗教学研究所）
	※長島・高野修・遠山元浩・石塚勝［共纂］
200403B	：○遊行の旅人　一遍上人（二十七）（『遊行』第147号、時宗宗務所布教伝道研究所）
	※カラー写真ネーム：「四天王寺・三粒の舎利が出る（『一遍聖絵』第八）」「聖徳太子・磯長廟」
200407	：○遊行の旅人　一遍上人（二十八）（『遊行』第148号、時宗宗務所布教伝道研究所）
	※カラー写真ネーム：「浄土曼陀羅（遊行寺蔵）」「称讃浄土経（遊行寺蔵）」
200409	：○遊行の旅人　一遍上人（二十九）（『遊行』第149号、時宗宗務所布教伝道研究所）
	※カラー写真ネーム：「淀のうへの（『一遍聖絵』第九）」
200412	：①時宗・一遍の遊行の意味※単色図版ネーム：「二河白道図（遊行寺蔵）」「同行三人をともなって遊行の旅へ。左から一遍上人、超一、超二、念仏房、そして聖戒。（『一遍聖絵』第一）」「片瀬の浜での踊り念仏（『一遍聖絵』第六）」。『一遍上人絵詞伝』と表記
	：②現代人に呼びかける一遍の名言
	（以上『大法輪』平成十六年十二月号［第71巻第12号］［特集‖法然・親鸞と念仏の祖師たち］、大法輪閣）

200501	：○遊行の旅人　一遍上人（三十）（『遊行』第150号、時宗宗務所布教伝道研究所） ※カラー写真ネーム：「如一上人の野辺の送りをする（『一遍聖絵』第九）」
200502	：○刊行によせて（高野修・遠山元浩［著］『遊行寺』時宗宗務所・時宗総本山清浄光寺（遊行寺）） ※肩書き：「時宗宗学林　学頭」
200503	：○遊行の旅人　一遍上人（三十一）（『遊行』第151号、時宗宗務所布教伝道研究所） ※カラー写真ネーム：「教信寺（『一遍聖絵』第九）」
200507	：○遊行の旅人　一遍上人（三十二）（『遊行』第152号、時宗宗務所布教伝道研究所） ※カラー写真ネーム：「書写山・円教寺（『一遍聖絵』第九）」
200508	：○刊行によせて（本多秀雄『龍福寺の歴史』同寺・同寺護持会）※肩書き：「時宗宗学林学頭」
200509	：○遊行の旅人　一遍上人（三十三）（『遊行』第153号、時宗宗務所布教伝道研究所） ※カラー図版ネーム：「『別願和讃』部分／『一遍聖絵』第九）。肩書き：「（時宗宗学林学頭）」
200601	：○遊行の旅人　一遍上人（三十四）（『遊行』第154号、時宗宗務所布教伝道研究所） ※カラー写真ネーム：「十二道具の持文」
200602	：○法話　二河白道をあゆむ（『大法輪』平成十八年二月号［第73巻第2号］［特集‖『般若心経』にすがたを学ぶ]、大法輪閣） ※単色図版ネーム：「二河白道図（遊行寺蔵）」「善光寺（『一遍聖絵』第一）」「遊行寺の「別時念仏会」」
200603	：○遊行の旅人　一遍上人（三十五）（『遊行』第155号、時宗宗務所布教伝道研究所）
200607	：○遊行の旅人　一遍上人（三十六）（『遊行』第156号、時宗宗務所布教伝道研究所） ※カラー図版ネーム：「淡路二の宮における踊り念仏」「名号を書く一遍上人」。肩書き：「（時宗宗学林学頭）」
200609	：○遊行の旅人　一遍上人（三十七）（『遊行』第157号、時宗宗務所布教伝道研究所） ※カラー図版ネーム：「聖戒が法門を書きとめる」。肩書き：「（時宗宗学林学頭）」
200701A	：○一遍と阿弥陀仏（なぜ阿弥陀仏なのか／二河白道の世界／六字の名号が本尊）（『大法輪』平成十九年一月号［第74巻第1号］［特集‖阿弥陀仏と浄土三部経]、大法輪閣） ※単色図版ネーム：「二河白道図（遊行寺蔵）」、単色写真ネーム：「遊行寺の「別時念仏会」」
200701B	：○遊行の旅人　一遍上人（三十八）「書籍等を焼き捨てる」（『遊行』第158号、時宗宗務所布教伝道研究所） ※カラー図版ネーム：「観音堂で法談をする」（『一遍聖絵』）
200703	：○遊行の旅人　一遍上人（三十九）（『遊行』第159号、時宗宗務所布教伝道研究所） ※カラー図版ネーム：「西宮の神主に最後の十念を授ける」
200707	：○遊行の旅人　一遍上人（四十）（『遊行』第160号、時宗宗務所布教伝道研究所） ※カラー図版ネーム：「一遍上人の往生」（『一遍聖絵』第十二）
200709A	：①一遍上人※「第一章　開創以前」の第三節 ：②御札切り（御札切之次第）※「第九章　年中行事」の第三節 ：③二祖忌（真教上人忌）※同第四節 ：④春季開山忌（呑海上人忌）※同第五節 ：⑤秋季開山忌（一遍上人忌）※同第六節 ：⑥あとがき※長島・高野修・長澤昌幸［編集責任]（以上、清浄光寺史編集委員会［編集］『清浄光寺史』藤沢山無量光院清浄光寺（遊行寺））※初出不明示
200709B	：○遊行の旅人　一遍上人（四十一）「一遍上人のお墓」（『遊行』第161号、時宗宗務所布教伝道研究所）※カラー写真ネーム：『一遍聖絵』第12巻」「御影堂に詣でる真教上人」。単色写真ネーム：「御影堂の一遍上人木像」
200801	：○遊行の旅人　一遍上人（四十二）「一遍上人の舎利」（『遊行』第162号、時宗宗務所布教伝道研究所） ※カラー写真ネーム：「赤褐色の舎利壺」「倒壊した五輪塔の水大」
200802	：○時宗　清浄光寺―「遊行上人」を指導者に仰ぐ大本山（『歴史読本』2008年2月号《特集＝日本の古寺大巡礼》、新人物往来社）※「特集ワイド＝大寺院名鑑〜開祖・本尊・縁起・行事・宝物のすべて〜」
200803	：○遊行の旅人　一遍上人（四十三）『一遍聖絵』の製作」（『遊行』第163号、時宗宗務所布教伝道研究所） ※カラー図版ネーム：「第一巻の外題」「第十二巻　奥書」
200807	：○時宗教団の成立（一）「一遍上人と真教上人の出会い」（『遊行』第164号、時宗宗務所布教伝道研究所） ※カラー写真ネーム：「遊行二祖他阿真教上人坐像（法蓮寺蔵）」
200809	：○時宗教団の成立（二）「他阿弥陀仏を与える」（『遊行』第165号、時宗宗務所布教伝道研究所） ※カラー図版ネーム：「御影堂にまつられた一遍上人像と墓所（『一遍聖絵』第12巻）」「一遍上人の13回忌に御影堂に詣でる真教上人（『一遍上人絵詞伝』第10巻）」
201110	：○解題（西山禪林學會［編集］『法然上人八百回大遠忌記念浄土宗叢書第一巻』「観経疏之抄」玄義分中、同會〈思文閣出版［発売]））※藤澤遊行寺蔵同書の写真入り飜刻
201205A	：○時宗研究文献目録（橘俊道・梅谷繁樹［訳］『一遍上人全集』春秋社）

　　　　※新装版。←長島尚道 200107B ←長島尚道 198911
201205B ◎真光寺蔵『遊行縁起』　絵で見る―遊行上人伝―（長島［編著］、時宗真光寺）※『遊行上人縁起絵』の意
　　　：①一　遊行上人の生涯（1『一遍聖絵』と『一遍上人縁起絵』／2一遍上人の生涯／3二祖他阿真教上人の生涯）
　　　：②二　『遊行縁起』に見る一遍上人
　　　：③三　『遊行縁起』に見る二祖他阿真教上人
　　　：④四　遊行廻国表
　　　：⑤五　『遊行縁起』（真光寺所蔵）寸法表
　　　：⑥六　『遊行縁起』研究文献目録
　　　※目次では「『一遍上人縁起絵』『遊行上人縁起絵』」。ただし近年分は『時宗教学年報』所載論攷のみ抽出

長島　大道（※当麻無量光寺第63・65世住職他阿大道。1961/5/20歿）
193299　◎當麻山無量光寺略縁記（長島［編纂］、同寺）
195299　◎如是我観（無量光寺）

長洲　一二（※元神奈川県第3代公選知事、元横浜国立大学経済学部教授。1919/7/28-1999/5/4）
198502　◎かながわの史話 100選　上（長洲・片山虎士・安西篤子［著］、神奈川合同出版［かもめ文庫　かながわ・ふるさとシリーズ20］）※「当麻山無量光寺と一遍」の項あり

長瀬　一男（※日本環太平洋学会会員。元〈山形県〉天童市教育委員会社会教育課主幹）
197906　◎地名私考ジャガラモガラ―龍神伝説に秘められた真実―（長瀬［著］・寒河江彦一［編集］、長瀬私家版）
　　　※天童佛向寺・一向俊聖・貫津東漸寺廃寺の節多数
199607　◎高野坊遺跡確認調査報告書（村山正市［執筆担当］・長瀬・長谷川武［編集］、天童市教育委員会［同市埋蔵文化財報告書第12集］）※山形県天童市高野坊遺跡を1996/5/1-1997/3/31発掘した報告書
199703　◎高野坊遺跡発掘調査報告書（川崎［監修］・長瀬・村山正市［執筆］・長瀬・長谷川武［編集］、天童市教育委員会［同市埋蔵文化財報告書第16集］）※山形県天童市高野坊遺跡を1996/9/2-1997/3/31発掘した報告書

永瀬　弘勝（※高等学校教諭）
199206　：〇座談会・加藤公明実践を検討する（『歴史地理教育』第488号［1992年6月号］、歴史教育者協議会）
　　　※「一遍聖絵」に言及。古谷博［司会］・北尾悟・河名勉・永瀬・坂本原［座談会］

永田　衡吉（※〈神奈川県横浜市中区・同県教育委員会文化遺産案内→現同県横浜市南区・県庁組織よりｱﾄ独立〉同県民俗芸能保存協会2代会長。1893/11/20-1990/2/27）
196711　◎神奈川県民俗芸能誌続編（同県教育委員会）※「第七篇　念仏芸能」「第一章　念仏踊」に「第二節　藤沢市遊行寺の踊躍念仏・すすき念仏」あり。同篇に「第三章　藤沢市藤沢、遊行寺の〝一ツ火〟」あり、ただし正しくは同市藤沢ではなく西富。同篇に「第四章　相模原市当麻、無量光寺の〝滅燈式〟」あり、ルビは原文ママ。美濃紙6枚綴『別時法要次第』写真と飜刻あり。熊野権現と一遍像の写真あり。「附記」で十日町来迎寺と兵庫真光寺の歳末別時念仏に言及。→永田衡吉 196803 →永田衡吉 198703。→永田衡吉 197306
196803　◎神奈川県民俗芸能誌下巻（錦正社）※←永田衡吉 196711
197306　：①藤沢市西富、遊行寺の踊躍念仏・すすき念仏
　　　：②遊行寺の〝一ツ火〟
　　　：③相模原市当麻、無量光寺の〝一スリ火〟（以上、神奈川県教育庁社会教育部文化財課［企画・編集］・同県教育委員会［著作・製作］『神奈川県文化財図鑑』無形文化財民俗資料篇、〈発行元表記なし〉）※「神楽・念仏芸」の章。ただし全て無署名。←永田衡吉 196803 ←永田衡吉 196711 ダイジェスト。→永田衡吉 200411
198703　◎神奈川県民俗芸能誌　増補改訂版（錦正社）※「第七篇　念仏芸能」「第一章　念仏踊」に「第二節　藤沢市遊行寺の踊躍念仏・すすき念仏」あり。同篇に「第三章　藤沢市藤沢、遊行寺の〝一ツ火〟」あり、ただし正しくは同市藤沢ではなく西富。同篇に「第四章　相模原市当麻、無量光寺の〝滅燈式〟」あり、ルビは原文ママ。美濃紙6枚綴『別時法要次第』写真と飜刻あり。熊野権現と一遍像の写真あり。「附記」で十日町来迎寺と兵庫真光寺の歳末別時念仏に言及。新たに甲府一蓮寺に関する記述を附加。←永田衡吉 196803 ←永田衡吉 196711
200411　：①藤沢市西富、遊行寺の踊躍念仏・すすき念仏
　　　：②遊行寺の〝一ツ火〟
　　　：③相模原市当麻、無量光寺の〝一スリ火〟（以上、三隅治雄・大島暁雄・吉田純子［編］『関東地方の民俗芸能』四、海路書院〔日本の民俗芸能調査報告書集成6〕）※「神楽・念仏芸」の章。ただし全て無署名。←永田衡吉 198703 ←永田衡吉 196803 ダイジェスト←永田衡吉 196711

中津川宗全（※郷土史家・居合道・剣道武道家・磐南文化協会・歴史研究会会員、元静岡県庁職員）
199803　：〇府八幡宮例大祭の山車引き回しの事（『磐南文化』第24号、同協会）
　　　※時宗東福山西光寺住職の日記『西光寺日鑑』を紹介

永積　安明（※神戸大学名誉教授。元清泉女子大学文学部教授。1908/2/6-1995/1/1）
196408　：〇仮名法語についての僻見（『日本古典文学大系［83假名法語集］月報』第2期第5号、岩波書店）

中西　随功（※京都西山短期大学学長・京都市西京区観世寺〈西山浄土宗〉住職）

199611	：〇『他筆鈔』の原典研究—藤沢市遊行寺蔵本について—『西山学会年報』第6号《西山上人七五〇回御遠忌記念論集》、同会）※→中西随功 200903 ①
199906	◎浄土教の和歌（中西［編］、私家本）
	※西山三派中央教学講習会テキスト。頓阿の草庵集より16首、他阿上人集より56首
200003	：〇浄土教の和歌（日本印度学仏教学会［編集］『印度學佛教學研究』第四十八巻第二号〔通巻第96号〕、同会）
	※真教の和歌に言及
200901	◎證空浄土教の研究（博士論文）
	※大谷大学大学院文学研究科に提出した博士論文。博士（文学）乙第58号。200901は授与年月。→中西随功 200903
200903	◎證空浄土教の研究（法蔵館）※←中西随功 200901 を元に公刊。肩書き：「西山短期大学教授・副学長」。←中西随功 200901。→米澤実江子 201011 新刊紹介
	：①『観経疏他筆鈔』の原典研究—藤沢市遊行寺蔵本について—
	※「第Ⅰ部　證空」「第三章　證空の典籍」の第二節。←中西随功 199611

中根　和浩（※東京都港区明福寺〈真宗大谷派〉第19世住職）

197603	：〇解説（藤沢市文書館［編集］『藤沢市史料集』（二）、同館）
	※藤沢清浄光寺の項がある『我が住む里』『鶏肋温故』に言及。高野修・中根［共筆］

中野効四郎（※岐阜大学名誉教授。元岐阜県文化財審議委員長、元大垣女子短期大学初代学長。1904-1987）

193203	：〇一遍上人と信濃について（『信濃』第一巻第三號、同郷土研究會）※『信濃』第一次

中野　猛（※都留文科大学名誉教授。元東京教育大学〈1978/3/31 閉校〉図書館司書）

199502	◎略縁起集成第一巻（中野［編］、勉誠社）※東京都立中央図書館蜂屋文庫蔵『縁起叢書』の空也堂「當山傳來瓢箪之略縁起」および往生禅寺「学牛往生寺カ」「真似牛済度　圓光大師御自作寿像略縁起」掲載
199602	◎略縁起集成第二巻（中野［編］、勉誠社）
	※東京都立中央図書館井上文庫蔵『諸國神縁起集』の水戸神応寺「雷神皇霊験略縁記」掲載
201211	◎略縁起集の世界—論考と全目録（中野［著］・山崎裕人・久野俊彦［編］、森話社）
	Ⅲ目録編—略縁起集全目録※←初出：1986年度科学研究費助成研究実績報告書『近世略縁起集目録の編纂』。科学研究費助成データベースより転載
	（2）奈良県大方家蔵略縁起集
	※「23壷井宮　河内守頓信公　伊幡守венное義公　八幡太郎義家公略えんぎ　ゑ入（壷井八幡宮　通法寺）」
	（3）大阪府立中之島図書館蔵略縁起集※第一冊「68御影堂扇子之略記（新善光寺　山城）」
	（5）慶應義塾大学メディアセンター蔵略縁起集（①『日本諸国寺縁起集』第一冊「23日域遊行根地相州当麻　開山遊行元祖一遍上人御鏡霊像縁起（無量光寺）」「24當麻道場　永代常念仏六十万人講縁（無量光寺）」）
	（6）国立公文書館内閣文庫蔵略縁起集（①『畿内社寺縁起類』「8河州古市郡石丸山通法寺記略（大坂府羽曳野市壷井　融通念仏宗　石丸山通法寺（壷井寺）奥書　河州古市郡通法寺村通法寺現住権大僧都法印快弁謹記」「9河内国古市郡石丸山通法寺略縁起（大坂府羽曳野市壷井　融通念仏宗　石丸山通法寺）奥書通法寺現住実怒謹誌。壷井寺と元時宗の通法寺混同の可能性あり〈古賀克彦註〉）
	（7）国立国会図書館蔵略縁起集（①『縁起』（103-291）翻刻『略縁起集成』五※第三冊「27じゃうるりごぜんえんぎ（誓願寺　三河）内題　浄瑠璃御前菩提所略縁記／後付題　三州矢作浄瑠璃御前起／元表紙　三河国矢作宿／元表紙書込　慶念山　誓願寺。第四冊「41相州藤澤山長生院　小栗判官縁記（清浄光寺　相模）奥書相州藤澤山内　長生院」／③『諸国名所古寺略縁記』※上冊「16月輪寺略縁記（月輪寺　相模［山城カ］）内題　月輪寺略縁記／奥書　愛宕　鎌倉産［山カ］月輪寺」「22當山　傳來　王服茶筅由來記（光勝寺　山城）奥書　洛陽本山　市中道場　極察院空也堂」／④『諸国寺社略縁記』（旧題『神寺記記』）※「5十六夜月越阿弥陀如来略縁起（海隣寺　下総）」「12江州多賀大社御夢想不断念佛之畧écrit書（多賀大社　近江）」「26繭糸　子安千手観音堂勧進帳序（日輪寺　武蔵）奥書　武陽浅草神田山日輪寺廿四世上人其阿呑了敬白　右遊行四十八世獻國上人也」／⑤『堂中杖』※第五冊「73じゃうるりぜんえんぎ（誓願寺　三河）内題　浄瑠璃御前菩提所略縁記」。第十三冊「170御影堂扇子之客記（御影堂新善光寺　山城）。第十八冊「223恵心僧都開基　浄瑠璃御前菩提所略縁記（誓願寺　三河）内題　浄瑠璃御前菩提所略縁記」「224源義経公浄瑠璃姫縁木像略縁記（誓願寺　三河）」「225分限　相應　富貴を招く法（誓願寺　三河）」「226分限　相應開運出世諸成就縁祭日（誓願寺　三河）」「228歓喜踊躍念佛和讃（光勝寺　山城）」「229空也堂歓喜踊躍念佛圖（光勝寺　山城）」「230當山傳來　瓢箪之略縁起（山城　光勝寺）」「236洛東　霊鷲山墓墳圖（山城）」／⑦『寺社書上』所収略縁記（旧幕府引継書）※「202日限地蔵尊略縁記（松秀寺　武蔵）」／⑧叢書所収略縁起※「35小栗略縁起（相模）」）
	（9）神宮文庫蔵略縁起集（②『諸社寺縁起並地図帳』※「26相州藤沢山無量光院清浄光寺略縁記」）
	（10）天理大学附属天理図書館蔵略縁起集（①『寺社縁起集』（175-439）※第十六冊「131開山遊行元祖一遍上人御鏡霊像縁起（無量光寺）内題　開山遊行元祖一遍上人御鏡霊像縁起／表紙　日域遊行根地相州當麻　大本山無量光寺。第十九冊「161［小栗畧縁起］（清浄光寺　長生院）奥書　相州藤澤山内　長生院」

(12) 東北大学附属図書館蔵略縁起集 (②『仏寺小志叢』(狩野文庫 2-2880) ※第一帙　畿内之部「7（7）河
　　　泓　通法寺塁記／内題　河泓古市郡石丸山通法寺記畧」「8（8）城州葛野郡　鎌倉山月輪寺略縁起／内題　鎌
　　　倉山月輪寺畧縁起」。第二帙　東海道之部（一）「50（48）小栗畧縁起／表紙　相州藤沢山内　長照［生］院」
　　　『東京市史稿　宗教編』寺社名索引・縁起資料一覧※時宗寺院あり
　　　付編（1）中野猛収集略縁起集目録※時宗寺院あり

中野　忠之（※茨城県郷土文化研究会理事・〈同県題郷〉協和町〈現筑西市〉文化財保護調査委員・同町新治農業協同組合〈現 JA北つくば協和支店〉代表監事。1917/12/16-）
199109　◎小栗城　小栗判官と照天姫［上］（筑波書林〔ふるさと文庫〕〈茨城図書［発売］〉）
199112　◎小栗城　小栗判官と照天姫［下］（筑波書林〔ふるさと文庫〕〈茨城図書［発売］〉）

中野　照男（※成城大学文芸学部特任教授。元東京文化財研究所所長）
200101　◎仏画の見かた　描かれた仏たち（吉川弘文館〔歴史文化ライブラリー110〕）
　　　※二河白道の「作例」の項に「島根・萬福寺蔵」「神奈川・清浄光寺蔵」、また「時宗における二河白道」の項で
　　　「有賀祥隆『時宗の絵画』『庶民芸術の源流』所収」とす。ただし『庶民信仰の源流』カ
200502　◎山岳信仰の美術　熊野（至文堂［日本の美術No. 465］）※一遍絵伝（神奈川・清浄光寺、京都・歓喜光寺）・遊
　　　行上人縁起に言及し、単色図版掲載。ただしネーム：「一遍上人絵伝（神奈川・清浄光寺）」

長野県立歴史館（※長野県更埴市〈現千曲市〉）
199703　◎長野県立歴史館信濃の風土と歴史③中世の信濃（同館［編集］、同館）※カラー見開き口絵ネーム・キャプシ
　　　ョン：「一遍上人絵伝（清浄光寺・歓喜光寺蔵　国宝　複製）／ 13世紀末、聖戒作。一遍聖絵ともいう。全12
　　　巻。これは一遍上人の善光寺参詣の場面。」。巻頭年表「善光寺の年表―古代から近世まで―」に文永八年（1274）
　　　・弘安三年（1280）一遍参詣記事あり。『聖絵』『縁起絵』などを参考に館内に復原。巻末「協力者のみなさん」
　　　に「永福寺（大分県）」「歓喜寺（京都府）」「金台寺（佐久市）」「清浄光寺（神奈川県）」「常称寺（広島県）」「真
　　　光寺（兵庫県）」「高野　修」「藤沢市教育委員会博物館建設準備担当」「萬福寺（島根県）」を挙ぐ
　　　：○市川　健夫：はじめに
　　　テーマ1 中世の人びとの祈り
　　　：○井原今朝男：善光寺の位置と規模
　　　：○井原今朝男：善光寺の伽藍
　　　テーマ2 善光寺の門前で生きる人びと
　　　：○福島　正樹：善光寺門前の復原
　　　：○伊藤　羊子：仏画の世界
　　　：○傳田　伊史：棚店
　　　：○傳田　伊史：在家
　　　：○福島　正樹：寺庵
　　　：○井原今朝男：南大門
　　　テーマ3 善光寺をとりまく風景
　　　：○伊藤　羊子：石造物の造立
　　　：○伊藤　羊子：一遍上人の絵巻と信濃

長野市立博物館（※長野市）
199704　◎長野市制百周年記念事業　第39回特別展　古代・中世人の祈り―善光寺信仰と北信濃―（同館）
　　　※カラー・単色図版：御影堂本（前田育徳会現蔵）・大蔵向徳寺蔵善光寺式三尊

中ノ堂一信（※京都造形芸術大学芸術学部客員教授。元国立国際美術館学芸課長）
198306　：○中世的差別の世界から　中世の勧進と三昧聖（『中世の被差別民』雄山閣版〔歴史公論ブックス16〕）
　　　※番場蓮華寺鐘銘に言及

永畑　恭典（※評論家。元〈東京都千代田区・株式会社〉平凡社編集部員）
197311　：○大橋俊雄著『時宗の成立と展開』（大橋俊雄［編集］『時衆研究』第五十八号、時宗文化研究所）
　　　※←大橋俊雄197306 を書評

長浜市立長浜城歴史博物館（市立長浜城歴史博物館）（※滋賀県長浜市）
199403　◎館蔵品図録湖北・長浜のあゆみ（同館［編集］、同館）
　　　※カラー図版：『江州箕浦蓮華寺勧進帳』と巻末に太田浩司［執筆］の解説あり。「市立長浜城歴史博物館」名義
199499　◎湖北・長浜のあゆみ第3号（同館［編］、同館）※番場蓮華寺に言及

永原　慶二（※和光大学名誉教授・一橋大学名誉教授。1922/7/12-2004/7/9）
198806　：○［対談］中世、混沌の中の自由（『大系日本の歴史』第6巻月報、小学館）※永原・杉本苑子［対談］
199911　◎岩波日本史辞典（永原［監修］、岩波書店）

中見　真理（※清泉女子大学文学部教授。元〈東京都港区・財団法人〉世界経済調査会〈現〈同都千代田区・公益財団法人〉日本国際問題研究所〉研究員）
201307　◎柳宗悦―「複合の美」の思想（岩波書店〔岩波新書・新赤版1435〕）

※「第1章　生涯の素描」の「仏教美学樹立への挑戦」の項に、「当時まだほとんど注目されていなかった一遍上人について研究し、五五年には、著作の最高傑作『南無阿弥陀仏』を出版している」、「第6章　開かれた宗教観」に「一遍上人と妙好人の研究」の項、また「異質なものに学ぶ」の項に、「柳にとっては、「捨聖」の一遍上人と、「受け取り手の名人」妙好人の両者をコインの裏表にしたような人物が、他から学ぶための姿勢として、理想だったことであろう」とす。巻末「人名索引」に「一遍上人」あり

中村　格（※東京学芸大学名誉教授。元聖徳大学人文学部教授）
197508　：○「実盛」の本説（大橋俊雄［編集］『時衆研究』第六十五号、時宗文化研究所）

中村　修（※〈神奈川県〉藤沢市文書館史料専門員）
200810　：○編集後記（『文書館だより　文庫』第15号、藤沢市文書館）
　　　　※藤沢遊行寺の黒門に言及。「中村」の署名記事。中村修カ
201203　：○紹介されなかった震災写真（『文書館だより　文庫』第24号、藤沢市文書館）
　　　　※カラー（ただし現品が単色）図版ネーム：「【震災で倒壊した遊行寺の中雀門】」。神田写真館発行の『藤沢町大震災写真帖』による。「（中村）」の署名記事。中村修カ

中村　敬三（※元愛知城大谷短期大学〈2011年degree〉教授・同大学社会福祉学科長、元泉川学院短期大学教授・同大学図書館長。1931/8/28-）
199707　◎念仏聖の時代—人間福祉を読む（校倉書房）
　　　　※第七章は「一遍の教化（一　教育史上の一遍／二　一遍の人間形成と成道／三　一遍の教化活動〈1　一遍の教化の目的／2　遊行／3　賦算による遊行／4　踊り念仏を加えた遊行／5　「踊り念仏」〉）」

中村　慶太（※御影史学研究会理事）
200010　：○書評・『中世遊行聖の図像学』（『御影史学論集』第25号、御影史学研究会）※←砂川博199905を書評

中村　成文
191409　：○鉦打塚一覧の記（『郷土研究』第貮卷第七號、同社）

中村　昌道（※若松東明寺第56世住職・西軍墳墓史跡保存会事務局長。元時宗法主候補者。1927-2014/11/5）
195709　：○時宗の寺院（『時衆あゆみ』特集号、中村私家版）
196508　⊙時宗あゆみ特集号（中村私家版）
197003　：○会津の時宗（『時衆あゆみ』特集号9、中村私家版）
197602　⊙時衆あゆみ＜一遍の念仏＞（中村私家版）
　　　　：①一遍の念仏
　　　　：②念仏無用か
　　　　：③会津の時宗
　　　　：④時宗寺院の開山
200409　：○一遍上人と二河白道（『遊行』第149号、時宗宗務所布教伝道研究所）
　　　　※巻頭言。院代（時宗法主候補者）。カラー近影付
200807　：○八月盆に思う（『遊行』第164号、時宗宗務所布教伝道研究所）※カラー近影付。肩書きは：「院代」

中村　高平〈新宮　高平〉（※駿河國府中〈現静岡市葵区〉淺間神社〈現静岡浅間神社〉神主。1794-1873/8）
193006　◎駿河志料　第三編（橋本［編輯］・新宮高平［編集］・新宮高景［校正］、静岡郷土研究會）※巻三十五に【城久山安西寺】、巻三十六に【新善光寺】（「同寺に属し、末院となり、近世は寺號の存するのみにて、聊の小地なり」）、巻三十七に【一花堂長善寺】【旦過堂修福寺】項あり。「新宮高平」名義。→中村高平196903
196903　◎駿河志料　第一（中村［著］・橋本博［校訂］、歴史図書社）
　　　　※安西寺、新善光寺、一花堂善寺、修福寺の項あり。←中村高平193006

中村　武生（※京都女子大学文学部非常勤講師・〈京都市中京区・特定非営利活動法人〉京都歴史地理同考会理事長）
200112　：○豊臣政権の京都都市改造（日本史研究会［編］『豊臣秀吉と京都—聚楽第・御土居と伏見城』文理閣）
　　　　※京都の時宗寺院に言及

中村　禎里（※立正大学名誉教授。元早稲田実業学校教諭。1932/1/7-2014/3/13）
199507　：○猿（黒田日出男［責任編集］『歴史学事典』3「かたちとしるし」、弘文堂）※項目執筆。「図像のうえでは、『一遍聖絵』（1299年）において猿が厩のそばに描かれているのが古い。そして猿をつれて厩祈祷を終えた下級宗教者が、つづいて猿舞の芸を披露したのが、猿まわしに発展したようである。」とす

中村　敏子
199004　：○時衆の教線拡大の動きについて—時衆から時宗へ—（『専修史学』第22号、専修大学歴史学会）

中村　伸夫（※奈良県教育委員会文化財保存事務所工事主任）
199207　：○京都府の建造物（『ほとけ・さむらい・むら—京都府指定・登録文化財が語る京都の文化展—』京都文化博物館・京都府「ほとけ・さむらい・むら」展開催委員会）
　　　　※末尾で「歓喜光寺本堂は数少ない時宗本堂である。」と結論

中村　憲雄（※滋賀文学会事務局長。元〈滋賀県〉長浜市青少年センター所長、元〈同県坂田郡〉伊吹町〈現米原市〉立伊吹山中学校校長）

196401	◎隆應和尚・茂吉覺書（中村私家版）
197506	：○新資料よりみた茂吉蓮華寺行―1―　『短歌研究』第32巻第6号、同社）
197510	：○新資料よりみた茂吉蓮華寺行―2―　『短歌研究』第32巻第10号、同社）
197511	：○新資料よりみた茂吉蓮華寺行3完―　『短歌研究』第32巻第11号、同社）
197803	◎茂吉名歌の背景（古川書房）※番場蓮華寺、佐原隆応の項目多数

中村　ひの（※〈東京都〉小金井市立はけの森美術館学芸員・千葉大学大学院人文社会科学研究科博士後期課程）

| 201102 | ：○阿弥衣と衾―「まとう」顕彰のイメージ―（池田忍［編］『身体／表象―通文化史的研究―』千葉大学大学院人文社会科学研究科研究プロジェクト報告書第213集、同社） |
| 201103 | ：○「遊行上人縁起絵」における時宗二祖・他阿真教像の成立をめぐる一考察（一、他阿像の「典拠」―「聖絵」と「縁起絵」における一遍像―〈見出し：一遍像の造形と意味〉／二、「縁起絵」他阿伝における他阿の造形〈見出し：「縁起絵」一遍伝と他阿伝の関係性／他阿における「座る」表現と逸話〉／三、他阿像の展開と教団における位置付け〈見出し：遊行上人としての他阿像／教団史における他阿真教〉）『美術史』第170冊、同學院）※2009/5/24 於京都大学、第62回同會全国大会口頭発表を元に改題・加筆訂正。単色図版ネーム：「熊野権現の示現　「一遍聖絵」、三巻一段（部分）」「熊野権現の示現　「遊行上人縁起絵」清浄光寺本、一巻二段（部分）」「神奈川県立歴史博物館蔵「一遍上人像」」「吉備津宮神子息夫婦出家、出家した妻　「遊行上人縁起絵」金蓮寺本、一巻三段（部分）」「吉備津宮神子息夫婦出家、出家した妻　「一遍聖絵」、四巻三段（部分）」「吉備津宮神子息夫婦出家、夫の出家　「遊行上人縁起絵」金蓮寺本、一巻三段（部分）」「吉備津宮神子息夫婦出家、夫の出家　「一遍聖絵」、四巻三段（部分）」「時衆を引き連れる立ち姿の他阿　「遊行上人縁起絵」金蓮寺本、八巻二段（部分）」「時衆を引き連れる一遍　「一遍聖絵」、五巻五段（部分）」「粟河の領主に対面する他阿　「遊行上人縁起絵」金蓮寺本、五巻五段（部分）」「上野の武勇の士、時衆入りを願う　「遊行上人縁起絵」金蓮寺本、六巻三段（部分）」「聖道門の僧、他阿により浄土門に入る　「遊行上人縁起絵」清浄光寺本、六巻一段（部分）」「他阿と日蓮宗徒　「遊行上人縁起絵」金蓮寺本、八巻一段（部分）」「小山律師の放埒な暮らしぶり　「遊行上人縁起絵」清浄光寺本、五巻四段（部分）」「平泉寺の衆徒ら飛礫を投げる　「遊行上人縁起絵」清浄光寺本、六巻二段（部分）」「相州当麻での別時念仏　「遊行上人縁起絵」金蓮寺本、十巻三段（部分）」「神奈川県清浄光寺蔵「他阿真教像」」「福井県称念寺蔵「他阿真教像」」。→林譲201201 文献案内 |

中村　啓信（※國學院大學名誉教授）

| 199511 | ：○古事記日本書紀諸本・注釈書解説（神野志隆光［編］『別冊國文學』49「古事記日本書紀必携」、學燈社）※熱田円福寺巌阿仲介・四条道場金蓮寺浄阿寄進による『日本書紀』熱田本の解説あり |

中村　昌治（※元神奈川県立神奈川工業高等学校講師）

| 196003 | ：○相模原の地名研究（五）（相模原市教育研究所［編集］『郷土相模原』同市史資料集第七集、同市教育委員会）※同市「当麻田」の項あり、当麻無量光寺に関係と言う。→中村昌治198000 ① |
| 198000 | ◎相模原の地名研究（相模原郷土懇話会）※『郷土相模原』連載を複写・製本したもので奥付なし。年紀は相模原市立図書館による ①相模原の地名研究五※←中村昌治196003 |

中村雄二郎（※明治大学名誉教授。元〈東京都港区・財団法人〉日本文化放送協会〈現〈同港区・株式会社〉文化放送〉プロデューサー）

| 199604 | ◎人類知抄　百家言（朝日新聞社）※100人とりあげた19番目が「一遍」。「生ぜしもひとりなり、死するも独なり。されば人と共に住するも独なり、そひはつべき人なき故なり。」。→中村雄二郎199912 |
| 199912 | ：○人類知抄　百家言（朝日新聞社［朝日選書639］）※←中村雄二郎199604 |

永村　眞（※日本女子大学文学部教授・神奈川県立金沢文庫文庫長）

| 198403 | ：○鎌倉仏教の潮流と下野諸寺院（栃木県史編さん委員会［編集］『栃木県史』通史編3中世、同県）※「新善光寺・専称寺・一向寺」の項あり |

中屋　宗寿（※作家。元〈東京都港区〉三菱石油〈現JX日鉱日石エネルギー〉株式会社研究職。本名：中井久）

| 200610 | ◎民衆救済と仏教の歴史上巻（郁朋社）※「遊行で民衆救済に貢献した一遍」「時衆交流と一向宗の名称定着で著名な一向俊聖」の項あり |

中山　彰信（※九州情報大学経営情報学部教授。元麻生福岡短期大学〈1999/12/22閉校〉助教授）

199311	：○一遍とその教団についての考察（その一）（『研究紀要』第三号、麻生福岡短期大学）
199403	：○一遍とその教団についての考察（その二）（『研究紀要』第四号、麻生福岡短期大学）
199502	：○一遍とその教団についての考察（その三）（『研究紀要』第五号、麻生福岡短期大学）

中山　定親（※權大納言・武家傳奏。1401-1459/10/13）

| 200303 | ◎薩戒記　二（中山［著］・東京大学史料編纂所［編纂］、岩波書店［大日本古記録／同所編纂］）※中山定親の日記。自應永31年至應永32年。応永三十一年（1424）八月十日条に、頭註：「四條京極道場燒ク／衆僧錯亂ニ依ルカ」、本文：「丑剋許巽方有火、四條京極道場（金蓮寺）云々、有衆僧錯亂、其故歟」。応永三十二年（1425）十二月一日条に、本文：「早旦参詣吉田社、次詣東北院弁才天、（以下略）」とあり |

中山　信之（※元福岡県飯塚市光妙寺〈浄土真宗本願寺派〉住職）
196909　：○時衆の盛衰期について（『仏教史研究』創刊号、龍谷大学仏教史研究会）
198008　：○一遍とその教団の成立（大橋俊雄［編集］『時衆研究』第八十五号、時宗文化研究所）
198011　：○一遍とその教団の成立（二）（大橋俊雄［編集］『時衆研究』第八十六号、時宗文化研究所）
198105　：○一遍とその教団の成立（三）（大橋俊雄［編集］『時衆研究』第八十八号、時宗文化研究所）

中山　文人（※〈千葉県〉松戸市立博物館学芸員）
199603　：○中世の過去帳について―『本土寺過去帳』研究の前提として―（松戸市立博物館［編集］『松戸市立博物館紀要』第3号、同館）※『時衆過去帳』『陸波羅南北過去帳』に言及
199710　：○本土寺過去帳をめぐる諸問題（地方史研究協議会［編］『地方史研究と方法の最前線』雄山閣）
　　　　　※『時衆過去帳』に言及

中山町（※山形県東村山郡中山町）
199111　◎中山町史　上巻（同町［編纂］、同町）
　　　　　※「平等山『満願寺』」の項と旧寺地・堂宇写真あり、「宝樹山『来迎寺』」の項と本堂写真あり

長良川画廊（※岐阜市）
201010　⊙山崎弁栄展　宗教の彼方、新たなる地平（同画廊）
　　　　　※2010/10/30-11/14於同画廊、展覧会図録。ただし当麻無量光寺出陳の品は所蔵者無記名

名越　護（※元鹿児島純心女子大学非常勤講師、元〈鹿児島市・株式会社〉南日本新聞社編集委員）
201103　◎鹿児島藩の廃仏毀釈（南方新社）
　　　　　：①第一章　廃仏毀釈以前の他藩では（二　徳川斉昭の廃仏政策※「処分された寺院を大別してみると、（中略）時宗（中略）など浄土宗系が三十九カ寺」とあり）
　　　　　：②第四章　鹿児島藩の廃仏毀釈（二　鹿児島藩の廃仏毀釈その1※「『鹿児島市史Ⅰ』にある一八二六（文政九）年ごろの宗門手札改めによる幕末期の鹿児島藩の「御領国惣人数及び宗旨」を見ると（中略）薩州　時衆宗　一万二〇九一人（中略）隅州　時衆宗　四六七五人（中略）日州　時衆宗　三七四六人（中略）総人口八万七千二〇八三人」とあり。「さっそく「寺院処分取締局」設置」の項でも時宗に言及／三　宮崎県諸県地方の廃仏毀釈※「廃寺の最初は「高城郷」」の項に、「「田中善左衛門日記」には、（慶応二年）十月十一　郡奉行出畑武右衛門廃寺方仰渡す。（中略）高称寺、全部調査の上封印。（中略）慶応四年（一八六八）年（中略）九月十九日　廃寺となれり高称寺跡へ調練場新設」とあり。「都城市正忘寺の怪奇」の項に『日向地誌』で一八六七（慶応三）年に廃仏毀釈されたとしている寺院は（中略）光明寺」とあり／四　志布志地方の廃※「『日向地誌』と町誌の違い」の項に、『日向地誌』で一八六七（慶応三）年廃寺になったのは、海徳寺・願行寺（海徳寺末）、『志布志町誌』では吉祥院・善徳寺とあり、『日向地誌』と一致するものは（中略）「海徳院〔寺カ〕」だけ」とす。また「有明町誌」では「願行寺など廃寺になった事実を記しており」、（中略）／七　鹿児島藩の廃仏毀釈その3※「廃仏毀釈」のリストに上がった名刹は（中略）鹿児島城内（中略）本立寺」とあり／「鹿児島藩の廃仏毀釈関連年表※「一八六九（明治二）年十一月二十四日　寺院廃合の際、残された（中略）本立寺（中略）など城下の名刹にも廃寺の命下る」とあり／鹿児島県主要廃寺一覧※浄光明寺・本立寺・光台寺・浄福寺・松尾寺・法光寺・専念寺・大林寺・来福寺・常念寺・念仏寺・十躰寺・光福寺・海徳寺・願行寺・志布寺・成園〔円〕寺、等あり）

名古屋市博物館（※愛知県名古屋市瑞穂区）
200110　◎聖徳太子展（東京都美術館・大阪市立美術館・名古屋市博物館［編集］、ＮＨＫ／ＮＨＫプロモーション）
　　　　　※2001/10/20-12/16於東京都美術館、2002/1/8-2/11於大阪市立美術館、3/2-4/7於（愛知県）名古屋市博物館、特別展図録。聖戒の銘がある京都市西京区宝菩提院願徳寺（天台宗山門派）蔵「南無仏太子像」（石川知彦［作品解説］）

名島　潤慈（※山口学芸大学教育学部教授。元山口大学教育学部教授）
200907　◎夢と浄土教　善導・智光・空也・源信・法然・親鸞・一遍の夢分析（風間書房）※「第3章　空也の見た蓮華の上に坐して極楽界を眺める夢」「第8章　一遍の見た弘安十一年の御夢の検討」あり

夏原　三朗（※〈京都市上京區〉京都扇子團扇同業組合〈現〔同市左京区〕京都扇子団扇商工協同組合〉事務嘱托）
192103　◎近代扇史（夏原［発行兼編輯人〕、京都扇子團扇同業組合事務所〔発行所〕）
　　　　　※「第一篇　發端」「第二節　扇面古寫經と御影堂の祖扇」と「第二篇　中古と近代」「第一節　御影堂と六角」あり。前者に単色写真ネーム：「玉織姫の祖扇と筒守」。御影堂新善光寺を詳述

夏宮　橙子（※〈オフィス・ＴＯ〉ライター）
200808　：○新・時代の小劇場⑭　シリーズ　京の異形　間者（二）「帝の忍者」（白川書院［編］『月刊京都』第685号〔2008年8月号〕、同書院）※詳細⇒鬼丈三七 200808。鬼丈三七・夏宮［共筆］

七海　雅人（※東北学院大学文学部教授）
201001　：○史跡を視る目　奥州と幕府（高橋慎一朗［編］『鎌倉の世界』吉川弘文館［史跡で読む日本の歴史6］）

※「霊場松島と板碑の立つ風景」の項に「「遊行上人縁起絵」（常勝寺本）」とあり。ただし常称寺本の意カ
201203 ：○【現地報告】東日本大震災宮城県沿岸部板碑の被災状況―松島町雄島、東松島市、石巻市多福院・海蔵庵―（民衆宗教史研究会編修委員会［編修］『寺社と民衆』第八輯、同会出版局〈岩田書院［発売］〉）
※多福院には多数の時衆流名号板碑あり

名畑 崇（※大谷大学名誉教授・真宗大谷派僧侶）
200501 ：○空也の浄土教史上の地位（伊藤唯真［編］『浄土の聖者 空也』吉川弘文館〔日本の名僧⑤〕）※一遍に言及

浪川 健治（※筑波大学人文社会系教授）
200403 ：○「盛岡藩寺社」一 解題（2000年度～2003年度科学研究費補助金（基盤研究（B）（2））研究成果報告書『奥羽地方における宗教勢力展開過程の研究』）※時宗に言及し、時宗本山の遊行末寺の教浄寺に関する記述も特筆したい」とす。なお同翻刻の完全版は岸昌一 200610 に収録。根本誠二・浪川［共筆］

並木 誠士（※京都工芸繊維大学工芸学部教授。元〈愛知県名古屋市博物館・現公益財団法人徳川黎明会〉徳川美術館学芸課長補（学芸員））
199212 ：○南北朝・室町時代の絵巻物―新しい光のなかで（戸田禎佑・海老根聰郎・千野香織［編著］『水墨画と中世絵巻』南北朝・室町の絵画I、講談社〔日本美術全集12〕）

奈良 康明（※駒澤大学名誉教授。元東京都台東区法清寺〈曹洞宗〉住職）
199410 ◎日本の仏教を知る事典（奈良［編］、東京書籍）
　　　　：加藤 栄司：仏教と民俗・芸能

奈良国立博物館（※奈良市）
199904 ◎聖と隠者―山水に心を澄ます人々―（同館［編集］、同館）
※1999/4/27-5/30 於同館、特別展図録。図版：『聖絵』1巻3段、2巻1段、5巻3段、9巻4段
200210 ⊙奈良国立博物館だより43（同館）※同館での「親と子のギャラリー 一遍聖絵 絵巻をあじわう」紹介記事。カラー図版：「一遍聖絵（第六巻第三段）」富士山
200211 ◎一遍聖絵 絵巻をあじわう（同館［編集］、同館〔親と子のギャラリー］）※2002/11/26-12/23 於同館、企画展図録。カラー表紙：『聖絵』第六巻第四段・部分。裏表紙：第三巻第二段・部分

奈良本辰也（※元立命館大学文学部教授。1913/12/11-2001/3/22）
197209 ◎批判日本史政治的人間の系譜2源頼朝（奈良本・山田宗睦・尾崎秀樹［著］、思索社）※呑海などに言及

成生庄と一向上人編集委員会（※山形県天童市）
199709 ◎成生庄と一向上人―中世の念仏信仰―（同委員会［編］、天童市立旧東村山郡役所資料館）
※1997年於同館、企画展展示解説書

成田 俊治（※佛教大学名誉教授）
196103 ：○近世浄土宗寺院成立についての一考察―特に成立事情並にその素型―（日本印度學佛教學會［編輯］『印度學佛教學研究』第九巻第二號〔通巻第18号〕、同會）
196903 ：○我国に於ける念仏儀礼の研究（『仏教論叢』第十三号、浄土宗教学院）

成松佐恵子（※NHK学園講師・中野サンプラザ文化教室講師）
200604 ◎陣屋日記を読む―奥州守山藩（雄山閣）
※「第四章 寺社の権威と駈入りの慣習」「第一節 領内寺社の概要」に「（2）遊行上人通行について」あり、「第二節 駈入りの慣習」で「上州の満徳寺」に言及。←高野修 200303A を参考文献に挙ぐ

成瀬 良徳（※東洋大学文学部非常勤講師）
199311A ◎日本仏教宗派事典・コンパクト版（斎藤昭俊・成瀬［編］、新人物往来社）※時宗の項あり
199311B ◎日本仏教人名事典・コンパクト版（斎藤昭俊・成瀬［編］、新人物往来社）※一遍等の項あり

新潟県立近代美術館（※新潟県長岡市）
200609 ⊙新潟の仏像展（同館）※2006/9/30-11/12 於同館、中越大震災復興祈念特別展図録
　　　　：○水野敬三郎：総説 新潟の仏像（古代・中世）
　　　　：○長嶋 圭哉：肖像・仮面
　　　　：○松田誠一郎：一鎮上人椅像

新座市教育委員会市史編さん室（※埼玉県新座市）
198403 ◎新座市史第一巻（自然・考古）（古代・中世）資料編（同室［編集］、埼玉県新座市）※単色口絵：正和二年（1313）・元徳元年（1329）片山法台寺名号板碑。本文では、徳治元〜二年（1306-1307）年頃か、『他阿上人和歌集』上下で真教が片山法台寺に関連して詠む。正和二年（1313）七月二十一日～明徳二年（1391）十月二十六日銘法台寺名号板碑。応永二十四年（1417）四月以降、遊行十五代尊恵の時代には『時衆過去帳』に「片山」関係人名ありと。ただし法台寺は当麻派ゆえ、この片山とは加賀国山と思われる（小野澤註）。応永二十六年（1419）八月十五日、無量光寺十三代良観入寂、法台寺出身、『無量光寺過去帳』より。ほか『縁起絵』巻七詞書

丹生谷哲一（※大阪教育大学名誉教授。元神戸女子大学文学部教授）
200105 ：○中世（能勢町史編纂委員会［編集］『能勢町史』第1巻自然・原始・古代・中世・近世本文編、同町）

※大阪府豊能郡能勢町。「南北朝動乱下の能勢地方」の節に六波羅主従石塔群写真あれど本文での言及なし

仁枝　忠（※津山工業高等専門学校教授。1919-）
196007　：○芭蕉と遊行上人（『解釈』第六巻第七号、同学会）
196008　：○芭蕉と遊行上人（『解釈』第六巻第八号、同学会）

仁戸田六三郎（※早稲田大学名誉教授。1907/5/5-1981/4/2）
195612　：○一遍における宗教論理（日本宗教学会［編集］『宗教研究』一五〇号、同会）

仁木　宏（※大阪市立大学文学部教授。元園田学園女子大学国際文化学部〈後継学部 2014/3 廃止〉専任講師）
199907　◎堺の歴史―都市自治の源流―（朝尾直弘・仁木・栄原永遠男・小路田泰直［著］、角川書店）
　　　　：①会合衆の祖先たち＊堺引接寺・堺金光寺（ともに四条派。廃寺）に言及

西尾 和美（※ノートルダム清心女子大学文学部教授。元松山東雲女子大学人文科学部教授）
198507　：○室町中期京都における飢饉と民衆（『日本史研究』二七五号、同会）※願阿の施行に言及
198699　：○寛正二年の飢饉について（『歴史と地理』第三七三号、山川出版社）※願阿の施行に言及

西尾　光一（※山梨大学名誉教授。元上田女子短期大学学長。1913/6/21-1998/3/19）
196702　：○坂井衡平氏について（金井清光［編集］『時衆研究』第二十二号、金井私家版）

西尾　正仁（※兵庫県立尼崎小田高等学校教諭。元同県立西宮北高等学校教諭）
199410　：○和泉式部・浄瑠璃姫・小栗判官―近世薬師信仰の一側面―（御影史学研究会［編］『民俗の歴史的世界』同会創立 25 周年記念論集、岩田書院〔同会民俗学叢書 7〕）※→西尾正仁 200010 ①
199510　：○時衆と温泉―温泉薬師信仰の変容―（『御影史学論集』第 20 号、御影史学研究会）※→西尾正仁 200010 ②
200010　◎薬師信仰―護国の仏から温泉の仏へ―（岩田書院〔御影史学研究会民俗学叢書 13〕）
　　　　※時宗に言及。→越川次郎 200105・根本誠二 200206 書評
　　　　：①和泉式部・浄瑠璃姫・小栗判官―近世薬師信仰の一側面―
　　　　※「第四章　民間説話にみる薬師信仰」の第一節。←西尾正仁 199410
　　　　：②時衆と温泉―温泉薬師信仰の変容―同第二節。←西尾正仁 199510・→小野澤眞 201206 ②註引用

西岡　信孝（※奈良県大和郡山市西方寺〈浄土宗鎮西派〉住職。元小学校教諭）
196303　：○一遍上人の名号観（『仏大研究室報』第十二号、仏教大学）

西岡　芳文（※神奈川県立金沢文庫学芸課課長）
200108　：○庶民に広がる念仏の声（『蒙古襲来と鎌倉仏教』神奈川県立金沢文庫）
　　　　※ 2001/8/23-11/18 於同館、特別展図録。「蒙古襲来と遊行聖一遍」の項あり
201001　：○鎌倉の学問遺跡（高橋慎一朗［編］『鎌倉の世界』吉川弘文館［史跡で読む日本の歴史 6］）※「Ⅱ　社会・文化」の「三」。「2　称名寺伽藍の形成と変遷」の「聖教の整理」の項に「宮崎圓遵による一遍上人語録の発見（一九三五年）中略」など、鎌倉新仏教の祖師たちの未知の著述が続々と世に現れたのであった」
201003　：○融通念仏宗の草創に関する新資料―新出「諸仏護念院言上状」について―（神奈川県立金沢文庫［編集］『金澤文庫研究』通巻第 324 号、同文庫）※諸仏護念院は平野大念佛寺の院号

西海　賢二（※東京家政学院大学現代生活学部教授）
199403　：○近世遍歴民の世界(2)―小田原藩領下の民間宗教者をめぐって―（小田原市役所企画部市史編さん室［編集］『おだわら―歴史と文化』（第 7 号）、発行元表記なし）
　　　　※表中に当麻無量光寺の徳本名号碑あり。ただし紀年銘を掲載せず
199910　◎絵馬に見る民衆の祈りとかたち（批評社）※特別付録：「浮浪」と「宿縁」関係文献目録。時衆文献あり
200308　：○民間宗教者と地域社会―武相の徳本行者をめぐって―（『東京家政学院大学紀要』人文・社会科学系第四三号、同大学）※当麻無量光寺における徳本の教化について言及。西海・渡辺みゆき［共筆］、実質は渡辺［作成］
200610　：○新刊案内・金井清光著『一遍聖絵新考』（『地方史研究』第五十六巻第五号（通巻 323 号）、同協議会）
　　　　※←金井清光 200509 を新刊案内
200710　：○長谷川匡俊著『近世の地方寺院と庶民信仰』（『地方史研究』第五十七巻第五号（通巻 329 号）、同協議会）
　　　　※←長谷川匡俊 200705 を新刊紹介
200711　：○長谷川匡俊著『近世の地方寺院と庶民信仰』（『日本民俗学』第 252 号、同会）
　　　　※←長谷川匡俊 200705 を新刊紹介

西垣　晴次（※群馬大学名誉教授。元目白大学人文学部〈現社会学部〉教授。1929-2013/1/6）
199910　：○伊勢神宮と一遍・真教（武田佐知子［編］『一遍聖絵を読み解く―動きだす静止画像』吉川弘文館
200012　：○寺院（木村礎・林英夫［編］『地方史研究の新方法』八木書店）※菅浦阿弥陀寺に言及
200403　：○研究余録「宗教史料―落穂拾い（二）―」（『社寺史料研究』第 6 号、同会）
　　　　※群馬県勢多郡黒保根村水沼（現桐生市黒保根町水沼）の星野家文書中の「偏行沙門尊如年譜」飜刻。尊如は遊行 53 代・藤沢 32 世他阿。→古賀克彦 200410 紹介

西川　幸治（※滋賀県立大学名誉教授・京都大学名誉教授。元同県立大学学長）

	199705	◎京都千二百年（上）平安京から町衆の都市へ（西川・高橋徹［著］、草思社〔日本人はどのように建造物をつくってきたか 8〕）※京都の時衆寺院に言及

西川　武臣（※〈神奈川県横浜市中区・市立〉横浜開港資料館副館長）

199612　◎神奈川県の歴史（神崎彰利・大貫英明・福島金治・西川［著］、山川出版社〔県史 14〕）※「一つ火」等掲載

西川　文雄（※乙川光照寺第 31 世住職足下。故人）

200609　：○お寺に生まれて（『遊行』第 157 号、時宗宗務所布教伝道研究所）※肩書き：「足下」

西木　浩一（※東京都公文書館史料編さん係係長）

198906　：○近世関東における「長吏」の寺檀関係（『地方史研究』第三十九巻第三号（通巻 219 号）、同協議会）※檀那寺として大蔵向徳寺に言及

199410　：○近世「長吏」村の信仰と地域秩序─武蔵国下和名村を事例として─（『地方史研究』第四十四巻第五号（通巻 251 号）、同協議会）※檀那寺として大蔵向徳寺に言及

199903　◎江戸の葬送墓制（西木［執筆］・東京都公文書館［編集］、同館〔都史紀要シリーズ 37〕）※時宗に言及

西口　順子（※相愛大学名誉教授）

198103　：○磯長太子廟とその周辺（『研究紀要』第十一号、京都女子学園仏教文化研究所）※一遍の磯長参籠に言及。→西口順子 199910

199711　◎仏と女（西口［編］、吉川弘文館〔中世を考える〕）

　　　　：①女性と亡者忌日供養※含、「時衆の尼衆と中原家」

199910　：○磯長太子廟とその周辺（蒲池勢至［編］『太子信仰』雄山閣出版〔民衆宗教史叢書 32〕）※←西口順子 198103 再録

西崎　専一（※名古屋音楽大学名誉教授）

198003　：○仏教受容形態としての中世唱導芸能（日本印度學佛教學會［編集］『印度學佛教學研究』第二十八巻第二号〔通巻第 56 號〕、同會）

198912　：○『一遍上人絵伝』をめぐる「時」の問題（日本印度學佛教學會［編集］『印度學佛教學研究』第三十八巻第一號（通卷第 75 號）、同會）※異時同図画法について

西田　長男（※國學院大學名誉教授。1909/3/31-1981/3/28）

196306　：○称名寺の熊野堂（一）（神奈川県立金沢文庫［編集］『金沢文庫研究』第九十一号、同文庫）

　　　　※→西田長男 196609 ①

196307　：○称名寺の熊野堂（二）（神奈川県立金沢文庫［編集］『金沢文庫研究』第九十二号、同文庫）

　　　　※→西田長男 196609 ①

196609　◎神社の歴史的研究（塙書房）

　　　　：①称名寺の熊野堂※←西田長男 196306・196307

西田　友広（※東京大学史料編纂所助教）

200402　：○文献案内・三枝暁子「『一遍聖絵』成立の背景」（『遥かなる中世』18 号、2000 年 3 月）（東京大学史料編纂所附属画像史料解析センター［編集］『画像史料解析センター通信』第 24 号、同所）

　　　　※→三枝暁子 200003 を文献案内

200407　：○文献案内・澤田和人「鉢叩の装いと鉦叩の装い─服飾の記号性と造形─」（『国立歴史民俗博物館研究報告』109 号、2004 年 3 月）（東京大学史料編纂所附属画像史料解析センター［編集］『画像史料解析センター通信』第 26 号、同所）※→澤田和人 200403 を文献案内

西田　正好（※愛知淑徳大学文学部教授。元愛知淑徳短期大学（2002/7/30 閉校）助教授。1931-1980/3/7）

196603　：○中世的人間像・一遍（『愛知淑徳短期大学紀要』第五号、同大学）※→西田正好 197002

197002　◎無常観の系譜（桜楓社）

　　　　：①中世的人間像・一遍※←西田正好 196603

197506　◎中世のこころ（信毎書籍）

198009　◎神と仏の対話（工作舎）

　　　　：①仏道のなかの神道

西角井正慶（※國學院大學名誉教授。武蔵国一宮大宮氷川神社社家末裔。1900/5/22-1970/1/22）

195411　：○念仏前期（『芸能復興』第七号、民俗芸能の会）

西野　由紀（※天理大学文学部准教授。元愛知淑徳大学全学日本語教育部門常勤講師）

199705　◎京都名所図会─絵解き案内（宗政五十緒・西野［著］、小学館）

西本　幸嗣（※〈大阪府〉高槻市立しろあと歴史館主査学芸員）

199810　：○近世融通念仏宗における「御回在」と天得如来「御出光」について（融通念佛宗教学研究所［編集］『法明上人六百五十回御遠忌記念論文集』総本山大念佛寺〔百華苑〕［製作］）

200203　◎摂津国南浜村源光寺文書（平祐史・西本［編著］、佛教大学文学部史学科平祐史研究室）

※浜源光寺（浄土宗鎮西派）は大阪市北区の梅田駅近くの街中にある。浜という旧村名からわかるように葬地で、行基による墓地・荼毘開闢の伝がある。法明ゆかりの寺でありながら、近世の融通念佛宗立宗に際しては、本末相論の関係で浄土宗鎮西派に属した。同様に浄土宗に入った寺は多い

西山　厚（※帝塚山大学文学部教授。元奈良国立博物館学芸部部長）
200307　：○はるかなる法然上人へ3「目の醒めたらんほど、念仏し給へ」『おてつぎ運動機関誌　華頂』第440号［2003年7・8月号］、総本山知恩院おてつぎ運動本部］※法然に関する連載ながら、後半は一遍の熊野夢告譚
200803　◎僧侶の書（西山［執筆・編集］、至文堂〔日本の美術No. 502］）
※本文中の「鎌倉時代～室町時代」で他阿を挙げ、単色写真ネーム・キャプション：「書状（他阿筆　京都・長楽寺）」「寿阿弥陀仏（佐竹貞俊か）に宛てた書状。命がなお延びればまたお会いすることもあるでしょう。そうでなければ浄土で対面いたしましょうと記す。」。ただし「佐竹貞俊」ではなく「佐介貞俊」カ（小野澤註）

西山　邦子
198806　：○時衆教団の形成と廻国遊行—越後における時衆の動向を中心に—『史海』第35号、東京学芸大学史学会）

西山　克（※関西学院大学文学部教授。元京都教育大学教育学部教授）
198807　：○聖地のイメージ—那智参詣曼荼羅をテキストにして—（和田萃［編］『熊野権現　熊野詣・修験道』筑摩書房）
199507　：○「巡礼（日本の）」（黒田日出男［責任編集］『歴史学事典』3「かたちとしるし」、弘文堂）
※項目執筆。「鎌倉後期の1299年（正安元年）に制作された『一遍聖絵』には、定型的な巡礼の姿は描かれていない。中・下層民によるさまざまなたびが描写されているにもかかわらず、である。」「烏帽子に白装束の男性道者や、市女笠・虫垂絹に白装束の女性道者の姿は、『一遍聖絵』巻3に見いだすことができる」と記述
200306　：○朝鮮仏画甘露幀と熊野観心十界図（『国文学　解釈と鑑賞』第68巻6号［平成15年6月号］（865）［特集　絵解き—その意義と魅力］「東アジアの絵解きとその周辺」、至文堂）※「二　熊野観心十界図の研究状況」末尾で、兵庫県立歴史博物館で1989/10開催の「「地獄—鬼と閻魔の世界—」展（中略）には、（中略）神戸市薬仙寺蔵の施餓鬼図（中略）が展示されていたのである」とし、単色図版ネーム：「施餓鬼図」（国重要文化財神戸薬仙寺）」。続いて「三　朝鮮仏画甘露幀の世界」では冒頭、「神戸薬仙寺の施餓鬼図（中略）は、じつは李朝時代の朝鮮半島で制作された仏画で、韓国では甘露幀画と呼ばれている」とし、80年代半ばに「奈良国立博物館に保管されていた薬仙寺蔵施餓鬼図と出会い、それら美術史の背景が理解できず、高麗・朝鮮美術史の研究者を訪ねも歩いたことがあった。（中略）図録『甘露幀』に掲載された『甘露幀所蔵虚住所録』を見て驚かされるのは、甘露幀の作例で最古のものは日本にあり」、「薬仙寺本が確認されているかぎり最古の作例で（中略）薬仙寺本施餓鬼図（中略）については、最近、服部良男氏の『薬仙寺所蔵重要文化財『施餓鬼図』を読み解く』（中略）が出版されている。（中略）薬仙寺本施餓鬼図は比較的画面がシンプルであるが」、80年代半ばに「梶原亮治氏に立ち会って頂き、奈良国立博物館の一室で薬仙寺蔵施餓鬼図を見たとき（下略）」と再述
200909　：○《座談会》絵の読み方—イメージ・テクスト・メディア（『隔月刊　文学』第10巻・第5号［2009年9,10月号　特集＝語りかける絵画—イメージ・テクスト・メディア］、岩波書店）※《第二提起》熊野観心十界図を読む（西山克）」の項で「兵庫県神戸の薬仙寺」の仏画「甘露幀」に言及。単色図版ネーム：「薬仙寺本「甘露幀」」（p21)。2009/4/27 於岩波書店会議室。太田昌子・西山・大西廣［以上、出席者］・小峯和明［司会］

日外アソシエーツ（※東京都大田区・株式会社）
200111　⊖読書案内　国宝を知る本　絵画編（同社）
※『一遍上人絵伝』（清浄光寺・歓喜光寺蔵）・『一遍上人絵伝』（東京国立博物館蔵）の文献目録を挙げている

日経おとなのOFF（※〈東京都千代田区・株式会社〉日本経済新聞社月刊誌）
201201　◎おとなの仏教入門　お釈迦様の悟りから仏事のマナーまで（日経おとなのOFF［特別編集］、日経BP社〔日経ホームマガジン］）※「仏教の歴史と宗派」の「主な宗派と総本山」に「時宗　法然の曽孫弟子に当たる一遍が開祖。浄土系宗派では阿弥陀仏への信仰が中心とされるが、時宗では阿弥陀仏を信じるかどうかにかかわらず「南無阿弥陀仏」と称え仏と一体になれば救われるとする（下略）」「一遍 1239年生まれ。36歳で四天王寺に詣で、出会う人すべてに念仏札を配る賦算を始める。広く賦算を行う旅は、東北から四国・九州までに及んだ」とのネームとキャプションをもつカラー写真を掲載

新田　章（※東京TKゼミナール中井校教室長）
200110　：○輪廻の非神話化の試み（実存思想協会［編］『ニーチェの21世紀』理想社〔実存思想論集XVI（第二期八号）〕）
※一遍に言及

新田　一郎（※東京大学法学部教授）
200109　◎太平記の時代（講談社〔日本の歴史11〕）
※カラーカバー図版ネーム：「後醍醐天皇御像（清浄光寺蔵）」。→新田一郎200906
200906　◎太平記の時代（講談社〔同社学術文庫1911〕〔日本の歴史11〕）
※カラーカバー図版ネーム：「後醍醐天皇御像（清浄光寺蔵）」。←新田一郎200109

新田　敏郎（※風早歴史文化研究会常任理事）

199605　：○一遍上人の五輪塔を訪ねて（風早歴史文化研究会編集委員会［編］『風早』第35号、風早歴史文化研究会）
二宮尊徳偉業宣揚會
192809　◎二宮尊徳全集第十四巻（同會）※「野州芳賀郡櫻町御用雜用扣帳」に文化四年（1807）十一月二十一日藤沢遊行寺に17文、同五年五月二十二日遊行寺に132文寄進とあり
二瓶　　清（※元〈福島縣耶麻郡〉猪苗代町立猪苗代尋常小學校〈現猪苗代小学校〉訓導。1883-1965）
196399　◎会津文化史（同刊行会）※「第三編　会津仏像文化史」に「第一一　時宗と遊行上人」あり。→二瓶清198007
198007　◎会津文化史（国書刊行会）※←二瓶清196399
日本芸術文化振興会（※大阪市中央区・現独立行政法人）
199903　◎国立劇場第三四回声明公演　声明　劇的なる表現（同会）
　　　　※1999/3/13於同劇場、同公演パンフレット。歳末別時念仏［一つ火］実演。長島尚道［解説］
日本史教育研究会
199809　◎日本史教育研究第143号（同会）※1998/5/17於藤沢遊行寺、同会東京支部例会報告を掲載
　　　　：○小野澤　眞：遊行寺宝物館における特別展観
　　　　：○中里　行雄：例会参加記
　　　　：○立花　鏡子：遊行寺での例会に参加して
　　　　：○矢崎佐和子：東京支部例会フィールドワークに参加して
日本史広辞典編集委員会（※〈東京都千代田区・株式会社〉山川出版社内）
199710　◎日本史広辞典（同委員会［編］、山川出版社）
日本宗教史研究年報編集委員会
197803　◎日本宗教史研究年報第一号（同委員会［編］、佼成出版社）
　　　　：①著作論文目録
日本宗教文化史学会
200005　◎日本宗教文化史研究第四巻第一号（通巻7号）（同会［編集］、同会）
　　　　※彙報欄に1999/11/27第三回大会報告（午後の部）田中純子「北陸時衆について」の研究発表要旨あり
日本仏教研究所
198105　◎良忍上人と大念仏寺（同所［編集］・田代尚光［著］、ぎょうせい〔日本仏教の心⑬〕）
　　　　※仏教に造詣がある一般向け。大判で写真が豊富。全カラー。声明を録音したカセットテープ附属
　　　　：①無　　署　名：口絵
　　　　：○田代　尚光：はしがき
　　　　：②無　　署　名：大念仏寺案内地図
　　　　：○田代　尚光：良忍上人と大念仏寺
　　　　：○田代　尚光：良忍上人のプロフィール
　　　　：○山本　美一・塩野　芳夫：〈大念仏寺を中心とした〉融通念仏のあゆみ
　　　　：○吉村　瞕英・稲葉　珠慶：大念仏寺の年中行事
　　　　：③無　　署　名：大念仏寺の文化財
　　　　：○吉村　瞕英・稲葉　珠慶：大念仏寺案内
　　　　：④無　　署　名：大念仏寺辞典
198108　◎一遍上人と遊行寺（同所［編集］・寺沼琢明［著］、ぎょうせい〔日本仏教の心⑫〕）
　　　　※仏教に造詣がある一般向け。大判で写真が豊富。全カラー。声明を録音したカセットテープ附属
　　　　：①無　　署　名：口絵
　　　　：○寺沼　琢明：はしがき
　　　　：②無　　署　名：遊行寺案内地図
　　　　：○橘　　俊道：一遍上人と遊行寺
　　　　：○石岡　信一：遊行寺の歴史と信仰
　　　　：○中居　良光：遊行寺の年中行事
　　　　：○高野　　修：遊行寺の文化財
　　　　：○中居　良光：遊行寺案内
　　　　：○中居　良光：遊行寺辞典
日本仏教人名辞典編纂委員会（※〈京都市下京区・株式会社〉法藏館内）
199201　◎日本仏教人名辞典（同委員会［編］、法藏館）
日本放送協会
→ＮＨＫ
日本歴史学会（※〈東京都文京区・株式会社〉吉川弘文館内）

199906　◎日本史研究者辞典（同会［編集］、吉川弘文館）※「橘俊道」の項あり

仁阿　慈善
189210　：○二祖道場誓文講義（『大悲之友』第三十七號、愛友社）※〜第四十號、189301連載
189302　：○播州問答集講義（『大悲之友』第四十一號、愛友社）
189303　：○播州問答集講義（『大悲之友』第四十二號、愛友社）

仁　阿　房　（※仁阿慈善と同一カ）
189301　：○別願和讃講話（『大悲之友』第四十號、愛友社）

貫　達人　（※青山学院大学名誉教授。元神奈川産業短期大学学長、元〈神奈川県鎌倉市・市立〉鎌倉国宝館長。1917/4/6-2009/11/17）
195910　：○時宗寺院（鎌倉市史編纂委員会［編纂］『鎌倉市史』社寺編、吉川弘文館）
　　　　　※「別願寺」「光照寺」「向福寺」の項あり、「来迎寺」（西御門）の項では一辺智真開山とす
196503　◎相模古文書第一巻（貫［編］、神奈川県教育委員会）※当麻無量光寺文書を採録。→貫達人197010
197010　◎相模古文書第一巻（貫［編］、角川書店）※当麻無量光寺文書を採録。←貫達人196503

貫名　聰
196612　：○中世の奈良における融通念仏（龍谷大学史学会［編集］『龍谷史壇』第五十六・五十七合併号、同会）
　　　　　※東大寺円照（1221-1277）による籍帳用いた勧進は融通念仏にほかならないとす。東大寺で行われ、太子信仰を介在し釈迦念仏もあった。円照は導御と同門

奴田原智明　（※〈東京都江東区・宗教法人〉カトリック中央協議会出版部）
201111　：○特集　キリシタン史跡をめぐる―関東編（カトリック中央協議会出版部［編］『カトリック教会情報ハンドブック2012』同会）※「神奈川の史跡」で山ノ内光照寺に言及、住職河野憲胤（ただし無記名）も登場。カラー写真ネーム：「光照寺山門」「光照寺蔵・燭台」「光照寺蔵。中川クルス紋」

沼　謙吉　（※法政大学多摩地域社会教育センター研究員。元〈神奈川県津久井郡〉津久井町〈現相模原市緑区〉史編纂委員、元同県立城山高等学校教諭）
200003　◎多摩地域社会教育センター　ブックレット②明治期　多摩のキリスト教（法政大学多摩地域社会教育センター）※諏訪宿喜願寺廃寺（当麻派・東京都八王子市）に言及
200603　：○記念講演Ⅱ　山上卓樹・カクと多摩のキリスト教（町田市立自由民権資料館［編集］『山上卓樹・カクと武相のキリスト教―響きあう信仰と運動―』民権ブックス19号、同教育委員会）※諏訪宿喜願寺に言及

沼　賢亮　（※岐阜県大垣市円休寺〈真宗大谷派〉住職。2009年歿）
196903　：○浄土教と山岳信仰（日本印度學佛教學會［編集］『印度學佛教學研究』第十七巻第二號［通巻第34號］、同會）※『一遍聖繪』『一遍上人年譜略』から菅生岩屋寺、高野山、熊野権現、豐後國鶴見嶽などに言及

沼田　晃佑　（※身延山大学図書館司書）
200708　：○若狭武田氏の寺院政策―時宗・日蓮宗を中心として―（『甲斐』第114号、山梨郷土研究会）
　　　　　※「時宗寺院と武田氏」の項あり、小浜市史編纂委員会197699掲載の西福寺所蔵中世文書85点中、武田氏関係22点を分析。時宗と陣僧の関わりについて、←高野修200303Aを註で参照

沼津市教育委員会　（※静岡県沼津市）
200003　◎沼津市史　史料編　近世2（同市史編さん委員会・同市教育委員会［編集］、同市）
　　　　　※「町宿編」「第一章　沼津町」「第三節　上土町文書」「6　上土町当午宗門人別御改帳」に「(4)時宗上土町当午宗門改帳」（明治三年〈1870〉三月）翻刻あり。沼津西光寺檀家多数掲載

沼津市史編さん委員会　（※静岡県沼津市）
200003　◎沼津市史　史料編　近世2（同市史編さん委員会・同市教育委員会［編集］、同市）
　　　　　※詳細⇒沼津市教育委員会200003

根井　浄　（※龍谷大学文学部非常勤講師。元同学部教授、元神戸常盤短期大学〈現神戸常盤大学短期大学部〉教授）
197902　：○三十一代念仏上人の九州遊行について（日本宗教学会［編集］『宗教研究』二三八号［第52巻第3輯］、同会）
198511　：○遊行上人遍円の肥後巡錫―特に「八代日記」の本文について―（『仏教史学研究』第二十八巻第一号、同会）
199003　：○遊行上人の来訪（竹野町史編纂委員会［編］『竹野町史』通史編、同町）
　　　　　※兵庫県城崎郡竹野町（現豊岡市）。口絵：竹野興長寺蔵難船絵馬および阿弥衣
200512　：○「のぞきからくり」の地獄絵（日本印度学仏教学会［編集］『印度學佛教學研究』第五十四巻第一号［通巻第107号］、同会）※2005/7/30於四天王寺国際仏教大学、同会第56回学術大会紀要。「鎌倉期の面影を残す『遊行上人縁起絵』に描写された地獄人形演出者」に言及

根岸　茂夫　（※國學院大學文学部教授。元埼玉県庁県民部県史編さん室職員）
199106　：①堀田正敦＜以下、墓所の浅草日輪寺・藤沢清浄光寺に言及
　　　　　：②堀田正亮
　　　　　：③堀田正信
　　　　　：④堀田正盛（以上、国史大辞典編集委員会［編集］『国史大辞典』第十二巻、吉川弘文館）※項目執筆

禰宜田修然　（※元三島田福寺第44世住職、元〈静岡県〉三島市役所職員。1997年歿）

198005	◎時宗の寺々（禰宜田私家版）※別冊あり
198502	：○米国フリーア美術館蔵の一遍上人絵伝断簡について―（『時宗教学年報』第十三輯、時宗教学研究所）
198603	：○〈史料紹介〉尊覚上人巡察記（『時宗教学年報』第十四輯、時宗教学研究所）
198803	：○明治・大正時代の時宗（歴代上人史）（『時宗教学年報』第十六輯、時宗教学研究所）
198903	：○熊野に一遍上人名号碑を訪ねて（『時宗教学年報』第十七輯、時宗教学研究所）※禰宜田・高野修［共筆］
198910	◎遊行・藤沢歴代上人史―時宗七百年史―（禰宜田・高野修［編著］、松秀寺［白金叢書］）
199103	：○岡山藩「遊行僧来藩」記録抜粋（『時宗教学年報』第十九輯、時宗教学研究所）
199109	：○町衆の隆盛と太平記など（概要紹介）（『遊行』第97号、時宗宗務所）
199203	：○《史料》岡山藩「遊行僧来藩」記録抜粋（『時宗教学年報』第二十輯、時宗教学研究所）
199403	◎時宗寺院名所記（禰宜田・高野修［編著］、梅花書屋）

禰宜田成然（※大浜称名寺39世住職）

| 199103 | ：○歓喜光寺弥阿より大浜憨問への書簡（『時宗教学年報』第十九輯、時宗教学研究所） |
| 199201 | ：○新田氏と松平氏（徳川氏）について（『遊行』第99号、時宗宗務所） |

根立　研介（※京都大学文学部教授。元文化庁文化財保護部〔現文化財部〕美術工芸課文化財調査官）

200605	◎日本中世の仏教と社会―運慶と慶派・七条仏師を中心に―（塙書房）
	※ 2006年第18回國華賞受賞。「第三部　中世後期以降の仏教と社会」に「慶派仏師の末裔たちの動向―東寺大仏師職をめぐって―」「康正工房の仏像製作をめぐって―桃山時代七条仏師の工房製作―」の章あり
200705	：○彫刻の和様の継承と七条仏師（『美術フォーラム21』第15号、醍醐書房）
200707	◎室町時代の彫刻―中世彫刻から近世彫刻へ（根立［執筆・編集］、至文堂〔日本の美術No.494〕）
	※カラー口絵ネーム・キャプション：「尊明像（京都・長楽寺）／長楽寺には、慶派所縁の地に建てられた金光寺に伝来した時宗祖師像が数多く伝えられる。（中略）鎌倉時代の写実性を継承した堅実な造形が認められる」「一遍像（京都・長楽寺）／（中略）この像は像主が亡くなって一三〇年ほど経て造られたこともあって、理想化された宗祖像となっている」。本文の「はじめに」で、京都七条仏師に言及。続く「室町時代の造仏の諸相」の「肖像彫刻の様相」の項で、単色写真ネーム：「一鎮像（京都・長楽寺）」「尊明像（京都・長楽寺）」「一遍像（京都・長楽寺）」「尊恵像（京都・長楽寺）」「暉幽像（京都・長楽寺）」「太空像（京都・長楽寺）」、本文では「真教倚像（呑海か）」とし、南北朝期に活躍した七条仏師康俊の一鎮像の形式を踏襲する室町期の時宗祖師の寿像4体の像容は、鎌倉時代風の写実性を留めた造形が窺えるとする。一方で一遍像に形骸化をみてとり、それは宗祖ゆえ理想像として製作の手本となったためとするが、その際に仏師に必要な想像力の欠如を指摘し、さらに依頼者側も影像の実在性を求めなくなったのではないかと推論。次の「京都の仏所の変遷と多様化」の「七条仏師の遺品」の項でも、尊明・一遍・尊恵・暉幽像にふれ、「一遍像といったいわば規格化した肖像彫刻さえ造像が遅延するといった状況に追い抜かれていた」と再度推論
201303	：○室町時代七条仏所の正系仏所交代をめぐって（百橋明穂先生退職記念献呈論文集刊行委員会［編］『美術史歴参』中央公論美術出版）※「時宗七条道場、金光寺」「長楽寺」等に言及

根津美術館学芸部（〈東京都港区・現公益財団法人〉同館内）

| 199608 | ◎甦る鎌倉―遺跡発掘の成果と伝世の名品（同部［編］、同館） |
| | ※図版：大町別願寺蔵太平尼寺（臨済宗）跡出土陶磁2点・藤沢遊行寺蔵磁器2点 |

根本　誠二（※筑波大学人文社会学系教授）

| 200206 | ：○書評・西尾正仁著『薬師信仰―護国の仏から温泉の仏へ』（日本宗教学会［編集］『宗教研究』三三二号［第76巻第1輯］、同会）※「第四章「民間説話にみる薬師信仰」では、薬師信仰が全国的に流布するにあたっての信仰的な契機及び中世社会への流布の中核的な担い手としての時宗教団（時衆）の存在を提示している」とす。←西尾正仁200010を書評 |
| 200403 | ：○「盛岡藩寺社」一　解題（2000年度～2003年度科学研究費補助金（基盤研究（B）(2)）研究成果報告書『奥羽地方における宗教勢力展開過程の研究』）※詳細⇒浪川健治200403。根本・浪川健治［共筆］ |

野川　博之（※元〈中華民國・私立〉立德大學〈現康寧大學〉應用日語學系助理教授、元〈同國・私立〉法鼓佛教學院佛學系兼任助理教授）

199803	：○『遊行会下規矩』の基礎的研究（『時宗教学年報』第二十六輯、時宗教学研究所）
200005	：○『融通円門章集註』に見える唐音をめぐって（黄檗文華研究所［編］『黄檗文華』第119号、黄檗山万福寺文華殿）※融通念佛宗典籍
200010	：○『月菴語録』閲覧の記（時衆文化研究会［編集］『時衆文化』第2号、同会〈岩田書院［発売］〉）
200103	：○河野氏炤先碑訓読・大意私記（『時宗教学年報』第二十九輯、時宗教学研究所）
200104	：○時宗宗乗に見る親鸞式訓読法（時衆文化研究会［編集］『時衆文化』第3号、同会〈岩田書院［発売］〉）
200105	：○世阿能楽論に見る月庵法語引用をめぐって（黄檗文華研究所［編］『黄檗文華』第120号、黄檗山万福寺文華殿）
200203	：○託何上人の中峰明本偈頌引用をめぐって（『時宗教学年報』第三十輯、時宗教学研究所）

| 200204 | ：○「京師金光寺影堂幹縁疏」瞥見（時衆文化研究会［編集］『時衆文化』第5号、同会〈岩田書院［発売］〉）
※同史料にみえる一向俊聖にも言及 |
| 200210 | ：○一遍・夢窓問答伝承をめぐる一考察（時衆文化研究会［編集］『時衆文化』第6号、同会〈岩田書院［発売］〉） |
| 200304 | ：○日隆『四帖抄』に見る「時宗」用例とその意義（時衆文化研究会［編集］『時衆文化』第7号、同会〈岩田書院［発売］〉） |
| 200503 | ：○賞山著『一遍上人絵詞伝直談鈔』訓読（『時宗教学年報』第三十三輯、時宗教学研究所）
※野川［訓読］・梅谷繁樹［補］ |
| 200504 | ：○径山卒都婆銘をめぐって（時衆文化研究会［編集］『時衆文化』第11号、同会〈岩田書院［発売］〉） |
| 200603 | ：○賞山著『一遍上人絵詞伝直談鈔』訓読（二）（『時宗教学年報』第三十四輯、時宗教学研究所）
※野川［訓読］・梅谷繁樹［補］ |
| 200703 | ：○賞山著『一遍上人絵詞伝直談鈔』訓読（三）（『時宗教学年報』第三十五輯、時宗教学研究所）
※野川［訓読］・梅谷繁樹［補］ |

野口　一雄（※村山民俗学会会長。元山形県立霞城学園高等学校第2代校長）

| 199410 | ◎受け継がれるまつり―天童の民俗芸能―（野口［著］・天童の民俗芸能編集委員会［編集］、天童市立旧東村山郡役所資料館）※「仏向寺一向上人開山忌踊躍念仏」「雨乞―仏向寺龍神祭り・上貫津・高滝山不動尊雨乞」「仏向寺めぐり地蔵」の項あり |
| 200212 | ：○芸能と生産―予祝・豊穣への祈り―（伊藤清郎・誉田慶信［編］『中世出羽の宗教と民衆』高志書院〔奥羽史研究叢書5〕）※「第二部　中世出羽の民衆像」の第三章。「一　芸能の伝来」（3）念仏聖と芸能」の「天童の踊躍念仏」の項で、「浄土宗鎮西派の然阿良忠の弟子であった一向俊聖は時衆教団一向派を立てる。その本山は滋賀県米原町番場、八葉山蓮華寺である。二祖礼阿證を含む一向の十五戒弟によって一向時衆教団の基礎を築いた。その一人行連聖は羽州天童仏向寺を開山する。仏向寺には永仁三年（一二九五）銘の念仏鉦のほか、古い阿弥衣も蔵しており、開山忌（十一月十七日）には、旧一向時衆の人々によって、古式をとどめた踊躍念仏が今も修されている」とし、次の「念仏聖と山寺夜行念仏」の項で山寺夜行念仏と時衆の関係性を示唆。「参考・引用文献」に川越兼章198903・竹田賢正199604③・199604⑤等を挙ぐ。肩書きは：「山形県立霞城学園高等学校校長」 |

野口　信一（※会津歴史考房主宰。元（福島県）会津若松市立図書館館長）

| 198605 | ◎会津の寺―会津若松市・北会津村の寺々（笹川寿夫・間島勲・滝沢洋之・野口［著］、歴史春秋出版）
※詳細⇒笹川寿一198605 |

野口　達郎（※東国文化研究会事務局長・〈埼玉県〉熊谷市史編集委員（特別調査員））

201212	：①慶岩寺不動曼荼羅板碑※埼玉県行田市慶岩寺（浄土宗鎮西派）。弘安十年（1287）「踊念仏」の在銘
	：②法台寺板碑群※片山法台寺
	：③馬込名号板碑※埼玉県蓮田市。延慶四年（1311）。楷書風名号に時衆流説もあり
	：④真名板薬師堂阿弥陀種子・名号板碑※行田市。楷書名号が時衆流。ただし一遍より古い建治元年（1275）
（以上、日本石造物辞典編集委員会［編］『日本石造物辞典』吉川弘文館）
201303	：①二八〇　一向上人血脈相承譜※貞治二年卯（1363）正月廿五日、番場蓮華寺第4世願阿が村岡法蔵寺（埼玉県熊谷市。廃寺）にて死去した記事。小川寿一198310を典拠とす。「解説」と「研究」の項あり、後者で小川寿一198310・198611・小野澤眞201206を挙ぐ
	：②【参考】一向上人伝　巻五
※番場蓮華寺第2世礼智阿が願阿を後継に定めた記事。小川寿一198611を典拠とす
	：③【参考】六字名号碑※熊谷市村岡高雲寺（曹洞宗）の貞治二年銘板碑。①と同年であることから番場時衆との関連を説く。他阿真教の村岡逗留や本田教念寺開創にも言及
（以上、熊谷市教育委員会［編集］『熊谷市史』資料編2　古代・中世　本編、同市）
※「第一章　編年史料」の内

野口　実（※京都女子大学宗教・文化研究所教授。元聖徳大学人文学部教授）

| 199503 | ：○京都七条町に生きた人々（『朱』第三十八号、伏見稲荷大社）※七条仏所の項あり |

能代市史編さん委員会（※秋田県能代市）

| 199907 | ◎能代市史　資料編　古代・中世（同委員会［編集］、同市）※「文保四年（一三五五）一月七日」の項で『時衆過去帳』を抜萃し飜刻と解説。中に浅利氏・安東氏あり。途中ページに単色図版あり |

野中　退蔵（※元宇都宮大学芸学部（現教育学部）教授、元宜立旅''館高等学校教授。1895/5/5-1986/2/4）

| 198203 | ：○銅造阿弥陀如来坐像（栃木県文化協会［編］『とちぎの文化財』上巻、同会）※単色写真あり。宇都宮一向寺 |

野間　光辰（※京都大学名誉教授。元皇學館大学文学部教授。1909/11-1987/4/30）

| 196809 | ◎新修京都叢書第四巻（野間［編］、臨川書店）
※黒川道祐編『日次紀事』影印本。正月元日「六條『道場』天神」、正月初七日「疊山正法寺」（「今日山『神祭』」）、正月廿三日「東山疊山正法寺」（「垢離」）、正月廿七日「藤澤道場『開山他阿上人忌』」、二月廿七日「王阿彌忌」（「五 |

條新善光寺」)、二月掉尾「七條金光寺四條金蓮寺大炊′道場開名寺五條御影堂丸山安養寺靈山正法寺大津莊嚴寺等時衆′寺僧作′踊躍念佛′莊嚴寺′法事″東山法國寺′僧行′彼′地′而勤′之」、四月十五日「頓阿法師忌」、五月三日「齋藤別當實盛忌」(「凡′一遍上人′末派時衆′寺院往々′修′之」)、六月初二日「淨阿眞觀上人忌」、六月三日「四條′道場金蓮寺靈寶蟲拂」、八月廿三日「一遍上人忌」、九月十一日「靈山國阿忌」、九月十五日「四條′道場熊野權現祭」、九月廿日「雲生寺藪阿彌道八忌」、十一月十三日「紫雲山極樂院空也上人光勝忌」(「五條一夜道場并七條金光寺等亦修′之」)、十一月廿三日「金蓮寺別行」、十二月廿二日「四條′道場金蓮寺」(「有′法 事」)、十二月廿三日「別行」(「靈山正法寺」)、十二月廿八日「光勝寺極樂院」みゆ

野間　真栄（元〔神奈川県〕藤沢市中央図書館館長。生殁年不詳）
197903　：○総社文庫蔵　春登上人『花水吟草』　付春登上人の伝（藤沢市文書館［編集］『藤沢市史研究』第12号、同館）※野間・高野修［共筆］

野村　育世（※女子美術大学付属高等学校・中学校教諭）
200409　：○後醍醐天皇と密教・芸能（佐藤和彦・樋口州男［編］『後醍醐天皇のすべて』新人物往来社）
　　　　※カラー口絵：藤沢遊行寺蔵後醍醐画像

野村　恒道（※東京都港区常照院〈浄土宗鎭西派〉住職。元〈同区・同派大本山増上寺内〉同宗総合研究所研究員、元〈東京都港区・現公益財団法人〉三康文化研究所研究員）
200410　：◎法然教団系譜選（野村・福田行慈［編集］、青史出版）※時衆関係人名頻出

野村　隆
199801　：時宗名号書体について（上）（『史迹と美術』第六十八輯ノ一、史迹美術同攷会）※→野村隆200203
199802　：時宗名号書体について（下）（『史迹と美術』第六十八輯ノ二、史迹美術同攷会）※→野村隆200203
200203　：時宗名号書体について（『時宗教学年報』第三十輯、時宗教学研究所）※←野村隆199801・199802

野村　八良（※元駒澤大学文学部教授、元東洋大学文学部教授。1881/3/14-1966/1/30）
192212　：◎鎌倉時代文學新論（明治書院）※「第六章　佛教文學」に「九　一遍上人及び他阿上人の法語」「一〇　一遍聖繪の詞書」の節あり。→野村八良192605
192605　：◎増訂鎌倉時代文學新論（明治書院）※「第六章　佛教文學」に「九　一遍上人及び他阿上人の法語」「一〇　一遍聖繪の詞書」の節あり。←野村八良192212 増補三版
193402　：◎鎌倉時代の佛教文學（東方書院〔日本宗教講座 2〕）
195706　：◎日本散文学史（巌南堂）

乗岡　憲正（※元大谷女子大学文学部教授、元大阪府立豊中高等学校教諭。1919-2007/8/2）
196411　：：續・熊野地方の民謠　附・熊野地方民俗語彙集（高崎正秀［編集者代表］『國學院雜誌』第六十五巻第十・十一号（昭和三十九年十・十一月号）［續熊野學術調査特集號］、國學院大學）
　　　　※p230-295。臼田甚五郎・乗岡・德江元正［共筆］

野呂　肖生（※元世田谷学園高等学校教諭）
199907　：◎城と城下町（石井進・千田嘉博［監修］・野呂［執筆］、山川出版社〔文化財探訪クラブ 6〕）
　　　　※「地方武士の館」の項の単色図版ネーム：「武士の館―遍上人絵伝」

は　　　　行

倍巖　良舜（※融通念佛宗管長・大阪市平野区大念佛寺〈同宗総本山〉法主・奈良市法徳寺〈同宗〉長老）
201208　◎好胤と倍巖（学生社）※法相宗管長高田好胤（1924/3/10-1998/6/22）との交流を描く
羽下　徳彦（※東北大学名誉教授。元東京女子大学文理学部助教授）
199706　◎点景の中世―武家の法と社会―（吉川弘文館）
　　　　：①今湊の漢阿弥陀仏※『時衆過去帳』にみえる「今湊」を出羽国とみなすが、加賀国カ〔小野澤註〕
萩坂　昇（※作家。1924-2003/5/11）
199810　◎かながわの伝説散歩（暁印書館）※「小栗判官」の項あり
萩野谷岩保（※太田浄光寺檀家。1921-）
199604　◎うりづら西福寺物語（萩野谷私家版〈筑波書林［製作］〉）
　　　　※瓜連西福寺は茨城県那珂市瓜連1173の藤沢派廃寺で、太田浄光寺が継承。萩野谷家が西福寺跡を代々護持
萩原　龍夫（※明治大学名誉教授。元東京学芸大学学芸学部〈現教育学部〉教授。1916/7/18-1985/6/19）
196907　○伊勢神道と仏教（日本宗教史研究会［編］『諸宗教との交渉』法蔵館〔日本宗教史研究３〕）
莫　安柄
193107　：○時宗の光明眞言（『日本及日本人』第二百二十八號、政教社）
博　雅　會（※京都市）
192999　◎一遍聖繪（同會）※歡喜光寺本複製全12巻巻子本、各木箱入り、各詞書翻刻附属
白山総合学術書編集委員会
199211　◎白山―自然と文化―（同委員会［編］、北国新聞社出版局）※長崎称念寺ほかに言及
土師　清二（※小説家。元〈大阪市北區・株式会社〉大阪朝日新聞社（現朝日新聞社大阪本社）社員。1893/9/14-1977/2/4）
196308　／一遍上人の垢（『大法輪』昭和三十八年八月号［第30巻第8号］、大法輪閣）
橘川　正（※京都市下京區佛願寺〔真宗大谷派。六条道場跡地〕住職。元大谷大學文學部教授。1894/1/30-1931/9/6）
191811　○常總地方の念佛堂（『歴史と地理』第二巻第五號、史學地理學同攷會）※→橘川正192408①
192101　○空也・一遍の踊り念佛について（『佛教研究』第二巻第一號、大谷大學）
192408　◎日本佛教文化史の研究（中外出版）
　　　　：①常總地方の念佛堂※←橘川正191811
橋本　章彦（※京都精華大学人文学部非常勤講師）
199810　○神峰山寺における融通念佛と厳賢自恵―『神峰山寺秘密縁起』を中心として―（融通念佛宗教学研究所［編集］『法明上人六百五十回御遠忌記念論文集』大念佛寺〈百華苑［製作］〉）
200102　◎略縁起　資料と研究第３集（石橋義秀・菊池政和・橋本［編］、勉誠出版）※詳細⇒石橋義秀200102
橋本　憲一（※群馬縣金山文學會同窓會長）
194012　◎皇紀二千六百年記念出版　新田義貞卿誕生地建碑祝辞集（橋木［編纂］、群馬縣金山文學會同窓會）
　　　　※「祝電」の項に「福井縣新田公菩提所稱念寺住職　高尾察玄」あり。奥付には「橋木憲一」
橋本　博（※静岡郷土研究會會員）
193006　◎駿河志料　第三編（橋本［編輯］・新宮高平［編集］・新宮高景［校正］、静岡郷土研究會）
　　　　※詳細⇒中村高平193006。→橋本博196903
196903　◎駿河志料　第一（中村高平［著］・橋本［校訂］、歴史図書社）
　　　　※詳細⇒中村高平196903。←橋本博193006
橋本　幸雄（※〈東京都北區・株式会社〉甲味食品興業所代表取締役）
199799　◎上野国世良田　長楽寺改宗と天海―新田庄の研究―（橋本私家版）
　　　　※「徳川村時宗満徳寺」に言及。→橋本幸雄200712
200712　◎上野国世良田　長楽寺改宗と天海―新田庄の研究―（岩田書院）※←橋本幸雄199799に関連２編を追加、2000/6/24 於太田市強戸ふれあいセンター、新田氏研究会主催講演会付録資料として配付された「補２　長楽寺推進派と反対側の区分」にも「徳川村万徳寺〔時宗〕」とあり。また追加された「近世新田庄の政治的宗教的背景」で「藤沢山宇賀神縁起」を引用し「時衆〔時宗〕」に言及、「徳川満徳寺〔駆け込み寺〕と時宗」の項あり
蓮沼　文範（※真宗大谷派学僧。1889-1972）
193501　◎七愚集　西行・親鸞・一遍・良寛・一茶・寒山・拾得（蓮沼［編著］、大東出版社）※「一遍」の章あり
長谷　章久（※埼玉大学名誉教授。元放送大学教養学部教授。1918-1985/10/25）
197509　○一遍聖絵（『新修日本絵巻物全集［第11巻一遍聖繪］月報』２、角川書店）
長谷川　武（※〈山形県〉天童市役所上下水道課副主幹（兼）お客様行政主査。元同市教育委員会社会教育課主査）
199607　◎髙野坊遺跡確認調査報告書（村山正市［執筆担当］・長瀬一男・長谷川［編］、天童市教育委員会〔同市埋蔵

	文化財報告書第１２集］）※山形県天童市高野坊遺跡を1996/5/1-1997/3/31発掘した報告書
199703	◎高野坊遺跡発掘調査報告書（川崎［監修］・長瀬一男・村山正市［執筆］・長瀬・長谷川［編集］、天童市教育委員会［同市埋蔵文化財報告書第１６集］）※山形県天童市高野坊遺跡を1996/9/2-1997/3/31発掘した報告書

長谷川　端（※中京大学名誉教授）

198210	：○垂井道場金蓮寺縁起二種（資料）（『中世文学』第二十七号、同会）
199410	◎太平記①（長谷川［校注・訳］、小学館［新編日本古典文学全集54］）※番場蓮華寺での六波羅主従集団自害あり

長谷川匡俊（※（東京都板橋区・学校法人）大乗淑徳学園理事長・淑徳大学名誉教授・同大学長谷川仏教文化研究所所長・同大学総合研究所客員教授・千葉中央区大巖寺（浄土宗鎮西派）住職、元淑徳大学長）

197403	：○近世時宗教団の学寮制度覚書（『長谷川仏教文化研究所年報』創刊号、同所）
197603	：○千田称念寺歯吹如来開帳ノート（『房総の郷土史』第４号、千葉県郷土史研究連絡協議会）※上総国埴生郡千田村（現千葉県長生郡長南町）の同寺は旧時宗・現浄土宗鎮西派。→長谷川匡俊 200705 ④
197703	：○中世仏教と千葉氏（千葉県郷土史連絡協議会［編］『千葉氏研究の諸問題』千秋社〈多田屋［発売］〉［郷土研叢書1]）※旧・現時宗寺院に言及。→長谷川匡俊 200705 ①
197902	：○時宗の学寮と修学生活（圭室文雄［編］『遊行日鑑』第三巻、角川書店）
198003	：○近世遊行上人の房総巡行ノート（『長谷川仏教文化研究所研究年報』第7号、同所）※→長谷川匡俊 200705 ⑥
198110	：○近世遊行上人の四国巡行（『地方史研究』第173号、同協議会）※→長谷川匡俊 200705 ⑦
198312	：○千葉県における浄土宗寺院の成立と展開（千葉県浄土宗寺院誌編集委員会［編］『千葉県浄土宗寺院誌』同誌刊行委員会）※時宗に言及、旧時宗寺院で伝一遍開山の同県長生郡長南町千田称念寺、伝最教開山の同町芝原西福寺、旧当麻派で現在単立の千葉市稲毛区千葉来迎寺をとりあぐ。また踊躍念仏の例として、浄土宗名越派中興の良来開山の佐倉市西福寺の県指定無形民俗文化財「坂戸の念仏」を挙ぐ。→長谷川匡俊 200705 ③
198503	：○近世における専阿の「西方四十八願所」巡拝について（『淑徳大学研究紀要』第19号、同大学）※巻末「西方四十八願所」札所一覧表」に５円福寺（熱田）、11 仏眼寺（綾）、42 引接寺（堺）。廃寺。以上、四条派）あり
198603	：○房総の古寺巡礼　上（『カルチャー千葉』第９号、千葉市文化振興センター）※旧時宗の浄土宗千田称念寺・単立千葉来迎寺に言及。→長谷川匡俊 200705 ⑤
198610	：○房総の古寺巡礼　下（『カルチャー千葉』第10号、千葉市文化振興センター）※旧時宗の浄土宗千田称念寺・単立千葉来迎寺に言及。→長谷川匡俊 200705 ⑤
198801	：○近世後期における房総寺院の分布と本末組織（川村優先生還暦記念会［編］『近世の村と町』吉川弘文館）※旧時宗寺院に言及しつつ「時宗以下については、ひとまず除外する」とす。→長谷川匡俊 200705 ②
199903	：○続・念仏聖無能の巡教と没後の無能敬慕と霊験（『大乗淑徳学園長谷川仏教文化研究所所報』第二十三号、同研究所）※時宗の遊行に言及
199910	◎日本仏教福祉概論　近代仏教を中心に（池田英俊・芹川博通・長谷川［編］、雄山閣）
200107	◎日本仏教福祉思想史（吉田久一・長谷川［著］、法藏館）
	：①願阿弥の「勧進型」慈善思想
200309	◎近世の念仏聖無能と民衆（吉川弘文館）
	：①序　章　研究の視点と課題※「一　念仏聖の近世的性格―体制仏教と脱体制仏教―」で一遍に言及
	：②第二章　奥州の念仏勧化―巡錫地と寺々―※「一　初期の巡教と三春城下の勧化」で正徳四年（1714）七月二十三～九日の７日間、同九月および享保元年（1716）九月、田村郡三春法蔵寺に浄土宗捨世派僧無能が招かれ、「無能の本格的な勧化が浄土宗ではなく時宗の寺に端を発していること」に注意している。同寺は江戸時代の記録で遊行上人が寛文二年・元禄十年・正徳二年・寛保四年・明和八年・寛政四年・嘉永元年の７回訪れている点を指摘。「四　安達地方の勧化と遺跡」で三春法蔵寺に言及
	：③第三章　羽州の念仏勧化―巡錫地と寺々― ※「二　村山地方の勧化と遺跡」で旧時宗一向派の山形県西置賜郡白鷹町荒砥正念寺に言及し、同寺に無能と法孫矢吹慶慶（嗣が矢吹慶輝）の墓塔が建つ点を指摘。註で同県天童市内の寺院分布で時宗に言及
	：④第四章　無能の奥羽教化の実績と特質 ※「一　巡教地域と布教実績」で三春法蔵寺に言及、←圭室文雄 197511 を引用、延享元年（1744）二月、磐城平城西寺（廃寺）に７日間滞在した遊行上人の賦算に言及。「四　教化と福祉―福祉思想―」で一遍に言及
	：⑤第七章　無能の念仏勧化を支えたもの※「二　近侍の道心者と道心者ネットワーク」で時宗檀徒を例示
200705	◎近世の地方寺院と庶民信仰（岩田書院［近世史研究叢書⑲]）
	※→西海賢二 200710・200711 新刊紹介・小田真裕 200711 書評
	：①中世仏教と千葉氏※「Ⅰ　寺院と檀越」のうち。←長谷川匡俊 197703
	：②近世後期　房総寺院の分布と本末組織 ※「Ⅱ　房総地方の寺院分布と浄土宗教団」のうち。←長谷川匡俊 198801 改題
	：③房総における浄土宗の展開と庶民信仰※同上。←長谷川匡俊 198312 改題

	：④上総千田称念寺「歯吹如来」の開帳とその顛末※「Ⅲ　開帳と庶民信仰」のうち．←長谷川匡俊197603 改題
	：⑤房総の札所巡礼今昔※「Ⅳ　巡礼・遊行と庶民信仰」のうち．←長谷川匡俊198603・198610 改題
	：⑥遊行上人の房総巡行※同上．←長谷川匡俊198003 改題
	：⑦遊行上人の四国巡行※同上．←長谷川匡俊198110 改題

羽田　一成　（※〈従六位勲六等・山梨県史蹟調査委員〉、同県南都留郡〉福地村（現東吉田町）社會教育委員会委員。元〈同県〉谷村町立資料女學校（現県立都留興譲館高等学校）教諭。1863/4/20-1944/5/13）

| 193011 | ：○國學者春登上人（『甲斐』創刊號、甲斐郷土研究學會） |
| 193012 | ：○國學者春登上人（『甲斐』第二號、甲斐郷土研究學會） |

秦　石田
→秦　石田

畠中　弘　（※〈鳥取県〉米子市文化財保護審議会委員。元〈同県〉境港市民図書館館長）

| 199803 | ：○郷土の中世史資料「安養寺縁起」（『米子市史だより』第7号、同編さん事務局） |

畑山　博　（※小説家・第67回芥川賞受賞者。1935/5/18-2001/9/2）

| 200012 | ◎一遍　癒しへの漂泊（学陽書房）※小説。→朝日新聞社200101 紹介 |

八王子事典の会　（※東京都八王子市）

| 199112 | ◎八王子事典（同会［編著］、かたくら書店）※「喜願寺（廃寺）」（当麻派）、「西念寺（廃寺）」、「直入院」、「福泉寺（廃寺）」（旧時宗福寿院）、「宝樹寺」、「法蓮寺」の項あり。→八王子事典の会200101 |
| 200101 | ◎八王子事典（同会［編著］、かたくら書店）※←八王子事典の会199112 改訂版 |

八　葉　会

| 199801 | ◎浄土宗本山八葉山蓮華寺旧末寺院名簿（同会）※宇都宮一向寺主宰（当初）の旧一向派親睦団体 |

八田　洋子　（※史迹美術同攷会会員）

200601	：○尼崎・如来院の笠塔婆と『師守記』―西大寺律宗と時宗の関係―（上）（『史迹と美術』第七十六輯ノ一（第七六一号）、史迹美術同攷会）※単色図版ネーム：「一遍流　名号草書体　①神奈川清浄光寺　②福島　小峰寺　伝一遍上人筆　③和歌山　熊野館寺　伝一遍上人自筆自刻」
200602	：○尼崎・如来院の笠塔婆と『師守記』―西大寺律宗と時宗の関係―（中）（『史迹と美術』第七十六輯ノ二（第七六二号）、史迹美術同攷会）※単色図版ネーム：「『一遍聖絵』一遍の墓（五輪塔と釘貫）」
200603	：○尼崎・如来院の笠塔婆と『師守記』―西大寺律宗と時宗の関係―（下）（『史迹と美術』第七十六輯ノ三（第七六三号）、史迹美術同攷会）※単色図版ネーム：「他阿上人書体　①京都　長楽寺　二祖上人（他阿）　②福島　小峰寺　伝二祖上人（他阿）　③京都　金蓮寺　伝二祖上人（他阿）　「他阿弥陀仏同行用心大綱」彦根博物館『高宮寺と時宗美術』　⑤京都　長楽寺　二祖上人書状　⑥京都　長楽寺　二祖上人書状　⑦尾道　浄土寺（蓮如筆とされる名号）」。尾道浄土寺（真言宗泉涌寺派）の名号は蓮如筆とされるが、他阿弥陀仏の書体と「大変良く似ている」とす。以上、肩書きは「兵庫県在住会員」

服部　清道　（服部清五郎）（※横浜商科大学名誉教授・天台宗山門派僧侶。元藤嶺学園藤沢高等学校教諭。1904-1997/7/19）

193309	◎板碑概説（鳳鳴書院）※「服部清五郎」名義。→服部清道197211
193612	：二祖他阿流の名號について（『書之友』第二巻第十二號、雄山閣）
195601	：○四天王寺念仏堂と踊躍念仏（『四天王』第百八十八号、四天王寺）
195605	：○一遍上人の賦算についての問題（日本歴史学会［編集］『日本歴史』第九十五号、吉川弘文館）
195703	：○清浄光寺所蔵の一遍上人絵詞伝について（日本歴史学会［編集］『日本歴史』第百五号、吉川弘文館）
195705	：○「一遍上人絵詞伝」成立考（『日本仏教史』第二号、同研究会）
195903	：○小栗判官伝説の成立考（『わが住む里』第十号、藤沢市中央図書館）
196201	：○幡随意上人と藤沢（『藤沢史談』第十六号、同会）※→服部清道196203
196203	：○幡随意上人と藤沢（『わが住む里』第十三号、藤沢市中央図書館）※←服部清道196201
196409	：○鎌倉地方の板碑―上―（神奈川県立金沢文庫［編集］『金沢文庫研究』第十巻第九号、同文庫）
196411	：○鎌倉地方の板碑―下―（神奈川県立金沢文庫［編集］『金沢文庫研究』第十巻第十・十一号、同文庫）
196601	：○江戸時代の藤沢宿（藤沢の歴史編集委員会［編］『藤沢の歴史』服部清道博士還暦記念論文集、同委員会）
197211	◎板碑概説（角川書店）※←服部清道193309
197610	：○東国における時宗の跡づけ（奥田慈應先生喜寿記念論文集刊行会［編］『仏教思想論集』奥田慈應先生喜寿記念、平楽寺書店）
197900	：○藤沢市城内の板碑（藤沢市教育委員会［編集］『藤沢市文化財調査報告書』第十四集、同委員会）
198103	：○時宗名号の書体（『横浜商大論集』第十四巻第二号、横浜商科大学学術研究会）
198301	：○書評　今井雅晴著『時宗成立史の研究』（史学会［編集］『史学雑誌』第92巻第1号、山川出版社）※←今井雅晴198108 を書評
199003	：○藤沢市城内の大名墓・旗本墓（藤沢市教育委員会社会教育課［編集］『藤沢市文化財調査報告書』第二十五集、同委員会）※「堀田氏の墓」の項あり。単色写真ネーム：「堀田氏の墓　遊行寺墓地」「徳川家光が乳母の墓」

「堀田正利の墓」「堀田正盛の墓」「堀田正盛の妻阿栗の墓」「堀田正仲の墓」
199403 ◎藤沢地区石造文化財総合調査概要（服部［執筆］、藤沢市教育委員会社会教育課）
　　　　※藤沢市教育委員会社会教育課 199403 の別刷。肩書は：調査員代表：「文学博士　服部　清道」

服部　敬重
193609 　：○一遍聖に於ける捨離思想の考察（『尋源』第六号、大谷大學史學會）

服部　敏良（※醫學博士（名古屋醫科大學〈現名古屋大學医学部〉）・文学博士（龍谷大學）。元〈愛知県一宮市〉山下病院院長・内科医。1906/11/15-1992/6/16）
196806 　：○室町時代における時衆の医療活動（金井清光［編集］『時衆研究』第三十号、金井私家版）
　　　　※→服部敏良 198110 ①
198110 ◎日本医学史研究余話（科学書院〔霞ヶ関出版［発売］〕）
　　　　：○室町時代における時衆の医療活動※←服部敏良 196806

服部　治則（※山梨大学名誉教授。1920/7/18-2015/2/28）
200711 ◎武田氏家臣団の系譜（服部［著］・平山優・黒田基樹［編集］、岩田書院［中世史研究叢書⑫］）
　　　　※『一蓮寺過去帳』に言及。→戸谷穂高 200810 紹介

服部　英雄（※九州大学比較社会文化学府教授。元文化庁文化財保護部〈現文化財部〉記念物課文化財調査官）
200409 　：○中世史料論（歴史学研究会・日本史研究会［編］『日本史講座』4「中世社会の構造」、東京大学出版会）
　　　　※「三　地名・絵画・文献史料の発言力─中世の市場・三斎市」の項で単色図版ネーム：「伴野市（上）と福岡市（下）　『一遍上人絵伝』（巻4）より．部分．遊行寺・清浄光寺所蔵（『日本の絵巻 20』〔中央公論社〕より）．」「萱津宿　円覚寺領尾張国富田庄絵図」より．部分．円覚寺所蔵。前者は本文で言及、後者に光明寺が載る
201204 　：◎河原ノ者・非人・秀吉（山川出版社）※「はじめに」で黒田日出男は『一遍上人絵伝』によりつつ、非人集団においてはライ患者が中心的役割を果たすとみた（『境界の中世・象徴の中世』）とす。「第一部　河原ノ者・非人」「第三章　都鄙の療病寺・悲田寺・青目（カワタ）─救ライ（癩）活動の展開と地方の差別構造」「二　地方都市（大宰府・国府）と周辺」「2　国府と周辺」「その2　信濃国善光寺境内と門前」の「中世善光寺の賤の環境」の項の本文に『一遍上人絵伝』歓喜光本（聖戒本）・『一遍上人絵伝』清浄光寺本（宗俊本）・金井清光 197503・『一遍上人絵伝』新善光寺本（重要文化財）を引用し、図版キャプション：「傘の下の巻物が絵解きに用いる曼荼羅や境内の絵と推測される。集団のなかに常に赤んぼうを連れた女性がいる。絵師の好みで描かれたというよりは、この集団にはいつも赤んぼうがいたからだと考えてみたい。『一遍上人絵伝』（一遍聖絵）、巻3、6、12」「清浄光寺蔵。続く「聖による新善光寺の全国展開」の項の本文で『一遍上人絵伝』『遊行上人縁起絵』（山形光明寺所蔵）・藤沢靖介 199801（ただし一九八七とす）引用。「第二部　豊臣秀吉」「第九章　少年期秀吉の環境と清須城下・繁栄と乞食町」「三　乞食村・玄海」に「4　甚目寺と清須─『一遍上人絵伝』」の項あり。ただし秀吉の萱津光明寺小僧時代や養父「筑阿弥」に関する詳述はなし

服部比呂美（※〈東京都〉渋谷区郷土博物館・文学館学芸員、國學院大學文学部兼任講師）
201003 　：○念仏系塔（相模原市総務局総務課市史編さん室［編集］『相模原市史』民俗編、同室）
　　　　※「第八章　石仏と信仰」「第二節　相模原市域の諸石仏」の「八」。当麻無量光寺境内の徳本名号塔、第52世住職他阿霊随名号塔、第56世住職他阿至実名号塔に言及。大正九年銘（1920）第60世住職他阿覺誠名号塔を最終とす。ただし第66世住職他阿昭善の名号塔も存在（小野澤註）。原当麻觀心寺の安産石にも言及

服部　幸雄（※千葉大学名誉教授。元国立劇場芸能調査室主任専門員。1932/7/28-2007/12/28）
196404 　：○阿国の念仏踊（『名古屋大学国語国文学』第十四号、同会）※→服部幸雄 196803 ①
196803 ◎歌舞伎成立の研究（風間書房）
　　　　：○阿国の念仏踊※←服部幸雄 196404
199203 　：○舞と踊の系譜（『踊る姿、舞う形─舞踊図の系譜─展』サントリー美術館）
　　　　※ 1992/3/15-4/19 於同館、展覧会図録の解説。空也念仏、一遍・時宗の踊念仏に言及
199507 　：○櫓（黒田日出男［責任編集］『歴史学事典』3「かたちとしるし」、弘文堂）
　　　　※項目執筆。図版：『一遍上人絵伝』、「『一遍上人絵伝』には，邸宅の櫓門の描かれているのを見ることができる。」と記述。なお同書の他項目では全て『一遍聖絵』と表記

服部　良男（※美術史研究家・〈愛知県名古屋市・公益財団法人名古屋みなと振興財団〉名古屋海洋博物館専門委員。元府中龍願中央図書館司書、元蓮左文庫司書、元岡崎熊田図書館司書）
199810 　：○横死者への眼差し　水陸画や甘露幀に触発されて日中韓の生死観におよぶ（『列島の文化史』11、日本エディタースクール出版部）※兵庫薬仙寺蔵品に関するもの。→服部良男 200005 ①
200005 ◎薬仙寺所蔵重要文化財『施餓鬼図』を読み解く─半途に斃れし者への鎮魂譜─（日本エディタースクール出版部）
　　　　：①改稿　横死者への眼差し─水陸画や甘露幀に触発されて、日中韓の生死観に及ぶ
　　　　※第二部。←服部良男 199810 を改稿

花田　春兆（※俳人・作家・〈東京都新宿区・特定非営利活動法人〉日本障害者協議会顧問）
199904 ◎写真・絵画集成日本の福祉第5巻文化に息づく（一番ヶ瀬康子・花田［編］、日本図書センター）

※空也、『聖絵』六波羅、『縁起絵』甚目寺施行

花村　統由（※早稲田予備校講師・埼玉学園大学人間学部非常勤講師）
200104　：○円照寺の板碑をめぐって（『禅文化』第180号、同研究所）※久米長久寺開山「玖阿弥陀佛」銘のある元弘三年（1333）五月十五日銘・東京都東村山市徳蔵寺（臨済宗大徳寺派）蔵板碑に言及

花輪　莞爾（※作家・國學院大學名誉教授）
197509　：○『一遍聖絵』雑感（『新修日本絵巻物全集』第11巻一遍聖繪）月報）2、角川書店）

塙　保己一（※〈江戸〉當道總檢校・和學講談所（現東京大学史料編纂所）創設者・国学者。1746/6/23-1821/10/7）
193112　◎群書類從第二十一輯合戦部（塙［編纂］、續群書類從完成會）
　　　　※巻三百九十一『富樫記』に長享二年（1488）六月九日富樫政親が自害に際し「五蘊本空ナリケレバ何者カ借リテ来ラン借リテ返サン」と一向俊聖の偈に類似した辞世の句を詠む記事あり。→塙保己一 195612
193409　◎群書類從第二十九輯雑部（塙［編纂］、續群書類從完成會）
　　　　※巻五百十四に『近江國番場宿蓮華寺過去帳』あり。ただし翻刻誤字多し。→塙保己一 195599
195599　◎群書類從第二十九輯雑部（塙［編纂］、續群書類從完成會）※←塙保己一 193409
195612　◎群書類從第二十一輯合戦部（塙［編纂］、續群書類從完成會）※←塙保己一 193112

葉貫　一樹（※駒澤大学大学院文学研究科博士課程（当時））
199404　：○江戸幕府の寺院統制と触頭（『駒沢大学史学論集』第24号、同大学大学院史学会）
　　　　※「寛永寺院本末帳一覧表」に時宗の項あり。肩書き：「博士課程」

羽根田正明（※古代史研究者・洗車センター経営。元川崎興業ＫＫ社長付開発部長。1917年福島県生）
197705　◎多摩の古道と伝説（羽根田［著者兼発行者］〈有峰書店・武蔵野郷土史刊行会［発売所］〉）
　　　　※「当麻の時宗本山無量光寺（相模原市）」の項あり

馬場　萬夫（※元武蔵大学図書館能研究情報センター嘱託、元國立国会図書館主題情報部古典籍課（現利用者サービス部人文課古典籍係）課長）
200509　◎日記解題辞典　古代・中世・近世（馬場［編］、東京堂出版）
　　　　※『遊行日鑑』の項あり。ただし「宝暦十一年以後は未刊」とす

羽曳野市史編纂委員会（※大阪府羽曳野市）
199703　◎羽曳野市史第1巻本文編1（同委員会［編］、同市）※図版：『聖絵』太子廟・四天王寺

濱口　博章（※姫路獨協大学名誉教授・甲南大学名誉教授）
195110　：○由乃の伝について（『万葉』創刊号、同学会）

浜田　全真（※大阪府東大阪市念仏寺（融通念佛宗）住職・帝塚山大学大学院人文科学研究科非常勤講師。五来重門下）
197503　：○融通念仏宗の成立について（大谷大学国史学会［編集］『尋源』第二十八号、同会）
199304　：①融観
　　　　：②融通円門章
　　　　：③融通念仏縁起
　　　　：④融通念仏宗（以上、国史大辞典編集委員会［編集］『国史大辞典』第十四巻、吉川弘文館）
　　　　※項目執筆。→浜田全真 199911
199810　：○融通念仏と如法経（融通念佛宗教学研究所［編集］『法明上人六百五十回御遠忌記念論文集』総本山大念佛寺融通念佛宗〈百華苑［製作］〉）
199911　：①融観
　　　　：②融通円門章
　　　　：③融通念仏縁起
　　　　：④融通念仏宗（以上、今泉淑夫［編集］『日本仏教史辞典』吉川弘文館）
　　　　※項目執筆。『国史大辞典』の当該項目を加筆・訂正し再録。←浜田全真 199304
200009　：○融通念仏と勧進一名帳・絵巻物と芸能を通して一（伊藤唯真［監修］・融通念佛宗教学研究所［編集］『融通念仏信仰の歴史と美術一論考編』東京美術）

濱田　隆（※元山梨県立美術館館長、元奈良国立博物館館長）
198907　：①「時宗の美術と芸能」の特集に思う
　　　　：②編集後記（以上、佛教藝術學會［編集］『佛教藝術』185［特集　時宗の美術と芸能］、毎日新聞社）
199507　：○他阿上人の来甲と中世の時衆寺院（『甲斐路』第82号、山梨郷土研究会）
199511　：○時衆の美術（時衆の美術と文芸展実行委員会［編集］『時衆の美術と文芸―遊行聖の世界―』同委員会〈東京美術［発売］〉）※ 1995/11/3-12/10 於 山梨県立美術館、1996/1/4-28 於 長野市立博物館、2/3-25 於（神奈川県）藤沢市民ギャラリー、3/10-4/14 於（滋賀県）大津市歴史博物館、特別展図録※「第二編　美術編」の「一」
200009　：○甲府一蓮寺「束帯天神画像」考―中世の文芸と絵画の一断面（一）―（佛教藝術學會［編集］『佛教藝術』252、毎日新聞社）※同カラーグラビア掲載。→井上聡 200101 文献案内
200201　：○甲府一蓮寺「柿本人麿画像」考―中世の文芸と絵画の一断面（二）―（佛教藝術學會［編集］『佛教藝術』260、

毎日新聞社）※同カラーグラビア掲載
200610 ：◎甲斐の仏教とその美術―仏教にみる信玄以前史―（『祈りのかたち―甲斐の信仰―』山梨県立博物館）
※ 2006/10/14-11/20 於同館、開館一周年記念特別展図録論考。時衆に言及。単色図版ネーム：「長泉寺　阿弥陀三尊種字板碑」。肩書き：「山梨県立博物館展示監修員・元山梨県立美術館館長」。なお同年 10/29 於山梨県総合教育センター大研修室、「山梨の仏教美術入門Ｑ＆Ａ」特別記念講演あり

浜田　宣（※徳島文理大学文学部教授。元広島県立歴史博物館主任学芸員）
199412 ：○尾道の中世寺院（松下正司［編］『埋もれた港町　草戸千軒・鞆・尾道』平凡社〔よみがえる中世 8〕）

浜野　卓也（※児童文学作家。元山口女子大学文学部教授。1926/1/5-2003/8/10）
199511 ◎北条時宗―元寇に挑んだ若き宰相（ＰＨＰ研究所〔ＰＨＰ文庫〕）※文庫書き下し小説。一遍が登場

浜野　達也（※〈神奈川県〉平塚市博物館学芸員）
201003 ：○社寺の信仰と祭祀（相模原市総務局総務課市史編さん室［編集］『相模原市史』民俗編、同室）
※第七章。「第二節　寺院と堂の信仰」「一　寺院と法要」に「表 7-5　『新編相模国風土記稿』に記された寺堂」あり、塩田向得寺、当麻東沢寺、当麻無量光寺、原当麻観心寺掲載、本文でも言及。「第二節　寺院と堂の信仰」に「二　当麻山無量光寺の信仰」の項あり。「第三節　講と神仏」「一　様々な講」に「㈡念仏講」「相原森下の念仏講」の項あり、講で無量光寺第 56 世住職他阿至実の名号掛軸を掲げるとし、単色写真あり。コラム欄「暮らしの写真帖 21 ／相原の念仏講相原当麻田」でも講で至実名号掛軸と徳本名号掛軸を用いるとす。ほかでも当麻東沢寺の廃寺の経過にも言及

早坂　暁（※作家）
199810 ：□国難―蒙古来たる（『毎日新聞』日曜版同月 4 日号、同社）※毎週連載小説。主人公：「河野智眞」

早坂　博（※東北福祉大学名誉教授。2003/11/29 歿）
198212 ：○一遍における念仏と救済（東北印度学宗教学会［編］『論集』第 9 号〔楠正弘教授還暦記念特集〕、同会）
198803 ：○時宗における報身と名号（『日本仏教学会年報』第五十三号、同会）

林　功（※愛知県立芸術大学美術学部助教授。1946/2/22-2000/11/4）
200001 ：○社寺のある風景十選（１）伊勢「一遍上人絵伝」（『日本經濟新聞』同月 31 日号、同社）※巻五 18 段

林　温（※慶應義塾大学文学部教授）
200305 ：①国宝一遍上人絵伝（一遍聖絵）の裏彩色※単色図版ネーム：「巻第三の絵第二段（部分）右／表　左／裏」「巻第四の絵第一段（部分）右／表　左／裏」。→稲本万里子 200405 紹介
：②［表紙解説］国宝　一遍上人絵伝※単色図版：巻第四絵三段　備前福岡市庭の場面「表面」・「裏面」
（以上『月刊文化財』第 476 号、第一法規）
200399 ：□美術家の死と生？（『美術フォーラム 21』第 8 号、同刊行会）※→稲本万里子 200405 で「『一遍聖絵』十二巻末尾部分が制作後のある次期に付加された可能性を示唆」と紹介
200504 ：□国宝一遍上人絵伝（一遍聖絵）と修理―古画を修理するということ（佐藤康宏［編］『物から言葉へ』東京大学出版会〔講座日本美術史 1〕）※「一遍上人絵伝　巻第三絵 2 段　熊野証誠殿（本宮）後方部分　清浄光寺」「巻第四絵 1 段　一遍」「巻第四絵 3 段　弓を持つ従者」「巻第四絵 3 段　馬上の神官息子」「巻第四絵 5 段　武士の館内」「巻第十二絵 3 段　三艘の舫舟」「巻第十二絵 3 段　臨終場面」、それぞれの「同（絹裏から見たところ）」、単色図版：「詞書の下地に表された地紋（巻第五　飛鳥、巻第三　蘭）」「巻第一絵末　群雀」「巻第三絵 1 段　熊野新宮場面右下方の雀」「巻第五絵 4 段　汀の氷紋と水波（エミシオグラフィ）」「巻第十二絵 2 段　居眠りする僧（絹裏から見たところ）」「巻第十二絵 3 段　臨終場面（下描きの描き起こし）」「巻第十二巻末」
200709 ：□清浄光寺新発見　裸だった一遍が服を着せられたのはなぜか？　『一遍聖絵』を読み解く（当時の風俗を知る貴重な資料／改変された「臨終場面」／高度な教養を持った階層の嗜好）（『週刊　朝日ビジュアルシリーズ　仏教新発見』第 13 号《大念仏寺・清浄光寺》、朝日新聞社）
※文中の『一遍聖絵』カラー図版：「一遍と踊り念仏」巻 7 第 3 段・「伊予・窪寺の田園風景」巻 1 第 4 段・「服を着せられた一遍」巻 4 第 1 段・「臨終場面の改変」巻 12 第 3 段、およびエミシオグラフィというＸ線写真の「氷紋と水波の描写」巻 5 第 4 段、カラー写真ネーム：「中雀門の桜」。肩書き：「慶應義塾大学教授」

林　觀照（※東京都品川区宝塔寺〈天台宗山門派〉住職。元大正大学文学部専任講師）
200201 ：◎慈性日記　二（林［校訂］、續群書類従完成會〔史料纂集・古記録編 128〕）※記主は多賀大社別当不動院兼帯・青蓮院院家尊勝院。寛永八年（1631）十月二十七日条頭註に「遊行上人多賀大社社参／踊り念佛／六字の御正體／禁酒の札を寶殿の柱に打つ」とあり、本文には新知見の尊惠を含む歴代遊行の社参を紹介。ただし「遊行上人（燈外）」とあるのは次の遊行 35 代法爾力（古賀克彦註）。版元の出版図書目録にも同記事が掲載

林　義善（※西newline末班寺46世住職。元家政高等学校〈現藤沢翔陵高等学校〉校長、元藤澤中學校、元藤澤学園藤沢高等学校）第 2 代校長、元時宗宗會議員（公選）。故人）
191605 ：□小栗判官（遊行登聾會本部［編］『聖衆之友』第三卷第五號、同本部）※〜第八號、191608 連載

林　憲次（※郷土史家）
200603 ：◎遙かなる熊野　『明月記』の旅路（文芸社）※藤代浄土寺と日限地蔵に言及

| 林 | 昭善 | （※西御門来迎寺第47世住職。林義善令息） |

199303 ：○［史料紹介］撰択貴旧鈔（中）（『時宗教学年報』第二十一輯、時宗教学研究所）※林［校］

| 林 | 道明 | （※宿根木称光寺住職・〈新潟県佐渡郡小木町［現佐渡市］・町立［現市立］小木民俗博物館館長。1913-1989） |

197402 ：○小木半島の石造文化について―主として宿根木付近のもの―（『佐渡史学』第十集、同会）
197602 ：○南門上人と南朝のことなど（『時衆あゆみ』＜一遍の念仏＞、中村昌道私家版）
198203 ：○南門上人画像について（『時宗教学年報』第十輯、時宗教学研究所）

| 林 | 文理 | （※福岡市博物館学芸課学芸係係長） |

200405 ：○中世 九 宗教（史学会［編集］『史学雑誌』第113編第5号「2003年の歴史学界―回顧と展望―」、山川出版社）※←時衆文化研究会200304・200310・金井清光200304A①・200304B・森田竜雄200304 に言及。→古賀克彦200410 紹介

| 林 | 方凡 | （※守山最明寺住職。元小学校教諭） |

197610 ：○一遍の思想上の問題点―その布教・神祇の関わり方について―（『仏教史研究』第九号、竜谷大学仏教史学研究室）※→林方凡197802
197802 ：○一遍の思想上の問題点―その布教・神祇の関わり方について―（大橋俊雄［編集］『時衆研究』第七十五号、時宗文化研究所）※←林方凡197610

| 林 | 淳 | （※愛知学院大学文学部教授。元東京大学文学部助手） |

199411 ：①他阿※←金井清光197503 を参考文献に挙ぐ
　　　　：②山崎弁栄※第61世住職を務めた当麻無量光寺に言及なし
　　　　（以上、朝日新聞社［編］『朝日日本歴史人物事典』同社）※項目執筆

| 林 | 雅彦 | （※明治大学名誉教授。元日本絵解き研究会〈解散〉代表、元学習院女子短期大学（2001/5/29廃校）助教授） |

198505 ：○「京御影堂善光寺略縁起」（蓬左文庫蔵）略解と翻刻（『長野』第121号、同郷土史研究会）※蓬左文庫蔵・享保十九年（1734）立春『京御影堂新善光寺畧縁起』の「解説と翻刻」。→林雅彦199502①
199502 ◎穢土を厭ひて浄土へ参らむ―仏教文化論（名著出版）
　　　　：①「京御影堂善光寺略縁起」（蓬左文庫蔵）略解と翻刻※←林雅彦198505
199808 ：○「文学と絵画」研究文献目録（古代～近世）抄―平成元年から八年―（『国文学 解釈と鑑賞』第63巻8号［平成10年8月号］（807）［特集 文学と絵画］、至文堂）※←田村憲治199008・網野善彦199403A・藤本正行199407 を論文・中世の部で紹介。林・藤巻和宏・平沼恵［共筆］
199809 ：○文学・史料に見る似絵・肖像画―僧侶の肖像画をめぐって―（梶谷亮治［編］『僧侶の肖像』至文堂［日本の美術No. 388］）※特別寄稿。本文に「清浄光寺（遊行寺）に伝わる「一遍聖絵」（十二巻、歓喜光寺旧蔵）」とあり、単色図版ネーム：「一遍聖絵（神奈川・清浄光寺）」

| 林 | 保史 | （※山形県西村山郡河北町谷地八幡宮宮司） |

200901 ：○河北町の名所・旧跡㊹天満神社合祀熊野神社（政策推進課［編集］『広報かほく』No. 1014［2009年1月15日号］、山形県河北町役場）※「全土に熱狂の渦を巻き起こした時衆（のち時宗）の念仏聖の存在も大きい。南北朝から室町時代にかけて、熊野の勧進権を独占し、熊野の聖性を伝えて一世を風靡しました」（ルビ略）とあり。肩書き：「文化財保護審議会委員」

| 林 | 譲 | （※東京大学史料編纂所教授。元同所画像史料解析センターセンター長） |

197811 ：○一遍智真の武士観（『日本佛教』第四六号、同研究会〈名著出版［発売］〉）
198101 ：○時宗国阿・霊山両派祖国阿弥陀仏伝記史料の再検討（『国史学』第一一三号、同会）
198112 ：○南北朝期における京都の時衆の一動向―霊山聖・連阿弥陀仏をめぐって―（日本歴史学会［編集］『日本歴史』第四百号、吉川弘文館）※「霊山聖」を霊山派ではなく六条派と指摘
198304 ：○時宗四条派派祖浄阿弥陀仏伝記史料の再検討―特に三伝の比較を中心として―（春田宣［編集者代表］『國學院雑誌』第八十四巻第四号、國學院大學広報課）※p17-36
198305 ：○時宗四条派派祖浄阿弥陀仏伝記史料の再検討―特に三伝の成立時期を中心として―（『国史学』第一二〇号、同会）
198811 ：○三条坊門油小路道場西興寺をめぐって―時衆のいくつかの異流について―（『仏教史学研究』第三十一巻第二号、仏教史学会）
198909 ：①市屋派／②一向派／③奥谷派／④解意派／⑤国阿派／⑥四条派／⑦天童派／⑧御影堂派／⑨遊行派／⑩霊山派／⑪六条派（以上、今井雅晴［編］『一遍辞典』東京堂出版）
　　　　※項目執筆。同辞典に限り便宜上、複数項目をまとめて表記す。肩書きは「東京大学史料編纂所助手」
199103 ：○〈科学研究費による研究の報告〉遊行上人自筆史料の網羅的蒐集とその基礎的研究（『東京大学史料編纂所研究紀要』第二号、同所）
199205 ：○僧か時衆か（『歴史手帖』第20巻第5号、名著出版）
199303 ：○黒衣の僧について―鎌倉・南北朝期における遁世の一面―（小川信先生の古希記念論集を刊行する会［編］

『日本中世政治社会の研究』続群書類従完成会）

199703 ：○一遍と時衆の盛行（静岡県［編］『静岡県史』通史編２中世、同県）
199704 ：①一遍聖絵
：②時宗（以上、地方史研究協議会［編］『地方史事典』弘文堂）※項目執筆
199803 ：○講演　平成九年度講座『加能史料』はいま　一向一揆以前—加賀・能登の時衆—（『加能史料研究』編集委員会［編集］『加能史料研究』第十号、石川県地域史研究振興会）
199903 ：○［史料散꼳］他阿弥陀仏から他阿弥陀佛へ—遊行上人書状の書札礼—（日本歴史学会［編集］『日本歴史』第六百十号、吉川弘文館）
200003 ：○一遍の踊り念仏研究ノート—特に歳末別時念仏との関連を中心に—（『時宗教学年報』第二十八輯、時宗教学研究所）※→若林晴子200010 文献案内
200007 ：○一遍の宗教覚書—特にその名前をめぐって—（大隅和雄［編］『中世の仏教と社会』吉川弘文館）
200010 ：①金光寺
：②金蓮寺
：③浄阿弥陀仏真観
：④清浄光寺
：⑤他阿弥陀仏託何
：⑥他阿弥陀仏呑海（以上『日本歴史大事典』第二巻、小学館）※項目執筆
200212 ：○一遍の引き連れた門弟、時衆について（中尾堯［編］『中世の寺院体制と社会』吉川弘文館）
※ 2000/9/4 於相愛大学、一遍聖絵研究会第１回例会報告を成稿
200301 ：○「時衆」について（大隅和雄［編］『仏法の文化史』吉川弘文館）
※←小野澤眞200010 を引用。→菊地大樹200404・林文理200405 紹介
200305 ：○中世　七　宗教（史学会［編集］『史学雑誌』第 112 編第 5 号「2002 年の歴史学界—回顧と展望—」、山川出版社）※←砂川博200206・時衆文化研究会200110・200204・伊藤幸司200212・渡辺誠200203・大山昭子200207 に言及。→古賀克彦200410 紹介
200312 ：○橘俊道（1926 — 96）『一遍上人の念仏思想と時衆』橘俊道先生遺稿集刊行会，1990（黒田日出男・加藤友康・保谷徹・加藤陽子［編集委員］『日本史文献事典』弘文堂）
※項目執筆。「本書著作一覧未収録の論考」として橘俊道198502A・198502D を挙ぐ
200402 ：①日本全土への遊行と賦算
：②踊り念仏の開始と展開（以上、今井雅晴［編］『遊行の捨聖　一遍』吉川弘文館〔日本の名僧⑪〕）
※→古賀克彦200410 紹介
200510 ：○文献案内・薄井和男「小田原市蓮台寺の時宗二祖他阿真教寿像について」（『仏教芸術』280、2005 年 5 月、毎日新聞社）（東京大学史料編纂所附属画像史料解析センター［編集］『画像史料解析センター通信』第 31 号、同所）※←薄井和男200505 を文献案内
200601 ：○文献案内・金井清光「『一遍聖絵』歓喜光寺本と御影堂本との絵の相違点」（『時宗教学年報』33、2005 年 3 月、時宗教学研究所）（東京大学史料編纂所附属画像史料解析センター［編集］『画像史料解析センター通信』第 32 号、同所）※←金井清光200503 を文献案内
200700 ：○ Les paraphes calligraphiés (kaô,shohan) et les paraphes imprimés (oshide,kâo-in)（textes réunis et présentés par Marianne Simon-Oikawa『L'Écriture réinventée:formes visuelles de l'écrit en Occident et en Extrême-Orient』 Les Indes savantes Paris［Études japonaises,v.3］）※『薩戒記』に言及。Marianne Simon-Oikawa［翻訳］。→林譲200910 引用
200706 ：○画像史料解析センター開設十周年記念事業に寄せて（東京大学史料編纂所附属画像史料解析センター［編集］『画像史料解析センター通信』第 38 号、同所）※「画像史料解析センター研究プロジェクト報告」の「第一分野　絵画史料分野」で『一遍聖絵』画像データベースプロジェクトに言及
200709 ：○名僧列伝　お札を賦って念仏を広めた遊行上人たち　一遍／他阿真教／呑海／普光（『週刊　朝日ビジュアルシリーズ　仏教新発見』第 13 号《大念仏寺・清浄光寺》、朝日新聞社）
※小見出し：「「他阿」の名を襲名する遊行上人」。カラー図版：藤沢清浄光寺蔵「他阿真教上人像」
200710 ：○『一遍上人絵詞伝』制作の背景覚書—手取川河畔の情景を手掛かりとして—（加能史料編纂委員会［編集］『加賀・能登　歴史の扉』加能史料刊行二十五周年記念出版、石川書籍刊行会）
200910 ：○史料紹介『薩戒記』嘉吉三年六月条抜粋—上人号勅許とその文書に関連して—（砂川博［編］『一遍聖絵と時衆　時衆文化　第２０号　金井清光先生追悼号』岩田書院）
※←臼井信義195806（ただし「日本仏教史研究会」「一九五七」と表記）の指摘する、『薩戒記』と『建内記』嘉吉三年（1443）六月条のうち、前者を紹介。←京都国立博物館200210・林譲200700 を引用
201201 ：○［文献案内］中村ひの「「遊行上人縁起絵」における時宗二祖・他阿真教像の成立をめぐる一考察」（『美術史』第 170 号、2011 年 3 月、美術史学会）（東京大学史料編纂所附属画像史料解析センター［編集］『東京大学史料編纂

　　　　所画像史料解析センター通信』第56号、同所）※ただし第170号でなく第170冊（古賀克彦註）
林　　陸朗（※國學院大學名誉教授。元國學院大學短期大学（現國學院大學北海道短期大学部）学長）
196104　：○近江国番場宿蓮華寺過去帳（続群書類従完成会［編］『群書解題』第八巻［雑部］、同会）
199111　：◎日本史総合辞典（林・高橋正彦・村上直・鳥海靖［編集］、東京書籍）
林田　康順（※大正大学仏教学部教授・神奈川県横浜市鶴見区醫應寺（浄土宗鎭西派）副住職・〈東京慈恵大・同旅大本山増上寺内〉同宗総合研究所研究員）
200702　：①六道輪廻の間には、ともなふ人もなかりけり。独りむまれて独り死す、生死の道こそかなしけれ。（一遍／『百利口語』）※「生死」のカテゴリ
　　　　：②市中も是れ道場。（空也）※「仏道」のカテゴリ
　　　　：③華のことは華にとへ、紫雲のことは紫雲にとへ、一遍はしらず。（一遍／『門下伝説』）
　　　　※「さとりの世界」のカテゴリ。単色写真：奥羽宝嚴寺蔵「一遍」
　　　　（以上『大法輪』平成十九年二月号［第74巻第2号］［特集‖心で唱えたい仏教の名句・名言］、大法輪閣）
　　　　※項目執筆
林屋辰三郎（※京都大学名誉教授。元京都国立博物館館長。1914/4/14-1998/2/11）
194203　：○法眼圓伊について―一遍聖繪筆者の考證―（東京美術研究所［編集］『畫説』第六十三號、同所）
　　　　※→林屋辰三郎 195309 ①
195309　：◎中世文化の基調（東京大学出版局）
　　　　：①法眼圓伊について―一遍聖繪筆者の考證―※←林屋辰三郎 194203
195401　：○同朋衆とその系譜―中世文化と部落史の問題―（『部落』第五十号、同問題研究所）
195411　：◎歌舞伎以前（岩波書店）
196412　：◎町衆　京都における「市民」形成史（中央公論社［中公新書59］）
196911　：◎阿弥と町衆　室町時代（林屋・岡田譲［編］、学習研究社［日本文化の歴史第8］）
199405　：◎京都―歴史と文化2「宗教・民衆」（林屋［責任編集］・京都市［編］、平凡社）※時宗の項あり
199511　：○時衆と阿弥文化（時衆の美術と文芸展実行委員会［編集］『時衆の美術と文芸―遊行聖の世界―』同委員会〈東京美術［発売］〉）※ 1995/11/3-12/10 於山梨県立美術館、1996/1/4-28 於長野市立博物館、2/3-25 於〈神奈川県〉藤沢市民ギャラリー、3/10-4/14（滋賀県）大津市歴史博物館、特別展図録。一向俊聖にも言及。特別寄稿
速水　　侑（※東海大学名誉教授。元北海道大学文学部助教授）
200402　：○空也・源信 とはどんな人？　末法が迫る世、念仏の功徳を説く（『空也・源信　念仏で浄土へ』朝日新聞社［週刊 朝日百科・仏教を歩く19号［2004年2月29日号］）
　　　　：一遍に言及。関連カラー図版ネーム：「空也上人絵詞伝」《京都・空也堂〔極楽院光勝寺〕蔵》」
原口志津子（※富山県立大学工学部教授）
199507　：○霞（黒田日出男［責任編集］『歴史学事典』3「かたちとしるし」、弘文堂）
　　　　※項目執筆。「1299年（正安元年）制作の「一遍聖絵」などの煙雨の表現に見いだせる。」とす
原田　　幹（※〈東京市神田區［現東京都千代田区］・合資會社［現有限会社］〉冨山房社員）
191912　：○木曾名所圖會（原田［校訂］、大日本名所圖會刊行會［大日本名所圖會第二輯第一編］）※巻一に「八葉山蓮華寺」の項と俯瞰図あり、住職を「時宗三十五世同阿上人」と表記。←元版：文化二年（1805）
原田　敬一（※佛教大学歴史学部教授）
199611　：◎サヌカイトから自由民権まで―南海道をあるく―（原田［本巻担当編集委員］、フォーラム・A［歴史の道・再発見第6巻］）
　　　　：①原田　敬一：解説※同書所収黒田日出男 199611A に言及。肩書き：「佛教大学文学部助教授」
　　　　：○黒田日出男：一遍聖絵に描かれた「地域」―伊予国と瀬戸内海―〈愛媛県〉
原田　泰円（※鹿児島市浄圓寺〔浄土真宗本願寺派〕住職）
199401　：○中世真宗教団史の研究（『龍谷大学大学院研究紀要』人文科学第15集、同編集委員会）
　　　　※修士論文要旨。目次の「第三章　教団についての問題」に「時衆教団の概観」あり
原田　正俊（※関西大学文学部教授。元高野山大学文学部助教授、元〈大阪府〉吹田市立博物館学芸員）
198809　：○中世社会における禅僧と時衆―一遍上人参禅説話再考―（『日本史研究』三一三号、同会）
　　　　※→原田正俊 199812 ③
199012　：○放下僧・暮露にみる中世禅宗と民衆（『ヒストリア』第129号、大阪歴史学会）
　　　　※同会大会報告。→原田正俊 199812 ①
199404　：○「天狗草紙」を読む―天狗跳梁の時代（大隅和雄［編］『大仏と鬼―見えるものと見えないもの』朝日新聞社［朝日百科・日本の歴史別冊：歴史を読みなおす5］）
199405　：○念仏の道場（京都市［編］『京都―歴史と文化』2「宗教・民衆」、平凡社）
　　　　※図版：上杉本洛中洛外図屏風の「四条道場」
199407　：○『天狗草紙』にみる鎌倉時代後期の仏法（『仏教史学研究』第三十七巻第一号、仏教史学会）

※→原田正俊 199812 ②
199807 ：○時衆の信仰と鎌倉社会——一遍の旅の背景（『週刊　朝日百科・日本の国宝』73 号［1998 年 7 月 19 日号］、朝日新聞社）
199812 ◎日本中世の禅宗と社会（吉川弘文館）※『天狗草紙』等を通じ、時衆について考察。→原田正俊 199906
　　　：○放下僧・暮露にみる中世禅宗と民衆※「第一部　中世仏教のなかの禅宗」の第一章。←原田正俊 199012
　　　：○『天狗草紙』にみる鎌倉時代後期の仏法※「第一部　中世仏教のなかの禅宗」の第五章。←原田正俊 199407
　　　：○中世社会における禅僧と時衆――一遍上人参禅説話再考―
　　　　※「第二部　中世後期仏教の展開」の第一章。←原田正俊 198809
199906 ◎日本中世の禅宗と社会（博士論文）※大阪大学大学院文学研究科に提出した博士論文。博士（文学）乙第 7810 号。199906 は授与年月。←原田正俊 199812
播磨　照浩（※大阪市淀川区真教寺〔浄土真宗本願寺派〕住職。1999 年歿）
199505 ◎仏教音楽辞典（天納傳中・播磨・岩田宗一・飛鳥寛栗［著］、法藏館）※詳細⇒岩田宗一 199505
春山　武松（※美術評論家。元〔大阪市北區・株式會社〕大阪朝日新聞社〔現朝日新聞大阪本社〕學藝部員。1885/7/15-1962/8/22）
195305 ◎日本中世繪畫史（朝日新聞社）※「一遍聖繪」の項あり
阪急古書のまち（※大阪市北区）
199912 ◎二十四周年記念　古書目録（阪急古書のまち）※単色図版：藤澤山清浄光寺蔵版「高祖一遍聖人行状記」
阪急古書のまち協会（※大阪市北区）
200111 ◎ 26 周年記念　古書目録（同会）※カラー図版：「都百景」の「丸山新樹」
飯能市史編集委員会（※埼玉県飯能市）
198202 ◎飯能市史資料編 V（社寺教会）（同委員会［編集］、同市役所）
　　　　※宮倉金蓮寺の項あり。名号板碑 2 基あり、1 基は応永七年（1400）銘ありとす
日沖　敦子（※神戸学院大学人文学部専任講師）
200902 ：髪繍当麻曼荼羅と空念—近世前期の一僧侶の活動とその意義—（東京国立博物館［編集］『MUSEUM』同館研究誌 No. 618、同館）※ 2008/5/11 於中京大学名古屋キャンパス研究棟（14 号館）2 階日本文学科共同研究室、寺社縁起研究会東海支部第 6 回例会の問題の発表を成稿
200910 ：○髪繡に込めた祈り—漂泊僧空念の歩み—（『仏教史学研究』第五十二巻第一号、仏教史学会）※ 2008/9 於龍谷大学、同会例会研究発表「漂泊僧空念の歩み—髪繡に込めた祈り—」を成稿。「一　空念の歩み」で奥州津軽郡藤崎（現青森県南津軽郡）摂取院蔵『摂取院之記』所収「摂取院髪繍曼荼羅之縁起」に「一、京都五条荘厳寺ニ二十五菩薩　壱幅　（延宝）七未年」とあり、「二　空念制作の髪繡とその生涯」の「表　空念の足跡」中に、同寺現存三尊の繡仏が当初は二十五菩薩来迎図であった点を指摘、本文「(二) 京都市下京区荘厳寺所蔵髪繡阿弥陀三尊来迎図（写真 6）」の項で同寺の来歴を述べ、単色写真ネーム：「写真 6　荘厳寺蔵『髪繡阿弥陀三尊来迎図』」、掉尾の註で河野正雄『増補第二版　時宗荘厳寺』、同寺第 18 世住職圭堂の再興を第 19 世住職證堂が記した同寺蔵『仏光山縁起』、現住河野覚雄師の教示を明記。なお同稿での表記は「荘厳寺」ではなく全て「荘巖寺」。本繡仏は新発見とされるが、禰冝田修煞 198005・禰冝田修煞・高野修 199403 同寺項の「二十五菩薩画」、時宗教学研究所 200806 所収・天保十年（1839）同寺由緒書の「五々菩薩画　壱幅」、同寺『大正三年　什寶什器明細帳』什物之部の「七拾参号　毛髪縫三尊佛　壱軸」がそれに該当するか、であれば、天保十年時点ではいまだ切断されておらず、大正三年（1914）時点ではすでに周辺部が切断されていたこととなり、本文中の「数年前の修復の際に周辺部が切り取られてしまい」という現住教示部分との齟齬を来す（古賀克彦註）
201003 ◎毛髪で縫った曼荼羅—漂泊僧空念の物語—（新典社［同社選書 31]）※口絵ネーム：「京都市下京区荘厳寺蔵「髪繡阿弥陀三尊来迎図」（もと「髪繡二十五菩薩来迎図」か）」。「切り取られた来迎図」の項に「荘厳寺にも空念の髪繡が確認でき」たが「残念なことに、残された髪繡の仏画は完全な状態ではなく、周辺部が切り取られ小さくなった阿弥陀三尊来迎図で（中略）。それでも、数少ない空念による髪繡が現存する事例として、荘厳寺の髪繡も大変貴重」とす。「なお『摂取院之記』に「一、京都五条荘厳寺ニ二十五菩薩同（壱幅）全（延宝）七未年」とあることから、荘厳寺の髪繡は、もとは二十五菩薩来迎図であったと考えられ（中略）住職河野覚雄師によれば、数年前に髪繡が発見され修復された際、破損がひどく、周辺部が切り取られたとのことで」、そのため、現在は阿弥陀三尊来迎図（現存部の大きさ六五・○×二二・○m）となっており、「空念制作の髪繡には、制作年や制作経緯が縫いこまれている場合が殆どであり、来迎図の切り取られた周辺部にも、制作銘が縫いこまれていた可能性が極めて高いと推察され」るとし、写真ネーム：「荘厳寺」だが、巻末の「掲載写真一覧」には「京都市下京区　荘巖寺」とあり。ただし荘厳寺を全て「荘巖寺」と表記
日沖　宗弘（※美術史家。元杉野女子大学〔現杉野服飾大学〕非常勤講師）
198210 ：○「一遍聖絵」の制作とその絵画様式（『國華』第 1056 号、同社）
198799 ：○ Characteristic Features of Text and Illustration in〈Ippen Hijiri-E〉　「一遍聖絵」における絵と詞書の特殊性について（『杉野女子大学・杉野女子大学短期大学部紀要』第 24 号、同大学）

198907 ：○『一遍聖絵』の概要と中国絵画の受容（佛教藝術學會［編集］『佛敎藝術』185［特集　時宗の美術と芸能］、毎日新聞社）

東　俊郎（※元三重県立美術館学芸員）
199400 ：○鳥海青児年譜（平塚市美術館・三重県立美術館［編集］『鳥海青児展』同展実行委員会）※ 1994/4/9-5/8 於（神奈川県）平塚市美術館、5/14-6/12 於三重県立美術館、特別展図録。洋画家鳥海青児（1902/3/4-1972/6/11）は時宗宗門校旧制藤嶺中學校に入学、そこで知り合った同窓の赤門真徳寺寺族（のち住職）吉川清、藤沢真浄院寺族（のち洋画家）原精一、市塚道場金光寺住職武田賢壽（旧姓吉川。吉川清実弟）らとの深い関係が記される

東置賜郡教育會（東置賜郡教育会）（※山形県東置賜郡高畠町・同都役所内。現廃止）
193910 ◎東置賜郡史下巻（同會）※「郡内寺院表」に時宗寺院みゆ。→東置賜郡敎育會 198206
198206 ：○東置賜郡史下巻（同會［編］、国書刊行会）※「郡内寺院表」に時宗寺院（含、1942 年浄土宗鎮西派に転宗した一向派乎柳向泉寺）みゆ。「東置賜郡教育会」名義。←東置賜郡敎育會 193910 復刊

東館　紹見（※大谷大学文学部教授・岩手県宮古市善林寺（真宗大谷派）住職）
200501 ：○天暦造像と応和の大般若供養会―社会・国家の変化と、交流・呼応の場としての講会の創始―（伊藤唯真［編］『浄土の聖者　空也』吉川弘文館［日本の名僧⑤］）

東本　茂樹（※〈岩手県〉八幡平市教育委員会生涯教育課生涯教育係主任）
200507 ：○安代町田山の時宗板碑―殿坂の碑（延文二年銘六字名号板碑）―（岩手考古学会［編］『岩手考古学』第 17 号、同会）※岩手県岩手郡安代町（現八幡平市）。井上雅孝・東本［共筆］

東四柳　史明（※金沢学院大学美術文化学部教授・石川県鳳珠郡穴水町長谷部神社宮司）
197807 ：○中世加賀・能登の争乱（若林喜三郎［編］『加賀能登の歴史』講談社）
　※加賀を訪れた一向俊聖・他阿真教に言及。ただし『一向上人絵伝』の北陸遊行記事は疑わしい（小野澤註）
199503 ：○安宅と今湊の狭間で（新修根上町史編纂専門委員会［編］『新修根上町史』通史編、同町）
　※石川県能美郡根上町（現能美市）

樋口　州男（※専修大学文学部非常勤講師。元東京都立台東商業高等学校教諭）
198209 ：○円覚寺領尾張国富田荘絵図（竹内理三［編］『荘園絵図研究』東京堂出版）※→樋口州男 200510 ⑨
199101 ：○尾張国富田荘絵図（荘園絵図研究会［編］『絵引荘園絵図』東京堂出版）
　※「記号解説」の「1　各地域の特色」で一遍・『聖絵』に言及。→樋口州男 200510 ⑩
199301 ：○鎌倉期における伊予河野氏と『一遍聖絵』（一遍研究会［編］『一遍聖絵と中世の光景』ありな書房）
　※松井吉昭・樋口［共筆］。→樋口州男 200510 ⑦
199704 ：○語り継ぐ民―中世江戸の伝承世界―（佐藤和彦［編］『中世の民衆』東京堂出版）※「2　長者伝説を語り継ぐ人々」で一遍に言及、註で聖絵の詞書を橘俊道・梅谷繁樹『一遍上人全集』から引用し、『他阿上人家集』下を紹介している事に言及。「3　将門伝承と江戸氏」の本文で、他阿真教に言及。→樋口州男 200510 ③
199706 ：○粉河寺草創・利生譚の検討（民衆史研究会［編］『民衆史研究の視点―地域・文化・マイノリティー』三一書房）※「はじめに」で一遍と『聖絵』に言及し、←黒田日出男 199311 等の黒田日出男・五味文彦の関連著作を註で列挙。→樋口州男 200510 ⑤
199901 ：○『一遍聖絵』と吉備津宮（武田佐知子［編］『一遍聖絵を読み解く―動きだす静止画像―』吉川弘文館）
　※単色図版ネーム：「吉備津宮神主子息の妻女剃髪」「剃髪後の妻女」「一遍らを追う吉備津宮神主子息」「対決する一遍と神主子息および福岡市」「出家する神主子息」。→樋口州男 200510 ⑥
200011 ：○『蒙古襲来絵詞』を読む（佐藤和彦・錦昭江［編］『北条時宗の時代』河出書房新社）
　※「踊り念仏で有名な時宗の開祖一遍は、通有の父の従兄弟にあたり、ちょうど二度の襲来の間の時期に九州を旅している。一遍の旅はモンゴルの襲来と関係があるのだろうか」とも。→樋口州男 200510 ⑧
200208 ：○日本中世の内乱と鎮魂―伝承世界から（歴史科学協議会［編集］『歴史評論』No.628、校倉書房）
　※新田義興怨霊伝承に言及、人見恩阿等にもふれる。→樋口州男 200510 ②
200405 ◎人物伝承事典　古代・中世編（小野一之・谷口榮・樋口・鈴木彰［編集］、東京堂出版）
　：①平将門→樋口州男 200510 ④
200409 ◎後醍醐天皇のすべて（佐藤和彦・樋口［編］、新人物往来社）※カラーカバー図版：藤沢遊行寺蔵後醍醐画像
200510 ◎日本中世の伝承世界（校倉書房［歴史科学叢書］）
　：①序　章　歴史の語り方・語られ方※「第五節　本書の構成と各章の位置づけ」で、第二部第二章（樋口州男 200510 ⑥）の補注は金井清光初出本書評の指摘による、と明記
　第一部　中世文芸の伝承世界
　：②第一章　中世の内乱と鎮魂―伝承世界から※「第三節　戦場を離脱する人々」「おわりに」で、新田義興怨霊伝承に言及、人見恩阿等にもふれる。←樋口州男 200208 改題・改訂・増補
　：③第五章　隅田河畔の物語※「第一節　頼朝渡河伝承と江戸氏」←樋口州男 199704 改訂・増補。「2　長者伝説を語り継ぐ人々」で一遍に言及、註で聖絵の詞書を橘俊道・梅谷繁樹 198911 から引用し、『他阿上人歌集』下

を紹介していることに言及。「3　将門伝承と江戸氏」本文で、他阿真教に言及
　　：④人物伝承点描※第一部付論二。「第一節　平将門」。←樋口州男 200405 改訂・増補
第二部　絵巻・絵図の伝承世界
　　：⑤第一章　粉河寺草創・利生譚の検討※「はじめに」で一遍と『聖絵』に言及し、註で黒田日出男 199311 等の黒田日出男・五味文彦の関聯著作を列挙。←樋口州男 199706 改訂・増補
　　：⑥第二章　『一遍聖絵』と吉備津宮※←金井清光 200004 ③の指摘により補注を施し、先行研究に金井清光 199503C を追加。単色図版ネーム：「吉備津宮神子息の妻女剃髪（『一遍聖絵』巻四、藤沢市清浄光寺蔵）」「剃髪後の妻女（同前）」「一遍らを追う吉備津宮神子息（同前）」「対決する一遍と神主子息および福岡市（同前）」「出家する神子息（同前）」。←樋口州男 199901
　　：⑦第三章　伊予河野氏の史実と伝承※←樋口州男 199301 樋口執筆分を改題・改稿
　　：⑧『蒙古襲来絵詞』を読む※第二部付論三。「第四節　季長、再び出陣」で「踊り念仏で有名な時宗の開祖一遍は、通有の父の従兄弟にあたり、ちょうど二度の襲来の間の時期に九州を旅している。一遍の旅もモンゴルの襲来と関係があるのだろうか」とす。←樋口州男 200011 改訂・増補
　　：⑨第四章　絵図が語る荘園世界―円覚寺領尾張国富田荘絵図※「第二節　富田荘と萱津宿」で『聖絵』と一遍と他阿真教建立と伝える萱津光明寺に言及し、今井雅晴 197601 を註で引用。←樋口州男 198209 改題
　　：⑩第二部付論四　尾張国富田荘絵図を読む
　　※「第二節　記号解説」の「1　各地域の特色」で一遍と『聖絵』に言及。←樋口州男 199101 改題
200610　○鎌倉入り口に立つ一遍―研究史をたどりながら―（時衆文化研究会［編集］『時衆文化』第14号、同会〈岩田書院［発売］〉）
200705　○『太平記と在地伝承』―新田義興怨霊伝承を素材として―（佐藤和彦［編］『中世の内乱と社会』東京堂出版）※「三　義興怨霊伝承と時衆」の本文と註で、金井清光・石田善人・角川源義らの時衆先行研究、および『一遍絵伝』『遊行上人縁起絵』に言及
200903　○伝承のなかの将門（川尻秋生［編］『将門記を読む』吉川弘文館）
200910　○中世江戸の将門伝承再考（砂川博［編］『一遍聖絵と時衆　時衆文化　第20号　金井清光先生追悼号』岩田書院）※本稿成稿後、2009/1/10 に学習院大学、第7回中世戦記研究会で概要発表

樋口　大祐（だいすけ）（※神戸大学文学部准教授。元〈中華民國・私立〉輔仁大學外學院助理教授）
200301　：書評・兵藤裕己著『平家物語の歴史と芸能』（國語と國文學編輯部・東京大學國語國文學會［編輯］『國語と國文學』第八〇巻第一号［2003年1月号］（通巻 950号）、至文堂）
　　※←兵藤裕己 200001 を書評。「時衆の関与等をめぐる砂川博氏の反論」に言及

彦根城博物館（※滋賀県彦根市・市立）
199905　◎高宮寺と時宗の美術（同館［編］、彦根市教育委員会）※ 1999/5/14-6/8 於同館、特別展図録。重箱判・24p
　　：高木　文恵：高宮寺の歴史と美術
　　：高木　文恵・母利　美和：図版解説

久木　幸男（ひさき）（※横浜国立大学名誉教授。元佛教大学教育学部教授。1924-2004/2/5）
196506　◎日本の宗教　民衆の宗教史（弘文堂［FRONTIER BOOKS］）

久松　潜一（※東京大学名誉教授。元國學院大學文学部教授。1894/12/16-1976/3/2）
196804　：遊行寺と由阿（『仏教文学研究会報』第七号、同会）

ビジネスコミック社（※東京都品川区・株式会社）
200104　◎漫画　一遍上人（長島尚道［監修］・同社［原作］・ひろゆうこ［漫画］、エディコム）

日高丙子郎（※新京五道書院院長・滿洲國間島省〈現中华人民共和国吉林省延边朝鲜族自治州〉光明會主幹。故人）
199411　：弁栄聖者の追憶　日高丙子郎談　昭和八年一月頃（『光明』第721号、光明会本部）※日高は満洲における朝鮮族に対する教育機関である吉林省間島光明学校等の経営母体「光明会」を運営。→槻木瑞生 200709 引用
199412　：弁栄聖者の追憶　日高丙子郎談　昭和八年一月頃（『光明』第722号、光明会本部）
　　※→槻木瑞生 200709 引用

尾藤　正英（※東京大学名誉教授。元川村学園女子大学文学部教授。1923/9/1-2013/5/4）
200005　◎日本文化の歴史（岩波書店［岩波新書・新赤版 668］）※「一遍と時宗」の項あり

日野　良子（りょうこ）（※神奈川県横浜市都筑区最来寺〈浄土真宗本願寺派〉衆徒）
200708　：○盆踊りと浄土真宗～踊り念仏から盆踊りへ（『築地本願寺新報』2007年8月号（通巻 718号）《特集・盆踊りと浄土真宗～踊り念仏から盆踊りへ》、浄土真宗本願寺派本願寺（西本願寺）築地別院・築地本願寺新報社）
　　※空也・一遍に言及

日下　英之（ひのした）（※元桜花学園大学人文学部〈現学芸学部〉教授、元愛知県立江南高等学校校長）
199904　◎熱田歴史散歩（風媒社）※熱田円福寺の山号、同寺蔵・足利義教連歌懐紙に言及

日野西眞定（※兵庫県豊岡市西光寺〈高野山真言宗〉名誉住職。元高野山奥の院維那、元高野山大学文学部教授）

198207	◎新校高野春秋編年輯録（日野西［編集・校訂］、名著出版）
	※高野聖研究の基本史料。→日野西眞定 199105 →日野西眞定 199801
199105	◎新校高野春秋編年輯録　増訂版（日野西［編集・校訂］、名著出版）※←日野西眞定 198207。→日野西眞定 199801
199801	◎新校・高野春秋編年輯録　増訂第二版（日野西［編集・校訂］、岩田書院）
	※←日野西眞定 199105 ←日野西眞定 198207

氷見市史編さん委員会（※富山県氷見市）

199801	◎氷見市史 3 資料編―古代・中世・近世（一）（同委員会［編］、同市）
	※『時衆過去帳』、『縁起絵』巻七、『遊行派末寺帳』、『遊行廿四祖御修行記』掲載

姫路文学館（※兵庫県姫路市・市立）

199104	◎播磨の風土と文化―姫路文学館への招待（同館［編］、同館）※図版：『聖絵』福岡の市

日向　美則（※〈京都市左京区・単立宗教法人〉京都北山修道院〈旧京都修道院〉院主。1922-2006）

197806	◎瞑想と念仏（京都修道院出版局）

兵働　訓子

197603	：○松平文庫蔵「結城戦場」〔翻刻〕（『大妻国文』第七号、大妻女子大学国文学会）

兵藤　裕己（※学習院大学文学部教授。元成城大学文芸学部教授、元埼玉大学教養学部教授）

199301	：○物語としての『一遍聖絵』―生いたちの物語化をめぐって（一遍研究会［編］『一遍聖絵と中世の光景』ありな書房）
199302	：○覚一本平家物語の伝来をめぐって――室町王権と芸能―（上参郷祐康［編］『平家琵琶―語りと音楽―』ひつじ書房）※市屋派と一方系琵琶法師の連繋を説く。→砂川博 199612 批判
199511	◎太平記「よみ」の可能性（講談社［同社選書メチエ 61］）※→兵藤裕己 200509
199901	：○琵琶法師・市・時衆―当道（座）の形成をめぐって―（武田佐知子［編］『一遍聖絵を読み解く―動きだす静止画像』吉川弘文館）
200001	◎平家物語の歴史と芸能（吉川弘文館）※「一遍」が頻出。→樋口大祐 200301 書評
200509	◎太平記「よみ」の可能性（講談社［同社学術文庫 1726］）※←兵藤裕己 199511
200904	◎琵琶法師―〈異界〉を語る人びと（岩波書店［岩波新書・新赤版 1184］）※「第一章　琵琶法師はどこから来たか―平安期の記録から」の「ふたつの伝来ルート」の項で『一遍聖絵』巻二の信濃国善光寺裏と巻六の相模国片瀬浜の場面を紹介、単色図版ネーム：「相模国片瀬浜の琵琶法師（『一遍聖絵』巻6.清浄光寺蔵）」。「第二章　平家物語のはじまり―怨霊と動乱の時代」の「琵琶法師と聖の接点」の項で「康頼入道（性照）が、帰洛したのち東山の双林寺に住んでいる。」「弘安四（一二八一）年に京の市中をおとずれた一遍は、空也の市屋道場跡で四十八日間の踊り念仏を興行じた。市屋道場跡には、のちに時衆（時宗）市屋派の金光寺が建てられたが、（中略）畿内を中心とした琵琶法師の広汎な座組織、当道座を南北朝期に形成したのも、時衆教団と親密な関係をもった一方派の琵琶法師だった（拙著『平家物語の歴史と芸能』二〇〇〇年）」とす。「巫覡としての聖」の項で「念仏の聖と熊野修験との親近性は、とりわけ鎌倉中期の一遍において顕著である。時衆の開祖一遍は、熊野の神を時衆の守護神とすることで、熊野修験の徒を時衆の教団にとりこんでいった。鎌倉末から南北朝期にかけての時衆教団の飛躍的な発展の背景には、時衆と結縁した熊野系の山伏や巫女（熊野比丘尼）の全国的な活動があった」とす。「第三章　語り手とはだれか―琵琶法師という存在」の「穢れと聖性」の項で「時衆の開祖一遍と、二祖他阿弥陀仏真教の行状絵巻である『遊行上人縁起絵』の巻三第一段には、一遍が尾張国甚目寺で施行を行なった場面が描かれる。この施行の場面での共食と別食の関係から、黒田日出男は、一、一遍以下の時衆（中略）グループの存在を指摘している（『境界の中世・象徴の中世』一九八六年）」、とす。「モノ語りする主体」の項で「八坂方にたいする一方の呼称は、かれらの活動拠点だった東の市に由来するだろうが、しかし時衆教団が最盛期をむかえる十四世紀（当道座の成立期でもある）という時点にあって、琵琶法師が名のる○一という法号は異様である。当道座は時衆教団との親密な関係のもとに成立したのだが時衆遊行派の「法則」によれば、男の法号である阿号（○阿の法号）にたいして、一号は女の法号である（七世遊行上人託何『条々行儀法則』）」とす。「第四章　権力のなかの芸能民―鎌倉から室町期へ」の「一方派と東の市」の項で『一遍聖絵』にたびたび言及

平井　清隆（※〈滋賀県大津市・財団法人〉同県同和問題研究会（2008 年編集）初代理事長・劇作家。元碩麗伝法山観音（現近江八幡市）立八幡中学校教諭。1905/4/10-2000/4/3）

197008	：○部落順礼（滋賀県部落史研究会［編集］『滋賀の部落』第 4 輯、同会）
	※単色写真：番場蓮華寺表門。→平井清隆 197408
197106	：○平田諦善先生をしのぶ（『部落』第 23 巻第 6 号、社団法人部落問題研究所出版部）
	※ 1971/4/22、68 歳で死去した関寺長安寺住職平田諦善への追悼文
197408	◎滋賀の部落第 1 巻［部落順礼］（滋賀県部落史刊行委員会［編集］、同県同和事業促進協議会）
	※←平井清隆 197008（『滋賀の部落』第 3 〜 14 輯集成）
199603	◎蓮如上人の母とその身内（永田文昌堂）※蓮母尼に関する情報の出所とされる四条道場に言及

平井　誠二（※〈神奈川県横浜市港北区・公益財団法人〉大倉精神文化研究所研究部部長。元國學院大學日本文化研究所研究員）

199108	◎通兄公記　一（今江廣道・小松馨・平井［校訂］、續群書類從完成會［史料纂集・古記録編91］）
	※詳細⇒今江廣道199108
199802	◎通兄公記　五（今江廣道・藤森馨・平井［校訂］、續群書類從完成會［史料纂集・古記録編111］）
	※詳細⇒今江廣道199802
199902	◎通兄公記　六（今江廣道・平井［校訂］、續群書類從完成會［史料纂集・古記録編118］）※詳細⇒今江廣道199902
200011	◎通兄公記　七（今江廣道・平井［校訂］、續群書類從完成會［史料纂集・古記録編124］）※詳細⇒今江廣道200011
200207	◎通兄公記　八（今江廣道・平井［校訂］、續群書類從完成會［史料纂集・古記録編131］）※詳細⇒今江廣道200207
200311	◎通兄公記　九（今江廣道・平井［校訂］、續群書類從完成會［史料纂集・古記録編136］）※詳細⇒今江廣道200311
200504	◎通兄公記　十（今江廣道・平井［校訂］、續群書類從完成會［史料纂集・古記録編142］）※詳細⇒今江廣道200504

平井　正治

196509	◎相模原郷土誌［渕野辺の巻］（平井私家版）※「道標（当麻山案内）」の項あり

平泉　澄（※福井県勝山市平泉寺白山神社名誉〈元第3代〉宮司。元東京帝國大學〈現東京大學〉文學部教授。1895/2/15-1984/2/18）

192604	◎中世に於ける精神生活（至文堂）［國史研究叢書第一編］
192611	◎中世に於ける社寺と社會との關係（至文堂）［國史研究叢書第二編］
196407	◎寒林史筆（立花書房）※「第十九　武生の國府」で他阿真教や長崎称念寺に言及

平尾　弘衆（※〈東京都墨田区・特定非営利活動法人〉ストリートワーカーズコープはたらき専務理事。元華僧庵〈尼僧〉・小岳西福寺高田良幻徒弟）

200106	◎尼僧が行く！（新泉社）※誤字・脱字・誤読多数

平岡　良淳（※奈良県大和郡山市泰楽寺〈融通念佛宗〉住職）

199403	◎融通円門章論講（法藏館）※融觀大通による『融通円門章』の注釈書。巻末に版本の影印が載る

平瀬　直樹（※金沢大学人間社会研究域准教授。元山口県教育庁文化財保護課文化財専門員）

200108	：中世都市の空間構造―周防国山口を中心に―（北陸都市史学会事務局［編］『北陸都市史学会誌』No.8、同会）※山口道場善福寺（藤原派。廃寺）に言及。→山村亜希200899引用

平田　禎文（※〈福島県田村郡〉三春町歴史民俗資料館副館長）

199809	○都市・城館研究の最新情報（東北）（中世都市研究会［編］『都市をつくる』新人物往来社［中世都市研究5］）
	※山形県天童市高野坊遺跡に関する文献に言及

平田　澄子（※元文教大学文学部教授）

200511	：小栗判官変奏曲―歌舞伎・浄瑠璃・近世軍記（藤沢市教育委員会生涯学習課〈博物館準備担当〉［編集］・文教大学小栗判官共同研究チーム［編集協力］『描かれた小栗伝説と藤沢』〈発行元表記なし〉）
	※「藤沢のお上人」「藤沢の上人」「長生院」とあり

平田　諦善（※関寺長安寺第26世住職。元満洲國〈現中华人民共和国東北〉開教師。1971/4/22 歿）

193810	：一遍上人語録の研究（京都時宗青年同盟［編］『一遍上人の研究』同同盟〈丁字屋書店［發賣］〉）
196508	◎時宗教学の研究（時宗教史研究会〈山喜房佛書林［発売］〉）※→197708改版増補
196908	◎遊行二祖他阿上人の思想と信仰（時宗教学研究所）

平沼　恵（※帝京八王子高等学校非常勤講師）

199808	：「文学と絵画」研究文献目録（古代〜近世）抄―平成元年から八年―（『国文学　解釈と鑑賞』第63巻8号［平成10年8月号］（807）［特集　文学と絵画］、至文堂）
	※論文・中世の部に田村憲治199008・網野善彦199403A・藤本正行199407。林雅彦・藤巻和宏・平沼［共筆］

平野　栄次（※富士信仰研究会会長。元日本大学駿河台病院〈現日本大学病院〉事務局長。1925-1999/2/10）

199307	◎品川区史跡散歩［新版］（學生社［東京史跡ガイド9］）
	※旧・現時宗寺院に言及。→矢島新199609・200812引用（長徳寺閻魔堂）。←197901初版

平塚久五郎（※京都市下京區・扇子団扇製造）

	◎京都扇子起原沿革取調書　附御影堂製扇創業取調書（〈年紀・発行元表記なし〉）※京都府立総合資料館蔵

平野　雅道（※東海道五十三次藤沢宿可満くらや研究室主宰・藤沢宿を語る会会長・東海道ネットワークの理事）

199606	：「時衆の美術と文芸」展見学会に参加して（『神奈川地域史研究会会報』第43号、同会）
199803	：○〈史料紹介〉森家文書『御用留』（藤沢市文書館［編集］『藤沢市史研究』第31号、同館）
	※藤沢遊行寺に言及
200511	：①西俣野の絵解き「小栗判官一代記」※「藤沢上人」「一遍上人」等とあり
	：②県内各地にのこる小栗伝承（以上、藤沢市教育委員会生涯学習課〈博物館準備担当〉［編集］・文教大学小栗判官共同研究チーム［編集協力］『描かれた小栗伝説と藤沢』〈発行元表記なし〉）

平野区誌編集委員会（※大阪市平野区）

200505	◎平野区誌（同委員会［編集］、同誌刊行委員会）※大澤研一による平野大念佛寺史のほか、近世の開帳も興味深い。因みに平野に融通念佛宗寺院は少なく、周囲の町家は真宗門徒ばかりで、東南方の河内が牙城（小野澤註）

平林　富三（※野梨郷土史研究会会長。元佐久高等学校〈現佐久長聖高等学校〉教諭。〈長野県〉佐久市文化財調査委員、元同県立野沢南高等学校教頭、〈現佐久市〉中込町〈現佐久市〉立中込中学校校長。1904/3/5-）

| 195211 | ：○一遍上人の佐久郡伴野庄巡錫に就て（『信濃』第四巻第十一号、同史学会）※第三次『信濃』 |
| 196710 | ◎一遍上人並に跡部の踊り念仏（佐久市教育委員会） |

平林　盛得（※宮内庁三の丸尚蔵館専門員。元同庁書陵部図書課図書調査官）

| 200312 | ：○石井義長氏紹介の空也上人『発心求道集』について（古典研究会［編］『汲古』第44号、同書院）※遊行7代他阿託何に言及するも、「時宗の大成者で、浄土宗第七祖と言われた人である」等の誤植多し |

平松　令三（※元龍谷大学文学部教授、元逓信省〈現日本郵便株式会社〉一身田郵便局局長。1919-2013/5/14）

199608	：○荘厳の歴史的変遷（豊原大成・千葉乘隆・梯實圓［監修］『増補改訂　浄土真宗本願寺派の荘厳全書―近代荘厳論の確立に向けて』四季社）※「第四章　一般寺院の荘厳」の第一節。単色図版ネーム：「『一遍聖絵』（国宝）「伊豫窪寺の庵室」」。←199599初版
200003	：○善光寺勧進聖と親鸞（『高田学報』第八十八輯、高田学会）※「島根県松江市善光寺像」に言及。→平松令三200508②
200508	◎親鸞の生涯と思想（吉川弘文館）※→古賀克彦201403③書評
	：①親鸞教団の地縁性について―親鸞の念仏が東国に根付かなかった理由―
	※単色写真ネーム：「真仏報恩塔（埼玉県蓮田市）延慶4年（1311）造立．名号の字型に時宗の影響が著しい．」とあり、本文：「この名号の字型を見ると、明らかにその当時時宗で用いられた書体である」「法然・親鸞・一遍などの鎌倉新仏教といわれる人々の教団」とす
	：②善光寺の信仰とその勧進念仏聖親鸞※←平松令三200003改題

平山　郁夫（※日本画家・東京藝術大学名誉教授。元同大学第6・8代学長。1930/6/15-2009/12/2）

| 199610 | ◎私の選んだ国宝絵画―仏教絵画（平山［監修・著］、毎日新聞社［平山郁夫美術館Ⅰ］）※カラー図版ネーム：「一遍上人絵伝〔第七巻第三段〕法眼円伊筆　鎌倉時代（1299年）　東京国立博物館」 |

平山　徹（※〈東京都代田区・株式会社〉講談社新聞社記者・〈同區台区・部落解放同盟東京都連合会〉東日本部落解放研究所員）

| 200607 | ：○記念講演「上州・世良田の縁切寺と三くだり半」を聞いて（『東日本部落解放研究所ニュース』70号、同所） |

比留間　尚（※群馬大学名誉教授。1928-2010）

| 198010 | ◎江戸の開帳（吉川弘文館〔〈江戸〉選書3〕） |
| | 寛延元年（1748）鹿島神向寺開帳に合わせて歌舞伎「鹿嶋立小栗実記」が上演されたとす |

ひろゆうこ（※漫画家）

| 200104 | ◎漫画　一遍上人（長島尚道［監修］・ビジネスコミック社［原作］・ひろ［漫画］、エディコム〈青英社［発売］〉） |

広江　清（※土佐史談会会員）

197603	：○遊行上人の土佐巡錫（一）（『土佐史談』第63号、同会）
197608	：○遊行上人の土佐巡錫（二）（『土佐史談』第64号、同会）
198011	：○遊行上人土佐巡錫史料（大橋俊雄［編集］『時衆研究』第八十六号、時宗文化研究所）

広神　清（※筑波大学名誉教授。故人）

197609	：○一遍の宗教の歴史的性格〔1〕―神道及び禅宗との関連―（『筑波大学哲学・思想学系論集』昭和51年度、同学系）
197703	：○鎌倉浄土教の神祇観――遍教学を中心に―（『思想』第633号、岩波書店）
197803	：○一遍の宗教の歴史的性格〔2〕―鎌倉旧仏教の神祇観との対比―（『筑波大学哲学・思想学系論集』昭和52年度、同学系）
198011	：○一遍の往生思想（新書編纂委員会［編］『人間と文化』教養講演集、三愛会〔三愛新書〕）
200106	：①一遍
	：②一遍上人語録
	：③踊り念仏
	：④時宗
	：⑤遊行（以上、子安宣邦［監修］『日本思想史辞典』ぺりかん社）※項目執筆

廣木　一人（※青山学院大学文学部教授。元日本女子大学付属高等学校教諭）

| 199403 | ：○花の下連歌師から時衆連歌師へ―「花の下連歌の興行は禁止された」を手がかりにして―（『時宗教学年報』第二十二輯、時宗教学研究所） |

広島県立歴史博物館（※広島県福山市）

| 199304 | ◎遊・戯・宴―中世文化史のひとこま―（同館［編集］、同館［同館展示図録第8冊］）※図版：『聖絵』巻七（ネーム：「魚釣りをする童」）、カラー図版：市屋道場（ネーム：「自由無しぐさで踊り念仏を見物する」）・『頬焼阿弥陀縁起』（重文模本）上巻（ネーム：「毬つきをする少女」） |
| 199604 | ◎海の道から中世をみる1・中世の港（同館［編集］、同館［同館展示図録第17冊］）※図版：『聖絵』（模本）巻五（ネーム：「鎌倉の町並み」）・巻九の淀付近の稲田（ネーム：「さおてんびんに荷桶をかつぐ油商人二人」）、「兵庫付近年貢輸送船」。カラー図版：『聖絵』（模本）福岡の市・備後一の宮 |

広島大学大学院文学研究科（文学部）三浦研究室 （※広島県東広島市。同学部教授三浦正幸（建築史）研究室）
200603 ◎常称寺建造物調査研究報告書（同室［著作・編集］、尾道市）
廣末　保 （※法政大学名誉教授。1919/12/18-1993/10/26）
196502 ：○遊行的なるもの（上）（『文学』第三十三巻第二号、岩波書店）
　　　　※一遍に言及。→廣末保197006①→廣末保198905
196503 ：○遊行的なるもの（下）（『文学』第三十三巻第三号、岩波書店）
　　　　※一遍に言及。→廣末保197006①→廣末保198905
197006 ◎悪場所の発想　伝承の創造的回復（三省堂）
　　　　：①遊行的なるもの※←廣末保196502・196503。→廣末保198905
198905 ：：遊行的なるもの（後藤淑［編］『遊行芸能』岩崎芸術社［双書フォークロアの視点9]）
　　　　※←廣末保197006①←廣末保196502・196503
広瀬　瑛 （※紀行家）
199109 ◎小江戸川越歴史散歩（鷹書房弓プレス）※川越東明寺・常楽寺の項あり
広瀬　良弘 （※駒澤大学学長・同大学文学部教授・神奈川県横浜市鶴見区寿徳寺（曹洞宗）第28世住職）
199807 ：禅思想の中世的展開（大隅和雄・中尾堯［編］『日本仏教史・中世』吉川弘文館）※安元元年（1175）帰国し禅を伝えた覚阿の弟子の大日房能忍（達磨宗）門弟、「蓮阿弥陀仏観真」に言及。阿弥陀仏号＋2字法諱の例
廣田　哲通 （※大阪女子大学名誉教授。1948-2012/6/2）
199511 ：仏教と中世文学（『岩波講座日本文学史』5［一三・一四世紀の文学］、岩波書店）※一遍に言及
広田　富治 （※元（神奈川県高座郡）寒川町教育委員会教育長）
195906 ：相模原における仏教各派の史的展望（序説）（相模原市教育委員会社会教育課相模原市教育研究所［編集］『郷土相模原』同市史資料第六集、同委員会）※当麻無量光寺、観心寺、塩田向得寺に言及
広田　二郎 （※専修大学名誉教授）
197012 ：芭蕉と遊行（『武蔵野文学』第十八号、武蔵野書院）
深井　雅海 （※聖心女子大学文学部教授。元國學院大學栃木短期大学教授）
199106 ：堀田正俊（国史大辞典編集委員会［編集］『国史大辞典』第十二巻、吉川弘文館）
　　　　※項目執筆。墓所の浅草日輪寺・藤沢清浄光寺に言及
深澤　靖幸 （※（東京都）府中市の森博物館学芸係係長）
199503 ：○武蔵府中長福寺の板碑（『府中市郷土の森紀要』第8号、府中郷土の森）
200503 ：中世武蔵府中における板碑造立の場（『府中市郷土の森博物館紀要』第18号、同館）
201207 ：武蔵府中・鎌倉街道上道・時宗（小野正敏・五味文彦・萩原三雄［編］・遊行寺宝物館［編集協力］『一遍聖絵を歩く—中世の景観を読む—』高志書院［考古学と中世史研究9］）
　　　　※「Ⅲ　都市と道、宿と津・湊　人とモノの動きから」のうち。肩書き：「府中市郷土の森博物館学芸員」
福井　久蔵 （※昭和女子大学文学部教授。元東洋大学文学部教授。1867/12/13-1951/10/23）
193410 ◎釋教歌詠全集第五（高楠順次郎・佐々木信綱・福井［編］、河出書房）
福井　容子 （※元〈神奈川県〉藤沢市文書館職員）
197410 ：江の島道（藤沢市史編さん委員会［編］『藤沢市史』第五巻通史編近世編、同市）
福　井　県 （※福井市）
199802 ◎図説福井県史（同県［編］、同県）
　　　　※「仏教の新しい動き」で時宗解説。カラー図版ネーム：「他阿真教画像」（長崎称念寺）、「遊行上人縁起絵」（四条道場金蓮寺）。「南北朝の動乱」でカラー写真ネーム：「新田義貞墓所」「新田義貞木像」（ともに長崎称念寺）
福井県立一乗谷朝倉氏遺跡資料館 （※福井市）
200007 ◎第11回企画展・朝倉氏と戦国を生きた芸能者たち（同館［編］、同館）
　　　　※2000/7/27-9/10於同館、企画展図録。単色図版：『時衆過去帳』。同史料に越前猿楽者の法名あり
福井新聞社 （※福井市・株式会社）
200007 ：□平泉寺に時宗僧りょ／16世紀墓石で判明（『福井新聞』「嶺北だより」欄同月28日号、同社）
福岡県教育委員会 （※福岡市博多区）
197603 ◎㊢福岡県文化財目録（同委員会［編集］、同委員会）※ p47 で県指定有形民俗文化財として直方市「植木の空也上人像」（京町上人像組合）と「空也上人像附関係資料」（芦屋安長寺）あり
福岡市同和教育研究会 （※福岡市中央区・同市役所内・現同市人権教育研究会）
199804 ：部落史発見　部落史学習の新しい展開（同会［編］、同会）※『聖絵』巻七・十二を題材とした同和教育を展開
福岡市博物館 （※福岡市早良区）
200109 ◎ Facata44（同館［編集］、同館）※カラー表紙図版ネーム：「国宝　一遍上人絵伝　巻五（馬上の北条時宗）／神奈川・清浄光寺　京都・歓喜光寺蔵／［展示期間一一月三日〜一一月一一日］」

福澤　邦夫（※元〈奈良市・現公益財団法人〉元興寺文化財研究所嘱託研究員。2014/7/25 歿）
199910　：○尼崎中世石造美術の現況—阪神・淡路大震災後の調査結果（『地域史研究—尼崎市立地域研究史料館紀要—』第 29 巻第 1 号（通巻 85 号）、同館）
　　　　　※「善通寺　応永 30 年（1423。市内最古、県内でも 4 番目）の一石五輪塔」を発見

福島　金治（※愛知学院大学文学部教授。元神奈川県立金沢文庫学芸課主任学芸員）
199612　◎神奈川県の歴史（神崎彰利・大貫英明・福島・西川武臣［著］、山川出版社〔県史 14〕）※「一つ火」等掲載
200203　：○西国の霜月騒動と渋谷氏（『綾瀬市史研究』第 8 号、同市）
　　　　　※ 2001/7/12 於愛知学院大学人間文化研究所、第 32 回研究会報告「安達泰盛と霜月騒動—『北条時宗』にちなんで—」の一部を成稿。『一遍聖絵』『一遍上人年譜略』に言及
200210　：①寺院とくらし※時宗について「京都六条道場では入浴者に料理が出され（中略）、戦国期の時宗寺院では歌・音楽を禁ずる禁制が出される。時宗寺院は、限りなく遊芸を提供する施設で旅宿化していたことを示すものであろう」とす。参考資料に国宝『一遍聖絵』巻三の風呂焚き部分掲載
　　　　　：②寺院といくさ※「陣僧」をとりあげ、元弘三年（1333）五月二十八日付他阿弥陀仏（安国）の手紙、『陸波羅南北過去帳』に言及。東京都東村山市徳蔵寺（臨済宗大徳寺派）にある板碑から同年同月十五日武蔵府中で討死にした飽間盛貞を時衆僧玖阿弥陀仏が勧進していると記述。「藤沢敵味方供養塔」『大塔物語』にも言及
　　　　　（以上、国立歴史民俗博物館［編］『歴博企画展　中世寺院の姿とくらし—密教・禅僧・湯屋—』同館）
200212　◎鎌倉・横浜と東海道（神崎彰利・福島［編］、吉川弘文館〔街道の日本史 21〕）→古賀克彦 200410 紹介
　　　　　：①相模の地理と風土※道興准后『廻国雑記』の藤沢遊行寺巡見記事を紹介
　　　　　：②鎌倉道※「大道と鎌倉への道」の項で「他阿真教の弟子で遊行寺に住んだ由阿」に言及。また「上道・中道・下道」の項で『一遍聖絵』に記される「ながさご」地名を神奈川県横浜市港南区永谷の小字「長作」に比定。さらに「上道と鎌倉」の項で「時宗の僧遍阿弥陀仏」「藤沢遊行寺にあった他阿上人」の記述あり、安国から証阿弥陀仏への消息意訳掲載
　　　　　：③中世の社会※「拡大する鎌倉」の項で『一遍聖絵』の鎌倉入りと片瀬の浜で踊り念仏をする場面に言及。「港と町」の項でも『一遍聖絵』の柴橋に言及、「東国の象徴・鎌倉」の項で、光触寺の『頬焼阿弥陀仏絵巻』に言及

福島　隆行（※京都西山短期大学専攻科修了生・富山県浄禅寺徒弟）
200903　：○一遍の思想背景について（『時宗教学年報』第三十七輯、時宗教学研究所）
　　　　　※ 2008/1、京都西山短期大学専攻科修了提出論文の一部を抜粋し修正したもの

福島　邦祥（※元富山浄禅寺第 33 世住職・金沢玉泉寺兼務住職。2014/2/27 歿）
193810　：○消息法語に現われた宗祖の思想に就て（京都時宗青年同盟［編］『一遍上人の研究』同同盟〈丁字屋書店［發賣］〉）

福島　正樹（※長野県立歴史館学芸部総合情報課課長兼学芸員）
199703　：①善光寺門前の復原※「◆善光寺門前のようす」の項で「一遍聖絵」に言及
　　　　　：②寺庵※「◆善光寺門前の寺庵」「◆寺庵の建物」の項で『一遍聖絵』に言及。「◆復原された修行の場」の項で一遍に言及。単色図版ネーム：「善光寺の北側の寺庵（一遍聖絵　清浄光寺・歓喜光寺蔵　国宝　複製）」
　　　　　（以上、長野県立歴史館［編集］『長野県立歴史館信濃の風土と歴史③中世の信濃』同館）

福田　晃（※立命館大学名誉教授。元大谷女子大学〈現大阪大谷大学〉文学部教授）
196408　：○医者の家周辺（『国文学　解釈と鑑賞』第 29 巻 9 号〔昭和 39 年 8 月号〕（352）［特集　日本文学の生活圏］、至文堂）
196511　：○小栗照手譚の生成（佐藤謙三［編集者代表］『國學院雑誌』第六十六巻第十一号、國學院大學）※ p29-62
197102　：○平家物語と高野山—初期念仏聖の活動をめぐって—（『国文学　解釈と鑑賞』第 36 巻 2 号〔昭和 46 年 2 月号〕（446）［特集　平家物語の世界］、至文堂）→福田晃 197202 ①
197202　◎軍記物語と民間伝承（岩崎美術社〔民俗民芸双書 66〕）
　　　　　：①平家物語と高野山—初期念仏聖の活動をめぐって—※←福田晃 197102
197311　：○「小栗」語りの発生（上）—馬の家の物語をめぐって—（『日本文学』第二十二巻第十一号、同協会）
199209　◎京の伝承を歩く（京都新聞社）※「長楽寺周辺の建礼門院」「空也堂の念仏聖」「空也上人と松尾明神」「御影堂の扇折り」「誓願寺と扇売り」「東山・双林寺の西行法師」の項あり

福田　行慈（※大正大学文学部非常勤講師・東京都江東区本誓寺〔浄土宗鎮西派〕住職）
200410　◎法然教団系譜選（野村恒道・福田［編］、青史出版）※一遍・一向ら初期時衆の人名あり

福田　秀一（※元国際基督教大学教養学部教授、元武蔵大学人文学部助教授。1932/11/19-2006/4/23）
196508　：○彰考館本遊行系図・解説と翻刻（金井清光［編］『時衆研究』第十三号、金井私家版）

福地　茂雄（※〈東京都墨田区〉アサヒビール株式会社相談役。元日本放送協会第 19 代会長、元アサヒビール会長）
201310　：□読書日記（『毎日新聞』夕刊同月 22 日号、同社）※円山安養寺に言及。ただし五木寛之『親鸞』上・下（講談社文庫、2011 年）関連の吉水草庵としてで、時宗としての記述なし

福山　敏男（※京都大学名誉教授。元西日本工業大学工学部教授。1905/4/1-1995/5/20）
196007　：○建築〔角川書店編集部［編集］『一遍聖繪』同書店［日本繪卷物全集第10卷］※→福山敏男 197509
197509　：○建築〔望月信成［編集擔當］『一遍聖繪』角川書店［新修　日本繪卷物全集第11卷］※←福山敏男 196007
福山市鞆の浦歴史民俗資料館活動推進協議会（※広島県福山市）
200110　◎特別展　港町鞆の寺院―その二　臨済宗寺院―（同協議会）
　　　　※ 2001/10/5-11/25 於同館、特別展展示図録。元禄十三年（1700）頃の沼名前神社蔵「元禄絵図」複製カラー図版と、それをトレースしたカラー略図に、鞆本願寺と永海寺（廃寺）あり
袋井市立浅羽郷土資料館（※静岡県袋井市）
200600　◎浅羽郷土資料館特別展　遠州の熊野信仰―熊野三山とのかかわり―（同館）※ 2006/10/24-12/23 於同館、特別展図録。「5　時宗と熊野信仰」の項あり、カラー写真：『聖絵』巻三熊野権現神託場面・清浄寺・池田行興寺ほか
豊山（ぶざん）（※東京都文京区・有限会社）
200401　◎季刊光明第一五〇号（同社）※「観音さん好きやから」（p5）に廊坊寺床の間の遊行上人名号カラー画像あり
藤井　恵介（※東京大学工学部教授）
199209　：報告1　建築史にとっての絵画（〈記念シンポジウム〉絵画史料をどう読むか―建築史と美術史の立場、そして共通の視点）」（『建築史学』第19号、同会）※ 1992/4、標記シンポジウム報告概要。→米倉迪夫 200805 紹介
199611　：○絵巻物の建築図は信頼できるか　『一遍上人絵伝』の寺院・神社図を通して考える（小泉和子・黒田日出男・玉井哲雄［編］『絵巻物の建築を読む』東京大学出版会）
　　　　※『聖絵』当麻寺曼荼羅堂は実態を参照していず、熊野三山・石清水八幡宮・四天王寺等は既存の構図からの引き写しである可能性が高い、とす。→米倉迪夫 200805 紹介
藤井　駿（すすむ）（※岡山大学名誉教授。備後国一宮吉備津神社社家末裔。1906-1989）
197104　◎吉備地方史の研究（法蔵館）
　　　　：①一遍上人の備作地方布教について
藤井　正雄（※大正大学名誉教授・浄土宗鎮西派僧侶）
200005　○仏事・仏具ハンドブック（藤井［監修］・秋山正美［著］、雄山閣出版）※詳細⇒秋山正美 200005
藤井　学（※京都府立大名誉教授。元奈良大学学長。備後国一宮吉備津神社社家末裔・藤井駿令息。1932-2003/12/5）
196010　：○時宗末寺帳について（『近世仏教』第2号、同研究会）
199305　：○陣僧（『日本史大事典』第三巻、平凡社）※項目執筆
藤岡　大拙（※島根県縣議会議会事務局長・(財)県出雲市・特定非営利活動法人）出雲学研究所理事長・(県・市立)荒神谷博物館長・同短期大学部名誉教授、元同大学学長、元同大学部学長、元同県文化振興財団理事長）
196803　：○室町幕府と守護大名（『新修島根県史』通史編1 考古・古代・中世・近世、同県）
197011　：○赤穴氏について―惣領佐波氏との関係を中心に―（小葉田淳教授退官記念事業会［編集］『小葉田淳教授退官記念国史論集』同会）※元弘の乱における紀季実の番場逐電に言及
藤岡　武雄（※日本大学名誉教授）
199207　◎斎藤茂吉―写真・資料で描く歌と生涯―（沖積舎）※佐原窿応に言及
199406　◎斎藤茂吉入門（藤岡［編著］、思文閣出版）※佐原窿応に言及
200509　：鼎談　茂吉という不思議を考える（『国文学　解釈と鑑賞』第70巻9号［平成17年9月号］（892）［特集 巨人齋藤茂吉総点検］、至文堂）※「茂吉変貌の背景」の藤岡発言に「彼は実家の隣が宝泉寺というお寺だった」とあり。芳賀徹・藤岡・三枝昻之［鼎談］
藤澤　彰（※芝浦工業大学工学部教授。元京都大学工学部助手）
199903　◎神仏分離による社寺景観の変容に関する研究（科学研究費研究課題番号：11650660 基盤研究（C））
　　　　※東山長楽寺、円山安養寺の近世・近代を題材に標記の命題を分析
藤沢　靖介（せいすけ）（※〈東京都台東区・部落解放同盟東京都連合会内〉東日本部落解放研究所副理事長）
199801　：○時宗と関東の被差別部落―武蔵の国を中心に―（東日本部落解放研究所／『明日を拓く』編集委員会［編集］『解放研究第11号／明日を拓く第22号』（東京部落解放研究改題・通刊105号）、同所〈解放書店［発売］〉）
　　　　※関東の藤沢派、相模・武蔵の当麻派、下野の一向派寺院に言及。一向派総論、番場蓮華寺にも言及
200103　：○時宗鉦打・小考―研究状況と史料―（東日本部落解放研究所／『明日を拓く』編集委員会［編集］『解放研究第14号／明日を拓く第39号』（東京部落解放研究改題・通刊122号）、同所〈解放書店［発売］〉）
200607　：○武州から部落史を探る（『東日本部落解放研究所ニュース』70号、同所）
　　　　※第20回研究者集会「歴史」分科会
200803　：①〈報告〉時宗・鉦打研究会の発足
　　　　※ 2008/1/26 第1回報告大熊哲雄「鉦打をめぐる諸問題」。3/15 第2回報告藤沢靖介「時宗鉦打（磬打）―その有り様と研究・史料」。6/21 第3回報告橋本鶴人「近世関東の在地宗教者とその周辺―神事舞太夫を中心に」。10/3 於藤沢清浄光寺、第4回報告森知見『『一遍上人絵伝』『一遍聖絵』を読む』

：②編集後記※上記および同誌所収大熊哲雄200803 に言及
　　　（以上、東日本部落解放研究所／『明日を拓く』編集委員会［編集］『解放研究第21号／明日を拓く第73号』（東京部落解放研究改題・通刊156号）、同所〈解放書店［発売］〉）
201401　：○京都の時宗寺院・七条道場金光寺の文書と「隠亡」をめぐって―『長楽寺蔵　七条道場金光寺文書の研究』の紹介をかねて―（東日本部落解放研究所／『明日を拓く』編集委員会［編集］『解放研究第27号／明日を拓く第103号』（東京部落解放研究改題・通刊186号）、東日本部落解放研究所〈解放書店［発売］〉）
　　　※←村井康彦・大山喬平201210 を紹介

藤澤　衞彦　（※明治大学名誉教授。元〈東京都新宿区・現一般社団法人〉日本児童文学者協会会長。1885/8/2-1967/5/7）
191901　◎日本傳説叢書　下總の巻（藤澤［編著］、日本傳説叢書刊行會）
　　　※「千葉山海隣寺（印旛郡佐倉町大字鏑木村）」の項あり、『成田名所圖會』『佐倉風土記』を引き縁起を略述

藤沢市教育委員会　（※神奈川県藤沢市）
199602　⊙特別展　時衆の美術と文芸　中世の遊行聖と藤沢（同委員会）
　　　※ 1996/2/3-25 於藤沢市民ギャラリー、同展図録。単色図版：「遊行上人縁起絵」等
　　　：○相澤　正彦：時宗の絵画
　　　：○薄井　和男：時宗の彫刻※ほかにも関連論攷あり
199703　◎藤沢の文化財―仏像を訪ねて―（同委員会［編集］・山田泰弘［執筆］、同委員会）※詳細⇒山田泰弘, 199703

藤沢市教育委員会社会教育課　（※神奈川県藤沢市・現市長部局生涯学習部郷土歴史課）
199310　⊙復刊「藤沢の文化財」（同課）
199403　◎藤沢市文化財総合調査報告書第9集（同課［編集］、同課）※「石造建造物」の項に清浄光寺（遊行寺）・長生院・真浄院・真徳寺・日限地蔵あり。巻末単色グラビアネーム：「遊行歴代上人墓碑　清浄光寺」「五輪塔　寛文6（1666）　清浄光寺」「六道四生三界万霊供養塔　慶安5（1652）　清浄光寺」「堀内家墓碑　延宝5（1677）　清浄光寺」「敵御方供養塔　応永25（1418）　清浄光寺」「若尾氏頌徳碑　大正3（1914）　清浄光寺」「通暁句碑　明治38（1905）　清浄光寺」「小栗十勇士の墓　長生院」。なお別刷で服部清道 199403 あり

藤沢市教育委員会生涯学習課（博物館準備担当）　（※神奈川県藤沢市・現市長部局生涯学習部郷土歴史課）
199602　◎特別展　時衆の美術と文芸　中世の遊行聖と藤沢（同担当［編集］、〈発行元表記なし〉）
　　　※ 1996/2/3-25 於（神奈川県）藤沢市民ギャラリー、巡回展「時衆の美術と文芸」藤沢会場用単色展示図録。単色表紙・裏表紙図版ネーム：「遊行上人縁起絵　神奈川　清浄光寺（巻二より）　片瀬浜の一遍と時衆）」。「追加資料」に単色図版ネーム：「遊行上人縁起絵　東京　個人」。場面は巻二「片瀬浜の一遍と時衆」。「藤沢市教育委員会　博物館準備担当」名義
　　　：①藤沢市教育委員会：はじめに
　　　：○相澤　正彦：［時宗の絵画］
　　　：○薄井　和男：［時宗の彫刻］
　　　：○品川　文彦：［時宗の工芸］
　　　：○石塚　　勝：［時宗の文書・典籍］
199803　◎大庭御厨の景観（同担当［編］、同担当〔博物館建設準備調査報告書第4集〕）
　　　※藤沢清浄光寺創建前夜の当地事情がわかる。「藤沢市教育委員会博物館建設準備担当」名義
200106　◎ 2001年遊行の旅　一遍聖絵をたどる（同担当［編］、同市教育委員会）
　　　※ 2001/6/26-11/4 於藤沢市民ギャラリー、同展解説リーフレット。石塚勝［編集担当］
200410A　◎平成十六年度　企画展「一遍聖絵の誕生」展示概説（同担当［編集］、同担当）
　　　※ 2004/10/12-11/7 於藤沢市民ギャラリー常設展示室、企画展示概説。複写物をステープラーで綴じたもの。実質は石塚勝［編集・執筆］
200410B　◎平成十六年度企画展　一遍聖絵の誕生（同担当［編集・執筆］、同市教育委員会）
　　　※ 2004/10/12-11/7 於藤沢市民ギャラリー常設展示室、企画展「カラーチラシ」。表紙は同市教育委員会所蔵の一遍聖絵（歓喜光寺本）複製品巻1のカラー、歓喜光寺本「巻1－4」「巻2－2」「巻4－3」「巻6－1　片瀬の浜の踊念仏」カラー、岡墨光堂提供の裏面写真（左右反転）「巻1－4」「巻2－2」「巻4－3」カラー、御影堂本「巻1－4」「巻2－2」「巻4－3」の各単色写真。実質は石塚勝［編集・執筆］
200511　◎描かれた小栗伝説と藤沢（同担当［編集］・文教大学小栗判官共同研究チーム［編集協力］、〈発行元表記なし〉）
　　　※ 2005/11/15-12/18 於藤沢市民ギャラリー常設展示室、企画展解説。表紙：歌川国貞（三代豊国）「東海道五十三次之内　藤沢　小栗判官」。実質は桜井守［編集］
　　　：○細井　　守：説教節「をぐり」と『鎌倉大草紙』
　　　：○田川　邦子：読み物としての〈小栗判官物語〉
　　　：○平田　澄子：小栗判官変奏曲―歌舞伎・浄瑠璃・近世軍記
　　　：○紙　　宏行：藤沢といえば「小栗判官」

: ○紙　　　宏行：長生院所蔵小栗略縁起の成立と庶民信仰
: ○平野　　雅道：西俣野の絵解き「小栗判官一代記」
: ○平野　　雅道：県内各地にのこる小栗伝承

藤沢市教育委員会博物館建設準備担当
→藤沢市教育委員会生涯学習課（博物館準備担当）

藤沢市史編纂委員会
→藤沢市史編さん委員会

藤沢市史編さん委員会（藤沢市史編纂委員会）（※神奈川県藤沢市）

197001 ◎藤沢市史資料所在目録稿（第2集）（同委員会［編集］、同市史編纂室）
　　　　※「清浄光寺（遊行寺）」「西富　青木覚太郎」の項あり。後者は藤沢清浄光寺衆領軒の名目金に関わる文書類多数。清浄光寺領・西富村名主家カ。「藤沢市史編纂委員会」名義

197010 ◎藤沢市史　第一巻　資料編（同委員会［編集］、同市役所）

197107 ◎藤沢市史資料所在目録稿（第4集）（同委員会［編］、同市史編さん室）
　　　　※「藤沢市清浄光寺（遊行寺）」「甲府市一蓮寺」「水戸市神応寺」の項あり。「藤沢市史編纂委員会」名義

197303 ◎藤沢市史　第二巻　資料編（同委員会［編集］、同市役所）※奥付の「第三巻」は誤字。カラー口絵ネーム・キャプション：「長蛇の大名行列が遊行寺坂を通って藤沢旅宿街へと向かっている。宿場の人々にとってはよく見なれた光景であった。（貞秀画）（荒木良正氏所蔵）」。「近世編」「第五　宗教と文化」「一　宗教」に藤沢清浄光寺関連の「一　時宗藤沢発行末寺帳」（単色図版ネーム：「時宗末寺帳（国立公文書館所蔵）」）、「四三　三十八代様御入山御祝儀割渡控」「四四　御地頭所三十八代様御施行人数改帳」「四七　遊行五拾七代上人御修行先々日割控」あり。無署名だが圭室文雄［執筆］

藤沢市文書館（※神奈川県藤沢市）

197603 ◎藤沢市史料集（二）（同館［編集］、同館）
: ○小川　　泰二：我がすむ里※文政十三年（1830）。藤沢清浄光寺の項あり
: ○平野　　道治：鶏肋温故※天保十三年（1843）。藤沢清浄光寺の項あり
: ○高野　　修・中根　和浩：解説

197612 ◎藤沢市史資料所在目録稿第11集（同館［編集］、同館）※「清浄光寺」・「金蓮寺」（四条）の項あり

197803 ◎藤沢市史資料所在目録稿第12集（同館［編集］、同館）
　　　　※「清浄光寺」・「金蓮寺」（四条）の項のみから成る。←藤沢市文書館197612の続き

198199 ◎藤沢市史資料所在目録稿第14集（同館［編集］、同館）
　　　　※「清浄光寺（遊行寺）」所蔵文書（西富）」「歓喜光寺所蔵文書（京都市）」の項あり

198209 ◎藤沢市史資料所在目録稿第15集（同館［編］、同館）※「歓喜光寺」の項あり

198303 ◎藤沢山日鑑第1巻（同館［編集］、同館）※単色口絵2葉（ネームなし。日鑑の表表紙および本文ページ図版）
: ①日鑑（正徳元年八月）
: ②日鑑（享保八年九月）
: ③五十代上人御相続日鑑（享保十一年正月）
: ④日鑑（享保十二年二月）
: ⑤日鑑（享保二十年一月）
: ⑥日鑑（元文二年八月）
: ⑦日鑑（元文四年正月）
: ⑧日鑑（寛保二年正月）
: ⑨日鑑（御参府日鑑）（寛保二年三月）
: ⑩日鑑（寛保四年正月）
: ⑪日鑑（延享二年正月）
: ⑫高野　　修：解説

198403 ◎藤沢山日鑑第2巻（同館［編集］、同館）
　　　　※単色口絵ネーム：「藤沢山清浄光寺境内図（幕末期）／遊行寺宝物館蔵」（続けて解説あり）
: ①日鑑（延享二年十月）
: ②日鑑（延享三年正月）
: ③日鑑（寛延元年正月）
: ④日鑑（寛延二年正月）
: ⑤日鑑（寛延三年正月）
: ⑥日鑑（宝暦元年正月）
: ⑦日鑑（宝暦二年正月）

　　　　：⑧日鑑（宝暦三年正月）
　　　　：⑨書簡控（宝暦三年）
　　　　：⑩日鑑（宝暦四年八月）
　　　　：⑪日鑑（宝暦五年正月）
　　　　：⑫日鑑（宝暦五年八月）
　　　　：⑬日鑑（宝暦六年二月）
　　　　：○高野　修：時宗教団における四院・二庵・五軒・十室について※論攷
198503　◎藤沢山日鑑第3巻（同館［編集］、同館）
　　　　※単色口絵ネーム：「明治末期の遊行寺　（上）本堂正面（平野不二男氏蔵）／（下）中雀門」（2葉）
　　　　：①日鑑（宝暦六年六月）
　　　　：②日鑑（宝暦六年十月）
　　　　：③日鑑（宝暦七年二月）
　　　　：④日鑑（宝暦七年三月）
　　　　：⑤日鑑（宝暦七年九月）
　　　　：⑥記録（宝暦八年正月）
　　　　：⑦日鑑（宝暦八年正月）
　　　　：⑧日鑑（宝暦八年三月）
　　　　：⑨日鑑（宝暦九年四月）
　　　　：⑩日鑑（宝暦九年九月）
　　　　：⑪日鑑（宝暦十年三月）
　　　　：⑫日鑑（宝暦十一年一月）
　　　　：⑬日鑑（宝暦十二年三月）
　　　　：○無　署　名：「解説」踊躍念仏＝庭踊のこと※高野修カ
198602　◎藤沢市史資料所在目録稿（第18集）（同館［編集］、同館）※「大願寺文書（新潟）」「光明寺文書（山形）」「松秀寺文書（東京）」「長楽寺所蔵（旧七条道場金光寺）文書（京都）」の項あり
198603　◎藤沢山日鑑第4巻（同館［編集］、同館）
　　　　※単色口絵ネーム：「「清浄光寺梵鐘銘」拓本／（清浄光寺蔵）」（4葉。続けて翻刻と解説あり）
　　　　：①日鑑（宝暦十二年十二月）
　　　　：②日鑑（宝暦十三年七月）
　　　　：③日鑑（明和元年）
　　　　：④日鑑（明和二年一月）
　　　　：⑤日鑑（明和四年一月）
　　　　：⑥日鑑（明和五年一月）
　　　　：⑦日鑑（明和五年九月）
　　　　：⑧日鑑（明和六年一月）
　　　　：○高野　修：「解説」諏訪神社と時宗
198703　◎藤沢山日鑑第5巻（同館［編集］、同館）※単色口絵ネーム・キャプション：「万治元年賦初何連歌　　（首部）（末部）」「万治元年賦初何連歌　一巻　江戸時代（万治元・一六五八年）」「縦　一八・五cm／料紙は斐楮交漉紙に打雲・雲霞に四季の草木花・千鳥・鹿などを／画いている。発句は法橋昌陸「見る人や月のかつらの花心」に遊行／三九代慈光上人が「雁もみやこの友となる宿」とつけている。法橋／昌陸13首・上人他13首・法橋昌隠12首・一仲9首・但阿9首・西／光寺但阿9首・弥阿9首・右勒1首・一寮覚阿9首・覚阿9首・僧／阿8首。昌陸は遊行四八代賦国上人の兄である。　遊行寺宝物館蔵。／（『藤沢市史』七巻参照）」（2葉）
　　　　：①日鑑（明和六年七月）［承前］
　　　　：②遊行五十三代上人相続一件（明和六年一月）
　　　　：③日鑑（明和七年一月）
　　　　：④日鑑（明和八年一月）
　　　　：⑤日鑑（安永元年二月）
　　　　：⑥日鑑（安永二年一月）
　　　　：⑦日鑑（安永三年一月）
　　　　：⑧日鑑（安永四年一月）
　　　　：⑨日鑑（安永五年一月）
　　　　：○高野　修：「解説」時衆と連歌
198802　◎藤沢市史資料所在目録稿（第20集）（同館［編集］、同館）※「光安寺文書（静岡県三島市）」の項あり

| 198803 | ◎藤沢山日鑑第6巻（同館［編集］、同館）※単色口絵ネーム・キャプション：「中雀門」「中　雀　門／この門は安政年間（一八五四〜一八六〇）の建築物であって、遊／行寺境内の建造物の中では一番古いものである。明治十三年の大火／には焼失をまぬがれ、大正の震災には倒壊したが、復元された。」(1葉)
　　　　　：①日鑑（安永六年一月）
　　　　　：②日鑑（安永七年一月）
　　　　　：③日鑑（安永八年一月）
　　　　　：④日鑑（安永九年一月）
　　　　　：⑤日鑑（天明元年一月）
　　　　　：○荒井　秀規：『時宗末寺帳』遊行派寺院一覧（付他派）
| 198903 | ◎藤沢山日鑑第7巻（同館［編集］、同館）※単色口絵ネーム・キャプション：「宇賀神社」「宇賀神殿／大正十二年（一九二三）の関東大震災で倒壊罹災した／が、その後、復興再建された。拝殿は昭和二十年代の後／半に倒壊し、本殿のみとなってしまっている。最近、庭／園等が整備された。」(1葉)
　　　　　：①日鑑（天明二年一月）
　　　　　：②日鑑（天明三年一月）
　　　　　：③日鑑（天明四年一月）
　　　　　：④日鑑（天明八年一月）
　　　　　：○高野　修：「解説」清浄光寺に鎮座する宇賀神について
| 199003A | ◎藤沢山日鑑第8巻（同館［編集］、同館）※単色口絵ネーム：「堀田家墓碑」「右側から正成院殿、浄生院殿、玄性院殿、正統院殿の墓碑（於、清浄光寺）」。このうち、正成院殿覚阿弥陀仏は堀田正利（平吉）、浄生院殿東弌房は同室、玄性院殿心隠宗卜は堀田正盛、正統院殿華嶽宗榮は同室阿要
　　　　　：①日鑑（寛政元年一月）※寛政元年（1789）元日〜大晦日（後欠）
　　　　　：②日鑑（寛政二年一月）※寛政二年（1790）元日〜十二月二十五日（後欠。虫食判読不能箇所多数）
　　　　　：③日鑑（寛政三年一月）※寛政三年（1791）元日〜大晦日（完備）＋目録
　　　　　：④日鑑（寛政四年一月）※寛政四年（1792）元日〜十二月二十九日（完備）＋目録
　　　　　：○高野　修：「解説」堀田家三代の墓碑について
| 199003B | ◎藤沢市史資料所在目録稿（第21集）（同館［編集］、同館）
　　　　　※「3．清浄光寺典籍目録」(p13-111)の項あり
| 199103A | ◎藤沢山日鑑第9巻（同館［編集］、同館）※単色口絵ネーム：「南部茂時墓（清浄光寺）」
　　　　　：①日鑑（寛政五年一月）※寛政五年（1793）元日（前欠）〜十二月二十八日
　　　　　：②日鑑（寛政七年一月）※寛政七年（1795）元日〜大晦日（完備）
　　　　　：③日鑑（寛政八年一月）※寛政八年（1796）元日〜大晦日（完備）＋（目録）
　　　　　：④日鑑（寛政九年一月）※寛政九年（1797）元日〜大晦日（完備）＋（目録）
　　　　　：○高野　修：「解説」南部茂時の墓
| 199103B | ◎藤沢市史資料所在目録稿第（第22集）（同館［編集］、同館）※「3．善照寺文書目録　千葉県柏市善照寺所蔵文書」(p60-66)・「4．称光寺文書目録　宿根木　称光寺所蔵文書」(p67-78)の項あり
| 199203 | ◎藤沢山日鑑第10巻（同館［編集］、同館）
　　　　　※単色口絵ネーム：「『我が住む里』慶應義塾大学三田情報センター蔵」「藤沢山清音亭眺望」
　　　　　：①日鑑（寛政十年一月）※寛政十年（1798）年元日〜大晦日（完備）
　　　　　：②日鑑（寛政十一年一月）※寛政十一年（1799）年元日〜大晦日（完備）＋（目録）
　　　　　：③日鑑（寛政十二年一月）※寛政十二年（1800）元日〜十二月二十九日（完備）
　　　　　：○高野　修：「解説」清音亭について
| 199303 | ◎藤沢山日鑑第11巻（同館［編集］、同館）※単色口絵ネーム：「円意居士墓」
　　　　　：①日鑑（寛政十三年一月）※寛政十三＝享和元年（1801）年元日〜大晦日（完備）＋（目録）
　　　　　：②日鑑（享和二年一月）※享和二年（1802）元日〜十二月二十九日（完備）＋（目録）
　　　　　：③日鑑（享和三年一月）
　　　　　※享和三年（1803）元日〜十一月七日（後欠）＋（目録。十一月十一日〜十二月二十五日分の記事もあり）
　　　　　：④日鑑（文化元年七月）※文化元年（1804）七月二日（前欠）〜大晦日
　　　　　：⑤日鑑（文化二年一月）※文化二年（1805）元日〜十二月二十九日（完備）＋（目録）
　　　　　：○高野　修：「解説」『一遍上人語録』刊行寄進者　釈円意居士墓について
| 199403 | ◎藤沢山日鑑第12巻（同館［編集］、同館）※単色口絵ネーム：「小栗と十勇士の墓」「照天姫墓」
　　　　　：①日鑑（文化三年一月）※文化三年（1806）元日〜十二月二十九日（完備）＋（目録）
　　　　　：②日鑑（文化四年一月）※文化四年（1807）元日〜大晦日（完備）＋（目録。正月七日のみで中断）
　　　　　：③日鑑（文化五年一月）※文化五年（1808）元日〜十二月二十九日（完備）＋（目録二月四日前欠）

　　　　：④日鑑（文化六年一月）※文化六年（1809）元日〜十二月二十九日（完備）
　　　　：⑤日鑑（文化七年一月）※文化七年（1810）元日〜大晦日（完備）＋（目録）
　　　　：○高野　　修：「解説」小栗判官照天姫と長生院
199503　◎藤沢山日鑑第13巻（同館［編集］、同館）※単色口絵ネーム：「放生池」
　　　　：①日鑑（文化八年一月）※文化八年（1811）元日〜大晦日（完備）＋（目録）
　　　　：②日鑑（文化九年一月）※文化九年（1812）元日〜十二月二十九日（完備）＋（目録）
　　　　：③日鑑（文化十年一月）※文化十年（1813）元日〜大晦日（完備）＋（目録）
　　　　：④日鑑（文化十一年一月）※文化十一年（1814）元日〜十二月二十九日（完備）＋（目録）
　　　　：⑤日鑑（文化十二年一月）※文化十二年（1815）元日〜大晦日（完備）＋（目録）
　　　　：○高野　　修：「解説」中雀門と放生池について
199603　◎藤沢山日鑑第14巻（同館［編集］、同館）※単色口絵ネーム：「薄念仏会」「尊任上人笹名号」
　　　　：①日鑑（文化十三年十月）※文化十三年（1816）十月晦日〜十一月二十一日（後欠）
　　　　：②日鑑（文化十四年正月）※文化十四年（1817）元日〜十二月二十九日（完備）＋（目録）
　　　　：③日鑑（文化十五年正月）
　　　　※文化十五年＝文政元年（1818）元日〜大晦日（完備）＋（目録。四月二十三日前欠）
　　　　：④日鑑（文政二年正月）※文政二年（1819）元日〜大晦日（十二月二十九日条なし）＋（目録）
　　　　：⑤日鑑（文政三年正月）※文政三年（1820）元日〜大晦日（完備）＋（目録）
　　　　：○高野　　修：【解説】薄念仏会について
199703　◎藤沢山日鑑第15巻（同館［編集］、同館）※単色口絵ネーム：「文久二年「清浄光寺境内図」」
　　　　：①日鑑（文政四年正月）※文政四年（1821）元日〜十二月二十八日（後欠）
　　　　：②日鑑（文政五年正月）※文政五年（1822）元日〜大晦日（完備）＋（目録）
　　　　：③日鑑（文政六年正月）※文政六年（1823）元日〜大晦日（完備）＋（目録）
　　　　：④日鑑（文政七年正月）※文政七年（1824）元日〜大晦日（完備）＋（目録）
　　　　：○高野　　修：【解説】清浄光寺と塔頭
199803　◎藤沢山日鑑第16巻（同館［編集］、同館）※単色口絵ネーム：「明治三十年再建の本堂」
　　　　：①日鑑（文政八年正月）※文政八年（1825）元日〜大晦日（完備）＋（目録）
　　　　：②日鑑（文政九年正月）※文政九年（1826）元日〜十二月二十九日（完備）＋（目録）
　　　　：③日鑑（文政十年正月）
　　　　※文政十年（1827）（前欠）正月晦日〜八月十八日（完備）・晦日〜十二月十日（後欠）。十二月十日（後欠部分）
　　　　　・十一日分は高野修 199203A の「藤沢山書簡控」宝暦八〜十二年分末尾に「文政十一年」分として混入
　　　　：④日鑑（文政十一年正月）※文政十一年（1828）元日〜十二月二十九日（完備）＋（目録）
　　　　：○高野　　修：【解説】清浄光寺炎上と再建
199903　◎藤沢山日鑑第17巻（同館［編集］、同館）
　　　　※単色口絵ネーム：「酒井忠重五輪塔　寛文六年」「酒井忠重逆修六地蔵　万治三年」
　　　　：①日鑑（文政十二年正月）※文政十二年（1829）元日〜大晦日（完備）＋（目録）
　　　　：②日鑑（文政十三年正月）※文政十三年＝天保元年（1830）元日〜大晦日（完備）＋（目録）
　　　　：③日鑑（天保二年正月）※天保二年（1831）元日〜十二月十七日＋目録（前欠。正月十七日〜）
　　　　：○高野　　修：【解説】寛文六年銘の五輪塔と六地蔵
200003　◎藤沢山日鑑第18巻（同館［編集］、同館）※単色口絵ネーム：「清浄光寺惣門」
　　　　：①日鑑（天保三年正月）
　　　　※天保三年（1832）年元日〜十一月八日（後欠）。早見繰出目録は十一月九日〜十一月二十八日分もあり
　　　　：②日鑑（天保四年正月）※天保四年（1833）年元日〜大晦日（完備）＋（目録）
　　　　：③日鑑（天保五年正月）※天保五年（1834）年元日〜大晦日（完備）＋（目録）
　　　　：○高野　　修：【解説】清浄光寺の寺院明細帳
200103　◎藤沢山日鑑第19巻（同館［編集］、同館）※単色口絵ネーム：「山門前青銅灯籠」
　　　　：①日鑑（天保六年正月）※天保六年（1835）元日〜大晦日（完備）＋（目録）
　　　　：②日鑑（天保七年正月）※天保七年（1836）元日〜十二月二十九日（完備）＋（早見繰出）
　　　　：③日鑑（天保八年二月）※天保八年（1837）二月二十日（前欠）〜大晦日
　　　　：○高野　　修：【解説】山門前青銅灯籠のこと
200203　◎藤沢山日鑑第20巻（同館［編集］、同館）※口絵：「遊行四代　清浄光寺開山　呑海上人坐像（清浄光寺蔵）」
　　　　：①日鑑（天保九年正月）※天保九年（1838）元日〜大晦日（完備）＋（繰出）
　　　　：②日鑑（天保十年正月）※天保十年（1839）元日〜十二月二十九日（完備）＋始（＝目録）
　　　　：③日鑑（天保十一年正月）※天保十一年（1840）元日〜大晦日（完備）＋（目録）

：○高野　　修：【解説】清浄光寺の復興と「いろは坂」四十八段
200303　◎藤沢山日鑑第21巻（同館［編集］、同館）※単色口絵ネーム：「清浄光寺蔵　絹本著色天神像」
　　　：①日鑑（天保十二年正月）※天保十二年（1841）元日〜十二月二十九日（完備）＋（目録）
　　　：②日鑑（天保十三年正月）※天保十三年（1842）四月十七〜二十二日欠＋（目録。四月十七日分3件あり）
　　　：③日鑑（天保十四年正月）※天保十四年（1843）元日〜十二月二十九日（完備）＋（目録。六月朔日前欠）
　　　：○高野　　修：【解説】清浄光寺の文化財
200403　◎藤沢山日鑑第22巻（同館［編集］、同館）
　　　※単色口絵ネーム：「遊行四十二代　尊任（南門）上人坐像」「絹本著色　後醍醐天皇像」
　　　：①日鑑（弘化二年正月）※弘化二年（1845）元日〜十二月二十九日（完備）＋（早見繰出）
　　　：②日鑑（弘化三年正月）※弘化三年（1846）元日〜十二月二十九日（完備）＋目録（前欠。八月九日〜）
　　　：③日鑑（弘化四年正月）※弘化四年（1847）元日〜大晦日（完備）＋目録（前欠。三月五日〜）
　　　：○高野　　修：【解説】尊任・尊観と清浄光寺
200407　⊙文書館だより　文庫創刊号（同館）※「文書館刊行物発行のお知らせ」に藤沢市文書館200403。「ビッドル率いるアメリカ東インド艦隊が浦賀に来航したことを伝える記事が記録」とあり、単色写真掲載
200410　⊙文書館だより　文庫第2号（同館）
　　　：①連載　藤沢山日鑑茶話①第1回　子どもらのはなし※単色図版：『藤沢山日鑑』（ネーム等なし）
200501　⊙文書館だより　文庫第3号（同館）
　　　：①連載　藤沢山日鑑茶話　第2回　おばあさんのはなし
　　　※単色図版：『藤沢山日鑑』宝暦二年（1752）二月十四日条（一部釈文あり）
200503　◎藤沢山日鑑第23巻（同館［編集］、同館）
　　　※単色口絵ネーム：「藤沢山清浄光寺役者印鑑　明治四年三月　清浄光寺蔵」
　　　：①日鑑（弘化五年正月）
　　　※弘化五年（1848）元日〜十二月二十九日。完備＋符合早繰出鑑要。二月二十八日改元
　　　：②日鑑（嘉永三年正月）※嘉永三年（1850）元日〜大晦日。完備＋符合操出
　　　：③日鑑（嘉永四年正月）
　　　※嘉永四年（1851）元日〜十二月二十九日。十二月二十八・二十九日間に一・二丁落丁＋符合早操出
　　　：○高野　　修：【解説】遊行上人相続の日について
200504　⊙文書館だより　文庫第4号（同館）※「文書館刊行物発行のお知らせ」で藤沢市文書館200503紹介
　　　：○石井　　修：連載　古文書の読み方　第4回　解答編
　　　：酒井　麻子：連載　藤沢山日鑑茶話　第3回　お坊さんのつぶやき
200507　⊙文書館だより　文庫第5号（同館）
　　　：①連載　藤沢山日鑑茶話　第4回　遊行寺　銘菓のしおり
　　　※←藤沢市文書館200403に基づく弘化2・3・4年（1845-1847）の銘菓一覧表
　　　：○石井　　修：連載　古文書の読み方　第5回
200510　⊙文書館だより　文庫第6号（同館）
　　　※表紙に1950/10/1於藤沢遊行寺大書院、市制10周年記念行事・華道大会記事とカラーチラシ
　　　：○石井　　修：連載　古文書の読み方　第6回
200601　⊙文書館だより　文庫第7号（同館）
　　　：○酒井　麻子：連載　藤沢山日鑑茶話　第5回　お酒のはなし
200603　◎藤沢山日鑑第24巻（同館［編集］、同館）
　　　※単色口絵ネーム：「絹本著色　後醍醐天皇像」。嘉永五〜七年（1852-1854）分
　　　：○高野　　修：【解説】清浄光寺蔵の後醍醐天皇像
200604　⊙文書館だより　文庫第8号（同館）※藤沢市文書館200603の頒布告知記事
200703　◎藤沢山日鑑第25巻（同館［編集］、同館）※単色口絵ネーム：「清浄光寺境内図　明治期」「部分（瑜伽社、熊野社）」。安政二〜三年（1855-1856）、同五年（1858）分。ただし同二年は十二月二十九日まで、同四年は欠、同五年は正月十三〜十四日欠、十二月二十八日までで目録は十月二十六日以降後欠
　　　：○高野　　修：【解説】清浄光寺における瑜伽大権現について
200708　⊙文書館だより　文庫第11号（同館）
　　　：酒井　麻子：連載　藤沢山日鑑茶話　第6回　松平定信と遊行寺
200803　◎藤沢山日鑑第26巻（同館［編集］、同館）※単色口絵ネーム：表「清浄光寺蔵　かじめの杓子（小）」・裏「清浄光寺　かじめの杓子（大）」。安政七年（1860＝万延元年）・文久二〜三年（1862-1863）分。ただし万延二年（1861＝文久元年）欠、文久二年は十二月二十九日まで
　　　：○高野　　修：【解説】かじめの杓子

は行

200810 ：⊙文書館だより　文庫第 15 号（同館）
　　　：○酒井　麻子：連載　藤沢山日鑑茶話　第 7 回　黒門の話
　　　：○中村　　修：編集後記
200812 ：⊙文書館だより　文庫第 16 号（同館）
　　　：○加藤　芳典：旅人が見た江戸時代の藤沢（5）―清川八郎が泊まった藤沢の夜―
200903 ：◎藤沢山日鑑第 27 巻（同館［編集］、同館）※単色口絵ネーム：「清浄光寺蔵　藤沢山清浄光寺方丈書院等間取図」続けて解説あり、巻末に「口絵トレース図」15 ページ（1 図とその部分拡大）あり
　　　：①日鑑（元治二年正月）
　　　※元治二年（1865）年元日～（慶応元年四月八日）～十二月二十九日＋目録（五月朔日以前、前欠）
　　　：②日鑑（慶応二年正月）
　　　※慶応二年（1866）元日～十二月九日（後欠）＋「繰出」（六月六日以降、欠カ）。慶応三・四年欠
　　　：③日鑑（明治二年正月）※明治二年（1869）元日～大晦日＋「繰出し」
　　　：○高野　　修：【解説】明治維新と清浄光寺
200905 ：⊙文書館だより　文庫第 17 号（同館）
　　　：○加藤　芳典：旅人が見た江戸時代の藤沢（6）―清河八郎の遊んだ江ノ島―
201003 ：◎藤沢山日鑑第 28 巻（同館［編集］、同館）
　　　※単色口絵ネーム：「六字名号　伝一遍上人筆（山形　光明寺蔵）」。最終巻
　　　：①日鑑（明治三年正月）※明治三年（1870）元日～明治四年（1871）十二月
　　　：②日鑑（明治五年四月）※明治五年（1872）四月～十月（仮日鑑）
　　　：③日鑑（明治五年十月）※明治五年（1872）十月～十一月
　　　：④日鑑（明治六年正月）※明治六年（1873）元日～二月
　　　：⑤日鑑（明治七年正月）※明治七年（1874）元日～二月
　　　：⑥日鑑（慶応二年十二月）※慶応二年（1866）十二月（補遺）
　　　：○高野　　修：【解説】名号と賦算
201006 ：⊙文書館だより　文庫第 20 号（同館）
　　　：①連載　藤沢山日鑑茶話　第 8 回「大相撲遊行寺場所」※藤沢遊行寺では毎年一遍上人開山忌の 8/23、ほぼ毎年相撲が行われており、その『藤沢山日鑑』初見は享保十二年（1727）（藤沢市文書館 198303）記事であるとと。元文二年（1737）条では相撲場の準備の様子が記されている。常光寺（浄土宗鎮西派）と感応院（高野山真言宗）を見物に招き、時には御上人も訪れた。これにつき幕府関東取締出役から治安維持の関係で尋問があり天保四年（1833）回答書が残る（青木家文書江戸 279-1）。要旨は①遊行寺は俣野五郎墓のある寺。②相撲元祖ゆえ開山忌に追善のため、角力職の者たちが墓前で相撲を取る。③墓前で相撲を取ると息災になるという古例に基づくもので、まねごとにすぎず興行ではない、と。俣野五郎景久は大庭景親の弟で、『曽我物語』によれば相撲の名手であったと伝えられる（「河津掛り」を初めて掛けられたとされる人物）。一方正中二年（1325）遊行寺開創では、遊行 4 代呑海の実兄俣野五郎景平が開基となった。景平の三十三回忌石塔が、享和三年（1803）砂山観音堂で発見され、俣野権現が遊行寺境内に勧請されている（藤沢市文書館 199203）。五郎景久と五郎景平が自然か故意か混同された説話が流布と指摘。弘化四年（1847）条を最後に『日鑑』から相撲が消えるという
201008 ：⊙文書館だより　文庫第 21 号（同館）※←高野修 201003A・藤沢市文書館 201003 を 2 面「文書館刊行物新刊のお知らせ」で紹介。カラー図版ネーム：「市史ブックレット 2 の表紙」
201103 ：◎藤沢山日鑑　別巻 1「近侍者記録一」（同館［編集］、同館）
　　　※単色口絵ネーム：「口絵近侍者記録（清浄光寺蔵）／写真上　右　文化六年　公用記録　表紙／左　天保八年（近侍者記録）表紙／写真中　右　寛政十二年　公私諸訴末山交代記表紙／左　天保八年（近侍者記録）裏表紙／写真下　寛政十二年　公私諸訴末山交代記」。酒井麻子［編集校訂］
　　　：①一、公私諸訴末山交代記（寛政十二年四月～享和元年十二月）
　　　：②二、公用記録（文化六年十二月～文化十二年十月）
　　　：③三、公記録（天保二年正月～天保四年三月）
　　　：④四、公用控（天保六年八月～九月）
　　　：⑤五、（近侍者記録）（天保八年十二月～天保十一年八月）
　　　：○酒井　麻子：解説「清浄光寺の日鑑類について」
201203A ：◎藤沢山日鑑　別巻 2「近侍者記録二」（同館［編集］、同館）※単色口絵ネーム：「時宗藤沢遊行末寺帳（部分）／（国立公文書館所蔵　内閣文庫「諸宗末寺帳」より　重要文化財）」。酒井麻子［編集校訂］
　　　：①一、（公私末山交代記録）（天保十一年八月～天保十三年五月）
　　　：②二、公私末山交代記録（天保十三年四月～天保十五年十一月）
　　　：③三、公私末山交代記録（天保十五年十二月～嘉永三年四月）

は行

```
          ：④四、公私末山交代記録（嘉永三年四月〜嘉永五年四月）
          ：○石塚　　勝：解説「時宗本末帳解題」
          ：⑤付表「時宗本末帳所載寺院総覧」
          ：⑥付表「時宗各派の国別寺院数」
201203B ⊙文書館だより　文庫第24号（同館）
          ：○中村　　修：紹介されなかった震災写真
201303 ◎藤沢山日鑑　別巻3「近侍者記録三」（同館［編集］、同館）
          ※単色口絵ネーム：「明治天皇御膳水清浄光寺境内現況」「絵葉書にみえる御膳水（画面左）個人蔵　部分」「境
          内図にみえる御膳水（画面左下輪蔵　左脇）藤沢市文書館蔵　明治14年　部分」。キャプション：「明治初頭の
          行幸啓の際に清浄光寺は行在所となり、その折にこの井戸の水が使われたと伝えられる。／当巻には、明治元年10
          月に天皇が京都から東京へ行幸した時の関係記事がみられる。」別巻としての最終巻。酒井麻子［編集校訂］
          ：①一、近侍者日鑑（嘉永五年一月〜安政三年五月）
          ：②二、遊行五十八代上人近侍者記録（文久二年三〜五月）
          ：③三、公私近侍者記録（文久四年正月〜明治元年十一月）
          ：④四、公私近侍者記録（慶応二年十月〜明治四年正月）
          ：○石塚　　勝：付表「時宗本末帳所載寺院総覧」西国編※越中・飛騨・美濃・三河以西
          ：○石塚　　勝：付表「時宗本末帳所載寺院総覧」寺院名五十音順　索引」
201306 ⊙文書館だより　文庫第27号（同館）※←藤沢市文書館201303を第3面「紹介：文書館の刊行物」で紹介。カ
          ラー図版ネーム：「藤沢山日鑑別巻3と史料集37」
```

藤沢文庫刊行会

198009 ◎目でみる藤沢の歴史（同会［編］、名著出版［藤沢文庫5］）※藤沢遊行寺に言及
198504 ◎藤沢史跡めぐり（同会［編］、名著出版［藤沢文庫9］）※藤沢遊行寺ほかの項あり

藤島　達朗（※大谷大学名誉教授・真宗大谷派講師。1907/1/16-1985/1/24）
193602 ：○一遍上人と戒律（『大谷學報』第十七巻第一號、大谷大學大谷學會）

藤季　浧（※福井縣南條郡今庄町（現南越前町）專念寺（真宗出雲路派）住職）
193512 ◎愚暗記返禮の研究（顯眞學苑）

藤田　劍吾
189502 ：⑪京都名勝廻覽記（藤田［編次］、藤田［蔵板］）※「金蓮寺」・「染殿地蔵」・「御影堂」・「金光寺」（「開基空也
          上人」）ながら「七條道場と稱す」）・「長樂寺」・「安養寺」・「雙林寺」（「時宗一本山」とす）・「正法寺」あり

藤田　真一（※関西大学文学部教授。元京都府立大学女子短期大学部〈1998/7/21閉校〉教授）
199612 ：○俳諧の革新（『岩波講座日本文学史』9「18世紀の文学」、岩波書店）※東山雙林寺と芭蕉堂に言及

藤田　達生（※三重大学人文学部教授。元神戸大学文学部助手）
200103 ◎本能寺の変の群像―中世と近世の相剋（雄山閣出版）
200709 ：港湾都市・安濃津から城下町・津へ（伊藤裕偉・藤田［編集］、中世都市研究会［編集協力］『都市をつなぐ』
          新人物往来社［中世都市研究13］）※ 2006/9/2 於津リージョンプラザ（三重県津市）、同会2006三重大会での研
          究報告を元に書き下ろし。「一　安濃津の都市性」（2）安濃津と領主権力」の「（B）諸宗院勢力」に、「史料に
          みえる安濃津の寺院」として「神護永法寺（時宗、「国阿上人絵伝」巻三）」「光明寺（時宗、「真盛上人往生伝記」）」
          を挙ぐ。ただし神護永法寺は架空カ（小野澤註）

藤田　正知（※高田中学校・高等学校教諭・高田短期大学仏教文化研究センター研究員）
200312 ：○親鸞と一遍の念仏思想（『龍谷大学大学院文学研究科紀要』第25集（2003年度）、同紀要編集委員会）
          ※ 2002年度博士前期課程（修士課程）修了者修士論文要旨

藤田　盟児（※広島国際大学工学部教授。元名古屋造形芸術大学造形芸術学部助教授）
199908 ：○中世の町家（太田博太郎［監修］『カラー版日本建築様式史』美術出版社）
          ※カラー図版ネーム：「『一遍聖絵』巻5―一遍上人と北条時宗の出会いの場面より」

藤田　康（※元東京都公立中学校（理科・数学）教諭、元自由学園自然科学教師。1911-）
199910 ◎海上月越如来と武将たち（創林社）
          ※カラーカバー・単色口絵：佐倉海隣寺本尊海上月越如来、単色口絵：同寺住職（当時）上原武然。内容は、同
          寺にある佐倉堀田家一族の兵庫一清、法名豊樂院殿静阿寛了仁山居士の墓をめぐる考察

藤谷　治（※作家。元書店フィクショネス店主）
200906 ：□藤沢のはなし（『有鄰』第499号［2009年6月10日号］、有隣堂）※「遊行寺の坂」「藤嶺学園」が登場

藤野　保（※九州大学名誉教授。元中央大学文学部教授）
198904 ◎藩史大事典　五「近畿編」（木村礎・藤野・村上直［編］、雄山閣出版）※詳細⇒木村礎198904
198911 ◎藩史大事典　二「関東編」（木村礎・藤野・村上直［編］、雄山閣出版）※詳細⇒木村礎198911

藤野町文化財保護委員会（※神奈川県津久井郡藤野町〈現相模原市緑区〉）
197503 ◎ふじ乃町の野立石像群　神社と寺院追録（同委員会［編］、同町教育委員会）
※当麻無量光寺第52世他阿霊随の石造物に言及。神奈川県津久井郡藤野町〈現相模原市緑区〉

藤巻　和宏（※近畿大学文芸学部准教授・博士（文学）早稲田大学。元早稲田大学高等研究所助教）
199808 :○「文学と絵画」研究文献目録（古代〜近世）抄―平成元年から八年―『国文学　解釈と鑑賞』第63巻8号［平成10年8月号］（807）［特集　文学と絵画］、至文堂）※論文・中世の部で田村憲治199008・網野善彦199403A・藤本正行199407を紹介。林雅彦・藤巻・平沼恵［共筆］

藤巻　一保（※作家）
199806 :○怨霊と南北朝［天皇史②仏教習合時代］『天皇の本　日本の霊的源泉と封印の秘史を探る』学習研究社［Books Esoterica22］）※「南北朝の光と影」に単色図版ネーム・キャプション：「後醍醐天皇像、神威あらたかなる三神のもと、王冠をつけ玉座に坐す。法衣に密教法具を身につけた「異形なる」肖像である。（清浄光寺蔵）」

富士民俗の会（※静岡県富士市）
199807 ◎富士民俗の会会報第8号（特集：滝川藤澤山妙善寺と小栗・照手号）（同会）
※藤澤山妙善寺は臨済宗妙心寺派で静岡県富士市原田1344。小栗伝説あり、藤沢時衆との関係が想定できる
　　：○門田　徳雄：旧道根戸街道・熊野古道・遍路道
　　：○門田　徳雄：照手姫と名馬鬼鹿毛伝説史実より
　　：○門田　徳雄：説教節「おぐりてるて」

藤本弘三郎（※〈京都市中京區・株式會社〉日出新聞社〈現京都新聞社〉）
193309 ◎日本社寺大觀［寺院篇］（藤本［編輯］、日出新聞社）
※「一向寺」（宇都宮）・「佛向寺」・「蓮華寺」（番場）の項あり

藤本　正行（※株式会社彩陽代表取締役・國學院大學文学部兼任講師）
199407 ○『一遍聖絵』の解釈をめぐって（日本歴史学会［編集］『日本歴史』第五百五十四号、吉川弘文館）
※→林雅彦・藤巻和宏・平沼恵199808 紹介
199901 ○『一遍聖絵』に見える太刀（武田佐知子［編］『一遍聖絵を読み解く―動きだす静止画像』吉川弘文館）
200003 ◎鎧をまとう人びと　合戦・甲冑・絵画の手びき（吉川弘文館）※『聖絵』および同御影堂本に言及

藤本　元啓（※金沢工業大学基礎教養部教授。元皇學館大学文学部非常勤講師）
199409 ◎舜旧記　六（鎌田純一・藤本［校訂］・神龍院梵舜［著］、續群書類從完成會［史料纂集・古記錄編98]）
※寛永元年（1624）六月十九日条頭註：「夢想連歌興行／四條道場／仙巖上人來る」、本文：「夢想連歌本所興行、四條道場也、仙巖上人來也、於本所ण食在之、予罷出相伴也、同道ニ八人也、（下略）
199604 ◎舜旧記　七（鎌田純一・藤本［校訂］・神龍院梵舜［著］、續群書類從完成會［史料纂集・古記錄編105]）
※寛永七年（1630）九月二十七日条頭註：「生國魂社家式部少輔四條道場に著す」、本文：「今朝早天ニ生王社家式部少輔四條道場着四條道場也、予書状遣也（下略）
199908 ◎舜旧記　八（鎌田純一・藤本［校訂］・神龍院梵舜［著］、續群書類從完成會［史料纂集・古記錄編120]）
※寛永九年（1632）正月十三日条頭註：「四條道場の三河［阿力］彌來り大坂生國魂山の式部少輔去年十月頃死去に依り息男参上申入るを傳ふ」、本文：「四條道場之内、三河［阿力］彌來扇二、大坂生王社（生國魂社）之事申來、去年十月比ニ式部少輔不慮死去、依テ息男ニ御禮申入候由來也」

藤森　馨（※国士舘大学文学部教授。元〈神奈川県横浜市港北区・現公益財団法人〉大倉精神文化研究所専任研究員）
199802 ◎通見公記　五（今江廣道・藤森・平井誠二［校訂］、續群書類從完成會［史料纂集・古記錄編111]）
※詳細⇒今江廣道199802

藤森　雄介（※淑徳大学国際コミュニケーション学部准教授）
200603 :時宗　社会福祉事業・活動に関するアンケート調査　集計報告（1）（『時宗教学年報』第三十四輯、時宗教学研究所）※目次は「（一）」。藤森・渡邊義昭・関徳子［共筆］
200703 :時宗　社会福祉事業・活動に関するアンケート調査　集計報告（2）（『時宗教学年報』第三十五輯、時宗教学研究所）※目次は「（二）」。藤森・渡邊義昭・関徳子［共筆］

藤吉　慈海（※神奈川県鎌倉市光明寺〈浄土宗鎮西派大本山〉法主・花園大学名誉教授。1915-1993/2/28）
198209 :山崎弁栄の浄土教思想（石田充之博士古稀記念論文集刊行会［編集］『浄土教の思想』永田文昌堂）
※山崎弁栄は「主体は光明主義にあって方便として時宗大本山の法主となったようである。」とす

富士吉田市史編さん委員会（※山梨県富士吉田市）
199203 ◎富士吉田市史史料編第二巻古代・中世（同委員会［編集］、同市）※吉田西念寺文書を収載

富士吉田市文化財審議会（※山梨県富士吉田市）
198302 ◎花水庵春登上人伝（同審議会［編］、同市教育委員会［富士吉田の文化財その18]）

藤原　重雄（※東京大学史料編纂所助教）
199911 :書評と紹介　武田佐知子編『一遍聖絵を読み解く　動きだす静止画像』（日本歴史学会［編集］『日本歴史』

第六百六十八号、吉川弘文館）※←武田佐知子199901を書評と紹介

200110 ：○文献案内　淺湫毅「七条仏所による時宗祖師像製作の初期の様相について―迎称寺・伝一鎮上人坐像と長楽寺・真教上人倚像をめぐって―」(『学叢』23号、2001年3月）（東京大学史料編纂所附属画像史料解析センター [編集]『東京大学史料編纂所附属画像史料解析センター通信』第15号、同所）
※←淺湫毅200103を文献案内

200210 ：○文献案内・大山昭子「修理報告　一遍上人絵伝」(『修復』7号、岡墨光堂、2002年7月）（東京大学史料編纂所附属画像史料解析センター [編集]『画像史料解析センター通信』第19号、同所）
※←大山昭子200207を文献案内

200411 ：○中世絵画と歴史学（石上英一 [編集]『歴史と素材』吉川弘文館〔日本の時代史30〕)
※『一遍聖絵』に言及。←黒田日出男199311・一遍研究会199301・武田佐知子199901・砂川博199906・200212・仙海義之 200010・大山昭子 200207・若杉準治 200303「上野記念財団助成研究会」は正しくは「仏教美術研究上野記念財団助成研究会」を紹介。→米倉迪夫200805紹介

藤原　正（※哲学者。元日本医科大学教授、元官立東京高等学校（現東京大学教養学部）校長。1884/1-歿年不詳）

193406 ◎一遍上人語録（藤原 [校註]、岩波書店 [岩波文庫910]）※→藤原正200412

200412 ：○一遍上人語録（藤原 [校註]、一穂社 [古典籍文庫]〈紀伊國屋書店 [発売]〉) ※オンデマンド版。←藤原正193406

藤原　正義（※元北九州大学（現北九州市立大学）文学部教授。1917/8/27-故人）

196012 ：○兼好の思想―時衆（時宗）との間―（國語と國文學編輯部・東京大學國語國文學會 [編輯]『國語と國文學』第三十七巻第十二号 [1960年12月号]（通巻441号）、至文堂) ※→藤原正義197005A ①

196106 ：○兼好と一遍―只今の一念をめぐって―（『中世文学』第六号、同会)

196406 ：○時衆と兼好（金井清光 [編集]『時衆研究』第六号、金井私家版) ※→藤原正義197005A ③

196409 ：○兼好における時衆と禅（『文学』第三十二巻、岩波書店) ※→藤原正義197005A ②

196506 ：○一遍上人の和歌について（金井清光 [編集]『時衆研究』第十二号、金井私家版) ※→藤原正義197005A ⑤

196601 ：○一遍法語覚え書（『日本文学』十五巻第一号、日本文学協会) ※→藤原正義197005A ④

196606 ：○他阿上人法語覚え書（上）―消息の文体をめぐって―（金井清光 [編集]『時衆研究』第十八号、金井私家版) ※→藤原正義197005A ⑥

196608 ：○他阿上人法語覚え書（中）―消息の文体をめぐって―（金井清光 [編集]『時衆研究』第十九号、金井私家版) ※→藤原正義197005A ⑥

196612 ：○他阿上人法語覚え書（下）―消息の文体をめぐって―（金井清光 [編集]『時衆研究』第二十一号、金井私家版) ※→藤原正義197005A ⑥

196710 ：○兼好と長明（『国文学』第四十一号、関西大学国文学会)

196806 ：○頓阿の作風と時衆（金井清光 [編集]『時衆研究』第三十号、金井私家版) ※→藤原正義200011 ①

197005A ◎兼好とその周辺（桜楓社）※←伊藤博之197010紹介
：①兼好の思想―時衆（時宗）との間―※←藤原正義196012
：②兼好における時衆と禅※←藤原正義196409
：③時衆と兼好※←藤原正義196406
：④一遍法語覚え書※←藤原正義196601
：⑤一遍上人の和歌について※←藤原正義196506
：⑥他阿上人法語覚え書―消息の文体をめぐって―※←藤原正義196606・196608・196612

197005B ：○島津忠夫著「連歌史の研究」（『文学』第三八巻第五号、岩波書店) ※→藤原正義200011 ⑮

197106 ：○安良岡康作著「中世的文学の探求」（『文学』第三九巻第六号、岩波書店) ※→藤原正義200011 ⑯

197210 ：○善阿から良基・救済へ―連歌史の試み―（『文学』第四〇巻第一二号、岩波書店)

199309 ：○兼好の「小野・栗栖野」（『日本文学』第四二巻第一一号、同協会) ※→藤原正義200011 ⑥一

199403 ：○連歌師宗長の自作「長阿」について（『時宗教学年報』第二十二輯、時宗教学研究所) ※→藤原正義200011 ⑬

199405 ：○連歌師宗長の懐疑と彷徨（『日本文学』第四三巻第五号、同協会) ※→藤原正義200011 ⑫

199503 ：○善阿（門葉）とその前後―花下連歌覚え書―（『時宗教学年報』第二十三輯、時宗教学研究所)
※→藤原正義200011 ④

199509 ：○宗祇（伊藤博之・今成元昭・山田昭全 [編集]『和歌・連歌・俳諧』勉誠社 [仏教文学講座第四巻])
※→藤原正義200011 ⑨

199512 ：○「清閑寺僧正」（徒然草一六〇段）について（『日本文学』第四四巻第一二号、同協会)
※→藤原正義200011 ⑥二

199603 ：①頓阿の念仏について※→藤原正義200011 ②
：②金蓮寺蔵「頓阿書状」年次号※→藤原正義200011 ③（以上『時宗教学年報』第二十四輯、時宗教学研究所)

199699 ：○「伊勢之神戸方」（智閑宛宗祇書状）について（『季刊ぐんしょ』再刊第31号、続群書類従完成会)

	※→藤原正義 200011 ⑩
199905	○是法法師（徒然草一二四段）について／読む（『日本文学』第四八巻第五号、同協会）
	※→藤原正義 200011 ⑥三
200011	◎乱世の知識人と文学（和泉書院）※「人名・地名・書名索引」あり。→砂川博 200110 → 200312A ⑮紹介
	:①頓阿の連歌―心敬・宗祇の評価―※←藤原正義 196806 改題・全面改稿
	:②頓阿の念仏について※←藤原正義 199603 ①
	:③金蓮寺蔵「頓阿書状」年次考※←藤原正義 199603 ②
	:④（付）花下連歌と定家、鷺尾、東常※←藤原正義 199503 改題・補筆
	:⑤兼好再考―伝統の思想・慣行・制度との関係―※ 1998 年稿
	:⑥徒然草注解（一　兼好の「小野・栗栖野」※←藤原正義 199309 ／二　「清閑寺僧正」（一六〇段）※←藤原正義 199512 ／三　「是法法師」（一二四段）について※←藤原正義 199905 ／四　「学問の力」（一三〇段）、「幽玄の道」「金と鉄」（一二二段）※ 1998 年稿
	:⑦兼好と仁和寺―二条派歌僧・木寺宮・堀川の人々―※ 1997 年稿
	:⑧浄光院と常光院※ 1997 年稿
	:⑨宗祇―沈思・模索の漂泊―※←藤原正義 199509 に副題附す
	:⑩「伊勢之神戸方」（智閑宛宗祇書状）について※←藤原正義 199699
	:⑪宗祇と実隆と「伊庭千句」願主貞和※ 1999 年稿
	:⑫連歌師宗長の懐疑と彷徨※←藤原正義 199405 改稿
	:⑬連歌師宗長の自称「長閑」について※←藤原正義 199403
	:⑭（付）実隆と東常※←藤原正義 199403 に補筆
	:⑮付録・書評・島津忠夫『連歌史の研究』※←藤原正義 197005B
	:⑯　　　　　　安良岡康作『中世的文学の探求』※←藤原正義 197106
	:⑰あとがき
200204	○時宗二祖他阿真教の歌詠集について（時衆文化研究会［編集］『時衆文化』第 5 号、同会〈岩田書院［発売］〉）
200304	○連歌と時衆―真教・為相・為守―（時衆文化研究会［編集］『時衆文化』第 7 号、同会〈岩田書院［発売］〉）
200404	○聖戒について―"桜井の別れ"以後―（時衆文化研究会［編集］『時衆文化』第 9 号、同会〈岩田書院［発売］〉）

藤原　猶雪（※真宗大谷派嫡孫。元華洋大学第 15 代学長、元東京帝国大學（現東京大学）史料編纂所囑書託任。1891/1/2-1958/7/3）

192811	○風俗念佛としての空也及その亞流（『日本風俗史講座』十九、雄山閣）※→藤原猶雪 193807 ①
193807	◎日本佛教史研究第一巻（大東出版社）
	:①風俗念佛としての空也及その亞流※←藤原猶雪 192811

藤原　良章（※青山学院大学文学部教授。元東京大学史料編纂所助手、元両国子備校非常勤講師）

199604A	○（粗末）な橋（『本郷』第 6 号、吉川弘文館）
199604B	○忘れられた橋（『季刊　文学』第 7 巻第 2 号［1996 年春（4 月）］、岩波書店）
199706	○絵巻の中の橋（『帝京大学山梨文化財研究所研究報告』第 8 集、岩田書院）
199909	○鎌倉街道一―すべての道は鎌倉へ（石井進［編］『もののふの都』鎌倉と北条氏』新人物往来社〔別冊歴史読本 24 巻 30 号〕）※図版：白河の関（一遍上人絵伝）
200102	○絵画史料にあらわれた道路と景観（『古代交通研究』第 10 号、同会）
	※ 2000/6/17 於慶應義塾大学三田校舎、同会第 9 回大会報告要旨。聖絵の窟寺・奥州道・淡路国八幡宮・白河関・福岡市・京街道・天王寺・因幡堂・肥後・鎌倉、等の図版掲載。→藤原良章 200409 引用
200303	:①研究発表　『一遍聖絵』と中世史研究※→稲本万里子 200405・古賀克彦 200410 紹介
	:②座談会「一遍聖絵の諸相」詳細→若杉準治 200303 ②（以上、若杉［編集］・興膳宏［編集代表者］『研究発表と座談会　一遍聖絵の諸相』仏教美術研究上野記念財団助成研究会〔同会報告書第三十冊〕）
	※詳細→若杉準治 200303
200409	:中世都市と交通体系（歴史学研究会・日本史研究会［編］『日本史講座』4　「中世社会の構造」、東京大学出版会）※一遍に言及し、「鎌倉」の項で単色図版ネーム：『『一遍聖人絵伝』巻 11　淡路志筑八幡宮の鳥居に続く参道　歓喜光寺・清浄光寺所蔵（『日本の絵巻 20』〔中央公論社〕による）．」、本文で藤原良章 200102 を参照するも「引用・参考文献一覧」でその題目を「絵画史料に現れた道路と景観」と表記
200504	:○絵画資料再論（小野正敏・五味文彦・萩原三雄［編］『モノとココロの資料学　中世史料論の新段階』高志書院〔考古学と中世史研究 2〕）
	※「三　『一遍聖絵』の修復」「四　矛盾と真実」「おわりに」で『一遍聖絵』に言及
200509	◎中世のみちと都市（山川出版社〔日本史リブレット 25〕）
	※［カバー表写真］にカラー図版ネーム：「四条大路・四条大橋・鴨川（『一遍聖絵』）」、［扉写真］に単色図版ネ

ーム：「桂川にかかる板橋と鵜飼い（『一遍聖絵』）」。本文中で、「①名所の橋」の章の「橋の宗教性」の節で「重源・一遍・忍性」に言及。「四条大橋」の節で『一遍聖絵』（以下『聖絵』）に言及し、単色図版ネーム：「四条大橋（『一遍聖絵』）」の掲載。「②"粗末"な橋」の章の冒頭「いろいろな橋」の節で『聖絵』巻五第三段にみえる常陸から鎌倉へと向かう道筋の大橋に言及、単色図版ネーム：「常陸から鎌倉へ向かう道筋の大きな橋（『一遍聖絵』）」。次の「m×n枚の橋」の節で、さまざまなシーンを描きこむ『聖絵』の中で、もっとも事例の多い橋は板橋であるとし、下野国小野寺、播磨国書写山、次の堀川、市屋道場、淀上野、の各所に登場すると指摘、単色図版ネーム：「一枚の橋（『一遍聖絵』）」「二段に渡された一枚の橋（『一遍聖絵』）」「市屋道場の脇にみえる橋（『一遍聖絵』）」。続く「淀上野の橋」の節で単色図版ネーム：「井戸がみちばたに設けられたみち」「三段に連ねられた二枚の板橋」「淀上野の橋（『一遍聖絵』）」。続く「福岡市の橋」の節で単色図版ネーム：「吉井川にかかる二枚橋（『一遍聖絵』）」。さらに「③橋と中世のみち」の章の「八ツ橋」の節で、単色図版：「当麻宿（地図資料編纂会編『明治前期関東平野地誌図集成』による）」「無量光寺に残る宝篋印塔の一つ　鎌倉末期の紀年銘をもつ。」、頭註に「他阿真教」もあり

200708　：◎討論２ー藤原良章コメント（青山学院大学文学部日本文学科［編］『国際学術シンポジウム　海を渡る文学―日本と東アジアの物語・詩・絵画・芸能―』新典社［同社選書21］）
　　　　　※「日本でも『一遍聖絵』という有名な絵巻物があります。たぶんこれは絵師がその現地に行って写生してきたんだろうなどという評価もあったんですが、最近その評価ががっくり落ちてしまいまして、どうも絵師は詞書をまともに読んでいないんじゃないかと。ですから詞書と絵が非常に矛盾してるというか、必ずしもその詞書に書いてある説話が絵画化されていないという事例が指摘されております。」と発言

藤原　里香（木島　里香）
199410　：◎壺・甕から桶・樽へ（桶樽研究会［編］『日本および諸外国における桶樽の歴史的総合研究』生活史研究所）
　　　　　※図版：『聖絵』福岡の市。「木島里香」名義
200003　：◎壺・甕から結物へ（小泉和子［編］『桶と樽―脇役の日本史』法政大学出版局）※図版：『聖絵』福岡の市

二木　謙一（※〈東京都豊島区・学校法人〉豊島岡女子学園理事長・國學院大學名誉教授）
200307　◎武家儀礼格式の研究（吉川弘文館）※「第Ⅰ部　室町幕府の儀礼格式」「第二章　室町幕府将軍御対面儀礼と格式の形成」の「一」で『長禄二年以来申次記』上巻を引用し、正月十六日ないし二十日に室町将軍が四条上人らとの御対面、同二十三日に七条聖との御対面があった、とす。「五　寺家・社家の幕府参賀と御対面」も同内容を反復した上で七条聖との御対面をもって年始の寺家・社家関係が終了するとし、十二月歳末には、二十日の四条上人の御対面に始まり、二十一日に七条聖と御対面ありとす。「第六章　　『鎌倉年中行事』にみる鎌倉府の儀礼」では正月十八日に藤沢山清浄光寺上人の御礼があったと言及
200409　◎国別　藩と城下町の事典（二木［監修］・工藤寛正［編・執筆］・星野昌三［執筆］、東京堂出版）
　　　　　※詳細⇒工藤寛正200409

府中市遺跡調査会（※東京都府中市）
200103　◎武蔵府中　大量出土銭の調査概報（同会［編集］、同市教育委員会）※府中称名寺周辺における中世遺跡

府中市郷土の森博物館（※東京都府中市）
200904　◎武蔵府中と鎌倉街道（同館［編集］、同館［同館ブックレット12］）※p50で明応八年（1499）板碑を挙げ、念阿弥陀仏の名があることから「時宗系の板碑」とし、ほかに見開きでカラー図版：『一遍聖絵』巨福呂坂、府中長福寺、大蔵向徳寺に板碑ほかの記事で言及。ただし藤沢遊行寺蔵敵御方供養碑の写真あるも「敵味方」と表記

仏教ＮＧＯネットワーク（※東京都新宿区）
200604　⊙仏教ＮＧＯネットワークニュースレター第5号（同ネットワーク）※「教団・宗門訪問　その1　時宗宗務所」の項でジュマ救援募金に協力した宗務所を代表し宗務長髙木貞敏（当時）と教学部長新堀俊尚に取材。単色写真ネーム：「時宗総本山藤澤山無量光院清浄光寺（「遊行寺」と呼ばれ親しまれている）」

佛教藝術學會
198907　◎佛教藝術185［特集　時宗の美術と芸能］（同會［編集］、毎日新聞社）
　　　　　※カラー表紙図版ネーム：「『一遍聖絵』　第5巻第5段　一遍ら鎌倉入りを阻止される図」、カラー口絵目次表記：「時宗祖師像　その一　長楽寺ほか1点」、白黒口絵版：「『遊行上人縁起絵巻』　第1巻第2段ほか12点」
　　　：濱田　　隆：「時宗の美術と芸能」の特集に思う
　　　：大橋　俊雄：初期時衆教団の展開
　　　：金井　清光：時宗と中世芸能人
　　　：日沖　宗弘：「一遍聖絵」の概要と中国絵画の受容
　　　：岩橋　春樹：「遊行上人縁起絵巻」―清浄光寺本について―
　　　：有賀　祥隆：時宗の祖師画像について
　　　：松島　　健：長楽寺の時宗祖師像
　　　：山среди　泰弘：時衆の本尊考序説

　　　　：○伊藤　　延男：時宗の建築
　　　　：○佐藤　　道子：遊行寺の年中行事
　　　　：○高野　　　修：時宗の典籍
　　　　：○濱田　　　隆：編集後記
200505　◎佛教藝術280（同會［編集］、毎日新聞社）
　　　　※表紙と単色口絵に国府津蓮台寺他阿真教坐像写真掲載および後者に「同　頭部」「同　合掌手部」写真
　　　　：薄井　和男：小田原市蓮台寺の時宗二祖他阿真教寿像について
　　　　：○水野敬三郎：編集後記

佛教大学（※京都市北区）

196299　◎民間念仏信仰研究資料集第一輯（同大学）
200304　◎佛教大学四条センター　講座案内　シティキャンパス講座　2003年4.5.6月　No.75（同大学）
　　　　※カラー口絵：「洛中楽話　都百景―幕末の京都の風景―」中の「都百景前半目録」図版に「双林寺」「西行庵」「圓山」、「都百景後半目録」図版に「空也どう」「壼山」「長楽寺」あり

佛教大学民間念仏研究会（※京都市北区・同大学内）

196602　◎民間念仏信仰の研究（資料編）（同会［編集］、隆文館）※楯岡得性寺・天童佛向寺「踊躍念仏」「仏向寺の雨乞い念仏」「一向上人伝について」「仏向寺縁起について」の項あり

佛教タイムス社（※東京都新宿区・株式会社）

200011　□「柴扉抄」欄（『週刊佛教タイムス』通巻第1966号（同月9日号）、同社）
　　　　※京都国立博物館「長楽寺の名宝展」に言及
200310　□他阿真円法主が晋山（『週刊佛教タイムス』通巻第2102号（同月30日号）、同社）
　　　　※同月24日の取材記事。単色写真ネーム：「晋山後初の授与十念を行う他阿真円法主」
200703A　□時宗宗会／僧階昇補冥加料値上げ（『週刊佛教タイムス』通巻第2255号（同月15日号）、同社）
　　　　※第4面記事。末尾に「現在、宗内寺院412ヵ寺のうち、正住職308・兼務76・代務24・無住4」とある。単色写真ネーム：「全議案を承認した宗会」
200703B　□「教界情報」欄（『週刊佛教タイムス』通巻第2256号（同月22・29日合併号）、同社）
　　　　※第4面。「時宗」の項に「教師課金も見直しへ」の見出しと記事あり
200708　□「本だな」欄（『週刊佛教タイムス』通巻第2276号（同月30日号）、同社）
　　　　※第4面。髙山秀嗣200703を書評
201307　□終戦68年企画　私の戦争体験（『週刊佛教タイムス』通巻第2543号（同月25日号）、同社）
　　　　※第1面トップ記事。「時宗法主　他阿真円上人（94歳）」のインタビュー掲載。大見出し：「平和使節と軍務とビルマに2度派遣」、中見出し：「インパール負傷兵の輸送任務　病死者に苦難のナンマンダブ」、小見出し：「遺骨帰國運動と意見交換」。単色近影・著作写真ネーム：「戦争の労苦を語る94歳の他阿上人と著書『捨ててこそ人生は開ける』」
201405　：国書刊行会　仏教的伝統と教育　竹内　明著（『佛教タイムス』22日号、同社）※←竹内明201403を書評

佛光寺宗務所（※京都市下京区・真宗佛光寺派本山佛光寺内）

201207　：□「佛光寺の歴史」3―方広寺―（『ともしび』第392号［2012年7月号］、同所）
　　　　※連載記事。「文禄四（一五九五）年、秀吉は大仏千僧供養を行いました。秀吉の両親と先祖の菩提を弔うために真言・天台・律・禅・法華・浄土・遊行（時宗）・一向（真宗）の新義八宗から千人の僧侶を集め法要を勤修したのです。この大仏千僧供養は秀吉が亡くなった後も続けられ、結局二十年間実施されました。」とあり

佛書刊行會（※東京市牛込區〈現東京都新宿区〉）

191306　◎大日本佛教全書第一〇二冊（同會［編纂］、同會）※『本朝高僧傳』第一に「播州光明福寺沙門智眞傳」あり
191309　◎大日本佛教全書第一〇三冊（同會［編纂］、同會）※『本朝高僧傳』第二に「京兆金光寺沙門陀阿傳」あり
191604　：一遍上人語録等解題（『佛書研究』第十九號、同會）
191608　：他阿上人法語器朴論等解題（『佛書研究』第二十二號、同會）
191899　：防非鈔外五部解題（『佛書研究』第四十五號、同會）
191907　：六條縁起一遍上人繪詞傳直談鈔外四部解説（『佛書研究』第五十五號、同會）

佛典研究會

193106　◎佛教論文總目録（同會〈代表者坪井徳光・金山正好〉［編纂］、潮書房）※「第三編　諸宗部」「十四　諸宗部雜及び補遺」に時宗、融通念佛宗、普化宗、空也關聯の文献あり。→佛典研究會193507
193507　◎佛教論文總目録（同會〈代表者坪井徳光・金山正好〉［編纂］、大觀堂書店）※「第三編　諸宗部」「十四　諸宗部雜及び補遺」に時宗、融通念佛宗、普化宗、空也關聯の文献あり。←佛典研究會193106改訂増補

物流博物館（※東京都港区・現公益財団法人利用運送振興会）

199805　◎物流がわかる本（同館［編］、利用運送振興会）

筆谷　稔（※大阪産業大学第7代学長。元仏教大学社会学部学部長。1931/3/1-1982/5/15）
197910　：○宗教的人間におけるアイデンティティの確認――一遍における事例―（『仏教大学学報』29、同大学）

舟久保兵部右ェ門（※〈山梨県〉富士吉田市文化財審議委員。故人）
198703　◎吉田の文化財（舟久保［著］・富士吉田市文化財審議会［編集］、同市教育委員会［富士吉田の文化財その25］）
　　　　※「西念寺関係年表」あり

古川　雅山（古川　栄一）（雅山　沙弥）（※古美術「雅山荘」店主。元一遍会理事、元〈愛媛県〉松山市立郷幸中学校〈現東中学校〉英語科教員。1915-故人）
197312　◎一遍上人第一号（宝厳寺）
　　　　：①和讃百利口語講話
197410　◎一遍上人第二号（雅山洞）
　　　　：①別願和讃・和歌講話
　　　　：②新一遍教宣言
197601　◎一遍上人第三号（雅山洞）
　　　　：①現代語訳一遍聖絵・安西往生記
　　　　：②興国寺紀行
　　　　：③『一遍夢問答』
197607A　◎一遍上人第四号（雅山洞）
　　　　：①新一遍教の教義と主張
　　　　：②消息法語講話
197607B　◎覚心と一遍（雅山洞〔一遍シリーズ4〕）※長島尚道198206による。古川雅山197607Bと同一カ。俟後考
197709　◎一遍上人語録新講（雅山洞）
197812　◎解説・一遍聖絵（一遍会）
198005　◎一遍ヨーロッパを行く（雅山洞）
198207　◎一遍と空海（青葉図書）
198302　：○岩屋寺　一遍と空海（『文化愛媛』第三号、愛媛県文化振興財団）※p56-59
198312　：◎わが寺は街頭にあり―「世界念仏」行者の内的世界―（雅山洞）※表紙・扉は「雅山沙弥」名義
200105　◎続刊　古川雅山美術館　人生は85歳から（雅山洞出版）※「古川栄一」名義

古川　修文（※元法政大学工学部教授）
199611　：○樹木による光と影の空間構成に関する研究―藤沢市遊行寺の参道について―（『民俗建築』第110号、日本民俗建築学会）※古川・宮武直樹・山田水城［共著］
201003　◎藤沢市社寺建築物調査報告書1　寺院編（古川［監修・執筆］、同市教育委員会）

古川　美穂（※フリーライター）
201208　：○【ルポ】僧衣に包まれた胸の内は　恋愛封印から破戒まで。尼さんライフはかくも劇的（『婦人公論』1356号［2012年9月7日号］、中央公論新社）
　　　　※「20年ほど前に、26歳から続けた時宗の僧籍を返した平尾弘衆（59歳）」をとりあぐ。単色写真キャプション：「弱者を助ける「時衆」の姿がカッコイイとおもったのです。」古川［取材・文］

古田　憲司（※岐阜県立岐阜北高等学校教諭・〈同県〉美濃市文化財保護委員会委員）
199405　：○美濃関と時衆（中世史研究会編集委員会［編集］『年報中世史研究』第19号、同会）
199503　：○遊行派本山美濃二ツ岩（『時宗教学年報』第二十三輯、時宗教学研究所）※岐阜県関市小瀬字二ツ岩

古田　紹欽（※元日本大学文理学部教授、元北海道大学文学部教授。1911/5/22-2001/1/31）
196008　：○一遍の念仏（上）（『在家仏教』第77号、在家仏教協会）
196009　：○一遍の念仏（下）（『在家仏教』第78号、在家仏教協会）
198203　：○一遍―自からの存在を如何に位置づけたか（日本印度學佛教學會［編集］『印度學佛教學研究』第三十卷第二號［通卷第60号］、同會）※一向俊聖の重要性に言及。肩書きは：「（日本大学研究所顧問・文博）」
198702　：○一遍上人の念仏（栗田勇［編］『一遍』思想読本、法蔵館）

古田　雅憲（※西南学院大学人間科学部教授。元群馬大学教育学部助教授）
200009　：○『京童』挿絵小考（その一）―巻一「誓願寺」と「和泉式部」（広島文教女子大学国文学会［編集］『文教国文学』第43号、同会）※→大野順子200812紹介

古谷　博（※共立女子高等学校教諭）
199206　：○座談会・加藤公明実践を検討する（歴史教育者協議会［編］『歴史地理教育』第488号［1992年6月号］、同会）※「一遍聖絵」に言及。古谷［司会］・北尾悟・河名勉・永瀬弘勝・坂本昇［座談会］

古谷　稔（※元大東文化大学文学部教授、元東京国立博物館学芸部美術課課長）
197811　：①「一遍上人絵伝」の詞書をめぐって（第一章　「一遍上人絵伝」制作の背景／第二章　「諸官寄合書」の詞書と書風の分類／第三章　世尊寺経尹の参加／第四章　詞書料紙と色彩展望）

：②詞書釈文※小松茂美・古谷［共筆］
　　　（以上、小松茂美［編者］・小松・村重寧・古谷［執筆者］『一遍上人絵伝』中央公論社〔日本絵巻大成　別巻〕）

文化財協会
195303　◎国宝図録第二集（同会［編集］、同会）※無署名「絹本著色一遍上人絵傳　法眼円伊筆第七　一巻　国（国立博物館保管）」「絹本著色一遍上人絵傳　法眼円伊筆　十二巻　京都府　歓喜光寺」の解説とあとのページで単色図版ネーム：「一遍上人絵傳　法眼円伊筆　歓喜光寺蔵」「一遍上人絵傳　法眼円伊筆　国立博物館蔵」

文化財保護委員会（※東京都千代田区・現文化庁文化財部）
196403　◎戦災等による焼失文化財美術工芸篇（同委員会）※→文化庁198312 →文化庁200310

文化庁（※東京都千代田区）
198312　◎戦災等による焼失文化財（同庁［編］、便利堂〈臨川書店〈発売〉〉）※←文化財保護委員会196403。→文化庁200310
199706　◎発掘された日本列島・'97新発見考古速報（同庁［編］、朝日新聞社）
　　　※山形市天童市高野坊遺跡出土の「一向義空」銘墨書礫の項と写真あり。→文化庁199911
199911　◎発掘された日本列島・1995-1999（同庁［編］、朝日新聞社）※←文化庁199706 ほか合冊
200310　◎【新版】戦災等による焼失文化財　20世紀の文化財過去帳（同庁［編］、戎光祥出版）
　　　※凡例によれば「増補改定版（新版）」。初版時の建造物篇 3冊を今回合冊。藤沢道場本「紙本著色　一遍上人絵詞伝」単色図版、巻頭 3葉、「資料」として絵全場面、「資料篇」に東京国立博物館所有「一遍上人絵詞伝（藤沢道場本）摸本」詞書翻刻全文掲載。初版を踏襲した「解説」に『「一遍上人絵伝」は聖戒篇と宗俊篇の二系統に分かれ、前者は歓喜光寺本に代表され、後者は焼失した清浄光寺本に代表される。前者は歓喜光寺本（国宝）のほか、御影堂新善光寺と前田育徳会に分蔵される白描もまじえたものの二種のみである。それに比べ、幸いにも後者系統は数多く、最も貴重な本絵伝は焼失したが、中でも光寺本十巻、金台寺本（第二巻のみ）一巻は重要文化財に指定されている。」とし、今回新たに追記された「備考」に、「現在は一遍上人智真のみの伝記を「一遍聖絵」もしくは「一遍上人絵伝」とし、一遍の伝記に加えて後半を他阿上人真教の伝記にもあてる本絵巻の系統は「遊行上人絵伝」の名で呼ぶことが多い。現在重要文化財に指定されている遊行上人絵伝には、本文中の二件に加え、金光寺本四巻、常称寺本四巻、永福寺本一巻、東京国立博物館本二巻など鎌倉時代から南北朝時代の作品のほかに、伝狩野宗秀筆の光明寺本十巻（桃山時代）がある。」と記述。←文化庁198312 ←文化財保護委員会196403

文化庁文化財部（※東京都千代田区・旧同庁文化財保護部）
200712　◎月刊　文化財第531号［2007年12月号］（同部［監修］、第一法規）※「新指定の文化財」「建造物」「重要文化財の指定」「近世以前　寺院」の項に常称寺。単色写真ネーム：「常称寺　本堂正面」「常称寺　本堂内陣」「常称寺　観音堂正面」「常称寺　鐘撞堂西側面」「常称寺　大門正面」
201006　◎月刊　文化財第561号［2010年6月号］《新指定の重要美術工芸品—》（同部［監修］、第一法規）
　　　※2010/6/29重要文化財に指定された「絹本著色釈迦三尊十八羅漢図　三幅　山梨県甲府市　宗教法人一蓮寺（中略）鎌倉時代」の記事と単色図版ネーム：「絹本著色釈迦三尊十八羅漢図　一蓮寺」

文化庁文化財保護部（※東京都千代田区・旧文化財保護委員会・現同庁文化財部）
199906　◎月刊文化財第429号（同部［監修］、第一法規出版）※新指定重文グラビア：新潟称念寺一鎮像

文化庁文化財保護部美術工芸課（※東京都千代田区・現同庁文化財部美術工芸課）
200003　◎指定文化財修理報告書平成11年度美術工芸品篇（同課［編集］、トーチョウ）
　　　※「一遍上人絵伝（神奈川県・清浄光寺）（京都府・歓喜光寺）」

平凡社（※東京都千代田区・株式会社）
199211　◎日本史大事典第一巻（同社）※項目執筆。カラー口絵ページタイトル：「絵巻」（黒田日出男［構成・解説］）で『聖絵』と『御影堂（前田育徳会尊経閣文庫現蔵）』本」の巻四・七・十二の比較あり
　　：○脇田　晴子：市
　　：○北西　　弘：一向宗
　　：○今井　雅晴：一遍
　　：○桜井　好朗：一遍上人絵伝
　　：○梅谷　繁樹：一遍上人語録
　　：○小泉　和子：桶
199702　◎京都・山城　寺院神社大事典（同社［編］、同社）
199704　◎大和・紀伊　寺院神社大事典（同社［編］、同社）
199706　◎近江・若狭・越前　寺院神社大事典（同社［編］、同社）
200102　◎日本史事典（同社）
　　　※「一遍」「一遍上人絵伝」等の項あり、ただし後者の「宗俊本」の記述で「一遍の弟子宗俊」と表記

平凡社地方資料センター（※東京都豊島区・有限会社）
199910　◎兵庫県の地名Ⅰ摂津・丹波・但馬・淡路編（同センター［編集］、同社〔日本歴史地名大系29〕）

別府　頼雄（※愛媛民俗学会会員）
199007　：○郷土の歴史誕生・一遍上人ゆかりの浄土寺（重信史談編集委員会［編］『重信史談』第九号、重信史談会）
199010　：○一遍生誕地の謎（風早歴史文化研究会編集委員会［編］『風早』第24号、風早歴史文化研究会）

別府　市（※大分県別府市）
200307A　◎別府市誌第1巻（同市［編集］、同市）
　　　　：○事　務　局：古代・中世の別府温泉※「第3編　温泉」「第2章　温泉の歴史」の第1節。「2、温泉の開発とその利用」に「◆一遍上人の鉄輪開発」の項あり。カラー写真ネーム：「鉄輪で最も古い温泉の一つ「熱の湯」の泉源」に、鉄輪永福寺住職後姿
　　　　：○事　務　局：名所・旧跡※「第4編　観光」「第2章　観光施設・イベント」の第5節。「4、地名に関するもの」に「◆上人ヶ浜」の項あり。一遍聖人上陸の土地とす。カラー写真ネーム：「上人ヶ浜」
200307B　◎別府市誌第2巻（同市［編集］、同市）
　　　　：○千田　　昇：上人ヶ浜の地形・地質※「第5編　自然」「第2節　上人ヶ浜の自然」の1。カラー写真ネーム：「春木川扇状地と上人ヶ浜」「上人ヶ浜」
200307C　◎別府市誌第3巻（同市［編集］、同市）※カラー口絵ネーム：「鉄輪元湯で湯浴みする一遍上人像」
　　　　：○小泊　立矢：温泉の伝説※「第7編　民俗」「第1章　温泉の民俗」の第1節。「1、伝説」の中の「◆高僧と温泉」の項で一遍と永福寺本「紙本著色遊行上人絵伝」に言及。ただしカラー写真ネーム：「一遍上人坐木像」は、永福寺蔵「玉日」像
　　　　：○小玉　洋美：温泉と祭り※「第7編　民俗」「第3章　別府の祭り」の第1節。「2、鉄輪温泉の湯浴み祭り」の項あり。ただしカラー写真ネーム：「一遍上人坐像（永福寺蔵）」は、永福寺蔵「玉日」像。カラー写真ネーム：「湯浴み祭りの稚児行列」「元湯で湯浴みする一遍上人坐像（レプリカ）」の両者に鉄輪永福寺住職姿あり
　　　　：○入江　秀利：仏閣※「第8編　教育と文化」「第2章　神社・仏閣」の第2節。「7、鉄輪」に「温泉山永福寺」の項あり。カラー写真ネーム：「永福寺」

別府大学文化財研究所（※大分県別府市・同大学別府キャンパス内）
200602　⊙蒸し湯っちなんなん　蒸し湯の学術調査報告書（一遍上人探求会・同所）

寶嚴寺（※奥谷宝厳寺）
192703　◎寶嚴寺縁起一遍上人略傳竝ニ和歌（同寺）

北条氏研究会
200106　◎北条氏系譜人名辞典（同会［編著］、新人物往来社）※項目執筆
　　　　：○川島　孝一：北条貞俊
　　　　：○鈴木　宏美：北条貞直
　　　　：○鈴木　宏美：北条貞宗
　　　　：○鈴木　宏美：北条高直
　　　　：○川島　孝一：北条時俊
　　　　：○鈴木　宏美：北条宣時

鳳林承章（※山城國葛野郡〈現京都市北区〉臨濟宗相國寺塔頭鹿苑寺〈現同宗相国寺派〉住職。1593/2/23-1668/9/30）
195811　◎隔蓂記第一（赤松俊秀［校註］・鳳林承章［原著］、鹿苑寺）
　　　　※詳細⇒赤松俊秀195811。〜第六、196707。→鳳林承章199703→鳳林承章200607
199703　◎隔蓂記（赤松俊秀［校註］・鳳林承章［原著］、思文閣出版）←鳳林承章195811＋総索引。→鳳林承章200607
200607　◎隔蓂記（赤松俊秀［校註］・鳳林承章［原著］、思文閣出版）
　　　　※全7巻新装復刊。←鳳林承章199703←鳳林承章195811

朴　桑子
191306　：○器朴論講義〔一〜五〕（『妙好華』第十三巻第六號、時宗青年會本部）

保坂　健次（※城山ホタル研究会会長）
201003　：○【研究ノート】一遍上人五十二代・霊随上人の六字名号塔について（民衆宗教史研究会編修委員会［編修］『寺社と民衆』第六輯、民衆宗教史研究出版会〈岩田書院〉［発売］）
201302　：○一遍上人第五十二代　霊随上人・六字名号塔について（第38回相模原市文化財展実行委員会［編集］『平成24年度　文化財展資料』〈発行元表記なし〉）※表紙は当麻無量光寺蔵同寺第52世住職他阿霊随画像

星　臥雲
→星　徹定

星　徹定（星　　臥雲）（他阿　一教）（※遊行68代・藤沢51世他阿一教。1870-1944/1/21）
191001　：○宗祖と共御歌（一〜七）（『妙好華』第十卷第一號、時宗青年會本部）
　　　　※〜第十二號、191010連載。「星臥雲」名義
191307　◎修養道話（星私家版）※奥付は「星徹定」、「自序」および内題下の署名は「星臥雲」

193212	◎宗祖の御歌（小熊大道私家版）※小熊の肩書き：「一蓮寺執事」
193699	◎時宗（一蓮寺）
193705	◎他力の信仰（私家版）※「他阿一教」名義
193912	○佛教の信仰と日本精神（湘風會［編］『精神立國高僧法話』春秋社）※肩書き：「時宗清淨光寺管長」

星　　徹心（※元〈神奈川県藤沢市・学校法人〉藤嶺学園理事長、元浜川来迎寺第 36 世住職。星徹定令息。1910-2009/6/18）

| 197912A | ：○無上大利和讃註（時宗開宗七百年記念宗典編集委員会［編集］『定本時宗宗典』上巻、時宗宗務所〈山喜房佛書林［発売］〉）※飜刻と解題 |
| 197912B | ：○寮則抜萃（時宗開宗七百年記念宗典編集委員会［編集］『定本時宗宗典』下巻、時宗宗務所〈山喜房佛書林［発売］〉）※飜刻と解題 |

星　　亮一（※歴史小説家・〈東京都千代田区・公益社団法人〉日本文藝家協会会員）

| 199809 | ◎最上義光合戦記〔再編復刻版〕（片桐繁雄ほか［著］・星［監修］、ヨークベニマル）※光明寺本『一遍上人絵巻』『縁起絵』の巻三市屋道場、巻六越前の画像、光明寺領一七六〇石、絵画の項で光明寺本『一遍上人絵巻』『縁起絵』に言及、系図中で斯波兼頼の光明寺墓所に言及 |

保科　忍道（※練馬阿弥陀寺第 2 世住職。故人）

| 199903 | ：○御賦算と法式・声明（『遊行』第 127 号、時宗宗務所） |

星野　元貞（※元鹿児島県伊佐市大嵩寺〈浄土真宗本願寺派〉第 3 世住職）

| 199803 | ：○蓮如上人と諸宗教（蓮如上人研究会［編］『蓮如上人研究』思文閣出版）※ただし「六十万人」を「六二万人」と表記 |

星山　晋也（※早稲田大学名誉教授。元奈良国立文化財研究所〈現奈良文化財研究所〉研究員）

| 198707 | ◎羅漢／祖師（田中義恭・星山［編・著］、東京美術〔目でみる仏像シリーズ 6〕）※詳細⇒田中義恭 198707 |

細井　龍夫

| 200202 | ：○浜松から宮まで　天下統一の夢街道—日の下の人も寝覚のいい御夢—（江戸川柳研究会［編］『江戸川柳東海道の旅』至文堂〔国文学　解釈と鑑賞別冊〕）※「潮見坂」の項に橋本の「教恩寺」の記述、「浄瑠璃姫」の項に「矢作の誓願寺—十王堂のある寺」の記述あり |

細井　　守（※〈神奈川県〉藤沢市教育委員会生涯学習課（博物館準備担当）※元同市教育委員会生涯学習課生涯学習博物館建設準備担当ら）

| 200511 | ：○説教節「をぐり」と『鎌倉大草紙』（藤沢市教育委員会生涯学習課〔博物館準備担当〕［編集］・文教大学小栗判官共同研究チーム［編集協力］『描かれた小栗伝説と藤沢』〈発行元表記なし〉）※「藤沢道場へ馳せ入り藤沢、上人の計らいで時衆とともに三河国に逃れ」とあり |

細井　心円（※大沢東養寺住職。元小学校教諭。2013/6/21 歿）

| 199005 | ◎［科学の散歩道ガイド］一つの村から日本を見なおす・科学の碑と湯之谷村（細井［共編］、新潟県湯之谷村・東養寺内、「科学の碑」設立委員会） |

細川　武稔（※〈京都市中京区〉華道家元池坊総務所中央研究所研究員・サイバー大学世界遺産学部客員講師）

200105	：○室町幕府年中行事書にみえる僧侶参賀の実態（『遙かなる中世』No. 19、東京大学中世史研究会）※「七條之聖」の正月参賀に言及。→細川武稔 201003 ④
200304	：○室町将軍家祈願寺の諸相（『寺院史研究』第七号、同会）※表中に熱田円福寺あり。→細川武稔 201003 ③
200307	：○清水寺　観音の霊地として信仰集める（『日本の寺院　歴史のなかの宗教』新人物往来社〔別冊歴史読本㉘巻 22 号（通巻 647 号）〕）※副題等は編集部の附したもの。目次と本文で多少文言が異なる。願阿弥に言及
200309	：○足利将軍家護持僧と祈祷（日本歴史学会［編集］『日本歴史』第六百六十四号、吉川弘文館）※→細川武稔 201003 ②
200603	：○清水寺・清水坂と室町幕府（『東京大学史料編纂所研究紀要』第 16 号、同所）※「地図　清水寺とその周辺」に「宝福寺（時衆）」とあり、以下本文で「東山の宝福寺といえば、火葬場を管理していた時衆寺院（四条道場金蓮寺末）が知られる」として『山城名勝志』を引く。その記述に「清水坂宝福別院也」とあり、清水坂の宝福寺（禅宗）が時衆の宝福寺の別院とされている」。←林譲 198112・高田陽介 199609・勝田至 199705 を註で挙ぐ。→細川武稔 201003 ①
200604	◎中世の寺院と室町幕府（博士論文）※東京大学大学院人文社会系研究科に提出した博士論文。博士（文学）甲第 21682 号。200604 は授与年月。→細川武稔 201003
200903	：○洛陽三十三所観音に関する調査報告（一）（『寺社と民衆』第 5 特別号、民衆宗教史研究会〈岩田書院［発売］〉）※同霊場第 26 番として東山長楽寺に言及
201003	◎京都の寺社と室町幕府（吉川弘文館）※←細川武稔 200604 を元に構成
	：①清水寺・清水坂と室町幕府※←細川武稔 200603
	：②足利将軍家護持僧と祈祷※←細川武稔 200309
	：③足利将軍家祈願寺の諸相※←細川武稔 200304 改題
	：④室町幕府年中行事書にみえる寺社の参賀※←細川武稔 200105 改題

201102 ：○清水寺と室町幕府―祈祷と禅宗をめぐる関係―（北法相宗教学部［編集］『清水』第183号、音羽山清水寺）
※「三　清水坂の宝福寺」で「実は、東山には時衆の宝福寺もあり、その位置は現在の東山区役所の南側あたりで、火葬場を管理していたという。道英の葬送は時衆の宝福寺で行われ、その後清水坂に同名の禅宗寺院が創建されたという可能性もあろう。」とす。「室町時代の清水寺とその周辺」とのネームがつく地図にも、禅宗と時衆の宝福寺が載る。ただし長講堂を長棟堂と表記（古賀克彦註）
201103 ：○洛東三十三所観音に関する調査報告（二）（民衆宗教史研究会編修委員会［編集］『寺社と民衆』第七輯、同会出版局〈岩田書院［発売］〉）※同霊場第26番として東山長楽寺に言及。第27番も「双林寺口」にあるとす
201503 ：○【探訪記】尾道時宗寺院踏査（民衆宗教史研究会編修委員会［編集］『寺社と民衆』第十一輯、同会出版局〈岩田書院・日本史史料研究会［発売］〉）

細川　涼一（※京都橘大学第11代学長・同大学文学部教授）

198612 ：○［書評］今井雅晴『中世社会と時衆の研究』（史学会［編集］『史学雑誌』第95編第12号、山川出版社）
※←今井雅晴198511を書評
199202 ：○一向俊聖と番場蓮華寺（米原町中央公民館［編集］『太平記の世界「番場蓮華寺セミナー」講演記録集』同館）※滋賀県坂田郡米原町（現米原市）。1991/3/24於同寺、講演原稿
199305 ：○真観（『日本史大事典』第三巻、平凡社）※項目執筆。浄阿真観
199603 ：○中世の旅をする女性―宗教・芸能・交易（『女と男の時空【日本女性史再考】』Ⅲ「女と男の乱―中世」、藤原書店）
199607 ：○番場蓮華寺と一向俊聖（藪田貫［本巻担当編集委員］『家持から野麦峠まで―中山道・北陸道をあるく―』フォーラム・A［歴史の道・再発見第3巻］）※第二章。→細川涼一199704 ①
199611 ：○鎌倉仏教の展開と寺院（三和町史編さん委員会［編］『三和町史』通史編「原始・古代・中世」、同町）※茨城県猿島郡三和町（現古河市）。諸川向龍光寺に言及
199704 ◎中世寺院の風景―中世民衆の生活と心性―（新曜社）※カラー表紙カバー図版：『縁起絵』山形光明寺本
　　　：①番場蓮華寺と一向俊聖←細川涼一199607
199810 ：○平家物語の女たち―大力・尼・白拍子（講談社［同社現代新書1424］）
※「第四章　建礼門院―尼の行方」の「建礼門院と寂光院」の節で東山長楽寺に2箇所言及、「髑髏の尼（平経正の妻）」の節で『一遍聖絵』に言及
199903 ：○中世（米原町史編さん委員会［編集］『米原町史』資料編、同町役場）
※滋賀県坂田郡米原町（現米原市）。『一向上人傳』『陸波羅南北過去帳』の全影印および全文翻刻あり
200103A ◎三昧聖の研究（細川［編］、碩文社〈戎光祥出版［発売］〉）→荒武賢一朗200206・高田陽介200109 書評
　　　：①細川　涼一：三昧聖研究の成果と課題※序論
　　　　第一部　畿内における個別研究
　　　：○上別府　茂：五　摂州三昧聖の研究―特に千日墓所三昧を中心として―
　　　：○吉井　克信：七　近世河内国における三昧聖の存在形態
　　　：○菅根　幸裕：十三　隠坊から茶筅へ―近世における空也系三昧聖―
　　　　第二部　有力寺院と宗派運動
　　　：○村上　紀夫：十七　近世京都における無縁寺院―白蓮寺をめぐって―
　　　：○吉井　克信：十八　三昧聖研究文献目録（二〇〇一年一月）
200103B ：○蓮華寺過去帳（『日本歴史大事典』第三巻、小学館）※項目執筆。番場蓮華寺
200310 ：○書評・金井清光『中世の癩者と差別』（時衆文化研究会［編集］『時衆文化』第8号、同会〈岩田書院［発売］〉）
※←金井清光200304 を書評
200312 ：○細川涼一（1947 —）『中世寺院の風景』新曜社,1997（黒田日出男・加藤友康・保谷徹・加藤陽子［編集委員］『日本史文献事典』弘文堂）※項目執筆。「番場蓮華寺と一向俊聖」に言及

保立　道久（※東京大学名誉教授。元同大学史料編纂所所長）

198606 ：○宿と市町の景観（『季刊自然と文化』13 夏季号、日本ナショナルトラスト）※番場蓮華寺に言及
198808 ：○町場の墓所の宗教と文化（網野善彦・石井進［編］『中世の都市と墳墓――の谷遺跡をめぐって―』日本エディタースクール出版部）※冷泉為相や遠江国在庁官人勝間田長清所縁の他阿真教、番場蓮華寺にも言及
199611 ：①煙出と釜殿
　　　：②殿上の椅子と小蘇（以上、小泉和子・黒田日出男・玉井哲雄［編］『絵巻物の建築を読む』東京大学出版会）
199811 ◎物語の中世―神話・説話・民話の歴史学（東京大学出版会）※カラー表紙カバー図版：『聖絵』巻七

堀　一郎（※東京大学名誉教授。柳田國男女婿。1910/3/19-1974/8/10）

195301 ：○一遍上人にあらわれた庶民性（『大法輪』昭和二十八年一月号［第20巻第1号］、大法輪閣）※→堀一郎198702
195311 ◎我国民間信仰史の研究（創元社）※（二）宗教史編。日本学士院賞受賞作品。→堀一郎199511
　　　　第一部　ヒジリ（聖）と俗聖、その発生及び分化

第一編　ヒジリの發生と性格の變遷
：①第一章　ヒジリの發生と初期の性格（第一節　俗聖の原初的意味／第二節　ヒジリの語義と用法／第三節　聖、聖人、上人）
：②第二章　ヒジリの非世俗性と優婆塞性
：③第三章　ヒジリの種類と分化（第一節　阿彌陀聖その他／第二節　ヒジリの中世的分化／第三節　近世に於ける宗教的呪術の職能民の分化殘留／一　遊行する職能民と非農耕特殊民について／二　瞽者考と職人歌合その他にあらはれる呪術的宗教的職能民について／三　結語）
　　第三部　我國淨土教の發達と民衆念佛の形態と機能
　　　第六編　我國淨土教の發達とその民間下降（上）—山の念佛の開創より鎭空の淨土立宗に至る初期淨土教の展開—
：④第二章　空也光勝と口稱市井の念佛（第一節　空也傳／第二節　空也の性格とその念佛／第三節　空也念佛の展開）
：⑤第四章　空也・源信以後の淨土教（第一節　良忍の融通念佛／第二節　念佛寓宗／第三節　阿號の流行の萌芽）
　　　第七編　我國淨土教の發達とその民間下降（下）
：⑥第八章　智眞の生涯と遊行上人の出現（第一節　智眞の生涯／第二節　遊行回國の念佛勸進／第三節　智眞の宗教にあらはれたる庶民性と踊念佛の再興）
：⑦第九章　道場形態と毛坊主の發生
：⑧第十章　僧の妻帶と寺院の世俗化
：⑨第十一章　近世各地の念佛團の殘留と見られる特殊民について（第一節　鉢屋の分布とその呪術宗教的機能／第二節　茶筅／第三節　ササラといふ部民／第四節　鉦打）
　　第四部　近世特殊民農漁民の呪術宗教的機能
　　　第十一編　三昧聖と勸進聖
：⑩第一章　三昧聖について（第一節　三昧聖の名稱とその起原／第二節　各地の三昧聖／第三節　東大寺系三昧聖關係文書に見られる組織と勸進聖との關係）
：⑪第二章　勸進聖について
：⑫第三章　勸進遊行の聖達について（第一節　十穀聖／第二節　廻國聖（六十六部聖）／第三節　高野聖／第四節　馬聖（虛無僧）／第五節　願人坊主、その他）※→堀一郎 197605

196306　◎空也（吉川弘文館〔人物叢書 106〕）
197502　◎聖と俗の葛藤（平凡社〔同社選書40〕）※→堀一郎 199310
197605　：◎勸進遊行の聖達について（五来重［編］『高野山と真言密教の研究』名著出版〔山岳宗教史研究叢書3〕）※←堀一郎 195311 ⑫
198702　◎一遍上人にあらわれた庶民性（栗田勇［編］『一遍』思想読本、法藏館）※←堀一郎 195301
199310　◎聖と俗の葛藤（平凡社〔同社ライブラリー 22〕）※←堀一郎 197502
199511　◎堀一郎著作集　七「民間信仰の形態と機能」（未來社）
　　　※←堀一郎 195311 を現代かな遣いに変更。一遍・時衆等に関する膨大な文献を掲載

堀　大慈
198099　：◎江州淺井郡菅浦阿弥陀寺所藏「日鑑」—上—（『史窓』編集委員会［編］『史窓』第 37 号、京都女子大学史学会）
198012　：◎江州淺井郡菅浦阿弥陀寺所藏「日鑑」—下—（『史窓』編集委員会［編］『史窓』第 38 号、京都女子大学史学会）

堀　藤吉郎（※元〈大分県〉別府市観光協会専務理事、元別府市役所観光経済部観光課課長。1901-1989）
199212　：◎別府の伝説　聖の念力（『別府史談』第 6 号、同会）
　　　※「灼熱地獄を止めた空也上人」「一遍上人が開いた鉄輪の蒸風呂」の項あり。豊前善光寺にも言及

堀　由藏（堀　由藏）（※島根評論社『島根評論』(妹尾正義〈聖史〉・堀由藏〈伏峰〉・山根章三〈厨石〉 1924/9 創刊）主筆、旧姓：大屋、号：伏峰、1876-1941/7/11）
191609　◎大日本寺院總覽（堀［編］、明治出版社）
　　　※転宗以前の一向派含む時宗寺院多数掲載。→堀由藏 196612A・196612B →堀由藏 197402・197403
196612A　◎大日本寺院總覽上巻（名著刊行会）※←堀由藏 191609。→堀由藏 197402
196612B　◎大日本寺院總覽下巻（名著刊行会）※←堀由藏 191609。→堀由藏 197403
197402　◎大日本寺院総覧上巻（名著刊行会）※「堀由藏」名義。←堀由藏 196612A ←堀由藏 191609
197403　◎大日本寺院総覧下巻（名著刊行会）※「堀由藏」名義。←堀由藏 196612B ←堀由藏 191609

堀口　眞全
190301　：○一遍上人（『妙好華』第三卷第一號、時宗青年會本部）

盆踊ろう会

| 201408 | ◎盆おどる本―盆踊りをはじめよう！（同会［著］・藤本智士・竹内厚（Re:S［りす］）［編集］・チャンキー松本［イラスト］、青幻舎）※盆踊りの起源として一遍を紹介 |

本願寺新報社（※京都市下京区・浄土真宗本願寺派本山本願寺内）
| 200705 | ：□「親鸞聖人散歩道4」欄（『本願寺新報』第2927号［同月1日号］、同社） |
| | ※第4面。「吉水草庵」という木札が立てられた安養寺」に言及し、単色写真：「安養寺」門前石段 |

本宮町史編さん委員会（※和歌山県東牟婁郡本宮町（現田辺市））
| 200212 | ◎本宮町史文化財編　古代中世史料編（同委員会［編集］、同町）※カラー口絵：『一遍上人絵伝』熊野場面 |

本郷　恵子（※東京大学史料編纂所教授）
| 200805 | ◎京・鎌倉　ふたつの王権（小学館〔日本の歴史六「院政から鎌倉時代」〕）※一遍・『一遍聖絵』等に言及 |

誉田　慶恩（※山形市敬念寺（真宗大谷派）住職。元山形県立博物館館長。1922-1988）
196110	：◎東北地方［―特集―日本仏教の地域発展・地域別］（『仏教史学』第九巻三・四合刊号、同会）
	※一向派にも言及、ただし「一遍（中略）の弟子一向上人俊基」と表記す
197009	◎山形県の歴史（誉田・横山昭男［著］、山川出版社〔県史シリーズ6〕）
	：①中世※「仏向寺と時衆」の項と単色写真：踊躍念仏
197303	：◎仏教文化の伝播（山形市史編さん委員会・同市史編集委員会［編さん］『山形市史』上巻原始・古代・中世編、同市）※「一向派と時衆」の項あり、単色写真：高擶石佛寺石仏、ただし「時宗十三派」と表記。他項で『帖外御文』を引いて言及
198206	：◎禅と念仏（新山形風土記刊行会［編集］『新山形風土記』山形県の歴史と風土、創土社）※「一向派と仏向寺」の項あり、ただし「時宗十三派」と表記。単色写真ネーム：「仏向寺一向上人踊躍念仏」。他項でも言及あり

本多　秀雄（※矢倉沢往還関本宿を語る会会長。元（神奈川県）南足柄市教育委員会教育長。関本龍福寺檀徒）
200508	◎龍福寺の歴史（同寺・同寺護持会）
	：◯静阿　徳善：はじめに※竜福寺三十七世牧田徳善住職
	：◯長島　尚道：刊行によせて※時宗宗林学頭
	：①本多　秀雄：龍福寺の歴史　出版にあたって※檀徒
	：②本多　秀雄：龍福寺の歴史　時宗と一遍上人

本田　豊（※元東京都立大学人文学部非常勤講師、元埼玉県史編纂委員）
198901	◎白山神社と被差別部落（明石書店）
	※「二、原姓復帰運動、白山神社と時宗、鼻緒騒動の村―埼玉県比企郡嵐山町で」の章あり
199603	◎神奈川県の被差別部落（三一書房）※藤沢遊行寺に言及
200512	◎戦国大名と賤民　信長・秀吉・家康と部落形成（現代書館）
	※「第二章　部落史の諸相」「3　本丸跡にのこるムラ―豊川」の「1　連歌師宗長」の項で「遊行僧」「一遍の開いた時宗」に言及。「第三章　徳川家康と被差別部落」「1　徳川家康＝部落民」説の根拠」で「時宗の遊行僧」長阿弥・徳阿弥に言及、単色写真：「称名寺（東京都府中市）本堂」と同寺から掘り出された「応永十四年」と刻まれた「徳阿弥親氏　世良田氏」銘板碑にも言及、ただし徳阿弥は応永元年（1394）卒とされる（古賀克彦註）。同章「2　部落にまとわりつく南朝の系譜」で『三河物語』の「入道シテ時宗ニナラセ玉ヒ、徳阿弥トゾ申ケル」を引用し、世良田の満徳寺・青蓮寺に言及

誉田　慶信（※岩手県立大学盛岡短期大学部教授。元山形県立山形東高等学校教諭。誉田慶恩令息）
200105	：◎中世・宗教（史学会［編集］『史学雑誌』第110編第5号「2000年の歴史学界―回顧と展望―」、山川出版社）※←小野澤眞200004・200010を紹介
200201	◎中世出羽の宗教と民衆（伊藤清郎・誉田［編］、高志書院〔奥羽史研究叢書5〕）
	：①中世後期出羽の宗教※「第1部　中世出羽の宗教と信仰」の第二章。「一　室町幕府秩序と出羽国の仏教」「（2）時衆僧の活躍」で一向俊聖に言及。続く「（3）臨済・時衆・真言宗体制」で、時衆・時衆光明寺に言及。「二　中世都市のなかの寺院」「（1）山形城下絵図を読む」で、時宗・時衆遊行派光明寺・時衆結衆板碑に言及。「都市空間における宗教構造は、決して最上山形だけではなかった。たとえば男鹿脇本においても、時衆金光寺（中略）が存在していたし、三戸南部氏においても（中略）時衆教浄寺が重要な位置をしめていた」とす

本間　榮吉
192305	◎辨榮上人と當麻山（フミヤ書店［發行所］・當麻山無量光寺［發行者］）
	：①上篇（第一　辨榮上人を拜して／第二　當麻山と一遍上人／第三　一遍上人の出家と敎化並に三島家の正脈／第四　當麻山の草庵／第五　當麻山營造物及什物／第六　時宗門の意義／第七　一遍上人の示寂と御詠草／第八　お花が谷戸の由來）
	：②中篇（第一　信仰上の質問／第二　當麻の上人／第三　光明學園／第四　學園開園式「並に認可披露式及び故上人の學園に關する遺文」／第五　龜形光明會／第六　お上人の日常／第七　お上人御傳／第八　お上人の涅槃／第九　諸名士の追悼讚悼／第十　お上人遺讚／第十一　お上人闡宣光明主義／第十二　お上人闡唱詩章及經

：③終篇（第一　お上人宗教哲理解義／第二　萬有南無阿彌陀佛／第三　お上人傳記附加及入涅槃後の麻山／第四　全國光明會概觀／第五　お上人御生前各信者よりの手紙／第六　結述）

本間　光雄（※桐生青蓮寺第44世住職。元時宗教学部長、元（群馬県）桐生市役所職員）
199807　：○お坊さんへの第一歩（『遊行』第124号、時宗宗務所）
200003　：○二十世紀最後の年に生きる（『遊行』第131号、時宗宗務所布教伝道研究所）
200201　：○日用勤行解説①　一　焼香讃・二　三宝禮（『遊行』第138号、時宗宗務所布教伝道研究所）
200203　：○日用勤行解説②　三　四奉請・四　懺悔偈（『遊行』第139号、時宗宗務所布教伝道研究所）
200607　：○仏教常識Ｑ＆Ａ「阿弥陀様」とは？（『遊行』第156号、時宗宗務所布教伝道研究所）
　　　　※肩書き：「時宗布教伝道研究所所員」
200807　：○仏教常識Ｑ＆Ａ　数珠を持つ意味は何？（『遊行』第164号、時宗宗務所布教伝道研究所）
　　　　※時宗・一遍に言及。肩書き：「時宗布教伝道研究所所長」

本間　正行
195600　：○仏向寺の踊躍念仏（天童ペン倶楽部・天童郷土研究会［編・主催］『大天童町の歴史と伝説』〈発行元表記なし〉）※単色写真：踊躍念仏

ま　　　行

毎日新聞甲府支局（※山梨県甲府市）
200203　◎21世紀―山梨の100人（同局［編］、山梨新報社）※「河野叡祥」（甲府一蓮寺住職）の項あり

毎日新聞社（※東京都千代田区・株式会社）
195406　：□『踊躍念仏』を16㍉トーキーに（『毎日新聞』朝刊東京版「宗教」欄同月6日号、同社）
　　　　※「浄土宗では来る二十一日山形県西田川郡大山町専念寺で一向上人の創始した踊躍念仏を宗文化財として十六㍉トーキーに収める。（後略）」とする短文記事。天童佛向寺に言及。単色写真ネーム：「踊躍念仏のおどり」。→金井清光 196212 ③引用
199903　◎東京　文化財の旅1（同社）※「将門塚　都指定旧跡」の項に「時宗二祖真教上人が将門に『蓮阿弥陀仏』という法号を追贈して板石塔婆を建て」たとあり、カラー写真ネーム：「将門塚」。「日輪寺」の項もあり
200209　◎毎日新聞創刊一三〇周年記念　四国霊場八十八ヶ所　空海と遍路文化展（同社）※2002/10/1-11/17 於東京都写真美術館、同年12/1-23 於（愛知県）名古屋市博物館、2003/1/5-2/16 於福岡市博物館、特別展図録。「郷照寺」（宇多津）をとりあぐ。ただし宗派を「真言・時宗」とす。カラー写真：「聖徳太子立像」と「法王殿」正面。薄井和男［解説］。また「岩屋寺勝景太略図版木」の白木利幸解説文で「岩屋寺」を一遍の修行地、と紹介
201311A　：□宝厳寺再生自分の手で（『毎日新聞』愛媛版同月19日号、同社）※奥谷宝厳寺に対し焼失した一遍像に代わり宮崎県西都市光照寺より住職村上弘昭作の一遍像寄進さる。伝田啓史［署名記事］
201311B　：□なますまち　奇習、厳かに　瀬戸内の水軍と結ぶ伝説　相模原・芹沢集落の三島神社（『毎日新聞』神奈川県版同月25日号、同社）※芹沢三嶋神社の祭礼を中心に一遍や当麻無量光寺に言及。髙橋和夫［署名記事］

米原町教育委員会（※滋賀県坂田郡米原町〈現米原市〉）
200103　◎米原町埋蔵文化財調査報告書22［鎌刃城跡発掘調査概要報告書―米原町内中世城館跡詳細分布調査に伴う発掘調査―］（同委員会［編集］、同委員会）※番場蓮華寺梵鐘に言及

前川　健一（※〈東京都八王子市創価大学内・公益財団法人〉東洋哲学研究所研究員）
201209　：○一遍【時宗】時宗開祖となった遊行僧（末木文美士［編］『日本をつくった名僧百人』平凡社）
　　　　※小見出し：「一代限りの教えのつもりだった一遍」。図版ネーム・キャプション：「〝一遍上人絵伝〟巻第七より／踊念仏図　東京国立博物館　国宝　踊念仏は当初自発的な信仰の発露であったが、結縁者を集めるパフォーマンスとしての要素が強くなっていった。画面中央で緊張した面持ちで鉦をたたいているのが一遍。Image:TNM Image Archives」。←今井雅晴 200403B を参考文献に挙ぐ

前田　速夫（※法政大学文学部非常勤講師。元〈東京都新宿区・株式会社〉新潮社『新潮』編集長）
201309　◎白山信仰の謎と被差別部落（河出書房新社）※惹句：「白山信仰がその一大中心地・北陸で、一向一揆に駆逐され、時宗との対立・融合をみながら、近世に入って蘇った姿を追う」。「第八章　白山信仰と時宗系部落」あり

前田　博司（※郷土史家・土地家屋調査士・九条の会しものせき呼びかけ人）
198906　：○「道場」地名と時宗寺院の盛衰（『山口県地方史研究』第61号、同県地方史学会）

前田　博仁（※宮崎市きたよた歴史館館長・宮崎県民俗学会副会長。元同県教育委員会職員）
200805　：○日向国における遊行上人の廻国（『みやざき民俗』第60号、宮崎県民俗学会）

真壁町歴史民俗資料館（※茨城県真壁郡真壁町〈現桜川市〉・現真壁伝承館歴史資料館）
199303　◎真壁町の石造物―寺社編―（同館［編］、同館）※図版：安養寺跡・常永寺・眼徳寺の石造物

牧　哲義（※愛知県岡崎市伝正院〈浄土宗西山深草派〉住職。元同宗学院教授、元東洋大学東洋学研究所研究員。故人）
199303　：○『吉水法流記』『法水分流記』の翻刻とその研究　第一部資料篇（『東洋学研究』第30号、東洋大学東洋学研究所）※系譜中に一遍・一向らの人名あり
199403　：○法然門下の初期の系譜資料―『吉水法流記』と『法水分流記』について―（東洋大学東洋学研究所［編］『アジアにおける宗教と文化』国書刊行会）※系譜中に一遍・一向らの人名あり

牧田　茂（※〈東京都文京区・現一般社団法人〉日本民俗学会理事、元日魯汽車短期大学〈現日魯汽車短期大学〉教授、元〈東京都千代田区・株式会社〉朝日新聞東京本社企業部部長。1916/7/25-2002/3/22）
197702　：○高野聖・雑観（『庭』第32号、建築資料研究社）

牧野　あい（※東山長楽寺寺族。故人）
199507　◎黄鐘　牧野十阿・牧野あい遺句集（牧野十阿・牧野あい［著］、牧野自然私家版）

牧野　淳司（※明治大学文学部教授）
200306　：○延慶本『平家物語』「法皇御灌頂事」その思想的背景―思想的背景としての『天狗草紙』―（『説話文学研究』第38号、同会）※→砂川博 200504 ①紹介

牧野　和夫（※実践女子大学文学部教授。元東横学園女子短期大学〈2009/3/31閉校〉助教授、元慶應義塾高等学校教諭）
199006　：○『上宮太子御遺言記』について―紹介と翻刻―（『絵解き研究』第八号、同会〈名著出版［発売］〉）※藤沢遊行寺本『聖徳太子伝暦』の「四天王寺絵所上座弁芳」を考察

牧野　十阿
　　→牧野　体山
牧野　春駒（※奈良平城院初代住職。元奈良育英学園高等学校図書館館長。本名：牧野自然。牧野体山令息。1924-故人）
198408　◎青丹　句集（青発行所〔青叢書第10集〕）
199807　◎平城山　合同句集（牧野〔編集〕、平城山句会）
牧野　素山（※東山長楽寺住職。牧野体山令息）
196903　○信州佐久郡における遊行上人と念仏講（日本印度學佛教學會〔編集〕『印度學佛教學研究』第十七巻第二號〔通巻第34號〕、同會）
197503　○時衆教団の展開―呑海の賦算について―（日本印度學佛教學會〔編集〕『印度學佛教學研究』第二十三巻第二號〔通巻第46號〕、同會）
197603　○七条金光寺文書（藤沢市文書館〔編集〕『藤沢市史研究』第8号、同館）※翻刻
197912A　：○七條文書（時宗開宗七百年記念宗典編集委員会〔編集〕『定本時宗宗典』上巻、時宗宗務所〈山喜房佛書林〔発売〕〉）※翻刻と解題
197912B　：①遊行八代渡船上人廻國記※翻刻と解題
　　　　　：②遊行十六代四國回心記※翻刻のみ
　　　　　：③國阿上人繪傳※翻刻と解題
　　　　　：④開山彌阿上人行状※翻刻と解題
　　　　　（以上、時宗開宗七百年記念宗典編集委員会〔編集〕『定本時宗宗典』下巻、時宗宗務所〈山喜房佛書林〔発売〕〉）
199410　○秋季特別展　足利氏と遊行上人（長楽寺）※東山長楽寺
201209　○緒言（村井康彦・大山喬平〔編〕『長楽寺　七条道場金光寺文書の研究』法藏館）※肩書き：「長楽寺現董」
牧野　体山（牧野　十阿）（※東山長楽寺住職。1901-1987）
196007　○遊行上人（『日本絵巻物全集〔第10巻一遍聖繪〕月報』8、角川書店）→牧野体山197602
197602　○遊行上人（『時衆あゆみ』＜一遍の念仏＞、中村昌道私家版）←牧野体山196007
199507　○黄鐘　牧野十阿・牧野あい遺句集（牧野十阿・牧野あい〔著〕、牧野自然私家版）※牧野自然は体山令息
牧之原市文化財保護審議会（※静岡県牧之原市）
201204　○牧之原市の文化財（同審議会〔編集〕、同市教育委員会）※市指定文化財・清浄寺「勝間田氏の墓」あり
正木　晃（※元埼玉純真短期大学教授、元白鳳女子短期大学〔現白鳳短期大学〕助教授）
199205　◎修行と解脱（捨てる　歩く　伝える）（山折哲雄・正木・永沢哲〔著〕、佼成出版社）
正村　誠道（※東京都北区正受院〔浄土宗鎮西派〕住職。故人）
193303　：○鎌倉時代に於ける浄土思想に就て（『歴史と國文學』第八巻第三號、太洋社）
間島　勲（※会津史学会会長。元福島県庁〔同県立会津短期大学〔現会津大学短期大学部〕附属図書館など〕職員）
198605　◎会津の寺―会津若松市・北会津村の寺々（笹川寿夫・間島・滝沢洋之・野口信一〔著〕、歴史春秋出版）
　　　　　※詳細⇒笹川寿一198605
増記　隆介（※神戸大学文学部准教授。元文化庁文化部美術学芸課文化財調査官）
201009　：○山梨県一蓮寺所蔵「絹本著色釈迦三尊十八羅漢図」について―その東アジア絵画史上の位置―（佛教藝術學會〔編集〕『佛敎藝術』312、毎日新聞社）
増田　禮久（※松原本福寺徒弟〔尼僧〕。元時宗総本山書記）
199809　：○今、安らぎの中で（『遊行』第125号、時宗宗務所）※肩書き：「三の間在堪生」
増谷　文雄（※元都留文科大学第3代学長、元東京外国語大学外国語学部教授。1902/2/16-1987/12/6）
196104　◎仏教文学集（増谷〔訳注〕、筑摩書房〔古典日本文学全集15〕）
町田　宗鳳（※広島大学総合科学部教授・天台宗山門派僧侶。元東京外国語大学留学生日本語教育センター教授）
199906　◎〈狂い〉と信仰（ＰＨＰ研究所〔ＰＨＰ新書〕）
松井　孝宗（※元〈愛知県〉豊田市郷土資料館学芸員）
199906　○郷土史調査レポート・中世絵画に見る鹿杖（『豊田市郷土資料館だより』第28号、同館）
　　　　　※→黒田日出男199910 文献案内
松井　吉昭（※早稲田大学教育学部非常勤講師。元東京都立向丘高等学校教諭）
199301　：○鎌倉期における伊予河野氏と『一遍聖絵』（一遍研究会〔編〕『一遍聖絵と中世の光景』ありな書房）
　　　　　※樋口州男・松井〔共筆〕
199406　○『一遍聖絵』と二つの墓（『日本史教育研究』第128号、同会）
199901　○『一遍聖絵』に見る神社参詣の諸相（武田佐知子〔編〕『一遍聖絵を読み解く―動きだす静止画像』吉川弘文館）
松浦　清（※大阪工業大学工学部准教授。元大阪市立博物館〔現大阪歴史博物館〕学芸員）
199504　：①融通大念仏亀鐘縁起絵　一巻※「大阪　西光寺蔵」。単色図版ネーム：「「融通大念仏亀鐘縁起絵」第1段

大阪　西光寺」。亀鐘伝承が『一向上人伝』にもあることを指摘
：②融通大念仏亀鐘縁起絵　一巻
※「大阪　大念仏寺蔵」。単色図版ネーム：「『融通大念仏亀鐘縁起絵』第８段　大阪　大念仏寺」
（以上、梅津次郎［監修］・宮次男・真保亨・吉田友之［編集］『角川絵巻物総覧』角川書店）

200009　：融通念仏の三縁起絵巻（伊藤唯真［監修］・融通念佛宗教学研究所［編集］『融通念仏信仰の歴史と美術―論考編』東京美術）

200103　：月はどっちに出ている―大念佛寺所蔵「片袖縁起」を例に―（『大阪市立博物館研究紀要』第33冊、同館）

松尾　葦江（※元國學院大學文学部教授、元宇都宮大学教育学部教授、元椙山女学園大学人間関係学部教授）

200910　：金井清光先生を偲ぶ（砂川博［編］『一遍聖絵と時衆　時衆文化　第２０号　金井清光先生追悼号』岩田書院）

松尾　剛次（けんじ）（※山形大学人文学部教授。元山形県立米沢女子短期大学非常勤講師等）

198807　◎鎌倉新仏教の成立―入門儀礼と祖師神話―（吉川弘文館〔中世史研究選書〕）※→松尾剛次 199810
199510　◎鎌倉新仏教の誕生　勧進・穢れ・破戒の中世（講談社〔同時代現代新書1273〕）
199709　：中世の都市的な場と宗教―二つの荘園絵図を用いて（中世都市研究会［編］『都市と宗教』新人物往来社〔中世都市研究4〕）※萱津光明寺に言及
199711　◎中世都市鎌倉を歩く―源頼朝から上杉謙信まで（中央公論社〔中公新書1392〕）※「一遍と鎌倉」の節あり
199810　◎新版・鎌倉新仏教の成立―入門儀礼と祖師神話―（吉川弘文館〔中世史研究選書〕）※←松尾剛次 198807
199906　◎仏教入門（岩波書店〔岩波ジュニア新書322〕）※一遍の項あり
200011　：中世（日本仏教研究会［編］『日本仏教の研究法―歴史と展望』法藏館〔日本の仏教第Ⅱ期第2巻〕）
　　　※一遍に言及
200103　：説教節「小栗判官」の成立再考（国文学研究資料館［編］『境界と日本文学―画像と言語表現』同館）
　　　※2000/11/16 於同館、国際日本文学研究集会報告要旨
200111　◎太平記　鎮魂と救済の史書（中央公論新社〔中公新書1608〕）※単色図版：藤沢遊行寺蔵「後醍醐画像」
200112　：太平記（日本仏教研究会［編］『日本仏教の文献ガイド』法藏館〔日本の仏教第Ⅱ期第3巻〕）
200209　◎「お坊さん」の日本史（日本放送出版協会〔生活人新書041〕）
　　　※「信・不信を超越した一遍」の項あり、一向俊聖にも言及。小野澤眞［協力］
200307　◎日本の寺院　歴史のなかの宗教（松尾［編集］、新人物往来社〔別冊歴史読本㉘巻22号（通巻647号）］）
　　　※副題等は編集部の附したもの。目次と本文では多少文言が異なる。奥付にはないが小野澤眞［協力］
　　　：①官僧と遁世僧　中世仏教の主役は遁世僧だった
　　　※「一遍のように官僧の離脱を経ない僧でも遁世僧とよばれた」とす
　　　：②霊場めぐり　概観　現世利益から自分探しへ※「四大霊場一覧」の四国八十八所に宇多津郷照寺あり
200312　：橘川正（はしかわただす）（1894 ― 1931）『日本仏教文化史の研究』中外出版社,1924（黒田日出男・加藤友康・保谷徹・加藤陽子［編集委員］『日本史文献事典』弘文堂）※項目執筆。目次の「空也一遍の踊り念仏について」を掲示
200511　◎鎌倉　古寺を歩く―宗教都市の風景（吉川弘文館〔歴史文化ライブラリー202〕）
　　　※「鎌倉の中心と境界」の「鎌倉中と田舎」中、「どこまでを鎌倉というか」の項で「鎌倉中」の内と外は、『一遍聖絵』での一遍と北条時宗の出会いのシーンに見て取れるように、木戸などによって区別されていた。」とし、単色図版：「一遍と北条時宗の出会い　『一遍聖絵』巻5（清浄光寺所蔵）」。また「新仏教寺院と都市鎌倉」の「浄土宗寺院―葬送の場」中、「一遍の活動」の項あり。「由比ヶ浜には一向堂があったが、それは一遍系の時衆が管理するお堂で、葬送に従事していたのであろう。」とす
200703　：京都東山太子堂考（戒律文化研究会［編］『戒律文化』第五号、同会〈法藏館［発売］〉）
　　　※単色図版：同堂（現京都市下京区白毫孝〈真言律宗系単立〉）伝来古絵図。「應永頃ノ古圖寫」と「古圖ノ寫」それぞれに、「圓山安養寺」みゆ。→松尾剛次 201012 ①
201002　◎親鸞再考―僧にあらず、俗にあらず（日本放送出版協会〔NHKブックス1152〕）
　　　※「第一章　親鸞像を読み直す」「二　親鸞をめぐる世界」に「官僧・遁世僧」の項あり、〈官僧・遁世僧体制モデル〉表中の「遁世僧仏教」枠の「内容」の箇所に、「遁世僧僧団（法然、親鸞、日蓮、栄西、道元、一遍、明恵、叡尊、恵鎮ほかの遁世僧を各々中核として構成員を再生産するシステムを作り出した僧団）の仏教」とあり。「第四章　法然門下としての親鸞」に「吉水の法然」の項あり、「吉水周辺図（応永の頃の古図の写しより作成）」中に「安養寺」あり、ただし本文では同寺にふれず
201005　◎新アジア仏教史 12　日本Ⅱ「躍動する中世仏教」（末木文美士［編集委員］・佐藤弘夫・林淳・大久保良峻・松尾［編集協力］、佼成出版社）
　　　：①仏教者の社会活動※第3章
201012　◎中世律宗と死の文化（吉川弘文館）※→小野澤眞 201204 書評
　　　：①京都東山太子堂考※←松尾剛次 200703

201104 ：○日本仏教の歴史を読み解く（松尾［監修］・一個人［特別編集］『一個人』別冊 Vol.1《完全保存版》日本の仏教入門）、KKベストセラーズ〔BEST MOOK SERIES 09〕※←月刊『一個人』2010年7月号・2011年3月号記事再編集。「第3部　日本の仏教の基本の「き」」中の「鎌倉新仏教の開祖たち」の見開きページで「一遍の教団はのちに時宗へと発展しますが、鎌倉仏教の祖師で比叡山出身でないのは一遍だけです」との監修者の言葉を紹介。「時宗総本山清浄光寺／「遊行寺」の名で知られる踊り念仏の藤沢道場」のページで「一遍は、衆生の浄土往生は、信・不信、浄・不浄にかかわらず、阿弥陀仏の名号によって定まったことであるとしたのです。〈決定往生六十万人〉というのは、阿弥陀によって極楽往生が決定されている、という意味です」「一遍の周囲には教団が形成され、その信者たちは時衆と呼ばれました。一遍の没後、時衆教団はいったん解散します。これを弟子の他阿が再結成して、以後法嗣が〈遊行上人〉を名乗ります」「遊行寺は、鎌倉に隣接したところにあって、立地には、時宗教団の鎌倉布教への強い意欲を感じます」との監修者の言葉を紹介

201312 ：○近世の仏教再考〈7〉光明寺本『遊行上人縁起絵』（最上義光と『一遍上人絵詞伝』／絵巻の作者・依頼主／本絵巻の謎／光明寺の歴史／七夕の節句に合わせた寄付）（『大法輪』平成二十五年十二月号［第80巻第12号］［特集‖これで読める難読・誤読の仏教語］、大法輪閣）
※図版ネーム・キャプション：「四条大橋での賦算（巻3、第3段）（山形市光明寺所蔵『遊行上人縁起絵』より）」「信濃国で踊念仏を初めて行なう（巻2、第1段）（前同より）」

201401 ：○近世の仏教再考〈8〉最上義光と寺社（『大法輪』平成二十六年一月号［第81巻第1号］［特集‖これでわかる日本仏教13宗］、大法輪閣）※「山形市内を歩くと最上義光ゆかりの寺院の多いことに驚かされる。先号で触れた光明寺を初めとして古い寺院で義光に縁のない寺院はないほどだ」とす

松尾　恒一（※国立歴史民俗博物館研究部民俗研究系教授・総合研究大学院大学文化科学研究科教授。元學習院大學文學部助教授）

199301 ：○中世寺院の浴室―饗応・語らい、芸能（一遍研究会［編］『一遍聖絵と中世の光景』ありな書房）

200206 ：○『一遍聖絵』における一遍の社寺参詣（砂川博［編］『一遍聖絵の総合的研究』岩田書院）
※2001/3/31於藤沢清浄光寺、一遍聖絵研究会第3回例会報告を成稿

松岡　心平（※東京大学教養学部教授）

198706 ：○南北朝前半―同時代の中世文学（『國文學―解釈と教材の研究―』第32巻7号［昭和62年6月号］（468）［特集：中世とは何か］、學燈社）
※「踊り念仏の時代――一遍・導御・一向」の項あり、他項でも言及あり。→松岡心平199812

199306 ：○逸脱の王者・後醍醐天皇【その二】―神奈川県・清浄光寺、奈良県・吉水神社―（『草月』第208号、草月出版）

199411 ：①観阿弥
：②世阿弥（以上、朝日新聞社［編］『朝日日本歴史人物事典』同社）※項目執筆。時衆としての記述なし

199812 ◎能―中世からの響き（角川書店［角川叢書2］）
：①中世芸能の始発※←松岡心平198706改稿

199910 ：○踊り念仏の興行師（武田佐知子［編］『一遍聖絵を読み解く―動きだす静止画像』吉川弘文館）

200903 ：○看聞日記と中世文化（松岡［編］、森話社）
：①室町将軍と傾城高橋殿※『吉田家日次記』に登場する伊勢参宮の怪僧「国阿弥」（＝国阿上人）に言及

松岡　正剛（※《東京都世田谷区・》株式会社）松岡正剛事務所代表取締役・《同区・》株式会社）編集工学研究所取締役社長。元帝塚山学院大学文学部教授）

198704 ：◎遊行の博物学―主と客の構造（春秋社）→松岡正剛200007
：①遊行と贈与※「第二章　文化と差異」のうち、一遍と時衆を考察

200007 ：◎遊行の博物学―主と客の構造（春秋社）※新装版。←松岡正剛198704
：①遊行と贈与
※「第二章　文化と差異」のうち、一遍と時衆を考察。文中挿絵ネーム：「歓喜光寺の『一遍聖絵』より」

松岡　俊光（※肩書きなし）

201010 ：○『一遍聖絵』にみえる入水往生―第十二・最終段を中心に―（時衆文化研究会［編集］『時衆文化』第21号、同会〈岩田書院［発売］〉）

松岡　実（※大分県別府市観見山墳《修験道》住職・《東京都文京区・唯一般社団法人》日本民俗学会会員。元時宗教会副会長。1919/9/5-2001/8/8）

196505 ：○九州における時宗聖の活躍（『岡山民俗』顧問三木行治前知事追悼　創立十五年記念講演特集号、同学会）

197212 ：○盆の庭入りとバンバ踊―時衆聖の関与について―（『仏教と民俗』第9号、仏教民俗学会）

197304 ：○郷土民俗資料　天間の庭入り（『別府市文化財保護委員会会報』第4号、同市立図書館）
※同市天間地区（天間、枚小野、小手吹）で毎年8/13行われる行事に「一向上人の番場時衆」の影響を指摘。肩書き：「別府市文化財保護委員」「鶴見山寺住職」

199611 ：○盆の庭入りとバンバ踊り（別府市天間地区）（『別府史談』第10号、同会）
※文末に編集部（文責・入江）により松岡実197212のうち番場時衆関連項目を再掲。→松岡実200112

200112 ：○盆の庭入りとバンバ踊り―別府市天間地区―（『別府史談』第15号、同会）

※「追悼論稿（再録）」。←松岡実 199611

松下みどり（※相模女子大学学芸学部非常勤講師）
199203　：○一遍における救済の構造とその本質（『人文科学紀要』第45号、お茶の水女子大学）
199303　：○一遍思想の民俗性―擬死再生―（『人文科学紀要』第46号、お茶の水女子大学）
200112　：○一遍聖絵（日本仏教研究会［編］『日本仏教の文献ガイド』法藏館［日本の仏教Ⅱ期第3巻］）
200710　：○時宗の女性観―鎌倉末～南北朝期を中心として―（時衆文化研究会［編集］『時衆文化』第１６号、同会〈岩田書院［発売］〉）
200910　：○時宗における神祇と女人―「浄不浄をきらはず」をめぐって―（砂川博［編］『一遍聖絵と時衆　時衆文化第２０号　金井清光先生追悼号』岩田書院）

松島　健（※東京国立文化財研究所（現東京文化財研究所）情報資料部長。1944/2/27-1998/02/27）
198907　：○長楽寺の時宗祖師像（佛敎藝術學會［編集］『佛敎藝術』185［特集　時宗の美術と芸能］、毎日新聞社）
　　　　※東山長楽寺

松田　權六（※重要無形文化財保持者。元官立東京美術學校〈現東京藝術大学美術学部〉教授。1896/4/20-1986/6/15）
199106　◎日本の漆芸6《螺鈿・鎌倉彫・沈金》（岡田譲・松田・荒川浩和［編］、中央公論社）
　　　　※カラー図版ネーム：「屈輪鎌倉彫大香合　金蓮寺」（四条道場金蓮寺）

松田　慎也（※上越教育大学学校教育学部教授。元東京大学文学部助手）
200103　：○近世中・後期における真宗東本願寺末有力院家寺院継嗣の得度次第について（『上越市史研究』第7号、同市文化振興課市史編さん室）※享保九年（1724）五月十六日、東本願寺末越後浄興寺（現宗門浄興寺派本山）第19世住職一周海観、7歳の嫡子次郎丸（のち真観性善）得度を祝賀した本山小姓衆に異「霊力」山珠阿弥で兎汁料理を注文とあり。肩書き：「寺社資料部会編集委員」。→松田慎也 200308
200308　：○近世中・後期における真宗東本願寺末有力院家寺院継嗣の得度次第について（学術文献刊行会［編集］『日本史学年次別論文集』「近世（二）」2001年版、朋文出版）※←松田慎也 200103 再録

松田誠一郎（※東京藝術大学美術学部教授。元京都市立芸術大学美術学部専任講師）
200609　：○一鎮上人椅像（水野敬三郎・長嶋圭哉・松矢国憲［編集］『新潟の仏像展』新潟の仏像展実行委員会）※ 2006/9/30-11/12 於新潟県立近代美術館、中越大震災復興祈念特別展図録。カラー図版：「一鎮上人椅像」全体正面と頭部アップの写真2葉、図版解説。ただし「京都市屋道場（七条道場、金光寺）」「師僧の長福寺伹（他）阿」と表記。「薗阿弥陀仏（中略）は、作者かと思われ」とするが、薗阿は越前長崎と当地高田の両本念寺の歴代世襲阿弥陀仏号カ（古賀克彦註）。肩書き：「東京藝術大学助教授」

松田　拓也（※土族家屋調査士。元〈山梨県北巨摩郡〉長坂町（現北杜市）役場職員。山梨大学第45回卒業・同大学院教育学研究科修士課程修了）
199908　：○中世都市甲斐府中の形成と変遷―中世城下町と中世門前町的集落の融合―（『山梨大学　国語・国文と国語教育』第九号、同大学国語国文学会）※ 1998年同会研究発表会を元に成稿。甲府一蓮寺・「一蓮寺過去帳」に言及

松田富美子（※〈千葉県〉佐倉市役所文化課学芸員）
200303　：○【資料紹介】宝金剛寺の五輪塔について（佐倉市総務部行政管理課市史編さん担当［編集］『佐倉市史研究』第十六号、同市）※佐倉海隣寺石塔群に言及

松田　義信（※歌人）
200103　◎病と信仰・伝説（東洋出版）※一向俊聖に言及

松平　定信（※陸奥國白河藩主。元江戸幕府老中首座。1759/1/15-1829/6/14）
180001　◎集古十種　銅器（松平私家版）※「相模國藤澤寺什物照手姫所持鏡圖」の項と拓影あり。→松平定信 190500
190312　◎集古十種　鐘銘之部　下（松平［編］、郁文舎）
　　　　※「近江國番場蓮華寺鐘銘」の項と拓影あり。←元版：寛政十二年（1800）
190500　◎集古十種　銅器之部　全（郁文舎）※「相模國藤澤寺什物照手姫所持鏡圖」の項と拓影あり。←松平定信 180001

松戸市立博物館（※千葉県松戸市）
200110A　◎企画展・中世の東葛飾―いのり・くらし・まつりごと―（同館）
　　　　※ 2001/10/6-11/25 於同館、同展図録。カラー表紙写真：布施善照寺本尊善光寺仏。カラー写真：松戸本福寺および布施善照寺の善光寺仏、単色図版：「道場制文写」と篆刻、中山文人［担当］
200110B　◎まつどミュージアムNo.10（同館）※ 2001/10/6-11/25 於同館、「企画展・中世の東葛飾―いのり・くらし・まつりごと―」を紹介。単色表紙写真：布施善照寺本尊善光寺仏

松濤　弘道（※上野学園大学名誉教授・栃木県栃木市近龍寺〈浄土宗ής西派〉住職）
200312　◎仏像の見方がわかる小事典（PHP研究所〔PHP新書276〕）※「一遍―時宗の祖」の項あり

松原　誠司（※芝浦工業大学柏中学校高等学校教諭）
199806　：○松尾社・西七条論ノート（悪党研究会［編］『悪党の中世』岩田書院）※西市屋道場西蓮寺に言及

松原　信之（※〈福井県〉坂井市立丸岡図書館小葉田文庫名誉館長。元県立福井南養護学校校長）
199403　：○念仏系諸派の活動（福井県［編集］『福井県史』通史編2、同県）

※「第六章　中世後期の宗教と文化」「第二節　仏教各宗派の形成と動向」の「三」。「時宗」の項あり。『太平記』に新田義貞の遺骸を時衆が運び込んだとある往生院は称念寺の別称ではなく同寺末院と指摘。単色写真ネーム：「坂井郡称念寺（丸岡町長崎）」。金龍静・松原［共筆］

199703　：◎時宗の活躍（福井市［編］『福井市史』通史編 1 古代・中世、同市）※「第五章　中世社会の展開」「第五節　荘園制下の信仰と宗教」の「三」のうち。ほかのページに藤沢清浄光寺蔵後醍醐画像あり

松原　弘宣（※愛媛大学名誉教授）
199902　◎藤原純友（吉川弘文館［人物叢書・新版 220］）※単色図版：『絵引』備前福岡の市

松村　明（※東京大学名誉教授。元お茶の水女子大学文教育学部助教授。1916/9/3-2001/11/22）
200610　◎大辞林第三版（松村［編］、三省堂）※「一遍」・「一遍上人絵伝」・「観阿弥」・「国阿」・「金蓮寺」・「時衆」（「じしゅ」と「じしゅう」の 2）・「時宗」・「春登」（読みは「しゅんとう」）・「清浄光寺」・「真教」・「心敬」・「世阿弥」・「他阿」・「他阿弥陀仏」2・「習真」・「頓阿」（「とんあ」と「とんな」の 2）・「遊行寺」・「遊行上人」の項あり

松村　博（※元（大阪市中央区・財団法人）同市都市工学情報センター〈2013/3/31 廃止〉理事長）
199409　◎京の橋物語（松籟社［京都文庫 4］）※『一遍上人絵伝』の四条橋」の章あり

松村　茂平（※日本詩文藝協会理事。元〈東京都江東区〉朝日ヘリコプター〈現朝日航洋〉株式会社常務取締役、元陸軍航空士官學校機械教官。1916/3-2002/4/29）
198706　◎新田義貞公を偲ぶ（称念寺）※長崎称念寺

松本　章男（※作家。元〈京都市伏見区・株式会社〉人文書院取締役編集長）
199912　◎京都花の道をあるく（集英社［同社新書 0008 F］）※ただし一条道場迎称寺を日蓮宗と表記
200611　：○西行　歌と生涯　五、東山春日（『大法輪』平成十八年十一月号［第 73 巻第 11 号］［特集‖名僧ゆかりの遺跡・寺院ガイド］、大法輪閣）※東山長楽寺・東山双林寺・霊山正法寺に言及。単色写真ネーム：「向かって右から康頼・西行・頓阿の供養塔（双林寺）」

松本　史朗（※駒澤大学仏教学部教授）
199810　：○『捨子問答』と『後世物語』─親鸞思想の研究（一）─（駒澤大学仏教学部研究室［編集］『仏教学部論集』第二十九号、同室）※一遍に言及。→松本史朗 200102 ①
199903　：○『唯信鈔』について─親鸞思想の研究（二）─（『駒澤大學佛教學部研究紀要』第 57 號、同大學）※一遍に言及。→松本史朗 200102 ②
200102　◎法然親鸞思想論（大蔵出版）
　　　：①『捨子問答』と『後世物語』─親鸞思想の研究（一）─※←松本史朗 199810 加筆補訂
　　　：②『唯信抄』について─親鸞思想の研究（二）─※←松本史朗 199903 加筆補訂
200305　：○浄土教の展開（大久保良峻・佐藤弘夫・末木文美士・林淳・松尾剛次［編］『日本仏教 34 の鍵』春秋社）※一遍に言及

松本　富司（※〈神奈川県藤沢市〉善行の歴史を語るつどいの会代表者）
197799　◎善行を探る第 2 集　私と善行（善行の歩みを語るつどい［編］、善行公民館）
　　　※俗にいう「佐竹騒動」による遊行寺衰退に言及

松本彦次郎（※東京文理科大學〈後改稱〉1978/3/31 閉校〉名譽教授。元舊制第六高等學校〈現岡山大學文學部・法學部・經濟學部・理學部〉教授。1880/12/5-1958/1/14）
194004　：○一遍上人繪傳の史料的價値（淺山圓祥［校註］『一遍聖繪六條緣起』山喜房佛書林）

松本　博之（※〈東京都〉板橋区立図書館職員）
200211　：□戦没者供養は敵味方供養で（『朝日新聞』「オピニオン」欄同月 23 日号、同社）※ 2002/10/1-11/24 に国立歴史民俗博物館、特別展「歴博企画展　中世寺院の姿とくらし─密教・禅僧・湯屋─」で「神奈川県藤沢市の遊行寺の「敵御方供養塔」（複製）が展示」と言及。肩書は：「東京都板橋区図書館職員」。→井原今朝男 200401 紹介

松本　寧至（※二松学舎大学名誉教授。元大正大学文学部助教授）
198011　：○『とはずがたり』に見られる時衆の影響─後深草院二条の旅の側面─（大正大学国文学会［編］『迷いと悟り』同会〔文学と仏教第一集〕）

松山　宏（※奈良大学名誉教授。1924-2013）
200211　：：書評　小川信著『中世都市「府中」の展開』（『日本史研究』四八三号、同会）※←小川信 200105 を書評

松山　善昭（※福島県相馬市光善寺〈浄土真宗本願寺派〉住職・教誨師。故人）
196707　：○近世東北における新仏教の伝播と教団形成─曹洞宗と真宗を中心にして─（日本宗教史研究会［編］『組織と伝道』法蔵館〔日本宗教史研究 1〕）※一向派に言及

松山市教育委員会（※愛媛県松山市）
200803　◎道後湯月町遺跡　道後湯之町遺跡　市道道後 42・43 号線道路改良工事に伴う埋蔵文化財発掘調査報告書（松山市生涯学習振興財団埋蔵文化財センター・同委員会［同市文化財調査報告書　第 123 集］）
　　　※周辺の寺院として奥谷宝厳寺に言及、ただし「宝巌寺」と表記

松山市生涯学習振興財団埋蔵文化財センター（※愛媛県松山市・現公益財団法人）
200803　◎道後湯月町遺跡　道後湯之町遺跡　市道道後 42・43 号線道路改良工事に伴う埋蔵文化財発掘調査報告書（同

センター・同市教育委員会〔同市文化財調査報告書　第123集〕）※詳細⇒松山市教育委員会200803

松山市立子規記念博物館（※愛媛県松山市）
199411　◎第30回特別企画展図録「伊予の湯」（同館〔編集〕、同館）
　　　　※一遍、奥谷宝厳寺、『禅師論』に言及。後2者写真あり

的場　麗水
189505　◎京都名所獨案内（的場〔著作〕、的場〔發行〕〈吉野屋〔發賣〕〉）
　　　　※「紫雲山極樂院光勝寺」・「念佛宗」とす）・「錦綾山金蓮寺」・「十住心院」（「眞言宗」とす）・「疊鷲山正法寺」・「金玉山雙林寺」・「東山長樂寺」・「圓山安養寺」・「新善光寺御影堂」・「市中山金光寺」・「金光寺」あり

真野　修（※神戸古代史研究会会員・神戸史学会会員）
199504　：○一遍上人廟所五輪塔とその奉籠孔内の遺物（『歴史と神戸』189号、神戸史学会）

真野　正順（※東京都港区天光院〔浄土宗鎮西派〕住職。元大正大学第12代学長。1892/6/6-1962/12/29）
196611　◎日本人の信仰と生活（法然上人鑚仰会／大道社）※「一遍上人の歌」の章あり

馬淵　和雄（※〈神奈川県鎌倉市・特定非営利活動法人〉鎌倉考古学研究所所員・〈東京都江戸川区・一般社団法人〉日本考古学協会理事）
199703　：○食器からみた鎌倉の都市空間（『国立歴史民俗博物館研究報告』第71集、同館）
200112　：○新鎌倉論―都市鎌倉の成立と展開をめぐって―（「鎌倉学フォーラム2001シンポジウム新たな中世都市・鎌倉像を求めて」2001/12/9 於鎌倉商工会議所ホール要旨）※「2-d『一遍聖絵』にみる「木戸」」の項あり

丸山　理（※神奈川県立湘南高等学校定時制教諭）
199712　：○【九月例会参加記】「一遍上人絵巻の世界」展（『神奈川県地域史研究会会報』第49号、同会）

丸山　静（※元愛知大学文学部教授。1914/7/12-1987/7/2）
198901　◎熊野（せりか書房）※小栗判官に言及

丸山　力
195600　：①新天童の歴史概要※天童佛向寺に言及
　　　　：②ジヤガラモガラの伝説※一向俊聖に言及、「一向上人御旧跡」碑の写真あり
　　　　（以上、天童ペン倶楽部・天童郷土研究会〔編・主催〕『大天童町の歴史と伝説』〔発行元表記なし〕）

丸山　宏（※名城大学農学部教授。元京都大学農学部助手）
199412　◎近代日本公園史の研究（思文閣出版）※円山公園の成立と拡張に言及

丸山　雍成（やすなり）（※西南学院大学文学部教授・九州大学名誉教授）
200011　：山城通　郡山宿　椿之本陣宿帳　元禄九年～明治三年（丸山〔監修〕・梶洸・福留照尚〔編〕、向陽書房）
　　　　※西国街道の郡山宿（現大阪府茨木市）本陣・梶家の元禄九～明治三年（1696-1870）の『御大名様御泊帳』計10冊を年次順に配列、正確に翻刻。元禄十三年（1700）、宝永三・四年（1706・7）、享保元年（1716）、延享五年（1748）、それぞれ郡山に遊行一行が宿泊した記録あり。元禄13年5月6日浅野内匠頭最後の参勤宿泊、片岡源五右衛門の名も見える。「ネーム」をもつ単色口絵にも、「遊行上人」の宿泊の記載がみゆ
　　　　：①推薦のことば※「遊行上人その他の寺院僧侶、囚人などの宿泊もみられる」とす

丸山　竜平（※名古屋女子大学名誉教授。元滋賀県教育委員会文化財保護課埋蔵文化財技師）
199609　：○近江国坂田郡天野川流域における境目の城と鎌刃城の歴史的位置（1）―その考古学的検討―（東海学園女子短期大学紀要委員会〔編集〕『紀要』第31号、同大学）※番場蓮華寺に言及

三井田忠明（※新潟産業大学経済学部非常勤講師。元〈新潟県〉柏崎市立博物館館長）
199010　：①専称寺牡丹文彫髹漆前机
　　　　：②専称寺竹双雀文蒔絵文台・硯筥
　　　　：③阿弥衣（以上『第16回特別展図録　柏崎市の文化財とその周辺』柏崎市立博物館）
　　　　※解説。1990/10/9-11/4 於同館、特別展図録

三浦　章夫（※愛媛県松山市西林寺〔真言宗豊山派〕住職。元東京大学史料編纂所助手。故人）
196206　◎愛媛の仏教史（松菊堂〔愛媛郷土叢書第18巻〕）※一遍と奥谷宝厳寺に言及

三浦　勝男（※神奈川県文化財協会理事。元〈同県鎌倉市・市立〉鎌倉国宝館館長）
199010　：○紙本墨書　陸波羅南北過去帳（写）　一巻　滋賀県　蓮華寺蔵（『神奈川県博物館協会設立三十五周年記念　鎌倉幕府開府八百年記念―鎌倉の秘宝展』〔発行元表記なし〕）
　　　　※1990/10/10-30 於横浜髙島屋ギャラリー（8階）、特別展図録のカラー図版解説
200211　◎鎌倉なるほど事典（三浦〔監修〕、楠本勝治〔著〕、実業之日本社）※詳細⇒楠本勝治200211

三浦　圭一（※立命館大学文学部教授。元四天王寺女子大学〔現四天王寺大学〕文学部助教授。1929/4/21-1988/8/1）
197702　：○北摂地方の戦乱（高槻市史編さん委員会〔編集〕『高槻市史』第1巻〔本編Ⅰ〕、同市役所）
　　　　※『陸波羅南北過去帳』に載る真上直政を正しくは政房と指摘

三浦　公正（良阿　公正）（※横浜浄光寺第6世住職）
200001　：○慈悲ということ（『遊行』第130号、時宗宗務所布教伝道研究会）※「良阿公正」名義

200503 ：○安心(あんじん)を求める　それがお彼岸です（『遊行』第151号、時宗宗務所布教伝道研究所）
　　　　※カラー写真：横浜市浄光寺本堂向拝
200509 ：○白黒との決別（『遊行』第153号、時宗宗務所布教伝道研究所）※肩書き：「時宗布教伝道研究所所長」
200601 ：○仏教常識Q＆A　慈悲と愛の違いは？（『遊行』第154号、時宗宗務所布教伝道研究所）
　　　　※単色写真ネーム：「阿弥陀様は慈悲の仏様（遊行寺のご本尊）」

みうらじゅん（※イラストレイター。本名：三浦純）
201105 ：○見仏記　ぶらり旅篇7（『本の旅人』2011年5月号（通巻187号）、角川書店）
　　　　※「リアルな救いのために」の項で京都・長楽寺をとりあげ、一遍・太空・尊明像に言及し、一遍・他阿呑海のイラストを掲載。続く「初々しい喜びにあふれ」の項でも誓願寺と一遍に言及。いとうせいこう［文］・みうら［え］。→みうらじゅん201110→みうらじゅん201208
201110 ◎見仏記6「ぶらり旅篇」（いとうせいこう［文］・みうら［え］、角川書店）
　　　　：①京都　知恩院・長楽寺・誓願寺※←みうらじゅん201105．→みうらじゅん201208
201208 ◎見仏記6「ぶらり旅篇」（いとうせいこう［文］・みうら［え］、角川書店［角川文庫17531］）
　　　　：①京都　知恩院・長楽寺・誓願寺※←みうらじゅん201110←みうらじゅん201105

三浦　俊明（※関西学院大学名誉教授）
197209 ：○南関東地方における寺院の名目金貸付について―遊行寺の場合―（神奈川県史編集委員会［編］『神奈川県史研究』第十七号、同県県民部県史編集室）
197411 ：○祠堂金と遊行寺（藤沢市史編さん委員会［編］『藤沢市史』第五巻通史編近世編、同市）
198003 ：○近世寺社名目金貸付の廃止と出資金処分―遊行寺祠堂金の場合を中心として―（永島福太郎［編集］『関西学院創立九十周年文学部記念論文集』関西学院大学文学部）※→三浦俊明198302①
198005 ◎東海道藤沢宿（名著出版［藤沢文庫4］）※藤沢遊行寺に言及
198302 ◎近世寺社名目金の史的研究－近世庶民金融市場の展開と世直し騒動－（吉川弘文館）
　　　　：①近世寺社名目金貸付の廃止と出資金処分―遊行寺祠堂金の場合を中心として―←三浦俊明198003

三浦　正幸（※広島大学文学部教授）
201303 ：○尾道の古建築は日本一（三浦［監修］、尾道ユネスコ協会）※尾道西郷寺・常称寺をとりあぐ

三浦　諒泱（※時宗教学研究所研究員・横浜浄光寺副住職。三浦公正令息）
201303 ：○旅と僧～旅する僧の登場と時衆における変化～（『時宗教学年報』第四十一輯、時宗教学研究所）

三枝　暁子（※立命館大学文学部准教授）
200003A ：○『一遍聖絵』成立の背景（『遥かなる中世』No. 18、東京大学中世史研究会）
　　　　※→井上聡200007①・西井友広200402文献案内
200003B ：○書評―武田佐知子編『一遍聖絵を読み解く―動き出す静止画像―』『古文書研究』第五十一号、日本古文書学会（吉川弘文館［発売］）※←武田佐知子199901を書評
200101 ：○南北朝期における山門・祇園社の本末関係と京都支配（史学会［編集］『史学雑誌』第110編第1号、山川出版社）※トレースした祇園社領四至略図中に東山長楽寺・雙林寺みゆ。→三枝暁子201109①
200105 ：○書評と紹介　今井雅晴著『一遍と中世の時衆』（日本歴史学会［編集］『日本歴史』第六百三十六号、吉川弘文館）※←今井雅晴200003を書評と紹介
201109 ◎比叡山と室町幕府　寺社と武家の京都支配（東京大学出版会）
　　　　：①山門・祇園社の本末関係と京都支配
　　　　※「第一部　南北朝期の山門・祇園社と室町幕府」の第一章。←三枝暁子200101改題

三木　洋（※〈神奈川県藤沢市〉三木歯科医院院長・歯科医。元同市歯科医師会第8代会長。故人）
198702 ：○遊行上人と義歯並びに砂糖に就いて（『時宗教学年報』第十五輯、時宗教学研究所）

三栗　章夫（※〈京都市下京区・浄土真宗本願寺派本山本願寺内〉同派総合研究所上級研究員）
199210 ：○聖跡をあるく⑥近畿篇・京都その二（『大乗』第509号、同刊行会）※円山安養寺に言及

三島市郷土資料館（※静岡県三島市）
200103 ：○三島宿～いにしえの宿場の賑わいを求めて～（同館［編集］、同館）※2001/3/18-5/27於同館、特別展示図録。光安寺門前単色写真と、同寺鼻取地蔵伝説に関する住職桑畑和善談話掲載

三島市誌編纂委員会（※静岡県三島市）
195804 ◎三島市誌（同委員会［編纂］、上巻）
195905 ◎三島市誌（同委員会［編纂］、下巻）

三嶋大社（※静岡県三島市）
199804 ○図録三嶋大社宝物館（同社）※『聖絵』巻六

水上(みずかみ)甲子三（※立川短期大学教授。1924-1975）
195012 ：○梵灯庵主伝記小考（日本文学懇話会［編］『日本文学教室』第5号、蒼明社）※梵灯庵（1349-？）は連歌師

水上　一久（※金沢大学文学部教授。1912-1962）
195607 ：阿彌陀佛號についての一考察（上）（国学院大学出版部［編輯］『国学院雑誌』第五十七巻第四号（昭和三十一年七月号）、同部）※ p70-92
195706 ：阿彌陀佛號についての一考察（下）（西角井正慶［編輯］『国学院雑誌』第五十八巻第二号、国学院大学出版部）※ p53-69

水口　淳（※〈静岡県〉沼津市議会議員〈自由民主党公認〉・戸田史談会会長）
200104 ：三島地方に伝わる尊観伝説考（『地方史静岡』29＝休刊号、同刊行会）
※←土屋寿山・稲木久雄 198912 の「時宗高源山西福寺」項・柴田寿彦 199312 の「時宗南長山光安寺」項等を参考にしている。両者は『西福寺由緒』に依拠する三島市史編纂委員会 195804・195905 等を参考にしている。同由緒は禰冝田修然・高野修 198910 に引用されているが、註では「禰冝寺修然ほか編　松香寺発行」と表記

水島　真之（※時宗法主候補者・品川長徳寺第 40 世住職。元時宗宗務長・総本山執事長。水島随順令息。故人）
198012 ◎時宗総本山遊行寺宝物館図録（遊行寺宝物館）

水島　隨順（※遊行 69 代・藤沢 52 世他阿一蔵。1875-1946/5/6）
193206 ：時宗の教理（『宇宙』第七巻第六号、同社）

水　書　坊（※東京都大田区・株式会社）
197908 ⊙ナームNo.84（第 8 巻 8 号）「特集／一遍」（水書坊）
：○紀野　一義・僧　多聞：一遍を開く―対談―
：○大橋　俊雄：一遍の念仏
：○栗田　勇：一遍について
：○今成　元昭：聖の系譜
：○坂村　真民：わが一遍上人
：①無　署　名：一遍にまつわるエピソード※難波淳郎［イラスト］
：②無　署　名：一遍ゆかりの土地と社寺（イラストマップ）
198006 ◎8 人の祖師たち　最澄・空海・栄西・法然・親鸞・道元・日蓮・一遍（同社［編］、同社［ナムブック］）
※「一遍（時宗）」の章あり

水野敬三郎（※新潟県立近代美術館館長・東京藝術大学名誉教授）
196410 ：①鎌倉・室町時代の関東彫刻※「五　木造以外の彫刻」の項に表「一　善光寺式在銘像」に大蔵向徳寺、東京国立博物館（黒羽新善光寺蔵）、神奈川県横浜市港南区千手院（真言宗大覚寺派別格本山）（高擶石佛寺旧蔵）、千葉県安房郡天津小湊町（現鴨川市）清澄寺（日蓮宗大本山）（石佛寺旧蔵）、伊王野専称寺、大竹円光寺の各蔵品あり。表「二　善光寺式無銘像」に桐生青蓮寺、板鼻閑名寺（野殿念称寺旧蔵）の各蔵品あり。本文でも向徳寺、東京国立博物館、千手院、清澄寺、専称寺、円光寺、各蔵品言及。東京国立博物館蔵品は銘文飜刻を掲載。
単色写真ネーム：「8　東京国立博物館・阿弥陀三尊像」
：②阿弥陀如来及両脇侍像※「図版及解説」での項目執筆。大蔵向徳寺本尊の解説と単色写真
：③阿弥陀如来立像※「図版及解説」での項目執筆。神奈川県横浜市港南区千手院（真言宗大覚寺派別格本山）本尊（高擶石佛寺旧蔵）像の解説と単色写真（以上、久野健［編］『関東彫刻の研究』學生社）
200505 ：○編集後記（佛教藝術學會［編集］『佛教藝術』280、毎日新聞社）※同誌所収薄井和男 200505 を解説
200609 ◎新潟の仏像展（水野・長嶋圭哉・松矢国憲［編集］、同展実行委員会）
※ 2006/9/30-11/12 於新潟県立近代美術館、中越大震災復興祈念特別展図録
：①水野敬一郎：総説　新潟の仏像（古代・中世）※真野大願寺の阿弥陀如来像、三条乗蓮寺・加茂西光寺の来迎形の阿弥陀如来立像に言及し、巻末の資料「県内主要彫刻作品一覧」に各単色写真掲載。高田称念寺の一鎮上人像に言及し、国府津蓮台寺の二祖他阿真教寿像にふれ、佛教藝術學會 198907 から転載した単色写真：「一鎮上人坐像　長楽寺」。肩書きは：「新潟県立近代美術館館長」
：○長嶋　圭哉：肖像・仮面
：○松田誠一郎：一鎮上人椅像

水野　僚子（※日本女子大学人間社会学部准教授。元大分県立芸術文化短期大学准教授。本名：近藤僚子）
199810 ：○制作背景に関する一考察（『美術史』第 145 冊［48 巻 1 号］、同学会）
※ 1998/5/29 於早稲田大学、同学会 51 回全国大会発表要旨。→水野僚子 200203
200203 ：○『一遍聖絵』の制作背景に関する一考察（『美術史』第 152 冊［51 巻 2 号］、同学会）
※ 1998/1 学習院大学に提出した修士論文の一部に基づき、同年 5/29 於早稲田大学、同学会第 51 回全国大会報告を加筆修正し成稿。←水野僚子 199810 改題・再編。→加須屋誠 200305 紹介
200603 ：○『一遍聖絵』における物語と視覚表象（物語研究会［編］『物語研究』第 6 号、同会）
※→大野順子 200812 紹介

三隅　治雄（※実践女子大学名誉教授。元〈東京都足立区・財団法人〉民族芸術交流財団〈2010/1/14 解散〉理事長、元東京国立文化財研究所〈現東京文化財研究所〉芸能部部長）

196409	◎民俗の芸能（河出書房新社〔日本の民俗8〕）
197011	：民俗と芸術のあいだ（藝能史研究會〔編〕『舞踊―近世の歌と踊り―』平凡社〔日本の古典芸能第六巻〕）
197909	：一遍ゆかりの踊念仏―信州跡部をたずねて―（『新修日本絵巻物全集〔第23巻遊行上人縁起繪〕月報』26、角川書店）
199304	：遊行人（国史大辞典編集委員会〔編集〕『国史大辞典』第十四巻、吉川弘文館）※項目執筆。→三隅治雄 199911
199911	：遊行人（今泉淑夫〔編集〕『日本仏教史辞典』吉川弘文館） ※項目執筆。『国史大辞典』の当該項目を加筆・訂正し再録。←三隅治雄 199304

三角　洋一（※大正大学文学部特命教授・東京大学名誉教授）

| 200002 | ○それぞれの東海道（浅見和彦〔責任編集〕『徒然草　方丈記　歎異抄…』朝日新聞社〔週刊朝日百科「世界の文学」〈日本Ⅱ〉9巻81号〔2001年2月11日号〕〕）
※カラー図版：「女の旅姿」『一遍上人絵伝』三島明神前 |

三田　全信（※佛教大学名誉教授・京都市北区光念寺〔浄土宗鎮西派〕住職。1903/3/6-1982/4/26）

| 196909 | ：百万遍念仏の起源と変遷（『仏大人文学論集』第三号、仏教大学） |
| 196912 | ：百万遍念仏について（日本印度學佛教學會〔編集〕『印度學佛教學研究』第十八巻第一號〔通巻第35号〕、同會） |

三谷　和夫（※我孫子の文化を守る会名誉会長。元東京都立向島工業高等学校校長）

| 200303 | ◎自然と共に生きる　ある化学教師の〝人生の自由研究〟（文芸社）
※アララギ歌人として白金松秀寺辻村柔善・直父子や布施善照寺川本進善ら近代時宗僧が登場 |

三谷　一馬（※日本画家・江戸風俗研究家・〈東京都千代田区・現公益社団法人〉日本文藝家協会会員。1912/3/16-2005/6/15）

| 198605 | ◎定本　江戸商売図絵（立風書房）※→三谷一馬 199501 |
| 199501 | ◎江戸商売図絵（中央公論社〔中公文庫・み 27-2〕）
※「扇屋」の項で「江戸の扇屋は、看板や暖簾に御影堂と書いてあります。御影堂は京都で名物だった扇屋で、江戸はその名を受け伝えただけです」とあり。←三谷一馬 198605 |

みちのく民芸企画（※岩手県北上市・有限会社）

| 200303 | ◎いわてのお寺さん　北上・花巻とその周辺（同企画〔編集〕、テレビ岩手）
※「寺院の歴史」に「聖塚の発見と一遍ゆかりの寺院」「稗貫氏と家臣ゆかりの中世寺院」「南部氏と家臣ゆかりの近世寺院」の項、「寺院の紹介」に「成澤寺」「光林寺」「常樂寺」の項、「寺院に伝わる伝説・文芸」に光林寺の俵石の項、「寺院が守る芸能・人材」に踊り念仏の項あり、光林寺の杉・仏像・古文書・勅額にも言及 |

三井　義覚（※寺林光林寺第31世住職。元〈岩手県花巻市・社会福祉法人〉光林会初代理事長）

200003	：あゆみ（『遊行』第131号、時宗宗務所布教伝道研究所）※住職在任五十年記念巻頭言。カラー近影付
200707	：足下位転進を新たに（『遊行』第160号、時宗宗務所布教伝道研究所）※カラー近影付
201404	◎林長山蓮華光院光林寺縁起（三井〔編集〕、三井私家版）

光井　渉（※東京藝術大学美術学部教授。元神戸芸術工科大学芸術工学部〔現デザイン学部〕助教授）

| 201005 | ◎都市と寺社境内―江戸の三大寺院を中心に（光井〔執筆・写真撮影〕、至文堂〔日本の美術№528〕）※本文中の「城下町の寺社境内」の「寺社境内の類型」「寺町型」の「尼崎寺町の構成」図に時宗善通寺が載る |

三井記念美術館（三井文庫　三井記念美術館）（※東京都中央区・現公益財団法人三井文庫）

| 200707 | ◎美術の遊びとこころ『旅』―美術のなかに旅を見る―（同館〔編集〕、同館）
※2007/7/14-9/30（前期 7/14-8/19・後期 8/23-9/30）於同館、同企画展図録。副題：「国宝〝一遍聖絵〟から参詣図・名所絵、西行・芭蕉の旅まで」。清水実（主任学芸員兼学芸課長）〔概説・図版解説〕。「Ⅰ　霊場と名所への旅」にカラー図版ネーム：「国宝　一遍聖絵　聖戒編　法眼円伊筆　鎌倉時代・正安元年（1299）　清浄光寺蔵」の「第二巻　伊予国菅生の岩屋」「第二巻　伊予国出立」「第二巻　聖戒との別れ」「第二巻　四天王寺に参籠し念仏を勧める」「第二巻　四天王寺西門前」「第六巻　片瀬の館の御堂にて念仏法問」「第六巻　三島社の鳥居と神池」「第六巻　富士の霊峰」「第六巻　鰺坂入道の富士川入水往生」。「三井文庫　三井記念美術館」名義 |
| 201107 | ◎特別展　日本美術に見る橋ものがたり―天橋立から日本橋まで―（同館）
※2011/7/9-9/4 於同館、日本橋架橋百年記念特別展図録。カラー図版ネーム：「神奈川県指定文化財　二河白道図　南北朝時代・14世紀　神奈川・清浄光寺（遊行寺）所蔵）」「東海道五十三次之内〝藤沢〟〔遊行寺〕（保永堂版）　広重画　江戸時代・19世紀　大坂・和泉市久保惣記念美術館所蔵」「東海道五十三次〝藤沢〟（狂歌入東海道）　広重画　江戸時代・19世紀　神奈川県立歴史博物館所蔵」「名古屋市指定文化財　裁断橋擬宝珠　江戸時代・元和9年（1623）　名古屋市博物館所蔵」「尾張名所図会　前編四〝裁断橋〟江戸時代・19世紀　名古屋市博物館所蔵」（「姥堂」の記載あり）。同館学芸部長清水実〔作品解説〕 |

翠川　宣子（※元〈神奈川県横浜市〉泉区歴史の会第3代会長）

| 200005 | ：六波羅探題北条仲時以下四三二人の墓（『郷土いずみ』第6号、泉区歴史の会）※当時会長は大橋俊雄 |
| 200205 | ：○「こころの時代」を生きた　大橋俊雄前会長を悼んで（『郷土いずみ』第8号、泉区歴史の会） |

水上　　勉（※作家）
197710　：○漂泊者への思慕こもる労作（『波』第 11 巻第 10 号（通巻第 93 号）、新潮社）※→水上勉 200010
200010　：○漂泊者への思慕こもる労作（栗田勇［著］『一遍上人―旅の思索者―』新潮社〔新潮文庫・く-22-1〕）
　　　　　※解説。←水上勉 197710
南足柄市（※神奈川県南足柄市）
199903　◎南足柄市史 6 通史編 1（自然・原始・古代・中世・近世）（同市［編集］、同市）
　　　　　※「近世編」「第一章　小田原藩と村むらの成立」「第五節　宗門改めと寺院」に「関本村龍福寺」、「第三章　街道と矢倉沢関所」「第一節　「支配の道」、特権通行とその対応」に「遊行上人の通行」、「第五章　たくましい農民の暮らしと信仰」「第二節　寺社と修験者・生き仏を求めて」に「遊行上人」の項あり。ほかの箇所で義民下田隼人の墓が関本龍福寺にあると言及、念仏札図版もあり
南河内町史編さん委員会（※栃木県河内郡南河内町〈現下野市〉）
199803　◎南河内町史　通史編第九巻古代・中世（同委員会［編］、同町）
　　　　　※写真：番場蓮華寺・大町別願寺・堀米一向寺板碑、図版：『聖絵』福岡の市
源　　豊宗（※元帝塚山学院大学文学部（現リベラルアーツ学部）教授、元関西学院大学文学部教授。1895/10/7-2001/1/17）
196309　：○真光寺本遊行縁起絵巻の作風（『美学研究』第二号、美学談話会）
源　　了圓（※東北大学名誉教授。元国際基督教大学教養学部教授）
199206　：○播州法語集（大倉精神文化研究所［編］『新版日本思想史文献解題』角川書店）※項目執筆
峰岸　純夫（※東京都立大学〈2011/3/31 閉校〉名誉教授。元中央大学文学部教授、元群馬県立歴史博物館長）
199509　：○中世東国の浄土信仰―百万遍念仏、善光寺阿弥陀三尊信仰などをてがかりに―（地方史研究協議会［編］『宗教・民衆・伝統―社会の歴史的構造と変容』雄山閣）
200101　：①一遍
　　　　　：②鎌倉文化※「仏教と神道」の節の図版：「念仏踊り」のネームに「遊行上人縁起絵」とあり。ただし本文・索引ともに「遊行上人縁起絵」なし（以上『日本史事典』朝倉書店）※項目執筆
峯崎　賢亮（※長谷一向寺第 36 世住職・内科医。元佐野厚生総合病院循環器内科医師。峯崎泰亮令息）
200307　◎四十歳からの南無阿弥陀佛　内科医から見た念仏（文芸社）※序章に、一向上人・一向宗・時宗一向派・「本山（滋賀県番場町にある蓮華寺）」が出る。→時宗宗務所布教伝道研究所 200309 紹介
200403　：○業に関する考察（『時宗教学年報』第三十二輯、時宗教学研究所）※一向俊聖「四句偈文」注解
200503　：○業に関する考察　その二（『時宗教学年報』第三十三輯、時宗教学研究所）
200603　：○一向に関する考察（『時宗教学年報』第三十四輯、時宗教学研究所）
200703　：○時宗一向派第四十五世同阿一向上人行状和讚について（『時宗教学年報』第三十五輯、時宗教学研究所）
　　　　　※番場蓮華寺第 45 世住職同阿同上人の峯崎成純は筆者高祖父。肩書きは「古河一向寺副住職・内科医師、医学博士」
200803　：○『一遍聖絵』にみる死を覚悟した人達（『時宗教学年報』第三十六輯、時宗教学研究所）
　　　　　※肩書きは「時宗教学研究所研究員・古河一向寺住職」
200903　：○宗祖の言葉「我化導は一期ばかりぞ」に関する考察（『時宗教学年報』第三十七輯、時宗教学研究所）
　　　　　※肩書きは「時宗教学研究所研究員・古河一向寺住職」
201002　：□存在は時であり、仏もまた時であるということ―「時」の集合体たる私―（『中外日報』同月 2 日号、同社）
201003　：○当体の一念における存在と時間の問題―十一不二頌を改めて考える―（『時宗教学年報』第三十八輯、時宗教学研究所）※肩書きは「時宗教学研究所研究員・古河一向寺住職」
201103　：○存在も仏も時であるということ―存在を表す「時」の関数 f（t）は死という究極点で零に収束する―（『時宗教学年報』第三十九輯、時宗教学研究所）※肩書きは「時宗教学研究所研究員・古河一向寺住職」
201203　：○仏が時であるということ（『時宗教学年報』第四十輯、時宗教学研究所）
　　　　　※肩書きは「時宗教学研究所研究員・茨城県古河市一向寺住職」
201205　：□再論・仏が「時」であるということ（『中外日報』同月 8 日号、同社）
201303　：○一向俊聖の念仏観に関する考察―一遍一向両祖の臨終の迎え方の差は何を意味するのか―（『時宗教学年報』第四十一輯、時宗教学研究所）※肩書きは「時宗教学研究所研究員・茨城県古河市一向寺住職」
201403　：○存在と時の問題―実と虚、表と裏についての考察―（『時宗教学年報』第四十二輯、時宗教学研究所）
201503　：○時宗二祖他阿弥陀仏真教上人撰―往生浄土和讚現代語訳―（『時宗教学年報』第四十三輯、時宗教学研究所）
峰崎　孝純（※古河西光寺〈当時時宗一向派・現浄土宗鎮西派〉住職・長谷一向寺兼務住職。1926/4/27 歿）
191408　：◎一向上人法語集附一向上人略傳（峰崎私家版）※和本
峯崎　泰亮（※元長谷一向寺第 35 世住職、元時宗宗会議長）
200109　：○ありがとうございました（『遊行』第 137 号、時宗宗務所布教伝道研究所）
　　　　　※食座建設委員長。含、「食堂落慶式祝辞」。単色近影付
200701　：○冥加に深謝（『遊行』第 158 号、時宗宗務所布教伝道研究所）※カラー近影付。肩書き：「足下」

峰島　旭雄（※早稲田大学名誉教授・東京都港区廣度院〈浄土宗鎮西派〉住職。1927-2013/10/16）
201102　◎浄土教の事典—法然・親鸞・一遍の世界—（峰島）[監修]、東京堂出版）

蓑輪　顕量（※東京大学文学部教授・千葉県勝浦市龍蔵寺〈日蓮宗〉修徒。元愛知院大学文学部教授）
200803　：○現代日本仏教の特徴—妻帯の歴史的背景を考える—（『愛知学院大学論叢』文学部紀要第38号、同大学文学会）※「イエズス会士日本通信」や『老松堂日本行録』を援き時衆道場での妻帯に言及

美原町史編纂委員会（※大阪府南河内郡美原町〈現堺市美原区〉）
199109　◎美原町史3「史料編Ⅱ中世」（同委員会［編］、同町）
　　　　※慶長元年（1596）「浄信寺擬宝珠銘」文、国城院臨阿契状、また次郎四郎畠地売券に小寺照林寺の記載あり

宮　次男（※実践女子大学文学部教授。元東京国立文化財研究所〈現東京文化財研究所〉情報資料部長。1928/6/2-1994/2/20）
195907　：○一遍聖絵と円伊（『美術研究』第二百三号、東京国立博物館）※→宮次男 198412
196007　：①圖版解説※→宮次男 197509 ②
　　　　：②一遍聖繪研究文献目録　附一遍上人繪傳→宮次男 197509 ③。宮［編］
　　　　：③一遍聖繪の寸法表※→宮次男 197509 ④。宮［測定］
　　　　：④英文解説※→宮次男 197509 ⑤
　　　　（以上、角川書店編集部［編集］『一遍聖繪』同書店〔日本繪巻物全集第10巻〕）
196612　：○一遍聖絵の錯簡と御影堂本について（東京国立文化財研究所美術部・美術研究部［編］『美術研究』第二百四十四号、同所）
196803　：○井田の法談——一遍上人絵伝断簡—（『古美術』第二十一号、宝雲舎）
196809　：①遊行上人縁起繪の成立と諸本をめぐって※→宮次男 197909A ④
　　　　：②宗俊本遊行上人縁起繪諸本略解→宮次男 197909A ⑤
　　　　：③圖版解説※→宮次男 197909A ⑥。角川源義・宮［共筆］
　　　　：④遊行上人縁起繪研究文献目録※→宮次男 197909A ⑦。宮［編］
　　　　：⑤遊行上人縁起繪寸法表※→宮次男 197909A ⑧。宮［測定］
　　　　：⑥英文解説※→宮次男 197909A ⑨
　　　　（以上、角川書店編集部［編集］『遊行上人縁起繪』同書店〔日本繪巻物全集第23巻〕）
196911　：○大和文華館蔵一遍上人絵伝断簡をめぐって（『大和文華』第五十一号、同館）
197101　◎一遍上人絵伝（至文堂〔日本の美術№56〕）
197509　：①詞書
　　　　：②圖版解説※←宮次男 196007 ①
　　　　：③一遍聖繪研究文献目録　附一遍上人繪傳※←宮次男 196007 ②。宮［編］
　　　　：④一遍聖繪の寸法表※←宮次男 196007 ③。宮［測定］
　　　　：⑤英文解説※←宮次男 196007 ④
　　　　（以上、望月信成［編集擔當］『一遍聖繪』角川書店〔新修　日本繪巻物全集第11巻〕）
197705　：①一遍上人絵伝
　　　　：②遊行上人絵巻展出品解説（以上『遊行上人絵巻展図録』時宗総本山遊行寺宝物館）
197909A　◎遊行上人縁起繪（宮・角川源義［編集擔當］、同書店〔新修　日本繪巻物全集第23巻〕）※詳細⇒角川源義 197909
　　　　：①原色版※図版8葉
　　　　：②グラビア※単色図版80ページ
　　　　：③オフセット　カラー※9葉
　　　　：④遊行上人縁起繪の成立と諸本をめぐって※←宮次男 196809 ①
　　　　：⑤宗俊本遊行上人縁起繪諸本略解※←宮次男 196809 ②
　　　　：⑥圖版解説※←宮次男 196809 ③。角川源義・宮［共筆］
　　　　：⑦遊行上人縁起繪研究文献目録※←宮次男 196809 ④。宮［編］
　　　　：⑧遊行上人縁起繪寸法表※←宮次男 196809 ⑤。宮［測定］
　　　　：⑨英文解説※←宮次男 196809 ⑥
197909B　：○「遊行上人縁起絵」の編集後記に代えて（『新修日本絵巻物全集［第23巻遊行上人縁起繪］月報』26、角川書店）
198006　：①研究文献目録※宮［編］
　　　　：②英文解説
　　　　（以上、高崎富士彦・源豊宗［編集擔當］『直幹申文繪詞　能惠法師繪詞　因幡堂縁起　頬焼阿彌陀縁起　不動利益縁起　誉田宗廟縁起』角川書店〔新修　日本繪巻物全集第30巻〕）※十二所光触寺蔵『頬焼阿弥陀縁起』
198310　：○一遍上人絵伝（国史大辞典編集委員会［編集］『国史大辞典』第一巻、吉川弘文館）
　　　　※項目執筆。菊地勇次郎・宮［共筆］。→宮次男 199911

| 198412 | ：○一遍聖絵と円伊（橘俊道・今井雅晴［編］『一遍上人と時宗』吉川弘文館〔日本仏教宗史論集10〕） |

※←宮次男 195907
198601	：○永福寺蔵遊行上人縁起絵巻（『古美術』第77号、三彩新社）
198807	：○中世を活写する（『国宝への旅』一遍上人絵伝、日本放送出版協会）
199301	：○『一遍聖絵』と『遊行上人縁起絵』（一遍研究会［編］『一遍聖絵と中世の光景』ありな書房）
199504	◎角川絵巻物総覧（梅津次郎［監修］・宮・真保亨・吉田友之［編集］、角川書店）

：①一遍聖絵※単色図版ネーム：「国宝「一遍聖絵」第7巻第3段　東京　東京国立博物館」
：②一遍聖絵　四巻※「奈良　個人蔵」。単色図版ネーム：「重文「一遍聖絵」第2巻　奈良　個人蔵」
：③一遍聖絵　七巻
※「東京　前田育徳会蔵」。単色図版ネーム：「重文「一遍聖絵」第3巻　東京　前田育徳会」
：④遊行上人縁起絵　十巻
※「兵庫　真光寺蔵（宗俊本）」。単色図版ネーム：「重文「遊行上人縁起絵」第1巻　第3段　兵庫　真光寺」
：⑤遊行上人縁起絵　四巻
※「京都　金光寺蔵」。単色図版ネーム：「重文「遊行上人縁起絵」第3巻　第2段　京都　金光寺」
：⑥遊行上人縁起絵　二巻
※「東京　東京国立博物館蔵」。単色図版ネーム：「「遊行上人縁起絵」甲巻　東京　東京国立博物館」
：⑦遊行上人縁起絵　一巻
※「長野　金台寺蔵」。単色図版ネーム：「重文「遊行上人縁起絵」第4段　長野　金台寺」
：⑧遊行上人縁起絵　一幅※「奈良　大和文華館蔵」
：⑨遊行上人縁起絵　一巻「米国　ワシントンDC・サクラー美術館蔵」
：⑩遊行上人縁起絵　一巻「大分　永福寺蔵」
：⑪遊行上人縁起絵　一巻
※「埼玉　遠山記念館蔵」。単色図版ネーム：「重美「遊行上人縁起絵」第3図　埼玉　遠山記念館」
：⑫遊行上人縁起絵　四巻
※「広島　常称寺蔵」。単色図版ネーム：「重文「遊行上人縁起絵」第2巻　第4段　広島　常称寺」
：⑬遊行上人縁起絵　一巻
※「京都　金蓮寺蔵」。単色図版ネーム：「「遊行上人縁起絵」第4段　京都　金蓮寺」
：⑭遊行上人縁起絵　一巻※「神奈川　神奈川県立歴史博物館蔵」。単色図版ネーム：「「遊行上人縁起絵」第1段　神奈川　神奈川県立歴史博物館」。ただし『遊行縁起』のこと
：⑮遊行上人縁起絵　二十巻
※「京都　金蓮寺蔵」。単色図版ネーム：「「遊行上人縁起絵」第2巻　第1段　京都　金蓮寺」
：⑯遊行上人縁起絵　十巻
※「神奈川　清浄光寺蔵」。単色図版ネーム：「「遊行上人縁起絵」第7巻　第5段　神奈川　清浄光寺」
：⑰遊行上人縁起絵　一巻
※「新潟　専称寺蔵」。単色図版ネーム：「「遊行上人縁起絵」第6巻　第1段　新潟　専称寺」
：⑱遊行上人縁起絵　十巻
※「山形　光明寺蔵」。単色図版ネーム：「重文「遊行上人縁起絵」第4巻　第5段　山形　光明寺」

| 199911 | ：○一遍上人絵伝（今泉淑夫［編集］『日本仏教史辞典』吉川弘文館） |

※項目執筆。『国史大辞典』の当該項目を加筆・訂正し再録。菊地勇次郎・宮［共筆］。←宮次男 198310

宮井　善俊（ぜんしゅん）（《千葉県大網白里市・私立》山辺古文化研究所主任研究員）
201103	：○【特別コラム】東日本大震災をめぐる雑感―大災害と歴史家―（民衆宗教史研究会編修委員会［編修］『寺社と民衆』第七輯、民衆宗教史研究会出版局〈岩田書院［発売]〉）※時衆に言及
201203	：○【踏査報告】行基ゆかりの河内七墓と現代の火葬場―大阪府東大阪市―（民衆宗教史研究会編修委員会［編修］『寺社と民衆』第八輯、民衆宗教史研究会出版局〈岩田書院［発売]〉）※時衆に言及
201303	：○【批評】大河ドラマ「平清盛」「八重の桜」雑感―歴史教育と郷土意識―（民衆宗教史研究会編修委員会［編修］『寺社と民衆』第九輯、民衆宗教史研究会出版局〈岩田書院・日本史史料研究会［発売]〉）※時衆に言及
201403	：○【調査報告】風俗産業労働者に対する聴取―逞しき現代の"棄民"―（民衆宗教史研究会編修委員会［編修］『寺社と民衆』第十輯、民衆宗教史研究会出版局〈岩田書院・日本史史料研究会［発売]〉）※時衆に言及
201503	：◇《社会批評》図書館と歴史学研究―利用者の視点から―（1）（民衆宗教史研究会編修委員会［編修］『寺社と民衆』第十一輯、民衆宗教史研究会出版局〈岩田書院・日本史史料研究会［発売]〉）※時衆に言及

宮井　義雄（※宗教史家）
| 199312 | ◎日本宗教史の中の中世的世界（春秋社）※「一遍の神祇思想」の章あり |

宮川　満（※大阪教育大学名誉教授。元羽衣学園短期大学〈2007/1/11閉校〉学長。1917/9/7-2003/2/3）

| 197911 | ：○権門寺社勢力の存続基盤（大阪府史編集専門委員会［編集］『大阪府史』第3巻中世編1、同府）|

※平野大念佛寺（融通念佛宗総本山・大阪市平野区）、佐太来迎寺（浄土宗鎮西派〈佐太本山〉・守口市）、丹南来迎寺（融通念佛宗・松原市）、滝畑光滝寺（融通念佛宗・河内長野市）にわずかに言及

宮城洋一郎（※皇學館大学社会福祉学部教授。元種智院大学仏教学部（現人文学部）教授）
| 199304 | ◎日本仏教救済事業史研究（永田文昌堂）|

三宅　久雄（※奈良大学文学部教授。元宮内庁正倉院事務所長）
| 200408 | ◎鎌倉時代の彫刻　仏と人のあいだ（三宅［編］、至文堂［日本の美術№ 459]）※「湛慶と慶派」の「快慶の弟子　行快」の項に「文暦二年（一二三五）」の滋賀県菅浦阿弥陀寺の三尺来迎阿弥陀如来像」と単色図版あり |

宮坂　宥勝（※長野県岡谷市開光寺〈真言宗醍山派〉長老・名古屋大学名誉教授。元同派管長・京都市東山区智積院〈同派総本山〉第68世化主。1921/5/20-2011/1/11）
| 196408 | ◎假名法語集（宮坂［校注］、岩波書店［日本古典文学大系83]）※『一遍上人語録』の章あり |
| 196606 | ：○金剛三昧院蔵一遍念仏法語について（仏教文学研究会［編］『仏教文学研究』第四集、法蔵館）|

宮崎　圓遵（宮崎　円遵）（※龍谷大学名誉教授・和歌山県有田市光源寺〈浄土真宗本願寺派〉住職。1906/10/10-1983/2/14）
193106	：○初期眞宗における時衆の投影（『龍谷史壇』第八號、龍谷大學史學會）※→宮崎圓遵 198711
193508	：○金澤文庫所蔵播州法語集に就て――一遍上人語録・播州問答集の成立に関する一考察―（『宗學院論輯』第十九、本派本願寺内宗學院）※→宮崎圓遵 195112 ①
195112	◎中世仏教と庶民生活（平楽寺書店）
	：①金沢文庫所蔵播州法語集に就て――一遍上人語録・播州問答集の成立に関する一考察―※←宮崎圓遵 193508
196711	：○初期真宗と一向衆（大原先生古稀記念論文集刊行会［編］『浄土教思想研究』大原先生古稀記念、永田文昌堂）※→宮崎圓遵 197109→宮崎圓遵 198711 ②
196905A	：○初期真宗と時衆（『龍谷大学論集』第三八九・三九〇合併号、龍谷学会）
	※→宮崎圓遵 197109 ②→宮崎圓遵 198711 ③
196905B	◎日本浄土教史の研究（藤島達朗・宮崎［編］、平楽寺書店）
	：①本尊としての六字尊号※→宮崎圓遵 197109 ③
197109	○初期真宗の研究（永田文昌堂）
	：①初期真宗と一向衆※←宮崎圓遵 196711。→宮崎圓遵 198711 ②。
	：②初期真宗と時衆※←宮崎圓遵 196905。→宮崎圓遵 198711 ③
	：③本尊としての六字尊号※←宮崎圓遵 196905 ①
198711	○真宗史の研究（上）（思文閣出版［宮崎圓遵著作集第四巻]）
	：①初期真宗における時衆の投影※←宮崎圓遵 193106
	：②初期真宗と一向衆※←宮崎圓遵 197109 ①←宮崎圓遵 196711
	：③初期真宗と時衆※←宮崎圓遵 197109 ②←宮崎圓遵 196905

宮崎　修多（※成城大学文芸学部教授。元国文学研究資料館研究情報部（現研究部）助手）
| 199607 | ：○名酉燕図録の時代（『文学』第七巻第三号、岩波書店）|

※円山多福庵・双林寺間阿弥・円山正阿弥・円山左阿弥に言及

宮崎十三八（※元〈福島県〉会津若松市役所商工観光部部長。1925-1996）
| 199605 | ◎会津の古寺巡礼（恒文社）※「當麻山東明寺」「金光山照国寺」「諸陵山八葉寺」の項あり |

宮崎　忍勝（※徳島市般若院〈高野山真言宗〉住職。1922-2004）
| 197406 | ◎遍路　その心と歴史（小学館［100万人の創造選書9]）※「第二章　四国霊場の種々相」の5番目（数字なし）に「空也と一遍」（p54-68）、「第三章　生と死と旅」の2番目（同）に「時宗の道場郷照寺」（p74-80）あり |

宮澤　智士（※長岡造形大学名誉教授。元文化庁文化財保護部〈現文化財部〉建造物課長・主任文化財調査官）
| 199611 | ：○庶民住宅　堂と小屋の観点から（小泉和子・黒田日出男・玉井哲雄［編］『絵巻物の建築を読む』東京大学出版会）|

宮島　潤子（※日本石仏協会副会長。2008年歿）
198902	：○跡部の踊り念仏（瀬戸内寂聴・藤井正雄・宮田登［監修］・日本アート・センター［編］『仏教行事歳時記・3月・彼岸』第一法規）
199806	：○江戸期における融通念仏信仰と作仏聖―信州の石碑石仏を中心として―（『宗教民俗研究』第八号、日本宗教民俗研究会）
199810	：○法明上人の遺跡と等順大僧正―善光寺大勧進回国開帳より―（融通念佛宗教学研究所［編集］『法明上人六百五十回御遠忌記念論文集』大念佛寺〈百華苑〉［製作]）
200009	：○近世における関東・信濃の融通念仏（伊藤唯真［監修］・融通念佛宗教学研究所［編集］『融通念仏信仰の歴史と美術―論考編』東京美術）

宮島　新一（※元山形大学教職教育大学院教授、元九州国立博物館設立準備室総主幹兼副館長）
| 199110 | ：○鎌倉・室町時代（辻惟雄［監修］『カラー版　日本美術史』美術出版社）|

　　　　　※「円伊筆歓喜光寺・清浄光寺本 12 巻」に言及。カラー図版：「一遍聖絵第 6 巻第 3 段」片瀬
　200307　：○［書評と紹介］砂川博編『一遍聖絵の総合的研究』（日本歴史学会［編集］『日本歴史』第六百六十二号、吉川弘文館）※←砂川博 200205 を書評と紹介

宮田　誠道（※唐柏清水寺住職。故人）
　195303　⊙ゆかりの里（藤嶺学園宮田誠道）

宮田　芳音
　197602　：○捨聖と二河白道（『時衆あゆみ』＜一遍の念仏＞、中村昌道私家版）

宮武　直樹（※元法政大学工学部専任講師。2014/7/11 歿）
　199611　：○樹木による光と影の空間構成に関する研究―藤沢市遊行寺の参道について―（『民俗建築』第 110 号、日本民俗建築学会）※古川修文・宮武・山田水城［共筆］

宮地　崇邦（※湘南女子高等学校（現湘南学院高等学校）講師。元國學院大學助手、元同大學院生）
　195902　：○因幡堂縁起の成立（高崎正秀［編集者代表］『國學院雜誌』第六十巻一・二号、國學院大學）※ p43-53

宮野　純光（※金沢工業高等専門学校准教授・石川県金沢市養智院〈高野山真言宗〉副住職）
　200603　：○高野山関係文献目録（前編）（『寺社と民衆』第 2 号、民衆宗教史研究会）※含、高野聖関連文献

宮橋　國臣（※元関西大学人権問題研究室委嘱研究員）
　201007　：○関東（東京中心）の部落史調査（『関西大学人権問題研究室室報』第 45 号、同室）
　　　　　※諏訪宿喜藥寺（当麻派）跡地を探訪。肩書は：「委嘱研究員」

宮原　武夫（※元千葉大学教育学部教授、元〈千葉県〉習志野市立習志野高等学校定時制〈2014/3/31 閉課〉教諭）
　199803　：○〈総会記念講演〉私の社会科歴史教育 50 年（『房総史学』第 38 号、千葉県高等学校教育研究会歴史部会）
　　　　　※加藤公明の高校日本史授業実践『一遍聖絵』の備前福岡の市」と、同じくその絵を研究した黒田日出男を紹介

三山　進（※跡見学園女子大学名誉教授。元青山学院大学文学部教授。1929/6/22-2004）
　197605　：○一向俊聖（白井永二［編］『鎌倉事典』東京堂出版）※項目執筆
　199300　：○彫刻　銅造阿弥陀如来立像　一躯（横浜市教育委員会社会教育部文化課［編集］『横浜市指定・登録文化財編　横濱の文化財』第三集、同課）※奥付の刊行年月は「平成五年度発行」とのみ。神奈川県横浜市港南区千手院（真言宗大覚寺派別格本山）本尊（高擶石佛寺旧蔵）解説と翻刻。単色口絵あり
　199505　：○『仏師職慎申傳メ控』と京仏師林如水（『鎌倉』第七八号、同文化研究会）
　199601　：○近世七条仏所の幕府御用をめぐって―新出の史料を中心に―（『鎌倉』第八〇号、同文化研究会）
　　　　　※『御用覺書』。寛永八年（1631）～。本論攷と連動し表紙：「日光東叡山御令旨写／関東御年忌佛次第／同　御尊躰次第／同　二丸并五聖人其外色々／康祐迄調進他記録書貫」

宮松　宏至（※フリージャーナリスト・幸福実現党山梨県副幹事長）
　198706　：○一遍上人の妙薬（『大法輪』昭和六十二年六月号［第 54 巻第 6 号］、大法輪閣）

宮元　啓一（※國學院大學文学部教授。元〈東京都千代田区・株式会社〉春秋社編集部員）
　200112　◎わかる仏教史（春秋社）※「すべてを捨てた一遍の時宗」の項あり

宮本　常一（※武蔵野美術大学名誉教授。1907/8/1-1981/1/30）
　196007　：○庶民の生活（角川書店編集部［編集］『一遍聖繪』同書店〔日本繪卷物全集第 10 巻〕）※→宮本常一 197509
　196508　◎日本の宿（社会思想社）
　197509　：○庶民の生活（望月信成［編集擔當］『一遍聖繪』角川書店〔新修　日本繪卷物全集第 11 巻〕）※←宮本常一 196007

宮本　治人（※漫画家。1930-2008）
　200101　：○遊行上人御巡幸大行列の文書（『歴史玉名』第 43 号、玉名歴史研究会）
　200106　：○遊行上人　肥後御巡行道中日記（『歴史玉名』第 45 号、玉名歴史研究会）

妙法院史研究会
　199011　◎妙法院日次記　七（續群書類従完成會［史料纂集・古記録編 90］）※圓山安養寺一山参賀記事あり
　199112　◎妙法院日次記　八（續群書類従完成會［史料纂集・古記録編 92］）※圓山安養寺一山参賀記事あり
　199212　◎妙法院日次記　九（續群書類従完成會［史料纂集・古記録編 94］）※圓山安養寺一山参賀記事あり
　199312　◎妙法院日次記　十（續群書類従完成會［史料纂集・古記録編 97］）※圓山安養寺一山参賀記事あり
　199412　◎妙法院日次記　十一（續群書類従完成會［史料纂集・古記録編 99］）※圓山安養寺一山参賀記事あり
　199512　◎妙法院日次記　十二（續群書類従完成會［史料纂集・古記録編 103］）※圓山安養寺一山参賀記事あり
　199703　◎妙法院日次記　十三（續群書類従完成會［史料纂集・古記録編 109］）※圓山安養寺一山参賀記事あり
　199802　◎妙法院日次記　十四（續群書類従完成會［史料纂集・古記録編 112］）※圓山安養寺一山参賀記事あり
　199903　◎妙法院日次記　十五（續群書類従完成會［史料纂集・古記録編 119］）※圓山安養寺一山参賀記事あり。寳暦十三年（1763）九月五日条に「時宗金光寺より方丈屋根修理につき瓦の御寄附の願出」「金光寺へ御寄附申達」、同月十一日条に「金光寺へ瓦御寄附を傳奏へ届出」「金光寺院代へ御寄附状相渡」「金光寺への御寄附状」記事あり
　200002　◎妙法院日次記　十六（續群書類従完成會［史料纂集・古記録編 121］）※圓山安養寺一山参賀記事等あり

200102	◎妙法院日次記　十七（續群書類從完成會〔史料纂集・古記録編 125〕）※圓山安養寺一山参賀、「圓山御講」記事頻出。明和七年（1780）二月二十八日条に「七條道場金光寺より御相続御祝獻上」とあり
200203	◎妙法院日次記　十八（續群書類從完成會〔史料纂集・古記録編 129〕）※圓山安養寺一山参賀記事等あり
200304	◎妙法院日次記　十九（續群書類從完成會〔史料纂集・古記録編 134〕）※圓山安養寺一山参賀記事等あり
200408	◎妙法院日次記　二十（續群書類從完成會〔史料纂集・古記録編 139〕）※圓山安養寺一山参賀記事等あり
200602	◎妙法院日次記　二十一（續群書類從完成會〔史料纂集・古記録編 144〕）
	※圓山安養寺一山参賀記事あり。天明八年（1788）正月二十八日条に長樂寺参詣記事あり
200806	◎妙法院日次記　二十二（八木書店〔史料纂集・古記録編 151〕）
	※天明九（＝寛政元）～二年（1789-1790）分。天明九年（1789）に圓山安養寺一山参賀記事等、九月五・六日条に歓喜光寺御成記事、寛政二年（1790）七月二十五日条に四條道場富興記事あり

三好　恭治（※一遍会理事。元〈東京都港区〉カネボウ株式会社（2008/11/11 解散）常務取締役）

200810	：〇江戸期四国の時宗二十寺院（一）『一遍会報』第 326 号、同会
200812	：〇江戸期四国の時宗二十寺院（二）『一遍会報』第 327 号、同会
200902	：〇江戸期四国の時宗二十寺院（三）『一遍会報』第 328 号、同会
200911	：〇江戸期四国の時宗二十寺院（三）『一遍会報』第 333 号、同会
201007	：〇江戸期四国の時宗二十寺院（五）『一遍会報』第 337 号、同会
201111	：〇時宗（時衆）十二派の来歴～奥谷派の定義～『一遍会報』第 345 号、同会
201306	：〇当麻山無量光寺と「麻山集」～もう一つの一遍・遊行上人物語り（『一遍会報』第 355 号、同会）
201308	：〇当麻山無量光寺と『麻山集』（二）～もう一つの一遍・遊行上人物語～（『一遍会報』第 356 号、同会）

三好昭一郎（※〈徳島市・公益社団法人〉徳島地方自治研究事業会・〈徳島県教育会〉藍住町文化協会会長・吉野川推進交流会議連事任委員。元町文財保護審議会会長、元四国学院大学講師、元高校教諭）

|200104|：〇一遍の阿波遊行と踊り念仏の伝統─貞光の盆踊りから鈴木芙蓉盆踊図への脈絡─（小林勝美先生還暦記念論集刊行会［編］『徳島の考古学と地方文化』同会）|
| |※『一遍聖絵』に言及、京都長楽寺蔵「遊行派末寺帳」、『遊行上人縁起絵』にもふれるが、『一遍絵詞伝』とも表記。←時衆の美術と文芸展実行委員会 199511 を本文で引用、大橋俊雄 200007 を註で参照|

三吉　朋十（※元臺灣總督府嘱託。1882/2/10-1982/2/9）

|197207|◎武蔵野の地蔵尊（都内編）（有峰書店）※第六章に「22　乗願寺の日限地蔵」の項あり、位牌堂の地蔵に言及、ついで三段二列六地蔵碑に言及し単色画像あり、飛地境内の北向地蔵に言及。→ 197503 改訂二版|
|197501|◎武蔵野の地蔵尊（埼玉編）（有峰書店）※第一章に「32　常楽寺と河肥氏」「37　浄国寺の六面塔」「38　東明寺の四面塔と夜合戦」「39　十念寺の六面塔」の項あり|

三好　尚子（※〈岡山県〉津山市立北小学校教諭）

198506	：〇一遍聖絵にみる民衆のくらし（『歴史地理教育』第 383 号［1985 年 6 月号］、歴史教育者協議会）
	※肩書きに「岡山県津山市立北小学校」。→三好尚子 199209
199209	：〇〈実践記録・小学校六年〉一遍聖絵にみる民衆のくらし（歴史教育者協議会［編］『歴史地理教育実践選集』第 9 集「日本の歴史　中世 I」、新興出版社）
	※図版ネーム：「一遍聖絵「美作一宮」の場面」「門前の浮浪者、物売り、名主たち（「美作一宮」の部分、以下同様）」「武士と従者」「小名主とその妻」「琵琶法師」。←三好尚子 198506

三好　基之（※元ノートルダム清心女子大学人間生活学部教授、元岡山県立美術館副館長、元同県史編纂室職員）

|199103|：①荘園の商業|
| |：②時宗聖の来訪（以上、岡山県史編纂委員会［編］『岡山県史』5 巻中世 II、同県）※福岡の市に言及|

三好　義三（※〈大阪府〉阪南市教育委員会生涯学習部生涯学習推進課職員）

|200305|：〇通法寺跡（坂詰秀一［編］『仏教考古学事典』雄山閣）※ただし時衆時代にふれず|

民衆宗教史研究会（※〈栃木県栃木市・國學院大學栃木短期大学歴史研究所〉～東京都板東区、武蔵野大学仏教文化研究所内～千葉市稲毛区、千葉経済大学経済学部菅根幸裕研究室内、旧財東文化財を公開する会）

200503	⦿寺社と民衆創刊号（同会）※ B 5 判・年刊。会名と誌名は小野澤眞発案。以下、時宗関係以外の論攷は除外
	：〇小野澤　眞：【巻頭口絵】宇都宮一向寺銅造阿弥陀如来坐像・附解説
	：〇伊藤　宏之：「莽光寺時供養板碑」について
	：〇古賀　克彦：【研究ノート】時衆四条道場金蓮寺歴代浄阿の上人号について
	：〇小野澤　眞：【彙報】【会告】【編集後記】等
200603	⦿寺社と民衆第 2 号（同会）
	：〇小野澤　眞：【巻頭口絵】番場蓮華寺梵鐘・附解説
	：〇矢崎佐和子：『一遍聖絵』と『遊行上人縁起絵』の国語学的研究─助動詞「き」「けり」をめぐって─
	：〇古賀　克彦：【史料紹介】近世公家日記に見る番場蓮華寺─翻刻史料を中心として
	：〇小野澤　眞：【彙報】【会告】【編集後記】等
	：〇宮野　純光：高野山関係文献目録（前編）

200703	◉寺社と民衆第3号（同会）
	：○小野澤　眞：【彙報】【会告】【編集後記】等
200803	◉寺社と民衆第4号（同会）
	：○小野澤　眞：【研究ノート】「時衆」再考―林譲氏の近論を承けて―
	：○小野澤　眞：【彙報】【会告】【編集後記】等
200903	◉寺社と民衆第5特別号―特集・中世の律衆と時衆と―（同会〈岩田書院［発売］〉）
	：○小野澤　眞：【巻頭口絵・解説】埼玉県川口市所在名号板碑断片
	：○常磐井慈裕：【特別寄稿】民衆史の中の善光寺
	：○秋月　俊也：遊行僧と竜神（一）
	：○大塚　紀弘：中世律家の地方展開（一）―失われた律院を訪ねて（一）―
	：○細川　武稔：洛陽三十三所観音に関する調査報告（一）
	：○矢崎佐和子：『遊行上人縁起絵』における助動詞「き」
	：○渡邊　浩史：一遍と賦算・聖地―文永十一年の四天王寺・高野山・熊野―
	：○渡邉昌佐樹：【コラム】当麻無量光寺
	：○小野澤　眞：【彙報】【会告】【編集後記】等
201003	◎寺社と民衆第六輯―特集・金井清光氏追悼―（同会編修委員会［編修］、同会出版局〈岩田書院［発売］〉）
	：○小野澤　眞：【巻頭言】金井清光氏を偲ぶ―追悼特集にあたって―
	：○大塚　紀弘：重源の不断念仏と「時衆」
	：○保坂　健次：【研究ノート】一遍上人五十二代・霊随上人の六字名号塔について
	：○矢崎佐和子：熊野神託再考―『一遍聖絵』巻第三・聖戒宛の「たより」を読み直す
	：○佐藤　亜聖：【資料紹介】京都東山・長寿庵左阿彌所在五輪塔について
	：○秋月　俊也：【書評】其阿弥覚『謎のごあみ』
	：○小野澤　眞：【彙報】【会告】【編集後記】等
201103	◎寺社と民衆第七輯（同会編修委員会［編修］、同会出版局〈岩田書院［発売］〉）
	：○小野澤　眞：『西大寺末寺帳』寺院比定試案
	：○細川　武稔：洛陽三十三所観音に関する調査報告（二）
	：○秋月　俊也：遊行僧と竜神（二）
	：○小野澤　眞：【彙報】【会告】【編集後記】等
	：○宮井　善俊：東日本大震災をめぐる雑感―大災害と歴史家―
201203	◎寺社と民衆第八輯（同会編修委員会［編修］、同会出版局〈岩田書院［発売］〉）
	：○七海　雅人：【現地報告】東日本大震災宮城県沿岸部板碑の被災状況―松島町雄島、東松島市、石巻市多福院・海蔵庵―
	：○上原　雅文：『一遍聖絵』に描かれた一遍と神々―「仏法を求める垂迹神」をめぐって―
	：○秋月　俊也：【書評】家田足穂『「捨てる」という霊性―聖フランシスコと一遍上人―』
	：○小野澤　眞：【紹介】由谷裕哉編著『郷土再考　新たな郷土研究を目指して』
	：○小野澤　眞：【彙報】【会告】【編集後記】等
	：○宮井　善俊：【踏査報告】行基ゆかりの河内七墓と現代の火葬場―大阪府東大阪市―
201303	◎寺社と民衆第九輯（同会編修委員会［編修］、同会出版局〈岩田書院・日本史史料研究会［発売］〉）
	：○小野澤　眞：【コラム】時宗寺院本尊考
	：○大藪　海：北畠氏の神三郡進出―『宏徳寺旧記』収載文書への検討を通じて―
	：○古賀　克彦：【史料紹介】「近侍者記録」に見る天保年間の番場・天童関係記事　付・天明元年の市屋金光寺関係記事と新女院使来山記事
	：○小野澤　眞：【資料紹介】時宗寺院文化財調査概報（その一）
	：○阿部　憂紀：【書評】金益見『性愛空間の文化史』
	：○小野澤　眞：【図書館紹介①】東京都立中央図書館
	：○小野澤　眞：【彙報】【会告】【編修後記】等
	：○宮井　善俊：【批評】大河ドラマ「平清盛」「八重の桜」雑感―歴史教育と郷土意識―
201403	◎寺社と民衆第十輯―平松令三博士追悼・常磐井慈裕顧問真宗高田派法主就任記念―（同会編修委員会［編修］、同会出版局〈岩田書院・日本史史料研究会［発売］〉）
	：○常磐井慈裕：【特別寄稿】日本中世仏教の基層と時衆
	：○湯谷　祐三：【研究ノート】雲華釈大含信慶講師（雲華上人）年譜稿
	：○小野澤　眞：【研究ノート】僧侶妻帯・世襲考―時宗寺院文化財調査報告概報（その二）をかねて―
	：○古賀　克彦：【史料紹介】「近侍者記録」に見る霊山正法寺遊行支配関係記事

	：○阿部　憂紀：【コラム】美濃西光寺史寸描―地方時宗史の一齣―①
	：○古賀　克彦：【史料紹介】『園城寺記録』に見る遊行三十三代満悟記事
	：○阿部　憂紀：【コラム】美濃西光寺史寸描―地方時宗史の一齣―②
	：○小野澤　眞：【コラム】美濃西光寺史寸描―地方時宗史の一齣―②《編修委員会（小野澤）註》
	：○古賀　克彦：【書評】平松令三著『親鸞の生涯と思想』
	：○小野澤　眞：【彙報】【会告】【編修後記】等
	：○宮井　善俊：【調査報告】風俗産業労働者に対する聴取―逞しき現代の"棄民"―
201503	◎寺社と民衆第十一輯―創刊十周年記念特集・時衆研究の最前線―（同会編修委員会［編修］、同会出版局〈岩田書院・日本史史料研究会［発売］〉）
	：○山内　譲：《研究論文》鎌倉後期伊予の二つの寺院――一遍と凝然―
	：○細川　武稔：【探訪記】尾道時宗寺院踏査
	：○菅根　幸裕：《研究論文》近世後期の俗聖の身分向上をめぐる一考察
	：○石塚　勝：《研究論文》『一遍聖絵』の中の一遍伝記
	：○井澤　隆浩：《研究ノート》一向諸伝の成立について
	：○古賀　克彦：《史料紹介》椿之本陣宿帳と遊行日鑑―元禄十三年～延享五年―
	：○古賀　克彦：《史料紹介》神奈川宿本陣日記と遊行・在京日鑑―文政七年―
	：○小野澤　眞：《研究動向》『中世時衆史の研究』その後―牛山佳幸書評を拝読して―
	：○小野澤　眞：《彙報》《会告》《編修後記》
	：○宮井　善俊：《社会批評》図書館と歴史学研究―利用者の視点から―（１）

武者小路穰（※和光大学名誉教授。元明星学園高等学校教諭。武者小路実篤女婿。1921-2010/11/11）

| 195804 | ◎絵巻物と文学（岩波書店〔岩波講座日本文学史第４巻中世〕） |

六雄　信

| 200212 | ：○蓮如教学と時宗（『龍谷大学大学院文学研究科紀要』第24集（2002年度）、同紀要編集委員会） |
| | ※2001年度博士前期課程（修士課程）修了者修士論文要旨 |

ムディター（※東京都千代田区・有限会社）

| 199705 | ◎佛教情報誌ムディター（Ｍｕｄｉｔａ／首都圏版）夏（7～10月）号（ムディター） |
| | ※カラー表紙：「一遍上人伝絵巻」巻第七、市屋の場面 |

宗政五十緒（※龍谷大学名誉教授。1929/2/26-2003/1/27）

199703	◎都名所図会を読む（宗政［編］、東京堂出版）
	※「官者殿警文払い―京の恵美須講の社」の項に四条道場の図版、また「錦天神社」の項あり
199705	◎京都名所図会―絵解き案内（宗政・西野由紀［著］、小学館）
199809	◎京の名所図会を読む（宗政［編］、東京堂出版）※「空也堂」「御影堂」の項あり
200203	◎雍州府志―近世京都案内―（上）（宗政［校訂］・黒川道祐［原著］、岩波書店〔岩波文庫青（33）-484-1］）
	※京都の時宗寺院を紹介

村井　章介（※立正大学文学部教授・東京大学名誉教授）

198703	◎老松堂日本行録―朝鮮使節の見た中世日本―（宋希璟［著］・村井［校注］、岩波書店〔岩波文庫青(33)-454-1］）
	※馬出称名寺、赤間関専念寺（「全念寺」）、尾道海徳寺、尾道常称寺（「常親寺」）に該当すると思われる寺院および僧悟阿弥（其阿力）が登場。→砂川博199803紹介
199803	◎日本史史料２「中世」（村井［責任編集］・歴史学研究会［編］、岩波書店）
	※千々和到による東放生津住人本阿代則房重申状および『聖絵』巻四の史料紹介
200002	：紀行文に読む中世の交通（浅見和彦［責任編集］『徒然草　方丈記　歎異抄…』朝日新聞社〔週刊朝日百科「世界の文学」9巻〈日本Ⅱ〉81号〔2001年2月11日号］〉）
	※カラー図版：「富士川の舟橋と渡し舟」「板橋と旅の女」『一遍上人絵伝』
200101	◎北条時宗と蒙古襲来（時代・世界・個人を読む）（日本放送出版協会〔ＮＨＫブックス902〕）
	※表紙カバーとカラー口絵・単色図版：『一遍聖絵』の「一遍一行と北条時宗の出あい」。本文にも「一遍と時宗の出あい」の項あり
200303	◎分裂する王権と社会（中央公論新社〔日本の中世10］）※カラー図版：藤沢遊行寺蔵後醍醐画像

村井　康彦（※〈京都市中京区・公益財団法人〉同市芸術文化協会理事長・滋賀県立大学名誉教授・国際日本文化研究センター名誉教授）

196301	：○武家文化と同朋衆（『文学』第三十一巻第一号、岩波書店）
197604	：○同朋衆と阿弥衆―室町文化の形成者―（『歴史手帖』第四巻第四号、名著出版）
197909	◎中世　心と形（村井・守屋毅［編］、講談社）
	：○遊行〔島津忠夫・村井・守屋毅［対談（鼎談）］。→村井康彦198702
198702	：○聖の群れ（栗田勇［編］『一遍』法蔵館）※島津忠夫・村井・守屋毅［共筆］。←村井康彦197909改題

ま行

199109	◎史料・京都見聞記第一巻　紀行1（駒敏郎・村井・森谷尅久［編集］、法藏館）※詳細⇒駒敏郎199109
200004	◎王朝風土記（角川書店〔角川選書314〕）
	※「因幡殺人事件―橘行平はなにをしたのか」の章で『一遍聖絵』の因幡堂縁起に言及
201209	◎長楽寺蔵　七条道場金光寺文書の研究（村井・大山喬平［編集］、法藏館）※→小野澤眞201311　書評と紹介
	:○牧野　素山：緒言

史料編
| | :①無　署　名：凡例 |

史料編 解題
	:地主　智彦：一　七条道場金光寺文書の概要
	:地主　智彦：二　遊行歴代他阿弥陀仏書状類
	:地主　智彦：三　中世文書解題
	:佐藤　文子：四　近世文書解題
	:佐藤　文子：五　近代文書解題

論考編
	:②村井　康彦：時衆と文芸
	:○地主　智彦：金光寺の歴史
	:○大山　喬平：清水坂非人の衰亡
	:○地主　智彦：金光寺および同末寺領について
	:○佐藤　文子：近世京都における金光寺火屋の操業とその従事者
	:○岸　妙子：近世京都における常設火屋の様相
	:③無　署　名：金光寺年表
	:④無　署　名：七条道場金光寺歴代・院代表
	:⑤大山　喬平・村井　康彦：あとがき※署名は「編者」
	:⑥無　署　名：巻末付図（1～7）

村井　祐樹（※東京大学史料編纂所助教）
| 200603 | :○東京大学史料編纂所蔵『中務大輔家久公御上京日記』（『東京大学史料編纂所研究紀要』第16号、同所） |
| | ※戦国期島津氏当主義久の弟、又七郎家久の伊勢参詣道中記。天正三年(1575)四月二十八日・六月七日条に「四条の道場」、五月五日条に「霊仙ニ参、こく河〔国阿〕の御堂拝見、帰りニかつらの橋を打過去、やがて双林寺、其次ニ長楽寺、本尊観世音」、五月十二日条に「大津荘厳寺」（藤沢派。廃寺） |

村石　正行（※長野県松本蟻ヶ崎高等学校教諭。元同県立歴史館専門主事・学芸員）
| 200603 | :○善光寺信仰の広まり（長野県立歴史館［編集］『いのる人びと―信仰と祭り―』同館〔歴史館ブックレット・信濃の風土と歴史⑫〕）※本文で一遍に言及し、カラー図版ネーム：「善光寺を参詣する武士と子どもに案内される女性（「一遍上人絵伝」原資料清浄光寺蔵）　複製」「善光寺式阿弥陀如来三尊像（小諸市　大雄寺蔵）」「大井光長（「一遍上人絵伝」原資料清浄光寺蔵）　複製」。中者のキャプション：「鎌倉時代建立された落合新善光寺（佐久市）の本尊だった。新善光寺をつくる動きは全国に広まっていった。」、後者のキャプション：「一遍上人は鎌倉幕府御家人大井光長の邸宅を訪れ、踊念仏をおこなった。そのあと落合新善光寺へ向かった。ここは大井光長が建立した寺で、光長は阿弥陀如来三尊仏もつくらせたと伝える。」 |

村尾力太郎（※元陸軍航空技術學校嘱託）
| 197112 | :○阿弥陀净仏と宗教観光ビジョン―宗教観光の原点に還れと叫ぶ念仏僧一遍上人―（『早稲田商学』第二二六号、早稲田大学商学部） |

村岡　幹生（※中京大学文学部准教授）
| 199803 | :○鎌倉街道と宿・市場の人々（新修名古屋市史編集委員会［編］『新修名古屋市史』第二巻、同市） |
| | ※『縁起絵』『聖絵』に言及、口絵：『縁起絵』甚目寺施行 |

村上　正空
| 200203 | :○お坊さんの修学旅行（『遊行』第139号、時宗宗務所布教伝道研究所） |

村上　正法（※時宗布教伝道研究所所員・奈良梨万福寺住職）
| 200707 | :○仏教常識Q＆Aご霊膳の並び方を教えて？（『遊行』第160号、時宗宗務所布教伝道研究所）※一遍に言及 |

村上　春次（※一遍会幹事。元公立学校教諭、元愛媛県教育委員会職員。1914-故人）
198004	:○一遍上人と湯釜薬師（『伊予史談』第二三七号、同会）
198201	:○一遍上人の窪寺遺跡について（『伊予史談』第二四四号、同会）
198302	:○一遍上人と湯釜薬師　その名号は真筆か（『文化愛媛』第三号、愛媛県文化振興財団）※p60-63

村上　直（※法政大学名誉教授。元駒沢女子短期大学教授。1925-2014/2/10）
| 198904 | ◎藩史大事典　五「近畿編」（木村礎・藤野保・村上［編］、雄山閣出版）※詳細⇒木村礎198904 |

198911	◎藩史大事典　二「関東編」（木村礎・藤野保・村上［編］、雄山閣出版）※詳細⇒木村礎 198911
199111	◎日本史総合辞典（林陸朗・高橋正彦・村上・鳥海靖［編集］、東京書籍）

村上　紀夫（※奈良大学文学部専任講師。元〈大阪市浪速区・現公益財団法人〉大阪人権博物館学芸員）

201310　：◎清水坂の「坂の者」と葬送・寺社（『京都部落問題研究資料センター通信』第33号、同センター）

村上　保壽（※和歌山県伊都郡高野町金剛峯寺〈高野山真言宗総本山〉執行・宗教教学部部長・高野山密大阿闍梨・高野山大学名誉教授）

200105　◎高野への道　いにしへ人と歩く（村上・山陰加春夫［共著］、高野山出版社）
　　　　※←『高野山時報』1991年8月1日～1996年4月11日号（高野山出版社）連載分に加筆訂正したもの
　　　　：①小辺路—高野・熊野道—第四章．「二、熊野道の信仰」の「イ、もうひとつの古道」に「一遍上人の参詣道」の項があり、『一遍上人聖絵』とある。なお同章は、村上執筆の原稿につき山陰が典拠確認済み

村重　寧（※早稲田大学名誉教授。元東京国立博物館学芸部企画課課長。奥平英雄令息）

197811　：○「一遍上人絵伝」の画風—〈写実性〉と〈宋画風〉の問題（第一章　内容と構成／第二章　写実描写について／第三章　宋画の影響について）（小松茂美［編者］・小松・村重・古谷稔［執筆者］『一遍上人絵伝』中央公論社［日本絵巻大成　別巻］）

村田　昇（※山口大学名誉教授。元梅光女学院大学〈現梅光学院大学〉文学部教授。1900-故人）

195603　◎中世文藝と佛教（一橋書房）※「一遍と禅」の項あり
196511　：近世文芸の宗教的史観（一）　第壱編　僧侶と文芸（『国文学研究』第一号、梅光女学院大学国語国文学会）
196611　：近世文芸の宗教的史観（二）　第二編　親鸞と宣長　近世文芸における中性的伝統（『国文学研究』第二号、梅光女学院大学国語国文学会）※『一遍上人語録』より1首引用
196905　：近世庶民文芸における浄土教（藤島達朗・宮崎円遵［編］『日本浄土教史の研究』平楽寺書店）

村田　正志（とき）（※元国士舘大学文学部教授、元東京大学史料編纂所助教授。1904/9/23-2009/6/26）

193306　：○由阿と冷泉爲秀と（一）（『歴史と國文學』第六十號、太洋社）
193307　：○由阿と冷泉爲秀と（二）（『歴史と國文學』第六十一號、太洋社）
193312　：○由阿法師と國文學（東方佛教協會［編］『佛教文化大講座』第一囘、大鳳閣）

村田　安穂（※早稲田大学名誉教授）

199910　◎神仏分離の地方的展開（吉川弘文館）※時宗寺院に言及

村山　弘太郎（うたろう）（※京都外国語大学外国語学部非常勤講師）

201203　：京都府総合資料館所蔵「菊号調書」の翻刻と解説（1）（『京都産業大学日本文化研究所紀要』第17号、同所）※連載全4回。1-62頁掲載。幕末に時宗の「空也堂」「東北院」あり。村山弘太郎・村山弥生［共筆］
201303　：京都府総合資料館所蔵「菊号調書」の翻刻と解説（2）（『京都産業大学日本文化研究所紀要』第18号、同所）※63-114頁掲載。「金蓮寺」（四条）掲載。村山弘太郎・村山弥生［共筆］

村山　修一（※大阪女子大学名誉教授。元愛知学院大学文学部教授、元京都女子大学文学部助教授。1914-2012/4/16）

195104　：○中世末期に於ける寺社勧進について（『史泉』創刊号、関西大学史学会）
195411　：○六斎念仏歌詞（『史窓』第五・六合併号、京都女子大学史学会）
196708　：○中世社会と宗教（『歴史教育』第15巻第8号（通巻第168号）、同研究会）
200010　◎皇族寺院変革史—天台宗妙法院門跡の歴史—（塙書房）
　　　　※「千僧会出仕次第」の慶長十七年（1612）分を紹介する p103-104 で「（表紙）「慶長拾三年／千僧会御出仕之次第／正月十九日」（中略）慶長拾七年（中略）／四月十五日　八宗（中略）／七番　遊行　二寮人数五十二人（中略）／六月　八宗（中略）／七番　遊行　二寮人数六十人（中略）／九月廿五日　遊行　六十八人（中略）／閏十月廿五日　遊行」とあり。知行地中の東塩小路村について、「寛永十一年（一六三四）の頃まで百七十九石一斗一升、すべて幕府領であったが、『妙法院日次記』によれば享保七年（一七二二）妙法院が百十一石八斗六升を領し、その他は小堀主税支配所三十二石一斗九升二合、若宮八幡宮領六石一斗八升五合、歓喜光寺領五石八升五合、迎称寺領五石一斗三升、建仁寺領三石七斗二升四合、清水寺成就院領一石六斗二升、太子堂領一斗五升に分割された。」（p143）とあり。元禄十五年五月十三日有与入」の招待客の中に法国寺（p262。ただし索引に法国寺なし）、「元禄十一年十二月十日早朝、御影堂及び重阿弥陀佛屋二軒焼失」（p286。ただし索引に御影堂なし）、「正徳三年七月二十三日東山霊山寺より出火」（p287。「霊山寺（京都東山）（りょうせんじ）」索引 p22）」、「四天王寺が諸国勧化にのり出し、（中略）延享四年四月二十四日東山長楽寺で開帳を催し、妙法院は二百疋を寄せた」（p358。ただし索引に東山長楽寺なし。『四天王寺年表』にも無記載）、「河内道明寺天満宮は宝暦八年四月四日、四条道場金蓮寺で開帳し、妙法院へ御奉納下ヶ札を所望に及んだ。」「河内の壺井八幡宮では勧化の際神水で製した糯粉［ウルチ］を以て勧化帳に割印して差出すことになっており、割印のない勧化帳が廻っても寄付しないよう触れている」（「金蓮寺（四条道場）」索引 p8）、「五条御影堂・寺町浄教寺大雲院が寛政四年八月十日の火災のため（中略）寄付を願い出」（p468）、「兵庫の満福寺では境内の天満宮の神輿を再興するので同寺が妙法院の御祈願所である因縁を以て大坂町奉行に許可願いの口添を寛政十年六月二日頼み、同十二年三月二十五日に至って天満宮尊体の開帳をし、享和二年正月十五日天神九百年祥忌とて二月一日より二十五日まで万燈会、太々神

楽・百味神供・連歌万句奉納の寄進を求め、妙法院は十両、御家来一統として三百疋が奉納された。むろん神輿は復興し盛大な祭礼があったものと思われる。」(p469。「満福寺（兵庫）」索引 p19)、「七条時宗道場金光寺は文政十一年二月二十一日本堂再建で獅子口瓦十八枚寄進あり」(p492。「金光寺（七条道場）」索引 p8)等の記述あり。近世に平野大念佛寺が寺格向上のため京都東山妙法院門跡の院家、勝安養院を買得

200903 ◎安土桃山時代の公家と京都―西洞院時慶の日記にみる世相―（塙書房）
※「十　時慶の園芸趣味」に「藤は（中略）慶長（中略）八年（中略）四月五日には遊行上人を呼んで花を見せた」「紫蘭は（中略）遊行上人に鉢植を進呈している（慶長八年五月九日）」とあり

村山　正市（※〈山形県天童市・社会福祉法人〉天童福祉厚生会清幸園ケアプランセンター管理者・〈東京都江戸川区・一般社団法人〉日本考古学協会会員）

198811 ◎石仏寺廃寺跡試掘調査概報（村山・今川文俊［編集］、宗教法人石仏寺・天童市教育委員会〔同市埋蔵文化財調査報告書第４集〕）※山形県天童市高擶字伊達城南 1158-5 の石仏寺廃寺跡遺跡を 1988/7/2 試掘した報告書。ただし表紙では「第３集」と表記

199311 ◎天童の城と館―城館が物語る郷土の歴史―（川崎利夫・村山・山口博之［著］・天童市中世城館址編集委員会［編集］、同市立旧東村山郡役所資料館）※一向派頻出、天童佛向寺写真あり

199507 ◎石にこめる願い―天童市の一字一石経と回国納経の世界―（村山［著］・佐藤輝夫・川崎利夫・長南憲一・長瀬一男・長谷川武［編集］、同市立旧東村山郡役所資料館）※単色図版：蔵増誓願寺経碑

199508 ◎天童の板碑―石にこめる願い―（川崎利夫・山口博之・村山［著］、天童市立旧東村山郡役所資料館）：①天童市内の特徴的な板碑※「仏向寺の大日板碑」の項あり

199602 ：○仏向寺踊躍念仏（『郷土てんどう』第 24 号、天童郷土研究会）

199607 ◎高野坊跡確認調査報告書（村山［執筆担当］・長瀬一男・長谷川武［編集］、天童市教育委員会〔同市埋蔵文化財報告書第１２集〕）※山形県天童市高野坊跡を 1996/5/1-1997/3/31 発掘した報告書

199612 ：○天童市高野坊遺跡出土の時宗一向派に関する文字資料（天童東村山地域史研究協議会第１回研究大会要旨）

199701 ：○〈速報〉天童市高野坊遺跡出土の墨書礫――四世紀初頭の墨書礫・文字資料―（『考古学ジャーナル』No. 412、ニュー・サイエンス社）※川崎利夫・村山［共筆］

199703A ◎高野坊跡発掘調査報告書（川崎利夫［監修］・長瀬一男・村山［執筆］・長谷川武［編集］、天童市教育委員会〔同市埋蔵文化財報告書第１６集〕）※山形県天童市高野坊跡を 1996/9/2-1997/3/31 発掘した報告書

199703B ：○天童市高野坊遺跡出土の中世文字資料―墨書礫に表れた文字資料と旧時宗一向派の動向を探る―（山形県文化財保護協会［編集］『文化財保護協会専門部会『調査研究報告書』』創刊号、同協会）
※専門委員会第二部会員：川崎利夫・北畠教爾・梅津保一・村山

199705 ：○山形県天童市高野坊遺跡出土の墨書礫―応長元年 (1311) 銘の墨書礫を中心として―（『日本考古学協会第 63 回総会研究発表要旨』同会）※川崎利夫・村山［共筆］

199802 ：①高野坊遺跡出土の中世文字資料について
：②時宗一向派の動向を考えて―教線ルートの仮論―（以上『郷土てんどう』第 26 号、天童郷土研究会）

199803 ：○天童市高野坊遺跡出土の墨書礫銘文を探求して（『羽陽文化』第 142 号、山形県文化財保護協会）

199805 ：○山形県内の発掘された礫石経（『さあべい』第 15 号、同人会）※山形県天童市高野坊遺跡に言及

村山　弥生（※京都産業大学日本文化研究所上席特別客員研究員）

201203 ：○京都府総合資料館所蔵「菊가調書」の翻刻と解説（１）（『京都産業大学日本文化研究所紀要』第 17 号、同所）※連載全 4 回中 1-62 掲載。幕末に時宗の「空也堂」「東北院」あり。村山弘太郎・村山弥生［共筆］

201303 ：○京都府総合資料館所蔵「菊가調書」の翻刻と解説（２）（『京都産業大学日本文化研究所紀要』第 18 号、同所）※ 63-114 掲載。「金蓮寺」（四条）掲載。村山弘太郎・村山弥生［共筆］

無 量 光 寺（時宗当麻山無量光寺）（※神奈川県相模原市南区）

201400 ：◎無量光寺の踊り念仏　息づく一遍上人の思い（同寺）※「時宗当麻山無量光寺」名義

室木弥太郎（※金沢女子大学名誉教授・金沢大学名誉教授）

197701 ◎説経集（室木［校注］、新潮社〔新潮日本古典集成（第八回）〕）
※小栗判官説話が当麻無量光寺に関係する可能性を指摘

室伏　勇（※茨城文化団体連合会副会長。元〈茨城県水戸市・株式会社〉茨城新聞社社長）

200107 ◎写真紀行　天狗党遺録（暁印書館）※単色写真：「武田耕雲斎等の墓」の東隣にある敦賀来迎寺

室町　京二

191705 ：○東岸居士と一遍上人（『諸曲界』第十一巻第五號、丸岡出版社）

室山　孝（※元石川県立図書館史料編さん室次長、元〈同県〉金沢市史編さん委員）

199211 ：○時衆・曹洞禅（白山綜合学術書編集委員会［編］『白山―自然と文化―』北国新聞社出版局）

明治大学近江村落史研究会（※東京都千代田区・同大学駿河台校舎内）

197412 ：○木之本町木之本浄信寺文書（『滋賀県伊香郡所在文書目録』補遺、同会）

目黒　きよ（※立正大学日蓮教学研究所研究員。2004/6/27 歿）

| 200103 | ：○鎌倉仏教における宗祖の飲食観——一遍上人—（日本宗教学会［編集］『宗教研究』三二七号［第74巻第4輯］、同会）※ 2000/9/15 於駒澤大学、同会第59回大会報告要旨 |

目崎　徳衛（※聖心女子大学名誉教授。元文部省〈現文部科学省〉初等中等教育局教科書調査官。1921/2/19-2000/6/13）

197609	◎出家遁世一超俗と俗の相剋—（中央公論社［中公新書443］）
197803	：○旅する女—時衆の尼・阿仏尼・二条など—（『國文學—解釋と教材の研究—』第23巻4号［昭和53年3月号］(324)［特集：日本のおんな］、學燈社）
198502	：○一遍（中西進・田辺聖子・久保田淳・目崎・斎藤栄・山下一海・杉浦明平『遍歴』集英社〔歴史の群像9〕）

米津　彬介（※神戸大学建築学科卒業。米国ワシントン州ベルビュー市在住）

| 200612 | ◎軸のない笹舟（文芸社）※松永久秀を主人公にした歴史小説。「願阿弥」、七条道場などが登場 |

毛利　久（※元奈良大学文学部教授、元神戸大学文学部教授。1916/10/4-1987/9/10）

196512	：○七条道場金光寺と仏師たち（佛教藝術學會［編集］『佛教藝術』59、毎日新聞社）→毛利久 198412
197405	：○長楽寺の時宗肖像彫刻（佛教藝術學會［編集］『佛教藝術』96、毎日新聞社）※東山長楽寺
198412	：○七条道場金光寺と仏師たち（橘俊道・今井雅晴［編］『一遍上人と時宗』吉川弘文館〔日本仏教宗史論集10〕）
	※→毛利久 196512

持田　友宏（※元〈東京都〉羽生市文化財保護審議会委員、元〈同署〉青梅市文化財保護審議会委員、元立正大学博物館課程非常勤講師、元青梅市立第三中学校教諭）

| 199209 | ◎国中地方の基礎調査（クオリ［甲斐国の板碑2］） |

望月　華山（※時宗法主候補者・兵庫真光寺第24世住職。1897-1973）

◎意訳　六条縁起一遍上人伝（一遍上人讃仰会）

195801	：○教信寺詣での記（『和合』第四号、同編集部）※→望月華山 197905
196207	：○尊如上人の宗門典籍板行について（『和合』第七号、同編集部）※→望月華山 197905
196610	：○十四代上人の実盛済度についての疑問（金井清光［編集］『時衆研究』第二十号、金井私家版）
196702	：○尊如上人遊行五十三世遊行日鑑抜（『北上史談』第七号、同会）
196710	：○大橋氏の四祖伝に対する質疑（金井清光［編集］『時衆研究』第二十六号、金井私家版）
196809	：①遊行廻國（角川書店編集部［編集］『遊行上人縁起繪』同書店〔日本繪卷物全集第23巻〕）
197001	◎時衆年表（望月［編］、角川書店）※実質単著。①の前に「凡例」、①と②の間に「重要語句索引」「関係年号索引」「遊行藤沢歴代一覧表」「藤沢遊行贐位役職名表」あり。→金井清光 197008 ②・197509 ⑰書評
	：○赤松　俊秀：序
	：①望月　華山：時衆年表
	：②望月　華山：時衆年表上梓について※「編　者」名義
197602	：○熊野万歳峰の宗祖名号石について『時衆あゆみ』〈一遍の念仏〉、中村昌道私家版）
197905	：①尊如上人の宗門典籍板行について※←望月華山 196207
	：②教信寺詣での記（※←望月華山 195801 ※、大橋俊雄［編集］『時衆研究』第八十号、時宗文化研究所）

望月　宏二（※京都龍谷大学卒業。元〈大阪市中央区・株式会社〉朝日カルチャーセンター京都館長、元〈東京都中央区・株式会社〉朝日新聞社記者。望月華山令息。1997/8/25 歿）

| 199403 | ：○聖絵——宗祖と僧の出会いの場面は熊野古道の蛇嵌谷だった（『時宗教学年報』第二十二輯、時宗教学研究所） |
| 199707 | ◎一遍——その鮮烈な生涯（朝日カルチャー・センター）※遺稿集 |

望月　信成（※大阪市立大学名誉教授・浄土宗鎮西派僧侶。元同市立美術館館長。望月信享令息。1899/6/14-1990/5/28）

193810	：○一遍聖繪傳について（京都時宗青年同盟［編］『一遍上人の研究』同同盟〈丁字屋書店［發賣］〉）
193903	：○歡喜光寺藏一遍上人繪傳の發願者と筆者とに就て（『史迹と美術』第百號、史迹美術同攷會）
193907	：○一遍上人繪傳の再攷（『淨土學』第十四號、大正大學淨土學研究會）
194004	：○一遍上人繪傳解説（淺山圓祥［校註］『一遍聖繪六條縁起』山喜房佛書林）
196007	：○一遍上人繪傳について（角川書店編集部［編集］『一遍聖繪』同書店〔日本繪卷物全集第10巻〕）
	※→望月信成 197509A ④
197509A	○一遍聖繪（望月［編集擔當］、角川書店〔新修　日本繪卷物全集第11巻〕）
	：①原色版※図版7葉
	：②グラビア※図版112ページ
	：③オフセット　カラー
	※図版16ページ。以上のページで、歡喜光寺本および瀨津嚴蔵本を使用
	一遍聖繪解説
	：④望月　信成：一遍上人繪傳について※←望月信成 196007
	：○五來　重：一遍と高野・熊野および踊り念佛
	：○赤松　俊秀：一遍智眞の生涯とその宗教について
	：○福山　敏男：建築
	：○宮本　常一：庶民の生活

｜　：○宮　　次男：詞書
｜　：○宮　　次男：圖版解説
｜　：○宮　　次男［編］：一遍聖繪研究文獻目録　附一遍上人繪傳
｜　：○宮　　次男［測定］：一遍聖繪の寸法表
｜　：○宮　　次男：英文解説
197509B　：◎信仰と芸術作品―『一遍聖絵』をめぐって―（『新修日本絵巻物全集［第11巻一遍聖繪］月報』2、角川書店）

本宮町史専門委員会（※福島県安達郡本宮町〔現本宮市〕）
199903　◎本宮町史4 考古・古代・中世資料Ⅰ（同町史編纂委員会・同委員会［編集］、同町）
　　　※『時宗過去帳』の図版・飜刻あり

本宮町史編纂委員会（※福島県安達郡本宮町〔現本宮市〕）
199903　◎本宮町史4 考古・古代・中世資料Ⅰ（同委員会・同委員会・同町史専門委員会［編集］、同町）
　　　※詳細⇒本宮町史専門委員会199903

桃崎　祐輔（※福岡大学人文学部教授。元筑波大学歴史・人類学系助手）
200010A　：○霞ヶ浦沿岸に遺る金工・仏具―中世常陸の信仰と造形―（霞ヶ浦町郷土資料館［編集］『第23回特別展・祈りの造形―中世霞ヶ浦の金工品―』同館）※ 2000/10/17-12/3 於同館、特別展図録。茨城県新治郡霞ヶ浦町（現かすみがうら市）。松戸本福寺三尊像台座墨書銘に言及
200010B　：○横地城周辺における中世石造物の展開とその意義（菊川町教育委員会社会教育課［編集］『横地城跡　総合調査報告書』同課）※静岡県小笠郡菊川町（現菊川市）。榛原清浄寺の勝間田氏石塔に言及
200311　：○石塔の造営と律宗・時宗（『季刊考古学』第85号、雄山閣）
200705　：○高僧の墓所と石塔―律宗・時宗・禅宗の事例を中心に―（狹川真一［編］『墓と葬送の中世』高志書院）

百瀬今朝雄（※東京大学名誉教授。元立正大学文学部教授、元東京大学史料編纂所所長）
196508　◎中世法制史料集第三巻武家家法Ⅰ（佐藤進一・池内義資・百瀬［編］、岩波書店）

百瀬　明治（※作家。〔東京都千代田区・株式会社〕平凡社『季刊歴史と文学』編集長）
200205　◎曹洞宗太祖・常済大師　瑩山紹瑾の生涯　高祖道元の衣鉢を弘布した名僧（毎日新聞社）
　　　※「第四章　雲のごとく水に似たり」で一遍の覚心参禅譚に言及、「第五章　義介より伝法す」で一遍の行実と最期を紹介、「行脚中の瑩山がそういう熱っぽい光景を目撃したこともあったかもしれない。／もっとも、瑩山の頭のなかに一遍上人ないし時宗の称が刷りこまれていたかどうかは不明である。」とす

森　五一郎
189308　：○僧侶社會之一珍事（森私家版）※明治二十六年（1893）　兵庫薬仙寺住職加納猶心の解任騒動の書類を掲載。肩書き：「兵庫縣神戸市南逆瀬川町定籍寄留　愛知縣平民」

森　浩一（※同志社大学名誉教授。元大阪府立泉大津高等学校教諭。1928/7/17-2013/8/6）
200303　：□森浩一の古今縦横　旅と紀行（下）（『京都新聞』文化欄同月28日号、同社）※森・池内紀［対談］。「違う形式とった一遍」の項のあと（ルビ省略）、森が一遍の生涯を概述、京都新京極の「念仏賦算の碑」にふれ、旅人ながら京都にはしばらく住んでいたようだとし、池内の「一遍に同行した人がスケッチした可能性はありますか。」の問いに対し「あります。かなり写実的ですから。」と返答。ネーム：「京都・新京極通四条上ルの染殿院にある一遍上人の「念仏賦算遺跡」の碑」の時宗染殿院入口写真掲載
200305　：□森浩一の古今縦横　男山とその周辺（『京都新聞』文化欄同月29日号、同社）
　　　※森・八十島豊成［対談］。森が「『一遍上人絵伝』に空から見た石清水の境内図があり、大塔なども描かれています」と発言し、→京都新聞社200306（本対談を承けた同欄フォロー記事）

森　茂暁（※福岡大学人文学部教授。元山口大学人文学部教授）
199110　◎太平記の群像　軍記物語の虚構と真実（角川書店〔角川選書221〕）
　　　※単色図版ネーム：「六波羅南北過去帳。二階堂道蘊が「出羽入道」と見える　蓮華寺所蔵」
199707　◎闇の歴史、後南北朝　後醍醐流の抵抗と終焉（角川書店〔角川選書284〕）
　　　※単色図版ネーム：「密教法服姿の後醍醐天皇画像（藤沢市・清浄光寺蔵）」
200002　◎後醍醐天皇（中央公論社〔中公新書1521〕）※カラー口絵：藤沢遊行寺蔵後醍醐画像
200709　◎南北朝の動乱（吉川弘文館〔戦争の日本史8〕）※カラー表紙ネーム：「後醍醐天皇画像（清浄光寺所蔵）」

森　成元（※元大阪府教育委員会文化財保護課主査）
199810　：○大阪の六斎念仏とその周辺（融通念佛宗教学研究所［編集］『法明上人六百五十回御遠忌記念論文集』融通念佛宗　総本山大念佛寺〔百華苑〔製作〕〕）

森　章司（※東洋大学名誉教授・〈東京都杉並区・佼成図書文書館内〉中央学術研究所講師）
199206　：○播州問答領解鈔（大倉精神文化研究所［編］『新版日本思想史文献解題』角川書店）※項目執筆

森　新之介（※日本学術振興会特別研究員（ＰＤ））

| 201503 | ：○顕密体制論の現在と未来―思想史研究からの問題提起―（『佛敎史學研究』第五七巻第二号、佛敎史學會）|
| | ※←小野澤眞 201206 第三部第三章に言及 |

森　清範（※京都市東山区清水寺〈北法相宗大本山〉貫主・同宗管長）

| 201107 | ：○いま、この時、願阿上人の心を―五二五遠忌を営むにあたり（北法相宗教学部［編集］『清水』第 185 号、音羽山清水寺）|
| | ※巻頭言。単色写真ネーム：「願阿上人について門前会員に話す森貫主」「願阿上人忌日法要で撞鐘の森貫主」。なお同誌カラー口絵ネーム：「願阿上人忌日法要を営む一山僧侶」「願阿上人忌日法要で鐘を撞く森貫主」|

森　　暢（※大阪工業大学名誉教授。元京都国立博物館嘱託。1903/7-1985/11/4）

| 196408 | ：○一向上人の臨終絵とその画像（『國華』第八百六十九號、同社）→森暢 199211 |
| 199211 | ：○一向上人の臨終絵と画像（大橋俊雄［編］『一向俊聖上人鑽仰』一向寺）※←森暢 196408 改題 |

母利　美和（※京都女子大学文学部教授。元〈滋賀県彦根市・市立〉彦根城博物館史料課史料係長）

| 199905 | ：○図版解説（彦根城博物館［編］『高宮寺と時宗の美術』彦根市教育委員会）※ 1999/5/14-6/8 於同館、図録 |

森　龍吉（森　　竜吉）（※元国分大学経済学部教授、元平安女学院大学・尾張女学園大学等助教授。1916/2/3-1980/3/22）

196102	：○聖たちと妙好人（『近世仏教』第三号、同研究会）
198306	：○中世的差別の世界から　鎌倉仏教と賤民（『中世の被差別民』雄山閣出版〔歴史公論ブックス 16〕）
	※『縁起絵』尾張甚目寺施行に言及。「森竜吉」名義

森口　多里（※元帝大学文学芸学部〈現教育学部〉教授、元岩手県立岩手工芸美術学校〈現岩手県立盛岡短期大学部〉初代校長。1892/8/7-1984/5/5）

| 196503 | ◎岩手の民俗芸能　念仏踊篇（岩手県教育委員会〔文化財調査報告第 15 集〕）|

森田　竜雄（※神戸大学文学部地域連携センター研究員）

200006	：○鉢叩（横田冬彦［編］『芸能・文化の世界』吉川弘文館〔シリーズ近世の身分的周縁②〕）
	※菅根幸裕の先行研究を批判。→高橋繁行 200406 紹介
200304	：○一遍の兵庫示寂―その歴史的環境と背景―（時衆文化研究会［編集］『時衆文化』第 7 号、同会〔岩田書院〔発売〕〕）※ 2001/10/6 於兵庫勤労市民センター、第 3 回兵庫津研究会報告を成稿。→林文理 200405 紹介（「光明福寺・観音寺や周辺の非人宿・葬送の地などを視角化した」）
201003	：○一遍と時宗の聖（一遍の生涯と布教活動／一遍と兵庫／一遍の兵庫没をめぐって／光明福寺の方丈とは誰か／光明福寺について／淡河氏と時宗／一遍の墓を建てたのは誰か／国阿と薬仙寺／時宗薬仙寺の成り立ちをめぐって）（新修神戸市史編集委員会［編集］『新修　神戸市史　歴史編Ⅱ　古代・中世』同市）
	※「第七章　鎌倉時代の社会と文化」「第四節　中世仏教の展開と変容」の「5」。単色写真・図版ネーム：「写真 74　一遍墓塔（兵庫区）」「写真 75　兵庫観音堂での一遍の法談（『一遍聖絵』）」「（清浄光寺蔵）」「写真 76　他阿真教と淡河の領主の会見（『遊行縁起』）」「（真光寺蔵）」「写真 77　兵庫での他阿真教の一遍十三回忌法要（『遊行縁起』）／（真光寺蔵）」。森田は光明福寺方丈を浄土宗西山派関係者とみるが、大塚紀弘 201006 は同寺を律院とす。←千々和到 198402・伊藤博明 199301・戸打浩人 200104・三枝暁子 200003A・下田勉 197899・下田勉 199301・今井雅晴 200003・金井清光 197503・大橋俊雄 197306・砂川博 199905・山川均 200205・林譲 198101・葉仙寺 199309・川辺賢武 199103・金井清光 200304 を引用

盛田　嘉徳（※大阪教育大学名誉教授。元〈大阪市意法人・社団法人〉部落解放研究所〈現〔同法人・一般社団法人〕部落解放・人権研究所〉副理事長。1912/7/30-1981/7/2）

| 198306 | ：○差別された人びと　鉦打ち（『中世の被差別民』雄山閣出版〔歴史公論ブックス 16〕）|

森本　眞順

| 193412 | ：○一遍上人の傳歴の二三並に思想吟味（『淨土學』第八號、大正大學淨土學研究室）|

盛本　昌広（※歴史研究家・博士（史学）中央大学。元〈神奈川県相模原市〔現同市中央区〕〉英数セミナー）

199903	◎松平家忠日記（角川書店〔角川選書 304〕）※連歌に多言及した文禄三年（1594）七月四日条で「六条一向衆とは時宗六条派の総本山歓喜光寺」等の言及
200312	：○①網野善彦（1928 —）『無縁・公界・楽』平凡社，1978（増補版，1987）
	：○②網野善彦（1928 —）『異形の王権』平凡社,1986（同社ライブラリー,1993）
	（以上、黒田日出男・加藤友康・保谷徹・加藤陽子［編集委員］『日本史文献事典』弘文堂）※項目執筆

森谷　尅久（※武庫川女子大学名誉教授。元京都市歴史資料館初代館長）

| 199109 | ：○史料・京都見聞記第一巻　紀行 1（駒敏郎・村井康彦・森谷［編集］、法藏館）※詳細⇒駒敏郎 199109 |

守屋　　毅（※国立民族学博物館第一研究部〈現民族文化研究部〉教授。元愛媛大学教養部助教授。1943/10/2-1991/2/4）

197909	◎中世　心と形（村井康彦・守屋［編］、講談社）
	：○①遊行●島津忠夫・村井康彦・守屋［対談（鼎談）］。→守屋毅 198702
198702	：○聖の群れ（栗田勇［編］『一遍』法藏館）●島津忠夫・村井康彦・守屋［共筆］。←守屋毅 197909 改題

守屋　正彦（※筑波大学芸術専門学群教授。元山梨県立美術館学芸課長）

| 200203 | ◎すぐわかる日本の絵画（東京美術）|
| | ：○①聖なる人の人生を描く―高僧伝絵巻●東京国立博物館蔵『一遍聖絵』を見開きでとりあげ、関寺場面のカラ |

一図版3葉掲載するも、キャプションで「京都に入った一遍たちは、尊敬する空也上人が開いた四条京極の市原道場の前、中洲の小屋で踊った」と誤認・誤記（古賀克彦註）

200311　◎すぐわかる日本の仏教美術　彫刻・絵画・工芸・建築（東京美術）
　　　　※「念仏踊りの創始者の生涯――一遍聖絵［東京国立博物館］」の項で『一遍聖絵』を見開きでとりあげ、関寺場面のカラー図版を掲載するも、キャプションで「図は空也上人のひらいた京都四条京極の道場前の中洲に舞台をもうけ、48日間念仏を唱え踊り続ける一遍たちを描く」と守屋正彦200203同様、誤認・誤記（古賀克彦註）

森山　隆平（※日本石仏ペンの会会長。1918/5/18-2008）
199004　：○一遍と奇瑞（『大法輪』平成二年四月号［第57巻第4号］、大法輪閣）

守山市誌編さん委員会（※滋賀県守山市）
200103　◎守山市誌　地理編（同委員会［編］、同市）※カラー写真：川端弘による守山最明寺

文　部　省（※東京市麹町區（現東京都千代田区）・現文部科学省）
193405　◎日本國寶全集第六十輯（同省［編輯］、同全集刊行會）
　　　　※単色図版：野沢金台寺本「一遍上人繪傳」とその解説あり

門馬　幸夫（※駿河台大学心理学部教授）
199107　◎「浮浪」と「めぐり」―歓待と忌避の境界に生きて―（西海賢二・谷口貢・長谷部八郎・門馬・牧野真一・尾崎安啓［著］、ポーラ文化研究所）※カラー表紙カバー図版：『一遍上人絵伝』（小田切の里の念仏踊り）
　　　　：①誰でもの祭り―被差別部落の夜明し念仏―（一、はじめに／二、小諸・荒堀地区の概況／三、夜明し念仏／四、若干の考察／五、夜明し念仏の系譜／六、結語）※表紙に連動し『一遍上人絵伝』（一遍聖絵)」に言及
199712　◎差別と穢れの宗教研究（岩田書院）※跡部の踊念仏に言及

や・ら・わ行／海外人名／無署名

八重樫忠郎（※岩手大学平泉文化研究センター客員准教授・〈岩手県西磐井郡〉平泉町役場総務企画課課長補佐）
200109 ：○トヤサキ木簡について（『西村山地域史の研究』第19号、西村山地域史研究会）
※岩手県西磐井郡平泉町志羅山遺跡出土木簡銘文から山形県天童市高野坊遺跡墨書礫を連想

八尾市立歴史民俗資料館（※大阪府八尾市）
199910 ：○融通念仏行者楽山上人と幕末の八尾（同館［編］、同市教育委員会）※1999/10/10-11/23 於同館、特別展図録。小谷利明・西本幸嗣［担当］。近世融通佛宗僧楽山の名号碑は、大坂円成院ほか宗派を超え各地寺院に遺る

八木意知男（※大阪市住吉区住吉大社教学顧問・京都女子大学名誉教授）
200310 ：○熱田社の和歌と文学（21）―梅月堂宣阿の場合（『あつた』第220号、熱田神宮宮庁）※香川景継（宣阿）

八木 聖弥（※京都府立医科大学医学部准教授）
199911 ◎太平記的世界の研究（思文閣出版）※今井雅晴・金井清光・砂川博・堀一郎らの業績に言及

八木澤壮一（※日本葬送文化学会名誉会長・東京電機大学名誉教授。元共立女子大学家政学部教授）
198306 ◎火葬場（浅香勝輔・八木澤［共著］、大明堂）※七条道場金光寺火屋・市屋道場金光寺に言及

矢ヶ崎善太郎（※京都工芸繊維大学工芸学部准教授。元京都国際建築技術専門学校〈現京都建築大学校〉教授）
200604 ：○趣味世界としての東山―東山でおこなわれた茶会をめぐって（加藤哲弘・中川理・並木誠士［編］『東山／京都風景論』昭和堂）
※（真葛原）西行庵・壺山別邸・円山・円山多福庵・双林寺間阿弥・円山正阿弥・円山左阿弥（楼）に言及

薬 仙 寺（※兵庫薬仙寺）
193399 ：藥仙寺縁起（同寺［編］、同寺）※→森田竜雄201003 引用

矢崎佐和子（※青翔開智中学校教頭。元自由ヶ丘学園高等学校教諭）
199809 ：○東京支部例会フィールドワークに参加して（『日本史教育研究』第143号、同会）※藤沢遊行寺例会参加記
200603 ：○『一遍聖絵』と『遊行上人縁起絵』の国語学的研究―助動詞「き」「けり」をめぐって―（『寺社と民衆』第2号、民衆宗教史研究会）
200903 ：○『遊行上人縁起絵』における助動詞「き」（『寺社と民衆』第5特別号、民衆宗教史研究会〈岩田書院［発売］〉）
201003A ◎『一遍聖絵』の思想と構造―「聖」を描く絵巻の国語学および倫理学的考察―（博士論文）
※東亜大学大学院総合学術研究科に提出した博士論文。博士（学術）甲第44号。201003 は授与年月。未公刊
201003B ：○熊野神託再考―『一遍聖絵』巻第三・聖戒宛の「たより」を読み直す―（民衆宗教史研究会編修委員会［編修］『寺社と民衆』第六輯、同会出版局〈岩田書院［発売］〉）※肩書きは「自由ヶ丘学園高等学校国語科教諭」

矢島 新（※跡見学園女子大学文学部教授。元〈東京都〉渋谷区立松濤美術館学芸員）
199506 ：①概説
：②作品解説（以上『近世宗教美術の世界―変容する神仏たち―』渋谷区立松濤美術館）※1995/6/6-7/23 於同館、展示図録。カラー写真：品川長徳寺蔵六道絵・藤沢遊行寺蔵加藤信清筆阿弥陀三尊来迎図
199609 ：【研究資料】長徳寺蔵六道絵（『國華』第1219号、同社〈朝日新聞社［発売］〉）※←平野栄次 199307 を本文で引用し、「本図を所蔵する長徳寺は旧品川宿に位置する時宗の寺で、現在本堂のほかに閻魔堂を有している。この閻魔堂は、もと同じ品川区内のかつて時宗に属していた大龍寺に在り、元禄十六年（一七〇三）の同寺の黄檗宗への転宗に際して長徳寺に移設されたものという」とあり、旧寺名も大龍寺としている。続けて「堂内には閻魔王坐像をはじめ十王坐像十体や倶生神立像などが安置されているが、天保九年（一八三八）の『東都歳時記』は、正月十六日の閻魔参りの項目に六十余箇寺を列挙するなかに南品川長徳寺を含めており、昔時の閻魔信仰の一拠点であったことがうかがえる。（中略）裏書（中略）には、「右六幅嘉永二酉年当山三十六世洞雲院昌全代長徳寺什物寄進之」と記されている」とあり。→矢島新 200812 ③
200404 ：【研究資料】加藤信清筆 法華経文字描五百羅漢図（『國華』第1302号、同社〈朝日新聞社［発売］〉）
※ほかの信清作品として「阿弥陀来迎図（遊行寺蔵）」を註で挙ぐ。→矢島新 200812 ②
200812 ◎近世宗教美術の世界―内なる仏と浮世の神（国書刊行会）
※カラーロ絵ネーム：「六道絵・第二幅（長徳寺蔵）」
：①序 近世の宗教美術は周辺日本が生んだ精華である
※「庶民的な地獄絵（中略）を描いた絵師に、浮世絵に出自を持つ者が意外に多い」「本書には（中略）永い歴史を誇る美術雑誌『國華』に寄稿した（中略）作品解説を収録している。（中略）長徳寺の六道絵などは、おそらく『國華』に採り上げられた過去の作品の中でも、最も俗な臭を発する異色作と言えるだろう。そのような作品にも目を向けて、掲載を認めてくださった『國華』編集委員の先生方に、改めて御礼申し上げたい」「浮世絵系の絵師の筆になるキッチュな魅力に溢れた地獄絵も見逃せない」とす
：②作品解説 2 加藤信清筆 法華経文字描五百羅漢図※「1 内なる仏―修行者の造形―」のうち。ほかの信

清作品として「阿弥陀来迎図（遊行寺蔵）」を註で挙ぐ。←矢島新 200404
: ③作品解説 3　長徳寺蔵六道絵※「Ⅱ　浮世の神仏―庶民のための造形―」のうち。←平野栄次 199307 を本文で引用し、「本図を所蔵する長徳寺は旧品川宿に位置する時宗の寺で、現在本堂のほかに閻魔堂を有している。この閻魔堂は、もと同じ品川区内のかつて時宗に属していた大龍寺に在り、元禄十六年（一七〇三）の同寺の黄檗宗への転宗に際して長徳寺に移建されたものという」とし、旧寺名も大龍寺とす。続けて「堂内には閻魔王坐像をはじめ十王坐像十体や倶生神立像などが安置されているが、天保九年（一八三八）の『東都歳時記』は、正月十六日の閻魔参りの項目に六十余箇寺を列挙するなかに南品川長徳寺を含めており、昔時の閻魔信仰の一拠点であったことがうかがえる。（中略）裏書（中略）には、「右六幅嘉永二酉年当山三十六世洞雲院昌全代　長徳寺什物寄進求之」と記されている。」とす。扉に「（第一幅）」、本文中に単色図版ネーム：「（第三幅）」「（第四幅）」「（第五幅）」。「（第二幅）」は口絵に掲載。人道・天道が描かれていたのであろう一幅は現存せず。←矢島新 199609

矢代　和夫（※東京都立大学〔2011/3/31 閉校〕名誉教授）
197508　◎梅松論・源威集（矢代・加美宏〔校注〕、現代思潮社〔新撰日本古典文庫 3〕）
　　　　※延宝本に番場蓮華寺が「馬場の道場」とみゆ

安居　香山（※元大正大学第 25 代学長、元東京教育大学〔1978/3/31 閉校〕文学部助手。1921/7/24-1989/7/20）
197310　: ○一遍（『大法輪』昭和四十八年十月号〔第 40 巻第 10 号〕、大法輪閣）
197407　: ○遊行聖・一遍（『大法輪』昭和四十九年七月号〔第 41 巻第 7 号〕、大法輪閣）

安田　歩（※甲南中学校・高等学校教諭）
200205　: ○室町前期の院宣・綸旨（日本古文書学会〔編集〕『古文書研究』第五十五号、同会〔吉川弘文館〔発売〕〕）
　　　　※ 2000/10 日本古文書学会大会報告を成稿。「祈祷要請の院宣・綸旨表」中に、後花園による嘉吉二～三年（1442-1443）の他阿上人御房宛「国家太平・宝祚長久を祈らせる」綸旨、その出典は京都国立博物館 200010

安田　次郎（※お茶の水女子大学文教育学部教授）
200805　○走る悪党、蜂起する土民（小学館〔日本の歴史七「南北朝・室町時代」〕）※『一遍聖絵』等に言及

安原　眞琴（※立教大学文学部兼任講師。筑土鈴寛令孫）
200009　◎「扇の草子」の研究（博士論文）
　　　　※立教大学大学院文学研究科に提出した博士論文。博士（文学）甲第 102 号。200009 は授与年月。→安原眞琴 200302
200302　◎『扇の草子』の研究―遊びの芸文―（ぺりかん社）※→安原眞琴 200009 を基礎とす。「御影堂扇」の節あり。←金井清光 196711 に依拠、金井清光 198806（ただし『一遍上人物語』と表記）を注で挙ぐ（上賀克彦註）。←安原眞琴 200009。←稲本万里子 200405・大però順子 200812 紹介
200508　: ○扇屋の女―職業婦人と性（『国文学　解釈と鑑賞』第 70 巻 8 号〔平成 17 年 8 月号〕（891）〔特集　近世文学に描かれた性、至文堂〕）※御影堂扇・新善光寺に言及。肩書きに「立教大学助手」

安森　敏隆（※同志社女子大学名誉教授。元梅光女学院大学〈現梅光学院大学〉文学部教授）
200509　: ○斎藤茂吉略年表（『国文学　解釈と鑑賞』第 70 巻 9 号〔平成 17 年 9 月号〕（892）〔特集　巨人斎藤茂吉総点検〕、至文堂）※「宝泉寺の住職佐原篠応」に言及

柳井　晃一
193104　: ○一遍上人傳（『宇宙』第六巻第四號、同社）

柳　柊二（※画家。1927-2003）
200105　: ○中山道　近江路　太平の時　秋霜の道（児玉幸多〔監修〕『近江路をゆく　柏原宿～三条大橋』学研〔歴史街道トラベルガイド・中山道の歩き方〕）※「番場宿のこと」の項で番場蓮華寺に言及

柳　宗悦（※日本民藝館初代館長。元東洋大学大學院教授。1889/3/21-1961/5/3）
194703　: ○色紙和讃について（『工藝』第 116 号、聚樂社）※時宗に言及。→柳宗悦 199102 ⑤
194909　: ○真宗素描一――（『大法輪』昭和二十四年九月号〔第 16 巻第 9 号〕、大法輪閣）※→柳宗悦 195504
194910　: ○真宗素描一二―（『大法輪』昭和二十四年十月号〔第 16 巻第 10 号〕、大法輪閣）※→柳宗悦 195504
194911　: ○真宗素描一三―（『大法輪』昭和二十四年十一月号〔第 16 巻第 11 号〕、大法輪閣）※→柳宗悦 195504
195504　: ○真宗素描（『現代随想全集』第 28 巻「柳宗悦集」、創元社）
　　　　※「時宗」「踊躍念仏」に言及。←柳宗悦 194909・194910・194911。→柳宗悦 199102 ②
195508　: ○南無阿弥陀仏（大法輪閣）※→柳宗悦 196001 →柳宗悦 198601 →柳宗悦 199012 →柳宗悦 199106
195599　: ○佛教に歸る（上原専祿・龜井勝一郎・古田紹欽・中村元〔編集〕『現代佛教講座』第四巻、角川書店）
　　　　※時宗に言及。→柳宗悦 199102 ①
195601　: ○真宗の説教（『大法輪』昭和三十一年一月号〔第 23 巻第 1 号〕、大法輪閣）
　　　　※時宗に言及し、「一遍上人の伝を綴った『六条縁起』を引用。→柳宗悦 199102 ③
195803　: ○仏教と悪（『現代倫理講座』第三巻、筑摩書房）※「一遍上人」に言及。→柳宗悦 199102 ④
196001　◎南無阿弥陀佛・一遍上人（春秋社〔柳宗悦・宗教選集第 4 巻〕）
　　　　※「索引」あり。←柳宗悦 195508。→柳宗悦 198601 →柳宗悦 199012 →柳宗悦 199106

|：①新版序
|：②初版序
|：③趣旨
|：④因縁
|：⑤一　念佛の佛教
|：⑥二　三部経
|：⑦三　沙門法蔵
|：⑧四　阿弥陀佛
|：⑨五　第十八願
|：⑩六　念佛
|：⑪七　他力
|：⑫八　凡夫
|：⑬九　六字
|：⑭十　西方
|：⑮十一　一念多念
|：⑯十二　廻向不廻向
|：⑰十三　来迎不来迎
|：⑱十四　往生
|：⑲十五　行と信
|：⑳十六　自力と他力
|：㉑十七　僧と非僧と捨聖
|：㉒十八　仮名法語
|：㉓十九　妙好人※「一遍上人」に言及。→柳宗悦 199102 ⑥
|：㉔附　時宗文献
|：㉕一遍上人
|：㉖挿絵小注

196010　○三種の法歌（『心』総合文化誌第十三巻第十号、心編集委員会〔平凡社［発売］〕）
196505　：○一遍上人（吉田久一［編集］『仏教』筑摩書房〔現代日本思想大系７〕）
197602　：○一遍上人と顕意上人（『時衆あゆみ』＜一遍の念仏＞、中村昌道私家版）
198104　◎柳宗悦全集　著作篇第十六巻（筑摩書房）※→柳宗悦 199102
198207　◎柳宗悦全集　著作篇第十九巻（筑摩書房）※→柳宗悦 199102
198601　◎南無阿弥陀仏　付心偈（岩波書店〔岩波文庫青（33）-169-4〕）
　　　　※→柳宗悦 196001 ←柳宗悦 195508。→柳宗悦 199012 →柳宗悦 199106
　　　　：○今井　雅晴：解説
198702　：○僧と非僧と捨聖（栗田勇［編］『一遍』思想読本、法蔵館）※←柳宗悦 195508 一部再録
199012　◎保存版・柳宗悦宗教選集３「南無阿弥陀仏・一遍上人」（春秋社）
　　　　※←柳宗悦 198601 ←柳宗悦 196001 ←柳宗悦 195508。→柳宗悦 199106
199102　◎柳宗悦　妙好人論集（寿岳文章［編］、岩波書店〔岩波文庫青（33）-169-7〕）※←柳宗悦 198104・198207
　　　　：①仏教に帰る※←柳悦 195599
　　　　：②真宗素描※←柳宗悦 195504 ←柳宗悦 194909・194910・194911
　　　　：③真宗の説教※←柳宗悦 195601
　　　　：④仏教と悪※←柳宗悦 195803
　　　　：⑤色紙和讃について※←柳宗悦 194703
　　　　：⑥妙好人※←柳宗悦 196001 ㉓
　　　　：○中見　眞理：解説
199106　◎南無阿弥陀仏（岩波書店〔ワイド版岩波文庫 38〕）
　　　　※←柳宗悦 199106 ←柳宗悦 198601 ←柳宗悦 196001 ←柳宗悦 195508

柳田　國男（※元國學院大學文学部教授、元樞密顧問官、元貴族院〈1947/5/2 廃止〉書記官長。1875/7/31-1962/8/8）
191104　：踊の今と昔（『人類學雑誌』第二十七巻第一號、日本人類學會）※〜第五號、191108 連載。→柳田國男 196211 ①
191305　：所謂特殊部落の種類（『國家學會雑誌』第二十七巻第五號、東京帝國大學國家學會）※←柳田國男 196404 ②
191404　：念佛團體の變遷（『郷土研究』第貳卷第貳號、同社）※東日本の遊行時衆である鉦打・磬叩として譲原萬福寺・温水専念寺・足柄下郡豊川村大字成田米穀山米穀寺（現神奈川県小田原市成田。廃寺。『新編相模國風土記稿』巻三十五によれば国府津蓮台寺の支配で「古より住僧なく、磬打境内に住して本尊を守護す」とあり＝小野

澤註)・野州小山光照寺・足利助戸眞教寺が記載。→柳田國男 196203 ①

191405 ：○實盛塚(『郷土研究』第貳卷第参號、同社)※→柳田國男 196203 ②

191408 ：○聖と云ふ部落(『郷土研究』第貳卷第六號、同社)
※被慈利・(高野)非事吏、一遍・空也の考察。→柳田國男 196203 ③

191409 ：○鉢叩きと其杖(『郷土研究』第貳卷第七號、同社)
※西日本の空也流である鉢(瓢)叩の考察。→柳田國男 196203 ④

191410 ：○茶筅及びサヽラ(『郷土研究』第貳卷第八號、同社)→○空也傳を引く。→柳田國男 196203 ⑤

192002 ◎赤子塚の話(玄文社〔爐邊叢書第一編〕)※敦盛の妻子譚・國阿伝に言及。→柳田國男 195005 ①→柳田國男 196311 ①→柳田國男 199001 ①→柳田國男 199712 ①

192101 ：俗聖沿革史(『中央佛教』第五卷第一號、同社)※～第五號、192105 連載。→柳田國男 196404 ①

193212 ◎女性と民間傳承(岡書院)
：①一遍上人と幽靈※→柳田國男 196202 ①

195005 ◎神を助けた話(實業之日本社〔柳田國男先生著作集第 10 册〕)
※←『神を助けた話』〔爐邊叢書第四編〕、玄文社・192002 ＋柳田國男 192002 合本
：①赤子塚の話※←柳田國男 192002。→柳田國男 196311 ①→柳田國男 199001 ①→柳田國男 199712 ①

196202 ◎定本・柳田國男集第八卷(筑摩書房)
：①一遍上人と幽靈※←柳田國男 193212 ①

196203 ◎定本・柳田國男集第九卷(筑摩書房)
毛坊主考※→柳田國男 199003 ①
：①念仏団体の変遷※←柳田國男 191404
：②実盛塚※←柳田國男 191405
：③聖という部落※←柳田國男 191408 改題
：④鉢叩きと其杖※←柳田國男 191409
：⑤茶筅及びサヽラ※←柳田國男 191410

196211 ◎定本・柳田國男集第七卷(筑摩書房)
：①踊の今と昔※←柳田國男 191104

196311 ◎定本・柳田國男集第十二卷(筑摩書房)
：①赤子塚の話※←柳田國男 195005 ①←柳田國男 192002。→柳田國男 199001 ①→柳田國男 199712 ①

196404 ◎定本・柳田國男集第二十七卷(筑摩書房)
：①俗聖沿革史※←柳田國男 192101。→柳田國男 199003 ②
：②所謂特殊部落ノ種類※←柳田國男 191305

199001 ◎柳田國男全集第 7 卷(筑摩書房〔ちくま文庫・や 6-7〕)
：①赤子塚の話※←柳田國男 196311 ①←柳田國男 195005 ①←柳田國男 192002。→柳田國男 199712 ①

199003 ◎柳田國男全集第 11 卷(筑摩書房〔ちくま文庫・や 6-11〕)
：①毛坊主考※←柳田國男 196203 ①・196203 ②・196203 ③・196203 ④・196203 ⑤←柳田國男 191404・191405・191408・191409・191410
：②俗聖沿革史※「廻国聖と遊行聖」・「鉦打と謂ふヒジリ」・「遊行上人と鉦打」(板鼻開名寺・御影堂新善光寺・丸山安養寺・温水専応寺・足柄下郡成田米穀山米穀寺あり)。「鉦打の鉦」・「遊行派と空也派」等の章あり。←柳田國男 196404 ①←柳田國男 192101

199712 ◎柳田國男全集第 3 卷(筑摩書房)※〔決定版〕
：①赤子塚の話※←柳田國男 199001 ①←柳田國男 196311 ①←柳田國男 195005 ①←柳田國男 192002

柳田　芳男(※〈栃木県〉鹿沼市文化財保護審議会会長・鹿沼史談会会長。柳田邦男〈作家〉令兄。故人)

199104 ：○かぬま郷土史散歩(晃南印刷出版部)※鹿沼一向寺(一向派。廃寺)に言及、一向寺改め鹿沼西光寺の法灯を嗣ぐと推定される真宗大谷派「光明寺」の項あり

199212 ：○今宮大太鼓について(『鹿沼史林』第 32 号、鹿沼史談会)※鹿沼西光寺(一向派。廃寺)旧蔵太鼓

築瀬　一雄(※豊橋技術科学大学名誉教授。元豊田工業高等専門学校教授。1912/5/5-2008/9/14)

196206 ：○一遍上人語録正誤(『碧冲洞通信』創刊号、築瀬私家版)

196302 ：○熱田神宮の連歌(『明鏡』第六巻第二号、明鏡短歌会)

196603 ：○熱田神宮所蔵連歌目録(『中世文芸』第三十四号、広島中世文芸研究会)

199802 ◎社寺縁起の研究(築瀬〔編〕、勉誠社)
※「範宴少納言公真像縁起―京都五條・御影堂・圓阿弥」「放光塚縁記―東山・長楽寺」の項あり

八幡　義信(※神奈川県文化財協会会長。元鎌倉女子大学教育学部教授、元同県立歴史博物館学芸部長)

199910 ：○特別展「没後８００年記念―源頼朝とゆかりの寺社の名宝」の開催にあたって(『神奈川県立歴史博物館だ

より』第５巻第２号、同館）※西御門来迎寺に言及

籔田藤太郎（※滋賀県地方史研究家連絡会世話人。元〈同線田郡〉米原町〈現米原市〉商工会議所副会頭。1913/8/24-1984/4/24）
198407 ：○蓮華寺（滋賀県百科事典刊行会［編］『滋賀県百科事典』大和書房）※項目執筆。番場蓮華寺

薮塚喜声造
201303 ：○福井の称念寺（福井・新田塚郷土歴史研究会［編集］『越前の新田義貞考』（下）、DoCompany 出版）

矢　良明（※〈神奈川県足柄下郡湯河原町・私立〉人間国宝美術館館長。元東京国立博物館学芸部工芸課課長）
197911 ：○藤沢市遊行寺所蔵の中国陶磁（三浦古文化編集委員会［編集］『三浦古文化』第二十六号、三浦古文化研究会）※→矢部良明 200709
200709 ：○中国陶磁（清浄光寺史編集委員会［編集］『清浄光寺史』藤沢山無量光院清浄光寺（遊行寺））
　　　　　※「第八章　文化財」の第六節。←矢部良明 197911 改題、ただし註を大幅削除。初出不明示

山内　譲（※松山大学法学部教授。元愛媛県立上浮穴高等学校教諭）
199601 ：○曾我兄弟と山吹御前─中世伊予の地域間交通と熊野信仰─（『ソーシアル・リサーチ』21、同研究会）
200108 ：○「一遍聖絵」と伊予国岩屋寺（上横手雅敬［編］『中世の寺社と信仰』吉川弘文館）←越智通敏 198007・198101 の「実景と著しく異なる」との観察を支持し、「写実的に描写」していないと結論づけ、三峰屹立のイメージは岩屋に残る白山信仰の反映である、とす。→川岡勉 200705 引用・米倉迪夫 200805 紹介
200710 ：○一遍の旅─丹波穴太寺─（『伊予史談』第三四七号、同会）
200904 ：○一遍の旅（1）─鎌倉・片瀬─（『ソーシャル・リサーチ』34、同研究会）
201004 ：◎古代・中世伊予の人と地域（山内［編集］、関奉仕財団〈伊予史談会［発売］〉）
　　　　　※単色表紙カバー図版：奥谷宝厳寺一遍立像
　　　　：①一遍の風景─畿内・播磨の旅─※第四章。→石野弥栄 201010 書評
201107 ：○最古の河野系図（『伊予史談』第三六二号、同会）※「史料紹介」欄
201112 ：○一遍の一族─鎌倉時代の伊予河野氏─（日本歴史学会［編集］『日本歴史』第七百六十三号、吉川弘文館）
201201 ：○『一遍聖絵』に描かれた信濃（『立命館文学』第624号〈杉橋隆夫教授退職記念論集〉、立命館大学人文学会）
201308A ：○『一遍聖絵』と伊予三島社（『四国中世史研究』第12号、同会）
201308B ：○巡見案内　海賊・海城・一宮（2013年8月24日第51回中世サマーセミナー「中世の西国と東国」於松山市立子規記念博物館要旨）※「3　一宮」で『一遍聖絵』と一遍伊予三島社参詣に言及、←山内譲 201308 を参考文献に挙ぐ。図版：『一遍上人絵伝』
201503 ：○《研究論文》鎌倉後期伊予の二つの寺院──一遍と凝然─（民衆宗教史研究会編修委員会［編修］『寺社と民衆』第十一輯、同会出版局〔岩田書院・日本史史料研究会［発売］〕）

山折　哲雄（※国際日本文化研究センター名誉教授・総合研究大学院大学名誉教授。元同センター第3代所長）
199205 ：◎修行と解脱［捨てる　歩く　伝える］（山折・永沢哲・正木晃［著］、佼成出版社）
199307 ：○仏教民俗学（講談社［同社学術文庫1085]）
199410 ：○祖師たちの宗教体験（朝日新聞学芸部［編］『中世の光景』朝日新聞社〔朝日選書512〕）
199411 ：○一遍（朝日新聞社［編］『朝日日本歴史人物事典』同社）※項目執筆。『聖絵』にのみ言及
199511 ：○日本人と浄土（講談社［同社学術文庫1205]）
199604 ：○山伏・五来重（五来重［著］『四国遍路の寺』（下）、角川書店〔霊場巡礼③〕）
　　　　　※「月報」3。五来と一遍の類似を説き、『聖絵』に言及
200911 ：◎日本仏教史入門─基礎史料で読む（山折・大角修［編著］、角川学芸出版〔角川選書453]）
　　　　：①一遍と時宗※「第三章　鎌倉時代」の「7」

山陰加春夫（※〈和歌山県伊都郡高野町・公益財団法人高野山文化財保存会〉高野山霊宝館副館長・高野山大学名誉教授）
200105 ：○高野への道　いにしへ人と歩く（村上保壽・山陰［共著］、高野山出版社）※詳細→村上保壽 200105

山形県（※山形市）
197403 ：◎山形県史資料篇14 慈恩寺史料（同県［編纂］、同県）
　　　　　※山形県寒河江市慈恩寺（旧天台真言両宗慈恩寺派・現慈恩宗本山）内一向派寺院文書3通
197903 ：◎山形県史資料篇15 下古代中世史料2（同県［編さん］、同県）
　　　　　※『松蔵寺幹縁疏』『宝樹山称名院仏向寺血脈譜』『時宗一向派仏向寺長井中末寺書上』、小白川西光寺太鼓・高擶石佛寺旧蔵仏銘文翻刻あり。単色口絵：同太鼓および同旧本尊。竹田賢正［担当］

山形県高等学校社会科教育研究会
197710 ：◎山形県の歴史散歩（同会［著］、山川出版社〔全国歴史散歩シリーズ6]）
　　　　　※高擶石佛寺・天童仏向寺に言及、単色写真：仏向寺踊躍念仏
199302 ：◎山形県の歴史散歩（同会［編］、山川出版社〔新全国歴史散歩シリーズ6]）
　　　　　※「仏向寺」（天童）・「石仏寺」（高擶）の項あり、貫津東漸寺廃寺に言及、それぞれ石造物単色写真あり

山形県寺院総覧編纂委員会

| 196907 | ◎山形県寺院大総覧（同委員会［編］、山形総合出版社）※山形県内旧・現時宗寺院多数掲載

山形県仏教会
| 197809 | ◎やまがたのお寺さん［第2集―山形市の一部と山辺・中山―］（山形テレビ［企画・編集］・同会［監修］、山形テレビ）※詳細⇒山形テレビ197809
| 198008 | ◎やまがたのお寺さん［第4集―天童・東根・村山―］（山形テレビ［企画・編集］・同会［監修］、山形テレビ）※詳細⇒山形テレビ198008
| 198505 | ◎やまがたのお寺さん［第5集―寒河江・河北・西川・朝日・大江―］（山形テレビ［企画・編集］・同会［監修］、山形テレビ）※詳細⇒山形テレビ198505

山形県文化財保護協会（※山形市）
| 198803 | ◎慈恩寺文書調査報告書（同協会）※「北畠教爾氏所蔵文書」「広谷常治氏所蔵文書」に慈恩寺内一向派松蔵寺（廃寺）関連文書あり、「附図　正徳六年慈恩寺一山絵図」に松蔵寺・一向派宝徳寺（現浄土宗鎮西派）みゆ

山形県埋蔵文化財センター（※山形県上山市・現公益財団法人）
| 200203 | ◎二階堂氏屋敷遺跡発掘調査報告書（同センター〔同センター調査報告書第102集〕）
※山形県天童市高野坊遺跡南100㍍にあり、天童佛向寺旧地の標識が立つ。館跡としての遺構は認められたが、寺院に関する痕跡は特にみられず

山形テレビ（※山形市・株式会社　当時ＦＮＮ→現ＡＮＮ加盟）
| 197809 | ◎やまがたのお寺さん［第2集―山形市の一部と山辺・中山―］（山形テレビ［企画・編集］・山形県仏教会［監修］、山形テレビ）※「正明寺」・「阿弥陀寺」（十文字）・「清雲寺」・「向谷寺」・「浄土寺」・「満願寺」の項あり、全て本堂写真あり、ほかに小塩来迎寺に言及
| 198008 | ◎やまがたのお寺さん［第4集―天童・東根・村山―］（山形テレビ［企画・編集］・山形県仏教会［監修］、山形テレビ）※「仏向寺」・「常福寺」・「誓願寺」（蔵増）・「石仏寺」・「守源寺」・「長源寺」・「松念寺」・「得性寺」・「塩常寺」・「蓮化寺」・「西念寺」・「耕福寺」・「福昌寺」・「一向上人の踊躍念仏」の項あり、全て写真あり
| 198505 | ◎やまがたのお寺さん［第5集―寒河江・河北・西川・朝日・大江―］（山形テレビ［企画・編集］・山形県仏教会［監修］、山形テレビ）※「本願寺」（寒河江）・「西運寺」・「宝徳寺」・「誓願寺」（白岩）・「清水寺」・「阿弥陀寺」（溝延）・「真光寺」・「西蔵寺」・「長延寺」・「称念寺」（左沢）の項あり、全て本堂写真あり

山形放送山形県大百科事典事務局（※山形市・山形放送（ＮＮＮ加盟）内）
| 198306 | ◎山形県大百科事典（同事務局［編集］、山形放送）※項目執筆
　：○北畠　義融※阿弥陀寺※溝延阿弥陀寺
　：○安彦　政重：一向上人
　：○武田　好吉：西光寺※上山西光寺
　：○武田　好吉：仏向寺
　：○丹野　正：仏向寺一向上人踊躍念仏
　：○渋谷　隆興：仏性寺

山上　茂樹（※多摩郷土研究の会会員。元東京府経済部食糧課農産物検査所青梅支所所長。1902-故人）
| 198111 | ：山上茂樹翁ききがきノート（『多摩のあゆみ』第25号、多摩中央信用金庫）
※「第三十四話　宇津木の時宗板碑」

山上　次郎（※文芸評論家・歌人。元愛媛県議会議員（日本社会党左派公認→日本社会党公認→無所属）。1913-2010）
| 197209 | ◎茂吉探訪（古川書房［古川叢書］）※「宝泉寺と窿応和尚」（金瓶）の節ほかあり、上山西光寺にも言及

山川　均（※〈奈良県〉大和郡山市教育委員会生涯学習課主任技師）
| 200205 | ：一遍の墓は誰がたてたか―石工・聖・そして民衆―（『帝京大学山梨文化財研究所研究報告』第10集、同所〈岩田書院［発売］〉）※ 2001/10/6 於兵庫勤労市民センター、第3回兵庫津研究会報告を成稿。→山川均200810①
| 200608 | ◎石造物が語る中世職能集団（山川出版社〔日本史リブレット29〕）
※本文で「一遍の墓（五輪塔）」があることで著名な真光寺のとなりに立つ通称「清盛塚」逆瀬川層塔に言及し、「この逆瀬川層塔と考えられる石塔が『一遍聖絵』にも描かれており、その周辺には非人とおぼしき人びとの姿が見える」とし、単色図版ネーム：「『一遍聖絵』に描かれた逆瀬川層塔」
| 200810 | ◎中世石造物の研究―石工・民衆・聖―（日本史史料研究会企画部〔同会研究選書2〕）
　：「石造物建立と民衆」第五章。「一　善光寺五輪塔と奥山往生院墓地五輪塔」「八　一遍墓造立」の節あり。←山川均200205 改変・加筆・改題

山川出版社（※東京都千代田区・株式会社）
| 199710 | ◎日本史広辞典（同社）※「一遍」「一遍上人絵伝」等の項あり
| 200005 | ◎山川　日本史人物辞典（同社）※「一遍」の項あれど絵巻への言及なし
| 200105 | ◎山川　日本史小辞典　新版（同社）※「一遍」「一遍上人絵伝」等の項あり

八巻　和彦（※早稲田大学商学部教授／中世哲学）

200704　：○四人目の求道者の語り―岩田靖夫著『三人の求道者―ソクラテス・一遍・レヴィナス―』によせて―（『創文』第496号［2007年4月号］、同社）※←岩田靖夫200610 を書評

山岸　常人（※京都大学工学部教授。元神戸芸術工科大学芸術学部〈現デザイン学部〉助教授）
199910　：○『一遍上人絵伝』に描かれた当麻寺（『国宝と歴史の旅』2《仏堂の空間と儀式》、朝日新聞社〔朝日百科・日本の国宝別冊2〕）※同復版あり

山口　清（※城山地域史研究会代表。元〈神奈川県津久井郡〉城山町〈現相模原市緑区〉教育長）
199703　：○村の寺社と農民（城山町［編集］『城山町史』6　通史編　近世、同町）※第六章。「第三節　民間信仰と村人の生活」の「二」の「他阿上人」の項で当麻無量光寺第52世他阿霊随に言及。その直前の同節の「二」の「徳本上人」「徳本上人の巡遊と村人」「徳本上人を慕って」の各項でも徳本の無量光寺参詣に言及

山口　光圓（※叡山学院名誉教授。元京都市左京区曼殊院門跡〈天台宗山門派〉住職。1891/3/16-1972/6/16）
193810　：○一遍上人の教義とその相承の一端について（京都時宗青年同盟［編］『一遍上人の研究』同同盟〈丁字屋書店［發賣］〉）

山口　博之（※山形県立博物館学芸専門員。元〈同県上山市・現公益財団法人〉同県埋蔵文化財センター調査研究員、元山形市立旧村山小学校教諭）
199302　：○宗門改帳に見る複檀家（半檀家）の実際（川崎利夫先生還暦記念会［編集］『川崎利夫先生還暦記念論集　野に生きる考古・歴史と教育』同実行委員会）※詳細⇒大宮富善199302。山口・大宮富善〔共著〕
199311　◎天童の城と館―城館が物語る郷土の歴史―（川崎利夫・村山正市・山口［著］、天童市中世城館址編集委員会［編集］、同市立旧東村山郡役所資料館）※一向派頼出、写真：天童佛向寺
199409　：○山形県大石田次年子地区に見る墓地現況の形成過程（『西村山地域史の研究』第12号、西村山地域史研究会）※天童佛向寺の亡霊伝承に言及
199802　：○なぜ書くの？―高野坊遺跡出土の墨書紀年銘史料によせて―（『郷土てんどう』第26号、天童郷土研究会）

山口　眞琴（※兵庫教育大学学校教育学部教授。元高知大学人文学部助教授）
199212　：○西行物語の構造的再編と時衆（『高知大国文』第23号、高知大学国語国文学会）※→山口眞琴200908①
200908　◎西行説話文学論（笠間書院）
　　　　：①『西行物語』の構造的再編と時衆※「第二部　『西行物語』の世界」の第三章。←山口眞琴199212
201003　：○諸宗論が語るもの―『峯相記』の叙述特徴をめぐって―（『佛教文學』第三十四號、同會）※2008年度同會本部支部合同例会「神戸大会」での講演「『峯相記』の叙述特徴と播磨守護赤松氏をめぐって」の前半部分を中心に成稿。一遍・時衆・『一遍聖絵』に言及し、←末木文美士200805・大塚紀弘200309 等を引用

山崎　義天（※兵庫普照院住職。元時宗宗務長・総本山執事長、元井川新善光寺住職。1980年歿）
197510　：○発刊の辞（『時宗教学年報』第四輯、時宗教学研究所）※肩書き：「時宗宗務長」

山崎　重利（※萬福寺檀徒）
199903　：○読者のページ（『遊行』第127号、時宗宗務所）

山崎　達雄（※元〈京都府〉亀岡市副市長、元同府庁農林水産部次長）
199909　◎洛中塵捨場今昔（臨川書店［臨川選書19］）※洛中時宗寺院に言及

山崎　正和（※大阪大学名誉教授。元東亜大学学長、元関西大学文学部教授）
197108　◎太平記（山崎［訳］、河出書房新社〔カラー版日本の古典15〕）
　　　　※番場蓮華寺での六波羅主従集団自害あり。→山崎正和199011
199011　◎太平記（山崎［訳］、河出書房新社）※←山崎正和197108
200207　◎太平記　巻二（山崎［訳］、世界文化社〔週刊　日本の古典を見る13号［2002年7月18日号］］）
　　　　※カラー表紙：藤沢清浄光寺蔵後醍醐画像

山路　興造（※京都嵯峨芸術大学芸術学部客員教授・藝能史研究会代表委員。元京都市歴史資料館館長）
199811　：○空也堂―市の聖の民衆救済（世界人権問題研究センター［編］『京都人権歴史紀行』人文書院）
200910　：○中世芸能者の流れ（至文堂［編］『国文学　解釈と鑑賞』第74巻10号［平成21年10月号］（941）［特集中世芸能研究の視界］、ぎょうせい）
　　　　※「空也の流れを汲む鎌倉時代の一遍上人の踊り念仏の流れである鉢叩きや鉦叩き」とす

山下　宏明（※名古屋大学名誉教授。元愛知淑徳大学文学部教授）
198005　◎太平記［2］（山下［校注］、新潮社〔新潮日本古典集成（第三八回）〕）
　　　　※番場蓮華寺における六波羅探題主従集団自害に言及
200910　：○金井清光先生とのめぐりあい（砂川博［編］『一遍聖絵と時衆　時衆文化　第20号　金井清光先生追悼号』岩田書院）

山下　立（※滋賀県立安土城考古博物館学芸課副主幹）
201110　◎秋季特別展　武将が祈った神仏たち（山下［作品解説］、滋賀県立安土城考古博物館）※2011/7/9-9/4 於同館企画展示室、東日本大震災復興祈念秋季特別展図録。写真：長浜・浄信寺蔵の弁財天十五童子像（室町時代）

山田　秋衞（※日本画家。元愛知県文化財専門委員長、元〈同県〉名古屋市文化財調査委員。1888-1968）

193103 ：○一遍聖人と六條道場繪傳の概觀（『大和繪研究』創刊號、研石社）

山田　昭夫
200202 ：○草津から京都まで　はるばる来ぬる京の都―面白く東海道をやつれて来―（江戸川柳研究会［編］『江戸川柳　東海道の旅』至文堂〔国文学　解釈と鑑賞別冊〕）※「関寺」の項に「牛塔のある長安寺」あり

山田　一廣（※ノンフィクション作家）
199211 ◎かながわ景勝の旅（神奈川新聞社〔かもめ文庫　かながわ・ふるさとシリーズ 42〕）※「無量光寺」の項あり

山田　邦和（※同志社女子大学現代社会学部教授。元花園大学文学部教授、元〈京都市中京区・府立〉京都文化博物館学芸第二課学芸員）
199609 ：○京都の都市空間と墓地（『日本史研究』四〇九号、同会）※本文で「鳥辺野型葬地」「七条町型墓地」を考察、注で「国宝『一遍上人絵伝』巻七の「市屋道場」の場面」に言及
200204 ：○まちかど歴史散歩（36）時宗が造ったリゾート地―京都・円山公園の安養寺（『歴史街道』平成 14 年 4 月号、PHP研究所）
201004 ：○一遍上人の踊り念仏―都の貴賤の熱狂を呼び起こす―（『中日新聞』朝刊「歩いて楽しむ京都の歴史」連載同月 10 日号、同社）
201109 ：○大炊道場聞名寺―目の不自由な人たちの拠り所―（『中日新聞』朝刊「歩いて楽しむ京都の歴史」連載同月 3 日号、同社）
201204 ◎日本中世の首都と王権都市　京都・嵯峨・福原（文理閣〔平安京・京都研究叢書シリーズ 2〕）
※「第一章　平安京・京都の都市と都市民」「第四節　中世京都の被差別民空間―清水坂と鳥部野」の「三　『一遍聖絵』に見る被差別民たち」で、単色図版ネーム：「因幡堂の床下（「一遍聖絵」巻四）」「因幡堂の縁側（「一遍聖絵」巻四）」「平安京東市（「一遍聖絵」巻七）」「市屋道場の床下（「一遍聖絵」巻七）」「京都郊外・桂（「一遍聖絵」巻七）」

山田　雅教（※三重県四日市西勝寺〈浄土真宗本願寺派〉住職。元〈京都市下京区・浄土真宗本願寺派本山本願寺内〉同寺史料研究所客員研究員）
200703 ：○弥陀と御影―中世の専修念仏者の礼拝対象と祖師信仰―（『高田学報』第九十五輯、高田学会）
※註で「『一遍上人絵伝』」に言及

山田　水城（※法政大学名誉教授・〈東京都豊島区・株式会社〉山田水城建築設計事務所所長。1929-2008/9/10）
199611 ：○樹木による光と影の空間構成に関する研究―藤沢市遊行寺の参道について―（『民俗建築』第 110 号、日本民俗建築学会）※古川修文・宮武直樹・山田〔共筆〕

山田　宗睦（※関東学院大学名誉教授）
197209 ◎批評日本史政治的人間の系譜 2 源頼朝（奈良本辰也・山田・尾崎秀樹［著］、思索社）※呑海などに言及
198408 ：□時宗（『有隣』第二八〇号〔同月十日号〕、有隣堂）※橘俊道・山田・石井進［座談会］。→山田宗睦 199211
199211 ：○固時宗（貴達人・石井進［編］『鎌倉の仏教』有隣堂〔有隣新書〕）
※詳細⇒石井進 199211 ①。橘俊道・山田・石井進［座談会］。←山田宗睦 198408
199404 ：○一遍―ラジカルな他力本願を指向（『別冊・歴史読本』特別増刊（19 巻 12 号）《総集編・日本史名僧ものしり百科》、新人物往来社）

山田　泰弘（※元〈神奈川県鎌倉市・市立〉鎌倉国宝館学芸員）
197311 ：○名古屋円福寺の阿弥陀如来像（大橋俊雄［編集］『時衆研究』第五十八号、時宗文化研究所）
197405 ：○時宗の肖像彫刻（佛教藝術學會［編集］『佛教藝術』96、毎日新聞社）
197408 ：○一遍上人の影像について（大橋俊雄［編集］『時衆研究』第六十一号、時宗文化研究所）
197510 ：○一遍上人の木像（『時宗教学年報』第四輯、時宗教学研究所）
197705 ：○敦賀来迎寺の阿弥陀三尊像（大橋俊雄［編集］『時衆研究』第七十二号、時宗文化研究所）
197808 ：○尾道西郷寺の本尊阿弥陀三尊像（大橋俊雄［編集］『時衆研究』第七十七号、時宗文化研究所）
198705 ：○真教上人の木像について（『時宗史研究』第二号、同会）
198903 ：○一遍上人画像の資料集成（一）（『時宗教学年報』第十七輯、時宗教学研究所）
198907 ：○時衆の本尊考　序説―（佛教藝術學會［編集］『佛教藝術』185〔特集　時宗の美術と芸能〕、毎日新聞社）
199303 ：①藤沢の仏像―年代別リストと概説―
　　　　：②珍しい尊像あれこれ（以上、藤沢市文書館運営委員会［編集］『藤沢市史研究』第 26 号、同館）
199703 ◎藤沢の文化財―仏像を訪ねて―（藤沢市教育委員会［編集］・山田〔執筆〕、同委員会）※単色写真：清浄光寺（遊行寺・時宗総本山）「阿弥陀如来坐像」「地蔵菩薩半跏像」「伝・宇賀神立像」、真浄院「阿弥陀三尊立像」、真徳寺「阿弥陀三尊坐像」、長生院「阿弥陀如来坐像」「閻魔大王坐像」「小栗判官坐像」。元鎌倉国宝館学芸員

山田　雄司（※三重大学人文学部教授）
200402 ：○神祇信仰の重み（今井雅晴［編］『遊行の捨聖　一遍』吉川弘文館〔日本の名僧⑪〕）
※←古賀克彦 200410 紹介
200608 ：○国阿上人の見た伊勢（三重歴史文化研究会［編集］『Mie history』vol.18《特集・三重の中世 2》、同会）
200709 ：○中世伊勢国における仏教の展開と都市（伊藤裕偉・藤田達生［編］・中世都市研究会［編集協力］『都市をつ

なぐ』新人物往来社〔中世都市研究 13〕）※ 2006/9/2 於津リージョンプラザ、同会 2006 三重大会研究報告を成稿。「一　『時衆過去帳』の分析」で伊藤裕偉［作成］「『時衆過去帳』に見える伊勢の衆徒数」の表を転載し、『七代上人法語』等も引用。「二　遊行上人廻国記事からの分析」で『遊行三十一祖京畿御修行記』を引用し、『国阿上人絵伝』『真盛上人往生記伝』を考察。山田神光寺・安濃津光明寺に言及。本文と註で「『一遍上人絵伝』」に言及し、←金井清光 197503・小野澤眞 199908・200704・石川登志雄 198503 等を紹介。肩書きは「三重大学」

大和文華館（※奈良市・現公益財団法人）
199011　◎大和文華館所蔵品図版目録 2―絵画・書蹟〔日本篇〕（同館［編集］、同館）
　　　　※単色図版：同館蔵『遊行上人縁起絵』断簡

山名留三郎（※陸軍士官學校教授）
189505　◎鎌倉舊蹟地誌（山名［編述］、小野英之助［發行］・冨山房書店［發兌］）※「無量光寺」の項あり

山名美和子（※歴史小説作家・〈埼玉県比企郡〉鳩山町文化財保護委員・同町史編纂委員）
201501　：□三くだり半と縁切寺　江戸の離婚を読みなおす（『しんぶん赤旗』「読書　本と話題」欄同月 25 日号（日刊第 23024 号）、日本共産党中央委員会）※第 8 面。見出し：「女性の対等な立場を浮き彫りに」。←高木侃 201411 を書評。ただし書評中で断りはないが同書は高木侃 199203 の復刊

山中　玲子（※法政大学能楽研究所所長・同所教授。元東京大学留学生センター助教授）
201103　：○能楽展望（平成二十一年）（野上記念法政大学能楽研究所［編］『能楽研究』第三十五号、同所）※「物故者」欄で「●金井清光」を立項、「能楽研究者。時衆研究者」とす。なお名義上は江口文恵・山中［共筆］だが、同欄担当は山中

山　梨　県（※山梨県甲府市）
200105　◎山梨県史〔資料編 6 中世 3 上〕（同県［編集］、同県〈山梨日日新聞社［出版］〉）※『一蓮寺過去帳』翻刻
200212　◎山梨県史〔資料編 6 中世 3 下〕（同県［編集］、同県〈山梨日日新聞社［出版］〉）※『陸波羅南北過去帳』翻刻

山梨県立博物館（※山梨県笛吹市）
200608　⊙交い　かいじあむ通信Ｋａｉ 3 号（同館）
　　　　※ 2006/10/14-11/20 於同館、開館一周年記念特別展「祈りのかたち―甲斐の信仰―」の紹介で、真教創建で現浄土宗鎮西派の山梨県笛吹市御坂町成田の九品寺蔵「阿弥陀如来立像」カラー写真掲載
200610　◎祈りのかたち―甲斐の信仰―（同館［編集］、同館）※ 2006/10/14-11/20 於同館、開館一周年記念特別図録。図版・作品解説に甲府一蓮寺蔵「阿弥陀三尊来迎図」（i）、「釈迦十八羅漢図」（i）、「一蓮寺過去帳　僧帳」（i）、真教創建で現浄土宗の笛吹市御坂町成田の九品寺蔵「阿弥陀如来及両脇侍像」（k）、黒駒称願寺蔵「他阿真教坐像（他阿上人真教坐像）」（k）、藤沢清浄光寺蔵「遊行上人縁起絵（一遍上人絵伝）」巻八（i）、のカラー写真掲載。「祖師の面影」の扉キャッチコピー（k）、作品解説の「時宗の祖師」リード（i）。論攷は下記。巻末「寺院紹介」欄に「一蓮寺」（i）、「九品寺」（s）、「称願寺」（i）、「清浄光寺」（i）。以上、イニシャル表記（原文ママ）の執筆者は同館学芸員井澤英理子：i、同近藤暁子：k、同館資料収集調査員鈴木麻里子：s
　　　　：○清雲　俊元：甲斐の仏教史
　　　　：○濱田　隆：甲斐の仏教とその美術
　　　　：○田邊三郎助：甲斐仏教彫刻史

山主　敏子（※児童文学作家。元〈東京都千代田区・現一般社団法人〉日本児童文芸家協会第 3 代理事長。1907/6/3-2000/4/16）
198111　◎おおねこばやし（山主［著］・小島直［画］、相模原市教育委員会〔さがみはらのふるさと絵本第 1 集〕）
　　　　※「一遍上人と当麻山」の項あり

山野　良子（※詩人・歴史学博士〔取得大学名不詳〕）
199810　：○法明上人史伝の研究―法明寺の石塔ならびに遺髑―（融通念佛宗教学研究所［編集］『法明上人六百五十回御遠忌記念論文集』大念佛寺〈百華苑［製作］〉）
200711　◎融通念仏縁起絵巻各諸本の研究―煌めきとその群像―（新平野〈和泉書院販売〉）
　　　　※カラー口絵：平野大念佛寺蔵『融通念仏縁起巻』全編

山野井杲瑛（※長野大学社会福祉学部教授・長野市常然寺〈浄土宗鎮西派〉住職）
197099　：○初期の時衆道場の建立について―一遍智真・他阿教を中心に―（『史』第四号〔昭和四十五年度史学科卒業論文集〕、大正大学）
197403　：○時宗教団の発展（『大正史学』第四号、大正大学史学研究室）※→山野井杲瑛 197412
197412　：○時宗教団の発展（『大正大学学報』第三十六号、同大学出版部）※←山野井杲瑛 197403

山ノ井大治（※大正大学文学部教授・長野市玉照院〈善光寺一山・天台宗山門派〉住職、故人）
199311　：○平成五年度全国善光寺第一次調査集計報告（『平成五年度全国善光寺第一次調査報告書』信州善光寺事務局）※時宗に言及
199511　：○善光寺仏と秘仏―第 1 回全国善光寺調査より―（『平成七年度全国善光寺第一次調査追加報告書（一）』信州善光寺事務局）※時宗・一遍に言及

山羽　學龍（※四条道場金蓮寺第54世住職浄阿上人足下。元新京極十住心院〔現染殿院〕住職。1997年歿）
196403　：○四条道場金蓮寺古文書類目録（金井清光［編集］『時衆研究』第五号、金井私家版）
199607　：○山羽學龍方寸の美『書道藝術』1996年7月号、インターアート出版）※逝去直前の山羽の文と写真
山村　亜希（※京都大学総合人間学部准教授。元愛知県立大学文学部准教授）
199905　：○守護城下山口の形態と構造（『史林』第八二巻第三号（通巻四一五号）、史学研究会）
　　　　　※山口道場善福寺（藤沢派。廃寺）に言及。→山村亜希200902 ①
200503　：○中世津島の景観とその変遷（愛知県立大学文学部日本文化学科［編集］『愛知県立大学文学部論集　日本文化学科編』第53号、同学部）※愛知県津島市の旧時宗一向派寺院に言及。「観音寺」を挙げるが、同寺伝では享徳二年（1453）八月、堀田家第7代加賀守正道の後援により、慈阿上人が「光浄庵」として蓮台寺門前に開山し、享保二十年（1735）十月に「観音寺」と改名し、安政六年（1859）十一月に杉（椙）山宗兵衛が中興した際に「宗念寺」と改め現在地へ移転した、という。つまり中世段階では「光浄庵」であり、場所も異なる（古賀克彦註）
200803　：○戦国期山口の景観とその変化―街路・地割の形態分析を通じて―（愛知県立大学文学部紀要委員会［編集］『愛知県立大学文学部論集』日本文化学科編第56号、同学部）※←平瀬直樹200108を承け山口道場善福寺（藤沢派。廃寺）に言及。本文に「道場門前」、景観復元図中に善福寺が載る。→山村亜希200902 ②
200902　◎中世都市の空間構造（吉川弘文館）
　　　　　：①西国の中世都市の変遷過程―周防山口の空間構造と大内氏―
　　　　　※「第二部　空間構造の動態」の第二章。←山村亜希199905 改題
　　　　　：②戦国期山口の空間構造・再論―街路・地割の形態分析を通じて―※同第二章補論。←山村亜希200803 改題
山村　信榮（※〈福岡県〉太宰府市教育委員会文化財課調査係長）
200504　：○大宰府の中世寺院と都市（吉井敏幸・百瀬正恒［著］『中世の都市と寺院』高志書院）
201207　：○中世大宰府と『一遍聖絵』の世界―鎌倉時代の武士の館と原山（小野正敏・五味文彦・萩原三雄［編］・遊行寺宝物館［編集協力］『一遍聖絵を歩く―中世の景観を読む―』高志書院［考古学と中世史研究9］）
　　　　　※「Ⅱ　館・寺院・神社　歴史の中のモニュメント」のうち。肩書き：「太宰府市教育委員会」
201303　：○中世太宰府の道―太宰府東北部の様子―（太宰府市市史資料室［編］『年報太宰府学』第7号、同市）
　　　　　※単色図版ネーム：「「一遍上人絵伝」第一巻／に見る推定原山の堂舎と道」
山本　勇夫（※小説家。元雑誌編集者。1881/8/26-故人）
193108　：○高僧名著全集第十八巻　一遍上人篇　榮西禪師篇（山本［編］、平凡社）※『一遍上人語録』のほか附録、播州問答、補足、奉納ების事、一遍上人發願の事、私日く、道場誓文、知心修記記、念佛往生綱要、三心料簡集、他阿彌陀佛同行用心大綱、他阿上人歌集、解説、一遍上人略傳、他阿上人略傳あり
山本　悦三（※元〈神奈川県藤沢市・株式会社〉山本松五郎商店社長。故人）
198099　◎移り変わる藤沢の街（山本私家版）※俗にいう「佐竹騒動」による遊行寺衰退に言及
山本　一成（※元大内文化探訪会会長）
200403　◎雪舟と山口（大内文化探訪会）※雪舟没後500年記念出版。単色写真：益田万福寺庭園
山本吉左右（※和光大学名誉教授。元法政大学第二工業高等学校〔現法政大学第二高等学校〕教諭。1935-2007/9/17）
198411　：○伝説生成の一形態―日本　鳥羽田龍舎寺小栗堂縁起（川田順造・徳丸吉彦［編］『口頭伝承の比較研究』1、弘文堂）
山本　幸司（※静岡文化芸術大学名誉教授。元神奈川大学短期大学部教授・同大学院歴史民俗資料学研究科教授）
199310　：○解説―歴史の立場から（堀一郎［著］『聖と俗の葛藤』平凡社〔同社ライブラリー22〕）
200107　◎頼朝の天下草創（講談社〔日本の歴史 09〕）※「第七章　新時代の息吹」「3　新仏教の勃興」の「攻撃する日蓮」の項の末尾に一遍と『一遍上人絵伝』を記載。→山本幸司200904
200904　◎頼朝の天下草創（講談社〔同社学術文庫 1909〕〔日本の歴史 09〕）※「第七章　新時代の息吹」「3　新仏教の勃興」の「攻撃する日蓮」の項の末尾に一遍と『一遍上人絵伝』を記載。←山本幸司200107
山本　殖生（※熊野三山協議会幹事。元〈和歌山県〉新宮市役所熊野情報センター準備室長）
199405　：○熊野地方史関係文献目録（1993年）（熊野歴史研究会［編集］『熊野歴史研究』創刊号、同会）
199506　：○熊野地方史関係文献目録（1994年）（熊野歴史研究会［編集］『熊野歴史研究』第2号、同会）
199605　：○熊野地方史関係文献目録（1995年）（熊野歴史研究会［編集］『熊野歴史研究』第3号、同会）
199706　：○熊野地方史関係文献目録（1996年）（熊野歴史研究会［編集］『熊野歴史研究』第4号、同会）
199806　：○熊野地方史関係文献目録（1997年）（熊野歴史研究会［編集］『熊野歴史研究』第5号、同会）
199903　：○熊野比丘尼の配札（『山岳修験』第23号、日本山岳修験学会）
199906　：○熊野地方史関係文献目録（1998年）（熊野歴史研究会［編集］『熊野歴史研究』第6号、同会）
200005　：○熊野地方史関係文献目録（1999年）（熊野歴史研究会［編集］『熊野歴史研究』第7号、同会）
200105　：①熊野参詣の熊野川交通―古代・中世の舟航事情―
　　　　　：②熊野地方史関係文献目録（2000年）（以上、熊野歴史研究会［編集］『熊野歴史研究』第8号、同会）

200310	：○火の祭り　那智の祭り・御灯祭り（小山靖憲・笠原正夫［編］『南紀と熊野古道』吉川弘文館〔街道の日本史 36〕）※単色図版ネーム：「『一遍聖絵』の那智大滝」
200408	：○熊野詣の魅力（大阪市立美術館［編集］『紀伊山地の霊場と参詣道』世界遺産登録記念　特別展「祈りの道〜吉野・熊野・高野の名宝〜」』毎日新聞社／ＮＨＫ）※ 2004/8/10-9/20 於 大阪市立美術館、10/1-11/3 於 名古屋市博物館、11/20-2005/1/23 於 世田谷美術館、特別展示図録解説。『一遍上人絵伝』の景観」、「『一遍上人開悟』記念の大きな六字名号碑」、小栗判官に言及

山本　世紀（※元（群馬県）伊勢崎市立女子高等学校〈現同市立四ツ葉学園中等教育学校〉教諭）

200107	：○満徳寺（大島建彦・薗田稔・圭室文雄・山本節［編］『日本の神仏の辞典』大修館書店）※項目執筆

山本　隆志（※筑波大学名誉教授）

199403	：○交通・宗教関係資料（高崎市史編さん委員会［編］『新編・高崎市史・資料編』4「中世Ⅱ」、同市）※板鼻と時衆との関係に言及、特に「浄阿上人行状」の資料掲載

山本　武夫（※東京大学名誉教授）

198101	◎慶長日件録　第一（山本［校訂］・船橋秀賢［著］、續群書類従完成會〔史料纂集・古記録編 60〕）※公家仲間 7 人で慶長八年（1603）正月二十六日と十二月六日に長樂寺へ詣で、後者では「御酒薦之」られている。また翌年三月六日、旅先の桑名で「宣阿彌」宿にて休息し、熱田で「四條道場之末寺龜井之道場之内僧阿彌坊ニ一宿」、同五月十七日には疉山正法寺へ行き、四條道場前の表具屋において「鍾宅疉符之本尊」を感得せしめている。翌年正月二十七日条に「次於黒戸遊行上人（中略）等卿對面也」、とあり、六月十日に尾州熱田四條道場宣阿彌より書状到来、とあり
199606	◎慶長日件録　第二（山本［校訂］・船橋秀賢［著］、續群書類従完成會〔史料纂集・古記録編 107〕）慶長十一年（1606）正月十二日条に「次於黒戸遊行（中略）等御禮」、翌年九月二十六日条に凌山へ登る記事あり

山本　勉（※清泉女子大学文学部教授。元東京国立博物館事業部教育普及課教育普及室室長）

200403	：○阿弥陀如来像（真教寺）（水野敬三郎［編］『日本彫刻史基礎資料集成』「鎌倉時代　造像銘記篇」二、中央公論美術出版）※→大澤慶子 201003 の注で引用
201102	◎東国の鎌倉時代彫刻―鎌倉とその周辺（山本［執筆・編集］・至文堂［編集］、ぎょうせい〔日本の美術№ 537〕）※本文中の「運慶以前の鎌倉」の「平安最末期の東国造像」で小野寺住林寺阿弥陀如来像にふれ、単色写真ネーム：「阿弥陀如来坐像（高勝房　栃木・住林寺　像高 86.7cm）」。「運慶と運慶派工房の定着」の「運慶系統の仏師」の「宗慶・実慶」項で茶畑願生寺阿弥陀如来像にふれ、単色写真ネーム：「阿弥陀如来坐像（静岡・願生寺像高 88.1cm）」。また同じ「運慶と運慶派工房の定着」の「伊豆山と快慶」で助戸真教寺阿弥陀如来像にふれ、単色写真ネーム：「阿弥陀如来立像（快慶　栃木・真教寺　像高 96.6cm）」。「鎌倉地方彫刻の展開」の「肖像と神像」の「禅宗以外」で国府津蓮台寺他阿真教像にふれ、単色写真ネーム：「他阿真教坐像（小田原市・蓮台寺像高 85.3cm）」

山本　藤枝（※作家。1910/12/7-2003/7/7）

199012	◎現代語で読む　太平記（集英社〔同社文庫・や 12-1〕）※番場蓮華寺が「番場の宿の、とある辻堂」とあり

山本ひろ子（※和光大学表現学部教授）

199307	◎変成譜（春秋社）※「中世熊野詣の宗教世界―浄土としての熊野へ―」の章あり。一遍に言及

山本　博子（※佛教大学教学部教育開発課課長。元（京都市東山区・浄土宗鎮西派）総本山知恩院史料編纂所嘱託編纂員）

200712	：○法然上人二十五霊場における番外札所（日本印度学仏教学会［編集］『印度學佛教學研究』第五十六巻第一号〔通巻第 113 号〕、同会）※ 2007/9/4 於四国大学、同会第 58 回学術大会報告を成稿。「遺跡であるが大坂講により番付から除かれた寺院」として「正法寺は法然が元久二年（一二〇五）正月一日から別時念仏を勤めた霊山寺の遺跡である。しかし「外（ばんぐわい）」と記した下に「十四ばん（番）のふだしよ（札所）」（四三丁オ）と割注することや、「ばんぐわい（番外）にせしこと、本意（ほい）ならず」（同ウ）と記すことから、霊沢は正法寺を第十四番の札所と考えていたが、大坂講の意向により番外とされたと考えられる」とす。肩書き：「佛教大学職員」

山本　泰一（※（愛知県名古屋市東区・公益財団法人徳川黎明会）徳川美術館名誉副館長）

198808	：○「破来頓等絵巻」について―時衆の教義の絵画化―（『金鯱叢書』第十五号、徳川黎明会）

山本　陽子（※明星大学人文学部教授）

200202	：○中世の宗教美術―神仏と祖師の姿―（遠日出典［編］『日本の宗教文化』（下）、高文堂出版社〔宗教文化全書 3〕）※『遊行上人行状絵』と呼称

山本　美一（※元大阪府八尾市泉福寺〈融通念佛宗〉住職）

198105	：○融通念仏のあゆみ（日本仏教研究所［編集］・田代［著］『良忍上人と大念仏寺』ぎょうせい〔日本仏教の心⑫〕）※山本・塩野芳夫［共筆］

山本　修巳（※（新潟県）佐渡市文化財保護審議会会長。元同県立佐渡高等学校教諭）

199408	◎佐渡古寺巡礼（山本・酒井友二［著］、新潟日報事業社出版部）※山本による真野大願寺、宿根木称光寺解説

山本　亮子（※外資系証券会社社員）
200107　：○蓮華寺（大島建彦・薗田稔・圭室文雄・山本節［編］『日本の神仏の辞典』大修館書店）
　　　　　※項目執筆。番場蓮華寺。ただし「一向俊聖(しゅんせい)」とルビ

湯浅　和好
193401　：○一遍の念佛（『顯眞學報』第三卷第三號、顯眞學苑）

湯浅　治久（※専修大学文学部教授。元〈千葉県〉市川市立市川歴史博物館学芸員）
200901　：◎戦国仏教─中世社会と日蓮宗（中央公論新社［中公新書1983］）
　　　　　※「第1章　戦国仏教とは何か」の「鎌倉仏教から顕密仏教へ」の節で一遍に言及
199411　：○東国の日蓮宗（網野善彦・石井進［編］『都市鎌倉と坂東の海に暮らす』新人物往来社［中世の風景を読む2］）※一遍・石浜・時宗道場等に言及。→湯浅治久200506①
199503　：○東京低地と江戸湾交通（木村礎［監修］・葛飾区郷土と天文の博物館［編］『東京低地の中世を考える』名著出版）※同館シンポジウム報告。時宗・一遍・『一遍聖絵』・他阿真教・石浜道場・『二祖上人詠歌』に言及。→湯浅治久200506③
199511　：○中世東国の「都市的な場」と宗教─地城史のための方的一試論─（峰岸純夫・村井章介［編］『中世東国の物流と都市』山川出版社）※時宗・石浜道場に言及。→湯浅治久200506④
199611　：○中世下総国の寺領と安堵─中山法華経寺を事例として─（千葉歴史学会［編］『中世東国の地域権力と社会』岩田書院［千葉史学叢書2］）※→湯浅治久200506②
200506　：◎中世東国の地域社会史（岩田書院［中世史研究叢書⑤］）※→鈴木敏弘200612 書評
　　　　　第一部　東国寺院と地域社会
　　　　　：①第一章　東国の日蓮宗※←湯浅治久199411
　　　　　：②第二章　東国寺院の所領と安堵※←湯浅治久199611 改題
　　　　　第二部　東国「郷村」社会の展開
　　　　　：②第八章　東京低地と江戸湾交通※←湯浅治久199503
　　　　　：③第九章　中世東国の「都市的な場」と宗教─地城史のための方法的一試論─※←湯浅治久199511
201102　：○《講演》「葬式仏教」と中世の日蓮宗─『戦国仏教』という視点から考える（日蓮宗現代宗教研究所［編］『現代宗教研究』別冊『2009年度第20回法華経・日蓮聖人・日蓮教団論研究セミナー　「葬式仏教」を考える』同宗宗務院・同宗新聞社［発売］）
　　　　　※2010/2/9 講演録。当日配布レジュメに『（正しくは新）横須賀市史　資料編　古代・中世Ⅱ』（2007年）の「永正十三年（一五一六）六月十三日、相河半吾、能永寺に、これ以後相河一類が同寺の檀那となることを約束する。」の史料本文を載せ、講演でも言及。ただしレジュメでは「圭室文夫」と表記（古賀克彦註）
201210　：◎蒙古合戦と鎌倉幕府の滅亡（吉川弘文館［動乱の東国史3］）
　　　　　※「二　都市鎌倉と「鎌倉の仏教」」で一遍に言及
201303　：○中世の千束郷─浅草寺と湊町石浜・今戸、そして隅田─（東京都台東区教育委員会生涯学習課［編集］『台東区文化財調査報告書』第47集《台東区文化講座記録集　中世の千束郷》、同委員会）
　　　　　※第1章。2010/6/20 文化財講座「中世の千束郷」の第1回講演「中世の千束郷─都市的な場、石浜・浅草─」を成稿。「宗教者たちの集い」の項で、一遍・一遍聖絵・石浜道場・時宗等に言及。単色写真ネーム：「石浜の時宗道場と推定される保元寺」。なお同書所収「台東区の古代・中世史年表」の1282（弘安5）年に「この年、諸国を遊行中の一遍が石浜を訪れる（一遍聖絵）」、1289～1319（正応2～元応元）年に「八月、他阿真教が石浜道場を訪れる（他阿上人家集(マ ）」」とあり

由井　正臣（※早稲田大学名誉教授。元駒澤大学文学部助教授。1933/1/10-2008/4/4）
200005　：◎日本史文献解題辞典（加藤友康・由井［編］、吉川弘文館）※一遍・時宗関係の項あり

由木　義文(ゆうき)（※埼玉県加須市龍蔵寺〈浄土宗鎮西派〉住職。元同県公安委員会委員長）
197708　：○一遍における仏（大橋俊雄［編集］『時衆研究』第七十三号、時宗文化研究所）

結城市史編さん委員会（※茨城県結城市）
197901　：◎結城市史第2巻近世史料編（同委員会［編］、同市）
　　　　　※宝永五年（1708）『結城町明細帳之控』に西宮金福寺の時鐘あり

雄山閣編輯局（※東京市麹町區〈現東京都千代田区〉・雄山閣内）
193210　：○一遍上人繪傳・解說（『日本繪卷物集成』第二十二巻、雄山閣）
193303　：◎大日本地誌大系［新編相模國風土記稿三］（同局［校訂］、雄山閣）
　　　　　※愛甲郡「上依智村」に瑠璃光寺、高座郡「當麻村」に無量光寺等、同「田名村」に向得寺の項あり

融通念佛宗教学研究所（※大阪市平野区・融通念佛宗総本山大念佛寺内）
198104　：◎良忍上人の研究（同所［編集］、同宗総本山大念仏寺）
　　　　　※良忍の八百五十年遠忌を記念。所名・宗名は「佛」ではなく「仏」表記

：○田代　尚光：良忍上人と融通神道
　　　：○佐藤　哲英：叡山浄土教における良忍上人の地位
　　　：○横田　兼章：大原如来蔵における良忍上人関係資料
　　　：○佐藤　哲英・横田　兼章：良忍上人伝の研究
　　　：○小寺　文頴：良忍上人作『略布薩次第』の研究
　　　：○白士　わか：良忍上人と曼殊院本『出家作法』
　　　：○天納　伝中：良忍上人と魚山声明
　　　：○藤井　元了：円覚上人道御伝
　　　：○秦本　　融：仏教思想と融通念仏
　　　：○吉井　良顕：融通念仏宗の教義
　　　：○杉崎　大慧：融通念仏宗の血脈
　　　：○横田　兼章：良忍上人略年譜
　　　：○阿波谷俊宏：大念仏寺の重宝※ほか資料飜刻3編
198203　◎融通念佛宗年表（同所［編］、大念仏寺）
　　　※巻末の『大念仏寺四十五代記録"末寺帳』などの附録も有用。基本文献。所名は「佛」が「仏」表記
199804　◎法明上人　その生涯と信仰（同所［編集］、総本山融通念佛宗大念佛寺〈法蔵館［製作］〉）※Ａ５判、全カラーで平易な一般向け。法明や踊躍念仏に関し全国を取材。法明所縁地が行基や道御に重複している点に注意（大阪府東大阪市長瀬町2丁目の法明墓所「有馬御廟」は、行基ゆかりの河内七墓の1つ長瀬墓地。現在、市営長瀬斎場〈中世以来の火葬場〉の一角で、葬祭の問題とからむ）。融通念仏伝承をもつ滋賀（番場）蓮華寺のカラー図版あり
199810　◎法明上人六百五十回御遠忌記念論文集（同所［編集］、総本山融通念佛寺大念佛寺〈百華苑［製作］〉）
　　　：白井　慈勲：法明上人六百五十回忌の記念出版に際して
　　　第一部　法明上人とその信仰
　　　：行　昭一郎：「融通大念仏亀鐘縁起」と法明伝承について
　　　：宮島　潤子：法明上人の遺跡と等順大僧正―善光寺大勧進回国開帳より―
　　　：山野　良子：法明上人史伝の研究―法明寺の石塔ならびに遺蹟―
　　　：戸田　孝重・横田　兼章：法明上人伝の研究
　　　第二部　融通念仏宗とその信仰
　　　：高田　良信：融通念仏宗と法隆寺勧学院
　　　：梅谷　繁樹：融通念仏宗と時宗―各種側面の比較―
　　　：豊島　　修：近世後期融通念仏宗の御回在行事について―河州大念寺の事例を通して―
　　　：嶋口　儀秋：善光寺と融通念仏
　　　：大澤　研一：融通念仏宗の大和国への勢力伸張について
　　　：○橋本　章彦：神峰山寺における融通念仏と厳賢良恵―『神峰山寺秘密縁起』を中心として―
　　　：○阿波谷俊宏：融通念仏と八幡念仏所
　　　：○吉村　暎英：融通念仏宗の教義
　　　：○西本　幸嗣：近世融通念仏宗における「御回在」と天得如来「御出光」について
　　　：○浜田　全真：融通念仏と如法経
　　　第四部　庶民信仰と民俗芸能
　　　：○大森　惠子：茶・踊り念仏と空也聖の勧進活動
　　　：○森　　成元：大阪の六斎念仏とその周辺※以上のほか融通念仏とは直接関係のない論攷15本
200009A　◎融通念仏信仰の歴史と美術―論考編（伊藤唯真［監修］・同所［編集］、東京美術）
　　　※融通念佛宗教学研究所200009Bと2冊1函
　　　：○伊藤　唯真：序
　　　：○浜田　全真：融通念仏と勧進―名帳・絵巻物と芸能を通して―
　　　：○奥村　隆彦：融通念仏信仰の展開と種々相
　　　：○中川委紀子：良忍感得の阿弥陀如来像―示現と祈願の造像―
　　　：○松浦　　清：融通念仏の三縁起絵巻
　　　：○大澤　研一：近世融通念仏宗における舜空期の意義
　　　：○宮島　潤子：近世における関東・信濃の融通念仏
　　　：○澤井　浩一：御回在と村落―奈良県宇陀郡榛原町宗祐寺の事例を中心として―
　　　：①無　署　名：融通念仏信仰文献目録※同所所員・西本幸嗣・神崎寿弘［作成］
200009B　◎融通念仏信仰の歴史と美術資料編（伊藤唯真［監修］・同所［編集］、東京美術）
　　　※諸史・資料の全カラー図版や飜刻。融通念佛宗教学研究所200009Aと2冊1函

有　隣　堂（※神奈川県横浜市中区・株式会社）

200110　◎有鄰第407号（2001年10月10日号）（同社）※2001/8/23-11/18於神奈川県立金沢文庫、特別展「蒙古襲来と鎌倉仏教」を記念した早稲田大学講師伊藤聡・東京文化財研究所美術部研究員津田徹英・同展示担当の金沢文庫主任学芸員西岡芳文による「座談会　鎌倉仏教と蒙古襲来」を掲載。津田「十三世紀後半になると、だんだん自意識が過剰になり、自分はどこにウエートを置くかという形で出てきたのが日蓮、一遍であり、親鸞です。（中略）一遍にしても日蓮にしても親鸞にしても、みんな比叡山で一度勉強している。それで、鎌倉にすぐ来るかというと、そうじゃなくて、周辺である程度足場を固めた後で、鎌倉街道を伝ってうまく入ろうとしていくわけです。　それで花を咲かせるのは、鎌倉なんです」。また「一遍が小袋坂で北条時宗に出会ったのはわざと仕組んだことか」の見出しがあり、津田「一遍にしても、方法論から言うと、天台を踏まえながら、わかりやすく、わかりやすく教えを広めていったわけです。特に一遍は伊予国の豪族の河野氏の血筋ですけれども、いわば蒙古合戦の当事者というか、そういう中から出てきている」、編集部「一遍が鎌倉の小袋坂で北条時宗と出会うという絵が残っていますね」、津田「あれは多分、時宗の行列に出会うように仕組んだもので、うまくセンセーショナルに、自己アピールしたと考えたほうがいいんです。鎌倉の宗教を考える上で、道や港をどう押さえているかということが重要です。一遍は、賦算といって、念仏の札を配って歩くわけですから、ものすごくよく道を知っている。鎌倉街道の周りをうまく押さえ、鎌倉に入れないならどこかでパフォーマンスをする。それは必ず鎌倉に聞こえるところです。片瀬で踊り念仏をやっているところが『一遍聖絵』にありますね」、西岡「一遍の時宗も、真宗も、それから日蓮の場合は時代がすこし後になりますが、その担い手が出てくる。それがいわゆるちゃんと出家した坊さんではなく、非常にあいまいな立場の人たちが一宗の開祖になったりしていく」等と発言

200202　◎有鄰第411号（2002年2月10日号）（同社）
※東京女子大学名誉教授大隅和雄・東京大学教授五味文彦・中央公論新社書籍編集局山形真功・木村史彦・有隣堂会長篠崎孝子による「座談会　中世の魅力を語る―中央公論新社『日本の中世』刊行にちなんで」を掲載。大隅「例えば、阿弥陀の利益［りやく］ということが出ています。鎌倉の町の局が、あるとき怒って、身近かに使っている女童［めのわらわ］の片方の頬に、銭を焼いて押し付けた。ところが、自宅にまつってある阿弥陀を見ると、その火印が女童にではなく、阿弥陀の頬にあった。女童が仏を信じていたから、仏が身代わりになってくれた。日ごろの信心が大切であるという話です。これと同じような話が鎌倉の光触寺に伝わる『頬焼阿弥陀縁起絵巻』という鎌倉末期の絵巻に書かれています。ですから、そういう部分を並べてゆけば、中世の信心の雰囲気を読者にわかってもらえるような話が多いんです」とあり、『頬焼阿弥陀縁起絵巻』のネームと『沙石集』とほぼ同様の説話が描かれている（鎌倉市・光触寺）のキャプションをもつ単色図版掲載。また五味「普通に言えば、鎌倉後期から大衆文化状況ですね。　文化を享受し、支えていく人々に大きな広がりがある。『一遍聖絵』などの絵巻にしても、みんな勧進でつくられています。人々に勧めて喜捨をお願いするために」と発言、単色図版ネーム：「片瀬の浜を歩く琵琶法師（『一遍聖絵』　歓喜光寺・清浄光寺蔵）」

200309　◎有鄰第430号（2003年9月10日号）（同社）
※鎌倉考古学研究所所長齋木秀雄・金沢文庫主任学芸員西岡芳文・聖マリアンナ医科大学教授医学博士平田和明・鎌倉国宝館副館長松尾宣方による「座談会　中世鎌倉の発掘―仏法寺跡と由比ヶ浜南遺跡をめぐって」を掲載。西岡「浄土真宗は三浦の野比［のび］に移っている最宝寺が、もとは高御蔵［たかみくら］最宝寺と言いまして、材木座の弁ヶ谷［やつ］にありました。極楽寺に囲われた生けすのような場所なんですが、そこに住んでいる人たちの信心として、念仏であれば真宗とか時宗、一方で法華なんかも出てくる。そういう構造は見えてくるんです」、松尾「元弘の乱のとき、時宗の他阿上人の『自筆仮名消息』に、同士討ちの罪をおかしたので、浜に引き出されて首を斬られる武士に念仏を唱えさせる僧侶のことが出てきますね」と発言

200602　◎有鄰第459号（2006年2月10日号）（同社）
※町田市立博物館館長・武蔵野美術大学名誉教授田邉三郎助・東北大学名誉教授有賀祥隆・神奈川県立歴史博物館専門学芸員薄井和男・有隣堂社長松信裕による「座談会　かながわの神道美術―神奈川県立歴史博物館特別展示にちなんで―」掲載。有賀「藤野町の正念寺には「熊野権現影向図」がありますね。雲の間から阿弥陀の上半身が沸きだしている図で、那智の本宮の本地仏が阿弥陀如来として化現したところをかいた。正念寺は今は浄土真宗だけれど、以前は一向宗、時宗ですね」、薄井「もともとはそうです。一遍が熊野に詣でて、熊野権現から神託をうけて念仏思想を感得し、悟りを開いたといわれており、『一遍聖絵』にも、その場面がかかれている。時宗と熊野はつながっていますので、たどっていくと結構おもしろい」と発言

200905　◎有鄰第498号（2009年5月10日号）（同社）
　　　　：□岩橋　春樹：絵画における真実と事実―『中世鎌倉美術館』補遺の記

200906　◎有鄰第499号（2009年6月10日号）（同社）
　　　　：□藤谷　治：藤沢のはなし

行　昭一郎（※元大阪府立住吉高等学校第12代校長）

199810　：○「融通大念仏亀鐘縁起」と法明伝ައについて　（融通念佛宗教学研究所［編集］『法明上人六百五十回御遠忌

392

　　　　記念論文集』総本山大念佛寺〈百華苑［製作］〉）
　　　　　　　　融通念佛宗
遊行寺
→清浄光寺
遊行寺宝物館（※神奈川県藤沢市・時宗総本山清浄光寺内）
197705　◎遊行上人絵巻展図録（同館）※「時宗総本山遊行寺宝物館」名義
197810　◎遊行寺宝物館展図録　菊地契月・土田麥僊・富田渓仙・榊原紫峰展（同館）
198012　◎時宗総本山遊行寺宝物館図録（同館［編集］、同館）
　　　　※有賀祥隆による「絹本著色一向上人像」の項と口絵ほかあり
遊佐奈津子（※〈東京都港区〉日通商事株式会社東京支店航空営業部職員）
200312　：○「一遍聖絵」研究―一遍の造形と貴族の権力―（『恵泉アカデミア』恵泉女学園大学社会・人文学会機関誌
　　　　・同大学社会・人文学会編8号、同大学人文学会）※2002年度優秀卒業論文。→稲本万里子 200405 で「一遍に
　　　　憑依して武士を蔑み、あるいは一遍を地方武士と同一視する注文主のまなざしを分析」と紹介
湯谷　祐三（※愛知県立大学文学部非常勤講師・名古屋外国語大学外国語学部非常勤講師・浄土宗西山深草派宗学院教授）
199903　：○《研究資料》『誓願寺縁起』関係資料（『深草教学』第十九号、深草派宗務所）
199908　：○誓願寺縁起六巻本の解題と翻刻（『同朋大学佛教文化研究紀要』第十八号、同所）
200507　：○誓願寺の縁起とその周辺―中世説話資料として『誓願寺真縁起』の位相―（『説話文学研究』第四十号、説
　　　　話文学会）
201403　：○【研究ノート】雲華院釈大含信慶講師（雲華上人）年譜稿（民衆宗教史研究会編修委員会［編修］『寺社と
　　　　民衆』第十輯、同会出版局〈岩田書院・日本史史料研究会［発売］〉）※文政九年（1826）の項に双林寺月峰が登場
弓野　瑞子（※〈東京都千代田区・株式会社〉平凡社日本歴史地名大系編集委員）
199901　：○中世伊予の熊野信仰（武田佐知子［編］『一遍聖絵を読み解く―動きだす静止画像』吉川弘文館）
　　　　※→川岡勉 200705 引用
弓原山房主人
→河野　憲善
湯山　学（※元藤沢地名の会会長、元〈神奈川県〉藤沢市役所職員）
197502　：○「他阿上人法語」に見える武士（一）（大橋俊雄［編集］『時衆研究』第六十三号、時宗文化研究所）
　　　　※→湯山学 201206 ①
197505　：○「他阿上人法語」に見える武士（二）（大橋俊雄［編集］『時衆研究』第六十四号、時宗文化研究所）
　　　　※→湯山学 201206 ①
197508　：○時宗と相模武士―「他阿上人法語」に見える武士・補論―（大橋俊雄［編集］『時衆研究』第六十五号、時
　　　　宗文化研究所）※→湯山学 201206 ②
197605　：○時宗と武蔵武士（一）（大橋俊雄［編集］『時衆研究』第六十八号、時宗文化研究所）※→湯山学 201206 ③
197608　：○時宗と武蔵武士（二）（大橋俊雄［編集］『時衆研究』第六十九号、時宗文化研究所）※→湯山学 201206 ③
197611　：○時宗と武蔵武士（三）（大橋俊雄［編集］『時衆研究』第七十号、時宗文化研究所）※→湯山学 201206 ③
198204　：○関東府侍所・伊豆国守護高坂氏重について（『埼玉地方史』第12号、同研究会）
　　　　※『陸波羅南北過去帳』を引用
198703　：○小栗判官伝説の里―俣野地区の史跡と伝承―（『かながわ文化財』第83号、神奈川県文化財協会）
201109　◎相模武士第4巻海老名党・横山党　曽我氏・山内首藤氏・毛利氏（戎光祥出版）
　　　　※「第二部　海老名党」「4　相模国分寺と国分氏、日蓮聖人と本間一族」に「本間氏の時宗信仰」の項あり、当
　　　　麻無量光寺や上依知瑠璃光寺に言及
201206　◎中世南関東の武士と時宗（岩田書院［湯山学中世史論集5］）
　　　　I 南関東武士と時宗
　　　　：①湯山　学：一　「他阿上人法語」にみえる武士　←湯山学 197502・197505
　　　　：②湯山　学：二　時宗と相模武士―「他阿上人法語」にみえる武士　補論―
　　　　※ただし『新編相模國風土記稿』を引き写したため上依知「瑠璃光寺」を「瑠璃寺」と表記。←湯山学 197508
　　　　：③湯山　学：三　時宗と武蔵武士（一〜三）※←湯山学 197605・197608・197611
　　　　：○今野　慶信：解説　湯山学氏の時宗史研究と南関東地域史の研究
洋泉社（※東京都千代田区・株式会社）
201205　◎入門　日本の仏教（同社［同社MOOK］）
　　　　※「第2部　日本仏教の歴史をひもとく」「鎌倉　念仏と行脚で広まる信仰　日蓮宗・時宗と後期の新仏教」の
　　　　「独自スタイルで民衆布教を目指した日蓮と一遍の足跡」の項に、カラー図版・写真ネーム・キャプション：「一
　　　　度は出家するものの、25歳のときに父の死で家督を継ぐために故郷の伊予に帰った一遍。だが、一族の所領争
　　　　いなどで希望を失い、再び出家した（一遍上人像／神奈川県立歴史博物館蔵）」「一遍上人ゆかりの四条道場跡を

示す一遍上人念仏賦算遺跡。「賦算」とは、南無阿弥陀仏の名号を書いた算を配ること」「長楽寺　時宗の総本山格であった七条道場金光寺が合併された京都東山の長楽寺。『今昔物語』など多くの古典に記されている名刹」

横井　清（※桃山学院大学名誉教授。元富山大学人文学部教授）
197504　◎中世民衆の生活文化（東京大学出版会）
198106　◎中世を生きた人びと（ミネルヴァ書房［歴史と日本人 3］）※「一遍─遊行と捨身の生涯─」の章あり
198404　：尿乞う人びとと河原者のこと─民衆生活史料としての伝三井寺巻─（『続日本絵巻大成［19 土蜘蛛草紙　天狗草紙　大江山絵詞］月報』18、中央公論社）※「一向衆」を一向派に限定

横久保義洋（※岐阜聖徳学園大学外国語学部准教授。元岐阜経済大学経済学部非常勤講師）
200503　：平泉澄の浄土教観（岐阜聖徳学園大学仏教文化研究所［編集］『岐阜聖徳学園大学仏教文化研究所紀要』第5号、同所）※←平泉澄 192611「第五章　精神生活」中「当時教科書として泛く用いられていた往来物の一である『新礼往来』が京の四条道場金蓮寺に住する時宗僧素阿（眼阿）によって康暦二年に著されたものである」とし、平泉澄 192604 では一遍・『一遍上人縁起』に言及、平泉澄 196407「武生の国府」で「時宗の二代目遊行上人である他阿上人（真教）」、『太平記』より称念寺を本拠とした越前時衆の「赤十字」的活動の例を二つ挙げ」、また「時衆」の定義に言及。肩書きは「本研究所兼任研究員・本学外国語学部講師」

横須賀市（※神奈川県横須賀市）
200708　◎新横須賀市史　資料編　古代・中世Ⅱ（同市［編集］、同市）
　　　　※→湯浅治久 201102 の講演当日配布のレジュメに「永正十三年（一五一六）六月十三日、相河半吾、能永寺に、これ以後相河一類が同寺の檀那となることを約束する。」の史料本文を載せ、講演でも言及。ただし出典は『横須賀市史　資料編　古代・中世Ⅱ』とし「新」脱（古賀克彦註）

横田　兼章（※奈良県生駒郡斑鳩町浄念寺〈融通念佛宗〉住職）
199303　○融通念仏の伝法（仏教民俗学大系編集委員会［編］『仏教民俗学大系』1 仏教民俗学の諸問題、名著出版）※なお愛知県名古屋市熱田区想念寺（浄土宗西山禅林寺派）住職渡辺観永によれば、深草願願寺系と粟生光明寺系（ともに浄土宗西山派）の 2 種類近世開版の経本『蓮門讃誦』の後者を融通念佛宗では用いるという
199810　○法明上人伝の研究（融通念佛宗教学研究所［編集］『法明上人六百五十回御遠忌記念論文集』総本山大念佛寺〈百華苑〉〈製作〉）※戸田孝重・横田［共著］

横田　隆志（※大阪大谷大学文学部准教授。元神戸大学文学部専任講師）
200607　：長谷寺本・伝遊行三十七代託資上人筆『長谷寺縁起文』─翻刻と解説─（『国文論叢』第 36 号《特集：長谷寺研究》、神戸大学文学部国語国文学会）※「五　二人の遊行上人」の項で遊行 37 代託資と 39 代慈光について詳述し、続く「六　長谷寺と時宗」の項で遊行 20 代知蓮にも言及

横浜開港資料館（※神奈川県横浜市中区・市立）
199912　◎１００年前の横浜・神奈川　絵葉書でみる風景（同館［編］、有隣堂）
　　　　※「無量光寺山門と茶毘所坂」「無量光寺仮本堂」の項あり

横浜市文化財総合調査会
198903　◎泉区石造物調査報告書（同会［編］、同市教育委員会［同市文化財調査報告書第十八輯］）
　　　　※神奈川県横浜市泉区上飯田町無量寺（浄土宗鎮西派）に当麻無量光寺第 52 世住職他阿霊随名号塔あり

横濱市役所（※神奈川縣横濱市中區）
193111　◎横濱市史稿佛寺編（同役所［著作］、同役所）※「第四章　佛寺各説」「第六節　時宗」に「淨光寺」（p774-775）の項のみあり。戸塚親縁寺は当時鎌倉郡戸塚町のため市外

横浜市立中央図書館企画運営課（※神奈川県横浜市西区・同館内）
199803　◎横浜市立図書館報・横濱第 33 号［特集：横浜と小栗判官・照手姫伝承］（同課［編］、同課）

横山　昭男（※山形大学名誉教授。元高等学校教諭）
200106　◎最上川と羽州浜街道（横山［編］、吉川弘文館［街道の日本史 11］）
　　　　：①羽州村山・庄内の地域史※山形光明寺に言及

横山　全雄（※広島県福山市備後國分寺〈真言宗大覚寺派〉住職）
200602　：○大法輪カルチャー講座　わかりやすい日本仏教史③鎌倉時代の仏教（『大法輪』平成十八年二月号［第 53 巻第 2 号］［特集∥『般若心経』に生きて死ぬを学ぶ］、大法輪閣）※「非僧非俗の念仏者　親鸞と一遍」の項あり

横山　正幸（※京都市東山区清水寺〈北法相宗大本山〉学芸顧問。筆名：横山蓮生子。2009 年歿）
200805　：○研究　江戸時代　京都名所案内書の中の清水寺（三）統一三、清水寺境内の堂塔・院坊（続）（北法相宗教学部［編集］『清水』第 172 号、音羽山清水寺）※本文中の「中締めコメント」に「清水寺復興の大勧進を行った願阿上人が真っ先に再鋳造に取り組」んだ梵鐘記事と単色写真ネーム：「（重要文化財の旧文明の梵鐘）」。同誌カラー口絵ネーム：「旧梵鐘を撞きおさめる森賢主」。ただし目次では「学芸顧問　横山蓮生子」とあり
200807　：○研究　江戸時代　京都名所案内書の中の清水寺　補遺（北法相宗教学部［編集］『清水』第 173 号、音羽山清水寺）※『雍州府志』の「鳥戸野」の項を引用し、「古へ、人を葬るの場なり。（中略）時に、火葬の臭気、社

頭に通ず。これによりて不浄を厭ひ、葬場を建仁禅寺の前、鶴林（中略）に移す、今、六体の石地蔵残れり。土人、この処を「南無地蔵」と称す。／中世、時衆一遍上人第三世・他阿上人、保福寺をこの地に設く。今、寺は絶ゆ。一遍上人ならびに他阿上人の塔のみ存す。寺物・旧記等は、今、四条の道場金蓮寺にあり」とあり

吉井　和夫（※京都西山短期大学教授）
200803　：○編集後記（『西山学苑研究紀要』第3号、京都西山短期大学）※同誌所収長澤昌幸 200803 に連動して「前号でもご案内いたしましたように、本学では平成十九年度より長澤昌幸先生をお迎えし、時宗の授業を開講いたしております。それをうけて本号には待望の時宗に関わるものを含め」たとす。「吉井」名義

吉井　克信（※〈大阪府〉大阪狭山市教育委員会事務局教育部歴史文化グループ主幹（市史編さん担当学芸員））
200103　：①近世河内国における三昧聖の存在形態
　　　　　　※「第一部　畿内における国別研究」の「七」。オンボウが時宗小寺照林寺（大阪市堺市美原区）支配から融通念佛宗支配に移行する事例から、被差別民関与と地域展開における両者の前後関係がみてとれる
　　　　：②三昧聖研究文献目録（二〇〇一年一月）※「第二部　有力寺院と宗教活動」の「十八」
　　　　　　（以上、細川涼一［編］『三昧聖の研究』碩文社〔戎光祥出版［発売］〕）

吉井　敏幸（※天理大学文学部教授。元〈奈良市・現公益財団法人〉元興寺文化財研究所研究部人文・考古学研究室主任研究員）
199404　：○吉野山周辺の地域的特質とその歴史―地域史研究の一事例―（『奈良歴史通信』第四十・四十一合併号、奈良歴史研究会）※『平井家文書』永禄十年（1567）三月二十一日付「山内安穏八ヶ郷衆等連署置文」に「大念仏上人使調声真阿」とありとす

吉井　良顕（※大阪市浪速区西方寺〈融通念佛宗〉住職。元同市立図書館職員）
198106　◎融通念佛信解章易解（合邦辻閻魔堂西方寺）※融観大通（1649/2/19-1716/4/4）による近世教理書の注釈書

吉岡　一男（※仙台郷土史研究会会長。元〈宮城県〉仙台市立仙台高等学校教諭）
199110　◎仙台の三十三観音（改訂版）（宝文堂）
　　　　　　※第17番札所阿弥陀寺の項あり、単色写真：本堂。「あとがき」文末でも言及。← 198306 初版

吉川　英治（※作家。1892/8/11-1962/9/7）
196007　◎私本太平記巻六　八荒帖（毎日新聞社）※踊る宗教として「時宗」が登場
196101　◎私本太平記巻八　新田帖（毎日新聞社）※番場蓮華寺を描写

吉川　清（吉川　喜善）（※赤門真徳寺初代住職・洋画家・独立美術協会会員。元高山仙源寺住職。1903-1956/6/30）
194401　◎一遍上人（協榮出版社）
194403　◎遊行一遍上人　佛々相念（紙硯社）
194710　◎一遍上人傳（福地書店）
195303　：○「一遍上人絵詞伝」成立考（日本歴史学会［編集］『日本歴史』第五十八号、吉川弘文館）
195305　：○時衆過去帳（日本歴史学会［編集］『日本歴史』第六十号、吉川弘文館）
195311　◎出雲のお國（田中書房）
195605　◎時宗阿彌教團の研究（池田書店）※→吉川清 197309
197309　◎時衆阿弥教団の研究（藝林舎）※←吉川清 195605 復刊
197602　：○時衆阿弥教団の研究（余滴）（『時衆あゆみ』＜一遍の念仏＞、中村昌道私家版）

吉川　賢善
→武田　賢善

吉川　晴彦（※赤門真徳寺第2世住職。吉川清令息）
197305　：○時宗教学に於ける『一遍』の字義（大橋俊雄［編集］『時衆研究』第五十六号、吉川私家版）

吉田　和美（※館林応声寺住職）
198203　：一遍の聖徳太子鑚仰（『時宗教学年報』第十輯、時宗教学研究所）
198510　：○『一遍聖絵』「十重」の考察（『時宗史研究』創刊号、同会）

吉田　久一（※日本社会事業大学名誉教授。元東洋大学社会学部教授。1915-2005/10/16）
198909　◎日本社会福祉思想史（川島書店［吉田久一著作集第一巻］）
　　　　：①中世鎌倉仏教の福祉思想※第二章。→吉田久一 199910
199910　：○鎌倉新仏教と福祉思想（池田英俊・芹川博通・長谷川匡俊［編］『日本仏教福祉起源論―近代仏教を中心に―』雄山閣出版）※「一遍浄土教の福祉思想」の項あり。←吉田久一 198909 ①を圧縮
200003　：○日本の仏教福祉（『福祉と仏教―救いと共生のために』平凡社〔現代日本と仏教Ⅳ〕）※一遍に言及
200107　◎日本仏教福祉思想史（吉田・長谷川匡俊［著］、法藏館）
　　　　：①空也の仏教福祉思想
　　　　：②新仏教の仏教福祉思想
　　　　：③一遍の仏教福祉思想
　　　　：④勧進聖型福祉思想＝俊乗房重源

吉田　　清（※花園大学名誉教授。元日本宗教民俗学会幹事）
200104　◎法然浄土教成立史の研究（岩田書院）※「第二章　念仏停止と勧進活動」に「第一節　嵯峨清凉寺の念仏ヒジリ」「第二節　高野ヒジリ」「第三節　六時礼讃」、「第三章　嘉禄の念仏停止」に「第三節　念仏上人空阿弥陀仏」

吉田　　究（きわむ）（※梅花女子大学名誉教授。元大阪産業大学教養部助教授）
198111　◎中世の思想―風狂と漂泊の系譜―（教育社［同社歴史新書〈日本史182〉］）※「一遍」の項あり

吉田　察正（※佐野涅槃寺住職）
199807　：○遊行寺諸堂めぐり―「呑海上人像」（『遊行』第124号、時宗宗務所）
199903　：○遊行寺諸堂めぐり―「宇賀神」（『遊行』第127号、時宗宗務所）

吉田　直山（※駿府安西寺第43世住職）
199906　：○孟蘭盆会におもう（『遊行』第128号、時宗宗務所）

吉田　　孝（※青山学院大学名誉教授。元山梨大学教育学部（現教育人間科学部）教授）
200601　◎歴史のなかの天皇（岩波書店［岩波新書・新赤版987]）※中扉に単色写真：「『後醍醐天皇御像』（清浄光寺蔵）」

吉田　友之（※元帝塚山学院大学文学部教授）
199504　◎角川絵巻物総覧（梅津次郎［監修］・宮次男・真保亨・吉田［編集]、角川書店）
　　：①融通念仏縁起絵　一巻
　　※「米国　シカゴ美術館蔵」。単色図版ネーム：「「融通念仏縁起絵」第2段　米国　シカゴ美術館」
　　：②融通念仏縁起絵　一巻※「米国　クリーブランド美術館蔵」。単色図版ネーム：「「融通念仏縁起絵」第10段　米国　クリーブランド美術館」
　　：③融通念仏縁起絵　一巻※「米国　シカゴ美術館蔵」
　　：④融通念仏縁起絵　二巻※「京都　知恩院蔵」
　　：⑤融通念仏縁起絵　一巻※「東京　根津美術館蔵」
　　：⑥融通念仏縁起絵　二巻※「米国　ワシントンＤＣ・サクラー美術館蔵」。単色図版ネーム：「「融通念仏縁起絵」下巻　第1段　米国　ワシントンＤＣ・サクラー美術館」
　　：⑦融通念仏縁起絵　二巻※「大阪　大念仏寺蔵」
　　：⑧融通念仏縁起絵　一巻※「東京　大倉文化財団蔵」
　　：⑨融通念仏縁起絵　二巻※「大阪　大念仏寺蔵（明徳版本）」。単色図版ネーム：「重文「融通念仏縁起絵」上巻　第5段　大阪　大念仏寺」
　　：⑩融通念仏縁起絵　二巻※「奈良　池田家蔵（明徳版本）」
　　：⑪融通念仏縁起絵　一巻※「富山　開名寺蔵」
　　：⑫融通念仏縁起絵　二巻
　　※「京都　清凉寺蔵」。単色図版ネーム：「重文「融通念仏縁起絵」下巻　第2段　京都　清凉寺」
　　：⑬融通念仏縁起絵　二巻
　　※「京都　禅林寺蔵」。単色図版ネーム：「重文「融通念仏縁起絵」上巻　第8段　京都　禅林寺」

吉田　　弘（※〈愛知県〉常滑市文化財保護委員。元〈同県〉東海市立加木屋小学校教頭）
199704　◎常滑の城（常滑の史跡を守る会）※写真：小倉蓮台寺境内の寿山塚

吉田　政博（※〈東京都〉板橋区立郷土資料館学芸員）
199503　：○遊行上人体光と関宿（三郷市史編さん委員会［編］『三郷市史』6巻通史編Ⅰ、同市）
　　※ほかのページに図版：藤沢清浄光寺蔵後醍醐画像
199508　：○戦国期における陣僧と陣僧役（戦国史研究会［編集］『戦国史研究』第三〇号、同会〈吉川弘文館［発売]〉）
　　※→小和田哲男200011②「初出一覧」紹介
199802　：○駿甲関係にみる時衆と福島氏（戦国史研究会［編集］『戦国史研究』第三五号、同会〈吉川弘文館［発売]〉）
200003　：○戦国期、駿河における時衆の動向（所realize喜夫［編］『戦国大名から将軍権力へ―転換期を歩く―』吉川弘文館）※一花〔華〕堂長善寺と宝樹院新善光寺、およびそれぞれに関連した文芸に言及

吉田　通子（※元慶應義塾大学文学部非常勤講師）
198909　：①悪党／②大炊御門の二品禅門／③大友兵庫頭頼泰／④願行／⑤空海／⑥河野通有／⑦従三位基長／⑧承久の乱／⑨城の禅門／⑩千観内供／⑪増命／⑫託磨の僧正／⑬中将姫／⑭土御門入道前内大臣／⑮道綽／⑯日蓮／⑰忍性／⑱肥前前司貞泰／⑲仏法上人／⑳北条氏／㉑北条時宗／㉒北条時頼／㉓北条泰時／㉔法然／㉕蒙古襲来／㉖良忠／㉗良忍（以上、今井雅晴［編］『一遍辞典』東京堂出版）
　　※項目執筆。同辞典に限り便宜上、複数項目をまとめて表記する。肩書き：「慶応大学講師」

吉谷　覺壽（吉谷　覚寿）（※岐阜県梅津郡城山村〈現梅津市〉浄鏡寺〈真宗大谷派〉住職。元廣寺大谷大学〈現大谷大学〉教授。1843/9/4-1914/3/16）
189005　◎明治各宗綱要（是眞會）
　　：①時宗※→吉谷覺壽197208
197208　：○時宗綱要（『時衆あゆみ』第十一号、中村昌道私家版）※「吉谷覚寿」名義。←吉谷覺壽189005①

由谷 裕哉（※小松短期大学准教授）
200709 ：○神仏分離後に語られた藩政期の神社と社僧（日本宗教学会［編集］『宗教研究』三五三号［第81巻第2輯］［特集・神仏習合とモダニティ］、同会）※「玉泉寺（時宗）」（金沢）に言及し、隣の泉野天満宮との由緒を記載

吉野 甫（※甲州街道吉野宿本陣当主。2014年歿）
199303 ：○一遍上人五十二代－他阿霊随－（『藤野町史研究誌』第3号、同町史編さん委員会）
※神奈川県津久井郡藤野町（現相模原市緑区）

吉村 暲英（※融通念佛宗宗務総長・大阪市平野区大念佛寺〈同宗総本山〉寺務総長）
198105 ：①大念仏寺の年中行事※吉村・稲葉珠慶〔共筆〕
：②大念仏寺案内※吉村・稲葉珠慶〔共筆〕（以上、日本仏教研究所［編集］・田代尚光［著］『良忍上人と大念仏寺』ぎょうせい［日本仏教の心⑫]）
199810 ：○融通念仏宗の教義（融通念佛宗教学研究所［編集］『法明上人六百五十回御遠忌記念論文集』大念仏寺〈百華苑［製作］〉)

吉村 稔子（※神田外語大学外国語学部教授）
199901 ：○聖戒本一遍上人絵伝の祖本について―歓喜光本と御影堂本をめぐって―（武田佐知子［編］『一遍聖絵を読み解く―動きだす静止画像』吉川弘文館）
200303 ：①研究発表 二つの一遍聖絵―歓喜光本と御影堂本―
：②座談会「一遍聖絵の諸相」※詳細⇒若杉準治 200303 ②
（以上、若杉準治［編集］・興膳宏［編集代表者］『研究発表と座談会 一遍聖絵の諸相』仏教美術研究上野記念財団助成研究会［同会報告書第三十冊］）※詳細⇒若杉準治 200303。→稲本万里子 200405・古賀克彦 200410 紹介

吉村 均（※〈東京都千代田区・公益財団法人〉中村元東方研究所専任研究員）
200011 ：○【コラム】絵画史料論（日本仏教研究会［編］『日本仏教の研究法―歴史と展望』法藏館［日本の仏教第Ⅱ期第2巻]）※『聖絵』に言及

義盛 幸規（※北海道標津郡中標津町法藹寺〈真宗大谷派〉住職。元〈京都市下京区〉同派教学研究所助手）
200907 ：○一遍の遊行（『大法輪』平成二十一年七月号［第76巻第7号］［特集‖これでわかる仏教の歴史］、大法輪閣）
※「一遍の生涯」「念仏勧進の遊行」の項あり。単色図版ネーム：「一遍（宝厳寺蔵）」

米倉 迪夫（※上智大学名誉教授。元東京国立文化財研究所〈現東京文化財研究所〉情報資料部文献資料研究室室長）
199308 ◎縁起絵と似絵 鎌倉の絵画・工芸（中野政樹・米倉・平田寛・梶谷亮治［著]、講談社［日本美術全集9]）
：①鎌倉時代の絵画―物語と景観と人の絵画をめぐって
：②図版解説
200809 ：○鎌倉時代風景画への覚え書き―風景とその景観属性をめぐって―（『隔月刊 文学』第10巻第5号［2009年9・10月号］〈特集=語りかける絵画―イメージ・テクスト・メディア〉、岩波書店）
※「時宗宗祖一遍の遊行を跡づける『一遍聖絵』（清浄光寺蔵。一部、東京国立博物館蔵）」に言及し、「これまでの実景写生の議論とは一線を画し」、「岩屋寺図―特に三峰屹立―の背後に聖戒の強い介在を想定し、さらにこの三峰屹立の構図に白山信仰の枠組みを想定」している、とす。←本文で藤原重雄 200411・藤井恵介 199209（ただし「参考文献」では「一九八二」とす）・199611、山内譲 200108・黒田日出男 199311 ①・199611A・梶原秀一 200707（ただし収録誌名を『愛媛県立美術館研究紀要』と表記）、註で望月信成 196007 ①（「一遍聖絵のひとつの典型的な理解が示されていると思われる」とす）、参考文献で砂川博 199905 ①（ただし『中世遊行の図像学』と表記）・200312A ①を、それぞれ紹介。末尾に一括提示された図版ネーム：「『一遍聖絵』第2巻第1段 岩屋寺図『修理完成記念 国宝・一遍聖絵』（二〇〇二）より転載。」

米崎 清実（※東京都写真美術館学芸員）
201306 ：○多摩の近世寺院―中世からの継承と断絶―（多摩地域史研究会［編集］『多摩・中世寺院と地域社会』同会第22回大会発表要旨、同会）※ 2013/6/16 於〈東京都多摩市〉パルテノン多摩四階第一会議室。表中に今井正福寺、勝沼乗願寺、川口法蓮寺あり

米澤実江子（※〈東京都港区・浄土宗鎮西派大本山増上寺内〉同宗総合研究所嘱託研究員）
201011 ：○新刊紹介 中西随功著『證空浄土教の研究』（『仏教史学研究』第五十三巻第一号、仏教史学会）
※←中西随功 200903 を新刊紹介し、中でも中西随功 200903 ①は（ただし節題中の「原典」を「原点」と表記）、「時宗遊行寺所蔵『観経疏之抄』（南北朝時代）を中心にして、『観経疏他筆鈔』」の原点（典）の考察を行なう。その方法は、『西山全書』所載の『他筆鈔』（一八二六年開版）がどのような系を経て現在の形になったかを検証し、また現行の『他筆鈔』は遊行寺蔵ならびに大谷大学蔵他五種の『他筆鈔』とは異なる系統であることを明らかにする。その上で、遊行寺に伝来する『観経疏之抄』には、"證空の関東遊化の際の證空の教学"の伝承と展開が伺えるものと指摘する」とす

米屋 優（※〈大阪市阿倍野区・近鉄不動産株式会社〉あべのハルカス美術館副館長。元東亜大学デザイン学部〈現芸術学部〉教授）
199807 ◎日本の心富士の美展（鳥居和之・岡田彰・米屋・楠井章代［編]、NHK名古屋放送局）※詳細⇒鳥居和之 199807

米山　一政（※長野県文化財専門委員。1911-1989）
195707 ：〇善光寺古縁起について（『信濃』第九巻第六号、同史学会）
　　　　※『縁起絵』巻七の文永八年（1271）同寺参詣に言及。→米山一政 199611 ①
197603 ：〇鎌倉時代の善光寺及び戸隠山（上水内郡誌編集会［編］『長野県上水内郡誌』歴史篇、同会）
　　　　※→米山一政 199611 ③
198699 ：〇信濃善光寺（共同通信社［編］『昭和大修理勧進・善光寺展』同社）
　　　　※ 1986/5/22-6/3 於上野松坂屋、同展図録。一遍の参詣に言及も善光寺聖にはふれず。→米山一政 199611 ②
199611 ◎米山一政著作集 1「信濃史の諸問題と善光寺・戸隠」（信濃毎日新聞社）
　　　　：①善光寺古縁起について※←米山一政 195707
　　　　：②信濃善光寺※←米山一政 198699
　　　　：③鎌倉時代の善光寺及び戸隠山※『聖絵』『縁起絵』・大倉向徳寺三尊に言及。←米山一政 197603
讀賣新聞社（※東京都千代田区・株式会社）
199509 ：□編集手帳（『讀賣新聞』同月 14 日号、同社）※縁切寺満徳寺に言及
199806 ：□編集手帳（『讀賣新聞』同月 2 日号、同社）※縁切寺満徳寺に言及
199901 ：□地域と歩む 1（『讀賣新聞』山形読売　村山・置賜同月 1 日号、同社）
　　　　※元日特集記事。神奈川県横浜市港南区千手院（真言宗大覚寺派別格本山）（髙擶石佛寺旧蔵）本尊が主題。塩崎淳一郎［署名記事］、文中にないが小野澤眞［協力］
200210 ：□実は裸の一遍上人（『讀賣新聞』同月 6 日号、同社）
201309 ：□宝厳寺火災 1 か月　「上人様」慕い絶えぬ参拝（『讀賣新聞』愛媛県版同月 11 日号、同社）
201311 ：□宝厳寺の活気もういっぺん（『讀賣新聞』愛媛県版同月 12 日号、同社）
　　　　※道後上人坂再生整備協議会設立に関する記事
201312 ：□宝厳寺再建　支援の輪（『讀賣新聞』愛媛県版同月 23 日号、同社）※石黒彩子［署名記事］
201507 ：□父の遺志仏道で生きる　宝厳寺再建へ次女陽子さん（『讀賣新聞』同月 5 日号愛媛版、同社）
　　　　※中見出し：「看護職辞め　神奈川で修行」、小見出し：「宝厳寺再建へ　次女陽子さん」「上棟式で読経」。カラー写真ネーム：「上棟式に臨む長岡陽子さん下柱やはりが組み上がった本堂（いずれも松山市の宝厳寺で）」。石黒彩子［署名記事］
来迎寺略縁起編集委員会（※十日町来迎寺）
199609 ◎来迎寺略縁起（同委員会［編］、小林賢有私家版）
洛　思　社（※東京都千代田区・有限会社）
199809 ◎図説戦国の合戦─下剋上にかけた武将たちの軌跡（同社［編］、新人物往来社［別冊歴史読本第 85 号［第 23 巻第 43 号］］）※図版：『聖絵』武士の館
龍谷総合学園（※京都市下京区・浄土真宗本願寺派宗務所内）
200303 ◎見真（本願寺出版社）※浄土真宗本願寺派関係高等学校用宗教教本。一遍に言及。一遍・時宗・「賦算」・「踊り念仏」をゴシック体で記載
龍谷大学図書館（龍谷大學圖書館）（※京都市下京区・同大学大宮学舎内）
193107 ◎佛教學關係雑誌論文分類目録（同館［編］、龍谷大學出版部）
　　　　※明治初期〜 1930/12 分。「龍谷大學圖書館」名義。→龍谷大学図書館 197306A
196109 ◎仏教学関係雑誌論文分類目録（同館［編］、龍谷大学出版部・百華苑）
　　　　※ 1931-1955 分。→龍谷大学図書館 197306B
197306A ◎仏教学関係雑誌論文分類目録（同館［編］、百華苑）※←龍谷大学図書館 193107 復刻
197306B ◎仏教学関係雑誌論文分類目録（同館［編］、百華苑）※←龍谷大学図書館 196109 復刻
龍谷大学仏教学研究室（※京都市下京区・同大学大宮学舎内）
197205 ◎仏教学関係雑誌論文分類目録（同室［編］、仏教学関係雑誌論文分類目録編集委員会・永田文昌堂）
　　　　※ 1956/1-1969/12 分
198601 ◎仏教学関係雑誌論文分類目録（同室［編］、仏教学関係雑誌論文分類目録編集委員会・永田文昌堂）
　　　　※ 1970/1-1983/12 分
良阿　公正
→三浦　公正
六郷　信弘（※酒匂上輩寺住職足下。元時宗宗務長・総本山執事長、元〈神奈川県〉小田原市役所職員）
200107A ◎食座落成御礼（『遊行』第 136 号、時宗宗務所布教伝道研究所）
200107B ◎発刊によせて（時宗教学研究所［編集代表・発行所］『時宗寺院明細帳』1、時宗宗務所［発行者］）
若杉　準治（※京都大学総合人間学部教授。元京都国立博物館学芸部列品管理室室長）
199511 ◎絵巻物の鑑賞基礎知識（若杉［編］、至文堂）

	：①高僧伝の絵巻※図版：『縁起絵』光明寺本・真光寺本（ただしネーム：「遊行縁起」）・『聖絵』等
199811	◎美術館へ行こう―絵巻を読み解く（新潮社）※「時代風俗の証人――一遍聖絵」あり、『聖絵』巻七段二
200106	：○絵巻に描かれた船（『考古学ジャーナル』№ 474［特集　船と港の考古学］、ニュー・サイエンス社）※『聖絵』最終段に言及。→井上聡 200107 文献案内
200210	：①無　署　名：図版
	：②若杉　準治：国宝・一遍聖絵について※概説
	：③無　署　名：詞書翻刻
	：④無　署　名：法量表
	（以上、京都国立博物館［編集］『特別陳列　修理完成記念　国宝・一遍聖絵』同館）※若杉［編集執筆］
200303	◎研究発表と座談会　一遍聖絵の諸相（若杉［編集］・興膳宏［編集代表］、仏教美術研究上野記念財団助成研究会［同会報告書第三十冊］）※単色口絵図版 7 ページ：「一遍聖絵」歓喜光寺本・御影堂本写真多数。2002/10/9-11/10 於京都国立博物館、特別陳列「国宝・一遍聖絵」開催を機に 2002/10/21 於同館、同会主催標記座談会概略報告。→古賀克彦 200410・稲本万里子 200405・藤原重雄 200411 紹介
	：○興膳　宏：序
	研究発表
	：○藤原　良章：『一遍聖絵』と中世史研究
	：○吉村　稔子：二つの一遍聖絵―歓喜光寺本と御影堂本―
	：①若杉　準治：一遍聖絵の絵画―説話性の稀薄化―
	座談会「一遍聖絵の諸相」
	：②相澤正彦［司会］・興膳ら上記 4 名・泉武夫・百橋明穂・砂川博・仙海義之・松野純孝・林温・辻成史・田村隆照・梅谷繁樹・米倉迪夫［出席発言者］
200312	：梅津次郎（1906 — 88）『絵巻物叢誌』法藏館,1972（黒田日出男・加藤友康・保谷徹・加藤陽子［編集委員］『日本史文献事典』弘文堂）※項目執筆。梅津次郎 193602・194203 を収録

若林　晴子（※ Lecturer/Departmental Guest at the East Asian Studies Department,Princeton University）

199512	：○『天狗草紙』にみる鎌倉仏教の魔と天狗（藤原良章・五味文彦［編］『絵巻に中世を読む』吉川弘文館）
200010	：○文献案内・林譲「一遍の踊り念仏研究ノート―特に歳末別時念仏との関連を中心に―」（『時宗教学年報』28 号、2000 年 3 月）（東京大学史料編纂所附属画像史料解析センター［編集］『画像史料解析センター通信』第 11 号、同所）※←林譲 200003 を文献案内
200207	：○天狗と中世における〈悪の問題〉（今井雅晴［編］『中世仏教の展開とその基盤』大藏出版）※→小野澤眞 200505（→小野澤眞 201206 ⑩）引用
200306	：○『天狗草紙』に見る園城寺の正統性（『説話文学研究』第 38 号、同会）
200402	：○絵巻物のなかの一遍（今井雅晴［編］『遊行の捨聖　一遍』吉川弘文館〔日本の名僧⑪〕）※→古賀克彦 200410 紹介
201310	：○小野澤　眞著『中世時衆史の研究』（日本歴史学会［編集］『日本歴史』第七百八十五号、吉川弘文館）※［書評と紹介］。肩書き：「プリンストン大学非常勤講師」。←小野澤眞 201206 を書評と紹介

脇田　晴子（※滋賀県立大学名誉教授。元石川県立歴史博物館長、元大阪外国語大学（現大阪大学）外国語学部教授）

198512	：○中世被差別民の生活と社会（部落問題研究所［編］『部落の歴史と解放運動』前近代篇、同所）※「天狗の長老と一遍房」の節あり。図版：『聖絵』如一の葬送
199211	：○市（『日本史大事典』第一巻、平凡社）※『聖絵』巻四の備前福岡と信州伴野の市の比較図版と解説
199703	：○文献からみた中世の土器と食事（『国立歴史民俗博物館研究報告』第 71 集、同館）※図版：『聖絵』。脇田・佐原真［共筆］
199901	：○一遍聖絵・遊行上人縁起絵と被差別民（武田佐知子［編］『一遍聖絵を読み解く―動きだす静止画像』吉川弘文館）
200210	◎日本中世被差別民の研究（岩波書店）

鷲尾　順敬（※東洋大学文学部教授。元東京帝國大學（現東京大學）文學部史料編纂掛（現史料編纂所）編纂亾。1868/4/10-1941/1/13）

192507	：○一遍上人縁起（鷲尾［編輯］『國文東方佛敎叢書』第一輯第五卷、同刊行會）
192512	：○和讚二十五題（鷲尾［編輯］『國文東方佛敎叢書』第一輯第八卷、同刊行會）
192609	：○一遍上人語錄（鷲尾［編輯］『國文東方佛敎叢書』第一輯第一卷、同刊行會）
192899A	：○國阿上人繪傳（鷲尾［編輯］『國文東方佛敎叢書』第二輯第五卷、同刊行會）
192899B	：○一遍上人和歌（鷲尾［編輯］『國文東方佛敎叢書』第二輯第七卷、同刊行會）
193011	：○一遍上人消息（鷲尾［編輯］『國文東方佛敎叢書』第二輯第四卷、同刊行會）
193906	：○遊行十六代祖四國廻巡記（鷲尾［編輯］『國文東方佛敎叢書』第一輯第七卷、同刊行會）
196204	：○時宗史の一端（『宗粹雜誌』第八卷第四号、同社）

鷲津　清靜（※愛知県知多郡南知多町西岸寺〈西山浄土宗〉住職）
199611　：○白隠禅師と俊鳳妙瑞上人―安心ほこりたたき―（『西山学会年報』第6号《西山上人七五〇回御遠忌記念論集》、同会）

和嶋　俊二（※珠洲郷土史研究会会長。元石川県立穴水高等学校第7代校長）
197902　：○能登の時宗（大橋俊雄［編集］『時衆研究』第七十九号、時宗文化研究所）
198604　：○遊行宗と能登（一）（『こだま』金沢大学図書館報第81号、同館）
　　　　※肩書き：「北陸史学会会員」。→和嶋俊二 199705 ③
198607　：○遊行宗と能登（二）（『こだま』金沢大学図書館報第82号、同館）
　　　　※肩書き：「北陸史学会会員」。→和嶋俊二 199705 ③
198610　：○遊行宗と能登（三）（『こだま』金沢大学図書館報第83号、同館）
　　　　※肩書き：「北陸史学会会員」。→和嶋俊二 199705 ③
198701　：○遊行宗と能登（四）（『こだま』金沢大学図書館報第84号、同館）
　　　　※肩書き：「北陸史学会会員」。→和嶋俊二 199705 ③
198704　：○遊行宗と能登（五）（『こだま』金沢大学図書館報第85号、同館）
　　　　※肩書き：「北陸史学会会員」。→和嶋俊二 199705 ③
198707　：○遊行宗と能登（六）（『こだま』金沢大学図書館報第86号、同館）
　　　　※肩書き：「北陸史学会会員」。→和嶋俊二 199705 ③
198710　：○遊行宗と能登（七）（『こだま』金沢大学図書館報第87号、同館）
　　　　※肩書き：「北陸史学会会員」。→和嶋俊二 199705 ③
198801　：○遊行宗と能登（八）（『こだま』金沢大学図書館報第88号、同館）
　　　　※肩書き：「北陸史学会会員」。→和嶋俊二 199705 ③
199705　◎奥能登の研究―歴史・民俗・宗教―（平凡社）
　　　　：①時宗（遊行宗）の痕跡
　　　　：②北条時頼廻国伝説
　　　　：③遊行宗と能登※←和嶋俊二 198604・198607・198610・198701・198704・198707・198710・198801
200399　：○時宗（遊行宗）の痕跡（三）（『すずろ物語』64号、珠洲郷土史研究会）

和多　昭夫（※兵庫県西脇市西仙寺〈高野山真言宗〉住職・高野山大学名誉教授。元同大学学長。改名：和多秀乗）
196908　：○高野山における鎌倉仏教（日本仏教学会［編］『鎌倉仏教形成の問題点』平楽寺書店）

和田　耕作
200207　：○源　義綱とその末裔たち（ナテック〔ＰＨＮ叢書第1篇〕）
　　　　※付録2「加茂市における「源　義綱伝説」をめぐって」に「西光寺と源義綱」の節あり、単色写真ネーム：「西光寺（新潟県加茂市）」「源　義綱墓（西光寺墓所）」

和田　茂樹（※愛媛大学名誉教授・奥谷宝厳寺檀信徒総代。元〈愛媛県〉松山市立子規記念博物館館長。1911/4/12-2008/4/29）
195303　：○大山祇神社の法楽連歌（『愛媛国文研究』第二号、愛媛国語国文学会）
195801　：○大山祇神社連歌―新資料の概観と連歌史上の意義―（『文学』第二十六巻第一号、岩波書店）
195803　◎大山祇神社連歌（和田［編］、愛媛大学地域社会総合研究所〔同所研究報告Ａシリーズ第5号〕）
　　　　※「連歌篇」「研究篇」の2分冊
196103　：○伊予の連歌（『愛媛国文研究』第十号、愛媛国語国文学会）
196612　◎三百和歌続百首和歌（和田［編著］、大山祇神社社務所）
196710　：○兼好と頓阿（『國文學―解釈と教材の研究―』第12巻12号［昭和42年10月号］［特集：徒然草の魅力をさぐる］、學燈社）
197099　◎大山祇神社法楽連歌　上（和田［編］、愛媛大学古典叢刊刊行会〔愛媛大学古典叢刊3〕）
197199　◎大山祇神社法楽連歌　下（和田［編］、愛媛大学古典叢刊刊行会〔愛媛大学古典叢刊4〕）
197510　：○時宗と連歌―道後宝厳寺僧と大山祇神社連歌―（『時宗教学年報』第四輯、時宗教学研究所）
197708　◎愛媛文学の史的研究（和田［著］・和田茂樹先生退官記念事業会［編］、青葉図書）
198611　◎大山祇神社法楽連歌（和田［編］、大山祇神社社務所）※本編と別冊の2分冊
198910　：○連歌師――遍の系列―（『文化愛媛』第二十二号、愛媛県文化振興財団）

和田　真雄（※〈京都市下京区・一般社団法人〉コミュニケーション クオーシェント協会会長。元〈同区・株式会社〉出版創知社社員）
198603　：○一遍の機と法（日本宗教学会［編集］『宗教研究』二六七号、同会）
198703　：○一遍の身心放下について（日本宗教学会［編集］『宗教研究』二七一号、同会）

和田茂右衛門（※千葉市文化財保護審議委員。1898-1983）
198403　◎社寺よりみた千葉の歴史（和田［原著］・千葉市史編纂委員会［編集］、同市教育委員会）
　　　　※千葉来迎寺（旧時宗当麻派・現浄土宗鎮西派系単立）の項あり

和田　義一（※元福井工業大学工学部助教授、元福井県立鯖江高等学校教諭）
199803　：○春登『萬葉集名物考』と本草学（『国文学』第七十七号、関西大学国文学会）
　　　　※其阿春登の履歴を略述。肩書きは：「関西大学院生」
渡瀬　克史（※渡瀬編集事務所代表・フリーライター・エディター）
199901　：○捨て果てて…捨てる心も捨て果てて—捨聖・一遍をたずねて（上）（建設省四国地方建設局企画課［監修］『わんだふる四国』57号、㈳四国建設弘済会）
199903　：○捨て果てて…捨てる心も捨て果てて—捨聖・一遍をたずねて（中）（建設省四国地方建設局企画課［監修］『わんだふる四国』58号、㈳四国建設弘済会）
199905　：○捨て果てて…捨てる心も捨て果てて—捨聖・一遍をたずねて（下）（建設省四国地方建設局企画課［監修］『わんだふる四国』59号、㈳四国建設弘済会）※表紙：『聖絵』四条道場
渡辺　克司（※天童郷土研究会会員）
197602　：○一向上人義阿義空（『会報』第4号、天童郷土研究会）※年紀なし
197802　：○高擶町の石仏寺（『会報』第6号、天童郷土研究会）※年紀なし
198102　：○藤原一向上人義阿義空の田楽の名号（『会報』第9号、天童郷土研究会）
渡辺　観永（※愛知県名古屋市熱田区想念寺（浄土宗西山禅林寺派）住職）
201310　：□中世時衆史の研究　小野澤眞著（『中外日報』同月26日号、同社）
　　　　※見出し：「葬祭から芸能まで庶民に広がり」「時宗を脱構築し再定義した意欲作」←小野澤眞201206を紹介
渡辺　憲司（※自由学園最高学部部長・立教大学名誉教授。元立教新座中学校・高等学校校長）
200508　：①文学アルバム　江戸遊里残滓行※口絵ページ。単色写真ネーム：「8　無縁塔（海蔵寺　品川）」「12　娼妓大位牌（海蔵寺　品川）」「13　妙清信女像（海蔵寺　品川）」
　　　　：②研究の手引き　江戸遊里残滓行—泪橋から泪橋へ※「＊品川」の項で品川の投込寺として知られた海蔵寺と「非人頭松右衛門願によ」（『新編武蔵風土記稿』巻三）るその無縁塔群など口絵に言及。肩書きは：「立教大学教授」
　　　　（以上『国文学　解釈と鑑賞』第70巻8号［平成17年8月号］（891）［特集　近世文学に描かれた性］、至文堂）
渡辺　貞麿（※大谷大学名誉教授。1934-1992）
197006　：○平家物語における重盛の信仰—二百八十八人の時衆と四十八間の精舎—（仏教文学研究会［編］『仏教文学研究』第九集、法蔵館）
198002　：○『平家』文覚譚考—勧進聖と念仏聖—（『大谷学報』第五十九巻第四号、大谷学会）
199506　：○教信沙弥と往生人たち（真宗大谷派宗務所出版部）※教信に憧憬した一遍に言及
渡邊　三省（※元（新潟県中魚沼郡）岩沢村（現小千谷市）村長。1906-2011/11/12）
198310　：□波多岐庄と妻有庄の庄域とその歴史的経過（『新潟史学』第十六号、同会）
　　　　※十日町来迎寺に言及。→渡辺三省199705①
199705　：◎越後歴史考（恒文社）
　　　　：□波多岐庄と妻有庄の庄域とその歴史的経過※十日町来迎寺に言及。←渡辺三省198310
渡辺　守順（※四天王寺国際仏教大学（現四天王寺大学）名誉教授・叡山学院名誉教授。元滋賀県立大津高等学校教諭）
197207　：◎滋賀県の歴史（原田敏九・渡辺［著］、山川出版社［県史シリーズ25］）
　　　　：①近江源氏佐々木氏※番場蓮華寺に言及
　　　　：②山門寺門をめぐる紛争※番場蓮華寺に言及
197707　：◎近江路・琵琶湖（白川書院）※番場蓮華寺に言及、写真：六波羅主従石塔群
199208　：○蓮華寺（圭室文雄［編］『日本名利大事典』雄山閣出版）※項目執筆。番場蓮華寺
渡邊　昭五（渡辺　昭五）（※大妻女子大学名誉教授。元京都精華大学人文学部教授。1930/11/12-2014/2/3）
198008　：○七道者の性格（林陸朗［編集者代表］『國學院雑誌』第八十一巻第八号、國學院大學）
　　　　※p1-18。→渡辺昭五200002①
199508　：◎中世史の民衆唱導文芸（岩田書院）※→堤邦彦199603書評。→渡邊昭五199904
　　　　：①時衆（宗）と阿弥文化（時衆の個性的な性格／一向俊聖の遊行／時宗十二派とその興亡／陣僧と物語僧／阿号・阿弥号と阿弥文化）※第六章
199605　：◎宗祖高僧絵伝（絵解き）集（渡邊・林雅彦［編］、三弥井書店［伝承文学資料集成15］）
　　　　※→渡辺信和199709書評
　　　　：①［解説・総論］宗祖高僧絵伝の絵解き※ただし一遍掛幅絵伝はない、とす。渡邊・堤邦彦［共筆］
199803　：○弘法大師を騙った高野聖（『芸能文化史』第十六号、同研究会）※→渡邊昭五200002③
199810　：①表紙解説　中世の新興宗教※表紙：『天狗草紙』三井寺巻A第4段の「一遍」。一向俊聖にも言及
　　　　：②渡邊信和書評宗祖高祖絵伝集に対する反論と弁解（以上『伝承文学研究』第四十七号、同会）
199903A　：○宗僧掛幅絵伝絵解き史の緒論（『大妻国文』第三十号、大妻女子大学国文学会）

　　　　　※→大野順子200812 紹介。→渡邊昭五200002 ④
199903B　：◎富山浄禅寺蔵の二種の一遍及び一遍真教の近世掛幅絵伝（『大妻女子大学紀要―文系―』第三十一号、同大学）
199904　　◎中世史の民衆唱導文芸　第二版（岩田書院）※←渡邊昭五199508 に索引附す
200002　　◎中近世放浪芸の系譜（岩田書院）
　　　　　：①第三章　七道者の性格（白拍子・歩き巫女・鉦叩き／乞食／猿飼／中世の都市流浪民）※←渡邊昭五198008
　　　　　：②第五章　語り物芸人の系譜（安居院唱導僧／当道座の流れ／物語僧と琵琶法師／太平記と時衆の聖たち）
　　　　　：③第九章　弘法大師を騙った偽僧たち―高野聖※←渡邊昭五199803 改題
　　　　　：④付　章　掛幅絵伝史―宗僧掛幅絵伝絵解き史の緒論※←渡邊昭五199903A 改題
200303　　：図像文学の世界（その一）―一遍聖絵のホームレス資料（『大妻国文』第三十四号、大妻女子大学国文学会）
　　　　　※→大野順子200812 紹介。
200803　　：鉢かつぎと観音信仰の普遍化（『大妻国文』第三十九号、大妻女子大学国文学会）※「一遍の時宗」に言及

渡辺　信和（※同朋大学仏教文化研究所研究室室長。1949-2010/12/10）
199709　　：渡辺昭五・林雅彦編著『宗祖高僧絵伝（絵解き）集』（『絵解き研究』第十三号、同会〈名著出版［発売］〉）
　　　　　※p53-59。←渡邊昭五・林雅彦199605 を書評

渡辺　久雄（※元神戸女学院大学文学部教授、元大阪市立大学文学部教授、元関西学院大学文学部教授、元宮立長崎高等商業學校〈現長崎大学経済学部〉教授）
197099　　◎忘れられた日本史―歴史と地理の谷間（創元社［創元新書7］）
　　　　　※名塩鳥の子紙の祖とされる東山弥右衛門は、岩本成願寺過去帳にみえる岩本村弥右衛門ではないかと推測
197412　　：尼崎市史第十巻別編（文化財・民俗）（渡辺［編］、同市役所）※尼崎善通寺墓地石塔など9基載る

渡邊　浩史（ひろふみ）（※日本大学通信教育部非常勤講師・保善高等学校非常勤講師）
200903　　：一遍と賦算・聖地―文永十一年の四天王寺・高野山・熊野―（『寺社と民衆』第5特別号、民衆宗教史研究会〈岩田書院［発売］〉）

渡辺　誠（※名古屋大学名誉教授。元愛知県立考古博物館館長、元〈京都市中京区・財団法人［現公益財団法人］古代学協会〉平安博物館〈現［府立］京都文化博物館〉助教授）
200103　　：但馬竹野町興長寺の阿弥衣（『近畿民具』第24号、同学会）
200203　　：時宗僧侶の阿弥衣の研究（『名古屋大学文学部研究論集』143（史学48）、同学部）
　　　　　※譲原満福寺・藤沢清浄光寺 2・北条専称寺・大浜称名寺・歓喜光寺 2・東山（文中では「山科区」と表記）長楽寺・西市屋西蓮寺・竹野興長寺・兵庫真光寺・尾道西郷寺の阿弥衣写真、『一遍上人絵伝』の「福岡の市の一遍上人」「鎌倉入りを拒まれる一遍一行」、「豊岡市西光寺の掛け軸とその部分拡大」、専称寺本『一遍上人絵詞伝』の「信州伴野における踊り念仏」、の各図版掲載。→佐多芳彦200210 文献案内

渡邊昌佐樹（※自由ヶ丘学園高等学校教諭）
200903　　：【コラム】当麻山無量光寺（『寺社と民衆』第5特別号、民衆宗教史研究会〈岩田書院［発売］〉）

渡辺みゆき（※東京家政学院大学人文学部〈現・現代生活学部〉卒業生）
200308　　○民間宗教者と地域社会―武州の徳本行者をめぐって―（『東京家政学院大学紀要』人文・社会科学系第四三号、同大学）※当麻無量光寺における徳本の教化について言及。西海賢二・渡辺［共筆］、実質は渡辺［作成］

渡邊三四一（※〈新潟県〉柏崎市立博物館学芸員）
199010　　：専称寺一遍上人絵詞伝（『第16回特別展図録　柏崎市の文化財とその周辺』同市立博物館）
　　　　　※2004/10/9-11/23 於同館、特別展図録。解説

渡辺　洋子（※芝浦工業大学工学部教授・山梨県文化財審議委員。別姓：伊藤）
199410　　：○近世甲府城下町の空間形成―中近世移行期の都市空間の変容―（植松又次先生頌寿記念論文集刊行会［編］
　　　　　『甲斐中世史と仏教美術』名著出版）※甲府一蓮寺に言及。伊藤裕久・渡辺［共筆］。→松田拓也199908 引用

渡邊　義昭（※〈東京都国立市・学校法人東京YMCA学院〉東京YMCA医療福祉専門学校専任講師）
200603　　：○時宗　社会福祉事業・活動に関するアンケート調査　集計報告（1）（『時宗教学年報』第三十四輯、時宗教学研究所）※目次は「(一)」。藤森雄介・渡邊・関徳子［共筆］
200703　　：○時宗　社会福祉事業・活動に関するアンケート調査　集計報告（2）（『時宗教学年報』第三十五輯、時宗教学研究所）※目次は「(二)」。藤森雄介・渡邊・関徳子［共筆］

渡辺　喜勝（※元東北大学医療技術短期大学部〈2007/3/31 閉校〉教授、元山形県立米沢女子短期大学助教授）
197812　　：○一遍聖の踊り念仏について―創唱期における二、三の問題―（東北印度学宗教学会［編］『論集』第5号、同会）
198212　　：○時宗の入水往生考―その救いの論理と構造―（東北印度学宗教学会［編］『論集』第9号楠正弘教授還暦記念特集、同会）
199609　　◎一遍智真の宗教論（岩田書院）※→鎌田東二199709 書評
　　　　　：①序　章　一遍智真の人と生涯
　　　　　：②第一章　信仰論
　　　　　：③第二章　念仏・往生・名号

　　　　　　：④第三章　夢・奇蹟
　　　　　　：⑤第四章　治病論
　　　　　　：⑥第五章　人間観
　　　　　　：⑦第六章　往生論1＝入水往生
　　　　　　：⑧第七章　往生論2＝こころとことば
　　　　　　：⑨第八章　踊り念仏
　　　　　　：⑩終　章　遊戯の世界＝「遊行」考
199803　◎鎌倉新仏教における「救い」の論理と構造――一遍と日蓮の宗教を手がかりに―（博士論文）
　　　　※東北大学大学院文学研究科に提出した博士論文。博士（文学）乙第7453号。199803は授与年月。渡辺喜勝199609＋渡辺『文字マンダラの世界―日蓮の宗教―』岩田書院・199903の内容が本博士論文に相当

渡邊　龍瑞（※伊王野専称寺第45世住職。故人）
193407　◎檀林日輪寺誌（渡邊・寺沼玖明［執筆］、〈発行元表記なし〉）
　　　　※口絵2丁と本文13p。所蔵は東京都立中央図書館のみ
193908　：○下野に於ける時宗の研究―特に初期教團の發展を中心として―（緒言／一、宗祖遊行と下野時宗教團の萌芽／二、二祖上人の遊行と下野原始教團）（田代黒瀧［編輯］『下野史談』第十六巻第四號、同會）
193911　：○下野に於ける時宗の研究―特に初期教團の發展を中心として―（三、一向上人一派の敎化と寺院草創／四、下野に於ける時宗の發展／五、下野の口碑民俗と時宗／六、佛敎考古學より見たる下野の時宗／あとがき）（田代黒瀧［編輯］『下野史談』第十六巻第五號、同會）
　　　　※「五、下野の口碑民俗と時宗」に「ロ、汗かき阿彌陀」、「六、佛敎考古學より見たる下野の時宗」に「（ハ）阿蘇郡堀米町一向寺の來迎三尊板碑」「（ホ）　宇都宮一向寺の彌陀銅座像（國寶）」あり
196404　◎専称寺七百年史（伊王山専称寺）

渡部　良證（りょうしょう）（※兵庫真光寺第25世住職。望月華山女婿。故人）
199510　：○一遍上人の舎利を拜して（『神戸史談』通巻277号、同会）

綿抜　豊昭（※筑波大学情報学群教授）
200610　◎連歌とは何か（講談社［同社選書メチエ373］）※「第三章　連歌の歴史―起源から安土桃山時代まで」「2 二条良基と本格的連歌の始まり―南北朝時代」に「遁世者」「阿弥と時宗」の項あり。前者で頓阿弥・周阿弥・古山珠阿弥・南阿弥、「四阿弥」の毎阿弥・能阿弥・芸阿弥・相阿弥、世阿弥・善阿弥・立阿弥等の同朋衆に言及。後者で山口善福寺其阿に言及し、「裏付けのとれていない話だが、手塚治虫の『マグマ大使』に登場する「ゴア」は、手塚の近所に住んでいた其阿という怖い僧に拠ると聞いたことがある。」とす（手塚は1928/11/3　大阪府豊能郡豊中町（現豊中市）出生、5歳で兵庫県川辺郡小浜村（現宝塚市）に転居、東京移住までその地で成長＝小野澤註）。一蓮寺・遊行上人・大済称名寺其阿・大津荘厳寺等に言及

渡部　芳紀（※中央大学名誉教授。元立正大学教養部助教授）
200509　：○斎藤茂吉文学散策（『国文学　解釈と鑑賞』第70巻9号［平成17年9月号］（892）［特集 巨人斎藤茂吉総点検］、至文堂）※「山形県上山」の項で「宝泉寺」「窪応和尚」、「大江（左沢）」の項で「左沢二一七番地の称念寺」、「滋賀県米原」の項で「蓮華寺」「窪応和尚」「遷化した窪応上人の本葬」、「島根県益田」の項で「満［万］福寺」に言及。単色グラビア：「宝泉寺」「同・窪応和尚（右）・茂吉（左）墓」「大江（左沢）称念寺の歌碑」「益田・満［万］福寺」「満［万］福寺・庭園」「同・庭園」。ただし「東京都浅草」の項に「日輪寺の墓碑」なし

渡　浩一（※明治大学国際日本学部教授）
200107　：○木之本地蔵（大島建彦・薗田稔・圭室文雄・山本節［編］『日本の神仏の辞典』大修館書店）※項目執筆

渡　政和（※埼玉県立嵐山史跡の博物館学芸主幹）
199303　：○絵画資料に見る中世の銭（上）―緡銭の表現を中心に―（埼玉県立歴史資料館［編集］『研究紀要』第15号、同館）※「一　『一遍聖絵』に表現された銭」の章あり。単色図版8葉。→井上聡200007 文献案内

和千坂涼次（※作家）
200709　◎龍虎盛衰―川中島合戦再考（文芸社）
　　　　※越後北条氏（大江毛利氏嫡流）の菩提寺である北条専称寺および『専称寺過去帳』、同寺文書に言及

デニス・ヒロタ（Dennis Hirota）（※元龍谷大学文学部教授。別名：廣田デニス行雄）
198699　◎ No Abode:The Record of Ippen（Ryukoku University,Distributed by Buddhist Bookstore）
　　　　※一遍の思想研究および『一遍上人語録』の英訳・注釈・解説。「Dennis Hirota」名義。→デニス・ヒロタ199799
199799　◎ No Abode:The Record of Ippen（University of Hawaii Press）※「Dennis Hirota」名義。←デニス・ヒロタ198699
199802　：○中世浄土思想と和歌――一遍・親鸞の一考察―（『季刊・日本思想史』第52号、ぺりかん社）
　　　　※→デニス・ヒロタ199808①
199808　◎親鸞―宗教言語の革命者（ぺりかん社）

：①親鸞の和讃・一遍の和歌―仏法を説く著作者としての意識※←デニス・ヒロタ 199802 改題

ベルナール・フランク（Bernard Frank）（※ Prof.Collège de France。 1927/2/28-1996/10/15）
200609　◎「お札」にみる日本仏教（仏蘭久淳子［訳］、藤原書店）
　　　　※単色図版ネーム：「竜宮出現歯吹如来（稱念寺［旧時宗］・千葉県）」「聖観音（光触寺・神奈川県）」

ローラ・カウフマン（Laura Kaufman）
197909　：○私と一遍上人（『新修日本絵巻物全集［第 23 巻遊行上人縁起繪］月報』26、角川書店）

ロバート・キャンベル（Robert Campbell）（※テレビコメンテーター・東京大学教養学部教授。元国文学研究資料館文献資料部〈理事院〉助教授）
199710　：◎観照のながれ―書画会四席その三・甲府一蓮寺改号書画会（『季刊　文学』第 8 巻第 4 号［1997 年秋（10 月）］、岩波書店）

Caitilin Griffiths（※トロント大学・ライヤソン大学継続学習スクール講師）
200403　：○ Shinshu yoho ki 眞宗要法記― Edicts One to Twelve. With Preface ―（『時宗教学年報』第三十二輯、時宗教学研究所）

David C.Preisner
198510　：○ Ippen's View of Time and Temporality in the Betsuganwasan（『時宗史研究』創刊号、同会）

Dennis Hirota
→デニス・ヒロタ

Franziska Ehmcke（※ Prof.Philosophische Fakultät,Universität zu Köln）
199209　◎ Die Wanderungen das Mönchs Ippen（DuMont Köln）※カラー表紙カバー図版：『聖絵』

MALCOLM RITCHIE
200703　：○ THE GREAT EARTH NEMBUTSU（『時宗教学年報』第三十五輯、時宗教学研究所）

Museum of Fine arts,Boston（※アメリカ合州国マサチューセッツ州ボストン市・私立）
199000　◎ COURTLY SPLENDOR:Twelve Centuries of Treasures from Japan（同 Museum）※図版：藤沢遊行寺蔵後醍醐画像

Pedro Canavarro
199909　◎ Japão uma enciclopédia para jovens（春秋社）

S. A. Thornton（※ Associate Professor of History at Arizona State University）
199903　◎ Charisma and Community Formation in Medieval Japan:The Case of the Yugyo-ha（1300-1700）（Cornell University East Asia Program〔Cornell East Asia Series #102〕）※邦題：『中世日本のカリスマと教団形成・遊行派の場合』。University of Cambridge に提出した博士論文を増補改訂。Index あり。表紙意匠：隅切三。日本語表記：シビル・ソーントン。フルネーム：Sybil Anne Thornton。→金井清光 200110 ②紹介

====

無　署　名
193204　◎一遍上人繪詞傳（不明）※長島尚道 198206 による。侯後考
194010　：○一遍上人行狀圖繪（『檀林芳香』日輪寺）※長島尚道 198206 による。侯後考

【研究動向】

時衆研究の三世(さんぜ)
―過去・現在・未来―

　時衆研究の回顧と展望は拙著小野澤眞201206 ①・⑭で、なかんづくここ10年ほどについては小野澤眞201312でふれた。また秋月俊也201204でも時衆研究の現状についてきわめて的確な指摘がなされている。そこで本稿ではそれらに屋上屋を架することをできるだけ避け、本目録の編纂を終えた筆者が少し違った切り口からその経験と率直な所感をつづってみることとしたい。

　「能動メディア」「受動メディア」という言葉がある。メディアに対し、人間が受け手に留まるか働きかけるかによる違いを区分したものであるという。例えばテレビはリモコン1つで簡単にアクセスできるので受動メディアであり、インターネットは能動メディアとされる。ただしパソコンやスマートフォンを駆使する人にとってはインターネットそのものはもはや受動メディアでもあり、一方で、目的意識をもって検索やスクロール、クリックによって数段階を経てたどりつくマイナーなサイトやブログは、逆に能動メディアといえそうである。研究においてもあてはまると筆者は考える。研究者も最初は一介の素人であり、何らかの端緒によって学術にふれる動因をうる。筆者の場合は幼少期の歴史漫画であった。ほかの人では親の影響や大河ドラマ、学校の授業、近年ではテレビアニメやゲームなどが多いようである。最初は全て受動だが、関心が深化するにともない能動に転じていくことになる。

　とはいえ、人間は少しでも楽な方向を選択する受動態の本能があるから、流行っているものに研究が集中するのはやむをえない。行動経済学の指摘するように、人間の行動の結果（市場における「神の見えざる手」といってもよいかもしれぬ）が、各人の意図とは別に、必ずしも合理性を有しているとは限らないことは少なくない。ビジネスでは、商品そのものの優劣はさておいてプレゼンテーション・プロモーションの重要性が説かれることは、門外漢の筆者でもよく知っている。つまりは「いい商品が売れるとは限らない」ということである。

　はしなくも2014年初頭に露顕した、ゴーストライターを用いた自称・作曲家や論文剽窃と捏造をくり返した理化学研究所研究員（当時。のち早稲田大学に課程博士の学位を剥奪される）の問題などは、それぞれ全聾や若手女性といった附加価値や話題性を重視した「ストーリー消費社会」のありようを示した。歴史学周辺では、特攻隊員を描いた小説の大ヒットや世界文化遺産指定を受けた富岡製糸場に人々が殺到する事態がみられた。「盲目」「若手女性」「特攻」「世界遺産」というラベリングがなければ、こうした狂奔が起こらなかったことは想像に難くない。学問とて人の営為である以上、研究する価値とは別の次元で研究の流行り廃りがみられるといわざるをえない。

　それを歴史学においていい表すとすれば、「歴史学において意味のある命題が研究の対象となるとは限らない」ということになろうか。筆者が博物館実習を受けた時、考古学担当学芸員が、「今、有名になった遺跡があるのは、遺跡そのものの価値もそうだが、それを世に広めた人がいるからだ」と述べたのは大変含蓄ある言葉として記憶に残っている。

　歴史学の分野では政治史や制度史が花形で、宗教史が傍流にあることは覆いようのない現実である。その宗教史は、黒田俊雄氏が、封建的な教団単位で研究がなされ研究の厚みは現行教団の教勢に比例するとの危惧を示唆したように、宗門機関および宗門立大学を拠点とした宗学・宗史が仏教学の枠組みを構成し、そのまま歴史学に導入されているのが実態である。宗派が大きく研究が盛んな分野ほど、歴史学に反映されやすい。そして「スクール・カースト」「ママ・カースト」にみられる人間集団のある種の序列のように、時衆研究は仏教史研究の中でも孤立してきた。

　筆者は小野澤眞201206の中で、
　　時衆を〝庶民信仰〟として承認する立場は多くみられるが、それを具体的に学術で実証しようと努める動きは鈍かった。主因の一つには、文献史料に大きく依存する日本歴史学の陥穽、すなわち史料が多くある命題から研究するという悪弊は否定できない。(p26)
と記した一文について、編集者から「歴史学者が史料の多いところから研究するのは当たり前です」と釘を刺された経験もある。同氏は大学の史学科を卒業後、史料集の編纂に長年従事し多くの歴史家と交わってきた大ベテランなので、〝業界〟では彼の言が正しいのであろう。

　しかし筆者はあえてそれに異議を唱えたい。たしかに研究者といえども研究に投下できる時間と財力には自ずと限界があり、全てを俯瞰し網羅することは不可能である。とすれば、やりやすい命題に自然と人気が集中するのはある程度いたし方ないことである。しかしながら、研究者は好事家・趣味者とは完全に一線を画する。歴史学のみならず人文・社会科学全般があらゆる意味で危機を迎えている今、「史料が多く残っているものから手をつけるのは当たり前」「話題になりそうだから or みんながやっているから or 興味のあることだけ、やってみる」「不可避だが複雑・煩多な命題はとりあえず敬遠しておく」などという姿勢では、それは自己満足であり、社会からの附託を請けて学術に専業する地位ではなくなっ

てしまう。10年先、100年先を見据えた学問を構築することはできないのではないか、と痛切に感ずる。
　その点で筆者は、小野澤眞 201206 ①で蟷螂の斧をかざしたように、時衆研究には大きな意義と未来があると確信している。時衆が全ての日本文化の基層を形成しているというのは大前提である。大量消費時代に一遍が掲げた「捨てる」思想に着眼することもできよう。誰でも皆が南無阿弥陀仏になるという時衆の理念は、「一切衆生悉有仏性」から展開し日本仏教特有の「山川草木悉皆成仏」の教理をさらに推し進めたものである。そこに差別や戦争・自然環境破壊(含、核電)が存在する余地はない。特に現代社会では靖國神社公式参拝問題をはじめ、日本会議を支える神社本庁や生長の家分派、創価学会、統一教会、幸福の科学と政権との関係、世界規模でも暴力むきだしのイスラム教原理主義集団など、あらゆる局面で宗教勢力が登場している。日常生活の周辺では、疑似科学と類縁の現世利益を謳う詐欺まがいの教団もあとを絶たない。それらに注視する時、赤十字の原型ともいえる怨親平等を掲げ、「信不信をえらはず」(『一遍聖絵』〈巻〉第三第一段)と宗教に必要不可欠な信仰心すら捨棄するきわめて特異な宗教＝時衆教学は大いに対比されてよいはずなのである。ゆえにもしあらゆる人類が時衆を知ったなら、大風呂敷でも何でもなく、必ず化学変化が起きる、と考えている。
　大上段から大仰な話しになってしまったが、論点を時衆研究の現況に移そう。
　ここ20年ほど、史学科のある各大学では卒業論文に『一遍聖絵』を選ぶ学生が例年1人くらい出てくる傾向があるが、それらが十年一日のごとく一遍や『一遍聖絵』研究に低回し、そこから先の段階(例えば他阿真教以降の時衆教団やそれ以外の時衆たちを究明する)に展開していかないのである。そしてそのことは学部生に留まらず、院生・研究者にもほぼ同様のことがいえる。日本史研究者の論攷の参考文献をみると 2、3 の特定の著者の四半世紀以上前のものばかり(梅谷繁樹、金井清光、橘俊道氏を知らないのか?)、挙げ句は『定本時宗宗典』さえ看過して『群書類従』や『大日本仏教全書』から史料を引いてくる始末であるのをよく目にする。
　論題は一遍智真や『一遍聖絵』に限定され、基本中の基本というべき他阿真教や『遊行上人縁起絵』すら稀だ。一時期黒田日出男氏や五味文彦氏、藤本正行氏が『一遍聖絵』で熱く論争し、網野善彦氏がしばしば一遍時衆をとりあげたが、実際には一遍とその後の時衆教団とには断絶があり(一遍死亡時に徒衆は解散。また時衆各教団は一向俊氏ら一遍と法統がつながらないものも多い)、『一遍聖絵』は弱小勢力の六条道場歓喜光寺の什宝であったので、中世時衆の全容や実相を解明するためには一遍や『一遍聖絵』研究はさほど資せずといわざるをえない。筆者はこのことに大きな危惧を有して、自らの一遍論・時衆論の中核に位置づけた論攷の冒頭で「まず問題設定をすることが求められる」と書いたところ、最初に提出した学界大手の学術誌の匿名査読者に「それは予断だ」と怒気を含んだ筆致で一蹴された経験がある。基盤工事なのに特定の柱ばかり強化してその上にいくら立派な構造物を建てても、それが結局はいつ倒壊するかわからない"欠陥建築"にすぎないのと同様、今の時衆研究に必要なのは幅広く目配りした基礎研究である。
・時衆には「時宗十二派」など多数の流派があり、一遍が宗祖とされるのは近世以降である。
・一遍の教団と彼以後の時衆教団とには形式面でも内実面でも断絶がある。
・中世に「時宗」は存在せず、豊臣政権千僧会や近世寺檀制・本末制を直接の契機として「時宗」が成立する。
　こうした時衆研究のイロハのイさえ、学界にはまったく浸透していないのだから(拙著小野澤眞 201206 に対する書評牛山佳幸 201407 ははしなくもその例証となった)。
　本目録を繰ればわかるとおり、時衆研究史には金井清光という巨星が存在し、文字どおり孤軍奮闘していた。ただ金井氏が文学専攻だったせいか、その成果が日本史方面で活かされることがほとんどないのが実情である。氏は時衆にいろいろな流派があることを明らかにした"多元的時衆"論者であり、筆者もそれを承けて四条派、解意派、一向・天童派、霊山派、当麻派について論じてきた。また筆者の畏友古賀克彦氏は四条派、御影堂派、一向・天童派について論じ、秋月俊也氏は遊行派(藤沢派)の中でも教学の実質の大成者ながら近年研究が緒についたばかりの遊行7代他阿託何をとりあげている。宗学の最高責任者である長澤昌幸氏の論攷群も「宗」形成をたどる重要な論点を含む。我々時衆研究第3世代は大なり小なり脱構築の金井史観に拠っている。
　と同時に本目録編纂の過程で筆者が再確認したのは、大橋俊雄、金井清光氏は別格として、石田善人、磯貝正、高千穂徹乗、宮崎圓遵、吉川清といった戦前・戦後しばらくの時衆研究第1世代というべき先人の足跡であり、越智通敏(伊予)、川崎利夫(出羽)、川添昭二(九州)、久保尚文(越中)、村山正市(伊予)、山内譲(伊予)といった地方(史)から時衆を論じてきた人々の業績であった。川添氏は九州時衆を中心に論究して『金台寺過去帳』分析や禅僧と時衆の親和性を鋭く指摘し、港湾・商業都市堺の引接寺・金光寺(ともに廃寺)にも筆が及ぶなど、研究に裨益するところは大きかろう。ただしこうして列挙した方々の成果は、今の時衆研究者にうまく吸収され活かされているとはいいがたい。
　時衆に言及した論攷は数多いが、一遍や『一遍聖絵』にさらりとふれたり地方史で時宗寺院を論じた程度で、時衆そのものを専論で扱ったものは上述のように少数であることが、本目録編纂によって改めて認識できた。
　かつて「時は流れない。それは積み重なる」というCMの名惹句があった。目だつ単行本・論集は図書館で開架にされたりインターネットなどの検索ですぐに引っかかることで新規参入や他分野の研究者の目にふれるが、残念ながら多く

の先行研究は蛸壺の中に留まって、全体で共有されることなく看過され上書きされてゆく運命にある。論攷のほとんどは発表時点でさえ衆目にふれられず、「積み重なる」ことなくそのまま消えゆく存在なのである。論文執筆にあたって留意すべきはまず第一に検索に引っかかるのをめざすことである。

とはいえ、かつてはインターネットもなく、自分の分野の文献猟書で手一杯であったが、今でもネットだけでは本目録の1割程度の文献しか集められないはずである。ネットのような初歩的手段を補うために文献目録は必須なのである。時衆研究においては便覧として、年表（望月華山 197001）、辞典（時宗教学研究所 198903B）、寺院総覧（禰亘田修然 198005）や史料集（『時衆過去帳』大橋俊雄 196406・『時宗末寺帳』大橋俊雄 196504A・『定本時宗宗典』時宗宗典編纂委員会 197912A・197912B・『藤沢山日鑑』藤沢市文書館 198303～201303・『時宗寺院明細帳』時宗教学研究所 200107～201005 ほか）がそろっており、手前味噌ながら本目録はこれらの書に伍して、初学者から研究者にまで益を供するものと信ずる。

そして、常に研究史を回顧して問題意識を保持し続けることは、検索機能の脱漏を補う唯一の手段といってよい。一定期間ごとに「回顧と展望」のような作業を行い、発掘と喚起を促す必要がある。なぜなら論攷は、多くの場合題目だけで中身や意義はわからず、何らかの手を加えないと人に認知してもらえないからである。本目録はこれまでの文献目録と違い、内容にもふれているので、読者が判定することが可能になっている。勿論まだまだ手探りで完璧ではないが。

これらによって論攷が認知されても、手ずから披見されないことには意味がない。研究書や郷土資料は高価な稀覯本であったり絶版だったりすることがほとんどで、国立国会図書館にすらないことも多い。

検索にかかること、そして引用や回顧によって再認識されること、さらに実際に手にとって読まれること。この3つの網からすり抜けてしまった研究は、どんなにすばらしくとも存在しないのと同じなのである。これは一連の猟書を通じて筆者が何度も歎息した経験の原因である。紙魚に食われた古い学術誌を手に「こんないい研究を知っていたらあの時の論文に活かせたのに…」と思ったことは1度や2度ではない。この3つの網に潜む巨大な陥穽に心したいものである。書き手は題目のつけ方、媒体選び、抜き刷りの配布や寄贈などをほかの分野以上に工夫する必要があろう。

残された問題点は山積している。時衆各論の疑問点でいうと、『一遍上人語録』『他阿上人法語』に収まる消息の出典、一遍から他阿真教への継承時における正統性がいかなる論理で展開されたのか、時衆道場における妻帯、遊行上人以外の中世時衆の遊行の実態、地方展開における檀越、時衆と他宗との関係、時衆各派の交流、『聖絵』『縁起絵』『一遍上人年譜略』『麻山集』などにおける一遍伝の相互比較、板碑などの金石文における時衆流名号の成立と展開、時衆と「阿弥衆」さらに同朋衆それぞれの関係性など、思いつくだけでもこれだけある。

また社会全体に関わる命題としては、人類史上でも稀有な不信心の宗教としての時衆、被差別問題や芸能史と時衆との関係、商業における時衆教学の問題、葬祭仏教の主要な担い手としての位置づけなど、基本からしてまたまだである。筆者が追究している生業としての宗教活動＝宗教経済学の視点からも時衆はおもしろいと思う。

大方が時衆は史料がないのを理由に敬して遠ざけているのは実は認識不足であって、典籍はともかく、絵巻から古文書・古記録、石造物から連歌や能、唱導文芸まで幅広く豊富に残っている分野でもある。

時宗は小なりといえども日本仏教13宗の1つとしての位置を占め学校教育で必須とされて知名度があり（寺院数が近い真宗興正派・佛光寺派に特段の差をつけている）、幸いにも錯綜した教理や難解な典籍があるわけではないので、初学者にも入りやすい利点がある。筆者の経験でいえば、金井清光 196711・197503・198305・大橋俊雄 197810・時衆の美術文芸展実行委員会 199511 を耽読し、冨永航平 198811 に載る寺院一覧を頼りに旅をするだけで、興味をもち始めて3箇月後には簡単なリポート程度は書けるようになっていた（小野澤眞 199606・199609A・199609B）。きちんとした入り口さえ用意すれば、研究を開始することはさほど困難ではないと思うのである。また柳宗悦 195508 や栗田勇 197709、金井清光 198806 は一般書として江湖の関心を惹起させた名著といえる。

時衆研究隆盛のために必要なことの1つには、研究の魅力を知る我々が前記のようにプレゼンテーションしていくしかない。その戦術を披瀝できるような立場に筆者はないが、思いつくところをいえば、絶版・稀覯本となっている基本文献をネットで公開するのも手ではある。宗門によるプロジェクトとするか科学研究費による課題とするか、そうした問題を少しずつ解決していく必要がある。いずれにしても積み重ねる努力が必要であろう。

昨今、歌唱力のない歌手、演技力のない俳優が所属事務所の力でテレビや映画にねじこまれているといわれている。しかし彼ら・彼女らがもし本物の歌唱力や演技力を身につけたら、それは「鬼に金棒」となるのだ。"原石"がすでに備わっている時衆研究なのだから、ゴリ押しの「まず戦略やプレゼンありき」ではなく、実態を反映した教育・宣伝がなされるとすれば、隆盛は疑いないものとなろう。

いうまでもないが、学問の発展とは個人プレイでなされるものではない。Wikipedia の当初理念のように皆で欠落は補い合い論じ合い弁証することでより高次の段階に到達できるはずである。

河野憲善 195803 が「時衆研究の時到る！」と高らかに唱えた。それから半世紀以上が経ち、河野氏が殁してからも10年をすぎた。今こそ「時衆研究の時到る！」と声を大にして訴えたい。

〔註〕
(1) 例えば「Zの法則」というのがあり、チラシを読む視線や商店で品物を眺める視線は左上から右上、そして左下から右下にZの字状に移動するので、商品はその順に配置すると良い、というのである。売れ行きも当然それに比例しており、商品そのものの魅力とは離れたところで需要と供給が生まれる側面があるとされる（異論もある）。
(2) 黒田俊雄「思想史の方法についての覚書―中世の宗教思想を中心に―」歴史学研究会編集『歴學研究』No.239（青木書店・1960年3月、のち黒田編集・解説、歴史科学協議会著作『思想史〈前近代〉』歴史科学大系第19巻、校倉書房・1979年8月および黒田『顕密体制論』黒田俊雄著作集第二巻、法藏館・1994年12月、所収）
(3) 真宗が好例。同様の理由で中世に発展した融通念佛宗は知名度がきわめて低い。ただし高野山真言宗や浄土宗鎮西派は寺院数は多いが、地方拡大の背景に迫った研究はまだまだである。また律僧教団（現真言律宗ほか）は現在弱小であるものの、史・資料の残存程度と公武権力との強固な関係から、研究者は多く、戒律文化研究会に結実している。真宗には真宗連合学会、浄土宗西山派には西山学会・西山禅林学会がある。時宗史研究会・時衆文化研究会が解散した時宗には「時衆学会」のような中核になるべき組織がない。浄土宗鎮西派も（宗門および宗門校系の類縁の研究組織はあるが）学会はない。
(4) 「今ある史料を優先して研究していく」という歴史学の従来の姿勢は、前掲註（2）論攷で指摘された従前の宗学＝仏教（史）学の、今ある教団群をそのまま過去に投影・措定して捉える方法論と根はほぼ同じであることを指摘しておきたい。鎌倉新仏教論も結果としてそれに似ている。
(5) 高橋礦一「歴史を学ぶことの意味」高橋監修『歴史学入門』（合同出版・1981年3月）
(6) 末木文美士『草木成仏の思想　安然と日本人の自然観』（サンガ・2015年2月）
(7) マルクス主義に傾倒した網野善彦氏（1928-2004。東京大学卒）と黒田俊雄氏（1926-1993。京都大学卒）だが、時衆に対する姿勢は180度異なるものであった。網野氏が中世前期を体現する存在として時衆を肯定的にとりあげたのに対し、黒田氏は権力の走狗とみて、黒田俊雄196509以外ではほとんどふれようとしなかった。2人の人生の来し方（日本共産党との距離感など）が関係しているようにもみえる。
(8) ただしこれらの書はすでに上梓から20-50年も経っており、改訂が望まれる。例えば刊本（翻刻）大橋俊雄196406が広く流布しているとは決していいがたい『時衆過去帳』だが、なぜかきわめて多くの自治体史で引用されている（先鞭をつけた自治体史編纂者は炯眼というべきでもあるが）。ただ大橋本は誤字が多い上に人名・地名比定がなされていない。また古書店でも数万円単位の超稀覯本である。この改訂・増補版の刊行は急務であろう。

編纂後記

　本目録は、古賀克彦氏とともに『時宗教学年報』(時宗教学研究所／毎年3月)において、1998年以来「時衆関係文献刊行物紹介」(初回の第二十六輯のみ「時宗」と表記。2014年の第四十二輯は不載)と題し連載してきた文献目録を90年代以降の情報については基礎に、小野澤眞 200303A・201503C (の巻末付録)ほかも集成、さらに大幅に加筆・修正したものである。小野澤眞 201206 ①での予告どおり無事発刊できた。編纂工程上の都合で本目録は筆者を単独編者としたが、古賀氏のご理解・ご協力を仰いだことを特記しておく(「時衆関係文献刊行物紹介」では2000年代中盤以降、筆者の長期療養もあり、筆者が一部情報を送り、大枠を古賀氏が作成する形となった。精緻な註釈の多くは同氏の力作である)。

　時衆研究がなかなか隆盛しない現状は、過去の研究の蓄積を平易に通覧できなかったところにも一因があることを指摘せざるをえない。時衆(時宗)を研究するにあたって利用すべき便覧としての年表・辞典は─発刊から大分経っても内容に古さは否めないものの─存在する。文献目録についても、上記のほか金井清光 196711 ⑯・197509 ⑲、長島尚道 198206・198503～199703 といった労作がある。それらも参照しつつ大幅に増補・改変し、研究者の高度な需要にも応えられる単行書の目録の作成を期したつもりである。

　筆者たちは図書館学には疎い。したがって書誌情報の採取法は研究での需要と15年余の経験に基づいて、少しずつ便利な方向に改めてきた。これまでの文献目録の通例であった、主題ごとの分類はあえてしなかった。1つの文献を特定の1つだけの主題で区分するのは無理があり、そのため目録編纂者の恣意に陥ることが多く、「結局、分類すると、どれに入れるか、あるいは入らないか、の逡巡が生じて作成者も利用者も無駄な時間を過ごしてしまう。著者完全時系列にする方が整理・検索しやすい」という古賀氏の提起に基づき、編・著者名ごとの50音順とした。また通常、文献目録では、題目と書誌名が挙げられるだけで内容の想像がつかないものも多いが、本目録では筆者による註釈を特長としている。

　本目録を作成した人間だからこそみえてきた、刊行物をとりまくさまざまな問題点をいくつか書きつらねてみよう。

　①論文を執筆すると参考文献を掲げるわけだが、その際に文献データを勝手に略したり書き換えることが横行している現状が憂慮される。たしかに紙数を惜しんで略することはやむなしとしないが、過去を正確に伝えることにならないし、そもそも読者がそれを参考にして出典にあたる際にどれだけ難儀することか。現に中途半端ないし誤った書誌情報のために筆者個人の研究中にも、何度も苦難に遭遇している。書誌情報が詳細だと、一部が誤っていても確認が容易になる。

　②表紙、目次、本文、奥付で、書かれた題目や書誌情報がそれぞれ違っていたり、号数表記などが不斉一だったりすることも少なくない。特に表紙には副題や特集名、巻号数が詳しく書かれているのに、奥付では簡単に略されている例が多い。また「史料紹介」「書評」といった語句が題目に含まれているのか、単にタブめいた見出し語なのか、細かい点で引用者のことを考えない表記が多かった。書名と副題、見出しの乱立という点は特に商業誌がひどい。奥付に編・著者名がなかったり、発行者・発行所名が複数あるような(特に戦前)、整理されていない刊行物が多いのにも閉口した。

　③再録・転載に拘わらず初出を挙げない例が散見する。古い学者に顕著だが、論攷を断りなく使い回すのはいかがか。

　④大手出版社から刊行されたものですら国立国会図書館に収められていないことも少なくない。自治体史も同様である。地方史関係の書誌や寺史は特にそうである。国会図書館はパンフレット程度でも喜んで収蔵するので(筆者が落手したものを寄贈したことが何度かある)、納本制度を周知徹底するとともに、雑誌の欠号を補充する作業にも努めてほしい。

　⑤国会図書館ほか各図書館のOPACおよびcinii(国立情報学研究所学術情報データベース)のデータが不完全である。著者、発行年月、発行元は基準を明確にした上で全て収録してほしい(編者が複数いると「～ほか」で省略するのが常套)。データと実際の奥付等が異なることが頻繁にあり、文献目録作成者を悩ませることになっている(例えば表紙と奥付が異なるのなら、そのことを表示すべきだ。ciniiでは一部そうした詳細なデータ採録もされている)。論文集については所収論攷の題目と執筆者名を挙げるべきだし、合本された雑誌の場合まとめて表示されるので1号ごとのデータがないのは不便きわまる。またデータベース相互の連携も不十分である。有名私大・地方公立図書館のほとんどはciniiに加盟していない(大学図書館を核にしたデータベースだが、大学に限定する必然性はないし、事実、一部県立図書館は加盟している)。

　⑥最近は文献をデジタルデータとして公開しているところも出てきたが(国会図書館、日本印度学仏教学会、大学紀要等)、総量としては全然足りない(表紙・奥付のデータを省くサイトも多い)。しかも国会図書館で肝心なものは著作権のため閲覧制限がかかっている。戦前の書誌は館内に限定せず全て公開するくらいの蛮勇をふるってほしいし、絶版の書誌や血税に基づく自治体刊行物などは著作権を大幅に制限してもよいのではあるまいか。一方で基本文献たる『定本時宗宗典』などが稀覯本になっていることを考えると、公的機関ないし宗門でオンライン公開も検討していただきたい。

　さて、目録を作成することで、「こんな事実がすでに指摘されていたのか」「この人にはこんな論文を書いた過去があったのか」という再発見があったり、註釈を編纂していて筆者自身の今後の研究に資するところも大であった。この註釈は、従来の目録と異なる斬新なものとして、読者にも益があるものと自負している。『時衆研究』『時宗教学年報』『時衆文化』

や時衆専論の単行本については、当該編・著者の欄で目次を一覧できるようにしたので、研究史の回顧や検索にも便利だろう。本目録の手法をとることで、文献目録が史・資料所在目録や研究史再確認にも使えることと思う。
　とはいえ、「時衆関係文献刊行物紹介」では編・著者名ごとの文献と別立てにしていた図録・新聞記事などを本目録で一本化したのはよかったか、自治体史の項目もその執筆者で分類してよかったかといった、分類法・表記法にはまだまだ改善の余地があろう。記号を用いた書式などにもかなり迷い悩んだ。今後も大いに模索し、各位のご意見を頂戴したい。
　ところで研究論文の場合、問われるのは質であるが、文献目録については、まず量をこなさなくてはならない。そのために不可欠なのは手間と時間とであり、それを支えるのは人手と資金とである。時衆研究は助成金・研究費などが元来えがたく、一介の非常勤研究員にすぎない筆者にとっては例えば日本学術振興会科学研究費（国費）もハードルが高いため、本目録（およびその原型「時衆関係文献刊行物紹介」等々）については、予算も人手も一切なく高校教師の古賀氏ともどもほぼ手弁当で文字どおり自力で作業を進めるほかなかった。データ蒐集を始めた1997年頃と今とでは情報の取捨選択法・表記法が変わってきているし、文献の存在を認知する効率も格段の差がついている。最近はWeb-OPACで検索できたり、オンラインでPDFがみられたりと、すでにインターネットがあった10年前に比べても利便性は急激に向上している。無論、ネット検索だけで1冊の文献目録を上梓できるほど甘くないことはいうまでもない。本来であれば初期に蒐集したデータを全て洗い直す必要があるが、書誌情報ごとにいつ採録したかまでは記録していないし、その手間は新たな文献を捜索することにふりむけたいとも考えた。また前述のごとく国会図書館の法定の（強制・無償）納本制度が完璧には機能していない。地元自治体図書館にも寄贈されていない文献も少なくなく、データ入手・再確認は困難をきわめた。
　全体を省みて、紙数と労力に余裕があれば後悔がないわけではないが、現時点でできうる限りのものを公開することが、次につながるものと信じているし、最善は尽くしたつもりである。
　その点で、本目録はあくまで研究のための叩き台であり、必ず原典にあたっていただきたい。現代の文化事業ともいえるWikipediaは―問題点は少なくないものの―多くの人の手を経ることで知的財産の質と量をより高めることができるという考えに基づいている。それと同様に、残念ながら現状では研究者の少ない時衆研究においては、総員でこつこつと研究の深化・蓄積をしていくほかはあるまい。そのためにも脱漏や誤字・誤認の指摘などはどんなことでもzbb83261@yahoo.co.jpにご連絡いただきたい。文献本体を郵送するのではなく、表紙・背表紙・裏表紙、目次、本文、初出一覧、担当者一覧（共著の場合）、肩書き・略歴、奥付をPDFやJPGなどでお送りいただければありがたい。そうした共助により資金や人員の不足を研究者たちで補えればと考える。今回本目録に含められなかったデータがまだまだあり、それと新情報を含めて、いずれ完全版を刊行するのが目標である。一緒にとりくんでいただける同志も急募している。
　可能であれば本目録にCD-ROMをつけたかったが叶わなかった。デジタルデータならば検索とソートができ、利便性は比較しがたいほどに上昇すると思う。いつかはネットで公開したいが、まだまだ遠い課題である。
　また『妙好華』『聖衆之友』『大悲之友』のほか、1910-20年代にかけて奥谷宝厳寺橘恵勝『時衆』、関寺長安寺平田諦善『遊行』、府中長福寺今井宗一『時の日本』、赤門真徳寺吉川喜善『業』、横浜浄光寺桑畑欽善『清淨』といった定期刊行誌が出ていた模様だが（禰冝田修然 198803）、いずれも図書館にまったく架蔵されず、所在もつかめない。時宗宗務所『時宗公報』『宗報』『遊行』（特に古い号のバックナンバー）、『時宗仏青』、若松東明寺中村昌道『時衆あゆみ』、一遍会『一遍会報』、史学会『史学雑誌』「回顧と展望」号紹介論攷、大多数の自治体史も現在調査中であり本目録では十全ではない。本目録は論攷・刊本を主眼としており、写本・版本はほとんど入れていないが、これも今後の課題である。
　筆者の「時衆」定義によれば融通念佛宗・空也僧なども含むことができる。そのため融通念佛宗の文献も入れたが、筆者の力量の問題で遺漏も多い。紙数の関係で融通念佛宗教学研究所 200009A ①所収文献は他日を期す。また年刊機関誌『大源』（平野大念佛寺）、一般檀信徒向け新聞『大念佛』（同寺）、同宗末寺の古野極楽寺（大阪府河内長野市）が設置する極楽寺宗教文化研究所『極楽寺時報』とその後継誌『宗教文化研究―錦溪学報―』については、今後蒐集したい。
　本目録を読み返してみると、先人の偉大な営為には改めて敬服するばかりである。そして本目録編纂過程は筆者の研究人生そのものでもある。調査で各地へ行くと図書館に寄るよう心がけ、日常生活でも常に文献に対し網を張りメモ帳に控えてきた。こうして形になると感慨深いものがある。情報集積には多くの方々の助力をいただいた。本目録に収録した文献をものされた諸先学や従前の目録を編纂された諸先学、および「時衆関係文献刊行物紹介」連載の場を与えていただいている時宗宗門、"同行二人"古賀克彦氏に深く謝し奉る。そのほかにも、多くの研究者・図書館・研究機関・寺院、その他関係者が惜しみなく情報をくださった（現物をくださる方もいた）。文献確認作業には玉井ゆかり・山本潤氏の協力を仰いだ。全てのご芳名は挙げられないが、皆々様に謹んで御礼申し上げたい。また指導教員であった東北大学・柳原敏昭教授に高志書院・濱久年社長をご推薦いただき、刊行にこぎつけた。ご両名にも厚く感謝申し上げる。

2016/4/7　大先達たる金井清光氏の命日に

小野澤　眞

【編者略歴】

小野澤 眞（おのざわ まこと）

國學院大學大学院博士前期課程修了。研究所専任研究員，大学非常勤講師などを経験。
2009 年，東北大学大学院博士後期課程単位取得満期退学。翌年博士（文学）を授与される。
2002 年より武蔵野女子大学（現武蔵野大学）仏教文化研究所非常勤研究員，現在にいたる。

〔主な著書〕
『中世時衆史の研究』（八木書店・2012 年 6 月）
『時宗当麻派七〇〇年の光芒―中世武家から近世・近代庶民の信仰へ―』日本史史料研究会研究選書 8（同会企画部・2015 年 3 月）

全面協力者（底本著作権共有）　古賀克彦

時衆文献目録
2016 年 4 月 7 日第 1 刷発行

編　者　小野澤　眞
発行者　濱　久年
発行所　高志書院
　〒 101-0051 東京都千代田区神田神保町 2-28-201
　　　　TEL03(5275)5591　FAX03(5275)5592
　振替口座　00140-5-170436
　　　http://www.koshi-s.jp

印刷・製本／亜細亜印刷株式会社
Printed in Japan ISBN978-4-86215-156-8

中世史関連図書

中世村落と地域社会	荘園・村落史研究会編	A5・380頁／8500円
時衆文献目録	小野澤眞編	A5・410頁／10000円
中世的九州の形成	小川弘和著	A5・260頁／6000円
鎌倉考古学の基礎的研究	河野眞知郎著	A5・470頁／10000円
関東平野の中世	簗瀬大輔著	A5・390頁／7500円
城館と中世史料	齋藤慎一編	A5・390頁／7500円
中世城館の考古学	萩原三雄・中井 均編	A4・450頁／15000円
大坂 豊臣と徳川の時代	大阪歴博他編	A5・250頁／2500円
中世奥羽の考古学	飯村 均編	A5・250頁／5000円
中世熊本の地域権力と社会	工藤敬一編	A5・400頁／8500円
関ヶ原合戦の深層	谷口 央編	A5・250頁／2500円
戦国法の読み方	桜井英治・清水克行著	四六・300頁／2500円
霊場の考古学	時枝 務著	四六・260頁／2500円
民衆と天皇	坂田 聡・吉岡 拓著	四六・230頁／2500円
中世人の軌跡を歩く	藤原良章編	A5・400頁／8000円
日本の金銀山遺跡	萩原三雄編	B5・340頁／15000円
陶磁器流通の考古学	アジア考古学四学会編	A5・300頁／6500円
平泉の政治と仏教	入間田宣夫編	A5・370頁／7500円
北関東の戦国時代	江田郁夫・簗瀬大輔編	A5・300頁／6000円
御影石と中世の流通	市村高男編	A5・300頁／7000円
中世石塔の考古学	狭川真一編	B5・300頁／13000円
中世の権力と列島	黒嶋 敏著	A5・350頁／7000円
前九年・後三年合戦	入間田宣夫・坂井秀弥編	A5・250頁／2500円

考古学と中世史研究 ❖小野正敏・五味文彦・萩原三雄編❖

⑴中世の系譜－東と西、北と南の世界－	A5・280頁／2500円
⑵モノとココロの資料学－中世史料論の新段階－	A5・230頁／2500円
⑶中世の対外交流	A5・240頁／2500円
⑷中世寺院 暴力と景観	A5・280頁／2500円
⑸宴の中世－場・かわらけ・権力－	A5・240頁／2500円
⑹動物と中世－獲る・使う・食らう－	A5・300頁／2500円
⑺中世はどう変わったか	A5・230頁／2500円
⑻中世人のたからもの－蔵があらわす権力と富－	A5・250頁／2500円
⑼一遍聖絵を歩く－中世の景観を読む－	A5・口絵4色48頁＋170頁／2500円
⑽水の中世－治水・環境・支配－	A5・230頁／2500円
⑾金属の中世－資源と流通－	A5・260頁／3000円
⑿木材の中世－利用と調達－	A5・240頁／3000円

［価格は税別］